CÓMO PRACTICAR LA
ASTROLOGÍA
MAYA

El calendario Tzolkin y su sendero en la vida

BRUCE SCOFIELD

y

BARRY C. ORR

Traducción por Ramón Soto

Inner Traditions en Español
Rochester, Vermont • Toronto, Canada

Inner Traditions en Español
One Park Street
Rochester, Vermont 05767
www.InnerTraditions.com

Inner Traditions en Español es una división de Inner Traditions International

ISBN: 978-1-59477-300-6

Impreso y encuadernado en Estados Unidos por Lake Book Manufacturing

10 9 8 7 6 5 4 3 2 1

Diseño del texto por Virginia Scott Bowman y diagramación del texto por Priscilla Baker

Este libro ha sido compuesto con la tipografía Sabon y la presentación, con las tipografías Frutiger, Avenir y Agenda

Ilustración parcial del título: Cosmograma del códice matritense maya, de *Myths and Symbols of Aboriginal Religions in America* [Mitos y símbolos de las religiones aborígenes en América] por Stephen J. Peet

CONTENIDO

Lista de figuras

•••

INTRODUCCIÓN
ASTROLOGÍA MAYA PARA LOS TIEMPOS MODERNOS

Este libro presenta un sencillo método para aprender y practicar el intrincado sistema astrológico inventado por los mayas en la Mesoamérica de la antigüedad. En la actualidad la gente tiene mucho que aprender del profundo patrimonio intelectual y espiritual de los pueblos amerindios que vivieron durante milenios en lo que hoy es México y América Central, y que aún viven en esos territorios. Su conocimiento y comprensión de las influencias del entorno cósmico en la vida humana quedaron codificados en un sistema que ha sobrevivido a las quemas de libros por los fanáticos religiosos.

La astrología maya ofrece una perspectiva de la existencia humana que no se encuentra en ninguna otra parte. Los autores han ideado una manera única y práctica de interpretar los componentes de este sistema perdido, pues nadie sabe en realidad cómo se usaban originalmente. Nuestra reconstrucción de las técnicas y símbolos astrológicos es un trabajo en curso que se basa en muchas fuentes de información: fuentes indígenas, con inclusión de manuscritos, inscripciones y tradiciones orales antiguas; estudios académicos realizados por arqueoastrónomos, etnoastrónomos y antropólogos; y observaciones de la vida realódatos anecdóticos reunidos a lo largo de más de veinticinco años de establecer correlaciones entre las características de las personas y sus datos natales según el calendario maya.

La diferencia principal entre la astrología occidental y la astrología maya es que la primera interpreta acontecimientos celestiales (o sea, ciclos astronómicos, eclipses, alineaciones planetarias, etc.) en forma espacial y la segunda los interpreta en bloques temporales. La astrología occidental se centra en los signos del zodíaco, las casas y los aspectos que miden el espacio. En el México antiguo, los mismos acontecimientos celestiales se interpretaban en función de su importante influencia sobre el período en que tenían lugar.

EL CALENDARIO MAYA

En el centro del sistema astrológico maya se encuentran varias agrupaciones de días en forma similar a un calendario. La más importante de éstas es el calendario astrológico sagrado de 260 días, conocido como el tzolkin. Esta maravilla de las matemáticas y las ciencias organiza intrincadas correlaciones entre elementos temporales, numéricos y astronómicos, y existe independientemente del calendario civil de 365 días que regía los asuntos mundanos de la vida cotidiana. El tzolkin de 260 días fue estrictamente una creación intelectual mesoamericana; no se ha encontrado nada igual en ninguna otra parte del mundo. Como calendario, cumple muchos propósitos, incluso de adivinación y de coordinación de rituales y acontecimientos. Pero quizás su uso más importante, que aún hoy sigue siendo válido, es como matriz de tipos de personalidad.

Las características del calendario más importantes en el método que aplicamos a la astrología maya son las siguientes:

- **El signo del día.** El calendario maya divide su año en períodos de veinte días. Cada uno de éstos tiene su propio signo. Al igual que los signos del zodíaco occidental, estos signos de los días revelan importantes componentes de la personalidad y el destino.
- **La trecena.** El calendario astrológico de 260 días se divide en veinte bloques de trece días cada uno que también funcionan como signos. Las trecenas son un tipo de subconjunto de los signos de los días y al parecer describen cualidades de la personalidad que son similares a las representadas por la luna en la astrología occidental.
- **El Señor de la noche.** Nueve días que se repiten en secuencia reciben los nombres de importantes dioses del submundo. Quizás estos "Señores de la noche" simbolizan nuestras profundas motivaciones inconscientes y ocultas, e incluso el lado oscuro de cada uno de nosotros.
- **El año.** En el calendario maya, los años solares se agrupan en ciclos de cincuenta y dos años. Los mayas daban un nombre específico a cada año en el ciclo y consideraban que cada uno de estos años tenía su propia cualidad especial. Esta metodología es de cierto modo similar al ciclo chino de doce años con nombres de animales, según el que todas las personas nacidas en un año dado comparten cuali-

dades similares que se reflejan en su personalidad y su carácter.

- **La fase de Venus.** El ciclo del planeta Venus se divide en cuatro períodos principales, que se usan como marcadores del calendario. La fase en que uno nace puede revelar aspectos relacionados con sus valores sociales y su papel en la sociedad.

El sistema funciona en la forma siguiente: En primer lugar, los veinte días con nombre se repiten infinitamente, igual que sucede con la semana de siete días en nuestro planeta (heredada de las civilizaciones del Oriente próximo antiguo). Cada día con nombre funciona en forma muy parecida a un signo del zodíaco, en el sentido de que simboliza un concepto arquetípico que parece estar registrado indeleblemente en la psiquis de cualquier persona nacida en ese día. Esta interpretación es muy similar al método del zodíaco occidental, salvo que los signos cambian diariamente. La unidad de veinte días parece funcionar en forma muy similar a un biorritmo: como ciclo de veinte días, en el que uno de los días es personal.

Los días también se agrupan en unidades de trece días. Estas unidades toman el nombre del signo del día (uno de los veinte días con nombres) que da comienzo al período. Después de trece ciclos de veinte días con nombre, y veinte ciclos de períodos de trece días, han transcurrido exactamente 260 días, y vuelve a comenzar la interacción entre el trece y el veinte. Como resultado, en este sistema es posible obtener 260 tipos básicos de personalidad porque cualquier nacimiento ocurre en uno de los veinte días con nombre, y también en uno de los períodos de trece días.

El calendario maya es una brillante creación intelectual desde la perspectiva numerológica y sigue fascinando a los arqueólogos y astrónomos que lo estudian. Lo que lo hace verdaderamente impresionante es que también parece haber captado algo acerca de la personalidad humana. Pero antes de explorar el multifacético calendario es importante conocer un poco de la cultura que lo creó.

CULTURA E HISTORIA DE LOS MAYAS

Los mayas son una cultura diferenciada que surgió en las regiones del sur de México, toda Guatemala y Belice, y las regiones occidentales de Honduras y El Salvador. Sus descendientes siguen viviendo allí. Los mayas antiguos son conocidos por su escritura en jeroglíficos, sus dotes en matemáticas y astronomía, sus monumentales estructuras arquitectónicas, su arte y su cosmología, entre otros logros. La civilización maya se desarrolló a lo largo de varios milenios y floreció aproximadamente al mismo tiempo que el Imperio Romano tardío y las civilizaciones bizantina e islámica tempranas. Durante casi toda su historia, los mayas eran una cultura con ciudades y aldeas generalmente autónomas que compartían dialectos y costumbres similares. Comerciaban entre sí y formaban alianzas dinásticas; también peleaban encarnizadamente entre ellos mismos. Sin embargo, antes de la llegada de los españoles, los mayas rara vez fueron importunados por otras civilizaciones, como los toltecas o los aztecas. Hoy en día, unos seis millones de mayas viven en las mismas regiones que habitaban sus antepasados y siguen practicando muchas de sus tradiciones a pesar de las constantes presiones de instituciones religiosas y comerciales que tratan de obligarlos a asumir perspectivas occidentales.

La historia maya, que abarca más de tres milenios, se ha dividido en tres períodos principales. Durante el período preclásico (1800 a.C. a 250 d.C.) se crearon muchos componentes esenciales de la cultura maya. Uno de ellos es el calendario maya, basado en observaciones astronómicas altamente sofisticadas que se aplican en forma astrológica. Otro componente es la escritura en jeroglíficos, el único sistema de escritura propiamente dicho en el Nuevo Mundo. Durante este mismo período, los mayas construyeron grandes centros ceremoniales consistentes en espectaculares construcciones arquitectónicas decoradas con pinturas y esculturas. Ahora se cree que algunos de los centros mayas más antiguos se encontraban cerca de la costa del Pacífico. El antiguo centro ceremonial de Izapa en esta región tiene un alto grado de sofisticación en una época muy temprana para esa arquitectura. Aquí también se nota la influencia de los pueblos olmecas, aún más antiguos, y algunos arqueólogos han conjeturado que la ubicación en la costa apunta a posibles contactos con pueblos de América del Sur. Posteriormente, se establecieron centros mayas preclásicos más tierra adentro, en Belice y Guatemala.

El período clásico de los mayas va de 250 a 925 d.C. Este período intermedio fue la época de mayores logros de los mayas en astronomía, arquitectura y cosmología. Todos los acontecimientos importantes se fechaban en el marco general de la cuenta larga, que se utilizaba en el período preclásico tardío, desde el siglo I a.C. La cuenta larga es un ciclo de 5125 años que incorpora muchos bloques de tiempo menores utilizados por los mayas, con inclusión del año maya de 260 días y las trecenas. Las guerras y los relatos dinásticos se registraban en piedra; los nombres de muchos gobernantes y sus descendientes, las fechas de sus nacimientos, ascensión al trono y muerte son ahora de conocimiento común. Gracias a estas inscripciones, actualmente conocemos muchos detalles relacionados con las dinastías de Copán, Tikal y otras regiones.

Durante este período se construyeron enormes centros ceremoniales que, en muchos sentidos, funcionaban como ciudades. Estos centros se utilizaban para rituales religiosos, comercio y enseñanza. Alrededor de 400 d.C., la influencia del gran núcleo mexicano de Teotihuacán empezó a evidenciarse a todo lo largo y ancho de la región cultural de Mesoamérica.

Los mayas clásicos alcanzaron su cénit alrededor de 700 d.C. Después de eso, se construyó un menor número de centros y, para el año 800, la mayo ría habían colapsado. La causa de esta repentina decadencia de una de las más grandes civilizaciones del mundo no se ha entendido del todo. Está claro que influyeron las presiones demográficas, la deforestación, la degradación del suelo, la erosión de la tierra y, muy probablemente, un cambio a un clima más cálido y seco. Hacia finales del período clásico, sólo quedaban funcionando unos pocos centros en el norte de Yucatán, como Uxmal y Chichén Itzá.

El período postclásico (925 a 1697 d.C.) fue una época de proyectos de construcción en menor escala, muchos de las cuales incluían fortificaciones, y de alianzas entre grupos más centradas en la defensa. Alrededor de 980–990, pueblos Toltecas de México invadieron Yucatán, imponiendo su influencia en los Itzá, un linaje maya dominante. Es posible que un gran líder llamado Kukulcán (Quetzalcoatl) haya encabezado la invasión, y el resultado sería la introducción de nuevos estilos arquitectónicos y artísticos. Alrededor de 1275, Mayapán se estableció como centro de poder entre los Itzá, pero los enfrentamientos entre sus gobernantes lo llevaron a la decadencia. Los españoles llegaron a Yucatán en 1517 y, para 1541, habían asumido el control de la región circundante de Mérida. Entretanto, los Itzá ya se habían desplazado al sur, al Lago Petén en Guatemala, donde fundaron una nueva capital, Tayasal. Ésta no fue tomada por los españoles sino en 1697. Desde ese entonces, los mayas han protagonizado revueltas contra los españoles en numerosas ocasiones. Recientemente, pudiera decirse que el levantamiento sandinista en Chiapas habría sido un ejemplo más de resistencia maya ante la dominación postcolonial. Los autores instan a los lectores a que aprendan más sobre la situación de los mayas modernos y de su cultura.

COMPRENSIÓN DEL CALENDARIO

¿Cómo sabemos lo que sabemos sobre el Tzolkin? En primer lugar, se han encontrado inscripciones y glifos (pictogramas) en estelas de piedra, y en libros antiguos denominados códices, que muestran su uso y estructura. En segundo lugar, el Tzolkin aún se sigue usando en zonas remotas de Guatemala y México, gracias a la tradición oral. Los etnólogos han detectado este uso contemporáneo del calendario astrológico. En tercer lugar, aunque los frailes españoles se dedicaron entusiastamente a destruir todo escrito que pudiera perpetuar las tradiciones indígenas, también dejaron sus propios registros relativos a dichos escritos para facilitar a sus sucesores la tarea de seguir destruyéndolos en el futuro. Algunas de estas anotaciones han sobrevivido hasta hoy, y sirven como guías útiles, aunque incompletas, sobre las tradiciones astrológicas.

La secuencia de 260 días del calendario no tenía nada que ver con las estaciones. En lugar de ello, la cuenta de los días representaba ciclos astronómicos y tal vez ciertos ritmos biológicos importantes, incluida la duración de la gestación humana. La cuenta fue mantenida en forma fiel y constante durante siglos en toda Mesoamérica. Cuando era 1-Imix en Tulúm, también era 1-Imix en Tula. Algunas fechas que se registraron tanto en los calendarios mesoamericanos como en los calendarios europeos poco después de la conquista están en consonancia con las cuentas de los días contemporáneas mantenidas por los guardianes de los días en lugares remotos de México y Guatemala, por lo que es posible determinar los signos de los días actuales. La correlación entre los calendarios se conoce con alto grado de certidumbre, pero esto no ha impedido que ciertos escritores de la Nueva Era promuevan sus propias ideas a este respecto.

Como muchos lectores están seguramente familiarizados con el enfoque occidental en relación con la astrología, los autores harán muchas comparaciones entre éste y el sistema maya tratado en este libro. El componente más conocido de la astrología occidental es el zodíaco de doce signos, en esencia una representación simbólica dividida en doce partes del ciclo de las temporadas. Aries empieza el proceso con autointerés, energía y vigor, y Piscis lo termina con universalismo y debacle. Cada signo representa una etapa a lo largo del ciclo de la vida. Quienquiera que lo haya estudiado y aplicado sabrá que realmente funciona, aunque su validez siga siendo difícil de demostrar estadísticamente. No obstante, la verdadera clave para entender el simbolismo del zodíaco y del calendario astrológico maya de 260 días radica en una comprensión de los marcos de referencia espaciales y temporales más básicos, derivados de la astronomía: los cuatro puntos cardinales.

Cosmograma de la portada del códice Fejervary-Mayer

EL CALENDARIO MAYA Y LOS CUATRO PUNTOS CARDINALES

La astrología tiene profundas raíces en lo que podría definirse como simbolismo de direcciones cardinales. En muchos sistemas cosmológicos antiguos, los cuatro puntos cardinales forman típicamente las piedras angulares del universo conocido y también desempeñan un papel importante en los rituales religiosos. El vínculo con la astrología tiene que ver con el hecho de que el movimiento diario y anual del Sol define las cuatro direcciones cardinales. El Sol o, más precisamente, la rotación de la Tierra y el lugar de las salidas y puestas de Sol durante el año, establecen una estructura del año dividida en cuatro partes o estaciones. El Sol sale por el Este, se oculta por el Oeste; en verano sale y se pone por los puntos más septentrionales y, en invierno, por los más meridionales.

El carácter de cada una de estas ubicaciones del Sol en los ciclos diurno y estacional del hemisferio norte sugiere cualidades específicas que han quedado vinculadas con cada uno de los cuatro puntos cardinales. En general, el Este, por donde sale el Sol y comienza el día, da la idea de surgimiento. El Oeste es por donde el Sol se pone y se "fusiona" con la Tierra. El poder del Norte domina durante el invierno en el hemisferio norte, pues parece empujar al Sol hacia el Sur, mientras que lo contrario ocurre durante el verano, cuando el Sol se eleva hacia el Norte en el cielo. En muchas tradiciones, el Norte estaba conectado con los problemas y aspectos prácticos de la existencia, mientras que el Sur sugería elementos relativos a la vida social y emocional.

El zodíaco en la astrología occidental parece fundamentarse en los cuatro puntos cardinales, que también pudieran ser la base de los cuatro elementos: fuego, tierra, aire y agua. Esta relación se refleja además en la forma básica de cuadrante del horóscopo. El simbolismo de direcciones cardinales, que aporta en esencia los mismos significados de los cuatro elementos de la astrología, también se encuentra en la astrología védica y china, así como en muchos sistemas de adivinación como el Tarot y el I Ching.

El simbolismo direccional utilizado en la astrología maya se aplica a la secuencia de signos de los días. Los conceptos que corresponden a cada dirección son los siguientes:

DIRECCIÓN	ACTIVIDAD	PROCESO	REINO	PODER
Este	iniciación	surgimiento	individual	creatividad
Norte	separación	sacrificio	objetivo	materialización
Oeste	cooperación	ajuste	colectivo	comunicación
Sur	conexión	sentimiento	subjetivo	emoción

En la astrología mesoamericana, cada uno de los veinte signos de los días está vinculado con una de las cuatro direcciones cardinales en un orden coherente: primer día —Este; segundo día —Norte; tercer día —Oeste; y cuarto día —Sur. A partir del quinto día, este orden se repite cinco veces, estableciendo así cinco ciclos, o etapas, de los cuatro puntos cardinales en cada período de veinte días. Los autores creen que el simbolismo de cada dirección es un factor influyente en la dinámica de personalidad de los nacidos bajo ellos. Por ejemplo, todos los signos de los días relacionados con el Este son sumamente poderosos y, a menudo, dominantes, mientras que los vinculados con el Oeste son transigentes y adaptables. Muchos de los veinte signos claves de los mayas se nombran en una forma de cierto modo similar a los signos del zodíaco occidental. Algunos de los signos reciben nombres de plantas (hierba, junco) y muchos reciben nombres de animales (con inclusión de reptiles, aves y mamíferos). Otros signos reciben nombres de fuerzas naturales como el viento y la lluvia. Estas denominaciones reflejan el estrecho vínculo existente entre los humanos y el entorno natural en el momento en que se creó el sistema.

Cada día de cada período de veinte días recibe un nombre, y cada nombre está colmado de significado simbólico. En conjunto, los signos forman una matriz de personalidad que hace que los modelos de personalidad descritos en la psicología moderna resulten muy limitados. La gente parece estar influida por estos signos desde el momento de su nacimiento. A continuación presentamos una enumeración de los veinte signos de los días, y sus vínculos direccionales. Estos signos tienen nombres mayas yucatecos clásicos con traducciones aproximadas. Los autores recomiendan memorizar este cuadro, pues los signos y sus direcciones correspondientes forman la base de una buena parte de la astrología maya.

SIGNOS DE LOS DÍAS, ETAPAS Y VÍNCULOS DIRECCIONALES

	ESTE	NORTE	OESTE	SUR
1ª etapa	Imix (cocodrilo)	Ik (viento)	Akbal (noche)	Kan (maíz)
2ª etapa	Chicchan (serpiente)	Cimi (búho, calavera)	Manik (ciervo)	Lamat (conejo)
3ª etapa	Muluc (agua)	Oc (perro)	Chuen (mono)	Eb (escoba)
4ª etapa	Ben (junco)	Ix (jaguar)	Men (águila)	Cib (buitre)
5ª etapa	Caban (movimiento)	Etzínab (cuchillo de sílex)	Cauac (tormenta)	Ahau (señor)

La secuencia de los veinte signos no es aleatoria. Una serie de símbolos que se mueven de lo básico a lo complejo describe fuerzas de la naturaleza y formas de manifestación. Los propios veinte días con nombre son un componente dentro del gran calendario de 260 días; en este marco ocurren trece repeticiones. Al igual que el zodíaco occidental y otros sistemas de símbolos, el Tzolkin contiene dentro de sí varias simetrías fascinantes. El calendario se divide en cuartos (segmentos de sesenta y cinco días) y quintos (segmentos de cincuenta y dos días). La cuenta encaja a la perfección cada 52 años con el calendario de 365 días, y se ha repetido 73 veces. También encaja con el ciclo sinódico de Venus cada 104 años. (Un ciclo sinódico es el tiempo que toma a un cuerpo en el sistema solar volver a la misma posición con respecto al Sol, visto desde la Tierra). El ciclo de Venus se repite cada 584 días. En 104 años (2 x 52) hay 146 repeticiones del Tzolkin de 260 días y 65 ciclos sinódicos de Venus.

Lo que hace que el Tzolkin sea potencialmente útil es la sencillez de sus requisitos (sólo la fecha de nacimiento, en la mayoría de los casos) y su capacidad de delinear con precisión patrones de personalidad y cuestiones de la vida. A diferencia de la astrología occidental, que requiere la hora precisa de nacimiento y el procesamiento de numerosas posiciones y configuraciones planetarias, el calendario de 260 días no requiere ningún conocimiento técnico en particular. Cualquier persona que tenga una buena comprensión de los signos de los días podrá contar con un potente medio de diagnóstico. Al igual que en la astrología occidental, los signos de nacimiento son sólo símbolos de la orientación cósmica y el potencial de cada persona; no pretenden indicar límites sobre lo que uno puede hacer en la vida. En la era moderna la astrología es una herramienta para el crecimiento individual, no una ciencia del fatalismo.

CÓMO USAR ESTE LIBRO

Los capítulos 1 a 5 en la parte 1 explican el simbolismo, lógica y significado de los cinco componentes primarios del sistema maya. En estos capítulos también encontrará delineaciones de los perfiles de personalidad individuales vinculados con cada signo del día, trecena, Señor de la noche, año y fase de Venus. Los autores han preparado una sencilla matriz geométrica sobre la que se pueden registrar los datos particulares que se aplican a la fecha de nacimiento de una persona en relación con cada uno de estos componentes. El capítulo 6 explica cómo diseñar y utilizar esta carta para realizar lecturas. Proporciona cartas y lecturas de muestra de personalidades muy conocidas, para que el lector pueda familiarizarse con la forma de hacer encajar todas las piezas entre sí.

En la parte 2, ampliamos nuestra reedición de la astrología maya con objeto de incluir temas de interés para seguidores serios de la astrología occidental y del sistema maya. El capítulo 7 añade una dimensión dinámica a la astrología maya, que explica un ritmo fundamental que está presente a lo largo del Tzolkin e influye tanto en el mundo como en cada persona. El capítulo 8 examina el ciclo de katunes de los mayas, que es una especie de astrología mundial y es además la base de las profecías mayas. El capítulo 9 explora la estructura del calendario maya con mayor profundidad y examina algunas de las controversias en torno a su interpretación. El capítulo 10 presenta un método ideado por los autores para crear una carta que muestra las posiciones planetarias correspondientes a una persona, usando el Tzolkin como matriz de referencia en forma muy similar a la manera en que se usa el zodíaco en la astrología occidental.

NOTAS SOBRE PRONUNCIACIÓN

Los nombres y palabras mayas son, en esencia, transcripciones del idioma maya en español antiguo. La mayoría de las palabras se pronuncian tal como se leen en español, con unas pocas excepciones. Una de ellas es la "x", que se pronuncia como "ch". Otra es la "c", que se pronuncia como "k". Veamos algunos ejemplos:

Imix – *imich*
Tzolkin – *zolkin*
Ahau – *ajau*
Cib – *kib*

PRIMERA PARTE

•••

Cómo crear
y leer la carta
piramidal maya

UNO

EL SOL Y LOS SIGNOS DE LOS DÍAS

En este capítulo encontrará descripciones de los veinte signos de los días utilizados por los mayas y otros pueblos mesoamericanos. Al igual que los signos del zodíaco occidental, estos signos de los días revelan importantes componentes de la personalidad y el destino. Describen las motivaciones primarias de la persona, su estilo personal y su función en el mundo social.

El día es una unidad de tiempo que se deriva de la observación del ciclo diario normal del Sol, visto desde cualquier punto en la Tierra. Hoy sabemos que la rotación de la Tierra es la causante de que el Sol parezca moverse a través del cielo, pasar por debajo de la Tierra y luego volver a salir al día siguiente. De todos modos, desde la perspectiva de un observador situado en la Tierra, el movimiento del Sol es lo que establece el ritmo básico de veinticuatro horas que define nuestra percepción del tiempo. Nuestros relojes y calendarios se basan en los movimientos diarios y anuales del Sol, y cientos de ritmos de nuestro organismo también están en sintonía con ellos. Estos ritmos circadianos (del latín *circa*, cerca, y *dies*, día) se encuentran en casi todos los organismos y sirven para mantener un equilibrio entre todos los distintos procesos vitales. En sentido amplio, nuestras vidas dependen del Sol, que nos nutre a través de los alimentos que comemos y rige un sinnúmero de ritmos bioquímicos internos, con inclusión del ciclo del sueño. Tiene sentido utilizar la unidad de tiempo del día, derivada del Sol, como base de un sistema astrológico y de adivinación. De hecho, los mayas usaban el término *kin* para referirse al Sol, el día y el tiempo.

Después de muchos años de observaciones, los autores creen que la transición de un signo del día al siguiente entra en efecto aproximadamente a la hora de la puesta de sol. Esto significa, por ejemplo, que las personas nacidas a las 9 p.m. del 1° de enero tendrían que buscar el 2 de enero en los cuadros para localizar su signo del día. Las costumbres y registros históricos de los mayas también parecen indicar que la puesta de sol era una transición importante entre los días con nombre.

El cuadro que figura a continuación resume los veinte signos de los días e incluye los nombres y significados de los signos en el sistema maya y en el azteca.

NÚMERO DEL DÍA EN SECUENCIA	NOMBRE MAYA CLÁSICO	SIGNIFICADO	NOMBRE AZTECA	SIGNIFICADO
1	Imix	Dragón terrestre	Cipactli	cocodrilo
2	Ik	aire, vida	Ehecatl	viento
3	Akbal	noche, oscuridad	Cali	casa
4	Kan	maíz, maduro	Cuetzpallin	lagarto
5	Chicchan	serpiente	Coatl	serpiente
6	Cimi	muerte, búho	Miquiztli	muerte
7	Manik	agarre, ciervo	Mazatl	ciervo
8	Lamat	Venus	Tochtli	conejo
9	Muluc	agua, lluvia	Atl	agua
10	Oc	perro	Itzcuintli	perro
11	Chuen	mono	Ozomatli	mono
12	Eb	diente, mandíbula	Malinalli	hierba
13	Ben	junco, caña	Acatl	junco
14	Ix	jaguar, mago	Ocelotl	jaguar
15	Men	águila	Cuauhtli	águila
16	Cib	buitre, ancestro	Cozcacuauhtli	buitre
17	Caban	fuerza, tierra	Ollin	movimiento, terremoto
18	Etzínab	cuchillo de sílex	Tecpatl	cuchillo de sílex
19	Cauac	tormenta, lluvia	Quiahuitl	lluvia
20	Ahau	señor	Xochitl	flor

El propio signo del día parece funcionar como una combinación del Sol y el ascendente en la astrología occidental, los cuales describen las características que asume el yo en el mundo, así como muchas de las motivaciones primarias de cada persona. El período de trece días funciona como el signo de la Luna, como veremos en el capítulo 2. La sucesión en ciclos de los veinte signos de los días también incorpora las cuatro direcciones cardinales. Cada punto cardinal aparece en total cinco veces durante el ciclo; de ellos, el Este es el que al parecer define el tono de cinco secuencias o etapas importantes. Para los autores, esas etapas sugieren una secuencia evolutiva contenida dentro de los veinte días. Imix da comienzo a la etapa y, aparentemente, simboliza los fundamentos físicos y emocionales-territoriales sobre los que se desenvuelven los tres signos siguientes. Los cuatro primeros signos de los días son efectivamente muy físicos y fundamentales, pues se relacionan con el nacimiento, la vida y la reproducción. La secuencia siguiente, que comienza con Chicchan, parece indicar el surgimiento de la conciencia a partir de estas raíces y los desafíos de la vida en sociedad, incluidas la cooperación y la competencia. Muluc da comienzo a una secuencia que sugiere la evolución de emociones y sentimientos que facilitan la navegación y exploración del mundo y de los potenciales del ser. Los autores creen que Ben, un signo del día relacionado con el intelecto y el proceso de aprendizaje y conocimiento, denota un tema que hasta cierto punto encuentra continuidad en los tres signos de los días que le siguen. Por último, Caban y los tres últimos signos de los días parecen indicar los efectos del aumento de la conciencia en el mundo y la necesidad de asumirlos.

PERFILES DE PERSONALIDAD DE LOS SIGNOS DE LOS DÍAS

El resto de este capítulo define las características personales atribuibles a cada uno de los veinte signos de los días. Cada apartado comienza con el nombre del signo del día y su complemento cardinal, así como una breve síntesis del simbolismo maya vinculado con ese signo del día. Seguidamente se presenta un perfil general de las características de personalidad correspondientes a ese signo del día, una breve descripción de las situaciones de la vida que podrían representar un reto para las personas nacidas bajo ese signo y, por último, una sugerencia sobre el enfoque a seguir con respecto a esas esferas de dificultad.

Las delineaciones modernas aquí presentadas se basan en comparaciones entre muchas personas nacidas bajo cada signo del día y en interpretaciones de los simbolismos maya y azteca. Estas delineaciones fueron creadas por Bruce Scofield a fines de los años 80 y han demostrado ser indicadores precisos y reveladores para cientos de personas que las han aplicado desde entonces.

Los glifos mayas de los veinte signos se muestran en el gráfico más abajo de la página.

Además de los perfiles personales individuales, los signos de los días ofrecen una perspectiva de las relaciones. Cada cuatro días, surgen signos del mismo punto cardinal y, entre un día y otro, surgen signos de las otras direcciones cardinales. Estos patrones parecen indicar la base de la compatibilidad entre los signos. Si bien es cierto que los signos de los días vinculados con la misma dirección cardinal tienen mucho en común, no en todos los casos son los más compatibles entre sí. Algunos signos de direcciones cardinales opuestas —por ejemplo, Imix (Este) y Manik (Oeste)— pueden ser más complementarios y tener las mismas probabilidades de influir en el establecimiento de una relación duradera. Este patrón puede ser particularmente válido en el caso de signos de los días de puntos cardinales opuestos que estén a su vez "opuestos" en toda la secuencia de veinte días cuando ésta se ve como

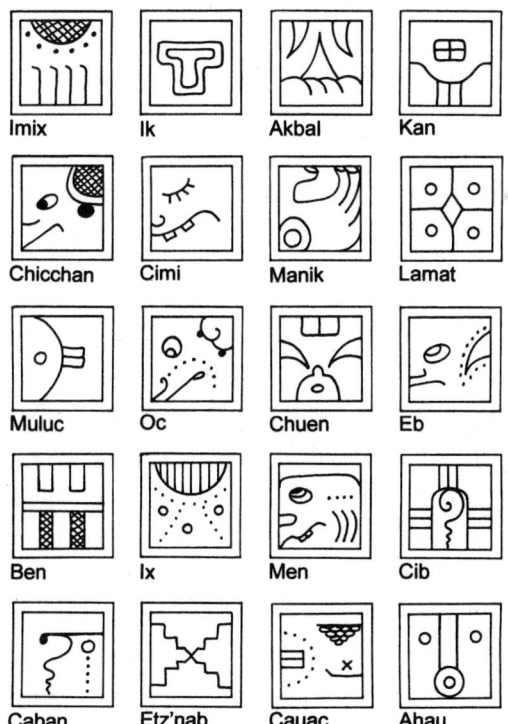

Glifos mayas correspondientes a los veinte signos de los días

una rueda. Por ejemplo, Chuen (Oeste) no es solamente la dirección cardinal opuesta a Imix (Este), sino que se adelanta en diez días a Imix, es decir, surge en la mitad de la secuencia de veinte días.

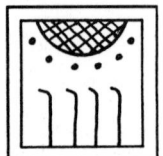

Imix—Este

Simbolismo: Los autores creen que el nombre maya Imix, o Imox, se refiere al dios de la tierra y, por consiguiente, a la Tierra misma. El glifo maya correspondiente a este día ha sido comparado con el pezón de una mujer, un símbolo de sustento. Imix también tiene conexiones con la ceiba, un árbol gigantesco que suele encontrarse en las plazas de los pueblos antiguos y que simboliza el crecimiento desde las profundidades de la Tierra (desde su núcleo, para ser exactos).

Personalidad: Las personas del tipo Imix suelen trabajar constantemente, tratando de mantener la integridad de su mundo. Son enérgicas, rígidas, creativas e iniciadoras. Tienen un intenso poder emocional y la necesidad de entregarse de lleno a cualquier cosa que hagan; esta necesidad debe usarse en forma creativa o puede llegar a producir problemas en las relaciones. Las personas Imix tienen fuertes instintos protectores, son muy sensibles, y requieren privacidad. No siempre comparten gustosamente sus sentimientos. Son protectores y dominantes en forma paternal y a menudo forcejean en el plano psicológico con la voz crítica que han interiorizado de una figura materna o paterna. Las personas nacidas bajo Imix pueden ser enérgicas e incluso agresivas en algunos sentidos. Muchas se sienten rechazadas por sus familiares o sus padres y, en compensación, buscan grupos de amistades que les resarzan de esta pérdida. Algunos llegan a ser fundadores de negocios, organizaciones o asociaciones. Se relacionan con el mundo que los rodea a través de sus sentimientos y no de su intelecto. Esto los hace ser más bien reactivos a algunos cambios que tienen lugar en torno a ellos, y a menudo se apresuran para evitar "que la represa se desborde", por así decirlo. Este carácter reactivo es probablemente lo que explica su tendencia a iniciar actividades. Muchas veces se los encuentra rompiendo moldes o dando comienzo a proyectos desde cero. Cuando están motivadas, las personas del tipo Imix trabajan denodadamente hasta lograr restablecer y estabilizar su seguridad emocional. No obstante, cuando alcanzan esa seguridad emocional, pueden volverse extremadamente perezosas e incluso letárgicas.

Desafío: Aceptarse a sí mismas por completo y liberarse de los sentimientos de rechazo de sus padres u otras figuras de autoridad; unirse a otros en términos que éstos compartan; abstenerse de ser prejuiciados.

Solución: Fundar una empresa o establecer un hogar. Aprender a ser independientes.

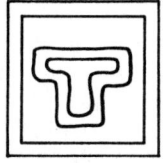

Ik—Norte

Simbolismo: El nombre maya Ik significa viento, aliento y vida, así pues, apunta a un concepto afín al "aliento de la vida". El glifo correspondiente a este signo del día, que solía incluir un diseño en forma de "T", tiene vinculaciones con un dios de lluvias y de viento. Las lluvias son necesarias para hacer germinar semillas y estimular la vida, y esta "llegada a la vida" pudiera ser el significado que buscaban los mayas.

Personalidad: Los del tipo Ik son comunicativos, mentales, ágiles, sagaces y multifacéticos. Tienen la tendencia a hacer muchas cosas, a ser "aprendices de todo pero expertos en nada". Tienden a ser idealistas y románticos, aficionados a la moda o artísticos y, de cierto modo, evasivos o indecisos. Parecen tener dificultades con lo que represente responsabilidad, obligación y compromiso; estas cuestiones son sus mayores desafíos. Las personas del tipo Ik piensan constantemente y esta característica entorpece su reconocimiento de intensas realidades emocionales internas y externas. Desde la perspectiva de otros, parecen ser muy vivaces y alertas. Desde su propia perspectiva, se sienten confundidos y vacilantes acerca de la información específica sobre la que deben actuar. Los atrae el aprendizaje, el habla, la lectura y otras formas de comunicación mental. No son pocos los Ik que han probado suerte con la escritura, en una u otra forma. Una conversación con una persona nacida en este signo del día siempre resulta interesante y estimulante. Sin embargo, su fuerte es la amplitud, no la profundidad. Las personas del tipo Viento son sagaces y muy inteligentes en lo que respecta al aprendizaje. Les gusta jugar muchos papeles en la vida, pero no buscan posiciones de liderazgo; de hecho, lo que parece dárseles más fácilmente es el servicio al prójimo.

Desafío: Hacer frente a los temores relacionados con las responsabilidades y obligaciones; aceptar compromisos; aprender a ser decididos.

Solución: Instruirse; llegar a dominar la expresión lingüística y verbal.

Akbal—Oeste

Simbolismo: Akbal es el nombre maya de este signo del día, que significa oscuridad o noche. Otro nombre maya de este signo es Uotan, que significa corazón, que a su vez tiene asociaciones con los dioses de la Tierra y con el tambor. El glifo de Akbal puede referirse a un animal del submundo, quizás el jaguar.

Personalidad: Las personas del tipo Akbal suelen ser influyentes y tienden a proyectar una presencia imponente o atractiva sobre el mundo que las rodea. Pueden ejercer su poder personal en formas sutiles, pero siempre es algo que deben tener en cuenta quienes se les acerquen. En muchos casos, este poder es totalmente legítimo, por ejemplo, cuando se trata de un maestro, un líder o un curador. Son personas lógicas, organizadas y capaces de profundas reflexiones, pero tienden a ser conservadoras en muchas cuestiones. La paciencia, la entereza y el trabajo intenso parecen venir naturalmente a las personas nacidas bajo el signo Akbal. La seguridad, tanto mental como física, es un problema importantísimo para las personas nacidas bajo este signo del día. La seguridad física representada por un hogar, una casa, una edificación u otra estructura puede ser un elemento centrador en su vida, o quizás les despierte un intenso interés la seguridad emocional que ofrecen los vínculos familiares. Las ciencias y las matemáticas, u otros sistemas de conocimiento (incluidos el ocultismo, la magia y la astrología), suelen ser de interés para los nacidos en este signo, pues estas materias ayudan a la persona a organizar las cuestiones prácticas de la vida. Les atraen las tradiciones y profesan un gran respeto a la historia. Los nacidos bajo Akbal siguen un enfoque estructural en la vida. Mientras más organizada sea su existencia, más seguros y en control se sienten. Si son necesarios diez años o más para alcanzar una meta de organización, las personas del tipo Akbal son capaces de aguantar hasta el fin. Como se esfuerzan tanto para poder ver y entender las cosas en forma específica, pueden desarrollar cierta inercia mental. Como resultado de esto, para ellos un cambio requiere una restructuración casi completa del marco lógico que han construido, y es posible que se resistan a estos cambios. Los observadores externos pueden ver esta característica como un rasgo de confiabilidad y constancia, o quizás de terquedad.

Desafío: Rigidez mental y problemas a la hora de compartir; pérdida del control.

Solución: Convertirse en creador de sistemas; estabilizar los cimientos de cualquier proyecto que emprenda.

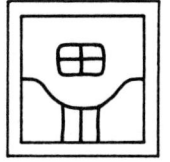

Kan—Sur

Simbolismo: Los mayas denominaban a este día Kan, que puede significar maíz y madurez. El glifo altamente estilizado correspondiente a este día no revela mucho, aunque en los códices se muestran tiernas plantas de maíz que crecen desde el glifo Kan. Este glifo, a menudo pintado de amarillo, también figura en los códices cerca de ofrendas de alimentos, lo que sugiere que el maíz, el alimento más importante de los mayas, era simplemente una referencia a lo que da sustento en la vida.

Personalidad: Las personas del tipo Kan están listas para vivir en el mundo social y a menudo se interesan en cuestiones de liderazgo y desempeño. Son activas, dinámicas, sexuales e influyentes. Se aplican a sí mismas elevadas normas. La autoestima es importante para ellas, y a menudo gravitan hacia actividades que les permitan atraer la atención. Los nacidos bajo el signo Kan suelen encontrarse haciendo labores creativas u orientadas a un buen desempeño. Es un signo de liderazgo, o al menos de situaciones de liderazgo en que es necesario el buen desempeño personal. Vale señalar que estas personas disfrutan plenamente estas situaciones y que a menudo son muy competentes en lo que hacen, llegando incluso a destacarse. Suelen tener reputación de ser distintos o de desviarse del statu quo. Les motiva en gran medida la independencia y la libertad de las ataduras. Los nacidos bajo el signo del día Kan tienden a ser muy individualistas. Ceden únicamente ante presiones extremas y pueden guardar resentimientos si se les obliga a ceder. Las personas del tipo Kan a menudo atraen la atención por ser distintas, pero quizás estén demasiado absortas en sus propios intereses para preocuparse seriamente por lo que otros piensan de ellas. Esto les permite llegar a convertirse en seres extremadamente individualizados y altamente especializados. Generalmente llevan vidas creativas y productivas y mantienen relaciones estables, aunque no siempre convencionales, con los del sexo opuesto. No obstante, la sexualidad y las relaciones con el sexo opuesto pueden representar para ellos un reto debido a que a veces tienen que lidiar con problemas de autoestima. En lo más hondo de sí, las personas del signo Kan protegen seriamente su calidad de vida.

Desafío: Alcanzar el equilibrio individual; llegar a sentirse cómodos con el mundo de la atracción y el galanteo.

Solución: Realizar actividades en las que se evalúe el desempeño; fijarase muy bien los detalles.

Chicchan—Este

Simbolismo: Para los mayas, Chicchan se refería a las serpientes celestiales, localizadas en los cuatro segmentos del firmamento y vinculadas con la lluvia. El glifo propiamente dicho se asemeja a la cabeza o las escamas de una serpiente y, en los códices, está vinculado con un dios serpiente.

Personalidad: Chicchan es un signo del día tozudo, influyente y carismático. Las personas del tipo Chicchan pueden ser muy impresionantes y suelen ser vistas por otros como personas con "atractivo sexual". Son muy inteligentes y bien informadas, pero tienden a fanatizarse con uno u otro tema. Les fascinan la muerte y el sexo, y pueden ser obsesivas sobre estos temas. El poder emocional de los nacidos bajo este signo es notable. A menudo se les encuentra haciendo cabriolas sobre uno u otro escenario, atrayendo la atención en forma indirecta al acechar sospechosamente en las sombras. El liderazgo se les da con naturalidad, debido en parte a su capacidad de atraer y retener la atención de otros. Son muy fuertes física y mentalmente y son capaces de vivir en condiciones sumamente estresantes. Por otra parte, la incapacidad de ocuparse adecuadamente de sí mismos es una debilidad común a las personas de este tipo. Los nativos de Chicchan son inteligentes, pero también son extremistas en muchos sentidos. Tienen emociones fuertes o facultades personales que afectan profundamente al prójimo. Sus reacciones emocionales pueden ser tan fuertes que a veces explotan de ira, con lo que ocasionan grandes trastornos en las relaciones personales. Cuando las personas del tipo Chicchan logran controlar en forma útil estas poderosas energías emocionales, llegan a ser muy constructivas y creativas. Pueden crear o mantenerse en acción sin necesidad aparente de descanso. De hecho, son capaces de salvar al mundo.

Desafío: Experimentar conscientemente poderosas transformaciones; generar energía para beneficio de todos los involucrados.

Solución: Procurar aprender y alcanzar una profunda comprensión de la vida.

Cimi—Norte

Simbolismo: Cimi, el término maya para referirse a este día, se deriva de una palabra cuya raíz significa muerte. El glifo correspondiente a este día es claramente una calavera, la del dios de la muerte. El búho, ave nocturna y presagio de muerte, también estaba vinculado con este día, al igual que el submundo.

Personalidad: Las personas del tipo Cimi tienden a preocuparse por la seguridad y a ser materialistas, capaces de sacrificarse, abiertos al cambio y serviciales. No siempre son líderes que confían en sí mismos y a menudo aceptan gustosamente una función o posición secundaria. Les atrae la tradición y, como son de gran fe, también les atrae la religión. Los nacidos bajo este signo no suelen estar seguros del rumbo que llevan sus vidas; la fe o el instinto son su única guía. Son materialistas y se preocupan mucho por la seguridad doméstica; pueden interesarse en los bienes raíces, o quizás trabajar de algún modo con casas o viviendas. Tienen interés y preocupación por la comunidad y la política, y se ocupan de lo que esté sucediendo en el mundo o en su vecindario. Les gusta sentir que pueden hacer algo al respecto. Cooperan bien con otros y rara vez permiten que sus egos se interpongan en el progreso hacia las metas colectivas en las que creen. Los Cimi que hacen carrera política se asocian a menudo con aliados poderosos, aunque sean incluso más poderosos que ellos mismos. Las personas del tipo Cimi toman muy en serio todo tipo de responsabilidad. Las obligaciones para con otros, y el sentido del deber, tienden a ser dominantes en sus vidas. Como los del tipo Cimi suelen ser corteses y reacios a revelar sus verdaderos sentimientos, tienden a ceder ante otros con más frecuencia de lo necesario o, incluso, de lo razonable.

Desafío: Tener fe; no ser víctima; no sentirse obligados a hacer muchos sacrificios.

Solución: Hacerse verdaderamente útiles a la sociedad y al mundo que los rodea.

Manik—Oeste

Simbolismo: El nombre que dan los mayas a este día, Manik, no es fácil de traducir y, desafortunadamente, no nos ayuda a deducir el simbolismo de este signo del día. El propio glifo, que parece ser una mano en posición de asir un objeto, tampoco sugiere nada en particular.

Personalidad: Las personas del tipo Manik son pacíficas, generosas, cooperativas, artísticas e inspiradoras. Si bien suelen ser personas plácidas, también pueden ser muy intrépidas cuando se trata de defender lo que consideran correcto. Pueden ser mentalmente poderosas y, como es de esperar, no es fácil convencerlas o desviarlas de sus posiciones intelectuales. Las personas del signo Manik necesitan compañía. Para estos nativos, la comunidad y la familia son de gran importancia, pero también lo es su libertad de seguir sus instintos nómadas. Manik es un signo de participación en la comunidad. Los nacidos bajo este signo suelen estar profundamente vinculados con las tradiciones familiares y, en algunos casos, las tradiciones sociopolíticas. La familia o la comunidad pueden ser tan importante para ellos que a menudo basan por completo en estos elementos ciertas decisiones cruciales de la vida. Las personas del tipo Manik también son muy sensuales, artísticas, e incluso excéntricas. Suelen tener un sentido estético sumamente desarrollado, y a menudo prueban suerte en alguna de la las artes. Los nacidos bajo este signo del día son muy sensuales y de inclinación sexual pero, al mismo tiempo, son muy intuitivos y sensibles a las necesidades y preocupaciones de otros seres.

Desafío: Ser libres, independientes y seguros en sus relaciones.

Solución: Aceptar y asumir su propia individualidad, sin importar lo peculiar que ésta pueda ser.

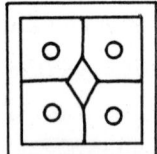

Lamat—Sur

Simbolismo: El término maya Lamat se refería al planeta Venus, la "gran estrella". El glifo correspondiente a este día era el signo del propio planeta Venus y, en algunas variaciones, es un dragón celeste con marcas que representan a Venus. Este simbolismo también apunta a la embriaguez, porque la concepción de los mayas sobre Venus incluía el concepto de la ebriedad.

Personalidad: Lamat es enérgico, ajetreado, nervioso, rápido y juguetón. Los nacidos bajo este signo están en constante movimiento y siempre están ocupados en algo. Son inteligentes, pero pueden ser un tanto paranoicos y, en ocasiones, autodestructivos. Son capaces de apreciar una buena pelea. Lamat es un signo de sagacidad, juegos y competencia, y produce personas con mentes activas que siempre tienen que estar haciendo algo. Les atraen los retos intelectuales como el debate, la discusión y los tratos. Muchos se ven atraídos al mundo de los negocios, donde la competitividad y la sagacidad son bien valoradas. También tienen una gran necesidad de practicar actividades físicas y a veces se les conoce por el nerviosismo de sus movimientos. Algunos hacen ejercicios; otros bailan. Lo cierto es que todos los Lamat necesitan estar en constante movimiento. Son personas que pueden hacer enormes cantidades de trabajo en muy poco tiempo sin que parezcan cansarse. Son muy aficionados a la música y el humor, pero también pueden ser dados a las discusiones, lo que en ocasiones va en contra de sus propios intereses. Muchos de los nacidos bajo el signo de Lamat son actores o figuras del entretenimiento. Pueden ser muy egocéntricos, pero no están tan confiados en su capacidad como se pensaría. Su sutileza mental les hace interesarse en detalles, misterios, labores de recopilación de información, psicología y ocultismo. Tienen la tendencia a desconfiar de todas las personas nuevas que conocen, pero una vez que se compenetran con ellas, pueden ser amigos muy leales.

Desafío: Mantenerse bajo control para poder terminar lo que emprenden.

Solución: Seleccionar cuidadosamente a amigos y amantes y evitar los extremos y excesos.

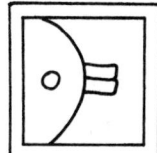

Muluc—Este

Simbolismo: El nombre maya correspondiente a este día, Muluc parece referirse al agua, aunque también podría referirse al jade, un símbolo de agua, debido a su gran valor y sus colores verde y azul. El propio glifo representa probablemente la cabeza de un pescado.

Personalidad: Muluc es emocional, imaginativo, psíquico, romántico y dado a las fantasías. Algunos de los nacidos bajo este signo tienen una facilidad natural para la vida pública, como artistas, y son capaces de transferir al público sus fuertes emociones. Muchos llegan a alcanzar el éxito como actores o artistas, mientras que otros se asocian indirectamente con el negocio de los espectáculos o los estilos de vida románticos. Las personas nacidas bajo este signo luchan con fuertes emociones e impulsos y tienen la capacidad de dominar a otros mediante la expresión de sus intensos sentimientos. En algunos casos, son de gran profundidad emocional, tienen una vigorosa sexualidad o se interesan en cosas que tal vez se consideren normales en sociedades primitivas pero un tanto ordinarias en la vida moderna. Sus intensos sentimientos a menudo los llevan a asumir conductas compulsivas y adictivas. Por el lado positivo, se inclinan hacia la consecución de objetivos motivada por las emociones. Las personas nacidas bajo este signo se inclinan a asumir riesgos, lo que a veces puede redundar en grandes éxitos y oportunidades imprevistas. Son grandes soñadores y a veces, psíquicos. Para muchos, esta intensa conexión con el subconsciente se manifiesta en capacidad y visión creativa y artística. Este signo del día tiene una cualidad extremista que puede conducir a grandes éxitos. No se caracteriza por su moderación.

Muluc confiere una mente fuerte e independiente que puede resolver problemas en forma intuitiva. No obstante, estas personas pueden tener problemas con las responsabilidades, una característica que proviene de sus experiencias de la infancia. Con padres que sirvan como buenos modelos, les será más fácil alcanzar el éxito más adelante en la vida.

Desafío: Lidiar con problemas de autocontrol y responsabilidad.

Solución: Buscar coherencia y persistencia, lo que puede ayudar a controlar y centrar las emociones y apoyar esfuerzos de liderazgo.

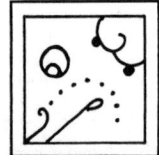

Oc—Norte

Simbolismo: El nombre maya de este signo del día, Oc, significa perro. En los códices, el perro se muestra a menudo sosteniendo una antorcha, en referencia quizás al mito maya en que un perro trae el fuego a los humanos. En algunas representaciones de este signo del día, se destaca la oreja del perro al mostrarla arrancada, mutilada o enferma. El perro, uno de los animales domesticados más leales, se usaba probablemente para simbolizar orientación, lealtad y compañía —temas probables de este signo.

Personalidad: Oc es un signo del día cooperativo, leal y servicial. La coherencia y el compromiso caracterizan a las personas nacidas bajo este signo. Tienen un fuerte instinto de grupo y se mantienen junto a sus aliados en tiempos problemáticos. Son buenos trabajadores en equipo, normalmente muy creativos, y se esfuerzan pacientemente hasta alcanzar posiciones de autoridad. Saben instintivamente la posición que ocupan con respecto a otras personas en la jerarquía social de cualquier situación dada, y este entendimiento les permite ser pacientes y esperar su turno para ser líderes. Saben cómo inspirar lealtad en otras personas porque ellos mismos comprenden muy bien ese concepto. También les gusta vagar, pero sin alejarse demasiado de su territorio. A los Oc les gustan los viajes cortos, de los que se puedan hacer en auto o en bote. Les gusta también mantenerse al tanto de lo que ocurra en su territorio y tienen un gran interés en sus vecindarios. Requieren mucha variedad en la vida y les resultas gratas las artes, especialmente la música. Ven su expresión artística como una destreza que deben aprender y dominar y suelen prestar mucha atención a las técnicas. También pueden ser creativos en las arenas social y política. Su padre, o alguna figura paterna, comúnmente ha dejado en ellos una gran impresión, por lo que es posible que esa figura les represente un beneficio o que tengan problemas relacionados con el poder y la independencia. Para los Oc, la vida es cuestión de alcanzar la madurez emocional, y suelen conseguir este objetivo a través de la comprensión del padre, y de la autoridad en general.

Desafío: Falta de madurez emocional; dificultades relacionadas con el padre o la autoridad.

Solución: Aprender a ser pacientes y llegar a aceptar la orientación de otros, si es necesario.

Chuen—Oeste

Simbolismo: El nombre maya de este signo del día, Chuen, se traduce como artesano. Entre los mayas quichés, el nombre de este día es Batz, término que utilizan para referirse al mono, particularmente al mono aullador. Los glifos correspondientes a este signo son muy estilizados, aunque algunos parecen mostrar la cabeza de un mono. Al igual que los aztecas, los mayas relacionaban este signo con las artes y las artesanías.

Personalidad: Las personas del tipo Chuen suelen ser buscadoras de atención, artísticas, listas y demostrativas. A menudo se les encuentra trabajando en las artes escénicas o comunicativas, o al menos mostrando interés en ellas. Buscan la atención de otros y son capaces de aprender rápidamente, pues se interesan en todo lo que los rodea. Un porcentaje inusitadamente alto de personas nacidas en este día son actores, artistas, músicos, diseñadores y escritores. También pueden ser buenos maestros y vendedores. El cultivo y desarrollo de la personalidad representan la dificultad central de los Chuen. Aunque son activos desde el punto de vista social, a menudo tienen dificultades en las relaciones íntimas, pues necesitan el contacto pero desean una mayor variedad. Disfrutan de la posibilidad de "tantear el terreno", lo que no es más que otra manera de recibir atención. Esta distancia en las relaciones puede resultar atractiva para otros y contribuye a su carácter misterioso. Sus apetitos sexuales son fuertes y los motivan a establecer relaciones, pero las obligaciones son su mayor desafío. Chuen es comunicativo y curioso, como un mono, y las personas nacidas bajo este signo aprenden con rapidez. Mentalmente, pueden lidiar con los detalles, pero se destacan con las generalidades. Las posiciones de liderazgo se les dan naturalmente. En esencia, no son seguidores y, por lo tanto, sus alternativas son la independencia o el liderazgo. Esta necesidad de ser el centro de atención puede ser una respuesta ante una profunda inseguridad social.

Desafío: Dedicarse a una misma cosa durante suficiente tiempo como para volverse expertos; realizar sus potenciales creativos en formas que no los debiliten y que no los hagan distanciarse de sus allegados.

Solución: Aplicar la creatividad; ser artísticos y explorar los secretos de la naturaleza.

Eb—Sur

Simbolismo: Eb no es de fácil traducción. El glifo combina los símbolos de la muerte y el agua, lo que ha hecho que algunos concluyan que simbolizaba las lluvias dañinas y el moho. "E", el nombre que dan los mayas quichés a Eb, significa diente, y en su tradición se considera que este día es favorable para obtener buenos consejos y para orar.

Personalidad: Las personas del tipo Eb tienden a ser relajadas, corteses, prácticas, cuidadosas y serviciales. Tienden a ser gente placentera que disfruta de la buena compañía y que prefiere relacionarse con otros de manera informal. Son generosos y por lo general no esperan nada a cambio. Las relaciones son muy importantes para ellos y suelen ser el elemento central de sus vidas. Esta necesidad los condiciona a hacer sacrificios por el prójimo. Las personas del tipo Eb suelen ser percibidas como gente ambiciosa y esforzada. Son intensamente prácticos, saben resolver problemas, no titubean en ponerse en marcha cuando sea necesario y hacen buenas obras. Pueden competir con otras personas, pero prefieren la paz antes que el conflicto. Los nacidos bajo el signo de Eb pueden parecer acomodadizos y transigentes, pero también se angustian fácilmente y son conocidos por su tendencia a camuflar sus heridas y sentimientos profundos. Las personas del tipo Eb son a menudo muy sensibles, a veces son frágiles desde el punto de vista emocional y los hieren fácilmente el rechazo o la crítica. Tienden a aferrarse a los sentimientos de ira y resentimiento y a menudo se vuelcan de lleno en el trabajo como forma de ventilar esos sentimientos en forma constructiva. Aunque son lentos para ponerse en marcha, los Eb son muy persistentes y no se detienen hasta cumplir su cometido o alcanzar una meta. Son muy prácticos y capaces de resolver problemas; muchos llegan a ser diseñadores o ingenieros. En general, se trata de un signo del día conservador que busca la paz con el mundo.

Desafío: Evitar emponzoñarse al suprimir la ira.

Solución: Comunicar a otros sus sentimientos.

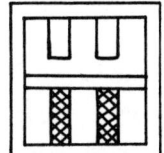

Ben—Este

Simbolismo: Para los mayas, el signo del día Ben aparentemente simbolizaba el desarrollo de la planta del maíz y del hombre. La palabra Ben no parece referirse a ninguna planta ni deidad en particular. Algunos investigadores han pensado que el signo se refería probablemente al tallo erguido del maíz —a diferencia del maíz maduro— o quizás a un junco o caña. El glifo es altamente estilizado, aunque en algunas variantes parece estar presente un vínculo con la vegetación. Algunos han sugerido que se refiere a una alfombra hecha de juncos, que representa un tipo de tejido.

Personalidad: Las personas del tipo Ben suelen ser populares, conocedoras, exitosas y competentes, con opiniones fuertes. A menudo son muy bien considerados por otros debido a su talento o sus conocimientos técnicos. En algunos casos están simplemente muy por delante de sus competidores o han dejado una marca en la esfera en que trabajan. En otros casos, es sólo cuestión de competencia general, o sea, la capacidad de destacarse en cualquier cosa que decidan hacer. Son capaces de luchar por sus principios morales o éticos y asumen rápidamente los desafíos. En su peor manifestación, son un tanto dogmáticos. No cambian sus convicciones cuando están bajo ataque, se mantienen imperturbables ante los problemas y, al igual que un junco o caña, mantienen la firmeza en situaciones de tensión. Pueden ser rígidos desde el punto de vista intelectual y dados a discutir. Tienen un lado militante y, aunque no buscan deliberadamente los conflictos, parecen prosperar en ellos. Los nacidos bajo el signo de Ben suelen ser populares y sociables, pues conocen profundamente la naturaleza humana. A algunos de ellos, esta cualidad les trae una fama bien merecida; a otros, les trae el respeto y reconocimiento de sus semejantes. Aunque las personas del tipo Ben tienen enemigos, incluso éstos respetan su éxito. Los nacidos bajo este signo son ambiciosos y tienen claras sus metas e intenciones.

Desafío: Ser dogmáticos en sus opiniones o mantener actitudes rígidas.

Solución: Entender la naturaleza humana; aplicar destrezas sociales.

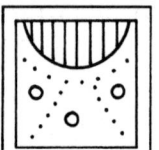

Ix—Norte

Simbolismo: El nombre que dan los mayas a este día, Ix, probablemente se refiere al dios de la tierra o a un mago. El nombre maya quiché, Balam, definitivamente significa "jaguar" en toda la región maya. La conexión en este caso es que el jaguar es un animal del submundo, de la tierra. Aunque el glifo maya es estilizado, parece mostrar las manchas de este animal.

Personalidad: Las personas del tipo Ix pueden ser privadas, sensibles, inteligentes y síquicas. Tienen un sentido innato de la estrategia y son buenos planificadores e investigadores. Los del tipo Ix pueden ser agresivos, pero generalmente evitan las confrontaciones directas. Luchan por exponer sus puntos de vista, aunque normalmente lo hacen en formas más o menos indirectas. Algunos son comunicadores crípticos. No tienen miedo de embrollarse en las vidas de otros. Tienden a involucrarse profundamente con otras personas a muchos niveles y basan en estas relaciones sus necesidades de seguridad. Cuando la situación se agria, se ven atrapados en una red de ataduras y obligaciones que son difíciles de romper rápidamente. Esta tendencia los hace dejar muchas cosas sin terminar y les da la oportunidad de procesar lo sucedido, lo que les permite hacer profundas reflexiones espirituales. Los del tipo Ix son buenos curadores y consultores. Se inclinan hacia la religión o la espiritualidad y suelen poseer distintos tipos de aptitudes psíquicas. Son muy sensibles en general y pueden leer a la gente intuitivamente. Cuando esta habilidad psíquica se combina con su tendencia a involucrarse profundamente en las relaciones humanas, lo que se obtiene es en esencia una persona con aptitudes de médico o consejero. En su máxima expresión, las personas del tipo Ix son curadoras y confesoras, con lo que prestan a la humanidad un servicio necesario.

Desafío: Sortear relaciones humanas complejas y entreveradas; purificar su vida social.

Solución: Desarrollar habilidades de sanación y asesoramiento.

Men—Oeste

Simbolismo: Los mayas llamaban a este día Men, que es la raíz del verbo "hacer". El glifo correspondiente a este día está representado como una cabeza con puntos en una línea por detrás de los ojos, lo que, según se ha sugerido, es prueba de que el signo representaba la antigua deidad de la Luna. A esta deidad la dibujan con un tocado y un escudo cubierto de plumas de águila. Otro de sus símbolos es la garra de un águila. Esta diosa maya es la patrona del tejido y de otras actividades femeninas. En este caso, sin embargo, el simbolismo del signo del día no se aviene muy bien con el tipo de personalidad.

Personalidad: Las personas del tipo Men son independientes, ambiciosas y escapistas. Pueden ser científicos, tener inclinaciones técnicas, y ser críticos y exigentes. Suelen tener interés o conocimientos en filosofía y ciencias o en los aspectos más técnicos de su campo de especialización. Es común que las personas del tipo Men estén un poco adelantadas a su época en lo que se refiere a su pensamiento y tienden a ser experimentadoras en muchos aspectos de la vida. Son perfeccionistas con mentes exigentes y críticas que requieren desafíos. Hacer planes y proyectos es particularmente atractivo para ellos. Los nacidos bajo este signo son típicamente perfeccionistas capaces de lidiar con muchos detalles. Las personas del tipo Men son a menudo poco convencionales en formas significativas; tienen en la vida sus propias normas, elaboradas a partir de su propia perspectiva particular sobre las cosas. Pueden ser motivados, pero también disfrutan de vez en cuando de un buen escape. Si fuera por ellos, probablemente lo dejarían todo y se marcharían con rumbo a lugares desconocidos, pero generalmente tienen que ocuparse de complejas relaciones que los atan y les impiden hacerlo. A un nivel más positivo, muchas personas del tipo Men están interesadas en hacer del mundo un sitio mejor y su apariencia escapista es sólo la imagen que otros tienen de ellos. Los nacidos bajo el signo de Men suelen ser populares y bien considerados, lo que es interesante dado que ellos son los que tienden a hacer excepciones a las reglas según las entienden otros. Compiten cuando sea necesario y pueden hacerlo con mucha seriedad, pero normalmente tratan de evitarlo. Su estilo es más bien competir consigo mismos y es, quizás, la base de sus ambiciones personales.

Desafío: Crear un estilo de vida que les ofrezca tanto amistad como compañía.

Solución: Profundizar en el conocimiento de la naturaleza humana.

Cib—Sur

Simbolismo: Este signo del día, que los mayas llamaban Cib, parece referirse a un insecto pequeño, quizás la abeja. Los Bacab (los cuatro puntos cardinales personificados en la cosmología maya) eran apicultores. Los mayas tenían la creencia general de que los muertos vuelven a la Tierra en forma de insectos. El propio glifo probablemente representa una concha, un símbolo que usaban algunos de los Bacab. En algunos de los glifos también se aprecian rasgos de jaguar, que sugieren oscuridad y noche.

Personalidad: Cib es un signo del día serio, sabio, profundo, realista y pragmático. Algunas personas del tipo Cib ven la vida con filosofía, otros se quejan siempre. Tienen un sentido de los límites y la fatalidad que los hace parecer ultrarrealistas y pragmáticos. Saben detectar los sinsentidos pero también dan crédito a quien lo merece. Algunos están endurecidos por la vida y la mayoría de ellos toman muy en cuenta el estatus social y tienen normas muy elevadas. La mayoría posee un excelente sentido del juicio y son extremadamente competentes en lo que hacen, pero son muy críticos cuando otros hacen lo mismo que ellos. Algunos tienen la tendencia a restar importancia a los sentimientos mostrados por otros. Aunque tengan que trabajar duro en la vida o sufran algún tipo de carencia, siempre se las arreglan para salir adelante. Suelen preguntarse por qué se ha de exigir menos de otros. Los del tipo Cib son sensibles a la autoridad y la jerarquía, a menudo están motivados a buscar altas posiciones, y a veces se convierten en víctimas de quienes ya ocupan esas posiciones. Los nacidos bajo este signo son vivamente conscientes de su estatus social o político en cualquier momento dado. Para la mayoría de ellos, esta característica significa que se sienten cohibidos cuando se encuentran rodeados de personas que los pueden juzgar de alguna manera, y temen el rechazo. Aunque la mayoría mantiene su autoridad y su alta posición en relación con otros, muchos son víctimas. Se enfrentan desde el lado opuesto a los problemas de autoridad que son centrales para este signo del día. De algunos de ellos la gente se aprovecha; otros incluso sufren golpes y abusos. En determinados casos, este abuso es más bien un problema social, en el sentido de que la mayoría rechaza las convicciones de la gente del tipo Cib. En dar consejo es en lo que muchas personas del tipo Cib se destacan. Sus desafíos en la vida y su clara conciencia de lo que funciona y lo que no funciona en la sociedad les dan la capacidad de hacer juicios adecuados para otros.

Desafío: Sobreponerse a la timidez y a las inseguridades personales.

Solución: Destacarse en su profesión.

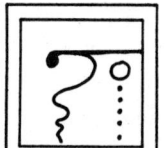

Caban—Este

Simbolismo: El nombre que dan los mayas a este día, Caban, significa Tierra, y es un día que se asocia con terremotos. El glifo maya del día incluye una línea curva que puede representar un mechón de cabello de la joven diosa de la Luna, que también es la diosa de la Tierra. Los mayas consideraban que este día era bueno para hacer de casamenteros, así como para la medicina y el comercio.

Personalidad: Las personas del tipo Caban son mentalmente activas, racionales y sagaces, pero prácticas. Tienden a creer que en última instancia el mundo se puede reducir a la lógica y que las soluciones racionales son las únicas soluciones. Pueden ser brillantes ingenieros o estrategas que presentan soluciones novedosas para problemas persistentes. No obstante, esta capacidad de racionalizar todo lo que perciben conduce a algunos de ellos a juicios imprecisos y elecciones desacertadas. Las personas del tipo Caban suelen ser liberales y progresistas. Su intensa actividad mental a veces los lleva a tener puntos de vista que se basan en abstracciones o en ideales no realizados. Muchas personalidades Caban tienen un gran sentido del humor. Esto puede deberse a su agudeza mental y a su capacidad de hacer uso práctico de sus apreciaciones sobre la naturaleza humana. En los nacidos bajo este signo del día se encuentran fuertes convicciones. Son personas extremadamente independientes y tercas que no soportan que les digan lo que tienen que hacer y muchas veces pagan el precio de esto en sus relaciones más estrechas. Cuando son líderes, suelen ser vistos como personas progresistas y, quizás, un tanto amenazantes para los seguidores del statu quo. Las personas del tipo Caban tienden a buscar posiciones de liderazgo o posiciones en soledad, quizás porque saben lo difícil que les resulta seguir el camino de otros.

Desafío: Mantener la vida en orden según un plan razonable.

Solución: Hacerse más flexibles, tolerantes y pacientes.

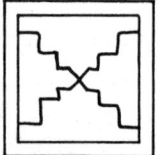

Etzínab—Norte

Simbolismo: El nombre maya Etzínab se traduce aproximadamente como "cuchillo" o "implemento agudo". El glifo correspondiente a este signo puede indicar una hoja de cuchilla; el mismo diseño se encontraba a menudo representado en las puntas de lanzas.

Personalidad: Los nacidos bajo el signo de Etzínab son sociables, pero también prácticos, aficionados a la mecánica y bien coordinados. La vida familiar, las fiestas, los eventos de grupo, las aventuras amorosas y las asociaciones pueden llegar a ser muy importantes, y a veces incluso motivo de obsesión, para los nacidos bajo este signo del día. Simplemente no pueden evitar emocionarse cuando están cerca de otras personas. Sus ideas sobre la forma en que deben mantenerse las relaciones puede estar en conflicto directo con sus propias necesidades, a las que suelen restar importancia; a cierto nivel, les molesta tener este rasgo. En su mayor parte, son corteses, transigentes y capaces de sacrificarse pero, si los empujan, tienden a ser de temperamento volátil. Si bien pueden reprimir sus sentimientos por un tiempo para evitar conflictos, cuando al fin se ven contra la pared, hacen explotar su rabia reprimida o al menos dicen cosas que otros no esperarían que dijeran. A menudo están sumamente interesados en los aspectos más técnicos de sus profesiones y prestan atención a los detalles. Son hábiles para solucionar problemas mecánicos, trabajar con herramientas o incluso dominar la coordinación de los dedos para tocar un instrumento musical. Disfrutan plenamente una conversación con otros sobre temas técnicos. La gran debilidad de los nacidos bajo Etzínab es su vanidad. Pueden verse muy absortos tanto en el trabajo como en relación con su apariencia. La gran fuerza de este signo del día es el nivel de sacrificio personal que confiere. Por alguna razón psicológica, las personas Etzínab son capaces de dejar a un lado sus propios intereses para poder satisfacer las necesidades de otros, de quienes es de esperar que agradezcan tales gestos.

Desafío: La tendencia a elegir el interés propio antes que el sacrificio o resolver los problemas de otros.

Solución: Compartir con otros y permitirles ser líderes.

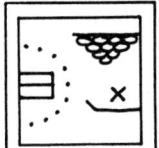

Cauac—Oeste

Simbolismo: El nombre maya para este día era Cauac, que significa tormenta, trueno y lluvia. El glifo parece contener nubes y símbolos que también figuran en dibujos de los dragones celestes, que traen lluvias y tormentas. El nombre guatemalteco de este día, Ayotl, significa tortuga. El signo del día está vinculado con la lluvia, pues tanto este animal como la rana son representados cayendo con la lluvia.

Personalidad: Ciertamente, Cauac es un signo del día juvenil, inquieto, amistoso, amable y compasivo. Son personas multifacéticas y a menudo alcanzan el éxito en varias esferas. Una de las características más evidentes de este amistoso signo del día es su carácter juvenil. Las personas Cauac suelen elegir profesiones que les permitan trabajar con niños, o en ocasiones llegan a actuar como niños. Los nacidos bajo este signo son a menudo mentalmente activos y conversadores. Aprenden con facilidad y muchas veces son maestros o consejeros. El interés por el bienestar de otros, especialmente del público, es común en los nacidos bajo el signo de Cauac. Tienen una gran intuición y pueden improvisar cuando se encuentran en aprietos. Las personas de este tipo están más inclinadas a imitar que a innovar. Respetan la tradición y las formas creadas por los que han venido antes que ellos, sea en el arte, las ciencias o los negocios. Los nacidos bajo el signo de Cauac generalmente tienen interés en el significado más profundo de la vida. Muchos se sienten atraídos al estudio o la práctica de la religión, la espiritualidad o la filosofía. A menudo se los encuentra trabajando en los campos de la medicina o la psicología. El proceso de limpieza y sanación tiene una importancia especial para los de este signo. Muchos de los nacidos bajo Cauac llegan a ser médicos o curadores de una forma u otra. Sus instintos naturales de proteger y cuidar, combinados con una excelente intuición y aptitud técnica, y una mente capaz de asimilar detalles, los hace particularmente idóneos para ese tipo de trabajo.

Desafío: Desarrollar la habilidad de enseñar y sanar.

Solución: Estudiar con un verdadero maestro.

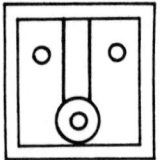

Ahau—Sur

Simbolismo: El nombre maya de este signo del día era Ahau, que significa señor o jefe. El glifo correspondiente a este día es a veces una flor de cuatro pétalos, aunque también aparece en forma de rostro. Para los mayas, la flor era un símbolo del señor o el Sol, y éste era su día.

Personalidad: Las personas del tipo Ahau son amorosas, dedicadas, artísticas, soñadoras y románticas. Pueden ser amigos y amantes leales, pero a menudo sufren en las relaciones debido a sus expectativas irrealistas. Son extremadamente dedicados al prójimo, incluidos los amigos y amantes, y se sienten muy heridos cuando los dejan por otros. Las personas del tipo Ahau tienen una bella visión de cómo puede ser la vida y, lo que es más importante, de cómo puede ser la vida con otra persona. En algunos casos, la obsesión con el futuro y con algún tipo de perfección total genera ilusiones, alimenta expectativas irrealistas y da lugar a decepciones. En otros casos, las personas del tipo Ahau viven una vida dedicada a un ideal y logran grandes cosas, llegando en ocasiones a cambiar el mundo. El arte y la belleza atraen el interés de los nacidos bajo este signo del día. Muchos son consumados artistas, escritores o artesanos que crean productos decorativos, placenteros desde el punto de vista estético. Los del tipo Ahau suelen ser inteligentes y esforzados, pero también pueden ser tercos e intransigentes. Uno de los problemas principales es que no están dispuestos a hacer concesiones en cuanto a sus ideales. Son personas decididas que prefieren no participar antes que tener que aceptar una situación que no sea perfecta. Ahau es un signo que necesita combinar el realismo y el idealismo y, cuando logran hacerlo, se les abren las puertas a un mundo más perfecto.

Desafío: Sobrellevar las decepciones producidas por las expectativas irrealistas; aceptar un mundo que no está a la altura de sus esperanzas y deseos; tolerar la injusticia cometida por otros.

Solución: Mantener una vida sencilla y apreciar los pequeños detalles.

DOS
LA LUNA Y LA TRECENA

El calendario astrológico de 260 días que usan los mayas contiene veinte bloques de trece días denominados *trecenas*. Estos bloques indican cualidades generales de la personalidad similares a las que representa la Luna en la astrología occidental. Estas cualidades son: la receptividad, la reacción, la respuesta instintiva y las conexiones emocionales con la familia, la comunidad y la sociedad en general.

La Luna desempeñaba una función importante en la mitología y el folclor del México antiguo. En Occidente, la Luna se ha vinculado durante mucho tiempo con el aspecto femenino de la vida; este vínculo también existía en el caso de los mayas. Por ejemplo, la Luna maya se relacionaba con la diosa Ix Chel, "la Señora Arcoiris", que era la esposa de Itzam, el dios supremo. Era una diosa del mundo femenino del tejer, el parto y la sanación.

La Luna también desempeñaba un papel importante en la astrología maya antigua. Los astrólogos mayas se percataron sin duda de la rapidez con que la Luna pasa junto a las estrellas en el cielo nocturno. En un día la posición de la Luna en relación con las estrellas de fondo avanza tanto como el Sol en trece días. La Luna toma unos veintisiete a veintiocho días para pasar por los 360 grados del zodíaco. A ese ritmo, cubre unos trece grados del zodíaco en un día. El Sol se mueve a un grado del zodíaco por día, por lo que tarda unos trece días en cubrir la misma distancia que cubre la Luna en un solo día. La Luna tiene a su vez trece ciclos con el Sol en un año. De una Luna nueva a otra hay unos veintinueve días y aproximadamente trece de estos ciclos coinciden con el ciclo anual del Sol por el zodíaco. Éstas son dos de las razones principales por las que el número trece llegó a ser el número más poderoso en la astrología mexicana antigua.

El Tzolkin maya tenía veinte "semanas" de trece días, lo que hace un total de 260 días. Las veinte semanas de trece días, que se conocen en español como trecenas (de trece), parecen ser de carácter lunar. Representan el tiempo que toma al Sol igualar los viajes diarios de la Luna. Los códices e inscripciones antiguos indicaban que cada uno de los períodos de veinte días tenía un significado específico, generado por el día solar con nombre (el signo del día) que dio inicio al período. Estos "primeros días" siempre llevan el número 1, seguido por el nombre del día. Al igual que los signos de los días, cada uno de estos períodos estaba regido por una deidad específica.

Las trecenas parecen correlacionarse con las tendencias públicas del mundo. Los acontecimientos noticiosos, tanto locales como globales, tienden a reflejar el carácter del período de trece días que esté activo en cada momento dado. Por ejemplo, cuando estamos en el período 1-Ben, las personas de opiniones fuertes y rígidas protagonizan las noticias. Durante 1-Cib, un signo de política, a menudo oímos relatos de complejas manipulaciones políticas en Washington, D.C., y en otros lugares. Los observadores atentos notarán que las personas descritas por un período específico de trece días a menudo protagonizan las noticias durante los trece días de influencia del signo en cuestión. Además, algunos tipos de actividades tienden a proliferar, o al menos a convertirse en conocimiento público, en algunos períodos de trecenas pero no en otros. Los astrólogos mesoamericanos de la antigüedad utilizaban este calendario astrológico al seleccionar los mejores momentos para actuar. En Occidente, este proceso se denomina astrología electiva.

La trecena no sólo brinda una descripción de las tendencias actuales, sino que también sirve como índice de personalidad. Cada nacimiento que tenga lugar durante un período de trece días recibe una fuerte influencia de esa trecena. De hecho, este efecto era una de las interpretaciones principales de las trecenas en el México antiguo. Estos períodos de trece días eran indicadores de carácter y destino; también decían algo sobre la conexión de la persona con su familia, comunidad o nación.

El orden de las trecenas no sigue el de los veinte signos de los días. Por ejemplo, trece días después del comienzo de la trecena llamada 1-Imix, el signo del día Ix indica el comienzo de la trecena siguiente y es el siguiente con el número 1 como prefijo. Otros trece días más adelante (usando la secuencia de los signos de los días como ciclo continuo) es Manik, que da inicio a la trecena siguiente y tiene el número 1 como prefijo.

Puede ver cómo los veinte signos de los días se repiten en ciclos de trecenas a lo largo de los 260 días del calendario astrológico si consulta el primer cuadro en la página 125. Todo nacimiento ocurre dentro de uno de estos períodos de trece días. Esta colocación significa que cada nacimiento está designado no sólo por un signo del día, sino también por su posición dentro de un período de trece días. Por ejemplo, el día 3-Ben es el tercer día en la trecena que comenzó con el día 1-Chuen. Una persona nacida en el tercer día de la trecena 1-Chuen tiene a Ben como su signo del día. Ben describe la personalidad solar o dominante, que en este caso sería fuerte, dominante, intelectual y paladín de la justicia. Pero acechando debajo de la personalidad dominante se encuentran patrones de conducta más instintivos (lunares) que describe el signo Chuen. A nivel subconsciente, una persona nacida bajo esta combinación busca atención y adulación. La combinación, un signo del Este (Ben) y uno del Oeste (Chuen), también puede producir una persona que se debate entre el interés propio y la transigencia, y esa persona puede encontrar la solución en desempeños espectaculares que satisfacen las necesidades de otros. El aprovechamiento del interés propio y la agresividad para satisfacer la necesidad de atención y contacto con otros a través de una actividad profesional o recreativa parecería ser una solución práctica de este conflicto.

DELINEACIONES DE LAS TRECENAS

1-Imix

Personal: Bajo la personalidad de superficie de 1-Imix se encuentra un carácter muy emotivo. Estas personas tienen fuertes impulsos creativos y sienten una necesidad instintiva de proteger a otros. En muchos casos, esta necesidad es en realidad el reflejo del deseo de tener una familia a quien proteger, aunque puede también satisfacerse a través de mascotas o amigos. Los nacidos durante este período pueden ser dominantes desde el punto de vista emocional, de forma inconsciente, y es posible que otros tengan problemas con esta característica de personalidad.

Social: La trecena Imix es una época en que las personas luchan por conseguir seguridad. Los vínculos tribales se intensifican y las cuestiones del nacionalismo, las escuelas, los niños y la familia suelen ser tema de las noticias. La creatividad se acrecienta durante este período, una época que fue regida tradicionalmente por el dios o la diosa creadora de los mexicanos antiguos.

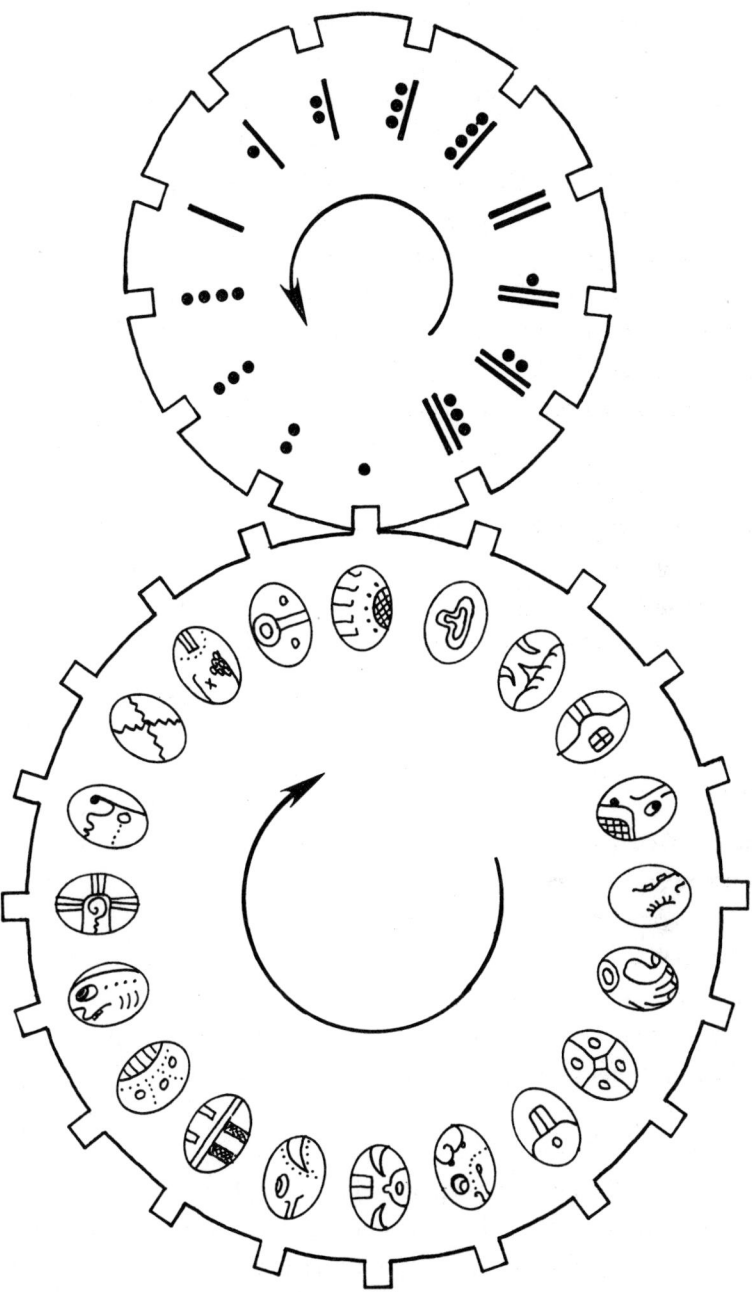

Lo ciclos de las trecenas (representados por los símbolos numéricos mayas en la rueda superior) y los veinte días (representados en la rueda inferior por sus signos de los días) pueden verse como ruedas dentadas cuyos engranajes producen el año de 260 días.

1-Ix

Personal: Bajo la personalidad de superficie de 1-Ix se oculta una persona con dificultades de comunicación y de autocontrol, un explorador de la condición humana. Los acontecimientos críticos que ocurren en las vidas de las personas Ix, como la muerte de seres queridos u otras transformaciones intensas, pueden hacerlos retraerse y reservarse sus sentimientos y pensamientos. Las personas nacidas durante la trecena Ix deben ser realistas en cuanto a las responsabilidades y no eludirlas ni asumir demasiadas.

Social: El control de las pasiones suele ser el problema principal durante este período. La conducta irresponsable y orgullosa crea problemas y produce alboroto, pero se encuentran soluciones a través de observaciones psicológicas y técnicas.

1-Manik

Personal: Bajo la personalidad de superficie de 1-Manik se encuentra una persona que lucha con la dicotomía entre la libertad y la seguridad. Las personas Manik tienen ansias de lanzarse a destinos desconocidos, pero también tienen deseos de seguridad hogareña y familiar. Debido a que este conflicto los lleva a descubrir soluciones singulares, a menudo se convierten en innovadores o creadores de un estilo de vida personal no muy convencional. Suelen tener intereses inusuales de investigación o búsqueda.

Social: Se decía que, en la antigüedad, cuando reinaban el poder y la fuerza, Manik era una época de conductas pacíficas, incluso tímidas. Actualmente, parece ser que la sensibilidad hacia el prójimo y la igualdad de los sexos son temas importantes en las noticias.

1-Ahau

Personal: Bajo la personalidad de superficie de 1-Ahau se esconde un ser humano romántico y atraído por vida sofisticada. Tal persona podría encontrar el éxito en una vida relacionada con las modas o como artista o personalidad pública. La mayor debilidad de los Ahau es en el tema de las relaciones. En este aspecto tienden a ser idealistas y a menudo hacen malas elecciones que desembocan en problemas.

Social: 1-Ahau es un buen momento para demostrar el compromiso con un ideal. Es una época de progreso social y de ajuste de cuentas. Las personas tienden a responder más a sus sentimientos durante la influencia de este signo, lo que es muy propicio para la religión y las artes.

1-Ben

Personal: Bajo la personalidad de superficie de 1-Ben se encuentra alguien que busca el automejoramiento constante. Estas personas tienen una fuerte necesidad de persuadir a otros, derrotar a sus enemigos y conseguir sus objetivos. Aunque se desempeñan bien como maestros o como ejemplos a seguir, también tienen la tendencia a ser un tanto mojigatos y a estar demasiado seguros de sí mismos.

Social: Ben es una época para dictar disposiciones, fallos y decretos, hacer tratados, promover ideas, ventilar opiniones y debatir políticas. En la antigüedad se consideraba un período de infortunio, quizás porque en una sociedad estrictamente controlada no era aceptable que las personas expresaran sus propias ideas.

1-Cimi

Personal: Bajo la personalidad de superficie de 1-Cimi se encuentra una persona con una firme dedicación a su comunidad. Las personas Cimi sacrifican su tiempo por otros, aunque a veces no estén seguras de por qué lo hacen. Tienen un sentido sumamente fuerte de la tradición y se sienten atraídas por la historia y las antigüedades. En última instancia, son personas sencillas con un profundo interés por la conservación de la familia, la comunidad y la nación.

Social: Esta trecena es uno de los períodos regidos por la propia Luna. Su deidad patronal era Tecciztecatl, una figura propensa a la abnegación, que llegó a convertirse en la Luna cuando se creó la era actual. Es una época en que las personas muestran dedicación a causas colectivas y a líderes populistas. Es una época impactante para la gente común.

1-Cauac

Personal: Bajo la personalidad de superficie de 1-Cauac se esconde alguien que puede llegar a ser demasiado dependiente de otros. Estas personas tienen una gran necesidad de sentir que son parte de una familia. También tienen una veta independiente que los hace necesitar tiempo a solas, apartados del mundo. A este respecto, experimentan muchas contradicciones internas.

Social: En tiempos antiguos, el período Cauac era temido y se consideraba desafortunado. Se decía que era una época en que nacían hechiceros y los demonios venían a la Tierra. Como es de esperar, se trata de un período de enfrentamientos, bombardeos y golpes militares o adquisiciones empresariales. Una de las tendencias más positivas que se experimentan durante este período es un sentido de apertura a la naturaleza y a los misterios del universo.

1-Eb

Personal: Las necesidades sociales conflictivas influyen en la conducta de los nacidos durante la trecena Eb. Uno de los aspectos de la personalidad Eb es la inclinación a trabajar para complacer a otros; su otra tendencia es sentir resentimiento sobre las concesiones que se espera que hagan en esos esfuerzos. Las personas del tipo Eb tienen interés en los lugares más recónditos y oscuros del mundo y en la psiquis de otras personas. Puede irles bien en profesiones que les permitan explorar legítimamente esas áreas.

Social: Durante este período suelen plantearse situaciones relacionadas con la superación de desavenencias y el arreglo de diferencias entre personas y países, así como problemas de salud. Es una época de sanación y comprensión. La tendencia general durante ese período es que ocurran situaciones de protección y sanación. La mujer o las cuestiones femeninas son también prominentes en esta trecena.

1-Chicchan

Personal: Bajo la personalidad de superficie de 1-Chicchan se encuentra una persona que hace frente a grandes conflictos internos. Este forcejeo interno a menudo lleva a la persona a asumir posiciones comprometidas sobre distintos temas. Cuando las personas Chicchan se ponen en marcha, lo hacen en serio. Ante los ojos de otros, pueden parecer un poco fanáticos a veces, o al menos un tanto extremos. Los Chicchan saben intuitivamente lo que tienen que hacer en la vida, aunque no sean capaces de expresar esas inclinaciones en forma lógica.

Social: La trecena Chicchan favorece a mercaderes y guerreros. Es una buena época para viajar, para iniciar una expedición o para lanzarse osadamente a donde nadie ha ido antes. En el México antiguo, los soldados marchaban hacia batallas distantes durante esos períodos. Actualmente la influencia de Chicchan inspira confrontaciones y descubrimientos audaces. También son noticia en esos tiempos las relevaciones de secretos.

1-Etzínab

Personal: Bajo la personalidad de superficie de 1-Etzínab se encuentra alguien que busca experiencias poderosas y transformativas. Estas personas están dispuestas a ir más allá para promover cambios en sí mismos y en otros. Tienden a ser inquietos y quizás un tanto inestables, pero son persistentes y muy dedicados a sus vocaciones en la vida. A veces asumen riesgos que pueden incluso poner en peligro sus vidas, o se sienten atraídos a personas que asumen riesgos de este tipo.

Social: Durante este período tienen lugar demostraciones de competencia. Se consideraba que era una época en que surgían o nacían líderes hábiles, y este atributo sigue siendo válido hoy. Etzínab es una buena época para hacer elecciones y decisiones difíciles, lo que a menudo se refleja en las actividades de los líderes.

1-Chuen

Personal: Bajo la personalidad de superficie de 1-Chuen se oculta una gran necesidad de estar en primer plano, o al menos de ganarse la atención del público. Las personas nacidas en esta trecena se sienten atraídas instintivamente a actividades como el magisterio, la actuación y las presentaciones de todo tipo. Les encanta jugar y suelen tener varios pasatiempos a los que se dedican cuando no están trabajando.

Social: Es una época favorable para artistas, músicos, bailarines y otras personas creativas. Es también una época propicia para actividades creativas y para posturas y dramatismo en la política. Tradicionalmente, un segundo tema de este período tiene que ver con el diagnóstico y la curación de enfermedades.

1-Kan

Personal: Bajo la personalidad de superficie de 1-Kan se oculta una intensa necesidad de reconocimiento. El yo reactivo ha visto despertar su creatividad y busca cómo canalizar esta energía, a veces en el ámbito sexual. Las personas Kan a menudo se convierten en líderes desde una edad temprana. Otros los admiran por su confianza en sí mismos y su disposición a defender un punto de vista.

Social: Según fuentes mexicanas antiguas, este período era uno de los más positivos. Es favorable a la juventud y también al buen desempeño. Se dice que las personas nacidas en esta época son afortunadas y pueden prosperar sin hacer grandes esfuerzos. No obstante, la influencia de Kan tiene un aspecto prematuro en el sentido de que, a pesar de todo el aspaviento, las acciones decisivas emprendidas durante este período tienen la tendencia a fracasar.

1-Caban

Personal: Bajo la personalidad de superficie de 1-Caban se esconde un soñador. Los del signo Caban tienen una imaginación fértil y a menudo encuentran maneras de hacer que la fantasía rinda sus dividendos. Pueden destacarse en alguna de las artes, o al menos tener una gran capacidad de apreciar las artes. La mayor ventaja de los Caban es la capacidad de encontrar maneras prácticas de aplicar sus ideas, salvando así la distancia entre fantasía y realidad.

Social: Este período se consideraba serio y se decía que sólo era favorable para quienes hicieran sus penitencias. Hoy en día Caban es una época en que las condiciones políticas se desestabilizan. Una época en que se preparan cambios y reformas, en que se modifican los límites y fronteras.

1-Oc

Personal: Bajo la personalidad de superficie de 1-Oc se encuentran personas muy consecuentes en cuanto a sus creencias y su lealtad. Son capaces de mantenerse durante años en un mismo programa o actividad. Aunque pueden ser una inspiración para otros, también pueden ser extremadamente tercos. Una vez que se han comprometido con sus propios estilos de vida, sin importar si son convencionales o no, se dedican a ello por toda la vida.

Social: En tiempos antiguos, este período se consideraba muy afortunado. Se veía como una época en que nacían personas de éxito. Este atributo sigue siendo válido hoy, por lo que Oc es una buena época para celebraciones y colaboración.

1-Akbal

Personal: Bajo la personalidad de superficie de 1-Akbal se esconde una profunda necesidad de establecer cimientos muy seguros. Estas necesidades de seguridad pueden ser intelectuales, como sucede con la ciencia y la religión, o materiales, por ejemplo, mediante la posesión de objetos de valor. Independientemente de si esas personas buscan seguridad mental o económica, suelen imponerse a sí mismas normas estrictas, y también se las imponen a otros.

Social: Se decía que el período Akbal era una época de problemas y vicios. En este tiempo han salido a la luz componendas financieras secretas, casos de espionaje, paranoia de grupo y otros fenómenos similares. Quizás sea una buena época para reconocer abiertamente la verdad y no ocultar nada.

1-Cib

Personal: Bajo la personalidad de superficie de 1-Cib se encuentra una persona de fuerte voluntad, que no se deja convencer fácilmente por otros. Estas personas tienen normas estrictas y tienden a considerar que están "por encima de todo" y a no aceptar críticas. Sienten un profundo temor al rechazo y a menudo los atormenta la culpabilidad. Estas dos proclividades tienen un gran efecto en el sentido de autoestima de la persona Cib. Aunque la mayoría de los Cib son muy talentosos o al menos muy informados —y por lo tanto tienen mucho que ofrecer al mundo— en algunos casos se sienten opacados en la vida por otros.

Social: Es una época de decisiones difíciles y de someterse a pruebas, lo que resulta fácil para quienes son realistas y controlados, pero puede ser doloroso o desafiante para las personas sensibles o débiles. Cib es una época de política implacable. Durante este período, la gente se da cuenta de lo que es real y de lo que no lo es. Algunas personas se deprimen, otras se ponen a trabajar.

1-Muluc

Personal: Bajo la personalidad de superficie de 1-Muluc se encuentra una voluntad fuerte, propulsada por instintos poderosos e irracionales. Estas personas hacen cosas en la vida sin una explicación racional, simplemente porque sienten que tienen que hacerlo. Consideran necesario mantenerse bajo control la mayor parte del tiempo, pues de lo contrario se arriesgan a ofender a otros que no los entienden a ellos. Por esa razón harían bien en seleccionar muy bien a sus amigos.

Social: Parece ser que en la antigüedad el período Muluc se consideraba difícil, si no simplemente desafortunado. Pero actualmente parece que Muluc es una época en que las personas deben hacer frente tanto a los aspectos turbios de la vida y a sus propias emociones negativas. Los que están más inestables emocionalmente son los que más afectados se ven. Durante Muluc hay una necesidad de sanación en grupo, de aceptación del cambio por el grupo.

1-Ik

Personal: Bajo la personalidad de superficie de 1-Ik se oculta una gran necesidad de comunicarse. En algunos casos, este impulso o interés puede desembocar en una vida dedicada al magisterio o a la actuación. Los nacidos durante este período son portadores de ideas; son personas que tienen un mensaje que transmitir. Siempre se sentirán atraídos instintivamente hacia actividades que satisfagan esas necesidades.

Social: Ik es un período inestable y agitado durante el cual personas espirituales, extrañas e incluso inestables protagonizan las noticias o influyen en los acontecimientos. Es una época en que el control externo es débil, se emprenden experimentos y se derriban barreras.

1-Men

Personal: Bajo la personalidad de superficie de 1-Men se encuentra una persona con grandes facultades de discernimiento. Las personas del signo Men conocen las diferencias entre las cosas, saben cómo expresar esas distinciones y a menudo se destacan por su capacidad de expresar sus emociones y sentimientos a través de proyectos creativos o artísticos. Son además un tanto psíquicos y encuentran que su inconsciente es su mejor amigo, una vez que aprenden a escucharlo.

Social: La época Men es favorable a los intereses propios. Suelen ser noticia las decisiones y acciones precipitadas, que por lo general luego se demuestra que eran erradas. Las personas del tipo Men piensan mucho y hablan de detalles, pero pocas de ellas alcanzan a ver la imagen de conjunto.

1-Lamat

Personal: Bajo la personalidad de superficie de 1-Lamat se encuentra un competidor y luchador. Este aspecto del carácter no siempre es visible para otros mientras no hayan llegado a conocer bien a los nacidos bajo el signo Lamat. A éstos les fascina en secreto la posibilidad de una confrontación, y asumen riesgos en la vida para crear conflictos. Estas personas prefieren una vida de retos competitivos antes que una vida rutinaria, y deberían tratar de satisfacer esas necesidades en formas que no sean destructivas, por ejemplo, administrando un negocio.

Social: Lamat es un período positivo y productivo, una época en que el público se siente motivado o entusiasmado en relación con algo. Los héroes populares son noticia en esta época.

TRES

LOS SEÑORES DE LA NOCHE

En muchas inscripciones mayas y en casi todos los códices astrológicos se aprecia un ciclo de nueve deidades que se repiten constantemente. Son comúnmente llamados "Señores de la noche" o, en maya, *Bolon ti ku,* que traducido significa "los nueve". Estas divinidades regentes eran dioses del submundo, dioses con quienes la humanidad tenía que vérselas para alcanzar la vida eterna. No obstante, algunos investigadores creen que la secuencia de nueve días sólo se refiere a las noches, cuando dominaban los dioses del submundo. En las inscripciones, estas deidades suelen figurar junto a las fechas del Tzolkin; también se encuentran en inscripciones que enumeran las fases de la luna. Se ha sugerido que los Señores de la noche estaban conectados con el mes lunar, que se compone aproximadamente de tres ciclos de nueve días.

En comparación con los veinte signos de los días o las trecenas, no es mucho lo que se conoce sobre los Señores de la noche. Ni siquiera se sabe si estas nueve deidades regían solamente horarios parciales de los días o las noches, o quizás los días o noches completos. El experto en temas mayas Eduard Seler opinaba que regían una serie de horas nocturnas en las que la duración de la noche se dividía en novenas y que cada uno de esos segmentos estaba regido por una de las deidades especiales. Otros investigadores han postulado que las deidades designaban una secuencia de nueve días y nueve noches, de la misma forma en que siete planetas o cuerpos celestes dan sus nombres a la semana en Occidente. Ése es el criterio que seguimos en este libro.

Los autores sospechan que, al igual que el Tzolkin, los nueve Señores de la noche eran un componente básico de la astrología mesoamericana y que las deidades aztecas conocidas son una clave para comprender el papel de los señores mayas. Los señores aztecas parecen seguir una secuencia paralela a la de los mayas, aunque no conozcamos todos los nombres mayas. Se cree que el Señor de la noche maya # 4 habría sido una deidad de la agricultura. Resulta interesante que los aztecas colocan en la cuarta posición a Cinteotl, la diosa del maíz. Los expertos saben que los mayas vinculaban a estos señores con la cuenta larga y que el 11 de agosto de 3114 a.C., el primer día de la cuenta larga, regía el noveno señor. Al comenzar en esa fecha, el ciclo de nueve días puede simplemente ir en paralelo con los signos de los días para determinar el Señor de la noche correspondiente a cualquiera de los días del calendario occidental. Las designaciones de Señores de la noche en el primer cuadro al final de este libro se determinaron de esa forma.

Los Señores de la noche son equivalentes a los Señores de la muerte del *Popol Vuh*, uno de los textos mayas más importantes que sobrevivieron a la destrucción perpetrada por los frailes cristianos. Esta crónica de la mitología maya de la creación fue hallada en Guatemala largo tiempo después de la conquista española y ha sido una ventana excepcional a las ideas y creencias de los mayas anteriores a la conquista. Es un relato de dos héroes gemelos que según algunos representan el Sol y la Luna y, según otros, el Sol y Venus. Estos gemelos eran jugadores de pelota, atletas de un juego practicado por todas las culturas mesoamericanas importantes. En el juego, los jugadores se pasaban una gran pelota de caucho y se valían de sus caderas para dirigir la pelota. En todas las tierras de los mayas se encuentran estadios de pelota; el de Chichén Itzá es del tamaño de un terreno de fútbol americano.

El *Popol Vuh* cuenta la historia de cómo los gemelos vengaron la muerte de su padre, quien perdió la vida a manos de los Señores de la muerte que vivían en el submundo. Según el relato, los gemelos se aventuraron a viajar bajo tierra y, después de soportar varios suplicios, vencen a los Señores de la muerte en su propio juego de pelota sagrado. Al hacerlo, los gemelos se tornan inmortales.

Los Señores de la noche rigen el submundo, que puede equipararse con el mundo del inconsciente. Estos dioses son los que deben ser derrotados para que la humanidad pueda elevarse por encima de la condición primitiva animal/humana y alcanzar la inmortalidad. Pudiera decirse que el mensaje del *Popol Vuh* es que en el dominio de los impulsos primordiales del cerebro de reptil está la clave de la transformación, la inmortalidad y la paz en el mundo que conocemos.

Otra cosa es determinar qué significan los Señores de la noche en lo que se refiere a la personalidad o el destino individual. En la opinión de los autores, el Señor que rige un día en particular influye al menos en algunos aspectos de la personalidad de los nacidos en ese día. Y cada vez que el Señor de la noche y el signo del día son similares (como sucede, por ejemplo, con Ix y el Señor 8), la consolidación de los rasgos de personalidad es muy pronunciada. Es posible que el Señor específico de un día en particular sea un factor predictivo de algún rasgo del lado oscuro de una persona y de sus tendencias internas, o quizás revele algo sobre la vida subconsciente de la persona en general.

Tanto el Códice mixteco Fejervary-Mayer como el Códice matritense maya contienen cosmogramas que sitúan los nueve Señores de la noche en forma direccional, al menos en lo que se refiere al Este y el Oeste. Estas dos posiciones están ocupadas por G-2/G-3 y G-6/G-7, respectivamente. Mientras que G-4/G-5 y G-8/G-9 parecen estar en los lados Norte y Sur del diagrama, es posible que en realidad representen los niveles superior e inferior. Por último, G-1 está en el centro. Otra posible combinación de las direcciones cardinales sería que G-1 comenzara la serie y rigiera el Este, que G-2 rigiera el Norte, G-3 rigiera el Oeste y G-4, el Sur. Este proceso continuaría durante otro ciclo más y luego G-9 regiría el Este. Hemos optado por usar la combinación de Fejervary-Mayer basándonos en nuestras observaciones de que los nacidos bajo G-9 suelen ser personas excepcionalmente poderosas que no son necesariamente iniciadoras, lo que sería típico de la dirección cardinal Este, pero que tienden a ejercer control sobre otros en sus ámbitos sociales.

En los códices e inscripciones mayas, el glifo correspondiente a G-9 aparece con mucho menos frecuencia que otros glifos. Esto se debe a que G-9 está presente en todas las terminaciones de los tunes (un tun es un período de 360 días que se divide en 9 segmentos iguales entre sí). La cuenta de 260 días no se divide equitativamente entre 9; de hecho, tienen que transcurrir nueve ciclos completos del Tzolkin antes de que el mismo Señor de la noche vuelve a aparecer en el último día. En el Códice de Dresden se ha reconocido una permutación interesante relacionada con el Tzolkin y los nueve Señores. Nueve ciclos de la cuenta de 260 días equivalen a 2.340 días. Al dividir esta cifra entre 20 se obtienen 117 días (muy cercano al ciclo sinódico de Mercurio). La división de 117 días entre 9 equivale a 13 días. Si se dividen 2.340 días entre 13, se obtienen 180 días, cifra que, al dividirse entre 9, da como resultado 20. Cuando menos, estas correlaciones matemáticas demuestran cuán complejo puede ser el funcionamiento interno de la astronumerología maya, y también cuán esencial es el papel del número 9 al menos en esta parte de la combinación.

El patrón de crear ciclos a partir del número nueve puede verse en una escala mayor. La ronda del calendario de 52 años ó 73 Tzolkin, conocido como siglo mesoamericano, totaliza 18.980 días. Esta cifra no es divisible por 9. Pero deben transcurrir nueve rondas completas del calendario normal antes de que el mismo Señor de la noche vuelva a situarse en la fecha final. Este ciclo de nueve rondas de 52 años, 468 años en total, es el fundamento de los nueve "infiernos" que se supone comenzaron en 1519, el año en que Cortés llegó a México, que muchos mexicanos consideran el principio de su decadencia. El período terminó en 1987, en la época de la convergencia armónica: un acontecimiento espiritual basado principalmente en el calendario maya que tuvo lugar en distintas partes del mundo y en el que se celebraba el albor de lo que se suponía sería una nueva era. Los autores han concluido que el ciclo de nueve Señores de la noche es algún tipo de ciclo simbólico, quizás con algún valor astrológico, pero estamos lejos de saber exactamente cómo se aplicaba.

La mayoría de los nombres mayas de los Señores se han perdido; hoy en día, los expertos en temas mayas ordenan a los señores por número, es decir, G-1, G-2, etc. Los nueve señores mayas han sido identificados en códices e inscripciones, y se han propuesto posibles significados, pero ninguno se puede confirmar. No obstante, existe una lista azteca completa de nueve deidades que también se consideran nocturnas, y es mucho más lo que se sabe de esta lista que de las deidades mayas de la noche. Los Señores de la noche toltecas y aztecas tienen efectivamente mitologías y nombres conocidos que se cree sean paralelas a sus homólogos mayas, como se indica en el cuadro que figura a continuación.

SEÑOR MAYA	DOMINIO	SEÑOR AZTECA	MITOLOGÍA	DIRECCIÓN
G-1	agua	Xiuhtecutli	dios del fuego	Centro
G-2	lluvia	Itzli	cuchillo de sacrificios	Este
G-3	lluvia	Pilzintecutli	dios del Sol	Este
G-4	maíz	Cinteotl	dios del maíz	Norte
G-5	tierra	Mictlantecutli	dios de la muerte	Norte
G-6	juventud	Chalchiuhtlicue	diosa del jade y el agua	Oeste
G-7	jaguar	Tlazolteotl	diosa de las confesiones	Oeste
G-8	caracola	Tepeyollotl	dios jaguar	Sur
G-9	noche	Tlaloc	dios de la lluvia	Sur

Las siguientes delineaciones de características personales atribuibles a los nacidos bajo cada Señor de la noche se basan en pruebas anecdóticas y en comparaciones con horóscopos de estilo occidental. Los autores basaron estos cálculos en una secuencia continua de los nueve señores, en los que G-9 estaba vinculado con la terminación de los períodos más importantes en el contexto de la cuenta larga. No obstante, debe profundizarse en las observaciones para corroborar estas conclusiones.

G-1

Este poderoso señor rige el Centro. Las personas nacidas bajo este signo tienden a ser directas, enérgicas e incluso combativas para con otros. Debido a esa intensidad, suelen tener experiencias muy fuertes en sus vidas. A menudo los motivan necesidades muy básicas o primarias. Ser líderes es uno de sus mayores desafíos; tienen que aprender a utilizar las aptitudes de líder. Los G-1 pueden ocupar rápidamente el centro de la escena pero, una vez allí, no están seguros de que otros los seguirán. Si no aprenden a ser más sensibles en cuanto a la forma en que otros los perciben y si no aumentan su comprensión de las normas sociales, perderán seguidores. Las personas del tipo G-1 quieren estar donde esté la acción, y la energía y el entusiasmo que aportan suelen ser vitales para los grupos en que participan. Los problemas relacionados con la figura paterna contribuyen a menudo a la disfunción de los G-1 en lo que se refiere al liderazgo. Las personas cuyos padres han sido distantes o abusivos a veces no están bien preparadas para ser líderes. En ocasiones, incluso una buena relación paterna puede ser estresante para un G-1, quien entonces trata de alcanzar normas elevadas, sean reales o imaginarias. En cualquier caso, es probable que entender a su padre sea muy importante para que la persona G-1 se entienda a sí misma. El lado oscuro que tienen estas personas tiene que ver con impulsos incontrolables de ponerse a uno mismo primero. Los rasgos generales de personalidad de los G-1 son similares a los de Marte en la astrología occidental.

G-2 (Este)

Las personas de este tipo se dedican a su trabajo independientemente de si son empleados, si tienen su propio negocio, si hacen trabajo voluntario o si simplemente están haciendo arreglos en su propia casa. Los G-2 tienen un sentido de la responsabilidad muy elevado. Quizás otros los perciban como obsesivos, compulsivos e inclinados a hacer más de lo necesario. Las personas G-2 son buenas trabajadoras, son tercas y a menudo prestan gran atención a los detalles. Para ellos, el sacrificio personal es algo natural y una de sus reacciones más básicas en cualquier situación es hacerse a un lado para dejar espacio a otros más enérgicos. Los G-2 sienten ambivalencia en cuanto a ser jefe y se las arreglan para colocarse en empleos o ponerse en situaciones en que puedan tomar órdenes de los de arriba. La mayoría de las personas los consideran corteses, complacientes, considerados y respetuosos. Una importante lección en la vida para las personas del tipo G-2 consiste en hacer que sus sacrificios personales tengan sentido. Otra lección viene de aprender a utilizar adecuadamente su inmensa capacidad de dar. Su lado oscuro tiene que ver con su abnegación excesiva. Muchos de los nacidos bajo esta influencia tienen fuertes posicionamientos de Neptuno en sus cartas natales occidentales. Neptuno es un planeta que representa la pérdida de la identidad personal y la disposición a hacer sacrificios personales.

G-3 (Este)

Muchas personas nacidas bajo este Señor parecen tener una gran necesidad de ser respetadas por otros. Son personas serias que a veces son inseguras, pero a menudo ocupan una posición prominente en la vida, o al menos sienten que deberían ser reconocidas públicamente por sus acciones. Algunos de los nacidos bajo el signo G-3 proyectan esta necesidad sobre otros; es posible que se asocien o se casen con una persona poderosa en el mundo externo. Tienen altas expectativas para sí mismos y a menudo para otros, y se esfuerzan mucho por alcanzar sus metas. Al hacerlo, es posible que descuiden las relaciones, o quizás simplemente hacen elecciones pragmáticas en esta esfera para poder alcanzar sus objetivos. Esta dedicación puede conducir a una vida emocional asimétrica y puede ocasionalmente suscitar preguntas en las mentes de otros acerca de las motivaciones básicas de las personas del tipo G-3. Éstas buscan el protagonismo y el reconocimiento por sus logros, pero pueden funcionar bajo la sombra de otras personas, por ejemplo, un padre u otra figura de autoridad. Reconocen el valor de aprender de las personas mayores. Una de sus tareas en la vida consiste en aprender a ser una autoridad por derecho propio. Ésta es una necesidad que las personas del tipo G-3 satisfacen mediante el esfuerzo, no mediante la búsqueda de asociaciones que les permitan alcanzar esa meta. Su punto fuerte está en su persistencia y dedicación a un mayor nivel de aprendizaje y mejora. Su lado oscuro radica en la internalización de la figura materna o paterna, una voz crítica que los juzga. Las combinaciones entre el Sol y Saturno representan la correlación astrológica occidental correspondiente a este Señor.

G-4 (Norte)

Algunos de los nacidos bajo la influencia de este Señor son maestros, otros son curadores y algunos son padres sobreprotectores. La mayoría de ellos parecen propensos al nerviosismo y a la necesidad de hablar. Son intensos guardianes de algún objeto de su atención: otras personas, niños, mascotas. La juventud suele ser una de sus fijaciones; se sienten atraídos hacia los niños y quizás incluso trabajan con ellos de una forma u otra. Sus instintos protectores son muy fuertes, y necesitan encontrar formas sanas de dar expresión a este impulso. Su lado más oscuro radica en entender que su influencia protectora puede ir en su detrimento en muchas formas. Las habilidades de comunicación de las personas del tipo G-4 los hacen excelentes maestros. Pueden ser muy creativos con su pensamiento, una cualidad que se presta para el arte y la escritura. Por el lado más oscuro, piensan o hablan incesantemente y a menudo les resulta difícil dar un descanso a sus mentes. El trabajo como maestros o comunicadores puede ayudarlos a convertir esta tendencia en actividades positivas. Las personas del tipo G-4 tienen la tendencia a dispersar sus energías; esta inclinación puede llevarlos a la proverbial situación de "quien mucho abarca, poco aprieta". Mercurio suele tener una intensa presencia en las cartas natales de las personas nacidas bajo este Señor, pues se trata de una duodécima casa acentuada.

G-5 (Norte)

Este Señor está posicionado en el punto medio de la serie de nueve. Una persona que esté bajo la influencia del signo G-5 busca estar en el centro del grupo, y a veces usa a otros para alcanzar ese objetivo. Uno de los mayores desafíos de los G-5 consiste en actuar desde sus centros verdaderos y no usar a otros ni dejarse usar por ellos. Las personas nacidas bajo la influencia de este Señor se involucran profundamente en relaciones pero, en su mayor parte, también tropiezan con dificultades en ellas. Son personas sensibles y tienden a ser susceptibles en cuanto a distintas cosas, incluidas sus propias expectativas. Como buscan la perfección, son sensibles a las decepciones y a menudo necesitan cultivar expectativas más realistas y no permitir que la carga de los fracasos en las relaciones recaiga sobre otros. Los del tipo G-5, idealistas y transigentes por naturaleza, rara vez están contentos con las elecciones que han hecho. Su lado oscuro incluye la tendencia a tener opiniones distorsionadas o expectativas excesivas de otros. Su peor cualidad es que a veces se inclinan a culpar a otros, cegándose ante la realidad de que ellos mismos son la causa de sus propios problemas. Reconocer esta pauta puede representar un gran paso adelante en el progreso espiritual de las personas del tipo G-5. Deben reunirse con otras personas que sean estables y serviciales, y evitar a aquéllas que puedan agravar sus temores. También necesitan ser capaces de aceptar a otros. Tanto sus problemas como las soluciones de éstos radican en sus propias creencias acerca de las relaciones. Una luna prominente, una séptima casa acentuada, y Escorpión/Plutón se encuentran en las cartas natales de los nacidos en este signo.

G-6 (Oeste)

Las personas nacidas bajo este Señor parecen tener mucho control de sí mismas, además de ser prácticas, tradicionales y muy emprendedoras. A menudo logran la autosuficiencia en su estilo de vida o carrera profesional y es posible que trabajen por su propia cuenta. Tienen un intenso deseo de construir cosas y son muy trabajadores. Su trabajo es rara vez de carácter solitario; lo más común es que traten directamente con el público, quizás en calidad de consultores o asesores. Se responsabilizan de su propia persona y son muy capaces de valerse por sí mismos, pero esto hace que otras personas sean menos importantes para ellos en el proceso de alcanzar la felicidad. Los motivan intensamente la fama y el éxito mundano y se exigen mucho a sí mismos. Están motivados a alcanzar el éxito porque se esfuerza por ser aceptados por otros. Su apetito de independencia y aprobación forma parte de una búsqueda de autoestima. Esta inseguridad interna es su lado oscuro; deben preguntarse por qué son tan implacables consigo mismos. Son sensibles a los ritmos y matices de la vida y pueden desarrollar un interés y un respeto especiales por el lado femenino de la vida. Sin embargo, en sentido general, sus intenciones son buenas y otros lo reconocen. Marte y Saturno suelen ser prominentes en sus cartas natales, junto con el signo Leo.

G-7 (Oeste)

Las personas nacidas bajo este Señor encuentran gran motivación en las relaciones; les gusta tener compañeros y disfrutan trabajar con el público. Muchos de los nacidos en este día son excelentes consultores, maestros o curadores. Les gustan las cosas buenas de la vida, o al menos tienen una capacidad por encima de lo normal de apreciar la calidad, y disfrutan profundamente de la música o las artes. Las personas del tipo G-7 desean tener control de su mundo exterior porque su mundo interior no es muy controlable. Tienen un intenso nivel de deseo sexual y muchas veces sienten la necesidad de reprimirse esos impulsos para no perturbar su vida social. Algunos se dedican de lleno al trabajo para tratar de negar estos impulsos profundos. Este criterio represivo no siempre da resultado, pues puede producir conductas impulsivas que traen disturbios sociales capaces de herirlos profundamente. Los meros pensamientos pueden hacer que las personas G-7 se sientan culpables. A veces estas personas aplican una especie de castigo autoinfligido para subsanar sus errores. En sus mejores momentos, encuentran formas de explorar creativamente sus impulsos más profundos a través del arte o de distintas modalidades de sanación. Este proceso puede llevarlos a servir como curadores para otros. Las marcas astrológicas comunes que se encuentran en las cartas natales de los nacidos en este día tienen un fuerte énfasis de Venus/Libra y también del signo Virgo.

G-8 (Sur)

Los nacidos en este día tienden a tener mentes sobreestimuladas y suelen ser habladores obsesivos, en algunos casos como consejeros o psicólogos. Son personas complejas que aprenden a enfrentar el mundo interior y que saben cómo llegar al centro de las cosas. Se sienten atraídos hacia los aspectos más profundos y oscuros de la vida y a veces quedan atrapados en forcejeos con pensamientos negativos, sean los suyos propios o los de otros. Esta tendencia significa que un G-8 puede elegir las profesiones de psicoterapeuta o investigador. Las personas de este tipo reaccionan muy rápidamente ante los estímulos, quizás reaccionando excesivamente en algunas ocasiones. Los G-8 son muy listos, de gran agilidad mental y rápidos para reaccionar. Esta facilidad puede ser una ventaja en situaciones en que se valora la capacidad de decisión, pero en condiciones más controladas puede causar problemas. Tienen una gran necesidad de hablar y la mejor forma de usar su gran intelecto es en la investigación. Uno de sus desafíos es que necesitan aprender a estudiar eficientemente. Además, necesitan mantenerse activos físicamente mediante ejercicios como el caminar, el correr o el ciclismo. El planeta Mercurio, el signo Géminis y una novena casa acentuada se encuentran comúnmente en las cartas natales de los nacidos en este día.

G-9 (Sur)

Las personas nacidas bajo este Señor suelen ser de carácter vigoroso, independiente, terco y a veces un tanto antagonistas. Son tan autosuficientes que otros a menudo interpretan esta respuesta como un rechazo. Su carácter independiente hace que les sea difícil mantener relaciones. Son muy trabajadores, prefieren hacer las cosas por sí mismos y no piden mucha ayuda. En parte, su falta de paciencia es lo que los motiva a actuar por sí mismos. Otros a veces ven esto como una conducta fuerte o rechazadora. Este rasgo en particular es su lado más oscuro; para balancearlo, deben cultivar la compasión por las personas que son diferentes. Los nacidos bajo G-9 valoran la privacidad y desean pasar tiempo a solas. Son de los que gustan acumular objetos, usualmente como coleccionistas o mediante adquisiciones valiosas. Disfrutan los objetos que provienen del pasado o del mar. Pasar tiempo en la naturaleza es una experiencia sanadora para ellos y, como resultado, necesitan hacer de vez en cuando el esfuerzo de visitar entornos naturales. Los nacidos en este día tienden a tener en sus cartas natales un énfasis en los signos acuáticos y una importante influencia de Marte.

CUATRO
LOS AÑOS Y LOS PORTADORES DE LOS AÑOS

En la Mesoamérica de la antigüedad, cada año solar recibía un nombre y se consideraba que tenía sus propias cualidades distintivas que influirían en cualquier persona nacida en ese año. La mayoría de los calendarios mayas daban a cada año el nombre del signo del día en que empezaba. Si 13-Ben caía en el "día de año nuevo" en el calendario maya, entonces ese año era llamado 13-Ben. En un año solar de 365 días, los veinte signos de los días pasan por dieciocho ciclos, con cinco días sobrantes. Esta rotación significa que cada año recibe el nombre de un signo que está cinco veces más adelante del signo del año anterior en la cuenta de veinte días, y en la rotación sólo se utilizan cuatro signos. Transcurridos cuatro años, el primero de los cuatro signos vuelve a caer en el día que da comienzo al nuevo año (4 x 5 = 20). Estos cuatro signos se llaman portadores de los años, por ser los signos que llevan el peso del año. Como están separados por cinco signos, cada uno de los cuatro está regido por una dirección cardinal diferente. Estos puntos cardinales anuales siguen un ciclo de cuatro años: de Este a Norte, Oeste y Sur.

Es difícil interpretar los portadores de los años porque ha habido falta de consenso (incluso en los tiempos anteriores a la conquista) acerca de cuál de los conjuntos de cuatro portadores regía realmente los años. Los mayas clásicos y postclásicos usaban muchos calendarios con distintos conjuntos de portadores de los años. Sin embargo, los mayas quichés actuales usan el mismo conjunto los mayas clásicos —Caban (Este), Ik (Norte), Manik (Oeste) y Eb (Sur). Además, debido a que el año tenía 365 días y seis horas, el primer día del año nuevo avanzaba gradualmente en las estaciones. Una costumbre en la Mesoamérica de la antigüedad consistía en establecer el comienzo del año alrededor de un solsticio o equinoccio y luego hacer un ajuste de veinte días completos cada ochenta y tres años, una suerte de año bisiesto. Seguir esta fórmula significaba que el comienzo del año se mantendría cerca del equinoccio o solsticio, pero sólo caía exactamente en esa fecha aproximadamente cada ochenta y tres años.

Cuatro ciclos de trece años solares hacen una ronda del calendario de cincuenta y dos años, lo que a veces se ha dado en llamar "siglo mesoamericano". Según la tradición quiché, el nombre del año va seguido por el número de uno a trece que corresponde a su lugar en esa secuencia.

Parece ser que los mayas delinearon un ciclo de cuatro años, en el que cada año tenía un significado específico que sólo ha llegado hasta nosotros en referencia a las condiciones climáticas y agrícolas que se predecían. En cambio, sólo podemos especular en cuanto a qué otros significados se asignaban a los años y en cuanto al significado amplio del ciclo de cuatro años. Una posibilidad es que el ciclo sinódico de Venus desempeñara un papel en este cuatrienio, pues cada cuatro años la Tierra, Venus y el Sol se alinean en formas similares en el mismo día del año. Los investigadores también han encontrado en la naturaleza otros ciclos de cuatro y ocho años relacionados, entre otras cosas, con la precipitación, la abundancia de peces y los precios del azúcar. La manera en que se relacionan entre sí no está exactamente clara, pero siguen efectivamente un ciclo de altas y bajas cada ocho años.

Un ciclo de cuatro años podría haber tenido el propósito de reflejar las estaciones. Desde un punto de vista simbólico, es evidente que hay importantes conexiones entre el ciclo del día y el ciclo de las estaciones. Al amanecer, el Sol sale por el Este y trae consigo el surgimiento de la luz y el comienzo del día. Cuando el Sol cruza el equinoccio vernal, se alza justo por el Este y marca el inicio de la estación de la primavera, un momento de nueva vida y el punto en que los días se hacen más largos que las noches. Al mediodía, el Sol se encuentra en su punto más elevado y brillante en el cielo. Cuando el Sol se encuentra en el solsticio de verano —el día más largo del año en el hemisferio norte— sale y se pone en su punto más septentrional dentro del ciclo anual; es cuando pasa más tiempo por encima del horizonte que por debajo de éste. La puesta de sol marca el final del día y el comienzo de la noche. En el equinoccio de otoño, el Sol se pone justo por el Oeste y marca el punto en que las noches se tornan más largas que los días. A la medianoche, el Sol se encuentra en su punto inferior por debajo del horizonte y su luz no alcanza en absoluto a la parte de la Tierra que esté experimentado la noche. En el solsticio de invierno, el día más corto del año en el hemisferio norte, el Sol sale y se pone en su posición más meridional; es la parte del ciclo anual en que pasa menos tiempo sobre el horizonte.

Resulta interesante señalar que las Olimpiadas y las elecciones presidenciales de los Estados Unidos se han dado en celebrar cada cuatro años: siempre en el año regido por el Este según los mayas quichés y los mayas clásicos. Además, el ciclo chino de doce años mantiene una correlación con esta pauta si los doce signos del zodíaco se superponen sobre ese ciclo. Se piensa que el año regido por la Rata se correlaciona con Aries. Si es así, significa que tres de los ciclos de cuatro años dentro del ciclo chino de doce años comienzan con un signo de fuego que se correlaciona con el Caban de los quichés o el Terremoto, un signo del Este. Teniendo en cuenta estas sincronías, los autores han basado su interpretación de los años en el sistema utilizado por los mayas quichés y los mayas clásicos.

Delineaciones de los años

Del mismo modo que ocurre con muchos componentes de la astrología maya, no es posible determinar la aplicación y el valor astrológico de este ciclo de cuatro años. La primera pregunta que debemos hacernos es dónde comienza el año. El año de los mayas quichés empezaba a principios de marzo. Para los mayas postclásicos, el año comenzaba en julio, pero este indicador era un punto de partida que se desplazaba, debido a que el calendario maya perdía un día cada cuatro años. Como se describe en las notas sobre los cálculos de los cuadros que figuran en la página 323 los autores han optado por utilizar el calendario "Tikal" clásico (descrito por Munro Edmonson en *The Book of the Year [El libro del año]*) como base para asignar los portadores de los años en el esquema astrológico de este libro. Este calendario es el sistema que se encuentra en el *Códice de Dresden,* y servía como calendario civil principal de los mayas orientales a partir del siglo I.

Toda interpretación de los años debe empezar por el examen de las tradiciones. A continuación se enumeran los conceptos de los mayas quichés y de los aztecas acerca de los años y las direcciones cardinales que los rigen.

DIRECCIÓN CARDINAL	QUICHÉS	AZTECAS
Este	creativo/mental	fértil/abundante
Norte	clima violento	estéril/seco/frío
Oeste	salvaje/pérdidas/enfermedad	nublado/maligno
Sur	buenos negocios/salud	variable

Se aprecia claramente que entre estos dos sistemas hay una coincidencia general. Los años regidos por el Este y el Sur son considerados más positivos que los regidos por el Norte y el Oeste. Esta creencia está en consonancia con las ideas generales, incluso mundiales, acerca de las propias direcciones cardinales, según las cuales el Este es la primavera; el Norte, el invierno; el Oeste, el otoño y el Sur, el verano. En el hemisferio norte, la primavera y el verano son estaciones que la gente espera, especialmente en el caso de los que viven más apegados a la tierra, y el otoño y el invierno traen oscuridad y penurias. Las siguientes delineaciones de los significados de los años son especulaciones y reflejan tanto las ideas tradicionales como las observaciones generales de los autores. En vista de que estos períodos son muy largos, la aplicación de las descripciones debería interpretarse solamente en forma muy general. Cada año es como una minigeneración con un carácter general distintivo, parecido a la personalidad general de grupo que observan los maestros en cada oleada de estudiantes que pasan por el sistema escolar.

No todo el mundo exhibe las cualidades del año en que nació; estas características son más prevalentes en la identidad colectiva. Sin embargo, algunos individuos que personifican las cualidades de un año específico pueden operar en ese año alcanzando una gran visibilidad en el mundo y servir como puntos focales del simbolismo.

Años regidos por el Este

El Este es la dirección que simboliza la energía que produce el "comienzo de la existencia" de algo. Para los nacidos durante un año regido por el Este, la vida en sí es una oportunidad de demostrar la autoestima y celebrar la existencia individual. Son años de primeras ocasiones y nuevos inicios. La mayoría de los nacidos en estos años, y especialmente los que logran sobresalir, son personas con iniciativa propia y activistas. Suelen ser competitivos y enfrascados. Se esfuerzan por ser progresistas, por lo que a menudo están en la primera línea de cualquier movimiento del que formen parte.

En cuanto a acontecimientos mundiales, estos años incluyen iniciativas osadas. Son años en que el mundo ingresa en territorio desconocido, o en que se une para celebrar el poder de la creatividad.

Años regidos por el Norte

El Norte es donde los seres vivientes deben crear tácticas ingeniosas de supervivencia con el fin de hacer llevaderas sus vidas. Los entornos difíciles estimulan la adaptación inteligente. En consecuencia, los nacidos durante los años del Norte son, en términos generales, expertos en encontrar formas de mantenerse vivos. No buscan dominar su entorno físico ni social; más bien, encuentran formas de ajustarse a los mismos, introducir cambios y trabajar con ellos. Los años regidos por el Norte son años de problemas, desafíos y dificultades. Las personas de tipo Norte están preparadas para la supervivencia. La mayoría de los nacidos en estos años suelen tener una mayor capacidad de concentración mental y a ser muy racionales, y con frecuencia los distraen las realidades emocionales que los rodean. Son precisos, exigentes y hábiles para resolver problemas. En lo que se refiere a acontecimientos mundiales, el año del tipo Norte es un año de crisis. Es una época en que las personas se reúnen para hacer frente a los obstáculos; una época en que ocurren problemas que entorpecen el impulso de avanzar.

Años regidos por el Oeste

El Oeste es una dirección cardinal que simboliza tanto la transición como la consolidación, un punto de equilibrio entre dos mundos. En términos generales, los nacidos en estos años sobrepasan los límites, tienen un pie en el pasado y otro en el futuro. Mantienen un pie firme sobre sus propias preocupaciones individuales y el otro sobre las preocupaciones del mundo social que los rodea. La energía de los años Oeste es una energía de equilibrio. Estos años son épocas de cooperación e interacción. El gran desafío de los nacidos durante estos años es el conectarse con el resto del mundo. Una gran habilidad para tratar con el público, la diplomacia y la capacidad para ofrecer asesoramiento son los puntos fuertes de las personas nacidas en los años regidos por el Oeste. Su punto débil es la indecisión. En lo que respecta a acontecimientos mundiales, un año regido por el Oeste se caracteriza por encuentros, alianzas y acuerdos. Para los nacidos en estos años, el éxito proviene de la formación de coaliciones y la comprensión.

Años regidos por el Sur

El Sur es una región que se caracteriza por el triunfo de la vida sobre la naturaleza. El Sur es donde el crecimiento desmedido de la jungla se extiende incluso a las montañas. En consecuencia, la dirección cardinal Sur simboliza el poder y las energías provenientes de sentimientos y emociones no racionales. Los nacidos en un año del Sur se sienten fuertemente motivados por los sentimientos y las emociones, al menos en sentido general. Son años de cierre y conclusión. Los sentimientos y emociones de los nacidos durante estos años tienen más influencia sobre las decisiones personales que los sentimientos de los nacidos en los años del Norte. Estas personas, especialmente las que tienen gran visibilidad pública, pueden parecer a otras emocionalmente complejas, o pueden ser percibidas como personas con reacciones excesivas. En cuanto a acontecimientos mundiales, son años en que las emociones de los líderes (y la necesidad irracional de ser importantes) nos llevan a situaciones complejas que no son fáciles de resolver.

CINCO
EL PLANETA VENUS

Después del Sol, Venus era el astro más importante para los mayas y otras culturas mesoamericanas. Era un planeta temido, pero su ciclo se valoraba como una guía para seleccionar el momento oportuno de actuar y como marcador del calendario.

Este ciclo está incorporado en varios períodos astrológicos y del calendario que se encuentran inscritos en monumentos mayas. El ciclo de Venus se dividía en cuatro períodos principales delineados en los códices antiguos. Los autores creen que ese conocimiento de la influencia de los cuatro períodos es vital para entender cómo funciona una persona en la sociedad.

Los mayas organizaban importantes acontecimientos políticos según el ciclo de Venus, con inclusión de los cambios de liderazgo. Lo utilizaban además para calcular el mejor momento para las batallas y sacrificios. Aunque nuestra sociedad percibe la guerra y los sacrificios como actividades sangrientas e incivilizadas, durante los tiempos de la antigüedad esas acciones eran en realidad una parte ritualista de la vida en civilización. Examinemos la posibilidad de que la guerra hecha ritual fuera percibida por los mayas como una forma calculada de ventilar emociones hostiles, o sea, como acciones necesarias para la conservación de su cultura. En este sentido, Venus es el civilizador que regula los impulsos animales y destructivos en la humanidad. Los astrólogos mesoamericanos dirían que, para poder perpetuar la vida social civilizada, la humanidad necesita ventilar sus tensiones con arreglo al itinerario de este planeta.

El significado del planeta Venus en la astrología mesoamericana se diferencia, al menos superficialmente, de su significado en la astrología occidental y en la astrología védica. En primer lugar, en esta tradición Venus es masculino. La mayoría de los estudiantes y practicantes de la astrología han aprendido a ver a Venus como símbolo femenino, el arquetipo de la diosa como amante femenina. No obstante, en el México antiguo, Venus se asociaba en simbología y mitología con el hombre-dios Quetzalcoatl (para los nahuas o aztecas) o Kukulcán (para los mayas). El mito histórico de Quetzalcoatl, una leyenda que entró en Yucatán durante el período postclásico, es un relato sobre las ideas sociales, la impecabilidad, la fornicación y la caída en desgracia. El mito se refiere a la búsqueda de un nivel vital más elevado y puro, y también a la fragilidad humana y los pecados de la carne. Algunos escritores que han estudiado la civilización mesoamericana han vinculado el mito de Quetzalcoatl con el propio concepto de la civilización, con lo que abordan al mismo tiempo la creación de la sociedad y su destrucción. Otros se han centrado principalmente en el regente histórico tolteca o en regentes que llevaban el título de Quetzalcoatl. Al igual que los mitos de los dioses planetarios de las antiguas civilizaciones del Oriente Próximo y del Mediterráneo, los relatos mexicanos sobre Quetzalcoatl presentan ciertas variaciones de contenido, pero ofrecen efectivamente algunas reflexiones profundas sobre el simbolismo en torno a Venus.

En breve, el mito es como sigue: Quetzalcoatl fue concebido y nació en forma milagrosa después de que su madre tragara un trozo de jade: un nacimiento virginal. Llegó a asumir el reinado de un imperio perfecto. Con el paso del tiempo, se obsesion —con la práctica de sus propios rituales espirituales y perdió el contacto con el mundo real más allá de su ciudad. Entretanto, en su reino empezaron a ocurrir acontecimientos extraños que desestabilizaban a la sociedad —algunos de orden sexual— hasta que la población comenzó a notar que algo andaba mal. Cierto día, unos hechiceros malvados se infiltraron en el recinto de Quetzalcoatl y le pusieron un espejo frente al rostro. La apariencia de Quetzalcoatl había sido transformada por sus severos rituales espirituales, a tal punto que él mismo quedó espantado al verse. Así, fue fácil para los hechiceros convencerlo de dejarse embellecer. Entonces lo persuadieron de que tomara cinco tazas de la bebida alcohólica *pulque*. Quetzalcoatl tomó rápidamente la bebida y quedó embriagado. Luego empezó a bailar e hizo llamar a su hermana para que se le uniera en aquel descabellado momento. A la mañana siguiente, al despertar, Quetzalcoatl cayó en la cuenta de que había cometido pecados sexuales con su propia hermana. Por haber infringido una de las leyes morales más importantes, el tabú del incesto, Quetzalcoatl renunció a su trono, abandonó la ciudad y se dirigió lentamente al Este. Al llegar a la costa, navegó en un balsa hasta adentrarse en el Sol naciente o, según otras versiones del mito, construyó una pira funeraria y se inmoló. Al morir en el fuego, se convirtió en el planeta Venus.

Los mayas antiguos vinculaban los acontecimientos del mito de Quetzalcoatl con componentes del ciclo astronómico de Venus. Venus recorre su órbita alrededor del Sol en 225 días; ese período recibe el nombre de ciclo sideral. Los observadores en la Tierra no pueden apreciar este ciclo, pero pueden observar un ciclo de 584 días entre las apariciones sucesivas del planeta como estrella matutina o vespertina. Durante este período de 584 días (el ciclo sinódico) Venus forma dos conjunciones con el Sol. Una de ellas es la conjunción inferior que ocurre cuando Venus pasa entre la Tierra y el Sol. Este paso es el más próximo a la Tierra y ocurre mientras Venus está retrógrado, o moviéndose hacia atrás en relación con el zodíaco. La conjunción inferior es corta, dura apenas unos días, porque Venus se mueve en sentido retrógrado mientras el Sol se mueve hacia delante en el marco del zodíaco. Así, Venus y el Sol se pasan entre sí, moviéndose en direcciones opuestas, un movimiento que hace aumentar su separación angular a un ritmo de aproximadamente dos grados diarios. La conjunción superior ocurre cuando Venus se encuentra más alejado de la Tierra, con el Sol posicionado entre Venus y la Tierra. En la conjunción superior, Venus y el Sol avanzan en el zodíaco casi a la misma velocidad. En esta conjunción, a Venus le toma semanas pasar al Sol y adelantársele un poco en cuanto a distancia angular.

En tiempos precolombinos, los astrólogos mesoamericanos dividieron el ciclo sinódico de Venus en cuatro partes primarias: conjunción inferior, estrella matutina, conjunción superior y estrella vespertina. Comenzaron el ciclo de 584 días de Venus con la breve conjunción inferior, específicamente con la primera aparición de Venus después de este suceso invisible. Apenas unos días después de la conjunción inferior, Venus hace su primera aparición en el Este como estrella matutina. En esta primera aparición, denominada orto helíaco, Venus se consideraba de mal agüero y se adoptaban precauciones ritualistas con miras a desviar su poder de abatir a quienes ocuparan puestos elevados. Esta fase se correlaciona con la llegada a la Tierra del dios Quetzalcoatl. En su calidad de dios en la Tierra, Quetzalcoatl cometió los pecados de embriagarse y practicar el incesto con su hermana. Pecó en algún momento durante la fase de estrella matutina de Venus, quizás cuando Venus estaba alcanzando su máxima elongación, o sea, su mayor distancia del Sol. En la conjunción superior, Quetzalcoatl se juzgó a sí mismo, o fue juzgado por los dioses. Durante la fase de estrella vespertina de Venus, Quetzalcoatl descendió a la Tierra y anduvo por ella como mortal, obedeciendo leyes morales, hasta su sacrificio en la conjunción inferior, durante la cual volvió a convertirse en dios.

Los escépticos de la astrología suelen comparar al Venus astrológico mesoamericano con el Marte astrológico occidental, con la implicación de que la astrología es completamente interna a la cultura que la crea. Esa suposición puede parecer válida a primera vista pero, como veremos, no existe desacuerdo acerca de las propiedades astrológicas fundamentales de Venus en la astrología mesoamericana ni en la astrología occidental. La tradición mesoamericana antigua mantiene una correlación adecuada con las observaciones realizadas por el gran astrólogo occidental Dane Rudhyar acerca de las distinciones entre Venus como estrella matutina o vespertina en las cartas natales. Rudhyar decía que como estrella matutina, Venus significaba la "proyección de la visión y el propósito individuales sobre la vida". Venus en su fase de estrella vespertina, según Rudhyar, significa la proyección de una visión y propósito más colectivos. Al combinar estas ideas, los autores sostienen que Venus, como estrella matutina, puede indicar una tendencia a seguir los propios impulsos instintivos de uno, lo que puede a su vez ocasionar tensiones con el paradigma social dominante dentro del que opera y funciona el individuo. Durante esta fase se cometen "pecados" sociales. Venus como estrella vespertina puede indicar una tendencia a seguir las directrices de conducta social humana aceptadas por la sociedad. En esta fase, Venus humillado cumple las leyes, como hizo Quetzalcoatl después de reconocer sus errores.

Estas distinciones parecen mantener su validez cuando se aplican a personalidades conocidas. Figuras como Hugh Hefner, Woody Allen e Isadora Duncan nacieron cuando Venus era una estrella matutina y se aproximaba a su máxima elongación del Sol (unos 43 a 47 grados). Ellos pertenecen a un grupo de personas que evidentemente han ido en contra de las normas sociales en sus acciones y conductas. En contraste, los nacidos durante la fase de estrella vespertina nunca se arriesgan. Algunos ejemplos de nacidos durante la máxima elongación de Venus en la fase de estrella vespertina son Walt Disney, Mia Farrow y César Augusto. Estas personas pueden ser consideradas "pilares de la sociedad" en el sentido de que reafirmaron valores tradicionales en sus actos.

Las conjunciones inferior y superior se diferencian mucho entre sí en cuanto a sus efectos sobre la conducta humana. La conjunción inferior marca el momento en que Quetzalcoatl nació en la Tierra y en los códices mayas se consideraba como una conjunción de efecto "llamativo". La gente observaba que la aparición de Venus en esta fase coincidía con las caídas de líderes y otros trastornos sociales. En el *Códice de Dresden,* se representa a Venus como la deidad masculina tolteca Tlahuizcalpantecuhtli, que golpea a sus víctimas y las mata con lanzas. Los acontecimientos de interés periodístico que tienen lugar en el momento de la conjunción inferior o justo después de ésta suelen caracterizarse por errores humanos impulsivos que conducen a algún tipo de nivelación o choque. Algunos acontecimientos que han ocurrido en este punto en el ciclo de 584 días son los arrestos de Watergate que llevaron a la caída de Richard Nixon, el derribo del vuelo 007 de las aerolíneas coreanas por los rusos, la destitución del líder ruso Mijaíl Gorbachov y las elecciones estadounidenses de 1994 en las que una buena parte del Congreso fue desbancada, quedando sustituida por republicanos sin experiencia y motivados por sus planes políticos. En tiempos recientes, la manifestación más drástica de la conjunción inferior (y del orto helíaco de Venus unos días después) tuvo lugar en enero de 1998. El mito de la caída de Quetzalcoatl debido a la mala conducta sexual encontró eco en las acciones del presidente Clinton y una pasante en la Casa Blanca.

La conjunción inferior es muy breve (en comparación con el ciclo sinódico completo de Venus y el Sol), por lo que nacen muy pocas personas durante esta fase. El *Códice de Dresden* clasifica esta fase como Sur. Un número mucho mayor de personas tienen probabilidades de nacer durante el período de la conjunción superior, que dura semanas. Este punto en el ciclo es cuando Venus/Quetzalcoatl se enfrenta a problemas morales y es juzgado por los dioses. Entre las personalidades conocidas que han nacido durante esta fase se encuentran Charles Manson, Howard Stern y Billy Graham, en cuyas vidas las cuestiones morales han ocupado un lugar muy destacado.

Desde el punto de vista astronómico, la duración observable aproximada de cada fase es como vemos a continuación: ocho días para la conjunción inferior, un período en el que Venus desaparece de nuestra vista al pasar entre la Tierra y el Sol; 263 días como estrella matutina, cuando Venus asciende antes que el Sol y es visible justo antes del amanecer; 50 días para la conjunción superior, un período más largo de invisibilidad cuando Venus pasa por el lado opuesto del Sol; y 263 días como estrella vespertina, cuando Venus asciende después que el Sol y es visible justo después del ocaso. Los períodos de conjunción se centran en el punto real en que ocurre el acontecimiento astronómico, de modo que las fechas que abarcan la fase de conjunción inferior, por ejemplo, que comprende un período de ocho días, son los cuatro días anteriores y los cuatro días posteriores al momento exacto en que Venus pasa frente al Sol.

Sin embargo, los mayas no usaban los períodos astronómicos que realmente se usan en los tiempos modernos. Usaban períodos que estaban más en fase con el ciclo lunar, presumiblemente para facilitar el cálculo en relación con otros aspectos de su calendario. Los autores han decidido continuar esa tradición y denotar las fases de Venus valiéndose de estos períodos "canónicos" mayas: 8 días para la conjunción inferior, 236 días para la fase matutina, 90 días para la conjunción superior y 250 días para la fase vespertina. El tercer cuadro en la página 311 muestra las fases mayas de Venus y su correlación con fechas de nacimiento específicas. Las delineaciones de las cuatro fases mayas se explican a continuación.

Conjunción inferior—Norte

Dado que esta fase de Venus sólo dura ocho días, en ella solamente nace una de cada setenta y tres personas. Los nacidos durante este período tienen sentimientos e intuiciones muy fuertes y suelen sentirse atraídos a actividades u ocupaciones que pueden considerarse riesgosas. Ocasionalmente pueden ser testarudos, con lo que resultan molestos para otros y se ponen en situaciones vergonzosas. Estas personas son naturalmente creativas. Deben cultivar la paciencia y la mesura para llevar sus mejores ideas a la realidad. Suelen ser de una sexualidad intensa y oscilan de un extremo a otro, del exceso a la abstinencia. Tienen gran necesidad de mantener una relación, pero su necesidad de libertad es igual de grande. En relaciones estrechas, suelen imponerse a su compañero.

Estrella matutina—Este

Esta fase, que dura 236 días, sigue a la conjunción inferior y precede a la fase de la conjunción superior. Las personas nacidas en ella son como las del tipo de la conjunción inferior en el sentido de que pueden ser descritas como gente de emociones y sentimientos juveniles. Sienten interés por el mundo y por otras personas y buscan oportunidades de conocerlas. Actúan primero y luego evalúan. Sus cálidos sentimientos y su disposición a sumarse a otros los hacen populares, excepto cuando los otros rechazan algunas de sus iniciativas sociales más radicales. En última instancia, sus sentimientos son lo que los impulsa a la acción y también les permiten hacer evaluaciones instantáneas. Por debajo de todo esto, son personas que ponen a prueba los límites de la sociedad. Su visión personal determina su sentido de la finalidad y las motivaciones en la vida. Sin embargo, en su entusiasmo por la vida, pueden cometer ocasionalmente algunos errores graves. Deben recordar tener en cuenta las perspectivas de otras personas antes de actuar sobre la base de sus instintos y poner en acción su energía emocional. Estas personas creativas responden a una voz profunda y muy personal. En algunos casos, las normas de la sociedad pueden limitar estrictamente sus iniciativas, lo que les produce experiencias de derrota y desilusión. Con actitud positiva y persistencia, estas personas pueden llegar a dejar al fin alguna huella suya en el mundo, haciéndolo mejorar. Todo lo anterior es particularmente válido en el caso de los nacidos durante la máxima elongación, cuando Venus está más alejado del Sol, aproximadamente dos meses después de la conjunción inferior.

Conjunción superior—Sur

Parece ser que las personas nacidas en esta fase de noventa días tienen que enfrentar una lucha en la vida. Obtener lo que desean es para ellos un verdadero desafío. En la esfera de las relaciones se les plantean grandes problemas emocionales, que típicamente tienen que ver con el poder y la dominación. Los nacidos en esta fase luchan enconadamente con los conceptos de lo correcto y lo incorrecto. Aunque desean paz en el mundo y también en sus propias relaciones, esta paz no les resulta fácil de alcanzar. Para poder salir adelante en la vida, estas personas deben aprender las lecciones de la derrota. El hecho de experimentar una pérdida puede contribuir a un avance espiritual, no sólo a una pérdida para el ego. Su personalidad también tiene un lado oscuro que les resulta difícil de suprimir. Tienen un gran deseo de poder, que los empuja a ascender a grandes alturas en la vida. La sexualidad y la violencia son dos temas que pueden atraer su atención, particularmente en el cine y la literatura. Para los que reciben la influencia del Norte, el lado oscuro de la vida humana es tan importante como el lado iluminado. Estas personas deben hacer frente a la oscuridad dentro de sí mismas y verla en forma amistosa, no suprimirla ni alienarla.

Estrella vespertina—Oeste

Después de la conjunción superior, Venus pasa 250 días como estrella vespertina. Para las personas nacidas durante este período, los sentimientos y emociones surgen después de haber realizado la acción. Al emitir juicios, lo que suelen hacer muy bien, evalúan lo que ha sucedido en el contexto de las normas y valores de la sociedad. Entienden instintivamente que el mundo tal como es, y como ha sido, es algo poderoso y hasta correcto. Su visión ha sido probablemente influenciada por las tradiciones. Una manifestación positiva de Venus como estrella vespertina es que los nacidos en esta fase pueden llegar a ser muy exitosos, consciente o inconscientemente, debido a que personifican ciertos valores familiares y tradicionales. En casos extremos, se convierten en héroes porque representan las creencias de su sociedad. Mediante la aceptación de la tradición y las definiciones culturales de la realidad, estas personas alcanzan la satisfacción emocional y el éxito en la vida. Lo anterior es particularmente válido cuando Venus está en su máxima elongación, aproximadamente dos meses antes de la conjunción inferior.

Para los aficionados a la astronomía

Para los lectores que tengan interés en la astronomía, la columna "Fenómeno" del tercer cuadro (página 311) también incluye las fechas aproximadas (basadas en la hora de Greenwich) de seis fenómenos relacionados con Venus. A continuación se describen estos acontecimientos astronómicos.

Conjunción inferior: Venus, la Tierra y el Sol están alineados, con Venus entre la Tierra y el Sol en su punto más cercano a la Tierra. Venus se mueve en sentido retrógrado, es decir, parece moverse hacia atrás en el marco del zodíaco. Después de pasar este punto, Venus se mueve al Oeste del Sol y se convierte en una estrella matutina, lo que significa que asciende y desciende antes que el Sol. El momento en que Venus se ve por primera vez en el cielo matutino después de la conjunción inferior, cuando asciende justo antes que el Sol, se denomina orto helíaco de Venus. En dependencia de la posición de este planeta en su órbita, esto ocurre entre uno y cinco días después de la conjunción inferior. Los mayas consideraban que ésta era una época de gran peligro, cuando los rayos de Venus recién salido podían abatir a algunas personas. El carácter exacto de este efecto dependía de la trecena en que ocurrían el orto y otros factores astrológicos.

Estacionario directo: Venus revierte su movimiento retrógrado y empieza a avanzar por el zodíaco. Aproximadamente dos semanas después de esta fecha, Venus alcanza su máximo brillo como estrella matutina, con lo que se convierte en el tercer objeto más brillante en el cielo (después del Sol y la Luna).

Máxima elongación occidental: Venus ha alcanzado su máxima distancia al Oeste del Sol (45 a 47 grados).

Conjunción superior: Venus, la Tierra y el Sol están alineados y Venus se encuentra en el lado del Sol opuesto a la Tierra. Está a su mayor distancia posible de la Tierra. Después de este punto, Venus se mueve al Este del Sol, y después de unas pocas semanas de invisibilidad, pasa a ser una estrella vespertina (lo que significa que asciende y desciende después que el Sol).

Máxima elongación oriental: Venus ha alcanzado su máxima distancia al Este del Sol (45 a 47 grados).

Estacionario retrógrado: En este punto, desde la perspectiva de la Tierra, Venus parece detenerse en su movimiento de avance y comienza un período en que parece avanzar hacia atrás (retrógrado) a través del zodíaco. Aproximadamente dos semanas antes de esta fecha, Venus alcanza su máximo brillo como estrella vespertina.

SEIS

CÓMO FUNCIONA: CARTAS MAYAS INDIVIDUALES

En este capítulo presentamos una sencilla matriz geométrica en forma de pirámide para crear una carta con la información personal derivada de los cinco componentes de la astrología maya que describimos en los capítulos 2 a 5. Este gráfico sirve para organizar el signo del día, la trecena, el Señor de la Noche, el año y la fase de Venus desde el punto de vista de su jerarquía en la lectura y sus patrones de dirección cardinal (Este, Oeste, etc.).

Al final de este capítulo se presenta una carta piramidal maya en blanco. Puede reproducirla con entera libertad y utilizarla para su propio trabajo con la astrología maya. Las cartas y lecturas de muestra que figuran en la siguiente sección de este capítulo ilustran cómo puede sintetizarse la información recogida de los cinco componentes para hacer una lectura profunda.

CREACIÓN DE LA CARTA

Nuestra carta es una pirámide de tres niveles vista desde arriba. cada uno de los cuatro lados de la pirámide queda frente a una de las cuatro direcciones cardinales. En los cosmogramas que se encuentran en los códices que han perdurado hasta hoy, el Este siempre está arriba, el Norte a la izquierda, el Oeste abajo y el Sur a la derecha. Nuestra carta es conforme a esta costumbre mesoamericana. Cada componente de los datos personales de cada persona debe escribirse en la carta en el espacio que queda frente al punto cardinal

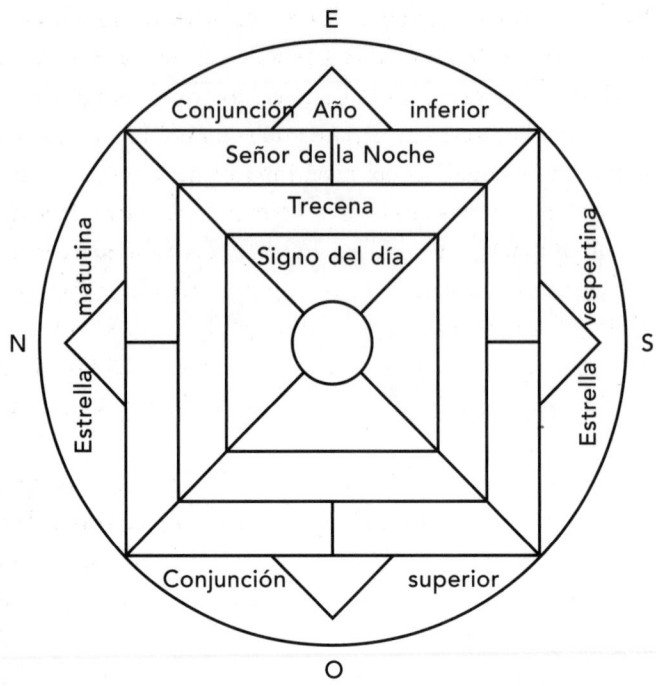

Carta piramidal maya con clave

correspondiente. Por ejemplo, una persona nacida en un día en que tanto el Señor de la noche como la trecena y el signo del día están vinculados con el Este, escribiría los nombres y números de estos en los tres espacios superiores de la pirámide.

A fin de crear la carta para realizar una lectura, empiece por consultar el segundo cuadro en la página 310, donde encontrará el día del Nuevo año maya que antecede a la fecha de nacimiento, junto con su dirección cardinal correspondiente. Anote el número del año maya en el nivel exterior de la pirámide (la base), en el lado correspondiente al punto cardinal (arriba si es el Este, a la derecha si es el Sur, etc.).

En el caso de una persona nacida el 31 de enero de 2004, por ejemplo, el segundo cuadro muestra que el año maya en que cae esa fecha comenzó el 5 de abril de 2003. En la columna del año correspondiente a este día, el valor es "5-Sur", lo que significa que esta persona nació en un año regido por el Sur. (Nota: véanse las Notas sobre los cálculos de los cuadros en la página 323, donde se explica el método utilizado para determinar las correlaciones del calendario maya correspondientes a los cuadros de la parte 3.)

Seguidamente, busque el Señor de la noche regente para esa persona en el primer cuadro a la extrema derecha de la fecha de nacimiento, en la columna titulada "L". Como el primer Señor rige el centro, cualquier persona regida por ese Señor deberá colocarlo en la punta de la pirámide. Los otros señores pueden anotarse en las esquinas del nivel inferior de la pirámide, de frente a los puntos cardinales correspondientes. (Nota: Cada parte tiene dos divisiones. Para colocar su Señor de la noche en la división adecuada, cuente cada división comenzando con la parte superior derecha como G-2, G-3, etc., avanzando en sentido contrario a las manecillas del reloj.) En el caso de la persona antes mencionada, nacida el 31 de enero de 2004, el Señor de la noche es G-2, lo que se anotaría en la sección superior derecha del nivel inferior de la pirámide.

El segundo nivel de la pirámide se refiere a la trecena. El complemento cardinal de cada período de trece días determina dónde se registra la trecena de nacimiento en la carta piramidal. Para encontrar la trecena, busque primero la fecha de nacimiento en el primer cuadro, luego busque hacia atrás en las fechas precedentes hasta que localice la fecha del Tzolkin en negrita que comienza con el número 1. Este número y nombre es la trecena, o "semana" de nacimiento. Su complemento cardinal se encuentra localizando el día que da nombre a la trecena en el cuadro de signos de los días que figura en la página 128, antes del primer cuadro. De este modo, nuevamente en el caso de nuestra persona hipotética nacida el 31 de enero de 2004, la trecena es 1-Manik. Este dato se anotaría en el lado inferior del segundo nivel, porque es un signo del Oeste.

El tercer nivel de la pirámide, el nivel superior, es para anotar el signo del día de la persona, que se encuentra inmediatamente a la derecha de la fecha de nacimiento en el primer cuadro. La cualidad del signo del día relacionada con los puntos cardinales, que también se puede encontrar en el cuadro de signos de los días antes mencionado, determina su ubicación en la punta dividida en cuatro de la pirámide. El signo del día correspondiente a la persona nacida el 31/1/04 es 7-Ben, un signo del Este, por lo que se anotaría en la parte de arriba del nivel superior de la pirámide.

La fase de Venus puede anotarse usando el glifo maya de la cruz y cuatro puntos (el símbolo del signo del día Lamat, que tiene conexiones con Venus —ver la página 24), o una simple estrella de cinco puntas. Se anota dentro del círculo externo que rodea la pirámide. Venus en conjunción inferior se anota en el Sur, en estrella matutina, en el Este, conjunción superior, en el Norte, y estrella vespertina, en el Oeste. Para encontrar la fase en que se encontraba

Venus en el momento de un nacimiento, consulte el tercer cuadro y encuentre la fecha que antecede a la fecha de nacimiento.

Una vez más, usando la fecha de nacimiento del 31 de enero de 2004, la fase maya de Venus que antecede a esa fecha es la de "estrella vespertina", que empezó el 27 de septiembre de 2003. Esa fase en particular abarcó del 27 de septiembre de 2003 al 5 de junio de 2004, cuando Venus entró en su fase de conjunción inferior. Por lo tanto, se considera que esta persona nació en la fase de estrella vespertina.

UNA NOTA SOBRE LA HORA DEL NACIMIENTO

La cuestión de exactamente en qué momento comienza un día del Tzolkin ha sido tema de muchos debates entre los autores y usuarios de este sistema. Los autores han encontrado que una persona nacida una o dos horas antes de la medianoche (teniendo en cuenta también los horarios de verano) suele tener las características del signo del día siguiente. En algunos casos hay personas que, por el sólo hecho de nacer poco después de la puesta de sol, responden más a la descripción basada en el signo del día siguiente, o en dos signos de los días combinados. Así pues, si encuentra que una descripción de un signo del día aplicada a una persona nacida entre la puesta de sol y la medianoche no parece ser adecuada para esa persona, debe buscar (en el primer cuadro) la información correspondiente al día siguiente para obtener una descripción del signo del día y el Señor de la noche adecuados.

LECTURA DE LA CARTA MAYA

Ahora que ha anotado todos los datos astrológicos personales específicos, está listo para examinar las descripciones correspondientes a fin de realizar una lectura profunda.

Comience la lectura con un debate sobre el signo del día, el elemento de la carta que está más relacionado con la conciencia y la identidad. Éste es el signo que corona a la persona, la forma a través de la que ésta habla al mundo. Es el *tonal* de Carlos Castañeda, la forma que asume el yo para ser reconocido y sustentado. Las descripciones de las cualidades de cada signo del día comienzan en la página 14.

A continuación, examine la trecena. La trecena describe conductas instintivas que se reflejan en los deseos, intereses y respuestas del individuo. Quizás no sean factores conscientes en la personalidad, temas que uno sabe que son parte de uno mismo, pero pudieran ser perfectamente evidentes para otros. Este nivel podría ser el del *nagual* de Carlos Castañeda, el impulso sin forma que lo impele a uno adelante. Las descripciones de las trecenas comienzan en la página 38.

Luego examine la influencia de los Señores de la noche. Puede ser que los nacidos durante la noche sean los más influenciables por este conjunto de símbolos, pero los autores suponen que estos símbolos significan algo para cada persona. Representan una especie de impulso genético hereditario, un instinto que funciona desde lo profundo y representa una extensión de los antepasados. Las descripciones de los Señores de la noche empiezan en la página 50.

Ahora piense en lo que se ha revelado con el signo del día, la trecena y el Señor de la noche y trate de mezclar los tres. Preste particular atención a cualquier patrón relacionado con las direcciones cardinales. Si las tres influencias están orientadas hacia un mismo punto cardinal, es un fuerte indicador de una personalidad orientada en un sentido específico. En contraste, cuando los indicadores se orientan en direcciones opuestas, dan a entender una tensión interna y también la necesidad de alcanzar un equilibrio consciente del yo y la personalidad.

Seguidamente, piense en la dirección cardinal correspondiente al año y lo que aquélla indica en cuanto al lugar que ocupa la persona en un marco de referencia social. Por último, integre a Venus en la lectura como indicadora de cualidades socio-sexuales, o sea, las necesidades, deseos y conductas. Las descripciones de los años empiezan en la página 60 y las fases de Venus, en la página 66. Después de completar la evaluación de estos cinco puntos, quizás desee calcular los días de quema (vea el capítulo 7, que comienza en la página 90) y considerar la forma en que éstos reflejan los ciclos de la personalidad.

LECTURAS DE MUESTRA DE PERSONALIDADES CONOCIDAS

La lectura de los cinco puntos de datos clave en la carta maya exige el uso de una metodología coherente y de mucha práctica. Las siguientes lecturas de muestra pueden darle una idea de cómo interpretar todos los componentes en su aplicación a una persona específica.

Presidente George W. Bush (6/7/1946)

Signo del día: 13-Chicchan
Trecena: 1-Ben
Año: 13-Oeste
Señor de la noche: G-7
Fase de Venus: Estrella vespertina

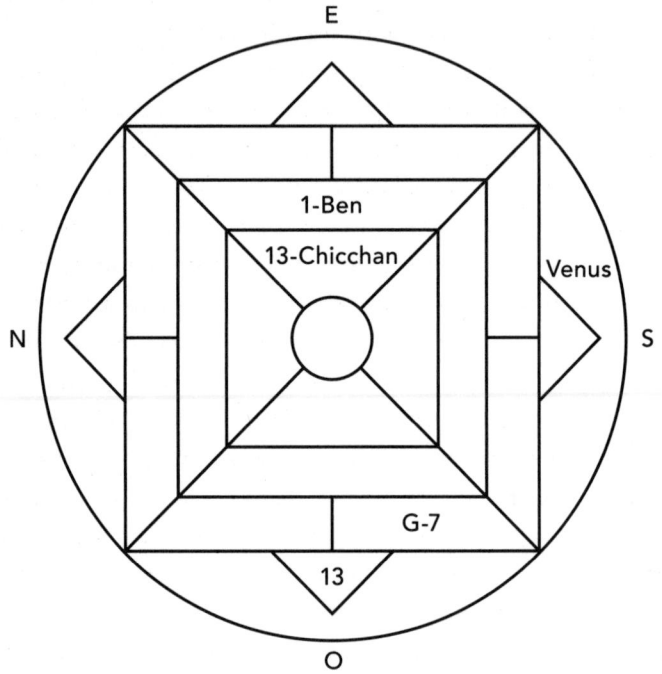

Carta natal maya de George W. Bush

El presidente George W. Bush nació en el signo del día 13-Chicchan. Su signo del día es propenso al secreto, lo que sugiere a una persona capaz de controlar con su carisma y empuje a quienes lo rodean. Lejos de ser moderado, es un signo poderoso que se inclina hacia los extremos. Los nacidos bajo este signo se sienten inclinados a demostrar su poder. La trecena del presidente Bush es 1-Ben, un período impactante que hace a quienes están bajo su influencia sentir la necesidad de estar en lo correcto y ser respetados. Bush tiene los instintos de un guerrero que busca vencer al enemigo y diseminar su propia verdad. El desafío para los influenciados por 1-Ben consiste en no dejarse llevar por una sola visión de la verdad, pues esto los puede conducir a la arrogancia moral y el exceso de confianza en sí mismo. Con todo, este signo del Este es dinámico y toma la iniciativa. La combinación de la trecena y el signo del día del Este indican una personalidad dominante que se sobrepone a los obstáculos y no mira hacia atrás. El presidente Bush nació en un año regido por el Oeste, una dirección cardinal que sugiere una gran necesidad de pertenecer y participar en la sociedad. Su carácter básico, en el contexto de la sociedad, consiste en relacionarse con otros y recibir su aceptación, por lo que ha aprendido a ser diplomático y negociar acuerdos. Su principal desafío consiste en aprender a crear coaliciones con otros que tal vez no coincidan con él.

El subconsciente profundo lo indica el Señor de la noche que, en el caso de Bush, es G-7. Su estrecha relación con su esposa y con Condoleezza Rice indica una fuerte orientación al establecimiento de asociaciones. También desea trabajar de cerca con el público, incluso cuando grandes segmentos de la población lo rechacen. Bush se siente motivado por la estética, las comodidades y la seguridad material. Tiene fuertes impulsos, que trata de reprimir y ocultar, y éstos lo pueden llevar a problemas de los que tiene que arrepentirse. Lo motiva la seguridad, e incluso ha creado un puesto ministerial con esa palabra en su título. En el caso de Bush, Venus es una estrella vespertina, otro indicio del poder de otros en su carta natal. La posición de Venus da a entender que Bush se adapta instintivamente a normas sociales establecidas; no sacude el orden establecido e incluso impone a otros sus puntos de vista tradicionales. Para él es inconcebible imaginar que otras formas de convivencia sean viables; sólo reconoce el valor de las formas tradicionales y siente que deben ser protegidas.

En suma, la carta maya de George W. Bush describe a una persona fuerte que se siente impelida a una posición de poder, pero que también mantiene una estrecha asociación con las personas que lo rodean. Si éstas tienen buenas intenciones, Bush puede aportar al mundo un liderazgo decisivo y un fervor de caballero medieval a cualquier cosa que decida emprender. Es conservador y muy social, pero no revela muchos detalles sobre sí mismo. Quienes lo conocen mejor saben que tiene un carácter muy fuerte, con opiniones firmes y un intenso sentido del bien y el mal.

Princesa Diana (1/7/1961)

Signo del día: 1-Cauac
Trecena: 1-Cauac
Año: 2-Norte
Señor de la noche: G-9
Fase de Venus: Estrella matutina

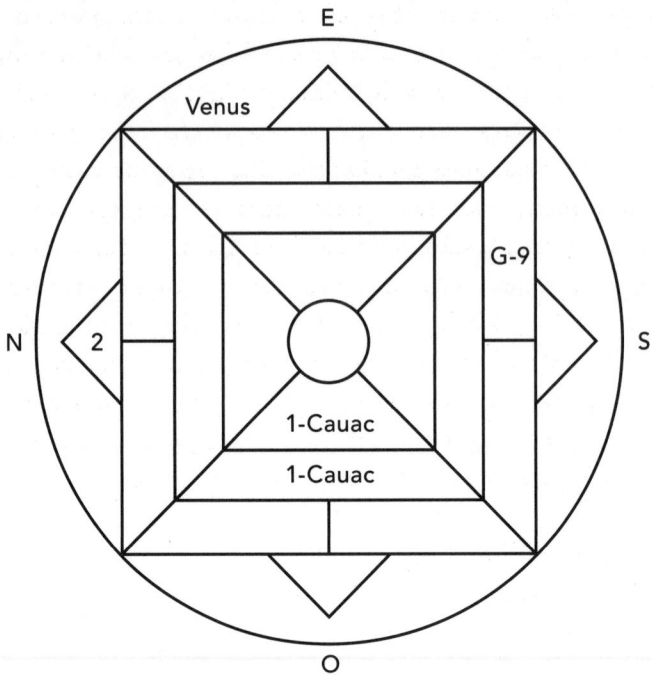

Carta natal maya de la Princesa Diana

La Princesa Diana nació en el primer día de la trecena Cauac, es decir, bajo el signo del día Cauac. Al ser iguales su trecena y su signo del día, su personalidad individual se fusionó con su personalidad subconsciente y reactiva. Es probable que sus instintos y sentimientos fueran muy fuertes. Se dedicaba a causas sociales que hacían de ella un influyente personaje público, casi una diosa. Como signo del día, Cauac proyecta un espíritu juvenil y compasivo. Confiere una personalidad compleja pero multifacética y lo inclina a uno hacia las profesiones curativas. Diana se preocupaba por los menos afortunados; en otras circunstancias podría haber sido enfermera o médico.

Diana nació en el año 2-Norte. En el sentido más amplio, se sentía motivada a resolver problemas. Era una hacedora y buscaba soluciones a problemas sociales, pero también cometía errores en sus intentos. Sus necesidades la obligaban a ser más consciente de sus interacciones con otros, hasta el punto de sentirse incómoda y no siempre aceptada. El hecho de que nació en un año del Norte implica que, una vez que se hiciera lo suficientemente fuerte, encontraría un destino social importante que estuviera relacionado con la capacidad de resolver problemas asociada con la dirección cardinal Norte.

El noveno Señor de la noche estaba en efecto el día del nacimiento de

Diana y es probable que esta influencia reforzara su veta independiente, ya fuerte, aumentando así las partes de su personalidad que podrían considerarse antagonistas. Las personas nacidas bajo este Señor de la noche son luchadoras y muy trabajadoras. Suelen ser muy directas con otros y, por lo tanto, no siempre consiguen mantener relaciones equilibradas. Diana se sentía inclinada a hacer las cosas a su manera, según sus propios criterios, y esta forma de hacer las cosas no siempre recibía la aprobación de otros. Además, en el momento de su nacimiento Venus se encontraba en fase de estrella matutina, una posición que inclinaba a Diana hacia una vida social plena de riesgos. Nunca pudo aceptar las reglas tradicionales de interacción social, y se encontró trascendiendo constantemente los límites sociales, justo hasta el momento de su muerte. Diana era una persona que ampliaba las fronteras sociales a través de su comportamiento poco convencional, y pagó un precio por hacerlo.

Christopher Reeve (25/9/1952)

Signo del día: 11-Etzínab
Trecena: 1-Lamat
Año: 6-Este
Señor de la noche: G-3
Fase de Venus: Estrella vespertina

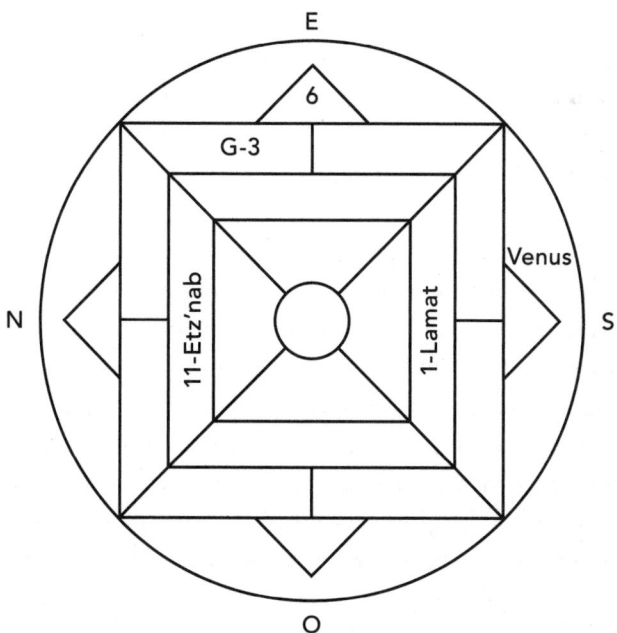

Carta natal maya de Christopher Reeve

El signo del día 11-Etzínab sugiere que Christopher Reeve era una persona muy práctica, bien coordinada y diestra. Sugiere también una vida de sacrificio personal. Etzínab es un signo social y, además, un tanto vano. Los nacidos bajo este signo del día encuentran que es necesario poner en práctica cierto nivel de moderación personal en la mayoría de las situaciones sociales, incluso al punto de reprimir sus instintos. Tarde o temprano, esta presión interna llega a liberarse, sea de manera productiva a través de la creatividad, o de manera negativa en forma de dificultades sociales o a través de una crisis o accidente. Reeve tuvo que esforzarse por proteger sus relaciones y llegó a aprender el arte de compartir y del altruismo. La trecena de su nacimiento fue 1-Lamat, lo que sugiere que sus instintos lo empujaban a situaciones emocionantes y potencialmente riesgosas. Lamat es un signo activo que no se puede estar quieto y Reeve practicaba varios deportes, además de su profesión como actor, hasta el momento de su accidente. También se sabe que Lamat es un tanto autodestructivo y representa un reto para las personas nacidas bajo su influencia en el sentido de que deben mantener el control de su comportamiento. Reeve era de instintos fuertes e impulsivos, y requería formas de canalizar estos impulsos. Se exigía mucho a sí mismo tanto antes como después de su accidente. El año de nacimiento de Christopher Reeve era un año del Este, un indicador de su profundo empuje personal, la necesidad general de avanzar en la vida y la necesidad específica de asumir riesgos en el camino. La dirección cardinal Este sugiere participación e iniciativa personales. No cabe duda de que Reeve tuvo que hacer ajustes en su vida y que supo manejarlos en forma creativa. Es posible que su identidad como "Supermán" estuviera relacionada con este componente fundamental de su carta natal maya.

Nacido bajo el Señor de la noche, Reeve era en realidad una persona muy seria y dedicada, con un gran sentido de la responsabilidad. Este Señor inclina a la persona a buscar la aceptación popular y es un indicador adecuado de alguien que termina por dedicarse al mundo del espectáculo. Con todo, es un Señor de la noche serio y los nacidos bajo este signo suelen tomar la vida tal como es y tratan de hacer que sus sacrificios signifiquen algo. El hecho de que Reeve naciera con la estrella vespertina hacía que fuera muy convencional en sus relaciones. Una vez que se percató de que sus problemas en las relaciones eran creados por él mismo, comenzó a recibir psicoterapia y se esforzó por cambiar su forma de ser a este respecto. El resultado fue un buen matrimonio, pero esto no fue más que el devenir natural de su aceptación de las normas sociales favorables al statu quo. Venus como estrella vespertina no sacude la barca, sino que la estabiliza. Por eso, en sus relaciones, Reeve no era un reformista.

Oprah Winfrey (29/1/1954)

Signo del día: 8-Muluc
Trecena: 1-Ik
Año: 7-Norte
Señor de la noche: G-8
Fase de Venus: Conjunción superior

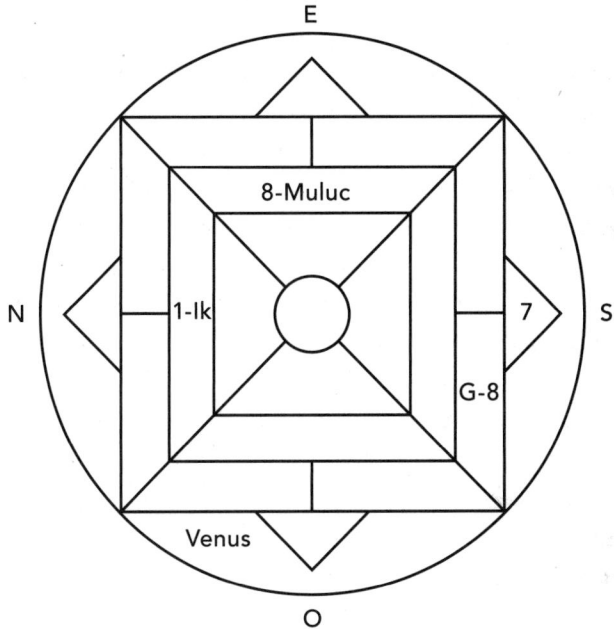

Carta natal maya de Oprah Winfrey

Nacida bajo el signo del día Muluc, Oprah es una artista natural y se ha ganado al público en formas en que pocas personas lo han logrado. Se conecta emocionalmente con su público, sea en persona o por televisión. Su intensidad emocional no se ve disminuida por el medio televisivo, sino que lo utiliza eficazmente para hacer llegar sus mensajes. Ha presentado a su público temas que antes no se consideraban adecuados y, evidentemente, no tiene miedo de asumir riesgos. Esta característica ha sido un componente clave de su éxito como figura pública. Su batalla contra el sobrepeso es una señal de que experimenta comportamientos compulsivos y adictivos, pero su voluntad es fuerte y se ha transformado a sí misma en varias ocasiones. No cabe duda de que es una personalidad dominante; su influencia es enorme, especialmente en lo que respecta a los libros más leídos. Su trecena, 1-Ik, sugiere que tiene una gran necesidad de comunicarse y que efectivamente lo hace, tanto verbalmente como a través de sus recomendaciones para la lectura. Oprah es en esencia una maestra/artista y tiene muchos mensajes que hacer llegar a otros, sobre muchos temas distintos. Al igual que otros nacidos durante un año del Norte, se vale de su agilidad mental y sus aptitudes intelectuales para abrirse paso por el mundo. Aporta información e ideas a su público.

Oprah nació bajo el octavo Señor de la noche. Es habladora, lo que de cierto modo la haría una buena consejera o psicóloga de grupo. Es una persona compleja que no teme hacer frente a su mundo interior y sabe cómo llegar al centro de las cosas. Reacciona muy rápidamente a los estímulos y se pone en marcha sin demora. Venus se encontraba en conjunción superior cuando ella nació, con un margen de exactitud de un día, lo que indica que Oprah es una persona de gran profundidad emocional y está muy involucrada en cuestiones relativas al bien y el mal. Le interesan los problemas humanos, con inclusión de los problemas sexuales, y trae estos temas a la luz pública a través de su programa de televisión. Como resultado de ello, muchas personas han logrado sentirse más a gusto a la hora de abordar temas que tal vez eran tabú en el pasado.

Bob Dylan (24/5/1941)

Signo del día: 3-Cib
Trecena: 1-Ix
Año: 8-Norte
Señor de la noche: G-1
Fase de Venus: Estrella vespertina

El signo del día Cib es uno de los signos más serios y tímidos; proyecta la imagen de una persona sabia y realista. Muchos han visto a Bob Dylan de esta forma, como portavoz de una generación, como profeta, etc. Dylan es muy pragmático y aguerrido, y estas características se hacen notar en muchas de sus canciones (por ejemplo, "A Hard Rain's Gonna Fall"), algunas de las cuales incluyen expresiones desdeñosas sobre otras personas o críticas políticas. Dylan no suele bromear pero, cuando lo hace, casi siempre hay algún significado oculto o profundo detrás de su humor. A veces ni siquiera está

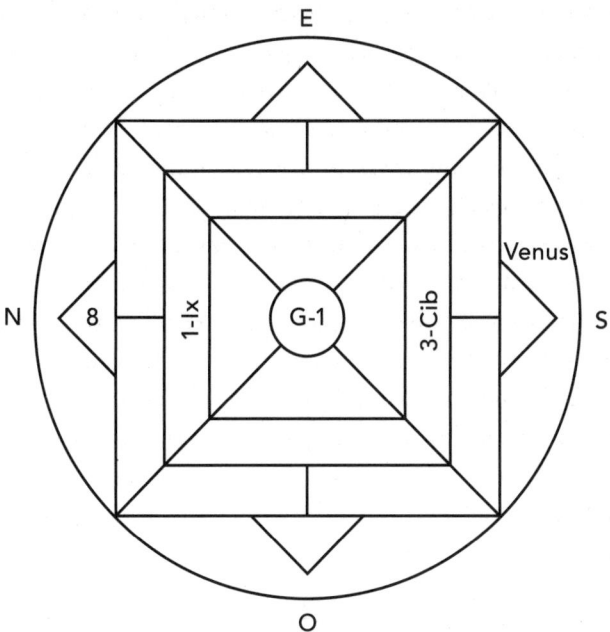

Carta natal maya de Bob Dylan

claro hasta qué punto está bromeando. Sabe exactamente lo que le gusta y lo que no le gusta, lo que es una característica común de las personas del tipo Cib. Otro tema de los Cib tiene que ver con la autoridad y la posición de cada uno en relación con ella. Dylan ha evitado en gran medida estar en la palestra política, pero se las ha arreglado para mantener una imagen de autoridad como voz de la contracultura. Las personas del tipo Cib pueden ser muy distantes. En su mayor parte, Dylan ha mantenido su privacidad a pesar de su inmensa popularidad, y por eso el público sabe muy poco sobre él. A un nivel más instintivo y reactivo, recibe la influencia de 1-Ix, el signo del comunicador críptico. Tenga o no tenga problemas de autocontrol, es un explorador de la condición humana y vive su vida más hacia dentro que hacia fuera. Nacido en un año del Norte, Dylan expresa el distanciamiento mental vinculado con esa dirección cardinal, y ese sentido de distanciamiento se hace evidente en sus canciones (en las que hay más palabras que notas musicales).

El primer Señor de la noche reinaba en el momento en que nació Bob Dylan. Esta influencia sugiere que Dylan es una persona muy aguerrida que se las arregla por su cuenta y que tiene una comprensión íntima del poder.

Es además directo y combativo en las letras de sus canciones, muchas de las cuales provienen de emociones humanas muy básicas que tienen que ver con las jerarquías y el sexo, aunque estas actitudes están disimuladas por su forma creativa de usar las palabras (por ejemplo, en sus canciones "Like a Rolling Stone" y "Lay Lady Lay"). Venus era una estrella vespertina cuando nació Dylan, lo que da a entender que en realidad él no desafía al statu quo en su vida y su arte, sino que lo refuerza. Su estilo de vida no ha sido causa de escándalos, y él no ha promovido ninguna clase de rebelión ni revolución, aunque muchos han interpretado que eso es lo que sugiere su música. Dylan escribe y canta sobre las realidades de la vida y el amor tal como son, no como serían. Después de todo, Dylan no es tan radical. Ha sido más bien un espejo de los cambios en lugar de un agitador como John Lennon, quien nació durante la fase de estrella matutina de Venus.

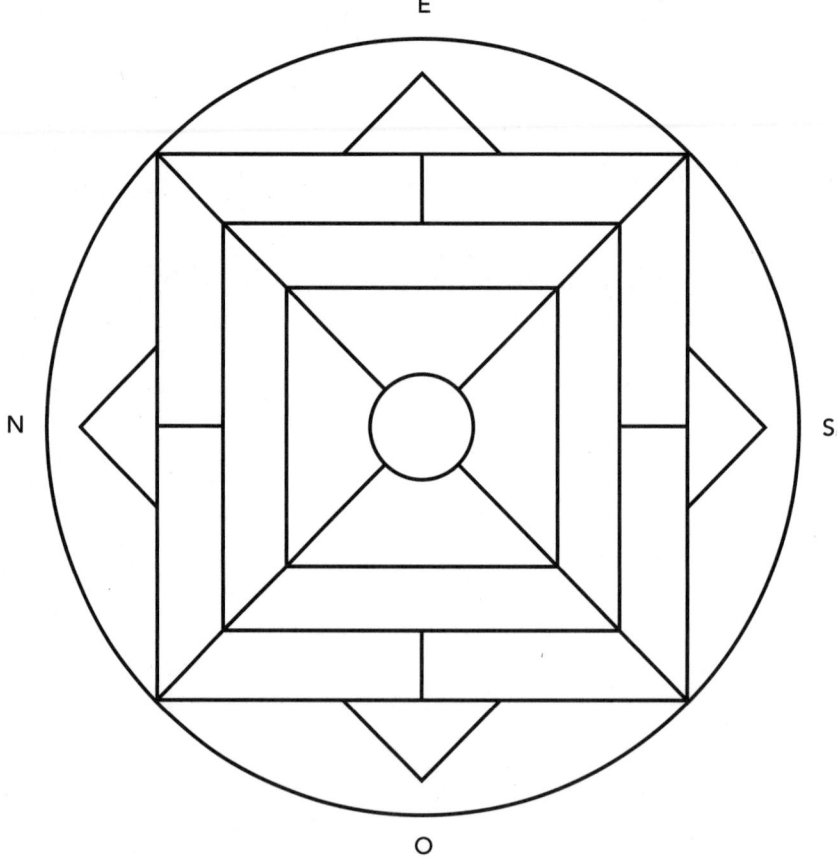

Utilice esta carta piramidal maya en blanco para hacer
anotaciones de lecturas individuales

SEGUNDA PARTE

•••

Otros estudios sobre astrología maya

SIETE
LOS DÍAS DE QUEMA

Los mayas antiguos seguían un ritmo de sesenta y cinco días que, según veremos, servían como una especie de biorritmo colectivo. El calendario astrológico de 260 días estaba dividido tradicionalmente en cuatro períodos de sesenta y cinco días con cuatro importantes signos de los días que demarcan los límites de estos períodos. Cada uno de estos cuatro días era considerado una oportunidad de resolver el karma colectivo, purificar a la comunidad y centrar la atención en la necesidad de una mayor cohesión social. Se establecían días de preparación para cada "día de quema", así llamados a causa de los rituales vinculados con ellos, que culminaban con una ceremonia de caminar sobre el fuego que aún se practica en algunas comunidades mayas.

Las cuatro fechas de quema en el calendario astrológico de 260 días son los días mayas 4-Oc, 4-Men, 4-Ahau y 4-Chicchan. Estos nombres se traducen como Perro, Águila, Señor/Flor y Serpiente y corresponden, respectivamente, a las direcciones cardinales Norte, Oeste, Sur y Este. Los cuatro puntos cardinales en la astrología mesoamericana son muy similares a los cuatro elementos en la astrología occidental; designan cualidades fundamentales. Las correspondencias son Este/fuego, Norte/tierra, Oeste/aire y Sur/agua. En vista de que los días de quema se suceden cada sesenta y cinco días, su ciclo es independiente del año solar y no caen cada año en la misma fecha del calendario occidental.

Tras estudiar estas fechas durante muchos años, los autores han concluido que es posible que los días de quema sean más que un simple y oscuro ritual de una civilización antigua. Al establecer correlaciones entre las fechas de acontecimientos mundiales importantes y el calendario maya, está claro que casi siempre ocurren cerca de los días de quema, o que encuentran en estos

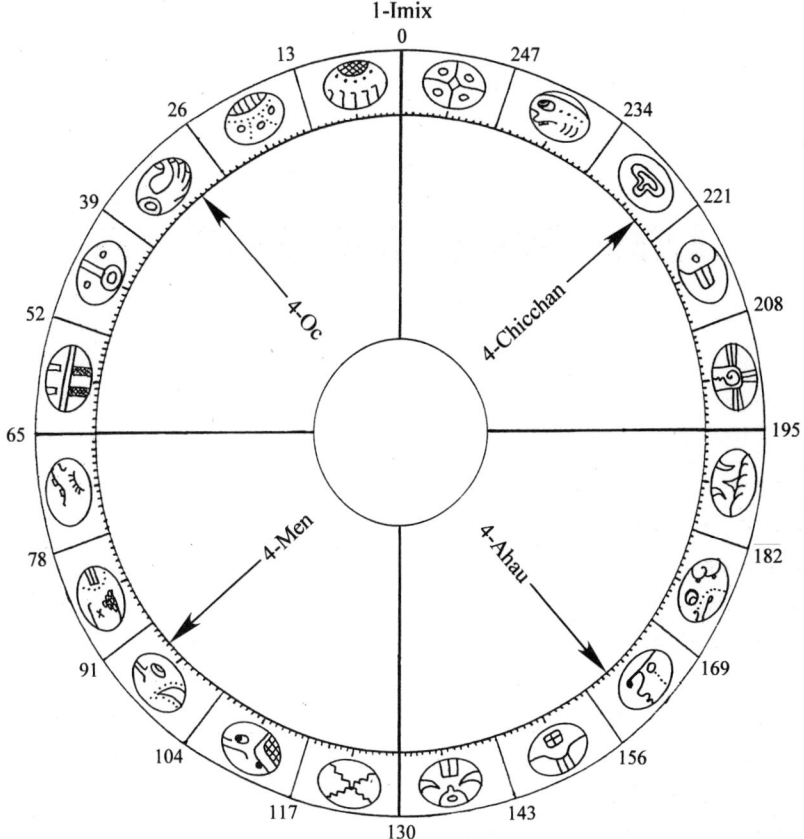

Los días de quema en el Tzolkin de 260 días

días un momento propicio. Los datos existentes indican decididamente que los días de quema son puntos de crisis durante los cuales tiene lugar la ventilación colectiva de energías suprimidas, o una especie de reconciliación con el pasado. Además, los autores han encontrado que el signo del día de cada persona y otros tres días, distribuidos en cada cuarta parte del calendario de 260 días, pueden servir como días personales de quema, es decir, días de máxima energía y experiencia personal.

Se hizo evidente para los autores y para otras personas no sólo que estos días de quema se correlacionaban con acontecimientos noticiosos importantes, sino que los propios acontecimientos compartían entre sí ciertas características. Muchos de ellos han sido en forma de algún tipo de frenesí nacional. Algunos de estos acontecimientos trascendentales han sido, por ejemplo, elecciones importantes, un debate preelectoral particularmente significativo, o la muerte de líderes. A menudo se han alcanzado puntos críticos durante guerras, cuando han ocurrido situaciones como la toma de rehenes (motivada por el trato crónicamente injusto a una población autóctona). También han tenido lugar purgas o purificaciones nacionales en ocasión de los días de quema, por ejemplo, cuando Hillary Clinton compareció ante los tribunales para defenderse a sí misma y al presidente del país en el escándalo de Whitewater, y cuando el gobierno francés reconoció que su conducta en relación con los judíos durante la Segunda Guerra Mundial había sido inaceptable. La crisis de los rehenes en Perú comenzó y terminó en torno a los días de quema. En China, estas fechas coincidieron con la muerte del líder del Partido Comunista Den Xiaoping y la anexión de Hong Kong a China en 1997. En 2004, Ronald Reagan falleció en el día anterior a un día de quema, lo que desencadenó una semana entera de rituales funerarios. Es interesante señalar que el arresto de O. J. Simpson tuvo lugar dos días antes del día de quema del 19 de junio de 1994. Luego su proceso judicial se convirtió en un espectáculo nacional en el que la parte consciente de la mente colectiva recibió una fuerte dosis diaria de tensiones raciales.

En breve, parece ser que estas fechas tienen algo que ver con grandes grupos de personas y la ventilación y asimilación de cuestiones con gran carga emocional que son necesarias para la integración de los grupos.

La coincidencia persistente de las fechas de los días de quema con tipos específicos de acontecimientos mundiales sugiere a los autores que los mayas descubrieron algo muy importante. Tras descubrir que los días de quema eran puntos de crisis, los mayas orquestaron deliberadamente purgas emocionales para su sociedad a través de rituales planificados. Ventilaban sus tensiones en forma ritualista y de conformidad con un ciclo natural que habían observado: un biorritmo colectivo de sesenta y cinco días. A través de este enfoque, los mayas probablemente mantenían un elevado nivel de salud e integridad de grupo.

El verdadero ritual maya para los días de quema era aproximadamente como sigue: veinte días antes de la llegada de cada día de quema, los líderes utilizaban hogueras rituales para llamar la atención a la fecha inminente. En el mismo día de quema o cerca de él, se celebraba algún tipo de ritual de grupo (como el andar sobre el fuego o la creación de una hoguera gigante), lo que unificaba a toda la comunidad. Veinte días después se realizaban rituales que facilitaban la readaptación a la vida "normal". De este modo, los mayas ventilaban tensiones y al mismo tiempo mantenían al grupo físicamente intacto.

Este enfoque trae al recuerdo un episodio de la serie de televisión *M*A*S*H,* en que las frustraciones de los soldados acampados alcanzaron tal nivel que los médicos y los militares comenzaron espontáneamente una hoguera, a la que lanzaban muebles y cualquier otro tipo de cosas. Luego el grupo hizo un corro en torno a esta hoguera nocturna en completo silencio, observando las llamas. Todo el mundo se sintió mejor después de esto. Cualquiera que haya ido de camping conoce el poder que tiene una hoguera de campaña para unir a la gente y compartir sentimientos.

Para poder entender plenamente la mecánica astronómica tras los días de quema, debemos centrarnos en el calendario astrológico de 260 días. Al dividir entre cuatro la cuenta de 260 días, o sea, el número de los cuatro puntos cardinales, se obtienen cuatro períodos de quema de sesenta y cinco días cada uno. Si comenzamos esta división con lo que normalmente se considera el primer día de la cuenta de 260 días, 1-Imix (Cocodrilo), entonces el punto siguiente, sesenta y cinco días después, será 1-Cimi (Muerte), luego 1-Chuen (Mono) y, por último, 1-Cib (Buitre). Pero la antigua tradición maya de los días de quema no comienza con la primera fecha de la cuenta de 260 días; comienza con el día 160, que es 4-Ahau (Señor/Flor). ¿Por qué? Nadie sabe con seguridad, pero el 11 de agosto de 3114 a.C. fue el día en que la cuenta larga (el calendario maya) "descansó", y empezó una nueva era. Al seguir intervalos de sesenta y cinco días a partir de este punto en la cuenta de 260 días, se obtienen 4-Chicchan (Serpiente), 4-Oc (Perro) y 4-Men (Águila) como los otros tres días de quema.

Al comenzar el calendario astrológico de 260 días con 1-Imix y dividirlo en cuatro partes iguales, se establece un sistema de cuadrantes y los días de quema tradicionales que se derivan del día de descanso de la cuenta larga se mantienen muy cercanos a los puntos medios de cada uno de estos cuadrantes. De hecho, hay una separación de sólo tres días entre ellos y el centro exacto de cada cuadrante. Esta atención a los puntos medios es similar a los 15 grados de los signos fijos en la astrología occidental, los puntos medios de los puntos cardinales. Como cuatro períodos de sesenta y cinco días suman 260 días, el ritmo de los días de quema es una especie de intensificación de puntos equidistantes dentro del marco de un ciclo que es la clave de toda la astrología mesoamericana. Una vez más, comparemos este ritmo con la llegada de los puntos semicardinales en el año del calendario solar, los puntos que coinciden con las antiguas festividades celtas de Lammas, Beltane, Candlemas y Samhain.

En la astrología mesoamericana, Venus era el planeta involucrado en la regulación de los deseos humanos, lo que es un requisito previo del proceso de civilización. Si las fechas de los días de quema tienen algo que ver con Venus, quizás sean fechas en que los grupos deben sacar sus sentimientos antisociales a la superficie, lo que es un requisito previo para alcanzar una integración colectiva de un orden superior. Otro significado posible de los días de quema es que representan partes de nosotros mismos que los humanos debemos integrar de vez en cuando. En este sentido, nuestro signo del día es la personalidad dominante, pero los otros tres signos nos completan de algún modo importante.

Los días de quema en la astrología de los mayas ilustran hasta qué punto su sociedad estaba estructurada colectivamente. La forma en que utilizaban los días de quema es similar a la estrategia de un maestro que lleva a todo un grupo de estudiantes al patio a la hora prevista para el receso, en lugar de permitir que cada uno se levante de su asiento cada vez que quiera. Por medio de prácticas rituales, los mayas sintonizaban su espíritu con un ciclo natural basado en realidades astronómicas. En nuestro mundo moderno de individualismo sin restricción, la gente puede perder los estribos cada día del año. Es cierto que en los Estados Unidos tenemos algunos días festivos en los que la gente recibe un desahogo colectivo, como el 4 de julio, el Día de San Patricio (el comienzo extraoficial de la primavera) y el domingo del Superbowl. No obstante, en su mayor parte, tenemos una sociedad de individuos débilmente integrada y, salvo los rituales asépticos de las religiones oficialmente aceptables, tratamos de mantenernos al margen de los acontecimientos colectivos. La mayoría de nuestras festividades son días de pasar en familia, no días de rituales comunitarios.

Pero, ¿qué hay de la necesidad individual de desahogarse de las presiones internas? Los autores han descubierto que los individuos tienen días personales de quema que funcionan en forma muy similar a los días colectivos antes descritos. Comenzando con la fecha de nacimiento de cada persona en el calendario astrológico de 260 días, los intervalos de sesenta y cinco días parecían mantener una correlación con la necesidad personal de liberar tensiones internas. Hemos descubierto que la semana precedente a uno de estos puntos es un período de acumulación y que entonces la tensión se libera en la fecha crítica o unos días antes. Hemos observado que las personas que planifican algún tipo de acontecimiento intenso y que saben concentrar la energía que se les va acumulando por dentro antes de estas fechas (por ejemplo, mediante una buena sesión de ejercicio físico o una reunión activa en grupo) pueden sacar provecho de esta concentración. Quizás el mundo sería un lugar más seguro si la gente concentrara así sus tensiones personales cada sesenta y cinco días en alguna forma constructiva.

El cálculo de sus propios días de quema es sencillo. El primer día de quema es el signo del día de la persona, que se repite cada 260 días. El segundo día de quema es sesenta y cinco días después y cinco signos antes en el orden de los signos de los días. Lleva adjunto el mismo número del signo del día de la fecha de nacimiento. Por ejemplo, si su signo del día es 3-Imix, el día de quema siguiente cae cinco signos antes, en Cimi, específicamente 3-Cimi. Fíjese en que su signo del día es un signo del Este, pero este día de quema es un signo del Norte. El siguiente día de quema será el signo del día que está cinco signos más adelante y opuesto al suyo, que en este ejemplo es Chuen, específicamente 3-Chuen. Fíjese en que éste es un signo del Oeste. El cuarto día de quema estará cinco signos de los días por delante, Cib, un signo del Sur, específicamente 3-Cib. Puede encontrar sus propios cuatro días de quema, todos separados por sesenta y cinco días, usando el primer cuadro que empieza en la página 129.

OCHO
EL CICLO DE LOS TRECE KATUNES

Lo que se conoce popularmente como el calendario maya es lo que arqueólogos, antropólogos y arqueoastrónomos llaman la cuenta larga. La cuenta larga es un segmento muy extenso de tiempo: la quinta parte del ciclo de aproximadamente 26.000 años del acontecimiento astronómico conocido como precesión de los equinoccios, que se explicará en el capítulo 9. La cuenta larga tiene un punto de partida y terminación definido: comenzó el 11 de agosto de 3114 a.C. y termina el 21 de diciembre de 2012 d.C. La duración de la cuenta larga, de 5.125 años solares fue dividida por los mayas antiguos en fracciones de trece, veinte y 260. Las primeras abarcaban 394 años y se denominaban baktunes. Las fracciones de 260 duraban 19,7 años y se llamaban katunes. Por último, las fracciones de veinte de la cuenta larga eran grupos de trece katunes, ó 256 años, que a veces recibe el nombre de cuenta corta. Este último grupo tiene una larga tradición profética y es el tema principal de este capítulo.

El katún era extremadamente importante en los rituales y en la política, y se pensaba que designaba grandes cambios en la historia. Aún usado por los mayas, este ciclo de 7.200 días dura poco menos de veinte años (19,7 años), lo que es muy similar al ciclo de conjunciones entre Júpiter y Saturno (19,86 años). Los katunes se subdividen en veinte conjuntos de unidades de 360 días denominados tunes. (Se piensa que, a efectos de los cálculos, se aplicaba al año el valor de 360 días en lugar de 365 días.) Trece katunes, un período de 260 tunes, hacen un ciclo completo de la cuenta corta. Por último, se considera que cada katún describe las características de toda una generación.

El ciclo de la cuenta corta de 256 años de trece katunes era claramente un ciclo de profecías para los mayas; cada uno de los trece katunes tenía un "destino" específico vinculado con él. Los mayas creían que la llegada de cada uno de los katunes traía su destino particular al mundo cada 256 años. Sabemos de esta creencia gracias a las inscripciones que han llegado hasta nosotros, incluidos los libros de "Chilam Balam" (el sacerdote-jaguar) de distintas regiones que fueron escritos después que los españoles conquistaron Yucatán. La forma de distinguir entre estos trece katunes requiere cierta comprensión del Tzolkin.

Cada uno de los trece katunes en el ciclo está indicado por un número del uno al trece y el nombre Ahau. Esta designación se debe a que cada katún termina con el último día del calendario de 260 días, el día Ahau. Por lo tanto, el primer día de cualquier katún siempre cae en el día Imix, que sigue a Ahau y es el primero de los veinte signos de los días. Como veinte es un factor en la duración de un ciclo de katunes (7200 días = 20 x 360), cada katún siempre termina en un día del mismo nombre en el calendario de 260 días, aunque no termine siempre en el mismo número. Ahau es además el día en que termina todo el ciclo de la cuenta corta —o, desde la perspectiva de los mayas, el día en que llega a su finalización.

Los katunes no se sucedían en orden numérico. Cualquier katún en el ciclo siempre iba seguido de un katún denominado con dos números menos. Por ejemplo, el katún 10-Ahau iba seguido por el katún 8-Ahau. Esta relación puede verse más claramente en la rueda de katunes que se muestra en la página 98. Este diagrama proviene de un libro acerca de los mayas, *Relación de las cosas de Yucatán,* escrito poco después de la conquista por el Fraile Diego de Landa. El diagrama muestra el ciclo de los katunes y debe leerse en el sentido de las manecillas del reloj. El katún en que se decía que empezaba el ciclo era el 11-Ahau. La secuencia de katunes en el sentido de las manecillas del reloj comienza bajo la cruz de la parte superior con el katún 11-Ahau, seguido por el katún 9-Ahau, el 7-Ahau, etc. Los glifos de trece facetas corresponden al signo del día Ahau; las cifras están en números romanos y en idioma maya. En el centro dice "Llaman a esta cuenta en su lengua Vazlazonkatun, que quiere decir la guerra de los katunes".

Esencialmente, el ciclo de los trece katunes era, para los mayas, una especie de astrología mundana de la sociedad y su historia, no una astrología individual. En los distintos libros de Chilam Balam se indican las influencias de los trece katunes, usualmente como una descripción de acontecimientos históricos que ocurrieron durante ciclos anteriores. No obstante, resulta evidente para el lector que los mayas siempre esperaban que la historia se repitiera y que los

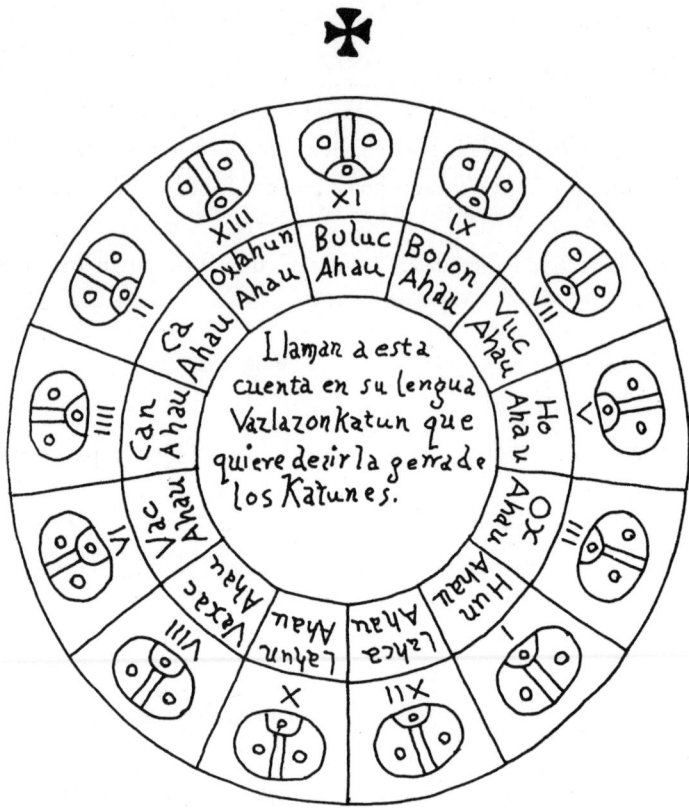

Rueda de katunes que muestra el ciclo de los trece katunes

mayas antiguos no veían su destino con optimismo. La mayoría de los destinos descritos son negativos, pero quizás esta perspectiva haya sido un reflejo de lo difícil que era la vida en su época.

Las siguientes descripciones de los katunes son imágenes compuestas tomadas del Libro de Chilam Balam de Chumayel, el Códice Pérez y el Libro de Chilam Balam de Maní.

Katún 11-Ahau

Todo parece indicar que los alimentos escasean durante este katún y que invasores foráneos dispersan a la población. Este katún pone fin a la regencia tradicional, sin dejar sucesores. Como es el primero, siempre da paso a una nueva era. Por ejemplo, durante este katún, los españoles comenzaron a adueñarse de Yucatán e impusieron el Cristianismo a los nativos.

Katún 9-Ahau

Es un período de gobierno corrupto, en que el gobernante abusa de su pueblo y comete fechorías. Los gobernantes son tan malvados en esta época que terminan por perder parte de su poder frente a los sacerdotes. Los pecados carnales y el adulterio son practicados abiertamente (por los gobernantes y otras personas) durante este katún, y se desatan guerras. También se conoce como el katún de "la retirada forzada de la mano", una frase enigmática cuyo significado no está claro.

Katún 7-Ahau

Esta es aparentemente una época de excesos sociales, incluso de extremos en la bebida y el adulterio. Es un punto bajo en la historia de la sociedad. Los gobiernos alcanzan sus niveles más bajos de corrupción en este katún. Se dice que durante este katún brota el "capullo de la flor", una alusión al erotismo.

Katún 5-Ahau

Durante este katún de infortunio, los gobernantes y sus súbditos se separan; la gente pierde la fe en sus líderes. Es posible que éstos reciban tratos violentos, e incluso que sean ahorcados. Este período trae una abundancia de serpientes, una gran hambruna y menos nacimientos que lo usual.

Katún 3-Ahau

Este katún trae cambios y calamidades, por ejemplo, sequías y guerras. La gente queda desamparada y la sociedad se desintegra.

Katún 1-Ahau

Este katún trae problemas incluso peores, gobernantes débiles y destrucción. Los gobiernos se desmoronan debido a rivalidades. Este katún puede ser el momento de una gran guerra, después de la que vuelve a sentirse cierto grado de hermandad.

Katún 12-Ahau

Después de un largo período de crisis, guerra y desintegración, este katún es positivo. Durante este lapso, los gobiernos y gobernantes son sabios. Los pobres se vuelven ricos y hay abundancia en la tierra. Vuelven la amistad y la paz durante seis años buenos, seguidos de seis años malos.

Katún 10-Ahau

Si bien este katún es santo, la tierra vuelve a enfrentar problemas. Este katún trae sequía y hambruna; es una época de ocupación extranjera, reforma del calendario por forasteros y tristeza.

Katún 8-Ahau

Tal vez éste sea el peor de los katunes. Tanto Chichén Itzá como Mayapán, las dos grandes ciudades regentes de Yucatán, fueron destruidas durante este período. Los textos hacen referencia a demoliciones y destrucción entre los gobernadores, y a luchas intensas. Pero también es la época que pone fin a la codicia. Es el katún de "establecerse en un lugar nuevo".

Katún 6-Ahau

Ésta es una época de gobiernos corruptos o ineptos y engañosos. Es también un período de hambruna. (Nota: la profecía maya correspondiente al katún 6-Ahau nos ha llegado en una forma particularmente abreviada y no podemos saber con seguridad cómo lo habrían entendido siglos atrás los astrólogos mayas.)

Katún 4-Ahau

Hay escasez de maíz y calabaza durante este katún, una calamidad que provoca un gran índice de mortalidad. Fue durante este katún que se creó el asentamiento de Chichén Itzá, cuando llegó el hombre-dios Kukulcán (uno de los nombres de Quetzalcoatl). Este katún es una época de recordar y registrar conocimientos.

Katún 2-Ahau

Durante la mitad de este katún, habrá comida en abundancia; durante la otra mitad, ocurrirán desgracias. Este katún trae el fin del orden autoritario. Es un tiempo de unirse por una causa.

Katún 13-Ahau

Sobreviene el colapso total y todo se pierde. Este katún es la época del juicio de Dios. Se desatan epidemias, plagas y luego hambruna. Se pierde el poder, que queda en manos de extranjeros. Desaparecen los sabios y profetas.

De los trece katunes, sólo uno, 12-Ahau, tiene una lectura positiva. Y sólo en los katunes 4-Ahau y 2-Ahau los acontecimientos desastrosos se ven compensados al menos parcialmente por situaciones positivas. Sin duda, esta desolación es reflejo de las dificultades de la vida durante esos tiempos. La determinación del valor astrológico en el ciclo de los katunes es una labor sin fin: tendremos que llegar a ella a través de la observación de los acontecimientos que tienen lugar en cada katún. A continuación enumeramos las fechas de los katunes durante los últimos 1.000 años:

KATÚN	PRIMEROS AÑOS OCCIDENTALES DE ESTE CICLO				
13-Ahau	1007	1263	1520	1776	2032
11-Ahau	1027	1283	1539	1796	2052
9-Ahau	1046	1303	1559	1815	
7-Ahau	1066	1322	1579	1835	
5-Ahau	1086	1342	1598	1855	
3-Ahau	1106	1362	1618	1874	
1-Ahau	1125	1382	1638	1894	
12-Ahau	1145	1401	1658	1914	
10-Ahau	1165	1421	1677	1934	
8-Ahau	1185	1441	1697	1953	
6-Ahau	1204	1460	1717	1973	
4-Ahau	1224	1480	1736	1993	
2-Ahau	1244	1500	1756	2012	

El cuadro muestra que hemos vivido recientemente en el katún 6-Ahau: 1973–1993. La profecía sugiere que este período sería de mal gobierno, o de gobierno engañoso, y de hambre. Esas dos décadas fueron un tiempo de gobierno engañoso, al menos en los Estados Unidos, si uno tiene en cuenta el escándalo de Watergate y el escándalo Irán/Contra. Esos veinte años fueron además un tiempo de hambruna aguda en África y la caída de la Unión Soviética. La última vez que pasó este katún fue entre 1717 y 1736. Durante este período, Rusia se convirtió en una gran potencia europea, y la "Burbuja del Mar del Sur", un gran desastre empresarial, desató el pánico financiero. En esos mismos años, en Inglaterra, los "Pretendientes" viejos y jóvenes siguieron reclamando el trono para sí. Durante el período 1460–1480, el katún 6-Ahau, la regencia de Inglaterra fue objeto de luchas entre familias rivales, España quedó unificada por el matrimonio entre las familias de Aragón y Castilla, se estableció la Inquisición española, y Lorenzo el Magnífico, un sagaz estadista de la familia italiana Médici, gobernó Florencia por su propia cuenta. Por último, durante el katún 6-Ahau, de 1204 a 1224, una revuelta maya en Chichén Itzá desembocó en el establecimiento de una nueva capital en Mayapán, Gengis Kan extendió su imperio en Asia y los súbditos del rey de Inglaterra obligaron a su monarca a aceptar la Carta Magna.

¿Qué decir del presente katún en que vivimos, el katún 4-Ahau? Según las inscripciones mayas, éste comenzó el 6/4/1993 y terminará junto con toda la época de la cuenta larga/creación el 21/12/2012. Si este katún sigue el esquema profético del ciclo de los trece katunes arriba enumerados, podemos esperar situaciones de escasez y también la llegada de grandes líderes. Este katún es también una época de "recordar los conocimientos y dejar constancia de ellos". En el pasado, este katún coincidió con cierto grado de estabilidad en el mundo y también con importantes avances en las comunicaciones y en el almacenamiento de información. Por ejemplo, el katún 4-Ahau duró desde 1224 hasta 1244. Durante ese tiempo, Federico II tomó Jerusalén, pero lo hizo en forma diplomática. Este katún volvió a ocurrir entre 1480 y 1500. Fue un período de grandes viajes y descubrimientos, y de relativa estabilidad política, lo que hizo posible esas exploraciones. Este período también fue testigo de importantes avances en tecnología de impresión. El katún 4-Ahau volvió a ocurrir entre 1736 y 1756. Es interesante señalar que la primera enciclopedia se publicó durante este período. La Guerra de Sucesión Austriaca de 1740–1748 trajo consigo un convenio sobre territorios y cierto grado de estabilidad. Durante esa época también se formaron varias alianzas políticas. Los fundamentos del poder cambiaban constantemente, pero no hubo ninguna irrupción significativa de disturbios. Lo mismo se puede decir del katún de 1993 a 2012. El establecimiento de la Unión Europea marca un hito en la larga historia de Europa, y el surgimiento de la Internet durante este katún ha coincidido con la profecía de "recordar los conocimientos y dejar constancia de ellos".

Por último, la actual época de la cuenta larga/creación de los mayas llega a su fin el 21 de diciembre (el solsticio de invierno), en 2012. ¿Cómo será el katún que da inicio a esta nueva era? Los mayas consideraban que el katún 2-Ahau era mitad bueno y mitad malo, una época de unirse por una causa, pero también creían que era el katún durante el que llegaba el "fin de la palabra de Dios". ¿Qué significa esto? Es cierto que en los katunes 2-Ahau anteriores ocurrieron grandes crisis religiosas o ideológicas. Entre 1500 y 1520, los aztecas fueron conquistados y obligados a convertirse al Cristianismo; en 1517, Martín Lutero dio inicio a la Reforma Protestante; y 256 años después, entre 1756 y 1776, los ideales de libertad y los derechos de los países y el individuo se convirtieron en una tendencia creciente. Este movimiento llevó a las colonias norteamericanas a declarar su independencia de Inglaterra. Podría decirse que se trataba realmente del albor de una nueva era, aunque fueron necesarios unos pocos katunes más antes de que se estableciera completamente. Es muy posible que algunas de nuestras creencias seculares y religiosas que ahora nos parecen lo más normal del mundo comiencen a perder cohesión y credibilidad después de 2012, allanando el camino para una era genuinamente nueva. Si los mayas estaban en lo correcto, debemos esperar que en 2012 comiencen enormes cambios que culminarán con el katún 13-Ahau, que empieza en 2032.

Los katunes permitían que los mayas programaran sus rituales y organizaran sus vidas en torno a estructuras predecibles. Los katunes proporcionaban a los mayas una forma de prever el futuro y encontrar significado en lo que de otro modo parecerían ser acontecimientos aleatorios. Como si fuera una ola de fractales, los mayas consideraban que la historia se reproducía a distintas escalas: los katunes de la cuenta larga son 260, igual que los 260 días del Tzolkin y los 260 tunes de la cuenta corta.

NUEVE

DESMENTIR MITOS SOBRE EL CALENDARIO MAYA

Actualmente oímos mencionar a menudo el término "calendario maya", usualmente en asociación con su "fecha final" de 2012, o quizás vinculado a algún tipo de profecía anunciada por profetas modernos de ascendencia amerindia o anglosajona. Muchos creen que el calendario maya —o la cuenta larga, como lo llaman los verdaderos estudiosos del tema— es una forma de determinar en qué punto nos encontramos los humanos del planeta Tierra en el sendero de nuestro destino colectivo. Tal vez ésta sea para algunos una forma conveniente de entenderlo y quizás haya algo de cierto en ella. Otros la ven como una representación del fin del mundo. Esta perspectiva, tan similar a la del Armagedón entre los cristianos, no ayuda a nadie. Pero lo que sí está claro es que muy pocas personas entienden verdaderamente a qué se refiere este calendario.

En este capítulo, examinamos minuciosamente la cuenta larga y demostramos que ésta es esencialmente el Tzolkin a una escala enorme, en la que los katunes de 20 años de longitud son los "días" de una época de creación. Esto refuta algunas ideas populares acerca del calendario maya, como la de que el fin de la actual cuenta larga marca el "fin de los días" y la afirmación de que dará paso a una nueva era para la humanidad, orquestada por alguna inteligencia superior. Por otra parte, afirmamos que la cuenta larga es más que un calendario; es la pieza más grande del sistema astrológico creado por los mayas. Por ese motivo, la mejor forma de entender la cuenta larga es verla como un tipo de astrología, que complementa la astrología occidental pero no es necesariamente superior a ella.

Desde los años setenta, los resultados publicados de las investigaciones arqueoastronómicas sobre la astronomía maya han despertado el interés del público en este tema, aunque el componente astrológico no haya sido reconocido oficialmente por la comunidad académica. El interés en el calendario maya se intensificó en agosto de 1987, cuando alrededor de medio millón de personas oraron por la Tierra en lo que se denominó la Convergencia Armónica. El artista y visionario José Argüelles fue uno de los promotores de este evento, y parte de su lógica imaginativa que justifica la selección del momento puede encontrarse en su libro *El factor maya*. Aunque tal vez muchos han pensado que la convergencia armónica tenía algo que ver con la terminación del calendario maya, no creo que hayan comprendido realmente los complejos fundamentos en que se basaba. Sea como sea, la convergencia armónica fue un éxito en muchos sentidos. Estimuló el interés en las profecías y el simbolismo amerindios y ha contribuido a la realización de varias meditaciones mundiales por la paz desde entonces.

LA "CARROZA" DEL CALENDARIO MAYA

Algunos investigadores han dicho que el calendario maya traza el rumbo de la evolución de la conciencia humana. Su teoría se basa en el alcance de importantes acontecimientos que tuvieron lugar dentro del lapso de 5125 años de la cuenta larga. Este período abarca la mayor parte de la historia oral y escrita de la humanidad. En realidad, la historia antigua conocida en casi cualquier parte del planeta empieza alrededor de 3000 a.C. Ésa fue la época de la construcción de las primeras pirámides y del establecimiento del Reino Antiguo, el primer pináculo de la civilización egipcia. En ese entonces se hicieron las primeras inscripciones escritas en Sumeria y se colocaron en su lugar las primeras estructuras de Stonehenge. El Kali Yuga, el sistema de calendario que define las eras en la cosmología hindú, también comenzó en esa época.

Hay además muchas personas que creen, a nuestro juicio erradamente, que 2012 marca el "fin de los días" y marcará el comienzo de una especie de apocalipsis. Es cierto que la cuenta larga está llegando a su fecha final: el 21 de diciembre de 2012. Para llevarse una idea de la verdadera importancia de este fin de una era, es preciso tener una comprensión de todos los componentes simbólicos de la astrología maya.

TIEMPO CÍCLICO VERSUS TIEMPO LINEAL

Los sistemas simbólicos y adivinatorios como la astrología fueron algunos de los primeros intentos de la humanidad de enmarcar la comprensión del proceso de la vida en una forma que pudiera transmitirse a las generaciones posteriores. Las culturas de casi todas partes de nuestro planeta crearon sistemas de símbolos que dieron significado a los ciclos predecibles que se observaban en el mundo que los rodeaba. Muchos de estos sistemas tuvieron tanto éxito que han sobrevivido hasta el presente. En la antigua Mesopotamia, los sumerios, babilonios y caldeos (y luego los griegos y romanos) establecieron un caudal de conocimientos basado en los efectos y cualidades de los planetas visibles, en nuestro entorno cósmico y en la vida humana. Conocemos esta tradición como astrología. En la China antigua se desarrolló un sistema astrológico basado en los números 12 y 60, cifras ambas que están relacionadas con los ciclos de Júpiter. En la India antigua, nació la astrología védica, con su énfasis en la Luna y sus movimientos. Si bien esas tradiciones orientales recibieron en cierta medida la influencia de la astrología mesopotámica, ambas son hoy temas de estudio por derecho propio, con su propia historia y técnicas interpretativas. Estos sistemas, basados en fenómenos naturales y con una visión holística del ser humano y la sociedad, satisfacen necesidades humanas que no son atendidas por las instituciones dominantes de nuestros tiempos. De hecho, estos sistemas de símbolos basados en la astronomía siguen funcionando como senderos psicológicos para personas interesadas en el autoconocimiento, el crecimiento personal y el desarrollo espiritual.

A diferencia de estas tradiciones astrológicas, la astrología mesoamericana parece haberse desarrollado en total aislamiento del resto del mundo. Las civilizaciones maya, tolteca y azteca de la Mesoamérica antigua (México y América Central) encontraron su propia manera especial de vincular la vida humana y los fenómenos naturales con los ritmos del cielo. Los olmecas, una de las culturas más antiguas en las américas y contemporáneos de los antiguos griegos, dejaron pruebas de un sistema de símbolos en el que usaban números y días. Posteriormente las civilizaciones maya, tolteca y azteca siguieron esta tradición hasta la conquista española. Si bien es cierto que se ha perdido gran parte de la astrología de la América antigua, los guardianes de los días nativos mayas en Guatemala y México han mantenido vivos algunos elementos de ella, y los fragmentos extraídos de las ruinas por los arqueólogos ofrecen pistas sobre su estructura original.

Una clave para entender el sistema maya radica en la relación fractal que hay entre los ciclos, especialmente la de la secuencia de 260 días y la cuenta larga. La cuenta larga comparte tres elementos con el calendario occidental: (1) una forma de agrupar grandes períodos de tiempo, (2) una fecha de base y (3) un componente astrológico. Desde la cuenta de las lunas en el Paleolítico hasta la definición moderna del segundo como unidad de tiempo, creada mediante el fraccionamiento de la órbita terrestre alrededor del Sol, la astronomía ha sido la espina dorsal de nuestros calendarios y sistemas de contabilización del tiempo. En el calendario occidental, el tiempo se agrupa en años, décadas, siglos y milenios solares. Organizamos el tiempo según los años solares en múltiplos del número diez, un buen número si uno cuenta con los dedos. La fecha de base del calendario occidental es la que se considera como fecha del nacimiento de Cristo. Las fechas anteriores a ésa se denominan a.C., las fechas posteriores se denominan d.C. El componente astrológico del calendario occidental se encuentra en la semana planetaria de siete días (los nombres de los días vienen de los nombres de los planetas) y los doce meses que se correlacionan aproximadamente con los doce signos del zodíaco.

En la cuenta larga, al igual que en el Tzolkin, el tiempo se agrupa en múltiplos del número veinte (dedos de pies y manos) y también del número trece. Sin embargo, una diferencia incluso más fundamental entre los sistemas radica en su conceptualización del tiempo propiamente dicho. En los calendarios y percepciones occidentales el tiempo es lineal, se mueve perpetuamente hacia delante y siempre es entendido en relación con un determinado punto de partida sobre un línea recta (de ahí el "antes" o "después"). Se cree que tiene un significado especial el paso de un múltiplo de diez, por ejemplo, el año 2000. En la cuenta larga, el tiempo se mueve hacia delante y también en ciclos, repitiendo perpetuamente una secuencia específica de patrones que se pueden observar y predecir.

Entre el punto de partida, o fecha de base, de la cuenta larga, el 11 de agosto de 3114 a.C., y la fecha final del 21 de diciembre de 2012 hay un total de 5.125,37 años o exactamente 1.872.000 días. Hay por lo tanto un número finito de días entre la fecha de base y la fecha final, y estos días se agrupan en varios bloques de tiempo que pasan por ciclos simultáneos. Como hemos visto en capítulos anteriores, una unidad de tiempo fundamental utilizada por los mayas (el tun) mide 360 días y es aproximadamente similar al año solar. La cuenta larga está compuesta por 5.200 tunes. Otra unidad de tiempo fundamental es el katún, un período igual a veinte tunes (20 x 360 = 7.200 días ó 19,71 años). Como hemos visto, los mayas consideraban que el katún era un período histórico importantísimo, una especie de marcador generacional. Resulta interesante señalar que el katún es muy cercano (con un margen de cincuenta y cuatro días) al ciclo sinódico medio de Júpiter y Saturno, que es de 19,86 años. Es muy probable que el katún represente el ciclo sinódico de Júpiter/Saturno, redondeado del mismo modo que se redondean los 365,24 días del año para igualarlos a los 360 grados del zodíaco.

En la cuenta larga hay 260 katunes (7200 x 260 = 1.872.000 días). El baktún, un período de 144.000 días ó 394 años, contiene veinte katunes. Y en la cuenta larga hay exactamente trece baktunes. Como cada baktún contiene veinte katunes, cada baktún está relacionado también con el ciclo de conjunciones entre Júpiter y Saturno. El cuadro que figura a continuación ilustra la alineación de las subunidades de la cuenta larga con el ciclo de Júpiter y Saturno.

1 año solar = 365,24 días	1 tun = 360 días = 0,99 años
1 conjunción entre Júpiter y Saturno = 19,86 años	1 katún = 20 tunes = 19,71 años
20 conjunciones entre Júpiter y Saturno = 397 años	1 baktún = 20 katunes = 394 años

La cuenta larga es también una versión a mayor escala del calendario astrológico de 260 días, que se basa a su vez en ciclos astronómicos. Tengamos en cuenta los datos siguientes:

1. La duración de la aparición de Venus como estrella matutina o vespertina = 263 días.
2. Los nueve ciclos sinódicos de veintinueve días de la luna = 261 días.
3. El intervalo de tiempo entre una de las intersecciones del Sol con la trayectoria de la Luna y su vuelta a esa misma intersección = 346,62 días. La mitad de ese intervalo, 173,31 días, recibe el nombre de medio año de eclipse. A su vez, esta cifra multiplicada por tres y redondeada produce 520 días, ó 2 x 260.
4. El ciclo sinódico de Marte es de 780 días. La tercera parte de esta cifra = 260 días.
5. Veinte ciclos sinódicos de Mercurio (unos 117 días) equivalen a nueve ciclos de 260 días ó 2,340 días.

6. Cuatro ciclos sinódicos de Venus (584 días) equivalen a nueve ciclos de 260 días.

7. Tres ciclos sinódicos de Marte (780 días) equivalen exactamente a nueve ciclos de 260 días.

Las correlaciones del Tzolkin de 260 días con períodos planetarios que son múltiplos y fracciones de su longitud sugieren una forma de resonancia, o sea, un vínculo especial que enlaza a dos o más ciclos temporales. Los mayas usaban estas resonancias para realizar cálculos de largo alcance extremadamente precisos sin recurrir a fracciones. De hecho, suele decirse que el año maya era más exacto que el año occidental, lo que se debía al reconocimiento por parte de los mayas de esta resonancia entre los ciclos astronómicos y el Tzolkin.

Claramente, la cuenta de 260 días incorpora verdaderos ritmos celestiales y, por lo tanto, siempre estará sincronizada en gran medida con determinados aspectos del firmamento cambiante. ¿Tenía esta delineación del tiempo únicamente una finalidad relacionada con los cómputos del calendario? Las pruebas arqueológicas y la tradición oral dan a entender otra cosa: que el uso del tiempo por los mayas era en gran medida indiscutiblemente astrológico. El simbolismo vinculado con el Tzolkin, en resonancia con los planetas e incorporado dentro de una compleja organización de unidades de tiempo más extensas con base astronómica, sugiere un sistema astrológico.

Los 260 días del Tzolkin están en resonancia además con los ritmos biológicos humanos. Los aborígenes mayas creían que la gestación humana tomaba 260 días, por lo que es razonable inferir que el signo del día de la concepción y el signo del día del nacimiento eran uno mismo para los mayas. Todo lo anterior parece indicar que, desde su perspectiva, el tiempo era una llave maestra que enlazaba el cielo con la tierra.

¿MAGNITUDES DE TIEMPO O INDICADORES DE CAMBIO?

Si bien el calendario occidental está centrado en un acontecimiento terrenal (el año en que se cree que nació Jesucristo), mide el tiempo basándose en una semana de siete días que toman su nombre de planetas y cuerpos celestes. Esta semana de siete días, la cuarta parte del ciclo lunar, es en realidad un remanente astrológico del Oriente Próximo precristiano. En esa tradición, se pensaba que el día propiamente dicho y también las horas planetarias (divisiones del día) tenían una cualidad astrológica. Supuestamente, siete gerencias planetarias se sucedían en ciclos durante cada período de 24 horas; la hora del amanecer de cada día daba su nombre planetario a ese día. En distintos momentos a lo largo de la historia de la astrología occidental se usaron las horas planetarias para vaticinar momentos propicios a distintas actividades, leer el destino de un recién nacido y evaluar la naturaleza del propio nuevo año. Las horas planetarias son un remanente de un tipo de astrología que utiliza bloques de tiempo como "signos", en forma muy similar a los signos de los días mesoamericanos, pero en un marco de siete días. En contraste, casi toda la astrología occidental desde los tiempos de los griegos utiliza bloques de espacio que tienen un significado simbólico, como los signos, casas y aspectos. La tradición astrológica mesoamericana se basa en una estructura de bloques temporales que funcionan como los signos espaciales de la astrología occidental.

Sería de esperar que las divisiones de la cuenta larga en bloques de 260 katunes y trece baktunes tuvieran algún tipo de valor astrológico, pues están en resonancia con el ciclo de Júpiter y Saturno. En vista de que la astrología occidental, y probablemente también la astrología china, usaba estos planetas como indicadores primarios de cambios históricos, parecería lógico que la cuenta larga pudiera funcionar también como una matriz temporal precisa para indicar el inicio y fin de cambios históricos importantes. Pero debemos hacer una advertencia a los aspirantes a historiadores. Buscar acontecimientos que coincidan con las divisiones de la cuenta larga es muy distinto a llegar primero a una comprensión profunda de la historia para luego intentar percibir un patrón. Por ejemplo, el último katún de la cuenta larga comenzó en 1618. Algunos autores han señalado que ése fue el momento del comienzo de la ciencia materialista. Es cierto que la revolución científica estaba en su apogeo en ese momento. Pero la mayoría de los historiadores la ven como un proceso que comenzó décadas antes y algunos incluso la sitúan en la Edad Media tardía.

Desde el punto de vista de la predicción de cambios o ciclos históricos, ciertos escritores de la Nueva Era que se concentran en el calendario maya aseguran que éste es muy superior a la astrología occidental, aunque no sepan mucho de este último tema. Además, estos escritores suelen desdeñar la astrología occidental, pues suponen que no tiene nada importante que ofrecer en lo que respecta a la comprensión de la historia mundial o de la evolución de la conciencia. Muchos de los que escriben sobre el calendario maya están poco informados por lo que se refiere al corpus más amplio de tradición astrológica.

El baktún parece ser un demarcador histórico razonablemente adecuado, pero la astrología occidental abunda en métodos para definir matrices similares a lo largo de la historia. El Gran Ciclo de Mutaciones de Júpiter y Saturno, de unos 800 años (794, para ser exactos), marca la transición de las conjunciones entre Júpiter y Saturno a signos de fuego. Ha sido uno de los principales cronocratores astrológicos de la historia de la humanidad y de la Tierra. La última Gran Mutación tuvo lugar en 1603, e incluso el eminente astrónomo Johannes Kepler se preguntaba qué tiempo de nueva era vendría con este cambio, pues sabía que 800 años antes Carlomagno había restaurado el Santo Imperio Romano y 800 años antes de eso, Jesucristo andaba por la Tierra.

EL TZOLKIN COMO FRACTAL DE LA CUENTA LARGA

En vista de que la cuenta larga está formada por 260 katunes, la unidad del día en el calendario astrológico de 260 días puede correlacionarse con la unidad del katún de la cuenta larga. En otras palabras, podemos decir que el Tzolkin es un fractal, o microcosmos, de la cuenta larga. Si el Tzolkin tiene una dimensión astrológica, ¿puede decirse lo mismo de la cuenta larga? La astrología es el trazado simbólico de ciclos astronómicos para revelar pautas predecibles en relación con los fenómenos naturales, el carácter humano y el destino. La astrología crea una matriz a través de la cual podemos percibir en la naturaleza y en la vida humana patrones que no se pueden detectar claramente desde otras perspectivas. La cuenta larga es una matriz similar. Como hemos visto, su estructura se basa en ciclos planetarios —las conjunciones entre Júpiter y Saturno. A continuación veremos que también se basa en variaciones en la órbita de la Tierra, que producen el fenómeno astronómico conocido como precesión de los equinoccios.

El período de 5125 años de la cuenta larga es sólo una quinta parte de un ciclo mucho mayor, el ciclo de la precesión de los equinoccios. Cada vez que la Tierra hace una traslación completa alrededor del Sol, nuestro planeta rota 365,24 veces sobre su eje. Al mismo tiempo, el eje de la Tierra oscila como un trompo de tal forma que si se trazara una línea desde el extremo superior del planeta hacia el espacio, al cabo de unos 25.770 años esa línea habría descrito un cono. Esta oscilación también se traduce en el movimiento de los equinoccios, los puntos en que el ecuador terrestre extendido hace intersección con el plano orbital de la Tierra. Los equinoccios hacen precesión, o se mueven hacia atrás, en relación con las constelaciones a un ritmo de aproximadamente un grado cada 72 años. Si tomamos el ciclo de precesión de 25.770 años y lo dividimos por 12, obtenemos eras astrológicas de unos 2.148 años. Esta clasificación en eras específicas es una de las formas que usa la astrología occidental para delinear largos períodos de tiempo histórico. Basándose en ese marco, muchas personas creen que actualmente nos estamos acercando a la "Era de Acuario".

Si tomamos ese ciclo medio de precesión de 25.770 años y lo dividimos entre 5, obtenemos 5154 años. Esta cifra es increíblemente cercana al lapso de 5125 años de la cuenta larga. Teniendo en cuenta que la cifra relativa a la precesión es aproximada y que su valor real puede variar por doscientos o trescientos años, este número representaba una lectura extremadamente precisa de los movimientos astronómicos por los mayas. Es mucho más cercano a la realidad que las cifras de precesión calculadas por Platón y las codificadas en la Gran Pirámide. Tanto la cosmología maya como la azteca hablan de cinco grandes eras, siendo la quinta la era presente. Además, los mayas tenían períodos de tiempo mucho más extensos que la propia cuenta larga, con lo que su concepción del tiempo iba mucho más allá de los límites de las culturas occidentales antiguas.

Esta información da a entender que la cuenta larga no es más que una quinta parte del ciclo de precesión, y que en la cosmología maya el tiempo existía desde antes de 3114 a.C. y seguirá existiendo después de 2012. Por lo tanto, parece razonable considerar el comienzo y el fin de la cuenta larga como puntos de transición del ciclo de precesión, más amplio, y no como puntos absolutos de origen o terminación.

Si tenemos en cuenta que apenas disponían de avances tecnológicos, los astrónomos mesoamericanos de la antigüedad obtuvieron resultados impresionantes. No sólo lograron medir la duración del ciclo de precesión, sino que al parecer también lo relacionaron con una alineación notable, el encuentro del Sol del solsticio de invierno (no el equinoccio vernal que se usa en la astrología occidental) con la banda de la Vía Láctea. Como nuestra galaxia tiene forma de disco, podemos trazar un plano parecido al ecuador a través de la Vía Láctea y marcar el punto en que hace intersección con la eclíptica, o sea, el plano de la órbita de la Tierra alrededor del Sol.

La cosmología maya estaba muy orientada a lo que se veía en el cielo nocturno y la Vía Láctea, específicamente el halo de materia oscura que va por dentro de ella cerca de la eclíptica, ocupaban un lugar destacado en su mitología. Este halo oscuro se veía como el camino al submundo, el lugar de los orígenes y el hogar de los dioses. No fue sino hasta finales de los años 80 y principios de los 90 que algunos escritores e investigadores independientes de inclinación astrológica, incluidos Raymond Mardyks y John Major Jenkins, sugirieron por primera vez que la cuenta larga era más que una simple y larga secuencia de números. Ahora se ha descubierto que al parecer los mayas —o quizás sus antecesores— calcularon *primero* el momento en el punto del solsticio de invierno atravesaría el halo oscuro en la Vía Láctea en 2012, y luego proyectaron la cuenta larga hacia atrás, hasta llegar a su fecha de base de 3114 a.C. (John Major Jenkins, cuyos escritos sobre este tema recomendamos encarecidamente, explica convincentemente que este cálculo podría haberse realizado en Izapa, una ciudad antigua cerca de la costa del Pacífico, en la frontera entre México y Guatemala.)

COMIENZOS Y FINALES

Un elemento crucial en cualquier teoría que se refiera al propósito o significado de la cuenta larga es la determinación de la fecha de base de la cuenta, o sea su fecha de inicio. Para saber cuándo determinados acontecimientos clave ocurrieron u ocurrirán en relación la cuenta de 260 días o la cuenta larga, debemos tener un método de correlacionarlos con el calendario occidental. Una manera de correlacionar el calendario astrológico de 260 días o la cuenta larga con un acontecimiento registrado en el calendario civil consiste en vincularlo con una fecha del calendario juliano. Los historiadores y astrónomos han llevado la cuenta de los días del calendario occidental hasta varios milenios antes de la Era Común (d.C.) y cada uno de esos días tiene su propio número juliano.

El Tzolkin de 260 días puede haberse originado hasta 2.500 años atrás. Se cree que la cuenta larga de los mayas surgió quizás 500 años más tarde. Ambas cuentas parecen haber transcurrido continuamente y sin interrupción desde sus comienzos. Si conocemos la fecha de un acontecimiento según el calendario juliano y vinculamos nuestros calendarios con este sistema, podemos establecer múltiples correlaciones entre las fechas de ambos calendarios.

Durante casi un siglo, los investigadores se esforzaron por determinar el momento preciso de la fecha de base de la cuenta larga. Durante los años 70 y 80, un número mayoritario de investigadores en varias esferas llegaron a aceptar una correlación que está respaldada por las pruebas disponibles. Conocida como correlación Goodman-Martínez-Thompson, o G.M.T., se llama así por los tres hombres que convinieron en la misma fecha del calendario juliano

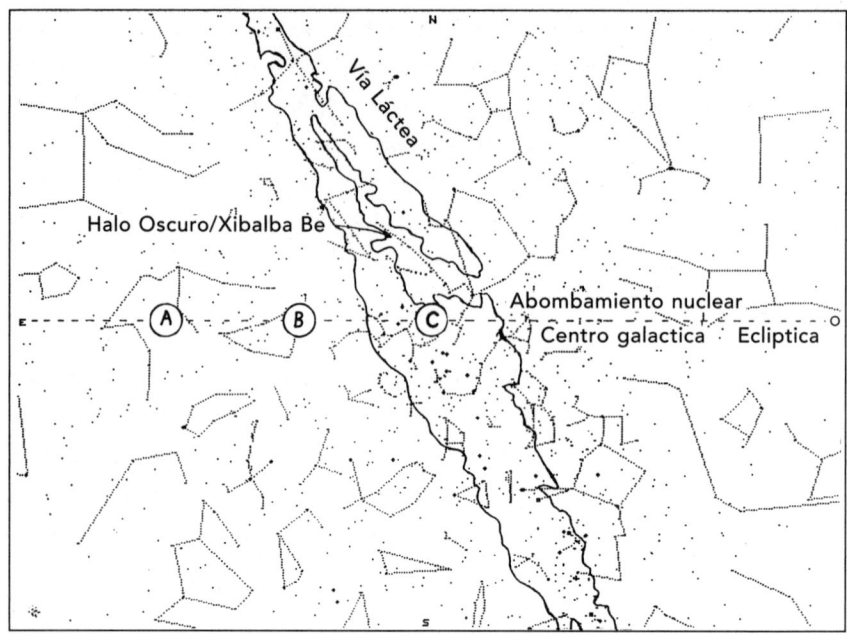

Posición del sol del solsticio de invierno en relación con el halo oscuro
de la Vía Láctea (A) hace 5000 años, (B) hace 2000 años, y (C) en 2012.
Ilustración de *Maya Cosmogenesis 2012* [Cosmogénesis maya 2012],
cortesía de John Major Jenkins.

como la fecha de base de la cuenta larga: el día 584.283 de dicho calendario.
Esta correlación está respaldada por antiguas inscripciones en la piedra, registros históricos, datos astronómicos y la tradición oral de los mayas más conser-
vadores en Guatemala. Hoy en día, casi todos los investigadores han aceptado
ese día, que se corresponde con el 11 de agosto de 3114 a.C., como fecha de
base de la cuenta larga.

Pese a la amplia aceptación de esta fecha establecida, algunas de las
teorías más populares acerca del calendario maya la descartan. El artista y
escritor José Argüelles, una de las personas vinculadas con la Convergencia
Armónica de 1987 y Dreamspell (un juego oracular basado en el calendario
maya) ha promovido algunas ideas controvertidas sobre este aspecto de la cultura maya. En su libro de 1987 *El factor maya*, Argüelles explica su creencia
de que el calendario maya es una especie de código holográfico que mide la
progresión de la Tierra con sus pasajeros a través de un rayo que emana desde
el centro de la galaxia. Esta sincronización galáctica marcará entonces un
punto de transición en la evolución de la conciencia y marcará el comienzo de

una nueva Era Solar. Si bien esta idea es fascinante, la correlación entre calendarios propuesta por Argüelles ha suscitado mucha confusión sobre este tema. Argüelles y los seguidores de sus escritos y usuarios de su producto Dreamspell usan una correlación que ahora se diferencia de la correlación G.M.T en siete semanas. Entre 2004 y 2008, la diferencia será de un día menos porque dicha correlación no tiene en cuenta los años bisiestos y, por lo tanto, pierde un día cada cuatro años. Todos los días contaban para los mayas antiguos; nunca eliminaban ningún día.

En este libro, consideramos que la piedra angular de la astrología mesoamericana es el calendario astrológico de 260 días y que la cuenta larga, con sus 260 katunes, es simplemente una versión a gran escala de la cuenta el astrológica de 260 días. En el contexto de la cuenta larga, los trece baktunes marcan el tiempo histórico como se indica a continuación; cada uno de ellos contiene veinte katunes, cada uno de los cuales pudiera interpretarse como signo del día. El baktún puede verse como una aproximación redondeada de veinte conjunciones entre Júpiter y Saturno.

> Baktún 1 – 3114 a.C. a 2720
>
> Baktún 2 – 2720 a 2325
>
> Baktún 3 – 2325 a 1931
>
> Baktún 4 – 1931 a 1537
>
> Baktún 5 – 1537 a 1143
>
> Baktún 6 – 1143 a 748
>
> Baktún 7 – 748 a 354
>
> Baktún 8 – 354 a.C. a d.C. 40
>
> Baktún 9 – 40 a 434
>
> Baktún 10 – 434 a 829
>
> Baktún 11 – 829 a 1223
>
> Baktún 12 – 1223 a 1617
>
> Baktún 13 – 1617 a 2012

Cada uno de los trece baktunes que conforman la cuenta larga contiene veinte katunes. El último katún de cada baktún se corresponde con el último signo del día de la cuenta de veinte días, y puede considerarse que el último katún de toda la cuenta larga se corresponde con el último día de todo el calendario astrológico de 260 días, que es el día 13-Ahau. Esta relación respalda la interpretación de la cuenta larga como simplemente una versión a gran escala del Tzolkin, en lugar de una especie de cuenta regresiva.

Pero los katunes pueden organizarse de otra forma en la cuenta larga. Sabemos con certeza que los mayas también contaban los katunes en grupos de trece, un período de 256 años que a veces recibe el nombre de cuenta corta (véase la explicación en el capítulo 8). La duración de este ciclo tiene contrapartidas astronómicas. Por ejemplo, trece conjunciones medias entre Júpiter y Saturno suman 258 años, y el doble del ciclo medio de Plutón y Urano es de 255 años. ¿Hace esta relación que la cuenta corta sea astrológica? Los astrólogos saben que las conjunciones entre Plutón y Urano tienen una fuerte influencia, y esto es particularmente válido cuando se combinan con las conjunciones entre Júpiter y Saturno, como hacen al fin de cada ciclo de la cuenta corta. Muchos estudiosos serios de los mayas creen que este ciclo de katunes era el verdadero ciclo de las profecías mayas. El ciclo parece tener una correlación con acontecimientos históricos, pero esto también podría atribuirse fácilmente al ciclo de Júpiter y Saturno. Nos encontramos actualmente en el último katún de toda la cuenta larga que tiene una correlación simbólica con el último signo del día (Ahau) de la última trecena (1-Lamat).

No hay motivo para que la secuencia de katunes termine en 2012, como han postulado los proponentes de las situaciones del "fin de los días". Recuerde que cada katún recibe el nombre del día en que termina, que siempre es Ahau. Pero cada katún empieza también con el día Imix, el primero de los veinte signos de los días. Resulta que el katún que comienza en 2052 y termina en 2072 empezará con el primer día de la cuenta de 260 días, el signo del día 1-Imix. Si bien se cree que el calendario de 260 días es un proceso continuo que puede comenzar en cualquier momento, se considera que 1-Imix es el punto de partida, de iniciación. Imix, el signo de la creación, simboliza la grieta en el huevo cósmico, el estampido de energía de un mundo al otro, y las fuerzas generativas y creativas que rigen la Tierra. El signo también tiene que ver con la nutrición y el sustento y sugiere la necesidad de proteger a nuestros descendientes y nuestro entorno; nuestras vidas dependen de nuestra relación con el medio ambiente. Por lo que se refiere al orden de los katunes, el período que comienza con 2052 sería un buen candidato para el inicio de una nueva era.

La fecha final de la cuenta larga en 2012 es al mismo tiempo el punto terminal de la actual quinta parte del ciclo de precesión y, en el contexto de la cosmología mesoamericana de la creación en cinco fases, es también el punto terminal de todo el ciclo de 25.770 años. Del mismo modo que ocurrió al entrar en el nuevo milenio hace unos años, abundan los pronósticos sobre lo que sucederá. No creemos que este paso marque el fin de los días. Lo cierto es que el 21 de diciembre de 2012 marca el comienzo de una nueva fase en la precesión del solsticio de invierno, pero sólo si uno acepta que el halo oscuro en la Vía Láctea constituye el más importante punto de anclaje en todo el ciclo. Si está buscando el momento en que el punto del solsticio se alinea exactamente con el plano ecuatorial galáctico (que es lo que buscaría la mayoría de los astrólogos modernos), debe mirar hacia atrás. Esa alineación tuvo lugar en 1998–1999.

A medida que la posición del Sol del solsticio de invierno retrocede por la eclíptica, cruza la línea que define el ecuador galáctico durante un período de unos treinta y seis años. Esto ocurre porque el disco del Sol mide aproximadamente medio grado de longitud y, dado el ritmo de precesión de aproximadamente un grado cada 72 años, una parte del Sol cubrirá este nodo durante la mitad de ese tiempo. Así pues, los puntos de contacto inicial y final del Sol del solsticio son en realidad, aproximadamente, 1980 y 2116. Y como el ángulo de intersección de la eclíptica y el ecuador galáctico es de alrededor de 61 grados, esta relación extiende el período de contacto solar con el ecuador en aproximadamente otros cinco años por cada lado. Así que, para decir la verdad, la alineación exacta ya ocurrió. ¿Se equivocaban los mayas al usar el halo oscuro como objetivo del Sol del solsticio de invierno al pasar éste por la Vía Láctea?

Definitivamente los mayas se interesaron en esa zona oscura que se hace visible en noches claras, en sitios alejados de la contaminación lumínica. En su cosmología, este halo de materia oscura era el punto de origen de la creación, el sendero hacia los dioses que residían en el submundo, denominado Xibalbá. El contacto del solsticio con este punto parecería extremadamente significativo en el contexto de la cosmología y la mitología de los mayas. Y resulta ser que sus cálculos fueron bastante acertados, por lo que la "fecha final" sigue siendo válida. Pero, ¿qué significa todo esto?

Aquí nos adentramos en la esencia del calendario maya, tanto en sentido literal como figurado. En primer lugar, tengamos en cuenta que los investigadores académicos no tienen nada que decir sobre este particular. Se limitan a señalar que la cuenta larga llega a su fin en ese momento y que entonces comienza el ciclo siguiente. Después de todo, los mayas tenían períodos más extensos que la cuenta larga, por lo que deben haber esperado que el tiempo continuara. No obstante, los pueblos indígenas abandonaron la cuenta larga hace mucho tiempo, por lo que no ha quedado una tradición oral sólida sobre el tema. Algunos indígenas mayas han hecho profecías sobre el fin de los tiempos, pero eso no quiere decir que sean profecías basadas en la cuenta larga. Es probable que algunas de estas predicciones hayan recibido la influencia de las interpretaciones que los seguidores norteamericanos de la Nueva Era han hecho del calendario maya. Esta inexistencia de una tradición aborigen, y la posible distorsión que de ello se deriva, ha dejado abiertas las puertas a interpretaciones que se basan ante todo en creencias personales.

Por ejemplo, si uno cree que detrás de la evolución de la conciencia hay un plan divino, puede ver el calendario maya como una matriz temporal que revela el proceso inteligente de creación que da origen al mundo que experimentamos. En otras palabras, la cuenta larga es una prueba del diseño inteligente y también un medio según el cual los humanos se pueden poner en sintonía con la confluencia cósmica que nos aguarda en 2012. Lo mismo podría decirse de la astrología occidental o hindú. Estas explicaciones son sólo el comienzo de las diversas interpretaciones de la cuenta larga. Nos dejan en libertad de imaginar que la alineación del Sol del solsticio con el ecuador galáctico (que ya ha ocurrido), con el centro de la galaxia (que nunca ocurrirá pero que se acercará a hacerlo dentro de unos dos siglos), o con el halo oscuro del camino a Xibalbá (que está ocurriendo ahora), coincidirán con un gran acontecimiento o harán que éste suceda. Tal vez seamos testigos del lanzamiento de un rayo de conciencia galáctica que alcanzará a los seres humanos en la Tierra directamente desde el centro de la galaxia, lo que de algún modo nos llevará a sumarnos a nuestros hermanos espaciales en un nuevo mundo de conciencia evolucionada y paz interestelar. Pero tal vez no. En la bibliografía cada vez más abundante sobre el calendario maya pueden encontrarse muchas otras variaciones de este tipo de profecía, algunas con un sorprendente nivel de detalle.

Los fundamentos de estos conceptos no están exentos de dudas. En primer lugar, muchos escritores sobre este tema tienden por un lado a hablar sobre el calendario maya, pero por otro lado basan gran parte de sus juicios en los conocimientos sobre los aztecas. De ahí que estas perspectivas visionarias no se hayan alimentado solamente del calendario maya, sino de un amasijo de cosmologías mesoamericanas. En segundo lugar, como ya hemos indicado, estos escritores suelen desestimar la astrología occidental y se resisten a identificar el calendario maya como sistema astrológico, aunque esta conclusión sea difícil de soslayar. No obstante, los mismos escritores promueven de hecho cierto tipo de jerarquía astrológica, con el calendario maya en primer lugar —porque promueve la "evolución de la conciencia"— y la astrología occidental en último lugar porque, como ellos dicen, es materialista y se basa en la numerología equivocada.

En tercer lugar, en sus investigaciones estos escritores buscan en la historia la documentación de apoyo que necesitan para respaldar su teoría. En cuarto lugar, todas las ideas de una edad de oro, el fin de los tiempos y las utopías trascendentes son partes de un fenómeno denominado milenialismo o milenarianismo que, aunque no lo supiéramos, ha existido desde hace milenios. Los seres humanos, guiados a menudo por creencias religiosas, tenemos la tendencia a inquietarnos cuando los calendarios trascienden fechas límite. La mayor parte de la literatura de la Nueva Era sobre el calendario maya entra en esta categoría y es una manifestación de la frustración mucho mayor de las personas con la forma en que está evolucionando la sociedad. La fecha final del calendario maya no nos salvará. Tenemos grandes problemas que resolver ahora mismo. Debemos hacerles frente de la mejor manera que cada uno de nosotros pueda.

No sugerimos con esto que la cuenta larga sea simplemente un calendario más. Lo que decimos es que se trata de una notable creación de la cultura maya, y que es además un tipo de astrología que ofrece otra forma de medir el tiempo simbólico. Algunos de sus parámetros son interesantes, especialmente su fecha inicial de alrededor de 3100 a.C., pues ése fue sin duda un importantísimo momento en la historia. Es también interesante el punto medio de la cuenta larga en 551 a.C., que fue aproximadamente el momento en que vivieron Pitágoras, Buda, Lao Tsé y muchos otros sabios. Reiteramos que es posible que la cuenta larga describa la historia con cierto grado de precisión porque está en resonancia con el ciclo de conjunciones entre Júpiter y Saturno, que otras culturas de inclinación astrológica también pensaban que era la clave de los análisis a largo plazo basados en el tiempo. El fin de la cuenta larga cerca del paso del solsticio de invierno sobre el ecuador galáctico también es interesante y demuestra que los mayas eran excelentes astrónomos.

Por lo tanto, es posible que la cuenta larga sea descriptiva, simbólicamente, del paso de olas históricas de distintas duraciones. Instamos a las personas interesadas en la historia a que examinen esto más de cerca. Pero no olvidemos que los ciclos de los planetas exteriores, en la tradición astrológica, también se consideran representativos de pautas históricas importantes. Tanto la astrología maya como la astrología occidental ofrecen materiales fascinantes para realizar un análisis de la historia sobre la base de ciclos recurrentes.

¿Es el método maya mejor que el método occidental?

Cualquiera que esté prestando atención al mundo en la época actual pudiera concluir que estamos arremetiendo a toda velocidad contra un muro. Sea en 2012 ó 2036, o en cualquier otra fecha en los próximos cincuenta años, pagaremos un precio por la forma en que hemos elegido vivir. Nuestra conciencia tendrá que cambiar si deseamos evitar un sinnúmero de crisis. Además, ese cambio debe incluir el reconocimiento de que los humanos estamos contaminando nuestro propio nido. Nos hemos convertido en peleles egocéntricos que echamos nuestra basura sobre otros miles de millones de formas de vida que constituyen el sustento de nuestra existencia. Debemos absolutamente hacer un cambio de una forma de pensar lineal y a corto plazo a una comprensión no lineal de nuestra interconexión con nuestro propio entorno. Para los autores, la "transformación de la conciencia" es principalmente cuestión de que los humanos aprendamos a dejar de definirlo todo desde la perspectiva de la "humanidad". Tristemente, ese cambio es poco probable, pues los humanos somos tan egocéntricos que parecería que nada más existe para nosotros. Lo que sí se puede decir es que quizás los mayas hayan conseguido llamar nuestra atención a lo que pudiera ser el despertar más grande para la humanidad desde el comienzo de la última glaciación. Ya eso es bastante impresionante.

HORÓSCOPO PLANETARIO MAYA

Cuando los astrólogos occidentales miden la posición de un planeta, lo hacen valiéndose del contexto espacial del zodíaco, el cual representa las doce constelaciones con las que el Sol parece cruzarse a lo largo del año. En este capítulo los autores presentan un método ideado por ellos para crear un horóscopo que muestra las posiciones planetarias pertinentes para una persona, usando el Tzolkin como matriz de referencia de modo muy similar al uso del zodíaco en la astrología occidental. La posición que ocupan los planetas en cada momento dentro de sus ciclos sinódicos con el Sol puede trazarse hacia delante o hacia atrás sobre esta matriz.

En la astrología maya, el movimiento planetario se mide basado en la edad del ciclo sinódico del planeta, que es su ciclo con el Sol. Por ejemplo, el cuarto creciente del ciclo lunar se describe en la astrología occidental como cuadratura de la Luna con el Sol. En la astrología mesoamericana, el mismo fenómeno se describiría en función de la "edad" de la Luna, que en este caso sería siete días o una cuarta parte de su ciclo en relación con el Sol. Veamos el caso de Venus, que tiene un ciclo sinódico de 584 días. Una persona nacida cuando Venus se encuentra a 45 grados por delante del Sol nacería unos sesenta días después de comenzado un ciclo de 584 días de Venus.

Los primeros horóscopos en la astrología occidental eran simplemente listas que indicaban estos fenómenos con frases como "el Sol está en la balanza", "Venus está en las garras del Escorpión", "Marte está en el ojo del Toro", y "la Luna está en Aries". No mucho después (aproximadamente en 200 d.C.), los mayas inscribían datos astrológicos en monumentos denominados estelas.

En estos monumentos de piedra se inscribían las fechas de acontecimientos importantes, junto con información relativa a los planetas. Las fechas se daban primeramente en función de la cantidad de tiempo que las separaba (en número de días y en grupos de días) partiendo desde un anclaje temporal específico localizado en 3114 a.C., el nacimiento de la cuenta larga. Estos datos reciben el nombre de serie inicial. También existe la serie suplementaria, en la que se encuentra información adicional acerca de la edad de la Luna, así como otros detalles interesantes sobre los planetas.

Aparte de lo enumerado en la serie inicial, no existe ningún horóscopo maya que se conozca. Pero si lo hubiera, sería una extensión lógica de la forma en que el sistema registraba los movimientos planetarios antes de la conquista española. Un método posible de crear un diagrama así requeriría un análisis de los períodos sinódicos de los planetas basado en el tiempo. En la astrología occidental, el Sol se utiliza para definir el espacio del zodíaco, que entonces se convierte en la medida de otros factores, como los aspectos y las casas. La astrología maya coloca cada nacimiento, o cada acontecimiento, en el contexto del tiempo en curso basado en el Sol. El astro rey es una buena opción si se busca una forma funcional y objetiva de medir el tiempo.

Valiéndose de una enumeración de conjunciones de planetas (y de la Luna) con el Sol, uno puede determinar el número de días que han transcurrido desde la conjunción anterior de cada planeta con el Sol. Esta cifra puede dividirse entonces entre el período sinódico de cada planeta. Luego ese valor decimal puede multiplicarse por 260 para determinar la posición del planeta dentro de la matriz mesoamericana de 260 grados.

Ejemplo: El ciclo sinódico del Sol y la Luna es de 29,5 días. Supongamos que ha tenido lugar un nacimiento cinco días después de la Luna nueva (el comienzo del período sinódico). Al dividir 5 entre 29,5 obtenemos 0,169. Cuando esta cifra se multiplica por 260, el resultado es 44, o el signo del día en el marco del Tzolkin que se corresponde con esa porción del ciclo sinódico. Este mismo proceso puede aplicarse en relación con todos los otros planetas. Los períodos sinódicos de los planetas, medidos en días, son:

Luna—29,5	Saturno—378,1
Mercurio—115,9	Urano—369,7
Venus—583,9	Neptuno—367,5
Marte—780	Plutón—366,7
Júpiter—398,9	

Hemos diseñado un formato para crear horóscopos mayas individuales usando este método para trazar posiciones planetarias. La ilustración de abajo demuestra cómo funciona este horóscopo, utilizando como ejemplo los datos del nacimiento de Bill Clinton (al final de este capítulo hemos incluido un horóscopo planetario maya en blanco para su uso). Los datos astronómicos que se requieren para construir un gráfico como este pueden encontrarse en las efemérides astronómicas. Los cálculos pueden realizarse con una calculadora, basándose en la observación de las conjunciones anteriores de los planetas con el Sol y la duración de cada ciclo sinódico. Más fácil aún es usar un programa informático como el que está diseñando la empresa Astrolabe Software (www.alabe.com).

Notará en la parte exterior del horóscopo de muestra un anillo de veinte signos con números en sus cúspides. Éstos son los signos de las trecenas que establecen el ciclo astrológico mesoamericano de 260 días. Como hemos

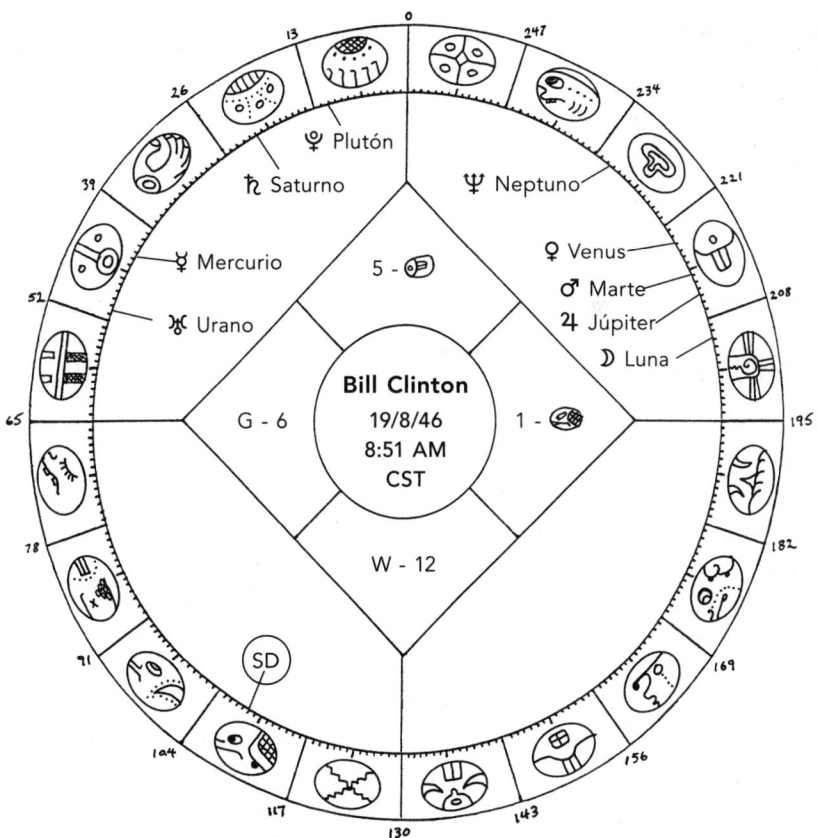

Horóscopo planetario maya de Bill Clinton

visto, las trecenas son períodos de trece días, con cierto carácter lunar.

Para trazar los datos de nacimiento de una persona, los nombres o símbolos de los planetas se colocan en la rueda en proporción a su "edad" en el momento del nacimiento de la persona. Por ejemplo, la luna natal de Bill Clinton está en el cuarto menguante, lo que quiere decir que se encuentra en la tercera cuarta parte de la rueda, cerca del fin de la trecena Cib, un signo de política implacable. Esto a su vez sugiere que el principio femenino, expresado por el propio Clinton y también por las mujeres importantes en su vida, es realista y muy intenso. Mercurio se encontraba en una fase más bien temprana en su ciclo sinódico de 116 días y en la trecena Ahau, un signo que tiene cualidades sociales y diplomáticas. Venus se encontraba en el último tramo de su ciclo sinódico de 584 días y por ese motivo está muy cercano a la Luna, pero en una trecena distinta. Entre Venus y la Luna se encuentran Marte y Júpiter, lo que sugiere que la vida emocional de Clinton y su forma de relacionarse con lo femenino están sujetas a fuertes impulsos caracterizados por el signo Muluc, la trecena en que se encuentran tres de estos planetas. Muluc implica además una tendencia a asumir riesgos emocionales.

El signo del día debe anotarse en la parte superior del cuadro central del horóscopo. El Señor de la noche debe indicarse en la parte izquierda de este cuadro, el año en la parte inferior y la trecena en la parte derecha.

Fíjese en el círculo que contiene las letras SD y que se encuentra en el punto 109 en la trecena Chicchan. Éste es el signo del día de Clinton, que en su caso es 5-Muluc, el quinto día de la trecena 1-Chicchan. El signo del día (SD) es la clave de toda la astrología mesoamericana y parece tener cualidades similares a las del Sol y a las de los signos ascendentes. Don Juan, el maestro de Carlos Castañeda, le dijo que el mundo estaba compuesto por dos elementos, el tonal y el nagual. El tonal es la forma que asumen los seres y objetos; el nagual es el elemento desconocido detrás de la forma. El signo del día de una persona es la forma que asume el individuo en este mundo, la máscara detrás de la cual se oculta el yo.

Como este signo cambia cada día hasta que se completa el círculo en 260 días, funciona como un punto de estímulo, que activa las posiciones planetarias a través de las cuales pasa durante su ciclo. El signo del día también está sujeto a los "tránsitos" de los planetas, es decir, los contactos entre los planetas en movimiento en el presente y las posiciones planetarias estáticas del momento del nacimiento. Por ejemplo, en su ciclo sinódico de 780 días, Marte se encontraba en un punto que se corresponde con el punto de tránsito de Clinton en noviembre de 1994, el mes de la victoria republicana en las elecciones. Según nuestros cálculos, Marte entró el 2 de noviembre en la trecena 1-Serpiente, en la que se encuentra el signo del día de Clinton, y pasó sobre su signo del día el 13 del mismo mes. Marte estaba en oposición a este punto en su ciclo sinódico en diciembre de 1995, cuando el presidente se encontraba inmerso en batallas con el Congreso sobre las negociaciones del presupuesto. Estos tipos de tránsitos también funcionaban bien en relación con las posiciones planetarias natales.

Las posiciones planetarias en este sistema también pueden hacerse avanzar al ritmo de un día por año, como se hace en las astrologías occidental y védica. Las posiciones de los planetas el día después del nacimiento corresponden a las condiciones de vida al año de edad. Dos días después del nacimiento corresponden a los dos años de edad, y así sucesivamente. También es posible

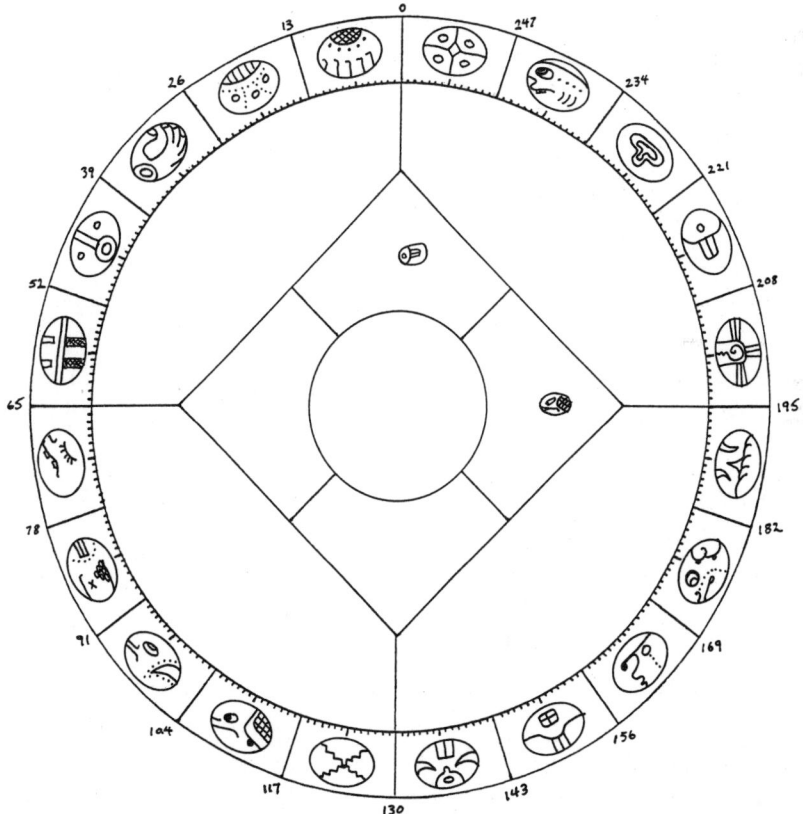

Utilice este horóscopo planetario maya en blanco para hacer anotaciones de lecturas individuales

comparar los horóscopos de matrimonios o parejas para establecer sorprendentes correlaciones y revelar si hay compatibilidad entre ellos o no.

El horóscopo planetario maya aquí presentado es una metodología completamente original, pero se basa en los principios fundamentales de la astrología maya antigua. Los autores creen que si se hubiera permitido que la astrología maya siguiera evolucionando y no hubiera sido destruida por sacerdotes y frailes intolerantes, tal vez hubiera llegado a establecer un sistema similar a éste. Hemos ofrecido este capítulo de conclusión al lector como ventana a las increíbles posibilidades de esa astrología. Quizás en el futuro sea restablecida y avance en formas como las que se describen en este capítulo y una vez más servirá para iluminar las cualidades y posibilidades especiales de cada individuo.

TERCERA PARTE

•••

El almanaque maya
1920–2020

SIGNOS DE LOS DÍAS Y VÍNCULOS DIRECCIONALES

ESTE	NORTE	OESTE	SUR
Imix (cocodrilo)	Ik (viento)	Akbal (noche)	Kan (maíz)
Chicchan (serpiente)	Cimi (búho, calavera)	Manik (ciervo)	Lamat (conejo)
Muluc (agua)	Oc (perro)	Chuen (mono)	Eb (escoba)
Ben (junco)	Ix (jaguar)	Men (águila)	Cib (buitre)
Caban (movimiento)	Etzínab (cuchillo de sílex)	Cauac (tormenta)	Ahau (señor)

LOS SIGNOS DE LOS DÍAS DEL TZOLKIN, LAS TRECENAS Y LOS SEÑORES DE LA NOCHE

Fecha	Signo del día	S
31 dic 1919	**1-Imix**	7
1 ene 1920	2-Ik	8
2 ene 1920	3-Akbal	9
3 ene 1920	4-Kan	1
4 ene 1920	5-Chicchan	2
5 ene 1920	6-Cimi	3
6 ene 1920	7-Manik	4
7 ene 1920	8-Lamat	5
8 ene 1920	9-Muluc	6
9 ene 1920	10-Oc	7
10 ene 1920	11-Chuen	8
11 ene 1920	12-Eb	9
12 ene 1920	13-Ben	1
13 ene 1920	**1-Ix**	2
14 ene 1920	2-Men	3
15 ene 1920	3-Cib	4
16 ene 1920	4-Caban	5
17 ene 1920	5-Etz'nab	6
18 ene 1920	6-Cauac	7
19 ene 1920	7-Ahau	8
20 ene 1920	*8-Imix*	9
21 ene 1920	9-Ik	1
22 ene 1920	10-Akbal	2
23 ene 1920	11-Kan	3
24 ene 1920	12-Chicchan	4
25 ene 1920	13-Cimi	5
26 ene 1920	**1-Manik**	6
27 ene 1920	2-Lamat	7
28 ene 1920	3-Muluc	8
29 ene 1920	4-Oc	9
30 ene 1920	5-Chuen	1
31 ene 1920	6-Eb	2
1 feb 1920	7-Ben	3
2 feb 1920	8-Ix	4
3 feb 1920	9-Men	5
4 feb 1920	10-Cib	6
5 feb 1920	11-Caban	7
6 feb 1920	12-Etz'nab	8
7 feb 1920	13-Cauac	9
8 feb 1920	**1-Ahau**	1
9 feb 1920	*2-Imix*	2
10 feb 1920	3-Ik	3
11 feb 1920	4-Akbal	4
12 feb 1920	5-Kan	5
13 feb 1920	6-Chicchan	6
14 feb 1920	7-Cimi	7
15 feb 1920	8-Manik	8
16 feb 1920	9-Lamat	9
17 feb 1920	10-Muluc	1
18 feb 1920	11-Oc	2
19 feb 1920	12-Chuen	3
20 feb 1920	13-Eb	4
21 feb 1920	**1-Ben**	5
22 feb 1920	2-Ix	6
23 feb 1920	3-Men	7
24 feb 1920	4-Cib	8
25 feb 1920	5-Caban	9
26 feb 1920	6-Etz'nab	1
27 feb 1920	7-Cauac	2

Fecha	Signo del día	S
28 feb 1920	8-Ahau	3
29 feb 1920	*9-Imix*	4
1 mar 1920	10-Ik	5
2 mar 1920	11-Akbal	6
3 mar 1920	12-Kan	7
4 mar 1920	13-Chicchan	8
5 mar 1920	**1-Cimi**	9
6 mar 1920	2-Manik	1
7 mar 1920	3-Lamat	2
8 mar 1920	4-Muluc	3
9 mar 1920	5-Oc	4
10 mar 1920	6-Chuen	5
11 mar 1920	7-Eb	6
12 mar 1920	8-Ben	7
13 mar 1920	9-Ix	8
14 mar 1920	10-Men	9
15 mar 1920	11-Cib	1
16 mar 1920	12-Caban	2
17 mar 1920	13-Etz'nab	3
18 mar 1920	**1-Cauac**	4
19 mar 1920	2-Ahau	5
20 mar 1920	*3-Imix*	6
21 mar 1920	4-Ik	7
22 mar 1920	5-Akbal	8
23 mar 1920	6-Kan	9
24 mar 1920	7-Chicchan	1
25 mar 1920	8-Cimi	2
26 mar 1920	9-Manik	3
27 mar 1920	10-Lamat	4
28 mar 1920	11-Muluc	5
29 mar 1920	12-Oc	6
30 mar 1920	13-Chuen	7
31 mar 1920	**1-Eb**	8
1 abr 1920	2-Ben	9
2 abr 1920	3-Ix	1
3 abr 1920	4-Men	2
4 abr 1920	5-Cib	3
5 abr 1920	6-Caban	4
6 abr 1920	7-Etz'nab	5
7 abr 1920	8-Cauac	6
8 abr 1920	9-Ahau	7
9 abr 1920	*10-Imix*	8
10 abr 1920	11-Ik	9
11 abr 1920	12-Akbal	1
12 abr 1920	13-Kan	2
13 abr 1920	**1-Chicchan**	3
14 abr 1920	2-Cimi	4
15 abr 1920	3-Manik	5
16 abr 1920	4-Lamat	6
17 abr 1920	5-Muluc	7
18 abr 1920	6-Oc	8
19 abr 1920	7-Chuen	9
20 abr 1920	8-Eb	1
21 abr 1920	9-Ben	2
22 abr 1920	10-Ix	3
23 abr 1920	11-Men	4
24 abr 1920	12-Cib	5
25 abr 1920	13-Caban	6
26 abr 1920	**1-Etz'nab**	7

Fecha	Signo del día	S
27 abr 1920	2-Cauac	8
28 abr 1920	3-Ahau	9
29 abr 1920	*4-Imix*	1
30 abr 1920	5-Ik	2
1 may 1920	6-Akbal	3
2 may 1920	7-Kan	4
3 may 1920	8-Chicchan	5
4 may 1920	9-Cimi	6
5 may 1920	10-Manik	7
6 may 1920	11-Lamat	8
7 may 1920	12-Muluc	9
8 may 1920	13-Oc	1
9 may 1920	**1-Chuen**	2
10 may 1920	2-Eb	3
11 may 1920	3-Ben	4
12 may 1920	4-Ix	5
13 may 1920	5-Men	6
14 may 1920	6-Cib	7
15 may 1920	7-Caban	8
16 may 1920	8-Etz'nab	9
17 may 1920	9-Cauac	1
18 may 1920	10-Ahau	2
19 may 1920	*11-Imix*	3
20 may 1920	12-Ik	4
21 may 1920	13-Akbal	5
22 may 1920	**1-Kan**	6
23 may 1920	2-Chicchan	7
24 may 1920	3-Cimi	8
25 may 1920	4-Manik	9
26 may 1920	5-Lamat	1
27 may 1920	6-Muluc	2
28 may 1920	7-Oc	3
29 may 1920	8-Chuen	4
30 may 1920	9-Eb	5
31 may 1920	10-Ben	6
1 jun 1920	11-Ix	7
2 jun 1920	12-Men	8
3 jun 1920	13-Cib	9
4 jun 1920	**1-Caban**	1
5 jun 1920	2-Etz'nab	2
6 jun 1920	3-Cauac	3
7 jun 1920	4-Ahau	4
8 jun 1920	*5-Imix*	5
9 jun 1920	6-Ik	6
10 jun 1920	7-Akbal	7
11 jun 1920	8-Kan	8
12 jun 1920	9-Chicchan	9
13 jun 1920	10-Cimi	1
14 jun 1920	11-Manik	2
15 jun 1920	12-Lamat	3
16 jun 1920	13-Muluc	4
17 jun 1920	**1-Oc**	5
18 jun 1920	2-Chuen	6
19 jun 1920	3-Eb	7
20 jun 1920	4-Ben	8
21 jun 1920	5-Ix	9
22 jun 1920	6-Men	1
23 jun 1920	7-Cib	2
24 jun 1920	8-Caban	3

Fecha	Signo del día	S
25 jun 1920	9-Etz'nab	4
26 jun 1920	10-Cauac	5
27 jun 1920	11-Ahau	6
28 jun 1920	*12-Imix*	7
29 jun 1920	13-Ik	8
30 jun 1920	**1-Akbal**	9
1 jul 1920	2-Kan	1
2 jul 1920	3-Chicchan	2
3 jul 1920	4-Cimi	3
4 jul 1920	5-Manik	4
5 jul 1920	6-Lamat	5
6 jul 1920	7-Muluc	6
7 jul 1920	8-Oc	7
8 jul 1920	9-Chuen	8
9 jul 1920	10-Eb	9
10 jul 1920	11-Ben	1
11 jul 1920	12-Ix	2
12 jul 1920	13-Men	3
13 jul 1920	**1-Cib**	4
14 jul 1920	2-Caban	5
15 jul 1920	3-Etz'nab	6
16 jul 1920	4-Cauac	7
17 jul 1920	5-Ahau	8
18 jul 1920	*6-Imix*	9
19 jul 1920	7-Ik	1
20 jul 1920	8-Akbal	2
21 jul 1920	9-Kan	3
22 jul 1920	10-Chicchan	4
23 jul 1920	11-Cimi	5
24 jul 1920	12-Manik	6
25 jul 1920	13-Lamat	7
26 jul 1920	**1-Muluc**	8
27 jul 1920	2-Oc	9
28 jul 1920	3-Chuen	1
29 jul 1920	4-Eb	2
30 jul 1920	5-Ben	3
31 jul 1920	6-Ix	4
1 ago 1920	7-Men	5
2 ago 1920	8-Cib	6
3 ago 1920	9-Caban	7
4 ago 1920	10-Etz'nab	8
5 ago 1920	11-Cauac	9
6 ago 1920	12-Ahau	1
7 ago 1920	*13-Imix*	2
8 ago 1920	**1-Ik**	3
9 ago 1920	2-Akbal	4
10 ago 1920	3-Kan	5
11 ago 1920	4-Chicchan	6
12 ago 1920	5-Cimi	7
13 ago 1920	6-Manik	8
14 ago 1920	7-Lamat	9
15 ago 1920	8-Muluc	1
16 ago 1920	9-Oc	2
17 ago 1920	10-Chuen	3
18 ago 1920	11-Eb	4
19 ago 1920	12-Ben	5
20 ago 1920	13-Ix	6
21 ago 1920	**1-Men**	7
22 ago 1920	2-Cib	8
23 ago 1920	3-Caban	9
24 ago 1920	4-Etz'nab	1
25 ago 1920	5-Cauac	2
26 ago 1920	6-Ahau	3
27 ago 1920	*7-Imix*	4
28 ago 1920	8-Ik	5
29 ago 1920	9-Akbal	6
30 ago 1920	10-Kan	7
31 ago 1920	11-Chicchan	8

Fecha	Signo del día	S
1 sep 1920	12-Cimi	9
2 sep 1920	13-Manik	1
3 sep 1920	**1-Lamat**	2
4 sep 1920	2-Muluc	3
5 sep 1920	3-Oc	4
6 sep 1920	4-Chuen	5
7 sep 1920	5-Eb	6
8 sep 1920	6-Ben	7
9 sep 1920	7-Ix	8
10 sep 1920	8-Men	9
11 sep 1920	9-Cib	1
12 sep 1920	10-Caban	2
13 sep 1920	11-Etz'nab	3
14 sep 1920	12-Cauac	4
15 sep 1920	13-Ahau	5
16 sep 1920	**1-Imix**	6
17 sep 1920	2-Ik	7
18 sep 1920	3-Akbal	8
19 sep 1920	4-Kan	9
20 sep 1920	5-Chicchan	1
21 sep 1920	6-Cimi	2
22 sep 1920	7-Manik	3
23 sep 1920	8-Lamat	4
24 sep 1920	9-Muluc	5
25 sep 1920	10-Oc	6
26 sep 1920	11-Chuen	7
27 sep 1920	12-Eb	8
28 sep 1920	13-Ben	9
29 sep 1920	**1-Ix**	1
30 sep 1920	2-Men	2
1 oct 1920	3-Cib	3
2 oct 1920	4-Caban	4
3 oct 1920	5-Etz'nab	5
4 oct 1920	6-Cauac	6
5 oct 1920	7-Ahau	7
6 oct 1920	*8-Imix*	8
7 oct 1920	9-Ik	9
8 oct 1920	10-Akbal	1
9 oct 1920	11-Kan	2
10 oct 1920	12-Chicchan	3
11 oct 1920	13-Cimi	4
12 oct 1920	**1-Manik**	5
13 oct 1920	2-Lamat	6
14 oct 1920	3-Muluc	7
15 oct 1920	4-Oc	8
16 oct 1920	5-Chuen	9
17 oct 1920	6-Eb	1
18 oct 1920	7-Ben	2
19 oct 1920	8-Ix	3
20 oct 1920	9-Men	4
21 oct 1920	10-Cib	5
22 oct 1920	11-Caban	6
23 oct 1920	12-Etz'nab	7
24 oct 1920	13-Cauac	8
25 oct 1920	**1-Ahau**	9
26 oct 1920	*2-Imix*	1
27 oct 1920	3-Ik	2
28 oct 1920	4-Akbal	3
29 oct 1920	5-Kan	4
30 oct 1920	6-Chicchan	5
31 oct 1920	7-Cimi	6
1 nov 1920	8-Manik	7
2 nov 1920	9-Lamat	8
3 nov 1920	10-Muluc	9
4 nov 1920	11-Oc	1
5 nov 1920	12-Chuen	2
6 nov 1920	13-Eb	3
7 nov 1920	**1-Ben**	4

Fecha	Signo del día	S
8 nov 1920	2-Ix	5
9 nov 1920	3-Men	6
10 nov 1920	4-Cib	7
11 nov 1920	5-Caban	8
12 nov 1920	6-Etz'nab	9
13 nov 1920	7-Cauac	1
14 nov 1920	8-Ahau	2
15 nov 1920	*9-Imix*	3
16 nov 1920	10-Ik	4
17 nov 1920	11-Akbal	5
18 nov 1920	12-Kan	6
19 nov 1920	13-Chicchan	7
20 nov 1920	**1-Cimi**	8
21 nov 1920	2-Manik	9
22 nov 1920	3-Lamat	1
23 nov 1920	4-Muluc	2
24 nov 1920	5-Oc	3
25 nov 1920	6-Chuen	4
26 nov 1920	7-Eb	5
27 nov 1920	8-Ben	6
28 nov 1920	9-Ix	7
29 nov 1920	10-Men	8
30 nov 1920	11-Cib	9
1 dic 1920	12-Caban	1
2 dic 1920	13-Etz'nab	2
3 dic 1920	**1-Cauac**	3
4 dic 1920	2-Ahau	4
5 dic 1920	*3-Imix*	5
6 dic 1920	4-Ik	6
7 dic 1920	5-Akbal	7
8 dic 1920	6-Kan	8
9 dic 1920	7-Chicchan	9
10 dic 1920	8-Cimi	1
11 dic 1920	9-Manik	2
12 dic 1920	10-Lamat	3
13 dic 1920	11-Muluc	4
14 dic 1920	12-Oc	5
15 dic 1920	13-Chuen	6
16 dic 1920	**1-Eb**	7
17 dic 1920	2-Ben	8
18 dic 1920	3-Ix	9
19 dic 1920	4-Men	1
20 dic 1920	5-Cib	2
21 dic 1920	6-Caban	3
22 dic 1920	7-Etz'nab	4
23 dic 1920	8-Cauac	5
24 dic 1920	9-Ahau	6
25 dic 1920	*10-Imix*	7
26 dic 1920	11-Ik	8
27 dic 1920	12-Akbal	9
28 dic 1920	13-Kan	1
29 dic 1920	**1-Chicchan**	2
30 dic 1920	2-Cimi	3
31 dic 1920	3-Manik	4
1 ene 1921	4-Lamat	5
2 ene 1921	5-Muluc	6
3 ene 1921	6-Oc	7
4 ene 1921	7-Chuen	8
5 ene 1921	8-Eb	9
6 ene 1921	9-Ben	1
7 ene 1921	10-Ix	2
8 ene 1921	11-Men	3
9 ene 1921	12-Cib	4
10 ene 1921	13-Caban	5
11 ene 1921	**1-Etz'nab**	6
12 ene 1921	2-Cauac	7
13 ene 1921	3-Ahau	8
14 ene 1921	*4-Imix*	9

Fecha	Signo del día	S	Fecha	Signo del día	S	Fecha	Signo del día	S
15 ene 1921	5-Ik	1	24 mar 1921	8-Oc	6	31 may 1921	11-Etz'nab	2
16 ene 1921	6-Akbal	2	25 mar 1921	9-Chuen	7	1 jun 1921	12-Cauac	3
17 ene 1921	7-Kan	3	26 mar 1921	10-Eb	8	2 jun 1921	13-Ahau	4
18 ene 1921	8-Chicchan	4	27 mar 1921	11-Ben	9	3 jun 1921	**1-Imix**	5
19 ene 1921	9-Cimi	5	28 mar 1921	12-Ix	1	4 jun 1921	2-Ik	6
20 ene 1921	10-Manik	6	29 mar 1921	13-Men	2	5 jun 1921	3-Akbal	7
21 ene 1921	11-Lamat	7	30 mar 1921	**1-Cib**	3	6 jun 1921	4-Kan	8
22 ene 1921	12-Muluc	8	31 mar 1921	2-Caban	4	7 jun 1921	5-Chicchan	9
23 ene 1921	13-Oc	9	1 abr 1921	3-Etz'nab	5	8 jun 1921	6-Cimi	1
24 ene 1921	**1-Chuen**	1	2 abr 1921	4-Cauac	6	9 jun 1921	7-Manik	2
25 ene 1921	2-Eb	2	3 abr 1921	5-Ahau	7	10 jun 1921	8-Lamat	3
26 ene 1921	3-Ben	3	4 abr 1921	*6-Imix*	8	11 jun 1921	9-Muluc	4
27 ene 1921	4-Ix	4	5 abr 1921	7-Ik	9	12 jun 1921	10-Oc	5
28 ene 1921	5-Men	5	6 abr 1921	8-Akbal	1	13 jun 1921	11-Chuen	6
29 ene 1921	6-Cib	6	7 abr 1921	9-Kan	2	14 jun 1921	12-Eb	7
30 ene 1921	7-Caban	7	8 abr 1921	10-Chicchan	3	15 jun 1921	13-Ben	8
31 ene 1921	8-Etz'nab	8	9 abr 1921	11-Cimi	4	16 jun 1921	**1-Ix**	9
1 feb 1921	9-Cauac	9	10 abr 1921	12-Manik	5	17 jun 1921	2-Men	1
2 feb 1921	10-Ahau	1	11 abr 1921	13-Lamat	6	18 jun 1921	3-Cib	2
3 feb 1921	*11-Imix*	2	12 abr 1921	**1-Muluc**	7	19 jun 1921	4-Caban	3
4 feb 1921	12-Ik	3	13 abr 1921	2-Oc	8	20 jun 1921	5-Etz'nab	4
5 feb 1921	13-Akbal	4	14 abr 1921	3-Chuen	9	21 jun 1921	6-Cauac	5
6 feb 1921	**1-Kan**	5	15 abr 1921	4-Eb	1	22 jun 1921	7-Ahau	6
7 feb 1921	2-Chicchan	6	16 abr 1921	5-Ben	2	23 jun 1921	*8-Imix*	7
8 feb 1921	3-Cimi	7	17 abr 1921	6-Ix	3	24 jun 1921	9-Ik	8
9 feb 1921	4-Manik	8	18 abr 1921	7-Men	4	25 jun 1921	10-Akbal	9
10 feb 1921	5-Lamat	9	19 abr 1921	8-Cib	5	26 jun 1921	11-Kan	1
11 feb 1921	6-Muluc	1	20 abr 1921	9-Caban	6	27 jun 1921	12-Chicchan	2
12 feb 1921	7-Oc	2	21 abr 1921	10-Etz'nab	7	28 jun 1921	13-Cimi	3
13 feb 1921	8-Chuen	3	22 abr 1921	11-Cauac	8	29 jun 1921	**1-Manik**	4
14 feb 1921	9-Eb	4	23 abr 1921	12-Ahau	9	30 jun 1921	2-Lamat	5
15 feb 1921	10-Ben	5	24 abr 1921	*13-Imix*	1	1 jul 1921	3-Muluc	6
16 feb 1921	11-Ix	6	25 abr 1921	**1-Ik**	2	2 jul 1921	4-Oc	7
17 feb 1921	12-Men	7	26 abr 1921	2-Akbal	3	3 jul 1921	5-Chuen	8
18 feb 1921	13-Cib	8	27 abr 1921	3-Kan	4	4 jul 1921	6-Eb	9
19 feb 1921	**1-Caban**	9	28 abr 1921	4-Chicchan	5	5 jul 1921	7-Ben	1
20 feb 1921	2-Etz'nab	1	29 abr 1921	5-Cimi	6	6 jul 1921	8-Ix	2
21 feb 1921	3-Cauac	2	30 abr 1921	6-Manik	7	7 jul 1921	9-Men	3
22 feb 1921	4-Ahau	3	1 may 1921	7-Lamat	8	8 jul 1921	10-Cib	4
23 feb 1921	*5-Imix*	4	2 may 1921	8-Muluc	9	9 jul 1921	11-Caban	5
24 feb 1921	6-Ik	5	3 may 1921	9-Oc	1	10 jul 1921	12-Etz'nab	6
25 feb 1921	7-Akbal	6	4 may 1921	10-Chuen	2	11 jul 1921	13-Cauac	7
26 feb 1921	8-Kan	7	5 may 1921	11-Eb	3	12 jul 1921	**1-Ahau**	8
27 feb 1921	9-Chicchan	8	6 may 1921	12-Ben	4	13 jul 1921	*2-Imix*	9
28 feb 1921	10-Cimi	9	7 may 1921	13-Ix	5	14 jul 1921	3-Ik	1
1 mar 1921	11-Manik	1	8 may 1921	**1-Men**	6	15 jul 1921	4-Akbal	2
2 mar 1921	12-Lamat	2	9 may 1921	2-Cib	7	16 jul 1921	5-Kan	3
3 mar 1921	13-Muluc	3	10 may 1921	3-Caban	8	17 jul 1921	6-Chicchan	4
4 mar 1921	**1-Oc**	4	11 may 1921	4-Etz'nab	9	18 jul 1921	7-Cimi	5
5 mar 1921	2-Chuen	5	12 may 1921	5-Cauac	1	19 jul 1921	8-Manik	6
6 mar 1921	3-Eb	6	13 may 1921	6-Ahau	2	20 jul 1921	9-Lamat	7
7 mar 1921	4-Ben	7	14 may 1921	*7-Imix*	3	21 jul 1921	10-Muluc	8
8 mar 1921	5-Ix	8	15 may 1921	8-Ik	4	22 jul 1921	11-Oc	9
9 mar 1921	6-Men	9	16 may 1921	9-Akbal	5	23 jul 1921	12-Chuen	1
10 mar 1921	7-Cib	1	17 may 1921	10-Kan	6	24 jul 1921	13-Eb	2
11 mar 1921	8-Caban	2	18 may 1921	11-Chicchan	7	25 jul 1921	**1-Ben**	3
12 mar 1921	9-Etz'nab	3	19 may 1921	12-Cimi	8	26 jul 1921	2-Ix	4
13 mar 1921	10-Cauac	4	20 may 1921	13-Manik	9	27 jul 1921	3-Men	5
14 mar 1921	11-Ahau	5	21 may 1921	**1-Lamat**	1	28 jul 1921	4-Cib	6
15 mar 1921	*12-Imix*	6	22 may 1921	2-Muluc	2	29 jul 1921	5-Caban	7
16 mar 1921	13-Ik	7	23 may 1921	3-Oc	3	30 jul 1921	6-Etz'nab	8
17 mar 1921	**1-Akbal**	8	24 may 1921	4-Chuen	4	31 jul 1921	7-Cauac	9
18 mar 1921	2-Kan	9	25 may 1921	5-Eb	5	1 ago 1921	8-Ahau	1
19 mar 1921	3-Chicchan	1	26 may 1921	6-Ben	6	2 ago 1921	*9-Imix*	2
20 mar 1921	4-Cimi	2	27 may 1921	7-Ix	7	3 ago 1921	10-Ik	3
21 mar 1921	5-Manik	3	28 may 1921	8-Men	8	4 ago 1921	11-Akbal	4
22 mar 1921	6-Lamat	4	29 may 1921	9-Cib	9	5 ago 1921	12-Kan	5
23 mar 1921	7-Muluc	5	30 may 1921	10-Caban	1	6 ago 1921	13-Chicchan	6

Fecha	Signo del día	S
7 ago 1921	**1-Cimi**	7
8 ago 1921	2-Manik	8
9 ago 1921	3-Lamat	9
10 ago 1921	4-Muluc	1
11 ago 1921	5-Oc	2
12 ago 1921	6-Chuen	3
13 ago 1921	7-Eb	4
14 ago 1921	8-Ben	5
15 ago 1921	9-Ix	6
16 ago 1921	10-Men	7
17 ago 1921	11-Cib	8
18 ago 1921	12-Caban	9
19 ago 1921	13-Etz'nab	1
20 ago 1921	**1-Cauac**	2
21 ago 1921	2-Ahau	3
22 ago 1921	*3-Imix*	4
23 ago 1921	4-Ik	5
24 ago 1921	5-Akbal	6
25 ago 1921	6-Kan	7
26 ago 1921	7-Chicchan	8
27 ago 1921	8-Cimi	9
28 ago 1921	9-Manik	1
29 ago 1921	10-Lamat	2
30 ago 1921	11-Muluc	3
31 ago 1921	12-Oc	4
1 sep 1921	13-Chuen	5
2 sep 1921	**1-Eb**	6
3 sep 1921	2-Ben	7
4 sep 1921	3-Ix	8
5 sep 1921	4-Men	9
6 sep 1921	5-Cib	1
7 sep 1921	6-Caban	2
8 sep 1921	7-Etz'nab	3
9 sep 1921	8-Cauac	4
10 sep 1921	9-Ahau	5
11 sep 1921	*10-Imix*	6
12 sep 1921	11-Ik	7
13 sep 1921	12-Akbal	8
14 sep 1921	13-Kan	9
15 sep 1921	**1-Chicchan**	1
16 sep 1921	2-Cimi	2
17 sep 1921	3-Manik	3
18 sep 1921	4-Lamat	4
19 sep 1921	5-Muluc	5
20 sep 1921	6-Oc	6
21 sep 1921	7-Chuen	7
22 sep 1921	8-Eb	8
23 sep 1921	9-Ben	9
24 sep 1921	10-Ix	1
25 sep 1921	11-Men	2
26 sep 1921	12-Cib	3
27 sep 1921	13-Caban	4
28 sep 1921	**1-Etz'nab**	5
29 sep 1921	2-Cauac	6
30 sep 1921	3-Ahau	7
1 oct 1921	*4-Imix*	8
2 oct 1921	5-Ik	9
3 oct 1921	6-Akbal	1
4 oct 1921	7-Kan	2
5 oct 1921	8-Chicchan	3
6 oct 1921	9-Cimi	4
7 oct 1921	10-Manik	5
8 oct 1921	11-Lamat	6
9 oct 1921	12-Muluc	7
10 oct 1921	13-Oc	8
11 oct 1921	**1-Chuen**	9
12 oct 1921	2-Eb	1
13 oct 1921	3-Ben	2

Fecha	Signo del día	S
14 oct 1921	4-Ix	3
15 oct 1921	5-Men	4
16 oct 1921	6-Cib	5
17 oct 1921	7-Caban	6
18 oct 1921	8-Etz'nab	7
19 oct 1921	9-Cauac	8
20 oct 1921	10-Ahau	9
21 oct 1921	*11-Imix*	1
22 oct 1921	12-Ik	2
23 oct 1921	13-Akbal	3
24 oct 1921	**1-Kan**	4
25 oct 1921	2-Chicchan	5
26 oct 1921	3-Cimi	6
27 oct 1921	4-Manik	7
28 oct 1921	5-Lamat	8
29 oct 1921	6-Muluc	9
30 oct 1921	7-Oc	1
31 oct 1921	8-Chuen	2
1 nov 1921	9-Eb	3
2 nov 1921	10-Ben	4
3 nov 1921	11-Ix	5
4 nov 1921	12-Men	6
5 nov 1921	13-Cib	7
6 nov 1921	**1-Caban**	8
7 nov 1921	2-Etz'nab	9
8 nov 1921	3-Cauac	1
9 nov 1921	4-Ahau	2
10 nov 1921	*5-Imix*	3
11 nov 1921	6-Ik	4
12 nov 1921	7-Akbal	5
13 nov 1921	8-Kan	6
14 nov 1921	9-Chicchan	7
15 nov 1921	10-Cimi	8
16 nov 1921	11-Manik	9
17 nov 1921	12-Lamat	1
18 nov 1921	13-Muluc	2
19 nov 1921	**1-Oc**	3
20 nov 1921	2-Chuen	4
21 nov 1921	3-Eb	5
22 nov 1921	4-Ben	6
23 nov 1921	5-Ix	7
24 nov 1921	6-Men	8
25 nov 1921	7-Cib	9
26 nov 1921	8-Caban	1
27 nov 1921	9-Etz'nab	2
28 nov 1921	10-Cauac	3
29 nov 1921	11-Ahau	4
30 nov 1921	*12-Imix*	5
1 dic 1921	13-Ik	6
2 dic 1921	**1-Akbal**	7
3 dic 1921	2-Kan	8
4 dic 1921	3-Chicchan	9
5 dic 1921	4-Cimi	1
6 dic 1921	5-Manik	2
7 dic 1921	6-Lamat	3
8 dic 1921	7-Muluc	4
9 dic 1921	8-Oc	5
10 dic 1921	9-Chuen	6
11 dic 1921	10-Eb	7
12 dic 1921	11-Ben	8
13 dic 1921	12-Ix	9
14 dic 1921	13-Men	1
15 dic 1921	**1-Cib**	2
16 dic 1921	2-Caban	3
17 dic 1921	3-Etz'nab	4
18 dic 1921	4-Cauac	5
19 dic 1921	5-Ahau	6
20 dic 1921	*6-Imix*	7

Fecha	Signo del día	S
21 dic 1921	7-Ik	8
22 dic 1921	8-Akbal	9
23 dic 1921	9-Kan	1
24 dic 1921	10-Chicchan	2
25 dic 1921	11-Cimi	3
26 dic 1921	12-Manik	4
27 dic 1921	13-Lamat	5
28 dic 1921	**1-Muluc**	6
29 dic 1921	2-Oc	7
30 dic 1921	3-Chuen	8
31 dic 1921	4-Eb	9
1 ene 1922	5-Ben	1
2 ene 1922	6-Ix	2
3 ene 1922	7-Men	3
4 ene 1922	8-Cib	4
5 ene 1922	9-Caban	5
6 ene 1922	10-Etz'nab	6
7 ene 1922	11-Cauac	7
8 ene 1922	12-Ahau	8
9 ene 1922	*13-Imix*	9
10 ene 1922	**1-Ik**	1
11 ene 1922	2-Akbal	2
12 ene 1922	3-Kan	3
13 ene 1922	4-Chicchan	4
14 ene 1922	5-Cimi	5
15 ene 1922	6-Manik	6
16 ene 1922	7-Lamat	7
17 ene 1922	8-Muluc	8
18 ene 1922	9-Oc	9
19 ene 1922	10-Chuen	1
20 ene 1922	11-Eb	2
21 ene 1922	12-Ben	3
22 ene 1922	13-Ix	4
23 ene 1922	**1-Men**	5
24 ene 1922	2-Cib	6
25 ene 1922	3-Caban	7
26 ene 1922	4-Etz'nab	8
27 ene 1922	5-Cauac	9
28 ene 1922	6-Ahau	1
29 ene 1922	*7-Imix*	2
30 ene 1922	8-Ik	3
31 ene 1922	9-Akbal	4
1 feb 1922	10-Kan	5
2 feb 1922	11-Chicchan	6
3 feb 1922	12-Cimi	7
4 feb 1922	13-Manik	8
5 feb 1922	**1-Lamat**	9
6 feb 1922	2-Muluc	1
7 feb 1922	3-Oc	2
8 feb 1922	4-Chuen	3
9 feb 1922	5-Eb	4
10 feb 1922	6-Ben	5
11 feb 1922	7-Ix	6
12 feb 1922	8-Men	7
13 feb 1922	9-Cib	8
14 feb 1922	10-Caban	9
15 feb 1922	11-Etz'nab	1
16 feb 1922	12-Cauac	2
17 feb 1922	13-Ahau	3
18 feb 1922	**1-Imix**	4
19 feb 1922	2-Ik	5
20 feb 1922	3-Akbal	6
21 feb 1922	4-Kan	7
22 feb 1922	5-Chicchan	8
23 feb 1922	6-Cimi	9
24 feb 1922	7-Manik	1
25 feb 1922	8-Lamat	2
26 feb 1922	9-Muluc	3

Fecha	Signo del día	S
27 feb 1922	10-Oc	4
28 feb 1922	11-Chuen	5
1 mar 1922	12-Eb	6
2 mar 1922	13-Ben	7
3 mar 1922	**1-Ix**	8
4 mar 1922	2-Men	9
5 mar 1922	3-Cib	1
6 mar 1922	4-Caban	2
7 mar 1922	5-Etz'nab	3
8 mar 1922	6-Cauac	4
9 mar 1922	7-Ahau	5
10 mar 1922	*8-Imix*	6
11 mar 1922	9-Ik	7
12 mar 1922	10-Akbal	8
13 mar 1922	11-Kan	9
14 mar 1922	12-Chicchan	1
15 mar 1922	13-Cimi	2
16 mar 1922	**1-Manik**	3
17 mar 1922	2-Lamat	4
18 mar 1922	3-Muluc	5
19 mar 1922	4-Oc	6
20 mar 1922	5-Chuen	7
21 mar 1922	6-Eb	8
22 mar 1922	7-Ben	9
23 mar 1922	8-Ix	1
24 mar 1922	9-Men	2
25 mar 1922	10-Cib	3
26 mar 1922	11-Caban	4
27 mar 1922	12-Etz'nab	5
28 mar 1922	13-Cauac	6
29 mar 1922	**1-Ahau**	7
30 mar 1922	*2-Imix*	8
31 mar 1922	3-Ik	9
1 abr 1922	4-Akbal	1
2 abr 1922	5-Kan	2
3 abr 1922	6-Chicchan	3
4 abr 1922	7-Cimi	4
5 abr 1922	8-Manik	5
6 abr 1922	9-Lamat	6
7 abr 1922	10-Muluc	7
8 abr 1922	11-Oc	8
9 abr 1922	12-Chuen	9
10 abr 1922	13-Eb	1
11 abr 1922	**1-Ben**	2
12 abr 1922	2-Ix	3
13 abr 1922	3-Men	4
14 abr 1922	4-Cib	5
15 abr 1922	5-Caban	6
16 abr 1922	6-Etz'nab	7
17 abr 1922	7-Cauac	8
18 abr 1922	8-Ahau	9
19 abr 1922	*9-Imix*	1
20 abr 1922	10-Ik	2
21 abr 1922	11-Akbal	3
22 abr 1922	12-Kan	4
23 abr 1922	13-Chicchan	5
24 abr 1922	**1-Cimi**	6
25 abr 1922	2-Manik	7
26 abr 1922	3-Lamat	8
27 abr 1922	4-Muluc	9
28 abr 1922	5-Oc	1
29 abr 1922	6-Chuen	2
30 abr 1922	7-Eb	3
1 may 1922	8-Ben	4
2 may 1922	9-Ix	5
3 may 1922	10-Men	6
4 may 1922	11-Cib	7
5 may 1922	12-Caban	8
6 may 1922	13-Etz'nab	9
7 may 1922	**1-Cauac**	1
8 may 1922	2-Ahau	2
9 may 1922	*3-Imix*	3
10 may 1922	4-Ik	4
11 may 1922	5-Akbal	5
12 may 1922	6-Kan	6
13 may 1922	7-Chicchan	7
14 may 1922	8-Cimi	8
15 may 1922	9-Manik	9
16 may 1922	10-Lamat	1
17 may 1922	11-Muluc	2
18 may 1922	12-Oc	3
19 may 1922	13-Chuen	4
20 may 1922	**1-Eb**	5
21 may 1922	2-Ben	6
22 may 1922	3-Ix	7
23 may 1922	4-Men	8
24 may 1922	5-Cib	9
25 may 1922	6-Caban	1
26 may 1922	7-Etz'nab	2
27 may 1922	8-Cauac	3
28 may 1922	9-Ahau	4
29 may 1922	*10-Imix*	5
30 may 1922	11-Ik	6
31 may 1922	12-Akbal	7
1 jun 1922	13-Kan	8
2 jun 1922	**1-Chicchan**	9
3 jun 1922	2-Cimi	1
4 jun 1922	3-Manik	2
5 jun 1922	4-Lamat	3
6 jun 1922	5-Muluc	4
7 jun 1922	6-Oc	5
8 jun 1922	7-Chuen	6
9 jun 1922	8-Eb	7
10 jun 1922	9-Ben	8
11 jun 1922	10-Ix	9
12 jun 1922	11-Men	1
13 jun 1922	12-Cib	2
14 jun 1922	13-Caban	3
15 jun 1922	**1-Etz'nab**	4
16 jun 1922	2-Cauac	5
17 jun 1922	3-Ahau	6
18 jun 1922	*4-Imix*	7
19 jun 1922	5-Ik	8
20 jun 1922	6-Akbal	9
21 jun 1922	7-Kan	1
22 jun 1922	8-Chicchan	2
23 jun 1922	9-Cimi	3
24 jun 1922	10-Manik	4
25 jun 1922	11-Lamat	5
26 jun 1922	12-Muluc	6
27 jun 1922	13-Oc	7
28 jun 1922	**1-Chuen**	8
29 jun 1922	2-Eb	9
30 jun 1922	3-Ben	1
1 jul 1922	4-Ix	2
2 jul 1922	5-Men	3
3 jul 1922	6-Cib	4
4 jul 1922	7-Caban	5
5 jul 1922	8-Etz'nab	6
6 jul 1922	9-Cauac	7
7 jul 1922	10-Ahau	8
8 jul 1922	*11-Imix*	9
9 jul 1922	12-Ik	1
10 jul 1922	13-Akbal	2
11 jul 1922	**1-Kan**	3
12 jul 1922	2-Chicchan	4
13 jul 1922	3-Cimi	5
14 jul 1922	4-Manik	6
15 jul 1922	5-Lamat	7
16 jul 1922	6-Muluc	8
17 jul 1922	7-Oc	9
18 jul 1922	8-Chuen	1
19 jul 1922	9-Eb	2
20 jul 1922	10-Ben	3
21 jul 1922	11-Ix	4
22 jul 1922	12-Men	5
23 jul 1922	13-Cib	6
24 jul 1922	**1-Caban**	7
25 jul 1922	2-Etz'nab	8
26 jul 1922	3-Cauac	9
27 jul 1922	4-Ahau	1
28 jul 1922	*5-Imix*	2
29 jul 1922	6-Ik	3
30 jul 1922	7-Akbal	4
31 jul 1922	8-Kan	5
1 ago 1922	9-Chicchan	6
2 ago 1922	10-Cimi	7
3 ago 1922	11-Manik	8
4 ago 1922	12-Lamat	9
5 ago 1922	13-Muluc	1
6 ago 1922	**1-Oc**	2
7 ago 1922	2-Chuen	3
8 ago 1922	3-Eb	4
9 ago 1922	4-Ben	5
10 ago 1922	5-Ix	6
11 ago 1922	6-Men	7
12 ago 1922	7-Cib	8
13 ago 1922	8-Caban	9
14 ago 1922	9-Etz'nab	1
15 ago 1922	10-Cauac	2
16 ago 1922	11-Ahau	3
17 ago 1922	*12-Imix*	4
18 ago 1922	13-Ik	5
19 ago 1922	**1-Akbal**	6
20 ago 1922	2-Kan	7
21 ago 1922	3-Chicchan	8
22 ago 1922	4-Cimi	9
23 ago 1922	5-Manik	1
24 ago 1922	6-Lamat	2
25 ago 1922	7-Muluc	3
26 ago 1922	8-Oc	4
27 ago 1922	9-Chuen	5
28 ago 1922	10-Eb	6
29 ago 1922	11-Ben	7
30 ago 1922	12-Ix	8
31 ago 1922	13-Men	9
1 sep 1922	**1-Cib**	1
2 sep 1922	2-Caban	2
3 sep 1922	3-Etz'nab	3
4 sep 1922	4-Cauac	4
5 sep 1922	5-Ahau	5
6 sep 1922	*6-Imix*	6
7 sep 1922	7-Ik	7
8 sep 1922	8-Akbal	8
9 sep 1922	9-Kan	9
10 sep 1922	10-Chicchan	1
11 sep 1922	11-Cimi	2
12 sep 1922	12-Manik	3
13 sep 1922	13-Lamat	4
14 sep 1922	**1-Muluc**	5
15 sep 1922	2-Oc	6
16 sep 1922	3-Chuen	7
17 sep 1922	4-Eb	8
18 sep 1922	5-Ben	9

Fecha	Signo del día	S
19 sep 1922	6-Ix	1
20 sep 1922	7-Men	2
21 sep 1922	8-Cib	3
22 sep 1922	9-Caban	4
23 sep 1922	10-Etz'nab	5
24 sep 1922	11-Cauac	6
25 sep 1922	12-Ahau	7
26 sep 1922	13-Imix	8
27 sep 1922	**1-Ik**	9
28 sep 1922	2-Akbal	1
29 sep 1922	3-Kan	2
30 sep 1922	4-Chicchan	3
1 oct 1922	5-Cimi	4
2 oct 1922	6-Manik	5
3 oct 1922	7-Lamat	6
4 oct 1922	8-Muluc	7
5 oct 1922	9-Oc	8
6 oct 1922	10-Chuen	9
7 oct 1922	11-Eb	1
8 oct 1922	12-Ben	2
9 oct 1922	13-Ix	3
10 oct 1922	**1-Men**	4
11 oct 1922	2-Cib	5
12 oct 1922	3-Caban	6
13 oct 1922	4-Etz'nab	7
14 oct 1922	5-Cauac	8
15 oct 1922	6-Ahau	9
16 oct 1922	*7-Imix*	1
17 oct 1922	8-Ik	2
18 oct 1922	9-Akbal	3
19 oct 1922	10-Kan	4
20 oct 1922	11-Chicchan	5
21 oct 1922	12-Cimi	6
22 oct 1922	13-Manik	7
23 oct 1922	**1-Lamat**	8
24 oct 1922	2-Muluc	9
25 oct 1922	3-Oc	1
26 oct 1922	4-Chuen	2
27 oct 1922	5-Eb	3
28 oct 1922	6-Ben	4
29 oct 1922	7-Ix	5
30 oct 1922	8-Men	6
31 oct 1922	9-Cib	7
1 nov 1922	10-Caban	8
2 nov 1922	11-Etz'nab	9
3 nov 1922	12-Cauac	1
4 nov 1922	13-Ahau	2
5 nov 1922	**1-Imix**	3
6 nov 1922	2-Ik	4
7 nov 1922	3-Akbal	5
8 nov 1922	4-Kan	6
9 nov 1922	5-Chicchan	7
10 nov 1922	6-Cimi	8
11 nov 1922	7-Manik	9
12 nov 1922	8-Lamat	1
13 nov 1922	9-Muluc	2
14 nov 1922	10-Oc	3
15 nov 1922	11-Chuen	4
16 nov 1922	12-Eb	5
17 nov 1922	13-Ben	6
18 nov 1922	**1-Ix**	7
19 nov 1922	2-Men	8
20 nov 1922	3-Cib	9
21 nov 1922	4-Caban	1
22 nov 1922	5-Etz'nab	2
23 nov 1922	6-Cauac	3
24 nov 1922	7-Ahau	4
25 nov 1922	*8-Imix*	5
26 nov 1922	9-Ik	6
27 nov 1922	10-Akbal	7
28 nov 1922	11-Kan	8
29 nov 1922	12-Chicchan	9
30 nov 1922	13-Cimi	1
1 dic 1922	**1-Manik**	2
2 dic 1922	2-Lamat	3
3 dic 1922	3-Muluc	4
4 dic 1922	4-Oc	5
5 dic 1922	5-Chuen	6
6 dic 1922	6-Eb	7
7 dic 1922	7-Ben	8
8 dic 1922	8-Ix	9
9 dic 1922	9-Men	1
10 dic 1922	10-Cib	2
11 dic 1922	11-Caban	3
12 dic 1922	12-Etz'nab	4
13 dic 1922	13-Cauac	5
14 dic 1922	**1-Ahau**	6
15 dic 1922	*2-Imix*	7
16 dic 1922	3-Ik	8
17 dic 1922	4-Akbal	9
18 dic 1922	5-Kan	1
19 dic 1922	6-Chicchan	2
20 dic 1922	7-Cimi	3
21 dic 1922	8-Manik	4
22 dic 1922	9-Lamat	5
23 dic 1922	10-Muluc	6
24 dic 1922	11-Oc	7
25 dic 1922	12-Chuen	8
26 dic 1922	13-Eb	9
27 dic 1922	**1-Ben**	1
28 dic 1922	2-Ix	2
29 dic 1922	3-Men	3
30 dic 1922	4-Cib	4
31 dic 1922	5-Caban	5
1 ene 1923	6-Etz'nab	6
2 ene 1923	7-Cauac	7
3 ene 1923	8-Ahau	8
4 ene 1923	*9-Imix*	9
5 ene 1923	10-Ik	1
6 ene 1923	11-Akbal	2
7 ene 1923	12-Kan	3
8 ene 1923	13-Chicchan	4
9 ene 1923	**1-Cimi**	5
10 ene 1923	2-Manik	6
11 ene 1923	3-Lamat	7
12 ene 1923	4-Muluc	8
13 ene 1923	5-Oc	9
14 ene 1923	6-Chuen	1
15 ene 1923	7-Eb	2
16 ene 1923	8-Ben	3
17 ene 1923	9-Ix	4
18 ene 1923	10-Men	5
19 ene 1923	11-Cib	6
20 ene 1923	12-Caban	7
21 ene 1923	13-Etz'nab	8
22 ene 1923	**1-Cauac**	9
23 ene 1923	2-Ahau	1
24 ene 1923	*3-Imix*	2
25 ene 1923	4-Ik	3
26 ene 1923	5-Akbal	4
27 ene 1923	6-Kan	5
28 ene 1923	7-Chicchan	6
29 ene 1923	8-Cimi	7
30 ene 1923	9-Manik	8
31 ene 1923	10-Lamat	9
1 feb 1923	11-Muluc	1
2 feb 1923	12-Oc	2
3 feb 1923	13-Chuen	3
4 feb 1923	**1-Eb**	4
5 feb 1923	2-Ben	5
6 feb 1923	3-Ix	6
7 feb 1923	4-Men	7
8 feb 1923	5-Cib	8
9 feb 1923	6-Caban	9
10 feb 1923	7-Etz'nab	1
11 feb 1923	8-Cauac	2
12 feb 1923	9-Ahau	3
13 feb 1923	*10-Imix*	4
14 feb 1923	11-Ik	5
15 feb 1923	12-Akbal	6
16 feb 1923	13-Kan	7
17 feb 1923	**1-Chicchan**	8
18 feb 1923	2-Cimi	9
19 feb 1923	3-Manik	1
20 feb 1923	4-Lamat	2
21 feb 1923	5-Muluc	3
22 feb 1923	6-Oc	4
23 feb 1923	7-Chuen	5
24 feb 1923	8-Eb	6
25 feb 1923	9-Ben	7
26 feb 1923	10-Ix	8
27 feb 1923	11-Men	9
28 feb 1923	12-Cib	1
1 mar 1923	13-Caban	2
2 mar 1923	**1-Etz'nab**	3
3 mar 1923	2-Cauac	4
4 mar 1923	3-Ahau	5
5 mar 1923	*4-Imix*	6
6 mar 1923	5-Ik	7
7 mar 1923	6-Akbal	8
8 mar 1923	7-Kan	9
9 mar 1923	8-Chicchan	1
10 mar 1923	9-Cimi	2
11 mar 1923	10-Manik	3
12 mar 1923	11-Lamat	4
13 mar 1923	12-Muluc	5
14 mar 1923	13-Oc	6
15 mar 1923	**1-Chuen**	7
16 mar 1923	2-Eb	8
17 mar 1923	3-Ben	9
18 mar 1923	4-Ix	1
19 mar 1923	5-Men	2
20 mar 1923	6-Cib	3
21 mar 1923	7-Caban	4
22 mar 1923	8-Etz'nab	5
23 mar 1923	9-Cauac	6
24 mar 1923	10-Ahau	7
25 mar 1923	*11-Imix*	8
26 mar 1923	12-Ik	9
27 mar 1923	13-Akbal	1
28 mar 1923	**1-Kan**	2
29 mar 1923	2-Chicchan	3
30 mar 1923	3-Cimi	4
31 mar 1923	4-Manik	5
1 abr 1923	5-Lamat	6
2 abr 1923	6-Muluc	7
3 abr 1923	7-Oc	8
4 abr 1923	8-Chuen	9
5 abr 1923	9-Eb	1
6 abr 1923	10-Ben	2
7 abr 1923	11-Ix	3
8 abr 1923	12-Men	4
9 abr 1923	13-Cib	5
10 abr 1923	**1-Caban**	6

Fecha	Signo del día	S	Fecha	Signo del día	S	Fecha	Signo del día	S
11 abr 1923	2-Etz'nab	7	18 jun 1923	5-Cimi	3	25 ago 1923	8-Ix	8
12 abr 1923	3-Cauac	8	19 jun 1923	6-Manik	4	26 ago 1923	9-Men	9
13 abr 1923	4-Ahau	9	20 jun 1923	7-Lamat	5	27 ago 1923	10-Cib	1
14 abr 1923	*5-Imix*	1	21 jun 1923	8-Muluc	6	28 ago 1923	11-Caban	2
15 abr 1923	6-Ik	2	22 jun 1923	9-Oc	7	29 ago 1923	12-Etz'nab	3
16 abr 1923	7-Akbal	3	23 jun 1923	10-Chuen	8	30 ago 1923	13-Cauac	4
17 abr 1923	8-Kan	4	24 jun 1923	11-Eb	9	31 ago 1923	**1-Ahau**	5
18 abr 1923	9-Chicchan	5	25 jun 1923	12-Ben	1	1 sep 1923	*2-Imix*	6
19 abr 1923	10-Cimi	6	26 jun 1923	13-Ix	2	2 sep 1923	3-Ik	7
20 abr 1923	11-Manik	7	27 jun 1923	**1-Men**	3	3 sep 1923	4-Akbal	8
21 abr 1923	12-Lamat	8	28 jun 1923	2-Cib	4	4 sep 1923	5-Kan	9
22 abr 1923	13-Muluc	9	29 jun 1923	3-Caban	5	5 sep 1923	6-Chicchan	1
23 abr 1923	**1-Oc**	1	30 jun 1923	4-Etz'nab	6	6 sep 1923	7-Cimi	2
24 abr 1923	2-Chuen	2	1 jul 1923	5-Cauac	7	7 sep 1923	8-Manik	3
25 abr 1923	3-Eb	3	2 jul 1923	6-Ahau	8	8 sep 1923	9-Lamat	4
26 abr 1923	4-Ben	4	3 jul 1923	*7-Imix*	9	9 sep 1923	10-Muluc	5
27 abr 1923	5-Ix	5	4 jul 1923	8-Ik	1	10 sep 1923	11-Oc	6
28 abr 1923	6-Men	6	5 jul 1923	9-Akbal	2	11 sep 1923	12-Chuen	7
29 abr 1923	7-Cib	7	6 jul 1923	10-Kan	3	12 sep 1923	13-Eb	8
30 abr 1923	8-Caban	8	7 jul 1923	11-Chicchan	4	13 sep 1923	**1-Ben**	9
1 may 1923	9-Etz'nab	9	8 jul 1923	12-Cimi	5	14 sep 1923	2-Ix	1
2 may 1923	10-Cauac	1	9 jul 1923	13-Manik	6	15 sep 1923	3-Men	2
3 may 1923	11-Ahau	2	10 jul 1923	**1-Lamat**	7	16 sep 1923	4-Cib	3
4 may 1923	*12-Imix*	3	11 jul 1923	2-Muluc	8	17 sep 1923	5-Caban	4
5 may 1923	13-Ik	4	12 jul 1923	3-Oc	9	18 sep 1923	6-Etz'nab	5
6 may 1923	**1-Akbal**	5	13 jul 1923	4-Chuen	1	19 sep 1923	7-Cauac	6
7 may 1923	2-Kan	6	14 jul 1923	5-Eb	2	20 sep 1923	8-Ahau	7
8 may 1923	3-Chicchan	7	15 jul 1923	6-Ben	3	21 sep 1923	*9-Imix*	8
9 may 1923	4-Cimi	8	16 jul 1923	7-Ix	4	22 sep 1923	10-Ik	9
10 may 1923	5-Manik	9	17 jul 1923	8-Men	5	23 sep 1923	11-Akbal	1
11 may 1923	6-Lamat	1	18 jul 1923	9-Cib	6	24 sep 1923	12-Kan	2
12 may 1923	7-Muluc	2	19 jul 1923	10-Caban	7	25 sep 1923	13-Chicchan	3
13 may 1923	8-Oc	3	20 jul 1923	11-Etz'nab	8	26 sep 1923	**1-Cimi**	4
14 may 1923	9-Chuen	4	21 jul 1923	12-Cauac	9	27 sep 1923	2-Manik	5
15 may 1923	10-Eb	5	22 jul 1923	13-Ahau	1	28 sep 1923	3-Lamat	6
16 may 1923	11-Ben	6	23 jul 1923	**1-Imix**	2	29 sep 1923	4-Muluc	7
17 may 1923	12-Ix	7	24 jul 1923	2-Ik	3	30 sep 1923	5-Oc	8
18 may 1923	13-Men	8	25 jul 1923	3-Akbal	4	1 oct 1923	6-Chuen	9
19 may 1923	**1-Cib**	9	26 jul 1923	4-Kan	5	2 oct 1923	7-Ben	1
20 may 1923	2-Caban	1	27 jul 1923	5-Chicchan	6	3 oct 1923	8-Ben	2
21 may 1923	3-Etz'nab	2	28 jul 1923	6-Cimi	7	4 oct 1923	9-Ix	3
22 may 1923	4-Cauac	3	29 jul 1923	7-Manik	8	5 oct 1923	10-Men	4
23 may 1923	5-Ahau	4	30 jul 1923	8-Lamat	9	6 oct 1923	11-Cib	5
24 may 1923	*6-Imix*	5	31 jul 1923	9-Muluc	1	7 oct 1923	12-Caban	6
25 may 1923	7-Ik	6	1 ago 1923	10-Oc	2	8 oct 1923	13-Etz'nab	7
26 may 1923	8-Akbal	7	2 ago 1923	11-Chuen	3	9 oct 1923	**1-Cauac**	8
27 may 1923	9-Kan	8	3 ago 1923	12-Eb	4	10 oct 1923	2-Ahau	9
28 may 1923	10-Chicchan	9	4 ago 1923	13-Ben	5	11 oct 1923	*3-Imix*	1
29 may 1923	11-Cimi	1	5 ago 1923	**1-Ix**	6	12 oct 1923	4-Ik	2
30 may 1923	12-Manik	2	6 ago 1923	2-Men	7	13 oct 1923	5-Akbal	3
31 may 1923	13-Lamat	3	7 ago 1923	3-Cib	8	14 oct 1923	6-Kan	4
1 jun 1923	**1-Muluc**	4	8 ago 1923	4-Caban	9	15 oct 1923	7-Chicchan	5
2 jun 1923	2-Oc	5	9 ago 1923	5-Etz'nab	1	16 oct 1923	8-Cimi	6
3 jun 1923	3-Chuen	6	10 ago 1923	6-Cauac	2	17 oct 1923	9-Manik	7
4 jun 1923	4-Eb	7	11 ago 1923	7-Ahau	3	18 oct 1923	10-Lamat	8
5 jun 1923	5-Ben	8	12 ago 1923	*8-Imix*	4	19 oct 1923	11-Muluc	9
6 jun 1923	6-Ix	9	13 ago 1923	9-Ik	5	20 oct 1923	12-Oc	1
7 jun 1923	7-Men	1	14 ago 1923	10-Akbal	6	21 oct 1923	13-Chuen	2
8 jun 1923	8-Cib	2	15 ago 1923	11-Kan	7	22 oct 1923	**1-Eb**	3
9 jun 1923	9-Caban	3	16 ago 1923	12-Chicchan	8	23 oct 1923	2-Ben	4
10 jun 1923	10-Etz'nab	4	17 ago 1923	13-Cimi	9	24 oct 1923	3-Ix	5
11 jun 1923	11-Cauac	5	18 ago 1923	**1-Manik**	1	25 oct 1923	4-Men	6
12 jun 1923	12-Ahau	6	19 ago 1923	2-Lamat	2	26 oct 1923	5-Cib	7
13 jun 1923	*13-Imix*	7	20 ago 1923	3-Muluc	3	27 oct 1923	6-Caban	8
14 jun 1923	**1-Ik**	8	21 ago 1923	4-Oc	4	28 oct 1923	7-Etz'nab	9
15 jun 1923	2-Akbal	9	22 ago 1923	5-Chuen	5	29 oct 1923	8-Cauac	1
16 jun 1923	3-Kan	1	23 ago 1923	6-Eb	6	30 oct 1923	9-Ahau	2
17 jun 1923	4-Chicchan	2	24 ago 1923	7-Ben	7	31 oct 1923	*10-Imix*	3

Fecha	Signo del día	S
1 nov 1923	11-Ik	4
2 nov 1923	12-Akbal	5
3 nov 1923	13-Kan	6
4 nov 1923	**1-Chicchan**	7
5 nov 1923	2-Cimi	8
6 nov 1923	3-Manik	9
7 nov 1923	4-Lamat	1
8 nov 1923	5-Muluc	2
9 nov 1923	6-Oc	3
10 nov 1923	7-Chuen	4
11 nov 1923	8-Eb	5
12 nov 1923	9-Ben	6
13 nov 1923	10-Ix	7
14 nov 1923	11-Men	8
15 nov 1923	12-Cib	9
16 nov 1923	13-Caban	1
17 nov 1923	**1-Etz'nab**	2
18 nov 1923	2-Cauac	3
19 nov 1923	3-Ahau	4
20 nov 1923	*4-Imix*	5
21 nov 1923	5-Ik	6
22 nov 1923	6-Akbal	7
23 nov 1923	7-Kan	8
24 nov 1923	8-Chicchan	9
25 nov 1923	9-Cimi	1
26 nov 1923	10-Manik	2
27 nov 1923	11-Lamat	3
28 nov 1923	12-Muluc	4
29 nov 1923	13-Oc	5
30 nov 1923	**1-Chuen**	6
1 dic 1923	2-Eb	7
2 dic 1923	3-Ben	8
3 dic 1923	4-Ix	9
4 dic 1923	5-Men	1
5 dic 1923	6-Cib	2
6 dic 1923	7-Caban	3
7 dic 1923	8-Etz'nab	4
8 dic 1923	9-Cauac	5
9 dic 1923	10-Ahau	6
10 dic 1923	*11-Imix*	7
11 dic 1923	12-Ik	8
12 dic 1923	13-Akbal	9
13 dic 1923	**1-Kan**	1
14 dic 1923	2-Chicchan	2
15 dic 1923	3-Cimi	3
16 dic 1923	4-Manik	4
17 dic 1923	5-Lamat	5
18 dic 1923	6-Muluc	6
19 dic 1923	7-Oc	7
20 dic 1923	8-Chuen	8
21 dic 1923	9-Eb	9
22 dic 1923	10-Ben	1
23 dic 1923	11-Ix	2
24 dic 1923	12-Men	3
25 dic 1923	13-Cib	4
26 dic 1923	**1-Caban**	5
27 dic 1923	2-Etz'nab	6
28 dic 1923	3-Cauac	7
29 dic 1923	4-Ahau	8
30 dic 1923	*5-Imix*	9
31 dic 1923	6-Ik	1
1 ene 1924	7-Akbal	2
2 ene 1924	8-Kan	3
3 ene 1924	9-Chicchan	4
4 ene 1924	10-Cimi	5
5 ene 1924	11-Manik	6
6 ene 1924	12-Lamat	7
7 ene 1924	13-Muluc	8
8 ene 1924	**1-Oc**	9
9 ene 1924	2-Chuen	1
10 ene 1924	3-Eb	2
11 ene 1924	4-Ben	3
12 ene 1924	5-Ix	4
13 ene 1924	6-Men	5
14 ene 1924	7-Cib	6
15 ene 1924	8-Caban	7
16 ene 1924	9-Etz'nab	8
17 ene 1924	10-Cauac	9
18 ene 1924	11-Ahau	1
19 ene 1924	*12-Imix*	2
20 ene 1924	13-Ik	3
21 ene 1924	**1-Akbal**	4
22 ene 1924	2-Kan	5
23 ene 1924	3-Chicchan	6
24 ene 1924	4-Cimi	7
25 ene 1924	5-Manik	8
26 ene 1924	6-Lamat	9
27 ene 1924	7-Muluc	1
28 ene 1924	8-Oc	2
29 ene 1924	9-Chuen	3
30 ene 1924	10-Eb	4
31 ene 1924	11-Ben	5
1 feb 1924	12-Ix	6
2 feb 1924	13-Men	7
3 feb 1924	**1-Cib**	8
4 feb 1924	2-Caban	9
5 feb 1924	3-Etz'nab	1
6 feb 1924	4-Cauac	2
7 feb 1924	5-Ahau	3
8 feb 1924	*6-Imix*	4
9 feb 1924	7-Ik	5
10 feb 1924	8-Akbal	6
11 feb 1924	9-Kan	7
12 feb 1924	10-Chicchan	8
13 feb 1924	11-Cimi	9
14 feb 1924	12-Manik	1
15 feb 1924	13-Lamat	2
16 feb 1924	**1-Muluc**	3
17 feb 1924	2-Oc	4
18 feb 1924	3-Chuen	5
19 feb 1924	4-Eb	6
20 feb 1924	5-Ben	7
21 feb 1924	6-Ix	8
22 feb 1924	7-Men	9
23 feb 1924	8-Cib	1
24 feb 1924	9-Caban	2
25 feb 1924	10-Etz'nab	3
26 feb 1924	11-Cauac	4
27 feb 1924	12-Ahau	5
28 feb 1924	*13-Imix*	6
29 feb 1924	**1-Ik**	7
1 mar 1924	2-Akbal	8
2 mar 1924	3-Kan	9
3 mar 1924	4-Chicchan	1
4 mar 1924	5-Cimi	2
5 mar 1924	6-Manik	3
6 mar 1924	7-Lamat	4
7 mar 1924	8-Muluc	5
8 mar 1924	9-Oc	6
9 mar 1924	10-Chuen	7
10 mar 1924	11-Eb	8
11 mar 1924	12-Ben	9
12 mar 1924	13-Ix	1
13 mar 1924	**1-Men**	2
14 mar 1924	2-Cib	3
15 mar 1924	3-Caban	4
16 mar 1924	4-Etz'nab	5
17 mar 1924	5-Cauac	6
18 mar 1924	6-Ahau	7
19 mar 1924	*7-Imix*	8
20 mar 1924	8-Ik	9
21 mar 1924	9-Akbal	1
22 mar 1924	10-Kan	2
23 mar 1924	11-Chicchan	3
24 mar 1924	12-Cimi	4
25 mar 1924	13-Manik	5
26 mar 1924	**1-Lamat**	6
27 mar 1924	2-Muluc	7
28 mar 1924	3-Oc	8
29 mar 1924	4-Chuen	9
30 mar 1924	5-Eb	1
31 mar 1924	6-Ben	2
1 abr 1924	7-Ix	3
2 abr 1924	8-Men	4
3 abr 1924	9-Cib	5
4 abr 1924	10-Caban	6
5 abr 1924	11-Etz'nab	7
6 abr 1924	12-Cauac	8
7 abr 1924	13-Ahau	9
8 abr 1924	**1-Imix**	1
9 abr 1924	2-Ik	2
10 abr 1924	3-Akbal	3
11 abr 1924	4-Kan	4
12 abr 1924	5-Chicchan	5
13 abr 1924	6-Cimi	6
14 abr 1924	7-Manik	7
15 abr 1924	8-Lamat	8
16 abr 1924	9-Muluc	9
17 abr 1924	10-Oc	1
18 abr 1924	11-Chuen	2
19 abr 1924	12-Eb	3
20 abr 1924	13-Ben	4
21 abr 1924	**1-Ix**	5
22 abr 1924	2-Men	6
23 abr 1924	3-Cib	7
24 abr 1924	4-Caban	8
25 abr 1924	5-Etz'nab	9
26 abr 1924	6-Cauac	1
27 abr 1924	7-Ahau	2
28 abr 1924	*8-Imix*	3
29 abr 1924	9-Ik	4
30 abr 1924	10-Akbal	5
1 may 1924	11-Kan	6
2 may 1924	12-Chicchan	7
3 may 1924	13-Cimi	8
4 may 1924	**1-Manik**	9
5 may 1924	2-Lamat	1
6 may 1924	3-Muluc	2
7 may 1924	4-Oc	3
8 may 1924	5-Chuen	4
9 may 1924	6-Eb	5
10 may 1924	7-Ben	6
11 may 1924	8-Ix	7
12 may 1924	9-Men	8
13 may 1924	10-Cib	9
14 may 1924	11-Caban	1
15 may 1924	12-Etz'nab	2
16 may 1924	13-Cauac	3
17 may 1924	**1-Ahau**	4
18 may 1924	*2-Imix*	5
19 may 1924	3-Ik	6
20 may 1924	4-Akbal	7
21 may 1924	5-Kan	8
22 may 1924	6-Chicchan	9

Fecha	Signo del día	S	Fecha	Signo del día	S	Fecha	Signo del día	S
23 may 1924	7-Cimi	1	30 jul 1924	10-Ix	6	6 oct 1924	13-Ik	2
24 may 1924	8-Manik	2	31 jul 1924	11-Men	7	7 oct 1924	**1-Akbal**	3
25 may 1924	9-Lamat	3	1 ago 1924	12-Cib	8	8 oct 1924	2-Kan	4
26 may 1924	10-Muluc	4	2 ago 1924	13-Caban	9	9 oct 1924	3-Chicchan	5
27 may 1924	11-Oc	5	3 ago 1924	**1-Etz'nab**	1	10 oct 1924	4-Cimi	6
28 may 1924	12-Chuen	6	4 ago 1924	2-Cauac	2	11 oct 1924	5-Manik	7
29 may 1924	13-Eb	7	5 ago 1924	3-Ahau	3	12 oct 1924	6-Lamat	8
30 may 1924	**1-Ben**	8	6 ago 1924	*4-Imix*	4	13 oct 1924	7-Muluc	9
31 may 1924	2-Ix	9	7 ago 1924	5-Ik	5	14 oct 1924	8-Oc	1
1 jun 1924	3-Men	1	8 ago 1924	6-Akbal	6	15 oct 1924	9-Chuen	2
2 jun 1924	4-Cib	2	9 ago 1924	7-Kan	7	16 oct 1924	10-Eb	3
3 jun 1924	5-Caban	3	10 ago 1924	8-Chicchan	8	17 oct 1924	11-Ben	4
4 jun 1924	6-Etz'nab	4	11 ago 1924	9-Cimi	9	18 oct 1924	12-Ix	5
5 jun 1924	7-Cauac	5	12 ago 1924	10-Manik	1	19 oct 1924	13-Men	6
6 jun 1924	8-Ahau	6	13 ago 1924	11-Lamat	2	20 oct 1924	**1-Cib**	7
7 jun 1924	*9-Imix*	7	14 ago 1924	12-Muluc	3	21 oct 1924	2-Caban	8
8 jun 1924	10-Ik	8	15 ago 1924	13-Oc	4	22 oct 1924	3-Etz'nab	9
9 jun 1924	11-Akbal	9	16 ago 1924	**1-Chuen**	5	23 oct 1924	4-Cauac	1
10 jun 1924	12-Kan	1	17 ago 1924	2-Eb	6	24 oct 1924	5-Ahau	2
11 jun 1924	13-Chicchan	2	18 ago 1924	3-Ben	7	25 oct 1924	*6-Imix*	3
12 jun 1924	**1-Cimi**	3	19 ago 1924	4-Ix	8	26 oct 1924	7-Ik	4
13 jun 1924	2-Manik	4	20 ago 1924	5-Men	9	27 oct 1924	8-Akbal	5
14 jun 1924	3-Lamat	5	21 ago 1924	6-Cib	1	28 oct 1924	9-Kan	6
15 jun 1924	4-Muluc	6	22 ago 1924	7-Caban	2	29 oct 1924	10-Chicchan	7
16 jun 1924	5-Oc	7	23 ago 1924	8-Etz'nab	3	30 oct 1924	11-Cimi	8
17 jun 1924	6-Chuen	8	24 ago 1924	9-Cauac	4	31 oct 1924	12-Manik	9
18 jun 1924	7-Eb	9	25 ago 1924	10-Ahau	5	1 nov 1924	13-Lamat	1
19 jun 1924	8-Ben	1	26 ago 1924	*11-Imix*	6	2 nov 1924	**1-Muluc**	2
20 jun 1924	9-Ix	2	27 ago 1924	12-Ik	7	3 nov 1924	2-Oc	3
21 jun 1924	10-Men	3	28 ago 1924	13-Akbal	8	4 nov 1924	3-Chuen	4
22 jun 1924	11-Cib	4	29 ago 1924	**1-Kan**	9	5 nov 1924	4-Eb	5
23 jun 1924	12-Caban	5	30 ago 1924	2-Chicchan	1	6 nov 1924	5-Ben	6
24 jun 1924	13-Etz'nab	6	31 ago 1924	3-Cimi	2	7 nov 1924	6-Ix	7
25 jun 1924	**1-Cauac**	7	1 sep 1924	4-Manik	3	8 nov 1924	7-Men	8
26 jun 1924	2-Ahau	8	2 sep 1924	5-Lamat	4	9 nov 1924	8-Cib	9
27 jun 1924	*3-Imix*	9	3 sep 1924	6-Muluc	5	10 nov 1924	9-Caban	1
28 jun 1924	4-Ik	1	4 sep 1924	7-Oc	6	11 nov 1924	10-Etz'nab	2
29 jun 1924	5-Akbal	2	5 sep 1924	8-Chuen	7	12 nov 1924	11-Cauac	3
30 jun 1924	6-Kan	3	6 sep 1924	9-Eb	8	13 nov 1924	12-Ahau	4
1 jul 1924	7-Chicchan	4	7 sep 1924	10-Ben	9	14 nov 1924	*13-Imix*	5
2 jul 1924	8-Cimi	5	8 sep 1924	11-Ix	1	15 nov 1924	**1-Ik**	6
3 jul 1924	9-Manik	6	9 sep 1924	12-Men	2	16 nov 1924	2-Akbal	7
4 jul 1924	10-Lamat	7	10 sep 1924	13-Cib	3	17 nov 1924	3-Kan	8
5 jul 1924	11-Muluc	8	11 sep 1924	**1-Caban**	4	18 nov 1924	4-Chicchan	9
6 jul 1924	12-Oc	9	12 sep 1924	2-Etz'nab	5	19 nov 1924	5-Cimi	1
7 jul 1924	13-Chuen	1	13 sep 1924	3-Cauac	6	20 nov 1924	6-Manik	2
8 jul 1924	**1-Eb**	2	14 sep 1924	4-Ahau	7	21 nov 1924	7-Lamat	3
9 jul 1924	2-Ben	3	15 sep 1924	*5-Imix*	8	22 nov 1924	8-Muluc	4
10 jul 1924	3-Ix	4	16 sep 1924	6-Ik	9	23 nov 1924	9-Oc	5
11 jul 1924	4-Men	5	17 sep 1924	7-Akbal	1	24 nov 1924	10-Chuen	6
12 jul 1924	5-Cib	6	18 sep 1924	8-Kan	2	25 nov 1924	11-Eb	7
13 jul 1924	6-Caban	7	19 sep 1924	9-Chicchan	3	26 nov 1924	12-Ben	8
14 jul 1924	7-Etz'nab	8	20 sep 1924	10-Cimi	4	27 nov 1924	13-Ix	9
15 jul 1924	8-Cauac	9	21 sep 1924	11-Manik	5	28 nov 1924	**1-Men**	1
16 jul 1924	9-Ahau	1	22 sep 1924	12-Lamat	6	29 nov 1924	2-Cib	2
17 jul 1924	*10-Imix*	2	23 sep 1924	13-Muluc	7	30 nov 1924	3-Caban	3
18 jul 1924	11-Ik	3	24 sep 1924	**1-Oc**	8	1 dic 1924	4-Etz'nab	4
19 jul 1924	12-Akbal	4	25 sep 1924	2-Chuen	9	2 dic 1924	5-Cauac	5
20 jul 1924	13-Kan	5	26 sep 1924	3-Eb	1	3 dic 1924	6-Ahau	6
21 jul 1924	**1-Chicchan**	6	27 sep 1924	4-Ben	2	4 dic 1924	*7-Imix*	7
22 jul 1924	2-Cimi	7	28 sep 1924	5-Ix	3	5 dic 1924	8-Ik	8
23 jul 1924	3-Manik	8	29 sep 1924	6-Men	4	6 dic 1924	9-Akbal	9
24 jul 1924	4-Lamat	9	30 sep 1924	7-Cib	5	7 dic 1924	10-Kan	1
25 jul 1924	5-Muluc	1	1 oct 1924	8-Caban	6	8 dic 1924	11-Chicchan	2
26 jul 1924	6-Oc	2	2 oct 1924	9-Etz'nab	7	9 dic 1924	12-Cimi	3
27 jul 1924	7-Chuen	3	3 oct 1924	10-Cauac	8	10 dic 1924	13-Manik	4
28 jul 1924	8-Eb	4	4 oct 1924	11-Ahau	9	11 dic 1924	**1-Lamat**	5
29 jul 1924	9-Ben	5	5 oct 1924	*12-Imix*	1	12 dic 1924	2-Muluc	6

Fecha	Signo del día	S	Fecha	Signo del día	S	Fecha	Signo del día	S
13 dic 1924	3-Oc	7	19 feb 1925	6-Etz'nab	3	28 abr 1925	9-Cimi	8
14 dic 1924	4-Chuen	8	20 feb 1925	7-Cauac	4	29 abr 1925	10-Manik	9
15 dic 1924	5-Eb	9	21 feb 1925	8-Ahau	5	30 abr 1925	11-Lamat	1
16 dic 1924	6-Ben	1	22 feb 1925	9-*Imix*	6	1 may 1925	12-Muluc	2
17 dic 1924	7-Ix	2	23 feb 1925	10-Ik	7	2 may 1925	13-Oc	3
18 dic 1924	8-Men	3	24 feb 1925	11-Akbal	8	3 may 1925	**1-Chuen**	4
19 dic 1924	9-Cib	4	25 feb 1925	12-Kan	9	4 may 1925	2-Eb	5
20 dic 1924	10-Caban	5	26 feb 1925	13-Chicchan	1	5 may 1925	3-Ben	6
21 dic 1924	11-Etz'nab	6	27 feb 1925	**1-Cimi**	2	6 may 1925	4-Ix	7
22 dic 1924	12-Cauac	7	28 feb 1925	2-Manik	3	7 may 1925	5-Men	8
23 dic 1924	13-Ahau	8	1 mar 1925	3-Lamat	4	8 may 1925	6-Cib	9
24 dic 1924	**1-Imix**	9	2 mar 1925	4-Muluc	5	9 may 1925	7-Caban	1
25 dic 1924	2-Ik	1	3 mar 1925	5-Oc	6	10 may 1925	8-Etz'nab	2
26 dic 1924	3-Akbal	2	4 mar 1925	6-Chuen	7	11 may 1925	9-Cauac	3
27 dic 1924	4-Kan	3	5 mar 1925	7-Eb	8	12 may 1925	10-Ahau	4
28 dic 1924	5-Chicchan	4	6 mar 1925	8-Ben	9	13 may 1925	11-*Imix*	5
29 dic 1924	6-Cimi	5	7 mar 1925	9-Ix	1	14 may 1925	12-Ik	6
30 dic 1924	7-Manik	6	8 mar 1925	10-Men	2	15 may 1925	13-Akbal	7
31 dic 1924	8-Lamat	7	9 mar 1925	11-Cib	3	16 may 1925	**1-Kan**	8
1 ene 1925	9-Muluc	8	10 mar 1925	12-Caban	4	17 may 1925	2-Chicchan	9
2 ene 1925	10-Oc	9	11 mar 1925	13-Etz'nab	5	18 may 1925	3-Cimi	1
3 ene 1925	11-Chuen	1	12 mar 1925	**1-Cauac**	6	19 may 1925	4-Manik	2
4 ene 1925	12-Eb	2	13 mar 1925	2-Ahau	7	20 may 1925	5-Lamat	3
5 ene 1925	13-Ben	3	14 mar 1925	3-*Imix*	8	21 may 1925	6-Muluc	4
6 ene 1925	**1-Ix**	4	15 mar 1925	4-Ik	9	22 may 1925	7-Oc	5
7 ene 1925	2-Men	5	16 mar 1925	5-Akbal	1	23 may 1925	8-Chuen	6
8 ene 1925	3-Cib	6	17 mar 1925	6-Kan	2	24 may 1925	9-Eb	7
9 ene 1925	4-Caban	7	18 mar 1925	7-Chicchan	3	25 may 1925	10-Ben	8
10 ene 1925	5-Etz'nab	8	19 mar 1925	8-Cimi	4	26 may 1925	11-Ix	9
11 ene 1925	6-Cauac	9	20 mar 1925	9-Manik	5	27 may 1925	12-Men	1
12 ene 1925	7-Ahau	1	21 mar 1925	10-Lamat	6	28 may 1925	13-Cib	2
13 ene 1925	8-*Imix*	2	22 mar 1925	11-Muluc	7	29 may 1925	**1-Caban**	3
14 ene 1925	9-Ik	3	23 mar 1925	12-Oc	8	30 may 1925	2-Etz'nab	4
15 ene 1925	10-Akbal	4	24 mar 1925	13-Chuen	9	31 may 1925	3-Cauac	5
16 ene 1925	11-Kan	5	25 mar 1925	**1-Eb**	1	1 jun 1925	4-Ahau	6
17 ene 1925	12-Chicchan	6	26 mar 1925	2-Ben	2	2 jun 1925	5-*Imix*	7
18 ene 1925	13-Cimi	7	27 mar 1925	3-Ix	3	3 jun 1925	6-Ik	8
19 ene 1925	**1-Manik**	8	28 mar 1925	4-Men	4	4 jun 1925	7-Akbal	9
20 ene 1925	2-Lamat	9	29 mar 1925	5-Cib	5	5 jun 1925	8-Kan	1
21 ene 1925	3-Muluc	1	30 mar 1925	6-Caban	6	6 jun 1925	9-Chicchan	2
22 ene 1925	4-Oc	2	31 mar 1925	7-Etz'nab	7	7 jun 1925	10-Cimi	3
23 ene 1925	5-Chuen	3	1 abr 1925	8-Cauac	8	8 jun 1925	11-Manik	4
24 ene 1925	6-Eb	4	2 abr 1925	9-Ahau	9	9 jun 1925	12-Lamat	5
25 ene 1925	7-Ben	5	3 abr 1925	10-*Imix*	1	10 jun 1925	13-Muluc	6
26 ene 1925	8-Ix	6	4 abr 1925	11-Ik	2	11 jun 1925	**1-Oc**	7
27 ene 1925	9-Men	7	5 abr 1925	12-Akbal	3	12 jun 1925	2-Chuen	8
28 ene 1925	10-Cib	8	6 abr 1925	13-Kan	4	13 jun 1925	3-Eb	9
29 ene 1925	11-Caban	9	7 abr 1925	**1-Chicchan**	5	14 jun 1925	4-Ben	1
30 ene 1925	12-Etz'nab	1	8 abr 1925	2-Cimi	6	15 jun 1925	5-Ix	2
31 ene 1925	13-Cauac	2	9 abr 1925	3-Manik	7	16 jun 1925	6-Men	3
1 feb 1925	**1-Ahau**	3	10 abr 1925	4-Lamat	8	17 jun 1925	7-Cib	4
2 feb 1925	2-*Imix*	4	11 abr 1925	5-Muluc	9	18 jun 1925	8-Caban	5
3 feb 1925	3-Ik	5	12 abr 1925	6-Oc	1	19 jun 1925	9-Etz'nab	6
4 feb 1925	4-Akbal	6	13 abr 1925	7-Chuen	2	20 jun 1925	10-Cauac	7
5 feb 1925	5-Kan	7	14 abr 1925	8-Eb	3	21 jun 1925	11-Ahau	8
6 feb 1925	6-Chicchan	8	15 abr 1925	9-Ben	4	22 jun 1925	12-*Imix*	9
7 feb 1925	7-Cimi	9	16 abr 1925	10-Ix	5	23 jun 1925	13-Ik	1
8 feb 1925	8-Manik	1	17 abr 1925	11-Men	6	24 jun 1925	**1-Akbal**	2
9 feb 1925	9-Lamat	2	18 abr 1925	12-Cib	7	25 jun 1925	2-Kan	3
10 feb 1925	10-Muluc	3	19 abr 1925	13-Caban	8	26 jun 1925	3-Chicchan	4
11 feb 1925	11-Oc	4	20 abr 1925	**1-Etz'nab**	9	27 jun 1925	4-Cimi	5
12 feb 1925	12-Chuen	5	21 abr 1925	2-Cauac	1	28 jun 1925	5-Manik	6
13 feb 1925	13-Eb	6	22 abr 1925	3-Ahau	2	29 jun 1925	6-Lamat	7
14 feb 1925	**1-Ben**	7	23 abr 1925	4-*Imix*	3	30 jun 1925	7-Muluc	8
15 feb 1925	2-Ix	8	24 abr 1925	5-Ik	4	1 jul 1925	8-Oc	9
16 feb 1925	3-Men	9	25 abr 1925	6-Akbal	5	2 jul 1925	9-Chuen	1
17 feb 1925	4-Cib	1	26 abr 1925	7-Kan	6	3 jul 1925	10-Eb	2
18 feb 1925	5-Caban	2	27 abr 1925	8-Chicchan	7	4 jul 1925	11-Ben	3

Fecha	Signo del día	S
5 jul 1925	12-Ix	4
6 jul 1925	13-Men	5
7 jul 1925	**1-Cib**	6
8 jul 1925	2-Caban	7
9 jul 1925	3-Etz'nab	8
10 jul 1925	4-Cauac	9
11 jul 1925	5-Ahau	1
12 jul 1925	*6-Imix*	2
13 jul 1925	7-Ik	3
14 jul 1925	8-Akbal	4
15 jul 1925	9-Kan	5
16 jul 1925	10-Chicchan	6
17 jul 1925	11-Cimi	7
18 jul 1925	12-Manik	8
19 jul 1925	13-Lamat	9
20 jul 1925	**1-Muluc**	1
21 jul 1925	2-Oc	2
22 jul 1925	3-Chuen	3
23 jul 1925	4-Eb	4
24 jul 1925	5-Ben	5
25 jul 1925	6-Ix	6
26 jul 1925	7-Men	7
27 jul 1925	8-Cib	8
28 jul 1925	9-Caban	9
29 jul 1925	10-Etz'nab	1
30 jul 1925	11-Cauac	2
31 jul 1925	12-Ahau	3
1 ago 1925	*13-Imix*	4
2 ago 1925	**1-Ik**	5
3 ago 1925	2-Akbal	6
4 ago 1925	3-Kan	7
5 ago 1925	4-Chicchan	8
6 ago 1925	5-Cimi	9
7 ago 1925	6-Manik	1
8 ago 1925	7-Lamat	2
9 ago 1925	8-Muluc	3
10 ago 1925	9-Oc	4
11 ago 1925	10-Chuen	5
12 ago 1925	11-Eb	6
13 ago 1925	12-Ben	7
14 ago 1925	13-Ix	8
15 ago 1925	**1-Men**	9
16 ago 1925	2-Cib	1
17 ago 1925	3-Caban	2
18 ago 1925	4-Etz'nab	3
19 ago 1925	5-Cauac	4
20 ago 1925	6-Ahau	5
21 ago 1925	*7-Imix*	6
22 ago 1925	8-Ik	7
23 ago 1925	9-Akbal	8
24 ago 1925	10-Kan	9
25 ago 1925	11-Chicchan	1
26 ago 1925	12-Cimi	2
27 ago 1925	13-Manik	3
28 ago 1925	**1-Lamat**	4
29 ago 1925	2-Muluc	5
30 ago 1925	3-Oc	6
31 ago 1925	4-Chuen	7
1 sep 1925	5-Eb	8
2 sep 1925	6-Ben	9
3 sep 1925	7-Ix	1
4 sep 1925	8-Men	2
5 sep 1925	9-Cib	3
6 sep 1925	10-Caban	4
7 sep 1925	11-Etz'nab	5
8 sep 1925	12-Cauac	6
9 sep 1925	13-Ahau	7
10 sep 1925	**1-Imix**	8

Fecha	Signo del día	S
11 sep 1925	2-Ik	9
12 sep 1925	3-Akbal	1
13 sep 1925	4-Kan	2
14 sep 1925	5-Chicchan	3
15 sep 1925	6-Cimi	4
16 sep 1925	7-Manik	5
17 sep 1925	8-Lamat	6
18 sep 1925	9-Muluc	7
19 sep 1925	10-Oc	8
20 sep 1925	11-Chuen	9
21 sep 1925	12-Eb	1
22 sep 1925	13-Ben	2
23 sep 1925	**1-Ix**	3
24 sep 1925	2-Men	4
25 sep 1925	3-Cib	5
26 sep 1925	4-Caban	6
27 sep 1925	5-Etz'nab	7
28 sep 1925	6-Cauac	8
29 sep 1925	7-Ahau	9
30 sep 1925	*8-Imix*	1
1 oct 1925	9-Ik	2
2 oct 1925	10-Akbal	3
3 oct 1925	11-Kan	4
4 oct 1925	12-Chicchan	5
5 oct 1925	13-Cimi	6
6 oct 1925	**1-Manik**	7
7 oct 1925	2-Lamat	8
8 oct 1925	3-Muluc	9
9 oct 1925	4-Oc	1
10 oct 1925	5-Chuen	2
11 oct 1925	6-Eb	3
12 oct 1925	7-Ben	4
13 oct 1925	8-Ix	5
14 oct 1925	9-Men	6
15 oct 1925	10-Cib	7
16 oct 1925	11-Caban	8
17 oct 1925	12-Etz'nab	9
18 oct 1925	13-Cauac	1
19 oct 1925	**1-Ahau**	2
20 oct 1925	*2-Imix*	3
21 oct 1925	3-Ik	4
22 oct 1925	4-Akbal	5
23 oct 1925	5-Kan	6
24 oct 1925	6-Chicchan	7
25 oct 1925	7-Cimi	8
26 oct 1925	8-Manik	9
27 oct 1925	9-Lamat	1
28 oct 1925	10-Muluc	2
29 oct 1925	11-Oc	3
30 oct 1925	12-Chuen	4
31 oct 1925	13-Eb	5
1 nov 1925	**1-Ben**	6
2 nov 1925	2-Ik	7
3 nov 1925	3-Men	8
4 nov 1925	4-Cib	9
5 nov 1925	5-Caban	1
6 nov 1925	6-Etz'nab	2
7 nov 1925	7-Cauac	3
8 nov 1925	8-Ahau	4
9 nov 1925	*9-Imix*	5
10 nov 1925	10-Ik	6
11 nov 1925	11-Akbal	7
12 nov 1925	12-Kan	8
13 nov 1925	13-Chicchan	9
14 nov 1925	**1-Cimi**	1
15 nov 1925	2-Manik	2
16 nov 1925	3-Lamat	3
17 nov 1925	4-Muluc	4

Fecha	Signo del día	S
18 nov 1925	5-Oc	5
19 nov 1925	6-Chuen	6
20 nov 1925	7-Eb	7
21 nov 1925	8-Ben	8
22 nov 1925	9-Ix	9
23 nov 1925	10-Men	1
24 nov 1925	11-Cib	2
25 nov 1925	12-Caban	3
26 nov 1925	13-Etz'nab	4
27 nov 1925	**1-Cauac**	5
28 nov 1925	2-Ahau	6
29 nov 1925	*3-Imix*	7
30 nov 1925	4-Ik	8
1 dic 1925	5-Akbal	9
2 dic 1925	6-Kan	1
3 dic 1925	7-Chicchan	2
4 dic 1925	8-Cimi	3
5 dic 1925	9-Manik	4
6 dic 1925	10-Lamat	5
7 dic 1925	11-Muluc	6
8 dic 1925	12-Oc	7
9 dic 1925	13-Chuen	8
10 dic 1925	**1-Eb**	9
11 dic 1925	2-Ben	1
12 dic 1925	3-Ix	2
13 dic 1925	4-Men	3
14 dic 1925	5-Cib	4
15 dic 1925	6-Caban	5
16 dic 1925	7-Etz'nab	6
17 dic 1925	8-Cauac	7
18 dic 1925	9-Ahau	8
19 dic 1925	*10-Imix*	9
20 dic 1925	11-Ik	1
21 dic 1925	12-Akbal	2
22 dic 1925	13-Kan	3
23 dic 1925	**1-Chicchan**	4
24 dic 1925	2-Cimi	5
25 dic 1925	3-Manik	6
26 dic 1925	4-Lamat	7
27 dic 1925	5-Muluc	8
28 dic 1925	6-Oc	9
29 dic 1925	7-Chuen	1
30 dic 1925	8-Eb	2
31 dic 1925	9-Ben	3
1 ene 1926	10-Ix	4
2 ene 1926	11-Men	5
3 ene 1926	12-Cib	6
4 ene 1926	13-Caban	7
5 ene 1926	**1-Etz'nab**	8
6 ene 1926	2-Cauac	9
7 ene 1926	3-Ahau	1
8 ene 1926	*4-Imix*	2
9 ene 1926	5-Ik	3
10 ene 1926	6-Akbal	4
11 ene 1926	7-Kan	5
12 ene 1926	8-Chicchan	6
13 ene 1926	9-Cimi	7
14 ene 1926	10-Manik	8
15 ene 1926	11-Lamat	9
16 ene 1926	12-Muluc	1
17 ene 1926	13-Oc	2
18 ene 1926	**1-Chuen**	3
19 ene 1926	2-Eb	4
20 ene 1926	3-Ben	5
21 ene 1926	4-Ix	6
22 ene 1926	5-Men	7
23 ene 1926	6-Cib	8
24 ene 1926	7-Caban	9

Fecha	Signo del día	S
25 ene 1926	8-Etz'nab	1
26 ene 1926	9-Cauac	2
27 ene 1926	10-Ahau	3
28 ene 1926	11-Imix	4
29 ene 1926	12-Ik	5
30 ene 1926	13-Akbal	6
31 ene 1926	**1-Kan**	7
1 feb 1926	2-Chicchan	8
2 feb 1926	3-Cimi	9
3 feb 1926	4-Manik	1
4 feb 1926	5-Lamat	2
5 feb 1926	6-Muluc	3
6 feb 1926	7-Oc	4
7 feb 1926	8-Chuen	5
8 feb 1926	9-Eb	6
9 feb 1926	10-Ben	7
10 feb 1926	11-Ix	8
11 feb 1926	12-Men	9
12 feb 1926	13-Cib	1
13 feb 1926	**1-Caban**	2
14 feb 1926	2-Etz'nab	3
15 feb 1926	3-Cauac	4
16 feb 1926	4-Ahau	5
17 feb 1926	5-Imix	6
18 feb 1926	6-Ik	7
19 feb 1926	7-Akbal	8
20 feb 1926	8-Kan	9
21 feb 1926	9-Chicchan	1
22 feb 1926	10-Cimi	2
23 feb 1926	11-Manik	3
24 feb 1926	12-Lamat	4
25 feb 1926	13-Muluc	5
26 feb 1926	**1-Oc**	6
27 feb 1926	2-Chuen	7
28 feb 1926	3-Eb	8
1 mar 1926	4-Ben	9
2 mar 1926	5-Ix	1
3 mar 1926	6-Men	2
4 mar 1926	7-Cib	3
5 mar 1926	8-Caban	4
6 mar 1926	9-Etz'nab	5
7 mar 1926	10-Cauac	6
8 mar 1926	11-Ahau	7
9 mar 1926	12-Imix	8
10 mar 1926	13-Ik	9
11 mar 1926	**1-Akbal**	1
12 mar 1926	2-Kan	2
13 mar 1926	3-Chicchan	3
14 mar 1926	4-Cimi	4
15 mar 1926	5-Manik	5
16 mar 1926	6-Lamat	6
17 mar 1926	7-Muluc	7
18 mar 1926	8-Oc	8
19 mar 1926	9-Chuen	9
20 mar 1926	10-Eb	1
21 mar 1926	11-Ben	2
22 mar 1926	12-Ix	3
23 mar 1926	13-Men	4
24 mar 1926	**1-Cib**	5
25 mar 1926	2-Caban	6
26 mar 1926	3-Etz'nab	7
27 mar 1926	4-Cauac	8
28 mar 1926	5-Ahau	9
29 mar 1926	6-Imix	1
30 mar 1926	7-Ik	2
31 mar 1926	8-Akbal	3
1 abr 1926	9-Kan	4
2 abr 1926	10-Chicchan	5

Fecha	Signo del día	S
3 abr 1926	11-Cimi	6
4 abr 1926	12-Manik	7
5 abr 1926	13-Lamat	8
6 abr 1926	**1-Muluc**	9
7 abr 1926	2-Oc	1
8 abr 1926	3-Chuen	2
9 abr 1926	4-Eb	3
10 abr 1926	5-Ben	4
11 abr 1926	6-Ix	5
12 abr 1926	7-Men	6
13 abr 1926	8-Cib	7
14 abr 1926	9-Caban	8
15 abr 1926	10-Etz'nab	9
16 abr 1926	11-Cauac	1
17 abr 1926	12-Ahau	2
18 abr 1926	13-Imix	3
19 abr 1926	**1-Ik**	4
20 abr 1926	2-Akbal	5
21 abr 1926	3-Kan	6
22 abr 1926	4-Chicchan	7
23 abr 1926	5-Cimi	8
24 abr 1926	6-Manik	9
25 abr 1926	7-Lamat	1
26 abr 1926	8-Muluc	2
27 abr 1926	9-Oc	3
28 abr 1926	10-Chuen	4
29 abr 1926	11-Eb	5
30 abr 1926	12-Ben	6
1 may 1926	13-Ix	7
2 may 1926	**1-Men**	8
3 may 1926	2-Cib	9
4 may 1926	3-Caban	1
5 may 1926	4-Etz'nab	2
6 may 1926	5-Cauac	3
7 may 1926	6-Ahau	4
8 may 1926	7-Imix	5
9 may 1926	8-Ik	6
10 may 1926	9-Akbal	7
11 may 1926	10-Kan	8
12 may 1926	11-Chicchan	9
13 may 1926	12-Cimi	1
14 may 1926	13-Manik	2
15 may 1926	**1-Lamat**	3
16 may 1926	2-Muluc	4
17 may 1926	3-Oc	5
18 may 1926	4-Chuen	6
19 may 1926	5-Eb	7
20 may 1926	6-Ben	8
21 may 1926	7-Ix	9
22 may 1926	8-Men	1
23 may 1926	9-Cib	2
24 may 1926	10-Caban	3
25 may 1926	11-Etz'nab	4
26 may 1926	12-Cauac	5
27 may 1926	13-Ahau	6
28 may 1926	**1-Imix**	7
29 may 1926	2-Ik	8
30 may 1926	3-Akbal	9
31 may 1926	4-Kan	1
1 jun 1926	5-Chicchan	2
2 jun 1926	6-Cimi	3
3 jun 1926	7-Manik	4
4 jun 1926	8-Lamat	5
5 jun 1926	9-Muluc	6
6 jun 1926	10-Oc	7
7 jun 1926	11-Chuen	8
8 jun 1926	12-Eb	9
9 jun 1926	13-Ben	1

Fecha	Signo del día	S
10 jun 1926	**1-Ix**	2
11 jun 1926	2-Men	3
12 jun 1926	3-Cib	4
13 jun 1926	4-Caban	5
14 jun 1926	5-Etz'nab	6
15 jun 1926	6-Cauac	7
16 jun 1926	7-Ahau	8
17 jun 1926	8-Imix	9
18 jun 1926	9-Ik	1
19 jun 1926	10-Akbal	2
20 jun 1926	11-Kan	3
21 jun 1926	12-Chicchan	4
22 jun 1926	13-Cimi	5
23 jun 1926	**1-Manik**	6
24 jun 1926	2-Lamat	7
25 jun 1926	3-Muluc	8
26 jun 1926	4-Oc	9
27 jun 1926	5-Chuen	1
28 jun 1926	6-Eb	2
29 jun 1926	7-Ben	3
30 jun 1926	8-Ix	4
1 jul 1926	9-Men	5
2 jul 1926	10-Cib	6
3 jul 1926	11-Caban	7
4 jul 1926	12-Etz'nab	8
5 jul 1926	13-Cauac	9
6 jul 1926	**1-Ahau**	1
7 jul 1926	2-Imix	2
8 jul 1926	3-Ik	3
9 jul 1926	4-Akbal	4
10 jul 1926	5-Kan	5
11 jul 1926	6-Chicchan	6
12 jul 1926	7-Cimi	7
13 jul 1926	8-Manik	8
14 jul 1926	9-Lamat	9
15 jul 1926	10-Muluc	1
16 jul 1926	11-Oc	2
17 jul 1926	12-Chuen	3
18 jul 1926	13-Eb	4
19 jul 1926	**1-Ben**	5
20 jul 1926	2-Ix	6
21 jul 1926	3-Men	7
22 jul 1926	4-Cib	8
23 jul 1926	5-Caban	9
24 jul 1926	6-Etz'nab	1
25 jul 1926	7-Cauac	2
26 jul 1926	8-Ahau	3
27 jul 1926	9-Imix	4
28 jul 1926	10-Ik	5
29 jul 1926	11-Akbal	6
30 jul 1926	12-Kan	7
31 jul 1926	13-Chicchan	8
1 ago 1926	**1-Cimi**	9
2 ago 1926	2-Manik	1
3 ago 1926	3-Lamat	2
4 ago 1926	4-Muluc	3
5 ago 1926	5-Oc	4
6 ago 1926	6-Chuen	5
7 ago 1926	7-Eb	6
8 ago 1926	8-Ben	7
9 ago 1926	9-Ix	8
10 ago 1926	10-Men	9
11 ago 1926	11-Cib	1
12 ago 1926	12-Caban	2
13 ago 1926	13-Etz'nab	3
14 ago 1926	**1-Cauac**	4
15 ago 1926	2-Ahau	5
16 ago 1926	3-Imix	6

Fecha	Signo del día	S
17 ago 1926	4-Ik	7
18 ago 1926	5-Akbal	8
19 ago 1926	6-Kan	9
20 ago 1926	7-Chicchan	1
21 ago 1926	8-Cimi	2
22 ago 1926	9-Manik	3
23 ago 1926	10-Lamat	4
24 ago 1926	11-Muluc	5
25 ago 1926	12-Oc	6
26 ago 1926	13-Chuen	7
27 ago 1926	**1-Eb**	8
28 ago 1926	2-Ben	9
29 ago 1926	3-Ix	1
30 ago 1926	4-Men	2
31 ago 1926	5-Cib	3
1 sep 1926	6-Caban	4
2 sep 1926	7-Etz'nab	5
3 sep 1926	8-Cauac	6
4 sep 1926	9-Ahau	7
5 sep 1926	*10-Imix*	8
6 sep 1926	11-Ik	9
7 sep 1926	12-Akbal	1
8 sep 1926	13-Kan	2
9 sep 1926	**1-Chicchan**	3
10 sep 1926	2-Cimi	4
11 sep 1926	3-Manik	5
12 sep 1926	4-Lamat	6
13 sep 1926	5-Muluc	7
14 sep 1926	6-Oc	8
15 sep 1926	7-Chuen	9
16 sep 1926	8-Eb	1
17 sep 1926	9-Ben	2
18 sep 1926	10-Ix	3
19 sep 1926	11-Men	4
20 sep 1926	12-Cib	5
21 sep 1926	13-Caban	6
22 sep 1926	**1-Etz'nab**	7
23 sep 1926	2-Cauac	8
24 sep 1926	3-Ahau	9
25 sep 1926	*4-Imix*	1
26 sep 1926	5-Ik	2
27 sep 1926	6-Akbal	3
28 sep 1926	7-Kan	4
29 sep 1926	8-Chicchan	5
30 sep 1926	9-Cimi	6
1 oct 1926	10-Manik	7
2 oct 1926	11-Lamat	8
3 oct 1926	12-Muluc	9
4 oct 1926	13-Oc	1
5 oct 1926	**1-Chuen**	2
6 oct 1926	2-Eb	3
7 oct 1926	3-Ben	4
8 oct 1926	4-Ix	5
9 oct 1926	5-Men	6
10 oct 1926	6-Cib	7
11 oct 1926	7-Caban	8
12 oct 1926	8-Etz'nab	9
13 oct 1926	9-Cauac	1
14 oct 1926	10-Ahau	2
15 oct 1926	*11-Imix*	3
16 oct 1926	12-Ik	4
17 oct 1926	13-Akbal	5
18 oct 1926	**1-Kan**	6
19 oct 1926	2-Chicchan	7
20 oct 1926	3-Cimi	8
21 oct 1926	4-Manik	9
22 oct 1926	5-Lamat	1
23 oct 1926	6-Muluc	2

Fecha	Signo del día	S
24 oct 1926	7-Oc	3
25 oct 1926	8-Chuen	4
26 oct 1926	9-Eb	5
27 oct 1926	10-Ben	6
28 oct 1926	11-Ix	7
29 oct 1926	12-Men	8
30 oct 1926	13-Cib	9
31 oct 1926	**1-Caban**	1
1 nov 1926	2-Etz'nab	2
2 nov 1926	3-Cauac	3
3 nov 1926	4-Ahau	4
4 nov 1926	*5-Imix*	5
5 nov 1926	6-Ik	6
6 nov 1926	7-Akbal	7
7 nov 1926	8-Kan	8
8 nov 1926	9-Chicchan	9
9 nov 1926	10-Cimi	1
10 nov 1926	11-Manik	2
11 nov 1926	12-Lamat	3
12 nov 1926	13-Muluc	4
13 nov 1926	**1-Oc**	5
14 nov 1926	2-Chuen	6
15 nov 1926	3-Eb	7
16 nov 1926	4-Ben	8
17 nov 1926	5-Ix	9
18 nov 1926	6-Men	1
19 nov 1926	7-Cib	2
20 nov 1926	8-Caban	3
21 nov 1926	9-Etz'nab	4
22 nov 1926	10-Cauac	5
23 nov 1926	11-Ahau	6
24 nov 1926	*12-Imix*	7
25 nov 1926	13-Ik	8
26 nov 1926	**1-Akbal**	9
27 nov 1926	2-Kan	1
28 nov 1926	3-Chicchan	2
29 nov 1926	4-Cimi	3
30 nov 1926	5-Manik	4
1 dic 1926	6-Lamat	5
2 dic 1926	7-Muluc	6
3 dic 1926	8-Oc	7
4 dic 1926	9-Chuen	8
5 dic 1926	10-Eb	9
6 dic 1926	11-Ben	1
7 dic 1926	12-Ix	2
8 dic 1926	13-Men	3
9 dic 1926	**1-Cib**	4
10 dic 1926	2-Caban	5
11 dic 1926	3-Etz'nab	6
12 dic 1926	4-Cauac	7
13 dic 1926	5-Ahau	8
14 dic 1926	*6-Imix*	9
15 dic 1926	7-Ik	1
16 dic 1926	8-Akbal	2
17 dic 1926	9-Kan	3
18 dic 1926	10-Chicchan	4
19 dic 1926	11-Cimi	5
20 dic 1926	12-Manik	6
21 dic 1926	13-Lamat	7
22 dic 1926	**1-Muluc**	8
23 dic 1926	2-Oc	9
24 dic 1926	3-Chuen	1
25 dic 1926	4-Eb	2
26 dic 1926	5-Ben	3
27 dic 1926	6-Ix	4
28 dic 1926	7-Men	5
29 dic 1926	8-Cib	6
30 dic 1926	9-Caban	7

Fecha	Signo del día	S
31 dic 1926	10-Etz'nab	8
1 ene 1927	11-Cauac	9
2 ene 1927	12-Ahau	1
3 ene 1927	*13-Imix*	2
4 ene 1927	**1-Ik**	3
5 ene 1927	2-Akbal	4
6 ene 1927	3-Kan	5
7 ene 1927	4-Chicchan	6
8 ene 1927	5-Cimi	7
9 ene 1927	6-Manik	8
10 ene 1927	7-Lamat	9
11 ene 1927	8-Muluc	1
12 ene 1927	9-Oc	2
13 ene 1927	10-Chuen	3
14 ene 1927	11-Eb	4
15 ene 1927	12-Ben	5
16 ene 1927	13-Ix	6
17 ene 1927	**1-Men**	7
18 ene 1927	2-Cib	8
19 ene 1927	3-Caban	9
20 ene 1927	4-Etz'nab	1
21 ene 1927	5-Cauac	2
22 ene 1927	6-Ahau	3
23 ene 1927	*7-Imix*	4
24 ene 1927	8-Ik	5
25 ene 1927	9-Akbal	6
26 ene 1927	10-Kan	7
27 ene 1927	11-Chicchan	8
28 ene 1927	12-Cimi	9
29 ene 1927	13-Manik	1
30 ene 1927	**1-Lamat**	2
31 ene 1927	2-Muluc	3
1 feb 1927	3-Oc	4
2 feb 1927	4-Chuen	5
3 feb 1927	5-Eb	6
4 feb 1927	6-Ben	7
5 feb 1927	7-Ix	8
6 feb 1927	8-Men	9
7 feb 1927	9-Cib	1
8 feb 1927	10-Caban	2
9 feb 1927	11-Etz'nab	3
10 feb 1927	12-Cauac	4
11 feb 1927	13-Ahau	5
12 feb 1927	**1-Imix**	6
13 feb 1927	2-Ik	7
14 feb 1927	3-Akbal	8
15 feb 1927	4-Kan	9
16 feb 1927	5-Chicchan	1
17 feb 1927	6-Cimi	2
18 feb 1927	7-Manik	3
19 feb 1927	8-Lamat	4
20 feb 1927	9-Muluc	5
21 feb 1927	10-Oc	6
22 feb 1927	11-Chuen	7
23 feb 1927	12-Eb	8
24 feb 1927	13-Ben	9
25 feb 1927	**1-Ix**	1
26 feb 1927	2-Men	2
27 feb 1927	3-Cib	3
28 feb 1927	4-Caban	4
1 mar 1927	5-Etz'nab	5
2 mar 1927	6-Cauac	6
3 mar 1927	7-Ahau	7
4 mar 1927	*8-Imix*	8
5 mar 1927	9-Ik	9
6 mar 1927	10-Akbal	1
7 mar 1927	11-Kan	2
8 mar 1927	12-Chicchan	3

Fecha	Signo del día	S
9 mar 1927	13-Cimi	4
10 mar 1927	**1-Manik**	5
11 mar 1927	2-Lamat	6
12 mar 1927	3-Muluc	7
13 mar 1927	4-Oc	8
14 mar 1927	5-Chuen	9
15 mar 1927	6-Eb	1
16 mar 1927	7-Ben	2
17 mar 1927	8-Ix	3
18 mar 1927	9-Men	4
19 mar 1927	10-Cib	5
20 mar 1927	11-Caban	6
21 mar 1927	12-Etz'nab	7
22 mar 1927	13-Cauac	8
23 mar 1927	**1-Ahau**	9
24 mar 1927	*2-Imix*	1
25 mar 1927	3-Ik	2
26 mar 1927	4-Akbal	3
27 mar 1927	5-Kan	4
28 mar 1927	6-Chicchan	5
29 mar 1927	7-Cimi	6
30 mar 1927	8-Manik	7
31 mar 1927	9-Lamat	8
1 abr 1927	10-Muluc	9
2 abr 1927	11-Oc	1
3 abr 1927	12-Chuen	2
4 abr 1927	13-Eb	3
5 abr 1927	**1-Ben**	4
6 abr 1927	2-Ix	5
7 abr 1927	3-Men	6
8 abr 1927	4-Cib	7
9 abr 1927	5-Caban	8
10 abr 1927	6-Etz'nab	9
11 abr 1927	7-Cauac	1
12 abr 1927	8-Ahau	2
13 abr 1927	*9-Imix*	3
14 abr 1927	10-Ik	4
15 abr 1927	11-Akbal	5
16 abr 1927	12-Kan	6
17 abr 1927	13-Chicchan	7
18 abr 1927	**1-Cimi**	8
19 abr 1927	2-Manik	9
20 abr 1927	3-Lamat	1
21 abr 1927	4-Muluc	2
22 abr 1927	5-Oc	3
23 abr 1927	6-Chuen	4
24 abr 1927	7-Eb	5
25 abr 1927	8-Ben	6
26 abr 1927	9-Ix	7
27 abr 1927	10-Men	8
28 abr 1927	11-Cib	9
29 abr 1927	12-Caban	1
30 abr 1927	13-Etz'nab	2
1 may 1927	**1-Cauac**	3
2 may 1927	2-Ahau	4
3 may 1927	*3-Imix*	5
4 may 1927	4-Ik	6
5 may 1927	5-Akbal	7
6 may 1927	6-Kan	8
7 may 1927	7-Chicchan	9
8 may 1927	8-Cimi	1
9 may 1927	9-Manik	2
10 may 1927	10-Lamat	3
11 may 1927	11-Muluc	4
12 may 1927	12-Oc	5
13 may 1927	13-Chuen	6
14 may 1927	**1-Eb**	7
15 may 1927	2-Ben	8

Fecha	Signo del día	S
16 may 1927	3-Ix	9
17 may 1927	4-Men	1
18 may 1927	5-Cib	2
19 may 1927	6-Caban	3
20 may 1927	7-Etz'nab	4
21 may 1927	8-Cauac	5
22 may 1927	9-Ahau	6
23 may 1927	*10-Imix*	7
24 may 1927	11-Ik	8
25 may 1927	12-Akbal	9
26 may 1927	13-Kan	1
27 may 1927	**1-Chicchan**	2
28 may 1927	2-Cimi	3
29 may 1927	3-Manik	4
30 may 1927	4-Lamat	5
31 may 1927	5-Muluc	6
1 jun 1927	6-Oc	7
2 jun 1927	7-Chuen	8
3 jun 1927	8-Eb	9
4 jun 1927	9-Ben	1
5 jun 1927	10-Ix	2
6 jun 1927	11-Men	3
7 jun 1927	12-Cib	4
8 jun 1927	13-Caban	5
9 jun 1927	**1-Etz'nab**	6
10 jun 1927	2-Cauac	7
11 jun 1927	3-Ahau	8
12 jun 1927	*4-Imix*	9
13 jun 1927	5-Ik	1
14 jun 1927	6-Akbal	2
15 jun 1927	7-Kan	3
16 jun 1927	8-Chicchan	4
17 jun 1927	9-Cimi	5
18 jun 1927	10-Manik	6
19 jun 1927	11-Lamat	7
20 jun 1927	12-Muluc	8
21 jun 1927	13-Oc	9
22 jun 1927	**1-Chuen**	1
23 jun 1927	2-Eb	2
24 jun 1927	3-Ben	3
25 jun 1927	4-Ix	4
26 jun 1927	5-Men	5
27 jun 1927	6-Cib	6
28 jun 1927	7-Caban	7
29 jun 1927	8-Etz'nab	8
30 jun 1927	9-Cauac	9
1 jul 1927	10-Ahau	1
2 jul 1927	*11-Imix*	2
3 jul 1927	12-Ik	3
4 jul 1927	13-Akbal	4
5 jul 1927	**1-Kan**	5
6 jul 1927	2-Chicchan	6
7 jul 1927	3-Cimi	7
8 jul 1927	4-Manik	8
9 jul 1927	5-Lamat	9
10 jul 1927	6-Muluc	1
11 jul 1927	7-Oc	2
12 jul 1927	8-Chuen	3
13 jul 1927	9-Eb	4
14 jul 1927	10-Ben	5
15 jul 1927	11-Ix	6
16 jul 1927	12-Men	7
17 jul 1927	13-Cib	8
18 jul 1927	**1-Caban**	9
19 jul 1927	2-Etz'nab	1
20 jul 1927	3-Cauac	2
21 jul 1927	4-Ahau	3
22 jul 1927	*5-Imix*	4

Fecha	Signo del día	S
23 jul 1927	6-Ik	5
24 jul 1927	7-Akbal	6
25 jul 1927	8-Kan	7
26 jul 1927	9-Chicchan	8
27 jul 1927	10-Cimi	9
28 jul 1927	11-Manik	1
29 jul 1927	12-Lamat	2
30 jul 1927	13-Muluc	3
31 jul 1927	**1-Oc**	4
1 ago 1927	2-Chuen	5
2 ago 1927	3-Eb	6
3 ago 1927	4-Ben	7
4 ago 1927	5-Ix	8
5 ago 1927	6-Men	9
6 ago 1927	7-Cib	1
7 ago 1927	8-Caban	2
8 ago 1927	9-Etz'nab	3
9 ago 1927	10-Cauac	4
10 ago 1927	11-Ahau	5
11 ago 1927	*12-Imix*	6
12 ago 1927	13-Ik	7
13 ago 1927	**1-Akbal**	8
14 ago 1927	2-Kan	9
15 ago 1927	3-Chicchan	1
16 ago 1927	4-Cimi	2
17 ago 1927	5-Manik	3
18 ago 1927	6-Lamat	4
19 ago 1927	7-Muluc	5
20 ago 1927	8-Oc	6
21 ago 1927	9-Chuen	7
22 ago 1927	10-Eb	8
23 ago 1927	11-Ben	9
24 ago 1927	12-Ix	1
25 ago 1927	13-Men	2
26 ago 1927	**1-Cib**	3
27 ago 1927	2-Caban	4
28 ago 1927	3-Etz'nab	5
29 ago 1927	4-Cauac	6
30 ago 1927	5-Ahau	7
31 ago 1927	*6-Imix*	8
1 sep 1927	7-Ik	9
2 sep 1927	8-Akbal	1
3 sep 1927	9-Kan	2
4 sep 1927	10-Chicchan	3
5 sep 1927	11-Cimi	4
6 sep 1927	12-Manik	5
7 sep 1927	13-Lamat	6
8 sep 1927	**1-Muluc**	7
9 sep 1927	2-Oc	8
10 sep 1927	3-Chuen	9
11 sep 1927	4-Eb	1
12 sep 1927	5-Ben	2
13 sep 1927	6-Ix	3
14 sep 1927	7-Men	4
15 sep 1927	8-Cib	5
16 sep 1927	9-Caban	6
17 sep 1927	10-Etz'nab	7
18 sep 1927	11-Cauac	8
19 sep 1927	12-Ahau	9
20 sep 1927	*13-Imix*	1
21 sep 1927	**1-Ik**	2
22 sep 1927	2-Akbal	3
23 sep 1927	3-Kan	4
24 sep 1927	4-Chicchan	5
25 sep 1927	5-Cimi	6
26 sep 1927	6-Manik	7
27 sep 1927	7-Lamat	8
28 sep 1927	8-Muluc	9

Fecha	Signo del día	S	Fecha	Signo del día	S	Fecha	Signo del día	S
29 sep 1927	9-Oc	1	6 dic 1927	12-Etz'nab	6	12 feb 1928	2-Cimi	2
30 sep 1927	10-Chuen	2	7 dic 1927	13-Cauac	7	13 feb 1928	3-Manik	3
1 oct 1927	11-Eb	3	8 dic 1927	**1-Ahau**	8	14 feb 1928	4-Lamat	4
2 oct 1927	12-Ben	4	9 dic 1927	*2-Imix*	9	15 feb 1928	5-Muluc	5
3 oct 1927	13-Ix	5	10 dic 1927	3-Ik	1	16 feb 1928	6-Oc	6
4 oct 1927	**1-Men**	6	11 dic 1927	4-Akbal	2	17 feb 1928	7-Chuen	7
5 oct 1927	2-Cib	7	12 dic 1927	5-Kan	3	18 feb 1928	8-Eb	8
6 oct 1927	3-Caban	8	13 dic 1927	6-Chicchan	4	19 feb 1928	9-Ben	9
7 oct 1927	4-Etz'nab	9	14 dic 1927	7-Cimi	5	20 feb 1928	10-Ix	1
8 oct 1927	5-Cauac	1	15 dic 1927	8-Manik	6	21 feb 1928	11-Men	2
9 oct 1927	6-Ahau	2	16 dic 1927	9-Lamat	7	22 feb 1928	12-Cib	3
10 oct 1927	*7-Imix*	3	17 dic 1927	10-Muluc	8	23 feb 1928	13-Caban	4
11 oct 1927	8-Ik	4	18 dic 1927	11-Oc	9	24 feb 1928	**1-Etz'nab**	5
12 oct 1927	9-Akbal	5	19 dic 1927	12-Chuen	1	25 feb 1928	2-Cauac	6
13 oct 1927	10-Kan	6	20 dic 1927	13-Eb	2	26 feb 1928	3-Ahau	7
14 oct 1927	11-Chicchan	7	21 dic 1927	**1-Ben**	3	27 feb 1928	*4-Imix*	8
15 oct 1927	12-Cimi	8	22 dic 1927	2-Ix	4	28 feb 1928	5-Ik	9
16 oct 1927	13-Manik	9	23 dic 1927	3-Men	5	29 feb 1928	6-Akbal	1
17 oct 1927	**1-Lamat**	1	24 dic 1927	4-Cib	6	1 mar 1928	7-Kan	2
18 oct 1927	2-Muluc	2	25 dic 1927	5-Caban	7	2 mar 1928	8-Chicchan	3
19 oct 1927	3-Oc	3	26 dic 1927	6-Etz'nab	8	3 mar 1928	9-Cimi	4
20 oct 1927	4-Chuen	4	27 dic 1927	7-Cauac	9	4 mar 1928	10-Manik	5
21 oct 1927	5-Eb	5	28 dic 1927	8-Ahau	1	5 mar 1928	11-Lamat	6
22 oct 1927	6-Ben	6	29 dic 1927	*9-Imix*	2	6 mar 1928	12-Muluc	7
23 oct 1927	7-Ix	7	30 dic 1927	10-Ik	3	7 mar 1928	13-Oc	8
24 oct 1927	8-Men	8	31 dic 1927	11-Akbal	4	8 mar 1928	**1-Chuen**	9
25 oct 1927	9-Cib	9	1 ene 1928	12-Kan	5	9 mar 1928	2-Eb	1
26 oct 1927	10-Caban	1	2 ene 1928	13-Chicchan	6	10 mar 1928	3-Ben	2
27 oct 1927	11-Etz'nab	2	3 ene 1928	**1-Cimi**	7	11 mar 1928	4-Ix	3
28 oct 1927	12-Cauac	3	4 ene 1928	2-Manik	8	12 mar 1928	5-Men	4
29 oct 1927	13-Ahau	4	5 ene 1928	3-Lamat	9	13 mar 1928	6-Cib	5
30 oct 1927	**1-Imix**	5	6 ene 1928	4-Muluc	1	14 mar 1928	7-Caban	6
31 oct 1927	2-Ik	6	7 ene 1928	5-Oc	2	15 mar 1928	8-Etz'nab	7
1 nov 1927	3-Akbal	7	8 ene 1928	6-Chuen	3	16 mar 1928	9-Cauac	8
2 nov 1927	4-Kan	8	9 ene 1928	7-Eb	4	17 mar 1928	10-Ahau	9
3 nov 1927	5-Chicchan	9	10 ene 1928	8-Ben	5	18 mar 1928	*11-Imix*	1
4 nov 1927	6-Cimi	1	11 ene 1928	9-Ix	6	19 mar 1928	12-Ik	2
5 nov 1927	7-Manik	2	12 ene 1928	10-Men	7	20 mar 1928	13-Akbal	3
6 nov 1927	8-Lamat	3	13 ene 1928	11-Cib	8	21 mar 1928	**1-Kan**	4
7 nov 1927	9-Muluc	4	14 ene 1928	12-Caban	9	22 mar 1928	2-Chicchan	5
8 nov 1927	10-Oc	5	15 ene 1928	13-Etz'nab	1	23 mar 1928	3-Cimi	6
9 nov 1927	11-Chuen	6	16 ene 1928	**1-Cauac**	2	24 mar 1928	4-Manik	7
10 nov 1927	12-Eb	7	17 ene 1928	2-Ahau	3	25 mar 1928	5-Lamat	8
11 nov 1927	13-Ben	8	18 ene 1928	*3-Imix*	4	26 mar 1928	6-Muluc	9
12 nov 1927	**1-Ix**	9	19 ene 1928	4-Ik	5	27 mar 1928	7-Oc	1
13 nov 1927	2-Men	1	20 ene 1928	5-Akbal	6	28 mar 1928	8-Chuen	2
14 nov 1927	3-Cib	2	21 ene 1928	6-Kan	7	29 mar 1928	9-Eb	3
15 nov 1927	4-Caban	3	22 ene 1928	7-Chicchan	8	30 mar 1928	10-Ben	4
16 nov 1927	5-Etz'nab	4	23 ene 1928	8-Cimi	9	31 mar 1928	11-Ix	5
17 nov 1927	6-Cauac	5	24 ene 1928	9-Manik	1	1 abr 1928	12-Men	6
18 nov 1927	7-Ahau	6	25 ene 1928	10-Lamat	2	2 abr 1928	13-Cib	7
19 nov 1927	*8-Imix*	7	26 ene 1928	11-Muluc	3	3 abr 1928	**1-Caban**	8
20 nov 1927	9-Ik	8	27 ene 1928	12-Oc	4	4 abr 1928	2-Etz'nab	9
21 nov 1927	10-Akbal	9	28 ene 1928	13-Chuen	5	5 abr 1928	3-Cauac	1
22 nov 1927	11-Kan	1	29 ene 1928	**1-Eb**	6	6 abr 1928	4-Ahau	2
23 nov 1927	12-Chicchan	2	30 ene 1928	2-Ben	7	7 abr 1928	*5-Imix*	3
24 nov 1927	13-Cimi	3	31 ene 1928	3-Ix	8	8 abr 1928	6-Ik	4
25 nov 1927	**1-Manik**	4	1 feb 1928	4-Men	9	9 abr 1928	7-Akbal	5
26 nov 1927	2-Lamat	5	2 feb 1928	5-Cib	1	10 abr 1928	8-Kan	6
27 nov 1927	3-Muluc	6	3 feb 1928	6-Caban	2	11 abr 1928	9-Chicchan	7
28 nov 1927	4-Oc	7	4 feb 1928	7-Etz'nab	3	12 abr 1928	10-Cimi	8
29 nov 1927	5-Chuen	8	5 feb 1928	8-Cauac	4	13 abr 1928	11-Manik	9
30 nov 1927	6-Eb	9	6 feb 1928	9-Ahau	5	14 abr 1928	12-Lamat	1
1 dic 1927	7-Ben	1	7 feb 1928	*10-Imix*	6	15 abr 1928	13-Muluc	2
2 dic 1927	8-Ix	2	8 feb 1928	11-Ik	7	16 abr 1928	**1-Oc**	3
3 dic 1927	9-Men	3	9 feb 1928	12-Akbal	8	17 abr 1928	2-Chuen	4
4 dic 1927	10-Cib	4	10 feb 1928	13-Kan	9	18 abr 1928	3-Eb	5
5 dic 1927	11-Caban	5	11 feb 1928	**1-Chicchan**	1	19 abr 1928	4-Ben	6

Fecha	Signo del día	S	Fecha	Signo del día	S	Fecha	Signo del día	S
20 abr 1928	5-Ix	7	27 jun 1928	8-Ik	3	3 sep 1928	11-Oc	8
21 abr 1928	6-Men	8	28 jun 1928	9-Akbal	4	4 sep 1928	12-Chuen	9
22 abr 1928	7-Cib	9	29 jun 1928	10-Kan	5	5 sep 1928	13-Eb	1
23 abr 1928	8-Caban	1	30 jun 1928	11-Chicchan	6	6 sep 1928	**1-Ben**	2
24 abr 1928	9-Etz'nab	2	1 jul 1928	12-Cimi	7	7 sep 1928	2-Ix	3
25 abr 1928	10-Cauac	3	2 jul 1928	13-Manik	8	8 sep 1928	3-Men	4
26 abr 1928	11-Ahau	4	3 jul 1928	**1-Lamat**	9	9 sep 1928	4-Cib	5
27 abr 1928	*12-Imix*	5	4 jul 1928	2-Muluc	1	10 sep 1928	5-Caban	6
28 abr 1928	13-Ik	6	5 jul 1928	3-Oc	2	11 sep 1928	6-Etz'nab	7
29 abr 1928	**1-Akbal**	7	6 jul 1928	4-Chuen	3	12 sep 1928	7-Cauac	8
30 abr 1928	2-Kan	8	7 jul 1928	5-Eb	4	13 sep 1928	8-Ahau	9
1 may 1928	3-Chicchan	9	8 jul 1928	6-Ben	5	14 sep 1928	*9-Imix*	1
2 may 1928	4-Cimi	1	9 jul 1928	7-Ix	6	15 sep 1928	10-Ik	2
3 may 1928	5-Manik	2	10 jul 1928	8-Men	7	16 sep 1928	11-Akbal	3
4 may 1928	6-Lamat	3	11 jul 1928	9-Cib	8	17 sep 1928	12-Kan	4
5 may 1928	7-Muluc	4	12 jul 1928	10-Caban	9	18 sep 1928	13-Chicchan	5
6 may 1928	8-Oc	5	13 jul 1928	11-Etz'nab	1	19 sep 1928	**1-Cimi**	6
7 may 1928	9-Chuen	6	14 jul 1928	12-Cauac	2	20 sep 1928	2-Manik	7
8 may 1928	10-Eb	7	15 jul 1928	13-Ahau	3	21 sep 1928	3-Lamat	8
9 may 1928	11-Ben	8	16 jul 1928	**1-Imix**	4	22 sep 1928	4-Muluc	9
10 may 1928	12-Ix	9	17 jul 1928	2-Ik	5	23 sep 1928	5-Oc	1
11 may 1928	13-Men	1	18 jul 1928	3-Akbal	6	24 sep 1928	6-Chuen	2
12 may 1928	**1-Cib**	2	19 jul 1928	4-Kan	7	25 sep 1928	7-Eb	3
13 may 1928	2-Caban	3	20 jul 1928	5-Chicchan	8	26 sep 1928	8-Ben	4
14 may 1928	3-Etz'nab	4	21 jul 1928	6-Cimi	9	27 sep 1928	9-Ix	5
15 may 1928	4-Cauac	5	22 jul 1928	7-Manik	1	28 sep 1928	10-Men	6
16 may 1928	5-Ahau	6	23 jul 1928	8-Lamat	2	29 sep 1928	11-Cib	7
17 may 1928	*6-Imix*	7	24 jul 1928	9-Muluc	3	30 sep 1928	12-Caban	8
18 may 1928	7-Ik	8	25 jul 1928	10-Oc	4	1 oct 1928	13-Etz'nab	9
19 may 1928	8-Akbal	9	26 jul 1928	11-Chuen	5	2 oct 1928	**1-Cauac**	1
20 may 1928	9-Kan	1	27 jul 1928	12-Eb	6	3 oct 1928	2-Ahau	2
21 may 1928	10-Chicchan	2	28 jul 1928	13-Ben	7	4 oct 1928	*3-Imix*	3
22 may 1928	11-Cimi	3	29 jul 1928	**1-Ix**	8	5 oct 1928	4-Ik	4
23 may 1928	12-Manik	4	30 jul 1928	2-Men	9	6 oct 1928	5-Akbal	5
24 may 1928	13-Lamat	5	31 jul 1928	3-Cib	1	7 oct 1928	6-Kan	6
25 may 1928	**1-Muluc**	6	1 ago 1928	4-Caban	2	8 oct 1928	7-Chicchan	7
26 may 1928	2-Oc	7	2 ago 1928	5-Etz'nab	3	9 oct 1928	8-Cimi	8
27 may 1928	3-Chuen	8	3 ago 1928	6-Cauac	4	10 oct 1928	9-Manik	9
28 may 1928	4-Eb	9	4 ago 1928	7-Ahau	5	11 oct 1928	10-Lamat	1
29 may 1928	5-Ben	1	5 ago 1928	*8-Imix*	6	12 oct 1928	11-Muluc	2
30 may 1928	6-Ix	2	6 ago 1928	9-Ik	7	13 oct 1928	12-Oc	3
31 may 1928	7-Men	3	7 ago 1928	10-Akbal	8	14 oct 1928	13-Chuen	4
1 jun 1928	8-Cib	4	8 ago 1928	11-Kan	9	15 oct 1928	**1-Eb**	5
2 jun 1928	9-Caban	5	9 ago 1928	12-Chicchan	1	16 oct 1928	2-Ben	6
3 jun 1928	10-Etz'nab	6	10 ago 1928	13-Cimi	2	17 oct 1928	3-Ix	7
4 jun 1928	11-Cauac	7	11 ago 1928	**1-Manik**	3	18 oct 1928	4-Men	8
5 jun 1928	12-Ahau	8	12 ago 1928	2-Lamat	4	19 oct 1928	5-Cib	9
6 jun 1928	*13-Imix*	9	13 ago 1928	3-Muluc	5	20 oct 1928	6-Caban	1
7 jun 1928	**1-Ik**	1	14 ago 1928	4-Oc	6	21 oct 1928	7-Etz'nab	2
8 jun 1928	2-Akbal	2	15 ago 1928	5-Chuen	7	22 oct 1928	8-Cauac	3
9 jun 1928	3-Kan	3	16 ago 1928	6-Eb	8	23 oct 1928	9-Ahau	4
10 jun 1928	4-Chicchan	4	17 ago 1928	7-Ben	9	24 oct 1928	*10-Imix*	5
11 jun 1928	5-Cimi	5	18 ago 1928	8-Ix	1	25 oct 1928	11-Ik	6
12 jun 1928	6-Manik	6	19 ago 1928	9-Men	2	26 oct 1928	12-Akbal	7
13 jun 1928	7-Lamat	7	20 ago 1928	10-Cib	3	27 oct 1928	13-Kan	8
14 jun 1928	8-Muluc	8	21 ago 1928	11-Caban	4	28 oct 1928	**1-Chicchan**	9
15 jun 1928	9-Oc	9	22 ago 1928	12-Etz'nab	5	29 oct 1928	2-Cimi	1
16 jun 1928	10-Chuen	1	23 ago 1928	13-Cauac	6	30 oct 1928	3-Manik	2
17 jun 1928	11-Eb	2	24 ago 1928	**1-Ahau**	7	31 oct 1928	4-Lamat	3
18 jun 1928	12-Ben	3	25 ago 1928	*2-Imix*	8	1 nov 1928	5-Muluc	4
19 jun 1928	13-Ix	4	26 ago 1928	3-Ik	9	2 nov 1928	6-Oc	5
20 jun 1928	**1-Men**	5	27 ago 1928	4-Akbal	1	3 nov 1928	7-Chuen	6
21 jun 1928	2-Cib	6	28 ago 1928	5-Kan	2	4 nov 1928	8-Eb	7
22 jun 1928	3-Caban	7	29 ago 1928	6-Chicchan	3	5 nov 1928	9-Ben	8
23 jun 1928	4-Etz'nab	8	30 ago 1928	7-Cimi	4	6 nov 1928	10-Ix	9
24 jun 1928	5-Cauac	9	31 ago 1928	8-Manik	5	7 nov 1928	11-Men	1
25 jun 1928	6-Ahau	1	1 sep 1928	9-Lamat	6	8 nov 1928	12-Cib	2
26 jun 1928	*7-Imix*	2	2 sep 1928	10-Muluc	7	9 nov 1928	13-Caban	3

Fecha	Signo del día	S
10 nov 1928	1-Etz'nab	4
11 nov 1928	2-Cauac	5
12 nov 1928	3-Ahau	6
13 nov 1928	4-Imix	7
14 nov 1928	5-Ik	8
15 nov 1928	6-Akbal	9
16 nov 1928	7-Kan	1
17 nov 1928	8-Chicchan	2
18 nov 1928	9-Cimi	3
19 nov 1928	10-Manik	4
20 nov 1928	11-Lamat	5
21 nov 1928	12-Muluc	6
22 nov 1928	13-Oc	7
23 nov 1928	1-Chuen	8
24 nov 1928	2-Eb	9
25 nov 1928	3-Ben	1
26 nov 1928	4-Ix	2
27 nov 1928	5-Men	3
28 nov 1928	6-Cib	4
29 nov 1928	7-Caban	5
30 nov 1928	8-Etz'nab	6
1 dic 1928	9-Cauac	7
2 dic 1928	10-Ahau	8
3 dic 1928	11-Imix	9
4 dic 1928	12-Ik	1
5 dic 1928	13-Akbal	2
6 dic 1928	1-Kan	3
7 dic 1928	2-Chicchan	4
8 dic 1928	3-Cimi	5
9 dic 1928	4-Manik	6
10 dic 1928	5-Lamat	7
11 dic 1928	6-Muluc	8
12 dic 1928	7-Oc	9
13 dic 1928	8-Chuen	1
14 dic 1928	9-Eb	2
15 dic 1928	10-Ben	3
16 dic 1928	11-Ix	4
17 dic 1928	12-Men	5
18 dic 1928	13-Cib	6
19 dic 1928	1-Caban	7
20 dic 1928	2-Etz'nab	8
21 dic 1928	3-Cauac	9
22 dic 1928	4-Ahau	1
23 dic 1928	5-Imix	2
24 dic 1928	6-Ik	3
25 dic 1928	7-Akbal	4
26 dic 1928	8-Kan	5
27 dic 1928	9-Chicchan	6
28 dic 1928	10-Cimi	7
29 dic 1928	11-Manik	8
30 dic 1928	12-Lamat	9
31 dic 1928	13-Muluc	1
1 ene 1929	1-Oc	2
2 ene 1929	2-Chuen	3
3 ene 1929	3-Eb	4
4 ene 1929	4-Ben	5
5 ene 1929	5-Ix	6
6 ene 1929	6-Men	7
7 ene 1929	7-Cib	8
8 ene 1929	8-Caban	9
9 ene 1929	9-Etz'nab	1
10 ene 1929	10-Cauac	2
11 ene 1929	11-Ahau	3
12 ene 1929	12-Imix	4
13 ene 1929	13-Ik	5
14 ene 1929	1-Akbal	6
15 ene 1929	2-Kan	7
16 ene 1929	3-Chicchan	8

Fecha	Signo del día	S
17 ene 1929	4-Cimi	9
18 ene 1929	5-Manik	1
19 ene 1929	6-Lamat	2
20 ene 1929	7-Muluc	3
21 ene 1929	8-Oc	4
22 ene 1929	9-Chuen	5
23 ene 1929	10-Eb	6
24 ene 1929	11-Ben	7
25 ene 1929	12-Ix	8
26 ene 1929	13-Men	9
27 ene 1929	1-Cib	1
28 ene 1929	2-Caban	2
29 ene 1929	3-Etz'nab	3
30 ene 1929	4-Cauac	4
31 ene 1929	5-Ahau	5
1 feb 1929	6-Imix	6
2 feb 1929	7-Ik	7
3 feb 1929	8-Akbal	8
4 feb 1929	9-Kan	9
5 feb 1929	10-Chicchan	1
6 feb 1929	11-Cimi	2
7 feb 1929	12-Manik	3
8 feb 1929	13-Lamat	4
9 feb 1929	1-Muluc	5
10 feb 1929	2-Oc	6
11 feb 1929	3-Chuen	7
12 feb 1929	4-Eb	8
13 feb 1929	5-Ben	9
14 feb 1929	6-Ix	1
15 feb 1929	7-Men	2
16 feb 1929	8-Cib	3
17 feb 1929	9-Caban	4
18 feb 1929	10-Etz'nab	5
19 feb 1929	11-Cauac	6
20 feb 1929	12-Ahau	7
21 feb 1929	13-Imix	8
22 feb 1929	1-Ik	9
23 feb 1929	2-Akbal	1
24 feb 1929	3-Kan	2
25 feb 1929	4-Chicchan	3
26 feb 1929	5-Cimi	4
27 feb 1929	6-Manik	5
28 feb 1929	7-Lamat	6
1 mar 1929	8-Muluc	7
2 mar 1929	9-Oc	8
3 mar 1929	10-Chuen	9
4 mar 1929	11-Eb	1
5 mar 1929	12-Ben	2
6 mar 1929	13-Ix	3
7 mar 1929	1-Men	4
8 mar 1929	2-Cib	5
9 mar 1929	3-Caban	6
10 mar 1929	4-Etz'nab	7
11 mar 1929	5-Cauac	8
12 mar 1929	6-Ahau	9
13 mar 1929	7-Imix	1
14 mar 1929	8-Ik	2
15 mar 1929	9-Akbal	3
16 mar 1929	10-Kan	4
17 mar 1929	11-Chicchan	5
18 mar 1929	12-Cimi	6
19 mar 1929	13-Manik	7
20 mar 1929	1-Lamat	8
21 mar 1929	2-Muluc	9
22 mar 1929	3-Oc	1
23 mar 1929	4-Chuen	2
24 mar 1929	5-Eb	3
25 mar 1929	6-Ben	4

Fecha	Signo del día	S
26 mar 1929	7-Ix	5
27 mar 1929	8-Men	6
28 mar 1929	9-Cib	7
29 mar 1929	10-Caban	8
30 mar 1929	11-Etz'nab	9
31 mar 1929	12-Cauac	1
1 abr 1929	13-Ahau	2
2 abr 1929	1-Imix	3
3 abr 1929	2-Ik	4
4 abr 1929	3-Akbal	5
5 abr 1929	4-Kan	6
6 abr 1929	5-Chicchan	7
7 abr 1929	6-Cimi	8
8 abr 1929	7-Manik	9
9 abr 1929	8-Lamat	1
10 abr 1929	9-Muluc	2
11 abr 1929	10-Oc	3
12 abr 1929	11-Chuen	4
13 abr 1929	12-Eb	5
14 abr 1929	13-Ben	6
15 abr 1929	1-Ix	7
16 abr 1929	2-Men	8
17 abr 1929	3-Cib	9
18 abr 1929	4-Caban	1
19 abr 1929	5-Etz'nab	2
20 abr 1929	6-Cauac	3
21 abr 1929	7-Ahau	4
22 abr 1929	8-Imix	5
23 abr 1929	9-Ik	6
24 abr 1929	10-Akbal	7
25 abr 1929	11-Kan	8
26 abr 1929	12-Chicchan	9
27 abr 1929	13-Cimi	1
28 abr 1929	1-Manik	2
29 abr 1929	2-Lamat	3
30 abr 1929	3-Muluc	4
1 may 1929	4-Oc	5
2 may 1929	5-Chuen	6
3 may 1929	6-Eb	7
4 may 1929	7-Ben	8
5 may 1929	8-Ix	9
6 may 1929	9-Men	1
7 may 1929	10-Cib	2
8 may 1929	11-Caban	3
9 may 1929	12-Etz'nab	4
10 may 1929	13-Cauac	5
11 may 1929	1-Ahau	6
12 may 1929	2-Imix	7
13 may 1929	3-Ik	8
14 may 1929	4-Akbal	9
15 may 1929	5-Kan	1
16 may 1929	6-Chicchan	2
17 may 1929	7-Cimi	3
18 may 1929	8-Manik	4
19 may 1929	9-Lamat	5
20 may 1929	10-Muluc	6
21 may 1929	11-Oc	7
22 may 1929	12-Chuen	8
23 may 1929	13-Eb	9
24 may 1929	1-Ben	1
25 may 1929	2-Ix	2
26 may 1929	3-Men	3
27 may 1929	4-Cib	4
28 may 1929	5-Caban	5
29 may 1929	6-Etz'nab	6
30 may 1929	7-Cauac	7
31 may 1929	8-Ahau	8
1 jun 1929	9-Imix	9

Fecha	Signo del día	S	Fecha	Signo del día	S	Fecha	Signo del día	S
2 jun 1929	10-Ik	1	9 ago 1929	13-Oc	6	16 oct 1929	3-Etz'nab	2
3 jun 1929	11-Akbal	2	10 ago 1929	**1-Chuen**	7	17 oct 1929	4-Cauac	3
4 jun 1929	12-Kan	3	11 ago 1929	2-Eb	8	18 oct 1929	5-Ahau	4
5 jun 1929	13-Chicchan	4	12 ago 1929	3-Ben	9	19 oct 1929	*6-Imix*	5
6 jun 1929	**1-Cimi**	5	13 ago 1929	4-Ix	1	20 oct 1929	7-Ik	6
7 jun 1929	2-Manik	6	14 ago 1929	5-Men	2	21 oct 1929	8-Akbal	7
8 jun 1929	3-Lamat	7	15 ago 1929	6-Cib	3	22 oct 1929	9-Kan	8
9 jun 1929	4-Muluc	8	16 ago 1929	7-Caban	4	23 oct 1929	10-Chicchan	9
10 jun 1929	5-Oc	9	17 ago 1929	8-Etz'nab	5	24 oct 1929	11-Cimi	1
11 jun 1929	6-Chuen	1	18 ago 1929	9-Cauac	6	25 oct 1929	12-Manik	2
12 jun 1929	7-Eb	2	19 ago 1929	10-Ahau	7	26 oct 1929	13-Lamat	3
13 jun 1929	8-Ben	3	20 ago 1929	*11-Imix*	8	27 oct 1929	**1-Muluc**	4
14 jun 1929	9-Ix	4	21 ago 1929	12-Ik	9	28 oct 1929	2-Oc	5
15 jun 1929	10-Men	5	22 ago 1929	13-Akbal	1	29 oct 1929	3-Chuen	6
16 jun 1929	11-Cib	6	23 ago 1929	**1-Kan**	2	30 oct 1929	4-Eb	7
17 jun 1929	12-Caban	7	24 ago 1929	2-Chicchan	3	31 oct 1929	5-Ben	8
18 jun 1929	13-Etz'nab	8	25 ago 1929	3-Cimi	4	1 nov 1929	6-Ix	9
19 jun 1929	**1-Cauac**	9	26 ago 1929	4-Manik	5	2 nov 1929	7-Men	1
20 jun 1929	2-Ahau	1	27 ago 1929	5-Lamat	6	3 nov 1929	8-Cib	2
21 jun 1929	*3-Imix*	2	28 ago 1929	6-Muluc	7	4 nov 1929	9-Caban	3
22 jun 1929	4-Ik	3	29 ago 1929	7-Oc	8	5 nov 1929	10-Etz'nab	4
23 jun 1929	5-Akbal	4	30 ago 1929	8-Chuen	9	6 nov 1929	11-Cauac	5
24 jun 1929	6-Kan	5	31 ago 1929	9-Eb	1	7 nov 1929	12-Ahau	6
25 jun 1929	7-Chicchan	6	1 sep 1929	10-Ben	2	8 nov 1929	*13-Imix*	7
26 jun 1929	8-Cimi	7	2 sep 1929	11-Ix	3	9 nov 1929	**1-Ik**	8
27 jun 1929	9-Manik	8	3 sep 1929	12-Men	4	10 nov 1929	2-Akbal	9
28 jun 1929	10-Lamat	9	4 sep 1929	13-Cib	5	11 nov 1929	3-Kan	1
29 jun 1929	11-Muluc	1	5 sep 1929	**1-Caban**	6	12 nov 1929	4-Chicchan	2
30 jun 1929	12-Oc	2	6 sep 1929	2-Etz'nab	7	13 nov 1929	5-Cimi	3
1 jul 1929	13-Chuen	3	7 sep 1929	3-Cauac	8	14 nov 1929	6-Manik	4
2 jul 1929	**1-Eb**	4	8 sep 1929	4-Ahau	9	15 nov 1929	7-Lamat	5
3 jul 1929	2-Ben	5	9 sep 1929	*5-Imix*	1	16 nov 1929	8-Muluc	6
4 jul 1929	3-Ix	6	10 sep 1929	6-Ik	2	17 nov 1929	9-Oc	7
5 jul 1929	4-Men	7	11 sep 1929	7-Akbal	3	18 nov 1929	10-Chuen	8
6 jul 1929	5-Cib	8	12 sep 1929	8-Kan	4	19 nov 1929	11-Eb	9
7 jul 1929	6-Caban	9	13 sep 1929	9-Chicchan	5	20 nov 1929	12-Ben	1
8 jul 1929	7-Etz'nab	1	14 sep 1929	10-Cimi	6	21 nov 1929	13-Ix	2
9 jul 1929	8-Cauac	2	15 sep 1929	11-Manik	7	22 nov 1929	**1-Men**	3
10 jul 1929	9-Ahau	3	16 sep 1929	12-Lamat	8	23 nov 1929	2-Cib	4
11 jul 1929	*10-Imix*	4	17 sep 1929	13-Muluc	9	24 nov 1929	3-Caban	5
12 jul 1929	11-Ik	5	18 sep 1929	**1-Oc**	1	25 nov 1929	4-Etz'nab	6
13 jul 1929	12-Akbal	6	19 sep 1929	2-Chuen	2	26 nov 1929	5-Cauac	7
14 jul 1929	13-Kan	7	20 sep 1929	3-Eb	3	27 nov 1929	6-Ahau	8
15 jul 1929	**1-Chicchan**	8	21 sep 1929	4-Ben	4	28 nov 1929	*7-Imix*	9
16 jul 1929	2-Cimi	9	22 sep 1929	5-Ix	5	29 nov 1929	8-Ik	1
17 jul 1929	3-Manik	1	23 sep 1929	6-Men	6	30 nov 1929	9-Akbal	2
18 jul 1929	4-Lamat	2	24 sep 1929	7-Cib	7	1 dic 1929	10-Kan	3
19 jul 1929	5-Muluc	3	25 sep 1929	8-Caban	8	2 dic 1929	11-Chicchan	4
20 jul 1929	6-Oc	4	26 sep 1929	9-Etz'nab	9	3 dic 1929	12-Cimi	5
21 jul 1929	7-Chuen	5	27 sep 1929	10-Cauac	1	4 dic 1929	13-Manik	6
22 jul 1929	8-Eb	6	28 sep 1929	11-Ahau	2	5 dic 1929	**1-Lamat**	7
23 jul 1929	9-Ben	7	29 sep 1929	*12-Imix*	3	6 dic 1929	2-Muluc	8
24 jul 1929	10-Ix	8	30 sep 1929	13-Ik	4	7 dic 1929	3-Oc	9
25 jul 1929	11-Men	9	1 oct 1929	**1-Akbal**	5	8 dic 1929	4-Chuen	1
26 jul 1929	12-Cib	1	2 oct 1929	2-Kan	6	9 dic 1929	5-Eb	2
27 jul 1929	13-Caban	2	3 oct 1929	3-Chicchan	7	10 dic 1929	6-Ben	3
28 jul 1929	**1-Etz'nab**	3	4 oct 1929	4-Cimi	8	11 dic 1929	7-Ix	4
29 jul 1929	2-Cauac	4	5 oct 1929	5-Manik	9	12 dic 1929	8-Men	5
30 jul 1929	3-Ahau	5	6 oct 1929	6-Lamat	1	13 dic 1929	9-Cib	6
31 jul 1929	*4-Imix*	6	7 oct 1929	7-Muluc	2	14 dic 1929	10-Caban	7
1 ago 1929	5-Ik	7	8 oct 1929	8-Oc	3	15 dic 1929	11-Etz'nab	8
2 ago 1929	6-Akbal	8	9 oct 1929	9-Chuen	4	16 dic 1929	12-Cauac	9
3 ago 1929	7-Kan	9	10 oct 1929	10-Eb	5	17 dic 1929	13-Ahau	1
4 ago 1929	8-Chicchan	1	11 oct 1929	11-Ben	6	18 dic 1929	**1-Imix**	2
5 ago 1929	9-Cimi	2	12 oct 1929	12-Ix	7	19 dic 1929	2-Ik	3
6 ago 1929	10-Manik	3	13 oct 1929	13-Men	8	20 dic 1929	3-Akbal	4
7 ago 1929	11-Lamat	4	14 oct 1929	**1-Cib**	9	21 dic 1929	4-Kan	5
8 ago 1929	12-Muluc	5	15 oct 1929	2-Caban	1	22 dic 1929	5-Chicchan	6

Fecha	Signo del día	S	Fecha	Signo del día	S	Fecha	Signo del día	S
23 dic 1929	6-Cimi	7	1 mar 1930	9-Ix	3	8 may 1930	12-Ik	8
24 dic 1929	7-Manik	8	2 mar 1930	10-Men	4	9 may 1930	13-Akbal	9
25 dic 1929	8-Lamat	9	3 mar 1930	11-Cib	5	10 may 1930	**1-Kan**	1
26 dic 1929	9-Muluc	1	4 mar 1930	12-Caban	6	11 may 1930	2-Chicchan	2
27 dic 1929	10-Oc	2	5 mar 1930	13-Etz'nab	7	12 may 1930	3-Cimi	3
28 dic 1929	11-Chuen	3	6 mar 1930	**1-Cauac**	8	13 may 1930	4-Manik	4
29 dic 1929	12-Eb	4	7 mar 1930	2-Ahau	9	14 may 1930	5-Lamat	5
30 dic 1929	13-Ben	5	8 mar 1930	*3-Imix*	1	15 may 1930	6-Muluc	6
31 dic 1929	**1-Ix**	6	9 mar 1930	4-Ik	2	16 may 1930	7-Oc	7
1 ene 1930	2-Men	7	10 mar 1930	5-Akbal	3	17 may 1930	8-Chuen	8
2 ene 1930	3-Cib	8	11 mar 1930	6-Kan	4	18 may 1930	9-Eb	9
3 ene 1930	4-Caban	9	12 mar 1930	7-Chicchan	5	19 may 1930	10-Ben	1
4 ene 1930	5-Etz'nab	1	13 mar 1930	8-Cimi	6	20 may 1930	11-Ix	2
5 ene 1930	6-Cauac	2	14 mar 1930	9-Manik	7	21 may 1930	12-Men	3
6 ene 1930	7-Ahau	3	15 mar 1930	10-Lamat	8	22 may 1930	13-Cib	4
7 ene 1930	*8-Imix*	4	16 mar 1930	11-Muluc	9	23 may 1930	**1-Caban**	5
8 ene 1930	9-Ik	5	17 mar 1930	12-Oc	1	24 may 1930	2-Etz'nab	6
9 ene 1930	10-Akbal	6	18 mar 1930	13-Chuen	2	25 may 1930	3-Cauac	7
10 ene 1930	11-Kan	7	19 mar 1930	**1-Eb**	3	26 may 1930	4-Ahau	8
11 ene 1930	12-Chicchan	8	20 mar 1930	2-Ben	4	27 may 1930	*5-Imix*	9
12 ene 1930	13-Cimi	9	21 mar 1930	3-Ix	5	28 may 1930	6-Ik	1
13 ene 1930	**1-Manik**	1	22 mar 1930	4-Men	6	29 may 1930	7-Akbal	2
14 ene 1930	2-Lamat	2	23 mar 1930	5-Cib	7	30 may 1930	8-Kan	3
15 ene 1930	3-Muluc	3	24 mar 1930	6-Caban	8	31 may 1930	9-Chicchan	4
16 ene 1930	4-Oc	4	25 mar 1930	7-Etz'nab	9	1 jun 1930	10-Cimi	5
17 ene 1930	5-Chuen	5	26 mar 1930	8-Cauac	1	2 jun 1930	11-Manik	6
18 ene 1930	6-Eb	6	27 mar 1930	9-Ahau	2	3 jun 1930	12-Lamat	7
19 ene 1930	7-Ben	7	28 mar 1930	*10-Imix*	3	4 jun 1930	13-Muluc	8
20 ene 1930	8-Ix	8	29 mar 1930	11-Ik	4	5 jun 1930	**1-Oc**	9
21 ene 1930	9-Men	9	30 mar 1930	12-Akbal	5	6 jun 1930	2-Chuen	1
22 ene 1930	10-Cib	1	31 mar 1930	13-Kan	6	7 jun 1930	3-Eb	2
23 ene 1930	11-Caban	2	1 abr 1930	**1-Chicchan**	7	8 jun 1930	4-Ben	3
24 ene 1930	12-Etz'nab	3	2 abr 1930	2-Cimi	8	9 jun 1930	5-Ix	4
25 ene 1930	13-Cauac	4	3 abr 1930	3-Manik	9	10 jun 1930	6-Men	5
26 ene 1930	**1-Ahau**	5	4 abr 1930	4-Lamat	1	11 jun 1930	7-Cib	6
27 ene 1930	*2-Imix*	6	5 abr 1930	5-Muluc	2	12 jun 1930	8-Caban	7
28 ene 1930	3-Ik	7	6 abr 1930	6-Oc	3	13 jun 1930	9-Etz'nab	8
29 ene 1930	4-Akbal	8	7 abr 1930	7-Chuen	4	14 jun 1930	10-Cauac	9
30 ene 1930	5-Kan	9	8 abr 1930	8-Eb	5	15 jun 1930	11-Ahau	1
31 ene 1930	6-Chicchan	1	9 abr 1930	9-Ben	6	16 jun 1930	*12-Imix*	2
1 feb 1930	7-Cimi	2	10 abr 1930	10-Ix	7	17 jun 1930	13-Ik	3
2 feb 1930	8-Manik	3	11 abr 1930	11-Men	8	18 jun 1930	**1-Akbal**	4
3 feb 1930	9-Lamat	4	12 abr 1930	12-Cib	9	19 jun 1930	2-Kan	5
4 feb 1930	10-Muluc	5	13 abr 1930	13-Caban	1	20 jun 1930	3-Chicchan	6
5 feb 1930	11-Oc	6	14 abr 1930	**1-Etz'nab**	2	21 jun 1930	4-Cimi	7
6 feb 1930	12-Chuen	7	15 abr 1930	2-Cauac	3	22 jun 1930	5-Manik	8
7 feb 1930	13-Eb	8	16 abr 1930	3-Ahau	4	23 jun 1930	6-Lamat	9
8 feb 1930	**1-Ben**	9	17 abr 1930	*4-Imix*	5	24 jun 1930	7-Muluc	1
9 feb 1930	2-Ix	1	18 abr 1930	5-Ik	6	25 jun 1930	8-Oc	2
10 feb 1930	3-Men	2	19 abr 1930	6-Akbal	7	26 jun 1930	9-Chuen	3
11 feb 1930	4-Cib	3	20 abr 1930	7-Kan	8	27 jun 1930	10-Eb	4
12 feb 1930	5-Caban	4	21 abr 1930	8-Chicchan	9	28 jun 1930	11-Ben	5
13 feb 1930	6-Etz'nab	5	22 abr 1930	9-Cimi	1	29 jun 1930	12-Ix	6
14 feb 1930	7-Cauac	6	23 abr 1930	10-Manik	2	30 jun 1930	13-Men	7
15 feb 1930	8-Ahau	7	24 abr 1930	11-Lamat	3	1 jul 1930	**1-Cib**	8
16 feb 1930	*9-Imix*	8	25 abr 1930	12-Muluc	4	2 jul 1930	2-Caban	9
17 feb 1930	10-Ik	9	26 abr 1930	13-Oc	5	3 jul 1930	3-Etz'nab	1
18 feb 1930	11-Akbal	1	27 abr 1930	**1-Chuen**	6	4 jul 1930	4-Cauac	2
19 feb 1930	12-Kan	2	28 abr 1930	2-Eb	7	5 jul 1930	5-Ahau	3
20 feb 1930	13-Chicchan	3	29 abr 1930	3-Ben	8	6 jul 1930	*6-Imix*	4
21 feb 1930	**1-Cimi**	4	30 abr 1930	4-Ix	9	7 jul 1930	7-Ik	5
22 feb 1930	2-Manik	5	1 may 1930	5-Men	1	8 jul 1930	8-Akbal	6
23 feb 1930	3-Lamat	6	2 may 1930	6-Cib	2	9 jul 1930	9-Kan	7
24 feb 1930	4-Muluc	7	3 may 1930	7-Caban	3	10 jul 1930	10-Chicchan	8
25 feb 1930	5-Oc	8	4 may 1930	8-Etz'nab	4	11 jul 1930	11-Cimi	9
26 feb 1930	6-Chuen	9	5 may 1930	9-Cauac	5	12 jul 1930	12-Manik	1
27 feb 1930	7-Eb	1	6 may 1930	10-Ahau	6	13 jul 1930	13-Lamat	2
28 feb 1930	8-Ben	2	7 may 1930	*11-Imix*	7	14 jul 1930	**1-Muluc**	3

Fecha	Signo del día	S	Fecha	Signo del día	S	Fecha	Signo del día	S
15 jul 1930	2-Oc	4	21 sep 1930	5-Etz'nab	9	28 nov 1930	8-Cimi	5
16 jul 1930	3-Chuen	5	22 sep 1930	6-Cauac	1	29 nov 1930	9-Manik	6
17 jul 1930	4-Eb	6	23 sep 1930	7-Ahau	2	30 nov 1930	10-Lamat	7
18 jul 1930	5-Ben	7	24 sep 1930	*8-Imix*	3	1 dic 1930	11-Muluc	8
19 jul 1930	6-Ix	8	25 sep 1930	9-Ik	4	2 dic 1930	12-Oc	9
20 jul 1930	7-Men	9	26 sep 1930	10-Akbal	5	3 dic 1930	13-Chuen	1
21 jul 1930	8-Cib	1	27 sep 1930	11-Kan	6	4 dic 1930	**1-Eb**	2
22 jul 1930	9-Caban	2	28 sep 1930	12-Chicchan	7	5 dic 1930	2-Ben	3
23 jul 1930	10-Etz'nab	3	29 sep 1930	13-Cimi	8	6 dic 1930	3-Ix	4
24 jul 1930	11-Cauac	4	30 sep 1930	**1-Manik**	9	7 dic 1930	4-Men	5
25 jul 1930	12-Ahau	5	1 oct 1930	2-Lamat	1	8 dic 1930	5-Cib	6
26 jul 1930	*13-Imix*	6	2 oct 1930	3-Muluc	2	9 dic 1930	6-Caban	7
27 jul 1930	**1-Ik**	7	3 oct 1930	4-Oc	3	10 dic 1930	7-Etz'nab	8
28 jul 1930	2-Akbal	8	4 oct 1930	5-Chuen	4	11 dic 1930	8-Cauac	9
29 jul 1930	3-Kan	9	5 oct 1930	6-Eb	5	12 dic 1930	9-Ahau	1
30 jul 1930	4-Chicchan	1	6 oct 1930	7-Ben	6	13 dic 1930	*10-Imix*	2
31 jul 1930	5-Cimi	2	7 oct 1930	8-Ix	7	14 dic 1930	11-Ik	3
1 ago 1930	6-Manik	3	8 oct 1930	9-Men	8	15 dic 1930	12-Akbal	4
2 ago 1930	7-Lamat	4	9 oct 1930	10-Cib	9	16 dic 1930	13-Kan	5
3 ago 1930	8-Muluc	5	10 oct 1930	11-Caban	1	17 dic 1930	**1-Chicchan**	6
4 ago 1930	9-Oc	6	11 oct 1930	12-Etz'nab	2	18 dic 1930	2-Cimi	7
5 ago 1930	10-Chuen	7	12 oct 1930	13-Cauac	3	19 dic 1930	3-Manik	8
6 ago 1930	11-Eb	8	13 oct 1930	**1-Ahau**	4	20 dic 1930	4-Lamat	9
7 ago 1930	12-Ben	9	14 oct 1930	*2-Imix*	5	21 dic 1930	5-Muluc	1
8 ago 1930	13-Ix	1	15 oct 1930	3-Ik	6	22 dic 1930	6-Oc	2
9 ago 1930	**1-Men**	2	16 oct 1930	4-Akbal	7	23 dic 1930	7-Chuen	3
10 ago 1930	2-Cib	3	17 oct 1930	5-Kan	8	24 dic 1930	8-Eb	4
11 ago 1930	3-Caban	4	18 oct 1930	6-Chicchan	9	25 dic 1930	9-Ben	5
12 ago 1930	4-Etz'nab	5	19 oct 1930	7-Cimi	1	26 dic 1930	10-Ix	6
13 ago 1930	5-Cauac	6	20 oct 1930	8-Manik	2	27 dic 1930	11-Men	7
14 ago 1930	6-Ahau	7	21 oct 1930	9-Lamat	3	28 dic 1930	12-Cib	8
15 ago 1930	*7-Imix*	8	22 oct 1930	10-Muluc	4	29 dic 1930	13-Caban	9
16 ago 1930	8-Ik	9	23 oct 1930	11-Oc	5	30 dic 1930	**1-Etz'nab**	1
17 ago 1930	9-Akbal	1	24 oct 1930	12-Chuen	6	31 dic 1930	2-Cauac	2
18 ago 1930	10-Kan	2	25 oct 1930	13-Eb	7	1 ene 1931	3-Ahau	3
19 ago 1930	11-Chicchan	3	26 oct 1930	**1-Ben**	8	2 ene 1931	*4-Imix*	4
20 ago 1930	12-Cimi	4	27 oct 1930	2-Ix	9	3 ene 1931	5-Ik	5
21 ago 1930	13-Manik	5	28 oct 1930	3-Men	1	4 ene 1931	6-Akbal	6
22 ago 1930	**1-Lamat**	6	29 oct 1930	4-Cib	2	5 ene 1931	7-Kan	7
23 ago 1930	2-Muluc	7	30 oct 1930	5-Caban	3	6 ene 1931	8-Chicchan	8
24 ago 1930	3-Oc	8	31 oct 1930	6-Etz'nab	4	7 ene 1931	9-Cimi	9
25 ago 1930	4-Chuen	9	1 nov 1930	7-Cauac	5	8 ene 1931	10-Manik	1
26 ago 1930	5-Eb	1	2 nov 1930	8-Ahau	6	9 ene 1931	11-Lamat	2
27 ago 1930	6-Ben	2	3 nov 1930	*9-Imix*	7	10 ene 1931	12-Muluc	3
28 ago 1930	7-Ix	3	4 nov 1930	10-Ik	8	11 ene 1931	13-Oc	4
29 ago 1930	8-Men	4	5 nov 1930	11-Akbal	9	12 ene 1931	**1-Chuen**	5
30 ago 1930	9-Cib	5	6 nov 1930	12-Kan	1	13 ene 1931	2-Eb	6
31 ago 1930	10-Caban	6	7 nov 1930	13-Chicchan	2	14 ene 1931	3-Ben	7
1 sep 1930	11-Etz'nab	7	8 nov 1930	**1-Cimi**	3	15 ene 1931	4-Ix	8
2 sep 1930	12-Cauac	8	9 nov 1930	2-Manik	4	16 ene 1931	5-Men	9
3 sep 1930	13-Ahau	9	10 nov 1930	3-Lamat	5	17 ene 1931	6-Cib	1
4 sep 1930	**1-Imix**	1	11 nov 1930	4-Muluc	6	18 ene 1931	7-Caban	2
5 sep 1930	2-Ik	2	12 nov 1930	5-Oc	7	19 ene 1931	8-Etz'nab	3
6 sep 1930	3-Akbal	3	13 nov 1930	6-Chuen	8	20 ene 1931	9-Cauac	4
7 sep 1930	4-Kan	4	14 nov 1930	7-Eb	9	21 ene 1931	10-Ahau	5
8 sep 1930	5-Chicchan	5	15 nov 1930	8-Ben	1	22 ene 1931	*11-Imix*	6
9 sep 1930	6-Cimi	6	16 nov 1930	9-Ix	2	23 ene 1931	12-Ik	7
10 sep 1930	7-Manik	7	17 nov 1930	10-Men	3	24 ene 1931	13-Akbal	8
11 sep 1930	8-Lamat	8	18 nov 1930	11-Cib	4	25 ene 1931	**1-Kan**	9
12 sep 1930	9-Muluc	9	19 nov 1930	12-Caban	5	26 ene 1931	2-Chicchan	1
13 sep 1930	10-Oc	1	20 nov 1930	13-Etz'nab	6	27 ene 1931	3-Cimi	2
14 sep 1930	11-Chuen	2	21 nov 1930	**1-Cauac**	7	28 ene 1931	4-Manik	3
15 sep 1930	12-Eb	3	22 nov 1930	2-Ahau	8	29 ene 1931	5-Lamat	4
16 sep 1930	13-Ben	4	23 nov 1930	*3-Imix*	9	30 ene 1931	6-Muluc	5
17 sep 1930	**1-Ix**	5	24 nov 1930	4-Ik	1	31 ene 1931	7-Oc	6
18 sep 1930	2-Men	6	25 nov 1930	5-Akbal	2	1 feb 1931	8-Chuen	7
19 sep 1930	3-Cib	7	26 nov 1930	6-Kan	3	2 feb 1931	9-Eb	8
20 sep 1930	4-Caban	8	27 nov 1930	7-Chicchan	4	3 feb 1931	10-Ben	9

Fecha	Signo del día	S	Fecha	Signo del día	S	Fecha	Signo del día	S
4 feb 1931	11-Ix	1	13 abr 1931	**1-Ik**	6	20 jun 1931	4-Oc	2
5 feb 1931	12-Men	2	14 abr 1931	2-Akbal	7	21 jun 1931	5-Chuen	3
6 feb 1931	13-Cib	3	15 abr 1931	3-Kan	8	22 jun 1931	6-Eb	4
7 feb 1931	**1-Caban**	4	16 abr 1931	4-Chicchan	9	23 jun 1931	7-Ben	5
8 feb 1931	2-Etz'nab	5	17 abr 1931	5-Cimi	1	24 jun 1931	8-Ix	6
9 feb 1931	3-Cauac	6	18 abr 1931	6-Manik	2	25 jun 1931	9-Men	7
10 feb 1931	4-Ahau	7	19 abr 1931	7-Lamat	3	26 jun 1931	10-Cib	8
11 feb 1931	*5-Imix*	8	20 abr 1931	8-Muluc	4	27 jun 1931	11-Caban	9
12 feb 1931	6-Ik	9	21 abr 1931	9-Oc	5	28 jun 1931	12-Etz'nab	1
13 feb 1931	7-Akbal	1	22 abr 1931	10-Chuen	6	29 jun 1931	13-Cauac	2
14 feb 1931	8-Kan	2	23 abr 1931	11-Eb	7	30 jun 1931	**1-Ahau**	3
15 feb 1931	9-Chicchan	3	24 abr 1931	12-Ben	8	1 jul 1931	*2-Imix*	4
16 feb 1931	10-Cimi	4	25 abr 1931	13-Ix	9	2 jul 1931	3-Ik	5
17 feb 1931	11-Manik	5	26 abr 1931	**1-Men**	1	3 jul 1931	4-Akbal	6
18 feb 1931	12-Lamat	6	27 abr 1931	2-Cib	2	4 jul 1931	5-Kan	7
19 feb 1931	13-Muluc	7	28 abr 1931	3-Caban	3	5 jul 1931	6-Chicchan	8
20 feb 1931	**1-Oc**	8	29 abr 1931	4-Etz'nab	4	6 jul 1931	7-Cimi	9
21 feb 1931	2-Chuen	9	30 abr 1931	5-Cauac	5	7 jul 1931	8-Manik	1
22 feb 1931	3-Eb	1	1 may 1931	6-Ahau	6	8 jul 1931	9-Lamat	2
23 feb 1931	4-Ben	2	2 may 1931	*7-Imix*	7	9 jul 1931	10-Muluc	3
24 feb 1931	5-Ix	3	3 may 1931	8-Ik	8	10 jul 1931	11-Oc	4
25 feb 1931	6-Men	4	4 may 1931	9-Akbal	9	11 jul 1931	12-Chuen	5
26 feb 1931	7-Cib	5	5 may 1931	10-Kan	1	12 jul 1931	13-Eb	6
27 feb 1931	8-Caban	6	6 may 1931	11-Chicchan	2	13 jul 1931	**1-Ben**	7
28 feb 1931	9-Etz'nab	7	7 may 1931	12-Cimi	3	14 jul 1931	2-Ix	8
1 mar 1931	10-Cauac	8	8 may 1931	13-Manik	4	15 jul 1931	3-Men	9
2 mar 1931	11-Ahau	9	9 may 1931	**1-Lamat**	5	16 jul 1931	4-Cib	1
3 mar 1931	*12-Imix*	1	10 may 1931	2-Muluc	6	17 jul 1931	5-Caban	2
4 mar 1931	13-Ik	2	11 may 1931	3-Oc	7	18 jul 1931	6-Etz'nab	3
5 mar 1931	**1-Akbal**	3	12 may 1931	4-Chuen	8	19 jul 1931	7-Cauac	4
6 mar 1931	2-Kan	4	13 may 1931	5-Eb	9	20 jul 1931	8-Ahau	5
7 mar 1931	3-Chicchan	5	14 may 1931	6-Ben	1	21 jul 1931	*9-Imix*	6
8 mar 1931	4-Cimi	6	15 may 1931	7-Ix	2	22 jul 1931	10-Ik	7
9 mar 1931	5-Manik	7	16 may 1931	8-Men	3	23 jul 1931	11-Akbal	8
10 mar 1931	6-Lamat	8	17 may 1931	9-Cib	4	24 jul 1931	12-Kan	9
11 mar 1931	7-Muluc	9	18 may 1931	10-Caban	5	25 jul 1931	13-Chicchan	1
12 mar 1931	8-Oc	1	19 may 1931	11-Etz'nab	6	26 jul 1931	**1-Cimi**	2
13 mar 1931	9-Chuen	2	20 may 1931	12-Cauac	7	27 jul 1931	2-Manik	3
14 mar 1931	10-Eb	3	21 may 1931	13-Ahau	8	28 jul 1931	3-Lamat	4
15 mar 1931	11-Ben	4	22 may 1931	**1-Imix**	9	29 jul 1931	4-Muluc	5
16 mar 1931	12-Ix	5	23 may 1931	2-Ik	1	30 jul 1931	5-Oc	6
17 mar 1931	13-Men	6	24 may 1931	3-Akbal	2	31 jul 1931	6-Chuen	7
18 mar 1931	**1-Cib**	7	25 may 1931	4-Kan	3	1 ago 1931	7-Eb	8
19 mar 1931	2-Caban	8	26 may 1931	5-Chicchan	4	2 ago 1931	8-Ben	9
20 mar 1931	3-Etz'nab	9	27 may 1931	6-Cimi	5	3 ago 1931	9-Ix	1
21 mar 1931	4-Cauac	1	28 may 1931	7-Manik	6	4 ago 1931	10-Men	2
22 mar 1931	5-Ahau	2	29 may 1931	8-Lamat	7	5 ago 1931	11-Cib	3
23 mar 1931	*6-Imix*	3	30 may 1931	9-Muluc	8	6 ago 1931	12-Caban	4
24 mar 1931	7-Ik	4	31 may 1931	10-Oc	9	7 ago 1931	13-Etz'nab	5
25 mar 1931	8-Akbal	5	1 jun 1931	11-Chuen	1	8 ago 1931	**1-Cauac**	6
26 mar 1931	9-Kan	6	2 jun 1931	12-Eb	2	9 ago 1931	2-Ahau	7
27 mar 1931	10-Chicchan	7	3 jun 1931	13-Ben	3	10 ago 1931	*3-Imix*	8
28 mar 1931	11-Cimi	8	4 jun 1931	**1-Ix**	4	11 ago 1931	4-Ik	9
29 mar 1931	12-Manik	9	5 jun 1931	2-Men	5	12 ago 1931	5-Akbal	1
30 mar 1931	13-Lamat	1	6 jun 1931	3-Cib	6	13 ago 1931	6-Kan	2
31 mar 1931	**1-Muluc**	2	7 jun 1931	4-Caban	7	14 ago 1931	7-Chicchan	3
1 abr 1931	2-Oc	3	8 jun 1931	5-Etz'nab	8	15 ago 1931	8-Cimi	4
2 abr 1931	3-Chuen	4	9 jun 1931	6-Cauac	9	16 ago 1931	9-Manik	5
3 abr 1931	4-Eb	5	10 jun 1931	7-Ahau	1	17 ago 1931	10-Lamat	6
4 abr 1931	5-Ben	6	11 jun 1931	*8-Imix*	2	18 ago 1931	11-Muluc	7
5 abr 1931	6-Ix	7	12 jun 1931	9-Ik	3	19 ago 1931	12-Oc	8
6 abr 1931	7-Men	8	13 jun 1931	10-Akbal	4	20 ago 1931	13-Chuen	9
7 abr 1931	8-Cib	9	14 jun 1931	11-Kan	5	21 ago 1931	**1-Eb**	1
8 abr 1931	9-Caban	1	15 jun 1931	12-Chicchan	6	22 ago 1931	2-Ben	2
9 abr 1931	10-Etz'nab	2	16 jun 1931	13-Cimi	7	23 ago 1931	3-Ix	3
10 abr 1931	11-Cauac	3	17 jun 1931	**1-Manik**	8	24 ago 1931	4-Men	4
11 abr 1931	12-Ahau	4	18 jun 1931	2-Lamat	9	25 ago 1931	5-Cib	5
12 abr 1931	*13-Imix*	5	19 jun 1931	3-Muluc	1	26 ago 1931	6-Caban	6

Fecha	Signo del día	S
27 ago 1931	7-Etz'nab	7
28 ago 1931	8-Cauac	8
29 ago 1931	9-Ahau	9
30 ago 1931	10-Imix	1
31 ago 1931	11-Ik	2
1 sep 1931	12-Akbal	3
2 sep 1931	13-Kan	4
3 sep 1931	1-Chicchan	5
4 sep 1931	2-Cimi	6
5 sep 1931	3-Manik	7
6 sep 1931	4-Lamat	8
7 sep 1931	5-Muluc	9
8 sep 1931	6-Oc	1
9 sep 1931	7-Chuen	2
10 sep 1931	8-Eb	3
11 sep 1931	9-Ben	4
12 sep 1931	10-Ix	5
13 sep 1931	11-Men	6
14 sep 1931	12-Cib	7
15 sep 1931	13-Caban	8
16 sep 1931	1-Etz'nab	9
17 sep 1931	2-Cauac	1
18 sep 1931	3-Ahau	2
19 sep 1931	4-Imix	3
20 sep 1931	5-Ik	4
21 sep 1931	6-Akbal	5
22 sep 1931	7-Kan	6
23 sep 1931	8-Chicchan	7
24 sep 1931	9-Cimi	8
25 sep 1931	10-Manik	9
26 sep 1931	11-Lamat	1
27 sep 1931	12-Muluc	2
28 sep 1931	13-Oc	3
29 sep 1931	1-Chuen	4
30 sep 1931	2-Eb	5
1 oct 1931	3-Ben	6
2 oct 1931	4-Ix	7
3 oct 1931	5-Men	8
4 oct 1931	6-Cib	9
5 oct 1931	7-Caban	1
6 oct 1931	8-Etz'nab	2
7 oct 1931	9-Cauac	3
8 oct 1931	10-Ahau	4
9 oct 1931	11-Imix	5
10 oct 1931	12-Ik	6
11 oct 1931	13-Akbal	7
12 oct 1931	1-Kan	8
13 oct 1931	2-Chicchan	9
14 oct 1931	3-Cimi	1
15 oct 1931	4-Manik	2
16 oct 1931	5-Lamat	3
17 oct 1931	6-Muluc	4
18 oct 1931	7-Oc	5
19 oct 1931	8-Chuen	6
20 oct 1931	9-Eb	7
21 oct 1931	10-Ben	8
22 oct 1931	11-Ix	9
23 oct 1931	12-Men	1
24 oct 1931	13-Cib	2
25 oct 1931	1-Caban	3
26 oct 1931	2-Etz'nab	4
27 oct 1931	3-Cauac	5
28 oct 1931	4-Ahau	6
29 oct 1931	5-Imix	7
30 oct 1931	6-Ik	8
31 oct 1931	7-Akbal	9
1 nov 1931	8-Kan	1
2 nov 1931	9-Chicchan	2

Fecha	Signo del día	S
3 nov 1931	10-Cimi	3
4 nov 1931	11-Manik	4
5 nov 1931	12-Lamat	5
6 nov 1931	13-Muluc	6
7 nov 1931	1-Oc	7
8 nov 1931	2-Chuen	8
9 nov 1931	3-Eb	9
10 nov 1931	4-Ben	1
11 nov 1931	5-Ix	2
12 nov 1931	6-Men	3
13 nov 1931	7-Cib	4
14 nov 1931	8-Caban	5
15 nov 1931	9-Etz'nab	6
16 nov 1931	10-Cauac	7
17 nov 1931	11-Ahau	8
18 nov 1931	12-Imix	9
19 nov 1931	13-Ik	1
20 nov 1931	1-Akbal	2
21 nov 1931	2-Kan	3
22 nov 1931	3-Chicchan	4
23 nov 1931	4-Cimi	5
24 nov 1931	5-Manik	6
25 nov 1931	6-Lamat	7
26 nov 1931	7-Muluc	8
27 nov 1931	8-Oc	9
28 nov 1931	9-Chuen	1
29 nov 1931	10-Eb	2
30 nov 1931	11-Ben	3
1 dic 1931	12-Ix	4
2 dic 1931	13-Men	5
3 dic 1931	1-Cib	6
4 dic 1931	2-Caban	7
5 dic 1931	3-Etz'nab	8
6 dic 1931	4-Cauac	9
7 dic 1931	5-Ahau	1
8 dic 1931	6-Imix	2
9 dic 1931	7-Ik	3
10 dic 1931	8-Akbal	4
11 dic 1931	9-Kan	5
12 dic 1931	10-Chicchan	6
13 dic 1931	11-Cimi	7
14 dic 1931	12-Manik	8
15 dic 1931	13-Lamat	9
16 dic 1931	1-Muluc	1
17 dic 1931	2-Oc	2
18 dic 1931	3-Chuen	3
19 dic 1931	4-Eb	4
20 dic 1931	5-Ben	5
21 dic 1931	6-Ix	6
22 dic 1931	7-Men	7
23 dic 1931	8-Cib	8
24 dic 1931	9-Caban	9
25 dic 1931	10-Etz'nab	1
26 dic 1931	11-Cauac	2
27 dic 1931	12-Ahau	3
28 dic 1931	13-Imix	4
29 dic 1931	1-Ik	5
30 dic 1931	2-Akbal	6
31 dic 1931	3-Kan	7
1 ene 1932	4-Chicchan	8
2 ene 1932	5-Cimi	9
3 ene 1932	6-Manik	1
4 ene 1932	7-Lamat	2
5 ene 1932	8-Muluc	3
6 ene 1932	9-Oc	4
7 ene 1932	10-Chuen	5
8 ene 1932	11-Eb	6
9 ene 1932	12-Ben	7

Fecha	Signo del día	S
10 ene 1932	13-Ix	8
11 ene 1932	1-Men	9
12 ene 1932	2-Cib	1
13 ene 1932	3-Caban	2
14 ene 1932	4-Etz'nab	3
15 ene 1932	5-Cauac	4
16 ene 1932	6-Ahau	5
17 ene 1932	7-Imix	6
18 ene 1932	8-Ik	7
19 ene 1932	9-Akbal	8
20 ene 1932	10-Kan	9
21 ene 1932	11-Chicchan	1
22 ene 1932	12-Cimi	2
23 ene 1932	13-Manik	3
24 ene 1932	1-Lamat	4
25 ene 1932	2-Muluc	5
26 ene 1932	3-Oc	6
27 ene 1932	4-Chuen	7
28 ene 1932	5-Eb	8
29 ene 1932	6-Ben	9
30 ene 1932	7-Ix	1
31 ene 1932	8-Men	2
1 feb 1932	9-Cib	3
2 feb 1932	10-Caban	4
3 feb 1932	11-Etz'nab	5
4 feb 1932	12-Cauac	6
5 feb 1932	13-Ahau	7
6 feb 1932	1-Imix	8
7 feb 1932	2-Ik	9
8 feb 1932	3-Akbal	1
9 feb 1932	4-Kan	2
10 feb 1932	5-Chicchan	3
11 feb 1932	6-Cimi	4
12 feb 1932	7-Manik	5
13 feb 1932	8-Lamat	6
14 feb 1932	9-Muluc	7
15 feb 1932	10-Oc	8
16 feb 1932	11-Chuen	9
17 feb 1932	12-Eb	1
18 feb 1932	13-Ben	2
19 feb 1932	1-Ix	3
20 feb 1932	2-Men	4
21 feb 1932	3-Cib	5
22 feb 1932	4-Caban	6
23 feb 1932	5-Etz'nab	7
24 feb 1932	6-Cauac	8
25 feb 1932	7-Ahau	9
26 feb 1932	8-Imix	1
27 feb 1932	9-Ik	2
28 feb 1932	10-Akbal	3
29 feb 1932	11-Kan	4
1 mar 1932	12-Chicchan	5
2 mar 1932	13-Cimi	6
3 mar 1932	1-Manik	7
4 mar 1932	2-Lamat	8
5 mar 1932	3-Muluc	9
6 mar 1932	4-Oc	1
7 mar 1932	5-Chuen	2
8 mar 1932	6-Eb	3
9 mar 1932	7-Ben	4
10 mar 1932	8-Ix	5
11 mar 1932	9-Men	6
12 mar 1932	10-Cib	7
13 mar 1932	11-Caban	8
14 mar 1932	12-Etz'nab	9
15 mar 1932	13-Cauac	1
16 mar 1932	1-Ahau	2
17 mar 1932	2-Imix	3

Fecha	Signo del día	S	Fecha	Signo del día	S	Fecha	Signo del día	S
18 mar 1932	3-Ik	4	25 may 1932	6-Oc	9	1 ago 1932	9-Etz'nab	5
19 mar 1932	4-Akbal	5	26 may 1932	7-Chuen	1	2 ago 1932	10-Cauac	6
20 mar 1932	5-Kan	6	27 may 1932	8-Eb	2	3 ago 1932	11-Ahau	7
21 mar 1932	6-Chicchan	7	28 may 1932	9-Ben	3	4 ago 1932	12-Imix	8
22 mar 1932	7-Cimi	8	29 may 1932	10-Ix	4	5 ago 1932	13-Ik	9
23 mar 1932	8-Manik	9	30 may 1932	11-Men	5	6 ago 1932	**1-Akbal**	1
24 mar 1932	9-Lamat	1	31 may 1932	12-Cib	6	7 ago 1932	2-Kan	2
25 mar 1932	10-Muluc	2	1 jun 1932	13-Caban	7	8 ago 1932	3-Chicchan	3
26 mar 1932	11-Oc	3	2 jun 1932	**1-Etz'nab**	8	9 ago 1932	4-Cimi	4
27 mar 1932	12-Chuen	4	3 jun 1932	2-Cauac	9	10 ago 1932	5-Manik	5
28 mar 1932	13-Eb	5	4 jun 1932	3-Ahau	1	11 ago 1932	6-Lamat	6
29 mar 1932	**1-Ben**	6	5 jun 1932	*4-Imix*	2	12 ago 1932	7-Muluc	7
30 mar 1932	2-Ix	7	6 jun 1932	5-Ik	3	13 ago 1932	8-Oc	8
31 mar 1932	3-Men	8	7 jun 1932	6-Akbal	4	14 ago 1932	9-Chuen	9
1 abr 1932	4-Cib	9	8 jun 1932	7-Kan	5	15 ago 1932	10-Eb	1
2 abr 1932	5-Caban	1	9 jun 1932	8-Chicchan	6	16 ago 1932	11-Ben	2
3 abr 1932	6-Etz'nab	2	10 jun 1932	9-Cimi	7	17 ago 1932	12-Ix	3
4 abr 1932	7-Cauac	3	11 jun 1932	10-Manik	8	18 ago 1932	13-Men	4
5 abr 1932	8-Ahau	4	12 jun 1932	11-Lamat	9	19 ago 1932	**1-Cib**	5
6 abr 1932	*9-Imix*	5	13 jun 1932	12-Muluc	1	20 ago 1932	2-Caban	6
7 abr 1932	10-Ik	6	14 jun 1932	13-Oc	2	21 ago 1932	3-Etz'nab	7
8 abr 1932	11-Akbal	7	15 jun 1932	**1-Chuen**	3	22 ago 1932	4-Cauac	8
9 abr 1932	12-Kan	8	16 jun 1932	2-Eb	4	23 ago 1932	5-Ahau	9
10 abr 1932	13-Chicchan	9	17 jun 1932	3-Ben	5	24 ago 1932	*6-Imix*	1
11 abr 1932	**1-Cimi**	1	18 jun 1932	4-Ix	6	25 ago 1932	7-Ik	2
12 abr 1932	2-Manik	2	19 jun 1932	5-Men	7	26 ago 1932	8-Akbal	3
13 abr 1932	3-Lamat	3	20 jun 1932	6-Cib	8	27 ago 1932	9-Kan	4
14 abr 1932	4-Muluc	4	21 jun 1932	7-Caban	9	28 ago 1932	10-Chicchan	5
15 abr 1932	5-Oc	5	22 jun 1932	8-Etz'nab	1	29 ago 1932	11-Cimi	6
16 abr 1932	6-Chuen	6	23 jun 1932	9-Cauac	2	30 ago 1932	12-Manik	7
17 abr 1932	7-Eb	7	24 jun 1932	10-Ahau	3	31 ago 1932	13-Lamat	8
18 abr 1932	8-Ben	8	25 jun 1932	*11-Imix*	4	1 sep 1932	**1-Muluc**	9
19 abr 1932	9-Ix	9	26 jun 1932	12-Ik	5	2 sep 1932	2-Oc	1
20 abr 1932	10-Men	1	27 jun 1932	13-Akbal	6	3 sep 1932	3-Chuen	2
21 abr 1932	11-Cib	2	28 jun 1932	**1-Kan**	7	4 sep 1932	4-Eb	3
22 abr 1932	12-Caban	3	29 jun 1932	2-Chicchan	8	5 sep 1932	5-Ben	4
23 abr 1932	13-Etz'nab	4	30 jun 1932	3-Cimi	9	6 sep 1932	6-Ix	5
24 abr 1932	**1-Cauac**	5	1 jul 1932	4-Manik	1	7 sep 1932	7-Men	6
25 abr 1932	2-Ahau	6	2 jul 1932	5-Lamat	2	8 sep 1932	8-Cib	7
26 abr 1932	*3-Imix*	7	3 jul 1932	6-Muluc	3	9 sep 1932	9-Caban	8
27 abr 1932	4-Ik	8	4 jul 1932	7-Oc	4	10 sep 1932	10-Etz'nab	9
28 abr 1932	5-Akbal	9	5 jul 1932	8-Chuen	5	11 sep 1932	11-Cauac	1
29 abr 1932	6-Kan	1	6 jul 1932	9-Eb	6	12 sep 1932	12-Ahau	2
30 abr 1932	7-Chicchan	2	7 jul 1932	10-Ben	7	13 sep 1932	*13-Imix*	3
1 may 1932	8-Cimi	3	8 jul 1932	11-Ix	8	14 sep 1932	**1-Ik**	4
2 may 1932	9-Manik	4	9 jul 1932	12-Men	9	15 sep 1932	2-Akbal	5
3 may 1932	10-Lamat	5	10 jul 1932	13-Cib	1	16 sep 1932	3-Kan	6
4 may 1932	11-Muluc	6	11 jul 1932	**1-Caban**	2	17 sep 1932	4-Chicchan	7
5 may 1932	12-Oc	7	12 jul 1932	2-Etz'nab	3	18 sep 1932	5-Cimi	8
6 may 1932	13-Chuen	8	13 jul 1932	3-Cauac	4	19 sep 1932	6-Manik	9
7 may 1932	**1-Eb**	9	14 jul 1932	4-Ahau	5	20 sep 1932	7-Lamat	1
8 may 1932	2-Ben	1	15 jul 1932	*5-Imix*	6	21 sep 1932	8-Muluc	2
9 may 1932	3-Ix	2	16 jul 1932	6-Ik	7	22 sep 1932	9-Oc	3
10 may 1932	4-Men	3	17 jul 1932	7-Akbal	8	23 sep 1932	10-Chuen	4
11 may 1932	5-Cib	4	18 jul 1932	8-Kan	9	24 sep 1932	11-Eb	5
12 may 1932	6-Caban	5	19 jul 1932	9-Chicchan	1	25 sep 1932	12-Ben	6
13 may 1932	7-Etz'nab	6	20 jul 1932	10-Cimi	2	26 sep 1932	13-Ix	7
14 may 1932	8-Cauac	7	21 jul 1932	11-Manik	3	27 sep 1932	**1-Men**	8
15 may 1932	9-Ahau	8	22 jul 1932	12-Lamat	4	28 sep 1932	2-Cib	9
16 may 1932	*10-Imix*	9	23 jul 1932	13-Muluc	5	29 sep 1932	3-Caban	1
17 may 1932	11-Ik	1	24 jul 1932	**1-Oc**	6	30 sep 1932	4-Etz'nab	2
18 may 1932	12-Akbal	2	25 jul 1932	2-Chuen	7	1 oct 1932	5-Cauac	3
19 may 1932	13-Kan	3	26 jul 1932	3-Eb	8	2 oct 1932	6-Ahau	4
20 may 1932	**1-Chicchan**	4	27 jul 1932	4-Ben	9	3 oct 1932	*7-Imix*	5
21 may 1932	2-Cimi	5	28 jul 1932	5-Ix	1	4 oct 1932	8-Ik	6
22 may 1932	3-Manik	6	29 jul 1932	6-Men	2	5 oct 1932	9-Akbal	7
23 may 1932	4-Lamat	7	30 jul 1932	7-Cib	3	6 oct 1932	10-Kan	8
24 may 1932	5-Muluc	8	31 jul 1932	8-Caban	4	7 oct 1932	11-Chicchan	9

Fecha	Signo del día	S
8 oct 1932	12-Cimi	1
9 oct 1932	13-Manik	2
10 oct 1932	**1-Lamat**	3
11 oct 1932	2-Muluc	4
12 oct 1932	3-Oc	5
13 oct 1932	4-Chuen	6
14 oct 1932	5-Eb	7
15 oct 1932	6-Ben	8
16 oct 1932	7-Ix	9
17 oct 1932	8-Men	1
18 oct 1932	9-Cib	2
19 oct 1932	10-Caban	3
20 oct 1932	11-Etz'nab	4
21 oct 1932	12-Cauac	5
22 oct 1932	13-Ahau	6
23 oct 1932	**1-Imix**	7
24 oct 1932	2-Ik	8
25 oct 1932	3-Akbal	9
26 oct 1932	4-Kan	1
27 oct 1932	5-Chicchan	2
28 oct 1932	6-Cimi	3
29 oct 1932	7-Manik	4
30 oct 1932	8-Lamat	5
31 oct 1932	9-Muluc	6
1 nov 1932	10-Oc	7
2 nov 1932	11-Chuen	8
3 nov 1932	12-Eb	9
4 nov 1932	13-Ben	1
5 nov 1932	**1-Ix**	2
6 nov 1932	2-Men	3
7 nov 1932	3-Cib	4
8 nov 1932	4-Caban	5
9 nov 1932	5-Etz'nab	6
10 nov 1932	6-Cauac	7
11 nov 1932	7-Ahau	8
12 nov 1932	*8-Imix*	9
13 nov 1932	9-Ik	1
14 nov 1932	10-Akbal	2
15 nov 1932	11-Kan	3
16 nov 1932	12-Chicchan	4
17 nov 1932	13-Cimi	5
18 nov 1932	**1-Manik**	6
19 nov 1932	2-Lamat	7
20 nov 1932	3-Muluc	8
21 nov 1932	4-Oc	9
22 nov 1932	5-Chuen	1
23 nov 1932	6-Eb	2
24 nov 1932	7-Ben	3
25 nov 1932	8-Ix	4
26 nov 1932	9-Men	5
27 nov 1932	10-Cib	6
28 nov 1932	11-Caban	7
29 nov 1932	12-Etz'nab	8
30 nov 1932	13-Cauac	9
1 dic 1932	**1-Ahau**	1
2 dic 1932	*2-Imix*	2
3 dic 1932	3-Ik	3
4 dic 1932	4-Akbal	4
5 dic 1932	5-Kan	5
6 dic 1932	6-Chicchan	6
7 dic 1932	7-Cimi	7
8 dic 1932	8-Manik	8
9 dic 1932	9-Lamat	9
10 dic 1932	10-Muluc	1
11 dic 1932	11-Oc	2
12 dic 1932	12-Chuen	3
13 dic 1932	13-Eb	4
14 dic 1932	**1-Ben**	5

Fecha	Signo del día	S
15 dic 1932	2-Ix	6
16 dic 1932	3-Men	7
17 dic 1932	4-Cib	8
18 dic 1932	5-Caban	9
19 dic 1932	6-Etz'nab	1
20 dic 1932	7-Cauac	2
21 dic 1932	8-Ahau	3
22 dic 1932	*9-Imix*	4
23 dic 1932	10-Ik	5
24 dic 1932	11-Akbal	6
25 dic 1932	12-Kan	7
26 dic 1932	13-Chicchan	8
27 dic 1932	**1-Cimi**	9
28 dic 1932	2-Manik	1
29 dic 1932	3-Lamat	2
30 dic 1932	4-Muluc	3
31 dic 1932	5-Oc	4
1 ene 1933	6-Chuen	5
2 ene 1933	7-Eb	6
3 ene 1933	8-Ben	7
4 ene 1933	9-Ix	8
5 ene 1933	10-Men	9
6 ene 1933	11-Cib	1
7 ene 1933	12-Caban	2
8 ene 1933	13-Etz'nab	3
9 ene 1933	**1-Cauac**	4
10 ene 1933	2-Ahau	5
11 ene 1933	*3-Imix*	6
12 ene 1933	4-Ik	7
13 ene 1933	5-Akbal	8
14 ene 1933	6-Kan	9
15 ene 1933	7-Chicchan	1
16 ene 1933	8-Cimi	2
17 ene 1933	9-Manik	3
18 ene 1933	10-Lamat	4
19 ene 1933	11-Muluc	5
20 ene 1933	12-Oc	6
21 ene 1933	13-Chuen	7
22 ene 1933	**1-Eb**	8
23 ene 1933	2-Ben	9
24 ene 1933	3-Ix	1
25 ene 1933	4-Men	2
26 ene 1933	5-Cib	3
27 ene 1933	6-Caban	4
28 ene 1933	7-Etz'nab	5
29 ene 1933	8-Cauac	6
30 ene 1933	9-Ahau	7
31 ene 1933	*10-Imix*	8
1 feb 1933	11-Ik	9
2 feb 1933	12-Akbal	1
3 feb 1933	13-Kan	2
4 feb 1933	**1-Chicchan**	3
5 feb 1933	2-Cimi	4
6 feb 1933	3-Manik	5
7 feb 1933	4-Lamat	6
8 feb 1933	5-Muluc	7
9 feb 1933	6-Oc	8
10 feb 1933	7-Chuen	9
11 feb 1933	8-Eb	1
12 feb 1933	9-Ben	2
13 feb 1933	10-Ix	3
14 feb 1933	11-Men	4
15 feb 1933	12-Cib	5
16 feb 1933	13-Caban	6
17 feb 1933	**1-Etz'nab**	7
18 feb 1933	2-Cauac	8
19 feb 1933	3-Ahau	9
20 feb 1933	*4-Imix*	1

Fecha	Signo del día	S
21 feb 1933	5-Ik	2
22 feb 1933	6-Akbal	3
23 feb 1933	7-Kan	4
24 feb 1933	8-Chicchan	5
25 feb 1933	9-Cimi	6
26 feb 1933	10-Manik	7
27 feb 1933	11-Lamat	8
28 feb 1933	12-Muluc	9
1 mar 1933	13-Oc	1
2 mar 1933	**1-Chuen**	2
3 mar 1933	2-Eb	3
4 mar 1933	3-Ben	4
5 mar 1933	4-Ix	5
6 mar 1933	5-Men	6
7 mar 1933	6-Cib	7
8 mar 1933	7-Caban	8
9 mar 1933	8-Etz'nab	9
10 mar 1933	9-Cauac	1
11 mar 1933	10-Ahau	2
12 mar 1933	*11-Imix*	3
13 mar 1933	12-Ik	4
14 mar 1933	13-Akbal	5
15 mar 1933	**1-Kan**	6
16 mar 1933	2-Chicchan	7
17 mar 1933	3-Cimi	8
18 mar 1933	4-Manik	9
19 mar 1933	5-Lamat	1
20 mar 1933	6-Muluc	2
21 mar 1933	7-Oc	3
22 mar 1933	8-Chuen	4
23 mar 1933	9-Eb	5
24 mar 1933	10-Ben	6
25 mar 1933	11-Ix	7
26 mar 1933	12-Men	8
27 mar 1933	13-Cib	9
28 mar 1933	**1-Caban**	1
29 mar 1933	2-Etz'nab	2
30 mar 1933	3-Cauac	3
31 mar 1933	4-Ahau	4
1 abr 1933	*5-Imix*	5
2 abr 1933	6-Ik	6
3 abr 1933	7-Akbal	7
4 abr 1933	8-Kan	8
5 abr 1933	9-Chicchan	9
6 abr 1933	10-Cimi	1
7 abr 1933	11-Manik	2
8 abr 1933	12-Lamat	3
9 abr 1933	13-Muluc	4
10 abr 1933	**1-Oc**	5
11 abr 1933	2-Chuen	6
12 abr 1933	3-Eb	7
13 abr 1933	4-Ben	8
14 abr 1933	5-Ix	9
15 abr 1933	6-Men	1
16 abr 1933	7-Cib	2
17 abr 1933	8-Caban	3
18 abr 1933	9-Etz'nab	4
19 abr 1933	10-Cauac	5
20 abr 1933	11-Ahau	6
21 abr 1933	*12-Imix*	7
22 abr 1933	13-Ik	8
23 abr 1933	**1-Akbal**	9
24 abr 1933	2-Kan	1
25 abr 1933	3-Chicchan	2
26 abr 1933	4-Cimi	3
27 abr 1933	5-Manik	4
28 abr 1933	6-Lamat	5
29 abr 1933	7-Muluc	6

Fecha	Signo del día	S	Fecha	Signo del día	S	Fecha	Signo del día	S
30 abr 1933	8-Oc	7	7 jul 1933	11-Etz'nab	3	13 sep 1933	**1-Cimi**	8
1 may 1933	9-Chuen	8	8 jul 1933	12-Cauac	4	14 sep 1933	2-Manik	9
2 may 1933	10-Eb	9	9 jul 1933	13-Ahau	5	15 sep 1933	3-Lamat	1
3 may 1933	11-Ben	1	10 jul 1933	**1-Imix**	6	16 sep 1933	4-Muluc	2
4 may 1933	12-Ix	2	11 jul 1933	2-Ik	7	17 sep 1933	5-Oc	3
5 may 1933	13-Men	3	12 jul 1933	3-Akbal	8	18 sep 1933	6-Chuen	4
6 may 1933	**1-Cib**	4	13 jul 1933	4-Kan	9	19 sep 1933	7-Eb	5
7 may 1933	2-Caban	5	14 jul 1933	5-Chicchan	1	20 sep 1933	8-Ben	6
8 may 1933	3-Etz'nab	6	15 jul 1933	6-Cimi	2	21 sep 1933	9-Ix	7
9 may 1933	4-Cauac	7	16 jul 1933	7-Manik	3	22 sep 1933	10-Men	8
10 may 1933	5-Ahau	8	17 jul 1933	8-Lamat	4	23 sep 1933	11-Cib	9
11 may 1933	*6-Imix*	9	18 jul 1933	9-Muluc	5	24 sep 1933	12-Caban	1
12 may 1933	7-Ik	1	19 jul 1933	10-Oc	6	25 sep 1933	13-Etz'nab	2
13 may 1933	8-Akbal	2	20 jul 1933	11-Chuen	7	26 sep 1933	**1-Cauac**	3
14 may 1933	9-Kan	3	21 jul 1933	12-Eb	8	27 sep 1933	2-Ahau	4
15 may 1933	10-Chicchan	4	22 jul 1933	13-Ben	9	28 sep 1933	*3-Imix*	5
16 may 1933	11-Cimi	5	23 jul 1933	**1-Ix**	1	29 sep 1933	4-Ik	6
17 may 1933	12-Manik	6	24 jul 1933	2-Men	2	30 sep 1933	5-Akbal	7
18 may 1933	13-Lamat	7	25 jul 1933	3-Cib	3	1 oct 1933	6-Kan	8
19 may 1933	**1-Muluc**	8	26 jul 1933	4-Caban	4	2 oct 1933	7-Chicchan	9
20 may 1933	2-Oc	9	27 jul 1933	5-Etz'nab	5	3 oct 1933	8-Cimi	1
21 may 1933	3-Chuen	1	28 jul 1933	6-Cauac	6	4 oct 1933	9-Manik	2
22 may 1933	4-Eb	2	29 jul 1933	7-Ahau	7	5 oct 1933	10-Lamat	3
23 may 1933	5-Ben	3	30 jul 1933	*8-Imix*	8	6 oct 1933	11-Muluc	4
24 may 1933	6-Ix	4	31 jul 1933	9-Ik	9	7 oct 1933	12-Oc	5
25 may 1933	7-Men	5	1 ago 1933	10-Akbal	1	8 oct 1933	13-Chuen	6
26 may 1933	8-Cib	6	2 ago 1933	11-Kan	2	9 oct 1933	**1-Eb**	7
27 may 1933	9-Caban	7	3 ago 1933	12-Chicchan	3	10 oct 1933	2-Ben	8
28 may 1933	10-Etz'nab	8	4 ago 1933	13-Cimi	4	11 oct 1933	3-Ix	9
29 may 1933	11-Cauac	9	5 ago 1933	**1-Manik**	5	12 oct 1933	4-Men	1
30 may 1933	12-Ahau	1	6 ago 1933	2-Lamat	6	13 oct 1933	5-Cib	2
31 may 1933	*13-Imix*	2	7 ago 1933	3-Muluc	7	14 oct 1933	6-Caban	3
1 jun 1933	**1-Ik**	3	8 ago 1933	4-Oc	8	15 oct 1933	7-Etz'nab	4
2 jun 1933	2-Akbal	4	9 ago 1933	5-Chuen	9	16 oct 1933	8-Cauac	5
3 jun 1933	3-Kan	5	10 ago 1933	6-Eb	1	17 oct 1933	9-Ahau	6
4 jun 1933	4-Chicchan	6	11 ago 1933	7-Ben	2	18 oct 1933	*10-Imix*	7
5 jun 1933	5-Cimi	7	12 ago 1933	8-Ix	3	19 oct 1933	11-Ik	8
6 jun 1933	6-Manik	8	13 ago 1933	9-Men	4	20 oct 1933	12-Akbal	9
7 jun 1933	7-Lamat	9	14 ago 1933	10-Cib	5	21 oct 1933	13-Kan	1
8 jun 1933	8-Muluc	1	15 ago 1933	11-Caban	6	22 oct 1933	**1-Chicchan**	2
9 jun 1933	9-Oc	2	16 ago 1933	12-Etz'nab	7	23 oct 1933	2-Cimi	3
10 jun 1933	10-Chuen	3	17 ago 1933	13-Cauac	8	24 oct 1933	3-Manik	4
11 jun 1933	11-Eb	4	18 ago 1933	**1-Ahau**	9	25 oct 1933	4-Lamat	5
12 jun 1933	12-Ben	5	19 ago 1933	*2-Imix*	1	26 oct 1933	5-Muluc	6
13 jun 1933	13-Ix	6	20 ago 1933	3-Ik	2	27 oct 1933	6-Oc	7
14 jun 1933	**1-Men**	7	21 ago 1933	4-Akbal	3	28 oct 1933	7-Chuen	8
15 jun 1933	2-Cib	8	22 ago 1933	5-Kan	4	29 oct 1933	8-Eb	9
16 jun 1933	3-Caban	9	23 ago 1933	6-Chicchan	5	30 oct 1933	9-Ben	1
17 jun 1933	4-Etz'nab	1	24 ago 1933	7-Cimi	6	31 oct 1933	10-Ix	2
18 jun 1933	5-Cauac	2	25 ago 1933	8-Manik	7	1 nov 1933	11-Men	3
19 jun 1933	6-Ahau	3	26 ago 1933	9-Lamat	8	2 nov 1933	12-Cib	4
20 jun 1933	*7-Imix*	4	27 ago 1933	10-Muluc	9	3 nov 1933	13-Caban	5
21 jun 1933	8-Ik	5	28 ago 1933	11-Oc	1	4 nov 1933	**1-Etz'nab**	6
22 jun 1933	9-Akbal	6	29 ago 1933	12-Chuen	2	5 nov 1933	2-Cauac	7
23 jun 1933	10-Kan	7	30 ago 1933	13-Eb	3	6 nov 1933	3-Ahau	8
24 jun 1933	11-Chicchan	8	31 ago 1933	**1-Ben**	4	7 nov 1933	*4-Imix*	9
25 jun 1933	12-Cimi	9	1 sep 1933	2-Ix	5	8 nov 1933	5-Ik	1
26 jun 1933	13-Manik	1	2 sep 1933	3-Men	6	9 nov 1933	6-Akbal	2
27 jun 1933	**1-Lamat**	2	3 sep 1933	4-Cib	7	10 nov 1933	7-Kan	3
28 jun 1933	2-Muluc	3	4 sep 1933	5-Caban	8	11 nov 1933	8-Chicchan	4
29 jun 1933	3-Oc	4	5 sep 1933	6-Etz'nab	9	12 nov 1933	9-Cimi	5
30 jun 1933	4-Chuen	5	6 sep 1933	7-Cauac	1	13 nov 1933	10-Manik	6
1 jul 1933	5-Eb	6	7 sep 1933	8-Ahau	2	14 nov 1933	11-Lamat	7
2 jul 1933	6-Ben	7	8 sep 1933	*9-Imix*	3	15 nov 1933	12-Muluc	8
3 jul 1933	7-Ix	8	9 sep 1933	10-Ik	4	16 nov 1933	13-Oc	9
4 jul 1933	8-Men	9	10 sep 1933	11-Akbal	5	17 nov 1933	**1-Chuen**	1
5 jul 1933	9-Cib	1	11 sep 1933	12-Kan	6	18 nov 1933	2-Eb	2
6 jul 1933	10-Caban	2	12 sep 1933	13-Chicchan	7	19 nov 1933	3-Ben	3

Fecha	Signo del día	S	Fecha	Signo del día	S	Fecha	Signo del día	S
20 nov 1933	4-Ix	4	27 ene 1934	7-Ik	9	5 abr 1934	10-Oc	5
21 nov 1933	5-Men	5	28 ene 1934	8-Akbal	1	6 abr 1934	11-Chuen	6
22 nov 1933	6-Cib	6	29 ene 1934	9-Kan	2	7 abr 1934	12-Eb	7
23 nov 1933	7-Caban	7	30 ene 1934	10-Chicchan	3	8 abr 1934	13-Ben	8
24 nov 1933	8-Etz'nab	8	31 ene 1934	11-Cimi	4	9 abr 1934	**1-Ix**	9
25 nov 1933	9-Cauac	9	1 feb 1934	12-Manik	5	10 abr 1934	2-Men	1
26 nov 1933	10-Ahau	1	2 feb 1934	13-Lamat	6	11 abr 1934	3-Cib	2
27 nov 1933	*11-Imix*	2	3 feb 1934	**1-Muluc**	7	12 abr 1934	4-Caban	3
28 nov 1933	12-Ik	3	4 feb 1934	2-Oc	8	13 abr 1934	5-Etz'nab	4
29 nov 1933	13-Akbal	4	5 feb 1934	3-Chuen	9	14 abr 1934	6-Cauac	5
30 nov 1933	**1-Kan**	5	6 feb 1934	4-Eb	1	15 abr 1934	7-Ahau	6
1 dic 1933	2-Chicchan	6	7 feb 1934	5-Ben	2	16 abr 1934	*8-Imix*	7
2 dic 1933	3-Cimi	7	8 feb 1934	6-Ix	3	17 abr 1934	9-Ik	8
3 dic 1933	4-Manik	8	9 feb 1934	7-Men	4	18 abr 1934	10-Akbal	9
4 dic 1933	5-Lamat	9	10 feb 1934	8-Cib	5	19 abr 1934	11-Kan	1
5 dic 1933	6-Muluc	1	11 feb 1934	9-Caban	6	20 abr 1934	12-Chicchan	2
6 dic 1933	7-Oc	2	12 feb 1934	10-Etz'nab	7	21 abr 1934	13-Cimi	3
7 dic 1933	8-Chuen	3	13 feb 1934	11-Cauac	8	22 abr 1934	**1-Manik**	4
8 dic 1933	9-Eb	4	14 feb 1934	12-Ahau	9	23 abr 1934	2-Lamat	5
9 dic 1933	10-Ben	5	15 feb 1934	*13-Imix*	1	24 abr 1934	3-Muluc	6
10 dic 1933	11-Ix	6	16 feb 1934	**1-Ik**	2	25 abr 1934	4-Oc	7
11 dic 1933	12-Men	7	17 feb 1934	2-Akbal	3	26 abr 1934	5-Chuen	8
12 dic 1933	13-Cib	8	18 feb 1934	3-Kan	4	27 abr 1934	6-Eb	9
13 dic 1933	**1-Caban**	9	19 feb 1934	4-Chicchan	5	28 abr 1934	7-Ben	1
14 dic 1933	2-Etz'nab	1	20 feb 1934	5-Cimi	6	29 abr 1934	8-Ix	2
15 dic 1933	3-Cauac	2	21 feb 1934	6-Manik	7	30 abr 1934	9-Men	3
16 dic 1933	4-Ahau	3	22 feb 1934	7-Lamat	8	1 may 1934	10-Cib	4
17 dic 1933	*5-Imix*	4	23 feb 1934	8-Muluc	9	2 may 1934	11-Caban	5
18 dic 1933	6-Ik	5	24 feb 1934	9-Oc	1	3 may 1934	12-Etz'nab	6
19 dic 1933	7-Akbal	6	25 feb 1934	10-Chuen	2	4 may 1934	13-Cauac	7
20 dic 1933	8-Kan	7	26 feb 1934	11-Eb	3	5 may 1934	**1-Ahau**	8
21 dic 1933	9-Chicchan	8	27 feb 1934	12-Ben	4	6 may 1934	*2-Imix*	9
22 dic 1933	10-Cimi	9	28 feb 1934	13-Ix	5	7 may 1934	3-Ik	1
23 dic 1933	11-Manik	1	1 mar 1934	**1-Men**	6	8 may 1934	4-Akbal	2
24 dic 1933	12-Lamat	2	2 mar 1934	2-Cib	7	9 may 1934	5-Kan	3
25 dic 1933	13-Muluc	3	3 mar 1934	3-Caban	8	10 may 1934	6-Chicchan	4
26 dic 1933	**1-Oc**	4	4 mar 1934	4-Etz'nab	9	11 may 1934	7-Cimi	5
27 dic 1933	2-Chuen	5	5 mar 1934	5-Cauac	1	12 may 1934	8-Manik	6
28 dic 1933	3-Eb	6	6 mar 1934	6-Ahau	2	13 may 1934	9-Lamat	7
29 dic 1933	4-Ben	7	7 mar 1934	*7-Imix*	3	14 may 1934	10-Muluc	8
30 dic 1933	5-Ix	8	8 mar 1934	8-Ik	4	15 may 1934	11-Oc	9
31 dic 1933	6-Men	9	9 mar 1934	9-Akbal	5	16 may 1934	12-Chuen	1
1 ene 1934	7-Cib	1	10 mar 1934	10-Kan	6	17 may 1934	13-Eb	2
2 ene 1934	8-Caban	2	11 mar 1934	11-Chicchan	7	18 may 1934	**1-Ben**	3
3 ene 1934	9-Etz'nab	3	12 mar 1934	12-Cimi	8	19 may 1934	2-Ix	4
4 ene 1934	10-Cauac	4	13 mar 1934	13-Manik	9	20 may 1934	3-Men	5
5 ene 1934	11-Ahau	5	14 mar 1934	**1-Lamat**	1	21 may 1934	4-Cib	6
6 ene 1934	*12-Imix*	6	15 mar 1934	2-Muluc	2	22 may 1934	5-Caban	7
7 ene 1934	13-Ik	7	16 mar 1934	3-Oc	3	23 may 1934	6-Etz'nab	8
8 ene 1934	**1-Akbal**	8	17 mar 1934	4-Chuen	4	24 may 1934	7-Cauac	9
9 ene 1934	2-Kan	9	18 mar 1934	5-Eb	5	25 may 1934	8-Ahau	1
10 ene 1934	3-Chicchan	1	19 mar 1934	6-Ben	6	26 may 1934	*9-Imix*	2
11 ene 1934	4-Cimi	2	20 mar 1934	7-Ix	7	27 may 1934	10-Ik	3
12 ene 1934	5-Manik	3	21 mar 1934	8-Men	8	28 may 1934	11-Akbal	4
13 ene 1934	6-Lamat	4	22 mar 1934	9-Cib	9	29 may 1934	12-Kan	5
14 ene 1934	7-Muluc	5	23 mar 1934	10-Caban	1	30 may 1934	13-Chicchan	6
15 ene 1934	8-Oc	6	24 mar 1934	11-Etz'nab	2	31 may 1934	**1-Cimi**	7
16 ene 1934	9-Chuen	7	25 mar 1934	12-Cauac	3	1 jun 1934	2-Manik	8
17 ene 1934	10-Eb	8	26 mar 1934	13-Ahau	4	2 jun 1934	3-Lamat	9
18 ene 1934	11-Ben	9	27 mar 1934	**1-Imix**	5	3 jun 1934	4-Muluc	1
19 ene 1934	12-Ix	1	28 mar 1934	2-Ik	6	4 jun 1934	5-Oc	2
20 ene 1934	13-Men	2	29 mar 1934	3-Akbal	7	5 jun 1934	6-Chuen	3
21 ene 1934	**1-Cib**	3	30 mar 1934	4-Kan	8	6 jun 1934	7-Eb	4
22 ene 1934	2-Caban	4	31 mar 1934	5-Chicchan	9	7 jun 1934	8-Ben	5
23 ene 1934	3-Etz'nab	5	1 abr 1934	6-Cimi	1	8 jun 1934	9-Ix	6
24 ene 1934	4-Cauac	6	2 abr 1934	7-Manik	2	9 jun 1934	10-Men	7
25 ene 1934	5-Ahau	7	3 abr 1934	8-Lamat	3	10 jun 1934	11-Cib	8
26 ene 1934	*6-Imix*	8	4 abr 1934	9-Muluc	4	11 jun 1934	12-Caban	9

Fecha	Signo del día	S
12 jun 1934	13-Etz'nab	1
13 jun 1934	**1-Cauac**	2
14 jun 1934	2-Ahau	3
15 jun 1934	*3-Imix*	4
16 jun 1934	4-Ik	5
17 jun 1934	5-Akbal	6
18 jun 1934	6-Kan	7
19 jun 1934	7-Chicchan	8
20 jun 1934	8-Cimi	9
21 jun 1934	9-Manik	1
22 jun 1934	10-Lamat	2
23 jun 1934	11-Muluc	3
24 jun 1934	12-Oc	4
25 jun 1934	13-Chuen	5
26 jun 1934	**1-Eb**	6
27 jun 1934	2-Ben	7
28 jun 1934	3-Ix	8
29 jun 1934	4-Men	9
30 jun 1934	5-Cib	1
1 jul 1934	6-Caban	2
2 jul 1934	7-Etz'nab	3
3 jul 1934	8-Cauac	4
4 jul 1934	9-Ahau	5
5 jul 1934	*10-Imix*	6
6 jul 1934	11-Ik	7
7 jul 1934	12-Akbal	8
8 jul 1934	13-Kan	9
9 jul 1934	**1-Chicchan**	1
10 jul 1934	2-Cimi	2
11 jul 1934	3-Manik	3
12 jul 1934	4-Lamat	4
13 jul 1934	5-Muluc	5
14 jul 1934	6-Oc	6
15 jul 1934	7-Chuen	7
16 jul 1934	8-Eb	8
17 jul 1934	9-Ben	9
18 jul 1934	10-Ix	1
19 jul 1934	11-Men	2
20 jul 1934	12-Cib	3
21 jul 1934	13-Caban	4
22 jul 1934	**1-Etz'nab**	5
23 jul 1934	2-Cauac	6
24 jul 1934	3-Ahau	7
25 jul 1934	*4-Imix*	8
26 jul 1934	5-Ik	9
27 jul 1934	6-Akbal	1
28 jul 1934	7-Kan	2
29 jul 1934	8-Chicchan	3
30 jul 1934	9-Cimi	4
31 jul 1934	10-Manik	5
1 ago 1934	11-Lamat	6
2 ago 1934	12-Muluc	7
3 ago 1934	13-Oc	8
4 ago 1934	**1-Chuen**	9
5 ago 1934	2-Eb	1
6 ago 1934	3-Ben	2
7 ago 1934	4-Ix	3
8 ago 1934	5-Men	4
9 ago 1934	6-Cib	5
10 ago 1934	7-Caban	6
11 ago 1934	8-Etz'nab	7
12 ago 1934	9-Cauac	8
13 ago 1934	10-Ahau	9
14 ago 1934	*11-Imix*	1
15 ago 1934	12-Ik	2
16 ago 1934	13-Akbal	3
17 ago 1934	**1-Kan**	4
18 ago 1934	2-Chicchan	5

Fecha	Signo del día	S
19 ago 1934	3-Cimi	6
20 ago 1934	4-Manik	7
21 ago 1934	5-Lamat	8
22 ago 1934	6-Muluc	9
23 ago 1934	7-Oc	1
24 ago 1934	8-Chuen	2
25 ago 1934	9-Eb	3
26 ago 1934	10-Ben	4
27 ago 1934	11-Ix	5
28 ago 1934	12-Men	6
29 ago 1934	13-Cib	7
30 ago 1934	**1-Caban**	8
31 ago 1934	2-Etz'nab	9
1 sep 1934	3-Cauac	1
2 sep 1934	4-Ahau	2
3 sep 1934	*5-Imix*	3
4 sep 1934	6-Ik	4
5 sep 1934	7-Akbal	5
6 sep 1934	8-Kan	6
7 sep 1934	9-Chicchan	7
8 sep 1934	10-Cimi	8
9 sep 1934	11-Manik	9
10 sep 1934	12-Lamat	1
11 sep 1934	13-Muluc	2
12 sep 1934	**1-Oc**	3
13 sep 1934	2-Chuen	4
14 sep 1934	3-Eb	5
15 sep 1934	4-Ben	6
16 sep 1934	5-Ix	7
17 sep 1934	6-Men	8
18 sep 1934	7-Cib	9
19 sep 1934	8-Caban	1
20 sep 1934	9-Etz'nab	2
21 sep 1934	10-Cauac	3
22 sep 1934	11-Ahau	4
23 sep 1934	*12-Imix*	5
24 sep 1934	13-Ik	6
25 sep 1934	**1-Akbal**	7
26 sep 1934	2-Kan	8
27 sep 1934	3-Chicchan	9
28 sep 1934	4-Cimi	1
29 sep 1934	5-Manik	2
30 sep 1934	6-Lamat	3
1 oct 1934	7-Muluc	4
2 oct 1934	8-Oc	5
3 oct 1934	9-Chuen	6
4 oct 1934	10-Eb	7
5 oct 1934	11-Ben	8
6 oct 1934	12-Ix	9
7 oct 1934	13-Men	1
8 oct 1934	**1-Cib**	2
9 oct 1934	2-Caban	3
10 oct 1934	3-Etz'nab	4
11 oct 1934	4-Cauac	5
12 oct 1934	5-Ahau	6
13 oct 1934	*6-Imix*	7
14 oct 1934	7-Ik	8
15 oct 1934	8-Akbal	9
16 oct 1934	9-Kan	1
17 oct 1934	10-Chicchan	2
18 oct 1934	11-Cimi	3
19 oct 1934	12-Manik	4
20 oct 1934	13-Lamat	5
21 oct 1934	**1-Muluc**	6
22 oct 1934	2-Oc	7
23 oct 1934	3-Chuen	8
24 oct 1934	4-Eb	9
25 oct 1934	5-Ben	1

Fecha	Signo del día	S
26 oct 1934	6-Ix	2
27 oct 1934	7-Men	3
28 oct 1934	8-Cib	4
29 oct 1934	9-Caban	5
30 oct 1934	10-Etz'nab	6
31 oct 1934	11-Cauac	7
1 nov 1934	12-Ahau	8
2 nov 1934	*13-Imix*	9
3 nov 1934	**1-Ik**	1
4 nov 1934	2-Akbal	2
5 nov 1934	3-Kan	3
6 nov 1934	4-Chicchan	4
7 nov 1934	5-Cimi	5
8 nov 1934	6-Manik	6
9 nov 1934	7-Lamat	7
10 nov 1934	8-Muluc	8
11 nov 1934	9-Oc	9
12 nov 1934	10-Chuen	1
13 nov 1934	11-Eb	2
14 nov 1934	12-Ben	3
15 nov 1934	13-Ix	4
16 nov 1934	**1-Men**	5
17 nov 1934	2-Cib	6
18 nov 1934	3-Caban	7
19 nov 1934	4-Etz'nab	8
20 nov 1934	5-Cauac	9
21 nov 1934	6-Ahau	1
22 nov 1934	*7-Imix*	2
23 nov 1934	8-Ik	3
24 nov 1934	9-Akbal	4
25 nov 1934	10-Kan	5
26 nov 1934	11-Chicchan	6
27 nov 1934	12-Cimi	7
28 nov 1934	13-Manik	8
29 nov 1934	**1-Lamat**	9
30 nov 1934	2-Muluc	1
1 dic 1934	3-Oc	2
2 dic 1934	4-Chuen	3
3 dic 1934	5-Eb	4
4 dic 1934	6-Ben	5
5 dic 1934	7-Ix	6
6 dic 1934	8-Men	7
7 dic 1934	9-Cib	8
8 dic 1934	10-Caban	9
9 dic 1934	11-Etz'nab	1
10 dic 1934	12-Cauac	2
11 dic 1934	13-Ahau	3
12 dic 1934	**1-Imix**	4
13 dic 1934	2-Ik	5
14 dic 1934	3-Akbal	6
15 dic 1934	4-Kan	7
16 dic 1934	5-Chicchan	8
17 dic 1934	6-Cimi	9
18 dic 1934	7-Manik	1
19 dic 1934	8-Lamat	2
20 dic 1934	9-Muluc	3
21 dic 1934	10-Oc	4
22 dic 1934	11-Chuen	5
23 dic 1934	12-Eb	6
24 dic 1934	13-Ben	7
25 dic 1934	**1-Ix**	8
26 dic 1934	2-Men	9
27 dic 1934	3-Cib	1
28 dic 1934	4-Caban	2
29 dic 1934	5-Etz'nab	3
30 dic 1934	6-Cauac	4
31 dic 1934	7-Ahau	5
1 ene 1935	*8-Imix*	6

Fecha	Signo del día	S
2 ene 1935	9-Ik	7
3 ene 1935	10-Akbal	8
4 ene 1935	11-Kan	9
5 ene 1935	12-Chicchan	1
6 ene 1935	13-Cimi	2
7 ene 1935	**1-Manik**	3
8 ene 1935	2-Lamat	4
9 ene 1935	3-Muluc	5
10 ene 1935	4-Oc	6
11 ene 1935	5-Chuen	7
12 ene 1935	6-Eb	8
13 ene 1935	7-Ben	9
14 ene 1935	8-Ix	1
15 ene 1935	9-Men	2
16 ene 1935	10-Cib	3
17 ene 1935	11-Caban	4
18 ene 1935	12-Etz'nab	5
19 ene 1935	13-Cauac	6
20 ene 1935	**1-Ahau**	7
21 ene 1935	*2-Imix*	8
22 ene 1935	3-Ik	9
23 ene 1935	4-Akbal	1
24 ene 1935	5-Kan	2
25 ene 1935	6-Chicchan	3
26 ene 1935	7-Cimi	4
27 ene 1935	8-Manik	5
28 ene 1935	9-Lamat	6
29 ene 1935	10-Muluc	7
30 ene 1935	11-Oc	8
31 ene 1935	12-Chuen	9
1 feb 1935	13-Eb	1
2 feb 1935	**1-Ben**	2
3 feb 1935	2-Ix	3
4 feb 1935	3-Men	4
5 feb 1935	4-Cib	5
6 feb 1935	5-Caban	6
7 feb 1935	6-Etz'nab	7
8 feb 1935	7-Cauac	8
9 feb 1935	8-Ahau	9
10 feb 1935	*9-Imix*	1
11 feb 1935	10-Ik	2
12 feb 1935	11-Akbal	3
13 feb 1935	12-Kan	4
14 feb 1935	13-Chicchan	5
15 feb 1935	**1-Cimi**	6
16 feb 1935	2-Manik	7
17 feb 1935	3-Lamat	8
18 feb 1935	4-Muluc	9
19 feb 1935	5-Oc	1
20 feb 1935	6-Chuen	2
21 feb 1935	7-Eb	3
22 feb 1935	8-Ben	4
23 feb 1935	9-Ix	5
24 feb 1935	10-Men	6
25 feb 1935	11-Cib	7
26 feb 1935	12-Caban	8
27 feb 1935	13-Etz'nab	9
28 feb 1935	**1-Cauac**	1
1 mar 1935	2-Ahau	2
2 mar 1935	*3-Imix*	3
3 mar 1935	4-Ik	4
4 mar 1935	5-Akbal	5
5 mar 1935	6-Kan	6
6 mar 1935	7-Chicchan	7
7 mar 1935	8-Cimi	8
8 mar 1935	9-Manik	9
9 mar 1935	10-Lamat	1
10 mar 1935	11-Muluc	2

Fecha	Signo del día	S
11 mar 1935	12-Oc	3
12 mar 1935	13-Chuen	4
13 mar 1935	**1-Eb**	5
14 mar 1935	2-Ben	6
15 mar 1935	3-Ix	7
16 mar 1935	4-Men	8
17 mar 1935	5-Cib	9
18 mar 1935	6-Caban	1
19 mar 1935	7-Etz'nab	2
20 mar 1935	8-Cauac	3
21 mar 1935	9-Ahau	4
22 mar 1935	*10-Imix*	5
23 mar 1935	11-Ik	6
24 mar 1935	12-Akbal	7
25 mar 1935	13-Kan	8
26 mar 1935	**1-Chicchan**	9
27 mar 1935	2-Cimi	1
28 mar 1935	3-Manik	2
29 mar 1935	4-Lamat	3
30 mar 1935	5-Muluc	4
31 mar 1935	6-Oc	5
1 abr 1935	7-Chuen	6
2 abr 1935	8-Eb	7
3 abr 1935	9-Ben	8
4 abr 1935	10-Ix	9
5 abr 1935	11-Men	1
6 abr 1935	12-Cib	2
7 abr 1935	13-Caban	3
8 abr 1935	**1-Etz'nab**	4
9 abr 1935	2-Cauac	5
10 abr 1935	3-Ahau	6
11 abr 1935	*4-Imix*	7
12 abr 1935	5-Ik	8
13 abr 1935	6-Akbal	9
14 abr 1935	7-Kan	1
15 abr 1935	8-Chicchan	2
16 abr 1935	9-Cimi	3
17 abr 1935	10-Manik	4
18 abr 1935	11-Lamat	5
19 abr 1935	12-Muluc	6
20 abr 1935	13-Oc	7
21 abr 1935	**1-Chuen**	8
22 abr 1935	2-Eb	9
23 abr 1935	3-Ben	1
24 abr 1935	4-Ix	2
25 abr 1935	5-Men	3
26 abr 1935	6-Cib	4
27 abr 1935	7-Caban	5
28 abr 1935	8-Etz'nab	6
29 abr 1935	9-Cauac	7
30 abr 1935	10-Ahau	8
1 may 1935	*11-Imix*	9
2 may 1935	12-Ik	1
3 may 1935	13-Akbal	2
4 may 1935	**1-Kan**	3
5 may 1935	2-Chicchan	4
6 may 1935	3-Cimi	5
7 may 1935	4-Manik	6
8 may 1935	5-Lamat	7
9 may 1935	6-Muluc	8
10 may 1935	7-Oc	9
11 may 1935	8-Chuen	1
12 may 1935	9-Eb	2
13 may 1935	10-Ben	3
14 may 1935	11-Ix	4
15 may 1935	12-Men	5
16 may 1935	13-Cib	6
17 may 1935	**1-Caban**	7

Fecha	Signo del día	S
18 may 1935	2-Etz'nab	8
19 may 1935	3-Cauac	9
20 may 1935	4-Ahau	1
21 may 1935	*5-Imix*	2
22 may 1935	6-Ik	3
23 may 1935	7-Akbal	4
24 may 1935	8-Kan	5
25 may 1935	9-Chicchan	6
26 may 1935	10-Cimi	7
27 may 1935	11-Manik	8
28 may 1935	12-Lamat	9
29 may 1935	13-Muluc	1
30 may 1935	**1-Oc**	2
31 may 1935	2-Chuen	3
1 jun 1935	3-Eb	4
2 jun 1935	4-Ben	5
3 jun 1935	5-Ix	6
4 jun 1935	6-Men	7
5 jun 1935	7-Cib	8
6 jun 1935	8-Caban	9
7 jun 1935	9-Etz'nab	1
8 jun 1935	10-Cauac	2
9 jun 1935	11-Ahau	3
10 jun 1935	*12-Imix*	4
11 jun 1935	13-Ik	5
12 jun 1935	**1-Akbal**	6
13 jun 1935	2-Kan	7
14 jun 1935	3-Chicchan	8
15 jun 1935	4-Cimi	9
16 jun 1935	5-Manik	1
17 jun 1935	6-Lamat	2
18 jun 1935	7-Muluc	3
19 jun 1935	8-Oc	4
20 jun 1935	9-Chuen	5
21 jun 1935	10-Eb	6
22 jun 1935	11-Ben	7
23 jun 1935	12-Ix	8
24 jun 1935	13-Men	9
25 jun 1935	**1-Cib**	1
26 jun 1935	2-Caban	2
27 jun 1935	3-Etz'nab	3
28 jun 1935	4-Cauac	4
29 jun 1935	5-Ahau	5
30 jun 1935	*6-Imix*	6
1 jul 1935	7-Ik	7
2 jul 1935	8-Akbal	8
3 jul 1935	9-Kan	9
4 jul 1935	10-Chicchan	1
5 jul 1935	11-Cimi	2
6 jul 1935	12-Manik	3
7 jul 1935	13-Lamat	4
8 jul 1935	**1-Muluc**	5
9 jul 1935	2-Oc	6
10 jul 1935	3-Chuen	7
11 jul 1935	4-Eb	8
12 jul 1935	5-Ben	9
13 jul 1935	6-Ix	1
14 jul 1935	7-Men	2
15 jul 1935	8-Cib	3
16 jul 1935	9-Caban	4
17 jul 1935	10-Etz'nab	5
18 jul 1935	11-Cauac	6
19 jul 1935	12-Ahau	7
20 jul 1935	*13-Imix*	8
21 jul 1935	**1-Ik**	9
22 jul 1935	2-Akbal	1
23 jul 1935	3-Kan	2
24 jul 1935	4-Chicchan	3

Fecha	Signo del día	S
25 jul 1935	5-Cimi	4
26 jul 1935	6-Manik	5
27 jul 1935	7-Lamat	6
28 jul 1935	8-Muluc	7
29 jul 1935	9-Oc	8
30 jul 1935	10-Chuen	9
31 jul 1935	11-Eb	1
1 ago 1935	12-Ben	2
2 ago 1935	13-Ix	3
3 ago 1935	**1-Men**	4
4 ago 1935	2-Cib	5
5 ago 1935	3-Caban	6
6 ago 1935	4-Etz'nab	7
7 ago 1935	5-Cauac	8
8 ago 1935	6-Ahau	9
9 ago 1935	*7-Imix*	1
10 ago 1935	8-Ik	2
11 ago 1935	9-Akbal	3
12 ago 1935	10-Kan	4
13 ago 1935	11-Chicchan	5
14 ago 1935	12-Cimi	6
15 ago 1935	13-Manik	7
16 ago 1935	**1-Lamat**	8
17 ago 1935	2-Muluc	9
18 ago 1935	3-Oc	1
19 ago 1935	4-Chuen	2
20 ago 1935	5-Eb	3
21 ago 1935	6-Ben	4
22 ago 1935	7-Ix	5
23 ago 1935	8-Men	6
24 ago 1935	9-Cib	7
25 ago 1935	10-Caban	8
26 ago 1935	11-Etz'nab	9
27 ago 1935	12-Cauac	1
28 ago 1935	13-Ahau	2
29 ago 1935	**1-Imix**	3
30 ago 1935	2-Ik	4
31 ago 1935	3-Akbal	5
1 sep 1935	4-Kan	6
2 sep 1935	5-Chicchan	7
3 sep 1935	6-Cimi	8
4 sep 1935	7-Manik	9
5 sep 1935	8-Lamat	1
6 sep 1935	9-Muluc	2
7 sep 1935	10-Oc	3
8 sep 1935	11-Chuen	4
9 sep 1935	12-Eb	5
10 sep 1935	13-Ben	6
11 sep 1935	**1-Ix**	7
12 sep 1935	2-Men	8
13 sep 1935	3-Cib	9
14 sep 1935	4-Caban	1
15 sep 1935	5-Etz'nab	2
16 sep 1935	6-Cauac	3
17 sep 1935	7-Ahau	4
18 sep 1935	*8-Imix*	5
19 sep 1935	9-Ik	6
20 sep 1935	10-Akbal	7
21 sep 1935	11-Kan	8
22 sep 1935	12-Chicchan	9
23 sep 1935	13-Cimi	1
24 sep 1935	**1-Manik**	2
25 sep 1935	2-Lamat	3
26 sep 1935	3-Muluc	4
27 sep 1935	4-Oc	5
28 sep 1935	5-Chuen	6
29 sep 1935	6-Eb	7
30 sep 1935	7-Ben	8

Fecha	Signo del día	S
1 oct 1935	8-Ix	9
2 oct 1935	9-Men	1
3 oct 1935	10-Cib	2
4 oct 1935	11-Caban	3
5 oct 1935	12-Etz'nab	4
6 oct 1935	13-Cauac	5
7 oct 1935	**1-Ahau**	6
8 oct 1935	*2-Imix*	7
9 oct 1935	3-Ik	8
10 oct 1935	4-Akbal	9
11 oct 1935	5-Kan	1
12 oct 1935	6-Chicchan	2
13 oct 1935	7-Cimi	3
14 oct 1935	8-Manik	4
15 oct 1935	9-Lamat	5
16 oct 1935	10-Muluc	6
17 oct 1935	11-Oc	7
18 oct 1935	12-Chuen	8
19 oct 1935	13-Eb	9
20 oct 1935	**1-Ben**	1
21 oct 1935	2-Ix	2
22 oct 1935	3-Men	3
23 oct 1935	4-Cib	4
24 oct 1935	5-Caban	5
25 oct 1935	6-Etz'nab	6
26 oct 1935	7-Cauac	7
27 oct 1935	8-Ahau	8
28 oct 1935	*9-Imix*	9
29 oct 1935	10-Ik	1
30 oct 1935	11-Akbal	2
31 oct 1935	12-Kan	3
1 nov 1935	13-Chicchan	4
2 nov 1935	**1-Cimi**	5
3 nov 1935	2-Manik	6
4 nov 1935	3-Lamat	7
5 nov 1935	4-Muluc	8
6 nov 1935	5-Oc	9
7 nov 1935	6-Chuen	1
8 nov 1935	7-Eb	2
9 nov 1935	8-Ben	3
10 nov 1935	9-Ix	4
11 nov 1935	10-Men	5
12 nov 1935	11-Cib	6
13 nov 1935	12-Caban	7
14 nov 1935	13-Etz'nab	8
15 nov 1935	**1-Cauac**	9
16 nov 1935	2-Ahau	1
17 nov 1935	*3-Imix*	2
18 nov 1935	4-Ik	3
19 nov 1935	5-Akbal	4
20 nov 1935	6-Kan	5
21 nov 1935	7-Chicchan	6
22 nov 1935	8-Cimi	7
23 nov 1935	9-Manik	8
24 nov 1935	10-Lamat	9
25 nov 1935	11-Muluc	1
26 nov 1935	12-Oc	2
27 nov 1935	13-Chuen	3
28 nov 1935	**1-Eb**	4
29 nov 1935	2-Ben	5
30 nov 1935	3-Ix	6
1 dic 1935	4-Men	7
2 dic 1935	5-Cib	8
3 dic 1935	6-Caban	9
4 dic 1935	7-Etz'nab	1
5 dic 1935	8-Cauac	2
6 dic 1935	9-Ahau	3
7 dic 1935	*10-Imix*	4

Fecha	Signo del día	S
8 dic 1935	11-Ik	5
9 dic 1935	12-Akbal	6
10 dic 1935	13-Kan	7
11 dic 1935	**1-Chicchan**	8
12 dic 1935	2-Cimi	9
13 dic 1935	3-Manik	1
14 dic 1935	4-Lamat	2
15 dic 1935	5-Muluc	3
16 dic 1935	6-Oc	4
17 dic 1935	7-Chuen	5
18 dic 1935	8-Eb	6
19 dic 1935	9-Ben	7
20 dic 1935	10-Ix	8
21 dic 1935	11-Men	9
22 dic 1935	12-Cib	1
23 dic 1935	13-Caban	2
24 dic 1935	**1-Etz'nab**	3
25 dic 1935	2-Cauac	4
26 dic 1935	3-Ahau	5
27 dic 1935	*4-Imix*	6
28 dic 1935	5-Ik	7
29 dic 1935	6-Akbal	8
30 dic 1935	7-Kan	9
31 dic 1935	8-Chicchan	1
1 ene 1936	9-Cimi	2
2 ene 1936	10-Manik	3
3 ene 1936	11-Lamat	4
4 ene 1936	12-Muluc	5
5 ene 1936	13-Oc	6
6 ene 1936	**1-Chuen**	7
7 ene 1936	2-Eb	8
8 ene 1936	3-Ben	9
9 ene 1936	4-Ix	1
10 ene 1936	5-Men	2
11 ene 1936	6-Cib	3
12 ene 1936	7-Caban	4
13 ene 1936	8-Etz'nab	5
14 ene 1936	9-Cauac	6
15 ene 1936	10-Ahau	7
16 ene 1936	*11-Imix*	8
17 ene 1936	12-Ik	9
18 ene 1936	13-Akbal	1
19 ene 1936	**1-Kan**	2
20 ene 1936	2-Chicchan	3
21 ene 1936	3-Cimi	4
22 ene 1936	4-Manik	5
23 ene 1936	5-Lamat	6
24 ene 1936	6-Muluc	7
25 ene 1936	7-Oc	8
26 ene 1936	8-Chuen	9
27 ene 1936	9-Eb	1
28 ene 1936	10-Ben	2
29 ene 1936	11-Ix	3
30 ene 1936	12-Men	4
31 ene 1936	13-Cib	5
1 feb 1936	**1-Caban**	6
2 feb 1936	2-Etz'nab	7
3 feb 1936	3-Cauac	8
4 feb 1936	4-Ahau	9
5 feb 1936	*5-Imix*	1
6 feb 1936	6-Ik	2
7 feb 1936	7-Akbal	3
8 feb 1936	8-Kan	4
9 feb 1936	9-Chicchan	5
10 feb 1936	10-Cimi	6
11 feb 1936	11-Manik	7
12 feb 1936	12-Lamat	8
13 feb 1936	13-Muluc	9

Fecha	Signo del día	S
14 feb 1936	**1-Oc**	1
15 feb 1936	2-Chuen	2
16 feb 1936	3-Eb	3
17 feb 1936	4-Ben	4
18 feb 1936	5-Ix	5
19 feb 1936	6-Men	6
20 feb 1936	7-Cib	7
21 feb 1936	8-Caban	8
22 feb 1936	9-Etz'nab	9
23 feb 1936	10-Cauac	1
24 feb 1936	11-Ahau	2
25 feb 1936	*12-Imix*	3
26 feb 1936	13-Ik	4
27 feb 1936	**1-Akbal**	5
28 feb 1936	2-Kan	6
29 feb 1936	3-Chicchan	7
1 mar 1936	4-Cimi	8
2 mar 1936	5-Manik	9
3 mar 1936	6-Lamat	1
4 mar 1936	7-Muluc	2
5 mar 1936	8-Oc	3
6 mar 1936	9-Chuen	4
7 mar 1936	10-Eb	5
8 mar 1936	11-Ben	6
9 mar 1936	12-Ix	7
10 mar 1936	13-Men	8
11 mar 1936	**1-Cib**	9
12 mar 1936	2-Caban	1
13 mar 1936	3-Etz'nab	2
14 mar 1936	4-Cauac	3
15 mar 1936	5-Ahau	4
16 mar 1936	*6-Imix*	5
17 mar 1936	7-Ik	6
18 mar 1936	8-Akbal	7
19 mar 1936	9-Kan	8
20 mar 1936	10-Chicchan	9
21 mar 1936	11-Cimi	1
22 mar 1936	12-Manik	2
23 mar 1936	13-Lamat	3
24 mar 1936	**1-Muluc**	4
25 mar 1936	2-Oc	5
26 mar 1936	3-Chuen	6
27 mar 1936	4-Eb	7
28 mar 1936	5-Ben	8
29 mar 1936	6-Ix	9
30 mar 1936	7-Men	1
31 mar 1936	8-Cib	2
1 abr 1936	9-Caban	3
2 abr 1936	10-Etz'nab	4
3 abr 1936	11-Cauac	5
4 abr 1936	12-Ahau	6
5 abr 1936	*13-Imix*	7
6 abr 1936	**1-Ik**	8
7 abr 1936	2-Akbal	9
8 abr 1936	3-Kan	1
9 abr 1936	4-Chicchan	2
10 abr 1936	5-Cimi	3
11 abr 1936	6-Manik	4
12 abr 1936	7-Lamat	5
13 abr 1936	8-Muluc	6
14 abr 1936	9-Oc	7
15 abr 1936	10-Chuen	8
16 abr 1936	11-Eb	9
17 abr 1936	12-Ben	1
18 abr 1936	13-Ix	2
19 abr 1936	**1-Men**	3
20 abr 1936	2-Cib	4
21 abr 1936	3-Caban	5

Fecha	Signo del día	S
22 abr 1936	4-Etz'nab	6
23 abr 1936	5-Cauac	7
24 abr 1936	6-Ahau	8
25 abr 1936	*7-Imix*	9
26 abr 1936	8-Ik	1
27 abr 1936	9-Akbal	2
28 abr 1936	10-Kan	3
29 abr 1936	11-Chicchan	4
30 abr 1936	12-Cimi	5
1 may 1936	13-Manik	6
2 may 1936	**1-Lamat**	7
3 may 1936	2-Muluc	8
4 may 1936	3-Oc	9
5 may 1936	4-Chuen	1
6 may 1936	5-Eb	2
7 may 1936	6-Ben	3
8 may 1936	7-Ix	4
9 may 1936	8-Men	5
10 may 1936	9-Cib	6
11 may 1936	10-Caban	7
12 may 1936	11-Etz'nab	8
13 may 1936	12-Cauac	9
14 may 1936	13-Ahau	1
15 may 1936	**1-Imix**	2
16 may 1936	2-Ik	3
17 may 1936	3-Akbal	4
18 may 1936	4-Kan	5
19 may 1936	5-Chicchan	6
20 may 1936	6-Cimi	7
21 may 1936	7-Manik	8
22 may 1936	8-Lamat	9
23 may 1936	9-Muluc	1
24 may 1936	10-Oc	2
25 may 1936	11-Chuen	3
26 may 1936	12-Eb	4
27 may 1936	13-Ben	5
28 may 1936	**1-Ix**	6
29 may 1936	2-Men	7
30 may 1936	3-Cib	8
31 may 1936	4-Caban	9
1 jun 1936	5-Etz'nab	1
2 jun 1936	6-Cauac	2
3 jun 1936	7-Ahau	3
4 jun 1936	*8-Imix*	4
5 jun 1936	9-Ik	5
6 jun 1936	10-Akbal	6
7 jun 1936	11-Kan	7
8 jun 1936	12-Chicchan	8
9 jun 1936	13-Cimi	9
10 jun 1936	**1-Manik**	1
11 jun 1936	2-Lamat	2
12 jun 1936	3-Muluc	3
13 jun 1936	4-Oc	4
14 jun 1936	5-Chuen	5
15 jun 1936	6-Eb	6
16 jun 1936	7-Ben	7
17 jun 1936	8-Ix	8
18 jun 1936	9-Men	9
19 jun 1936	10-Cib	1
20 jun 1936	11-Caban	2
21 jun 1936	12-Etz'nab	3
22 jun 1936	13-Cauac	4
23 jun 1936	**1-Ahau**	5
24 jun 1936	*2-Imix*	6
25 jun 1936	3-Ik	7
26 jun 1936	4-Akbal	8
27 jun 1936	5-Kan	9
28 jun 1936	6-Chicchan	1

Fecha	Signo del día	S
29 jun 1936	7-Cimi	2
30 jun 1936	8-Manik	3
1 jul 1936	9-Lamat	4
2 jul 1936	10-Muluc	5
3 jul 1936	11-Oc	6
4 jul 1936	12-Chuen	7
5 jul 1936	13-Eb	8
6 jul 1936	**1-Ben**	9
7 jul 1936	2-Ix	1
8 jul 1936	3-Men	2
9 jul 1936	4-Cib	3
10 jul 1936	5-Caban	4
11 jul 1936	6-Etz'nab	5
12 jul 1936	7-Cauac	6
13 jul 1936	8-Ahau	7
14 jul 1936	*9-Imix*	8
15 jul 1936	10-Ik	9
16 jul 1936	11-Akbal	1
17 jul 1936	12-Kan	2
18 jul 1936	13-Chicchan	3
19 jul 1936	**1-Cimi**	4
20 jul 1936	2-Manik	5
21 jul 1936	3-Lamat	6
22 jul 1936	4-Muluc	7
23 jul 1936	5-Oc	8
24 jul 1936	6-Chuen	9
25 jul 1936	7-Eb	1
26 jul 1936	8-Ben	2
27 jul 1936	9-Ix	3
28 jul 1936	10-Men	4
29 jul 1936	11-Cib	5
30 jul 1936	12-Caban	6
31 jul 1936	13-Etz'nab	7
1 ago 1936	**1-Cauac**	8
2 ago 1936	2-Ahau	9
3 ago 1936	*3-Imix*	1
4 ago 1936	4-Ik	2
5 ago 1936	5-Akbal	3
6 ago 1936	6-Kan	4
7 ago 1936	7-Chicchan	5
8 ago 1936	8-Cimi	6
9 ago 1936	9-Manik	7
10 ago 1936	10-Lamat	8
11 ago 1936	11-Muluc	9
12 ago 1936	12-Oc	1
13 ago 1936	13-Chuen	2
14 ago 1936	**1-Eb**	3
15 ago 1936	2-Ben	4
16 ago 1936	3-Ix	5
17 ago 1936	4-Men	6
18 ago 1936	5-Cib	7
19 ago 1936	6-Caban	8
20 ago 1936	7-Etz'nab	9
21 ago 1936	8-Cauac	1
22 ago 1936	9-Ahau	2
23 ago 1936	*10-Imix*	3
24 ago 1936	11-Ik	4
25 ago 1936	12-Akbal	5
26 ago 1936	13-Kan	6
27 ago 1936	**1-Chicchan**	7
28 ago 1936	2-Cimi	8
29 ago 1936	3-Manik	9
30 ago 1936	4-Lamat	1
31 ago 1936	5-Muluc	2
1 sep 1936	6-Oc	3
2 sep 1936	7-Chuen	4
3 sep 1936	8-Eb	5
4 sep 1936	9-Ben	6

Fecha	Signo del día	S	Fecha	Signo del día	S	Fecha	Signo del día	S
5 sep 1936	10-Ix	7	12 nov 1936	13-Ik	3	19 ene 1937	3-Oc	8
6 sep 1936	11-Men	8	13 nov 1936	**1-Akbal**	4	20 ene 1937	4-Chuen	9
7 sep 1936	12-Cib	9	14 nov 1936	2-Kan	5	21 ene 1937	5-Eb	1
8 sep 1936	13-Caban	1	15 nov 1936	3-Chicchan	6	22 ene 1937	6-Ben	2
9 sep 1936	**1-Etz'nab**	2	16 nov 1936	4-Cimi	7	23 ene 1937	7-Ix	3
10 sep 1936	2-Cauac	3	17 nov 1936	5-Manik	8	24 ene 1937	8-Men	4
11 sep 1936	3-Ahau	4	18 nov 1936	6-Lamat	9	25 ene 1937	9-Cib	5
12 sep 1936	*4-Imix*	5	19 nov 1936	7-Muluc	1	26 ene 1937	10-Caban	6
13 sep 1936	5-Ik	6	20 nov 1936	8-Oc	2	27 ene 1937	11-Etz'nab	7
14 sep 1936	6-Akbal	7	21 nov 1936	9-Chuen	3	28 ene 1937	12-Cauac	8
15 sep 1936	7-Kan	8	22 nov 1936	10-Eb	4	29 ene 1937	13-Ahau	9
16 sep 1936	8-Chicchan	9	23 nov 1936	11-Ben	5	30 ene 1937	**1-Imix**	1
17 sep 1936	9-Cimi	1	24 nov 1936	12-Ix	6	31 ene 1937	2-Ik	2
18 sep 1936	10-Manik	2	25 nov 1936	13-Men	7	1 feb 1937	3-Akbal	3
19 sep 1936	11-Lamat	3	26 nov 1936	**1-Cib**	8	2 feb 1937	4-Kan	4
20 sep 1936	12-Muluc	4	27 nov 1936	2-Caban	9	3 feb 1937	5-Chicchan	5
21 sep 1936	13-Oc	5	28 nov 1936	3-Etz'nab	1	4 feb 1937	6-Cimi	6
22 sep 1936	**1-Chuen**	6	29 nov 1936	4-Cauac	2	5 feb 1937	7-Manik	7
23 sep 1936	2-Eb	7	30 nov 1936	5-Ahau	3	6 feb 1937	8-Lamat	8
24 sep 1936	3-Ben	8	1 dic 1936	*6-Imix*	4	7 feb 1937	9-Muluc	9
25 sep 1936	4-Ix	9	2 dic 1936	7-Ik	5	8 feb 1937	10-Oc	1
26 sep 1936	5-Men	1	3 dic 1936	8-Akbal	6	9 feb 1937	11-Chuen	2
27 sep 1936	6-Cib	2	4 dic 1936	9-Kan	7	10 feb 1937	12-Eb	3
28 sep 1936	7-Caban	3	5 dic 1936	10-Chicchan	8	11 feb 1937	13-Ben	4
29 sep 1936	8-Etz'nab	4	6 dic 1936	11-Cimi	9	12 feb 1937	**1-Ix**	5
30 sep 1936	9-Cauac	5	7 dic 1936	12-Manik	1	13 feb 1937	2-Men	6
1 oct 1936	10-Ahau	6	8 dic 1936	13-Lamat	2	14 feb 1937	3-Cib	7
2 oct 1936	*11-Imix*	7	9 dic 1936	**1-Muluc**	3	15 feb 1937	4-Caban	8
3 oct 1936	12-Ik	8	10 dic 1936	2-Oc	4	16 feb 1937	5-Etz'nab	9
4 oct 1936	13-Akbal	9	11 dic 1936	3-Chuen	5	17 feb 1937	6-Cauac	1
5 oct 1936	**1-Kan**	1	12 dic 1936	4-Eb	6	18 feb 1937	7-Ahau	2
6 oct 1936	2-Chicchan	2	13 dic 1936	5-Ben	7	19 feb 1937	*8-Imix*	3
7 oct 1936	3-Cimi	3	14 dic 1936	6-Ix	8	20 feb 1937	9-Ik	4
8 oct 1936	4-Manik	4	15 dic 1936	7-Men	9	21 feb 1937	10-Akbal	5
9 oct 1936	5-Lamat	5	16 dic 1936	8-Cib	1	22 feb 1937	11-Kan	6
10 oct 1936	6-Muluc	6	17 dic 1936	9-Caban	2	23 feb 1937	12-Chicchan	7
11 oct 1936	7-Oc	7	18 dic 1936	10-Etz'nab	3	24 feb 1937	13-Cimi	8
12 oct 1936	8-Chuen	8	19 dic 1936	11-Cauac	4	25 feb 1937	**1-Manik**	9
13 oct 1936	9-Eb	9	20 dic 1936	12-Ahau	5	26 feb 1937	2-Lamat	1
14 oct 1936	10-Ben	1	21 dic 1936	*13-Imix*	6	27 feb 1937	3-Muluc	2
15 oct 1936	11-Ix	2	22 dic 1936	**1-Ik**	7	28 feb 1937	4-Oc	3
16 oct 1936	12-Men	3	23 dic 1936	2-Akbal	8	1 mar 1937	5-Chuen	4
17 oct 1936	13-Cib	4	24 dic 1936	3-Kan	9	2 mar 1937	6-Eb	5
18 oct 1936	**1-Caban**	5	25 dic 1936	4-Chicchan	1	3 mar 1937	7-Ben	6
19 oct 1936	2-Etz'nab	6	26 dic 1936	5-Cimi	2	4 mar 1937	8-Ix	7
20 oct 1936	3-Cauac	7	27 dic 1936	6-Manik	3	5 mar 1937	9-Men	8
21 oct 1936	4-Ahau	8	28 dic 1936	7-Lamat	4	6 mar 1937	10-Cib	9
22 oct 1936	*5-Imix*	9	29 dic 1936	8-Muluc	5	7 mar 1937	11-Caban	1
23 oct 1936	6-Ik	1	30 dic 1936	9-Oc	6	8 mar 1937	12-Etz'nab	2
24 oct 1936	7-Akbal	2	31 dic 1936	10-Chuen	7	9 mar 1937	13-Cauac	3
25 oct 1936	8-Kan	3	1 ene 1937	11-Eb	8	10 mar 1937	**1-Ahau**	4
26 oct 1936	9-Chicchan	4	2 ene 1937	12-Ben	9	11 mar 1937	*2-Imix*	5
27 oct 1936	10-Cimi	5	3 ene 1937	13-Ix	1	12 mar 1937	3-Ik	6
28 oct 1936	11-Manik	6	4 ene 1937	**1-Men**	2	13 mar 1937	4-Akbal	7
29 oct 1936	12-Lamat	7	5 ene 1937	2-Cib	3	14 mar 1937	5-Kan	8
30 oct 1936	13-Muluc	8	6 ene 1937	3-Caban	4	15 mar 1937	6-Chicchan	9
31 oct 1936	**1-Oc**	9	7 ene 1937	4-Etz'nab	5	16 mar 1937	7-Cimi	1
1 nov 1936	2-Chuen	1	8 ene 1937	5-Cauac	6	17 mar 1937	8-Manik	2
2 nov 1936	3-Eb	2	9 ene 1937	6-Ahau	7	18 mar 1937	9-Lamat	3
3 nov 1936	4-Ben	3	10 ene 1937	*7-Imix*	8	19 mar 1937	10-Muluc	4
4 nov 1936	5-Ix	4	11 ene 1937	8-Ik	9	20 mar 1937	11-Oc	5
5 nov 1936	6-Men	5	12 ene 1937	9-Akbal	1	21 mar 1937	12-Chuen	6
6 nov 1936	7-Cib	6	13 ene 1937	10-Kan	2	22 mar 1937	13-Eb	7
7 nov 1936	8-Caban	7	14 ene 1937	11-Chicchan	3	23 mar 1937	**1-Ben**	8
8 nov 1936	9-Etz'nab	8	15 ene 1937	12-Cimi	4	24 mar 1937	2-Ix	9
9 nov 1936	10-Cauac	9	16 ene 1937	13-Manik	5	25 mar 1937	3-Men	1
10 nov 1936	11-Ahau	1	17 ene 1937	**1-Lamat**	6	26 mar 1937	4-Cib	2
11 nov 1936	*12-Imix*	2	18 ene 1937	2-Muluc	7	27 mar 1937	5-Caban	3

Fecha	Signo del día	S
28 mar 1937	6-Etz'nab	4
29 mar 1937	7-Cauac	5
30 mar 1937	8-Ahau	6
31 mar 1937	9-Imix	7
1 abr 1937	10-Ik	8
2 abr 1937	11-Akbal	9
3 abr 1937	12-Kan	1
4 abr 1937	13-Chicchan	2
5 abr 1937	**1-Cimi**	3
6 abr 1937	2-Manik	4
7 abr 1937	3-Lamat	5
8 abr 1937	4-Muluc	6
9 abr 1937	5-Oc	7
10 abr 1937	6-Chuen	8
11 abr 1937	7-Eb	9
12 abr 1937	8-Ben	1
13 abr 1937	9-Ix	2
14 abr 1937	10-Men	3
15 abr 1937	11-Cib	4
16 abr 1937	12-Caban	5
17 abr 1937	13-Etz'nab	6
18 abr 1937	**1-Cauac**	7
19 abr 1937	2-Ahau	8
20 abr 1937	3-Imix	9
21 abr 1937	4-Ik	1
22 abr 1937	5-Akbal	2
23 abr 1937	6-Kan	3
24 abr 1937	7-Chicchan	4
25 abr 1937	8-Cimi	5
26 abr 1937	9-Manik	6
27 abr 1937	10-Lamat	7
28 abr 1937	11-Muluc	8
29 abr 1937	12-Oc	9
30 abr 1937	13-Chuen	1
1 may 1937	**1-Eb**	2
2 may 1937	2-Ben	3
3 may 1937	3-Ix	4
4 may 1937	4-Men	5
5 may 1937	5-Cib	6
6 may 1937	6-Caban	7
7 may 1937	7-Etz'nab	8
8 may 1937	8-Cauac	9
9 may 1937	9-Ahau	1
10 may 1937	10-Imix	2
11 may 1937	11-Ik	3
12 may 1937	12-Akbal	4
13 may 1937	13-Kan	5
14 may 1937	**1-Chicchan**	6
15 may 1937	2-Cimi	7
16 may 1937	3-Manik	8
17 may 1937	4-Lamat	9
18 may 1937	5-Muluc	1
19 may 1937	6-Oc	2
20 may 1937	7-Chuen	3
21 may 1937	8-Eb	4
22 may 1937	9-Ben	5
23 may 1937	10-Ix	6
24 may 1937	11-Men	7
25 may 1937	12-Cib	8
26 may 1937	13-Caban	9
27 may 1937	**1-Etz'nab**	1
28 may 1937	2-Cauac	2
29 may 1937	3-Ahau	3
30 may 1937	4-Imix	4
31 may 1937	5-Ik	5
1 jun 1937	6-Akbal	6
2 jun 1937	7-Kan	7
3 jun 1937	8-Chicchan	8

Fecha	Signo del día	S
4 jun 1937	9-Cimi	9
5 jun 1937	10-Manik	1
6 jun 1937	11-Lamat	2
7 jun 1937	12-Muluc	3
8 jun 1937	13-Oc	4
9 jun 1937	**1-Chuen**	5
10 jun 1937	2-Eb	6
11 jun 1937	3-Ben	7
12 jun 1937	4-Ix	8
13 jun 1937	5-Men	9
14 jun 1937	6-Cib	1
15 jun 1937	7-Caban	2
16 jun 1937	8-Etz'nab	3
17 jun 1937	9-Cauac	4
18 jun 1937	10-Ahau	5
19 jun 1937	11-Imix	6
20 jun 1937	12-Ik	7
21 jun 1937	13-Akbal	8
22 jun 1937	**1-Kan**	9
23 jun 1937	2-Chicchan	1
24 jun 1937	3-Cimi	2
25 jun 1937	4-Manik	3
26 jun 1937	5-Lamat	4
27 jun 1937	6-Muluc	5
28 jun 1937	7-Oc	6
29 jun 1937	8-Chuen	7
30 jun 1937	9-Eb	8
1 jul 1937	10-Ben	9
2 jul 1937	11-Ix	1
3 jul 1937	12-Men	2
4 jul 1937	13-Cib	3
5 jul 1937	**1-Caban**	4
6 jul 1937	2-Etz'nab	5
7 jul 1937	3-Cauac	6
8 jul 1937	4-Ahau	7
9 jul 1937	5-Imix	8
10 jul 1937	6-Ik	9
11 jul 1937	7-Akbal	1
12 jul 1937	8-Kan	2
13 jul 1937	9-Chicchan	3
14 jul 1937	10-Cimi	4
15 jul 1937	11-Manik	5
16 jul 1937	12-Lamat	6
17 jul 1937	13-Muluc	7
18 jul 1937	**1-Oc**	8
19 jul 1937	2-Chuen	9
20 jul 1937	3-Eb	1
21 jul 1937	4-Ben	2
22 jul 1937	5-Ix	3
23 jul 1937	6-Men	4
24 jul 1937	7-Cib	5
25 jul 1937	8-Caban	6
26 jul 1937	9-Etz'nab	7
27 jul 1937	10-Cauac	8
28 jul 1937	11-Ahau	9
29 jul 1937	12-Imix	1
30 jul 1937	13-Ik	2
31 jul 1937	**1-Akbal**	3
1 ago 1937	2-Kan	4
2 ago 1937	3-Chicchan	5
3 ago 1937	4-Cimi	6
4 ago 1937	5-Manik	7
5 ago 1937	6-Lamat	8
6 ago 1937	7-Muluc	9
7 ago 1937	8-Oc	1
8 ago 1937	9-Chuen	2
9 ago 1937	10-Eb	3
10 ago 1937	11-Ben	4

Fecha	Signo del día	S
11 ago 1937	12-Ix	5
12 ago 1937	13-Men	6
13 ago 1937	**1-Cib**	7
14 ago 1937	2-Caban	8
15 ago 1937	3-Etz'nab	9
16 ago 1937	4-Cauac	1
17 ago 1937	5-Ahau	2
18 ago 1937	6-Imix	3
19 ago 1937	7-Ik	4
20 ago 1937	8-Akbal	5
21 ago 1937	9-Kan	6
22 ago 1937	10-Chicchan	7
23 ago 1937	11-Cimi	8
24 ago 1937	12-Manik	9
25 ago 1937	13-Lamat	1
26 ago 1937	**1-Muluc**	2
27 ago 1937	2-Oc	3
28 ago 1937	3-Chuen	4
29 ago 1937	4-Eb	5
30 ago 1937	5-Ben	6
31 ago 1937	6-Ix	7
1 sep 1937	7-Men	8
2 sep 1937	8-Cib	9
3 sep 1937	9-Caban	1
4 sep 1937	10-Etz'nab	2
5 sep 1937	11-Cauac	3
6 sep 1937	12-Ahau	4
7 sep 1937	13-Imix	5
8 sep 1937	**1-Ik**	6
9 sep 1937	2-Akbal	7
10 sep 1937	3-Kan	8
11 sep 1937	4-Chicchan	9
12 sep 1937	5-Cimi	1
13 sep 1937	6-Manik	2
14 sep 1937	7-Lamat	3
15 sep 1937	8-Muluc	4
16 sep 1937	9-Oc	5
17 sep 1937	10-Chuen	6
18 sep 1937	11-Eb	7
19 sep 1937	12-Ben	8
20 sep 1937	13-Ix	9
21 sep 1937	**1-Men**	1
22 sep 1937	2-Cib	2
23 sep 1937	3-Caban	3
24 sep 1937	4-Etz'nab	4
25 sep 1937	5-Cauac	5
26 sep 1937	6-Ahau	6
27 sep 1937	7-Imix	7
28 sep 1937	8-Ik	8
29 sep 1937	9-Akbal	9
30 sep 1937	10-Kan	1
1 oct 1937	11-Chicchan	2
2 oct 1937	12-Cimi	3
3 oct 1937	13-Manik	4
4 oct 1937	**1-Lamat**	5
5 oct 1937	2-Muluc	6
6 oct 1937	3-Oc	7
7 oct 1937	4-Chuen	8
8 oct 1937	5-Eb	9
9 oct 1937	6-Ben	1
10 oct 1937	7-Ix	2
11 oct 1937	8-Men	3
12 oct 1937	9-Cib	4
13 oct 1937	10-Caban	5
14 oct 1937	11-Etz'nab	6
15 oct 1937	12-Cauac	7
16 oct 1937	13-Ahau	8
17 oct 1937	**1-Imix**	9

Fecha	Signo del día	S
18 oct 1937	2-Ik	1
19 oct 1937	3-Akbal	2
20 oct 1937	4-Kan	3
21 oct 1937	5-Chicchan	4
22 oct 1937	6-Cimi	5
23 oct 1937	7-Manik	6
24 oct 1937	8-Lamat	7
25 oct 1937	9-Muluc	8
26 oct 1937	10-Oc	9
27 oct 1937	11-Chuen	1
28 oct 1937	12-Eb	2
29 oct 1937	13-Ben	3
30 oct 1937	**1-Ix**	4
31 oct 1937	2-Men	5
1 nov 1937	3-Cib	6
2 nov 1937	4-Caban	7
3 nov 1937	5-Etz'nab	8
4 nov 1937	6-Cauac	9
5 nov 1937	7-Ahau	1
6 nov 1937	*8-Imix*	2
7 nov 1937	9-Ik	3
8 nov 1937	10-Akbal	4
9 nov 1937	11-Kan	5
10 nov 1937	12-Chicchan	6
11 nov 1937	13-Cimi	7
12 nov 1937	**1-Manik**	8
13 nov 1937	2-Lamat	9
14 nov 1937	3-Muluc	1
15 nov 1937	4-Oc	2
16 nov 1937	5-Chuen	3
17 nov 1937	6-Eb	4
18 nov 1937	7-Ben	5
19 nov 1937	8-Ix	6
20 nov 1937	9-Men	7
21 nov 1937	10-Cib	8
22 nov 1937	11-Caban	9
23 nov 1937	12-Etz'nab	1
24 nov 1937	13-Cauac	2
25 nov 1937	**1-Ahau**	3
26 nov 1937	*2-Imix*	4
27 nov 1937	3-Ik	5
28 nov 1937	4-Akbal	6
29 nov 1937	5-Kan	7
30 nov 1937	6-Chicchan	8
1 dic 1937	7-Cimi	9
2 dic 1937	8-Manik	1
3 dic 1937	9-Lamat	2
4 dic 1937	10-Muluc	3
5 dic 1937	11-Oc	4
6 dic 1937	12-Chuen	5
7 dic 1937	13-Eb	6
8 dic 1937	**1-Ben**	7
9 dic 1937	2-Ix	8
10 dic 1937	3-Men	9
11 dic 1937	4-Cib	1
12 dic 1937	5-Caban	2
13 dic 1937	6-Etz'nab	3
14 dic 1937	7-Cauac	4
15 dic 1937	8-Ahau	5
16 dic 1937	*9-Imix*	6
17 dic 1937	10-Ik	7
18 dic 1937	11-Akbal	8
19 dic 1937	12-Kan	9
20 dic 1937	13-Chicchan	1
21 dic 1937	**1-Cimi**	2
22 dic 1937	2-Manik	3
23 dic 1937	3-Lamat	4
24 dic 1937	4-Muluc	5

Fecha	Signo del día	S
25 dic 1937	5-Oc	6
26 dic 1937	6-Chuen	7
27 dic 1937	7-Eb	8
28 dic 1937	8-Ben	9
29 dic 1937	9-Ix	1
30 dic 1937	10-Men	2
31 dic 1937	11-Cib	3
1 ene 1938	12-Caban	4
2 ene 1938	13-Etz'nab	5
3 ene 1938	**1-Cauac**	6
4 ene 1938	2-Ahau	7
5 ene 1938	*3-Imix*	8
6 ene 1938	4-Ik	9
7 ene 1938	5-Akbal	1
8 ene 1938	6-Kan	2
9 ene 1938	7-Chicchan	3
10 ene 1938	8-Cimi	4
11 ene 1938	9-Manik	5
12 ene 1938	10-Lamat	6
13 ene 1938	11-Muluc	7
14 ene 1938	12-Oc	8
15 ene 1938	13-Chuen	9
16 ene 1938	**1-Eb**	1
17 ene 1938	2-Ben	2
18 ene 1938	3-Ix	3
19 ene 1938	4-Men	4
20 ene 1938	5-Cib	5
21 ene 1938	6-Caban	6
22 ene 1938	7-Etz'nab	7
23 ene 1938	8-Cauac	8
24 ene 1938	9-Ahau	9
25 ene 1938	*10-Imix*	1
26 ene 1938	11-Ik	2
27 ene 1938	12-Akbal	3
28 ene 1938	13-Kan	4
29 ene 1938	**1-Chicchan**	5
30 ene 1938	2-Cimi	6
31 ene 1938	3-Manik	7
1 feb 1938	4-Lamat	8
2 feb 1938	5-Muluc	9
3 feb 1938	6-Oc	1
4 feb 1938	7-Chuen	2
5 feb 1938	8-Eb	3
6 feb 1938	9-Ben	4
7 feb 1938	10-Ix	5
8 feb 1938	11-Men	6
9 feb 1938	12-Cib	7
10 feb 1938	13-Caban	8
11 feb 1938	**1-Etz'nab**	9
12 feb 1938	2-Cauac	1
13 feb 1938	3-Ahau	2
14 feb 1938	*4-Imix*	3
15 feb 1938	5-Ik	4
16 feb 1938	6-Akbal	5
17 feb 1938	7-Kan	6
18 feb 1938	8-Chicchan	7
19 feb 1938	9-Cimi	8
20 feb 1938	10-Manik	9
21 feb 1938	11-Lamat	1
22 feb 1938	12-Muluc	2
23 feb 1938	13-Oc	3
24 feb 1938	**1-Chuen**	4
25 feb 1938	2-Eb	5
26 feb 1938	3-Ben	6
27 feb 1938	4-Ix	7
28 feb 1938	5-Men	8
1 mar 1938	6-Cib	9
2 mar 1938	7-Caban	1

Fecha	Signo del día	S
3 mar 1938	8-Etz'nab	2
4 mar 1938	9-Cauac	3
5 mar 1938	10-Ahau	4
6 mar 1938	*11-Imix*	5
7 mar 1938	12-Ik	6
8 mar 1938	13-Akbal	7
9 mar 1938	**1-Kan**	8
10 mar 1938	2-Chicchan	9
11 mar 1938	3-Cimi	1
12 mar 1938	4-Manik	2
13 mar 1938	5-Lamat	3
14 mar 1938	6-Muluc	4
15 mar 1938	7-Oc	5
16 mar 1938	8-Chuen	6
17 mar 1938	9-Eb	7
18 mar 1938	10-Ben	8
19 mar 1938	11-Ix	9
20 mar 1938	12-Men	1
21 mar 1938	13-Cib	2
22 mar 1938	**1-Caban**	3
23 mar 1938	2-Etz'nab	4
24 mar 1938	3-Cauac	5
25 mar 1938	4-Ahau	6
26 mar 1938	*5-Imix*	7
27 mar 1938	6-Ik	8
28 mar 1938	7-Akbal	9
29 mar 1938	8-Kan	1
30 mar 1938	9-Chicchan	2
31 mar 1938	10-Cimi	3
1 abr 1938	11-Manik	4
2 abr 1938	12-Lamat	5
3 abr 1938	13-Muluc	6
4 abr 1938	**1-Oc**	7
5 abr 1938	2-Chuen	8
6 abr 1938	3-Eb	9
7 abr 1938	4-Ben	1
8 abr 1938	5-Ix	2
9 abr 1938	6-Men	3
10 abr 1938	7-Cib	4
11 abr 1938	8-Caban	5
12 abr 1938	9-Etz'nab	6
13 abr 1938	10-Cauac	7
14 abr 1938	11-Ahau	8
15 abr 1938	*12-Imix*	9
16 abr 1938	13-Ik	1
17 abr 1938	**1-Akbal**	2
18 abr 1938	2-Kan	3
19 abr 1938	3-Chicchan	4
20 abr 1938	4-Cimi	5
21 abr 1938	5-Manik	6
22 abr 1938	6-Lamat	7
23 abr 1938	7-Muluc	8
24 abr 1938	8-Oc	9
25 abr 1938	9-Chuen	1
26 abr 1938	10-Eb	2
27 abr 1938	11-Ben	3
28 abr 1938	12-Ix	4
29 abr 1938	13-Men	5
30 abr 1938	**1-Cib**	6
1 may 1938	2-Caban	7
2 may 1938	3-Etz'nab	8
3 may 1938	4-Cauac	9
4 may 1938	5-Ahau	1
5 may 1938	*6-Imix*	2
6 may 1938	7-Ik	3
7 may 1938	8-Akbal	4
8 may 1938	9-Kan	5
9 may 1938	10-Chicchan	6

Fecha	Signo del día	S
10 may 1938	11-Cimi	7
11 may 1938	12-Manik	8
12 may 1938	13-Lamat	9
13 may 1938	**1-Muluc**	1
14 may 1938	2-Oc	2
15 may 1938	3-Chuen	3
16 may 1938	4-Eb	4
17 may 1938	5-Ben	5
18 may 1938	6-Ix	6
19 may 1938	7-Men	7
20 may 1938	8-Cib	8
21 may 1938	9-Caban	9
22 may 1938	10-Etz'nab	1
23 may 1938	11-Cauac	2
24 may 1938	12-Ahau	3
25 may 1938	*13-Imix*	4
26 may 1938	**1-Ik**	5
27 may 1938	2-Akbal	6
28 may 1938	3-Kan	7
29 may 1938	4-Chicchan	8
30 may 1938	5-Cimi	9
31 may 1938	6-Manik	1
1 jun 1938	7-Lamat	2
2 jun 1938	8-Muluc	3
3 jun 1938	9-Oc	4
4 jun 1938	10-Chuen	5
5 jun 1938	11-Eb	6
6 jun 1938	12-Ben	7
7 jun 1938	13-Ix	8
8 jun 1938	**1-Men**	9
9 jun 1938	2-Cib	1
10 jun 1938	3-Caban	2
11 jun 1938	4-Etz'nab	3
12 jun 1938	5-Cauac	4
13 jun 1938	6-Ahau	5
14 jun 1938	*7-Imix*	6
15 jun 1938	8-Ik	7
16 jun 1938	9-Akbal	8
17 jun 1938	10-Kan	9
18 jun 1938	11-Chicchan	1
19 jun 1938	12-Cimi	2
20 jun 1938	13-Manik	3
21 jun 1938	**1-Lamat**	4
22 jun 1938	2-Muluc	5
23 jun 1938	3-Oc	6
24 jun 1938	4-Chuen	7
25 jun 1938	5-Eb	8
26 jun 1938	6-Ben	9
27 jun 1938	7-Ix	1
28 jun 1938	8-Men	2
29 jun 1938	9-Cib	3
30 jun 1938	10-Caban	4
1 jul 1938	11-Etz'nab	5
2 jul 1938	12-Cauac	6
3 jul 1938	13-Ahau	7
4 jul 1938	**1-Imix**	8
5 jul 1938	2-Ik	9
6 jul 1938	3-Akbal	1
7 jul 1938	4-Kan	2
8 jul 1938	5-Chicchan	3
9 jul 1938	6-Cimi	4
10 jul 1938	7-Manik	5
11 jul 1938	8-Lamat	6
12 jul 1938	9-Muluc	7
13 jul 1938	10-Oc	8
14 jul 1938	11-Chuen	9
15 jul 1938	12-Eb	1
16 jul 1938	13-Ben	2

Fecha	Signo del día	S
17 jul 1938	**1-Ix**	3
18 jul 1938	2-Men	4
19 jul 1938	3-Cib	5
20 jul 1938	4-Caban	6
21 jul 1938	5-Etz'nab	7
22 jul 1938	6-Cauac	8
23 jul 1938	7-Ahau	9
24 jul 1938	*8-Imix*	1
25 jul 1938	9-Ik	2
26 jul 1938	10-Akbal	3
27 jul 1938	11-Kan	4
28 jul 1938	12-Chicchan	5
29 jul 1938	13-Cimi	6
30 jul 1938	**1-Manik**	7
31 jul 1938	2-Lamat	8
1 ago 1938	3-Muluc	9
2 ago 1938	4-Oc	1
3 ago 1938	5-Chuen	2
4 ago 1938	6-Eb	3
5 ago 1938	7-Ben	4
6 ago 1938	8-Ix	5
7 ago 1938	9-Men	6
8 ago 1938	10-Cib	7
9 ago 1938	11-Caban	8
10 ago 1938	12-Etz'nab	9
11 ago 1938	13-Cauac	1
12 ago 1938	**1-Ahau**	2
13 ago 1938	*2-Imix*	3
14 ago 1938	3-Ik	4
15 ago 1938	4-Akbal	5
16 ago 1938	5-Kan	6
17 ago 1938	6-Chicchan	7
18 ago 1938	7-Cimi	8
19 ago 1938	8-Manik	9
20 ago 1938	9-Lamat	1
21 ago 1938	10-Muluc	2
22 ago 1938	11-Oc	3
23 ago 1938	12-Chuen	4
24 ago 1938	13-Eb	5
25 ago 1938	**1-Ben**	6
26 ago 1938	2-Ix	7
27 ago 1938	3-Men	8
28 ago 1938	4-Cib	9
29 ago 1938	5-Caban	1
30 ago 1938	6-Etz'nab	2
31 ago 1938	7-Cauac	3
1 sep 1938	8-Ahau	4
2 sep 1938	*9-Imix*	5
3 sep 1938	10-Ik	6
4 sep 1938	11-Akbal	7
5 sep 1938	12-Kan	8
6 sep 1938	13-Chicchan	9
7 sep 1938	**1-Cimi**	1
8 sep 1938	2-Manik	2
9 sep 1938	3-Lamat	3
10 sep 1938	4-Muluc	4
11 sep 1938	5-Oc	5
12 sep 1938	6-Chuen	6
13 sep 1938	7-Eb	7
14 sep 1938	8-Ben	8
15 sep 1938	9-Ix	9
16 sep 1938	10-Men	1
17 sep 1938	11-Cib	2
18 sep 1938	12-Caban	3
19 sep 1938	13-Etz'nab	4
20 sep 1938	**1-Cauac**	5
21 sep 1938	2-Ahau	6
22 sep 1938	*3-Imix*	7

Fecha	Signo del día	S
23 sep 1938	4-Ik	8
24 sep 1938	5-Akbal	9
25 sep 1938	6-Kan	1
26 sep 1938	7-Chicchan	2
27 sep 1938	8-Cimi	3
28 sep 1938	9-Manik	4
29 sep 1938	10-Lamat	5
30 sep 1938	11-Muluc	6
1 oct 1938	12-Oc	7
2 oct 1938	13-Chuen	8
3 oct 1938	**1-Eb**	9
4 oct 1938	2-Ben	1
5 oct 1938	3-Ix	2
6 oct 1938	4-Men	3
7 oct 1938	5-Cib	4
8 oct 1938	6-Caban	5
9 oct 1938	7-Etz'nab	6
10 oct 1938	8-Cauac	7
11 oct 1938	9-Ahau	8
12 oct 1938	*10-Imix*	9
13 oct 1938	11-Ik	1
14 oct 1938	12-Akbal	2
15 oct 1938	13-Kan	3
16 oct 1938	**1-Chicchan**	4
17 oct 1938	2-Cimi	5
18 oct 1938	3-Manik	6
19 oct 1938	4-Lamat	7
20 oct 1938	5-Muluc	8
21 oct 1938	6-Oc	9
22 oct 1938	7-Chuen	1
23 oct 1938	8-Eb	2
24 oct 1938	9-Ben	3
25 oct 1938	10-Ix	4
26 oct 1938	11-Men	5
27 oct 1938	12-Cib	6
28 oct 1938	13-Caban	7
29 oct 1938	**1-Etz'nab**	8
30 oct 1938	2-Cauac	9
31 oct 1938	3-Ahau	1
1 nov 1938	*4-Imix*	2
2 nov 1938	5-Ik	3
3 nov 1938	6-Akbal	4
4 nov 1938	7-Kan	5
5 nov 1938	8-Chicchan	6
6 nov 1938	9-Cimi	7
7 nov 1938	10-Manik	8
8 nov 1938	11-Lamat	9
9 nov 1938	12-Muluc	1
10 nov 1938	13-Oc	2
11 nov 1938	**1-Chuen**	3
12 nov 1938	2-Eb	4
13 nov 1938	3-Ben	5
14 nov 1938	4-Ix	6
15 nov 1938	5-Men	7
16 nov 1938	6-Cib	8
17 nov 1938	7-Caban	9
18 nov 1938	8-Etz'nab	1
19 nov 1938	9-Cauac	2
20 nov 1938	10-Ahau	3
21 nov 1938	*11-Imix*	4
22 nov 1938	12-Ik	5
23 nov 1938	13-Akbal	6
24 nov 1938	**1-Kan**	7
25 nov 1938	2-Chicchan	8
26 nov 1938	3-Cimi	9
27 nov 1938	4-Manik	1
28 nov 1938	5-Lamat	2
29 nov 1938	6-Muluc	3

Fecha	Signo del día	S	Fecha	Signo del día	S	Fecha	Signo del día	S
30 nov 1938	7-Oc	4	6 feb 1939	10-Etz'nab	9	15 abr 1939	13-Cimi	5
1 dic 1938	8-Chuen	5	7 feb 1939	11-Cauac	1	16 abr 1939	**1-Manik**	6
2 dic 1938	9-Eb	6	8 feb 1939	12-Ahau	2	17 abr 1939	2-Lamat	7
3 dic 1938	10-Ben	7	9 feb 1939	*13-Imix*	3	18 abr 1939	3-Muluc	8
4 dic 1938	11-Ix	8	10 feb 1939	**1-Ik**	4	19 abr 1939	4-Oc	9
5 dic 1938	12-Men	9	11 feb 1939	2-Akbal	5	20 abr 1939	5-Chuen	1
6 dic 1938	13-Cib	1	12 feb 1939	3-Kan	6	21 abr 1939	6-Eb	2
7 dic 1938	**1-Caban**	2	13 feb 1939	4-Chicchan	7	22 abr 1939	7-Ben	3
8 dic 1938	2-Etz'nab	3	14 feb 1939	5-Cimi	8	23 abr 1939	8-Ix	4
9 dic 1938	3-Cauac	4	15 feb 1939	6-Manik	9	24 abr 1939	9-Men	5
10 dic 1938	4-Ahau	5	16 feb 1939	7-Lamat	1	25 abr 1939	10-Cib	6
11 dic 1938	*5-Imix*	6	17 feb 1939	8-Muluc	2	26 abr 1939	11-Caban	7
12 dic 1938	6-Ik	7	18 feb 1939	9-Oc	3	27 abr 1939	12-Etz'nab	8
13 dic 1938	7-Akbal	8	19 feb 1939	10-Chuen	4	28 abr 1939	13-Cauac	9
14 dic 1938	8-Kan	9	20 feb 1939	11-Eb	5	29 abr 1939	**1-Ahau**	1
15 dic 1938	9-Chicchan	1	21 feb 1939	12-Ben	6	30 abr 1939	*2-Imix*	2
16 dic 1938	10-Cimi	2	22 feb 1939	13-Ix	7	1 may 1939	3-Ik	3
17 dic 1938	11-Manik	3	23 feb 1939	**1-Men**	8	2 may 1939	4-Akbal	4
18 dic 1938	12-Lamat	4	24 feb 1939	2-Cib	9	3 may 1939	5-Kan	5
19 dic 1938	13-Muluc	5	25 feb 1939	3-Caban	1	4 may 1939	6-Chicchan	6
20 dic 1938	**1-Oc**	6	26 feb 1939	4-Etz'nab	2	5 may 1939	7-Cimi	7
21 dic 1938	2-Chuen	7	27 feb 1939	5-Cauac	3	6 may 1939	8-Manik	8
22 dic 1938	3-Eb	8	28 feb 1939	6-Ahau	4	7 may 1939	9-Lamat	9
23 dic 1938	4-Ben	9	1 mar 1939	*7-Imix*	5	8 may 1939	10-Muluc	1
24 dic 1938	5-Ix	1	2 mar 1939	8-Ik	6	9 may 1939	11-Oc	2
25 dic 1938	6-Men	2	3 mar 1939	9-Akbal	7	10 may 1939	12-Chuen	3
26 dic 1938	7-Cib	3	4 mar 1939	10-Kan	8	11 may 1939	13-Eb	4
27 dic 1938	8-Caban	4	5 mar 1939	11-Chicchan	9	12 may 1939	**1-Ben**	5
28 dic 1938	9-Etz'nab	5	6 mar 1939	12-Cimi	1	13 may 1939	2-Ix	6
29 dic 1938	10-Cauac	6	7 mar 1939	13-Manik	2	14 may 1939	3-Men	7
30 dic 1938	11-Ahau	7	8 mar 1939	**1-Lamat**	3	15 may 1939	4-Cib	8
31 dic 1938	*12-Imix*	8	9 mar 1939	2-Muluc	4	16 may 1939	5-Caban	9
1 ene 1939	13-Ik	9	10 mar 1939	3-Oc	5	17 may 1939	6-Etz'nab	1
2 ene 1939	**1-Akbal**	1	11 mar 1939	4-Chuen	6	18 may 1939	7-Cauac	2
3 ene 1939	2-Kan	2	12 mar 1939	5-Eb	7	19 may 1939	8-Ahau	3
4 ene 1939	3-Chicchan	3	13 mar 1939	6-Ben	8	20 may 1939	*9-Imix*	4
5 ene 1939	4-Cimi	4	14 mar 1939	7-Ix	9	21 may 1939	10-Ik	5
6 ene 1939	5-Manik	5	15 mar 1939	8-Men	1	22 may 1939	11-Akbal	6
7 ene 1939	6-Lamat	6	16 mar 1939	9-Cib	2	23 may 1939	12-Kan	7
8 ene 1939	7-Muluc	7	17 mar 1939	10-Caban	3	24 may 1939	13-Chicchan	8
9 ene 1939	8-Oc	8	18 mar 1939	11-Etz'nab	4	25 may 1939	**1-Cimi**	9
10 ene 1939	9-Chuen	9	19 mar 1939	12-Cauac	5	26 may 1939	2-Manik	1
11 ene 1939	10-Eb	1	20 mar 1939	13-Ahau	6	27 may 1939	3-Lamat	2
12 ene 1939	11-Ben	2	21 mar 1939	**1-Imix**	7	28 may 1939	4-Muluc	3
13 ene 1939	12-Ix	3	22 mar 1939	2-Ik	8	29 may 1939	5-Oc	4
14 ene 1939	13-Men	4	23 mar 1939	3-Akbal	9	30 may 1939	6-Chuen	5
15 ene 1939	**1-Cib**	5	24 mar 1939	4-Kan	1	31 may 1939	7-Eb	6
16 ene 1939	2-Caban	6	25 mar 1939	5-Chicchan	2	1 jun 1939	8-Ben	7
17 ene 1939	3-Etz'nab	7	26 mar 1939	6-Cimi	3	2 jun 1939	9-Ix	8
18 ene 1939	4-Cauac	8	27 mar 1939	7-Manik	4	3 jun 1939	10-Men	9
19 ene 1939	5-Ahau	9	28 mar 1939	8-Lamat	5	4 jun 1939	11-Cib	1
20 ene 1939	*6-Imix*	1	29 mar 1939	9-Muluc	6	5 jun 1939	12-Caban	2
21 ene 1939	7-Ik	2	30 mar 1939	10-Oc	7	6 jun 1939	13-Etz'nab	3
22 ene 1939	8-Akbal	3	31 mar 1939	11-Chuen	8	7 jun 1939	**1-Cauac**	4
23 ene 1939	9-Kan	4	1 abr 1939	12-Eb	9	8 jun 1939	2-Ahau	5
24 ene 1939	10-Chicchan	5	2 abr 1939	13-Ben	1	9 jun 1939	*3-Imix*	6
25 ene 1939	11-Cimi	6	3 abr 1939	**1-Ix**	2	10 jun 1939	4-Ik	7
26 ene 1939	12-Manik	7	4 abr 1939	2-Men	3	11 jun 1939	5-Akbal	8
27 ene 1939	13-Lamat	8	5 abr 1939	3-Cib	4	12 jun 1939	6-Kan	9
28 ene 1939	**1-Muluc**	9	6 abr 1939	4-Caban	5	13 jun 1939	7-Chicchan	1
29 ene 1939	2-Oc	1	7 abr 1939	5-Etz'nab	6	14 jun 1939	8-Cimi	2
30 ene 1939	3-Chuen	2	8 abr 1939	6-Cauac	7	15 jun 1939	9-Manik	3
31 ene 1939	4-Eb	3	9 abr 1939	7-Ahau	8	16 jun 1939	10-Lamat	4
1 feb 1939	5-Ben	4	10 abr 1939	*8-Imix*	9	17 jun 1939	11-Muluc	5
2 feb 1939	6-Ix	5	11 abr 1939	9-Ik	1	18 jun 1939	12-Oc	6
3 feb 1939	7-Men	6	12 abr 1939	10-Akbal	2	19 jun 1939	13-Chuen	7
4 feb 1939	8-Cib	7	13 abr 1939	11-Kan	3	20 jun 1939	**1-Eb**	8
5 feb 1939	9-Caban	8	14 abr 1939	12-Chicchan	4	21 jun 1939	2-Ben	9

Fecha	Signo del día	S
22 jun 1939	3-Ix	1
23 jun 1939	4-Men	2
24 jun 1939	5-Cib	3
25 jun 1939	6-Caban	4
26 jun 1939	7-Etz'nab	5
27 jun 1939	8-Cauac	6
28 jun 1939	9-Ahau	7
29 jun 1939	*10-Imix*	8
30 jun 1939	11-Ik	9
1 jul 1939	12-Akbal	1
2 jul 1939	13-Kan	2
3 jul 1939	**1-Chicchan**	3
4 jul 1939	2-Cimi	4
5 jul 1939	3-Manik	5
6 jul 1939	4-Lamat	6
7 jul 1939	5-Muluc	7
8 jul 1939	6-Oc	8
9 jul 1939	7-Chuen	9
10 jul 1939	8-Eb	1
11 jul 1939	9-Ben	2
12 jul 1939	10-Ix	3
13 jul 1939	11-Men	4
14 jul 1939	12-Cib	5
15 jul 1939	13-Caban	6
16 jul 1939	**1-Etz'nab**	7
17 jul 1939	2-Cauac	8
18 jul 1939	3-Ahau	9
19 jul 1939	*4-Imix*	1
20 jul 1939	5-Ik	2
21 jul 1939	6-Akbal	3
22 jul 1939	7-Kan	4
23 jul 1939	8-Chicchan	5
24 jul 1939	9-Cimi	6
25 jul 1939	10-Manik	7
26 jul 1939	11-Lamat	8
27 jul 1939	12-Muluc	9
28 jul 1939	13-Oc	1
29 jul 1939	**1-Chuen**	2
30 jul 1939	2-Eb	3
31 jul 1939	3-Ben	4
1 ago 1939	4-Ix	5
2 ago 1939	5-Men	6
3 ago 1939	6-Cib	7
4 ago 1939	7-Caban	8
5 ago 1939	8-Etz'nab	9
6 ago 1939	9-Cauac	1
7 ago 1939	10-Ahau	2
8 ago 1939	*11-Imix*	3
9 ago 1939	12-Ik	4
10 ago 1939	13-Akbal	5
11 ago 1939	**1-Kan**	6
12 ago 1939	2-Chicchan	7
13 ago 1939	3-Cimi	8
14 ago 1939	4-Manik	9
15 ago 1939	5-Lamat	1
16 ago 1939	6-Muluc	2
17 ago 1939	7-Oc	3
18 ago 1939	8-Chuen	4
19 ago 1939	9-Eb	5
20 ago 1939	10-Ben	6
21 ago 1939	11-Ix	7
22 ago 1939	12-Men	8
23 ago 1939	13-Cib	9
24 ago 1939	**1-Caban**	1
25 ago 1939	2-Etz'nab	2
26 ago 1939	3-Cauac	3
27 ago 1939	4-Ahau	4
28 ago 1939	*5-Imix*	5
29 ago 1939	6-Ik	6
30 ago 1939	7-Akbal	7
31 ago 1939	8-Kan	8
1 sep 1939	9-Chicchan	9
2 sep 1939	10-Cimi	1
3 sep 1939	11-Manik	2
4 sep 1939	12-Lamat	3
5 sep 1939	13-Muluc	4
6 sep 1939	**1-Oc**	5
7 sep 1939	2-Chuen	6
8 sep 1939	3-Eb	7
9 sep 1939	4-Ben	8
10 sep 1939	5-Ix	9
11 sep 1939	6-Men	1
12 sep 1939	7-Cib	2
13 sep 1939	8-Caban	3
14 sep 1939	9-Etz'nab	4
15 sep 1939	10-Cauac	5
16 sep 1939	11-Ahau	6
17 sep 1939	*12-Imix*	7
18 sep 1939	13-Ik	8
19 sep 1939	**1-Akbal**	9
20 sep 1939	2-Kan	1
21 sep 1939	3-Chicchan	2
22 sep 1939	4-Cimi	3
23 sep 1939	5-Manik	4
24 sep 1939	6-Lamat	5
25 sep 1939	7-Muluc	6
26 sep 1939	8-Oc	7
27 sep 1939	9-Chuen	8
28 sep 1939	10-Eb	9
29 sep 1939	11-Ben	1
30 sep 1939	12-Ix	2
1 oct 1939	13-Men	3
2 oct 1939	**1-Cib**	4
3 oct 1939	2-Caban	5
4 oct 1939	3-Etz'nab	6
5 oct 1939	4-Cauac	7
6 oct 1939	5-Ahau	8
7 oct 1939	*6-Imix*	9
8 oct 1939	7-Ik	1
9 oct 1939	8-Akbal	2
10 oct 1939	9-Kan	3
11 oct 1939	10-Chicchan	4
12 oct 1939	11-Cimi	5
13 oct 1939	12-Manik	6
14 oct 1939	13-Lamat	7
15 oct 1939	**1-Muluc**	8
16 oct 1939	2-Oc	9
17 oct 1939	3-Chuen	1
18 oct 1939	4-Eb	2
19 oct 1939	5-Ben	3
20 oct 1939	6-Ix	4
21 oct 1939	7-Men	5
22 oct 1939	8-Cib	6
23 oct 1939	9-Caban	7
24 oct 1939	10-Etz'nab	8
25 oct 1939	11-Cauac	9
26 oct 1939	12-Ahau	1
27 oct 1939	*13-Imix*	2
28 oct 1939	**1-Ik**	3
29 oct 1939	2-Akbal	4
30 oct 1939	3-Kan	5
31 oct 1939	4-Chicchan	6
1 nov 1939	5-Cimi	7
2 nov 1939	6-Manik	8
3 nov 1939	7-Lamat	9
4 nov 1939	8-Muluc	1
5 nov 1939	9-Oc	2
6 nov 1939	10-Chuen	3
7 nov 1939	11-Eb	4
8 nov 1939	12-Ben	5
9 nov 1939	13-Ix	6
10 nov 1939	**1-Men**	7
11 nov 1939	2-Cib	8
12 nov 1939	3-Caban	9
13 nov 1939	4-Etz'nab	1
14 nov 1939	5-Cauac	2
15 nov 1939	6-Ahau	3
16 nov 1939	*7-Imix*	4
17 nov 1939	8-Ik	5
18 nov 1939	9-Akbal	6
19 nov 1939	10-Kan	7
20 nov 1939	11-Chicchan	8
21 nov 1939	12-Cimi	9
22 nov 1939	13-Manik	1
23 nov 1939	**1-Lamat**	2
24 nov 1939	2-Muluc	3
25 nov 1939	3-Oc	4
26 nov 1939	4-Chuen	5
27 nov 1939	5-Eb	6
28 nov 1939	6-Ben	7
29 nov 1939	7-Ix	8
30 nov 1939	8-Men	9
1 dic 1939	9-Cib	1
2 dic 1939	10-Caban	2
3 dic 1939	11-Etz'nab	3
4 dic 1939	12-Cauac	4
5 dic 1939	13-Ahau	5
6 dic 1939	**1-Imix**	6
7 dic 1939	2-Ik	7
8 dic 1939	3-Akbal	8
9 dic 1939	4-Kan	9
10 dic 1939	5-Chicchan	1
11 dic 1939	6-Cimi	2
12 dic 1939	7-Manik	3
13 dic 1939	8-Lamat	4
14 dic 1939	9-Muluc	5
15 dic 1939	10-Oc	6
16 dic 1939	11-Chuen	7
17 dic 1939	12-Eb	8
18 dic 1939	13-Ben	9
19 dic 1939	**1-Ix**	1
20 dic 1939	2-Men	2
21 dic 1939	3-Cib	3
22 dic 1939	4-Caban	4
23 dic 1939	5-Etz'nab	5
24 dic 1939	6-Cauac	6
25 dic 1939	7-Ahau	7
26 dic 1939	*8-Imix*	8
27 dic 1939	9-Ik	9
28 dic 1939	10-Akbal	1
29 dic 1939	11-Kan	2
30 dic 1939	12-Chicchan	3
31 dic 1939	13-Cimi	4
1 ene 1940	**1-Manik**	5
2 ene 1940	2-Lamat	6
3 ene 1940	3-Muluc	7
4 ene 1940	4-Oc	8
5 ene 1940	5-Chuen	9
6 ene 1940	6-Eb	1
7 ene 1940	7-Ben	2
8 ene 1940	8-Ix	3
9 ene 1940	9-Men	4
10 ene 1940	10-Cib	5
11 ene 1940	11-Caban	6

Fecha	Signo del día	S	Fecha	Signo del día	S	Fecha	Signo del día	S
12 ene 1940	12-Etz'nab	7	20 mar 1940	2-Cimi	3	27 may 1940	5-Ix	8
13 ene 1940	13-Cauac	8	21 mar 1940	3-Manik	4	28 may 1940	6-Men	9
14 ene 1940	**1-Ahau**	9	22 mar 1940	4-Lamat	5	29 may 1940	7-Cib	1
15 ene 1940	*2-Imix*	1	23 mar 1940	5-Muluc	6	30 may 1940	8-Caban	2
16 ene 1940	3-Ik	2	24 mar 1940	6-Oc	7	31 may 1940	9-Etz'nab	3
17 ene 1940	4-Akbal	3	25 mar 1940	7-Chuen	8	1 jun 1940	10-Cauac	4
18 ene 1940	5-Kan	4	26 mar 1940	8-Eb	9	2 jun 1940	11-Ahau	5
19 ene 1940	6-Chicchan	5	27 mar 1940	9-Ben	1	3 jun 1940	*12-Imix*	6
20 ene 1940	7-Cimi	6	28 mar 1940	10-Ix	2	4 jun 1940	13-Ik	7
21 ene 1940	8-Manik	7	29 mar 1940	11-Men	3	5 jun 1940	**1-Akbal**	8
22 ene 1940	9-Lamat	8	30 mar 1940	12-Cib	4	6 jun 1940	2-Kan	9
23 ene 1940	10-Muluc	9	31 mar 1940	13-Caban	5	7 jun 1940	3-Chicchan	1
24 ene 1940	11-Oc	1	1 abr 1940	**1-Etz'nab**	6	8 jun 1940	4-Cimi	2
25 ene 1940	12-Chuen	2	2 abr 1940	2-Cauac	7	9 jun 1940	5-Manik	3
26 ene 1940	13-Eb	3	3 abr 1940	3-Ahau	8	10 jun 1940	6-Lamat	4
27 ene 1940	**1-Ben**	4	4 abr 1940	*4-Imix*	9	11 jun 1940	7-Muluc	5
28 ene 1940	2-Ix	5	5 abr 1940	5-Ik	1	12 jun 1940	8-Oc	6
29 ene 1940	3-Men	6	6 abr 1940	6-Akbal	2	13 jun 1940	9-Chuen	7
30 ene 1940	4-Cib	7	7 abr 1940	7-Kan	3	14 jun 1940	10-Eb	8
31 ene 1940	5-Caban	8	8 abr 1940	8-Chicchan	4	15 jun 1940	11-Ben	9
1 feb 1940	6-Etz'nab	9	9 abr 1940	9-Cimi	5	16 jun 1940	12-Ix	1
2 feb 1940	7-Cauac	1	10 abr 1940	10-Manik	6	17 jun 1940	13-Men	2
3 feb 1940	8-Ahau	2	11 abr 1940	11-Lamat	7	18 jun 1940	**1-Cib**	3
4 feb 1940	*9-Imix*	3	12 abr 1940	12-Muluc	8	19 jun 1940	2-Caban	4
5 feb 1940	10-Ik	4	13 abr 1940	13-Oc	9	20 jun 1940	3-Etz'nab	5
6 feb 1940	11-Akbal	5	14 abr 1940	**1-Chuen**	1	21 jun 1940	4-Cauac	6
7 feb 1940	12-Kan	6	15 abr 1940	2-Eb	2	22 jun 1940	5-Ahau	7
8 feb 1940	13-Chicchan	7	16 abr 1940	3-Ben	3	23 jun 1940	*6-Imix*	8
9 feb 1940	**1-Cimi**	8	17 abr 1940	4-Ix	4	24 jun 1940	7-Ik	9
10 feb 1940	2-Manik	9	18 abr 1940	5-Men	5	25 jun 1940	8-Akbal	1
11 feb 1940	3-Lamat	1	19 abr 1940	6-Cib	6	26 jun 1940	9-Kan	2
12 feb 1940	4-Muluc	2	20 abr 1940	7-Caban	7	27 jun 1940	10-Chicchan	3
13 feb 1940	5-Oc	3	21 abr 1940	8-Etz'nab	8	28 jun 1940	11-Cimi	4
14 feb 1940	6-Chuen	4	22 abr 1940	9-Cauac	9	29 jun 1940	12-Manik	5
15 feb 1940	7-Eb	5	23 abr 1940	10-Ahau	1	30 jun 1940	13-Lamat	6
16 feb 1940	8-Ben	6	24 abr 1940	*11-Imix*	2	1 jul 1940	**1-Muluc**	7
17 feb 1940	9-Ix	7	25 abr 1940	12-Ik	3	2 jul 1940	2-Oc	8
18 feb 1940	10-Men	8	26 abr 1940	13-Akbal	4	3 jul 1940	3-Chuen	9
19 feb 1940	11-Cib	9	27 abr 1940	**1-Kan**	5	4 jul 1940	4-Eb	1
20 feb 1940	12-Caban	1	28 abr 1940	2-Chicchan	6	5 jul 1940	5-Ben	2
21 feb 1940	13-Etz'nab	2	29 abr 1940	3-Cimi	7	6 jul 1940	6-Ix	3
22 feb 1940	**1-Cauac**	3	30 abr 1940	4-Manik	8	7 jul 1940	7-Men	4
23 feb 1940	2-Ahau	4	1 may 1940	5-Lamat	9	8 jul 1940	8-Cib	5
24 feb 1940	*3-Imix*	5	2 may 1940	6-Muluc	1	9 jul 1940	9-Caban	6
25 feb 1940	4-Ik	6	3 may 1940	7-Oc	2	10 jul 1940	10-Etz'nab	7
26 feb 1940	5-Akbal	7	4 may 1940	8-Chuen	3	11 jul 1940	11-Cauac	8
27 feb 1940	6-Kan	8	5 may 1940	9-Eb	4	12 jul 1940	12-Ahau	9
28 feb 1940	7-Chicchan	9	6 may 1940	10-Ben	5	13 jul 1940	*13-Imix*	1
29 feb 1940	8-Cimi	1	7 may 1940	11-Ix	6	14 jul 1940	**1-Ik**	2
1 mar 1940	9-Manik	2	8 may 1940	12-Men	7	15 jul 1940	2-Akbal	3
2 mar 1940	10-Lamat	3	9 may 1940	13-Cib	8	16 jul 1940	3-Kan	4
3 mar 1940	11-Muluc	4	10 may 1940	**1-Caban**	9	17 jul 1940	4-Chicchan	5
4 mar 1940	12-Oc	5	11 may 1940	2-Etz'nab	1	18 jul 1940	5-Cimi	6
5 mar 1940	13-Chuen	6	12 may 1940	3-Cauac	2	19 jul 1940	6-Manik	7
6 mar 1940	**1-Eb**	7	13 may 1940	4-Ahau	3	20 jul 1940	7-Lamat	8
7 mar 1940	2-Ben	8	14 may 1940	*5-Imix*	4	21 jul 1940	8-Muluc	9
8 mar 1940	3-Ix	9	15 may 1940	6-Ik	5	22 jul 1940	9-Oc	1
9 mar 1940	4-Men	1	16 may 1940	7-Akbal	6	23 jul 1940	10-Chuen	2
10 mar 1940	5-Cib	2	17 may 1940	8-Kan	7	24 jul 1940	11-Eb	3
11 mar 1940	6-Caban	3	18 may 1940	9-Chicchan	8	25 jul 1940	12-Ben	4
12 mar 1940	7-Etz'nab	4	19 may 1940	10-Cimi	9	26 jul 1940	13-Ix	5
13 mar 1940	8-Cauac	5	20 may 1940	11-Manik	1	27 jul 1940	**1-Men**	6
14 mar 1940	9-Ahau	6	21 may 1940	12-Lamat	2	28 jul 1940	2-Cib	7
15 mar 1940	*10-Imix*	7	22 may 1940	13-Muluc	3	29 jul 1940	3-Caban	8
16 mar 1940	11-Ik	8	23 may 1940	**1-Oc**	4	30 jul 1940	4-Etz'nab	9
17 mar 1940	12-Akbal	9	24 may 1940	2-Chuen	5	31 jul 1940	5-Cauac	1
18 mar 1940	13-Kan	1	25 may 1940	3-Eb	6	1 ago 1940	6-Ahau	2
19 mar 1940	**1-Chicchan**	2	26 may 1940	4-Ben	7	2 ago 1940	*7-Imix*	3

Fecha	Signo del día	S
3 ago 1940	8-Ik	4
4 ago 1940	9-Akbal	5
5 ago 1940	10-Kan	6
6 ago 1940	11-Chicchan	7
7 ago 1940	12-Cimi	8
8 ago 1940	13-Manik	9
9 ago 1940	**1-Lamat**	1
10 ago 1940	2-Muluc	2
11 ago 1940	3-Oc	3
12 ago 1940	4-Chuen	4
13 ago 1940	5-Eb	5
14 ago 1940	6-Ben	6
15 ago 1940	7-Ix	7
16 ago 1940	8-Men	8
17 ago 1940	9-Cib	9
18 ago 1940	10-Caban	1
19 ago 1940	11-Etz'nab	2
20 ago 1940	12-Cauac	3
21 ago 1940	13-Ahau	4
22 ago 1940	**1-Imix**	5
23 ago 1940	2-Ik	6
24 ago 1940	3-Akbal	7
25 ago 1940	4-Kan	8
26 ago 1940	5-Chicchan	9
27 ago 1940	6-Cimi	1
28 ago 1940	7-Manik	2
29 ago 1940	8-Lamat	3
30 ago 1940	9-Muluc	4
31 ago 1940	10-Oc	5
1 sep 1940	11-Chuen	6
2 sep 1940	12-Eb	7
3 sep 1940	13-Ben	8
4 sep 1940	**1-Ix**	9
5 sep 1940	2-Men	1
6 sep 1940	3-Cib	2
7 sep 1940	4-Caban	3
8 sep 1940	5-Etz'nab	4
9 sep 1940	6-Cauac	5
10 sep 1940	7-Ahau	6
11 sep 1940	*8-Imix*	7
12 sep 1940	9-Ik	8
13 sep 1940	10-Akbal	9
14 sep 1940	11-Kan	1
15 sep 1940	12-Chicchan	2
16 sep 1940	13-Cimi	3
17 sep 1940	**1-Manik**	4
18 sep 1940	2-Lamat	5
19 sep 1940	3-Muluc	6
20 sep 1940	4-Oc	7
21 sep 1940	5-Chuen	8
22 sep 1940	6-Eb	9
23 sep 1940	7-Ben	1
24 sep 1940	8-Ix	2
25 sep 1940	9-Men	3
26 sep 1940	10-Cib	4
27 sep 1940	11-Caban	5
28 sep 1940	12-Etz'nab	6
29 sep 1940	13-Cauac	7
30 sep 1940	**1-Ahau**	8
1 oct 1940	*2-Imix*	9
2 oct 1940	3-Ik	1
3 oct 1940	4-Akbal	2
4 oct 1940	5-Kan	3
5 oct 1940	6-Chicchan	4
6 oct 1940	7-Cimi	5
7 oct 1940	8-Manik	6
8 oct 1940	9-Lamat	7
9 oct 1940	10-Muluc	8

Fecha	Signo del día	S
10 oct 1940	11-Oc	9
11 oct 1940	12-Chuen	1
12 oct 1940	13-Eb	2
13 oct 1940	**1-Ben**	3
14 oct 1940	2-Ix	4
15 oct 1940	3-Men	5
16 oct 1940	4-Cib	6
17 oct 1940	5-Caban	7
18 oct 1940	6-Etz'nab	8
19 oct 1940	7-Cauac	9
20 oct 1940	8-Ahau	1
21 oct 1940	*9-Imix*	2
22 oct 1940	10-Ik	3
23 oct 1940	11-Akbal	4
24 oct 1940	12-Kan	5
25 oct 1940	13-Chicchan	6
26 oct 1940	**1-Cimi**	7
27 oct 1940	2-Manik	8
28 oct 1940	3-Lamat	9
29 oct 1940	4-Muluc	1
30 oct 1940	5-Oc	2
31 oct 1940	6-Chuen	3
1 nov 1940	7-Eb	4
2 nov 1940	8-Ben	5
3 nov 1940	9-Ix	6
4 nov 1940	10-Men	7
5 nov 1940	11-Cib	8
6 nov 1940	12-Caban	9
7 nov 1940	13-Etz'nab	1
8 nov 1940	**1-Cauac**	2
9 nov 1940	2-Ahau	3
10 nov 1940	*3-Imix*	4
11 nov 1940	4-Ik	5
12 nov 1940	5-Akbal	6
13 nov 1940	6-Kan	7
14 nov 1940	7-Chicchan	8
15 nov 1940	8-Cimi	9
16 nov 1940	9-Manik	1
17 nov 1940	10-Lamat	2
18 nov 1940	11-Muluc	3
19 nov 1940	12-Oc	4
20 nov 1940	13-Chuen	5
21 nov 1940	**1-Eb**	6
22 nov 1940	2-Ben	7
23 nov 1940	3-Ix	8
24 nov 1940	4-Men	9
25 nov 1940	5-Cib	1
26 nov 1940	6-Caban	2
27 nov 1940	7-Etz'nab	3
28 nov 1940	8-Cauac	4
29 nov 1940	9-Ahau	5
30 nov 1940	*10-Lamat*	6
1 dic 1940	11-Ik	7
2 dic 1940	12-Akbal	8
3 dic 1940	13-Kan	9
4 dic 1940	**1-Chicchan**	1
5 dic 1940	2-Cimi	2
6 dic 1940	3-Manik	3
7 dic 1940	4-Lamat	4
8 dic 1940	5-Muluc	5
9 dic 1940	6-Oc	6
10 dic 1940	7-Chuen	7
11 dic 1940	8-Eb	8
12 dic 1940	9-Ben	9
13 dic 1940	10-Ix	1
14 dic 1940	11-Men	2
15 dic 1940	12-Cib	3
16 dic 1940	13-Caban	4

Fecha	Signo del día	S
17 dic 1940	**1-Etz'nab**	5
18 dic 1940	2-Cauac	6
19 dic 1940	3-Ahau	7
20 dic 1940	*4-Imix*	8
21 dic 1940	5-Ik	9
22 dic 1940	6-Akbal	1
23 dic 1940	7-Kan	2
24 dic 1940	8-Chicchan	3
25 dic 1940	9-Cimi	4
26 dic 1940	10-Manik	5
27 dic 1940	11-Lamat	6
28 dic 1940	12-Muluc	7
29 dic 1940	13-Oc	8
30 dic 1940	**1-Chuen**	9
31 dic 1940	2-Eb	1
1 ene 1941	3-Ben	2
2 ene 1941	4-Ix	3
3 ene 1941	5-Men	4
4 ene 1941	6-Cib	5
5 ene 1941	7-Caban	6
6 ene 1941	8-Etz'nab	7
7 ene 1941	9-Cauac	8
8 ene 1941	10-Ahau	9
9 ene 1941	*11-Imix*	1
10 ene 1941	12-Ik	2
11 ene 1941	13-Akbal	3
12 ene 1941	**1-Kan**	4
13 ene 1941	2-Chicchan	5
14 ene 1941	3-Cimi	6
15 ene 1941	4-Manik	7
16 ene 1941	5-Lamat	8
17 ene 1941	6-Muluc	9
18 ene 1941	7-Oc	1
19 ene 1941	8-Chuen	2
20 ene 1941	9-Eb	3
21 ene 1941	10-Ben	4
22 ene 1941	11-Ix	5
23 ene 1941	12-Men	6
24 ene 1941	13-Cib	7
25 ene 1941	**1-Caban**	8
26 ene 1941	2-Etz'nab	9
27 ene 1941	3-Cauac	1
28 ene 1941	4-Ahau	2
29 ene 1941	*5-Imix*	3
30 ene 1941	6-Ik	4
31 ene 1941	7-Akbal	5
1 feb 1941	8-Kan	6
2 feb 1941	9-Chicchan	7
3 feb 1941	10-Cimi	8
4 feb 1941	11-Manik	9
5 feb 1941	12-Lamat	1
6 feb 1941	13-Muluc	2
7 feb 1941	**1-Oc**	3
8 feb 1941	2-Chuen	4
9 feb 1941	3-Eb	5
10 feb 1941	4-Ben	6
11 feb 1941	5-Ix	7
12 feb 1941	6-Men	8
13 feb 1941	7-Cib	9
14 feb 1941	8-Caban	1
15 feb 1941	9-Etz'nab	2
16 feb 1941	10-Cauac	3
17 feb 1941	11-Ahau	4
18 feb 1941	*12-Imix*	5
19 feb 1941	13-Ik	6
20 feb 1941	**1-Akbal**	7
21 feb 1941	2-Kan	8
22 feb 1941	3-Chicchan	9

Fecha	Signo del día	S	Fecha	Signo del día	S	Fecha	Signo del día	S
23 feb 1941	4-Cimi	1	2 may 1941	7-Ix	6	9 jul 1941	10-Ik	2
24 feb 1941	5-Manik	2	3 may 1941	8-Men	7	10 jul 1941	11-Akbal	3
25 feb 1941	6-Lamat	3	4 may 1941	9-Cib	8	11 jul 1941	12-Kan	4
26 feb 1941	7-Muluc	4	5 may 1941	10-Caban	9	12 jul 1941	13-Chicchan	5
27 feb 1941	8-Oc	5	6 may 1941	11-Etz'nab	1	13 jul 1941	**1-Cimi**	6
28 feb 1941	9-Chuen	6	7 may 1941	12-Cauac	2	14 jul 1941	2-Manik	7
1 mar 1941	10-Eb	7	8 may 1941	13-Ahau	3	15 jul 1941	3-Lamat	8
2 mar 1941	11-Ben	8	9 may 1941	**1-Imix**	4	16 jul 1941	4-Muluc	9
3 mar 1941	12-Ix	9	10 may 1941	2-Ik	5	17 jul 1941	5-Oc	1
4 mar 1941	13-Men	1	11 may 1941	3-Akbal	6	18 jul 1941	6-Chuen	2
5 mar 1941	**1-Cib**	2	12 may 1941	4-Kan	7	19 jul 1941	7-Eb	3
6 mar 1941	2-Caban	3	13 may 1941	5-Chicchan	8	20 jul 1941	8-Ben	4
7 mar 1941	3-Etz'nab	4	14 may 1941	6-Cimi	9	21 jul 1941	9-Ix	5
8 mar 1941	4-Cauac	5	15 may 1941	7-Manik	1	22 jul 1941	10-Men	6
9 mar 1941	5-Ahau	6	16 may 1941	8-Lamat	2	23 jul 1941	11-Cib	7
10 mar 1941	*6-Imix*	7	17 may 1941	9-Muluc	3	24 jul 1941	12-Caban	8
11 mar 1941	7-Ik	8	18 may 1941	10-Oc	4	25 jul 1941	13-Etz'nab	9
12 mar 1941	8-Akbal	9	19 may 1941	11-Chuen	5	26 jul 1941	**1-Cauac**	1
13 mar 1941	9-Kan	1	20 may 1941	12-Eb	6	27 jul 1941	2-Ahau	2
14 mar 1941	10-Chicchan	2	21 may 1941	13-Ben	7	28 jul 1941	*3-Imix*	3
15 mar 1941	11-Cimi	3	22 may 1941	**1-Ix**	8	29 jul 1941	4-Ik	4
16 mar 1941	12-Manik	4	23 may 1941	2-Men	9	30 jul 1941	5-Akbal	5
17 mar 1941	13-Lamat	5	24 may 1941	3-Cib	1	31 jul 1941	6-Kan	6
18 mar 1941	**1-Muluc**	6	25 may 1941	4-Caban	2	1 ago 1941	7-Chicchan	7
19 mar 1941	2-Oc	7	26 may 1941	5-Etz'nab	3	2 ago 1941	8-Cimi	8
20 mar 1941	3-Chuen	8	27 may 1941	6-Cauac	4	3 ago 1941	9-Manik	9
21 mar 1941	4-Eb	9	28 may 1941	7-Ahau	5	4 ago 1941	10-Lamat	1
22 mar 1941	5-Ben	1	29 may 1941	*8-Imix*	6	5 ago 1941	11-Muluc	2
23 mar 1941	6-Ix	2	30 may 1941	9-Ik	7	6 ago 1941	12-Oc	3
24 mar 1941	7-Men	3	31 may 1941	10-Akbal	8	7 ago 1941	13-Chuen	4
25 mar 1941	8-Cib	4	1 jun 1941	11-Kan	9	8 ago 1941	**1-Eb**	5
26 mar 1941	9-Caban	5	2 jun 1941	12-Chicchan	1	9 ago 1941	2-Ben	6
27 mar 1941	10-Etz'nab	6	3 jun 1941	13-Cimi	2	10 ago 1941	3-Ix	7
28 mar 1941	11-Cauac	7	4 jun 1941	**1-Manik**	3	11 ago 1941	4-Men	8
29 mar 1941	12-Ahau	8	5 jun 1941	2-Lamat	4	12 ago 1941	5-Cib	9
30 mar 1941	*13-Imix*	9	6 jun 1941	3-Muluc	5	13 ago 1941	6-Caban	1
31 mar 1941	**1-Ik**	1	7 jun 1941	4-Oc	6	14 ago 1941	7-Etz'nab	2
1 abr 1941	2-Akbal	2	8 jun 1941	5-Chuen	7	15 ago 1941	8-Cauac	3
2 abr 1941	3-Kan	3	9 jun 1941	6-Eb	8	16 ago 1941	9-Ahau	4
3 abr 1941	4-Chicchan	4	10 jun 1941	7-Ben	9	17 ago 1941	*10-Imix*	5
4 abr 1941	5-Cimi	5	11 jun 1941	8-Ix	1	18 ago 1941	11-Ik	6
5 abr 1941	6-Manik	6	12 jun 1941	9-Men	2	19 ago 1941	12-Akbal	7
6 abr 1941	7-Lamat	7	13 jun 1941	10-Cib	3	20 ago 1941	13-Kan	8
7 abr 1941	8-Muluc	8	14 jun 1941	11-Caban	4	21 ago 1941	**1-Chicchan**	9
8 abr 1941	9-Oc	9	15 jun 1941	12-Etz'nab	5	22 ago 1941	2-Cimi	1
9 abr 1941	10-Chuen	1	16 jun 1941	13-Cauac	6	23 ago 1941	3-Manik	2
10 abr 1941	11-Eb	2	17 jun 1941	**1-Ahau**	7	24 ago 1941	4-Lamat	3
11 abr 1941	12-Ben	3	18 jun 1941	*2-Imix*	8	25 ago 1941	5-Muluc	4
12 abr 1941	13-Ix	4	19 jun 1941	3-Ik	9	26 ago 1941	6-Oc	5
13 abr 1941	**1-Men**	5	20 jun 1941	4-Akbal	1	27 ago 1941	7-Chuen	6
14 abr 1941	2-Cib	6	21 jun 1941	5-Kan	2	28 ago 1941	8-Eb	7
15 abr 1941	3-Caban	7	22 jun 1941	6-Chicchan	3	29 ago 1941	9-Ben	8
16 abr 1941	4-Etz'nab	8	23 jun 1941	7-Cimi	4	30 ago 1941	10-Ix	9
17 abr 1941	5-Cauac	9	24 jun 1941	8-Manik	5	31 ago 1941	11-Men	1
18 abr 1941	6-Ahau	1	25 jun 1941	9-Lamat	6	1 sep 1941	12-Cib	2
19 abr 1941	*7-Imix*	2	26 jun 1941	10-Muluc	7	2 sep 1941	13-Caban	3
20 abr 1941	8-Ik	3	27 jun 1941	11-Oc	8	3 sep 1941	**1-Etz'nab**	4
21 abr 1941	9-Akbal	4	28 jun 1941	12-Chuen	9	4 sep 1941	2-Cauac	5
22 abr 1941	10-Kan	5	29 jun 1941	13-Eb	1	5 sep 1941	3-Ahau	6
23 abr 1941	11-Chicchan	6	30 jun 1941	**1-Ben**	2	6 sep 1941	*4-Imix*	7
24 abr 1941	12-Cimi	7	1 jul 1941	2-Ix	3	7 sep 1941	5-Ik	8
25 abr 1941	13-Manik	8	2 jul 1941	3-Men	4	8 sep 1941	6-Akbal	9
26 abr 1941	**1-Lamat**	9	3 jul 1941	4-Cib	5	9 sep 1941	7-Kan	1
27 abr 1941	2-Muluc	1	4 jul 1941	5-Caban	6	10 sep 1941	8-Chicchan	2
28 abr 1941	3-Oc	2	5 jul 1941	6-Etz'nab	7	11 sep 1941	9-Cimi	3
29 abr 1941	4-Chuen	3	6 jul 1941	7-Cauac	8	12 sep 1941	10-Manik	4
30 abr 1941	5-Eb	4	7 jul 1941	8-Ahau	9	13 sep 1941	11-Lamat	5
1 may 1941	6-Ben	5	8 jul 1941	*9-Imix*	1	14 sep 1941	12-Muluc	6

Fecha	Signo del día	S
15 sep 1941	13-Oc	7
16 sep 1941	1-Chuen	8
17 sep 1941	2-Eb	9
18 sep 1941	3-Ben	1
19 sep 1941	4-Ix	2
20 sep 1941	5-Men	3
21 sep 1941	6-Cib	4
22 sep 1941	7-Caban	5
23 sep 1941	8-Etz'nab	6
24 sep 1941	9-Cauac	7
25 sep 1941	10-Ahau	8
26 sep 1941	11-Imix	9
27 sep 1941	12-Ik	1
28 sep 1941	13-Akbal	2
29 sep 1941	1-Kan	3
30 sep 1941	2-Chicchan	4
1 oct 1941	3-Cimi	5
2 oct 1941	4-Manik	6
3 oct 1941	5-Lamat	7
4 oct 1941	6-Muluc	8
5 oct 1941	7-Oc	9
6 oct 1941	8-Chuen	1
7 oct 1941	9-Eb	2
8 oct 1941	10-Ben	3
9 oct 1941	11-Ix	4
10 oct 1941	12-Men	5
11 oct 1941	13-Cib	6
12 oct 1941	1-Caban	7
13 oct 1941	2-Etz'nab	8
14 oct 1941	3-Cauac	9
15 oct 1941	4-Ahau	1
16 oct 1941	5-Imix	2
17 oct 1941	6-Ik	3
18 oct 1941	7-Akbal	4
19 oct 1941	8-Kan	5
20 oct 1941	9-Chicchan	6
21 oct 1941	10-Cimi	7
22 oct 1941	11-Manik	8
23 oct 1941	12-Lamat	9
24 oct 1941	13-Muluc	1
25 oct 1941	1-Oc	2
26 oct 1941	2-Chuen	3
27 oct 1941	3-Eb	4
28 oct 1941	4-Ben	5
29 oct 1941	5-Ix	6
30 oct 1941	6-Men	7
31 oct 1941	7-Cib	8
1 nov 1941	8-Caban	9
2 nov 1941	9-Etz'nab	1
3 nov 1941	10-Cauac	2
4 nov 1941	11-Ahau	3
5 nov 1941	12-Imix	4
6 nov 1941	13-Ik	5
7 nov 1941	1-Akbal	6
8 nov 1941	2-Kan	7
9 nov 1941	3-Chicchan	8
10 nov 1941	4-Cimi	9
11 nov 1941	5-Manik	1
12 nov 1941	6-Lamat	2
13 nov 1941	7-Muluc	3
14 nov 1941	8-Oc	4
15 nov 1941	9-Chuen	5
16 nov 1941	10-Eb	6
17 nov 1941	11-Ben	7
18 nov 1941	12-Ix	8
19 nov 1941	13-Men	9
20 nov 1941	1-Cib	1
21 nov 1941	2-Caban	2
22 nov 1941	3-Etz'nab	3
23 nov 1941	4-Cauac	4
24 nov 1941	5-Ahau	5
25 nov 1941	6-Imix	6
26 nov 1941	7-Ik	7
27 nov 1941	8-Akbal	8
28 nov 1941	9-Kan	9
29 nov 1941	10-Chicchan	1
30 nov 1941	11-Cimi	2
1 dic 1941	12-Manik	3
2 dic 1941	13-Lamat	4
3 dic 1941	1-Muluc	5
4 dic 1941	2-Oc	6
5 dic 1941	3-Chuen	7
6 dic 1941	4-Eb	8
7 dic 1941	5-Ben	9
8 dic 1941	6-Ix	1
9 dic 1941	7-Men	2
10 dic 1941	8-Cib	3
11 dic 1941	9-Caban	4
12 dic 1941	10-Etz'nab	5
13 dic 1941	11-Cauac	6
14 dic 1941	12-Ahau	7
15 dic 1941	13-Imix	8
16 dic 1941	1-Ik	9
17 dic 1941	2-Akbal	1
18 dic 1941	3-Kan	2
19 dic 1941	4-Chicchan	3
20 dic 1941	5-Cimi	4
21 dic 1941	6-Manik	5
22 dic 1941	7-Lamat	6
23 dic 1941	8-Muluc	7
24 dic 1941	9-Oc	8
25 dic 1941	10-Chuen	9
26 dic 1941	11-Eb	1
27 dic 1941	12-Ben	2
28 dic 1941	13-Ix	3
29 dic 1941	1-Men	4
30 dic 1941	2-Cib	5
31 dic 1941	3-Caban	6
1 ene 1942	4-Etz'nab	7
2 ene 1942	5-Cauac	8
3 ene 1942	6-Ahau	9
4 ene 1942	7-Imix	1
5 ene 1942	8-Ik	2
6 ene 1942	9-Akbal	3
7 ene 1942	10-Kan	4
8 ene 1942	11-Chicchan	5
9 ene 1942	12-Cimi	6
10 ene 1942	13-Manik	7
11 ene 1942	1-Lamat	8
12 ene 1942	2-Muluc	9
13 ene 1942	3-Oc	1
14 ene 1942	4-Chuen	2
15 ene 1942	5-Eb	3
16 ene 1942	6-Ben	4
17 ene 1942	7-Ix	5
18 ene 1942	8-Men	6
19 ene 1942	9-Cib	7
20 ene 1942	10-Caban	8
21 ene 1942	11-Etz'nab	9
22 ene 1942	12-Cauac	1
23 ene 1942	13-Ahau	2
24 ene 1942	1-Imix	3
25 ene 1942	2-Ik	4
26 ene 1942	3-Akbal	5
27 ene 1942	4-Kan	6
28 ene 1942	5-Chicchan	7
29 ene 1942	6-Cimi	8
30 ene 1942	7-Manik	9
31 ene 1942	8-Lamat	1
1 feb 1942	9-Muluc	2
2 feb 1942	10-Oc	3
3 feb 1942	11-Chuen	4
4 feb 1942	12-Eb	5
5 feb 1942	13-Ben	6
6 feb 1942	1-Ix	7
7 feb 1942	2-Men	8
8 feb 1942	3-Cib	9
9 feb 1942	4-Caban	1
10 feb 1942	5-Etz'nab	2
11 feb 1942	6-Cauac	3
12 feb 1942	7-Ahau	4
13 feb 1942	8-Imix	5
14 feb 1942	9-Ik	6
15 feb 1942	10-Akbal	7
16 feb 1942	11-Kan	8
17 feb 1942	12-Chicchan	9
18 feb 1942	13-Cimi	1
19 feb 1942	1-Manik	2
20 feb 1942	2-Lamat	3
21 feb 1942	3-Muluc	4
22 feb 1942	4-Oc	5
23 feb 1942	5-Chuen	6
24 feb 1942	6-Eb	7
25 feb 1942	7-Ben	8
26 feb 1942	8-Ix	9
27 feb 1942	9-Men	1
28 feb 1942	10-Cib	2
1 mar 1942	11-Caban	3
2 mar 1942	12-Etz'nab	4
3 mar 1942	13-Cauac	5
4 mar 1942	1-Ahau	6
5 mar 1942	2-Imix	7
6 mar 1942	3-Ik	8
7 mar 1942	4-Akbal	9
8 mar 1942	5-Kan	1
9 mar 1942	6-Chicchan	2
10 mar 1942	7-Cimi	3
11 mar 1942	8-Manik	4
12 mar 1942	9-Lamat	5
13 mar 1942	10-Muluc	6
14 mar 1942	11-Oc	7
15 mar 1942	12-Chuen	8
16 mar 1942	13-Eb	9
17 mar 1942	1-Ben	1
18 mar 1942	2-Ix	2
19 mar 1942	3-Men	3
20 mar 1942	4-Cib	4
21 mar 1942	5-Caban	5
22 mar 1942	6-Etz'nab	6
23 mar 1942	7-Cauac	7
24 mar 1942	8-Ahau	8
25 mar 1942	9-Imix	9
26 mar 1942	10-Ik	1
27 mar 1942	11-Akbal	2
28 mar 1942	12-Kan	3
29 mar 1942	13-Chicchan	4
30 mar 1942	1-Cimi	5
31 mar 1942	2-Manik	6
1 abr 1942	3-Lamat	7
2 abr 1942	4-Muluc	8
3 abr 1942	5-Oc	9
4 abr 1942	6-Chuen	1
5 abr 1942	7-Eb	2
6 abr 1942	8-Ben	3

Fecha	Signo del día	S	Fecha	Signo del día	S	Fecha	Signo del día	S
7 abr 1942	9-Ix	4	14 jun 1942	12-Ik	9	21 ago 1942	2-Oc	5
8 abr 1942	10-Men	5	15 jun 1942	13-Akbal	1	22 ago 1942	3-Chuen	6
9 abr 1942	11-Cib	6	16 jun 1942	**1-Kan**	2	23 ago 1942	4-Eb	7
10 abr 1942	12-Caban	7	17 jun 1942	2-Chicchan	3	24 ago 1942	5-Ben	8
11 abr 1942	13-Etz'nab	8	18 jun 1942	3-Cimi	4	25 ago 1942	6-Ix	9
12 abr 1942	**1-Cauac**	9	19 jun 1942	4-Manik	5	26 ago 1942	7-Men	1
13 abr 1942	2-Ahau	1	20 jun 1942	5-Lamat	6	27 ago 1942	8-Cib	2
14 abr 1942	*3-Imix*	2	21 jun 1942	6-Muluc	7	28 ago 1942	9-Caban	3
15 abr 1942	4-Ik	3	22 jun 1942	7-Oc	8	29 ago 1942	10-Etz'nab	4
16 abr 1942	5-Akbal	4	23 jun 1942	8-Chuen	9	30 ago 1942	11-Cauac	5
17 abr 1942	6-Kan	5	24 jun 1942	9-Eb	1	31 ago 1942	12-Ahau	6
18 abr 1942	7-Chicchan	6	25 jun 1942	10-Ben	2	1 sep 1942	*13-Imix*	7
19 abr 1942	8-Cimi	7	26 jun 1942	11-Ix	3	2 sep 1942	**1-Ik**	8
20 abr 1942	9-Manik	8	27 jun 1942	12-Men	4	3 sep 1942	2-Akbal	9
21 abr 1942	10-Lamat	9	28 jun 1942	13-Cib	5	4 sep 1942	3-Kan	1
22 abr 1942	11-Muluc	1	29 jun 1942	**1-Caban**	6	5 sep 1942	4-Chicchan	2
23 abr 1942	12-Oc	2	30 jun 1942	2-Etz'nab	7	6 sep 1942	5-Cimi	3
24 abr 1942	13-Chuen	3	1 jul 1942	3-Cauac	8	7 sep 1942	6-Manik	4
25 abr 1942	**1-Eb**	4	2 jul 1942	4-Ahau	9	8 sep 1942	7-Lamat	5
26 abr 1942	2-Ben	5	3 jul 1942	*5-Imix*	1	9 sep 1942	8-Muluc	6
27 abr 1942	3-Ix	6	4 jul 1942	6-Ik	2	10 sep 1942	9-Oc	7
28 abr 1942	4-Men	7	5 jul 1942	7-Akbal	3	11 sep 1942	10-Chuen	8
29 abr 1942	5-Cib	8	6 jul 1942	8-Kan	4	12 sep 1942	11-Eb	9
30 abr 1942	6-Caban	9	7 jul 1942	9-Chicchan	5	13 sep 1942	12-Ben	1
1 may 1942	7-Etz'nab	1	8 jul 1942	10-Cimi	6	14 sep 1942	13-Ix	2
2 may 1942	8-Cauac	2	9 jul 1942	11-Manik	7	15 sep 1942	**1-Men**	3
3 may 1942	9-Ahau	3	10 jul 1942	12-Lamat	8	16 sep 1942	2-Cib	4
4 may 1942	*10-Imix*	4	11 jul 1942	13-Muluc	9	17 sep 1942	3-Caban	5
5 may 1942	11-Ik	5	12 jul 1942	**1-Oc**	1	18 sep 1942	4-Etz'nab	6
6 may 1942	12-Akbal	6	13 jul 1942	2-Chuen	2	19 sep 1942	5-Cauac	7
7 may 1942	13-Kan	7	14 jul 1942	3-Eb	3	20 sep 1942	6-Ahau	8
8 may 1942	**1-Chicchan**	8	15 jul 1942	4-Ben	4	21 sep 1942	*7-Imix*	9
9 may 1942	2-Cimi	9	16 jul 1942	5-Ix	5	22 sep 1942	8-Ik	1
10 may 1942	3-Manik	1	17 jul 1942	6-Men	6	23 sep 1942	9-Akbal	2
11 may 1942	4-Lamat	2	18 jul 1942	7-Cib	7	24 sep 1942	10-Kan	3
12 may 1942	5-Muluc	3	19 jul 1942	8-Caban	8	25 sep 1942	11-Chicchan	4
13 may 1942	6-Oc	4	20 jul 1942	9-Etz'nab	9	26 sep 1942	12-Cimi	5
14 may 1942	7-Chuen	5	21 jul 1942	10-Cauac	1	27 sep 1942	13-Manik	6
15 may 1942	8-Eb	6	22 jul 1942	11-Ahau	2	28 sep 1942	**1-Lamat**	7
16 may 1942	9-Ben	7	23 jul 1942	*12-Imix*	3	29 sep 1942	2-Muluc	8
17 may 1942	10-Ix	8	24 jul 1942	13-Ik	4	30 sep 1942	3-Oc	9
18 may 1942	11-Men	9	25 jul 1942	**1-Akbal**	5	1 oct 1942	4-Chuen	1
19 may 1942	12-Cib	1	26 jul 1942	2-Kan	6	2 oct 1942	5-Eb	2
20 may 1942	13-Caban	2	27 jul 1942	3-Chicchan	7	3 oct 1942	6-Ben	3
21 may 1942	**1-Etz'nab**	3	28 jul 1942	4-Cimi	8	4 oct 1942	7-Ix	4
22 may 1942	2-Cauac	4	29 jul 1942	5-Manik	9	5 oct 1942	8-Men	5
23 may 1942	3-Ahau	5	30 jul 1942	6-Lamat	1	6 oct 1942	9-Cib	6
24 may 1942	*4-Imix*	6	31 jul 1942	7-Muluc	2	7 oct 1942	10-Caban	7
25 may 1942	5-Ik	7	1 ago 1942	8-Oc	3	8 oct 1942	11-Etz'nab	8
26 may 1942	6-Akbal	8	2 ago 1942	9-Chuen	4	9 oct 1942	12-Cauac	9
27 may 1942	7-Kan	9	3 ago 1942	10-Eb	5	10 oct 1942	13-Ahau	1
28 may 1942	8-Chicchan	1	4 ago 1942	11-Ben	6	11 oct 1942	**1-Imix**	2
29 may 1942	9-Cimi	2	5 ago 1942	12-Ix	7	12 oct 1942	2-Ik	3
30 may 1942	10-Manik	3	6 ago 1942	13-Men	8	13 oct 1942	3-Akbal	4
31 may 1942	11-Lamat	4	7 ago 1942	**1-Cib**	9	14 oct 1942	4-Kan	5
1 jun 1942	12-Muluc	5	8 ago 1942	2-Caban	1	15 oct 1942	5-Chicchan	6
2 jun 1942	13-Oc	6	9 ago 1942	3-Etz'nab	2	16 oct 1942	6-Cimi	7
3 jun 1942	**1-Chuen**	7	10 ago 1942	4-Cauac	3	17 oct 1942	7-Manik	8
4 jun 1942	2-Eb	8	11 ago 1942	5-Ahau	4	18 oct 1942	8-Lamat	9
5 jun 1942	3-Ben	9	12 ago 1942	*6-Imix*	5	19 oct 1942	9-Muluc	1
6 jun 1942	4-Ix	1	13 ago 1942	7-Ik	6	20 oct 1942	10-Oc	2
7 jun 1942	5-Men	2	14 ago 1942	8-Akbal	7	21 oct 1942	11-Chuen	3
8 jun 1942	6-Cib	3	15 ago 1942	9-Kan	8	22 oct 1942	12-Eb	4
9 jun 1942	7-Caban	4	16 ago 1942	10-Chicchan	9	23 oct 1942	13-Ben	5
10 jun 1942	8-Etz'nab	5	17 ago 1942	11-Cimi	1	24 oct 1942	**1-Ix**	6
11 jun 1942	9-Cauac	6	18 ago 1942	12-Manik	2	25 oct 1942	2-Men	7
12 jun 1942	10-Ahau	7	19 ago 1942	13-Lamat	3	26 oct 1942	3-Cib	8
13 jun 1942	*11-Imix*	8	20 ago 1942	**1-Muluc**	4	27 oct 1942	4-Caban	9

Fecha	Signo del día	S	Fecha	Signo del día	S	Fecha	Signo del día	S
28 oct 1942	5-Etz'nab	1	4 ene 1943	8-Cimi	6	13 mar 1943	11-Ix	2
29 oct 1942	6-Cauac	2	5 ene 1943	9-Manik	7	14 mar 1943	12-Men	3
30 oct 1942	7-Ahau	3	6 ene 1943	10-Lamat	8	15 mar 1943	13-Cib	4
31 oct 1942	8-Imix	4	7 ene 1943	11-Muluc	9	16 mar 1943	1-Caban	5
1 nov 1942	9-Ik	5	8 ene 1943	12-Oc	1	17 mar 1943	2-Etz'nab	6
2 nov 1942	10-Akbal	6	9 ene 1943	13-Chuen	2	18 mar 1943	3-Cauac	7
3 nov 1942	11-Kan	7	10 ene 1943	1-Eb	3	19 mar 1943	4-Ahau	8
4 nov 1942	12-Chicchan	8	11 ene 1943	2-Ben	4	20 mar 1943	5-Imix	9
5 nov 1942	13-Cimi	9	12 ene 1943	3-Ix	5	21 mar 1943	6-Ik	1
6 nov 1942	1-Manik	1	13 ene 1943	4-Men	6	22 mar 1943	7-Akbal	2
7 nov 1942	2-Lamat	2	14 ene 1943	5-Cib	7	23 mar 1943	8-Kan	3
8 nov 1942	3-Muluc	3	15 ene 1943	6-Caban	8	24 mar 1943	9-Chicchan	4
9 nov 1942	4-Oc	4	16 ene 1943	7-Etz'nab	9	25 mar 1943	10-Cimi	5
10 nov 1942	5-Chuen	5	17 ene 1943	8-Cauac	1	26 mar 1943	11-Manik	6
11 nov 1942	6-Eb	6	18 ene 1943	9-Ahau	2	27 mar 1943	12-Lamat	7
12 nov 1942	7-Ben	7	19 ene 1943	10-Imix	3	28 mar 1943	13-Muluc	8
13 nov 1942	8-Ix	8	20 ene 1943	11-Ik	4	29 mar 1943	1-Oc	9
14 nov 1942	9-Men	9	21 ene 1943	12-Akbal	5	30 mar 1943	2-Chuen	1
15 nov 1942	10-Cib	1	22 ene 1943	13-Kan	6	31 mar 1943	3-Eb	2
16 nov 1942	11-Caban	2	23 ene 1943	1-Chicchan	7	1 abr 1943	4-Ben	3
17 nov 1942	12-Etz'nab	3	24 ene 1943	2-Cimi	8	2 abr 1943	5-Ix	4
18 nov 1942	13-Cauac	4	25 ene 1943	3-Manik	9	3 abr 1943	6-Men	5
19 nov 1942	1-Ahau	5	26 ene 1943	4-Lamat	1	4 abr 1943	7-Cib	6
20 nov 1942	2-Imix	6	27 ene 1943	5-Muluc	2	5 abr 1943	8-Caban	7
21 nov 1942	3-Ik	7	28 ene 1943	6-Oc	3	6 abr 1943	9-Etz'nab	8
22 nov 1942	4-Akbal	8	29 ene 1943	7-Chuen	4	7 abr 1943	10-Cauac	9
23 nov 1942	5-Kan	9	30 ene 1943	8-Eb	5	8 abr 1943	11-Ahau	1
24 nov 1942	6-Chicchan	1	31 ene 1943	9-Ben	6	9 abr 1943	12-Imix	2
25 nov 1942	7-Cimi	2	1 feb 1943	10-Ix	7	10 abr 1943	13-Ik	3
26 nov 1942	8-Manik	3	2 feb 1943	11-Men	8	11 abr 1943	1-Akbal	4
27 nov 1942	9-Lamat	4	3 feb 1943	12-Cib	9	12 abr 1943	2-Kan	5
28 nov 1942	10-Muluc	5	4 feb 1943	13-Caban	1	13 abr 1943	3-Chicchan	6
29 nov 1942	11-Oc	6	5 feb 1943	1-Etz'nab	2	14 abr 1943	4-Cimi	7
30 nov 1942	12-Chuen	7	6 feb 1943	2-Cauac	3	15 abr 1943	5-Manik	8
1 dic 1942	13-Eb	8	7 feb 1943	3-Ahau	4	16 abr 1943	6-Lamat	9
2 dic 1942	1-Ben	9	8 feb 1943	4-Imix	5	17 abr 1943	7-Muluc	1
3 dic 1942	2-Ix	1	9 feb 1943	5-Ik	6	18 abr 1943	8-Oc	2
4 dic 1942	3-Men	2	10 feb 1943	6-Akbal	7	19 abr 1943	9-Chuen	3
5 dic 1942	4-Cib	3	11 feb 1943	7-Kan	8	20 abr 1943	10-Eb	4
6 dic 1942	5-Caban	4	12 feb 1943	8-Chicchan	9	21 abr 1943	11-Ben	5
7 dic 1942	6-Etz'nab	5	13 feb 1943	9-Cimi	1	22 abr 1943	12-Ix	6
8 dic 1942	7-Cauac	6	14 feb 1943	10-Manik	2	23 abr 1943	13-Men	7
9 dic 1942	8-Ahau	7	15 feb 1943	11-Lamat	3	24 abr 1943	1-Cib	8
10 dic 1942	9-Imix	8	16 feb 1943	12-Muluc	4	25 abr 1943	2-Caban	9
11 dic 1942	10-Ik	9	17 feb 1943	13-Oc	5	26 abr 1943	3-Etz'nab	1
12 dic 1942	11-Akbal	1	18 feb 1943	1-Chuen	6	27 abr 1943	4-Cauac	2
13 dic 1942	12-Kan	2	19 feb 1943	2-Eb	7	28 abr 1943	5-Ahau	3
14 dic 1942	13-Chicchan	3	20 feb 1943	3-Ben	8	29 abr 1943	6-Imix	4
15 dic 1942	1-Cimi	4	21 feb 1943	4-Ix	9	30 abr 1943	7-Ik	5
16 dic 1942	2-Manik	5	22 feb 1943	5-Men	1	1 may 1943	8-Akbal	6
17 dic 1942	3-Lamat	6	23 feb 1943	6-Cib	2	2 may 1943	9-Kan	7
18 dic 1942	4-Muluc	7	24 feb 1943	7-Caban	3	3 may 1943	10-Chicchan	8
19 dic 1942	5-Oc	8	25 feb 1943	8-Etz'nab	4	4 may 1943	11-Cimi	9
20 dic 1942	6-Chuen	9	26 feb 1943	9-Cauac	5	5 may 1943	12-Manik	1
21 dic 1942	7-Eb	1	27 feb 1943	10-Ahau	6	6 may 1943	13-Lamat	2
22 dic 1942	8-Ben	2	28 feb 1943	11-Imix	7	7 may 1943	1-Muluc	3
23 dic 1942	9-Ix	3	1 mar 1943	12-Ik	8	8 may 1943	2-Oc	4
24 dic 1942	10-Men	4	2 mar 1943	13-Akbal	9	9 may 1943	3-Chuen	5
25 dic 1942	11-Cib	5	3 mar 1943	1-Kan	1	10 may 1943	4-Eb	6
26 dic 1942	12-Caban	6	4 mar 1943	2-Chicchan	2	11 may 1943	5-Ben	7
27 dic 1942	13-Etz'nab	7	5 mar 1943	3-Cimi	3	12 may 1943	6-Ix	8
28 dic 1942	1-Cauac	8	6 mar 1943	4-Manik	4	13 may 1943	7-Men	9
29 dic 1942	2-Ahau	9	7 mar 1943	5-Lamat	5	14 may 1943	8-Cib	1
30 dic 1942	3-Imix	1	8 mar 1943	6-Muluc	6	15 may 1943	9-Caban	2
31 dic 1942	4-Ik	2	9 mar 1943	7-Oc	7	16 may 1943	10-Etz'nab	3
1 ene 1943	5-Akbal	3	10 mar 1943	8-Chuen	8	17 may 1943	11-Cauac	4
2 ene 1943	6-Kan	4	11 mar 1943	9-Eb	9	18 may 1943	12-Ahau	5
3 ene 1943	7-Chicchan	5	12 mar 1943	10-Ben	1	19 may 1943	13-Imix	6

Fecha	Signo del día	S		Fecha	Signo del día	S		Fecha	Signo del día	S
20 may 1943	1-Ik	7		27 jul 1943	4-Oc	3		3 oct 1943	7-Etz'nab	8
21 may 1943	2-Akbal	8		28 jul 1943	5-Chuen	4		4 oct 1943	8-Cauac	9
22 may 1943	3-Kan	9		29 jul 1943	6-Eb	5		5 oct 1943	9-Ahau	1
23 may 1943	4-Chicchan	1		30 jul 1943	7-Ben	6		6 oct 1943	10-Imix	2
24 may 1943	5-Cimi	2		31 jul 1943	8-Ix	7		7 oct 1943	11-Ik	3
25 may 1943	6-Manik	3		1 ago 1943	9-Men	8		8 oct 1943	12-Akbal	4
26 may 1943	7-Lamat	4		2 ago 1943	10-Cib	9		9 oct 1943	13-Kan	5
27 may 1943	8-Muluc	5		3 ago 1943	11-Caban	1		10 oct 1943	1-Chicchan	6
28 may 1943	9-Oc	6		4 ago 1943	12-Etz'nab	2		11 oct 1943	2-Cimi	7
29 may 1943	10-Chuen	7		5 ago 1943	13-Cauac	3		12 oct 1943	3-Manik	8
30 may 1943	11-Eb	8		6 ago 1943	1-Ahau	4		13 oct 1943	4-Lamat	9
31 may 1943	12-Ben	9		7 ago 1943	2-Imix	5		14 oct 1943	5-Muluc	1
1 jun 1943	13-Ix	1		8 ago 1943	3-Ik	6		15 oct 1943	6-Oc	2
2 jun 1943	1-Men	2		9 ago 1943	4-Akbal	7		16 oct 1943	7-Chuen	3
3 jun 1943	2-Cib	3		10 ago 1943	5-Kan	8		17 oct 1943	8-Eb	4
4 jun 1943	3-Caban	4		11 ago 1943	6-Chicchan	9		18 oct 1943	9-Ben	5
5 jun 1943	4-Etz'nab	5		12 ago 1943	7-Cimi	1		19 oct 1943	10-Ix	6
6 jun 1943	5-Cauac	6		13 ago 1943	8-Manik	2		20 oct 1943	11-Men	7
7 jun 1943	6-Ahau	7		14 ago 1943	9-Lamat	3		21 oct 1943	12-Cib	8
8 jun 1943	7-Imix	8		15 ago 1943	10-Muluc	4		22 oct 1943	13-Caban	9
9 jun 1943	8-Ik	9		16 ago 1943	11-Oc	5		23 oct 1943	1-Etz'nab	1
10 jun 1943	9-Akbal	1		17 ago 1943	12-Chuen	6		24 oct 1943	2-Cauac	2
11 jun 1943	10-Kan	2		18 ago 1943	13-Eb	7		25 oct 1943	3-Ahau	3
12 jun 1943	11-Chicchan	3		19 ago 1943	1-Ben	8		26 oct 1943	4-Imix	4
13 jun 1943	12-Cimi	4		20 ago 1943	2-Ix	9		27 oct 1943	5-Ik	5
14 jun 1943	13-Manik	5		21 ago 1943	3-Men	1		28 oct 1943	6-Akbal	6
15 jun 1943	1-Lamat	6		22 ago 1943	4-Cib	2		29 oct 1943	7-Kan	7
16 jun 1943	2-Muluc	7		23 ago 1943	5-Caban	3		30 oct 1943	8-Chicchan	8
17 jun 1943	3-Oc	8		24 ago 1943	6-Etz'nab	4		31 oct 1943	9-Cimi	9
18 jun 1943	4-Chuen	9		25 ago 1943	7-Cauac	5		1 nov 1943	10-Manik	1
19 jun 1943	5-Eb	1		26 ago 1943	8-Ahau	6		2 nov 1943	11-Lamat	2
20 jun 1943	6-Ben	2		27 ago 1943	9-Imix	7		3 nov 1943	12-Muluc	3
21 jun 1943	7-Ix	3		28 ago 1943	10-Ik	8		4 nov 1943	13-Oc	4
22 jun 1943	8-Men	4		29 ago 1943	11-Akbal	9		5 nov 1943	1-Chuen	5
23 jun 1943	9-Cib	5		30 ago 1943	12-Kan	1		6 nov 1943	2-Eb	6
24 jun 1943	10-Caban	6		31 ago 1943	13-Chicchan	2		7 nov 1943	3-Ben	7
25 jun 1943	11-Etz'nab	7		1 sep 1943	1-Cimi	3		8 nov 1943	4-Ix	8
26 jun 1943	12-Cauac	8		2 sep 1943	2-Manik	4		9 nov 1943	5-Men	9
27 jun 1943	13-Ahau	9		3 sep 1943	3-Lamat	5		10 nov 1943	6-Cib	1
28 jun 1943	1-Imix	1		4 sep 1943	4-Muluc	6		11 nov 1943	7-Caban	2
29 jun 1943	2-Ik	2		5 sep 1943	5-Oc	7		12 nov 1943	8-Etz'nab	3
30 jun 1943	3-Akbal	3		6 sep 1943	6-Chuen	8		13 nov 1943	9-Cauac	4
1 jul 1943	4-Kan	4		7 sep 1943	7-Eb	9		14 nov 1943	10-Ahau	5
2 jul 1943	5-Chicchan	5		8 sep 1943	8-Ben	1		15 nov 1943	11-Imix	6
3 jul 1943	6-Cimi	6		9 sep 1943	9-Ix	2		16 nov 1943	12-Ik	7
4 jul 1943	7-Manik	7		10 sep 1943	10-Men	3		17 nov 1943	13-Akbal	8
5 jul 1943	8-Lamat	8		11 sep 1943	11-Cib	4		18 nov 1943	1-Kan	9
6 jul 1943	9-Muluc	9		12 sep 1943	12-Caban	5		19 nov 1943	2-Chicchan	1
7 jul 1943	10-Oc	1		13 sep 1943	13-Etz'nab	6		20 nov 1943	3-Cimi	2
8 jul 1943	11-Chuen	2		14 sep 1943	1-Cauac	7		21 nov 1943	4-Manik	3
9 jul 1943	12-Eb	3		15 sep 1943	2-Ahau	8		22 nov 1943	5-Lamat	4
10 jul 1943	13-Ben	4		16 sep 1943	3-Imix	9		23 nov 1943	6-Muluc	5
11 jul 1943	1-Ix	5		17 sep 1943	4-Ik	1		24 nov 1943	7-Oc	6
12 jul 1943	2-Men	6		18 sep 1943	5-Akbal	2		25 nov 1943	8-Chuen	7
13 jul 1943	3-Cib	7		19 sep 1943	6-Kan	3		26 nov 1943	9-Eb	8
14 jul 1943	4-Caban	8		20 sep 1943	7-Chicchan	4		27 nov 1943	10-Ben	9
15 jul 1943	5-Etz'nab	9		21 sep 1943	8-Cimi	5		28 nov 1943	11-Ix	1
16 jul 1943	6-Cauac	1		22 sep 1943	9-Manik	6		29 nov 1943	12-Men	2
17 jul 1943	7-Ahau	2		23 sep 1943	10-Lamat	7		30 nov 1943	13-Cib	3
18 jul 1943	8-Imix	3		24 sep 1943	11-Muluc	8		1 dic 1943	1-Caban	4
19 jul 1943	9-Ik	4		25 sep 1943	12-Oc	9		2 dic 1943	2-Etz'nab	5
20 jul 1943	10-Akbal	5		26 sep 1943	13-Chuen	1		3 dic 1943	3-Cauac	6
21 jul 1943	11-Kan	6		27 sep 1943	1-Eb	2		4 dic 1943	4-Ahau	7
22 jul 1943	12-Chicchan	7		28 sep 1943	2-Ben	3		5 dic 1943	5-Imix	8
23 jul 1943	13-Cimi	8		29 sep 1943	3-Ix	4		6 dic 1943	6-Ik	9
24 jul 1943	1-Manik	9		30 sep 1943	4-Men	5		7 dic 1943	7-Akbal	1
25 jul 1943	2-Lamat	1		1 oct 1943	5-Cib	6		8 dic 1943	8-Kan	2
26 jul 1943	3-Muluc	2		2 oct 1943	6-Caban	7		9 dic 1943	9-Chicchan	3

Fecha	Signo del día	S
10 dic 1943	10-Cimi	4
11 dic 1943	11-Manik	5
12 dic 1943	12-Lamat	6
13 dic 1943	13-Muluc	7
14 dic 1943	**1-Oc**	8
15 dic 1943	2-Chuen	9
16 dic 1943	3-Eb	1
17 dic 1943	4-Ben	2
18 dic 1943	5-Ix	3
19 dic 1943	6-Men	4
20 dic 1943	7-Cib	5
21 dic 1943	8-Caban	6
22 dic 1943	9-Etz'nab	7
23 dic 1943	10-Cauac	8
24 dic 1943	11-Ahau	9
25 dic 1943	*12-Imix*	1
26 dic 1943	13-Ik	2
27 dic 1943	**1-Akbal**	3
28 dic 1943	2-Kan	4
29 dic 1943	3-Chicchan	5
30 dic 1943	4-Cimi	6
31 dic 1943	5-Manik	7
1 ene 1944	6-Lamat	8
2 ene 1944	7-Muluc	9
3 ene 1944	8-Oc	1
4 ene 1944	9-Chuen	2
5 ene 1944	10-Eb	3
6 ene 1944	11-Ben	4
7 ene 1944	12-Ix	5
8 ene 1944	13-Men	6
9 ene 1944	**1-Cib**	7
10 ene 1944	2-Caban	8
11 ene 1944	3-Etz'nab	9
12 ene 1944	4-Cauac	1
13 ene 1944	5-Ahau	2
14 ene 1944	*6-Imix*	3
15 ene 1944	7-Ik	4
16 ene 1944	8-Akbal	5
17 ene 1944	9-Kan	6
18 ene 1944	10-Chicchan	7
19 ene 1944	11-Cimi	8
20 ene 1944	12-Manik	9
21 ene 1944	13-Lamat	1
22 ene 1944	**1-Muluc**	2
23 ene 1944	2-Oc	3
24 ene 1944	3-Chuen	4
25 ene 1944	4-Eb	5
26 ene 1944	5-Ben	6
27 ene 1944	6-Ix	7
28 ene 1944	7-Men	8
29 ene 1944	8-Cib	9
30 ene 1944	9-Caban	1
31 ene 1944	10-Etz'nab	2
1 feb 1944	11-Cauac	3
2 feb 1944	12-Ahau	4
3 feb 1944	*13-Imix*	5
4 feb 1944	**1-Ik**	6
5 feb 1944	2-Akbal	7
6 feb 1944	3-Kan	8
7 feb 1944	4-Chicchan	9
8 feb 1944	5-Cimi	1
9 feb 1944	6-Manik	2
10 feb 1944	7-Lamat	3
11 feb 1944	8-Muluc	4
12 feb 1944	9-Oc	5
13 feb 1944	10-Chuen	6
14 feb 1944	11-Eb	7
15 feb 1944	12-Ben	8

Fecha	Signo del día	S
16 feb 1944	13-Ix	9
17 feb 1944	**1-Men**	1
18 feb 1944	2-Cib	2
19 feb 1944	3-Caban	3
20 feb 1944	4-Etz'nab	4
21 feb 1944	5-Cauac	5
22 feb 1944	6-Ahau	6
23 feb 1944	*7-Imix*	7
24 feb 1944	8-Ik	8
25 feb 1944	9-Akbal	9
26 feb 1944	10-Kan	1
27 feb 1944	11-Chicchan	2
28 feb 1944	12-Cimi	3
29 feb 1944	13-Manik	4
1 mar 1944	**1-Lamat**	5
2 mar 1944	2-Muluc	6
3 mar 1944	3-Oc	7
4 mar 1944	4-Chuen	8
5 mar 1944	5-Eb	9
6 mar 1944	6-Ben	1
7 mar 1944	7-Ix	2
8 mar 1944	8-Men	3
9 mar 1944	9-Cib	4
10 mar 1944	10-Caban	5
11 mar 1944	11-Etz'nab	6
12 mar 1944	12-Cauac	7
13 mar 1944	13-Ahau	8
14 mar 1944	**1-Imix**	9
15 mar 1944	2-Ik	1
16 mar 1944	3-Akbal	2
17 mar 1944	4-Kan	3
18 mar 1944	5-Chicchan	4
19 mar 1944	6-Cimi	5
20 mar 1944	7-Manik	6
21 mar 1944	8-Lamat	7
22 mar 1944	9-Muluc	8
23 mar 1944	10-Oc	9
24 mar 1944	11-Chuen	1
25 mar 1944	12-Eb	2
26 mar 1944	13-Ben	3
27 mar 1944	**1-Ix**	4
28 mar 1944	2-Men	5
29 mar 1944	3-Cib	6
30 mar 1944	4-Caban	7
31 mar 1944	5-Etz'nab	8
1 abr 1944	6-Cauac	9
2 abr 1944	7-Ahau	1
3 abr 1944	*8-Imix*	2
4 abr 1944	9-Ik	3
5 abr 1944	10-Akbal	4
6 abr 1944	11-Kan	5
7 abr 1944	12-Chicchan	6
8 abr 1944	13-Ik	7
9 abr 1944	**1-Manik**	8
10 abr 1944	2-Lamat	9
11 abr 1944	3-Muluc	1
12 abr 1944	4-Oc	2
13 abr 1944	5-Chuen	3
14 abr 1944	6-Eb	4
15 abr 1944	7-Ben	5
16 abr 1944	8-Ix	6
17 abr 1944	9-Men	7
18 abr 1944	10-Cib	8
19 abr 1944	11-Caban	9
20 abr 1944	12-Etz'nab	1
21 abr 1944	13-Cauac	2
22 abr 1944	**1-Ahau**	3
23 abr 1944	*2-Imix*	4

Fecha	Signo del día	S
24 abr 1944	3-Ik	5
25 abr 1944	4-Akbal	6
26 abr 1944	5-Kan	7
27 abr 1944	6-Chicchan	8
28 abr 1944	7-Cimi	9
29 abr 1944	8-Manik	1
30 abr 1944	9-Lamat	2
1 may 1944	10-Muluc	3
2 may 1944	11-Oc	4
3 may 1944	12-Chuen	5
4 may 1944	13-Eb	6
5 may 1944	**1-Ben**	7
6 may 1944	2-Ix	8
7 may 1944	3-Men	9
8 may 1944	4-Cib	1
9 may 1944	5-Caban	2
10 may 1944	6-Etz'nab	3
11 may 1944	7-Cauac	4
12 may 1944	8-Ahau	5
13 may 1944	*9-Imix*	6
14 may 1944	10-Ik	7
15 may 1944	11-Akbal	8
16 may 1944	12-Kan	9
17 may 1944	13-Chicchan	1
18 may 1944	**1-Cimi**	2
19 may 1944	2-Manik	3
20 may 1944	3-Lamat	4
21 may 1944	4-Muluc	5
22 may 1944	5-Oc	6
23 may 1944	6-Chuen	7
24 may 1944	7-Eb	8
25 may 1944	8-Ben	9
26 may 1944	9-Ix	1
27 may 1944	10-Men	2
28 may 1944	11-Cib	3
29 may 1944	12-Caban	4
30 may 1944	13-Etz'nab	5
31 may 1944	**1-Cauac**	6
1 jun 1944	2-Ahau	7
2 jun 1944	*3-Imix*	8
3 jun 1944	4-Ik	9
4 jun 1944	5-Akbal	1
5 jun 1944	6-Kan	2
6 jun 1944	7-Chicchan	3
7 jun 1944	8-Cimi	4
8 jun 1944	9-Manik	5
9 jun 1944	10-Lamat	6
10 jun 1944	11-Muluc	7
11 jun 1944	12-Oc	8
12 jun 1944	13-Chuen	9
13 jun 1944	**1-Eb**	1
14 jun 1944	2-Ben	2
15 jun 1944	3-Ix	3
16 jun 1944	4-Men	4
17 jun 1944	5-Cib	5
18 jun 1944	6-Caban	6
19 jun 1944	7-Etz'nab	7
20 jun 1944	8-Cauac	8
21 jun 1944	9-Ahau	9
22 jun 1944	*10-Imix*	1
23 jun 1944	11-Ik	2
24 jun 1944	12-Akbal	3
25 jun 1944	13-Kan	4
26 jun 1944	**1-Chicchan**	5
27 jun 1944	2-Cimi	6
28 jun 1944	3-Manik	7
29 jun 1944	4-Lamat	8
30 jun 1944	5-Muluc	9

Fecha	Signo del día	S
1 jul 1944	6-Oc	1
2 jul 1944	7-Chuen	2
3 jul 1944	8-Eb	3
4 jul 1944	9-Ben	4
5 jul 1944	10-Ix	5
6 jul 1944	11-Men	6
7 jul 1944	12-Cib	7
8 jul 1944	13-Caban	8
9 jul 1944	**1-Etz'nab**	9
10 jul 1944	2-Cauac	1
11 jul 1944	3-Ahau	2
12 jul 1944	*4-Imix*	3
13 jul 1944	5-Ik	4
14 jul 1944	6-Akbal	5
15 jul 1944	7-Kan	6
16 jul 1944	8-Chicchan	7
17 jul 1944	9-Cimi	8
18 jul 1944	10-Manik	9
19 jul 1944	11-Lamat	1
20 jul 1944	12-Muluc	2
21 jul 1944	13-Oc	3
22 jul 1944	**1-Chuen**	4
23 jul 1944	2-Eb	5
24 jul 1944	3-Ben	6
25 jul 1944	4-Ix	7
26 jul 1944	5-Men	8
27 jul 1944	6-Cib	9
28 jul 1944	7-Caban	1
29 jul 1944	8-Etz'nab	2
30 jul 1944	9-Cauac	3
31 jul 1944	10-Ahau	4
1 ago 1944	*11-Imix*	5
2 ago 1944	12-Ik	6
3 ago 1944	13-Akbal	7
4 ago 1944	**1-Kan**	8
5 ago 1944	2-Chicchan	9
6 ago 1944	3-Cimi	1
7 ago 1944	4-Manik	2
8 ago 1944	5-Lamat	3
9 ago 1944	6-Muluc	4
10 ago 1944	7-Oc	5
11 ago 1944	8-Chuen	6
12 ago 1944	9-Eb	7
13 ago 1944	10-Ben	8
14 ago 1944	11-Ix	9
15 ago 1944	12-Men	1
16 ago 1944	13-Cib	2
17 ago 1944	**1-Caban**	3
18 ago 1944	2-Etz'nab	4
19 ago 1944	3-Cauac	5
20 ago 1944	4-Ahau	6
21 ago 1944	*5-Imix*	7
22 ago 1944	6-Ik	8
23 ago 1944	7-Akbal	9
24 ago 1944	8-Kan	1
25 ago 1944	9-Chicchan	2
26 ago 1944	10-Cimi	3
27 ago 1944	11-Manik	4
28 ago 1944	12-Lamat	5
29 ago 1944	13-Muluc	6
30 ago 1944	**1-Oc**	7
31 ago 1944	2-Chuen	8
1 sep 1944	3-Eb	9
2 sep 1944	4-Ben	1
3 sep 1944	5-Ix	2
4 sep 1944	6-Men	3
5 sep 1944	7-Cib	4
6 sep 1944	8-Caban	5

Fecha	Signo del día	S
7 sep 1944	9-Etz'nab	6
8 sep 1944	10-Cauac	7
9 sep 1944	11-Ahau	8
10 sep 1944	*12-Imix*	9
11 sep 1944	13-Ik	1
12 sep 1944	**1-Akbal**	2
13 sep 1944	2-Kan	3
14 sep 1944	3-Chicchan	4
15 sep 1944	4-Cimi	5
16 sep 1944	5-Manik	6
17 sep 1944	6-Lamat	7
18 sep 1944	7-Muluc	8
19 sep 1944	8-Oc	9
20 sep 1944	9-Chuen	1
21 sep 1944	10-Eb	2
22 sep 1944	11-Ben	3
23 sep 1944	12-Ix	4
24 sep 1944	13-Men	5
25 sep 1944	**1-Cib**	6
26 sep 1944	2-Caban	7
27 sep 1944	3-Etz'nab	8
28 sep 1944	4-Cauac	9
29 sep 1944	5-Ahau	1
30 sep 1944	*6-Imix*	2
1 oct 1944	7-Ik	3
2 oct 1944	8-Akbal	4
3 oct 1944	9-Kan	5
4 oct 1944	10-Chicchan	6
5 oct 1944	11-Cimi	7
6 oct 1944	12-Manik	8
7 oct 1944	13-Lamat	9
8 oct 1944	**1-Muluc**	1
9 oct 1944	2-Oc	2
10 oct 1944	3-Chuen	3
11 oct 1944	4-Eb	4
12 oct 1944	5-Ben	5
13 oct 1944	6-Ix	6
14 oct 1944	7-Men	7
15 oct 1944	8-Cib	8
16 oct 1944	9-Caban	9
17 oct 1944	10-Etz'nab	1
18 oct 1944	11-Cauac	2
19 oct 1944	12-Ahau	3
20 oct 1944	*13-Imix*	4
21 oct 1944	**1-Ik**	5
22 oct 1944	2-Akbal	6
23 oct 1944	3-Kan	7
24 oct 1944	4-Chicchan	8
25 oct 1944	5-Cimi	9
26 oct 1944	6-Manik	1
27 oct 1944	7-Lamat	2
28 oct 1944	8-Muluc	3
29 oct 1944	9-Oc	4
30 oct 1944	10-Chuen	5
31 oct 1944	11-Eb	6
1 nov 1944	12-Ben	7
2 nov 1944	13-Ix	8
3 nov 1944	**1-Men**	9
4 nov 1944	2-Cib	1
5 nov 1944	3-Caban	2
6 nov 1944	4-Etz'nab	3
7 nov 1944	5-Cauac	4
8 nov 1944	6-Ahau	5
9 nov 1944	*7-Imix*	6
10 nov 1944	8-Ik	7
11 nov 1944	9-Akbal	8
12 nov 1944	10-Kan	9
13 nov 1944	11-Chicchan	1

Fecha	Signo del día	S
14 nov 1944	12-Cimi	2
15 nov 1944	13-Manik	3
16 nov 1944	**1-Lamat**	4
17 nov 1944	2-Muluc	5
18 nov 1944	3-Oc	6
19 nov 1944	4-Chuen	7
20 nov 1944	5-Eb	8
21 nov 1944	6-Ben	9
22 nov 1944	7-Ix	1
23 nov 1944	8-Men	2
24 nov 1944	9-Cib	3
25 nov 1944	10-Caban	4
26 nov 1944	11-Etz'nab	5
27 nov 1944	12-Cauac	6
28 nov 1944	13-Ahau	7
29 nov 1944	**1-Imix**	8
30 nov 1944	2-Ik	9
1 dic 1944	3-Akbal	1
2 dic 1944	4-Kan	2
3 dic 1944	5-Chicchan	3
4 dic 1944	6-Cimi	4
5 dic 1944	7-Manik	5
6 dic 1944	8-Lamat	6
7 dic 1944	9-Muluc	7
8 dic 1944	10-Oc	8
9 dic 1944	11-Chuen	9
10 dic 1944	12-Eb	1
11 dic 1944	13-Ben	2
12 dic 1944	**1-Ix**	3
13 dic 1944	2-Men	4
14 dic 1944	3-Cib	5
15 dic 1944	4-Caban	6
16 dic 1944	5-Etz'nab	7
17 dic 1944	6-Cauac	8
18 dic 1944	7-Ahau	9
19 dic 1944	*8-Imix*	1
20 dic 1944	9-Ik	2
21 dic 1944	10-Akbal	3
22 dic 1944	11-Kan	4
23 dic 1944	12-Chicchan	5
24 dic 1944	13-Cimi	6
25 dic 1944	**1-Manik**	7
26 dic 1944	2-Lamat	8
27 dic 1944	3-Muluc	9
28 dic 1944	4-Oc	1
29 dic 1944	5-Chuen	2
30 dic 1944	6-Eb	3
31 dic 1944	7-Ben	4
1 ene 1945	8-Ix	5
2 ene 1945	9-Men	6
3 ene 1945	10-Cib	7
4 ene 1945	11-Caban	8
5 ene 1945	12-Etz'nab	9
6 ene 1945	13-Cauac	1
7 ene 1945	**1-Ahau**	2
8 ene 1945	*2-Imix*	3
9 ene 1945	3-Ik	4
10 ene 1945	4-Akbal	5
11 ene 1945	5-Kan	6
12 ene 1945	6-Chicchan	7
13 ene 1945	7-Cimi	8
14 ene 1945	8-Manik	9
15 ene 1945	9-Lamat	1
16 ene 1945	10-Muluc	2
17 ene 1945	11-Oc	3
18 ene 1945	12-Chuen	4
19 ene 1945	13-Eb	5
20 ene 1945	**1-Ben**	6

Fecha	Signo del día	S
21 ene 1945	2-Ix	7
22 ene 1945	3-Men	8
23 ene 1945	4-Cib	9
24 ene 1945	5-Caban	1
25 ene 1945	6-Etz'nab	2
26 ene 1945	7-Cauac	3
27 ene 1945	8-Ahau	4
28 ene 1945	*9-Imix*	5
29 ene 1945	10-Ik	6
30 ene 1945	11-Akbal	7
31 ene 1945	12-Kan	8
1 feb 1945	13-Chicchan	9
2 feb 1945	**1-Cimi**	1
3 feb 1945	2-Manik	2
4 feb 1945	3-Lamat	3
5 feb 1945	4-Muluc	4
6 feb 1945	5-Oc	5
7 feb 1945	6-Chuen	6
8 feb 1945	7-Eb	7
9 feb 1945	8-Ben	8
10 feb 1945	9-Ix	9
11 feb 1945	10-Men	1
12 feb 1945	11-Cib	2
13 feb 1945	12-Caban	3
14 feb 1945	13-Etz'nab	4
15 feb 1945	**1-Cauac**	5
16 feb 1945	2-Ahau	6
17 feb 1945	*3-Imix*	7
18 feb 1945	4-Ik	8
19 feb 1945	5-Akbal	9
20 feb 1945	6-Kan	1
21 feb 1945	7-Chicchan	2
22 feb 1945	8-Cimi	3
23 feb 1945	9-Manik	4
24 feb 1945	10-Lamat	5
25 feb 1945	11-Muluc	6
26 feb 1945	12-Oc	7
27 feb 1945	13-Chuen	8
28 feb 1945	**1-Eb**	9
1 mar 1945	2-Ben	1
2 mar 1945	3-Ix	2
3 mar 1945	4-Men	3
4 mar 1945	5-Cib	4
5 mar 1945	6-Caban	5
6 mar 1945	7-Etz'nab	6
7 mar 1945	8-Cauac	7
8 mar 1945	9-Ahau	8
9 mar 1945	*10-Imix*	9
10 mar 1945	11-Ik	1
11 mar 1945	12-Akbal	2
12 mar 1945	13-Kan	3
13 mar 1945	**1-Chicchan**	4
14 mar 1945	2-Cimi	5
15 mar 1945	3-Manik	6
16 mar 1945	4-Lamat	7
17 mar 1945	5-Muluc	8
18 mar 1945	6-Oc	9
19 mar 1945	7-Chuen	1
20 mar 1945	8-Eb	2
21 mar 1945	9-Ben	3
22 mar 1945	10-Ix	4
23 mar 1945	11-Men	5
24 mar 1945	12-Cib	6
25 mar 1945	13-Caban	7
26 mar 1945	**1-Etz'nab**	8
27 mar 1945	2-Cauac	9
28 mar 1945	3-Ahau	1
29 mar 1945	*4-Imix*	2

Fecha	Signo del día	S
30 mar 1945	5-Ik	3
31 mar 1945	6-Akbal	4
1 abr 1945	7-Kan	5
2 abr 1945	8-Chicchan	6
3 abr 1945	9-Cimi	7
4 abr 1945	10-Manik	8
5 abr 1945	11-Lamat	9
6 abr 1945	12-Muluc	1
7 abr 1945	13-Oc	2
8 abr 1945	**1-Chuen**	3
9 abr 1945	2-Eb	4
10 abr 1945	3-Ben	5
11 abr 1945	4-Ix	6
12 abr 1945	5-Men	7
13 abr 1945	6-Cib	8
14 abr 1945	7-Caban	9
15 abr 1945	8-Etz'nab	1
16 abr 1945	9-Cauac	2
17 abr 1945	10-Ahau	3
18 abr 1945	*11-Imix*	4
19 abr 1945	12-Ik	5
20 abr 1945	13-Akbal	6
21 abr 1945	**1-Kan**	7
22 abr 1945	2-Chicchan	8
23 abr 1945	3-Cimi	9
24 abr 1945	4-Manik	1
25 abr 1945	5-Lamat	2
26 abr 1945	6-Muluc	3
27 abr 1945	7-Oc	4
28 abr 1945	8-Chuen	5
29 abr 1945	9-Eb	6
30 abr 1945	10-Ben	7
1 may 1945	11-Ix	8
2 may 1945	12-Men	9
3 may 1945	13-Cib	1
4 may 1945	**1-Caban**	2
5 may 1945	2-Etz'nab	3
6 may 1945	3-Cauac	4
7 may 1945	4-Ahau	5
8 may 1945	*5-Imix*	6
9 may 1945	6-Ik	7
10 may 1945	7-Akbal	8
11 may 1945	8-Kan	9
12 may 1945	9-Chicchan	1
13 may 1945	10-Cimi	2
14 may 1945	11-Manik	3
15 may 1945	12-Lamat	4
16 may 1945	13-Muluc	5
17 may 1945	**1-Oc**	6
18 may 1945	2-Chuen	7
19 may 1945	3-Eb	8
20 may 1945	4-Ben	9
21 may 1945	5-Ix	1
22 may 1945	6-Men	2
23 may 1945	7-Cib	3
24 may 1945	8-Caban	4
25 may 1945	9-Etz'nab	5
26 may 1945	10-Cauac	6
27 may 1945	11-Ahau	7
28 may 1945	*12-Imix*	8
29 may 1945	13-Ik	9
30 may 1945	**1-Akbal**	1
31 may 1945	2-Kan	2
1 jun 1945	3-Chicchan	3
2 jun 1945	4-Cimi	4
3 jun 1945	5-Manik	5
4 jun 1945	6-Lamat	6
5 jun 1945	7-Muluc	7

Fecha	Signo del día	S
6 jun 1945	8-Oc	8
7 jun 1945	9-Chuen	9
8 jun 1945	10-Eb	1
9 jun 1945	11-Ben	2
10 jun 1945	12-Ix	3
11 jun 1945	13-Men	4
12 jun 1945	**1-Cib**	5
13 jun 1945	2-Caban	6
14 jun 1945	3-Etz'nab	7
15 jun 1945	4-Cauac	8
16 jun 1945	5-Ahau	9
17 jun 1945	*6-Imix*	1
18 jun 1945	7-Ik	2
19 jun 1945	8-Akbal	3
20 jun 1945	9-Kan	4
21 jun 1945	10-Chicchan	5
22 jun 1945	11-Cimi	6
23 jun 1945	12-Manik	7
24 jun 1945	13-Lamat	8
25 jun 1945	**1-Muluc**	9
26 jun 1945	2-Oc	1
27 jun 1945	3-Chuen	2
28 jun 1945	4-Eb	3
29 jun 1945	5-Ben	4
30 jun 1945	6-Ix	5
1 jul 1945	7-Men	6
2 jul 1945	8-Cib	7
3 jul 1945	9-Caban	8
4 jul 1945	10-Etz'nab	9
5 jul 1945	11-Cauac	1
6 jul 1945	12-Ahau	2
7 jul 1945	*13-Imix*	3
8 jul 1945	**1-Ik**	4
9 jul 1945	2-Akbal	5
10 jul 1945	3-Kan	6
11 jul 1945	4-Chicchan	7
12 jul 1945	5-Cimi	8
13 jul 1945	6-Manik	9
14 jul 1945	7-Lamat	1
15 jul 1945	8-Muluc	2
16 jul 1945	9-Oc	3
17 jul 1945	10-Chuen	4
18 jul 1945	11-Eb	5
19 jul 1945	12-Ben	6
20 jul 1945	13-Ix	7
21 jul 1945	**1-Men**	8
22 jul 1945	2-Cib	9
23 jul 1945	3-Caban	1
24 jul 1945	4-Etz'nab	2
25 jul 1945	5-Cauac	3
26 jul 1945	6-Ahau	4
27 jul 1945	*7-Imix*	5
28 jul 1945	8-Ik	6
29 jul 1945	9-Akbal	7
30 jul 1945	10-Kan	8
31 jul 1945	11-Chicchan	9
1 ago 1945	12-Cimi	1
2 ago 1945	13-Manik	2
3 ago 1945	**1-Lamat**	3
4 ago 1945	2-Muluc	4
5 ago 1945	3-Oc	5
6 ago 1945	4-Chuen	6
7 ago 1945	5-Eb	7
8 ago 1945	6-Ben	8
9 ago 1945	7-Ix	9
10 ago 1945	8-Men	1
11 ago 1945	9-Cib	2
12 ago 1945	10-Caban	3

Fecha	Signo del día	S
13 ago 1945	11-Etz'nab	4
14 ago 1945	12-Cauac	5
15 ago 1945	13-Ahau	6
16 ago 1945	**1-Imix**	7
17 ago 1945	2-Ik	8
18 ago 1945	3-Akbal	9
19 ago 1945	4-Kan	1
20 ago 1945	5-Chicchan	2
21 ago 1945	6-Cimi	3
22 ago 1945	7-Manik	4
23 ago 1945	8-Lamat	5
24 ago 1945	9-Muluc	6
25 ago 1945	10-Oc	7
26 ago 1945	11-Chuen	8
27 ago 1945	12-Eb	9
28 ago 1945	13-Ben	1
29 ago 1945	**1-Ix**	2
30 ago 1945	2-Men	3
31 ago 1945	3-Cib	4
1 sep 1945	4-Caban	5
2 sep 1945	5-Etz'nab	6
3 sep 1945	6-Cauac	7
4 sep 1945	7-Ahau	8
5 sep 1945	*8-Imix*	9
6 sep 1945	9-Ik	1
7 sep 1945	10-Akbal	2
8 sep 1945	11-Kan	3
9 sep 1945	12-Chicchan	4
10 sep 1945	13-Cimi	5
11 sep 1945	**1-Manik**	6
12 sep 1945	2-Lamat	7
13 sep 1945	3-Muluc	8
14 sep 1945	4-Oc	9
15 sep 1945	5-Chuen	1
16 sep 1945	6-Eb	2
17 sep 1945	7-Ben	3
18 sep 1945	8-Ix	4
19 sep 1945	9-Men	5
20 sep 1945	10-Cib	6
21 sep 1945	11-Caban	7
22 sep 1945	12-Etz'nab	8
23 sep 1945	13-Cauac	9
24 sep 1945	**1-Ahau**	1
25 sep 1945	*2-Imix*	2
26 sep 1945	3-Ik	3
27 sep 1945	4-Akbal	4
28 sep 1945	5-Kan	5
29 sep 1945	6-Chicchan	6
30 sep 1945	7-Cimi	7
1 oct 1945	8-Manik	8
2 oct 1945	9-Lamat	9
3 oct 1945	10-Muluc	1
4 oct 1945	11-Oc	2
5 oct 1945	12-Chuen	3
6 oct 1945	13-Eb	4
7 oct 1945	**1-Ben**	5
8 oct 1945	2-Ix	6
9 oct 1945	3-Men	7
10 oct 1945	4-Cib	8
11 oct 1945	5-Caban	9
12 oct 1945	6-Etz'nab	1
13 oct 1945	7-Cauac	2
14 oct 1945	8-Ahau	3
15 oct 1945	*9-Imix*	4
16 oct 1945	10-Ik	5
17 oct 1945	11-Akbal	6
18 oct 1945	12-Kan	7
19 oct 1945	13-Chicchan	8

Fecha	Signo del día	S
20 oct 1945	**1-Cimi**	9
21 oct 1945	2-Manik	1
22 oct 1945	3-Lamat	2
23 oct 1945	4-Muluc	3
24 oct 1945	5-Oc	4
25 oct 1945	6-Chuen	5
26 oct 1945	7-Eb	6
27 oct 1945	8-Ben	7
28 oct 1945	9-Ix	8
29 oct 1945	10-Men	9
30 oct 1945	11-Cib	1
31 oct 1945	12-Caban	2
1 nov 1945	13-Etz'nab	3
2 nov 1945	**1-Cauac**	4
3 nov 1945	2-Ahau	5
4 nov 1945	*3-Imix*	6
5 nov 1945	4-Ik	7
6 nov 1945	5-Akbal	8
7 nov 1945	6-Kan	9
8 nov 1945	7-Chicchan	1
9 nov 1945	8-Cimi	2
10 nov 1945	9-Manik	3
11 nov 1945	10-Lamat	4
12 nov 1945	11-Muluc	5
13 nov 1945	12-Oc	6
14 nov 1945	13-Chuen	7
15 nov 1945	**1-Eb**	8
16 nov 1945	2-Ben	9
17 nov 1945	3-Ix	1
18 nov 1945	4-Men	2
19 nov 1945	5-Cib	3
20 nov 1945	6-Caban	4
21 nov 1945	7-Etz'nab	5
22 nov 1945	8-Cauac	6
23 nov 1945	9-Ahau	7
24 nov 1945	*10-Imix*	8
25 nov 1945	11-Ik	9
26 nov 1945	12-Akbal	1
27 nov 1945	13-Kan	2
28 nov 1945	**1-Chicchan**	3
29 nov 1945	2-Cimi	4
30 nov 1945	3-Manik	5
1 dic 1945	4-Lamat	6
2 dic 1945	5-Muluc	7
3 dic 1945	6-Oc	8
4 dic 1945	7-Chuen	9
5 dic 1945	8-Eb	1
6 dic 1945	9-Ben	2
7 dic 1945	10-Ix	3
8 dic 1945	11-Men	4
9 dic 1945	12-Cib	5
10 dic 1945	13-Caban	6
11 dic 1945	**1-Etz'nab**	7
12 dic 1945	2-Cauac	8
13 dic 1945	3-Ahau	9
14 dic 1945	*4-Imix*	1
15 dic 1945	5-Ik	2
16 dic 1945	6-Akbal	3
17 dic 1945	7-Kan	4
18 dic 1945	8-Chicchan	5
19 dic 1945	9-Cimi	6
20 dic 1945	10-Manik	7
21 dic 1945	11-Lamat	8
22 dic 1945	12-Muluc	9
23 dic 1945	13-Oc	1
24 dic 1945	**1-Chuen**	2
25 dic 1945	2-Eb	3
26 dic 1945	3-Ben	4

Fecha	Signo del día	S
27 dic 1945	4-Ix	5
28 dic 1945	5-Men	6
29 dic 1945	6-Cib	7
30 dic 1945	7-Caban	8
31 dic 1945	8-Etz'nab	9
1 ene 1946	9-Cauac	1
2 ene 1946	10-Ahau	2
3 ene 1946	*11-Imix*	3
4 ene 1946	12-Ik	4
5 ene 1946	13-Akbal	5
6 ene 1946	**1-Kan**	6
7 ene 1946	2-Chicchan	7
8 ene 1946	3-Cimi	8
9 ene 1946	4-Manik	9
10 ene 1946	5-Lamat	1
11 ene 1946	6-Muluc	2
12 ene 1946	7-Oc	3
13 ene 1946	8-Chuen	4
14 ene 1946	9-Eb	5
15 ene 1946	10-Ben	6
16 ene 1946	11-Ix	7
17 ene 1946	12-Men	8
18 ene 1946	13-Cib	9
19 ene 1946	**1-Caban**	1
20 ene 1946	2-Etz'nab	2
21 ene 1946	3-Cauac	3
22 ene 1946	4-Ahau	4
23 ene 1946	*5-Imix*	5
24 ene 1946	6-Ik	6
25 ene 1946	7-Akbal	7
26 ene 1946	8-Kan	8
27 ene 1946	9-Chicchan	9
28 ene 1946	10-Cimi	1
29 ene 1946	11-Manik	2
30 ene 1946	12-Lamat	3
31 ene 1946	13-Muluc	4
1 feb 1946	**1-Oc**	5
2 feb 1946	2-Chuen	6
3 feb 1946	3-Eb	7
4 feb 1946	4-Ben	8
5 feb 1946	5-Ix	9
6 feb 1946	6-Men	1
7 feb 1946	7-Cib	2
8 feb 1946	8-Caban	3
9 feb 1946	9-Etz'nab	4
10 feb 1946	10-Cauac	5
11 feb 1946	11-Ahau	6
12 feb 1946	*12-Imix*	7
13 feb 1946	13-Ik	8
14 feb 1946	**1-Akbal**	9
15 feb 1946	2-Kan	1
16 feb 1946	3-Chicchan	2
17 feb 1946	4-Cimi	3
18 feb 1946	5-Manik	4
19 feb 1946	6-Lamat	5
20 feb 1946	7-Muluc	6
21 feb 1946	8-Oc	7
22 feb 1946	9-Chuen	8
23 feb 1946	10-Eb	9
24 feb 1946	11-Ben	1
25 feb 1946	12-Ix	2
26 feb 1946	13-Men	3
27 feb 1946	**1-Cib**	4
28 feb 1946	2-Caban	5
1 mar 1946	3-Etz'nab	6
2 mar 1946	4-Cauac	7
3 mar 1946	5-Ahau	8
4 mar 1946	*6-Imix*	9

Fecha	Signo del día	S	Fecha	Signo del día	S	Fecha	Signo del día	S
5 mar 1946	7-Ik	1	12 may 1946	10-Oc	6	19 jul 1946	13-Etz'nab	2
6 mar 1946	8-Akbal	2	13 may 1946	11-Chuen	7	20 jul 1946	**1-Cauac**	3
7 mar 1946	9-Kan	3	14 may 1946	12-Eb	8	21 jul 1946	2-Ahau	4
8 mar 1946	10-Chicchan	4	15 may 1946	13-Ben	9	22 jul 1946	3-Imix	5
9 mar 1946	11-Cimi	5	16 may 1946	**1-Ix**	1	23 jul 1946	4-Ik	6
10 mar 1946	12-Manik	6	17 may 1946	2-Men	2	24 jul 1946	5-Akbal	7
11 mar 1946	13-Lamat	7	18 may 1946	3-Cib	3	25 jul 1946	6-Kan	8
12 mar 1946	**1-Muluc**	8	19 may 1946	4-Caban	4	26 jul 1946	7-Chicchan	9
13 mar 1946	2-Oc	9	20 may 1946	5-Etz'nab	5	27 jul 1946	8-Cimi	1
14 mar 1946	3-Chuen	1	21 may 1946	6-Cauac	6	28 jul 1946	9-Manik	2
15 mar 1946	4-Eb	2	22 may 1946	7-Ahau	7	29 jul 1946	10-Lamat	3
16 mar 1946	5-Ben	3	23 may 1946	8-Imix	8	30 jul 1946	11-Muluc	4
17 mar 1946	6-Ix	4	24 may 1946	9-Ik	9	31 jul 1946	12-Oc	5
18 mar 1946	7-Men	5	25 may 1946	10-Akbal	1	1 ago 1946	13-Chuen	6
19 mar 1946	8-Cib	6	26 may 1946	11-Kan	2	2 ago 1946	**1-Eb**	7
20 mar 1946	9-Caban	7	27 may 1946	12-Chicchan	3	3 ago 1946	2-Ben	8
21 mar 1946	10-Etz'nab	8	28 may 1946	13-Cimi	4	4 ago 1946	3-Ix	9
22 mar 1946	11-Cauac	9	29 may 1946	**1-Manik**	5	5 ago 1946	4-Men	1
23 mar 1946	12-Ahau	1	30 may 1946	2-Lamat	6	6 ago 1946	5-Cib	2
24 mar 1946	13-Imix	2	31 may 1946	3-Muluc	7	7 ago 1946	6-Caban	3
25 mar 1946	**1-Ik**	3	1 jun 1946	4-Oc	8	8 ago 1946	7-Etz'nab	4
26 mar 1946	2-Akbal	4	2 jun 1946	5-Chuen	9	9 ago 1946	8-Cauac	5
27 mar 1946	3-Kan	5	3 jun 1946	6-Eb	1	10 ago 1946	9-Ahau	6
28 mar 1946	4-Chicchan	6	4 jun 1946	7-Ben	2	11 ago 1946	10-Imix	7
29 mar 1946	5-Cimi	7	5 jun 1946	8-Ix	3	12 ago 1946	11-Ik	8
30 mar 1946	6-Manik	8	6 jun 1946	9-Men	4	13 ago 1946	12-Akbal	9
31 mar 1946	7-Lamat	9	7 jun 1946	10-Cib	5	14 ago 1946	13-Kan	1
1 abr 1946	8-Muluc	1	8 jun 1946	11-Caban	6	15 ago 1946	**1-Chicchan**	2
2 abr 1946	9-Oc	2	9 jun 1946	12-Etz'nab	7	16 ago 1946	2-Cimi	3
3 abr 1946	10-Chuen	3	10 jun 1946	13-Cauac	8	17 ago 1946	3-Manik	4
4 abr 1946	11-Eb	4	11 jun 1946	**1-Ahau**	9	18 ago 1946	4-Lamat	5
5 abr 1946	12-Ben	5	12 jun 1946	2-Imix	1	19 ago 1946	5-Muluc	6
6 abr 1946	13-Ix	6	13 jun 1946	3-Ik	2	20 ago 1946	6-Oc	7
7 abr 1946	**1-Men**	7	14 jun 1946	4-Akbal	3	21 ago 1946	7-Chuen	8
8 abr 1946	2-Cib	8	15 jun 1946	5-Kan	4	22 ago 1946	8-Eb	9
9 abr 1946	3-Caban	9	16 jun 1946	6-Chicchan	5	23 ago 1946	9-Ben	1
10 abr 1946	4-Etz'nab	1	17 jun 1946	7-Cimi	6	24 ago 1946	10-Ix	2
11 abr 1946	5-Cauac	2	18 jun 1946	8-Manik	7	25 ago 1946	11-Men	3
12 abr 1946	6-Ahau	3	19 jun 1946	9-Lamat	8	26 ago 1946	12-Cib	4
13 abr 1946	7-Imix	4	20 jun 1946	10-Muluc	9	27 ago 1946	13-Caban	5
14 abr 1946	8-Ik	5	21 jun 1946	11-Oc	1	28 ago 1946	**1-Etz'nab**	6
15 abr 1946	9-Akbal	6	22 jun 1946	12-Chuen	2	29 ago 1946	2-Cauac	7
16 abr 1946	10-Kan	7	23 jun 1946	13-Eb	3	30 ago 1946	3-Ahau	8
17 abr 1946	11-Chicchan	8	24 jun 1946	**1-Ben**	4	31 ago 1946	4-Imix	9
18 abr 1946	12-Cimi	9	25 jun 1946	2-Ix	5	1 sep 1946	5-Ik	1
19 abr 1946	13-Manik	1	26 jun 1946	3-Men	6	2 sep 1946	6-Akbal	2
20 abr 1946	**1-Lamat**	2	27 jun 1946	4-Cib	7	3 sep 1946	7-Kan	3
21 abr 1946	2-Muluc	3	28 jun 1946	5-Caban	8	4 sep 1946	8-Chicchan	4
22 abr 1946	3-Oc	4	29 jun 1946	6-Etz'nab	9	5 sep 1946	9-Cimi	5
23 abr 1946	4-Chuen	5	30 jun 1946	7-Cauac	1	6 sep 1946	10-Manik	6
24 abr 1946	5-Eb	6	1 jul 1946	8-Ahau	2	7 sep 1946	11-Lamat	7
25 abr 1946	6-Ben	7	2 jul 1946	9-Imix	3	8 sep 1946	12-Muluc	8
26 abr 1946	7-Ix	8	3 jul 1946	10-Ik	4	9 sep 1946	13-Oc	9
27 abr 1946	8-Men	9	4 jul 1946	11-Akbal	5	10 sep 1946	**1-Chuen**	1
28 abr 1946	9-Cib	1	5 jul 1946	12-Kan	6	11 sep 1946	2-Eb	2
29 abr 1946	10-Caban	2	6 jul 1946	13-Chicchan	7	12 sep 1946	3-Ben	3
30 abr 1946	11-Etz'nab	3	7 jul 1946	**1-Cimi**	8	13 sep 1946	4-Ix	4
1 may 1946	12-Cauac	4	8 jul 1946	2-Manik	9	14 sep 1946	5-Men	5
2 may 1946	13-Ahau	5	9 jul 1946	3-Lamat	1	15 sep 1946	6-Cib	6
3 may 1946	**1-Imix**	6	10 jul 1946	4-Muluc	2	16 sep 1946	7-Caban	7
4 may 1946	2-Ik	7	11 jul 1946	5-Oc	3	17 sep 1946	8-Etz'nab	8
5 may 1946	3-Akbal	8	12 jul 1946	6-Chuen	4	18 sep 1946	9-Cauac	9
6 may 1946	4-Kan	9	13 jul 1946	7-Eb	5	19 sep 1946	10-Ahau	1
7 may 1946	5-Chicchan	1	14 jul 1946	8-Ben	6	20 sep 1946	11-Imix	2
8 may 1946	6-Cimi	2	15 jul 1946	9-Ix	7	21 sep 1946	12-Ik	3
9 may 1946	7-Manik	3	16 jul 1946	10-Men	8	22 sep 1946	13-Akbal	4
10 may 1946	8-Lamat	4	17 jul 1946	11-Cib	9	23 sep 1946	**1-Kan**	5
11 may 1946	9-Muluc	5	18 jul 1946	12-Caban	1	24 sep 1946	2-Chicchan	6

Fecha	Signo del día	S
25 sep 1946	3-Cimi	7
26 sep 1946	4-Manik	8
27 sep 1946	5-Lamat	9
28 sep 1946	6-Muluc	1
29 sep 1946	7-Oc	2
30 sep 1946	8-Chuen	3
1 oct 1946	9-Eb	4
2 oct 1946	10-Ben	5
3 oct 1946	11-Ix	6
4 oct 1946	12-Men	7
5 oct 1946	13-Cib	8
6 oct 1946	**1-Caban**	9
7 oct 1946	2-Etz'nab	1
8 oct 1946	3-Cauac	2
9 oct 1946	4-Ahau	3
10 oct 1946	*5-Imix*	4
11 oct 1946	6-Ik	5
12 oct 1946	7-Akbal	6
13 oct 1946	8-Kan	7
14 oct 1946	9-Chicchan	8
15 oct 1946	10-Cimi	9
16 oct 1946	11-Manik	1
17 oct 1946	12-Lamat	2
18 oct 1946	13-Muluc	3
19 oct 1946	**1-Oc**	4
20 oct 1946	2-Chuen	5
21 oct 1946	3-Eb	6
22 oct 1946	4-Ben	7
23 oct 1946	5-Ix	8
24 oct 1946	6-Men	9
25 oct 1946	7-Cib	1
26 oct 1946	8-Caban	2
27 oct 1946	9-Etz'nab	3
28 oct 1946	10-Cauac	4
29 oct 1946	11-Ahau	5
30 oct 1946	*12-Imix*	6
31 oct 1946	13-Ik	7
1 nov 1946	**1-Akbal**	8
2 nov 1946	2-Kan	9
3 nov 1946	3-Chicchan	1
4 nov 1946	4-Cimi	2
5 nov 1946	5-Manik	3
6 nov 1946	6-Lamat	4
7 nov 1946	7-Muluc	5
8 nov 1946	8-Oc	6
9 nov 1946	9-Chuen	7
10 nov 1946	10-Eb	8
11 nov 1946	11-Ben	9
12 nov 1946	12-Ix	1
13 nov 1946	13-Men	2
14 nov 1946	**1-Cib**	3
15 nov 1946	2-Caban	4
16 nov 1946	3-Etz'nab	5
17 nov 1946	4-Cauac	6
18 nov 1946	5-Ahau	7
19 nov 1946	*6-Imix*	8
20 nov 1946	7-Ik	9
21 nov 1946	8-Akbal	1
22 nov 1946	9-Kan	2
23 nov 1946	10-Chicchan	3
24 nov 1946	11-Cimi	4
25 nov 1946	12-Manik	5
26 nov 1946	13-Lamat	6
27 nov 1946	**1-Muluc**	7
28 nov 1946	2-Oc	8
29 nov 1946	3-Chuen	9
30 nov 1946	4-Eb	1
1 dic 1946	5-Ben	2

Fecha	Signo del día	S
2 dic 1946	6-Ix	3
3 dic 1946	7-Men	4
4 dic 1946	8-Cib	5
5 dic 1946	9-Caban	6
6 dic 1946	10-Etz'nab	7
7 dic 1946	11-Cauac	8
8 dic 1946	12-Ahau	9
9 dic 1946	*13-Imix*	1
10 dic 1946	**1-Ik**	2
11 dic 1946	2-Akbal	3
12 dic 1946	3-Kan	4
13 dic 1946	4-Chicchan	5
14 dic 1946	5-Cimi	6
15 dic 1946	6-Manik	7
16 dic 1946	7-Lamat	8
17 dic 1946	8-Muluc	9
18 dic 1946	9-Oc	1
19 dic 1946	10-Chuen	2
20 dic 1946	11-Eb	3
21 dic 1946	12-Ben	4
22 dic 1946	13-Ix	5
23 dic 1946	**1-Men**	6
24 dic 1946	2-Cib	7
25 dic 1946	3-Caban	8
26 dic 1946	4-Etz'nab	9
27 dic 1946	5-Cauac	1
28 dic 1946	6-Ahau	2
29 dic 1946	*7-Imix*	3
30 dic 1946	8-Ik	4
31 dic 1946	9-Akbal	5
1 ene 1947	10-Kan	6
2 ene 1947	11-Chicchan	7
3 ene 1947	12-Cimi	8
4 ene 1947	13-Manik	9
5 ene 1947	**1-Lamat**	1
6 ene 1947	2-Muluc	2
7 ene 1947	3-Oc	3
8 ene 1947	4-Chuen	4
9 ene 1947	5-Eb	5
10 ene 1947	6-Ben	6
11 ene 1947	7-Ix	7
12 ene 1947	8-Men	8
13 ene 1947	9-Cib	9
14 ene 1947	10-Caban	1
15 ene 1947	11-Etz'nab	2
16 ene 1947	12-Cauac	3
17 ene 1947	13-Ahau	4
18 ene 1947	**1-Imix**	5
19 ene 1947	2-Ik	6
20 ene 1947	3-Akbal	7
21 ene 1947	4-Kan	8
22 ene 1947	5-Chicchan	9
23 ene 1947	6-Cimi	1
24 ene 1947	7-Manik	2
25 ene 1947	8-Lamat	3
26 ene 1947	9-Muluc	4
27 ene 1947	10-Oc	5
28 ene 1947	11-Chuen	6
29 ene 1947	12-Eb	7
30 ene 1947	13-Ben	8
31 ene 1947	**1-Ix**	9
1 feb 1947	2-Men	1
2 feb 1947	3-Cib	2
3 feb 1947	4-Caban	3
4 feb 1947	5-Etz'nab	4
5 feb 1947	6-Cauac	5
6 feb 1947	7-Ahau	6
7 feb 1947	*8-Imix*	7

Fecha	Signo del día	S
8 feb 1947	9-Ik	8
9 feb 1947	10-Akbal	9
10 feb 1947	11-Kan	1
11 feb 1947	12-Chicchan	2
12 feb 1947	13-Cimi	3
13 feb 1947	**1-Manik**	4
14 feb 1947	2-Lamat	5
15 feb 1947	3-Muluc	6
16 feb 1947	4-Oc	7
17 feb 1947	5-Chuen	8
18 feb 1947	6-Eb	9
19 feb 1947	7-Ben	1
20 feb 1947	8-Ix	2
21 feb 1947	9-Men	3
22 feb 1947	10-Cib	4
23 feb 1947	11-Caban	5
24 feb 1947	12-Etz'nab	6
25 feb 1947	13-Cauac	7
26 feb 1947	**1-Ahau**	8
27 feb 1947	*2-Imix*	9
28 feb 1947	3-Ik	1
1 mar 1947	4-Akbal	2
2 mar 1947	5-Kan	3
3 mar 1947	6-Chicchan	4
4 mar 1947	7-Cimi	5
5 mar 1947	8-Manik	6
6 mar 1947	9-Lamat	7
7 mar 1947	10-Muluc	8
8 mar 1947	11-Oc	9
9 mar 1947	12-Chuen	1
10 mar 1947	13-Eb	2
11 mar 1947	**1-Ben**	3
12 mar 1947	2-Ix	4
13 mar 1947	3-Men	5
14 mar 1947	4-Cib	6
15 mar 1947	5-Caban	7
16 mar 1947	6-Etz'nab	8
17 mar 1947	7-Cauac	9
18 mar 1947	8-Ahau	1
19 mar 1947	*9-Imix*	2
20 mar 1947	10-Ik	3
21 mar 1947	11-Akbal	4
22 mar 1947	12-Kan	5
23 mar 1947	13-Chicchan	6
24 mar 1947	**1-Cimi**	7
25 mar 1947	2-Manik	8
26 mar 1947	3-Lamat	9
27 mar 1947	4-Muluc	1
28 mar 1947	5-Oc	2
29 mar 1947	6-Chuen	3
30 mar 1947	7-Eb	4
31 mar 1947	8-Ben	5
1 abr 1947	9-Ix	6
2 abr 1947	10-Men	7
3 abr 1947	11-Cib	8
4 abr 1947	12-Caban	9
5 abr 1947	13-Etz'nab	1
6 abr 1947	**1-Cauac**	2
7 abr 1947	2-Ahau	3
8 abr 1947	*3-Imix*	4
9 abr 1947	4-Ik	5
10 abr 1947	5-Akbal	6
11 abr 1947	6-Kan	7
12 abr 1947	7-Chicchan	8
13 abr 1947	8-Cimi	9
14 abr 1947	9-Manik	1
15 abr 1947	10-Lamat	2
16 abr 1947	11-Muluc	3

Fecha	Signo del día	S
17 abr 1947	12-Oc	4
18 abr 1947	13-Chuen	5
19 abr 1947	**1-Eb**	6
20 abr 1947	2-Ben	7
21 abr 1947	3-Ix	8
22 abr 1947	4-Men	9
23 abr 1947	5-Cib	1
24 abr 1947	6-Caban	2
25 abr 1947	7-Etz'nab	3
26 abr 1947	8-Cauac	4
27 abr 1947	9-Ahau	5
28 abr 1947	*10-Imix*	6
29 abr 1947	11-Ik	7
30 abr 1947	12-Akbal	8
1 may 1947	13-Kan	9
2 may 1947	**1-Chicchan**	1
3 may 1947	2-Cimi	2
4 may 1947	3-Manik	3
5 may 1947	4-Lamat	4
6 may 1947	5-Muluc	5
7 may 1947	6-Oc	6
8 may 1947	7-Chuen	7
9 may 1947	8-Eb	8
10 may 1947	9-Ben	9
11 may 1947	10-Ix	1
12 may 1947	11-Men	2
13 may 1947	12-Cib	3
14 may 1947	13-Caban	4
15 may 1947	**1-Etz'nab**	5
16 may 1947	2-Cauac	6
17 may 1947	3-Ahau	7
18 may 1947	*4-Imix*	8
19 may 1947	5-Ik	9
20 may 1947	6-Akbal	1
21 may 1947	7-Kan	2
22 may 1947	8-Chicchan	3
23 may 1947	9-Cimi	4
24 may 1947	10-Manik	5
25 may 1947	11-Lamat	6
26 may 1947	12-Muluc	7
27 may 1947	13-Oc	8
28 may 1947	**1-Chuen**	9
29 may 1947	2-Eb	1
30 may 1947	3-Ben	2
31 may 1947	4-Ix	3
1 jun 1947	5-Men	4
2 jun 1947	6-Cib	5
3 jun 1947	7-Caban	6
4 jun 1947	8-Etz'nab	7
5 jun 1947	9-Cauac	8
6 jun 1947	10-Ahau	9
7 jun 1947	*11-Imix*	1
8 jun 1947	12-Ik	2
9 jun 1947	13-Akbal	3
10 jun 1947	**1-Kan**	4
11 jun 1947	2-Chicchan	5
12 jun 1947	3-Cimi	6
13 jun 1947	4-Manik	7
14 jun 1947	5-Lamat	8
15 jun 1947	6-Muluc	9
16 jun 1947	7-Oc	1
17 jun 1947	8-Chuen	2
18 jun 1947	9-Eb	3
19 jun 1947	10-Ben	4
20 jun 1947	11-Ix	5
21 jun 1947	12-Men	6
22 jun 1947	13-Cib	7
23 jun 1947	**1-Caban**	8

Fecha	Signo del día	S
24 jun 1947	2-Etz'nab	9
25 jun 1947	3-Cauac	1
26 jun 1947	4-Ahau	2
27 jun 1947	*5-Imix*	3
28 jun 1947	6-Ik	4
29 jun 1947	7-Akbal	5
30 jun 1947	8-Kan	6
1 jul 1947	9-Chicchan	7
2 jul 1947	10-Cimi	8
3 jul 1947	11-Manik	9
4 jul 1947	12-Lamat	1
5 jul 1947	13-Muluc	2
6 jul 1947	**1-Oc**	3
7 jul 1947	2-Chuen	4
8 jul 1947	3-Eb	5
9 jul 1947	4-Ben	6
10 jul 1947	5-Ix	7
11 jul 1947	6-Men	8
12 jul 1947	7-Cib	9
13 jul 1947	8-Caban	1
14 jul 1947	9-Etz'nab	2
15 jul 1947	10-Cauac	3
16 jul 1947	11-Ahau	4
17 jul 1947	*12-Imix*	5
18 jul 1947	13-Ik	6
19 jul 1947	**1-Akbal**	7
20 jul 1947	2-Kan	8
21 jul 1947	3-Chicchan	9
22 jul 1947	4-Cimi	1
23 jul 1947	5-Manik	2
24 jul 1947	6-Lamat	3
25 jul 1947	7-Muluc	4
26 jul 1947	8-Oc	5
27 jul 1947	9-Chuen	6
28 jul 1947	10-Eb	7
29 jul 1947	11-Ben	8
30 jul 1947	12-Ix	9
31 jul 1947	13-Men	1
1 ago 1947	**1-Cib**	2
2 ago 1947	2-Caban	3
3 ago 1947	3-Etz'nab	4
4 ago 1947	4-Cauac	5
5 ago 1947	5-Ahau	6
6 ago 1947	*6-Imix*	7
7 ago 1947	7-Ik	8
8 ago 1947	8-Akbal	9
9 ago 1947	9-Kan	1
10 ago 1947	10-Chicchan	2
11 ago 1947	11-Cimi	3
12 ago 1947	12-Manik	4
13 ago 1947	13-Lamat	5
14 ago 1947	**1-Muluc**	6
15 ago 1947	2-Oc	7
16 ago 1947	3-Chuen	8
17 ago 1947	4-Eb	9
18 ago 1947	5-Ben	1
19 ago 1947	6-Ix	2
20 ago 1947	7-Men	3
21 ago 1947	8-Cib	4
22 ago 1947	9-Caban	5
23 ago 1947	10-Etz'nab	6
24 ago 1947	11-Cauac	7
25 ago 1947	12-Ahau	8
26 ago 1947	*13-Imix*	9
27 ago 1947	**1-Ik**	1
28 ago 1947	2-Akbal	2
29 ago 1947	3-Kan	3
30 ago 1947	4-Chicchan	4

Fecha	Signo del día	S
31 ago 1947	5-Cimi	5
1 sep 1947	6-Manik	6
2 sep 1947	7-Lamat	7
3 sep 1947	8-Muluc	8
4 sep 1947	9-Oc	9
5 sep 1947	10-Chuen	1
6 sep 1947	11-Eb	2
7 sep 1947	12-Ben	3
8 sep 1947	13-Ix	4
9 sep 1947	**1-Men**	5
10 sep 1947	2-Cib	6
11 sep 1947	3-Caban	7
12 sep 1947	4-Etz'nab	8
13 sep 1947	5-Cauac	9
14 sep 1947	6-Ahau	1
15 sep 1947	*7-Imix*	2
16 sep 1947	8-Ik	3
17 sep 1947	9-Akbal	4
18 sep 1947	10-Kan	5
19 sep 1947	11-Chicchan	6
20 sep 1947	12-Cimi	7
21 sep 1947	13-Manik	8
22 sep 1947	**1-Lamat**	9
23 sep 1947	2-Muluc	1
24 sep 1947	3-Oc	2
25 sep 1947	4-Chuen	3
26 sep 1947	5-Eb	4
27 sep 1947	6-Ben	5
28 sep 1947	7-Ix	6
29 sep 1947	8-Men	7
30 sep 1947	9-Cib	8
1 oct 1947	10-Caban	9
2 oct 1947	11-Etz'nab	1
3 oct 1947	12-Cauac	2
4 oct 1947	13-Ahau	3
5 oct 1947	**1-Imix**	4
6 oct 1947	2-Ik	5
7 oct 1947	3-Akbal	6
8 oct 1947	4-Kan	7
9 oct 1947	5-Chicchan	8
10 oct 1947	6-Cimi	9
11 oct 1947	7-Manik	1
12 oct 1947	8-Lamat	2
13 oct 1947	9-Muluc	3
14 oct 1947	10-Oc	4
15 oct 1947	11-Chuen	5
16 oct 1947	12-Eb	6
17 oct 1947	13-Ben	7
18 oct 1947	**1-Ix**	8
19 oct 1947	2-Men	9
20 oct 1947	3-Cib	1
21 oct 1947	4-Caban	2
22 oct 1947	5-Etz'nab	3
23 oct 1947	6-Cauac	4
24 oct 1947	7-Ahau	5
25 oct 1947	*8-Imix*	6
26 oct 1947	9-Ik	7
27 oct 1947	10-Akbal	8
28 oct 1947	11-Kan	9
29 oct 1947	12-Chicchan	1
30 oct 1947	13-Cimi	2
31 oct 1947	**1-Manik**	3
1 nov 1947	2-Lamat	4
2 nov 1947	3-Muluc	5
3 nov 1947	4-Oc	6
4 nov 1947	5-Chuen	7
5 nov 1947	6-Eb	8
6 nov 1947	7-Ben	9

Fecha	Signo del día	S
7 nov 1947	8-Ix	1
8 nov 1947	9-Men	2
9 nov 1947	10-Cib	3
10 nov 1947	11-Caban	4
11 nov 1947	12-Etz'nab	5
12 nov 1947	13-Cauac	6
13 nov 1947	**1-Ahau**	7
14 nov 1947	*2-Imix*	8
15 nov 1947	3-Ik	9
16 nov 1947	4-Akbal	1
17 nov 1947	5-Kan	2
18 nov 1947	6-Chicchan	3
19 nov 1947	7-Cimi	4
20 nov 1947	8-Manik	5
21 nov 1947	9-Lamat	6
22 nov 1947	10-Muluc	7
23 nov 1947	11-Oc	8
24 nov 1947	12-Chuen	9
25 nov 1947	13-Eb	1
26 nov 1947	**1-Ben**	2
27 nov 1947	2-Ix	3
28 nov 1947	3-Men	4
29 nov 1947	4-Cib	5
30 nov 1947	5-Caban	6
1 dic 1947	6-Etz'nab	7
2 dic 1947	7-Cauac	8
3 dic 1947	8-Ahau	9
4 dic 1947	*9-Imix*	1
5 dic 1947	10-Ik	2
6 dic 1947	11-Akbal	3
7 dic 1947	12-Kan	4
8 dic 1947	13-Chicchan	5
9 dic 1947	**1-Cimi**	6
10 dic 1947	2-Manik	7
11 dic 1947	3-Lamat	8
12 dic 1947	4-Muluc	9
13 dic 1947	5-Oc	1
14 dic 1947	6-Chuen	2
15 dic 1947	7-Eb	3
16 dic 1947	8-Ben	4
17 dic 1947	9-Ix	5
18 dic 1947	10-Men	6
19 dic 1947	11-Cib	7
20 dic 1947	12-Caban	8
21 dic 1947	13-Etz'nab	9
22 dic 1947	**1-Cauac**	1
23 dic 1947	2-Ahau	2
24 dic 1947	*3-Imix*	3
25 dic 1947	4-Ik	4
26 dic 1947	5-Akbal	5
27 dic 1947	6-Kan	6
28 dic 1947	7-Chicchan	7
29 dic 1947	8-Cimi	8
30 dic 1947	9-Manik	9
31 dic 1947	10-Lamat	1
1 ene 1948	11-Muluc	2
2 ene 1948	12-Oc	3
3 ene 1948	13-Chuen	4
4 ene 1948	**1-Eb**	5
5 ene 1948	2-Ben	6
6 ene 1948	3-Ix	7
7 ene 1948	4-Men	8
8 ene 1948	5-Cib	9
9 ene 1948	6-Caban	1
10 ene 1948	7-Etz'nab	2
11 ene 1948	8-Cauac	3
12 ene 1948	9-Ahau	4
13 ene 1948	*10-Imix*	5

Fecha	Signo del día	S
14 ene 1948	11-Ik	6
15 ene 1948	12-Akbal	7
16 ene 1948	13-Kan	8
17 ene 1948	**1-Chicchan**	9
18 ene 1948	2-Cimi	1
19 ene 1948	3-Manik	2
20 ene 1948	4-Lamat	3
21 ene 1948	5-Muluc	4
22 ene 1948	6-Oc	5
23 ene 1948	7-Chuen	6
24 ene 1948	8-Eb	7
25 ene 1948	9-Ben	8
26 ene 1948	10-Ix	9
27 ene 1948	11-Men	1
28 ene 1948	12-Cib	2
29 ene 1948	13-Caban	3
30 ene 1948	**1-Etz'nab**	4
31 ene 1948	2-Cauac	5
1 feb 1948	3-Ahau	6
2 feb 1948	*4-Imix*	7
3 feb 1948	5-Ik	8
4 feb 1948	6-Akbal	9
5 feb 1948	7-Kan	1
6 feb 1948	8-Chicchan	2
7 feb 1948	9-Cimi	3
8 feb 1948	10-Manik	4
9 feb 1948	11-Lamat	5
10 feb 1948	12-Muluc	6
11 feb 1948	13-Oc	7
12 feb 1948	**1-Chuen**	8
13 feb 1948	2-Eb	9
14 feb 1948	3-Ben	1
15 feb 1948	4-Ix	2
16 feb 1948	5-Men	3
17 feb 1948	6-Cib	4
18 feb 1948	7-Caban	5
19 feb 1948	8-Etz'nab	6
20 feb 1948	9-Cauac	7
21 feb 1948	10-Ahau	8
22 feb 1948	*11-Imix*	9
23 feb 1948	12-Ik	1
24 feb 1948	13-Akbal	2
25 feb 1948	**1-Kan**	3
26 feb 1948	2-Chicchan	4
27 feb 1948	3-Cimi	5
28 feb 1948	4-Manik	6
29 feb 1948	5-Lamat	7
1 mar 1948	6-Muluc	8
2 mar 1948	7-Oc	9
3 mar 1948	8-Chuen	1
4 mar 1948	9-Eb	2
5 mar 1948	10-Ben	3
6 mar 1948	11-Ix	4
7 mar 1948	12-Men	5
8 mar 1948	13-Cib	6
9 mar 1948	**1-Caban**	7
10 mar 1948	2-Etz'nab	8
11 mar 1948	3-Cauac	9
12 mar 1948	4-Ahau	1
13 mar 1948	*5-Imix*	2
14 mar 1948	6-Ik	3
15 mar 1948	7-Akbal	4
16 mar 1948	8-Kan	5
17 mar 1948	9-Chicchan	6
18 mar 1948	10-Cimi	7
19 mar 1948	11-Manik	8
20 mar 1948	12-Lamat	9
21 mar 1948	13-Muluc	1

Fecha	Signo del día	S
22 mar 1948	**1-Oc**	2
23 mar 1948	2-Chuen	3
24 mar 1948	3-Eb	4
25 mar 1948	4-Ben	5
26 mar 1948	5-Ix	6
27 mar 1948	6-Men	7
28 mar 1948	7-Cib	8
29 mar 1948	8-Caban	9
30 mar 1948	9-Etz'nab	1
31 mar 1948	10-Cauac	2
1 abr 1948	11-Ahau	3
2 abr 1948	*12-Imix*	4
3 abr 1948	13-Ik	5
4 abr 1948	**1-Akbal**	6
5 abr 1948	2-Kan	7
6 abr 1948	3-Chicchan	8
7 abr 1948	4-Cimi	9
8 abr 1948	5-Manik	1
9 abr 1948	6-Lamat	2
10 abr 1948	7-Muluc	3
11 abr 1948	8-Oc	4
12 abr 1948	9-Chuen	5
13 abr 1948	10-Eb	6
14 abr 1948	11-Ben	7
15 abr 1948	12-Ix	8
16 abr 1948	13-Men	9
17 abr 1948	**1-Cib**	1
18 abr 1948	2-Caban	2
19 abr 1948	3-Etz'nab	3
20 abr 1948	4-Cauac	4
21 abr 1948	5-Ahau	5
22 abr 1948	*6-Imix*	6
23 abr 1948	7-Ik	7
24 abr 1948	8-Akbal	8
25 abr 1948	9-Kan	9
26 abr 1948	10-Chicchan	1
27 abr 1948	11-Cimi	2
28 abr 1948	12-Manik	3
29 abr 1948	13-Lamat	4
30 abr 1948	**1-Muluc**	5
1 may 1948	2-Oc	6
2 may 1948	3-Chuen	7
3 may 1948	4-Eb	8
4 may 1948	5-Ben	9
5 may 1948	6-Ix	1
6 may 1948	7-Men	2
7 may 1948	8-Cib	3
8 may 1948	9-Caban	4
9 may 1948	10-Etz'nab	5
10 may 1948	11-Cauac	6
11 may 1948	12-Ahau	7
12 may 1948	*13-Imix*	8
13 may 1948	**1-Ik**	9
14 may 1948	2-Akbal	1
15 may 1948	3-Kan	2
16 may 1948	4-Chicchan	3
17 may 1948	5-Cimi	4
18 may 1948	6-Manik	5
19 may 1948	7-Lamat	6
20 may 1948	8-Muluc	7
21 may 1948	9-Oc	8
22 may 1948	10-Chuen	9
23 may 1948	11-Eb	1
24 may 1948	12-Ben	2
25 may 1948	13-Ix	3
26 may 1948	**1-Men**	4
27 may 1948	2-Cib	5
28 may 1948	3-Caban	6

Fecha	Signo del día	S	Fecha	Signo del día	S	Fecha	Signo del día	S
29 may 1948	4-Etz'nab	7	5 ago 1948	7-Cimi	3	12 oct 1948	10-Ix	8
30 may 1948	5-Cauac	8	6 ago 1948	8-Manik	4	13 oct 1948	11-Men	9
31 may 1948	6-Ahau	9	7 ago 1948	9-Lamat	5	14 oct 1948	12-Cib	1
1 jun 1948	*7-Imix*	1	8 ago 1948	10-Muluc	6	15 oct 1948	13-Caban	2
2 jun 1948	8-Ik	2	9 ago 1948	11-Oc	7	16 oct 1948	**1-Etz'nab**	3
3 jun 1948	9-Akbal	3	10 ago 1948	12-Chuen	8	17 oct 1948	2-Cauac	4
4 jun 1948	10-Kan	4	11 ago 1948	13-Eb	9	18 oct 1948	3-Ahau	5
5 jun 1948	11-Chicchan	5	12 ago 1948	**1-Ben**	1	19 oct 1948	*4-Imix*	6
6 jun 1948	12-Cimi	6	13 ago 1948	2-Ix	2	20 oct 1948	5-Ik	7
7 jun 1948	13-Manik	7	14 ago 1948	3-Men	3	21 oct 1948	6-Akbal	8
8 jun 1948	**1-Lamat**	8	15 ago 1948	4-Cib	4	22 oct 1948	7-Kan	9
9 jun 1948	2-Muluc	9	16 ago 1948	5-Caban	5	23 oct 1948	8-Chicchan	1
10 jun 1948	3-Oc	1	17 ago 1948	6-Etz'nab	6	24 oct 1948	9-Cimi	2
11 jun 1948	4-Chuen	2	18 ago 1948	7-Cauac	7	25 oct 1948	10-Manik	3
12 jun 1948	5-Eb	3	19 ago 1948	8-Ahau	8	26 oct 1948	11-Lamat	4
13 jun 1948	6-Ben	4	20 ago 1948	*9-Imix*	9	27 oct 1948	12-Muluc	5
14 jun 1948	7-Ix	5	21 ago 1948	10-Ik	1	28 oct 1948	13-Oc	6
15 jun 1948	8-Men	6	22 ago 1948	11-Akbal	2	29 oct 1948	**1-Chuen**	7
16 jun 1948	9-Cib	7	23 ago 1948	12-Kan	3	30 oct 1948	2-Eb	8
17 jun 1948	10-Caban	8	24 ago 1948	13-Chicchan	4	31 oct 1948	3-Ben	9
18 jun 1948	11-Etz'nab	9	25 ago 1948	**1-Cimi**	5	1 nov 1948	4-Ix	1
19 jun 1948	12-Cauac	1	26 ago 1948	2-Manik	6	2 nov 1948	5-Men	2
20 jun 1948	13-Ahau	2	27 ago 1948	3-Lamat	7	3 nov 1948	6-Cib	3
21 jun 1948	**1-Imix**	3	28 ago 1948	4-Muluc	8	4 nov 1948	7-Caban	4
22 jun 1948	2-Ik	4	29 ago 1948	5-Oc	9	5 nov 1948	8-Etz'nab	5
23 jun 1948	3-Akbal	5	30 ago 1948	6-Chuen	1	6 nov 1948	9-Cauac	6
24 jun 1948	4-Kan	6	31 ago 1948	7-Eb	2	7 nov 1948	10-Ahau	7
25 jun 1948	5-Chicchan	7	1 sep 1948	8-Ben	3	8 nov 1948	*11-Imix*	8
26 jun 1948	6-Cimi	8	2 sep 1948	9-Ix	4	9 nov 1948	12-Ik	9
27 jun 1948	7-Manik	9	3 sep 1948	10-Men	5	10 nov 1948	13-Akbal	1
28 jun 1948	8-Lamat	1	4 sep 1948	11-Cib	6	11 nov 1948	**1-Kan**	2
29 jun 1948	9-Muluc	2	5 sep 1948	12-Caban	7	12 nov 1948	2-Chicchan	3
30 jun 1948	10-Oc	3	6 sep 1948	13-Etz'nab	8	13 nov 1948	3-Cimi	4
1 jul 1948	11-Chuen	4	7 sep 1948	**1-Cauac**	9	14 nov 1948	4-Manik	5
2 jul 1948	12-Eb	5	8 sep 1948	2-Ahau	1	15 nov 1948	5-Lamat	6
3 jul 1948	13-Ben	6	9 sep 1948	*3-Imix*	2	16 nov 1948	6-Muluc	7
4 jul 1948	**1-Ix**	7	10 sep 1948	4-Ik	3	17 nov 1948	7-Oc	8
5 jul 1948	2-Men	8	11 sep 1948	5-Akbal	4	18 nov 1948	8-Chuen	9
6 jul 1948	3-Cib	9	12 sep 1948	6-Kan	5	19 nov 1948	9-Eb	1
7 jul 1948	4-Caban	1	13 sep 1948	7-Chicchan	6	20 nov 1948	10-Ben	2
8 jul 1948	5-Etz'nab	2	14 sep 1948	8-Cimi	7	21 nov 1948	11-Ix	3
9 jul 1948	6-Cauac	3	15 sep 1948	9-Manik	8	22 nov 1948	12-Men	4
10 jul 1948	7-Ahau	4	16 sep 1948	10-Lamat	9	23 nov 1948	13-Cib	5
11 jul 1948	*8-Imix*	5	17 sep 1948	11-Muluc	1	24 nov 1948	**1-Caban**	6
12 jul 1948	9-Ik	6	18 sep 1948	12-Oc	2	25 nov 1948	2-Etz'nab	7
13 jul 1948	10-Akbal	7	19 sep 1948	13-Chuen	3	26 nov 1948	3-Cauac	8
14 jul 1948	11-Kan	8	20 sep 1948	**1-Eb**	4	27 nov 1948	4-Ahau	9
15 jul 1948	12-Chicchan	9	21 sep 1948	2-Ben	5	28 nov 1948	*5-Imix*	1
16 jul 1948	13-Cimi	1	22 sep 1948	3-Ix	6	29 nov 1948	6-Ik	2
17 jul 1948	**1-Manik**	2	23 sep 1948	4-Men	7	30 nov 1948	7-Akbal	3
18 jul 1948	2-Lamat	3	24 sep 1948	5-Cib	8	1 dic 1948	8-Kan	4
19 jul 1948	3-Muluc	4	25 sep 1948	6-Caban	9	2 dic 1948	9-Chicchan	5
20 jul 1948	4-Oc	5	26 sep 1948	7-Etz'nab	1	3 dic 1948	10-Cimi	6
21 jul 1948	5-Chuen	6	27 sep 1948	8-Cauac	2	4 dic 1948	11-Manik	7
22 jul 1948	6-Eb	7	28 sep 1948	9-Ahau	3	5 dic 1948	12-Lamat	8
23 jul 1948	7-Ben	8	29 sep 1948	*10-Imix*	4	6 dic 1948	13-Muluc	9
24 jul 1948	8-Ix	9	30 sep 1948	11-Ik	5	7 dic 1948	**1-Oc**	1
25 jul 1948	9-Men	1	1 oct 1948	12-Akbal	6	8 dic 1948	2-Chuen	2
26 jul 1948	10-Cib	2	2 oct 1948	13-Kan	7	9 dic 1948	3-Eb	3
27 jul 1948	11-Caban	3	3 oct 1948	**1-Chicchan**	8	10 dic 1948	4-Ben	4
28 jul 1948	12-Etz'nab	4	4 oct 1948	2-Cimi	9	11 dic 1948	5-Ix	5
29 jul 1948	13-Cauac	5	5 oct 1948	3-Manik	1	12 dic 1948	6-Men	6
30 jul 1948	**1-Ahau**	6	6 oct 1948	4-Lamat	2	13 dic 1948	7-Cib	7
31 jul 1948	*2-Imix*	7	7 oct 1948	5-Muluc	3	14 dic 1948	8-Caban	8
1 ago 1948	3-Ik	8	8 oct 1948	6-Oc	4	15 dic 1948	9-Etz'nab	9
2 ago 1948	4-Akbal	9	9 oct 1948	7-Chuen	5	16 dic 1948	10-Cauac	1
3 ago 1948	5-Kan	1	10 oct 1948	8-Eb	6	17 dic 1948	11-Ahau	2
4 ago 1948	6-Chicchan	2	11 oct 1948	9-Ben	7	18 dic 1948	*12-Imix*	3

Fecha	Signo del día	S	Fecha	Signo del día	S	Fecha	Signo del día	S
19 dic 1948	13-Ik	4	25 feb 1949	3-Oc	9	4 may 1949	6-Etz'nab	5
20 dic 1948	**1-Akbal**	5	26 feb 1949	4-Chuen	1	5 may 1949	7-Cauac	6
21 dic 1948	2-Kan	6	27 feb 1949	5-Eb	2	6 may 1949	8-Ahau	7
22 dic 1948	3-Chicchan	7	28 feb 1949	6-Ben	3	7 may 1949	*9-Imix*	8
23 dic 1948	4-Cimi	8	1 mar 1949	7-Ix	4	8 may 1949	10-Ik	9
24 dic 1948	5-Manik	9	2 mar 1949	8-Men	5	9 may 1949	11-Akbal	1
25 dic 1948	6-Lamat	1	3 mar 1949	9-Cib	6	10 may 1949	12-Kan	2
26 dic 1948	7-Muluc	2	4 mar 1949	10-Caban	7	11 may 1949	13-Chicchan	3
27 dic 1948	8-Oc	3	5 mar 1949	11-Etz'nab	8	12 may 1949	**1-Cimi**	4
28 dic 1948	9-Chuen	4	6 mar 1949	12-Cauac	9	13 may 1949	2-Manik	5
29 dic 1948	10-Eb	5	7 mar 1949	13-Ahau	1	14 may 1949	3-Lamat	6
30 dic 1948	11-Ben	6	8 mar 1949	**1-Imix**	2	15 may 1949	4-Muluc	7
31 dic 1948	12-Ix	7	9 mar 1949	2-Ik	3	16 may 1949	5-Oc	8
1 ene 1949	13-Men	8	10 mar 1949	3-Akbal	4	17 may 1949	6-Chuen	9
2 ene 1949	**1-Cib**	9	11 mar 1949	4-Kan	5	18 may 1949	7-Eb	1
3 ene 1949	2-Caban	1	12 mar 1949	5-Chicchan	6	19 may 1949	8-Ben	2
4 ene 1949	3-Etz'nab	2	13 mar 1949	6-Cimi	7	20 may 1949	9-Ix	3
5 ene 1949	4-Cauac	3	14 mar 1949	7-Manik	8	21 may 1949	10-Men	4
6 ene 1949	5-Ahau	4	15 mar 1949	8-Lamat	9	22 may 1949	11-Cib	5
7 ene 1949	*6-Imix*	5	16 mar 1949	9-Muluc	1	23 may 1949	12-Caban	6
8 ene 1949	7-Ik	6	17 mar 1949	10-Oc	2	24 may 1949	13-Etz'nab	7
9 ene 1949	8-Akbal	7	18 mar 1949	11-Chuen	3	25 may 1949	**1-Cauac**	8
10 ene 1949	9-Kan	8	19 mar 1949	12-Eb	4	26 may 1949	2-Ahau	9
11 ene 1949	10-Chicchan	9	20 mar 1949	13-Ben	5	27 may 1949	*3-Imix*	1
12 ene 1949	11-Cimi	1	21 mar 1949	**1-Ix**	6	28 may 1949	4-Ik	2
13 ene 1949	12-Manik	2	22 mar 1949	2-Men	7	29 may 1949	5-Akbal	3
14 ene 1949	13-Lamat	3	23 mar 1949	3-Cib	8	30 may 1949	6-Kan	4
15 ene 1949	**1-Muluc**	4	24 mar 1949	4-Caban	9	31 may 1949	7-Chicchan	5
16 ene 1949	2-Oc	5	25 mar 1949	5-Etz'nab	1	1 jun 1949	8-Cimi	6
17 ene 1949	3-Chuen	6	26 mar 1949	6-Cauac	2	2 jun 1949	9-Manik	7
18 ene 1949	4-Eb	7	27 mar 1949	7-Ahau	3	3 jun 1949	10-Lamat	8
19 ene 1949	5-Ben	8	28 mar 1949	*8-Imix*	4	4 jun 1949	11-Muluc	9
20 ene 1949	6-Ix	9	29 mar 1949	9-Ik	5	5 jun 1949	12-Oc	1
21 ene 1949	7-Men	1	30 mar 1949	10-Akbal	6	6 jun 1949	13-Chuen	2
22 ene 1949	8-Cib	2	31 mar 1949	11-Kan	7	7 jun 1949	**1-Eb**	3
23 ene 1949	9-Caban	3	1 abr 1949	12-Chicchan	8	8 jun 1949	2-Ben	4
24 ene 1949	10-Etz'nab	4	2 abr 1949	13-Cimi	9	9 jun 1949	3-Ix	5
25 ene 1949	11-Cauac	5	3 abr 1949	**1-Manik**	1	10 jun 1949	4-Men	6
26 ene 1949	12-Ahau	6	4 abr 1949	2-Lamat	2	11 jun 1949	5-Cib	7
27 ene 1949	*13-Imix*	7	5 abr 1949	3-Muluc	3	12 jun 1949	6-Caban	8
28 ene 1949	**1-Ik**	8	6 abr 1949	4-Oc	4	13 jun 1949	7-Etz'nab	9
29 ene 1949	2-Akbal	9	7 abr 1949	5-Chuen	5	14 jun 1949	8-Cauac	1
30 ene 1949	3-Kan	1	8 abr 1949	6-Eb	6	15 jun 1949	9-Ahau	2
31 ene 1949	4-Chicchan	2	9 abr 1949	7-Ben	7	16 jun 1949	*10-Imix*	3
1 feb 1949	5-Cimi	3	10 abr 1949	8-Ix	8	17 jun 1949	11-Ik	4
2 feb 1949	6-Manik	4	11 abr 1949	9-Men	9	18 jun 1949	12-Akbal	5
3 feb 1949	7-Lamat	5	12 abr 1949	10-Cib	1	19 jun 1949	13-Kan	6
4 feb 1949	8-Muluc	6	13 abr 1949	11-Caban	2	20 jun 1949	**1-Chicchan**	7
5 feb 1949	9-Oc	7	14 abr 1949	12-Etz'nab	3	21 jun 1949	2-Cimi	8
6 feb 1949	10-Chuen	8	15 abr 1949	13-Cauac	4	22 jun 1949	3-Manik	9
7 feb 1949	11-Eb	9	16 abr 1949	**1-Ahau**	5	23 jun 1949	4-Lamat	1
8 feb 1949	12-Ben	1	17 abr 1949	*2-Imix*	6	24 jun 1949	5-Muluc	2
9 feb 1949	13-Ix	2	18 abr 1949	3-Ik	7	25 jun 1949	6-Oc	3
10 feb 1949	**1-Men**	3	19 abr 1949	4-Akbal	8	26 jun 1949	7-Chuen	4
11 feb 1949	2-Cib	4	20 abr 1949	5-Kan	9	27 jun 1949	8-Eb	5
12 feb 1949	3-Caban	5	21 abr 1949	6-Chicchan	1	28 jun 1949	9-Ben	6
13 feb 1949	4-Etz'nab	6	22 abr 1949	7-Cimi	2	29 jun 1949	10-Ix	7
14 feb 1949	5-Cauac	7	23 abr 1949	8-Manik	3	30 jun 1949	11-Men	8
15 feb 1949	6-Ahau	8	24 abr 1949	9-Lamat	4	1 jul 1949	12-Cib	9
16 feb 1949	*7-Imix*	9	25 abr 1949	10-Muluc	5	2 jul 1949	13-Caban	1
17 feb 1949	8-Ik	1	26 abr 1949	11-Oc	6	3 jul 1949	**1-Etz'nab**	2
18 feb 1949	9-Akbal	2	27 abr 1949	12-Chuen	7	4 jul 1949	2-Cauac	3
19 feb 1949	10-Kan	3	28 abr 1949	13-Eb	8	5 jul 1949	3-Ahau	4
20 feb 1949	11-Chicchan	4	29 abr 1949	**1-Ben**	9	6 jul 1949	*4-Imix*	5
21 feb 1949	12-Cimi	5	30 abr 1949	2-Ix	1	7 jul 1949	5-Ik	6
22 feb 1949	13-Manik	6	1 may 1949	3-Men	2	8 jul 1949	6-Akbal	7
23 feb 1949	**1-Lamat**	7	2 may 1949	4-Cib	3	9 jul 1949	7-Kan	8
24 feb 1949	2-Muluc	8	3 may 1949	5-Caban	4	10 jul 1949	8-Chicchan	9

Fecha	Signo del día	S
11 jul 1949	9-Cimi	1
12 jul 1949	10-Manik	2
13 jul 1949	11-Lamat	3
14 jul 1949	12-Muluc	4
15 jul 1949	13-Oc	5
16 jul 1949	**1-Chuen**	6
17 jul 1949	2-Eb	7
18 jul 1949	3-Ben	8
19 jul 1949	4-Ix	9
20 jul 1949	5-Men	1
21 jul 1949	6-Cib	2
22 jul 1949	7-Caban	3
23 jul 1949	8-Etz'nab	4
24 jul 1949	9-Cauac	5
25 jul 1949	10-Ahau	6
26 jul 1949	*11-Imix*	7
27 jul 1949	12-Ik	8
28 jul 1949	13-Akbal	9
29 jul 1949	**1-Kan**	1
30 jul 1949	2-Chicchan	2
31 jul 1949	3-Cimi	3
1 ago 1949	4-Manik	4
2 ago 1949	5-Lamat	5
3 ago 1949	6-Muluc	6
4 ago 1949	7-Oc	7
5 ago 1949	8-Chuen	8
6 ago 1949	9-Eb	9
7 ago 1949	10-Ben	1
8 ago 1949	11-Ix	2
9 ago 1949	12-Men	3
10 ago 1949	13-Cib	4
11 ago 1949	**1-Caban**	5
12 ago 1949	2-Etz'nab	6
13 ago 1949	3-Cauac	7
14 ago 1949	4-Ahau	8
15 ago 1949	*5-Imix*	9
16 ago 1949	6-Ik	1
17 ago 1949	7-Akbal	2
18 ago 1949	8-Kan	3
19 ago 1949	9-Chicchan	4
20 ago 1949	10-Cimi	5
21 ago 1949	11-Manik	6
22 ago 1949	12-Lamat	7
23 ago 1949	13-Muluc	8
24 ago 1949	**1-Oc**	9
25 ago 1949	2-Chuen	1
26 ago 1949	3-Eb	2
27 ago 1949	4-Ben	3
28 ago 1949	5-Ix	4
29 ago 1949	6-Men	5
30 ago 1949	7-Cib	6
31 ago 1949	8-Caban	7
1 sep 1949	9-Etz'nab	8
2 sep 1949	10-Cauac	9
3 sep 1949	11-Ahau	1
4 sep 1949	*12-Imix*	2
5 sep 1949	13-Ik	3
6 sep 1949	**1-Akbal**	4
7 sep 1949	2-Kan	5
8 sep 1949	3-Chicchan	6
9 sep 1949	4-Cimi	7
10 sep 1949	5-Manik	8
11 sep 1949	6-Lamat	9
12 sep 1949	7-Muluc	1
13 sep 1949	8-Oc	2
14 sep 1949	9-Chuen	3
15 sep 1949	10-Eb	4
16 sep 1949	11-Ben	5

Fecha	Signo del día	S
17 sep 1949	12-Ix	6
18 sep 1949	13-Men	7
19 sep 1949	**1-Cib**	8
20 sep 1949	2-Caban	9
21 sep 1949	3-Etz'nab	1
22 sep 1949	4-Cauac	2
23 sep 1949	5-Ahau	3
24 sep 1949	*6-Imix*	4
25 sep 1949	7-Ik	5
26 sep 1949	8-Akbal	6
27 sep 1949	9-Kan	7
28 sep 1949	10-Chicchan	8
29 sep 1949	11-Cimi	9
30 sep 1949	12-Manik	1
1 oct 1949	13-Lamat	2
2 oct 1949	**1-Muluc**	3
3 oct 1949	2-Oc	4
4 oct 1949	3-Chuen	5
5 oct 1949	4-Eb	6
6 oct 1949	5-Ben	7
7 oct 1949	6-Ix	8
8 oct 1949	7-Men	9
9 oct 1949	8-Cib	1
10 oct 1949	9-Caban	2
11 oct 1949	10-Etz'nab	3
12 oct 1949	11-Cauac	4
13 oct 1949	12-Ahau	5
14 oct 1949	*13-Imix*	6
15 oct 1949	**1-Ik**	7
16 oct 1949	2-Akbal	8
17 oct 1949	3-Kan	9
18 oct 1949	4-Chicchan	1
19 oct 1949	5-Cimi	2
20 oct 1949	6-Manik	3
21 oct 1949	7-Lamat	4
22 oct 1949	8-Muluc	5
23 oct 1949	9-Oc	6
24 oct 1949	10-Chuen	7
25 oct 1949	11-Eb	8
26 oct 1949	12-Ben	9
27 oct 1949	13-Ix	1
28 oct 1949	**1-Men**	2
29 oct 1949	2-Cib	3
30 oct 1949	3-Caban	4
31 oct 1949	4-Etz'nab	5
1 nov 1949	5-Cauac	6
2 nov 1949	6-Ahau	7
3 nov 1949	*7-Imix*	8
4 nov 1949	8-Ik	9
5 nov 1949	9-Akbal	1
6 nov 1949	10-Kan	2
7 nov 1949	11-Chicchan	3
8 nov 1949	12-Cimi	4
9 nov 1949	13-Manik	5
10 nov 1949	**1-Lamat**	6
11 nov 1949	2-Muluc	7
12 nov 1949	3-Oc	8
13 nov 1949	4-Chuen	9
14 nov 1949	5-Eb	1
15 nov 1949	6-Ben	2
16 nov 1949	7-Ix	3
17 nov 1949	8-Men	4
18 nov 1949	9-Cib	5
19 nov 1949	10-Caban	6
20 nov 1949	11-Etz'nab	7
21 nov 1949	12-Cauac	8
22 nov 1949	13-Ahau	9
23 nov 1949	**1-Imix**	1

Fecha	Signo del día	S
24 nov 1949	2-Ik	2
25 nov 1949	3-Akbal	3
26 nov 1949	4-Kan	4
27 nov 1949	5-Chicchan	5
28 nov 1949	6-Cimi	6
29 nov 1949	7-Manik	7
30 nov 1949	8-Lamat	8
1 dic 1949	9-Muluc	9
2 dic 1949	10-Oc	1
3 dic 1949	11-Chuen	2
4 dic 1949	12-Eb	3
5 dic 1949	13-Ben	4
6 dic 1949	**1-Ix**	5
7 dic 1949	2-Men	6
8 dic 1949	3-Cib	7
9 dic 1949	4-Caban	8
10 dic 1949	5-Etz'nab	9
11 dic 1949	6-Cauac	1
12 dic 1949	7-Ahau	2
13 dic 1949	*8-Imix*	3
14 dic 1949	9-Ik	4
15 dic 1949	10-Akbal	5
16 dic 1949	11-Kan	6
17 dic 1949	12-Chicchan	7
18 dic 1949	13-Cimi	8
19 dic 1949	**1-Manik**	9
20 dic 1949	2-Lamat	1
21 dic 1949	3-Muluc	2
22 dic 1949	4-Oc	3
23 dic 1949	5-Chuen	4
24 dic 1949	6-Eb	5
25 dic 1949	7-Ben	6
26 dic 1949	8-Ix	7
27 dic 1949	9-Men	8
28 dic 1949	10-Cib	9
29 dic 1949	11-Caban	1
30 dic 1949	12-Etz'nab	2
31 dic 1949	13-Cauac	3
1 ene 1950	**1-Ahau**	4
2 ene 1950	*2-Imix*	5
3 ene 1950	3-Ik	6
4 ene 1950	4-Akbal	7
5 ene 1950	5-Kan	8
6 ene 1950	6-Chicchan	9
7 ene 1950	7-Cimi	1
8 ene 1950	8-Manik	2
9 ene 1950	9-Lamat	3
10 ene 1950	10-Muluc	4
11 ene 1950	11-Oc	5
12 ene 1950	12-Chuen	6
13 ene 1950	13-Eb	7
14 ene 1950	**1-Ben**	8
15 ene 1950	2-Ix	9
16 ene 1950	3-Men	1
17 ene 1950	4-Cib	2
18 ene 1950	5-Caban	3
19 ene 1950	6-Etz'nab	4
20 ene 1950	7-Cauac	5
21 ene 1950	8-Ahau	6
22 ene 1950	*9-Imix*	7
23 ene 1950	10-Ik	8
24 ene 1950	11-Akbal	9
25 ene 1950	12-Kan	1
26 ene 1950	13-Chicchan	2
27 ene 1950	**1-Cimi**	3
28 ene 1950	2-Manik	4
29 ene 1950	3-Lamat	5
30 ene 1950	4-Muluc	6

Fecha	Signo del día	S	Fecha	Signo del día	S	Fecha	Signo del día	S
31 ene 1950	5-Oc	7	9 abr 1950	8-Etz'nab	3	16 jun 1950	11-Cimi	8
1 feb 1950	6-Chuen	8	10 abr 1950	9-Cauac	4	17 jun 1950	12-Manik	9
2 feb 1950	7-Eb	9	11 abr 1950	10-Ahau	5	18 jun 1950	13-Lamat	1
3 feb 1950	8-Ben	1	12 abr 1950	*11-Imix*	6	19 jun 1950	**1-Muluc**	2
4 feb 1950	9-Ix	2	13 abr 1950	12-Ik	7	20 jun 1950	2-Oc	3
5 feb 1950	10-Men	3	14 abr 1950	13-Akbal	8	21 jun 1950	3-Chuen	4
6 feb 1950	11-Cib	4	15 abr 1950	**1-Kan**	9	22 jun 1950	4-Eb	5
7 feb 1950	12-Caban	5	16 abr 1950	2-Chicchan	1	23 jun 1950	5-Ben	6
8 feb 1950	13-Etz'nab	6	17 abr 1950	3-Cimi	2	24 jun 1950	6-Ix	7
9 feb 1950	**1-Cauac**	7	18 abr 1950	4-Manik	3	25 jun 1950	7-Men	8
10 feb 1950	2-Ahau	8	19 abr 1950	5-Lamat	4	26 jun 1950	8-Cib	9
11 feb 1950	*3-Imix*	9	20 abr 1950	6-Muluc	5	27 jun 1950	9-Caban	1
12 feb 1950	4-Ik	1	21 abr 1950	7-Oc	6	28 jun 1950	10-Etz'nab	2
13 feb 1950	5-Akbal	2	22 abr 1950	8-Chuen	7	29 jun 1950	11-Cauac	3
14 feb 1950	6-Kan	3	23 abr 1950	9-Eb	8	30 jun 1950	12-Ahau	4
15 feb 1950	7-Chicchan	4	24 abr 1950	10-Ben	9	1 jul 1950	*13-Imix*	5
16 feb 1950	8-Cimi	5	25 abr 1950	11-Ix	1	2 jul 1950	**1-Ik**	6
17 feb 1950	9-Manik	6	26 abr 1950	12-Men	2	3 jul 1950	2-Akbal	7
18 feb 1950	10-Lamat	7	27 abr 1950	13-Cib	3	4 jul 1950	3-Kan	8
19 feb 1950	11-Muluc	8	28 abr 1950	**1-Caban**	4	5 jul 1950	4-Chicchan	9
20 feb 1950	12-Oc	9	29 abr 1950	2-Etz'nab	5	6 jul 1950	5-Cimi	1
21 feb 1950	13-Chuen	1	30 abr 1950	3-Cauac	6	7 jul 1950	6-Manik	2
22 feb 1950	**1-Eb**	2	1 may 1950	4-Ahau	7	8 jul 1950	7-Lamat	3
23 feb 1950	2-Ben	3	2 may 1950	*5-Imix*	8	9 jul 1950	8-Muluc	4
24 feb 1950	3-Ix	4	3 may 1950	6-Ik	9	10 jul 1950	9-Oc	5
25 feb 1950	4-Men	5	4 may 1950	7-Akbal	1	11 jul 1950	10-Chuen	6
26 feb 1950	5-Cib	6	5 may 1950	8-Kan	2	12 jul 1950	11-Eb	7
27 feb 1950	6-Caban	7	6 may 1950	9-Chicchan	3	13 jul 1950	12-Ben	8
28 feb 1950	7-Etz'nab	8	7 may 1950	10-Cimi	4	14 jul 1950	13-Ix	9
1 mar 1950	8-Cauac	9	8 may 1950	11-Manik	5	15 jul 1950	**1-Men**	1
2 mar 1950	9-Ahau	1	9 may 1950	12-Lamat	6	16 jul 1950	2-Cib	2
3 mar 1950	*10-Imix*	2	10 may 1950	13-Muluc	7	17 jul 1950	3-Caban	3
4 mar 1950	11-Ik	3	11 may 1950	**1-Oc**	8	18 jul 1950	4-Etz'nab	4
5 mar 1950	12-Akbal	4	12 may 1950	2-Chuen	9	19 jul 1950	5-Cauac	5
6 mar 1950	13-Kan	5	13 may 1950	3-Eb	1	20 jul 1950	6-Ahau	6
7 mar 1950	**1-Chicchan**	6	14 may 1950	4-Ben	2	21 jul 1950	*7-Imix*	7
8 mar 1950	2-Cimi	7	15 may 1950	5-Ix	3	22 jul 1950	8-Ik	8
9 mar 1950	3-Manik	8	16 may 1950	6-Men	4	23 jul 1950	9-Akbal	9
10 mar 1950	4-Lamat	9	17 may 1950	7-Cib	5	24 jul 1950	10-Kan	1
11 mar 1950	5-Muluc	1	18 may 1950	8-Caban	6	25 jul 1950	11-Chicchan	2
12 mar 1950	6-Oc	2	19 may 1950	9-Etz'nab	7	26 jul 1950	12-Cimi	3
13 mar 1950	7-Chuen	3	20 may 1950	10-Cauac	8	27 jul 1950	13-Manik	4
14 mar 1950	8-Eb	4	21 may 1950	11-Ahau	9	28 jul 1950	**1-Lamat**	5
15 mar 1950	9-Ben	5	22 may 1950	*12-Imix*	1	29 jul 1950	2-Muluc	6
16 mar 1950	10-Ix	6	23 may 1950	13-Ik	2	30 jul 1950	3-Oc	7
17 mar 1950	11-Men	7	24 may 1950	**1-Akbal**	3	31 jul 1950	4-Chuen	8
18 mar 1950	12-Cib	8	25 may 1950	2-Kan	4	1 ago 1950	5-Eb	9
19 mar 1950	13-Caban	9	26 may 1950	3-Chicchan	5	2 ago 1950	6-Ben	1
20 mar 1950	**1-Etz'nab**	1	27 may 1950	4-Cimi	6	3 ago 1950	7-Ix	2
21 mar 1950	2-Cauac	2	28 may 1950	5-Manik	7	4 ago 1950	8-Men	3
22 mar 1950	3-Ahau	3	29 may 1950	6-Lamat	8	5 ago 1950	9-Cib	4
23 mar 1950	*4-Imix*	4	30 may 1950	7-Muluc	9	6 ago 1950	10-Caban	5
24 mar 1950	5-Ik	5	31 may 1950	8-Oc	1	7 ago 1950	11-Etz'nab	6
25 mar 1950	6-Akbal	6	1 jun 1950	9-Chuen	2	8 ago 1950	12-Cauac	7
26 mar 1950	7-Kan	7	2 jun 1950	10-Eb	3	9 ago 1950	13-Ahau	8
27 mar 1950	8-Chicchan	8	3 jun 1950	11-Ben	4	10 ago 1950	**1-Imix**	9
28 mar 1950	9-Cimi	9	4 jun 1950	12-Ix	5	11 ago 1950	2-Ik	1
29 mar 1950	10-Manik	1	5 jun 1950	13-Men	6	12 ago 1950	3-Akbal	2
30 mar 1950	11-Lamat	2	6 jun 1950	**1-Cib**	7	13 ago 1950	4-Kan	3
31 mar 1950	12-Muluc	3	7 jun 1950	2-Caban	8	14 ago 1950	5-Chicchan	4
1 abr 1950	13-Oc	4	8 jun 1950	3-Etz'nab	9	15 ago 1950	6-Cimi	5
2 abr 1950	**1-Chuen**	5	9 jun 1950	4-Cauac	1	16 ago 1950	7-Manik	6
3 abr 1950	2-Eb	6	10 jun 1950	5-Ahau	2	17 ago 1950	8-Lamat	7
4 abr 1950	3-Ben	7	11 jun 1950	*6-Imix*	3	18 ago 1950	9-Muluc	8
5 abr 1950	4-Ix	8	12 jun 1950	7-Ik	4	19 ago 1950	10-Oc	9
6 abr 1950	5-Men	9	13 jun 1950	8-Akbal	5	20 ago 1950	11-Chuen	1
7 abr 1950	6-Cib	1	14 jun 1950	9-Kan	6	21 ago 1950	12-Eb	2
8 abr 1950	7-Caban	2	15 jun 1950	10-Chicchan	7	22 ago 1950	13-Ben	3

Fecha	Signo del día	S	Fecha	Signo del día	S	Fecha	Signo del día	S
23 ago 1950	**1-Ix**	4	30 oct 1950	4-Ik	9	6 ene 1951	7-Oc	5
24 ago 1950	2-Men	5	31 oct 1950	5-Akbal	1	7 ene 1951	8-Chuen	6
25 ago 1950	3-Cib	6	1 nov 1950	6-Kan	2	8 ene 1951	9-Eb	7
26 ago 1950	4-Caban	7	2 nov 1950	7-Chicchan	3	9 ene 1951	10-Ben	8
27 ago 1950	5-Etz'nab	8	3 nov 1950	8-Cimi	4	10 ene 1951	11-Ix	9
28 ago 1950	6-Cauac	9	4 nov 1950	9-Manik	5	11 ene 1951	12-Men	1
29 ago 1950	7-Ahau	1	5 nov 1950	10-Lamat	6	12 ene 1951	13-Cib	2
30 ago 1950	*8-Imix*	2	6 nov 1950	11-Muluc	7	13 ene 1951	**1-Caban**	3
31 ago 1950	9-Ik	3	7 nov 1950	12-Oc	8	14 ene 1951	2-Etz'nab	4
1 sep 1950	10-Akbal	4	8 nov 1950	13-Chuen	9	15 ene 1951	3-Cauac	5
2 sep 1950	11-Kan	5	9 nov 1950	**1-Eb**	1	16 ene 1951	4-Ahau	6
3 sep 1950	12-Chicchan	6	10 nov 1950	2-Ben	2	17 ene 1951	*5-Imix*	7
4 sep 1950	13-Cimi	7	11 nov 1950	3-Ix	3	18 ene 1951	6-Ik	8
5 sep 1950	**1-Manik**	8	12 nov 1950	4-Men	4	19 ene 1951	7-Akbal	9
6 sep 1950	2-Lamat	9	13 nov 1950	5-Cib	5	20 ene 1951	8-Kan	1
7 sep 1950	3-Muluc	1	14 nov 1950	6-Caban	6	21 ene 1951	9-Chicchan	2
8 sep 1950	4-Oc	2	15 nov 1950	7-Etz'nab	7	22 ene 1951	10-Cimi	3
9 sep 1950	5-Chuen	3	16 nov 1950	8-Cauac	8	23 ene 1951	11-Manik	4
10 sep 1950	6-Eb	4	17 nov 1950	9-Ahau	9	24 ene 1951	12-Lamat	5
11 sep 1950	7-Ben	5	18 nov 1950	*10-Imix*	1	25 ene 1951	13-Muluc	6
12 sep 1950	8-Ix	6	19 nov 1950	11-Ik	2	26 ene 1951	**1-Oc**	7
13 sep 1950	9-Men	7	20 nov 1950	12-Akbal	3	27 ene 1951	2-Chuen	8
14 sep 1950	10-Cib	8	21 nov 1950	13-Kan	4	28 ene 1951	3-Eb	9
15 sep 1950	11-Caban	9	22 nov 1950	**1-Chicchan**	5	29 ene 1951	4-Ben	1
16 sep 1950	12-Etz'nab	1	23 nov 1950	2-Cimi	6	30 ene 1951	5-Ix	2
17 sep 1950	13-Cauac	2	24 nov 1950	3-Manik	7	31 ene 1951	6-Men	3
18 sep 1950	**1-Ahau**	3	25 nov 1950	4-Lamat	8	1 feb 1951	7-Cib	4
19 sep 1950	*2-Imix*	4	26 nov 1950	5-Muluc	9	2 feb 1951	8-Caban	5
20 sep 1950	3-Ik	5	27 nov 1950	6-Oc	1	3 feb 1951	9-Etz'nab	6
21 sep 1950	4-Akbal	6	28 nov 1950	7-Chuen	2	4 feb 1951	10-Cauac	7
22 sep 1950	5-Kan	7	29 nov 1950	8-Eb	3	5 feb 1951	11-Ahau	8
23 sep 1950	6-Chicchan	8	30 nov 1950	9-Ben	4	6 feb 1951	*12-Imix*	9
24 sep 1950	7-Cimi	9	1 dic 1950	10-Ix	5	7 feb 1951	13-Ik	1
25 sep 1950	8-Manik	1	2 dic 1950	11-Men	6	8 feb 1951	**1-Akbal**	2
26 sep 1950	9-Lamat	2	3 dic 1950	12-Cib	7	9 feb 1951	2-Kan	3
27 sep 1950	10-Muluc	3	4 dic 1950	13-Caban	8	10 feb 1951	3-Chicchan	4
28 sep 1950	11-Oc	4	5 dic 1950	**1-Etz'nab**	9	11 feb 1951	4-Cimi	5
29 sep 1950	12-Chuen	5	6 dic 1950	2-Cauac	1	12 feb 1951	5-Manik	6
30 sep 1950	13-Eb	6	7 dic 1950	3-Ahau	2	13 feb 1951	6-Lamat	7
1 oct 1950	**1-Ben**	7	8 dic 1950	*4-Imix*	3	14 feb 1951	7-Muluc	8
2 oct 1950	2-Ix	8	9 dic 1950	5-Ik	4	15 feb 1951	8-Oc	9
3 oct 1950	3-Men	9	10 dic 1950	6-Akbal	5	16 feb 1951	9-Chuen	1
4 oct 1950	4-Cib	1	11 dic 1950	7-Kan	6	17 feb 1951	10-Eb	2
5 oct 1950	5-Caban	2	12 dic 1950	8-Chicchan	7	18 feb 1951	11-Ben	3
6 oct 1950	6-Etz'nab	3	13 dic 1950	9-Cimi	8	19 feb 1951	12-Ix	4
7 oct 1950	7-Cauac	4	14 dic 1950	10-Manik	9	20 feb 1951	13-Men	5
8 oct 1950	8-Ahau	5	15 dic 1950	11-Lamat	1	21 feb 1951	**1-Cib**	6
9 oct 1950	*9-Imix*	6	16 dic 1950	12-Muluc	2	22 feb 1951	2-Caban	7
10 oct 1950	10-Ik	7	17 dic 1950	13-Oc	3	23 feb 1951	3-Etz'nab	8
11 oct 1950	11-Akbal	8	18 dic 1950	**1-Chuen**	4	24 feb 1951	4-Cauac	9
12 oct 1950	12-Kan	9	19 dic 1950	2-Eb	5	25 feb 1951	5-Ahau	1
13 oct 1950	13-Chicchan	1	20 dic 1950	3-Ben	6	26 feb 1951	*6-Imix*	2
14 oct 1950	**1-Cimi**	2	21 dic 1950	4-Ix	7	27 feb 1951	7-Ik	3
15 oct 1950	2-Manik	3	22 dic 1950	5-Men	8	28 feb 1951	8-Akbal	4
16 oct 1950	3-Lamat	4	23 dic 1950	6-Cib	9	1 mar 1951	9-Kan	5
17 oct 1950	4-Muluc	5	24 dic 1950	7-Caban	1	2 mar 1951	10-Chicchan	6
18 oct 1950	5-Oc	6	25 dic 1950	8-Etz'nab	2	3 mar 1951	11-Cimi	7
19 oct 1950	6-Chuen	7	26 dic 1950	9-Cauac	3	4 mar 1951	12-Manik	8
20 oct 1950	7-Eb	8	27 dic 1950	10-Ahau	4	5 mar 1951	13-Lamat	9
21 oct 1950	8-Ben	9	28 dic 1950	*11-Imix*	5	6 mar 1951	**1-Muluc**	1
22 oct 1950	9-Ix	1	29 dic 1950	12-Ik	6	7 mar 1951	2-Oc	2
23 oct 1950	10-Men	2	30 dic 1950	13-Akbal	7	8 mar 1951	3-Chuen	3
24 oct 1950	11-Cib	3	31 dic 1950	**1-Kan**	8	9 mar 1951	4-Eb	4
25 oct 1950	12-Caban	4	1 ene 1951	2-Chicchan	9	10 mar 1951	5-Ben	5
26 oct 1950	13-Etz'nab	5	2 ene 1951	3-Cimi	1	11 mar 1951	6-Ix	6
27 oct 1950	**1-Cauac**	6	3 ene 1951	4-Manik	2	12 mar 1951	7-Men	7
28 oct 1950	2-Ahau	7	4 ene 1951	5-Lamat	3	13 mar 1951	8-Cib	8
29 oct 1950	*3-Imix*	8	5 ene 1951	6-Muluc	4	14 mar 1951	9-Caban	9

Fecha	Signo del día	S
15 mar 1951	10-Etz'nab	1
16 mar 1951	11-Cauac	2
17 mar 1951	12-Ahau	3
18 mar 1951	*13-Imix*	4
19 mar 1951	**1-Ik**	5
20 mar 1951	2-Akbal	6
21 mar 1951	3-Kan	7
22 mar 1951	4-Chicchan	8
23 mar 1951	5-Cimi	9
24 mar 1951	6-Manik	1
25 mar 1951	7-Lamat	2
26 mar 1951	8-Muluc	3
27 mar 1951	9-Oc	4
28 mar 1951	10-Chuen	5
29 mar 1951	11-Eb	6
30 mar 1951	12-Ben	7
31 mar 1951	13-Ix	8
1 abr 1951	**1-Men**	9
2 abr 1951	2-Cib	1
3 abr 1951	3-Caban	2
4 abr 1951	4-Etz'nab	3
5 abr 1951	5-Cauac	4
6 abr 1951	6-Ahau	5
7 abr 1951	*7-Imix*	6
8 abr 1951	8-Ik	7
9 abr 1951	9-Akbal	8
10 abr 1951	10-Kan	9
11 abr 1951	11-Chicchan	1
12 abr 1951	12-Cimi	2
13 abr 1951	13-Manik	3
14 abr 1951	**1-Lamat**	4
15 abr 1951	2-Muluc	5
16 abr 1951	3-Oc	6
17 abr 1951	4-Chuen	7
18 abr 1951	5-Eb	8
19 abr 1951	6-Ben	9
20 abr 1951	7-Ix	1
21 abr 1951	8-Men	2
22 abr 1951	9-Cib	3
23 abr 1951	10-Caban	4
24 abr 1951	11-Etz'nab	5
25 abr 1951	12-Cauac	6
26 abr 1951	13-Ahau	7
27 abr 1951	**1-Imix**	8
28 abr 1951	2-Ik	9
29 abr 1951	3-Akbal	1
30 abr 1951	4-Kan	2
1 may 1951	5-Chicchan	3
2 may 1951	6-Cimi	4
3 may 1951	7-Manik	5
4 may 1951	8-Lamat	6
5 may 1951	9-Muluc	7
6 may 1951	10-Oc	8
7 may 1951	11-Chuen	9
8 may 1951	12-Eb	1
9 may 1951	13-Ben	2
10 may 1951	**1-Ix**	3
11 may 1951	2-Men	4
12 may 1951	3-Cib	5
13 may 1951	4-Caban	6
14 may 1951	5-Etz'nab	7
15 may 1951	6-Cauac	8
16 may 1951	7-Ahau	9
17 may 1951	*8-Imix*	1
18 may 1951	9-Ik	2
19 may 1951	10-Akbal	3
20 may 1951	11-Kan	4
21 may 1951	12-Chicchan	5

Fecha	Signo del día	S
22 may 1951	13-Cimi	6
23 may 1951	**1-Manik**	7
24 may 1951	2-Lamat	8
25 may 1951	3-Muluc	9
26 may 1951	4-Oc	1
27 may 1951	5-Chuen	2
28 may 1951	6-Eb	3
29 may 1951	7-Ben	4
30 may 1951	8-Ix	5
31 may 1951	9-Men	6
1 jun 1951	10-Cib	7
2 jun 1951	11-Caban	8
3 jun 1951	12-Etz'nab	9
4 jun 1951	13-Cauac	1
5 jun 1951	**1-Ahau**	2
6 jun 1951	*2-Imix*	3
7 jun 1951	3-Ik	4
8 jun 1951	4-Akbal	5
9 jun 1951	5-Kan	6
10 jun 1951	6-Chicchan	7
11 jun 1951	7-Cimi	8
12 jun 1951	8-Manik	9
13 jun 1951	9-Lamat	1
14 jun 1951	10-Muluc	2
15 jun 1951	11-Oc	3
16 jun 1951	12-Chuen	4
17 jun 1951	13-Eb	5
18 jun 1951	**1-Ben**	6
19 jun 1951	2-Ix	7
20 jun 1951	3-Men	8
21 jun 1951	4-Cib	9
22 jun 1951	5-Caban	1
23 jun 1951	6-Etz'nab	2
24 jun 1951	7-Cauac	3
25 jun 1951	8-Ahau	4
26 jun 1951	*9-Imix*	5
27 jun 1951	10-Ik	6
28 jun 1951	11-Akbal	7
29 jun 1951	12-Kan	8
30 jun 1951	13-Chicchan	9
1 jul 1951	**1-Cimi**	1
2 jul 1951	2-Manik	2
3 jul 1951	3-Lamat	3
4 jul 1951	4-Muluc	4
5 jul 1951	5-Oc	5
6 jul 1951	6-Chuen	6
7 jul 1951	7-Eb	7
8 jul 1951	8-Ben	8
9 jul 1951	9-Ix	9
10 jul 1951	10-Men	1
11 jul 1951	11-Cib	2
12 jul 1951	12-Caban	3
13 jul 1951	13-Etz'nab	4
14 jul 1951	**1-Cauac**	5
15 jul 1951	2-Ahau	6
16 jul 1951	*3-Imix*	7
17 jul 1951	4-Ik	8
18 jul 1951	5-Akbal	9
19 jul 1951	6-Kan	1
20 jul 1951	7-Chicchan	2
21 jul 1951	8-Cimi	3
22 jul 1951	9-Manik	4
23 jul 1951	10-Lamat	5
24 jul 1951	11-Muluc	6
25 jul 1951	12-Oc	7
26 jul 1951	13-Chuen	8
27 jul 1951	**1-Eb**	9
28 jul 1951	2-Ben	1

Fecha	Signo del día	S
29 jul 1951	3-Ix	2
30 jul 1951	4-Men	3
31 jul 1951	5-Cib	4
1 ago 1951	6-Caban	5
2 ago 1951	7-Etz'nab	6
3 ago 1951	8-Cauac	7
4 ago 1951	9-Ahau	8
5 ago 1951	*10-Imix*	9
6 ago 1951	11-Ik	1
7 ago 1951	12-Akbal	2
8 ago 1951	13-Kan	3
9 ago 1951	**1-Chicchan**	4
10 ago 1951	2-Cimi	5
11 ago 1951	3-Manik	6
12 ago 1951	4-Lamat	7
13 ago 1951	5-Muluc	8
14 ago 1951	6-Oc	9
15 ago 1951	7-Chuen	1
16 ago 1951	8-Eb	2
17 ago 1951	9-Ben	3
18 ago 1951	10-Ix	4
19 ago 1951	11-Men	5
20 ago 1951	12-Cib	6
21 ago 1951	13-Caban	7
22 ago 1951	**1-Etz'nab**	8
23 ago 1951	2-Cauac	9
24 ago 1951	3-Ahau	1
25 ago 1951	*4-Imix*	2
26 ago 1951	5-Ik	3
27 ago 1951	6-Akbal	4
28 ago 1951	7-Kan	5
29 ago 1951	8-Chicchan	6
30 ago 1951	9-Cimi	7
31 ago 1951	10-Manik	8
1 sep 1951	11-Lamat	9
2 sep 1951	12-Muluc	1
3 sep 1951	13-Oc	2
4 sep 1951	**1-Chuen**	3
5 sep 1951	2-Eb	4
6 sep 1951	3-Ben	5
7 sep 1951	4-Ix	6
8 sep 1951	5-Men	7
9 sep 1951	6-Cib	8
10 sep 1951	7-Caban	9
11 sep 1951	8-Etz'nab	1
12 sep 1951	9-Cauac	2
13 sep 1951	10-Ahau	3
14 sep 1951	*11-Imix*	4
15 sep 1951	12-Ik	5
16 sep 1951	13-Akbal	6
17 sep 1951	**1-Kan**	7
18 sep 1951	2-Chicchan	8
19 sep 1951	3-Cimi	9
20 sep 1951	4-Manik	1
21 sep 1951	5-Lamat	2
22 sep 1951	6-Muluc	3
23 sep 1951	7-Oc	4
24 sep 1951	8-Chuen	5
25 sep 1951	9-Eb	6
26 sep 1951	10-Ben	7
27 sep 1951	11-Ix	8
28 sep 1951	12-Men	9
29 sep 1951	13-Cib	1
30 sep 1951	**1-Caban**	2
1 oct 1951	2-Etz'nab	3
2 oct 1951	3-Cauac	4
3 oct 1951	4-Ahau	5
4 oct 1951	*5-Imix*	6

Fecha	Signo del día	S
5 oct 1951	6-Ik	7
6 oct 1951	7-Akbal	8
7 oct 1951	8-Kan	9
8 oct 1951	9-Chicchan	1
9 oct 1951	10-Cimi	2
10 oct 1951	11-Manik	3
11 oct 1951	12-Lamat	4
12 oct 1951	13-Muluc	5
13 oct 1951	**1-Oc**	6
14 oct 1951	2-Chuen	7
15 oct 1951	3-Eb	8
16 oct 1951	4-Ben	9
17 oct 1951	5-Ix	1
18 oct 1951	6-Men	2
19 oct 1951	7-Cib	3
20 oct 1951	8-Caban	4
21 oct 1951	9-Etz'nab	5
22 oct 1951	10-Cauac	6
23 oct 1951	11-Ahau	7
24 oct 1951	*12-Imix*	8
25 oct 1951	13-Ik	9
26 oct 1951	**1-Akbal**	1
27 oct 1951	2-Kan	2
28 oct 1951	3-Chicchan	3
29 oct 1951	4-Cimi	4
30 oct 1951	5-Manik	5
31 oct 1951	6-Lamat	6
1 nov 1951	7-Muluc	7
2 nov 1951	8-Oc	8
3 nov 1951	9-Chuen	9
4 nov 1951	10-Eb	1
5 nov 1951	11-Ben	2
6 nov 1951	12-Ix	3
7 nov 1951	13-Men	4
8 nov 1951	**1-Cib**	5
9 nov 1951	2-Caban	6
10 nov 1951	3-Etz'nab	7
11 nov 1951	4-Cauac	8
12 nov 1951	5-Ahau	9
13 nov 1951	*6-Imix*	1
14 nov 1951	7-Ik	2
15 nov 1951	8-Akbal	3
16 nov 1951	9-Kan	4
17 nov 1951	10-Chicchan	5
18 nov 1951	11-Cimi	6
19 nov 1951	12-Manik	7
20 nov 1951	13-Lamat	8
21 nov 1951	**1-Muluc**	9
22 nov 1951	2-Oc	1
23 nov 1951	3-Chuen	2
24 nov 1951	4-Eb	3
25 nov 1951	5-Ben	4
26 nov 1951	6-Ix	5
27 nov 1951	7-Men	6
28 nov 1951	8-Cib	7
29 nov 1951	9-Caban	8
30 nov 1951	10-Etz'nab	9
1 dic 1951	11-Cauac	1
2 dic 1951	12-Ahau	2
3 dic 1951	*13-Imix*	3
4 dic 1951	**1-Ik**	4
5 dic 1951	2-Akbal	5
6 dic 1951	3-Kan	6
7 dic 1951	4-Chicchan	7
8 dic 1951	5-Cimi	8
9 dic 1951	6-Manik	9
10 dic 1951	7-Lamat	1
11 dic 1951	8-Muluc	2
12 dic 1951	9-Oc	3
13 dic 1951	10-Chuen	4
14 dic 1951	11-Eb	5
15 dic 1951	12-Ben	6
16 dic 1951	13-Ix	7
17 dic 1951	**1-Men**	8
18 dic 1951	2-Cib	9
19 dic 1951	3-Caban	1
20 dic 1951	4-Etz'nab	2
21 dic 1951	5-Cauac	3
22 dic 1951	6-Ahau	4
23 dic 1951	*7-Imix*	5
24 dic 1951	8-Ik	6
25 dic 1951	9-Akbal	7
26 dic 1951	10-Kan	8
27 dic 1951	11-Chicchan	9
28 dic 1951	12-Cimi	1
29 dic 1951	13-Manik	2
30 dic 1951	**1-Lamat**	3
31 dic 1951	2-Muluc	4
1 ene 1952	3-Oc	5
2 ene 1952	4-Chuen	6
3 ene 1952	5-Eb	7
4 ene 1952	6-Ben	8
5 ene 1952	7-Ix	9
6 ene 1952	8-Men	1
7 ene 1952	9-Cib	2
8 ene 1952	10-Caban	3
9 ene 1952	11-Etz'nab	4
10 ene 1952	12-Cauac	5
11 ene 1952	13-Ahau	6
12 ene 1952	**1-Imix**	7
13 ene 1952	2-Ik	8
14 ene 1952	3-Akbal	9
15 ene 1952	4-Kan	1
16 ene 1952	5-Chicchan	2
17 ene 1952	6-Cimi	3
18 ene 1952	7-Manik	4
19 ene 1952	8-Lamat	5
20 ene 1952	9-Muluc	6
21 ene 1952	10-Oc	7
22 ene 1952	11-Chuen	8
23 ene 1952	12-Eb	9
24 ene 1952	13-Ben	1
25 ene 1952	**1-Ix**	2
26 ene 1952	2-Men	3
27 ene 1952	3-Cib	4
28 ene 1952	4-Caban	5
29 ene 1952	5-Etz'nab	6
30 ene 1952	6-Cauac	7
31 ene 1952	7-Ahau	8
1 feb 1952	*8-Imix*	9
2 feb 1952	9-Ik	1
3 feb 1952	10-Akbal	2
4 feb 1952	11-Kan	3
5 feb 1952	12-Chicchan	4
6 feb 1952	13-Cimi	5
7 feb 1952	**1-Manik**	6
8 feb 1952	2-Lamat	7
9 feb 1952	3-Muluc	8
10 feb 1952	4-Oc	9
11 feb 1952	5-Chuen	1
12 feb 1952	6-Eb	2
13 feb 1952	7-Ben	3
14 feb 1952	8-Ix	4
15 feb 1952	9-Men	5
16 feb 1952	10-Cib	6
17 feb 1952	11-Caban	7
18 feb 1952	12-Etz'nab	8
19 feb 1952	13-Cauac	9
20 feb 1952	**1-Ahau**	1
21 feb 1952	*2-Imix*	2
22 feb 1952	3-Ik	3
23 feb 1952	4-Akbal	4
24 feb 1952	5-Kan	5
25 feb 1952	6-Chicchan	6
26 feb 1952	7-Cimi	7
27 feb 1952	8-Manik	8
28 feb 1952	9-Lamat	9
29 feb 1952	10-Muluc	1
1 mar 1952	11-Oc	2
2 mar 1952	12-Chuen	3
3 mar 1952	13-Eb	4
4 mar 1952	**1-Ben**	5
5 mar 1952	2-Ix	6
6 mar 1952	3-Men	7
7 mar 1952	4-Cib	8
8 mar 1952	5-Caban	9
9 mar 1952	6-Etz'nab	1
10 mar 1952	7-Cauac	2
11 mar 1952	8-Ahau	3
12 mar 1952	*9-Imix*	4
13 mar 1952	10-Ik	5
14 mar 1952	11-Akbal	6
15 mar 1952	12-Kan	7
16 mar 1952	13-Chicchan	8
17 mar 1952	**1-Cimi**	9
18 mar 1952	2-Manik	1
19 mar 1952	3-Lamat	2
20 mar 1952	4-Muluc	3
21 mar 1952	5-Oc	4
22 mar 1952	6-Chuen	5
23 mar 1952	7-Eb	6
24 mar 1952	8-Ben	7
25 mar 1952	9-Ix	8
26 mar 1952	10-Men	9
27 mar 1952	11-Cib	1
28 mar 1952	12-Caban	2
29 mar 1952	13-Etz'nab	3
30 mar 1952	**1-Cauac**	4
31 mar 1952	2-Ahau	5
1 abr 1952	*3-Imix*	6
2 abr 1952	4-Ik	7
3 abr 1952	5-Akbal	8
4 abr 1952	6-Kan	9
5 abr 1952	7-Chicchan	1
6 abr 1952	8-Cimi	2
7 abr 1952	9-Manik	3
8 abr 1952	10-Lamat	4
9 abr 1952	11-Muluc	5
10 abr 1952	12-Oc	6
11 abr 1952	13-Chuen	7
12 abr 1952	**1-Eb**	8
13 abr 1952	2-Ben	9
14 abr 1952	3-Ix	1
15 abr 1952	4-Men	2
16 abr 1952	5-Cib	3
17 abr 1952	6-Caban	4
18 abr 1952	7-Etz'nab	5
19 abr 1952	8-Cauac	6
20 abr 1952	9-Ahau	7
21 abr 1952	*10-Imix*	8
22 abr 1952	11-Ik	9
23 abr 1952	12-Akbal	1
24 abr 1952	13-Kan	2
25 abr 1952	**1-Chicchan**	3

Fecha	Signo del día	S	Fecha	Signo del día	S	Fecha	Signo del día	S
26 abr 1952	2-Cimi	4	3 jul 1952	5-Ix	9	9 sep 1952	8-Ik	5
27 abr 1952	3-Manik	5	4 jul 1952	6-Men	1	10 sep 1952	9-Akbal	6
28 abr 1952	4-Lamat	6	5 jul 1952	7-Cib	2	11 sep 1952	10-Kan	7
29 abr 1952	5-Muluc	7	6 jul 1952	8-Caban	3	12 sep 1952	11-Chicchan	8
30 abr 1952	6-Oc	8	7 jul 1952	9-Etz'nab	4	13 sep 1952	12-Cimi	9
1 may 1952	7-Chuen	9	8 jul 1952	10-Cauac	5	14 sep 1952	13-Manik	1
2 may 1952	8-Eb	1	9 jul 1952	11-Ahau	6	15 sep 1952	**1-Lamat**	2
3 may 1952	9-Ben	2	10 jul 1952	*12-Imix*	7	16 sep 1952	2-Muluc	3
4 may 1952	10-Ix	3	11 jul 1952	13-Ik	8	17 sep 1952	3-Oc	4
5 may 1952	11-Men	4	12 jul 1952	**1-Akbal**	9	18 sep 1952	4-Chuen	5
6 may 1952	12-Cib	5	13 jul 1952	2-Kan	1	19 sep 1952	5-Eb	6
7 may 1952	13-Caban	6	14 jul 1952	3-Chicchan	2	20 sep 1952	6-Ben	7
8 may 1952	**1-Etz'nab**	7	15 jul 1952	4-Cimi	3	21 sep 1952	7-Ix	8
9 may 1952	2-Cauac	8	16 jul 1952	5-Manik	4	22 sep 1952	8-Men	9
10 may 1952	3-Ahau	9	17 jul 1952	6-Lamat	5	23 sep 1952	9-Cib	1
11 may 1952	*4-Imix*	1	18 jul 1952	7-Muluc	6	24 sep 1952	10-Caban	2
12 may 1952	5-Ik	2	19 jul 1952	8-Oc	7	25 sep 1952	11-Etz'nab	3
13 may 1952	6-Akbal	3	20 jul 1952	9-Chuen	8	26 sep 1952	12-Cauac	4
14 may 1952	7-Kan	4	21 jul 1952	10-Eb	9	27 sep 1952	13-Ahau	5
15 may 1952	8-Chicchan	5	22 jul 1952	11-Ben	1	28 sep 1952	**1-Imix**	6
16 may 1952	9-Cimi	6	23 jul 1952	12-Ix	2	29 sep 1952	2-Ik	7
17 may 1952	10-Manik	7	24 jul 1952	13-Men	3	30 sep 1952	3-Akbal	8
18 may 1952	11-Lamat	8	25 jul 1952	**1-Cib**	4	1 oct 1952	4-Kan	9
19 may 1952	12-Muluc	9	26 jul 1952	2-Caban	5	2 oct 1952	5-Chicchan	1
20 may 1952	13-Oc	1	27 jul 1952	3-Etz'nab	6	3 oct 1952	6-Cimi	2
21 may 1952	**1-Chuen**	2	28 jul 1952	4-Cauac	7	4 oct 1952	7-Manik	3
22 may 1952	2-Eb	3	29 jul 1952	5-Ahau	8	5 oct 1952	8-Lamat	4
23 may 1952	3-Ben	4	30 jul 1952	*6-Imix*	9	6 oct 1952	9-Muluc	5
24 may 1952	4-Ix	5	31 jul 1952	7-Ik	1	7 oct 1952	10-Oc	6
25 may 1952	5-Men	6	1 ago 1952	8-Akbal	2	8 oct 1952	11-Chuen	7
26 may 1952	6-Cib	7	2 ago 1952	9-Kan	3	9 oct 1952	12-Eb	8
27 may 1952	7-Caban	8	3 ago 1952	10-Chicchan	4	10 oct 1952	13-Ben	9
28 may 1952	8-Etz'nab	9	4 ago 1952	11-Cimi	5	11 oct 1952	**1-Ix**	1
29 may 1952	9-Cauac	1	5 ago 1952	12-Manik	6	12 oct 1952	2-Men	2
30 may 1952	10-Ahau	2	6 ago 1952	13-Lamat	7	13 oct 1952	3-Cib	3
31 may 1952	*11-Imix*	3	7 ago 1952	**1-Muluc**	8	14 oct 1952	4-Caban	4
1 jun 1952	12-Ik	4	8 ago 1952	2-Oc	9	15 oct 1952	5-Etz'nab	5
2 jun 1952	13-Akbal	5	9 ago 1952	3-Chuen	1	16 oct 1952	6-Cauac	6
3 jun 1952	**1-Kan**	6	10 ago 1952	4-Eb	2	17 oct 1952	7-Ahau	7
4 jun 1952	2-Chicchan	7	11 ago 1952	5-Ben	3	18 oct 1952	*8-Imix*	8
5 jun 1952	3-Cimi	8	12 ago 1952	6-Ix	4	19 oct 1952	9-Ik	9
6 jun 1952	4-Manik	9	13 ago 1952	7-Men	5	20 oct 1952	10-Akbal	1
7 jun 1952	5-Lamat	1	14 ago 1952	8-Cib	6	21 oct 1952	11-Kan	2
8 jun 1952	6-Muluc	2	15 ago 1952	9-Caban	7	22 oct 1952	12-Chicchan	3
9 jun 1952	7-Oc	3	16 ago 1952	10-Etz'nab	8	23 oct 1952	13-Cimi	4
10 jun 1952	8-Chuen	4	17 ago 1952	11-Cauac	9	24 oct 1952	**1-Manik**	5
11 jun 1952	9-Eb	5	18 ago 1952	12-Ahau	1	25 oct 1952	2-Lamat	6
12 jun 1952	10-Ben	6	19 ago 1952	*13-Imix*	2	26 oct 1952	3-Muluc	7
13 jun 1952	11-Ix	7	20 ago 1952	**1-Ik**	3	27 oct 1952	4-Oc	8
14 jun 1952	12-Men	8	21 ago 1952	2-Akbal	4	28 oct 1952	5-Chuen	9
15 jun 1952	13-Cib	9	22 ago 1952	3-Kan	5	29 oct 1952	6-Eb	1
16 jun 1952	**1-Caban**	1	23 ago 1952	4-Chicchan	6	30 oct 1952	7-Ben	2
17 jun 1952	2-Etz'nab	2	24 ago 1952	5-Cimi	7	31 oct 1952	8-Ix	3
18 jun 1952	3-Cauac	3	25 ago 1952	6-Manik	8	1 nov 1952	9-Men	4
19 jun 1952	4-Ahau	4	26 ago 1952	7-Lamat	9	2 nov 1952	10-Cib	5
20 jun 1952	*5-Imix*	5	27 ago 1952	8-Muluc	1	3 nov 1952	11-Caban	6
21 jun 1952	6-Ik	6	28 ago 1952	9-Oc	2	4 nov 1952	12-Etz'nab	7
22 jun 1952	7-Akbal	7	29 ago 1952	10-Chuen	3	5 nov 1952	13-Cauac	8
23 jun 1952	8-Kan	8	30 ago 1952	11-Eb	4	6 nov 1952	**1-Ahau**	9
24 jun 1952	9-Chicchan	9	31 ago 1952	12-Ben	5	7 nov 1952	*2-Imix*	1
25 jun 1952	10-Cimi	1	1 sep 1952	13-Ix	6	8 nov 1952	3-Ik	2
26 jun 1952	11-Manik	2	2 sep 1952	**1-Men**	7	9 nov 1952	4-Akbal	3
27 jun 1952	12-Lamat	3	3 sep 1952	2-Cib	8	10 nov 1952	5-Kan	4
28 jun 1952	13-Muluc	4	4 sep 1952	3-Caban	9	11 nov 1952	6-Chicchan	5
29 jun 1952	**1-Oc**	5	5 sep 1952	4-Etz'nab	1	12 nov 1952	7-Cimi	6
30 jun 1952	2-Chuen	6	6 sep 1952	5-Cauac	2	13 nov 1952	8-Manik	7
1 jul 1952	3-Eb	7	7 sep 1952	6-Ahau	3	14 nov 1952	9-Lamat	8
2 jul 1952	4-Ben	8	8 sep 1952	*7-Imix*	4	15 nov 1952	10-Muluc	9

Fecha	Signo del día	S
16 nov 1952	11-Oc	1
17 nov 1952	12-Chuen	2
18 nov 1952	13-Eb	3
19 nov 1952	**1-Ben**	4
20 nov 1952	2-Ix	5
21 nov 1952	3-Men	6
22 nov 1952	4-Cib	7
23 nov 1952	5-Caban	8
24 nov 1952	6-Etz'nab	9
25 nov 1952	7-Cauac	1
26 nov 1952	8-Ahau	2
27 nov 1952	*9-Imix*	3
28 nov 1952	10-Ik	4
29 nov 1952	11-Akbal	5
30 nov 1952	12-Kan	6
1 dic 1952	13-Chicchan	7
2 dic 1952	**1-Cimi**	8
3 dic 1952	2-Manik	9
4 dic 1952	3-Lamat	1
5 dic 1952	4-Muluc	2
6 dic 1952	5-Oc	3
7 dic 1952	6-Chuen	4
8 dic 1952	7-Eb	5
9 dic 1952	8-Ben	6
10 dic 1952	9-Ix	7
11 dic 1952	10-Men	8
12 dic 1952	11-Cib	9
13 dic 1952	12-Caban	1
14 dic 1952	13-Etz'nab	2
15 dic 1952	**1-Cauac**	3
16 dic 1952	2-Ahau	4
17 dic 1952	*3-Imix*	5
18 dic 1952	4-Ik	6
19 dic 1952	5-Akbal	7
20 dic 1952	6-Kan	8
21 dic 1952	7-Chicchan	9
22 dic 1952	8-Cimi	1
23 dic 1952	9-Manik	2
24 dic 1952	10-Lamat	3
25 dic 1952	11-Muluc	4
26 dic 1952	12-Oc	5
27 dic 1952	13-Chuen	6
28 dic 1952	**1-Eb**	7
29 dic 1952	2-Ben	8
30 dic 1952	3-Ix	9
31 dic 1952	4-Men	1
1 ene 1953	5-Cib	2
2 ene 1953	6-Caban	3
3 ene 1953	7-Etz'nab	4
4 ene 1953	8-Cauac	5
5 ene 1953	9-Ahau	6
6 ene 1953	*10-Imix*	7
7 ene 1953	11-Ik	8
8 ene 1953	12-Akbal	9
9 ene 1953	13-Kan	1
10 ene 1953	**1-Chicchan**	2
11 ene 1953	2-Cimi	3
12 ene 1953	3-Manik	4
13 ene 1953	4-Lamat	5
14 ene 1953	5-Muluc	6
15 ene 1953	6-Oc	7
16 ene 1953	7-Chuen	8
17 ene 1953	8-Eb	9
18 ene 1953	9-Ben	1
19 ene 1953	10-Ix	2
20 ene 1953	11-Men	3
21 ene 1953	12-Cib	4
22 ene 1953	13-Caban	5

Fecha	Signo del día	S
23 ene 1953	**1-Etz'nab**	6
24 ene 1953	2-Cauac	7
25 ene 1953	3-Ahau	8
26 ene 1953	*4-Imix*	9
27 ene 1953	5-Ik	1
28 ene 1953	6-Akbal	2
29 ene 1953	7-Kan	3
30 ene 1953	8-Chicchan	4
31 ene 1953	9-Cimi	5
1 feb 1953	10-Manik	6
2 feb 1953	11-Lamat	7
3 feb 1953	12-Muluc	8
4 feb 1953	13-Oc	9
5 feb 1953	**1-Chuen**	1
6 feb 1953	2-Eb	2
7 feb 1953	3-Ben	3
8 feb 1953	4-Ix	4
9 feb 1953	5-Men	5
10 feb 1953	6-Cib	6
11 feb 1953	7-Caban	7
12 feb 1953	8-Etz'nab	8
13 feb 1953	9-Cauac	9
14 feb 1953	10-Ahau	1
15 feb 1953	*11-Imix*	2
16 feb 1953	12-Ik	3
17 feb 1953	13-Akbal	4
18 feb 1953	**1-Kan**	5
19 feb 1953	2-Chicchan	6
20 feb 1953	3-Cimi	7
21 feb 1953	4-Manik	8
22 feb 1953	5-Lamat	9
23 feb 1953	6-Muluc	1
24 feb 1953	7-Oc	2
25 feb 1953	8-Chuen	3
26 feb 1953	9-Eb	4
27 feb 1953	10-Ben	5
28 feb 1953	11-Ix	6
1 mar 1953	12-Men	7
2 mar 1953	13-Cib	8
3 mar 1953	**1-Caban**	9
4 mar 1953	2-Etz'nab	1
5 mar 1953	3-Cauac	2
6 mar 1953	4-Ix	3
7 mar 1953	*5-Imix*	4
8 mar 1953	6-Ik	5
9 mar 1953	7-Akbal	6
10 mar 1953	8-Kan	7
11 mar 1953	9-Chicchan	8
12 mar 1953	10-Cimi	9
13 mar 1953	11-Manik	1
14 mar 1953	12-Lamat	2
15 mar 1953	13-Muluc	3
16 mar 1953	**1-Oc**	4
17 mar 1953	2-Chuen	5
18 mar 1953	3-Eb	6
19 mar 1953	4-Ben	7
20 mar 1953	5-Ix	8
21 mar 1953	6-Men	9
22 mar 1953	7-Cib	1
23 mar 1953	8-Caban	2
24 mar 1953	9-Etz'nab	3
25 mar 1953	10-Cauac	4
26 mar 1953	11-Ahau	5
27 mar 1953	*12-Imix*	6
28 mar 1953	13-Ik	7
29 mar 1953	**1-Akbal**	8
30 mar 1953	2-Kan	9
31 mar 1953	3-Chicchan	1

Fecha	Signo del día	S
1 abr 1953	4-Cimi	2
2 abr 1953	5-Manik	3
3 abr 1953	6-Lamat	4
4 abr 1953	7-Muluc	5
5 abr 1953	8-Oc	6
6 abr 1953	9-Chuen	7
7 abr 1953	10-Eb	8
8 abr 1953	11-Ben	9
9 abr 1953	12-Ix	1
10 abr 1953	13-Men	2
11 abr 1953	**1-Cib**	3
12 abr 1953	2-Caban	4
13 abr 1953	3-Etz'nab	5
14 abr 1953	4-Cauac	6
15 abr 1953	5-Ahau	7
16 abr 1953	*6-Imix*	8
17 abr 1953	7-Ik	9
18 abr 1953	8-Akbal	1
19 abr 1953	9-Kan	2
20 abr 1953	10-Chicchan	3
21 abr 1953	11-Cimi	4
22 abr 1953	12-Manik	5
23 abr 1953	13-Lamat	6
24 abr 1953	**1-Muluc**	7
25 abr 1953	2-Oc	8
26 abr 1953	3-Chuen	9
27 abr 1953	4-Eb	1
28 abr 1953	5-Ben	2
29 abr 1953	6-Ix	3
30 abr 1953	7-Men	4
1 may 1953	8-Cib	5
2 may 1953	9-Caban	6
3 may 1953	10-Etz'nab	7
4 may 1953	11-Cauac	8
5 may 1953	12-Ahau	9
6 may 1953	*13-Imix*	1
7 may 1953	**1-Ik**	2
8 may 1953	2-Akbal	3
9 may 1953	3-Kan	4
10 may 1953	4-Chicchan	5
11 may 1953	5-Cimi	6
12 may 1953	6-Manik	7
13 may 1953	7-Lamat	8
14 may 1953	8-Muluc	9
15 may 1953	9-Oc	1
16 may 1953	10-Chuen	2
17 may 1953	11-Eb	3
18 may 1953	12-Ben	4
19 may 1953	13-Ix	5
20 may 1953	**1-Men**	6
21 may 1953	2-Cib	7
22 may 1953	3-Caban	8
23 may 1953	4-Etz'nab	9
24 may 1953	5-Cauac	1
25 may 1953	6-Ahau	2
26 may 1953	*7-Imix*	3
27 may 1953	8-Ik	4
28 may 1953	9-Akbal	5
29 may 1953	10-Kan	6
30 may 1953	11-Chicchan	7
31 may 1953	12-Cimi	8
1 jun 1953	13-Manik	9
2 jun 1953	**1-Lamat**	1
3 jun 1953	2-Muluc	2
4 jun 1953	3-Oc	3
5 jun 1953	4-Chuen	4
6 jun 1953	5-Eb	5
7 jun 1953	6-Ben	6

Fecha	Signo del día	S	Fecha	Signo del día	S	Fecha	Signo del día	S
8 jun 1953	7-Ix	7	15 ago 1953	10-Ik	3	22 oct 1953	13-Oc	8
9 jun 1953	8-Men	8	16 ago 1953	11-Akbal	4	23 oct 1953	**1-Chuen**	9
10 jun 1953	9-Cib	9	17 ago 1953	12-Kan	5	24 oct 1953	2-Eb	1
11 jun 1953	10-Caban	1	18 ago 1953	13-Chicchan	6	25 oct 1953	3-Ben	2
12 jun 1953	11-Etz'nab	2	19 ago 1953	**1-Cimi**	7	26 oct 1953	4-Ix	3
13 jun 1953	12-Cauac	3	20 ago 1953	2-Manik	8	27 oct 1953	5-Men	4
14 jun 1953	13-Ahau	4	21 ago 1953	3-Lamat	9	28 oct 1953	6-Cib	5
15 jun 1953	**1-Imix**	5	22 ago 1953	4-Muluc	1	29 oct 1953	7-Caban	6
16 jun 1953	2-Ik	6	23 ago 1953	5-Oc	2	30 oct 1953	8-Etz'nab	7
17 jun 1953	3-Akbal	7	24 ago 1953	6-Chuen	3	31 oct 1953	9-Cauac	8
18 jun 1953	4-Kan	8	25 ago 1953	7-Eb	4	1 nov 1953	10-Ahau	9
19 jun 1953	5-Chicchan	9	26 ago 1953	8-Ben	5	2 nov 1953	*11-Imix*	1
20 jun 1953	6-Cimi	1	27 ago 1953	9-Ix	6	3 nov 1953	12-Ik	2
21 jun 1953	7-Manik	2	28 ago 1953	10-Men	7	4 nov 1953	13-Akbal	3
22 jun 1953	8-Lamat	3	29 ago 1953	11-Cib	8	5 nov 1953	**1-Kan**	4
23 jun 1953	9-Muluc	4	30 ago 1953	12-Caban	9	6 nov 1953	2-Chicchan	5
24 jun 1953	10-Oc	5	31 ago 1953	13-Etz'nab	1	7 nov 1953	3-Cimi	6
25 jun 1953	11-Chuen	6	1 sep 1953	**1-Cauac**	2	8 nov 1953	4-Manik	7
26 jun 1953	12-Eb	7	2 sep 1953	2-Ahau	3	9 nov 1953	5-Lamat	8
27 jun 1953	13-Ben	8	3 sep 1953	*3-Imix*	4	10 nov 1953	6-Muluc	9
28 jun 1953	**1-Ix**	9	4 sep 1953	4-Ik	5	11 nov 1953	7-Oc	1
29 jun 1953	2-Men	1	5 sep 1953	5-Akbal	6	12 nov 1953	8-Chuen	2
30 jun 1953	3-Cib	2	6 sep 1953	6-Kan	7	13 nov 1953	9-Eb	3
1 jul 1953	4-Caban	3	7 sep 1953	7-Chicchan	8	14 nov 1953	10-Ben	4
2 jul 1953	5-Etz'nab	4	8 sep 1953	8-Cimi	9	15 nov 1953	11-Ix	5
3 jul 1953	6-Cauac	5	9 sep 1953	9-Manik	1	16 nov 1953	12-Men	6
4 jul 1953	7-Ahau	6	10 sep 1953	10-Lamat	2	17 nov 1953	13-Cib	7
5 jul 1953	*8-Imix*	7	11 sep 1953	11-Muluc	3	18 nov 1953	**1-Caban**	8
6 jul 1953	9-Ik	8	12 sep 1953	12-Oc	4	19 nov 1953	2-Etz'nab	9
7 jul 1953	10-Akbal	9	13 sep 1953	13-Chuen	5	20 nov 1953	3-Cauac	1
8 jul 1953	11-Kan	1	14 sep 1953	**1-Eb**	6	21 nov 1953	4-Ahau	2
9 jul 1953	12-Chicchan	2	15 sep 1953	2-Ben	7	22 nov 1953	*5-Imix*	3
10 jul 1953	13-Cimi	3	16 sep 1953	3-Ix	8	23 nov 1953	6-Ik	4
11 jul 1953	**1-Manik**	4	17 sep 1953	4-Men	9	24 nov 1953	7-Akbal	5
12 jul 1953	2-Lamat	5	18 sep 1953	5-Cib	1	25 nov 1953	8-Kan	6
13 jul 1953	3-Muluc	6	19 sep 1953	6-Caban	2	26 nov 1953	9-Chicchan	7
14 jul 1953	4-Oc	7	20 sep 1953	7-Etz'nab	3	27 nov 1953	10-Cimi	8
15 jul 1953	5-Chuen	8	21 sep 1953	8-Cauac	4	28 nov 1953	11-Manik	9
16 jul 1953	6-Eb	9	22 sep 1953	9-Ahau	5	29 nov 1953	12-Lamat	1
17 jul 1953	7-Ben	1	23 sep 1953	*10-Imix*	6	30 nov 1953	13-Muluc	2
18 jul 1953	8-Ix	2	24 sep 1953	11-Ik	7	1 dic 1953	**1-Oc**	3
19 jul 1953	9-Men	3	25 sep 1953	12-Akbal	8	2 dic 1953	2-Chuen	4
20 jul 1953	10-Cib	4	26 sep 1953	13-Kan	9	3 dic 1953	3-Eb	5
21 jul 1953	11-Caban	5	27 sep 1953	**1-Chicchan**	1	4 dic 1953	4-Ben	6
22 jul 1953	12-Etz'nab	6	28 sep 1953	2-Cimi	2	5 dic 1953	5-Ix	7
23 jul 1953	13-Cauac	7	29 sep 1953	3-Manik	3	6 dic 1953	6-Men	8
24 jul 1953	**1-Ahau**	8	30 sep 1953	4-Lamat	4	7 dic 1953	7-Cib	9
25 jul 1953	*2-Imix*	9	1 oct 1953	5-Muluc	5	8 dic 1953	8-Caban	1
26 jul 1953	3-Ik	1	2 oct 1953	6-Oc	6	9 dic 1953	9-Etz'nab	2
27 jul 1953	4-Akbal	2	3 oct 1953	7-Chuen	7	10 dic 1953	10-Cauac	3
28 jul 1953	5-Kan	3	4 oct 1953	8-Eb	8	11 dic 1953	11-Ahau	4
29 jul 1953	6-Chicchan	4	5 oct 1953	9-Ben	9	12 dic 1953	*12-Imix*	5
30 jul 1953	7-Cimi	5	6 oct 1953	10-Ix	1	13 dic 1953	13-Ik	6
31 jul 1953	8-Manik	6	7 oct 1953	11-Men	2	14 dic 1953	**1-Akbal**	7
1 ago 1953	9-Lamat	7	8 oct 1953	12-Cib	3	15 dic 1953	2-Kan	8
2 ago 1953	10-Muluc	8	9 oct 1953	13-Caban	4	16 dic 1953	3-Chicchan	9
3 ago 1953	11-Oc	9	10 oct 1953	**1-Etz'nab**	5	17 dic 1953	4-Cimi	1
4 ago 1953	12-Chuen	1	11 oct 1953	2-Cauac	6	18 dic 1953	5-Manik	2
5 ago 1953	13-Eb	2	12 oct 1953	3-Ahau	7	19 dic 1953	6-Lamat	3
6 ago 1953	**1-Ben**	3	13 oct 1953	*4-Imix*	8	20 dic 1953	7-Muluc	4
7 ago 1953	2-Ix	4	14 oct 1953	5-Ik	9	21 dic 1953	8-Oc	5
8 ago 1953	3-Men	5	15 oct 1953	6-Akbal	1	22 dic 1953	9-Chuen	6
9 ago 1953	4-Cib	6	16 oct 1953	7-Kan	2	23 dic 1953	10-Eb	7
10 ago 1953	5-Caban	7	17 oct 1953	8-Chicchan	3	24 dic 1953	11-Ben	8
11 ago 1953	6-Etz'nab	8	18 oct 1953	9-Cimi	4	25 dic 1953	12-Ix	9
12 ago 1953	7-Cauac	9	19 oct 1953	10-Manik	5	26 dic 1953	13-Men	1
13 ago 1953	8-Ahau	1	20 oct 1953	11-Lamat	6	27 dic 1953	**1-Cib**	2
14 ago 1953	*9-Imix*	2	21 oct 1953	12-Muluc	7	28 dic 1953	2-Caban	3

Fecha	Signo del día	S
29 dic 1953	3-Etz'nab	4
30 dic 1953	4-Cauac	5
31 dic 1953	5-Ahau	6
1 ene 1954	6-*Imix*	7
2 ene 1954	7-Ik	8
3 ene 1954	8-Akbal	9
4 ene 1954	9-Kan	1
5 ene 1954	10-Chicchan	2
6 ene 1954	11-Cimi	3
7 ene 1954	12-Manik	4
8 ene 1954	13-Lamat	5
9 ene 1954	**1-Muluc**	6
10 ene 1954	2-Oc	7
11 ene 1954	3-Chuen	8
12 ene 1954	4-Eb	9
13 ene 1954	5-Ben	1
14 ene 1954	6-Ix	2
15 ene 1954	7-Men	3
16 ene 1954	8-Cib	4
17 ene 1954	9-Caban	5
18 ene 1954	10-Etz'nab	6
19 ene 1954	11-Cauac	7
20 ene 1954	12-Ahau	8
21 ene 1954	13-*Imix*	9
22 ene 1954	**1-Ik**	1
23 ene 1954	2-Akbal	2
24 ene 1954	3-Kan	3
25 ene 1954	4-Chicchan	4
26 ene 1954	5-Cimi	5
27 ene 1954	6-Manik	6
28 ene 1954	7-Lamat	7
29 ene 1954	8-Muluc	8
30 ene 1954	9-Oc	9
31 ene 1954	10-Chuen	1
1 feb 1954	11-Eb	2
2 feb 1954	12-Ben	3
3 feb 1954	13-Ix	4
4 feb 1954	**1-Men**	5
5 feb 1954	2-Cib	6
6 feb 1954	3-Caban	7
7 feb 1954	4-Etz'nab	8
8 feb 1954	5-Cauac	9
9 feb 1954	6-Ahau	1
10 feb 1954	7-*Imix*	2
11 feb 1954	8-Ik	3
12 feb 1954	9-Akbal	4
13 feb 1954	10-Kan	5
14 feb 1954	11-Chicchan	6
15 feb 1954	12-Cimi	7
16 feb 1954	13-Manik	8
17 feb 1954	**1-Lamat**	9
18 feb 1954	2-Muluc	1
19 feb 1954	3-Oc	2
20 feb 1954	4-Chuen	3
21 feb 1954	5-Eb	4
22 feb 1954	6-Ben	5
23 feb 1954	7-Ix	6
24 feb 1954	8-Men	7
25 feb 1954	9-Cib	8
26 feb 1954	10-Caban	9
27 feb 1954	11-Etz'nab	1
28 feb 1954	12-Cauac	2
1 mar 1954	13-Ahau	3
2 mar 1954	**1-Imix**	4
3 mar 1954	2-Ik	5
4 mar 1954	3-Akbal	6
5 mar 1954	4-Kan	7
6 mar 1954	5-Chicchan	8

Fecha	Signo del día	S
7 mar 1954	6-Cimi	9
8 mar 1954	7-Manik	1
9 mar 1954	8-Lamat	2
10 mar 1954	9-Muluc	3
11 mar 1954	10-Oc	4
12 mar 1954	11-Chuen	5
13 mar 1954	12-Eb	6
14 mar 1954	13-Ben	7
15 mar 1954	**1-Ix**	8
16 mar 1954	2-Men	9
17 mar 1954	3-Cib	1
18 mar 1954	4-Caban	2
19 mar 1954	5-Etz'nab	3
20 mar 1954	6-Cauac	4
21 mar 1954	7-Ahau	5
22 mar 1954	8-*Imix*	6
23 mar 1954	9-Ik	7
24 mar 1954	10-Akbal	8
25 mar 1954	11-Kan	9
26 mar 1954	12-Chicchan	1
27 mar 1954	13-Cimi	2
28 mar 1954	**1-Manik**	3
29 mar 1954	2-Lamat	4
30 mar 1954	3-Muluc	5
31 mar 1954	4-Oc	6
1 abr 1954	5-Chuen	7
2 abr 1954	6-Eb	8
3 abr 1954	7-Ben	9
4 abr 1954	8-Ix	1
5 abr 1954	9-Men	2
6 abr 1954	10-Cib	3
7 abr 1954	11-Caban	4
8 abr 1954	12-Etz'nab	5
9 abr 1954	13-Cauac	6
10 abr 1954	**1-Ahau**	7
11 abr 1954	2-*Imix*	8
12 abr 1954	3-Ik	9
13 abr 1954	4-Akbal	1
14 abr 1954	5-Kan	2
15 abr 1954	6-Chicchan	3
16 abr 1954	7-Cimi	4
17 abr 1954	8-Manik	5
18 abr 1954	9-Lamat	6
19 abr 1954	10-Muluc	7
20 abr 1954	11-Oc	8
21 abr 1954	12-Chuen	9
22 abr 1954	13-Eb	1
23 abr 1954	**1-Ben**	2
24 abr 1954	2-Ix	3
25 abr 1954	3-Men	4
26 abr 1954	4-Cib	5
27 abr 1954	5-Caban	6
28 abr 1954	6-Etz'nab	7
29 abr 1954	7-Cauac	8
30 abr 1954	8-Ahau	9
1 may 1954	9-*Imix*	1
2 may 1954	10-Ik	2
3 may 1954	11-Akbal	3
4 may 1954	12-Kan	4
5 may 1954	13-Chicchan	5
6 may 1954	**1-Cimi**	6
7 may 1954	2-Manik	7
8 may 1954	3-Lamat	8
9 may 1954	4-Muluc	9
10 may 1954	5-Oc	1
11 may 1954	6-Chuen	2
12 may 1954	7-Eb	3
13 may 1954	8-Ben	4

Fecha	Signo del día	S
14 may 1954	9-Ix	5
15 may 1954	10-Men	6
16 may 1954	11-Cib	7
17 may 1954	12-Caban	8
18 may 1954	13-Etz'nab	9
19 may 1954	**1-Cauac**	1
20 may 1954	2-Ahau	2
21 may 1954	3-*Imix*	3
22 may 1954	4-Ik	4
23 may 1954	5-Akbal	5
24 may 1954	6-Kan	6
25 may 1954	7-Chicchan	7
26 may 1954	8-Cimi	8
27 may 1954	9-Manik	9
28 may 1954	10-Lamat	1
29 may 1954	11-Muluc	2
30 may 1954	12-Oc	3
31 may 1954	13-Chuen	4
1 jun 1954	**1-Eb**	5
2 jun 1954	2-Ben	6
3 jun 1954	3-Ix	7
4 jun 1954	4-Men	8
5 jun 1954	5-Cib	9
6 jun 1954	6-Caban	1
7 jun 1954	7-Etz'nab	2
8 jun 1954	8-Cauac	3
9 jun 1954	9-Ahau	4
10 jun 1954	10-*Imix*	5
11 jun 1954	11-Ik	6
12 jun 1954	12-Akbal	7
13 jun 1954	13-Kan	8
14 jun 1954	**1-Chicchan**	9
15 jun 1954	2-Cimi	1
16 jun 1954	3-Manik	2
17 jun 1954	4-Lamat	3
18 jun 1954	5-Muluc	4
19 jun 1954	6-Oc	5
20 jun 1954	7-Chuen	6
21 jun 1954	8-Eb	7
22 jun 1954	9-Ben	8
23 jun 1954	10-Ix	9
24 jun 1954	11-Men	1
25 jun 1954	12-Cib	2
26 jun 1954	13-Caban	3
27 jun 1954	**1-Etz'nab**	4
28 jun 1954	2-Cauac	5
29 jun 1954	3-Ahau	6
30 jun 1954	4-*Imix*	7
1 jul 1954	5-Ik	8
2 jul 1954	6-Akbal	9
3 jul 1954	7-Kan	1
4 jul 1954	8-Chicchan	2
5 jul 1954	9-Cimi	3
6 jul 1954	10-Manik	4
7 jul 1954	11-Lamat	5
8 jul 1954	12-Muluc	6
9 jul 1954	13-Oc	7
10 jul 1954	**1-Chuen**	8
11 jul 1954	2-Eb	9
12 jul 1954	3-Ben	1
13 jul 1954	4-Ix	2
14 jul 1954	5-Men	3
15 jul 1954	6-Cib	4
16 jul 1954	7-Caban	5
17 jul 1954	8-Etz'nab	6
18 jul 1954	9-Cauac	7
19 jul 1954	10-Ahau	8
20 jul 1954	11-*Imix*	9

Fecha	Signo del día	S	Fecha	Signo del día	S	Fecha	Signo del día	S
21 jul 1954	12-Ik	1	27 sep 1954	2-Oc	6	4 dic 1954	5-Etz'nab	2
22 jul 1954	13-Akbal	2	28 sep 1954	3-Chuen	7	5 dic 1954	6-Cauac	3
23 jul 1954	**1-Kan**	3	29 sep 1954	4-Eb	8	6 dic 1954	7-Ahau	4
24 jul 1954	2-Chicchan	4	30 sep 1954	5-Ben	9	7 dic 1954	*8-Imix*	5
25 jul 1954	3-Cimi	5	1 oct 1954	6-Ix	1	8 dic 1954	9-Ik	6
26 jul 1954	4-Manik	6	2 oct 1954	7-Men	2	9 dic 1954	10-Akbal	7
27 jul 1954	5-Lamat	7	3 oct 1954	8-Cib	3	10 dic 1954	11-Kan	8
28 jul 1954	6-Muluc	8	4 oct 1954	9-Caban	4	11 dic 1954	12-Chicchan	9
29 jul 1954	7-Oc	9	5 oct 1954	10-Etz'nab	5	12 dic 1954	13-Cimi	1
30 jul 1954	8-Chuen	1	6 oct 1954	11-Cauac	6	13 dic 1954	**1-Manik**	2
31 jul 1954	9-Eb	2	7 oct 1954	12-Ahau	7	14 dic 1954	2-Lamat	3
1 ago 1954	10-Ben	3	8 oct 1954	*13-Imix*	8	15 dic 1954	3-Muluc	4
2 ago 1954	11-Ix	4	9 oct 1954	**1-Ik**	9	16 dic 1954	4-Oc	5
3 ago 1954	12-Men	5	10 oct 1954	2-Akbal	1	17 dic 1954	5-Chuen	6
4 ago 1954	13-Cib	6	11 oct 1954	3-Kan	2	18 dic 1954	6-Eb	7
5 ago 1954	**1-Caban**	7	12 oct 1954	4-Chicchan	3	19 dic 1954	7-Ben	8
6 ago 1954	2-Etz'nab	8	13 oct 1954	5-Cimi	4	20 dic 1954	8-Ix	9
7 ago 1954	3-Cauac	9	14 oct 1954	6-Manik	5	21 dic 1954	9-Men	1
8 ago 1954	4-Ahau	1	15 oct 1954	7-Lamat	6	22 dic 1954	10-Cib	2
9 ago 1954	*5-Imix*	2	16 oct 1954	8-Muluc	7	23 dic 1954	11-Caban	3
10 ago 1954	6-Ik	3	17 oct 1954	9-Oc	8	24 dic 1954	12-Etz'nab	4
11 ago 1954	7-Akbal	4	18 oct 1954	10-Chuen	9	25 dic 1954	13-Cauac	5
12 ago 1954	8-Kan	5	19 oct 1954	11-Eb	1	26 dic 1954	**1-Ahau**	6
13 ago 1954	9-Chicchan	6	20 oct 1954	12-Ben	2	27 dic 1954	*2-Imix*	7
14 ago 1954	10-Cimi	7	21 oct 1954	13-Ix	3	28 dic 1954	3-Ik	8
15 ago 1954	11-Manik	8	22 oct 1954	**1-Men**	4	29 dic 1954	4-Akbal	9
16 ago 1954	12-Lamat	9	23 oct 1954	2-Cib	5	30 dic 1954	5-Kan	1
17 ago 1954	13-Muluc	1	24 oct 1954	3-Caban	6	31 dic 1954	6-Chicchan	2
18 ago 1954	**1-Oc**	2	25 oct 1954	4-Etz'nab	7	1 ene 1955	7-Cimi	3
19 ago 1954	2-Chuen	3	26 oct 1954	5-Cauac	8	2 ene 1955	8-Manik	4
20 ago 1954	3-Eb	4	27 oct 1954	6-Ahau	9	3 ene 1955	9-Lamat	5
21 ago 1954	4-Ben	5	28 oct 1954	*7-Imix*	1	4 ene 1955	10-Muluc	6
22 ago 1954	5-Ix	6	29 oct 1954	8-Ik	2	5 ene 1955	11-Oc	7
23 ago 1954	6-Men	7	30 oct 1954	9-Akbal	3	6 ene 1955	12-Chuen	8
24 ago 1954	7-Cib	8	31 oct 1954	10-Kan	4	7 ene 1955	13-Eb	9
25 ago 1954	8-Caban	9	1 nov 1954	11-Chicchan	5	8 ene 1955	**1-Ben**	1
26 ago 1954	9-Etz'nab	1	2 nov 1954	12-Cimi	6	9 ene 1955	2-Ix	2
27 ago 1954	10-Cauac	2	3 nov 1954	13-Manik	7	10 ene 1955	3-Men	3
28 ago 1954	11-Ahau	3	4 nov 1954	**1-Lamat**	8	11 ene 1955	4-Cib	4
29 ago 1954	*12-Imix*	4	5 nov 1954	2-Muluc	9	12 ene 1955	5-Caban	5
30 ago 1954	13-Ik	5	6 nov 1954	3-Oc	1	13 ene 1955	6-Etz'nab	6
31 ago 1954	**1-Akbal**	6	7 nov 1954	4-Chuen	2	14 ene 1955	7-Cauac	7
1 sep 1954	2-Kan	7	8 nov 1954	5-Eb	3	15 ene 1955	8-Ahau	8
2 sep 1954	3-Chicchan	8	9 nov 1954	6-Ben	4	16 ene 1955	*9-Imix*	9
3 sep 1954	4-Cimi	9	10 nov 1954	7-Ix	5	17 ene 1955	10-Ik	1
4 sep 1954	5-Manik	1	11 nov 1954	8-Men	6	18 ene 1955	11-Akbal	2
5 sep 1954	6-Lamat	2	12 nov 1954	9-Cib	7	19 ene 1955	12-Kan	3
6 sep 1954	7-Muluc	3	13 nov 1954	10-Caban	8	20 ene 1955	13-Chicchan	4
7 sep 1954	8-Oc	4	14 nov 1954	11-Etz'nab	9	21 ene 1955	**1-Cimi**	5
8 sep 1954	9-Chuen	5	15 nov 1954	12-Cauac	1	22 ene 1955	2-Manik	6
9 sep 1954	10-Eb	6	16 nov 1954	13-Ahau	2	23 ene 1955	3-Lamat	7
10 sep 1954	11-Ben	7	17 nov 1954	**1-Imix**	3	24 ene 1955	4-Muluc	8
11 sep 1954	12-Ix	8	18 nov 1954	2-Ik	4	25 ene 1955	5-Oc	9
12 sep 1954	13-Men	9	19 nov 1954	3-Akbal	5	26 ene 1955	6-Chuen	1
13 sep 1954	**1-Cib**	1	20 nov 1954	4-Kan	6	27 ene 1955	7-Eb	2
14 sep 1954	2-Caban	2	21 nov 1954	5-Chicchan	7	28 ene 1955	8-Ben	3
15 sep 1954	3-Etz'nab	3	22 nov 1954	6-Cimi	8	29 ene 1955	9-Ix	4
16 sep 1954	4-Cauac	4	23 nov 1954	7-Manik	9	30 ene 1955	10-Men	5
17 sep 1954	5-Ahau	5	24 nov 1954	8-Lamat	1	31 ene 1955	11-Cib	6
18 sep 1954	*6-Imix*	6	25 nov 1954	9-Muluc	2	1 feb 1955	12-Caban	7
19 sep 1954	7-Ik	7	26 nov 1954	10-Oc	3	2 feb 1955	13-Etz'nab	8
20 sep 1954	8-Akbal	8	27 nov 1954	11-Chuen	4	3 feb 1955	**1-Cauac**	9
21 sep 1954	9-Kan	9	28 nov 1954	12-Eb	5	4 feb 1955	2-Ahau	1
22 sep 1954	10-Chicchan	1	29 nov 1954	13-Ben	6	5 feb 1955	*3-Imix*	2
23 sep 1954	11-Cimi	2	30 nov 1954	**1-Ix**	7	6 feb 1955	4-Ik	3
24 sep 1954	12-Manik	3	1 dic 1954	2-Men	8	7 feb 1955	5-Akbal	4
25 sep 1954	13-Lamat	4	2 dic 1954	3-Cib	9	8 feb 1955	6-Kan	5
26 sep 1954	**1-Muluc**	5	3 dic 1954	4-Caban	1	9 feb 1955	7-Chicchan	6

Fecha	Signo del día	S
10 feb 1955	8-Cimi	7
11 feb 1955	9-Manik	8
12 feb 1955	10-Lamat	9
13 feb 1955	11-Muluc	1
14 feb 1955	12-Oc	2
15 feb 1955	13-Chuen	3
16 feb 1955	1-Eb	4
17 feb 1955	2-Ben	5
18 feb 1955	3-Ix	6
19 feb 1955	4-Men	7
20 feb 1955	5-Cib	8
21 feb 1955	6-Caban	9
22 feb 1955	7-Etz'nab	1
23 feb 1955	8-Cauac	2
24 feb 1955	9-Ahau	3
25 feb 1955	10-Imix	4
26 feb 1955	11-Ik	5
27 feb 1955	12-Akbal	6
28 feb 1955	13-Kan	7
1 mar 1955	1-Chicchan	8
2 mar 1955	2-Cimi	9
3 mar 1955	3-Manik	1
4 mar 1955	4-Lamat	2
5 mar 1955	5-Muluc	3
6 mar 1955	6-Oc	4
7 mar 1955	7-Chuen	5
8 mar 1955	8-Eb	6
9 mar 1955	9-Ben	7
10 mar 1955	10-Ix	8
11 mar 1955	11-Men	9
12 mar 1955	12-Cib	1
13 mar 1955	13-Caban	2
14 mar 1955	1-Etz'nab	3
15 mar 1955	2-Cauac	4
16 mar 1955	3-Ahau	5
17 mar 1955	4-Imix	6
18 mar 1955	5-Ik	7
19 mar 1955	6-Akbal	8
20 mar 1955	7-Kan	9
21 mar 1955	8-Chicchan	1
22 mar 1955	9-Cimi	2
23 mar 1955	10-Manik	3
24 mar 1955	11-Lamat	4
25 mar 1955	12-Muluc	5
26 mar 1955	13-Oc	6
27 mar 1955	1-Chuen	7
28 mar 1955	2-Eb	8
29 mar 1955	3-Ben	9
30 mar 1955	4-Ix	1
31 mar 1955	5-Men	2
1 abr 1955	6-Cib	3
2 abr 1955	7-Caban	4
3 abr 1955	8-Etz'nab	5
4 abr 1955	9-Cauac	6
5 abr 1955	10-Ahau	7
6 abr 1955	11-Imix	8
7 abr 1955	12-Ik	9
8 abr 1955	13-Akbal	1
9 abr 1955	1-Kan	2
10 abr 1955	2-Chicchan	3
11 abr 1955	3-Cimi	4
12 abr 1955	4-Manik	5
13 abr 1955	5-Lamat	6
14 abr 1955	6-Muluc	7
15 abr 1955	7-Oc	8
16 abr 1955	8-Chuen	9
17 abr 1955	9-Eb	1
18 abr 1955	10-Ben	2

Fecha	Signo del día	S
19 abr 1955	11-Ix	3
20 abr 1955	12-Men	4
21 abr 1955	13-Cib	5
22 abr 1955	1-Caban	6
23 abr 1955	2-Etz'nab	7
24 abr 1955	3-Cauac	8
25 abr 1955	4-Ahau	9
26 abr 1955	5-Imix	1
27 abr 1955	6-Ik	2
28 abr 1955	7-Akbal	3
29 abr 1955	8-Kan	4
30 abr 1955	9-Chicchan	5
1 may 1955	10-Cimi	6
2 may 1955	11-Manik	7
3 may 1955	12-Lamat	8
4 may 1955	13-Muluc	9
5 may 1955	1-Oc	1
6 may 1955	2-Chuen	2
7 may 1955	3-Eb	3
8 may 1955	4-Ben	4
9 may 1955	5-Ix	5
10 may 1955	6-Men	6
11 may 1955	7-Cib	7
12 may 1955	8-Caban	8
13 may 1955	9-Etz'nab	9
14 may 1955	10-Cauac	1
15 may 1955	11-Ahau	2
16 may 1955	12-Imix	3
17 may 1955	13-Ik	4
18 may 1955	1-Akbal	5
19 may 1955	2-Kan	6
20 may 1955	3-Chicchan	7
21 may 1955	4-Cimi	8
22 may 1955	5-Manik	9
23 may 1955	6-Lamat	1
24 may 1955	7-Muluc	2
25 may 1955	8-Oc	3
26 may 1955	9-Chuen	4
27 may 1955	10-Eb	5
28 may 1955	11-Ben	6
29 may 1955	12-Ix	7
30 may 1955	13-Men	8
31 may 1955	1-Cib	9
1 jun 1955	2-Caban	1
2 jun 1955	3-Etz'nab	2
3 jun 1955	4-Cauac	3
4 jun 1955	5-Ahau	4
5 jun 1955	6-Imix	5
6 jun 1955	7-Ik	6
7 jun 1955	8-Akbal	7
8 jun 1955	9-Kan	8
9 jun 1955	10-Chicchan	9
10 jun 1955	11-Cimi	1
11 jun 1955	12-Manik	2
12 jun 1955	13-Lamat	3
13 jun 1955	1-Muluc	4
14 jun 1955	2-Oc	5
15 jun 1955	3-Chuen	6
16 jun 1955	4-Eb	7
17 jun 1955	5-Ben	8
18 jun 1955	6-Ix	9
19 jun 1955	7-Men	1
20 jun 1955	8-Cib	2
21 jun 1955	9-Caban	3
22 jun 1955	10-Etz'nab	4
23 jun 1955	11-Cauac	5
24 jun 1955	12-Ahau	6
25 jun 1955	13-Imix	7

Fecha	Signo del día	S
26 jun 1955	1-Ik	8
27 jun 1955	2-Akbal	9
28 jun 1955	3-Kan	1
29 jun 1955	4-Chicchan	2
30 jun 1955	5-Cimi	3
1 jul 1955	6-Manik	4
2 jul 1955	7-Lamat	5
3 jul 1955	8-Muluc	6
4 jul 1955	9-Oc	7
5 jul 1955	10-Chuen	8
6 jul 1955	11-Eb	9
7 jul 1955	12-Ben	1
8 jul 1955	13-Ix	2
9 jul 1955	1-Men	3
10 jul 1955	2-Cib	4
11 jul 1955	3-Caban	5
12 jul 1955	4-Etz'nab	6
13 jul 1955	5-Cauac	7
14 jul 1955	6-Ahau	8
15 jul 1955	7-Imix	9
16 jul 1955	8-Ik	1
17 jul 1955	9-Akbal	2
18 jul 1955	10-Kan	3
19 jul 1955	11-Chicchan	4
20 jul 1955	12-Cimi	5
21 jul 1955	13-Manik	6
22 jul 1955	1-Lamat	7
23 jul 1955	2-Muluc	8
24 jul 1955	3-Oc	9
25 jul 1955	4-Chuen	1
26 jul 1955	5-Eb	2
27 jul 1955	6-Ben	3
28 jul 1955	7-Ix	4
29 jul 1955	8-Men	5
30 jul 1955	9-Cib	6
31 jul 1955	10-Caban	7
1 ago 1955	11-Etz'nab	8
2 ago 1955	12-Cauac	9
3 ago 1955	13-Ahau	1
4 ago 1955	1-Imix	2
5 ago 1955	2-Ik	3
6 ago 1955	3-Akbal	4
7 ago 1955	4-Kan	5
8 ago 1955	5-Chicchan	6
9 ago 1955	6-Cimi	7
10 ago 1955	7-Manik	8
11 ago 1955	8-Lamat	9
12 ago 1955	9-Muluc	1
13 ago 1955	10-Oc	2
14 ago 1955	11-Chuen	3
15 ago 1955	12-Eb	4
16 ago 1955	13-Ben	5
17 ago 1955	1-Ix	6
18 ago 1955	2-Men	7
19 ago 1955	3-Cib	8
20 ago 1955	4-Caban	9
21 ago 1955	5-Etz'nab	1
22 ago 1955	6-Cauac	2
23 ago 1955	7-Ahau	3
24 ago 1955	8-Imix	4
25 ago 1955	9-Ik	5
26 ago 1955	10-Akbal	6
27 ago 1955	11-Kan	7
28 ago 1955	12-Chicchan	8
29 ago 1955	13-Cimi	9
30 ago 1955	1-Manik	1
31 ago 1955	2-Lamat	2
1 sep 1955	3-Muluc	3

Fecha	Signo del día	S
2 sep 1955	4-Oc	4
3 sep 1955	5-Chuen	5
4 sep 1955	6-Eb	6
5 sep 1955	7-Ben	7
6 sep 1955	8-Ix	8
7 sep 1955	9-Men	9
8 sep 1955	10-Cib	1
9 sep 1955	11-Caban	2
10 sep 1955	12-Etz'nab	3
11 sep 1955	13-Cauac	4
12 sep 1955	**1-Ahau**	5
13 sep 1955	*2-Imix*	6
14 sep 1955	3-Ik	7
15 sep 1955	4-Akbal	8
16 sep 1955	5-Kan	9
17 sep 1955	6-Chicchan	1
18 sep 1955	7-Cimi	2
19 sep 1955	8-Manik	3
20 sep 1955	9-Lamat	4
21 sep 1955	10-Muluc	5
22 sep 1955	11-Oc	6
23 sep 1955	12-Chuen	7
24 sep 1955	13-Eb	8
25 sep 1955	**1-Ben**	9
26 sep 1955	2-Ix	1
27 sep 1955	3-Men	2
28 sep 1955	4-Cib	3
29 sep 1955	5-Caban	4
30 sep 1955	6-Etz'nab	5
1 oct 1955	7-Cauac	6
2 oct 1955	8-Ahau	7
3 oct 1955	*9-Imix*	8
4 oct 1955	10-Ik	9
5 oct 1955	11-Akbal	1
6 oct 1955	12-Kan	2
7 oct 1955	13-Chicchan	3
8 oct 1955	**1-Cimi**	4
9 oct 1955	2-Manik	5
10 oct 1955	3-Lamat	6
11 oct 1955	4-Muluc	7
12 oct 1955	5-Oc	8
13 oct 1955	6-Chuen	9
14 oct 1955	7-Eb	1
15 oct 1955	8-Ben	2
16 oct 1955	9-Ix	3
17 oct 1955	10-Men	4
18 oct 1955	11-Cib	5
19 oct 1955	12-Caban	6
20 oct 1955	13-Etz'nab	7
21 oct 1955	**1-Cauac**	8
22 oct 1955	2-Ahau	9
23 oct 1955	*3-Imix*	1
24 oct 1955	4-Ik	2
25 oct 1955	5-Akbal	3
26 oct 1955	6-Kan	4
27 oct 1955	7-Chicchan	5
28 oct 1955	8-Cimi	6
29 oct 1955	9-Manik	7
30 oct 1955	10-Lamat	8
31 oct 1955	11-Muluc	9
1 nov 1955	12-Oc	1
2 nov 1955	13-Chuen	2
3 nov 1955	**1-Eb**	3
4 nov 1955	2-Ben	4
5 nov 1955	3-Ix	5
6 nov 1955	4-Men	6
7 nov 1955	5-Cib	7
8 nov 1955	6-Caban	8

Fecha	Signo del día	S
9 nov 1955	7-Etz'nab	9
10 nov 1955	8-Cauac	1
11 nov 1955	9-Ahau	2
12 nov 1955	*10-Imix*	3
13 nov 1955	11-Ik	4
14 nov 1955	12-Akbal	5
15 nov 1955	13-Kan	6
16 nov 1955	**1-Chicchan**	7
17 nov 1955	2-Cimi	8
18 nov 1955	3-Manik	9
19 nov 1955	4-Lamat	1
20 nov 1955	5-Muluc	2
21 nov 1955	6-Oc	3
22 nov 1955	7-Chuen	4
23 nov 1955	8-Eb	5
24 nov 1955	9-Ben	6
25 nov 1955	10-Ix	7
26 nov 1955	11-Men	8
27 nov 1955	12-Cib	9
28 nov 1955	13-Caban	1
29 nov 1955	**1-Etz'nab**	2
30 nov 1955	2-Cauac	3
1 dic 1955	3-Ahau	4
2 dic 1955	*4-Imix*	5
3 dic 1955	5-Ik	6
4 dic 1955	6-Akbal	7
5 dic 1955	7-Kan	8
6 dic 1955	8-Chicchan	9
7 dic 1955	9-Cimi	1
8 dic 1955	10-Manik	2
9 dic 1955	11-Lamat	3
10 dic 1955	12-Muluc	4
11 dic 1955	13-Oc	5
12 dic 1955	**1-Chuen**	6
13 dic 1955	2-Eb	7
14 dic 1955	3-Ben	8
15 dic 1955	4-Ix	9
16 dic 1955	5-Men	1
17 dic 1955	6-Cib	2
18 dic 1955	7-Caban	3
19 dic 1955	8-Etz'nab	4
20 dic 1955	9-Cauac	5
21 dic 1955	10-Ahau	6
22 dic 1955	*11-Imix*	7
23 dic 1955	12-Ik	8
24 dic 1955	13-Akbal	9
25 dic 1955	**1-Kan**	1
26 dic 1955	2-Chicchan	2
27 dic 1955	3-Cimi	3
28 dic 1955	4-Manik	4
29 dic 1955	5-Lamat	5
30 dic 1955	6-Muluc	6
31 dic 1955	7-Oc	7
1 ene 1956	8-Chuen	8
2 ene 1956	9-Eb	9
3 ene 1956	10-Ben	1
4 ene 1956	11-Ix	2
5 ene 1956	12-Men	3
6 ene 1956	13-Cib	4
7 ene 1956	**1-Caban**	5
8 ene 1956	2-Etz'nab	6
9 ene 1956	3-Cauac	7
10 ene 1956	4-Ahau	8
11 ene 1956	*5-Imix*	9
12 ene 1956	6-Ik	1
13 ene 1956	7-Akbal	2
14 ene 1956	8-Kan	3
15 ene 1956	9-Chicchan	4

Fecha	Signo del día	S
16 ene 1956	10-Cimi	5
17 ene 1956	11-Manik	6
18 ene 1956	12-Lamat	7
19 ene 1956	13-Muluc	8
20 ene 1956	**1-Oc**	9
21 ene 1956	2-Chuen	1
22 ene 1956	3-Eb	2
23 ene 1956	4-Ben	3
24 ene 1956	5-Ix	4
25 ene 1956	6-Men	5
26 ene 1956	7-Cib	6
27 ene 1956	8-Caban	7
28 ene 1956	9-Etz'nab	8
29 ene 1956	10-Cauac	9
30 ene 1956	11-Ahau	1
31 ene 1956	*12-Imix*	2
1 feb 1956	13-Ik	3
2 feb 1956	**1-Akbal**	4
3 feb 1956	2-Kan	5
4 feb 1956	3-Chicchan	6
5 feb 1956	4-Cimi	7
6 feb 1956	5-Manik	8
7 feb 1956	6-Lamat	9
8 feb 1956	7-Muluc	1
9 feb 1956	8-Oc	2
10 feb 1956	9-Chuen	3
11 feb 1956	10-Eb	4
12 feb 1956	11-Ben	5
13 feb 1956	12-Ix	6
14 feb 1956	13-Men	7
15 feb 1956	**1-Cib**	8
16 feb 1956	2-Caban	9
17 feb 1956	3-Etz'nab	1
18 feb 1956	4-Cauac	2
19 feb 1956	5-Ahau	3
20 feb 1956	*6-Imix*	4
21 feb 1956	7-Ik	5
22 feb 1956	8-Akbal	6
23 feb 1956	9-Kan	7
24 feb 1956	10-Chicchan	8
25 feb 1956	11-Cimi	9
26 feb 1956	12-Manik	1
27 feb 1956	13-Lamat	2
28 feb 1956	**1-Muluc**	3
29 feb 1956	2-Oc	4
1 mar 1956	3-Chuen	5
2 mar 1956	4-Eb	6
3 mar 1956	5-Ben	7
4 mar 1956	6-Ix	8
5 mar 1956	7-Men	9
6 mar 1956	8-Cib	1
7 mar 1956	9-Caban	2
8 mar 1956	10-Etz'nab	3
9 mar 1956	11-Cauac	4
10 mar 1956	12-Ahau	5
11 mar 1956	*13-Imix*	6
12 mar 1956	**1-Ik**	7
13 mar 1956	2-Akbal	8
14 mar 1956	3-Kan	9
15 mar 1956	4-Chicchan	1
16 mar 1956	5-Cimi	2
17 mar 1956	6-Manik	3
18 mar 1956	7-Lamat	4
19 mar 1956	8-Muluc	5
20 mar 1956	9-Oc	6
21 mar 1956	10-Chuen	7
22 mar 1956	11-Eb	8
23 mar 1956	12-Ben	9

Fecha	Signo del día	S	Fecha	Signo del día	S	Fecha	Signo del día	S
24 mar 1956	13-Ix	1	31 may 1956	3-Ik	6	7 ago 1956	6-Oc	2
25 mar 1956	**1-Men**	2	1 jun 1956	4-Akbal	7	8 ago 1956	7-Chuen	3
26 mar 1956	2-Cib	3	2 jun 1956	5-Kan	8	9 ago 1956	8-Eb	4
27 mar 1956	3-Caban	4	3 jun 1956	6-Chicchan	9	10 ago 1956	9-Ben	5
28 mar 1956	4-Etz'nab	5	4 jun 1956	7-Cimi	1	11 ago 1956	10-Ix	6
29 mar 1956	5-Cauac	6	5 jun 1956	8-Manik	2	12 ago 1956	11-Men	7
30 mar 1956	6-Ahau	7	6 jun 1956	9-Lamat	3	13 ago 1956	12-Cib	8
31 mar 1956	*7-Imix*	8	7 jun 1956	10-Muluc	4	14 ago 1956	13-Caban	9
1 abr 1956	8-Ik	9	8 jun 1956	11-Oc	5	15 ago 1956	**1-Etz'nab**	1
2 abr 1956	9-Akbal	1	9 jun 1956	12-Chuen	6	16 ago 1956	2-Cauac	2
3 abr 1956	10-Kan	2	10 jun 1956	13-Eb	7	17 ago 1956	3-Ahau	3
4 abr 1956	11-Chicchan	3	11 jun 1956	**1-Ben**	8	18 ago 1956	*4-Imix*	4
5 abr 1956	12-Cimi	4	12 jun 1956	2-Ix	9	19 ago 1956	5-Ik	5
6 abr 1956	13-Manik	5	13 jun 1956	3-Men	1	20 ago 1956	6-Akbal	6
7 abr 1956	**1-Lamat**	6	14 jun 1956	4-Cib	2	21 ago 1956	7-Kan	7
8 abr 1956	2-Muluc	7	15 jun 1956	5-Caban	3	22 ago 1956	8-Chicchan	8
9 abr 1956	3-Oc	8	16 jun 1956	6-Etz'nab	4	23 ago 1956	9-Cimi	9
10 abr 1956	4-Chuen	9	17 jun 1956	7-Cauac	5	24 ago 1956	10-Manik	1
11 abr 1956	5-Eb	1	18 jun 1956	8-Ahau	6	25 ago 1956	11-Lamat	2
12 abr 1956	6-Ben	2	19 jun 1956	*9-Imix*	7	26 ago 1956	12-Muluc	3
13 abr 1956	7-Ix	3	20 jun 1956	10-Ik	8	27 ago 1956	13-Oc	4
14 abr 1956	8-Men	4	21 jun 1956	11-Akbal	9	28 ago 1956	**1-Chuen**	5
15 abr 1956	9-Cib	5	22 jun 1956	12-Kan	1	29 ago 1956	2-Eb	6
16 abr 1956	10-Caban	6	23 jun 1956	13-Chicchan	2	30 ago 1956	3-Ben	7
17 abr 1956	11-Etz'nab	7	24 jun 1956	**1-Cimi**	3	31 ago 1956	4-Ix	8
18 abr 1956	12-Cauac	8	25 jun 1956	2-Manik	4	1 sep 1956	5-Men	9
19 abr 1956	13-Ahau	9	26 jun 1956	3-Lamat	5	2 sep 1956	6-Cib	1
20 abr 1956	**1-Imix**	1	27 jun 1956	4-Muluc	6	3 sep 1956	7-Caban	2
21 abr 1956	2-Ik	2	28 jun 1956	5-Oc	7	4 sep 1956	8-Etz'nab	3
22 abr 1956	3-Akbal	3	29 jun 1956	6-Chuen	8	5 sep 1956	9-Cauac	4
23 abr 1956	4-Kan	4	30 jun 1956	7-Eb	9	6 sep 1956	10-Ahau	5
24 abr 1956	5-Chicchan	5	1 jul 1956	8-Ben	1	7 sep 1956	*11-Imix*	6
25 abr 1956	6-Cimi	6	2 jul 1956	9-Ix	2	8 sep 1956	12-Ik	7
26 abr 1956	7-Manik	7	3 jul 1956	10-Men	3	9 sep 1956	13-Akbal	8
27 abr 1956	8-Lamat	8	4 jul 1956	11-Cib	4	10 sep 1956	**1-Kan**	9
28 abr 1956	9-Muluc	9	5 jul 1956	12-Caban	5	11 sep 1956	2-Chicchan	1
29 abr 1956	10-Oc	1	6 jul 1956	13-Etz'nab	6	12 sep 1956	3-Cimi	2
30 abr 1956	11-Chuen	2	7 jul 1956	**1-Cauac**	7	13 sep 1956	4-Manik	3
1 may 1956	12-Eb	3	8 jul 1956	2-Ahau	8	14 sep 1956	5-Lamat	4
2 may 1956	13-Ben	4	9 jul 1956	*3-Imix*	9	15 sep 1956	6-Muluc	5
3 may 1956	**1-Ix**	5	10 jul 1956	4-Ik	1	16 sep 1956	7-Oc	6
4 may 1956	2-Men	6	11 jul 1956	5-Akbal	2	17 sep 1956	8-Chuen	7
5 may 1956	3-Cib	7	12 jul 1956	6-Kan	3	18 sep 1956	9-Eb	8
6 may 1956	4-Caban	8	13 jul 1956	7-Chicchan	4	19 sep 1956	10-Ben	9
7 may 1956	5-Etz'nab	9	14 jul 1956	8-Cimi	5	20 sep 1956	11-Ix	1
8 may 1956	6-Cauac	1	15 jul 1956	9-Manik	6	21 sep 1956	12-Men	2
9 may 1956	7-Ahau	2	16 jul 1956	10-Lamat	7	22 sep 1956	13-Cib	3
10 may 1956	*8-Imix*	3	17 jul 1956	11-Muluc	8	23 sep 1956	**1-Caban**	4
11 may 1956	9-Ik	4	18 jul 1956	12-Oc	9	24 sep 1956	2-Etz'nab	5
12 may 1956	10-Akbal	5	19 jul 1956	13-Chuen	1	25 sep 1956	3-Cauac	6
13 may 1956	11-Kan	6	20 jul 1956	**1-Eb**	2	26 sep 1956	4-Ahau	7
14 may 1956	12-Chicchan	7	21 jul 1956	2-Ben	3	27 sep 1956	*5-Imix*	8
15 may 1956	13-Cimi	8	22 jul 1956	3-Ix	4	28 sep 1956	6-Ik	9
16 may 1956	**1-Manik**	9	23 jul 1956	4-Men	5	29 sep 1956	7-Akbal	1
17 may 1956	2-Lamat	1	24 jul 1956	5-Cib	6	30 sep 1956	8-Kan	2
18 may 1956	3-Muluc	2	25 jul 1956	6-Caban	7	1 oct 1956	9-Chicchan	3
19 may 1956	4-Oc	3	26 jul 1956	7-Etz'nab	8	2 oct 1956	10-Cimi	4
20 may 1956	5-Chuen	4	27 jul 1956	8-Cauac	9	3 oct 1956	11-Manik	5
21 may 1956	6-Eb	5	28 jul 1956	9-Ahau	1	4 oct 1956	12-Lamat	6
22 may 1956	7-Ben	6	29 jul 1956	*10-Imix*	2	5 oct 1956	13-Muluc	7
23 may 1956	8-Ix	7	30 jul 1956	11-Ik	3	6 oct 1956	**1-Oc**	8
24 may 1956	9-Men	8	31 jul 1956	12-Akbal	4	7 oct 1956	2-Chuen	9
25 may 1956	10-Cib	9	1 ago 1956	13-Kan	5	8 oct 1956	3-Eb	1
26 may 1956	11-Caban	1	2 ago 1956	**1-Chicchan**	6	9 oct 1956	4-Ben	2
27 may 1956	12-Etz'nab	2	3 ago 1956	2-Cimi	7	10 oct 1956	5-Ix	3
28 may 1956	13-Cauac	3	4 ago 1956	3-Manik	8	11 oct 1956	6-Men	4
29 may 1956	**1-Ahau**	4	5 ago 1956	4-Lamat	9	12 oct 1956	7-Cib	5
30 may 1956	*2-Imix*	5	6 ago 1956	5-Muluc	1	13 oct 1956	8-Caban	6

Fecha	Signo del día	S	Fecha	Signo del día	S	Fecha	Signo del día	S
14 oct 1956	9-Etz'nab	7	21 dic 1956	12-Cimi	3	27 feb 1957	2-Ix	8
15 oct 1956	10-Cauac	8	22 dic 1956	13-Manik	4	28 feb 1957	3-Men	9
16 oct 1956	11-Ahau	9	23 dic 1956	**1-Lamat**	5	1 mar 1957	4-Cib	1
17 oct 1956	*12-Imix*	1	24 dic 1956	2-Muluc	6	2 mar 1957	5-Caban	2
18 oct 1956	13-Ik	2	25 dic 1956	3-Oc	7	3 mar 1957	6-Etz'nab	3
19 oct 1956	**1-Akbal**	3	26 dic 1956	4-Chuen	8	4 mar 1957	7-Cauac	4
20 oct 1956	2-Kan	4	27 dic 1956	5-Eb	9	5 mar 1957	8-Ahau	5
21 oct 1956	3-Chicchan	5	28 dic 1956	6-Ben	1	6 mar 1957	*9-Imix*	6
22 oct 1956	4-Cimi	6	29 dic 1956	7-Ix	2	7 mar 1957	10-Ik	7
23 oct 1956	5-Manik	7	30 dic 1956	8-Men	3	8 mar 1957	11-Akbal	8
24 oct 1956	6-Lamat	8	31 dic 1956	9-Cib	4	9 mar 1957	12-Kan	9
25 oct 1956	7-Muluc	9	1 ene 1957	10-Caban	5	10 mar 1957	13-Chicchan	1
26 oct 1956	8-Oc	1	2 ene 1957	11-Etz'nab	6	11 mar 1957	**1-Cimi**	2
27 oct 1956	9-Chuen	2	3 ene 1957	12-Cauac	7	12 mar 1957	2-Manik	3
28 oct 1956	10-Eb	3	4 ene 1957	13-Ahau	8	13 mar 1957	3-Lamat	4
29 oct 1956	11-Ben	4	5 ene 1957	**1-Imix**	9	14 mar 1957	4-Muluc	5
30 oct 1956	12-Ix	5	6 ene 1957	2-Ik	1	15 mar 1957	5-Oc	6
31 oct 1956	13-Men	6	7 ene 1957	3-Akbal	2	16 mar 1957	6-Chuen	7
1 nov 1956	**1-Cib**	7	8 ene 1957	4-Kan	3	17 mar 1957	7-Eb	8
2 nov 1956	2-Caban	8	9 ene 1957	5-Chicchan	4	18 mar 1957	8-Ben	9
3 nov 1956	3-Etz'nab	9	10 ene 1957	6-Cimi	5	19 mar 1957	9-Ix	1
4 nov 1956	4-Cauac	1	11 ene 1957	7-Manik	6	20 mar 1957	10-Men	2
5 nov 1956	5-Ahau	2	12 ene 1957	8-Lamat	7	21 mar 1957	11-Cib	3
6 nov 1956	*6-Imix*	3	13 ene 1957	9-Muluc	8	22 mar 1957	12-Caban	4
7 nov 1956	7-Ik	4	14 ene 1957	10-Oc	9	23 mar 1957	13-Etz'nab	5
8 nov 1956	8-Akbal	5	15 ene 1957	11-Chuen	1	24 mar 1957	**1-Cauac**	6
9 nov 1956	9-Kan	6	16 ene 1957	12-Eb	2	25 mar 1957	2-Ahau	7
10 nov 1956	10-Chicchan	7	17 ene 1957	13-Ben	3	26 mar 1957	*3-Imix*	8
11 nov 1956	11-Cimi	8	18 ene 1957	**1-Ix**	4	27 mar 1957	4-Ik	9
12 nov 1956	12-Manik	9	19 ene 1957	2-Men	5	28 mar 1957	5-Akbal	1
13 nov 1956	13-Lamat	1	20 ene 1957	3-Cib	6	29 mar 1957	6-Kan	2
14 nov 1956	**1-Muluc**	2	21 ene 1957	4-Caban	7	30 mar 1957	7-Chicchan	3
15 nov 1956	2-Oc	3	22 ene 1957	5-Etz'nab	8	31 mar 1957	8-Cimi	4
16 nov 1956	3-Chuen	4	23 ene 1957	6-Cauac	9	1 abr 1957	9-Manik	5
17 nov 1956	4-Eb	5	24 ene 1957	7-Ahau	1	2 abr 1957	10-Lamat	6
18 nov 1956	5-Ben	6	25 ene 1957	*8-Imix*	2	3 abr 1957	11-Muluc	7
19 nov 1956	6-Ix	7	26 ene 1957	9-Ik	3	4 abr 1957	12-Oc	8
20 nov 1956	7-Men	8	27 ene 1957	10-Akbal	4	5 abr 1957	13-Chuen	9
21 nov 1956	8-Cib	9	28 ene 1957	11-Kan	5	6 abr 1957	**1-Eb**	1
22 nov 1956	9-Caban	1	29 ene 1957	12-Chicchan	6	7 abr 1957	2-Ben	2
23 nov 1956	10-Etz'nab	2	30 ene 1957	13-Cimi	7	8 abr 1957	3-Ix	3
24 nov 1956	11-Cauac	3	31 ene 1957	**1-Manik**	8	9 abr 1957	4-Men	4
25 nov 1956	12-Ahau	4	1 feb 1957	2-Lamat	9	10 abr 1957	5-Cib	5
26 nov 1956	*13-Imix*	5	2 feb 1957	3-Muluc	1	11 abr 1957	6-Caban	6
27 nov 1956	**1-Ik**	6	3 feb 1957	4-Oc	2	12 abr 1957	7-Etz'nab	7
28 nov 1956	2-Akbal	7	4 feb 1957	5-Chuen	3	13 abr 1957	8-Cauac	8
29 nov 1956	3-Kan	8	5 feb 1957	6-Eb	4	14 abr 1957	9-Ahau	9
30 nov 1956	4-Chicchan	9	6 feb 1957	7-Ben	5	15 abr 1957	*10-Imix*	1
1 dic 1956	5-Cimi	1	7 feb 1957	8-Ix	6	16 abr 1957	11-Ik	2
2 dic 1956	6-Manik	2	8 feb 1957	9-Men	7	17 abr 1957	12-Akbal	3
3 dic 1956	7-Lamat	3	9 feb 1957	10-Cib	8	18 abr 1957	13-Kan	4
4 dic 1956	8-Muluc	4	10 feb 1957	11-Caban	9	19 abr 1957	**1-Chicchan**	5
5 dic 1956	9-Oc	5	11 feb 1957	12-Etz'nab	1	20 abr 1957	2-Cimi	6
6 dic 1956	10-Chuen	6	12 feb 1957	13-Cauac	2	21 abr 1957	3-Manik	7
7 dic 1956	11-Eb	7	13 feb 1957	**1-Ahau**	3	22 abr 1957	4-Lamat	8
8 dic 1956	12-Ben	8	14 feb 1957	*2-Imix*	4	23 abr 1957	5-Muluc	9
9 dic 1956	13-Ix	9	15 feb 1957	3-Ik	5	24 abr 1957	6-Oc	1
10 dic 1956	**1-Men**	1	16 feb 1957	4-Akbal	6	25 abr 1957	7-Chuen	2
11 dic 1956	2-Cib	2	17 feb 1957	5-Kan	7	26 abr 1957	8-Eb	3
12 dic 1956	3-Caban	3	18 feb 1957	6-Chicchan	8	27 abr 1957	9-Ben	4
13 dic 1956	4-Etz'nab	4	19 feb 1957	7-Cimi	9	28 abr 1957	10-Ix	5
14 dic 1956	5-Cauac	5	20 feb 1957	8-Manik	1	29 abr 1957	11-Men	6
15 dic 1956	6-Ahau	6	21 feb 1957	9-Lamat	2	30 abr 1957	12-Cib	7
16 dic 1956	*7-Imix*	7	22 feb 1957	10-Muluc	3	1 may 1957	13-Caban	8
17 dic 1956	8-Ik	8	23 feb 1957	11-Oc	4	2 may 1957	**1-Etz'nab**	9
18 dic 1956	9-Akbal	9	24 feb 1957	12-Chuen	5	3 may 1957	2-Cauac	1
19 dic 1956	10-Kan	1	25 feb 1957	13-Eb	6	4 may 1957	3-Ahau	2
20 dic 1956	11-Chicchan	2	26 feb 1957	**1-Ben**	7	5 may 1957	*4-Imix*	3

Fecha	Signo del día	S
6 may 1957	5-Ik	4
7 may 1957	6-Akbal	5
8 may 1957	7-Kan	6
9 may 1957	8-Chicchan	7
10 may 1957	9-Cimi	8
11 may 1957	10-Manik	9
12 may 1957	11-Lamat	1
13 may 1957	12-Muluc	2
14 may 1957	13-Oc	3
15 may 1957	1-Chuen	4
16 may 1957	2-Eb	5
17 may 1957	3-Ben	6
18 may 1957	4-Ix	7
19 may 1957	5-Men	8
20 may 1957	6-Cib	9
21 may 1957	7-Caban	1
22 may 1957	8-Etz'nab	2
23 may 1957	9-Cauac	3
24 may 1957	10-Ahau	4
25 may 1957	11-Imix	5
26 may 1957	12-Ik	6
27 may 1957	13-Akbal	7
28 may 1957	1-Kan	8
29 may 1957	2-Chicchan	9
30 may 1957	3-Cimi	1
31 may 1957	4-Manik	2
1 jun 1957	5-Lamat	3
2 jun 1957	6-Muluc	4
3 jun 1957	7-Oc	5
4 jun 1957	8-Chuen	6
5 jun 1957	9-Eb	7
6 jun 1957	10-Ben	8
7 jun 1957	11-Ix	9
8 jun 1957	12-Men	1
9 jun 1957	13-Cib	2
10 jun 1957	1-Caban	3
11 jun 1957	2-Etz'nab	4
12 jun 1957	3-Cauac	5
13 jun 1957	4-Ahau	6
14 jun 1957	5-Imix	7
15 jun 1957	6-Ik	8
16 jun 1957	7-Akbal	9
17 jun 1957	8-Kan	1
18 jun 1957	9-Chicchan	2
19 jun 1957	10-Cimi	3
20 jun 1957	11-Manik	4
21 jun 1957	12-Lamat	5
22 jun 1957	13-Muluc	6
23 jun 1957	1-Oc	7
24 jun 1957	2-Chuen	8
25 jun 1957	3-Eb	9
26 jun 1957	4-Ben	1
27 jun 1957	5-Ix	2
28 jun 1957	6-Men	3
29 jun 1957	7-Cib	4
30 jun 1957	8-Caban	5
1 jul 1957	9-Etz'nab	6
2 jul 1957	10-Cauac	7
3 jul 1957	11-Ahau	8
4 jul 1957	12-Imix	9
5 jul 1957	13-Ik	1
6 jul 1957	1-Akbal	2
7 jul 1957	2-Kan	3
8 jul 1957	3-Chicchan	4
9 jul 1957	4-Cimi	5
10 jul 1957	5-Manik	6
11 jul 1957	6-Lamat	7
12 jul 1957	7-Muluc	8

Fecha	Signo del día	S
13 jul 1957	8-Oc	9
14 jul 1957	9-Chuen	1
15 jul 1957	10-Eb	2
16 jul 1957	11-Ben	3
17 jul 1957	12-Ix	4
18 jul 1957	13-Men	5
19 jul 1957	1-Cib	6
20 jul 1957	2-Caban	7
21 jul 1957	3-Etz'nab	8
22 jul 1957	4-Cauac	9
23 jul 1957	5-Ahau	1
24 jul 1957	6-Imix	2
25 jul 1957	7-Ik	3
26 jul 1957	8-Akbal	4
27 jul 1957	9-Kan	5
28 jul 1957	10-Chicchan	6
29 jul 1957	11-Cimi	7
30 jul 1957	12-Manik	8
31 jul 1957	13-Lamat	9
1 ago 1957	1-Muluc	1
2 ago 1957	2-Oc	2
3 ago 1957	3-Chuen	3
4 ago 1957	4-Eb	4
5 ago 1957	5-Ben	5
6 ago 1957	6-Ix	6
7 ago 1957	7-Men	7
8 ago 1957	8-Cib	8
9 ago 1957	9-Caban	9
10 ago 1957	10-Etz'nab	1
11 ago 1957	11-Cauac	2
12 ago 1957	12-Ahau	3
13 ago 1957	13-Imix	4
14 ago 1957	1-Ik	5
15 ago 1957	2-Akbal	6
16 ago 1957	3-Kan	7
17 ago 1957	4-Chicchan	8
18 ago 1957	5-Cimi	9
19 ago 1957	6-Manik	1
20 ago 1957	7-Lamat	2
21 ago 1957	8-Muluc	3
22 ago 1957	9-Oc	4
23 ago 1957	10-Chuen	5
24 ago 1957	11-Eb	6
25 ago 1957	12-Ben	7
26 ago 1957	13-Ix	8
27 ago 1957	1-Men	9
28 ago 1957	2-Cib	1
29 ago 1957	3-Caban	2
30 ago 1957	4-Etz'nab	3
31 ago 1957	5-Cauac	4
1 sep 1957	6-Ahau	5
2 sep 1957	7-Imix	6
3 sep 1957	8-Ik	7
4 sep 1957	9-Akbal	8
5 sep 1957	10-Kan	9
6 sep 1957	11-Chicchan	1
7 sep 1957	12-Cimi	2
8 sep 1957	13-Manik	3
9 sep 1957	1-Lamat	4
10 sep 1957	2-Muluc	5
11 sep 1957	3-Oc	6
12 sep 1957	4-Chuen	7
13 sep 1957	5-Eb	8
14 sep 1957	6-Ben	9
15 sep 1957	7-Ix	1
16 sep 1957	8-Men	2
17 sep 1957	9-Cib	3
18 sep 1957	10-Caban	4

Fecha	Signo del día	S
19 sep 1957	11-Etz'nab	5
20 sep 1957	12-Cauac	6
21 sep 1957	13-Ahau	7
22 sep 1957	1-Imix	8
23 sep 1957	2-Ik	9
24 sep 1957	3-Akbal	1
25 sep 1957	4-Kan	2
26 sep 1957	5-Chicchan	3
27 sep 1957	6-Cimi	4
28 sep 1957	7-Manik	5
29 sep 1957	8-Lamat	6
30 sep 1957	9-Muluc	7
1 oct 1957	10-Oc	8
2 oct 1957	11-Chuen	9
3 oct 1957	12-Eb	1
4 oct 1957	13-Ben	2
5 oct 1957	1-Ix	3
6 oct 1957	2-Men	4
7 oct 1957	3-Cib	5
8 oct 1957	4-Caban	6
9 oct 1957	5-Etz'nab	7
10 oct 1957	6-Cauac	8
11 oct 1957	7-Ahau	9
12 oct 1957	8-Imix	1
13 oct 1957	9-Ik	2
14 oct 1957	10-Akbal	3
15 oct 1957	11-Kan	4
16 oct 1957	12-Chicchan	5
17 oct 1957	13-Cimi	6
18 oct 1957	1-Manik	7
19 oct 1957	2-Lamat	8
20 oct 1957	3-Muluc	9
21 oct 1957	4-Oc	1
22 oct 1957	5-Chuen	2
23 oct 1957	6-Eb	3
24 oct 1957	7-Ben	4
25 oct 1957	8-Ix	5
26 oct 1957	9-Men	6
27 oct 1957	10-Cib	7
28 oct 1957	11-Caban	8
29 oct 1957	12-Etz'nab	9
30 oct 1957	13-Cauac	1
31 oct 1957	1-Ahau	2
1 nov 1957	2-Imix	3
2 nov 1957	3-Ik	4
3 nov 1957	4-Akbal	5
4 nov 1957	5-Kan	6
5 nov 1957	6-Chicchan	7
6 nov 1957	7-Cimi	8
7 nov 1957	8-Manik	9
8 nov 1957	9-Lamat	1
9 nov 1957	10-Muluc	2
10 nov 1957	11-Oc	3
11 nov 1957	12-Chuen	4
12 nov 1957	13-Eb	5
13 nov 1957	1-Ben	6
14 nov 1957	2-Ix	7
15 nov 1957	3-Men	8
16 nov 1957	4-Cib	9
17 nov 1957	5-Caban	1
18 nov 1957	6-Etz'nab	2
19 nov 1957	7-Cauac	3
20 nov 1957	8-Ahau	4
21 nov 1957	9-Imix	5
22 nov 1957	10-Ik	6
23 nov 1957	11-Akbal	7
24 nov 1957	12-Kan	8
25 nov 1957	13-Chicchan	9

Fecha	Signo del día	S	Fecha	Signo del día	S	Fecha	Signo del día	S
26 nov 1957	1-Cimi	1	2 feb 1958	4-Ix	6	11 abr 1958	7-Ik	2
27 nov 1957	2-Manik	2	3 feb 1958	5-Men	7	12 abr 1958	8-Akbal	3
28 nov 1957	3-Lamat	3	4 feb 1958	6-Cib	8	13 abr 1958	9-Kan	4
29 nov 1957	4-Muluc	4	5 feb 1958	7-Caban	9	14 abr 1958	10-Chicchan	5
30 nov 1957	5-Oc	5	6 feb 1958	8-Etz'nab	1	15 abr 1958	11-Cimi	6
1 dic 1957	6-Chuen	6	7 feb 1958	9-Cauac	2	16 abr 1958	12-Manik	7
2 dic 1957	7-Eb	7	8 feb 1958	10-Ahau	3	17 abr 1958	13-Lamat	8
3 dic 1957	8-Ben	8	9 feb 1958	*11-Imix*	4	18 abr 1958	1-Muluc	9
4 dic 1957	9-Ix	9	10 feb 1958	12-Ik	5	19 abr 1958	2-Oc	1
5 dic 1957	10-Men	1	11 feb 1958	13-Akbal	6	20 abr 1958	3-Chuen	2
6 dic 1957	11-Cib	2	12 feb 1958	1-Kan	7	21 abr 1958	4-Eb	3
7 dic 1957	12-Caban	3	13 feb 1958	2-Chicchan	8	22 abr 1958	5-Ben	4
8 dic 1957	13-Etz'nab	4	14 feb 1958	3-Cimi	9	23 abr 1958	6-Ix	5
9 dic 1957	1-Cauac	5	15 feb 1958	4-Manik	1	24 abr 1958	7-Men	6
10 dic 1957	2-Ahau	6	16 feb 1958	5-Lamat	2	25 abr 1958	8-Cib	7
11 dic 1957	*3-Imix*	7	17 feb 1958	6-Muluc	3	26 abr 1958	9-Caban	8
12 dic 1957	4-Ik	8	18 feb 1958	7-Oc	4	27 abr 1958	10-Etz'nab	9
13 dic 1957	5-Akbal	9	19 feb 1958	8-Chuen	5	28 abr 1958	11-Cauac	1
14 dic 1957	6-Kan	1	20 feb 1958	9-Eb	6	29 abr 1958	12-Ahau	2
15 dic 1957	7-Chicchan	2	21 feb 1958	10-Ben	7	30 abr 1958	*13-Imix*	3
16 dic 1957	8-Cimi	3	22 feb 1958	11-Ix	8	1 may 1958	1-Ik	4
17 dic 1957	9-Manik	4	23 feb 1958	12-Men	9	2 may 1958	2-Akbal	5
18 dic 1957	10-Lamat	5	24 feb 1958	13-Cib	1	3 may 1958	3-Kan	6
19 dic 1957	11-Muluc	6	25 feb 1958	1-Caban	2	4 may 1958	4-Chicchan	7
20 dic 1957	12-Oc	7	26 feb 1958	2-Etz'nab	3	5 may 1958	5-Cimi	8
21 dic 1957	13-Chuen	8	27 feb 1958	3-Cauac	4	6 may 1958	6-Manik	9
22 dic 1957	1-Eb	9	28 feb 1958	4-Ahau	5	7 may 1958	7-Lamat	1
23 dic 1957	2-Ben	1	1 mar 1958	*5-Imix*	6	8 may 1958	8-Muluc	2
24 dic 1957	3-Ix	2	2 mar 1958	6-Ik	7	9 may 1958	9-Oc	3
25 dic 1957	4-Men	3	3 mar 1958	7-Akbal	8	10 may 1958	10-Chuen	4
26 dic 1957	5-Cib	4	4 mar 1958	8-Kan	9	11 may 1958	11-Eb	5
27 dic 1957	6-Caban	5	5 mar 1958	9-Chicchan	1	12 may 1958	12-Ben	6
28 dic 1957	7-Etz'nab	6	6 mar 1958	10-Cimi	2	13 may 1958	13-Ix	7
29 dic 1957	8-Cauac	7	7 mar 1958	11-Manik	3	14 may 1958	1-Men	8
30 dic 1957	9-Ahau	8	8 mar 1958	12-Lamat	4	15 may 1958	2-Cib	9
31 dic 1957	*10-Imix*	9	9 mar 1958	13-Muluc	5	16 may 1958	3-Caban	1
1 ene 1958	11-Ik	1	10 mar 1958	1-Oc	6	17 may 1958	4-Etz'nab	2
2 ene 1958	12-Akbal	2	11 mar 1958	2-Chuen	7	18 may 1958	5-Cauac	3
3 ene 1958	13-Kan	3	12 mar 1958	3-Eb	8	19 may 1958	6-Ahau	4
4 ene 1958	1-Chicchan	4	13 mar 1958	4-Ben	9	20 may 1958	*7-Imix*	5
5 ene 1958	2-Cimi	5	14 mar 1958	5-Ix	1	21 may 1958	8-Ik	6
6 ene 1958	3-Manik	6	15 mar 1958	6-Men	2	22 may 1958	9-Akbal	7
7 ene 1958	4-Lamat	7	16 mar 1958	7-Cib	3	23 may 1958	10-Kan	8
8 ene 1958	5-Muluc	8	17 mar 1958	8-Caban	4	24 may 1958	11-Chicchan	9
9 ene 1958	6-Oc	9	18 mar 1958	9-Etz'nab	5	25 may 1958	12-Cimi	1
10 ene 1958	7-Chuen	1	19 mar 1958	10-Cauac	6	26 may 1958	13-Manik	2
11 ene 1958	8-Eb	2	20 mar 1958	11-Ahau	7	27 may 1958	1-Lamat	3
12 ene 1958	9-Ben	3	21 mar 1958	*12-Imix*	8	28 may 1958	2-Muluc	4
13 ene 1958	10-Ix	4	22 mar 1958	13-Ik	9	29 may 1958	3-Oc	5
14 ene 1958	11-Men	5	23 mar 1958	1-Akbal	1	30 may 1958	4-Chuen	6
15 ene 1958	12-Cib	6	24 mar 1958	2-Kan	2	31 may 1958	5-Eb	7
16 ene 1958	13-Caban	7	25 mar 1958	3-Chicchan	3	1 jun 1958	6-Ben	8
17 ene 1958	1-Etz'nab	8	26 mar 1958	4-Cimi	4	2 jun 1958	7-Ix	9
18 ene 1958	2-Cauac	9	27 mar 1958	5-Manik	5	3 jun 1958	8-Men	1
19 ene 1958	3-Ahau	1	28 mar 1958	6-Lamat	6	4 jun 1958	9-Cib	2
20 ene 1958	*4-Imix*	2	29 mar 1958	7-Muluc	7	5 jun 1958	10-Caban	3
21 ene 1958	5-Ik	3	30 mar 1958	8-Oc	8	6 jun 1958	11-Etz'nab	4
22 ene 1958	6-Akbal	4	31 mar 1958	9-Chuen	9	7 jun 1958	12-Cauac	5
23 ene 1958	7-Kan	5	1 abr 1958	10-Eb	1	8 jun 1958	13-Ahau	6
24 ene 1958	8-Chicchan	6	2 abr 1958	11-Ben	2	9 jun 1958	1-Imix	7
25 ene 1958	9-Cimi	7	3 abr 1958	12-Ix	3	10 jun 1958	2-Ik	8
26 ene 1958	10-Manik	8	4 abr 1958	13-Men	4	11 jun 1958	3-Akbal	9
27 ene 1958	11-Lamat	9	5 abr 1958	1-Cib	5	12 jun 1958	4-Kan	1
28 ene 1958	12-Muluc	1	6 abr 1958	2-Caban	6	13 jun 1958	5-Chicchan	2
29 ene 1958	13-Oc	2	7 abr 1958	3-Etz'nab	7	14 jun 1958	6-Cimi	3
30 ene 1958	1-Chuen	3	8 abr 1958	4-Cauac	8	15 jun 1958	7-Manik	4
31 ene 1958	2-Eb	4	9 abr 1958	5-Ahau	9	16 jun 1958	8-Lamat	5
1 feb 1958	3-Ben	5	10 abr 1958	*6-Imix*	1	17 jun 1958	9-Muluc	6

Fecha	Signo del día	S
18 jun 1958	10-Oc	7
19 jun 1958	11-Chuen	8
20 jun 1958	12-Eb	9
21 jun 1958	13-Ben	1
22 jun 1958	**1-Ix**	2
23 jun 1958	2-Men	3
24 jun 1958	3-Cib	4
25 jun 1958	4-Caban	5
26 jun 1958	5-Etz'nab	6
27 jun 1958	6-Cauac	7
28 jun 1958	7-Ahau	8
29 jun 1958	*8-Imix*	9
30 jun 1958	9-Ik	1
1 jul 1958	10-Akbal	2
2 jul 1958	11-Kan	3
3 jul 1958	12-Chicchan	4
4 jul 1958	13-Cimi	5
5 jul 1958	**1-Manik**	6
6 jul 1958	2-Lamat	7
7 jul 1958	3-Muluc	8
8 jul 1958	4-Oc	9
9 jul 1958	5-Chuen	1
10 jul 1958	6-Eb	2
11 jul 1958	7-Ben	3
12 jul 1958	8-Ix	4
13 jul 1958	9-Men	5
14 jul 1958	10-Cib	6
15 jul 1958	11-Caban	7
16 jul 1958	12-Etz'nab	8
17 jul 1958	13-Cauac	9
18 jul 1958	**1-Ahau**	1
19 jul 1958	*2-Imix*	2
20 jul 1958	3-Ik	3
21 jul 1958	4-Akbal	4
22 jul 1958	5-Kan	5
23 jul 1958	6-Chicchan	6
24 jul 1958	7-Cimi	7
25 jul 1958	8-Manik	8
26 jul 1958	9-Lamat	9
27 jul 1958	10-Muluc	1
28 jul 1958	11-Oc	2
29 jul 1958	12-Chuen	3
30 jul 1958	13-Eb	4
31 jul 1958	**1-Ben**	5
1 ago 1958	2-Ix	6
2 ago 1958	3-Men	7
3 ago 1958	4-Cib	8
4 ago 1958	5-Caban	9
5 ago 1958	6-Etz'nab	1
6 ago 1958	7-Cauac	2
7 ago 1958	8-Ahau	3
8 ago 1958	*9-Imix*	4
9 ago 1958	10-Ik	5
10 ago 1958	11-Akbal	6
11 ago 1958	12-Kan	7
12 ago 1958	13-Chicchan	8
13 ago 1958	**1-Cimi**	9
14 ago 1958	2-Manik	1
15 ago 1958	3-Lamat	2
16 ago 1958	4-Muluc	3
17 ago 1958	5-Oc	4
18 ago 1958	6-Chuen	5
19 ago 1958	7-Eb	6
20 ago 1958	8-Ben	7
21 ago 1958	9-Ix	8
22 ago 1958	10-Men	9
23 ago 1958	11-Cib	1
24 ago 1958	12-Caban	2

Fecha	Signo del día	S
25 ago 1958	13-Etz'nab	3
26 ago 1958	**1-Cauac**	4
27 ago 1958	2-Ahau	5
28 ago 1958	*3-Imix*	6
29 ago 1958	4-Ik	7
30 ago 1958	5-Akbal	8
31 ago 1958	6-Kan	9
1 sep 1958	7-Chicchan	1
2 sep 1958	8-Cimi	2
3 sep 1958	9-Manik	3
4 sep 1958	10-Lamat	4
5 sep 1958	11-Muluc	5
6 sep 1958	12-Oc	6
7 sep 1958	13-Chuen	7
8 sep 1958	**1-Eb**	8
9 sep 1958	2-Ben	9
10 sep 1958	3-Ix	1
11 sep 1958	4-Men	2
12 sep 1958	5-Cib	3
13 sep 1958	6-Caban	4
14 sep 1958	7-Etz'nab	5
15 sep 1958	8-Cauac	6
16 sep 1958	9-Ahau	7
17 sep 1958	*10-Imix*	8
18 sep 1958	11-Ik	9
19 sep 1958	12-Akbal	1
20 sep 1958	13-Kan	2
21 sep 1958	**1-Chicchan**	3
22 sep 1958	2-Cimi	4
23 sep 1958	3-Manik	5
24 sep 1958	4-Lamat	6
25 sep 1958	5-Muluc	7
26 sep 1958	6-Oc	8
27 sep 1958	7-Chuen	9
28 sep 1958	8-Eb	1
29 sep 1958	9-Ben	2
30 sep 1958	10-Ix	3
1 oct 1958	11-Men	4
2 oct 1958	12-Cib	5
3 oct 1958	13-Caban	6
4 oct 1958	**1-Etz'nab**	7
5 oct 1958	2-Cauac	8
6 oct 1958	3-Ahau	9
7 oct 1958	*4-Imix*	1
8 oct 1958	5-Ik	2
9 oct 1958	6-Akbal	3
10 oct 1958	7-Kan	4
11 oct 1958	8-Chicchan	5
12 oct 1958	9-Cimi	6
13 oct 1958	10-Manik	7
14 oct 1958	11-Lamat	8
15 oct 1958	12-Muluc	9
16 oct 1958	13-Oc	1
17 oct 1958	**1-Chuen**	2
18 oct 1958	2-Eb	3
19 oct 1958	3-Ben	4
20 oct 1958	4-Ix	5
21 oct 1958	5-Men	6
22 oct 1958	6-Cib	7
23 oct 1958	7-Caban	8
24 oct 1958	8-Etz'nab	9
25 oct 1958	9-Cauac	1
26 oct 1958	10-Ahau	2
27 oct 1958	*11-Imix*	3
28 oct 1958	12-Ik	4
29 oct 1958	13-Akbal	5
30 oct 1958	**1-Kan**	6
31 oct 1958	2-Chicchan	7

Fecha	Signo del día	S
1 nov 1958	3-Cimi	8
2 nov 1958	4-Manik	9
3 nov 1958	5-Lamat	1
4 nov 1958	6-Muluc	2
5 nov 1958	7-Oc	3
6 nov 1958	8-Chuen	4
7 nov 1958	9-Eb	5
8 nov 1958	10-Ben	6
9 nov 1958	11-Ix	7
10 nov 1958	12-Men	8
11 nov 1958	13-Cib	9
12 nov 1958	**1-Caban**	1
13 nov 1958	2-Etz'nab	2
14 nov 1958	3-Cauac	3
15 nov 1958	4-Ahau	4
16 nov 1958	*5-Imix*	5
17 nov 1958	6-Ik	6
18 nov 1958	7-Akbal	7
19 nov 1958	8-Kan	8
20 nov 1958	9-Chicchan	9
21 nov 1958	10-Cimi	1
22 nov 1958	11-Manik	2
23 nov 1958	12-Lamat	3
24 nov 1958	13-Muluc	4
25 nov 1958	**1-Oc**	5
26 nov 1958	2-Chuen	6
27 nov 1958	3-Eb	7
28 nov 1958	4-Ben	8
29 nov 1958	5-Ix	9
30 nov 1958	6-Men	1
1 dic 1958	7-Cib	2
2 dic 1958	8-Caban	3
3 dic 1958	9-Etz'nab	4
4 dic 1958	10-Cauac	5
5 dic 1958	11-Ahau	6
6 dic 1958	*12-Imix*	7
7 dic 1958	13-Ik	8
8 dic 1958	**1-Akbal**	9
9 dic 1958	2-Kan	1
10 dic 1958	3-Chicchan	2
11 dic 1958	4-Cimi	3
12 dic 1958	5-Manik	4
13 dic 1958	6-Lamat	5
14 dic 1958	7-Muluc	6
15 dic 1958	8-Oc	7
16 dic 1958	9-Chuen	8
17 dic 1958	10-Eb	9
18 dic 1958	11-Ben	1
19 dic 1958	12-Ix	2
20 dic 1958	13-Men	3
21 dic 1958	**1-Cib**	4
22 dic 1958	2-Caban	5
23 dic 1958	3-Etz'nab	6
24 dic 1958	4-Cauac	7
25 dic 1958	5-Ahau	8
26 dic 1958	*6-Imix*	9
27 dic 1958	7-Ik	1
28 dic 1958	8-Akbal	2
29 dic 1958	9-Kan	3
30 dic 1958	10-Chicchan	4
31 dic 1958	11-Cimi	5
1 ene 1959	12-Manik	6
2 ene 1959	13-Lamat	7
3 ene 1959	**1-Muluc**	8
4 ene 1959	2-Oc	9
5 ene 1959	3-Chuen	1
6 ene 1959	4-Eb	2
7 ene 1959	5-Ben	3

Fecha	Signo del día	S	Fecha	Signo del día	S	Fecha	Signo del día	S
8 ene 1959	6-Ix	4	17 mar 1959	9-Ik	9	24 may 1959	12-Oc	5
9 ene 1959	7-Men	5	18 mar 1959	10-Akbal	1	25 may 1959	13-Chuen	6
10 ene 1959	8-Cib	6	19 mar 1959	11-Kan	2	26 may 1959	**1-Eb**	7
11 ene 1959	9-Caban	7	20 mar 1959	12-Chicchan	3	27 may 1959	2-Ben	8
12 ene 1959	10-Etz'nab	8	21 mar 1959	13-Cimi	4	28 may 1959	3-Ix	9
13 ene 1959	11-Cauac	9	22 mar 1959	**1-Manik**	5	29 may 1959	4-Men	1
14 ene 1959	12-Ahau	1	23 mar 1959	2-Lamat	6	30 may 1959	5-Cib	2
15 ene 1959	*13-Imix*	2	24 mar 1959	3-Muluc	7	31 may 1959	6-Caban	3
16 ene 1959	**1-Ik**	3	25 mar 1959	4-Oc	8	1 jun 1959	7-Etz'nab	4
17 ene 1959	2-Akbal	4	26 mar 1959	5-Chuen	9	2 jun 1959	8-Cauac	5
18 ene 1959	3-Kan	5	27 mar 1959	6-Eb	1	3 jun 1959	9-Ahau	6
19 ene 1959	4-Chicchan	6	28 mar 1959	7-Ben	2	4 jun 1959	*10-Imix*	7
20 ene 1959	5-Cimi	7	29 mar 1959	8-Ix	3	5 jun 1959	11-Ik	8
21 ene 1959	6-Manik	8	30 mar 1959	9-Men	4	6 jun 1959	12-Akbal	9
22 ene 1959	7-Lamat	9	31 mar 1959	10-Cib	5	7 jun 1959	13-Kan	1
23 ene 1959	8-Muluc	1	1 abr 1959	11-Caban	6	8 jun 1959	**1-Chicchan**	2
24 ene 1959	9-Oc	2	2 abr 1959	12-Etz'nab	7	9 jun 1959	2-Cimi	3
25 ene 1959	10-Chuen	3	3 abr 1959	13-Cauac	8	10 jun 1959	3-Manik	4
26 ene 1959	11-Eb	4	4 abr 1959	**1-Ahau**	9	11 jun 1959	4-Lamat	5
27 ene 1959	12-Ben	5	5 abr 1959	*2-Imix*	1	12 jun 1959	5-Muluc	6
28 ene 1959	13-Ix	6	6 abr 1959	3-Ik	2	13 jun 1959	6-Oc	7
29 ene 1959	**1-Men**	7	7 abr 1959	4-Akbal	3	14 jun 1959	7-Chuen	8
30 ene 1959	2-Cib	8	8 abr 1959	5-Kan	4	15 jun 1959	8-Eb	9
31 ene 1959	3-Caban	9	9 abr 1959	6-Chicchan	5	16 jun 1959	9-Ben	1
1 feb 1959	4-Etz'nab	1	10 abr 1959	7-Cimi	6	17 jun 1959	10-Ix	2
2 feb 1959	5-Cauac	2	11 abr 1959	8-Manik	7	18 jun 1959	11-Men	3
3 feb 1959	6-Ahau	3	12 abr 1959	9-Lamat	8	19 jun 1959	12-Cib	4
4 feb 1959	*7-Imix*	4	13 abr 1959	10-Muluc	9	20 jun 1959	13-Caban	5
5 feb 1959	8-Ik	5	14 abr 1959	11-Oc	1	21 jun 1959	**1-Etz'nab**	6
6 feb 1959	9-Akbal	6	15 abr 1959	12-Chuen	2	22 jun 1959	2-Cauac	7
7 feb 1959	10-Kan	7	16 abr 1959	13-Eb	3	23 jun 1959	3-Ahau	8
8 feb 1959	11-Chicchan	8	17 abr 1959	**1-Ben**	4	24 jun 1959	*4-Imix*	9
9 feb 1959	12-Cimi	9	18 abr 1959	2-Ix	5	25 jun 1959	5-Ik	1
10 feb 1959	13-Manik	1	19 abr 1959	3-Men	6	26 jun 1959	6-Akbal	2
11 feb 1959	**1-Lamat**	2	20 abr 1959	4-Cib	7	27 jun 1959	7-Kan	3
12 feb 1959	2-Muluc	3	21 abr 1959	5-Caban	8	28 jun 1959	8-Chicchan	4
13 feb 1959	3-Oc	4	22 abr 1959	6-Etz'nab	9	29 jun 1959	9-Cimi	5
14 feb 1959	4-Chuen	5	23 abr 1959	7-Cauac	1	30 jun 1959	10-Manik	6
15 feb 1959	5-Eb	6	24 abr 1959	8-Ahau	2	1 jul 1959	11-Lamat	7
16 feb 1959	6-Ben	7	25 abr 1959	*9-Imix*	3	2 jul 1959	12-Muluc	8
17 feb 1959	7-Ix	8	26 abr 1959	10-Ik	4	3 jul 1959	13-Oc	9
18 feb 1959	8-Men	9	27 abr 1959	11-Akbal	5	4 jul 1959	**1-Chuen**	1
19 feb 1959	9-Cib	1	28 abr 1959	12-Kan	6	5 jul 1959	2-Eb	2
20 feb 1959	10-Caban	2	29 abr 1959	13-Chicchan	7	6 jul 1959	3-Ben	3
21 feb 1959	11-Etz'nab	3	30 abr 1959	**1-Cimi**	8	7 jul 1959	4-Ix	4
22 feb 1959	12-Cauac	4	1 may 1959	2-Manik	9	8 jul 1959	5-Men	5
23 feb 1959	13-Ahau	5	2 may 1959	3-Lamat	1	9 jul 1959	6-Cib	6
24 feb 1959	**1-Imix**	6	3 may 1959	4-Muluc	2	10 jul 1959	7-Caban	7
25 feb 1959	2-Ik	7	4 may 1959	5-Oc	3	11 jul 1959	8-Etz'nab	8
26 feb 1959	3-Akbal	8	5 may 1959	6-Chuen	4	12 jul 1959	9-Cauac	9
27 feb 1959	4-Kan	9	6 may 1959	7-Eb	5	13 jul 1959	10-Ahau	1
28 feb 1959	5-Chicchan	1	7 may 1959	8-Ben	6	14 jul 1959	*11-Imix*	2
1 mar 1959	6-Cimi	2	8 may 1959	9-Ix	7	15 jul 1959	12-Ik	3
2 mar 1959	7-Manik	3	9 may 1959	10-Men	8	16 jul 1959	13-Akbal	4
3 mar 1959	8-Lamat	4	10 may 1959	11-Cib	9	17 jul 1959	**1-Kan**	5
4 mar 1959	9-Muluc	5	11 may 1959	12-Caban	1	18 jul 1959	2-Chicchan	6
5 mar 1959	10-Oc	6	12 may 1959	13-Etz'nab	2	19 jul 1959	3-Cimi	7
6 mar 1959	11-Chuen	7	13 may 1959	**1-Cauac**	3	20 jul 1959	4-Manik	8
7 mar 1959	12-Eb	8	14 may 1959	2-Ahau	4	21 jul 1959	5-Lamat	9
8 mar 1959	13-Ben	9	15 may 1959	*3-Imix*	5	22 jul 1959	6-Muluc	1
9 mar 1959	**1-Ix**	1	16 may 1959	4-Ik	6	23 jul 1959	7-Oc	2
10 mar 1959	2-Men	2	17 may 1959	5-Akbal	7	24 jul 1959	8-Chuen	3
11 mar 1959	3-Cib	3	18 may 1959	6-Kan	8	25 jul 1959	9-Eb	4
12 mar 1959	4-Caban	4	19 may 1959	7-Chicchan	9	26 jul 1959	10-Ben	5
13 mar 1959	5-Etz'nab	5	20 may 1959	8-Cimi	1	27 jul 1959	11-Ix	6
14 mar 1959	6-Cauac	6	21 may 1959	9-Manik	2	28 jul 1959	12-Men	7
15 mar 1959	7-Ahau	7	22 may 1959	10-Lamat	3	29 jul 1959	13-Cib	8
16 mar 1959	*8-Imix*	8	23 may 1959	11-Muluc	4	30 jul 1959	**1-Caban**	9

Fecha	Signo del día	S	Fecha	Signo del día	S	Fecha	Signo del día	S
31 jul 1959	2-Etz'nab	1	7 oct 1959	5-Cimi	6	14 dic 1959	8-Ix	2
1 ago 1959	3-Cauac	2	8 oct 1959	6-Manik	7	15 dic 1959	9-Men	3
2 ago 1959	4-Ahau	3	9 oct 1959	7-Lamat	8	16 dic 1959	10-Cib	4
3 ago 1959	5-Imix	4	10 oct 1959	8-Muluc	9	17 dic 1959	11-Caban	5
4 ago 1959	6-Ik	5	11 oct 1959	9-Oc	1	18 dic 1959	12-Etz'nab	6
5 ago 1959	7-Akbal	6	12 oct 1959	10-Chuen	2	19 dic 1959	13-Cauac	7
6 ago 1959	8-Kan	7	13 oct 1959	11-Eb	3	20 dic 1959	**1-Ahau**	8
7 ago 1959	9-Chicchan	8	14 oct 1959	12-Ben	4	21 dic 1959	2-Imix	9
8 ago 1959	10-Cimi	9	15 oct 1959	13-Ix	5	22 dic 1959	3-Ik	1
9 ago 1959	11-Manik	1	16 oct 1959	**1-Men**	6	23 dic 1959	4-Akbal	2
10 ago 1959	12-Lamat	2	17 oct 1959	2-Cib	7	24 dic 1959	5-Kan	3
11 ago 1959	13-Muluc	3	18 oct 1959	3-Caban	8	25 dic 1959	6-Chicchan	4
12 ago 1959	**1-Oc**	4	19 oct 1959	4-Etz'nab	9	26 dic 1959	7-Cimi	5
13 ago 1959	2-Chuen	5	20 oct 1959	5-Cauac	1	27 dic 1959	8-Manik	6
14 ago 1959	3-Eb	6	21 oct 1959	6-Ahau	2	28 dic 1959	9-Lamat	7
15 ago 1959	4-Ben	7	22 oct 1959	7-Imix	3	29 dic 1959	10-Muluc	8
16 ago 1959	5-Ix	8	23 oct 1959	8-Ik	4	30 dic 1959	11-Oc	9
17 ago 1959	6-Men	9	24 oct 1959	9-Akbal	5	31 dic 1959	12-Chuen	1
18 ago 1959	7-Cib	1	25 oct 1959	10-Kan	6	1 ene 1960	13-Eb	2
19 ago 1959	8-Caban	2	26 oct 1959	11-Chicchan	7	2 ene 1960	**1-Ben**	3
20 ago 1959	9-Etz'nab	3	27 oct 1959	12-Cimi	8	3 ene 1960	2-Ix	4
21 ago 1959	10-Cauac	4	28 oct 1959	13-Manik	9	4 ene 1960	3-Men	5
22 ago 1959	11-Ahau	5	29 oct 1959	**1-Lamat**	1	5 ene 1960	4-Cib	6
23 ago 1959	12-Imix	6	30 oct 1959	2-Muluc	2	6 ene 1960	5-Caban	7
24 ago 1959	13-Ik	7	31 oct 1959	3-Oc	3	7 ene 1960	6-Etz'nab	8
25 ago 1959	**1-Akbal**	8	1 nov 1959	4-Chuen	4	8 ene 1960	7-Cauac	9
26 ago 1959	2-Kan	9	2 nov 1959	5-Eb	5	9 ene 1960	8-Ahau	1
27 ago 1959	3-Chicchan	1	3 nov 1959	6-Ben	6	10 ene 1960	9-Imix	2
28 ago 1959	4-Cimi	2	4 nov 1959	7-Ix	7	11 ene 1960	10-Ik	3
29 ago 1959	5-Manik	3	5 nov 1959	8-Men	8	12 ene 1960	11-Akbal	4
30 ago 1959	6-Lamat	4	6 nov 1959	9-Cib	9	13 ene 1960	12-Kan	5
31 ago 1959	7-Muluc	5	7 nov 1959	10-Caban	1	14 ene 1960	13-Chicchan	6
1 sep 1959	8-Oc	6	8 nov 1959	11-Etz'nab	2	15 ene 1960	**1-Cimi**	7
2 sep 1959	9-Chuen	7	9 nov 1959	12-Cauac	3	16 ene 1960	2-Manik	8
3 sep 1959	10-Eb	8	10 nov 1959	13-Ahau	4	17 ene 1960	3-Lamat	9
4 sep 1959	11-Ben	9	11 nov 1959	**1-Imix**	5	18 ene 1960	4-Muluc	1
5 sep 1959	12-Ix	1	12 nov 1959	2-Ik	6	19 ene 1960	5-Oc	2
6 sep 1959	13-Men	2	13 nov 1959	3-Akbal	7	20 ene 1960	6-Chuen	3
7 sep 1959	**1-Cib**	3	14 nov 1959	4-Kan	8	21 ene 1960	7-Eb	4
8 sep 1959	2-Caban	4	15 nov 1959	5-Chicchan	9	22 ene 1960	8-Ben	5
9 sep 1959	3-Etz'nab	5	16 nov 1959	6-Cimi	1	23 ene 1960	9-Ix	6
10 sep 1959	4-Cauac	6	17 nov 1959	7-Manik	2	24 ene 1960	10-Men	7
11 sep 1959	5-Ahau	7	18 nov 1959	8-Lamat	3	25 ene 1960	11-Cib	8
12 sep 1959	6-Imix	8	19 nov 1959	9-Muluc	4	26 ene 1960	12-Caban	9
13 sep 1959	7-Ik	9	20 nov 1959	10-Oc	5	27 ene 1960	13-Etz'nab	1
14 sep 1959	8-Akbal	1	21 nov 1959	11-Chuen	6	28 ene 1960	**1-Cauac**	2
15 sep 1959	9-Kan	2	22 nov 1959	12-Eb	7	29 ene 1960	2-Ahau	3
16 sep 1959	10-Chicchan	3	23 nov 1959	13-Ben	8	30 ene 1960	3-Imix	4
17 sep 1959	11-Cimi	4	24 nov 1959	**1-Ix**	9	31 ene 1960	4-Ik	5
18 sep 1959	12-Manik	5	25 nov 1959	2-Men	1	1 feb 1960	5-Akbal	6
19 sep 1959	13-Lamat	6	26 nov 1959	3-Cib	2	2 feb 1960	6-Kan	7
20 sep 1959	**1-Muluc**	7	27 nov 1959	4-Caban	3	3 feb 1960	7-Chicchan	8
21 sep 1959	2-Oc	8	28 nov 1959	5-Etz'nab	4	4 feb 1960	8-Cimi	9
22 sep 1959	3-Chuen	9	29 nov 1959	6-Cauac	5	5 feb 1960	9-Manik	1
23 sep 1959	4-Eb	1	30 nov 1959	7-Ahau	6	6 feb 1960	10-Lamat	2
24 sep 1959	5-Ben	2	1 dic 1959	8-Imix	7	7 feb 1960	11-Muluc	3
25 sep 1959	6-Ix	3	2 dic 1959	9-Ik	8	8 feb 1960	12-Oc	4
26 sep 1959	7-Men	4	3 dic 1959	10-Akbal	9	9 feb 1960	13-Chuen	5
27 sep 1959	8-Cib	5	4 dic 1959	11-Kan	1	10 feb 1960	**1-Eb**	6
28 sep 1959	9-Caban	6	5 dic 1959	12-Chicchan	2	11 feb 1960	2-Ben	7
29 sep 1959	10-Etz'nab	7	6 dic 1959	13-Cimi	3	12 feb 1960	3-Ix	8
30 sep 1959	11-Cauac	8	7 dic 1959	**1-Manik**	4	13 feb 1960	4-Men	9
1 oct 1959	12-Ahau	9	8 dic 1959	2-Lamat	5	14 feb 1960	5-Cib	1
2 oct 1959	13-Imix	1	9 dic 1959	3-Muluc	6	15 feb 1960	6-Caban	2
3 oct 1959	**1-Ik**	2	10 dic 1959	4-Oc	7	16 feb 1960	7-Etz'nab	3
4 oct 1959	2-Akbal	3	11 dic 1959	5-Chuen	8	17 feb 1960	8-Cauac	4
5 oct 1959	3-Kan	4	12 dic 1959	6-Eb	9	18 feb 1960	9-Ahau	5
6 oct 1959	4-Chicchan	5	13 dic 1959	7-Ben	1	19 feb 1960	10-Imix	6

Fecha	Signo del día	S
20 feb 1960	11-Ik	7
21 feb 1960	12-Akbal	8
22 feb 1960	13-Kan	9
23 feb 1960	**1-Chicchan**	1
24 feb 1960	2-Cimi	2
25 feb 1960	3-Manik	3
26 feb 1960	4-Lamat	4
27 feb 1960	5-Muluc	5
28 feb 1960	6-Oc	6
29 feb 1960	7-Chuen	7
1 mar 1960	8-Eb	8
2 mar 1960	9-Ben	9
3 mar 1960	10-Ix	1
4 mar 1960	11-Men	2
5 mar 1960	12-Cib	3
6 mar 1960	13-Caban	4
7 mar 1960	**1-Etz'nab**	5
8 mar 1960	2-Cauac	6
9 mar 1960	3-Ahau	7
10 mar 1960	*4-Imix*	8
11 mar 1960	5-Ik	9
12 mar 1960	6-Akbal	1
13 mar 1960	7-Kan	2
14 mar 1960	8-Chicchan	3
15 mar 1960	9-Cimi	4
16 mar 1960	10-Manik	5
17 mar 1960	11-Lamat	6
18 mar 1960	12-Muluc	7
19 mar 1960	13-Oc	8
20 mar 1960	**1-Chuen**	9
21 mar 1960	2-Eb	1
22 mar 1960	3-Ben	2
23 mar 1960	4-Ix	3
24 mar 1960	5-Men	4
25 mar 1960	6-Cib	5
26 mar 1960	7-Caban	6
27 mar 1960	8-Etz'nab	7
28 mar 1960	9-Cauac	8
29 mar 1960	10-Ahau	9
30 mar 1960	*11-Imix*	1
31 mar 1960	12-Ik	2
1 abr 1960	13-Akbal	3
2 abr 1960	**1-Kan**	4
3 abr 1960	2-Chicchan	5
4 abr 1960	3-Cimi	6
5 abr 1960	4-Manik	7
6 abr 1960	5-Lamat	8
7 abr 1960	6-Muluc	9
8 abr 1960	7-Oc	1
9 abr 1960	8-Chuen	2
10 abr 1960	9-Eb	3
11 abr 1960	10-Ben	4
12 abr 1960	11-Ix	5
13 abr 1960	12-Men	6
14 abr 1960	13-Cib	7
15 abr 1960	**1-Caban**	8
16 abr 1960	2-Etz'nab	9
17 abr 1960	3-Cauac	1
18 abr 1960	4-Ahau	2
19 abr 1960	*5-Imix*	3
20 abr 1960	6-Ik	4
21 abr 1960	7-Akbal	5
22 abr 1960	8-Kan	6
23 abr 1960	9-Chicchan	7
24 abr 1960	10-Cimi	8
25 abr 1960	11-Manik	9
26 abr 1960	12-Lamat	1
27 abr 1960	13-Muluc	2

Fecha	Signo del día	S
28 abr 1960	**1-Oc**	3
29 abr 1960	2-Chuen	4
30 abr 1960	3-Eb	5
1 may 1960	4-Ben	6
2 may 1960	5-Ix	7
3 may 1960	6-Men	8
4 may 1960	7-Cib	9
5 may 1960	8-Caban	1
6 may 1960	9-Etz'nab	2
7 may 1960	10-Cauac	3
8 may 1960	11-Ahau	4
9 may 1960	*12-Imix*	5
10 may 1960	13-Ik	6
11 may 1960	**1-Akbal**	7
12 may 1960	2-Kan	8
13 may 1960	3-Chicchan	9
14 may 1960	4-Cimi	1
15 may 1960	5-Manik	2
16 may 1960	6-Lamat	3
17 may 1960	7-Muluc	4
18 may 1960	8-Oc	5
19 may 1960	9-Chuen	6
20 may 1960	10-Eb	7
21 may 1960	11-Ben	8
22 may 1960	12-Ix	9
23 may 1960	13-Men	1
24 may 1960	**1-Cib**	2
25 may 1960	2-Caban	3
26 may 1960	3-Etz'nab	4
27 may 1960	4-Cauac	5
28 may 1960	5-Ahau	6
29 may 1960	*6-Imix*	7
30 may 1960	7-Ik	8
31 may 1960	8-Akbal	9
1 jun 1960	9-Kan	1
2 jun 1960	10-Chicchan	2
3 jun 1960	11-Cimi	3
4 jun 1960	12-Manik	4
5 jun 1960	13-Lamat	5
6 jun 1960	**1-Muluc**	6
7 jun 1960	2-Oc	7
8 jun 1960	3-Chuen	8
9 jun 1960	4-Eb	9
10 jun 1960	5-Ben	1
11 jun 1960	6-Ix	2
12 jun 1960	7-Men	3
13 jun 1960	8-Cib	4
14 jun 1960	9-Caban	5
15 jun 1960	10-Etz'nab	6
16 jun 1960	11-Cauac	7
17 jun 1960	12-Ahau	8
18 jun 1960	*13-Imix*	9
19 jun 1960	**1-Ik**	1
20 jun 1960	2-Akbal	2
21 jun 1960	3-Kan	3
22 jun 1960	4-Chicchan	4
23 jun 1960	5-Cimi	5
24 jun 1960	6-Manik	6
25 jun 1960	7-Lamat	7
26 jun 1960	8-Muluc	8
27 jun 1960	9-Oc	9
28 jun 1960	10-Chuen	1
29 jun 1960	11-Eb	2
30 jun 1960	12-Ben	3
1 jul 1960	13-Ix	4
2 jul 1960	**1-Men**	5
3 jul 1960	2-Cib	6
4 jul 1960	3-Caban	7

Fecha	Signo del día	S
5 jul 1960	4-Etz'nab	8
6 jul 1960	5-Cauac	9
7 jul 1960	6-Ahau	1
8 jul 1960	*7-Imix*	2
9 jul 1960	8-Ik	3
10 jul 1960	9-Akbal	4
11 jul 1960	10-Kan	5
12 jul 1960	11-Chicchan	6
13 jul 1960	12-Cimi	7
14 jul 1960	13-Manik	8
15 jul 1960	**1-Lamat**	9
16 jul 1960	2-Muluc	1
17 jul 1960	3-Oc	2
18 jul 1960	4-Chuen	3
19 jul 1960	5-Eb	4
20 jul 1960	6-Ben	5
21 jul 1960	7-Ix	6
22 jul 1960	8-Men	7
23 jul 1960	9-Cib	8
24 jul 1960	10-Caban	9
25 jul 1960	11-Etz'nab	1
26 jul 1960	12-Cauac	2
27 jul 1960	13-Ahau	3
28 jul 1960	**1-Imix**	4
29 jul 1960	2-Ik	5
30 jul 1960	3-Akbal	6
31 jul 1960	4-Kan	7
1 ago 1960	5-Chicchan	8
2 ago 1960	6-Cimi	9
3 ago 1960	7-Manik	1
4 ago 1960	8-Lamat	2
5 ago 1960	9-Muluc	3
6 ago 1960	10-Oc	4
7 ago 1960	11-Chuen	5
8 ago 1960	12-Eb	6
9 ago 1960	13-Ben	7
10 ago 1960	**1-Ix**	8
11 ago 1960	2-Men	9
12 ago 1960	3-Cib	1
13 ago 1960	4-Caban	2
14 ago 1960	5-Etz'nab	3
15 ago 1960	6-Cauac	4
16 ago 1960	7-Ahau	5
17 ago 1960	*8-Imix*	6
18 ago 1960	9-Ik	7
19 ago 1960	10-Akbal	8
20 ago 1960	11-Kan	9
21 ago 1960	12-Chicchan	1
22 ago 1960	13-Cimi	2
23 ago 1960	**1-Manik**	3
24 ago 1960	2-Lamat	4
25 ago 1960	3-Muluc	5
26 ago 1960	4-Oc	6
27 ago 1960	5-Chuen	7
28 ago 1960	6-Eb	8
29 ago 1960	7-Ben	9
30 ago 1960	8-Ix	1
31 ago 1960	9-Men	2
1 sep 1960	10-Cib	3
2 sep 1960	11-Caban	4
3 sep 1960	12-Etz'nab	5
4 sep 1960	13-Cauac	6
5 sep 1960	**1-Ahau**	7
6 sep 1960	*2-Imix*	8
7 sep 1960	3-Ik	9
8 sep 1960	4-Akbal	1
9 sep 1960	5-Kan	2
10 sep 1960	6-Chicchan	3

Fecha	Signo del día	S
11 sep 1960	7-Cimi	4
12 sep 1960	8-Manik	5
13 sep 1960	9-Lamat	6
14 sep 1960	10-Muluc	7
15 sep 1960	11-Oc	8
16 sep 1960	12-Chuen	9
17 sep 1960	13-Eb	1
18 sep 1960	**1-Ben**	2
19 sep 1960	2-Ix	3
20 sep 1960	3-Men	4
21 sep 1960	4-Cib	5
22 sep 1960	5-Caban	6
23 sep 1960	6-Etz'nab	7
24 sep 1960	7-Cauac	8
25 sep 1960	8-Ahau	9
26 sep 1960	*9-Imix*	1
27 sep 1960	10-Ik	2
28 sep 1960	11-Akbal	3
29 sep 1960	12-Kan	4
30 sep 1960	13-Chicchan	5
1 oct 1960	**1-Cimi**	6
2 oct 1960	2-Manik	7
3 oct 1960	3-Lamat	8
4 oct 1960	4-Muluc	9
5 oct 1960	5-Oc	1
6 oct 1960	6-Chuen	2
7 oct 1960	7-Eb	3
8 oct 1960	8-Ben	4
9 oct 1960	9-Ix	5
10 oct 1960	10-Men	6
11 oct 1960	11-Cib	7
12 oct 1960	12-Caban	8
13 oct 1960	13-Etz'nab	9
14 oct 1960	**1-Cauac**	1
15 oct 1960	2-Ahau	2
16 oct 1960	*3-Imix*	3
17 oct 1960	4-Ik	4
18 oct 1960	5-Akbal	5
19 oct 1960	6-Kan	6
20 oct 1960	7-Chicchan	7
21 oct 1960	8-Cimi	8
22 oct 1960	9-Manik	9
23 oct 1960	10-Lamat	1
24 oct 1960	11-Muluc	2
25 oct 1960	12-Oc	3
26 oct 1960	13-Chuen	4
27 oct 1960	**1-Eb**	5
28 oct 1960	2-Ben	6
29 oct 1960	3-Ix	7
30 oct 1960	4-Men	8
31 oct 1960	5-Cib	9
1 nov 1960	6-Caban	1
2 nov 1960	7-Etz'nab	2
3 nov 1960	8-Cauac	3
4 nov 1960	9-Ahau	4
5 nov 1960	*10-Imix*	5
6 nov 1960	11-Ik	6
7 nov 1960	12-Akbal	7
8 nov 1960	13-Kan	8
9 nov 1960	**1-Chicchan**	9
10 nov 1960	2-Cimi	1
11 nov 1960	3-Manik	2
12 nov 1960	4-Lamat	3
13 nov 1960	5-Muluc	4
14 nov 1960	6-Oc	5
15 nov 1960	7-Chuen	6
16 nov 1960	8-Eb	7
17 nov 1960	9-Ben	8

Fecha	Signo del día	S
18 nov 1960	10-Ix	9
19 nov 1960	11-Men	1
20 nov 1960	12-Cib	2
21 nov 1960	13-Caban	3
22 nov 1960	**1-Etz'nab**	4
23 nov 1960	2-Cauac	5
24 nov 1960	3-Ahau	6
25 nov 1960	*4-Imix*	7
26 nov 1960	5-Ik	8
27 nov 1960	6-Akbal	9
28 nov 1960	7-Kan	1
29 nov 1960	8-Chicchan	2
30 nov 1960	9-Cimi	3
1 dic 1960	10-Manik	4
2 dic 1960	11-Lamat	5
3 dic 1960	12-Muluc	6
4 dic 1960	13-Oc	7
5 dic 1960	**1-Chuen**	8
6 dic 1960	2-Eb	9
7 dic 1960	3-Ben	1
8 dic 1960	4-Ix	2
9 dic 1960	5-Men	3
10 dic 1960	6-Cib	4
11 dic 1960	7-Caban	5
12 dic 1960	8-Etz'nab	6
13 dic 1960	9-Cauac	7
14 dic 1960	10-Ahau	8
15 dic 1960	*11-Imix*	9
16 dic 1960	12-Ik	1
17 dic 1960	13-Akbal	2
18 dic 1960	**1-Kan**	3
19 dic 1960	2-Chicchan	4
20 dic 1960	3-Cimi	5
21 dic 1960	4-Manik	6
22 dic 1960	5-Lamat	7
23 dic 1960	6-Muluc	8
24 dic 1960	7-Oc	9
25 dic 1960	8-Chuen	1
26 dic 1960	9-Eb	2
27 dic 1960	10-Ben	3
28 dic 1960	11-Ix	4
29 dic 1960	12-Men	5
30 dic 1960	13-Cib	6
31 dic 1960	**1-Caban**	7
1 ene 1961	2-Etz'nab	8
2 ene 1961	3-Cauac	9
3 ene 1961	4-Ahau	1
4 ene 1961	*5-Imix*	2
5 ene 1961	6-Ik	3
6 ene 1961	7-Akbal	4
7 ene 1961	8-Kan	5
8 ene 1961	9-Chicchan	6
9 ene 1961	10-Cimi	7
10 ene 1961	11-Manik	8
11 ene 1961	12-Lamat	9
12 ene 1961	13-Muluc	1
13 ene 1961	**1-Oc**	2
14 ene 1961	2-Chuen	3
15 ene 1961	3-Eb	4
16 ene 1961	4-Ben	5
17 ene 1961	5-Ix	6
18 ene 1961	6-Men	7
19 ene 1961	7-Cib	8
20 ene 1961	8-Caban	9
21 ene 1961	9-Etz'nab	1
22 ene 1961	10-Cauac	2
23 ene 1961	11-Ahau	3
24 ene 1961	*12-Imix*	4

Fecha	Signo del día	S
25 ene 1961	13-Ik	5
26 ene 1961	**1-Akbal**	6
27 ene 1961	2-Kan	7
28 ene 1961	3-Chicchan	8
29 ene 1961	4-Cimi	9
30 ene 1961	5-Manik	1
31 ene 1961	6-Lamat	2
1 feb 1961	7-Muluc	3
2 feb 1961	8-Oc	4
3 feb 1961	9-Chuen	5
4 feb 1961	10-Eb	6
5 feb 1961	11-Ben	7
6 feb 1961	12-Ix	8
7 feb 1961	13-Men	9
8 feb 1961	**1-Cib**	1
9 feb 1961	2-Caban	2
10 feb 1961	3-Etz'nab	3
11 feb 1961	4-Cauac	4
12 feb 1961	5-Ahau	5
13 feb 1961	*6-Imix*	6
14 feb 1961	7-Ik	7
15 feb 1961	8-Akbal	8
16 feb 1961	9-Kan	9
17 feb 1961	10-Chicchan	1
18 feb 1961	11-Cimi	2
19 feb 1961	12-Manik	3
20 feb 1961	13-Lamat	4
21 feb 1961	**1-Muluc**	5
22 feb 1961	2-Oc	6
23 feb 1961	3-Chuen	7
24 feb 1961	4-Eb	8
25 feb 1961	5-Ben	9
26 feb 1961	6-Ix	1
27 feb 1961	7-Men	2
28 feb 1961	8-Cib	3
1 mar 1961	9-Caban	4
2 mar 1961	10-Etz'nab	5
3 mar 1961	11-Cauac	6
4 mar 1961	12-Ahau	7
5 mar 1961	*13-Imix*	8
6 mar 1961	**1-Ik**	9
7 mar 1961	2-Akbal	1
8 mar 1961	3-Kan	2
9 mar 1961	4-Chicchan	3
10 mar 1961	5-Cimi	4
11 mar 1961	6-Manik	5
12 mar 1961	7-Lamat	6
13 mar 1961	8-Muluc	7
14 mar 1961	9-Oc	8
15 mar 1961	10-Chuen	9
16 mar 1961	11-Eb	1
17 mar 1961	12-Ben	2
18 mar 1961	13-Ix	3
19 mar 1961	**1-Men**	4
20 mar 1961	2-Cib	5
21 mar 1961	3-Caban	6
22 mar 1961	4-Etz'nab	7
23 mar 1961	5-Cauac	8
24 mar 1961	6-Ahau	9
25 mar 1961	*7-Imix*	1
26 mar 1961	8-Ik	2
27 mar 1961	9-Akbal	3
28 mar 1961	10-Kan	4
29 mar 1961	11-Chicchan	5
30 mar 1961	12-Cimi	6
31 mar 1961	13-Manik	7
1 abr 1961	**1-Lamat**	8
2 abr 1961	2-Muluc	9

Fecha	Signo del día	S
3 abr 1961	3-Oc	1
4 abr 1961	4-Chuen	2
5 abr 1961	5-Eb	3
6 abr 1961	6-Ben	4
7 abr 1961	7-Ix	5
8 abr 1961	8-Men	6
9 abr 1961	9-Cib	7
10 abr 1961	10-Caban	8
11 abr 1961	11-Etz'nab	9
12 abr 1961	12-Cauac	1
13 abr 1961	13-Ahau	2
14 abr 1961	**1-Imix**	3
15 abr 1961	2-Ik	4
16 abr 1961	3-Akbal	5
17 abr 1961	4-Kan	6
18 abr 1961	5-Chicchan	7
19 abr 1961	6-Cimi	8
20 abr 1961	7-Manik	9
21 abr 1961	8-Lamat	1
22 abr 1961	9-Muluc	2
23 abr 1961	10-Oc	3
24 abr 1961	11-Chuen	4
25 abr 1961	12-Eb	5
26 abr 1961	13-Ben	6
27 abr 1961	**1-Ix**	7
28 abr 1961	2-Men	8
29 abr 1961	3-Cib	9
30 abr 1961	4-Caban	1
1 may 1961	5-Etz'nab	2
2 may 1961	6-Cauac	3
3 may 1961	7-Ahau	4
4 may 1961	*8-Imix*	5
5 may 1961	9-Ik	6
6 may 1961	10-Akbal	7
7 may 1961	11-Kan	8
8 may 1961	12-Chicchan	9
9 may 1961	13-Cimi	1
10 may 1961	**1-Manik**	2
11 may 1961	2-Lamat	3
12 may 1961	3-Muluc	4
13 may 1961	4-Oc	5
14 may 1961	5-Chuen	6
15 may 1961	6-Eb	7
16 may 1961	7-Ben	8
17 may 1961	8-Ix	9
18 may 1961	9-Men	1
19 may 1961	10-Cib	2
20 may 1961	11-Caban	3
21 may 1961	12-Etz'nab	4
22 may 1961	13-Cauac	5
23 may 1961	**1-Ahau**	6
24 may 1961	*2-Imix*	7
25 may 1961	3-Ik	8
26 may 1961	4-Akbal	9
27 may 1961	5-Kan	1
28 may 1961	6-Chicchan	2
29 may 1961	7-Cimi	3
30 may 1961	8-Manik	4
31 may 1961	9-Lamat	5
1 jun 1961	10-Muluc	6
2 jun 1961	11-Oc	7
3 jun 1961	12-Chuen	8
4 jun 1961	13-Eb	9
5 jun 1961	**1-Ben**	1
6 jun 1961	2-Ix	2
7 jun 1961	3-Men	3
8 jun 1961	4-Cib	4
9 jun 1961	5-Caban	5

Fecha	Signo del día	S
10 jun 1961	6-Etz'nab	6
11 jun 1961	7-Cauac	7
12 jun 1961	8-Ahau	8
13 jun 1961	*9-Imix*	9
14 jun 1961	10-Ik	1
15 jun 1961	11-Akbal	2
16 jun 1961	12-Kan	3
17 jun 1961	13-Chicchan	4
18 jun 1961	**1-Cimi**	5
19 jun 1961	2-Manik	6
20 jun 1961	3-Lamat	7
21 jun 1961	4-Muluc	8
22 jun 1961	5-Oc	9
23 jun 1961	6-Chuen	1
24 jun 1961	7-Eb	2
25 jun 1961	8-Ben	3
26 jun 1961	9-Ix	4
27 jun 1961	10-Men	5
28 jun 1961	11-Cib	6
29 jun 1961	12-Caban	7
30 jun 1961	13-Etz'nab	8
1 jul 1961	**1-Cauac**	9
2 jul 1961	2-Ahau	1
3 jul 1961	*3-Imix*	2
4 jul 1961	4-Ik	3
5 jul 1961	5-Akbal	4
6 jul 1961	6-Kan	5
7 jul 1961	7-Chicchan	6
8 jul 1961	8-Cimi	7
9 jul 1961	9-Manik	8
10 jul 1961	10-Lamat	9
11 jul 1961	11-Muluc	1
12 jul 1961	12-Oc	2
13 jul 1961	13-Chuen	3
14 jul 1961	**1-Eb**	4
15 jul 1961	2-Ben	5
16 jul 1961	3-Ix	6
17 jul 1961	4-Men	7
18 jul 1961	5-Cib	8
19 jul 1961	6-Caban	9
20 jul 1961	7-Etz'nab	1
21 jul 1961	8-Cauac	2
22 jul 1961	9-Ahau	3
23 jul 1961	*10-Imix*	4
24 jul 1961	11-Ik	5
25 jul 1961	12-Akbal	6
26 jul 1961	13-Kan	7
27 jul 1961	**1-Chicchan**	8
28 jul 1961	2-Cimi	9
29 jul 1961	3-Manik	1
30 jul 1961	4-Lamat	2
31 jul 1961	5-Muluc	3
1 ago 1961	6-Oc	4
2 ago 1961	7-Chuen	5
3 ago 1961	8-Eb	6
4 ago 1961	9-Ben	7
5 ago 1961	10-Ix	8
6 ago 1961	11-Men	9
7 ago 1961	12-Cib	1
8 ago 1961	13-Caban	2
9 ago 1961	**1-Etz'nab**	3
10 ago 1961	2-Cauac	4
11 ago 1961	3-Ahau	5
12 ago 1961	*4-Imix*	6
13 ago 1961	5-Ik	7
14 ago 1961	6-Akbal	8
15 ago 1961	7-Kan	9
16 ago 1961	8-Chicchan	1

Fecha	Signo del día	S
17 ago 1961	9-Cimi	2
18 ago 1961	10-Manik	3
19 ago 1961	11-Lamat	4
20 ago 1961	12-Muluc	5
21 ago 1961	13-Oc	6
22 ago 1961	**1-Chuen**	7
23 ago 1961	2-Eb	8
24 ago 1961	3-Ben	9
25 ago 1961	4-Ix	1
26 ago 1961	5-Men	2
27 ago 1961	6-Cib	3
28 ago 1961	7-Caban	4
29 ago 1961	8-Etz'nab	5
30 ago 1961	9-Cauac	6
31 ago 1961	10-Ahau	7
1 sep 1961	*11-Imix*	8
2 sep 1961	12-Ik	9
3 sep 1961	13-Akbal	1
4 sep 1961	**1-Kan**	2
5 sep 1961	2-Chicchan	3
6 sep 1961	3-Cimi	4
7 sep 1961	4-Manik	5
8 sep 1961	5-Lamat	6
9 sep 1961	6-Muluc	7
10 sep 1961	7-Oc	8
11 sep 1961	8-Chuen	9
12 sep 1961	9-Eb	1
13 sep 1961	10-Ben	2
14 sep 1961	11-Ix	3
15 sep 1961	12-Men	4
16 sep 1961	13-Cib	5
17 sep 1961	**1-Caban**	6
18 sep 1961	2-Etz'nab	7
19 sep 1961	3-Cauac	8
20 sep 1961	4-Ahau	9
21 sep 1961	*5-Imix*	1
22 sep 1961	6-Ik	2
23 sep 1961	7-Akbal	3
24 sep 1961	8-Kan	4
25 sep 1961	9-Chicchan	5
26 sep 1961	10-Cimi	6
27 sep 1961	11-Manik	7
28 sep 1961	12-Lamat	8
29 sep 1961	13-Muluc	9
30 sep 1961	**1-Oc**	1
1 oct 1961	2-Chuen	2
2 oct 1961	3-Eb	3
3 oct 1961	4-Ben	4
4 oct 1961	5-Ix	5
5 oct 1961	6-Men	6
6 oct 1961	7-Cib	7
7 oct 1961	8-Caban	8
8 oct 1961	9-Etz'nab	9
9 oct 1961	10-Cauac	1
10 oct 1961	11-Ahau	2
11 oct 1961	*12-Imix*	3
12 oct 1961	13-Ik	4
13 oct 1961	**1-Akbal**	5
14 oct 1961	2-Kan	6
15 oct 1961	3-Chicchan	7
16 oct 1961	4-Cimi	8
17 oct 1961	5-Manik	9
18 oct 1961	6-Lamat	1
19 oct 1961	7-Muluc	2
20 oct 1961	8-Oc	3
21 oct 1961	9-Chuen	4
22 oct 1961	10-Eb	5
23 oct 1961	11-Ben	6

Fecha	Signo del día	S
24 oct 1961	12-Ix	7
25 oct 1961	13-Men	8
26 oct 1961	**1-Cib**	9
27 oct 1961	2-Caban	1
28 oct 1961	3-Etz'nab	2
29 oct 1961	4-Cauac	3
30 oct 1961	5-Ahau	4
31 oct 1961	*6-Imix*	5
1 nov 1961	7-Ik	6
2 nov 1961	8-Akbal	7
3 nov 1961	9-Kan	8
4 nov 1961	10-Chicchan	9
5 nov 1961	11-Cimi	1
6 nov 1961	12-Manik	2
7 nov 1961	13-Lamat	3
8 nov 1961	**1-Muluc**	4
9 nov 1961	2-Oc	5
10 nov 1961	3-Chuen	6
11 nov 1961	4-Eb	7
12 nov 1961	5-Ben	8
13 nov 1961	6-Ix	9
14 nov 1961	7-Men	1
15 nov 1961	8-Cib	2
16 nov 1961	9-Caban	3
17 nov 1961	10-Etz'nab	4
18 nov 1961	11-Cauac	5
19 nov 1961	12-Ahau	6
20 nov 1961	*13-Imix*	7
21 nov 1961	**1-Ik**	8
22 nov 1961	2-Akbal	9
23 nov 1961	3-Kan	1
24 nov 1961	4-Chicchan	2
25 nov 1961	5-Cimi	3
26 nov 1961	6-Manik	4
27 nov 1961	7-Lamat	5
28 nov 1961	8-Muluc	6
29 nov 1961	9-Oc	7
30 nov 1961	10-Chuen	8
1 dic 1961	11-Eb	9
2 dic 1961	12-Ben	1
3 dic 1961	13-Ix	2
4 dic 1961	**1-Men**	3
5 dic 1961	2-Cib	4
6 dic 1961	3-Caban	5
7 dic 1961	4-Etz'nab	6
8 dic 1961	5-Cauac	7
9 dic 1961	6-Ahau	8
10 dic 1961	*7-Imix*	9
11 dic 1961	8-Ik	1
12 dic 1961	9-Akbal	2
13 dic 1961	10-Kan	3
14 dic 1961	11-Chicchan	4
15 dic 1961	12-Cimi	5
16 dic 1961	13-Manik	6
17 dic 1961	**1-Lamat**	7
18 dic 1961	2-Muluc	8
19 dic 1961	3-Oc	9
20 dic 1961	4-Chuen	1
21 dic 1961	5-Eb	2
22 dic 1961	6-Ben	3
23 dic 1961	7-Ix	4
24 dic 1961	8-Men	5
25 dic 1961	9-Cib	6
26 dic 1961	10-Caban	7
27 dic 1961	11-Etz'nab	8
28 dic 1961	12-Cauac	9
29 dic 1961	13-Ahau	1
30 dic 1961	**1-Imix**	2

Fecha	Signo del día	S
31 dic 1961	2-Ik	3
1 ene 1962	3-Akbal	4
2 ene 1962	4-Kan	5
3 ene 1962	5-Chicchan	6
4 ene 1962	6-Cimi	7
5 ene 1962	7-Manik	8
6 ene 1962	8-Lamat	9
7 ene 1962	9-Muluc	1
8 ene 1962	10-Oc	2
9 ene 1962	11-Chuen	3
10 ene 1962	12-Eb	4
11 ene 1962	13-Ben	5
12 ene 1962	**1-Ix**	6
13 ene 1962	2-Men	7
14 ene 1962	3-Cib	8
15 ene 1962	4-Caban	9
16 ene 1962	5-Etz'nab	1
17 ene 1962	6-Cauac	2
18 ene 1962	7-Ahau	3
19 ene 1962	*8-Imix*	4
20 ene 1962	9-Ik	5
21 ene 1962	10-Akbal	6
22 ene 1962	11-Kan	7
23 ene 1962	12-Chicchan	8
24 ene 1962	13-Cimi	9
25 ene 1962	**1-Manik**	1
26 ene 1962	2-Lamat	2
27 ene 1962	3-Muluc	3
28 ene 1962	4-Oc	4
29 ene 1962	5-Chuen	5
30 ene 1962	6-Eb	6
31 ene 1962	7-Ben	7
1 feb 1962	8-Ix	8
2 feb 1962	9-Men	9
3 feb 1962	10-Cib	1
4 feb 1962	11-Caban	2
5 feb 1962	12-Etz'nab	3
6 feb 1962	13-Cauac	4
7 feb 1962	**1-Ahau**	5
8 feb 1962	*2-Imix*	6
9 feb 1962	3-Ik	7
10 feb 1962	4-Akbal	8
11 feb 1962	5-Kan	9
12 feb 1962	6-Chicchan	1
13 feb 1962	7-Cimi	2
14 feb 1962	8-Manik	3
15 feb 1962	9-Lamat	4
16 feb 1962	10-Muluc	5
17 feb 1962	11-Oc	6
18 feb 1962	12-Chuen	7
19 feb 1962	13-Eb	8
20 feb 1962	**1-Ben**	9
21 feb 1962	2-Ix	1
22 feb 1962	3-Men	2
23 feb 1962	4-Cib	3
24 feb 1962	5-Caban	4
25 feb 1962	6-Etz'nab	5
26 feb 1962	7-Cauac	6
27 feb 1962	8-Ahau	7
28 feb 1962	*9-Imix*	8
1 mar 1962	10-Ik	9
2 mar 1962	11-Akbal	1
3 mar 1962	12-Kan	2
4 mar 1962	13-Chicchan	3
5 mar 1962	**1-Cimi**	4
6 mar 1962	2-Manik	5
7 mar 1962	3-Lamat	6
8 mar 1962	4-Muluc	7

Fecha	Signo del día	S
9 mar 1962	5-Oc	8
10 mar 1962	6-Chuen	9
11 mar 1962	7-Eb	1
12 mar 1962	8-Ben	2
13 mar 1962	9-Ix	3
14 mar 1962	10-Men	4
15 mar 1962	11-Cib	5
16 mar 1962	12-Caban	6
17 mar 1962	13-Etz'nab	7
18 mar 1962	**1-Cauac**	8
19 mar 1962	2-Ahau	9
20 mar 1962	*3-Imix*	1
21 mar 1962	4-Ik	2
22 mar 1962	5-Akbal	3
23 mar 1962	6-Kan	4
24 mar 1962	7-Chicchan	5
25 mar 1962	8-Cimi	6
26 mar 1962	9-Manik	7
27 mar 1962	10-Lamat	8
28 mar 1962	11-Muluc	9
29 mar 1962	12-Oc	1
30 mar 1962	13-Chuen	2
31 mar 1962	**1-Eb**	3
1 abr 1962	2-Ben	4
2 abr 1962	3-Ix	5
3 abr 1962	4-Men	6
4 abr 1962	5-Cib	7
5 abr 1962	6-Caban	8
6 abr 1962	7-Etz'nab	9
7 abr 1962	8-Cauac	1
8 abr 1962	9-Ahau	2
9 abr 1962	*10-Imix*	3
10 abr 1962	11-Ik	4
11 abr 1962	12-Akbal	5
12 abr 1962	13-Kan	6
13 abr 1962	**1-Chicchan**	7
14 abr 1962	2-Cimi	8
15 abr 1962	3-Manik	9
16 abr 1962	4-Lamat	1
17 abr 1962	5-Muluc	2
18 abr 1962	6-Oc	3
19 abr 1962	7-Chuen	4
20 abr 1962	8-Eb	5
21 abr 1962	9-Ben	6
22 abr 1962	10-Ix	7
23 abr 1962	11-Men	8
24 abr 1962	12-Cib	9
25 abr 1962	13-Caban	1
26 abr 1962	**1-Etz'nab**	2
27 abr 1962	2-Cauac	3
28 abr 1962	3-Ahau	4
29 abr 1962	*4-Imix*	5
30 abr 1962	5-Ik	6
1 may 1962	6-Akbal	7
2 may 1962	7-Kan	8
3 may 1962	8-Chicchan	9
4 may 1962	9-Cimi	1
5 may 1962	10-Manik	2
6 may 1962	11-Lamat	3
7 may 1962	12-Muluc	4
8 may 1962	13-Oc	5
9 may 1962	**1-Chuen**	6
10 may 1962	2-Eb	7
11 may 1962	3-Ben	8
12 may 1962	4-Ix	9
13 may 1962	5-Men	1
14 may 1962	6-Cib	2
15 may 1962	7-Caban	3

Fecha	Signo del día	S
16 may 1962	8-Etz'nab	4
17 may 1962	9-Cauac	5
18 may 1962	10-Ahau	6
19 may 1962	*11-Imix*	7
20 may 1962	12-Ik	8
21 may 1962	13-Akbal	9
22 may 1962	**1-Kan**	1
23 may 1962	2-Chicchan	2
24 may 1962	3-Cimi	3
25 may 1962	4-Manik	4
26 may 1962	5-Lamat	5
27 may 1962	6-Muluc	6
28 may 1962	7-Oc	7
29 may 1962	8-Chuen	8
30 may 1962	9-Eb	9
31 may 1962	10-Ben	1
1 jun 1962	11-Ix	2
2 jun 1962	12-Men	3
3 jun 1962	13-Cib	4
4 jun 1962	**1-Caban**	5
5 jun 1962	2-Etz'nab	6
6 jun 1962	3-Cauac	7
7 jun 1962	4-Ahau	8
8 jun 1962	*5-Imix*	9
9 jun 1962	6-Ik	1
10 jun 1962	7-Akbal	2
11 jun 1962	8-Kan	3
12 jun 1962	9-Chicchan	4
13 jun 1962	10-Cimi	5
14 jun 1962	11-Manik	6
15 jun 1962	12-Lamat	7
16 jun 1962	13-Muluc	8
17 jun 1962	**1-Oc**	9
18 jun 1962	2-Chuen	1
19 jun 1962	3-Eb	2
20 jun 1962	4-Ben	3
21 jun 1962	5-Ix	4
22 jun 1962	6-Men	5
23 jun 1962	7-Cib	6
24 jun 1962	8-Caban	7
25 jun 1962	9-Etz'nab	8
26 jun 1962	10-Cauac	9
27 jun 1962	11-Ahau	1
28 jun 1962	*12-Imix*	2
29 jun 1962	13-Ik	3
30 jun 1962	**1-Akbal**	4
1 jul 1962	2-Kan	5
2 jul 1962	3-Chicchan	6
3 jul 1962	4-Cimi	7
4 jul 1962	5-Manik	8
5 jul 1962	6-Lamat	9
6 jul 1962	7-Muluc	1
7 jul 1962	8-Oc	2
8 jul 1962	9-Chuen	3
9 jul 1962	10-Eb	4
10 jul 1962	11-Ben	5
11 jul 1962	12-Ix	6
12 jul 1962	13-Men	7
13 jul 1962	**1-Cib**	8
14 jul 1962	2-Caban	9
15 jul 1962	3-Etz'nab	1
16 jul 1962	4-Cauac	2
17 jul 1962	5-Ahau	3
18 jul 1962	*6-Imix*	4
19 jul 1962	7-Ik	5
20 jul 1962	8-Akbal	6
21 jul 1962	9-Kan	7
22 jul 1962	10-Chicchan	8

Fecha	Signo del día	S
23 jul 1962	11-Cimi	9
24 jul 1962	12-Manik	1
25 jul 1962	13-Lamat	2
26 jul 1962	**1-Muluc**	3
27 jul 1962	2-Oc	4
28 jul 1962	3-Chuen	5
29 jul 1962	4-Eb	6
30 jul 1962	5-Ben	7
31 jul 1962	6-Ix	8
1 ago 1962	7-Men	9
2 ago 1962	8-Cib	1
3 ago 1962	9-Caban	2
4 ago 1962	10-Etz'nab	3
5 ago 1962	11-Cauac	4
6 ago 1962	12-Ahau	5
7 ago 1962	*13-Imix*	6
8 ago 1962	**1-Ik**	7
9 ago 1962	2-Akbal	8
10 ago 1962	3-Kan	9
11 ago 1962	4-Chicchan	1
12 ago 1962	5-Cimi	2
13 ago 1962	6-Manik	3
14 ago 1962	7-Lamat	4
15 ago 1962	8-Muluc	5
16 ago 1962	9-Oc	6
17 ago 1962	10-Chuen	7
18 ago 1962	11-Eb	8
19 ago 1962	12-Ben	9
20 ago 1962	13-Ix	1
21 ago 1962	**1-Men**	2
22 ago 1962	2-Cib	3
23 ago 1962	3-Caban	4
24 ago 1962	4-Etz'nab	5
25 ago 1962	5-Cauac	6
26 ago 1962	6-Ahau	7
27 ago 1962	*7-Imix*	8
28 ago 1962	8-Ik	9
29 ago 1962	9-Akbal	1
30 ago 1962	10-Kan	2
31 ago 1962	11-Chicchan	3
1 sep 1962	12-Cimi	4
2 sep 1962	13-Manik	5
3 sep 1962	**1-Lamat**	6
4 sep 1962	2-Muluc	7
5 sep 1962	3-Oc	8
6 sep 1962	4-Chuen	9
7 sep 1962	5-Eb	1
8 sep 1962	6-Ben	2
9 sep 1962	7-Ix	3
10 sep 1962	8-Men	4
11 sep 1962	9-Cib	5
12 sep 1962	10-Caban	6
13 sep 1962	11-Etz'nab	7
14 sep 1962	12-Cauac	8
15 sep 1962	13-Ahau	9
16 sep 1962	**1-Imix**	1
17 sep 1962	2-Ik	2
18 sep 1962	3-Akbal	3
19 sep 1962	4-Kan	4
20 sep 1962	5-Chicchan	5
21 sep 1962	6-Cimi	6
22 sep 1962	7-Manik	7
23 sep 1962	8-Lamat	8
24 sep 1962	9-Muluc	9
25 sep 1962	10-Oc	1
26 sep 1962	11-Chuen	2
27 sep 1962	12-Eb	3
28 sep 1962	13-Ben	4

Fecha	Signo del día	S
29 sep 1962	**1-Ix**	5
30 sep 1962	2-Men	6
1 oct 1962	3-Cib	7
2 oct 1962	4-Caban	8
3 oct 1962	5-Etz'nab	9
4 oct 1962	6-Cauac	1
5 oct 1962	7-Ahau	2
6 oct 1962	*8-Imix*	3
7 oct 1962	9-Ik	4
8 oct 1962	10-Akbal	5
9 oct 1962	11-Kan	6
10 oct 1962	12-Chicchan	7
11 oct 1962	13-Cimi	8
12 oct 1962	**1-Manik**	9
13 oct 1962	2-Lamat	1
14 oct 1962	3-Muluc	2
15 oct 1962	4-Oc	3
16 oct 1962	5-Chuen	4
17 oct 1962	6-Eb	5
18 oct 1962	7-Ben	6
19 oct 1962	8-Ix	7
20 oct 1962	9-Men	8
21 oct 1962	10-Cib	9
22 oct 1962	11-Caban	1
23 oct 1962	12-Etz'nab	2
24 oct 1962	13-Cauac	3
25 oct 1962	**1-Ahau**	4
26 oct 1962	*2-Imix*	5
27 oct 1962	3-Ik	6
28 oct 1962	4-Akbal	7
29 oct 1962	5-Kan	8
30 oct 1962	6-Chicchan	9
31 oct 1962	7-Cimi	1
1 nov 1962	8-Manik	2
2 nov 1962	9-Lamat	3
3 nov 1962	10-Muluc	4
4 nov 1962	11-Oc	5
5 nov 1962	12-Chuen	6
6 nov 1962	13-Eb	7
7 nov 1962	**1-Ben**	8
8 nov 1962	2-Ix	9
9 nov 1962	3-Men	1
10 nov 1962	4-Cib	2
11 nov 1962	5-Caban	3
12 nov 1962	6-Etz'nab	4
13 nov 1962	7-Cauac	5
14 nov 1962	8-Ahau	6
15 nov 1962	*9-Imix*	7
16 nov 1962	10-Ik	8
17 nov 1962	11-Akbal	9
18 nov 1962	12-Kan	1
19 nov 1962	13-Chicchan	2
20 nov 1962	**1-Cimi**	3
21 nov 1962	2-Manik	4
22 nov 1962	3-Lamat	5
23 nov 1962	4-Muluc	6
24 nov 1962	5-Oc	7
25 nov 1962	6-Chuen	8
26 nov 1962	7-Eb	9
27 nov 1962	8-Ben	1
28 nov 1962	9-Ix	2
29 nov 1962	10-Men	3
30 nov 1962	11-Cib	4
1 dic 1962	12-Caban	5
2 dic 1962	13-Etz'nab	6
3 dic 1962	**1-Cauac**	7
4 dic 1962	2-Ahau	8
5 dic 1962	*3-Imix*	9

Fecha	Signo del día	S	Fecha	Signo del día	S	Fecha	Signo del día	S
6 dic 1962	4-Ik	1	12 feb 1963	7-Oc	6	21 abr 1963	10-Etz'nab	2
7 dic 1962	5-Akbal	2	13 feb 1963	8-Chuen	7	22 abr 1963	11-Cauac	3
8 dic 1962	6-Kan	3	14 feb 1963	9-Eb	8	23 abr 1963	12-Ahau	4
9 dic 1962	7-Chicchan	4	15 feb 1963	10-Ben	9	24 abr 1963	*13-Imix*	5
10 dic 1962	8-Cimi	5	16 feb 1963	11-Ix	1	25 abr 1963	**1-Ik**	6
11 dic 1962	9-Manik	6	17 feb 1963	12-Men	2	26 abr 1963	2-Akbal	7
12 dic 1962	10-Lamat	7	18 feb 1963	13-Cib	3	27 abr 1963	3-Kan	8
13 dic 1962	11-Muluc	8	19 feb 1963	**1-Caban**	4	28 abr 1963	4-Chicchan	9
14 dic 1962	12-Oc	9	20 feb 1963	2-Etz'nab	5	29 abr 1963	5-Cimi	1
15 dic 1962	13-Chuen	1	21 feb 1963	3-Cauac	6	30 abr 1963	6-Manik	2
16 dic 1962	**1-Eb**	2	22 feb 1963	4-Ahau	7	1 may 1963	7-Lamat	3
17 dic 1962	2-Ben	3	23 feb 1963	*5-Imix*	8	2 may 1963	8-Muluc	4
18 dic 1962	3-Ix	4	24 feb 1963	6-Ik	9	3 may 1963	9-Oc	5
19 dic 1962	4-Men	5	25 feb 1963	7-Akbal	1	4 may 1963	10-Chuen	6
20 dic 1962	5-Cib	6	26 feb 1963	8-Kan	2	5 may 1963	11-Eb	7
21 dic 1962	6-Caban	7	27 feb 1963	9-Chicchan	3	6 may 1963	12-Ben	8
22 dic 1962	7-Etz'nab	8	28 feb 1963	10-Cimi	4	7 may 1963	13-Ix	9
23 dic 1962	8-Cauac	9	1 mar 1963	11-Manik	5	8 may 1963	**1-Men**	1
24 dic 1962	9-Ahau	1	2 mar 1963	12-Lamat	6	9 may 1963	2-Cib	2
25 dic 1962	*10-Imix*	2	3 mar 1963	13-Muluc	7	10 may 1963	3-Caban	3
26 dic 1962	11-Ik	3	4 mar 1963	**1-Oc**	8	11 may 1963	4-Etz'nab	4
27 dic 1962	12-Akbal	4	5 mar 1963	2-Chuen	9	12 may 1963	5-Cauac	5
28 dic 1962	13-Kan	5	6 mar 1963	3-Eb	1	13 may 1963	6-Ahau	6
29 dic 1962	**1-Chicchan**	6	7 mar 1963	4-Ben	2	14 may 1963	*7-Imix*	7
30 dic 1962	2-Cimi	7	8 mar 1963	5-Ix	3	15 may 1963	8-Ik	8
31 dic 1962	3-Manik	8	9 mar 1963	6-Men	4	16 may 1963	9-Akbal	9
1 ene 1963	4-Lamat	9	10 mar 1963	7-Cib	5	17 may 1963	10-Kan	1
2 ene 1963	5-Muluc	1	11 mar 1963	8-Caban	6	18 may 1963	11-Chicchan	2
3 ene 1963	6-Oc	2	12 mar 1963	9-Etz'nab	7	19 may 1963	12-Cimi	3
4 ene 1963	7-Chuen	3	13 mar 1963	10-Cauac	8	20 may 1963	13-Manik	4
5 ene 1963	8-Eb	4	14 mar 1963	11-Ahau	9	21 may 1963	**1-Lamat**	5
6 ene 1963	9-Ben	5	15 mar 1963	*12-Imix*	1	22 may 1963	2-Muluc	6
7 ene 1963	10-Ix	6	16 mar 1963	13-Ik	2	23 may 1963	3-Oc	7
8 ene 1963	11-Men	7	17 mar 1963	**1-Akbal**	3	24 may 1963	4-Chuen	8
9 ene 1963	12-Cib	8	18 mar 1963	2-Kan	4	25 may 1963	5-Eb	9
10 ene 1963	13-Caban	9	19 mar 1963	3-Chicchan	5	26 may 1963	6-Ben	1
11 ene 1963	**1-Etz'nab**	1	20 mar 1963	4-Cimi	6	27 may 1963	7-Ix	2
12 ene 1963	2-Cauac	2	21 mar 1963	5-Manik	7	28 may 1963	8-Men	3
13 ene 1963	3-Ahau	3	22 mar 1963	6-Lamat	8	29 may 1963	9-Cib	4
14 ene 1963	*4-Imix*	4	23 mar 1963	7-Muluc	9	30 may 1963	10-Caban	5
15 ene 1963	5-Ik	5	24 mar 1963	8-Oc	1	31 may 1963	11-Etz'nab	6
16 ene 1963	6-Akbal	6	25 mar 1963	9-Chuen	2	1 jun 1963	12-Cauac	7
17 ene 1963	7-Kan	7	26 mar 1963	10-Eb	3	2 jun 1963	13-Ahau	8
18 ene 1963	8-Chicchan	8	27 mar 1963	11-Ben	4	3 jun 1963	**1-Imix**	9
19 ene 1963	9-Cimi	9	28 mar 1963	12-Ix	5	4 jun 1963	2-Ik	1
20 ene 1963	10-Manik	1	29 mar 1963	13-Men	6	5 jun 1963	3-Akbal	2
21 ene 1963	11-Lamat	2	30 mar 1963	**1-Cib**	7	6 jun 1963	4-Kan	3
22 ene 1963	12-Muluc	3	31 mar 1963	2-Caban	8	7 jun 1963	5-Chicchan	4
23 ene 1963	13-Oc	4	1 abr 1963	3-Etz'nab	9	8 jun 1963	6-Cimi	5
24 ene 1963	**1-Chuen**	5	2 abr 1963	4-Cauac	1	9 jun 1963	7-Manik	6
25 ene 1963	2-Eb	6	3 abr 1963	5-Ahau	2	10 jun 1963	8-Lamat	7
26 ene 1963	3-Ben	7	4 abr 1963	*6-Imix*	3	11 jun 1963	9-Muluc	8
27 ene 1963	4-Ix	8	5 abr 1963	7-Ik	4	12 jun 1963	10-Oc	9
28 ene 1963	5-Men	9	6 abr 1963	8-Akbal	5	13 jun 1963	11-Chuen	1
29 ene 1963	6-Cib	1	7 abr 1963	9-Kan	6	14 jun 1963	12-Eb	2
30 ene 1963	7-Caban	2	8 abr 1963	10-Chicchan	7	15 jun 1963	13-Ben	3
31 ene 1963	8-Etz'nab	3	9 abr 1963	11-Cimi	8	16 jun 1963	**1-Ix**	4
1 feb 1963	9-Cauac	4	10 abr 1963	12-Manik	9	17 jun 1963	2-Men	5
2 feb 1963	10-Ahau	5	11 abr 1963	13-Lamat	1	18 jun 1963	3-Cib	6
3 feb 1963	*11-Imix*	6	12 abr 1963	**1-Muluc**	2	19 jun 1963	4-Caban	7
4 feb 1963	12-Ik	7	13 abr 1963	2-Oc	3	20 jun 1963	5-Etz'nab	8
5 feb 1963	13-Akbal	8	14 abr 1963	3-Chuen	4	21 jun 1963	6-Cauac	9
6 feb 1963	**1-Kan**	9	15 abr 1963	4-Eb	5	22 jun 1963	7-Ahau	1
7 feb 1963	2-Chicchan	1	16 abr 1963	5-Ben	6	23 jun 1963	*8-Imix*	2
8 feb 1963	3-Cimi	2	17 abr 1963	6-Ix	7	24 jun 1963	9-Ik	3
9 feb 1963	4-Manik	3	18 abr 1963	7-Men	8	25 jun 1963	10-Akbal	4
10 feb 1963	5-Lamat	4	19 abr 1963	8-Cib	9	26 jun 1963	11-Kan	5
11 feb 1963	6-Muluc	5	20 abr 1963	9-Caban	1	27 jun 1963	12-Chicchan	6

Fecha	Signo del día	S	Fecha	Signo del día	S	Fecha	Signo del día	S
28 jun 1963	13-Cimi	7	4 sep 1963	3-Ix	3	11 nov 1963	6-Ik	8
29 jun 1963	**1-Manik**	8	5 sep 1963	4-Men	4	12 nov 1963	7-Akbal	9
30 jun 1963	2-Lamat	9	6 sep 1963	5-Cib	5	13 nov 1963	8-Kan	1
1 jul 1963	3-Muluc	1	7 sep 1963	6-Caban	6	14 nov 1963	9-Chicchan	2
2 jul 1963	4-Oc	2	8 sep 1963	7-Etz'nab	7	15 nov 1963	10-Cimi	3
3 jul 1963	5-Chuen	3	9 sep 1963	8-Cauac	8	16 nov 1963	11-Manik	4
4 jul 1963	6-Eb	4	10 sep 1963	9-Ahau	9	17 nov 1963	12-Lamat	5
5 jul 1963	7-Ben	5	11 sep 1963	*10-Imix*	1	18 nov 1963	13-Muluc	6
6 jul 1963	8-Ix	6	12 sep 1963	11-Ik	2	19 nov 1963	**1-Oc**	7
7 jul 1963	9-Men	7	13 sep 1963	12-Akbal	3	20 nov 1963	2-Chuen	8
8 jul 1963	10-Cib	8	14 sep 1963	13-Kan	4	21 nov 1963	3-Eb	9
9 jul 1963	11-Caban	9	15 sep 1963	**1-Chicchan**	5	22 nov 1963	4-Ben	1
10 jul 1963	12-Etz'nab	1	16 sep 1963	2-Cimi	6	23 nov 1963	5-Ix	2
11 jul 1963	13-Cauac	2	17 sep 1963	3-Manik	7	24 nov 1963	6-Men	3
12 jul 1963	**1-Ahau**	3	18 sep 1963	4-Lamat	8	25 nov 1963	7-Cib	4
13 jul 1963	*2-Imix*	4	19 sep 1963	5-Muluc	9	26 nov 1963	8-Caban	5
14 jul 1963	3-Ik	5	20 sep 1963	6-Oc	1	27 nov 1963	9-Etz'nab	6
15 jul 1963	4-Akbal	6	21 sep 1963	7-Chuen	2	28 nov 1963	10-Cauac	7
16 jul 1963	5-Kan	7	22 sep 1963	8-Eb	3	29 nov 1963	11-Ahau	8
17 jul 1963	6-Chicchan	8	23 sep 1963	9-Ben	4	30 nov 1963	*12-Imix*	9
18 jul 1963	7-Cimi	9	24 sep 1963	10-Ix	5	1 dic 1963	13-Ik	1
19 jul 1963	8-Manik	1	25 sep 1963	11-Men	6	2 dic 1963	**1-Akbal**	2
20 jul 1963	9-Lamat	2	26 sep 1963	12-Cib	7	3 dic 1963	2-Kan	3
21 jul 1963	10-Muluc	3	27 sep 1963	13-Caban	8	4 dic 1963	3-Chicchan	4
22 jul 1963	11-Oc	4	28 sep 1963	**1-Etz'nab**	9	5 dic 1963	4-Cimi	5
23 jul 1963	12-Chuen	5	29 sep 1963	2-Cauac	1	6 dic 1963	5-Manik	6
24 jul 1963	13-Eb	6	30 sep 1963	3-Ahau	2	7 dic 1963	6-Lamat	7
25 jul 1963	**1-Ben**	7	1 oct 1963	*4-Imix*	3	8 dic 1963	7-Muluc	8
26 jul 1963	2-Ix	8	2 oct 1963	5-Ik	4	9 dic 1963	8-Oc	9
27 jul 1963	3-Men	9	3 oct 1963	6-Akbal	5	10 dic 1963	9-Chuen	1
28 jul 1963	4-Cib	1	4 oct 1963	7-Kan	6	11 dic 1963	10-Eb	2
29 jul 1963	5-Caban	2	5 oct 1963	8-Chicchan	7	12 dic 1963	11-Ben	3
30 jul 1963	6-Etz'nab	3	6 oct 1963	9-Cimi	8	13 dic 1963	12-Ix	4
31 jul 1963	7-Cauac	4	7 oct 1963	10-Manik	9	14 dic 1963	13-Men	5
1 ago 1963	8-Ahau	5	8 oct 1963	11-Lamat	1	15 dic 1963	**1-Cib**	6
2 ago 1963	*9-Imix*	6	9 oct 1963	12-Muluc	2	16 dic 1963	2-Caban	7
3 ago 1963	10-Ik	7	10 oct 1963	13-Oc	3	17 dic 1963	3-Etz'nab	8
4 ago 1963	11-Akbal	8	11 oct 1963	**1-Chuen**	4	18 dic 1963	4-Cauac	9
5 ago 1963	12-Kan	9	12 oct 1963	2-Eb	5	19 dic 1963	5-Ahau	1
6 ago 1963	13-Chicchan	1	13 oct 1963	3-Ben	6	20 dic 1963	*6-Imix*	2
7 ago 1963	**1-Cimi**	2	14 oct 1963	4-Ix	7	21 dic 1963	7-Ik	3
8 ago 1963	2-Manik	3	15 oct 1963	5-Men	8	22 dic 1963	8-Akbal	4
9 ago 1963	3-Lamat	4	16 oct 1963	6-Cib	9	23 dic 1963	9-Kan	5
10 ago 1963	4-Muluc	5	17 oct 1963	7-Caban	1	24 dic 1963	10-Chicchan	6
11 ago 1963	5-Oc	6	18 oct 1963	8-Etz'nab	2	25 dic 1963	11-Cimi	7
12 ago 1963	6-Chuen	7	19 oct 1963	9-Cauac	3	26 dic 1963	12-Manik	8
13 ago 1963	7-Eb	8	20 oct 1963	10-Ahau	4	27 dic 1963	13-Lamat	9
14 ago 1963	8-Ben	9	21 oct 1963	*11-Imix*	5	28 dic 1963	**1-Muluc**	1
15 ago 1963	9-Ix	1	22 oct 1963	12-Ik	6	29 dic 1963	2-Oc	2
16 ago 1963	10-Men	2	23 oct 1963	13-Akbal	7	30 dic 1963	3-Chuen	3
17 ago 1963	11-Cib	3	24 oct 1963	**1-Kan**	8	31 dic 1963	4-Eb	4
18 ago 1963	12-Caban	4	25 oct 1963	2-Chicchan	9	1 ene 1964	5-Ben	5
19 ago 1963	13-Etz'nab	5	26 oct 1963	3-Cimi	1	2 ene 1964	6-Ix	6
20 ago 1963	**1-Cauac**	6	27 oct 1963	4-Manik	2	3 ene 1964	7-Men	7
21 ago 1963	2-Ahau	7	28 oct 1963	5-Lamat	3	4 ene 1964	8-Cib	8
22 ago 1963	*3-Imix*	8	29 oct 1963	6-Muluc	4	5 ene 1964	9-Caban	9
23 ago 1963	4-Ik	9	30 oct 1963	7-Oc	5	6 ene 1964	10-Etz'nab	1
24 ago 1963	5-Akbal	1	31 oct 1963	8-Chuen	6	7 ene 1964	11-Cauac	2
25 ago 1963	6-Kan	2	1 nov 1963	9-Eb	7	8 ene 1964	12-Ahau	3
26 ago 1963	7-Chicchan	3	2 nov 1963	10-Ben	8	9 ene 1964	*13-Imix*	4
27 ago 1963	8-Cimi	4	3 nov 1963	11-Ix	9	10 ene 1964	**1-Ik**	5
28 ago 1963	9-Manik	5	4 nov 1963	12-Men	1	11 ene 1964	2-Akbal	6
29 ago 1963	10-Lamat	6	5 nov 1963	13-Cib	2	12 ene 1964	3-Kan	7
30 ago 1963	11-Muluc	7	6 nov 1963	**1-Caban**	3	13 ene 1964	4-Chicchan	8
31 ago 1963	12-Oc	8	7 nov 1963	2-Etz'nab	4	14 ene 1964	5-Cimi	9
1 sep 1963	13-Chuen	9	8 nov 1963	3-Cauac	5	15 ene 1964	6-Manik	1
2 sep 1963	**1-Eb**	1	9 nov 1963	4-Ahau	6	16 ene 1964	7-Lamat	2
3 sep 1963	2-Ben	2	10 nov 1963	*5-Imix*	7	17 ene 1964	8-Muluc	3

Fecha	Signo del día	S	Fecha	Signo del día	S	Fecha	Signo del día	S
18 ene 1964	9-Oc	4	26 mar 1964	12-Etz'nab	9	2 jun 1964	2-Cimi	5
19 ene 1964	10-Chuen	5	27 mar 1964	13-Cauac	1	3 jun 1964	3-Manik	6
20 ene 1964	11-Eb	6	28 mar 1964	**1-Ahau**	2	4 jun 1964	4-Lamat	7
21 ene 1964	12-Ben	7	29 mar 1964	*2-Imix*	3	5 jun 1964	5-Muluc	8
22 ene 1964	13-Ix	8	30 mar 1964	3-Ik	4	6 jun 1964	6-Oc	9
23 ene 1964	**1-Men**	9	31 mar 1964	4-Akbal	5	7 jun 1964	7-Chuen	1
24 ene 1964	2-Cib	1	1 abr 1964	5-Kan	6	8 jun 1964	8-Eb	2
25 ene 1964	3-Caban	2	2 abr 1964	6-Chicchan	7	9 jun 1964	9-Ben	3
26 ene 1964	4-Etz'nab	3	3 abr 1964	7-Cimi	8	10 jun 1964	10-Ix	4
27 ene 1964	5-Cauac	4	4 abr 1964	8-Manik	9	11 jun 1964	11-Men	5
28 ene 1964	6-Ahau	5	5 abr 1964	9-Lamat	1	12 jun 1964	12-Cib	6
29 ene 1964	*7-Imix*	6	6 abr 1964	10-Muluc	2	13 jun 1964	13-Caban	7
30 ene 1964	8-Ik	7	7 abr 1964	11-Oc	3	14 jun 1964	**1-Etz'nab**	8
31 ene 1964	9-Akbal	8	8 abr 1964	12-Chuen	4	15 jun 1964	2-Cauac	9
1 feb 1964	10-Kan	9	9 abr 1964	13-Eb	5	16 jun 1964	3-Ahau	1
2 feb 1964	11-Chicchan	1	10 abr 1964	**1-Ben**	6	17 jun 1964	*4-Imix*	2
3 feb 1964	12-Cimi	2	11 abr 1964	2-Ix	7	18 jun 1964	5-Ik	3
4 feb 1964	13-Manik	3	12 abr 1964	3-Men	8	19 jun 1964	6-Akbal	4
5 feb 1964	**1-Lamat**	4	13 abr 1964	4-Cib	9	20 jun 1964	7-Kan	5
6 feb 1964	2-Muluc	5	14 abr 1964	5-Caban	1	21 jun 1964	8-Chicchan	6
7 feb 1964	3-Oc	6	15 abr 1964	6-Etz'nab	2	22 jun 1964	9-Cimi	7
8 feb 1964	4-Chuen	7	16 abr 1964	7-Cauac	3	23 jun 1964	10-Manik	8
9 feb 1964	5-Eb	8	17 abr 1964	8-Ahau	4	24 jun 1964	11-Lamat	9
10 feb 1964	6-Ben	9	18 abr 1964	*9-Imix*	5	25 jun 1964	12-Muluc	1
11 feb 1964	7-Ix	1	19 abr 1964	10-Ik	6	26 jun 1964	13-Oc	2
12 feb 1964	8-Men	2	20 abr 1964	11-Akbal	7	27 jun 1964	**1-Chuen**	3
13 feb 1964	9-Cib	3	21 abr 1964	12-Kan	8	28 jun 1964	2-Eb	4
14 feb 1964	10-Caban	4	22 abr 1964	13-Chicchan	9	29 jun 1964	3-Ben	5
15 feb 1964	11-Etz'nab	5	23 abr 1964	**1-Cimi**	1	30 jun 1964	4-Ix	6
16 feb 1964	12-Cauac	6	24 abr 1964	2-Manik	2	1 jul 1964	5-Men	7
17 feb 1964	13-Ahau	7	25 abr 1964	3-Lamat	3	2 jul 1964	6-Cib	8
18 feb 1964	**1-Imix**	8	26 abr 1964	4-Muluc	4	3 jul 1964	7-Caban	9
19 feb 1964	2-Ik	9	27 abr 1964	5-Oc	5	4 jul 1964	8-Etz'nab	1
20 feb 1964	3-Akbal	1	28 abr 1964	6-Chuen	6	5 jul 1964	9-Cauac	2
21 feb 1964	4-Kan	2	29 abr 1964	7-Eb	7	6 jul 1964	10-Ahau	3
22 feb 1964	5-Chicchan	3	30 abr 1964	8-Ben	8	7 jul 1964	*11-Imix*	4
23 feb 1964	6-Cimi	4	1 may 1964	9-Ix	9	8 jul 1964	12-Ik	5
24 feb 1964	7-Manik	5	2 may 1964	10-Men	1	9 jul 1964	13-Akbal	6
25 feb 1964	8-Lamat	6	3 may 1964	11-Cib	2	10 jul 1964	**1-Kan**	7
26 feb 1964	9-Muluc	7	4 may 1964	12-Caban	3	11 jul 1964	2-Chicchan	8
27 feb 1964	10-Oc	8	5 may 1964	13-Etz'nab	4	12 jul 1964	3-Cimi	9
28 feb 1964	11-Chuen	9	6 may 1964	**1-Cauac**	5	13 jul 1964	4-Manik	1
29 feb 1964	12-Eb	1	7 may 1964	2-Ahau	6	14 jul 1964	5-Lamat	2
1 mar 1964	13-Ben	2	8 may 1964	*3-Imix*	7	15 jul 1964	6-Muluc	3
2 mar 1964	**1-Ix**	3	9 may 1964	4-Ik	8	16 jul 1964	7-Oc	4
3 mar 1964	2-Men	4	10 may 1964	5-Akbal	9	17 jul 1964	8-Chuen	5
4 mar 1964	3-Cib	5	11 may 1964	6-Kan	1	18 jul 1964	9-Eb	6
5 mar 1964	4-Caban	6	12 may 1964	7-Chicchan	2	19 jul 1964	10-Ben	7
6 mar 1964	5-Etz'nab	7	13 may 1964	8-Cimi	3	20 jul 1964	11-Ix	8
7 mar 1964	6-Cauac	8	14 may 1964	9-Manik	4	21 jul 1964	12-Men	9
8 mar 1964	7-Ahau	9	15 may 1964	10-Lamat	5	22 jul 1964	13-Cib	1
9 mar 1964	*8-Imix*	1	16 may 1964	11-Muluc	6	23 jul 1964	**1-Caban**	2
10 mar 1964	9-Ik	2	17 may 1964	12-Oc	7	24 jul 1964	2-Etz'nab	3
11 mar 1964	10-Akbal	3	18 may 1964	13-Chuen	8	25 jul 1964	3-Cauac	4
12 mar 1964	11-Kan	4	19 may 1964	**1-Eb**	9	26 jul 1964	4-Ahau	5
13 mar 1964	12-Chicchan	5	20 may 1964	2-Ben	1	27 jul 1964	*5-Imix*	6
14 mar 1964	13-Cimi	6	21 may 1964	3-Ix	2	28 jul 1964	6-Ik	7
15 mar 1964	**1-Manik**	7	22 may 1964	4-Men	3	29 jul 1964	7-Akbal	8
16 mar 1964	2-Lamat	8	23 may 1964	5-Cib	4	30 jul 1964	8-Kan	9
17 mar 1964	3-Muluc	9	24 may 1964	6-Caban	5	31 jul 1964	9-Chicchan	1
18 mar 1964	4-Oc	1	25 may 1964	7-Etz'nab	6	1 ago 1964	10-Cimi	2
19 mar 1964	5-Chuen	2	26 may 1964	8-Cauac	7	2 ago 1964	11-Manik	3
20 mar 1964	6-Eb	3	27 may 1964	9-Ahau	8	3 ago 1964	12-Lamat	4
21 mar 1964	7-Ben	4	28 may 1964	*10-Imix*	9	4 ago 1964	13-Muluc	5
22 mar 1964	8-Ix	5	29 may 1964	11-Ik	1	5 ago 1964	**1-Oc**	6
23 mar 1964	9-Men	6	30 may 1964	12-Akbal	2	6 ago 1964	2-Chuen	7
24 mar 1964	10-Cib	7	31 may 1964	13-Kan	3	7 ago 1964	3-Eb	8
25 mar 1964	11-Caban	8	1 jun 1964	**1-Chicchan**	4	8 ago 1964	4-Ben	9

Fecha	Signo del día	S	Fecha	Signo del día	S	Fecha	Signo del día	S
9 ago 1964	5-Ix	1	16 oct 1964	8-Ik	6	23 dic 1964	11-Oc	2
10 ago 1964	6-Men	2	17 oct 1964	9-Akbal	7	24 dic 1964	12-Chuen	3
11 ago 1964	7-Cib	3	18 oct 1964	10-Kan	8	25 dic 1964	13-Eb	4
12 ago 1964	8-Caban	4	19 oct 1964	11-Chicchan	9	26 dic 1964	**1-Ben**	5
13 ago 1964	9-Etz'nab	5	20 oct 1964	12-Cimi	1	27 dic 1964	2-Ix	6
14 ago 1964	10-Cauac	6	21 oct 1964	13-Manik	2	28 dic 1964	3-Men	7
15 ago 1964	11-Ahau	7	22 oct 1964	**1-Lamat**	3	29 dic 1964	4-Cib	8
16 ago 1964	*12-Imix*	8	23 oct 1964	2-Muluc	4	30 dic 1964	5-Caban	9
17 ago 1964	13-Ik	9	24 oct 1964	3-Oc	5	31 dic 1964	6-Etz'nab	1
18 ago 1964	**1-Akbal**	1	25 oct 1964	4-Chuen	6	1 ene 1965	7-Cauac	2
19 ago 1964	2-Kan	2	26 oct 1964	5-Eb	7	2 ene 1965	8-Ahau	3
20 ago 1964	3-Chicchan	3	27 oct 1964	6-Ben	8	3 ene 1965	*9-Imix*	4
21 ago 1964	4-Cimi	4	28 oct 1964	7-Ix	9	4 ene 1965	10-Ik	5
22 ago 1964	5-Manik	5	29 oct 1964	8-Men	1	5 ene 1965	11-Akbal	6
23 ago 1964	6-Lamat	6	30 oct 1964	9-Cib	2	6 ene 1965	12-Kan	7
24 ago 1964	7-Muluc	7	31 oct 1964	10-Caban	3	7 ene 1965	13-Chicchan	8
25 ago 1964	8-Oc	8	1 nov 1964	11-Etz'nab	4	8 ene 1965	**1-Cimi**	9
26 ago 1964	9-Chuen	9	2 nov 1964	12-Cauac	5	9 ene 1965	2-Manik	1
27 ago 1964	10-Eb	1	3 nov 1964	13-Ahau	6	10 ene 1965	3-Lamat	2
28 ago 1964	11-Ben	2	4 nov 1964	**1-Imix**	7	11 ene 1965	4-Muluc	3
29 ago 1964	12-Ix	3	5 nov 1964	2-Ik	8	12 ene 1965	5-Oc	4
30 ago 1964	13-Men	4	6 nov 1964	3-Akbal	9	13 ene 1965	6-Chuen	5
31 ago 1964	**1-Cib**	5	7 nov 1964	4-Kan	1	14 ene 1965	7-Eb	6
1 sep 1964	2-Caban	6	8 nov 1964	5-Chicchan	2	15 ene 1965	8-Ben	7
2 sep 1964	3-Etz'nab	7	9 nov 1964	6-Cimi	3	16 ene 1965	9-Ix	8
3 sep 1964	4-Cauac	8	10 nov 1964	7-Manik	4	17 ene 1965	10-Men	9
4 sep 1964	5-Ahau	9	11 nov 1964	8-Lamat	5	18 ene 1965	11-Cib	1
5 sep 1964	*6-Imix*	1	12 nov 1964	9-Muluc	6	19 ene 1965	12-Caban	2
6 sep 1964	7-Ik	2	13 nov 1964	10-Oc	7	20 ene 1965	13-Etz'nab	3
7 sep 1964	8-Akbal	3	14 nov 1964	11-Chuen	8	21 ene 1965	**1-Cauac**	4
8 sep 1964	9-Kan	4	15 nov 1964	12-Eb	9	22 ene 1965	2-Ahau	5
9 sep 1964	10-Chicchan	5	16 nov 1964	13-Ben	1	23 ene 1965	*3-Imix*	6
10 sep 1964	11-Cimi	6	17 nov 1964	**1-Ix**	2	24 ene 1965	4-Ik	7
11 sep 1964	12-Manik	7	18 nov 1964	2-Men	3	25 ene 1965	5-Akbal	8
12 sep 1964	13-Lamat	8	19 nov 1964	3-Cib	4	26 ene 1965	6-Kan	9
13 sep 1964	**1-Muluc**	9	20 nov 1964	4-Caban	5	27 ene 1965	7-Chicchan	1
14 sep 1964	2-Oc	1	21 nov 1964	5-Etz'nab	6	28 ene 1965	8-Cimi	2
15 sep 1964	3-Chuen	2	22 nov 1964	6-Cauac	7	29 ene 1965	9-Manik	3
16 sep 1964	4-Eb	3	23 nov 1964	7-Ahau	8	30 ene 1965	10-Lamat	4
17 sep 1964	5-Ben	4	24 nov 1964	*8-Imix*	9	31 ene 1965	11-Muluc	5
18 sep 1964	6-Ix	5	25 nov 1964	9-Ik	1	1 feb 1965	12-Oc	6
19 sep 1964	7-Men	6	26 nov 1964	10-Akbal	2	2 feb 1965	13-Chuen	7
20 sep 1964	8-Cib	7	27 nov 1964	11-Kan	3	3 feb 1965	**1-Eb**	8
21 sep 1964	9-Caban	8	28 nov 1964	12-Chicchan	4	4 feb 1965	2-Ben	9
22 sep 1964	10-Etz'nab	9	29 nov 1964	13-Cimi	5	5 feb 1965	3-Ix	1
23 sep 1964	11-Cauac	1	30 nov 1964	**1-Manik**	6	6 feb 1965	4-Men	2
24 sep 1964	12-Ahau	2	1 dic 1964	2-Lamat	7	7 feb 1965	5-Cib	3
25 sep 1964	*13-Imix*	3	2 dic 1964	3-Muluc	8	8 feb 1965	6-Caban	4
26 sep 1964	**1-Ik**	4	3 dic 1964	4-Oc	9	9 feb 1965	7-Etz'nab	5
27 sep 1964	2-Akbal	5	4 dic 1964	5-Chuen	1	10 feb 1965	8-Cauac	6
28 sep 1964	3-Kan	6	5 dic 1964	6-Eb	2	11 feb 1965	9-Ahau	7
29 sep 1964	4-Chicchan	7	6 dic 1964	7-Ben	3	12 feb 1965	*10-Imix*	8
30 sep 1964	5-Cimi	8	7 dic 1964	8-Ix	4	13 feb 1965	11-Ik	9
1 oct 1964	6-Manik	9	8 dic 1964	9-Men	5	14 feb 1965	12-Akbal	1
2 oct 1964	7-Lamat	1	9 dic 1964	10-Cib	6	15 feb 1965	13-Kan	2
3 oct 1964	8-Muluc	2	10 dic 1964	11-Caban	7	16 feb 1965	**1-Chicchan**	3
4 oct 1964	9-Oc	3	11 dic 1964	12-Etz'nab	8	17 feb 1965	2-Cimi	4
5 oct 1964	10-Chuen	4	12 dic 1964	13-Cauac	9	18 feb 1965	3-Manik	5
6 oct 1964	11-Eb	5	13 dic 1964	**1-Ahau**	1	19 feb 1965	4-Lamat	6
7 oct 1964	12-Ben	6	14 dic 1964	*2-Imix*	2	20 feb 1965	5-Muluc	7
8 oct 1964	13-Ix	7	15 dic 1964	3-Ik	3	21 feb 1965	6-Oc	8
9 oct 1964	**1-Men**	8	16 dic 1964	4-Akbal	4	22 feb 1965	7-Chuen	9
10 oct 1964	2-Cib	9	17 dic 1964	5-Kan	5	23 feb 1965	8-Eb	1
11 oct 1964	3-Caban	1	18 dic 1964	6-Chicchan	6	24 feb 1965	9-Ben	2
12 oct 1964	4-Etz'nab	2	19 dic 1964	7-Cimi	7	25 feb 1965	10-Ix	3
13 oct 1964	5-Cauac	3	20 dic 1964	8-Manik	8	26 feb 1965	11-Men	4
14 oct 1964	6-Ahau	4	21 dic 1964	9-Lamat	9	27 feb 1965	12-Cib	5
15 oct 1964	*7-Imix*	5	22 dic 1964	10-Muluc	1	28 feb 1965	13-Caban	6

Fecha	Signo del día	S		Fecha	Signo del día	S		Fecha	Signo del día	S
1 mar 1965	**1-Etz'nab**	7		8 may 1965	4-Cimi	3		15 jul 1965	7-Ix	8
2 mar 1965	2-Cauac	8		9 may 1965	5-Manik	4		16 jul 1965	8-Men	9
3 mar 1965	3-Ahau	9		10 may 1965	6-Lamat	5		17 jul 1965	9-Cib	1
4 mar 1965	*4-Imix*	1		11 may 1965	7-Muluc	6		18 jul 1965	10-Caban	2
5 mar 1965	5-Ik	2		12 may 1965	8-Oc	7		19 jul 1965	11-Etz'nab	3
6 mar 1965	6-Akbal	3		13 may 1965	9-Chuen	8		20 jul 1965	12-Cauac	4
7 mar 1965	7-Kan	4		14 may 1965	10-Eb	9		21 jul 1965	13-Ahau	5
8 mar 1965	8-Chicchan	5		15 may 1965	11-Ben	1		22 jul 1965	**1-Imix**	6
9 mar 1965	9-Cimi	6		16 may 1965	12-Ix	2		23 jul 1965	2-Ik	7
10 mar 1965	10-Manik	7		17 may 1965	13-Men	3		24 jul 1965	3-Akbal	8
11 mar 1965	11-Lamat	8		18 may 1965	**1-Cib**	4		25 jul 1965	4-Kan	9
12 mar 1965	12-Muluc	9		19 may 1965	2-Caban	5		26 jul 1965	5-Chicchan	1
13 mar 1965	13-Oc	1		20 may 1965	3-Etz'nab	6		27 jul 1965	6-Cimi	2
14 mar 1965	**1-Chuen**	2		21 may 1965	4-Cauac	7		28 jul 1965	7-Manik	3
15 mar 1965	2-Eb	3		22 may 1965	5-Ahau	8		29 jul 1965	8-Lamat	4
16 mar 1965	3-Ben	4		23 may 1965	*6-Imix*	9		30 jul 1965	9-Muluc	5
17 mar 1965	4-Ix	5		24 may 1965	7-Ik	1		31 jul 1965	10-Oc	6
18 mar 1965	5-Men	6		25 may 1965	8-Akbal	2		1 ago 1965	11-Chuen	7
19 mar 1965	6-Cib	7		26 may 1965	9-Kan	3		2 ago 1965	12-Eb	8
20 mar 1965	7-Caban	8		27 may 1965	10-Chicchan	4		3 ago 1965	13-Ben	9
21 mar 1965	8-Etz'nab	9		28 may 1965	11-Cimi	5		4 ago 1965	**1-Ix**	1
22 mar 1965	9-Cauac	1		29 may 1965	12-Manik	6		5 ago 1965	2-Men	2
23 mar 1965	10-Ahau	2		30 may 1965	13-Lamat	7		6 ago 1965	3-Cib	3
24 mar 1965	*11-Imix*	3		31 may 1965	**1-Muluc**	8		7 ago 1965	4-Caban	4
25 mar 1965	12-Ik	4		1 jun 1965	2-Oc	9		8 ago 1965	5-Etz'nab	5
26 mar 1965	13-Akbal	5		2 jun 1965	3-Chuen	1		9 ago 1965	6-Cauac	6
27 mar 1965	**1-Kan**	6		3 jun 1965	4-Eb	2		10 ago 1965	7-Ahau	7
28 mar 1965	2-Chicchan	7		4 jun 1965	5-Ben	3		11 ago 1965	*8-Imix*	8
29 mar 1965	3-Cimi	8		5 jun 1965	6-Ix	4		12 ago 1965	9-Ik	9
30 mar 1965	4-Manik	9		6 jun 1965	7-Men	5		13 ago 1965	10-Akbal	1
31 mar 1965	5-Lamat	1		7 jun 1965	8-Cib	6		14 ago 1965	11-Kan	2
1 abr 1965	6-Muluc	2		8 jun 1965	9-Caban	7		15 ago 1965	12-Chicchan	3
2 abr 1965	7-Oc	3		9 jun 1965	10-Etz'nab	8		16 ago 1965	13-Cimi	4
3 abr 1965	8-Chuen	4		10 jun 1965	11-Cauac	9		17 ago 1965	**1-Manik**	5
4 abr 1965	9-Eb	5		11 jun 1965	12-Ahau	1		18 ago 1965	2-Lamat	6
5 abr 1965	10-Ben	6		12 jun 1965	*13-Imix*	2		19 ago 1965	3-Muluc	7
6 abr 1965	11-Ix	7		13 jun 1965	**1-Ik**	3		20 ago 1965	4-Oc	8
7 abr 1965	12-Men	8		14 jun 1965	2-Akbal	4		21 ago 1965	5-Chuen	9
8 abr 1965	13-Cib	9		15 jun 1965	3-Kan	5		22 ago 1965	6-Eb	1
9 abr 1965	**1-Caban**	1		16 jun 1965	4-Chicchan	6		23 ago 1965	7-Ben	2
10 abr 1965	2-Etz'nab	2		17 jun 1965	5-Cimi	7		24 ago 1965	8-Ix	3
11 abr 1965	3-Cauac	3		18 jun 1965	6-Manik	8		25 ago 1965	9-Men	4
12 abr 1965	4-Ahau	4		19 jun 1965	7-Lamat	9		26 ago 1965	10-Cib	5
13 abr 1965	*5-Imix*	5		20 jun 1965	8-Muluc	1		27 ago 1965	11-Caban	6
14 abr 1965	6-Ik	6		21 jun 1965	9-Oc	2		28 ago 1965	12-Etz'nab	7
15 abr 1965	7-Akbal	7		22 jun 1965	10-Chuen	3		29 ago 1965	13-Cauac	8
16 abr 1965	8-Kan	8		23 jun 1965	11-Eb	4		30 ago 1965	**1-Ahau**	9
17 abr 1965	9-Chicchan	9		24 jun 1965	12-Ben	5		31 ago 1965	*2-Imix*	1
18 abr 1965	10-Cimi	1		25 jun 1965	13-Ix	6		1 sep 1965	3-Ik	2
19 abr 1965	11-Manik	2		26 jun 1965	**1-Men**	7		2 sep 1965	4-Akbal	3
20 abr 1965	12-Lamat	3		27 jun 1965	2-Cib	8		3 sep 1965	5-Kan	4
21 abr 1965	13-Muluc	4		28 jun 1965	3-Caban	9		4 sep 1965	6-Chicchan	5
22 abr 1965	**1-Oc**	5		29 jun 1965	4-Etz'nab	1		5 sep 1965	7-Cimi	6
23 abr 1965	2-Chuen	6		30 jun 1965	5-Cauac	2		6 sep 1965	8-Manik	7
24 abr 1965	3-Eb	7		1 jul 1965	6-Ahau	3		7 sep 1965	9-Lamat	8
25 abr 1965	4-Ben	8		2 jul 1965	*7-Imix*	4		8 sep 1965	10-Muluc	9
26 abr 1965	5-Ix	9		3 jul 1965	8-Ik	5		9 sep 1965	11-Oc	1
27 abr 1965	6-Men	1		4 jul 1965	9-Akbal	6		10 sep 1965	12-Chuen	2
28 abr 1965	7-Cib	2		5 jul 1965	10-Kan	7		11 sep 1965	13-Eb	3
29 abr 1965	8-Caban	3		6 jul 1965	11-Chicchan	8		12 sep 1965	**1-Ben**	4
30 abr 1965	9-Etz'nab	4		7 jul 1965	12-Cimi	9		13 sep 1965	2-Ix	5
1 may 1965	10-Cauac	5		8 jul 1965	13-Manik	1		14 sep 1965	3-Men	6
2 may 1965	11-Ahau	6		9 jul 1965	**1-Lamat**	2		15 sep 1965	4-Cib	7
3 may 1965	*12-Imix*	7		10 jul 1965	2-Muluc	3		16 sep 1965	5-Caban	8
4 may 1965	13-Ik	8		11 jul 1965	3-Oc	4		17 sep 1965	6-Etz'nab	9
5 may 1965	**1-Akbal**	9		12 jul 1965	4-Chuen	5		18 sep 1965	7-Cauac	1
6 may 1965	2-Kan	1		13 jul 1965	5-Eb	6		19 sep 1965	8-Ahau	2
7 may 1965	3-Chicchan	2		14 jul 1965	6-Ben	7		20 sep 1965	*9-Imix*	3

Fecha	Signo del día	S	Fecha	Signo del día	S	Fecha	Signo del día	S
21 sep 1965	10-Ik	4	28 nov 1965	13-Oc	9	4 feb 1966	3-Etz'nab	5
22 sep 1965	11-Akbal	5	29 nov 1965	**1-Chuen**	1	5 feb 1966	4-Cauac	6
23 sep 1965	12-Kan	6	30 nov 1965	2-Eb	2	6 feb 1966	5-Ahau	7
24 sep 1965	13-Chicchan	7	1 dic 1965	3-Ben	3	7 feb 1966	*6-Imix*	8
25 sep 1965	**1-Cimi**	8	2 dic 1965	4-Ix	4	8 feb 1966	7-Ik	9
26 sep 1965	2-Manik	9	3 dic 1965	5-Men	5	9 feb 1966	8-Akbal	1
27 sep 1965	3-Lamat	1	4 dic 1965	6-Cib	6	10 feb 1966	9-Kan	2
28 sep 1965	4-Muluc	2	5 dic 1965	7-Caban	7	11 feb 1966	10-Chicchan	3
29 sep 1965	5-Oc	3	6 dic 1965	8-Etz'nab	8	12 feb 1966	11-Cimi	4
30 sep 1965	6-Chuen	4	7 dic 1965	9-Cauac	9	13 feb 1966	12-Manik	5
1 oct 1965	7-Eb	5	8 dic 1965	10-Ahau	1	14 feb 1966	13-Lamat	6
2 oct 1965	8-Ben	6	9 dic 1965	*11-Imix*	2	15 feb 1966	**1-Muluc**	7
3 oct 1965	9-Ix	7	10 dic 1965	12-Ik	3	16 feb 1966	2-Oc	8
4 oct 1965	10-Men	8	11 dic 1965	13-Akbal	4	17 feb 1966	3-Chuen	9
5 oct 1965	11-Cib	9	12 dic 1965	**1-Kan**	5	18 feb 1966	4-Eb	1
6 oct 1965	12-Caban	1	13 dic 1965	2-Chicchan	6	19 feb 1966	5-Ben	2
7 oct 1965	13-Etz'nab	2	14 dic 1965	3-Cimi	7	20 feb 1966	6-Ix	3
8 oct 1965	**1-Cauac**	3	15 dic 1965	4-Manik	8	21 feb 1966	7-Men	4
9 oct 1965	2-Ahau	4	16 dic 1965	5-Lamat	9	22 feb 1966	8-Cib	5
10 oct 1965	*3-Imix*	5	17 dic 1965	6-Muluc	1	23 feb 1966	9-Caban	6
11 oct 1965	4-Ik	6	18 dic 1965	7-Oc	2	24 feb 1966	10-Etz'nab	7
12 oct 1965	5-Akbal	7	19 dic 1965	8-Chuen	3	25 feb 1966	11-Cauac	8
13 oct 1965	6-Kan	8	20 dic 1965	9-Eb	4	26 feb 1966	12-Ahau	9
14 oct 1965	7-Chicchan	9	21 dic 1965	10-Ben	5	27 feb 1966	*13-Imix*	1
15 oct 1965	8-Cimi	1	22 dic 1965	11-Ix	6	28 feb 1966	**1-Ik**	2
16 oct 1965	9-Manik	2	23 dic 1965	12-Men	7	1 mar 1966	2-Akbal	3
17 oct 1965	10-Lamat	3	24 dic 1965	13-Cib	8	2 mar 1966	3-Kan	4
18 oct 1965	11-Muluc	4	25 dic 1965	**1-Caban**	9	3 mar 1966	4-Chicchan	5
19 oct 1965	12-Oc	5	26 dic 1965	2-Etz'nab	1	4 mar 1966	5-Cimi	6
20 oct 1965	13-Chuen	6	27 dic 1965	3-Cauac	2	5 mar 1966	6-Manik	7
21 oct 1965	**1-Eb**	7	28 dic 1965	4-Ahau	3	6 mar 1966	7-Lamat	8
22 oct 1965	2-Ben	8	29 dic 1965	*5-Imix*	4	7 mar 1966	8-Muluc	9
23 oct 1965	3-Ix	9	30 dic 1965	6-Ik	5	8 mar 1966	9-Oc	1
24 oct 1965	4-Men	1	31 dic 1965	7-Akbal	6	9 mar 1966	10-Chuen	2
25 oct 1965	5-Cib	2	1 ene 1966	8-Kan	7	10 mar 1966	11-Eb	3
26 oct 1965	6-Caban	3	2 ene 1966	9-Chicchan	8	11 mar 1966	12-Ben	4
27 oct 1965	7-Etz'nab	4	3 ene 1966	10-Cimi	9	12 mar 1966	13-Ix	5
28 oct 1965	8-Cauac	5	4 ene 1966	11-Manik	1	13 mar 1966	**1-Men**	6
29 oct 1965	9-Ahau	6	5 ene 1966	12-Lamat	2	14 mar 1966	2-Cib	7
30 oct 1965	*10-Imix*	7	6 ene 1966	13-Muluc	3	15 mar 1966	3-Caban	8
31 oct 1965	11-Ik	8	7 ene 1966	**1-Oc**	4	16 mar 1966	4-Etz'nab	9
1 nov 1965	12-Akbal	9	8 ene 1966	2-Chuen	5	17 mar 1966	5-Cauac	1
2 nov 1965	13-Kan	1	9 ene 1966	3-Eb	6	18 mar 1966	6-Ahau	2
3 nov 1965	**1-Chicchan**	2	10 ene 1966	4-Ben	7	19 mar 1966	*7-Imix*	3
4 nov 1965	2-Cimi	3	11 ene 1966	5-Ix	8	20 mar 1966	8-Ik	4
5 nov 1965	3-Manik	4	12 ene 1966	6-Men	9	21 mar 1966	9-Akbal	5
6 nov 1965	4-Lamat	5	13 ene 1966	7-Cib	1	22 mar 1966	10-Kan	6
7 nov 1965	5-Muluc	6	14 ene 1966	8-Caban	2	23 mar 1966	11-Chicchan	7
8 nov 1965	6-Oc	7	15 ene 1966	9-Etz'nab	3	24 mar 1966	12-Cimi	8
9 nov 1965	7-Chuen	8	16 ene 1966	10-Cauac	4	25 mar 1966	13-Manik	9
10 nov 1965	8-Eb	9	17 ene 1966	11-Ahau	5	26 mar 1966	**1-Lamat**	1
11 nov 1965	9-Ben	1	18 ene 1966	*12-Imix*	6	27 mar 1966	2-Muluc	2
12 nov 1965	10-Ix	2	19 ene 1966	13-Ik	7	28 mar 1966	3-Oc	3
13 nov 1965	11-Men	3	20 ene 1966	**1-Akbal**	8	29 mar 1966	4-Chuen	4
14 nov 1965	12-Cib	4	21 ene 1966	2-Kan	9	30 mar 1966	5-Eb	5
15 nov 1965	13-Caban	5	22 ene 1966	3-Chicchan	1	31 mar 1966	6-Ben	6
16 nov 1965	**1-Etz'nab**	6	23 ene 1966	4-Cimi	2	1 abr 1966	7-Ix	7
17 nov 1965	2-Cauac	7	24 ene 1966	5-Manik	3	2 abr 1966	8-Men	8
18 nov 1965	3-Ahau	8	25 ene 1966	6-Lamat	4	3 abr 1966	9-Cib	9
19 nov 1965	*4-Imix*	9	26 ene 1966	7-Muluc	5	4 abr 1966	10-Caban	1
20 nov 1965	5-Ik	1	27 ene 1966	8-Oc	6	5 abr 1966	11-Etz'nab	2
21 nov 1965	6-Akbal	2	28 ene 1966	9-Chuen	7	6 abr 1966	12-Cauac	3
22 nov 1965	7-Kan	3	29 ene 1966	10-Eb	8	7 abr 1966	13-Ahau	4
23 nov 1965	8-Chicchan	4	30 ene 1966	11-Ben	9	8 abr 1966	**1-Imix**	5
24 nov 1965	9-Cimi	5	31 ene 1966	12-Ix	1	9 abr 1966	2-Ik	6
25 nov 1965	10-Manik	6	1 feb 1966	13-Men	2	10 abr 1966	3-Akbal	7
26 nov 1965	11-Lamat	7	2 feb 1966	**1-Cib**	3	11 abr 1966	4-Kan	8
27 nov 1965	12-Muluc	8	3 feb 1966	2-Caban	4	12 abr 1966	5-Chicchan	9

Fecha	Signo del día	S
13 abr 1966	6-Cimi	1
14 abr 1966	7-Manik	2
15 abr 1966	8-Lamat	3
16 abr 1966	9-Muluc	4
17 abr 1966	10-Oc	5
18 abr 1966	11-Chuen	6
19 abr 1966	12-Eb	7
20 abr 1966	13-Ben	8
21 abr 1966	**1-Ix**	9
22 abr 1966	2-Men	1
23 abr 1966	3-Cib	2
24 abr 1966	4-Caban	3
25 abr 1966	5-Etz'nab	4
26 abr 1966	6-Cauac	5
27 abr 1966	7-Ahau	6
28 abr 1966	*8-Imix*	7
29 abr 1966	9-Ik	8
30 abr 1966	10-Akbal	9
1 may 1966	11-Kan	1
2 may 1966	12-Chicchan	2
3 may 1966	13-Cimi	3
4 may 1966	**1-Manik**	4
5 may 1966	2-Lamat	5
6 may 1966	3-Muluc	6
7 may 1966	4-Oc	7
8 may 1966	5-Chuen	8
9 may 1966	6-Eb	9
10 may 1966	7-Ben	1
11 may 1966	8-Ix	2
12 may 1966	9-Men	3
13 may 1966	10-Cib	4
14 may 1966	11-Caban	5
15 may 1966	12-Etz'nab	6
16 may 1966	13-Cauac	7
17 may 1966	**1-Ahau**	8
18 may 1966	*2-Imix*	9
19 may 1966	3-Ik	1
20 may 1966	4-Akbal	2
21 may 1966	5-Kan	3
22 may 1966	6-Chicchan	4
23 may 1966	7-Cimi	5
24 may 1966	8-Manik	6
25 may 1966	9-Lamat	7
26 may 1966	10-Muluc	8
27 may 1966	11-Oc	9
28 may 1966	12-Chuen	1
29 may 1966	13-Eb	2
30 may 1966	**1-Ben**	3
31 may 1966	2-Ix	4
1 jun 1966	3-Men	5
2 jun 1966	4-Cib	6
3 jun 1966	5-Caban	7
4 jun 1966	6-Etz'nab	8
5 jun 1966	7-Cauac	9
6 jun 1966	8-Ahau	1
7 jun 1966	*9-Imix*	2
8 jun 1966	10-Ik	3
9 jun 1966	11-Akbal	4
10 jun 1966	12-Kan	5
11 jun 1966	13-Chicchan	6
12 jun 1966	**1-Cimi**	7
13 jun 1966	2-Manik	8
14 jun 1966	3-Lamat	9
15 jun 1966	4-Muluc	1
16 jun 1966	5-Oc	2
17 jun 1966	6-Chuen	3
18 jun 1966	7-Eb	4
19 jun 1966	8-Ben	5

Fecha	Signo del día	S
20 jun 1966	9-Ix	6
21 jun 1966	10-Men	7
22 jun 1966	11-Cib	8
23 jun 1966	12-Caban	9
24 jun 1966	13-Etz'nab	1
25 jun 1966	**1-Cauac**	2
26 jun 1966	2-Ahau	3
27 jun 1966	*3-Imix*	4
28 jun 1966	4-Ik	5
29 jun 1966	5-Akbal	6
30 jun 1966	6-Kan	7
1 jul 1966	7-Chicchan	8
2 jul 1966	8-Cimi	9
3 jul 1966	9-Manik	1
4 jul 1966	10-Lamat	2
5 jul 1966	11-Muluc	3
6 jul 1966	12-Oc	4
7 jul 1966	13-Chuen	5
8 jul 1966	**1-Eb**	6
9 jul 1966	2-Ben	7
10 jul 1966	3-Ix	8
11 jul 1966	4-Men	9
12 jul 1966	5-Cib	1
13 jul 1966	6-Caban	2
14 jul 1966	7-Etz'nab	3
15 jul 1966	8-Cauac	4
16 jul 1966	9-Ahau	5
17 jul 1966	*10-Imix*	6
18 jul 1966	11-Ik	7
19 jul 1966	12-Akbal	8
20 jul 1966	13-Kan	9
21 jul 1966	**1-Chicchan**	1
22 jul 1966	2-Cimi	2
23 jul 1966	3-Manik	3
24 jul 1966	4-Lamat	4
25 jul 1966	5-Muluc	5
26 jul 1966	6-Oc	6
27 jul 1966	7-Chuen	7
28 jul 1966	8-Eb	8
29 jul 1966	9-Ben	9
30 jul 1966	10-Ix	1
31 jul 1966	11-Men	2
1 ago 1966	12-Cib	3
2 ago 1966	13-Caban	4
3 ago 1966	**1-Etz'nab**	5
4 ago 1966	2-Cauac	6
5 ago 1966	3-Ahau	7
6 ago 1966	*4-Imix*	8
7 ago 1966	5-Ik	9
8 ago 1966	6-Akbal	1
9 ago 1966	7-Kan	2
10 ago 1966	8-Chicchan	3
11 ago 1966	9-Cimi	4
12 ago 1966	10-Manik	5
13 ago 1966	11-Lamat	6
14 ago 1966	12-Muluc	7
15 ago 1966	13-Oc	8
16 ago 1966	**1-Chuen**	9
17 ago 1966	2-Eb	1
18 ago 1966	3-Ben	2
19 ago 1966	4-Ix	3
20 ago 1966	5-Men	4
21 ago 1966	6-Cib	5
22 ago 1966	7-Caban	6
23 ago 1966	8-Etz'nab	7
24 ago 1966	9-Cauac	8
25 ago 1966	10-Ahau	9
26 ago 1966	*11-Imix*	1

Fecha	Signo del día	S
27 ago 1966	12-Ik	2
28 ago 1966	13-Akbal	3
29 ago 1966	**1-Kan**	4
30 ago 1966	2-Chicchan	5
31 ago 1966	3-Cimi	6
1 sep 1966	4-Manik	7
2 sep 1966	5-Lamat	8
3 sep 1966	6-Muluc	9
4 sep 1966	7-Oc	1
5 sep 1966	8-Chuen	2
6 sep 1966	9-Eb	3
7 sep 1966	10-Ben	4
8 sep 1966	11-Ix	5
9 sep 1966	12-Men	6
10 sep 1966	13-Cib	7
11 sep 1966	**1-Caban**	8
12 sep 1966	2-Etz'nab	9
13 sep 1966	3-Cauac	1
14 sep 1966	4-Ahau	2
15 sep 1966	*5-Imix*	3
16 sep 1966	6-Ik	4
17 sep 1966	7-Akbal	5
18 sep 1966	8-Kan	6
19 sep 1966	9-Chicchan	7
20 sep 1966	10-Cimi	8
21 sep 1966	11-Manik	9
22 sep 1966	12-Lamat	1
23 sep 1966	13-Muluc	2
24 sep 1966	**1-Oc**	3
25 sep 1966	2-Chuen	4
26 sep 1966	3-Eb	5
27 sep 1966	4-Ben	6
28 sep 1966	5-Ix	7
29 sep 1966	6-Men	8
30 sep 1966	7-Cib	9
1 oct 1966	8-Caban	1
2 oct 1966	9-Etz'nab	2
3 oct 1966	10-Cauac	3
4 oct 1966	11-Ahau	4
5 oct 1966	*12-Imix*	5
6 oct 1966	13-Ik	6
7 oct 1966	**1-Akbal**	7
8 oct 1966	2-Kan	8
9 oct 1966	3-Chicchan	9
10 oct 1966	4-Cimi	1
11 oct 1966	5-Manik	2
12 oct 1966	6-Lamat	3
13 oct 1966	7-Muluc	4
14 oct 1966	8-Oc	5
15 oct 1966	9-Chuen	6
16 oct 1966	10-Eb	7
17 oct 1966	11-Ben	8
18 oct 1966	12-Ix	9
19 oct 1966	13-Men	1
20 oct 1966	**1-Cib**	2
21 oct 1966	2-Caban	3
22 oct 1966	3-Etz'nab	4
23 oct 1966	4-Cauac	5
24 oct 1966	5-Ahau	6
25 oct 1966	*6-Imix*	7
26 oct 1966	7-Ik	8
27 oct 1966	8-Akbal	9
28 oct 1966	9-Kan	1
29 oct 1966	10-Chicchan	2
30 oct 1966	11-Cimi	3
31 oct 1966	12-Manik	4
1 nov 1966	13-Lamat	5
2 nov 1966	**1-Muluc**	6

Fecha	Signo del día	S
3 nov 1966	2-Oc	7
4 nov 1966	3-Chuen	8
5 nov 1966	4-Eb	9
6 nov 1966	5-Ben	1
7 nov 1966	6-Ix	2
8 nov 1966	7-Men	3
9 nov 1966	8-Cib	4
10 nov 1966	9-Caban	5
11 nov 1966	10-Etz'nab	6
12 nov 1966	11-Cauac	7
13 nov 1966	12-Ahau	8
14 nov 1966	13-Imix	9
15 nov 1966	1-Ik	1
16 nov 1966	2-Akbal	2
17 nov 1966	3-Kan	3
18 nov 1966	4-Chicchan	4
19 nov 1966	5-Cimi	5
20 nov 1966	6-Manik	6
21 nov 1966	7-Lamat	7
22 nov 1966	8-Muluc	8
23 nov 1966	9-Oc	9
24 nov 1966	10-Chuen	1
25 nov 1966	11-Eb	2
26 nov 1966	12-Ben	3
27 nov 1966	13-Ix	4
28 nov 1966	1-Men	5
29 nov 1966	2-Cib	6
30 nov 1966	3-Caban	7
1 dic 1966	4-Etz'nab	8
2 dic 1966	5-Cauac	9
3 dic 1966	6-Ahau	1
4 dic 1966	7-Imix	2
5 dic 1966	8-Ik	3
6 dic 1966	9-Akbal	4
7 dic 1966	10-Kan	5
8 dic 1966	11-Chicchan	6
9 dic 1966	12-Cimi	7
10 dic 1966	13-Manik	8
11 dic 1966	1-Lamat	9
12 dic 1966	2-Muluc	1
13 dic 1966	3-Oc	2
14 dic 1966	4-Chuen	3
15 dic 1966	5-Eb	4
16 dic 1966	6-Ben	5
17 dic 1966	7-Ix	6
18 dic 1966	8-Men	7
19 dic 1966	9-Cib	8
20 dic 1966	10-Caban	9
21 dic 1966	11-Etz'nab	1
22 dic 1966	12-Cauac	2
23 dic 1966	13-Ahau	3
24 dic 1966	1-Imix	4
25 dic 1966	2-Ik	5
26 dic 1966	3-Akbal	6
27 dic 1966	4-Kan	7
28 dic 1966	5-Chicchan	8
29 dic 1966	6-Cimi	9
30 dic 1966	7-Manik	1
31 dic 1966	8-Lamat	2
1 ene 1967	9-Muluc	3
2 ene 1967	10-Oc	4
3 ene 1967	11-Chuen	5
4 ene 1967	12-Eb	6
5 ene 1967	13-Ben	7
6 ene 1967	1-Ix	8
7 ene 1967	2-Men	9
8 ene 1967	3-Cib	1
9 ene 1967	4-Caban	2

Fecha	Signo del día	S
10 ene 1967	5-Etz'nab	3
11 ene 1967	6-Cauac	4
12 ene 1967	7-Ahau	5
13 ene 1967	8-Imix	6
14 ene 1967	9-Ik	7
15 ene 1967	10-Akbal	8
16 ene 1967	11-Kan	9
17 ene 1967	12-Chicchan	1
18 ene 1967	13-Cimi	2
19 ene 1967	1-Manik	3
20 ene 1967	2-Lamat	4
21 ene 1967	3-Muluc	5
22 ene 1967	4-Oc	6
23 ene 1967	5-Chuen	7
24 ene 1967	6-Eb	8
25 ene 1967	7-Ben	9
26 ene 1967	8-Ix	1
27 ene 1967	9-Men	2
28 ene 1967	10-Cib	3
29 ene 1967	11-Caban	4
30 ene 1967	12-Etz'nab	5
31 ene 1967	13-Cauac	6
1 feb 1967	1-Ahau	7
2 feb 1967	2-Imix	8
3 feb 1967	3-Ik	9
4 feb 1967	4-Akbal	1
5 feb 1967	5-Kan	2
6 feb 1967	6-Chicchan	3
7 feb 1967	7-Cimi	4
8 feb 1967	8-Manik	5
9 feb 1967	9-Lamat	6
10 feb 1967	10-Muluc	7
11 feb 1967	11-Oc	8
12 feb 1967	12-Chuen	9
13 feb 1967	13-Eb	1
14 feb 1967	1-Ben	2
15 feb 1967	2-Ix	3
16 feb 1967	3-Men	4
17 feb 1967	4-Cib	5
18 feb 1967	5-Caban	6
19 feb 1967	6-Etz'nab	7
20 feb 1967	7-Cauac	8
21 feb 1967	8-Ahau	9
22 feb 1967	9-Imix	1
23 feb 1967	10-Ik	2
24 feb 1967	11-Akbal	3
25 feb 1967	12-Kan	4
26 feb 1967	13-Chicchan	5
27 feb 1967	1-Cimi	6
28 feb 1967	2-Manik	7
1 mar 1967	3-Lamat	8
2 mar 1967	4-Muluc	9
3 mar 1967	5-Oc	1
4 mar 1967	6-Chuen	2
5 mar 1967	7-Eb	3
6 mar 1967	8-Ben	4
7 mar 1967	9-Ix	5
8 mar 1967	10-Men	6
9 mar 1967	11-Cib	7
10 mar 1967	12-Caban	8
11 mar 1967	13-Etz'nab	9
12 mar 1967	1-Cauac	1
13 mar 1967	2-Ahau	2
14 mar 1967	3-Imix	3
15 mar 1967	4-Ik	4
16 mar 1967	5-Akbal	5
17 mar 1967	6-Kan	6
18 mar 1967	7-Chicchan	7

Fecha	Signo del día	S
19 mar 1967	8-Cimi	8
20 mar 1967	9-Manik	9
21 mar 1967	10-Lamat	1
22 mar 1967	11-Muluc	2
23 mar 1967	12-Oc	3
24 mar 1967	13-Chuen	4
25 mar 1967	1-Eb	5
26 mar 1967	2-Ben	6
27 mar 1967	3-Ix	7
28 mar 1967	4-Men	8
29 mar 1967	5-Cib	9
30 mar 1967	6-Caban	1
31 mar 1967	7-Etz'nab	2
1 abr 1967	8-Cauac	3
2 abr 1967	9-Ahau	4
3 abr 1967	10-Imix	5
4 abr 1967	11-Ik	6
5 abr 1967	12-Akbal	7
6 abr 1967	13-Kan	8
7 abr 1967	1-Chicchan	9
8 abr 1967	2-Cimi	1
9 abr 1967	3-Manik	2
10 abr 1967	4-Lamat	3
11 abr 1967	5-Muluc	4
12 abr 1967	6-Oc	5
13 abr 1967	7-Chuen	6
14 abr 1967	8-Eb	7
15 abr 1967	9-Ben	8
16 abr 1967	10-Ix	9
17 abr 1967	11-Men	1
18 abr 1967	12-Cib	2
19 abr 1967	13-Caban	3
20 abr 1967	1-Etz'nab	4
21 abr 1967	2-Cauac	5
22 abr 1967	3-Ahau	6
23 abr 1967	4-Imix	7
24 abr 1967	5-Ik	8
25 abr 1967	6-Akbal	9
26 abr 1967	7-Kan	1
27 abr 1967	8-Chicchan	2
28 abr 1967	9-Cimi	3
29 abr 1967	10-Manik	4
30 abr 1967	11-Lamat	5
1 may 1967	12-Muluc	6
2 may 1967	13-Oc	7
3 may 1967	1-Chuen	8
4 may 1967	2-Eb	9
5 may 1967	3-Ben	1
6 may 1967	4-Ix	2
7 may 1967	5-Men	3
8 may 1967	6-Cib	4
9 may 1967	7-Caban	5
10 may 1967	8-Etz'nab	6
11 may 1967	9-Cauac	7
12 may 1967	10-Ahau	8
13 may 1967	11-Imix	9
14 may 1967	12-Ik	1
15 may 1967	13-Akbal	2
16 may 1967	1-Kan	3
17 may 1967	2-Chicchan	4
18 may 1967	3-Cimi	5
19 may 1967	4-Manik	6
20 may 1967	5-Lamat	7
21 may 1967	6-Muluc	8
22 may 1967	7-Oc	9
23 may 1967	8-Chuen	1
24 may 1967	9-Eb	2
25 may 1967	10-Ben	3

Fecha	Signo del día	S	Fecha	Signo del día	S	Fecha	Signo del día	S
26 may 1967	11-Ix	4	2 ago 1967	**1-Ik**	9	9 oct 1967	4-Oc	5
27 may 1967	12-Men	5	3 ago 1967	2-Akbal	1	10 oct 1967	5-Chuen	6
28 may 1967	13-Cib	6	4 ago 1967	3-Kan	2	11 oct 1967	6-Eb	7
29 may 1967	**1-Caban**	7	5 ago 1967	4-Chicchan	3	12 oct 1967	7-Ben	8
30 may 1967	2-Etz'nab	8	6 ago 1967	5-Cimi	4	13 oct 1967	8-Ix	9
31 may 1967	3-Cauac	9	7 ago 1967	6-Manik	5	14 oct 1967	9-Men	1
1 jun 1967	4-Ahau	1	8 ago 1967	7-Lamat	6	15 oct 1967	10-Cib	2
2 jun 1967	*5-Imix*	2	9 ago 1967	8-Muluc	7	16 oct 1967	11-Caban	3
3 jun 1967	6-Ik	3	10 ago 1967	9-Oc	8	17 oct 1967	12-Etz'nab	4
4 jun 1967	7-Akbal	4	11 ago 1967	10-Chuen	9	18 oct 1967	13-Cauac	5
5 jun 1967	8-Kan	5	12 ago 1967	11-Eb	1	19 oct 1967	**1-Ahau**	6
6 jun 1967	9-Chicchan	6	13 ago 1967	12-Ben	2	20 oct 1967	*2-Imix*	7
7 jun 1967	10-Cimi	7	14 ago 1967	13-Ix	3	21 oct 1967	3-Ik	8
8 jun 1967	11-Manik	8	15 ago 1967	**1-Men**	4	22 oct 1967	4-Akbal	9
9 jun 1967	12-Lamat	9	16 ago 1967	2-Cib	5	23 oct 1967	5-Kan	1
10 jun 1967	13-Muluc	1	17 ago 1967	3-Caban	6	24 oct 1967	6-Chicchan	2
11 jun 1967	**1-Oc**	2	18 ago 1967	4-Etz'nab	7	25 oct 1967	7-Cimi	3
12 jun 1967	2-Chuen	3	19 ago 1967	5-Cauac	8	26 oct 1967	8-Manik	4
13 jun 1967	3-Eb	4	20 ago 1967	6-Ahau	9	27 oct 1967	9-Lamat	5
14 jun 1967	4-Ben	5	21 ago 1967	*7-Imix*	1	28 oct 1967	10-Muluc	6
15 jun 1967	5-Ix	6	22 ago 1967	8-Ik	2	29 oct 1967	11-Oc	7
16 jun 1967	6-Men	7	23 ago 1967	9-Akbal	3	30 oct 1967	12-Chuen	8
17 jun 1967	7-Cib	8	24 ago 1967	10-Kan	4	31 oct 1967	13-Eb	9
18 jun 1967	8-Caban	9	25 ago 1967	11-Chicchan	5	1 nov 1967	**1-Ben**	1
19 jun 1967	9-Etz'nab	1	26 ago 1967	12-Cimi	6	2 nov 1967	2-Ix	2
20 jun 1967	10-Cauac	2	27 ago 1967	13-Manik	7	3 nov 1967	3-Men	3
21 jun 1967	11-Ahau	3	28 ago 1967	**1-Lamat**	8	4 nov 1967	4-Cib	4
22 jun 1967	*12-Imix*	4	29 ago 1967	2-Muluc	9	5 nov 1967	5-Caban	5
23 jun 1967	13-Ik	5	30 ago 1967	3-Oc	1	6 nov 1967	6-Etz'nab	6
24 jun 1967	**1-Akbal**	6	31 ago 1967	4-Chuen	2	7 nov 1967	7-Cauac	7
25 jun 1967	2-Kan	7	1 sep 1967	5-Eb	3	8 nov 1967	8-Ahau	8
26 jun 1967	3-Chicchan	8	2 sep 1967	6-Ben	4	9 nov 1967	*9-Imix*	9
27 jun 1967	4-Cimi	9	3 sep 1967	7-Ix	5	10 nov 1967	10-Ik	1
28 jun 1967	5-Manik	1	4 sep 1967	8-Men	6	11 nov 1967	11-Akbal	2
29 jun 1967	6-Lamat	2	5 sep 1967	9-Cib	7	12 nov 1967	12-Kan	3
30 jun 1967	7-Muluc	3	6 sep 1967	10-Caban	8	13 nov 1967	13-Chicchan	4
1 jul 1967	8-Oc	4	7 sep 1967	11-Etz'nab	9	14 nov 1967	**1-Cimi**	5
2 jul 1967	9-Chuen	5	8 sep 1967	12-Cauac	1	15 nov 1967	2-Manik	6
3 jul 1967	10-Eb	6	9 sep 1967	13-Ahau	2	16 nov 1967	3-Lamat	7
4 jul 1967	11-Ben	7	10 sep 1967	**1-Imix**	3	17 nov 1967	4-Muluc	8
5 jul 1967	12-Ix	8	11 sep 1967	2-Ik	4	18 nov 1967	5-Oc	9
6 jul 1967	13-Men	9	12 sep 1967	3-Akbal	5	19 nov 1967	6-Chuen	1
7 jul 1967	**1-Cib**	1	13 sep 1967	4-Kan	6	20 nov 1967	7-Eb	2
8 jul 1967	2-Caban	2	14 sep 1967	5-Chicchan	7	21 nov 1967	8-Ben	3
9 jul 1967	3-Etz'nab	3	15 sep 1967	6-Cimi	8	22 nov 1967	9-Ix	4
10 jul 1967	4-Cauac	4	16 sep 1967	7-Manik	9	23 nov 1967	10-Men	5
11 jul 1967	5-Ahau	5	17 sep 1967	8-Lamat	1	24 nov 1967	11-Cib	6
12 jul 1967	*6-Imix*	6	18 sep 1967	9-Muluc	2	25 nov 1967	12-Caban	7
13 jul 1967	7-Ik	7	19 sep 1967	10-Oc	3	26 nov 1967	13-Etz'nab	8
14 jul 1967	8-Akbal	8	20 sep 1967	11-Chuen	4	27 nov 1967	**1-Cauac**	9
15 jul 1967	9-Kan	9	21 sep 1967	12-Eb	5	28 nov 1967	2-Ahau	1
16 jul 1967	10-Chicchan	1	22 sep 1967	13-Ben	6	29 nov 1967	*3-Imix*	2
17 jul 1967	11-Cimi	2	23 sep 1967	**1-Ix**	7	30 nov 1967	4-Ik	3
18 jul 1967	12-Manik	3	24 sep 1967	2-Men	8	1 dic 1967	5-Akbal	4
19 jul 1967	13-Lamat	4	25 sep 1967	3-Cib	9	2 dic 1967	6-Kan	5
20 jul 1967	**1-Muluc**	5	26 sep 1967	4-Caban	1	3 dic 1967	7-Chicchan	6
21 jul 1967	2-Oc	6	27 sep 1967	5-Etz'nab	2	4 dic 1967	8-Cimi	7
22 jul 1967	3-Chuen	7	28 sep 1967	6-Cauac	3	5 dic 1967	9-Manik	8
23 jul 1967	4-Eb	8	29 sep 1967	7-Ahau	4	6 dic 1967	10-Lamat	9
24 jul 1967	5-Ben	9	30 sep 1967	*8-Imix*	5	7 dic 1967	11-Muluc	1
25 jul 1967	6-Ix	1	1 oct 1967	9-Ik	6	8 dic 1967	12-Oc	2
26 jul 1967	7-Men	2	2 oct 1967	10-Akbal	7	9 dic 1967	13-Chuen	3
27 jul 1967	8-Cib	3	3 oct 1967	11-Kan	8	10 dic 1967	**1-Eb**	4
28 jul 1967	9-Caban	4	4 oct 1967	12-Chicchan	9	11 dic 1967	2-Ben	5
29 jul 1967	10-Etz'nab	5	5 oct 1967	13-Cimi	1	12 dic 1967	3-Ix	6
30 jul 1967	11-Cauac	6	6 oct 1967	**1-Manik**	2	13 dic 1967	4-Men	7
31 jul 1967	12-Ahau	7	7 oct 1967	2-Lamat	3	14 dic 1967	5-Cib	8
1 ago 1967	*13-Imix*	8	8 oct 1967	3-Muluc	4	15 dic 1967	6-Caban	9

Fecha	Signo del día	S	Fecha	Signo del día	S	Fecha	Signo del día	S
16 dic 1967	7-Etz'nab	1	22 feb 1968	10-Cimi	6	30 abr 1968	13-Ix	2
17 dic 1967	8-Cauac	2	23 feb 1968	11-Manik	7	1 may 1968	**1-Men**	3
18 dic 1967	9-Ahau	3	24 feb 1968	12-Lamat	8	2 may 1968	2-Cib	4
19 dic 1967	*10-Imix*	4	25 feb 1968	13-Muluc	9	3 may 1968	3-Caban	5
20 dic 1967	11-Ik	5	26 feb 1968	**1-Oc**	1	4 may 1968	4-Etz'nab	6
21 dic 1967	12-Akbal	6	27 feb 1968	2-Chuen	2	5 may 1968	5-Cauac	7
22 dic 1967	13-Kan	7	28 feb 1968	3-Eb	3	6 may 1968	6-Ahau	8
23 dic 1967	**1-Chicchan**	8	29 feb 1968	4-Ben	4	7 may 1968	*7-Imix*	9
24 dic 1967	2-Cimi	9	1 mar 1968	5-Ix	5	8 may 1968	8-Ik	1
25 dic 1967	3-Manik	1	2 mar 1968	6-Men	6	9 may 1968	9-Akbal	2
26 dic 1967	4-Lamat	2	3 mar 1968	7-Cib	7	10 may 1968	10-Kan	3
27 dic 1967	5-Muluc	3	4 mar 1968	8-Caban	8	11 may 1968	11-Chicchan	4
28 dic 1967	6-Oc	4	5 mar 1968	9-Etz'nab	9	12 may 1968	12-Cimi	5
29 dic 1967	7-Chuen	5	6 mar 1968	10-Cauac	1	13 may 1968	13-Manik	6
30 dic 1967	8-Eb	6	7 mar 1968	11-Ahau	2	14 may 1968	**1-Lamat**	7
31 dic 1967	9-Ben	7	8 mar 1968	*12-Imix*	3	15 may 1968	2-Muluc	8
1 ene 1968	10-Ix	8	9 mar 1968	13-Ix	4	16 may 1968	3-Oc	9
2 ene 1968	11-Men	9	10 mar 1968	**1-Akbal**	5	17 may 1968	4-Chuen	1
3 ene 1968	12-Cib	1	11 mar 1968	2-Kan	6	18 may 1968	5-Eb	2
4 ene 1968	13-Caban	2	12 mar 1968	3-Chicchan	7	19 may 1968	6-Ben	3
5 ene 1968	**1-Etz'nab**	3	13 mar 1968	4-Cimi	8	20 may 1968	7-Ix	4
6 ene 1968	2-Cauac	4	14 mar 1968	5-Manik	9	21 may 1968	8-Men	5
7 ene 1968	3-Ahau	5	15 mar 1968	6-Lamat	1	22 may 1968	9-Cib	6
8 ene 1968	*4-Imix*	6	16 mar 1968	7-Muluc	2	23 may 1968	10-Caban	7
9 ene 1968	5-Ik	7	17 mar 1968	8-Oc	3	24 may 1968	11-Etz'nab	8
10 ene 1968	6-Akbal	8	18 mar 1968	9-Chuen	4	25 may 1968	12-Cauac	9
11 ene 1968	7-Kan	9	19 mar 1968	10-Eb	5	26 may 1968	13-Ahau	1
12 ene 1968	8-Chicchan	1	20 mar 1968	11-Ben	6	27 may 1968	**1-Imix**	2
13 ene 1968	9-Cimi	2	21 mar 1968	12-Ix	7	28 may 1968	2-Ik	3
14 ene 1968	10-Manik	3	22 mar 1968	13-Men	8	29 may 1968	3-Akbal	4
15 ene 1968	11-Lamat	4	23 mar 1968	**1-Cib**	9	30 may 1968	4-Kan	5
16 ene 1968	12-Muluc	5	24 mar 1968	2-Caban	1	31 may 1968	5-Chicchan	6
17 ene 1968	13-Oc	6	25 mar 1968	3-Etz'nab	2	1 jun 1968	6-Cimi	7
18 ene 1968	**1-Chuen**	7	26 mar 1968	4-Cauac	3	2 jun 1968	7-Manik	8
19 ene 1968	2-Eb	8	27 mar 1968	5-Ahau	4	3 jun 1968	8-Lamat	9
20 ene 1968	3-Ben	9	28 mar 1968	*6-Imix*	5	4 jun 1968	9-Muluc	1
21 ene 1968	4-Ix	1	29 mar 1968	7-Ik	6	5 jun 1968	10-Oc	2
22 ene 1968	5-Men	2	30 mar 1968	8-Akbal	7	6 jun 1968	11-Chuen	3
23 ene 1968	6-Cib	3	31 mar 1968	9-Kan	8	7 jun 1968	12-Eb	4
24 ene 1968	7-Caban	4	1 abr 1968	10-Chicchan	9	8 jun 1968	13-Ben	5
25 ene 1968	8-Etz'nab	5	2 abr 1968	11-Cimi	1	9 jun 1968	**1-Ix**	6
26 ene 1968	9-Cauac	6	3 abr 1968	12-Manik	2	10 jun 1968	2-Men	7
27 ene 1968	10-Ahau	7	4 abr 1968	13-Lamat	3	11 jun 1968	3-Cib	8
28 ene 1968	*11-Imix*	8	5 abr 1968	**1-Muluc**	4	12 jun 1968	4-Caban	9
29 ene 1968	12-Ik	9	6 abr 1968	2-Oc	5	13 jun 1968	5-Etz'nab	1
30 ene 1968	13-Akbal	1	7 abr 1968	3-Chuen	6	14 jun 1968	6-Cauac	2
31 ene 1968	**1-Kan**	2	8 abr 1968	4-Eb	7	15 jun 1968	7-Ahau	3
1 feb 1968	2-Chicchan	3	9 abr 1968	5-Ben	8	16 jun 1968	*8-Imix*	4
2 feb 1968	3-Cimi	4	10 abr 1968	6-Ix	9	17 jun 1968	9-Ik	5
3 feb 1968	4-Manik	5	11 abr 1968	7-Men	1	18 jun 1968	10-Akbal	6
4 feb 1968	5-Lamat	6	12 abr 1968	8-Cib	2	19 jun 1968	11-Kan	7
5 feb 1968	6-Muluc	7	13 abr 1968	9-Caban	3	20 jun 1968	12-Chicchan	8
6 feb 1968	7-Oc	8	14 abr 1968	10-Etz'nab	4	21 jun 1968	13-Cimi	9
7 feb 1968	8-Chuen	9	15 abr 1968	11-Cauac	5	22 jun 1968	**1-Manik**	1
8 feb 1968	9-Eb	1	16 abr 1968	12-Ahau	6	23 jun 1968	2-Lamat	2
9 feb 1968	10-Ben	2	17 abr 1968	*13-Imix*	7	24 jun 1968	3-Muluc	3
10 feb 1968	11-Ix	3	18 abr 1968	**1-Ik**	8	25 jun 1968	4-Oc	4
11 feb 1968	12-Men	4	19 abr 1968	2-Akbal	9	26 jun 1968	5-Chuen	5
12 feb 1968	13-Cib	5	20 abr 1968	3-Kan	1	27 jun 1968	6-Eb	6
13 feb 1968	**1-Caban**	6	21 abr 1968	4-Chicchan	2	28 jun 1968	7-Ben	7
14 feb 1968	2-Etz'nab	7	22 abr 1968	5-Cimi	3	29 jun 1968	8-Ix	8
15 feb 1968	3-Cauac	8	23 abr 1968	6-Manik	4	30 jun 1968	9-Men	9
16 feb 1968	4-Ahau	9	24 abr 1968	7-Lamat	5	1 jul 1968	10-Cib	1
17 feb 1968	*5-Imix*	1	25 abr 1968	8-Muluc	6	2 jul 1968	11-Caban	2
18 feb 1968	6-Ik	2	26 abr 1968	9-Oc	7	3 jul 1968	12-Etz'nab	3
19 feb 1968	7-Akbal	3	27 abr 1968	10-Chuen	8	4 jul 1968	13-Cauac	4
20 feb 1968	8-Kan	4	28 abr 1968	11-Eb	9	5 jul 1968	**1-Ahau**	5
21 feb 1968	9-Chicchan	5	29 abr 1968	12-Ben	1	6 jul 1968	*2-Imix*	6

Fecha	Signo del día	S	Fecha	Signo del día	S	Fecha	Signo del día	S
7 jul 1968	3-Ik	7	13 sep 1968	6-Oc	3	20 nov 1968	9-Etz'nab	8
8 jul 1968	4-Akbal	8	14 sep 1968	7-Chuen	4	21 nov 1968	10-Cauac	9
9 jul 1968	5-Kan	9	15 sep 1968	8-Eb	5	22 nov 1968	11-Ahau	1
10 jul 1968	6-Chicchan	1	16 sep 1968	9-Ben	6	23 nov 1968	12-Imix	2
11 jul 1968	7-Cimi	2	17 sep 1968	10-Ix	7	24 nov 1968	13-Ik	3
12 jul 1968	8-Manik	3	18 sep 1968	11-Men	8	25 nov 1968	**1-Akbal**	4
13 jul 1968	9-Lamat	4	19 sep 1968	12-Cib	9	26 nov 1968	2-Kan	5
14 jul 1968	10-Muluc	5	20 sep 1968	13-Caban	1	27 nov 1968	3-Chicchan	6
15 jul 1968	11-Oc	6	21 sep 1968	**1-Etz'nab**	2	28 nov 1968	4-Cimi	7
16 jul 1968	12-Chuen	7	22 sep 1968	2-Cauac	3	29 nov 1968	5-Manik	8
17 jul 1968	13-Eb	8	23 sep 1968	3-Ahau	4	30 nov 1968	6-Lamat	9
18 jul 1968	**1-Ben**	9	24 sep 1968	4-Imix	5	1 dic 1968	7-Muluc	1
19 jul 1968	2-Ix	1	25 sep 1968	5-Ik	6	2 dic 1968	8-Oc	2
20 jul 1968	3-Men	2	26 sep 1968	6-Akbal	7	3 dic 1968	9-Chuen	3
21 jul 1968	4-Cib	3	27 sep 1968	7-Kan	8	4 dic 1968	10-Eb	4
22 jul 1968	5-Caban	4	28 sep 1968	8-Chicchan	9	5 dic 1968	11-Ben	5
23 jul 1968	6-Etz'nab	5	29 sep 1968	9-Cimi	1	6 dic 1968	12-Ix	6
24 jul 1968	7-Cauac	6	30 sep 1968	10-Manik	2	7 dic 1968	13-Men	7
25 jul 1968	8-Ahau	7	1 oct 1968	11-Lamat	3	8 dic 1968	**1-Cib**	8
26 jul 1968	9-Imix	8	2 oct 1968	12-Muluc	4	9 dic 1968	2-Caban	9
27 jul 1968	10-Ik	9	3 oct 1968	13-Oc	5	10 dic 1968	3-Etz'nab	1
28 jul 1968	11-Akbal	1	4 oct 1968	**1-Chuen**	6	11 dic 1968	4-Cauac	2
29 jul 1968	12-Kan	2	5 oct 1968	2-Eb	7	12 dic 1968	5-Ahau	3
30 jul 1968	13-Chicchan	3	6 oct 1968	3-Ben	8	13 dic 1968	6-Imix	4
31 jul 1968	**1-Cimi**	4	7 oct 1968	4-Ix	9	14 dic 1968	7-Ik	5
1 ago 1968	2-Manik	5	8 oct 1968	5-Men	1	15 dic 1968	8-Akbal	6
2 ago 1968	3-Lamat	6	9 oct 1968	6-Cib	2	16 dic 1968	9-Kan	7
3 ago 1968	4-Muluc	7	10 oct 1968	7-Caban	3	17 dic 1968	10-Chicchan	8
4 ago 1968	5-Oc	8	11 oct 1968	8-Etz'nab	4	18 dic 1968	11-Cimi	9
5 ago 1968	6-Chuen	9	12 oct 1968	9-Cauac	5	19 dic 1968	12-Manik	1
6 ago 1968	7-Eb	1	13 oct 1968	10-Ahau	6	20 dic 1968	13-Lamat	2
7 ago 1968	8-Ben	2	14 oct 1968	11-Imix	7	21 dic 1968	**1-Muluc**	3
8 ago 1968	9-Ix	3	15 oct 1968	12-Ik	8	22 dic 1968	2-Oc	4
9 ago 1968	10-Men	4	16 oct 1968	13-Akbal	9	23 dic 1968	3-Chuen	5
10 ago 1968	11-Cib	5	17 oct 1968	**1-Kan**	1	24 dic 1968	4-Eb	6
11 ago 1968	12-Caban	6	18 oct 1968	2-Chicchan	2	25 dic 1968	5-Ben	7
12 ago 1968	13-Etz'nab	7	19 oct 1968	3-Cimi	3	26 dic 1968	6-Ix	8
13 ago 1968	**1-Cauac**	8	20 oct 1968	4-Manik	4	27 dic 1968	7-Men	9
14 ago 1968	2-Ahau	9	21 oct 1968	5-Lamat	5	28 dic 1968	8-Cib	1
15 ago 1968	3-Imix	1	22 oct 1968	6-Muluc	6	29 dic 1968	9-Caban	2
16 ago 1968	4-Ik	2	23 oct 1968	7-Oc	7	30 dic 1968	10-Etz'nab	3
17 ago 1968	5-Akbal	3	24 oct 1968	8-Chuen	8	31 dic 1968	11-Cauac	4
18 ago 1968	6-Kan	4	25 oct 1968	9-Eb	9	1 ene 1969	12-Ahau	5
19 ago 1968	7-Chicchan	5	26 oct 1968	10-Ben	1	2 ene 1969	13-Imix	6
20 ago 1968	8-Cimi	6	27 oct 1968	11-Ix	2	3 ene 1969	**1-Ik**	7
21 ago 1968	9-Manik	7	28 oct 1968	12-Men	3	4 ene 1969	2-Akbal	8
22 ago 1968	10-Lamat	8	29 oct 1968	13-Cib	4	5 ene 1969	3-Kan	9
23 ago 1968	11-Muluc	9	30 oct 1968	**1-Caban**	5	6 ene 1969	4-Chicchan	1
24 ago 1968	12-Oc	1	31 oct 1968	2-Etz'nab	6	7 ene 1969	5-Cimi	2
25 ago 1968	13-Chuen	2	1 nov 1968	3-Cauac	7	8 ene 1969	6-Manik	3
26 ago 1968	**1-Eb**	3	2 nov 1968	4-Ahau	8	9 ene 1969	7-Lamat	4
27 ago 1968	2-Ben	4	3 nov 1968	5-Imix	9	10 ene 1969	8-Muluc	5
28 ago 1968	3-Ix	5	4 nov 1968	6-Ik	1	11 ene 1969	9-Oc	6
29 ago 1968	4-Men	6	5 nov 1968	7-Akbal	2	12 ene 1969	10-Chuen	7
30 ago 1968	5-Cib	7	6 nov 1968	8-Kan	3	13 ene 1969	11-Eb	8
31 ago 1968	6-Caban	8	7 nov 1968	9-Chicchan	4	14 ene 1969	12-Ben	9
1 sep 1968	7-Etz'nab	9	8 nov 1968	10-Cimi	5	15 ene 1969	13-Ix	1
2 sep 1968	8-Cauac	1	9 nov 1968	11-Manik	6	16 ene 1969	**1-Men**	2
3 sep 1968	9-Ahau	2	10 nov 1968	12-Lamat	7	17 ene 1969	2-Cib	3
4 sep 1968	10-Imix	3	11 nov 1968	13-Muluc	8	18 ene 1969	3-Caban	4
5 sep 1968	11-Ik	4	12 nov 1968	**1-Oc**	9	19 ene 1969	4-Etz'nab	5
6 sep 1968	12-Akbal	5	13 nov 1968	2-Chuen	1	20 ene 1969	5-Cauac	6
7 sep 1968	13-Kan	6	14 nov 1968	3-Eb	2	21 ene 1969	6-Ahau	7
8 sep 1968	**1-Chicchan**	7	15 nov 1968	4-Ben	3	22 ene 1969	7-Imix	8
9 sep 1968	2-Cimi	8	16 nov 1968	5-Ix	4	23 ene 1969	8-Ik	9
10 sep 1968	3-Manik	9	17 nov 1968	6-Men	5	24 ene 1969	9-Akbal	1
11 sep 1968	4-Lamat	1	18 nov 1968	7-Cib	6	25 ene 1969	10-Kan	2
12 sep 1968	5-Muluc	2	19 nov 1968	8-Caban	7	26 ene 1969	11-Chicchan	3

Fecha	Signo del día	S
27 ene 1969	12-Cimi	4
28 ene 1969	13-Manik	5
29 ene 1969	**1-Lamat**	6
30 ene 1969	2-Muluc	7
31 ene 1969	3-Oc	8
1 feb 1969	4-Chuen	9
2 feb 1969	5-Eb	1
3 feb 1969	6-Ben	2
4 feb 1969	7-Ix	3
5 feb 1969	8-Men	4
6 feb 1969	9-Cib	5
7 feb 1969	10-Caban	6
8 feb 1969	11-Etz'nab	7
9 feb 1969	12-Cauac	8
10 feb 1969	13-Ahau	9
11 feb 1969	**1-Imix**	1
12 feb 1969	2-Ik	2
13 feb 1969	3-Akbal	3
14 feb 1969	4-Kan	4
15 feb 1969	5-Chicchan	5
16 feb 1969	6-Cimi	6
17 feb 1969	7-Manik	7
18 feb 1969	8-Lamat	8
19 feb 1969	9-Muluc	9
20 feb 1969	10-Oc	1
21 feb 1969	11-Chuen	2
22 feb 1969	12-Eb	3
23 feb 1969	13-Ben	4
24 feb 1969	**1-Ix**	5
25 feb 1969	2-Men	6
26 feb 1969	3-Cib	7
27 feb 1969	4-Caban	8
28 feb 1969	5-Etz'nab	9
1 mar 1969	6-Cauac	1
2 mar 1969	7-Ahau	2
3 mar 1969	*8-Imix*	3
4 mar 1969	9-Ik	4
5 mar 1969	10-Akbal	5
6 mar 1969	11-Kan	6
7 mar 1969	12-Chicchan	7
8 mar 1969	13-Cimi	8
9 mar 1969	**1-Manik**	9
10 mar 1969	2-Lamat	1
11 mar 1969	3-Muluc	2
12 mar 1969	4-Oc	3
13 mar 1969	5-Chuen	4
14 mar 1969	6-Eb	5
15 mar 1969	7-Ben	6
16 mar 1969	8-Ix	7
17 mar 1969	9-Men	8
18 mar 1969	10-Cib	9
19 mar 1969	11-Caban	1
20 mar 1969	12-Etz'nab	2
21 mar 1969	13-Cauac	3
22 mar 1969	**1-Ahau**	4
23 mar 1969	*2-Imix*	5
24 mar 1969	3-Ik	6
25 mar 1969	4-Akbal	7
26 mar 1969	5-Kan	8
27 mar 1969	6-Chicchan	9
28 mar 1969	7-Cimi	1
29 mar 1969	8-Manik	2
30 mar 1969	9-Lamat	3
31 mar 1969	10-Muluc	4
1 abr 1969	11-Oc	5
2 abr 1969	12-Chuen	6
3 abr 1969	13-Eb	7
4 abr 1969	**1-Ben**	8

Fecha	Signo del día	S
5 abr 1969	2-Ix	9
6 abr 1969	3-Men	1
7 abr 1969	4-Cib	2
8 abr 1969	5-Caban	3
9 abr 1969	6-Etz'nab	4
10 abr 1969	7-Cauac	5
11 abr 1969	8-Ahau	6
12 abr 1969	*9-Imix*	7
13 abr 1969	10-Ik	8
14 abr 1969	11-Akbal	9
15 abr 1969	12-Kan	1
16 abr 1969	13-Chicchan	2
17 abr 1969	**1-Cimi**	3
18 abr 1969	2-Manik	4
19 abr 1969	3-Lamat	5
20 abr 1969	4-Muluc	6
21 abr 1969	5-Oc	7
22 abr 1969	6-Chuen	8
23 abr 1969	7-Eb	9
24 abr 1969	8-Ben	1
25 abr 1969	9-Ix	2
26 abr 1969	10-Men	3
27 abr 1969	11-Cib	4
28 abr 1969	12-Caban	5
29 abr 1969	13-Etz'nab	6
30 abr 1969	**1-Cauac**	7
1 may 1969	2-Ahau	8
2 may 1969	*3-Imix*	9
3 may 1969	4-Ik	1
4 may 1969	5-Akbal	2
5 may 1969	6-Kan	3
6 may 1969	7-Chicchan	4
7 may 1969	8-Cimi	5
8 may 1969	9-Manik	6
9 may 1969	10-Lamat	7
10 may 1969	11-Muluc	8
11 may 1969	12-Oc	9
12 may 1969	13-Chuen	1
13 may 1969	**1-Eb**	2
14 may 1969	2-Ben	3
15 may 1969	3-Ix	4
16 may 1969	4-Men	5
17 may 1969	5-Cib	6
18 may 1969	6-Caban	7
19 may 1969	7-Etz'nab	8
20 may 1969	8-Cauac	9
21 may 1969	9-Ahau	1
22 may 1969	*10-Imix*	2
23 may 1969	11-Ik	3
24 may 1969	12-Akbal	4
25 may 1969	13-Kan	5
26 may 1969	**1-Chicchan**	6
27 may 1969	2-Cimi	7
28 may 1969	3-Manik	8
29 may 1969	4-Lamat	9
30 may 1969	5-Muluc	1
31 may 1969	6-Oc	2
1 jun 1969	7-Chuen	3
2 jun 1969	8-Eb	4
3 jun 1969	9-Ben	5
4 jun 1969	10-Ix	6
5 jun 1969	11-Men	7
6 jun 1969	12-Cib	8
7 jun 1969	13-Caban	9
8 jun 1969	**1-Etz'nab**	1
9 jun 1969	2-Cauac	2
10 jun 1969	3-Ahau	3
11 jun 1969	*4-Imix*	4

Fecha	Signo del día	S
12 jun 1969	5-Ik	5
13 jun 1969	6-Akbal	6
14 jun 1969	7-Kan	7
15 jun 1969	8-Chicchan	8
16 jun 1969	9-Cimi	9
17 jun 1969	10-Manik	1
18 jun 1969	11-Lamat	2
19 jun 1969	12-Muluc	3
20 jun 1969	13-Oc	4
21 jun 1969	**1-Chuen**	5
22 jun 1969	2-Eb	6
23 jun 1969	3-Ben	7
24 jun 1969	4-Ix	8
25 jun 1969	5-Men	9
26 jun 1969	6-Cib	1
27 jun 1969	7-Caban	2
28 jun 1969	8-Etz'nab	3
29 jun 1969	9-Cauac	4
30 jun 1969	10-Ahau	5
1 jul 1969	*11-Imix*	6
2 jul 1969	12-Ik	7
3 jul 1969	13-Akbal	8
4 jul 1969	**1-Kan**	9
5 jul 1969	2-Chicchan	1
6 jul 1969	3-Cimi	2
7 jul 1969	4-Manik	3
8 jul 1969	5-Lamat	4
9 jul 1969	6-Muluc	5
10 jul 1969	7-Oc	6
11 jul 1969	8-Chuen	7
12 jul 1969	9-Eb	8
13 jul 1969	10-Ben	9
14 jul 1969	11-Ix	1
15 jul 1969	12-Men	2
16 jul 1969	13-Cib	3
17 jul 1969	**1-Caban**	4
18 jul 1969	2-Etz'nab	5
19 jul 1969	3-Cauac	6
20 jul 1969	4-Ahau	7
21 jul 1969	*5-Imix*	8
22 jul 1969	6-Ik	9
23 jul 1969	7-Akbal	1
24 jul 1969	8-Kan	2
25 jul 1969	9-Chicchan	3
26 jul 1969	10-Cimi	4
27 jul 1969	11-Manik	5
28 jul 1969	12-Lamat	6
29 jul 1969	13-Muluc	7
30 jul 1969	**1-Oc**	8
31 jul 1969	2-Chuen	9
1 ago 1969	3-Eb	1
2 ago 1969	4-Ben	2
3 ago 1969	5-Ix	3
4 ago 1969	6-Men	4
5 ago 1969	7-Cib	5
6 ago 1969	8-Caban	6
7 ago 1969	9-Etz'nab	7
8 ago 1969	10-Cauac	8
9 ago 1969	11-Ahau	9
10 ago 1969	*12-Imix*	1
11 ago 1969	13-Ik	2
12 ago 1969	**1-Akbal**	3
13 ago 1969	2-Kan	4
14 ago 1969	3-Chicchan	5
15 ago 1969	4-Cimi	6
16 ago 1969	5-Manik	7
17 ago 1969	6-Lamat	8
18 ago 1969	7-Muluc	9

Fecha	Signo del día	S
19 ago 1969	8-Oc	1
20 ago 1969	9-Chuen	2
21 ago 1969	10-Eb	3
22 ago 1969	11-Ben	4
23 ago 1969	12-Ix	5
24 ago 1969	13-Men	6
25 ago 1969	**1-Cib**	7
26 ago 1969	2-Caban	8
27 ago 1969	3-Etz'nab	9
28 ago 1969	4-Cauac	1
29 ago 1969	5-Ahau	2
30 ago 1969	*6-Imix*	3
31 ago 1969	7-Ik	4
1 sep 1969	8-Akbal	5
2 sep 1969	9-Kan	6
3 sep 1969	10-Chicchan	7
4 sep 1969	11-Cimi	8
5 sep 1969	12-Manik	9
6 sep 1969	13-Lamat	1
7 sep 1969	**1-Muluc**	2
8 sep 1969	2-Oc	3
9 sep 1969	3-Chuen	4
10 sep 1969	4-Eb	5
11 sep 1969	5-Ben	6
12 sep 1969	6-Ix	7
13 sep 1969	7-Men	8
14 sep 1969	8-Cib	9
15 sep 1969	9-Caban	1
16 sep 1969	10-Etz'nab	2
17 sep 1969	11-Cauac	3
18 sep 1969	12-Ahau	4
19 sep 1969	*13-Imix*	5
20 sep 1969	**1-Ik**	6
21 sep 1969	2-Akbal	7
22 sep 1969	3-Kan	8
23 sep 1969	4-Chicchan	9
24 sep 1969	5-Cimi	1
25 sep 1969	6-Manik	2
26 sep 1969	7-Lamat	3
27 sep 1969	8-Muluc	4
28 sep 1969	9-Oc	5
29 sep 1969	10-Chuen	6
30 sep 1969	11-Eb	7
1 oct 1969	12-Ben	8
2 oct 1969	13-Ix	9
3 oct 1969	**1-Men**	1
4 oct 1969	2-Cib	2
5 oct 1969	3-Caban	3
6 oct 1969	4-Etz'nab	4
7 oct 1969	5-Cauac	5
8 oct 1969	6-Ahau	6
9 oct 1969	*7-Imix*	7
10 oct 1969	8-Ik	8
11 oct 1969	9-Akbal	9
12 oct 1969	10-Kan	1
13 oct 1969	11-Chicchan	2
14 oct 1969	12-Cimi	3
15 oct 1969	13-Manik	4
16 oct 1969	**1-Lamat**	5
17 oct 1969	2-Muluc	6
18 oct 1969	3-Oc	7
19 oct 1969	4-Chuen	8
20 oct 1969	5-Eb	9
21 oct 1969	6-Ben	1
22 oct 1969	7-Ix	2
23 oct 1969	8-Men	3
24 oct 1969	9-Cib	4
25 oct 1969	10-Caban	5

Fecha	Signo del día	S
26 oct 1969	11-Etz'nab	6
27 oct 1969	12-Cauac	7
28 oct 1969	13-Ahau	8
29 oct 1969	**1-Imix**	9
30 oct 1969	2-Ik	1
31 oct 1969	3-Akbal	2
1 nov 1969	4-Kan	3
2 nov 1969	5-Chicchan	4
3 nov 1969	6-Cimi	5
4 nov 1969	7-Manik	6
5 nov 1969	8-Lamat	7
6 nov 1969	9-Muluc	8
7 nov 1969	10-Oc	9
8 nov 1969	11-Chuen	1
9 nov 1969	12-Eb	2
10 nov 1969	13-Ben	3
11 nov 1969	**1-Ix**	4
12 nov 1969	2-Men	5
13 nov 1969	3-Cib	6
14 nov 1969	4-Caban	7
15 nov 1969	5-Etz'nab	8
16 nov 1969	6-Cauac	9
17 nov 1969	7-Ahau	1
18 nov 1969	*8-Imix*	2
19 nov 1969	9-Ik	3
20 nov 1969	10-Akbal	4
21 nov 1969	11-Kan	5
22 nov 1969	12-Chicchan	6
23 nov 1969	13-Cimi	7
24 nov 1969	**1-Manik**	8
25 nov 1969	2-Lamat	9
26 nov 1969	3-Muluc	1
27 nov 1969	4-Oc	2
28 nov 1969	5-Chuen	3
29 nov 1969	6-Eb	4
30 nov 1969	7-Ben	5
1 dic 1969	8-Ix	6
2 dic 1969	9-Men	7
3 dic 1969	10-Cib	8
4 dic 1969	11-Caban	9
5 dic 1969	12-Etz'nab	1
6 dic 1969	13-Cauac	2
7 dic 1969	**1-Ahau**	3
8 dic 1969	*2-Imix*	4
9 dic 1969	3-Ik	5
10 dic 1969	4-Akbal	6
11 dic 1969	5-Kan	7
12 dic 1969	6-Chicchan	8
13 dic 1969	7-Cimi	9
14 dic 1969	8-Manik	1
15 dic 1969	9-Lamat	2
16 dic 1969	10-Muluc	3
17 dic 1969	11-Oc	4
18 dic 1969	12-Chuen	5
19 dic 1969	13-Eb	6
20 dic 1969	**1-Ben**	7
21 dic 1969	2-Ix	8
22 dic 1969	3-Men	9
23 dic 1969	4-Cib	1
24 dic 1969	5-Caban	2
25 dic 1969	6-Etz'nab	3
26 dic 1969	7-Cauac	4
27 dic 1969	8-Ahau	5
28 dic 1969	*9-Imix*	6
29 dic 1969	10-Ik	7
30 dic 1969	11-Akbal	8
31 dic 1969	12-Kan	9
1 ene 1970	13-Chicchan	1

Fecha	Signo del día	S
2 ene 1970	**1-Cimi**	2
3 ene 1970	2-Manik	3
4 ene 1970	3-Lamat	4
5 ene 1970	4-Muluc	5
6 ene 1970	5-Oc	6
7 ene 1970	6-Chuen	7
8 ene 1970	7-Eb	8
9 ene 1970	8-Ben	9
10 ene 1970	9-Ix	1
11 ene 1970	10-Men	2
12 ene 1970	11-Cib	3
13 ene 1970	12-Caban	4
14 ene 1970	13-Etz'nab	5
15 ene 1970	**1-Cauac**	6
16 ene 1970	2-Ahau	7
17 ene 1970	*3-Imix*	8
18 ene 1970	4-Ik	9
19 ene 1970	5-Akbal	1
20 ene 1970	6-Kan	2
21 ene 1970	7-Chicchan	3
22 ene 1970	8-Cimi	4
23 ene 1970	9-Manik	5
24 ene 1970	10-Lamat	6
25 ene 1970	11-Muluc	7
26 ene 1970	12-Oc	8
27 ene 1970	13-Chuen	9
28 ene 1970	**1-Eb**	1
29 ene 1970	2-Ben	2
30 ene 1970	3-Ix	3
31 ene 1970	4-Men	4
1 feb 1970	5-Cib	5
2 feb 1970	6-Caban	6
3 feb 1970	7-Etz'nab	7
4 feb 1970	8-Cauac	8
5 feb 1970	9-Ahau	9
6 feb 1970	*10-Imix*	1
7 feb 1970	11-Ik	2
8 feb 1970	12-Akbal	3
9 feb 1970	13-Kan	4
10 feb 1970	**1-Chicchan**	5
11 feb 1970	2-Cimi	6
12 feb 1970	3-Manik	7
13 feb 1970	4-Lamat	8
14 feb 1970	5-Muluc	9
15 feb 1970	6-Oc	1
16 feb 1970	7-Chuen	2
17 feb 1970	8-Eb	3
18 feb 1970	9-Ben	4
19 feb 1970	10-Ix	5
20 feb 1970	11-Men	6
21 feb 1970	12-Cib	7
22 feb 1970	13-Caban	8
23 feb 1970	**1-Etz'nab**	9
24 feb 1970	2-Cauac	1
25 feb 1970	3-Ahau	2
26 feb 1970	*4-Imix*	3
27 feb 1970	5-Ik	4
28 feb 1970	6-Akbal	5
1 mar 1970	7-Kan	6
2 mar 1970	8-Chicchan	7
3 mar 1970	9-Cimi	8
4 mar 1970	10-Manik	9
5 mar 1970	11-Lamat	1
6 mar 1970	12-Muluc	2
7 mar 1970	13-Oc	3
8 mar 1970	**1-Chuen**	4
9 mar 1970	2-Eb	5
10 mar 1970	3-Ben	6

Fecha	Signo del día	S	Fecha	Signo del día	S	Fecha	Signo del día	S
11 mar 1970	4-Ix	7	18 may 1970	7-Ik	3	25 jul 1970	10-Oc	8
12 mar 1970	5-Men	8	19 may 1970	8-Akbal	4	26 jul 1970	11-Chuen	9
13 mar 1970	6-Cib	9	20 may 1970	9-Kan	5	27 jul 1970	12-Eb	1
14 mar 1970	7-Caban	1	21 may 1970	10-Chicchan	6	28 jul 1970	13-Ben	2
15 mar 1970	8-Etz'nab	2	22 may 1970	11-Cimi	7	29 jul 1970	**1-Ix**	3
16 mar 1970	9-Cauac	3	23 may 1970	12-Manik	8	30 jul 1970	2-Men	4
17 mar 1970	10-Ahau	4	24 may 1970	13-Lamat	9	31 jul 1970	3-Cib	5
18 mar 1970	*11-Imix*	5	25 may 1970	**1-Muluc**	1	1 ago 1970	4-Caban	6
19 mar 1970	12-Ik	6	26 may 1970	2-Oc	2	2 ago 1970	5-Etz'nab	7
20 mar 1970	13-Akbal	7	27 may 1970	3-Chuen	3	3 ago 1970	6-Cauac	8
21 mar 1970	**1-Kan**	8	28 may 1970	4-Eb	4	4 ago 1970	7-Ahau	9
22 mar 1970	2-Chicchan	9	29 may 1970	5-Ben	5	5 ago 1970	*8-Imix*	1
23 mar 1970	3-Cimi	1	30 may 1970	6-Ix	6	6 ago 1970	9-Ik	2
24 mar 1970	4-Manik	2	31 may 1970	7-Men	7	7 ago 1970	10-Akbal	3
25 mar 1970	5-Lamat	3	1 jun 1970	8-Cib	8	8 ago 1970	11-Kan	4
26 mar 1970	6-Muluc	4	2 jun 1970	9-Caban	9	9 ago 1970	12-Chicchan	5
27 mar 1970	7-Oc	5	3 jun 1970	10-Etz'nab	1	10 ago 1970	13-Cimi	6
28 mar 1970	8-Chuen	6	4 jun 1970	11-Cauac	2	11 ago 1970	**1-Manik**	7
29 mar 1970	9-Eb	7	5 jun 1970	12-Ahau	3	12 ago 1970	2-Lamat	8
30 mar 1970	10-Ben	8	6 jun 1970	*13-Imix*	4	13 ago 1970	3-Muluc	9
31 mar 1970	11-Ix	9	7 jun 1970	**1-Ik**	5	14 ago 1970	4-Oc	1
1 abr 1970	12-Men	1	8 jun 1970	2-Akbal	6	15 ago 1970	5-Chuen	2
2 abr 1970	13-Cib	2	9 jun 1970	3-Kan	7	16 ago 1970	6-Eb	3
3 abr 1970	**1-Caban**	3	10 jun 1970	4-Chicchan	8	17 ago 1970	7-Ben	4
4 abr 1970	2-Etz'nab	4	11 jun 1970	5-Cimi	9	18 ago 1970	8-Ix	5
5 abr 1970	3-Cauac	5	12 jun 1970	6-Manik	1	19 ago 1970	9-Men	6
6 abr 1970	4-Ahau	6	13 jun 1970	7-Lamat	2	20 ago 1970	10-Cib	7
7 abr 1970	*5-Imix*	7	14 jun 1970	8-Muluc	3	21 ago 1970	11-Caban	8
8 abr 1970	6-Ik	8	15 jun 1970	9-Oc	4	22 ago 1970	12-Etz'nab	9
9 abr 1970	7-Akbal	9	16 jun 1970	10-Chuen	5	23 ago 1970	13-Cauac	1
10 abr 1970	8-Kan	1	17 jun 1970	11-Eb	6	24 ago 1970	**1-Ahau**	2
11 abr 1970	9-Chicchan	2	18 jun 1970	12-Ben	7	25 ago 1970	*2-Imix*	3
12 abr 1970	10-Cimi	3	19 jun 1970	13-Ix	8	26 ago 1970	3-Ik	4
13 abr 1970	11-Manik	4	20 jun 1970	**1-Men**	9	27 ago 1970	4-Akbal	5
14 abr 1970	12-Lamat	5	21 jun 1970	2-Cib	1	28 ago 1970	5-Kan	6
15 abr 1970	13-Muluc	6	22 jun 1970	3-Caban	2	29 ago 1970	6-Chicchan	7
16 abr 1970	**1-Oc**	7	23 jun 1970	4-Etz'nab	3	30 ago 1970	7-Cimi	8
17 abr 1970	2-Chuen	8	24 jun 1970	5-Cauac	4	31 ago 1970	8-Manik	9
18 abr 1970	3-Eb	9	25 jun 1970	6-Ahau	5	1 sep 1970	9-Lamat	1
19 abr 1970	4-Ben	1	26 jun 1970	*7-Imix*	6	2 sep 1970	10-Muluc	2
20 abr 1970	5-Ix	2	27 jun 1970	8-Ik	7	3 sep 1970	11-Oc	3
21 abr 1970	6-Men	3	28 jun 1970	9-Akbal	8	4 sep 1970	12-Chuen	4
22 abr 1970	7-Cib	4	29 jun 1970	10-Kan	9	5 sep 1970	13-Eb	5
23 abr 1970	8-Caban	5	30 jun 1970	11-Chicchan	1	6 sep 1970	**1-Ben**	6
24 abr 1970	9-Etz'nab	6	1 jul 1970	12-Cimi	2	7 sep 1970	2-Ix	7
25 abr 1970	10-Cauac	7	2 jul 1970	13-Manik	3	8 sep 1970	3-Men	8
26 abr 1970	11-Ahau	8	3 jul 1970	**1-Lamat**	4	9 sep 1970	4-Cib	9
27 abr 1970	*12-Imix*	9	4 jul 1970	2-Muluc	5	10 sep 1970	5-Caban	1
28 abr 1970	13-Ik	1	5 jul 1970	3-Oc	6	11 sep 1970	6-Etz'nab	2
29 abr 1970	**1-Akbal**	2	6 jul 1970	4-Chuen	7	12 sep 1970	7-Cauac	3
30 abr 1970	2-Kan	3	7 jul 1970	5-Eb	8	13 sep 1970	8-Ahau	4
1 may 1970	3-Chicchan	4	8 jul 1970	6-Ben	9	14 sep 1970	*9-Imix*	5
2 may 1970	4-Cimi	5	9 jul 1970	7-Ix	1	15 sep 1970	10-Ik	6
3 may 1970	5-Manik	6	10 jul 1970	8-Men	2	16 sep 1970	11-Akbal	7
4 may 1970	6-Lamat	7	11 jul 1970	9-Cib	3	17 sep 1970	12-Kan	8
5 may 1970	7-Muluc	8	12 jul 1970	10-Caban	4	18 sep 1970	13-Chicchan	9
6 may 1970	8-Oc	9	13 jul 1970	11-Etz'nab	5	19 sep 1970	**1-Cimi**	1
7 may 1970	9-Chuen	1	14 jul 1970	12-Cauac	6	20 sep 1970	2-Manik	2
8 may 1970	10-Eb	2	15 jul 1970	13-Ahau	7	21 sep 1970	3-Lamat	3
9 may 1970	11-Ben	3	16 jul 1970	**1-Imix**	8	22 sep 1970	4-Muluc	4
10 may 1970	12-Ix	4	17 jul 1970	2-Ik	9	23 sep 1970	5-Oc	5
11 may 1970	13-Men	5	18 jul 1970	3-Akbal	1	24 sep 1970	6-Chuen	6
12 may 1970	**1-Cib**	6	19 jul 1970	4-Kan	2	25 sep 1970	7-Eb	7
13 may 1970	2-Caban	7	20 jul 1970	5-Chicchan	3	26 sep 1970	8-Ben	8
14 may 1970	3-Etz'nab	8	21 jul 1970	6-Cimi	4	27 sep 1970	9-Ix	9
15 may 1970	4-Cauac	9	22 jul 1970	7-Manik	5	28 sep 1970	10-Men	1
16 may 1970	5-Ahau	1	23 jul 1970	8-Lamat	6	29 sep 1970	11-Cib	2
17 may 1970	*6-Imix*	2	24 jul 1970	9-Muluc	7	30 sep 1970	12-Caban	3

Fecha	Signo del día	S
1 oct 1970	13-Etz'nab	4
2 oct 1970	**1-Cauac**	5
3 oct 1970	2-Ahau	6
4 oct 1970	*3-Imix*	7
5 oct 1970	4-Ik	8
6 oct 1970	5-Akbal	9
7 oct 1970	6-Kan	1
8 oct 1970	7-Chicchan	2
9 oct 1970	8-Cimi	3
10 oct 1970	9-Manik	4
11 oct 1970	10-Lamat	5
12 oct 1970	11-Muluc	6
13 oct 1970	12-Oc	7
14 oct 1970	13-Chuen	8
15 oct 1970	**1-Eb**	9
16 oct 1970	2-Ben	1
17 oct 1970	3-Ix	2
18 oct 1970	4-Men	3
19 oct 1970	5-Cib	4
20 oct 1970	6-Caban	5
21 oct 1970	7-Etz'nab	6
22 oct 1970	8-Cauac	7
23 oct 1970	9-Ahau	8
24 oct 1970	*10-Imix*	9
25 oct 1970	11-Ik	1
26 oct 1970	12-Akbal	2
27 oct 1970	13-Kan	3
28 oct 1970	**1-Chicchan**	4
29 oct 1970	2-Cimi	5
30 oct 1970	3-Manik	6
31 oct 1970	4-Lamat	7
1 nov 1970	5-Muluc	8
2 nov 1970	6-Oc	9
3 nov 1970	7-Chuen	1
4 nov 1970	8-Eb	2
5 nov 1970	9-Ben	3
6 nov 1970	10-Ix	4
7 nov 1970	11-Men	5
8 nov 1970	12-Cib	6
9 nov 1970	13-Caban	7
10 nov 1970	**1-Etz'nab**	8
11 nov 1970	2-Cauac	9
12 nov 1970	3-Ahau	1
13 nov 1970	*4-Imix*	2
14 nov 1970	5-Ik	3
15 nov 1970	6-Akbal	4
16 nov 1970	7-Kan	5
17 nov 1970	8-Chicchan	6
18 nov 1970	9-Cimi	7
19 nov 1970	10-Manik	8
20 nov 1970	11-Lamat	9
21 nov 1970	12-Muluc	1
22 nov 1970	13-Oc	2
23 nov 1970	**1-Chuen**	3
24 nov 1970	2-Eb	4
25 nov 1970	3-Ben	5
26 nov 1970	4-Ix	6
27 nov 1970	5-Men	7
28 nov 1970	6-Cib	8
29 nov 1970	7-Caban	9
30 nov 1970	8-Etz'nab	1
1 dic 1970	9-Cauac	2
2 dic 1970	10-Ahau	3
3 dic 1970	*11-Imix*	4
4 dic 1970	12-Ik	5
5 dic 1970	13-Akbal	6
6 dic 1970	**1-Kan**	7
7 dic 1970	2-Chicchan	8

Fecha	Signo del día	S
8 dic 1970	3-Cimi	9
9 dic 1970	4-Manik	1
10 dic 1970	5-Lamat	2
11 dic 1970	6-Muluc	3
12 dic 1970	7-Oc	4
13 dic 1970	8-Chuen	5
14 dic 1970	9-Eb	6
15 dic 1970	10-Ben	7
16 dic 1970	11-Ix	8
17 dic 1970	12-Men	9
18 dic 1970	13-Cib	1
19 dic 1970	**1-Caban**	2
20 dic 1970	2-Etz'nab	3
21 dic 1970	3-Cauac	4
22 dic 1970	4-Ahau	5
23 dic 1970	*5-Imix*	6
24 dic 1970	6-Ik	7
25 dic 1970	7-Akbal	8
26 dic 1970	8-Kan	9
27 dic 1970	9-Chicchan	1
28 dic 1970	10-Cimi	2
29 dic 1970	11-Manik	3
30 dic 1970	12-Lamat	4
31 dic 1970	13-Muluc	5
1 ene 1971	**1-Oc**	6
2 ene 1971	2-Chuen	7
3 ene 1971	3-Eb	8
4 ene 1971	4-Ben	9
5 ene 1971	5-Ix	1
6 ene 1971	6-Men	2
7 ene 1971	7-Cib	3
8 ene 1971	8-Caban	4
9 ene 1971	9-Etz'nab	5
10 ene 1971	10-Cauac	6
11 ene 1971	11-Ahau	7
12 ene 1971	*12-Imix*	8
13 ene 1971	13-Ik	9
14 ene 1971	**1-Akbal**	1
15 ene 1971	2-Kan	2
16 ene 1971	3-Chicchan	3
17 ene 1971	4-Cimi	4
18 ene 1971	5-Manik	5
19 ene 1971	6-Lamat	6
20 ene 1971	7-Muluc	7
21 ene 1971	8-Oc	8
22 ene 1971	9-Chuen	9
23 ene 1971	10-Eb	1
24 ene 1971	11-Ben	2
25 ene 1971	12-Ix	3
26 ene 1971	13-Men	4
27 ene 1971	**1-Cib**	5
28 ene 1971	2-Caban	6
29 ene 1971	3-Etz'nab	7
30 ene 1971	4-Cauac	8
31 ene 1971	5-Ahau	9
1 feb 1971	*6-Imix*	1
2 feb 1971	7-Ik	2
3 feb 1971	8-Akbal	3
4 feb 1971	9-Kan	4
5 feb 1971	10-Chicchan	5
6 feb 1971	11-Cimi	6
7 feb 1971	12-Manik	7
8 feb 1971	13-Lamat	8
9 feb 1971	**1-Muluc**	9
10 feb 1971	2-Oc	1
11 feb 1971	3-Chuen	2
12 feb 1971	4-Eb	3
13 feb 1971	5-Ben	4

Fecha	Signo del día	S
14 feb 1971	6-Ix	5
15 feb 1971	7-Men	6
16 feb 1971	8-Cib	7
17 feb 1971	9-Caban	8
18 feb 1971	10-Etz'nab	9
19 feb 1971	11-Cauac	1
20 feb 1971	12-Ahau	2
21 feb 1971	*13-Imix*	3
22 feb 1971	**1-Ik**	4
23 feb 1971	2-Akbal	5
24 feb 1971	3-Kan	6
25 feb 1971	4-Chicchan	7
26 feb 1971	5-Cimi	8
27 feb 1971	6-Manik	9
28 feb 1971	7-Lamat	1
1 mar 1971	8-Muluc	2
2 mar 1971	9-Oc	3
3 mar 1971	10-Chuen	4
4 mar 1971	11-Eb	5
5 mar 1971	12-Ben	6
6 mar 1971	13-Ix	7
7 mar 1971	**1-Men**	8
8 mar 1971	2-Cib	9
9 mar 1971	3-Caban	1
10 mar 1971	4-Etz'nab	2
11 mar 1971	5-Cauac	3
12 mar 1971	6-Ahau	4
13 mar 1971	*7-Imix*	5
14 mar 1971	8-Ik	6
15 mar 1971	9-Akbal	7
16 mar 1971	10-Kan	8
17 mar 1971	11-Chicchan	9
18 mar 1971	12-Cimi	1
19 mar 1971	13-Manik	2
20 mar 1971	**1-Lamat**	3
21 mar 1971	2-Muluc	4
22 mar 1971	3-Oc	5
23 mar 1971	4-Chuen	6
24 mar 1971	5-Eb	7
25 mar 1971	6-Ben	8
26 mar 1971	7-Ix	9
27 mar 1971	8-Men	1
28 mar 1971	9-Cib	2
29 mar 1971	10-Caban	3
30 mar 1971	11-Etz'nab	4
31 mar 1971	12-Cauac	5
1 abr 1971	13-Ahau	6
2 abr 1971	**1-Imix**	7
3 abr 1971	2-Ik	8
4 abr 1971	3-Akbal	9
5 abr 1971	4-Kan	1
6 abr 1971	5-Chicchan	2
7 abr 1971	6-Cimi	3
8 abr 1971	7-Manik	4
9 abr 1971	8-Lamat	5
10 abr 1971	9-Muluc	6
11 abr 1971	10-Oc	7
12 abr 1971	11-Chuen	8
13 abr 1971	12-Eb	9
14 abr 1971	13-Ben	1
15 abr 1971	**1-Ix**	2
16 abr 1971	2-Men	3
17 abr 1971	3-Cib	4
18 abr 1971	4-Caban	5
19 abr 1971	5-Etz'nab	6
20 abr 1971	6-Cauac	7
21 abr 1971	7-Ahau	8
22 abr 1971	*8-Imix*	9

Fecha	Signo del día	S	Fecha	Signo del día	S	Fecha	Signo del día	S
23 abr 1971	9-Ik	1	30 jun 1971	12-Oc	6	6 sep 1971	2-Etz'nab	2
24 abr 1971	10-Akbal	2	1 jul 1971	13-Chuen	7	7 sep 1971	3-Cauac	3
25 abr 1971	11-Kan	3	2 jul 1971	**1-Eb**	8	8 sep 1971	4-Ahau	4
26 abr 1971	12-Chicchan	4	3 jul 1971	2-Ben	9	9 sep 1971	*5-Imix*	5
27 abr 1971	13-Cimi	5	4 jul 1971	3-Ix	1	10 sep 1971	6-Ik	6
28 abr 1971	**1-Manik**	6	5 jul 1971	4-Men	2	11 sep 1971	7-Akbal	7
29 abr 1971	2-Lamat	7	6 jul 1971	5-Cib	3	12 sep 1971	8-Kan	8
30 abr 1971	3-Muluc	8	7 jul 1971	6-Caban	4	13 sep 1971	9-Chicchan	9
1 may 1971	4-Oc	9	8 jul 1971	7-Etz'nab	5	14 sep 1971	10-Cimi	1
2 may 1971	5-Chuen	1	9 jul 1971	8-Cauac	6	15 sep 1971	11-Manik	2
3 may 1971	6-Eb	2	10 jul 1971	9-Ahau	7	16 sep 1971	12-Lamat	3
4 may 1971	7-Ben	3	11 jul 1971	*10-Imix*	8	17 sep 1971	13-Muluc	4
5 may 1971	8-Ix	4	12 jul 1971	11-Ik	9	18 sep 1971	**1-Oc**	5
6 may 1971	9-Men	5	13 jul 1971	12-Akbal	1	19 sep 1971	2-Chuen	6
7 may 1971	10-Cib	6	14 jul 1971	13-Kan	2	20 sep 1971	3-Eb	7
8 may 1971	11-Caban	7	15 jul 1971	**1-Chicchan**	3	21 sep 1971	4-Ben	8
9 may 1971	12-Etz'nab	8	16 jul 1971	2-Cimi	4	22 sep 1971	5-Ix	9
10 may 1971	13-Cauac	9	17 jul 1971	3-Manik	5	23 sep 1971	6-Men	1
11 may 1971	**1-Ahau**	1	18 jul 1971	4-Lamat	6	24 sep 1971	7-Cib	2
12 may 1971	*2-Imix*	2	19 jul 1971	5-Muluc	7	25 sep 1971	8-Caban	3
13 may 1971	3-Ik	3	20 jul 1971	6-Oc	8	26 sep 1971	9-Etz'nab	4
14 may 1971	4-Akbal	4	21 jul 1971	7-Chuen	9	27 sep 1971	10-Cauac	5
15 may 1971	5-Kan	5	22 jul 1971	8-Eb	1	28 sep 1971	11-Ahau	6
16 may 1971	6-Chicchan	6	23 jul 1971	9-Ben	2	29 sep 1971	*12-Imix*	7
17 may 1971	7-Cimi	7	24 jul 1971	10-Ix	3	30 sep 1971	13-Ik	8
18 may 1971	8-Manik	8	25 jul 1971	11-Men	4	1 oct 1971	**1-Akbal**	9
19 may 1971	9-Lamat	9	26 jul 1971	12-Cib	5	2 oct 1971	2-Kan	1
20 may 1971	10-Muluc	1	27 jul 1971	13-Caban	6	3 oct 1971	3-Chicchan	2
21 may 1971	11-Oc	2	28 jul 1971	**1-Etz'nab**	7	4 oct 1971	4-Cimi	3
22 may 1971	12-Chuen	3	29 jul 1971	2-Cauac	8	5 oct 1971	5-Manik	4
23 may 1971	13-Eb	4	30 jul 1971	3-Ahau	9	6 oct 1971	6-Lamat	5
24 may 1971	**1-Ben**	5	31 jul 1971	*4-Imix*	1	7 oct 1971	7-Muluc	6
25 may 1971	2-Ix	6	1 ago 1971	5-Ik	2	8 oct 1971	8-Oc	7
26 may 1971	3-Men	7	2 ago 1971	6-Akbal	3	9 oct 1971	9-Chuen	8
27 may 1971	4-Cib	8	3 ago 1971	7-Kan	4	10 oct 1971	10-Eb	9
28 may 1971	5-Caban	9	4 ago 1971	8-Chicchan	5	11 oct 1971	11-Ben	1
29 may 1971	6-Etz'nab	1	5 ago 1971	9-Cimi	6	12 oct 1971	12-Ix	2
30 may 1971	7-Cauac	2	6 ago 1971	10-Manik	7	13 oct 1971	13-Men	3
31 may 1971	8-Ahau	3	7 ago 1971	11-Lamat	8	14 oct 1971	**1-Cib**	4
1 jun 1971	*9-Imix*	4	8 ago 1971	12-Muluc	9	15 oct 1971	2-Caban	5
2 jun 1971	10-Ik	5	9 ago 1971	13-Oc	1	16 oct 1971	3-Etz'nab	6
3 jun 1971	11-Akbal	6	10 ago 1971	**1-Chuen**	2	17 oct 1971	4-Cauac	7
4 jun 1971	12-Kan	7	11 ago 1971	2-Eb	3	18 oct 1971	5-Ahau	8
5 jun 1971	13-Chicchan	8	12 ago 1971	3-Ben	4	19 oct 1971	*6-Imix*	9
6 jun 1971	**1-Cimi**	9	13 ago 1971	4-Ix	5	20 oct 1971	7-Ik	1
7 jun 1971	2-Manik	1	14 ago 1971	5-Men	6	21 oct 1971	8-Akbal	2
8 jun 1971	3-Lamat	2	15 ago 1971	6-Cib	7	22 oct 1971	9-Kan	3
9 jun 1971	4-Muluc	3	16 ago 1971	7-Caban	8	23 oct 1971	10-Chicchan	4
10 jun 1971	5-Oc	4	17 ago 1971	8-Etz'nab	9	24 oct 1971	11-Cimi	5
11 jun 1971	6-Chuen	5	18 ago 1971	9-Cauac	1	25 oct 1971	12-Manik	6
12 jun 1971	7-Eb	6	19 ago 1971	10-Ahau	2	26 oct 1971	13-Lamat	7
13 jun 1971	8-Ben	7	20 ago 1971	*11-Imix*	3	27 oct 1971	**1-Muluc**	8
14 jun 1971	9-Ix	8	21 ago 1971	12-Ik	4	28 oct 1971	2-Oc	9
15 jun 1971	10-Men	9	22 ago 1971	13-Akbal	5	29 oct 1971	3-Chuen	1
16 jun 1971	11-Cib	1	23 ago 1971	**1-Kan**	6	30 oct 1971	4-Eb	2
17 jun 1971	12-Caban	2	24 ago 1971	2-Chicchan	7	31 oct 1971	5-Ben	3
18 jun 1971	13-Etz'nab	3	25 ago 1971	3-Cimi	8	1 nov 1971	6-Ix	4
19 jun 1971	**1-Cauac**	4	26 ago 1971	4-Manik	9	2 nov 1971	7-Men	5
20 jun 1971	2-Ahau	5	27 ago 1971	5-Lamat	1	3 nov 1971	8-Cib	6
21 jun 1971	*3-Imix*	6	28 ago 1971	6-Muluc	2	4 nov 1971	9-Caban	7
22 jun 1971	4-Ik	7	29 ago 1971	7-Oc	3	5 nov 1971	10-Etz'nab	8
23 jun 1971	5-Akbal	8	30 ago 1971	8-Chuen	4	6 nov 1971	11-Cauac	9
24 jun 1971	6-Kan	9	31 ago 1971	9-Eb	5	7 nov 1971	12-Ahau	1
25 jun 1971	7-Chicchan	1	1 sep 1971	10-Ben	6	8 nov 1971	*13-Imix*	2
26 jun 1971	8-Cimi	2	2 sep 1971	11-Ix	7	9 nov 1971	**1-Ik**	3
27 jun 1971	9-Manik	3	3 sep 1971	12-Men	8	10 nov 1971	2-Akbal	4
28 jun 1971	10-Lamat	4	4 sep 1971	13-Cib	9	11 nov 1971	3-Kan	5
29 jun 1971	11-Muluc	5	5 sep 1971	**1-Caban**	1	12 nov 1971	4-Chicchan	6

Fecha	Signo del día	S	Fecha	Signo del día	S	Fecha	Signo del día	S
13 nov 1971	5-Cimi	7	20 ene 1972	8-Ix	3	28 mar 1972	11-Ik	8
14 nov 1971	6-Manik	8	21 ene 1972	9-Men	4	29 mar 1972	12-Akbal	9
15 nov 1971	7-Lamat	9	22 ene 1972	10-Cib	5	30 mar 1972	13-Kan	1
16 nov 1971	8-Muluc	1	23 ene 1972	11-Caban	6	31 mar 1972	1-Chicchan	2
17 nov 1971	9-Oc	2	24 ene 1972	12-Etz'nab	7	1 abr 1972	2-Cimi	3
18 nov 1971	10-Chuen	3	25 ene 1972	13-Cauac	8	2 abr 1972	3-Manik	4
19 nov 1971	11-Eb	4	26 ene 1972	1-Ahau	9	3 abr 1972	4-Lamat	5
20 nov 1971	12-Ben	5	27 ene 1972	2-Imix	1	4 abr 1972	5-Muluc	6
21 nov 1971	13-Ix	6	28 ene 1972	3-Ik	2	5 abr 1972	6-Oc	7
22 nov 1971	1-Men	7	29 ene 1972	4-Akbal	3	6 abr 1972	7-Chuen	8
23 nov 1971	2-Cib	8	30 ene 1972	5-Kan	4	7 abr 1972	8-Eb	9
24 nov 1971	3-Caban	9	31 ene 1972	6-Chicchan	5	8 abr 1972	9-Ben	1
25 nov 1971	4-Etz'nab	1	1 feb 1972	7-Cimi	6	9 abr 1972	10-Ix	2
26 nov 1971	5-Cauac	2	2 feb 1972	8-Manik	7	10 abr 1972	11-Men	3
27 nov 1971	6-Ahau	3	3 feb 1972	9-Lamat	8	11 abr 1972	12-Cib	4
28 nov 1971	7-Imix	4	4 feb 1972	10-Muluc	9	12 abr 1972	13-Caban	5
29 nov 1971	8-Ik	5	5 feb 1972	11-Oc	1	13 abr 1972	1-Etz'nab	6
30 nov 1971	9-Akbal	6	6 feb 1972	12-Chuen	2	14 abr 1972	2-Cauac	7
1 dic 1971	10-Kan	7	7 feb 1972	13-Eb	3	15 abr 1972	3-Ahau	8
2 dic 1971	11-Chicchan	8	8 feb 1972	1-Ben	4	16 abr 1972	4-Imix	9
3 dic 1971	12-Cimi	9	9 feb 1972	2-Ix	5	17 abr 1972	5-Ik	1
4 dic 1971	13-Manik	1	10 feb 1972	3-Men	6	18 abr 1972	6-Akbal	2
5 dic 1971	1-Lamat	2	11 feb 1972	4-Cib	7	19 abr 1972	7-Kan	3
6 dic 1971	2-Muluc	3	12 feb 1972	5-Caban	8	20 abr 1972	8-Chicchan	4
7 dic 1971	3-Oc	4	13 feb 1972	6-Etz'nab	9	21 abr 1972	9-Cimi	5
8 dic 1971	4-Chuen	5	14 feb 1972	7-Cauac	1	22 abr 1972	10-Manik	6
9 dic 1971	5-Eb	6	15 feb 1972	8-Ahau	2	23 abr 1972	11-Lamat	7
10 dic 1971	6-Ben	7	16 feb 1972	9-Imix	3	24 abr 1972	12-Muluc	8
11 dic 1971	7-Ix	8	17 feb 1972	10-Ik	4	25 abr 1972	13-Oc	9
12 dic 1971	8-Men	9	18 feb 1972	11-Akbal	5	26 abr 1972	1-Chuen	1
13 dic 1971	9-Cib	1	19 feb 1972	12-Kan	6	27 abr 1972	2-Eb	2
14 dic 1971	10-Caban	2	20 feb 1972	13-Chicchan	7	28 abr 1972	3-Ben	3
15 dic 1971	11-Etz'nab	3	21 feb 1972	1-Cimi	8	29 abr 1972	4-Ix	4
16 dic 1971	12-Cauac	4	22 feb 1972	2-Manik	9	30 abr 1972	5-Men	5
17 dic 1971	13-Ahau	5	23 feb 1972	3-Lamat	1	1 may 1972	6-Cib	6
18 dic 1971	1-Imix	6	24 feb 1972	4-Muluc	2	2 may 1972	7-Caban	7
19 dic 1971	2-Ik	7	25 feb 1972	5-Oc	3	3 may 1972	8-Etz'nab	8
20 dic 1971	3-Akbal	8	26 feb 1972	6-Chuen	4	4 may 1972	9-Cauac	9
21 dic 1971	4-Kan	9	27 feb 1972	7-Eb	5	5 may 1972	10-Ahau	1
22 dic 1971	5-Chicchan	1	28 feb 1972	8-Ben	6	6 may 1972	11-Imix	2
23 dic 1971	6-Cimi	2	29 feb 1972	9-Ix	7	7 may 1972	12-Ik	3
24 dic 1971	7-Manik	3	1 mar 1972	10-Men	8	8 may 1972	13-Akbal	4
25 dic 1971	8-Lamat	4	2 mar 1972	11-Cib	9	9 may 1972	1-Kan	5
26 dic 1971	9-Muluc	5	3 mar 1972	12-Caban	1	10 may 1972	2-Chicchan	6
27 dic 1971	10-Oc	6	4 mar 1972	13-Etz'nab	2	11 may 1972	3-Cimi	7
28 dic 1971	11-Chuen	7	5 mar 1972	1-Cauac	3	12 may 1972	4-Manik	8
29 dic 1971	12-Eb	8	6 mar 1972	2-Ahau	4	13 may 1972	5-Lamat	9
30 dic 1971	13-Ben	9	7 mar 1972	3-Imix	5	14 may 1972	6-Muluc	1
31 dic 1971	1-Ix	1	8 mar 1972	4-Ik	6	15 may 1972	7-Oc	2
1 ene 1972	2-Men	2	9 mar 1972	5-Akbal	7	16 may 1972	8-Chuen	3
2 ene 1972	3-Cib	3	10 mar 1972	6-Kan	8	17 may 1972	9-Eb	4
3 ene 1972	4-Caban	4	11 mar 1972	7-Chicchan	9	18 may 1972	10-Ben	5
4 ene 1972	5-Etz'nab	5	12 mar 1972	8-Cimi	1	19 may 1972	11-Ix	6
5 ene 1972	6-Cauac	6	13 mar 1972	9-Manik	2	20 may 1972	12-Men	7
6 ene 1972	7-Ahau	7	14 mar 1972	10-Lamat	3	21 may 1972	13-Cib	8
7 ene 1972	8-Imix	8	15 mar 1972	11-Muluc	4	22 may 1972	1-Caban	9
8 ene 1972	9-Ik	9	16 mar 1972	12-Oc	5	23 may 1972	2-Etz'nab	1
9 ene 1972	10-Akbal	1	17 mar 1972	13-Chuen	6	24 may 1972	3-Cauac	2
10 ene 1972	11-Kan	2	18 mar 1972	1-Eb	7	25 may 1972	4-Ahau	3
11 ene 1972	12-Chicchan	3	19 mar 1972	2-Ben	8	26 may 1972	5-Imix	4
12 ene 1972	13-Cimi	4	20 mar 1972	3-Ix	9	27 may 1972	6-Ik	5
13 ene 1972	1-Manik	5	21 mar 1972	4-Men	1	28 may 1972	7-Akbal	6
14 ene 1972	2-Lamat	6	22 mar 1972	5-Cib	2	29 may 1972	8-Kan	7
15 ene 1972	3-Muluc	7	23 mar 1972	6-Caban	3	30 may 1972	9-Chicchan	8
16 ene 1972	4-Oc	8	24 mar 1972	7-Etz'nab	4	31 may 1972	10-Cimi	9
17 ene 1972	5-Chuen	9	25 mar 1972	8-Cauac	5	1 jun 1972	11-Manik	1
18 ene 1972	6-Eb	1	26 mar 1972	9-Ahau	6	2 jun 1972	12-Lamat	2
19 ene 1972	7-Ben	2	27 mar 1972	10-Imix	7	3 jun 1972	13-Muluc	3

Fecha	Signo del día	S	Fecha	Signo del día	S	Fecha	Signo del día	S
4 jun 1972	**1-Oc**	4	11 ago 1972	4-Etz'nab	9	18 oct 1972	7-Cimi	5
5 jun 1972	2-Chuen	5	12 ago 1972	5-Cauac	1	19 oct 1972	8-Manik	6
6 jun 1972	3-Eb	6	13 ago 1972	6-Ahau	2	20 oct 1972	9-Lamat	7
7 jun 1972	4-Ben	7	14 ago 1972	*7-Imix*	3	21 oct 1972	10-Muluc	8
8 jun 1972	5-Ix	8	15 ago 1972	8-Ik	4	22 oct 1972	11-Oc	9
9 jun 1972	6-Men	9	16 ago 1972	9-Akbal	5	23 oct 1972	12-Chuen	1
10 jun 1972	7-Cib	1	17 ago 1972	10-Kan	6	24 oct 1972	13-Eb	2
11 jun 1972	8-Caban	2	18 ago 1972	11-Chicchan	7	25 oct 1972	**1-Ben**	3
12 jun 1972	9-Etz'nab	3	19 ago 1972	12-Cimi	8	26 oct 1972	2-Ix	4
13 jun 1972	10-Cauac	4	20 ago 1972	13-Manik	9	27 oct 1972	3-Men	5
14 jun 1972	11-Ahau	5	21 ago 1972	**1-Lamat**	1	28 oct 1972	4-Cib	6
15 jun 1972	*12-Imix*	6	22 ago 1972	2-Muluc	2	29 oct 1972	5-Caban	7
16 jun 1972	13-Ik	7	23 ago 1972	3-Oc	3	30 oct 1972	6-Etz'nab	8
17 jun 1972	**1-Akbal**	8	24 ago 1972	4-Chuen	4	31 oct 1972	7-Cauac	9
18 jun 1972	2-Kan	9	25 ago 1972	5-Eb	5	1 nov 1972	8-Ahau	1
19 jun 1972	3-Chicchan	1	26 ago 1972	6-Ben	6	2 nov 1972	*9-Imix*	2
20 jun 1972	4-Cimi	2	27 ago 1972	7-Ix	7	3 nov 1972	10-Ik	3
21 jun 1972	5-Manik	3	28 ago 1972	8-Men	8	4 nov 1972	11-Akbal	4
22 jun 1972	6-Lamat	4	29 ago 1972	9-Cib	9	5 nov 1972	12-Kan	5
23 jun 1972	7-Muluc	5	30 ago 1972	10-Caban	1	6 nov 1972	13-Chicchan	6
24 jun 1972	8-Oc	6	31 ago 1972	11-Etz'nab	2	7 nov 1972	**1-Cimi**	7
25 jun 1972	9-Chuen	7	1 sep 1972	12-Cauac	3	8 nov 1972	2-Manik	8
26 jun 1972	10-Eb	8	2 sep 1972	13-Ahau	4	9 nov 1972	3-Lamat	9
27 jun 1972	11-Ben	9	3 sep 1972	**1-Imix**	5	10 nov 1972	4-Muluc	1
28 jun 1972	12-Ix	1	4 sep 1972	2-Ik	6	11 nov 1972	5-Oc	2
29 jun 1972	13-Men	2	5 sep 1972	3-Akbal	7	12 nov 1972	6-Chuen	3
30 jun 1972	**1-Cib**	3	6 sep 1972	4-Kan	8	13 nov 1972	7-Eb	4
1 jul 1972	2-Caban	4	7 sep 1972	5-Chicchan	9	14 nov 1972	8-Ben	5
2 jul 1972	3-Etz'nab	5	8 sep 1972	6-Cimi	1	15 nov 1972	9-Ix	6
3 jul 1972	4-Cauac	6	9 sep 1972	7-Manik	2	16 nov 1972	10-Men	7
4 jul 1972	5-Ahau	7	10 sep 1972	8-Lamat	3	17 nov 1972	11-Cib	8
5 jul 1972	*6-Imix*	8	11 sep 1972	9-Muluc	4	18 nov 1972	12-Caban	9
6 jul 1972	7-Ik	9	12 sep 1972	10-Oc	5	19 nov 1972	13-Etz'nab	1
7 jul 1972	8-Akbal	1	13 sep 1972	11-Chuen	6	20 nov 1972	**1-Cauac**	2
8 jul 1972	9-Kan	2	14 sep 1972	12-Eb	7	21 nov 1972	2-Ahau	3
9 jul 1972	10-Chicchan	3	15 sep 1972	13-Ben	8	22 nov 1972	*3-Imix*	4
10 jul 1972	11-Cimi	4	16 sep 1972	**1-Ix**	9	23 nov 1972	4-Ik	5
11 jul 1972	12-Manik	5	17 sep 1972	2-Men	1	24 nov 1972	5-Akbal	6
12 jul 1972	13-Lamat	6	18 sep 1972	3-Cib	2	25 nov 1972	6-Kan	7
13 jul 1972	**1-Muluc**	7	19 sep 1972	4-Caban	3	26 nov 1972	7-Chicchan	8
14 jul 1972	2-Oc	8	20 sep 1972	5-Etz'nab	4	27 nov 1972	8-Cimi	9
15 jul 1972	3-Chuen	9	21 sep 1972	6-Cauac	5	28 nov 1972	9-Manik	1
16 jul 1972	4-Eb	1	22 sep 1972	7-Ahau	6	29 nov 1972	10-Lamat	2
17 jul 1972	5-Ben	2	23 sep 1972	*8-Imix*	7	30 nov 1972	11-Muluc	3
18 jul 1972	6-Ix	3	24 sep 1972	9-Ik	8	1 dic 1972	12-Oc	4
19 jul 1972	7-Men	4	25 sep 1972	10-Akbal	9	2 dic 1972	13-Chuen	5
20 jul 1972	8-Cib	5	26 sep 1972	11-Kan	1	3 dic 1972	**1-Eb**	6
21 jul 1972	9-Caban	6	27 sep 1972	12-Chicchan	2	4 dic 1972	2-Ben	7
22 jul 1972	10-Etz'nab	7	28 sep 1972	13-Cimi	3	5 dic 1972	3-Ix	8
23 jul 1972	11-Cauac	8	29 sep 1972	**1-Manik**	4	6 dic 1972	4-Men	9
24 jul 1972	12-Ahau	9	30 sep 1972	2-Lamat	5	7 dic 1972	5-Cib	1
25 jul 1972	*13-Imix*	1	1 oct 1972	3-Muluc	6	8 dic 1972	6-Caban	2
26 jul 1972	**1-Ik**	2	2 oct 1972	4-Oc	7	9 dic 1972	7-Etz'nab	3
27 jul 1972	2-Akbal	3	3 oct 1972	5-Chuen	8	10 dic 1972	8-Cauac	4
28 jul 1972	3-Kan	4	4 oct 1972	6-Eb	9	11 dic 1972	9-Ahau	5
29 jul 1972	4-Chicchan	5	5 oct 1972	7-Ben	1	12 dic 1972	*10-Imix*	6
30 jul 1972	5-Cimi	6	6 oct 1972	8-Ix	2	13 dic 1972	11-Ik	7
31 jul 1972	6-Manik	7	7 oct 1972	9-Men	3	14 dic 1972	12-Akbal	8
1 ago 1972	7-Lamat	8	8 oct 1972	10-Cib	4	15 dic 1972	13-Kan	9
2 ago 1972	8-Muluc	9	9 oct 1972	11-Caban	5	16 dic 1972	**1-Chicchan**	1
3 ago 1972	9-Oc	1	10 oct 1972	12-Etz'nab	6	17 dic 1972	2-Cimi	2
4 ago 1972	10-Chuen	2	11 oct 1972	13-Cauac	7	18 dic 1972	3-Manik	3
5 ago 1972	11-Eb	3	12 oct 1972	**1-Ahau**	8	19 dic 1972	4-Lamat	4
6 ago 1972	12-Ben	4	13 oct 1972	*2-Imix*	9	20 dic 1972	5-Muluc	5
7 ago 1972	13-Ix	5	14 oct 1972	3-Ik	1	21 dic 1972	6-Oc	6
8 ago 1972	**1-Men**	6	15 oct 1972	4-Akbal	2	22 dic 1972	7-Chuen	7
9 ago 1972	2-Cib	7	16 oct 1972	5-Kan	3	23 dic 1972	8-Eb	8
10 ago 1972	3-Caban	8	17 oct 1972	6-Chicchan	4	24 dic 1972	9-Ben	9

Fecha	Signo del día	S
25 dic 1972	10-Ix	1
26 dic 1972	11-Men	2
27 dic 1972	12-Cib	3
28 dic 1972	13-Caban	4
29 dic 1972	1-Etz'nab	5
30 dic 1972	2-Cauac	6
31 dic 1972	3-Ahau	7
1 ene 1973	4-Imix	8
2 ene 1973	5-Ik	9
3 ene 1973	6-Akbal	1
4 ene 1973	7-Kan	2
5 ene 1973	8-Chicchan	3
6 ene 1973	9-Cimi	4
7 ene 1973	10-Manik	5
8 ene 1973	11-Lamat	6
9 ene 1973	12-Muluc	7
10 ene 1973	13-Oc	8
11 ene 1973	1-Chuen	9
12 ene 1973	2-Eb	1
13 ene 1973	3-Ben	2
14 ene 1973	4-Ix	3
15 ene 1973	5-Men	4
16 ene 1973	6-Cib	5
17 ene 1973	7-Caban	6
18 ene 1973	8-Etz'nab	7
19 ene 1973	9-Cauac	8
20 ene 1973	10-Ahau	9
21 ene 1973	11-Imix	1
22 ene 1973	12-Ik	2
23 ene 1973	13-Akbal	3
24 ene 1973	1-Kan	4
25 ene 1973	2-Chicchan	5
26 ene 1973	3-Cimi	6
27 ene 1973	4-Manik	7
28 ene 1973	5-Lamat	8
29 ene 1973	6-Muluc	9
30 ene 1973	7-Oc	1
31 ene 1973	8-Chuen	2
1 feb 1973	9-Eb	3
2 feb 1973	10-Ben	4
3 feb 1973	11-Ix	5
4 feb 1973	12-Men	6
5 feb 1973	13-Cib	7
6 feb 1973	1-Caban	8
7 feb 1973	2-Etz'nab	9
8 feb 1973	3-Cauac	1
9 feb 1973	4-Ahau	2
10 feb 1973	5-Imix	3
11 feb 1973	6-Ik	4
12 feb 1973	7-Akbal	5
13 feb 1973	8-Kan	6
14 feb 1973	9-Chicchan	7
15 feb 1973	10-Cimi	8
16 feb 1973	11-Manik	9
17 feb 1973	12-Lamat	1
18 feb 1973	13-Muluc	2
19 feb 1973	1-Oc	3
20 feb 1973	2-Chuen	4
21 feb 1973	3-Eb	5
22 feb 1973	4-Ben	6
23 feb 1973	5-Ix	7
24 feb 1973	6-Men	8
25 feb 1973	7-Cib	9
26 feb 1973	8-Caban	1
27 feb 1973	9-Etz'nab	2
28 feb 1973	10-Cauac	3
1 mar 1973	11-Ahau	4
2 mar 1973	12-Imix	5

Fecha	Signo del día	S
3 mar 1973	13-Ik	6
4 mar 1973	1-Akbal	7
5 mar 1973	2-Kan	8
6 mar 1973	3-Chicchan	9
7 mar 1973	4-Cimi	1
8 mar 1973	5-Manik	2
9 mar 1973	6-Lamat	3
10 mar 1973	7-Muluc	4
11 mar 1973	8-Oc	5
12 mar 1973	9-Chuen	6
13 mar 1973	10-Eb	7
14 mar 1973	11-Ben	8
15 mar 1973	12-Ix	9
16 mar 1973	13-Men	1
17 mar 1973	1-Cib	2
18 mar 1973	2-Caban	3
19 mar 1973	3-Etz'nab	4
20 mar 1973	4-Cauac	5
21 mar 1973	5-Ahau	6
22 mar 1973	6-Imix	7
23 mar 1973	7-Ik	8
24 mar 1973	8-Akbal	9
25 mar 1973	9-Kan	1
26 mar 1973	10-Chicchan	2
27 mar 1973	11-Cimi	3
28 mar 1973	12-Manik	4
29 mar 1973	13-Lamat	5
30 mar 1973	1-Muluc	6
31 mar 1973	2-Oc	7
1 abr 1973	3-Chuen	8
2 abr 1973	4-Eb	9
3 abr 1973	5-Ben	1
4 abr 1973	6-Ix	2
5 abr 1973	7-Men	3
6 abr 1973	8-Cib	4
7 abr 1973	9-Caban	5
8 abr 1973	10-Etz'nab	6
9 abr 1973	11-Cauac	7
10 abr 1973	12-Ahau	8
11 abr 1973	13-Imix	9
12 abr 1973	1-Ik	1
13 abr 1973	2-Akbal	2
14 abr 1973	3-Kan	3
15 abr 1973	4-Chicchan	4
16 abr 1973	5-Cimi	5
17 abr 1973	6-Manik	6
18 abr 1973	7-Lamat	7
19 abr 1973	8-Muluc	8
20 abr 1973	9-Oc	9
21 abr 1973	10-Chuen	1
22 abr 1973	11-Eb	2
23 abr 1973	12-Ben	3
24 abr 1973	13-Ix	4
25 abr 1973	1-Men	5
26 abr 1973	2-Cib	6
27 abr 1973	3-Caban	7
28 abr 1973	4-Etz'nab	8
29 abr 1973	5-Cauac	9
30 abr 1973	6-Ahau	1
1 may 1973	7-Imix	2
2 may 1973	8-Ik	3
3 may 1973	9-Akbal	4
4 may 1973	10-Kan	5
5 may 1973	11-Chicchan	6
6 may 1973	12-Cimi	7
7 may 1973	13-Manik	8
8 may 1973	1-Lamat	9
9 may 1973	2-Muluc	1

Fecha	Signo del día	S
10 may 1973	3-Oc	2
11 may 1973	4-Chuen	3
12 may 1973	5-Eb	4
13 may 1973	6-Ben	5
14 may 1973	7-Ix	6
15 may 1973	8-Men	7
16 may 1973	9-Cib	8
17 may 1973	10-Caban	9
18 may 1973	11-Etz'nab	1
19 may 1973	12-Cauac	2
20 may 1973	13-Ahau	3
21 may 1973	1-Imix	4
22 may 1973	2-Ik	5
23 may 1973	3-Akbal	6
24 may 1973	4-Kan	7
25 may 1973	5-Chicchan	8
26 may 1973	6-Cimi	9
27 may 1973	7-Manik	1
28 may 1973	8-Lamat	2
29 may 1973	9-Muluc	3
30 may 1973	10-Oc	4
31 may 1973	11-Chuen	5
1 jun 1973	12-Eb	6
2 jun 1973	13-Ben	7
3 jun 1973	1-Ix	8
4 jun 1973	2-Men	9
5 jun 1973	3-Cib	1
6 jun 1973	4-Caban	2
7 jun 1973	5-Etz'nab	3
8 jun 1973	6-Cauac	4
9 jun 1973	7-Ahau	5
10 jun 1973	8-Imix	6
11 jun 1973	9-Ik	7
12 jun 1973	10-Akbal	8
13 jun 1973	11-Kan	9
14 jun 1973	12-Chicchan	1
15 jun 1973	13-Cimi	2
16 jun 1973	1-Manik	3
17 jun 1973	2-Lamat	4
18 jun 1973	3-Muluc	5
19 jun 1973	4-Oc	6
20 jun 1973	5-Chuen	7
21 jun 1973	6-Eb	8
22 jun 1973	7-Ben	9
23 jun 1973	8-Ix	1
24 jun 1973	9-Men	2
25 jun 1973	10-Cib	3
26 jun 1973	11-Caban	4
27 jun 1973	12-Etz'nab	5
28 jun 1973	13-Cauac	6
29 jun 1973	1-Ahau	7
30 jun 1973	2-Imix	8
1 jul 1973	3-Ik	9
2 jul 1973	4-Akbal	1
3 jul 1973	5-Kan	2
4 jul 1973	6-Chicchan	3
5 jul 1973	7-Cimi	4
6 jul 1973	8-Manik	5
7 jul 1973	9-Lamat	6
8 jul 1973	10-Muluc	7
9 jul 1973	11-Oc	8
10 jul 1973	12-Chuen	9
11 jul 1973	13-Eb	1
12 jul 1973	1-Ben	2
13 jul 1973	2-Ix	3
14 jul 1973	3-Men	4
15 jul 1973	4-Cib	5
16 jul 1973	5-Caban	6

Fecha	Signo del día	S	Fecha	Signo del día	S	Fecha	Signo del día	S
17 jul 1973	6-Etz'nab	7	23 sep 1973	9-Cimi	3	30 nov 1973	12-Ix	8
18 jul 1973	7-Cauac	8	24 sep 1973	10-Manik	4	1 dic 1973	13-Men	9
19 jul 1973	8-Ahau	9	25 sep 1973	11-Lamat	5	2 dic 1973	**1-Cib**	1
20 jul 1973	*9-Imix*	1	26 sep 1973	12-Muluc	6	3 dic 1973	2-Caban	2
21 jul 1973	10-Ik	2	27 sep 1973	13-Oc	7	4 dic 1973	3-Etz'nab	3
22 jul 1973	11-Akbal	3	28 sep 1973	**1-Chuen**	8	5 dic 1973	4-Cauac	4
23 jul 1973	12-Kan	4	29 sep 1973	2-Eb	9	6 dic 1973	5-Ahau	5
24 jul 1973	13-Chicchan	5	30 sep 1973	3-Ben	1	7 dic 1973	*6-Imix*	6
25 jul 1973	**1-Cimi**	6	1 oct 1973	4-Ix	2	8 dic 1973	7-Ik	7
26 jul 1973	2-Manik	7	2 oct 1973	5-Men	3	9 dic 1973	8-Akbal	8
27 jul 1973	3-Lamat	8	3 oct 1973	6-Cib	4	10 dic 1973	9-Kan	9
28 jul 1973	4-Muluc	9	4 oct 1973	7-Caban	5	11 dic 1973	10-Chicchan	1
29 jul 1973	5-Oc	1	5 oct 1973	8-Etz'nab	6	12 dic 1973	11-Cimi	2
30 jul 1973	6-Chuen	2	6 oct 1973	9-Cauac	7	13 dic 1973	12-Manik	3
31 jul 1973	7-Eb	3	7 oct 1973	10-Ahau	8	14 dic 1973	13-Lamat	4
1 ago 1973	8-Ben	4	8 oct 1973	*11-Imix*	9	15 dic 1973	**1-Muluc**	5
2 ago 1973	9-Ix	5	9 oct 1973	12-Ik	1	16 dic 1973	2-Oc	6
3 ago 1973	10-Men	6	10 oct 1973	13-Akbal	2	17 dic 1973	3-Chuen	7
4 ago 1973	11-Cib	7	11 oct 1973	**1-Kan**	3	18 dic 1973	4-Eb	8
5 ago 1973	12-Caban	8	12 oct 1973	2-Chicchan	4	19 dic 1973	5-Ben	9
6 ago 1973	13-Etz'nab	9	13 oct 1973	3-Cimi	5	20 dic 1973	6-Ix	1
7 ago 1973	**1-Cauac**	1	14 oct 1973	4-Manik	6	21 dic 1973	7-Men	2
8 ago 1973	2-Ahau	2	15 oct 1973	5-Lamat	7	22 dic 1973	8-Cib	3
9 ago 1973	*3-Imix*	3	16 oct 1973	6-Muluc	8	23 dic 1973	9-Caban	4
10 ago 1973	4-Ik	4	17 oct 1973	7-Oc	9	24 dic 1973	10-Etz'nab	5
11 ago 1973	5-Akbal	5	18 oct 1973	8-Chuen	1	25 dic 1973	11-Cauac	6
12 ago 1973	6-Kan	6	19 oct 1973	9-Eb	2	26 dic 1973	12-Ahau	7
13 ago 1973	7-Chicchan	7	20 oct 1973	10-Ben	3	27 dic 1973	*13-Imix*	8
14 ago 1973	8-Cimi	8	21 oct 1973	11-Ix	4	28 dic 1973	**1-Ik**	9
15 ago 1973	9-Manik	9	22 oct 1973	12-Men	5	29 dic 1973	2-Akbal	1
16 ago 1973	10-Lamat	1	23 oct 1973	13-Cib	6	30 dic 1973	3-Kan	2
17 ago 1973	11-Muluc	2	24 oct 1973	**1-Caban**	7	31 dic 1973	4-Chicchan	3
18 ago 1973	12-Oc	3	25 oct 1973	2-Etz'nab	8	1 ene 1974	5-Cimi	4
19 ago 1973	13-Chuen	4	26 oct 1973	3-Cauac	9	2 ene 1974	6-Manik	5
20 ago 1973	**1-Eb**	5	27 oct 1973	4-Ahau	1	3 ene 1974	7-Lamat	6
21 ago 1973	2-Ben	6	28 oct 1973	*5-Imix*	2	4 ene 1974	8-Muluc	7
22 ago 1973	3-Ix	7	29 oct 1973	6-Ik	3	5 ene 1974	9-Oc	8
23 ago 1973	4-Men	8	30 oct 1973	7-Akbal	4	6 ene 1974	10-Chuen	9
24 ago 1973	5-Cib	9	31 oct 1973	8-Kan	5	7 ene 1974	11-Eb	1
25 ago 1973	6-Caban	1	1 nov 1973	9-Chicchan	6	8 ene 1974	12-Ben	2
26 ago 1973	7-Etz'nab	2	2 nov 1973	10-Cimi	7	9 ene 1974	13-Ix	3
27 ago 1973	8-Cauac	3	3 nov 1973	11-Manik	8	10 ene 1974	**1-Men**	4
28 ago 1973	9-Ahau	4	4 nov 1973	12-Lamat	9	11 ene 1974	2-Cib	5
29 ago 1973	*10-Imix*	5	5 nov 1973	13-Muluc	1	12 ene 1974	3-Caban	6
30 ago 1973	11-Ik	6	6 nov 1973	**1-Oc**	2	13 ene 1974	4-Etz'nab	7
31 ago 1973	12-Akbal	7	7 nov 1973	2-Chuen	3	14 ene 1974	5-Cauac	8
1 sep 1973	13-Kan	8	8 nov 1973	3-Eb	4	15 ene 1974	6-Ahau	9
2 sep 1973	**1-Chicchan**	9	9 nov 1973	4-Ben	5	16 ene 1974	*7-Imix*	1
3 sep 1973	2-Cimi	1	10 nov 1973	5-Ix	6	17 ene 1974	8-Ik	2
4 sep 1973	3-Manik	2	11 nov 1973	6-Men	7	18 ene 1974	9-Akbal	3
5 sep 1973	4-Lamat	3	12 nov 1973	7-Cib	8	19 ene 1974	10-Kan	4
6 sep 1973	5-Muluc	4	13 nov 1973	8-Caban	9	20 ene 1974	11-Chicchan	5
7 sep 1973	6-Oc	5	14 nov 1973	9-Etz'nab	1	21 ene 1974	12-Cimi	6
8 sep 1973	7-Chuen	6	15 nov 1973	10-Cauac	2	22 ene 1974	13-Manik	7
9 sep 1973	8-Eb	7	16 nov 1973	11-Ahau	3	23 ene 1974	**1-Lamat**	8
10 sep 1973	9-Ben	8	17 nov 1973	*12-Imix*	4	24 ene 1974	2-Muluc	9
11 sep 1973	10-Ix	9	18 nov 1973	13-Ik	5	25 ene 1974	3-Oc	1
12 sep 1973	11-Men	1	19 nov 1973	**1-Akbal**	6	26 ene 1974	4-Chuen	2
13 sep 1973	12-Cib	2	20 nov 1973	2-Kan	7	27 ene 1974	5-Eb	3
14 sep 1973	13-Caban	3	21 nov 1973	3-Chicchan	8	28 ene 1974	6-Ben	4
15 sep 1973	**1-Etz'nab**	4	22 nov 1973	4-Cimi	9	29 ene 1974	7-Ix	5
16 sep 1973	2-Cauac	5	23 nov 1973	5-Manik	1	30 ene 1974	8-Men	6
17 sep 1973	3-Ahau	6	24 nov 1973	6-Lamat	2	31 ene 1974	9-Cib	7
18 sep 1973	*4-Imix*	7	25 nov 1973	7-Muluc	3	1 feb 1974	10-Caban	8
19 sep 1973	5-Ik	8	26 nov 1973	8-Oc	4	2 feb 1974	11-Etz'nab	9
20 sep 1973	6-Akbal	9	27 nov 1973	9-Chuen	5	3 feb 1974	12-Cauac	1
21 sep 1973	7-Kan	1	28 nov 1973	10-Eb	6	4 feb 1974	13-Ahau	2
22 sep 1973	8-Chicchan	2	29 nov 1973	11-Ben	7	5 feb 1974	**1-Imix**	3

Fecha	Signo del día	S
6 feb 1974	2-Ik	4
7 feb 1974	3-Akbal	5
8 feb 1974	4-Kan	6
9 feb 1974	5-Chicchan	7
10 feb 1974	6-Cimi	8
11 feb 1974	7-Manik	9
12 feb 1974	8-Lamat	1
13 feb 1974	9-Muluc	2
14 feb 1974	10-Oc	3
15 feb 1974	11-Chuen	4
16 feb 1974	12-Eb	5
17 feb 1974	13-Ben	6
18 feb 1974	**1-Ix**	7
19 feb 1974	2-Men	8
20 feb 1974	3-Cib	9
21 feb 1974	4-Caban	1
22 feb 1974	5-Etz'nab	2
23 feb 1974	6-Cauac	3
24 feb 1974	7-Ahau	4
25 feb 1974	*8-Imix*	5
26 feb 1974	9-Ik	6
27 feb 1974	10-Akbal	7
28 feb 1974	11-Kan	8
1 mar 1974	12-Chicchan	9
2 mar 1974	13-Cimi	1
3 mar 1974	**1-Manik**	2
4 mar 1974	2-Lamat	3
5 mar 1974	3-Muluc	4
6 mar 1974	4-Oc	5
7 mar 1974	5-Chuen	6
8 mar 1974	6-Eb	7
9 mar 1974	7-Ben	8
10 mar 1974	8-Ix	9
11 mar 1974	9-Men	1
12 mar 1974	10-Cib	2
13 mar 1974	11-Caban	3
14 mar 1974	12-Etz'nab	4
15 mar 1974	13-Cauac	5
16 mar 1974	**1-Ahau**	6
17 mar 1974	*2-Imix*	7
18 mar 1974	3-Ik	8
19 mar 1974	4-Akbal	9
20 mar 1974	5-Kan	1
21 mar 1974	6-Chicchan	2
22 mar 1974	7-Cimi	3
23 mar 1974	8-Manik	4
24 mar 1974	9-Lamat	5
25 mar 1974	10-Muluc	6
26 mar 1974	11-Oc	7
27 mar 1974	12-Chuen	8
28 mar 1974	13-Eb	9
29 mar 1974	**1-Ben**	1
30 mar 1974	2-Ix	2
31 mar 1974	3-Men	3
1 abr 1974	4-Cib	4
2 abr 1974	5-Caban	5
3 abr 1974	6-Etz'nab	6
4 abr 1974	7-Cauac	7
5 abr 1974	8-Ahau	8
6 abr 1974	*9-Imix*	9
7 abr 1974	10-Ik	1
8 abr 1974	11-Akbal	2
9 abr 1974	12-Kan	3
10 abr 1974	13-Chicchan	4
11 abr 1974	**1-Cimi**	5
12 abr 1974	2-Manik	6
13 abr 1974	3-Lamat	7
14 abr 1974	4-Muluc	8

Fecha	Signo del día	S
15 abr 1974	5-Oc	9
16 abr 1974	6-Chuen	1
17 abr 1974	7-Eb	2
18 abr 1974	8-Ben	3
19 abr 1974	9-Ix	4
20 abr 1974	10-Men	5
21 abr 1974	11-Cib	6
22 abr 1974	12-Caban	7
23 abr 1974	13-Etz'nab	8
24 abr 1974	**1-Cauac**	9
25 abr 1974	2-Ahau	1
26 abr 1974	*3-Imix*	2
27 abr 1974	4-Ik	3
28 abr 1974	5-Akbal	4
29 abr 1974	6-Kan	5
30 abr 1974	7-Chicchan	6
1 may 1974	8-Cimi	7
2 may 1974	9-Manik	8
3 may 1974	10-Lamat	9
4 may 1974	11-Muluc	1
5 may 1974	12-Oc	2
6 may 1974	13-Chuen	3
7 may 1974	**1-Eb**	4
8 may 1974	2-Ben	5
9 may 1974	3-Ix	6
10 may 1974	4-Men	7
11 may 1974	5-Cib	8
12 may 1974	6-Caban	9
13 may 1974	7-Etz'nab	1
14 may 1974	8-Cauac	2
15 may 1974	9-Ahau	3
16 may 1974	*10-Imix*	4
17 may 1974	11-Ik	5
18 may 1974	12-Akbal	6
19 may 1974	13-Kan	7
20 may 1974	**1-Chicchan**	8
21 may 1974	2-Cimi	9
22 may 1974	3-Manik	1
23 may 1974	4-Lamat	2
24 may 1974	5-Muluc	3
25 may 1974	6-Oc	4
26 may 1974	7-Chuen	5
27 may 1974	8-Eb	6
28 may 1974	9-Ben	7
29 may 1974	10-Ix	8
30 may 1974	11-Men	9
31 may 1974	12-Cib	1
1 jun 1974	13-Caban	2
2 jun 1974	**1-Etz'nab**	3
3 jun 1974	2-Cauac	4
4 jun 1974	3-Ahau	5
5 jun 1974	*4-Imix*	6
6 jun 1974	5-Ik	7
7 jun 1974	6-Akbal	8
8 jun 1974	7-Kan	9
9 jun 1974	8-Chicchan	1
10 jun 1974	9-Cimi	2
11 jun 1974	10-Manik	3
12 jun 1974	11-Lamat	4
13 jun 1974	12-Muluc	5
14 jun 1974	13-Oc	6
15 jun 1974	**1-Chuen**	7
16 jun 1974	2-Eb	8
17 jun 1974	3-Ben	9
18 jun 1974	4-Ix	1
19 jun 1974	5-Men	2
20 jun 1974	6-Cib	3
21 jun 1974	7-Caban	4

Fecha	Signo del día	S
22 jun 1974	8-Etz'nab	5
23 jun 1974	9-Cauac	6
24 jun 1974	10-Ahau	7
25 jun 1974	*11-Imix*	8
26 jun 1974	12-Ik	9
27 jun 1974	13-Akbal	1
28 jun 1974	**1-Kan**	2
29 jun 1974	2-Chicchan	3
30 jun 1974	3-Cimi	4
1 jul 1974	4-Manik	5
2 jul 1974	5-Lamat	6
3 jul 1974	6-Muluc	7
4 jul 1974	7-Oc	8
5 jul 1974	8-Chuen	9
6 jul 1974	9-Eb	1
7 jul 1974	10-Ben	2
8 jul 1974	11-Ix	3
9 jul 1974	12-Men	4
10 jul 1974	13-Cib	5
11 jul 1974	**1-Caban**	6
12 jul 1974	2-Etz'nab	7
13 jul 1974	3-Cauac	8
14 jul 1974	4-Ahau	9
15 jul 1974	*5-Imix*	1
16 jul 1974	6-Ik	2
17 jul 1974	7-Akbal	3
18 jul 1974	8-Kan	4
19 jul 1974	9-Chicchan	5
20 jul 1974	10-Cimi	6
21 jul 1974	11-Manik	7
22 jul 1974	12-Lamat	8
23 jul 1974	13-Muluc	9
24 jul 1974	**1-Oc**	1
25 jul 1974	2-Chuen	2
26 jul 1974	3-Eb	3
27 jul 1974	4-Ben	4
28 jul 1974	5-Ix	5
29 jul 1974	6-Men	6
30 jul 1974	7-Cib	7
31 jul 1974	8-Caban	8
1 ago 1974	9-Etz'nab	9
2 ago 1974	10-Cauac	1
3 ago 1974	11-Ahau	2
4 ago 1974	*12-Imix*	3
5 ago 1974	13-Ik	4
6 ago 1974	**1-Akbal**	5
7 ago 1974	2-Kan	6
8 ago 1974	3-Chicchan	7
9 ago 1974	4-Cimi	8
10 ago 1974	5-Manik	9
11 ago 1974	6-Lamat	1
12 ago 1974	7-Muluc	2
13 ago 1974	8-Oc	3
14 ago 1974	9-Chuen	4
15 ago 1974	10-Eb	5
16 ago 1974	11-Ben	6
17 ago 1974	12-Ix	7
18 ago 1974	13-Men	8
19 ago 1974	**1-Cib**	9
20 ago 1974	2-Caban	1
21 ago 1974	3-Etz'nab	2
22 ago 1974	4-Cauac	3
23 ago 1974	5-Ahau	4
24 ago 1974	*6-Imix*	5
25 ago 1974	7-Ik	6
26 ago 1974	8-Akbal	7
27 ago 1974	9-Kan	8
28 ago 1974	10-Chicchan	9

Fecha	Signo del día	S
29 ago 1974	11-Cimi	1
30 ago 1974	12-Manik	2
31 ago 1974	13-Lamat	3
1 sep 1974	**1-Muluc**	4
2 sep 1974	2-Oc	5
3 sep 1974	3-Chuen	6
4 sep 1974	4-Eb	7
5 sep 1974	5-Ben	8
6 sep 1974	6-Ix	9
7 sep 1974	7-Men	1
8 sep 1974	8-Cib	2
9 sep 1974	9-Caban	3
10 sep 1974	10-Etz'nab	4
11 sep 1974	11-Cauac	5
12 sep 1974	12-Ahau	6
13 sep 1974	*13-Imix*	7
14 sep 1974	**1-Ik**	8
15 sep 1974	2-Akbal	9
16 sep 1974	3-Kan	1
17 sep 1974	4-Chicchan	2
18 sep 1974	5-Cimi	3
19 sep 1974	6-Manik	4
20 sep 1974	7-Lamat	5
21 sep 1974	8-Muluc	6
22 sep 1974	9-Oc	7
23 sep 1974	10-Chuen	8
24 sep 1974	11-Eb	9
25 sep 1974	12-Ben	1
26 sep 1974	13-Ix	2
27 sep 1974	**1-Men**	3
28 sep 1974	2-Cib	4
29 sep 1974	3-Caban	5
30 sep 1974	4-Etz'nab	6
1 oct 1974	5-Cauac	7
2 oct 1974	6-Ahau	8
3 oct 1974	*7-Imix*	9
4 oct 1974	8-Ik	1
5 oct 1974	9-Akbal	2
6 oct 1974	10-Kan	3
7 oct 1974	11-Chicchan	4
8 oct 1974	12-Cimi	5
9 oct 1974	13-Manik	6
10 oct 1974	**1-Lamat**	7
11 oct 1974	2-Muluc	8
12 oct 1974	3-Oc	9
13 oct 1974	4-Chuen	1
14 oct 1974	5-Eb	2
15 oct 1974	6-Ben	3
16 oct 1974	7-Ix	4
17 oct 1974	8-Men	5
18 oct 1974	9-Cib	6
19 oct 1974	10-Caban	7
20 oct 1974	11-Etz'nab	8
21 oct 1974	12-Cauac	9
22 oct 1974	13-Ahau	1
23 oct 1974	**1-Imix**	2
24 oct 1974	2-Ik	3
25 oct 1974	3-Akbal	4
26 oct 1974	4-Kan	5
27 oct 1974	5-Chicchan	6
28 oct 1974	6-Cimi	7
29 oct 1974	7-Manik	8
30 oct 1974	8-Lamat	9
31 oct 1974	9-Muluc	1
1 nov 1974	10-Oc	2
2 nov 1974	11-Chuen	3
3 nov 1974	12-Eb	4
4 nov 1974	13-Ben	5

Fecha	Signo del día	S
5 nov 1974	**1-Ix**	6
6 nov 1974	2-Men	7
7 nov 1974	3-Cib	8
8 nov 1974	4-Caban	9
9 nov 1974	5-Etz'nab	1
10 nov 1974	6-Cauac	2
11 nov 1974	7-Ahau	3
12 nov 1974	*8-Imix*	4
13 nov 1974	9-Ik	5
14 nov 1974	10-Akbal	6
15 nov 1974	11-Kan	7
16 nov 1974	12-Chicchan	8
17 nov 1974	13-Cimi	9
18 nov 1974	**1-Manik**	1
19 nov 1974	2-Lamat	2
20 nov 1974	3-Muluc	3
21 nov 1974	4-Oc	4
22 nov 1974	5-Chuen	5
23 nov 1974	6-Eb	6
24 nov 1974	7-Ben	7
25 nov 1974	8-Ix	8
26 nov 1974	9-Men	9
27 nov 1974	10-Cib	1
28 nov 1974	11-Caban	2
29 nov 1974	12-Etz'nab	3
30 nov 1974	13-Cauac	4
1 dic 1974	**1-Ahau**	5
2 dic 1974	*2-Imix*	6
3 dic 1974	3-Ik	7
4 dic 1974	4-Akbal	8
5 dic 1974	5-Kan	9
6 dic 1974	6-Chicchan	1
7 dic 1974	7-Cimi	2
8 dic 1974	8-Manik	3
9 dic 1974	9-Lamat	4
10 dic 1974	10-Muluc	5
11 dic 1974	11-Oc	6
12 dic 1974	12-Chuen	7
13 dic 1974	13-Eb	8
14 dic 1974	**1-Ben**	9
15 dic 1974	2-Ix	1
16 dic 1974	3-Men	2
17 dic 1974	4-Cib	3
18 dic 1974	5-Caban	4
19 dic 1974	6-Etz'nab	5
20 dic 1974	7-Cauac	6
21 dic 1974	8-Ahau	7
22 dic 1974	*9-Imix*	8
23 dic 1974	10-Ik	9
24 dic 1974	11-Akbal	1
25 dic 1974	12-Kan	2
26 dic 1974	13-Chicchan	3
27 dic 1974	**1-Cimi**	4
28 dic 1974	2-Manik	5
29 dic 1974	3-Lamat	6
30 dic 1974	4-Muluc	7
31 dic 1974	5-Oc	8
1 ene 1975	6-Chuen	9
2 ene 1975	7-Eb	1
3 ene 1975	8-Ben	2
4 ene 1975	9-Ix	3
5 ene 1975	10-Men	4
6 ene 1975	11-Cib	5
7 ene 1975	12-Caban	6
8 ene 1975	13-Etz'nab	7
9 ene 1975	**1-Cauac**	8
10 ene 1975	2-Ahau	9
11 ene 1975	*3-Imix*	1

Fecha	Signo del día	S
12 ene 1975	4-Ik	2
13 ene 1975	5-Akbal	3
14 ene 1975	6-Kan	4
15 ene 1975	7-Chicchan	5
16 ene 1975	8-Cimi	6
17 ene 1975	9-Manik	7
18 ene 1975	10-Lamat	8
19 ene 1975	11-Muluc	9
20 ene 1975	12-Oc	1
21 ene 1975	13-Chuen	2
22 ene 1975	**1-Eb**	3
23 ene 1975	2-Ben	4
24 ene 1975	3-Ix	5
25 ene 1975	4-Men	6
26 ene 1975	5-Cib	7
27 ene 1975	6-Caban	8
28 ene 1975	7-Etz'nab	9
29 ene 1975	8-Cauac	1
30 ene 1975	9-Ahau	2
31 ene 1975	*10-Imix*	3
1 feb 1975	11-Ik	4
2 feb 1975	12-Akbal	5
3 feb 1975	13-Kan	6
4 feb 1975	**1-Chicchan**	7
5 feb 1975	2-Cimi	8
6 feb 1975	3-Manik	9
7 feb 1975	4-Lamat	1
8 feb 1975	5-Muluc	2
9 feb 1975	6-Oc	3
10 feb 1975	7-Chuen	4
11 feb 1975	8-Eb	5
12 feb 1975	9-Ben	6
13 feb 1975	10-Ix	7
14 feb 1975	11-Men	8
15 feb 1975	12-Cib	9
16 feb 1975	13-Caban	1
17 feb 1975	**1-Etz'nab**	2
18 feb 1975	2-Cauac	3
19 feb 1975	3-Ahau	4
20 feb 1975	*4-Imix*	5
21 feb 1975	5-Ik	6
22 feb 1975	6-Akbal	7
23 feb 1975	7-Kan	8
24 feb 1975	8-Chicchan	9
25 feb 1975	9-Cimi	1
26 feb 1975	10-Manik	2
27 feb 1975	11-Lamat	3
28 feb 1975	12-Muluc	4
1 mar 1975	13-Oc	5
2 mar 1975	**1-Chuen**	6
3 mar 1975	2-Eb	7
4 mar 1975	3-Ben	8
5 mar 1975	4-Ix	9
6 mar 1975	5-Men	1
7 mar 1975	6-Cib	2
8 mar 1975	7-Caban	3
9 mar 1975	8-Etz'nab	4
10 mar 1975	9-Cauac	5
11 mar 1975	10-Ahau	6
12 mar 1975	*11-Imix*	7
13 mar 1975	12-Ik	8
14 mar 1975	13-Akbal	9
15 mar 1975	**1-Kan**	1
16 mar 1975	2-Chicchan	2
17 mar 1975	3-Cimi	3
18 mar 1975	4-Manik	4
19 mar 1975	5-Lamat	5
20 mar 1975	6-Muluc	6

Fecha	Signo del día	S
21 mar 1975	7-Oc	7
22 mar 1975	8-Chuen	8
23 mar 1975	9-Eb	9
24 mar 1975	10-Ben	1
25 mar 1975	11-Ix	2
26 mar 1975	12-Men	3
27 mar 1975	13-Cib	4
28 mar 1975	**1-Caban**	5
29 mar 1975	2-Etz'nab	6
30 mar 1975	3-Cauac	7
31 mar 1975	4-Ahau	8
1 abr 1975	*5-Imix*	9
2 abr 1975	6-Ik	1
3 abr 1975	7-Akbal	2
4 abr 1975	8-Kan	3
5 abr 1975	9-Chicchan	4
6 abr 1975	10-Cimi	5
7 abr 1975	11-Manik	6
8 abr 1975	12-Lamat	7
9 abr 1975	13-Muluc	8
10 abr 1975	**1-Oc**	9
11 abr 1975	2-Chuen	1
12 abr 1975	3-Eb	2
13 abr 1975	4-Ben	3
14 abr 1975	5-Ix	4
15 abr 1975	6-Men	5
16 abr 1975	7-Cib	6
17 abr 1975	8-Caban	7
18 abr 1975	9-Etz'nab	8
19 abr 1975	10-Cauac	9
20 abr 1975	11-Ahau	1
21 abr 1975	*12-Imix*	2
22 abr 1975	13-Ik	3
23 abr 1975	**1-Akbal**	4
24 abr 1975	2-Kan	5
25 abr 1975	3-Chicchan	6
26 abr 1975	4-Cimi	7
27 abr 1975	5-Manik	8
28 abr 1975	6-Lamat	9
29 abr 1975	7-Muluc	1
30 abr 1975	8-Oc	2
1 may 1975	9-Chuen	3
2 may 1975	10-Eb	4
3 may 1975	11-Ben	5
4 may 1975	12-Ix	6
5 may 1975	13-Men	7
6 may 1975	**1-Cib**	8
7 may 1975	2-Caban	9
8 may 1975	3-Etz'nab	1
9 may 1975	4-Cauac	2
10 may 1975	5-Ahau	3
11 may 1975	*6-Imix*	4
12 may 1975	7-Ik	5
13 may 1975	8-Akbal	6
14 may 1975	9-Kan	7
15 may 1975	10-Chicchan	8
16 may 1975	11-Cimi	9
17 may 1975	12-Manik	1
18 may 1975	13-Lamat	2
19 may 1975	**1-Muluc**	3
20 may 1975	2-Oc	4
21 may 1975	3-Chuen	5
22 may 1975	4-Eb	6
23 may 1975	5-Ben	7
24 may 1975	6-Ix	8
25 may 1975	7-Men	9
26 may 1975	8-Cib	1
27 may 1975	9-Caban	2

Fecha	Signo del día	S
28 may 1975	10-Etz'nab	3
29 may 1975	11-Cauac	4
30 may 1975	12-Ahau	5
31 may 1975	*13-Imix*	6
1 jun 1975	**1-Ik**	7
2 jun 1975	2-Akbal	8
3 jun 1975	3-Kan	9
4 jun 1975	4-Chicchan	1
5 jun 1975	5-Cimi	2
6 jun 1975	6-Manik	3
7 jun 1975	7-Lamat	4
8 jun 1975	8-Muluc	5
9 jun 1975	9-Oc	6
10 jun 1975	10-Chuen	7
11 jun 1975	11-Eb	8
12 jun 1975	12-Ben	9
13 jun 1975	13-Ix	1
14 jun 1975	**1-Men**	2
15 jun 1975	2-Cib	3
16 jun 1975	3-Caban	4
17 jun 1975	4-Etz'nab	5
18 jun 1975	5-Cauac	6
19 jun 1975	6-Ahau	7
20 jun 1975	*7-Imix*	8
21 jun 1975	8-Ik	9
22 jun 1975	9-Akbal	1
23 jun 1975	10-Kan	2
24 jun 1975	11-Chicchan	3
25 jun 1975	12-Cimi	4
26 jun 1975	13-Manik	5
27 jun 1975	**1-Lamat**	6
28 jun 1975	2-Muluc	7
29 jun 1975	3-Oc	8
30 jun 1975	4-Chuen	9
1 jul 1975	5-Eb	1
2 jul 1975	6-Ben	2
3 jul 1975	7-Ix	3
4 jul 1975	8-Men	4
5 jul 1975	9-Cib	5
6 jul 1975	10-Caban	6
7 jul 1975	11-Etz'nab	7
8 jul 1975	12-Cauac	8
9 jul 1975	13-Ahau	9
10 jul 1975	**1-Imix**	1
11 jul 1975	2-Ik	2
12 jul 1975	3-Akbal	3
13 jul 1975	4-Kan	4
14 jul 1975	5-Chicchan	5
15 jul 1975	6-Cimi	6
16 jul 1975	7-Manik	7
17 jul 1975	8-Lamat	8
18 jul 1975	9-Muluc	9
19 jul 1975	10-Oc	1
20 jul 1975	11-Chuen	2
21 jul 1975	12-Eb	3
22 jul 1975	13-Ben	4
23 jul 1975	**1-Ix**	5
24 jul 1975	2-Men	6
25 jul 1975	3-Cib	7
26 jul 1975	4-Caban	8
27 jul 1975	5-Etz'nab	9
28 jul 1975	6-Cauac	1
29 jul 1975	7-Ahau	2
30 jul 1975	*8-Imix*	3
31 jul 1975	9-Ik	4
1 ago 1975	10-Akbal	5
2 ago 1975	11-Kan	6
3 ago 1975	12-Chicchan	7

Fecha	Signo del día	S
4 ago 1975	13-Cimi	8
5 ago 1975	**1-Manik**	9
6 ago 1975	2-Lamat	1
7 ago 1975	3-Muluc	2
8 ago 1975	4-Oc	3
9 ago 1975	5-Chuen	4
10 ago 1975	6-Eb	5
11 ago 1975	7-Ben	6
12 ago 1975	8-Ix	7
13 ago 1975	9-Men	8
14 ago 1975	10-Cib	9
15 ago 1975	11-Caban	1
16 ago 1975	12-Etz'nab	2
17 ago 1975	13-Cauac	3
18 ago 1975	**1-Ahau**	4
19 ago 1975	*2-Imix*	5
20 ago 1975	3-Ik	6
21 ago 1975	4-Akbal	7
22 ago 1975	5-Kan	8
23 ago 1975	6-Chicchan	9
24 ago 1975	7-Cimi	1
25 ago 1975	8-Manik	2
26 ago 1975	9-Lamat	3
27 ago 1975	10-Muluc	4
28 ago 1975	11-Oc	5
29 ago 1975	12-Chuen	6
30 ago 1975	13-Eb	7
31 ago 1975	**1-Ben**	8
1 sep 1975	2-Ix	9
2 sep 1975	3-Men	1
3 sep 1975	4-Cib	2
4 sep 1975	5-Caban	3
5 sep 1975	6-Etz'nab	4
6 sep 1975	7-Cauac	5
7 sep 1975	8-Ahau	6
8 sep 1975	*9-Imix*	7
9 sep 1975	10-Ik	8
10 sep 1975	11-Akbal	9
11 sep 1975	12-Kan	1
12 sep 1975	13-Chicchan	2
13 sep 1975	**1-Cimi**	3
14 sep 1975	2-Manik	4
15 sep 1975	3-Lamat	5
16 sep 1975	4-Muluc	6
17 sep 1975	5-Oc	7
18 sep 1975	6-Chuen	8
19 sep 1975	7-Eb	9
20 sep 1975	8-Ben	1
21 sep 1975	9-Ix	2
22 sep 1975	10-Men	3
23 sep 1975	11-Cib	4
24 sep 1975	12-Caban	5
25 sep 1975	13-Etz'nab	6
26 sep 1975	**1-Cauac**	7
27 sep 1975	2-Ahau	8
28 sep 1975	*3-Imix*	9
29 sep 1975	4-Ik	1
30 sep 1975	5-Akbal	2
1 oct 1975	6-Kan	3
2 oct 1975	7-Chicchan	4
3 oct 1975	8-Cimi	5
4 oct 1975	9-Manik	6
5 oct 1975	10-Lamat	7
6 oct 1975	11-Muluc	8
7 oct 1975	12-Oc	9
8 oct 1975	13-Chuen	1
9 oct 1975	**1-Eb**	2
10 oct 1975	2-Ben	3

Fecha	Signo del día	S
11 oct 1975	3-Ix	4
12 oct 1975	4-Men	5
13 oct 1975	5-Cib	6
14 oct 1975	6-Caban	7
15 oct 1975	7-Etz'nab	8
16 oct 1975	8-Cauac	9
17 oct 1975	9-Ahau	1
18 oct 1975	10-Imix	2
19 oct 1975	11-Ik	3
20 oct 1975	12-Akbal	4
21 oct 1975	13-Kan	5
22 oct 1975	1-Chicchan	6
23 oct 1975	2-Cimi	7
24 oct 1975	3-Manik	8
25 oct 1975	4-Lamat	9
26 oct 1975	5-Muluc	1
27 oct 1975	6-Oc	2
28 oct 1975	7-Chuen	3
29 oct 1975	8-Eb	4
30 oct 1975	9-Ben	5
31 oct 1975	10-Ix	6
1 nov 1975	11-Men	7
2 nov 1975	12-Cib	8
3 nov 1975	13-Caban	9
4 nov 1975	1-Etz'nab	1
5 nov 1975	2-Cauac	2
6 nov 1975	3-Ahau	3
7 nov 1975	4-Imix	4
8 nov 1975	5-Ik	5
9 nov 1975	6-Akbal	6
10 nov 1975	7-Kan	7
11 nov 1975	8-Chicchan	8
12 nov 1975	9-Cimi	9
13 nov 1975	10-Manik	1
14 nov 1975	11-Lamat	2
15 nov 1975	12-Muluc	3
16 nov 1975	13-Oc	4
17 nov 1975	1-Chuen	5
18 nov 1975	2-Eb	6
19 nov 1975	3-Ben	7
20 nov 1975	4-Ix	8
21 nov 1975	5-Men	9
22 nov 1975	6-Cib	1
23 nov 1975	7-Caban	2
24 nov 1975	8-Etz'nab	3
25 nov 1975	9-Cauac	4
26 nov 1975	10-Ahau	5
27 nov 1975	11-Imix	6
28 nov 1975	12-Ik	7
29 nov 1975	13-Akbal	8
30 nov 1975	1-Kan	9
1 dic 1975	2-Chicchan	1
2 dic 1975	3-Cimi	2
3 dic 1975	4-Manik	3
4 dic 1975	5-Lamat	4
5 dic 1975	6-Muluc	5
6 dic 1975	7-Oc	6
7 dic 1975	8-Chuen	7
8 dic 1975	9-Eb	8
9 dic 1975	10-Ben	9
10 dic 1975	11-Ix	1
11 dic 1975	12-Men	2
12 dic 1975	13-Cib	3
13 dic 1975	1-Caban	4
14 dic 1975	2-Etz'nab	5
15 dic 1975	3-Cauac	6
16 dic 1975	4-Ahau	7
17 dic 1975	5-Imix	8

Fecha	Signo del día	S
18 dic 1975	6-Ik	9
19 dic 1975	7-Akbal	1
20 dic 1975	8-Kan	2
21 dic 1975	9-Chicchan	3
22 dic 1975	10-Cimi	4
23 dic 1975	11-Manik	5
24 dic 1975	12-Lamat	6
25 dic 1975	13-Muluc	7
26 dic 1975	1-Oc	8
27 dic 1975	2-Chuen	9
28 dic 1975	3-Eb	1
29 dic 1975	4-Ben	2
30 dic 1975	5-Ix	3
31 dic 1975	6-Men	4
1 ene 1976	7-Cib	5
2 ene 1976	8-Caban	6
3 ene 1976	9-Etz'nab	7
4 ene 1976	10-Cauac	8
5 ene 1976	11-Ahau	9
6 ene 1976	12-Imix	1
7 ene 1976	13-Ik	2
8 ene 1976	1-Akbal	3
9 ene 1976	2-Kan	4
10 ene 1976	3-Chicchan	5
11 ene 1976	4-Cimi	6
12 ene 1976	5-Manik	7
13 ene 1976	6-Lamat	8
14 ene 1976	7-Muluc	9
15 ene 1976	8-Oc	1
16 ene 1976	9-Chuen	2
17 ene 1976	10-Eb	3
18 ene 1976	11-Ben	4
19 ene 1976	12-Ix	5
20 ene 1976	13-Men	6
21 ene 1976	1-Cib	7
22 ene 1976	2-Caban	8
23 ene 1976	3-Etz'nab	9
24 ene 1976	4-Cauac	1
25 ene 1976	5-Ahau	2
26 ene 1976	6-Imix	3
27 ene 1976	7-Ik	4
28 ene 1976	8-Akbal	5
29 ene 1976	9-Kan	6
30 ene 1976	10-Chicchan	7
31 ene 1976	11-Cimi	8
1 feb 1976	12-Manik	9
2 feb 1976	13-Lamat	1
3 feb 1976	1-Muluc	2
4 feb 1976	2-Oc	3
5 feb 1976	3-Chuen	4
6 feb 1976	4-Eb	5
7 feb 1976	5-Ben	6
8 feb 1976	6-Ix	7
9 feb 1976	7-Men	8
10 feb 1976	8-Cib	9
11 feb 1976	9-Caban	1
12 feb 1976	10-Etz'nab	2
13 feb 1976	11-Cauac	3
14 feb 1976	12-Ahau	4
15 feb 1976	13-Imix	5
16 feb 1976	1-Ik	6
17 feb 1976	2-Akbal	7
18 feb 1976	3-Kan	8
19 feb 1976	4-Chicchan	9
20 feb 1976	5-Cimi	1
21 feb 1976	6-Manik	2
22 feb 1976	7-Lamat	3
23 feb 1976	8-Muluc	4

Fecha	Signo del día	S
24 feb 1976	9-Oc	5
25 feb 1976	10-Chuen	6
26 feb 1976	11-Eb	7
27 feb 1976	12-Ben	8
28 feb 1976	13-Ix	9
29 feb 1976	1-Men	1
1 mar 1976	2-Cib	2
2 mar 1976	3-Caban	3
3 mar 1976	4-Etz'nab	4
4 mar 1976	5-Cauac	5
5 mar 1976	6-Ahau	6
6 mar 1976	7-Imix	7
7 mar 1976	8-Ik	8
8 mar 1976	9-Akbal	9
9 mar 1976	10-Kan	1
10 mar 1976	11-Chicchan	2
11 mar 1976	12-Cimi	3
12 mar 1976	13-Manik	4
13 mar 1976	1-Lamat	5
14 mar 1976	2-Muluc	6
15 mar 1976	3-Oc	7
16 mar 1976	4-Chuen	8
17 mar 1976	5-Eb	9
18 mar 1976	6-Ben	1
19 mar 1976	7-Ix	2
20 mar 1976	8-Men	3
21 mar 1976	9-Cib	4
22 mar 1976	10-Caban	5
23 mar 1976	11-Etz'nab	6
24 mar 1976	12-Cauac	7
25 mar 1976	13-Ahau	8
26 mar 1976	1-Imix	9
27 mar 1976	2-Ik	1
28 mar 1976	3-Akbal	2
29 mar 1976	4-Kan	3
30 mar 1976	5-Chicchan	4
31 mar 1976	6-Cimi	5
1 abr 1976	7-Manik	6
2 abr 1976	8-Lamat	7
3 abr 1976	9-Muluc	8
4 abr 1976	10-Oc	9
5 abr 1976	11-Chuen	1
6 abr 1976	12-Eb	2
7 abr 1976	13-Ben	3
8 abr 1976	1-Ix	4
9 abr 1976	2-Men	5
10 abr 1976	3-Cib	6
11 abr 1976	4-Caban	7
12 abr 1976	5-Etz'nab	8
13 abr 1976	6-Cauac	9
14 abr 1976	7-Ahau	1
15 abr 1976	8-Imix	2
16 abr 1976	9-Ik	3
17 abr 1976	10-Akbal	4
18 abr 1976	11-Kan	5
19 abr 1976	12-Chicchan	6
20 abr 1976	13-Cimi	7
21 abr 1976	1-Manik	8
22 abr 1976	2-Lamat	9
23 abr 1976	3-Muluc	1
24 abr 1976	4-Oc	2
25 abr 1976	5-Chuen	3
26 abr 1976	6-Eb	4
27 abr 1976	7-Ben	5
28 abr 1976	8-Ix	6
29 abr 1976	9-Men	7
30 abr 1976	10-Cib	8
1 may 1976	11-Caban	9

Fecha	Signo del día	S
2 may 1976	12-Etz'nab	1
3 may 1976	13-Cauac	2
4 may 1976	**1-Ahau**	3
5 may 1976	*2-Imix*	4
6 may 1976	3-Ik	5
7 may 1976	4-Akbal	6
8 may 1976	5-Kan	7
9 may 1976	6-Chicchan	8
10 may 1976	7-Cimi	9
11 may 1976	8-Manik	1
12 may 1976	9-Lamat	2
13 may 1976	10-Muluc	3
14 may 1976	11-Oc	4
15 may 1976	12-Chuen	5
16 may 1976	13-Eb	6
17 may 1976	**1-Ben**	7
18 may 1976	2-Ix	8
19 may 1976	3-Men	9
20 may 1976	4-Cib	1
21 may 1976	5-Caban	2
22 may 1976	6-Etz'nab	3
23 may 1976	7-Cauac	4
24 may 1976	8-Ahau	5
25 may 1976	*9-Imix*	6
26 may 1976	10-Ik	7
27 may 1976	11-Akbal	8
28 may 1976	12-Kan	9
29 may 1976	13-Chicchan	1
30 may 1976	**1-Cimi**	2
31 may 1976	2-Manik	3
1 jun 1976	3-Lamat	4
2 jun 1976	4-Muluc	5
3 jun 1976	5-Oc	6
4 jun 1976	6-Chuen	7
5 jun 1976	7-Eb	8
6 jun 1976	8-Ben	9
7 jun 1976	9-Ix	1
8 jun 1976	10-Men	2
9 jun 1976	11-Cib	3
10 jun 1976	12-Caban	4
11 jun 1976	13-Etz'nab	5
12 jun 1976	**1-Cauac**	6
13 jun 1976	2-Ahau	7
14 jun 1976	*3-Imix*	8
15 jun 1976	4-Ik	9
16 jun 1976	5-Akbal	1
17 jun 1976	6-Kan	2
18 jun 1976	7-Chicchan	3
19 jun 1976	8-Cimi	4
20 jun 1976	9-Manik	5
21 jun 1976	10-Lamat	6
22 jun 1976	11-Muluc	7
23 jun 1976	12-Oc	8
24 jun 1976	13-Chuen	9
25 jun 1976	**1-Eb**	1
26 jun 1976	2-Ben	2
27 jun 1976	3-Ix	3
28 jun 1976	4-Men	4
29 jun 1976	5-Cib	5
30 jun 1976	6-Caban	6
1 jul 1976	7-Etz'nab	7
2 jul 1976	8-Cauac	8
3 jul 1976	9-Ahau	9
4 jul 1976	*10-Imix*	1
5 jul 1976	11-Ik	2
6 jul 1976	12-Akbal	3
7 jul 1976	13-Kan	4
8 jul 1976	**1-Chicchan**	5

Fecha	Signo del día	S
9 jul 1976	2-Cimi	6
10 jul 1976	3-Manik	7
11 jul 1976	4-Lamat	8
12 jul 1976	5-Muluc	9
13 jul 1976	6-Oc	1
14 jul 1976	7-Chuen	2
15 jul 1976	8-Eb	3
16 jul 1976	9-Ben	4
17 jul 1976	10-Ix	5
18 jul 1976	11-Men	6
19 jul 1976	12-Cib	7
20 jul 1976	13-Caban	8
21 jul 1976	**1-Etz'nab**	9
22 jul 1976	2-Cauac	1
23 jul 1976	3-Ahau	2
24 jul 1976	*4-Imix*	3
25 jul 1976	5-Ik	4
26 jul 1976	6-Akbal	5
27 jul 1976	7-Kan	6
28 jul 1976	8-Chicchan	7
29 jul 1976	9-Cimi	8
30 jul 1976	10-Manik	9
31 jul 1976	11-Lamat	1
1 ago 1976	12-Muluc	2
2 ago 1976	13-Oc	3
3 ago 1976	**1-Chuen**	4
4 ago 1976	2-Eb	5
5 ago 1976	3-Ben	6
6 ago 1976	4-Ix	7
7 ago 1976	5-Men	8
8 ago 1976	6-Cib	9
9 ago 1976	7-Caban	1
10 ago 1976	8-Etz'nab	2
11 ago 1976	9-Cauac	3
12 ago 1976	10-Ahau	4
13 ago 1976	*11-Imix*	5
14 ago 1976	12-Ik	6
15 ago 1976	13-Akbal	7
16 ago 1976	**1-Kan**	8
17 ago 1976	2-Chicchan	9
18 ago 1976	3-Cimi	1
19 ago 1976	4-Manik	2
20 ago 1976	5-Lamat	3
21 ago 1976	6-Muluc	4
22 ago 1976	7-Oc	5
23 ago 1976	8-Chuen	6
24 ago 1976	9-Eb	7
25 ago 1976	10-Ben	8
26 ago 1976	11-Ix	9
27 ago 1976	12-Men	1
28 ago 1976	13-Cib	2
29 ago 1976	**1-Caban**	3
30 ago 1976	2-Etz'nab	4
31 ago 1976	3-Cauac	5
1 sep 1976	4-Ahau	6
2 sep 1976	*5-Imix*	7
3 sep 1976	6-Ik	8
4 sep 1976	7-Akbal	9
5 sep 1976	8-Kan	1
6 sep 1976	9-Chicchan	2
7 sep 1976	10-Cimi	3
8 sep 1976	11-Manik	4
9 sep 1976	12-Lamat	5
10 sep 1976	13-Muluc	6
11 sep 1976	**1-Oc**	7
12 sep 1976	2-Chuen	8
13 sep 1976	3-Eb	9
14 sep 1976	4-Ben	1

Fecha	Signo del día	S
15 sep 1976	5-Ix	2
16 sep 1976	6-Men	3
17 sep 1976	7-Cib	4
18 sep 1976	8-Caban	5
19 sep 1976	9-Etz'nab	6
20 sep 1976	10-Cauac	7
21 sep 1976	11-Ahau	8
22 sep 1976	*12-Imix*	9
23 sep 1976	13-Ik	1
24 sep 1976	**1-Akbal**	2
25 sep 1976	2-Kan	3
26 sep 1976	3-Chicchan	4
27 sep 1976	4-Cimi	5
28 sep 1976	5-Manik	6
29 sep 1976	6-Lamat	7
30 sep 1976	7-Muluc	8
1 oct 1976	8-Oc	9
2 oct 1976	9-Chuen	1
3 oct 1976	10-Eb	2
4 oct 1976	11-Ben	3
5 oct 1976	12-Ix	4
6 oct 1976	13-Men	5
7 oct 1976	**1-Cib**	6
8 oct 1976	2-Caban	7
9 oct 1976	3-Etz'nab	8
10 oct 1976	4-Cauac	9
11 oct 1976	5-Ahau	1
12 oct 1976	*6-Imix*	2
13 oct 1976	7-Ik	3
14 oct 1976	8-Akbal	4
15 oct 1976	9-Kan	5
16 oct 1976	10-Chicchan	6
17 oct 1976	11-Cimi	7
18 oct 1976	12-Manik	8
19 oct 1976	13-Lamat	9
20 oct 1976	**1-Muluc**	1
21 oct 1976	2-Oc	2
22 oct 1976	3-Chuen	3
23 oct 1976	4-Eb	4
24 oct 1976	5-Ben	5
25 oct 1976	6-Ix	6
26 oct 1976	7-Men	7
27 oct 1976	8-Cib	8
28 oct 1976	9-Caban	9
29 oct 1976	10-Etz'nab	1
30 oct 1976	11-Cauac	2
31 oct 1976	12-Ahau	3
1 nov 1976	*13-Imix*	4
2 nov 1976	**1-Ik**	5
3 nov 1976	2-Akbal	6
4 nov 1976	3-Kan	7
5 nov 1976	4-Chicchan	8
6 nov 1976	5-Cimi	9
7 nov 1976	6-Manik	1
8 nov 1976	7-Lamat	2
9 nov 1976	8-Muluc	3
10 nov 1976	9-Oc	4
11 nov 1976	10-Chuen	5
12 nov 1976	11-Eb	6
13 nov 1976	12-Ben	7
14 nov 1976	13-Ix	8
15 nov 1976	**1-Men**	9
16 nov 1976	2-Cib	1
17 nov 1976	3-Caban	2
18 nov 1976	4-Etz'nab	3
19 nov 1976	5-Cauac	4
20 nov 1976	6-Ahau	5
21 nov 1976	*7-Imix*	6

Fecha	Signo del día	S
22 nov 1976	8-Ik	7
23 nov 1976	9-Akbal	8
24 nov 1976	10-Kan	9
25 nov 1976	11-Chicchan	1
26 nov 1976	12-Cimi	2
27 nov 1976	13-Manik	3
28 nov 1976	**1-Lamat**	4
29 nov 1976	2-Muluc	5
30 nov 1976	3-Oc	6
1 dic 1976	4-Chuen	7
2 dic 1976	5-Eb	8
3 dic 1976	6-Ben	9
4 dic 1976	7-Ix	1
5 dic 1976	8-Men	2
6 dic 1976	9-Cib	3
7 dic 1976	10-Caban	4
8 dic 1976	11-Etz'nab	5
9 dic 1976	12-Cauac	6
10 dic 1976	13-Ahau	7
11 dic 1976	**1-Imix**	8
12 dic 1976	2-Ik	9
13 dic 1976	3-Akbal	1
14 dic 1976	4-Kan	2
15 dic 1976	5-Chicchan	3
16 dic 1976	6-Cimi	4
17 dic 1976	7-Manik	5
18 dic 1976	8-Lamat	6
19 dic 1976	9-Muluc	7
20 dic 1976	10-Oc	8
21 dic 1976	11-Chuen	9
22 dic 1976	12-Eb	1
23 dic 1976	13-Ben	2
24 dic 1976	**1-Ix**	3
25 dic 1976	2-Men	4
26 dic 1976	3-Cib	5
27 dic 1976	4-Caban	6
28 dic 1976	5-Etz'nab	7
29 dic 1976	6-Cauac	8
30 dic 1976	7-Ahau	9
31 dic 1976	*8-Imix*	1
1 ene 1977	9-Ik	2
2 ene 1977	10-Akbal	3
3 ene 1977	11-Kan	4
4 ene 1977	12-Chicchan	5
5 ene 1977	13-Cimi	6
6 ene 1977	**1-Manik**	7
7 ene 1977	2-Lamat	8
8 ene 1977	3-Muluc	9
9 ene 1977	4-Oc	1
10 ene 1977	5-Chuen	2
11 ene 1977	6-Eb	3
12 ene 1977	7-Ben	4
13 ene 1977	8-Ix	5
14 ene 1977	9-Men	6
15 ene 1977	10-Cib	7
16 ene 1977	11-Caban	8
17 ene 1977	12-Etz'nab	9
18 ene 1977	13-Cauac	1
19 ene 1977	**1-Ahau**	2
20 ene 1977	*2-Imix*	3
21 ene 1977	3-Ik	4
22 ene 1977	4-Akbal	5
23 ene 1977	5-Kan	6
24 ene 1977	6-Chicchan	7
25 ene 1977	7-Cimi	8
26 ene 1977	8-Manik	9
27 ene 1977	9-Lamat	1
28 ene 1977	10-Muluc	2

Fecha	Signo del día	S
29 ene 1977	11-Oc	3
30 ene 1977	12-Chuen	4
31 ene 1977	13-Eb	5
1 feb 1977	**1-Ben**	6
2 feb 1977	2-Ix	7
3 feb 1977	3-Men	8
4 feb 1977	4-Cib	9
5 feb 1977	5-Caban	1
6 feb 1977	6-Etz'nab	2
7 feb 1977	7-Cauac	3
8 feb 1977	8-Ahau	4
9 feb 1977	*9-Imix*	5
10 feb 1977	10-Ik	6
11 feb 1977	11-Akbal	7
12 feb 1977	12-Kan	8
13 feb 1977	13-Chicchan	9
14 feb 1977	**1-Cimi**	1
15 feb 1977	2-Manik	2
16 feb 1977	3-Lamat	3
17 feb 1977	4-Muluc	4
18 feb 1977	5-Oc	5
19 feb 1977	6-Chuen	6
20 feb 1977	7-Eb	7
21 feb 1977	8-Ben	8
22 feb 1977	9-Ix	9
23 feb 1977	10-Men	1
24 feb 1977	11-Cib	2
25 feb 1977	12-Caban	3
26 feb 1977	13-Etz'nab	4
27 feb 1977	**1-Cauac**	5
28 feb 1977	2-Ahau	6
1 mar 1977	*3-Imix*	7
2 mar 1977	4-Ik	8
3 mar 1977	5-Akbal	9
4 mar 1977	6-Kan	1
5 mar 1977	7-Chicchan	2
6 mar 1977	8-Cimi	3
7 mar 1977	9-Manik	4
8 mar 1977	10-Lamat	5
9 mar 1977	11-Muluc	6
10 mar 1977	12-Oc	7
11 mar 1977	13-Chuen	8
12 mar 1977	**1-Eb**	9
13 mar 1977	2-Ben	1
14 mar 1977	3-Ix	2
15 mar 1977	4-Men	3
16 mar 1977	5-Cib	4
17 mar 1977	6-Caban	5
18 mar 1977	7-Etz'nab	6
19 mar 1977	8-Cauac	7
20 mar 1977	9-Ahau	8
21 mar 1977	*10-Imix*	9
22 mar 1977	11-Ik	1
23 mar 1977	12-Akbal	2
24 mar 1977	13-Kan	3
25 mar 1977	**1-Chicchan**	4
26 mar 1977	2-Cimi	5
27 mar 1977	3-Manik	6
28 mar 1977	4-Lamat	7
29 mar 1977	5-Muluc	8
30 mar 1977	6-Oc	9
31 mar 1977	7-Chuen	1
1 abr 1977	8-Eb	2
2 abr 1977	9-Ben	3
3 abr 1977	10-Ix	4
4 abr 1977	11-Men	5
5 abr 1977	12-Cib	6
6 abr 1977	13-Caban	7

Fecha	Signo del día	S
7 abr 1977	**1-Etz'nab**	8
8 abr 1977	2-Cauac	9
9 abr 1977	3-Ahau	1
10 abr 1977	*4-Imix*	2
11 abr 1977	5-Ik	3
12 abr 1977	6-Akbal	4
13 abr 1977	7-Kan	5
14 abr 1977	8-Chicchan	6
15 abr 1977	9-Cimi	7
16 abr 1977	10-Manik	8
17 abr 1977	11-Lamat	9
18 abr 1977	12-Muluc	1
19 abr 1977	13-Oc	2
20 abr 1977	**1-Chuen**	3
21 abr 1977	2-Eb	4
22 abr 1977	3-Ben	5
23 abr 1977	4-Ix	6
24 abr 1977	5-Men	7
25 abr 1977	6-Cib	8
26 abr 1977	7-Caban	9
27 abr 1977	8-Etz'nab	1
28 abr 1977	9-Cauac	2
29 abr 1977	10-Ahau	3
30 abr 1977	*11-Imix*	4
1 may 1977	12-Ik	5
2 may 1977	13-Akbal	6
3 may 1977	**1-Kan**	7
4 may 1977	2-Chicchan	8
5 may 1977	3-Cimi	9
6 may 1977	4-Manik	1
7 may 1977	5-Lamat	2
8 may 1977	6-Muluc	3
9 may 1977	7-Oc	4
10 may 1977	8-Chuen	5
11 may 1977	9-Eb	6
12 may 1977	10-Ben	7
13 may 1977	11-Ix	8
14 may 1977	12-Men	9
15 may 1977	13-Cib	1
16 may 1977	**1-Caban**	2
17 may 1977	2-Etz'nab	3
18 may 1977	3-Cauac	4
19 may 1977	4-Ahau	5
20 may 1977	*5-Imix*	6
21 may 1977	6-Ik	7
22 may 1977	7-Akbal	8
23 may 1977	8-Kan	9
24 may 1977	9-Chicchan	1
25 may 1977	10-Cimi	2
26 may 1977	11-Manik	3
27 may 1977	12-Lamat	4
28 may 1977	13-Muluc	5
29 may 1977	**1-Oc**	6
30 may 1977	2-Chuen	7
31 may 1977	3-Eb	8
1 jun 1977	4-Ben	9
2 jun 1977	5-Ix	1
3 jun 1977	6-Men	2
4 jun 1977	7-Cib	3
5 jun 1977	8-Caban	4
6 jun 1977	9-Etz'nab	5
7 jun 1977	10-Cauac	6
8 jun 1977	11-Ahau	7
9 jun 1977	*12-Imix*	8
10 jun 1977	13-Ik	9
11 jun 1977	**1-Akbal**	1
12 jun 1977	2-Kan	2
13 jun 1977	3-Chicchan	3

Fecha	Signo del día	S	Fecha	Signo del día	S	Fecha	Signo del día	S
14 jun 1977	4-Cimi	4	21 ago 1977	7-Ix	9	28 oct 1977	10-Ik	5
15 jun 1977	5-Manik	5	22 ago 1977	8-Men	1	29 oct 1977	11-Akbal	6
16 jun 1977	6-Lamat	6	23 ago 1977	9-Cib	2	30 oct 1977	12-Kan	7
17 jun 1977	7-Muluc	7	24 ago 1977	10-Caban	3	31 oct 1977	13-Chicchan	8
18 jun 1977	8-Oc	8	25 ago 1977	11-Etz'nab	4	1 nov 1977	**1-Cimi**	9
19 jun 1977	9-Chuen	9	26 ago 1977	12-Cauac	5	2 nov 1977	2-Manik	1
20 jun 1977	10-Eb	1	27 ago 1977	13-Ahau	6	3 nov 1977	3-Lamat	2
21 jun 1977	11-Ben	2	28 ago 1977	**1-Imix**	7	4 nov 1977	4-Muluc	3
22 jun 1977	12-Ix	3	29 ago 1977	2-Ik	8	5 nov 1977	5-Oc	4
23 jun 1977	13-Men	4	30 ago 1977	3-Akbal	9	6 nov 1977	6-Chuen	5
24 jun 1977	**1-Cib**	5	31 ago 1977	4-Kan	1	7 nov 1977	7-Eb	6
25 jun 1977	2-Caban	6	1 sep 1977	5-Chicchan	2	8 nov 1977	8-Ben	7
26 jun 1977	3-Etz'nab	7	2 sep 1977	6-Cimi	3	9 nov 1977	9-Ix	8
27 jun 1977	4-Cauac	8	3 sep 1977	7-Manik	4	10 nov 1977	10-Men	9
28 jun 1977	5-Ahau	9	4 sep 1977	8-Lamat	5	11 nov 1977	11-Cib	1
29 jun 1977	*6-Imix*	1	5 sep 1977	9-Muluc	6	12 nov 1977	12-Caban	2
30 jun 1977	7-Ik	2	6 sep 1977	10-Oc	7	13 nov 1977	13-Etz'nab	3
1 jul 1977	8-Akbal	3	7 sep 1977	11-Chuen	8	14 nov 1977	**1-Cauac**	4
2 jul 1977	9-Kan	4	8 sep 1977	12-Eb	9	15 nov 1977	2-Ahau	5
3 jul 1977	10-Chicchan	5	9 sep 1977	13-Ben	1	16 nov 1977	*3-Imix*	6
4 jul 1977	11-Cimi	6	10 sep 1977	**1-Ix**	2	17 nov 1977	4-Ik	7
5 jul 1977	12-Manik	7	11 sep 1977	2-Men	3	18 nov 1977	5-Akbal	8
6 jul 1977	13-Lamat	8	12 sep 1977	3-Cib	4	19 nov 1977	6-Kan	9
7 jul 1977	**1-Muluc**	9	13 sep 1977	4-Caban	5	20 nov 1977	7-Chicchan	1
8 jul 1977	2-Oc	1	14 sep 1977	5-Etz'nab	6	21 nov 1977	8-Cimi	2
9 jul 1977	3-Chuen	2	15 sep 1977	6-Cauac	7	22 nov 1977	9-Manik	3
10 jul 1977	4-Eb	3	16 sep 1977	7-Ahau	8	23 nov 1977	10-Lamat	4
11 jul 1977	5-Ben	4	17 sep 1977	*8-Imix*	9	24 nov 1977	11-Muluc	5
12 jul 1977	6-Ix	5	18 sep 1977	9-Ik	1	25 nov 1977	12-Oc	6
13 jul 1977	7-Men	6	19 sep 1977	10-Akbal	2	26 nov 1977	13-Chuen	7
14 jul 1977	8-Cib	7	20 sep 1977	11-Kan	3	27 nov 1977	**1-Eb**	8
15 jul 1977	9-Caban	8	21 sep 1977	12-Chicchan	4	28 nov 1977	2-Ben	9
16 jul 1977	10-Etz'nab	9	22 sep 1977	13-Cimi	5	29 nov 1977	3-Ix	1
17 jul 1977	11-Cauac	1	23 sep 1977	**1-Manik**	6	30 nov 1977	4-Men	2
18 jul 1977	12-Ahau	2	24 sep 1977	2-Lamat	7	1 dic 1977	5-Cib	3
19 jul 1977	*13-Imix*	3	25 sep 1977	3-Muluc	8	2 dic 1977	6-Caban	4
20 jul 1977	**1-Ik**	4	26 sep 1977	4-Oc	9	3 dic 1977	7-Etz'nab	5
21 jul 1977	2-Akbal	5	27 sep 1977	5-Chuen	1	4 dic 1977	8-Cauac	6
22 jul 1977	3-Kan	6	28 sep 1977	6-Eb	2	5 dic 1977	9-Ahau	7
23 jul 1977	4-Chicchan	7	29 sep 1977	7-Ben	3	6 dic 1977	*10-Imix*	8
24 jul 1977	5-Cimi	8	30 sep 1977	8-Ix	4	7 dic 1977	11-Ik	9
25 jul 1977	6-Manik	9	1 oct 1977	9-Men	5	8 dic 1977	12-Akbal	1
26 jul 1977	7-Lamat	1	2 oct 1977	10-Cib	6	9 dic 1977	13-Kan	2
27 jul 1977	8-Muluc	2	3 oct 1977	11-Caban	7	10 dic 1977	**1-Chicchan**	3
28 jul 1977	9-Oc	3	4 oct 1977	12-Etz'nab	8	11 dic 1977	2-Cimi	4
29 jul 1977	10-Chuen	4	5 oct 1977	13-Cauac	9	12 dic 1977	3-Manik	5
30 jul 1977	11-Eb	5	6 oct 1977	**1-Ahau**	1	13 dic 1977	4-Lamat	6
31 jul 1977	12-Ben	6	7 oct 1977	*2-Imix*	2	14 dic 1977	5-Muluc	7
1 ago 1977	13-Ix	7	8 oct 1977	3-Ik	3	15 dic 1977	6-Oc	8
2 ago 1977	**1-Men**	8	9 oct 1977	4-Akbal	4	16 dic 1977	7-Chuen	9
3 ago 1977	2-Cib	9	10 oct 1977	5-Kan	5	17 dic 1977	8-Eb	1
4 ago 1977	3-Caban	1	11 oct 1977	6-Chicchan	6	18 dic 1977	9-Ben	2
5 ago 1977	4-Etz'nab	2	12 oct 1977	7-Cimi	7	19 dic 1977	10-Ix	3
6 ago 1977	5-Cauac	3	13 oct 1977	8-Manik	8	20 dic 1977	11-Men	4
7 ago 1977	6-Ahau	4	14 oct 1977	9-Lamat	9	21 dic 1977	12-Cib	5
8 ago 1977	*7-Imix*	5	15 oct 1977	10-Muluc	1	22 dic 1977	13-Caban	6
9 ago 1977	8-Ik	6	16 oct 1977	11-Oc	2	23 dic 1977	**1-Etz'nab**	7
10 ago 1977	9-Akbal	7	17 oct 1977	12-Chuen	3	24 dic 1977	2-Cauac	8
11 ago 1977	10-Kan	8	18 oct 1977	13-Eb	4	25 dic 1977	3-Ahau	9
12 ago 1977	11-Chicchan	9	19 oct 1977	**1-Ben**	5	26 dic 1977	*4-Imix*	1
13 ago 1977	12-Cimi	1	20 oct 1977	2-Ix	6	27 dic 1977	5-Ik	2
14 ago 1977	13-Manik	2	21 oct 1977	3-Men	7	28 dic 1977	6-Akbal	3
15 ago 1977	**1-Lamat**	3	22 oct 1977	4-Cib	8	29 dic 1977	7-Kan	4
16 ago 1977	2-Muluc	4	23 oct 1977	5-Caban	9	30 dic 1977	8-Chicchan	5
17 ago 1977	3-Oc	5	24 oct 1977	6-Etz'nab	1	31 dic 1977	9-Cimi	6
18 ago 1977	4-Chuen	6	25 oct 1977	7-Cauac	2	1 ene 1978	10-Manik	7
19 ago 1977	5-Eb	7	26 oct 1977	8-Ahau	3	2 ene 1978	11-Lamat	8
20 ago 1977	6-Ben	8	27 oct 1977	*9-Imix*	4	3 ene 1978	12-Muluc	9

Fecha	Signo del día	S	Fecha	Signo del día	S	Fecha	Signo del día	S
4 ene 1978	13-Oc	1	13 mar 1978	3-Etz'nab	6	20 may 1978	6-Cimi	2
5 ene 1978	**1-Chuen**	2	14 mar 1978	4-Cauac	7	21 may 1978	7-Manik	3
6 ene 1978	2-Eb	3	15 mar 1978	5-Ahau	8	22 may 1978	8-Lamat	4
7 ene 1978	3-Ben	4	16 mar 1978	*6-Imix*	9	23 may 1978	9-Muluc	5
8 ene 1978	4-Ix	5	17 mar 1978	7-Ik	1	24 may 1978	10-Oc	6
9 ene 1978	5-Men	6	18 mar 1978	8-Akbal	2	25 may 1978	11-Chuen	7
10 ene 1978	6-Cib	7	19 mar 1978	9-Kan	3	26 may 1978	12-Eb	8
11 ene 1978	7-Caban	8	20 mar 1978	10-Chicchan	4	27 may 1978	13-Ben	9
12 ene 1978	8-Etz'nab	9	21 mar 1978	11-Cimi	5	28 may 1978	**1-Ix**	1
13 ene 1978	9-Cauac	1	22 mar 1978	12-Manik	6	29 may 1978	2-Men	2
14 ene 1978	10-Ahau	2	23 mar 1978	13-Lamat	7	30 may 1978	3-Cib	3
15 ene 1978	*11-Imix*	3	24 mar 1978	**1-Muluc**	8	31 may 1978	4-Caban	4
16 ene 1978	12-Ik	4	25 mar 1978	2-Oc	9	1 jun 1978	5-Etz'nab	5
17 ene 1978	13-Akbal	5	26 mar 1978	3-Chuen	1	2 jun 1978	6-Cauac	6
18 ene 1978	**1-Kan**	6	27 mar 1978	4-Eb	2	3 jun 1978	7-Ahau	7
19 ene 1978	2-Chicchan	7	28 mar 1978	5-Ben	3	4 jun 1978	*8-Imix*	8
20 ene 1978	3-Cimi	8	29 mar 1978	6-Ix	4	5 jun 1978	9-Ik	9
21 ene 1978	4-Manik	9	30 mar 1978	7-Men	5	6 jun 1978	10-Akbal	1
22 ene 1978	5-Lamat	1	31 mar 1978	8-Cib	6	7 jun 1978	11-Kan	2
23 ene 1978	6-Muluc	2	1 abr 1978	9-Caban	7	8 jun 1978	12-Chicchan	3
24 ene 1978	7-Oc	3	2 abr 1978	10-Etz'nab	8	9 jun 1978	13-Cimi	4
25 ene 1978	8-Chuen	4	3 abr 1978	11-Cauac	9	10 jun 1978	**1-Manik**	5
26 ene 1978	9-Eb	5	4 abr 1978	12-Ahau	1	11 jun 1978	2-Lamat	6
27 ene 1978	10-Ben	6	5 abr 1978	*13-Imix*	2	12 jun 1978	3-Muluc	7
28 ene 1978	11-Ix	7	6 abr 1978	**1-Ik**	3	13 jun 1978	4-Oc	8
29 ene 1978	12-Men	8	7 abr 1978	2-Akbal	4	14 jun 1978	5-Chuen	9
30 ene 1978	13-Cib	9	8 abr 1978	3-Kan	5	15 jun 1978	6-Eb	1
31 ene 1978	**1-Caban**	1	9 abr 1978	4-Chicchan	6	16 jun 1978	7-Ben	2
1 feb 1978	2-Etz'nab	2	10 abr 1978	5-Cimi	7	17 jun 1978	8-Ix	3
2 feb 1978	3-Cauac	3	11 abr 1978	6-Manik	8	18 jun 1978	9-Men	4
3 feb 1978	4-Ahau	4	12 abr 1978	7-Lamat	9	19 jun 1978	10-Cib	5
4 feb 1978	*5-Imix*	5	13 abr 1978	8-Muluc	1	20 jun 1978	11-Caban	6
5 feb 1978	6-Ik	6	14 abr 1978	9-Oc	2	21 jun 1978	12-Etz'nab	7
6 feb 1978	7-Akbal	7	15 abr 1978	10-Chuen	3	22 jun 1978	13-Cauac	8
7 feb 1978	8-Kan	8	16 abr 1978	11-Eb	4	23 jun 1978	**1-Ahau**	9
8 feb 1978	9-Chicchan	9	17 abr 1978	12-Ben	5	24 jun 1978	*2-Imix*	1
9 feb 1978	10-Cimi	1	18 abr 1978	13-Ix	6	25 jun 1978	3-Ik	2
10 feb 1978	11-Manik	2	19 abr 1978	**1-Men**	7	26 jun 1978	4-Akbal	3
11 feb 1978	12-Lamat	3	20 abr 1978	2-Cib	8	27 jun 1978	5-Kan	4
12 feb 1978	13-Muluc	4	21 abr 1978	3-Caban	9	28 jun 1978	6-Chicchan	5
13 feb 1978	**1-Oc**	5	22 abr 1978	4-Etz'nab	1	29 jun 1978	7-Cimi	6
14 feb 1978	2-Chuen	6	23 abr 1978	5-Cauac	2	30 jun 1978	8-Manik	7
15 feb 1978	3-Eb	7	24 abr 1978	6-Ahau	3	1 jul 1978	9-Lamat	8
16 feb 1978	4-Ben	8	25 abr 1978	*7-Imix*	4	2 jul 1978	10-Muluc	9
17 feb 1978	5-Ix	9	26 abr 1978	8-Ik	5	3 jul 1978	11-Oc	1
18 feb 1978	6-Men	1	27 abr 1978	9-Akbal	6	4 jul 1978	12-Chuen	2
19 feb 1978	7-Cib	2	28 abr 1978	10-Kan	7	5 jul 1978	13-Eb	3
20 feb 1978	8-Caban	3	29 abr 1978	11-Chicchan	8	6 jul 1978	**1-Ben**	4
21 feb 1978	9-Etz'nab	4	30 abr 1978	12-Cimi	9	7 jul 1978	2-Ix	5
22 feb 1978	10-Cauac	5	1 may 1978	13-Manik	1	8 jul 1978	3-Men	6
23 feb 1978	11-Ahau	6	2 may 1978	**1-Lamat**	2	9 jul 1978	4-Cib	7
24 feb 1978	*12-Imix*	7	3 may 1978	2-Muluc	3	10 jul 1978	5-Caban	8
25 feb 1978	13-Ik	8	4 may 1978	3-Oc	4	11 jul 1978	6-Etz'nab	9
26 feb 1978	**1-Akbal**	9	5 may 1978	4-Chuen	5	12 jul 1978	7-Cauac	1
27 feb 1978	2-Kan	1	6 may 1978	5-Eb	6	13 jul 1978	8-Ahau	2
28 feb 1978	3-Chicchan	2	7 may 1978	6-Ben	7	14 jul 1978	*9-Imix*	3
1 mar 1978	4-Cimi	3	8 may 1978	7-Ix	8	15 jul 1978	10-Ik	4
2 mar 1978	5-Manik	4	9 may 1978	8-Men	9	16 jul 1978	11-Akbal	5
3 mar 1978	6-Lamat	5	10 may 1978	9-Cib	1	17 jul 1978	12-Kan	6
4 mar 1978	7-Muluc	6	11 may 1978	10-Caban	2	18 jul 1978	13-Chicchan	7
5 mar 1978	8-Oc	7	12 may 1978	11-Etz'nab	3	19 jul 1978	**1-Cimi**	8
6 mar 1978	9-Chuen	8	13 may 1978	12-Cauac	4	20 jul 1978	2-Manik	9
7 mar 1978	10-Eb	9	14 may 1978	13-Ahau	5	21 jul 1978	3-Lamat	1
8 mar 1978	11-Ben	1	15 may 1978	**1-Imix**	6	22 jul 1978	4-Muluc	2
9 mar 1978	12-Ix	2	16 may 1978	2-Ik	7	23 jul 1978	5-Oc	3
10 mar 1978	13-Men	3	17 may 1978	3-Akbal	8	24 jul 1978	6-Chuen	4
11 mar 1978	**1-Cib**	4	18 may 1978	4-Kan	9	25 jul 1978	7-Eb	5
12 mar 1978	2-Caban	5	19 may 1978	5-Chicchan	1	26 jul 1978	8-Ben	6

Fecha	Signo del día	S
27 jul 1978	9-Ix	7
28 jul 1978	10-Men	8
29 jul 1978	11-Cib	9
30 jul 1978	12-Caban	1
31 jul 1978	13-Etz'nab	2
1 ago 1978	**1-Cauac**	3
2 ago 1978	2-Ahau	4
3 ago 1978	*3-Imix*	5
4 ago 1978	4-Ik	6
5 ago 1978	5-Akbal	7
6 ago 1978	6-Kan	8
7 ago 1978	7-Chicchan	9
8 ago 1978	8-Cimi	1
9 ago 1978	9-Manik	2
10 ago 1978	10-Lamat	3
11 ago 1978	11-Muluc	4
12 ago 1978	12-Oc	5
13 ago 1978	13-Chuen	6
14 ago 1978	**1-Eb**	7
15 ago 1978	2-Ben	8
16 ago 1978	3-Ix	9
17 ago 1978	4-Men	1
18 ago 1978	5-Cib	2
19 ago 1978	6-Caban	3
20 ago 1978	7-Etz'nab	4
21 ago 1978	8-Cauac	5
22 ago 1978	9-Ahau	6
23 ago 1978	*10-Imix*	7
24 ago 1978	11-Ik	8
25 ago 1978	12-Akbal	9
26 ago 1978	13-Kan	1
27 ago 1978	**1-Chicchan**	2
28 ago 1978	2-Cimi	3
29 ago 1978	3-Manik	4
30 ago 1978	4-Lamat	5
31 ago 1978	5-Muluc	6
1 sep 1978	6-Oc	7
2 sep 1978	7-Chuen	8
3 sep 1978	8-Eb	9
4 sep 1978	9-Ben	1
5 sep 1978	10-Ix	2
6 sep 1978	11-Men	3
7 sep 1978	12-Cib	4
8 sep 1978	13-Caban	5
9 sep 1978	**1-Etz'nab**	6
10 sep 1978	2-Cauac	7
11 sep 1978	3-Ahau	8
12 sep 1978	*4-Imix*	9
13 sep 1978	5-Ik	1
14 sep 1978	6-Akbal	2
15 sep 1978	7-Kan	3
16 sep 1978	8-Chicchan	4
17 sep 1978	9-Cimi	5
18 sep 1978	10-Manik	6
19 sep 1978	11-Lamat	7
20 sep 1978	12-Muluc	8
21 sep 1978	13-Oc	9
22 sep 1978	**1-Chuen**	1
23 sep 1978	2-Eb	2
24 sep 1978	3-Ben	3
25 sep 1978	4-Ix	4
26 sep 1978	5-Men	5
27 sep 1978	6-Cib	6
28 sep 1978	7-Caban	7
29 sep 1978	8-Etz'nab	8
30 sep 1978	9-Cauac	9
1 oct 1978	10-Ahau	1
2 oct 1978	*11-Imix*	2

Fecha	Signo del día	S
3 oct 1978	12-Ik	3
4 oct 1978	13-Akbal	4
5 oct 1978	**1-Kan**	5
6 oct 1978	2-Chicchan	6
7 oct 1978	3-Cimi	7
8 oct 1978	4-Manik	8
9 oct 1978	5-Lamat	9
10 oct 1978	6-Muluc	1
11 oct 1978	7-Oc	2
12 oct 1978	8-Chuen	3
13 oct 1978	9-Eb	4
14 oct 1978	10-Ben	5
15 oct 1978	11-Ix	6
16 oct 1978	12-Men	7
17 oct 1978	13-Cib	8
18 oct 1978	**1-Caban**	9
19 oct 1978	2-Etz'nab	1
20 oct 1978	3-Cauac	2
21 oct 1978	4-Ahau	3
22 oct 1978	*5-Imix*	4
23 oct 1978	6-Ik	5
24 oct 1978	7-Akbal	6
25 oct 1978	8-Kan	7
26 oct 1978	9-Chicchan	8
27 oct 1978	10-Cimi	9
28 oct 1978	11-Manik	1
29 oct 1978	12-Lamat	2
30 oct 1978	13-Muluc	3
31 oct 1978	**1-Oc**	4
1 nov 1978	2-Chuen	5
2 nov 1978	3-Eb	6
3 nov 1978	4-Ben	7
4 nov 1978	5-Ix	8
5 nov 1978	6-Men	9
6 nov 1978	7-Cib	1
7 nov 1978	8-Caban	2
8 nov 1978	9-Etz'nab	3
9 nov 1978	10-Cauac	4
10 nov 1978	11-Ahau	5
11 nov 1978	*12-Imix*	6
12 nov 1978	13-Ik	7
13 nov 1978	**1-Akbal**	8
14 nov 1978	2-Kan	9
15 nov 1978	3-Chicchan	1
16 nov 1978	4-Cimi	2
17 nov 1978	5-Manik	3
18 nov 1978	6-Lamat	4
19 nov 1978	7-Muluc	5
20 nov 1978	8-Oc	6
21 nov 1978	9-Chuen	7
22 nov 1978	10-Eb	8
23 nov 1978	11-Ben	9
24 nov 1978	12-Ix	1
25 nov 1978	13-Men	2
26 nov 1978	**1-Cib**	3
27 nov 1978	2-Caban	4
28 nov 1978	3-Etz'nab	5
29 nov 1978	4-Cauac	6
30 nov 1978	5-Ahau	7
1 dic 1978	*6-Imix*	8
2 dic 1978	7-Ik	9
3 dic 1978	8-Akbal	1
4 dic 1978	9-Kan	2
5 dic 1978	10-Chicchan	3
6 dic 1978	11-Cimi	4
7 dic 1978	12-Manik	5
8 dic 1978	13-Lamat	6
9 dic 1978	**1-Muluc**	7

Fecha	Signo del día	S
10 dic 1978	2-Oc	8
11 dic 1978	3-Chuen	9
12 dic 1978	4-Eb	1
13 dic 1978	5-Ben	2
14 dic 1978	6-Ix	3
15 dic 1978	7-Men	4
16 dic 1978	8-Cib	5
17 dic 1978	9-Caban	6
18 dic 1978	10-Etz'nab	7
19 dic 1978	11-Cauac	8
20 dic 1978	12-Ahau	9
21 dic 1978	*13-Imix*	1
22 dic 1978	**1-Ik**	2
23 dic 1978	2-Akbal	3
24 dic 1978	3-Kan	4
25 dic 1978	4-Chicchan	5
26 dic 1978	5-Cimi	6
27 dic 1978	6-Manik	7
28 dic 1978	7-Lamat	8
29 dic 1978	8-Muluc	9
30 dic 1978	9-Oc	1
31 dic 1978	10-Chuen	2
1 ene 1979	11-Eb	3
2 ene 1979	12-Ben	4
3 ene 1979	13-Ix	5
4 ene 1979	**1-Men**	6
5 ene 1979	2-Cib	7
6 ene 1979	3-Caban	8
7 ene 1979	4-Etz'nab	9
8 ene 1979	5-Cauac	1
9 ene 1979	6-Ahau	2
10 ene 1979	*7-Imix*	3
11 ene 1979	8-Ik	4
12 ene 1979	9-Akbal	5
13 ene 1979	10-Kan	6
14 ene 1979	11-Chicchan	7
15 ene 1979	12-Cimi	8
16 ene 1979	13-Manik	9
17 ene 1979	**1-Lamat**	1
18 ene 1979	2-Muluc	2
19 ene 1979	3-Oc	3
20 ene 1979	4-Chuen	4
21 ene 1979	5-Eb	5
22 ene 1979	6-Ben	6
23 ene 1979	7-Ix	7
24 ene 1979	8-Men	8
25 ene 1979	9-Cib	9
26 ene 1979	10-Caban	1
27 ene 1979	11-Etz'nab	2
28 ene 1979	12-Cauac	3
29 ene 1979	13-Ahau	4
30 ene 1979	**1-Imix**	5
31 ene 1979	2-Ik	6
1 feb 1979	3-Akbal	7
2 feb 1979	4-Kan	8
3 feb 1979	5-Chicchan	9
4 feb 1979	6-Cimi	1
5 feb 1979	7-Manik	2
6 feb 1979	8-Lamat	3
7 feb 1979	9-Muluc	4
8 feb 1979	10-Oc	5
9 feb 1979	11-Chuen	6
10 feb 1979	12-Eb	7
11 feb 1979	13-Ben	8
12 feb 1979	**1-Ix**	9
13 feb 1979	2-Men	1
14 feb 1979	3-Cib	2
15 feb 1979	4-Caban	3

Fecha	Signo del día	S
16 feb 1979	5-Etz'nab	4
17 feb 1979	6-Cauac	5
18 feb 1979	7-Ahau	6
19 feb 1979	*8-Imix*	7
20 feb 1979	9-Ik	8
21 feb 1979	10-Akbal	9
22 feb 1979	11-Kan	1
23 feb 1979	12-Chicchan	2
24 feb 1979	13-Cimi	3
25 feb 1979	**1-Manik**	4
26 feb 1979	2-Lamat	5
27 feb 1979	3-Muluc	6
28 feb 1979	4-Oc	7
1 mar 1979	5-Chuen	8
2 mar 1979	6-Eb	9
3 mar 1979	7-Ben	1
4 mar 1979	8-Ix	2
5 mar 1979	9-Men	3
6 mar 1979	10-Cib	4
7 mar 1979	11-Caban	5
8 mar 1979	12-Etz'nab	6
9 mar 1979	13-Cauac	7
10 mar 1979	**1-Ahau**	8
11 mar 1979	*2-Imix*	9
12 mar 1979	3-Ik	1
13 mar 1979	4-Akbal	2
14 mar 1979	5-Kan	3
15 mar 1979	6-Chicchan	4
16 mar 1979	7-Cimi	5
17 mar 1979	8-Manik	6
18 mar 1979	9-Lamat	7
19 mar 1979	10-Muluc	8
20 mar 1979	11-Oc	9
21 mar 1979	12-Chuen	1
22 mar 1979	13-Eb	2
23 mar 1979	**1-Ben**	3
24 mar 1979	2-Ix	4
25 mar 1979	3-Men	5
26 mar 1979	4-Cib	6
27 mar 1979	5-Caban	7
28 mar 1979	6-Etz'nab	8
29 mar 1979	7-Cauac	9
30 mar 1979	8-Ahau	1
31 mar 1979	*9-Imix*	2
1 abr 1979	10-Ik	3
2 abr 1979	11-Akbal	4
3 abr 1979	12-Kan	5
4 abr 1979	13-Chicchan	6
5 abr 1979	**1-Cimi**	7
6 abr 1979	2-Manik	8
7 abr 1979	3-Lamat	9
8 abr 1979	4-Muluc	1
9 abr 1979	5-Oc	2
10 abr 1979	6-Chuen	3
11 abr 1979	7-Eb	4
12 abr 1979	8-Ben	5
13 abr 1979	9-Ix	6
14 abr 1979	10-Men	7
15 abr 1979	11-Cib	8
16 abr 1979	12-Caban	9
17 abr 1979	13-Etz'nab	1
18 abr 1979	**1-Cauac**	2
19 abr 1979	2-Ahau	3
20 abr 1979	*3-Imix*	4
21 abr 1979	4-Ik	5
22 abr 1979	5-Akbal	6
23 abr 1979	6-Kan	7
24 abr 1979	7-Chicchan	8

Fecha	Signo del día	S
25 abr 1979	8-Cimi	9
26 abr 1979	9-Manik	1
27 abr 1979	10-Lamat	2
28 abr 1979	11-Muluc	3
29 abr 1979	12-Oc	4
30 abr 1979	13-Chuen	5
1 may 1979	**1-Eb**	6
2 may 1979	2-Ben	7
3 may 1979	3-Ix	8
4 may 1979	4-Men	9
5 may 1979	5-Cib	1
6 may 1979	6-Caban	2
7 may 1979	7-Etz'nab	3
8 may 1979	8-Cauac	4
9 may 1979	9-Ahau	5
10 may 1979	*10-Imix*	6
11 may 1979	11-Ik	7
12 may 1979	12-Akbal	8
13 may 1979	13-Kan	9
14 may 1979	**1-Chicchan**	1
15 may 1979	2-Cimi	2
16 may 1979	3-Manik	3
17 may 1979	4-Lamat	4
18 may 1979	5-Muluc	5
19 may 1979	6-Oc	6
20 may 1979	7-Chuen	7
21 may 1979	8-Eb	8
22 may 1979	9-Ben	9
23 may 1979	10-Ix	1
24 may 1979	11-Men	2
25 may 1979	12-Cib	3
26 may 1979	13-Caban	4
27 may 1979	**1-Etz'nab**	5
28 may 1979	2-Cauac	6
29 may 1979	3-Ahau	7
30 may 1979	*4-Imix*	8
31 may 1979	5-Ik	9
1 jun 1979	6-Akbal	1
2 jun 1979	7-Kan	2
3 jun 1979	8-Chicchan	3
4 jun 1979	9-Cimi	4
5 jun 1979	10-Manik	5
6 jun 1979	11-Lamat	6
7 jun 1979	12-Muluc	7
8 jun 1979	13-Oc	8
9 jun 1979	**1-Chuen**	9
10 jun 1979	2-Eb	1
11 jun 1979	3-Ben	2
12 jun 1979	4-Ix	3
13 jun 1979	5-Men	4
14 jun 1979	6-Cib	5
15 jun 1979	7-Caban	6
16 jun 1979	8-Etz'nab	7
17 jun 1979	9-Cauac	8
18 jun 1979	10-Ahau	9
19 jun 1979	*11-Imix*	1
20 jun 1979	12-Ik	2
21 jun 1979	13-Akbal	3
22 jun 1979	**1-Kan**	4
23 jun 1979	2-Chicchan	5
24 jun 1979	3-Cimi	6
25 jun 1979	4-Manik	7
26 jun 1979	5-Lamat	8
27 jun 1979	6-Muluc	9
28 jun 1979	7-Oc	1
29 jun 1979	8-Chuen	2
30 jun 1979	9-Eb	3
1 jul 1979	10-Ben	4

Fecha	Signo del día	S
2 jul 1979	11-Ix	5
3 jul 1979	12-Men	6
4 jul 1979	13-Cib	7
5 jul 1979	**1-Caban**	8
6 jul 1979	2-Etz'nab	9
7 jul 1979	3-Cauac	1
8 jul 1979	4-Ahau	2
9 jul 1979	*5-Imix*	3
10 jul 1979	6-Ik	4
11 jul 1979	7-Akbal	5
12 jul 1979	8-Kan	6
13 jul 1979	9-Chicchan	7
14 jul 1979	10-Cimi	8
15 jul 1979	11-Manik	9
16 jul 1979	12-Lamat	1
17 jul 1979	13-Muluc	2
18 jul 1979	**1-Oc**	3
19 jul 1979	2-Chuen	4
20 jul 1979	3-Eb	5
21 jul 1979	4-Ben	6
22 jul 1979	5-Ix	7
23 jul 1979	6-Men	8
24 jul 1979	7-Cib	9
25 jul 1979	8-Caban	1
26 jul 1979	9-Etz'nab	2
27 jul 1979	10-Cauac	3
28 jul 1979	11-Ahau	4
29 jul 1979	*12-Imix*	5
30 jul 1979	13-Ik	6
31 jul 1979	**1-Akbal**	7
1 ago 1979	2-Kan	8
2 ago 1979	3-Chicchan	9
3 ago 1979	4-Cimi	1
4 ago 1979	5-Manik	2
5 ago 1979	6-Lamat	3
6 ago 1979	7-Muluc	4
7 ago 1979	8-Oc	5
8 ago 1979	9-Chuen	6
9 ago 1979	10-Eb	7
10 ago 1979	11-Ben	8
11 ago 1979	12-Ix	9
12 ago 1979	13-Men	1
13 ago 1979	**1-Cib**	2
14 ago 1979	2-Caban	3
15 ago 1979	3-Etz'nab	4
16 ago 1979	4-Cauac	5
17 ago 1979	5-Ahau	6
18 ago 1979	*6-Imix*	7
19 ago 1979	7-Ik	8
20 ago 1979	8-Akbal	9
21 ago 1979	9-Kan	1
22 ago 1979	10-Chicchan	2
23 ago 1979	11-Cimi	3
24 ago 1979	12-Manik	4
25 ago 1979	13-Lamat	5
26 ago 1979	**1-Muluc**	6
27 ago 1979	2-Oc	7
28 ago 1979	3-Chuen	8
29 ago 1979	4-Eb	9
30 ago 1979	5-Ben	1
31 ago 1979	6-Ix	2
1 sep 1979	7-Men	3
2 sep 1979	8-Cib	4
3 sep 1979	9-Caban	5
4 sep 1979	10-Etz'nab	6
5 sep 1979	11-Cauac	7
6 sep 1979	12-Ahau	8
7 sep 1979	*13-Imix*	9

Fecha	Signo del día	S
8 sep 1979	1-Ik	1
9 sep 1979	2-Akbal	2
10 sep 1979	3-Kan	3
11 sep 1979	4-Chicchan	4
12 sep 1979	5-Cimi	5
13 sep 1979	6-Manik	6
14 sep 1979	7-Lamat	7
15 sep 1979	8-Muluc	8
16 sep 1979	9-Oc	9
17 sep 1979	10-Chuen	1
18 sep 1979	11-Eb	2
19 sep 1979	12-Ben	3
20 sep 1979	13-Ix	4
21 sep 1979	**1-Men**	5
22 sep 1979	2-Cib	6
23 sep 1979	3-Caban	7
24 sep 1979	4-Etz'nab	8
25 sep 1979	5-Cauac	9
26 sep 1979	6-Ahau	1
27 sep 1979	*7-Imix*	2
28 sep 1979	8-Ik	3
29 sep 1979	9-Akbal	4
30 sep 1979	10-Kan	5
1 oct 1979	11-Chicchan	6
2 oct 1979	12-Cimi	7
3 oct 1979	13-Manik	8
4 oct 1979	**1-Lamat**	9
5 oct 1979	2-Muluc	1
6 oct 1979	3-Oc	2
7 oct 1979	4-Chuen	3
8 oct 1979	5-Eb	4
9 oct 1979	6-Ben	5
10 oct 1979	7-Ix	6
11 oct 1979	8-Men	7
12 oct 1979	9-Cib	8
13 oct 1979	10-Caban	9
14 oct 1979	11-Etz'nab	1
15 oct 1979	12-Cauac	2
16 oct 1979	13-Ahau	3
17 oct 1979	**1-Imix**	4
18 oct 1979	2-Ik	5
19 oct 1979	3-Akbal	6
20 oct 1979	4-Kan	7
21 oct 1979	5-Chicchan	8
22 oct 1979	6-Cimi	9
23 oct 1979	7-Manik	1
24 oct 1979	8-Lamat	2
25 oct 1979	9-Muluc	3
26 oct 1979	10-Oc	4
27 oct 1979	11-Chuen	5
28 oct 1979	12-Eb	6
29 oct 1979	13-Ben	7
30 oct 1979	**1-Ix**	8
31 oct 1979	2-Men	9
1 nov 1979	3-Cib	1
2 nov 1979	4-Caban	2
3 nov 1979	5-Etz'nab	3
4 nov 1979	6-Cauac	4
5 nov 1979	7-Ahau	5
6 nov 1979	*8-Imix*	6
7 nov 1979	9-Ik	7
8 nov 1979	10-Akbal	8
9 nov 1979	11-Kan	9
10 nov 1979	12-Chicchan	1
11 nov 1979	13-Cimi	2
12 nov 1979	**1-Manik**	3
13 nov 1979	2-Lamat	4
14 nov 1979	3-Muluc	5

Fecha	Signo del día	S
15 nov 1979	4-Oc	6
16 nov 1979	5-Chuen	7
17 nov 1979	6-Eb	8
18 nov 1979	7-Ben	9
19 nov 1979	8-Ix	1
20 nov 1979	9-Men	2
21 nov 1979	10-Cib	3
22 nov 1979	11-Caban	4
23 nov 1979	12-Etz'nab	5
24 nov 1979	13-Cauac	6
25 nov 1979	**1-Ahau**	7
26 nov 1979	*2-Imix*	8
27 nov 1979	3-Ik	9
28 nov 1979	4-Akbal	1
29 nov 1979	5-Kan	2
30 nov 1979	6-Chicchan	3
1 dic 1979	7-Cimi	4
2 dic 1979	8-Manik	5
3 dic 1979	9-Lamat	6
4 dic 1979	10-Muluc	7
5 dic 1979	11-Oc	8
6 dic 1979	12-Chuen	9
7 dic 1979	13-Eb	1
8 dic 1979	**1-Ben**	2
9 dic 1979	2-Ix	3
10 dic 1979	3-Men	4
11 dic 1979	4-Cib	5
12 dic 1979	5-Caban	6
13 dic 1979	6-Etz'nab	7
14 dic 1979	7-Cauac	8
15 dic 1979	8-Ahau	9
16 dic 1979	*9-Imix*	1
17 dic 1979	10-Ik	2
18 dic 1979	11-Akbal	3
19 dic 1979	12-Kan	4
20 dic 1979	13-Chicchan	5
21 dic 1979	**1-Cimi**	6
22 dic 1979	2-Manik	7
23 dic 1979	3-Lamat	8
24 dic 1979	4-Muluc	9
25 dic 1979	5-Oc	1
26 dic 1979	6-Chuen	2
27 dic 1979	7-Eb	3
28 dic 1979	8-Ben	4
29 dic 1979	9-Ix	5
30 dic 1979	10-Men	6
31 dic 1979	11-Cib	7
1 ene 1980	12-Caban	8
2 ene 1980	13-Etz'nab	9
3 ene 1980	**1-Cauac**	1
4 ene 1980	2-Ahau	2
5 ene 1980	*3-Imix*	3
6 ene 1980	4-Ik	4
7 ene 1980	5-Akbal	5
8 ene 1980	6-Kan	6
9 ene 1980	7-Chicchan	7
10 ene 1980	8-Cimi	8
11 ene 1980	9-Manik	9
12 ene 1980	10-Lamat	1
13 ene 1980	11-Muluc	2
14 ene 1980	12-Oc	3
15 ene 1980	13-Chuen	4
16 ene 1980	**1-Eb**	5
17 ene 1980	2-Ben	6
18 ene 1980	3-Ix	7
19 ene 1980	4-Men	8
20 ene 1980	5-Cib	9
21 ene 1980	6-Caban	1

Fecha	Signo del día	S
22 ene 1980	7-Etz'nab	2
23 ene 1980	8-Cauac	3
24 ene 1980	9-Ahau	4
25 ene 1980	*10-Imix*	5
26 ene 1980	11-Ik	6
27 ene 1980	12-Akbal	7
28 ene 1980	13-Kan	8
29 ene 1980	**1-Chicchan**	9
30 ene 1980	2-Cimi	1
31 ene 1980	3-Manik	2
1 feb 1980	4-Lamat	3
2 feb 1980	5-Muluc	4
3 feb 1980	6-Oc	5
4 feb 1980	7-Chuen	6
5 feb 1980	8-Eb	7
6 feb 1980	9-Ben	8
7 feb 1980	10-Ix	9
8 feb 1980	11-Men	1
9 feb 1980	12-Cib	2
10 feb 1980	13-Caban	3
11 feb 1980	**1-Etz'nab**	4
12 feb 1980	2-Cauac	5
13 feb 1980	3-Ahau	6
14 feb 1980	*4-Imix*	7
15 feb 1980	5-Ik	8
16 feb 1980	6-Akbal	9
17 feb 1980	7-Kan	1
18 feb 1980	8-Chicchan	2
19 feb 1980	9-Cimi	3
20 feb 1980	10-Manik	4
21 feb 1980	11-Lamat	5
22 feb 1980	12-Muluc	6
23 feb 1980	13-Oc	7
24 feb 1980	**1-Chuen**	8
25 feb 1980	2-Eb	9
26 feb 1980	3-Ben	1
27 feb 1980	4-Ix	2
28 feb 1980	5-Men	3
29 feb 1980	6-Cib	4
1 mar 1980	7-Caban	5
2 mar 1980	8-Etz'nab	6
3 mar 1980	9-Cauac	7
4 mar 1980	10-Ahau	8
5 mar 1980	*11-Imix*	9
6 mar 1980	12-Ik	1
7 mar 1980	13-Akbal	2
8 mar 1980	**1-Kan**	3
9 mar 1980	2-Chicchan	4
10 mar 1980	3-Cimi	5
11 mar 1980	4-Manik	6
12 mar 1980	5-Lamat	7
13 mar 1980	6-Muluc	8
14 mar 1980	7-Oc	9
15 mar 1980	8-Chuen	1
16 mar 1980	9-Eb	2
17 mar 1980	10-Ben	3
18 mar 1980	11-Ix	4
19 mar 1980	12-Men	5
20 mar 1980	13-Cib	6
21 mar 1980	**1-Caban**	7
22 mar 1980	2-Etz'nab	8
23 mar 1980	3-Cauac	9
24 mar 1980	4-Ahau	1
25 mar 1980	*5-Imix*	2
26 mar 1980	6-Ik	3
27 mar 1980	7-Akbal	4
28 mar 1980	8-Kan	5
29 mar 1980	9-Chicchan	6

Fecha	Signo del día	S	Fecha	Signo del día	S	Fecha	Signo del día	S
30 mar 1980	10-Cimi	7	6 jun 1980	13-Ix	3	13 ago 1980	3-Ik	8
31 mar 1980	11-Manik	8	7 jun 1980	**1-Men**	4	14 ago 1980	4-Akbal	9
1 abr 1980	12-Lamat	9	8 jun 1980	2-Cib	5	15 ago 1980	5-Kan	1
2 abr 1980	13-Muluc	1	9 jun 1980	3-Caban	6	16 ago 1980	6-Chicchan	2
3 abr 1980	**1-Oc**	2	10 jun 1980	4-Etz'nab	7	17 ago 1980	7-Cimi	3
4 abr 1980	2-Chuen	3	11 jun 1980	5-Cauac	8	18 ago 1980	8-Manik	4
5 abr 1980	3-Eb	4	12 jun 1980	6-Ahau	9	19 ago 1980	9-Lamat	5
6 abr 1980	4-Ben	5	13 jun 1980	*7-Imix*	1	20 ago 1980	10-Muluc	6
7 abr 1980	5-Ix	6	14 jun 1980	8-Ik	2	21 ago 1980	11-Oc	7
8 abr 1980	6-Men	7	15 jun 1980	9-Akbal	3	22 ago 1980	12-Chuen	8
9 abr 1980	7-Cib	8	16 jun 1980	10-Kan	4	23 ago 1980	13-Eb	9
10 abr 1980	8-Caban	9	17 jun 1980	11-Chicchan	5	24 ago 1980	**1-Ben**	1
11 abr 1980	9-Etz'nab	1	18 jun 1980	12-Cimi	6	25 ago 1980	2-Ix	2
12 abr 1980	10-Cauac	2	19 jun 1980	13-Manik	7	26 ago 1980	3-Men	3
13 abr 1980	11-Ahau	3	20 jun 1980	**1-Lamat**	8	27 ago 1980	4-Cib	4
14 abr 1980	*12-Imix*	4	21 jun 1980	2-Muluc	9	28 ago 1980	5-Caban	5
15 abr 1980	13-Ik	5	22 jun 1980	3-Oc	1	29 ago 1980	6-Etz'nab	6
16 abr 1980	**1-Akbal**	6	23 jun 1980	4-Chuen	2	30 ago 1980	7-Cauac	7
17 abr 1980	2-Kan	7	24 jun 1980	5-Eb	3	31 ago 1980	8-Ahau	8
18 abr 1980	3-Chicchan	8	25 jun 1980	6-Ben	4	1 sep 1980	*9-Imix*	9
19 abr 1980	4-Cimi	9	26 jun 1980	7-Ix	5	2 sep 1980	10-Ik	1
20 abr 1980	5-Manik	1	27 jun 1980	8-Men	6	3 sep 1980	11-Akbal	2
21 abr 1980	6-Lamat	2	28 jun 1980	9-Cib	7	4 sep 1980	12-Kan	3
22 abr 1980	7-Muluc	3	29 jun 1980	10-Caban	8	5 sep 1980	13-Chicchan	4
23 abr 1980	8-Oc	4	30 jun 1980	11-Etz'nab	9	6 sep 1980	**1-Cimi**	5
24 abr 1980	9-Chuen	5	1 jul 1980	12-Cauac	1	7 sep 1980	2-Manik	6
25 abr 1980	10-Eb	6	2 jul 1980	13-Ahau	2	8 sep 1980	3-Lamat	7
26 abr 1980	11-Ben	7	3 jul 1980	**1-Imix**	3	9 sep 1980	4-Muluc	8
27 abr 1980	12-Ix	8	4 jul 1980	2-Ik	4	10 sep 1980	5-Oc	9
28 abr 1980	13-Men	9	5 jul 1980	3-Akbal	5	11 sep 1980	6-Chuen	1
29 abr 1980	**1-Cib**	1	6 jul 1980	4-Kan	6	12 sep 1980	7-Eb	2
30 abr 1980	2-Caban	2	7 jul 1980	5-Chicchan	7	13 sep 1980	8-Ben	3
1 may 1980	3-Etz'nab	3	8 jul 1980	6-Cimi	8	14 sep 1980	9-Ix	4
2 may 1980	4-Cauac	4	9 jul 1980	7-Manik	9	15 sep 1980	10-Men	5
3 may 1980	5-Ahau	5	10 jul 1980	8-Lamat	1	16 sep 1980	11-Cib	6
4 may 1980	*6-Imix*	6	11 jul 1980	9-Muluc	2	17 sep 1980	12-Caban	7
5 may 1980	7-Ik	7	12 jul 1980	10-Oc	3	18 sep 1980	13-Etz'nab	8
6 may 1980	8-Akbal	8	13 jul 1980	11-Chuen	4	19 sep 1980	**1-Cauac**	9
7 may 1980	9-Kan	9	14 jul 1980	12-Eb	5	20 sep 1980	2-Ahau	1
8 may 1980	10-Chicchan	1	15 jul 1980	13-Ben	6	21 sep 1980	*3-Imix*	2
9 may 1980	11-Cimi	2	16 jul 1980	**1-Ix**	7	22 sep 1980	4-Ik	3
10 may 1980	12-Manik	3	17 jul 1980	2-Men	8	23 sep 1980	5-Akbal	4
11 may 1980	13-Lamat	4	18 jul 1980	3-Cib	9	24 sep 1980	6-Kan	5
12 may 1980	**1-Muluc**	5	19 jul 1980	4-Caban	1	25 sep 1980	7-Chicchan	6
13 may 1980	2-Oc	6	20 jul 1980	5-Etz'nab	2	26 sep 1980	8-Cimi	7
14 may 1980	3-Chuen	7	21 jul 1980	6-Cauac	3	27 sep 1980	9-Manik	8
15 may 1980	4-Eb	8	22 jul 1980	7-Ahau	4	28 sep 1980	10-Lamat	9
16 may 1980	5-Ben	9	23 jul 1980	*8-Imix*	5	29 sep 1980	11-Muluc	1
17 may 1980	6-Ix	1	24 jul 1980	9-Ik	6	30 sep 1980	12-Oc	2
18 may 1980	7-Men	2	25 jul 1980	10-Akbal	7	1 oct 1980	13-Chuen	3
19 may 1980	8-Cib	3	26 jul 1980	11-Kan	8	2 oct 1980	**1-Eb**	4
20 may 1980	9-Caban	4	27 jul 1980	12-Chicchan	9	3 oct 1980	2-Ben	5
21 may 1980	10-Etz'nab	5	28 jul 1980	13-Cimi	1	4 oct 1980	3-Ix	6
22 may 1980	11-Cauac	6	29 jul 1980	**1-Manik**	2	5 oct 1980	4-Men	7
23 may 1980	12-Ahau	7	30 jul 1980	2-Lamat	3	6 oct 1980	5-Cib	8
24 may 1980	*13-Imix*	8	31 jul 1980	3-Muluc	4	7 oct 1980	6-Caban	9
25 may 1980	**1-Ik**	9	1 ago 1980	4-Oc	5	8 oct 1980	7-Etz'nab	1
26 may 1980	2-Akbal	1	2 ago 1980	5-Chuen	6	9 oct 1980	8-Cauac	2
27 may 1980	3-Kan	2	3 ago 1980	6-Eb	7	10 oct 1980	9-Ahau	3
28 may 1980	4-Chicchan	3	4 ago 1980	7-Ben	8	11 oct 1980	*10-Imix*	4
29 may 1980	5-Cimi	4	5 ago 1980	8-Ix	9	12 oct 1980	11-Ik	5
30 may 1980	6-Manik	5	6 ago 1980	9-Men	1	13 oct 1980	12-Akbal	6
31 may 1980	7-Lamat	6	7 ago 1980	10-Cib	2	14 oct 1980	13-Kan	7
1 jun 1980	8-Muluc	7	8 ago 1980	11-Caban	3	15 oct 1980	**1-Chicchan**	8
2 jun 1980	9-Oc	8	9 ago 1980	12-Etz'nab	4	16 oct 1980	2-Cimi	9
3 jun 1980	10-Chuen	9	10 ago 1980	13-Cauac	5	17 oct 1980	3-Manik	1
4 jun 1980	11-Eb	1	11 ago 1980	**1-Ahau**	6	18 oct 1980	4-Lamat	2
5 jun 1980	12-Ben	2	12 ago 1980	*2-Imix*	7	19 oct 1980	5-Muluc	3

Fecha	Signo del día	S
20 oct 1980	6-Oc	4
21 oct 1980	7-Chuen	5
22 oct 1980	8-Eb	6
23 oct 1980	9-Ben	7
24 oct 1980	10-Ix	8
25 oct 1980	11-Men	9
26 oct 1980	12-Cib	1
27 oct 1980	13-Caban	2
28 oct 1980	**1-Etz'nab**	3
29 oct 1980	2-Cauac	4
30 oct 1980	3-Ahau	5
31 oct 1980	*4-Imix*	6
1 nov 1980	5-Ik	7
2 nov 1980	6-Akbal	8
3 nov 1980	7-Kan	9
4 nov 1980	8-Chicchan	1
5 nov 1980	9-Cimi	2
6 nov 1980	10-Manik	3
7 nov 1980	11-Lamat	4
8 nov 1980	12-Muluc	5
9 nov 1980	13-Oc	6
10 nov 1980	**1-Chuen**	7
11 nov 1980	2-Eb	8
12 nov 1980	3-Ben	9
13 nov 1980	4-Ix	1
14 nov 1980	5-Men	2
15 nov 1980	6-Cib	3
16 nov 1980	7-Caban	4
17 nov 1980	8-Etz'nab	5
18 nov 1980	9-Cauac	6
19 nov 1980	10-Ahau	7
20 nov 1980	*11-Imix*	8
21 nov 1980	12-Ik	9
22 nov 1980	13-Akbal	1
23 nov 1980	**1-Kan**	2
24 nov 1980	2-Chicchan	3
25 nov 1980	3-Cimi	4
26 nov 1980	4-Manik	5
27 nov 1980	5-Lamat	6
28 nov 1980	6-Muluc	7
29 nov 1980	7-Oc	8
30 nov 1980	8-Chuen	9
1 dic 1980	9-Eb	1
2 dic 1980	10-Ben	2
3 dic 1980	11-Ix	3
4 dic 1980	12-Men	4
5 dic 1980	13-Cib	5
6 dic 1980	**1-Caban**	6
7 dic 1980	2-Etz'nab	7
8 dic 1980	3-Cauac	8
9 dic 1980	4-Ahau	9
10 dic 1980	*5-Imix*	1
11 dic 1980	6-Ik	2
12 dic 1980	7-Akbal	3
13 dic 1980	8-Kan	4
14 dic 1980	9-Chicchan	5
15 dic 1980	10-Cimi	6
16 dic 1980	11-Manik	7
17 dic 1980	12-Lamat	8
18 dic 1980	13-Muluc	9
19 dic 1980	**1-Oc**	1
20 dic 1980	2-Chuen	2
21 dic 1980	3-Eb	3
22 dic 1980	4-Ben	4
23 dic 1980	5-Ix	5
24 dic 1980	6-Men	6
25 dic 1980	7-Cib	7
26 dic 1980	8-Caban	8

Fecha	Signo del día	S
27 dic 1980	9-Etz'nab	9
28 dic 1980	10-Cauac	1
29 dic 1980	11-Ahau	2
30 dic 1980	*12-Imix*	3
31 dic 1980	13-Ik	4
1 ene 1981	**1-Akbal**	5
2 ene 1981	2-Kan	6
3 ene 1981	3-Chicchan	7
4 ene 1981	4-Cimi	8
5 ene 1981	5-Manik	9
6 ene 1981	6-Lamat	1
7 ene 1981	7-Muluc	2
8 ene 1981	8-Oc	3
9 ene 1981	9-Chuen	4
10 ene 1981	10-Eb	5
11 ene 1981	11-Ben	6
12 ene 1981	12-Ix	7
13 ene 1981	13-Men	8
14 ene 1981	**1-Cib**	9
15 ene 1981	2-Caban	1
16 ene 1981	3-Etz'nab	2
17 ene 1981	4-Cauac	3
18 ene 1981	5-Ahau	4
19 ene 1981	*6-Imix*	5
20 ene 1981	7-Ik	6
21 ene 1981	8-Akbal	7
22 ene 1981	9-Kan	8
23 ene 1981	10-Chicchan	9
24 ene 1981	11-Cimi	1
25 ene 1981	12-Manik	2
26 ene 1981	13-Lamat	3
27 ene 1981	**1-Muluc**	4
28 ene 1981	2-Oc	5
29 ene 1981	3-Chuen	6
30 ene 1981	4-Eb	7
31 ene 1981	5-Ben	8
1 feb 1981	6-Ix	9
2 feb 1981	7-Men	1
3 feb 1981	8-Cib	2
4 feb 1981	9-Caban	3
5 feb 1981	10-Etz'nab	4
6 feb 1981	11-Cauac	5
7 feb 1981	12-Ahau	6
8 feb 1981	*13-Imix*	7
9 feb 1981	**1-Ik**	8
10 feb 1981	2-Akbal	9
11 feb 1981	3-Kan	1
12 feb 1981	4-Chicchan	2
13 feb 1981	5-Cimi	3
14 feb 1981	6-Manik	4
15 feb 1981	7-Lamat	5
16 feb 1981	8-Muluc	6
17 feb 1981	9-Oc	7
18 feb 1981	10-Chuen	8
19 feb 1981	11-Eb	9
20 feb 1981	12-Ben	1
21 feb 1981	13-Ix	2
22 feb 1981	**1-Men**	3
23 feb 1981	2-Cib	4
24 feb 1981	3-Caban	5
25 feb 1981	4-Etz'nab	6
26 feb 1981	5-Cauac	7
27 feb 1981	6-Ahau	8
28 feb 1981	*7-Imix*	9
1 mar 1981	8-Ik	1
2 mar 1981	9-Akbal	2
3 mar 1981	10-Kan	3
4 mar 1981	11-Chicchan	4

Fecha	Signo del día	S
5 mar 1981	12-Cimi	5
6 mar 1981	13-Manik	6
7 mar 1981	**1-Lamat**	7
8 mar 1981	2-Muluc	8
9 mar 1981	3-Oc	9
10 mar 1981	4-Chuen	1
11 mar 1981	5-Eb	2
12 mar 1981	6-Ben	3
13 mar 1981	7-Ix	4
14 mar 1981	8-Men	5
15 mar 1981	9-Cib	6
16 mar 1981	10-Caban	7
17 mar 1981	11-Etz'nab	8
18 mar 1981	12-Cauac	9
19 mar 1981	13-Ahau	1
20 mar 1981	**1-Imix**	2
21 mar 1981	2-Ik	3
22 mar 1981	3-Akbal	4
23 mar 1981	4-Kan	5
24 mar 1981	5-Chicchan	6
25 mar 1981	6-Cimi	7
26 mar 1981	7-Manik	8
27 mar 1981	8-Lamat	9
28 mar 1981	9-Muluc	1
29 mar 1981	10-Oc	2
30 mar 1981	11-Chuen	3
31 mar 1981	12-Eb	4
1 abr 1981	13-Ben	5
2 abr 1981	**1-Ix**	6
3 abr 1981	2-Men	7
4 abr 1981	3-Cib	8
5 abr 1981	4-Caban	9
6 abr 1981	5-Etz'nab	1
7 abr 1981	6-Cauac	2
8 abr 1981	7-Ahau	3
9 abr 1981	*8-Imix*	4
10 abr 1981	9-Ik	5
11 abr 1981	10-Akbal	6
12 abr 1981	11-Kan	7
13 abr 1981	12-Chicchan	8
14 abr 1981	13-Cimi	9
15 abr 1981	**1-Manik**	1
16 abr 1981	2-Lamat	2
17 abr 1981	3-Muluc	3
18 abr 1981	4-Oc	4
19 abr 1981	5-Chuen	5
20 abr 1981	6-Eb	6
21 abr 1981	7-Ben	7
22 abr 1981	8-Ix	8
23 abr 1981	9-Men	9
24 abr 1981	10-Cib	1
25 abr 1981	11-Caban	2
26 abr 1981	12-Etz'nab	3
27 abr 1981	13-Cauac	4
28 abr 1981	**1-Ahau**	5
29 abr 1981	*2-Imix*	6
30 abr 1981	3-Ik	7
1 may 1981	4-Akbal	8
2 may 1981	5-Kan	9
3 may 1981	6-Chicchan	1
4 may 1981	7-Cimi	2
5 may 1981	8-Manik	3
6 may 1981	9-Lamat	4
7 may 1981	10-Muluc	5
8 may 1981	11-Oc	6
9 may 1981	12-Chuen	7
10 may 1981	13-Eb	8
11 may 1981	**1-Ben**	9

Fecha	Signo del día	S	Fecha	Signo del día	S	Fecha	Signo del día	S
12 may 1981	2-Ix	1	19 jul 1981	5-Ik	6	25 sep 1981	8-Oc	2
13 may 1981	3-Men	2	20 jul 1981	6-Akbal	7	26 sep 1981	9-Chuen	3
14 may 1981	4-Cib	3	21 jul 1981	7-Kan	8	27 sep 1981	10-Eb	4
15 may 1981	5-Caban	4	22 jul 1981	8-Chicchan	9	28 sep 1981	11-Ben	5
16 may 1981	6-Etz'nab	5	23 jul 1981	9-Cimi	1	29 sep 1981	12-Ix	6
17 may 1981	7-Cauac	6	24 jul 1981	10-Manik	2	30 sep 1981	13-Men	7
18 may 1981	8-Ahau	7	25 jul 1981	11-Lamat	3	1 oct 1981	**1-Cib**	8
19 may 1981	*9-Imix*	8	26 jul 1981	12-Muluc	4	2 oct 1981	2-Caban	9
20 may 1981	10-Ik	9	27 jul 1981	13-Oc	5	3 oct 1981	3-Etz'nab	1
21 may 1981	11-Akbal	1	28 jul 1981	**1-Chuen**	6	4 oct 1981	4-Cauac	2
22 may 1981	12-Kan	2	29 jul 1981	2-Eb	7	5 oct 1981	5-Ahau	3
23 may 1981	13-Chicchan	3	30 jul 1981	3-Ben	8	6 oct 1981	*6-Imix*	4
24 may 1981	**1-Cimi**	4	31 jul 1981	4-Ix	9	7 oct 1981	7-Ik	5
25 may 1981	2-Manik	5	1 ago 1981	5-Men	1	8 oct 1981	8-Akbal	6
26 may 1981	3-Lamat	6	2 ago 1981	6-Cib	2	9 oct 1981	9-Kan	7
27 may 1981	4-Muluc	7	3 ago 1981	7-Caban	3	10 oct 1981	10-Chicchan	8
28 may 1981	5-Oc	8	4 ago 1981	8-Etz'nab	4	11 oct 1981	11-Cimi	9
29 may 1981	6-Chuen	9	5 ago 1981	9-Cauac	5	12 oct 1981	12-Manik	1
30 may 1981	7-Eb	1	6 ago 1981	10-Ahau	6	13 oct 1981	13-Lamat	2
31 may 1981	8-Ben	2	7 ago 1981	*11-Imix*	7	14 oct 1981	**1-Muluc**	3
1 jun 1981	9-Ix	3	8 ago 1981	12-Ik	8	15 oct 1981	2-Oc	4
2 jun 1981	10-Men	4	9 ago 1981	13-Akbal	9	16 oct 1981	3-Chuen	5
3 jun 1981	11-Cib	5	10 ago 1981	**1-Kan**	1	17 oct 1981	4-Eb	6
4 jun 1981	12-Caban	6	11 ago 1981	2-Chicchan	2	18 oct 1981	5-Ben	7
5 jun 1981	13-Etz'nab	7	12 ago 1981	3-Cimi	3	19 oct 1981	6-Ix	8
6 jun 1981	**1-Cauac**	8	13 ago 1981	4-Manik	4	20 oct 1981	7-Men	9
7 jun 1981	2-Ahau	9	14 ago 1981	5-Lamat	5	21 oct 1981	8-Cib	1
8 jun 1981	*3-Imix*	1	15 ago 1981	6-Muluc	6	22 oct 1981	9-Caban	2
9 jun 1981	4-Ik	2	16 ago 1981	7-Oc	7	23 oct 1981	10-Etz'nab	3
10 jun 1981	5-Akbal	3	17 ago 1981	8-Chuen	8	24 oct 1981	11-Cauac	4
11 jun 1981	6-Kan	4	18 ago 1981	9-Eb	9	25 oct 1981	12-Ahau	5
12 jun 1981	7-Chicchan	5	19 ago 1981	10-Ben	1	26 oct 1981	*13-Imix*	6
13 jun 1981	8-Cimi	6	20 ago 1981	11-Ix	2	27 oct 1981	**1-Ik**	7
14 jun 1981	9-Manik	7	21 ago 1981	12-Men	3	28 oct 1981	2-Akbal	8
15 jun 1981	10-Lamat	8	22 ago 1981	13-Cib	4	29 oct 1981	3-Kan	9
16 jun 1981	11-Muluc	9	23 ago 1981	**1-Caban**	5	30 oct 1981	4-Chicchan	1
17 jun 1981	12-Oc	1	24 ago 1981	2-Etz'nab	6	31 oct 1981	5-Cimi	2
18 jun 1981	13-Chuen	2	25 ago 1981	3-Cauac	7	1 nov 1981	6-Manik	3
19 jun 1981	**1-Eb**	3	26 ago 1981	4-Ahau	8	2 nov 1981	7-Lamat	4
20 jun 1981	2-Ben	4	27 ago 1981	*5-Imix*	9	3 nov 1981	8-Muluc	5
21 jun 1981	3-Ix	5	28 ago 1981	6-Ik	1	4 nov 1981	9-Oc	6
22 jun 1981	4-Men	6	29 ago 1981	7-Akbal	2	5 nov 1981	10-Chuen	7
23 jun 1981	5-Cib	7	30 ago 1981	8-Kan	3	6 nov 1981	11-Eb	8
24 jun 1981	6-Caban	8	31 ago 1981	9-Chicchan	4	7 nov 1981	12-Ben	9
25 jun 1981	7-Etz'nab	9	1 sep 1981	10-Cimi	5	8 nov 1981	13-Ix	1
26 jun 1981	8-Cauac	1	2 sep 1981	11-Manik	6	9 nov 1981	**1-Men**	2
27 jun 1981	9-Ahau	2	3 sep 1981	12-Lamat	7	10 nov 1981	2-Cib	3
28 jun 1981	*10-Imix*	3	4 sep 1981	13-Muluc	8	11 nov 1981	3-Caban	4
29 jun 1981	11-Ik	4	5 sep 1981	**1-Oc**	9	12 nov 1981	4-Etz'nab	5
30 jun 1981	12-Akbal	5	6 sep 1981	2-Chuen	1	13 nov 1981	5-Cauac	6
1 jul 1981	13-Kan	6	7 sep 1981	3-Eb	2	14 nov 1981	6-Ahau	7
2 jul 1981	**1-Chicchan**	7	8 sep 1981	4-Ben	3	15 nov 1981	*7-Imix*	8
3 jul 1981	2-Cimi	8	9 sep 1981	5-Ix	4	16 nov 1981	8-Ik	9
4 jul 1981	3-Manik	9	10 sep 1981	6-Men	5	17 nov 1981	9-Akbal	1
5 jul 1981	4-Lamat	1	11 sep 1981	7-Cib	6	18 nov 1981	10-Kan	2
6 jul 1981	5-Muluc	2	12 sep 1981	8-Caban	7	19 nov 1981	11-Chicchan	3
7 jul 1981	6-Oc	3	13 sep 1981	9-Etz'nab	8	20 nov 1981	12-Cimi	4
8 jul 1981	7-Chuen	4	14 sep 1981	10-Cauac	9	21 nov 1981	13-Manik	5
9 jul 1981	8-Eb	5	15 sep 1981	11-Ahau	1	22 nov 1981	**1-Lamat**	6
10 jul 1981	9-Ben	6	16 sep 1981	*12-Imix*	2	23 nov 1981	2-Muluc	7
11 jul 1981	10-Ix	7	17 sep 1981	13-Ik	3	24 nov 1981	3-Oc	8
12 jul 1981	11-Men	8	18 sep 1981	**1-Akbal**	4	25 nov 1981	4-Chuen	9
13 jul 1981	12-Cib	9	19 sep 1981	2-Kan	5	26 nov 1981	5-Eb	1
14 jul 1981	13-Caban	1	20 sep 1981	3-Chicchan	6	27 nov 1981	6-Ben	2
15 jul 1981	**1-Etz'nab**	2	21 sep 1981	4-Cimi	7	28 nov 1981	7-Ix	3
16 jul 1981	2-Cauac	3	22 sep 1981	5-Manik	8	29 nov 1981	8-Men	4
17 jul 1981	3-Ahau	4	23 sep 1981	6-Lamat	9	30 nov 1981	9-Cib	5
18 jul 1981	*4-Imix*	5	24 sep 1981	7-Muluc	1	1 dic 1981	10-Caban	6

Fecha	Signo del día	S	Fecha	Signo del día	S	Fecha	Signo del día	S
2 dic 1981	11-Etz'nab	7	8 feb 1982	**1-Cimi**	3	17 abr 1982	4-Ix	8
3 dic 1981	12-Cauac	8	9 feb 1982	2-Manik	4	18 abr 1982	5-Men	9
4 dic 1981	13-Ahau	9	10 feb 1982	3-Lamat	5	19 abr 1982	6-Cib	1
5 dic 1981	**1-Imix**	1	11 feb 1982	4-Muluc	6	20 abr 1982	7-Caban	2
6 dic 1981	2-Ik	2	12 feb 1982	5-Oc	7	21 abr 1982	8-Etz'nab	3
7 dic 1981	3-Akbal	3	13 feb 1982	6-Chuen	8	22 abr 1982	9-Cauac	4
8 dic 1981	4-Kan	4	14 feb 1982	7-Eb	9	23 abr 1982	10-Ahau	5
9 dic 1981	5-Chicchan	5	15 feb 1982	8-Ben	1	24 abr 1982	*11-Imix*	6
10 dic 1981	6-Cimi	6	16 feb 1982	9-Ix	2	25 abr 1982	12-Ik	7
11 dic 1981	7-Manik	7	17 feb 1982	10-Men	3	26 abr 1982	13-Akbal	8
12 dic 1981	8-Lamat	8	18 feb 1982	11-Cib	4	27 abr 1982	**1-Kan**	9
13 dic 1981	9-Muluc	9	19 feb 1982	12-Caban	5	28 abr 1982	2-Chicchan	1
14 dic 1981	10-Oc	1	20 feb 1982	13-Etz'nab	6	29 abr 1982	3-Cimi	2
15 dic 1981	11-Chuen	2	21 feb 1982	**1-Cauac**	7	30 abr 1982	4-Manik	3
16 dic 1981	12-Eb	3	22 feb 1982	2-Ahau	8	1 may 1982	5-Lamat	4
17 dic 1981	13-Ben	4	23 feb 1982	*3-Imix*	9	2 may 1982	6-Muluc	5
18 dic 1981	**1-Ix**	5	24 feb 1982	4-Ik	1	3 may 1982	7-Oc	6
19 dic 1981	2-Men	6	25 feb 1982	5-Akbal	2	4 may 1982	8-Chuen	7
20 dic 1981	3-Cib	7	26 feb 1982	6-Kan	3	5 may 1982	9-Eb	8
21 dic 1981	4-Caban	8	27 feb 1982	7-Chicchan	4	6 may 1982	10-Ben	9
22 dic 1981	5-Etz'nab	9	28 feb 1982	8-Cimi	5	7 may 1982	11-Ix	1
23 dic 1981	6-Cauac	1	1 mar 1982	9-Manik	6	8 may 1982	12-Men	2
24 dic 1981	7-Ahau	2	2 mar 1982	10-Lamat	7	9 may 1982	13-Cib	3
25 dic 1981	*8-Imix*	3	3 mar 1982	11-Muluc	8	10 may 1982	**1-Caban**	4
26 dic 1981	9-Ik	4	4 mar 1982	12-Oc	9	11 may 1982	2-Etz'nab	5
27 dic 1981	10-Akbal	5	5 mar 1982	13-Chuen	1	12 may 1982	3-Cauac	6
28 dic 1981	11-Kan	6	6 mar 1982	**1-Eb**	2	13 may 1982	4-Ahau	7
29 dic 1981	12-Chicchan	7	7 mar 1982	2-Ben	3	14 may 1982	*5-Imix*	8
30 dic 1981	13-Cimi	8	8 mar 1982	3-Ix	4	15 may 1982	6-Ik	9
31 dic 1981	**1-Manik**	9	9 mar 1982	4-Men	5	16 may 1982	7-Akbal	1
1 ene 1982	2-Lamat	1	10 mar 1982	5-Cib	6	17 may 1982	8-Kan	2
2 ene 1982	3-Muluc	2	11 mar 1982	6-Caban	7	18 may 1982	9-Chicchan	3
3 ene 1982	4-Oc	3	12 mar 1982	7-Etz'nab	8	19 may 1982	10-Cimi	4
4 ene 1982	5-Chuen	4	13 mar 1982	8-Cauac	9	20 may 1982	11-Manik	5
5 ene 1982	6-Eb	5	14 mar 1982	9-Ahau	1	21 may 1982	12-Lamat	6
6 ene 1982	7-Ben	6	15 mar 1982	*10-Imix*	2	22 may 1982	13-Muluc	7
7 ene 1982	8-Ix	7	16 mar 1982	11-Ik	3	23 may 1982	**1-Oc**	8
8 ene 1982	9-Men	8	17 mar 1982	12-Akbal	4	24 may 1982	2-Chuen	9
9 ene 1982	10-Cib	9	18 mar 1982	13-Kan	5	25 may 1982	3-Eb	1
10 ene 1982	11-Caban	1	19 mar 1982	**1-Chicchan**	6	26 may 1982	4-Ben	2
11 ene 1982	12-Etz'nab	2	20 mar 1982	2-Cimi	7	27 may 1982	5-Ix	3
12 ene 1982	13-Cauac	3	21 mar 1982	3-Manik	8	28 may 1982	6-Men	4
13 ene 1982	**1-Ahau**	4	22 mar 1982	4-Lamat	9	29 may 1982	7-Cib	5
14 ene 1982	*2-Imix*	5	23 mar 1982	5-Muluc	1	30 may 1982	8-Caban	6
15 ene 1982	3-Ik	6	24 mar 1982	6-Oc	2	31 may 1982	9-Etz'nab	7
16 ene 1982	4-Akbal	7	25 mar 1982	7-Chuen	3	1 jun 1982	10-Cauac	8
17 ene 1982	5-Kan	8	26 mar 1982	8-Eb	4	2 jun 1982	11-Ahau	9
18 ene 1982	6-Chicchan	9	27 mar 1982	9-Ben	5	3 jun 1982	*12-Imix*	1
19 ene 1982	7-Cimi	1	28 mar 1982	10-Ix	6	4 jun 1982	13-Ik	2
20 ene 1982	8-Manik	2	29 mar 1982	11-Men	7	5 jun 1982	**1-Akbal**	3
21 ene 1982	9-Lamat	3	30 mar 1982	12-Cib	8	6 jun 1982	2-Kan	4
22 ene 1982	10-Muluc	4	31 mar 1982	13-Caban	9	7 jun 1982	3-Chicchan	5
23 ene 1982	11-Oc	5	1 abr 1982	**1-Etz'nab**	1	8 jun 1982	4-Cimi	6
24 ene 1982	12-Chuen	6	2 abr 1982	2-Cauac	2	9 jun 1982	5-Manik	7
25 ene 1982	13-Eb	7	3 abr 1982	3-Ahau	3	10 jun 1982	6-Lamat	8
26 ene 1982	**1-Ben**	8	4 abr 1982	*4-Imix*	4	11 jun 1982	7-Muluc	9
27 ene 1982	2-Ix	9	5 abr 1982	5-Ik	5	12 jun 1982	8-Oc	1
28 ene 1982	3-Men	1	6 abr 1982	6-Akbal	6	13 jun 1982	9-Chuen	2
29 ene 1982	4-Cib	2	7 abr 1982	7-Kan	7	14 jun 1982	10-Eb	3
30 ene 1982	5-Caban	3	8 abr 1982	8-Chicchan	8	15 jun 1982	11-Ben	4
31 ene 1982	6-Etz'nab	4	9 abr 1982	9-Cimi	9	16 jun 1982	12-Ix	5
1 feb 1982	7-Cauac	5	10 abr 1982	10-Manik	1	17 jun 1982	13-Men	6
2 feb 1982	8-Ahau	6	11 abr 1982	11-Lamat	2	18 jun 1982	**1-Cib**	7
3 feb 1982	*9-Imix*	7	12 abr 1982	12-Muluc	3	19 jun 1982	2-Caban	8
4 feb 1982	10-Ik	8	13 abr 1982	13-Oc	4	20 jun 1982	3-Etz'nab	9
5 feb 1982	11-Akbal	9	14 abr 1982	**1-Chuen**	5	21 jun 1982	4-Cauac	1
6 feb 1982	12-Kan	1	15 abr 1982	2-Eb	6	22 jun 1982	5-Ahau	2
7 feb 1982	13-Chicchan	2	16 abr 1982	3-Ben	7	23 jun 1982	*6-Imix*	3

Fecha	Signo del día	S	Fecha	Signo del día	S	Fecha	Signo del día	S
24 jun 1982	7-Ik	4	31 ago 1982	10-Oc	9	7 nov 1982	13-Etz'nab	5
25 jun 1982	8-Akbal	5	1 sep 1982	11-Chuen	1	8 nov 1982	**1-Cauac**	6
26 jun 1982	9-Kan	6	2 sep 1982	12-Eb	2	9 nov 1982	2-Ahau	7
27 jun 1982	10-Chicchan	7	3 sep 1982	13-Ben	3	10 nov 1982	*3-Imix*	8
28 jun 1982	11-Cimi	8	4 sep 1982	**1-Ix**	4	11 nov 1982	4-Ik	9
29 jun 1982	12-Manik	9	5 sep 1982	2-Men	5	12 nov 1982	5-Akbal	1
30 jun 1982	13-Lamat	1	6 sep 1982	3-Cib	6	13 nov 1982	6-Kan	2
1 jul 1982	**1-Muluc**	2	7 sep 1982	4-Caban	7	14 nov 1982	7-Chicchan	3
2 jul 1982	2-Oc	3	8 sep 1982	5-Etz'nab	8	15 nov 1982	8-Cimi	4
3 jul 1982	3-Chuen	4	9 sep 1982	6-Cauac	9	16 nov 1982	9-Manik	5
4 jul 1982	4-Eb	5	10 sep 1982	7-Ahau	1	17 nov 1982	10-Lamat	6
5 jul 1982	5-Ben	6	11 sep 1982	*8-Imix*	2	18 nov 1982	11-Muluc	7
6 jul 1982	6-Ix	7	12 sep 1982	9-Ik	3	19 nov 1982	12-Oc	8
7 jul 1982	7-Men	8	13 sep 1982	10-Akbal	4	20 nov 1982	13-Chuen	9
8 jul 1982	8-Cib	9	14 sep 1982	11-Kan	5	21 nov 1982	**1-Eb**	1
9 jul 1982	9-Caban	1	15 sep 1982	12-Chicchan	6	22 nov 1982	2-Ben	2
10 jul 1982	10-Etz'nab	2	16 sep 1982	13-Cimi	7	23 nov 1982	3-Ix	3
11 jul 1982	11-Cauac	3	17 sep 1982	**1-Manik**	8	24 nov 1982	4-Men	4
12 jul 1982	12-Ahau	4	18 sep 1982	2-Lamat	9	25 nov 1982	5-Cib	5
13 jul 1982	*13-Imix*	5	19 sep 1982	3-Muluc	1	26 nov 1982	6-Caban	6
14 jul 1982	**1-Ik**	6	20 sep 1982	4-Oc	2	27 nov 1982	7-Etz'nab	7
15 jul 1982	2-Akbal	7	21 sep 1982	5-Chuen	3	28 nov 1982	8-Cauac	8
16 jul 1982	3-Kan	8	22 sep 1982	6-Eb	4	29 nov 1982	9-Ahau	9
17 jul 1982	4-Chicchan	9	23 sep 1982	7-Ben	5	30 nov 1982	*10-Imix*	1
18 jul 1982	5-Cimi	1	24 sep 1982	8-Ix	6	1 dic 1982	11-Ik	2
19 jul 1982	6-Manik	2	25 sep 1982	9-Men	7	2 dic 1982	12-Akbal	3
20 jul 1982	7-Lamat	3	26 sep 1982	10-Cib	8	3 dic 1982	13-Kan	4
21 jul 1982	8-Muluc	4	27 sep 1982	11-Caban	9	4 dic 1982	**1-Chicchan**	5
22 jul 1982	9-Oc	5	28 sep 1982	12-Etz'nab	1	5 dic 1982	2-Cimi	6
23 jul 1982	10-Chuen	6	29 sep 1982	13-Cauac	2	6 dic 1982	3-Manik	7
24 jul 1982	11-Eb	7	30 sep 1982	**1-Ahau**	3	7 dic 1982	4-Lamat	8
25 jul 1982	12-Ben	8	1 oct 1982	*2-Imix*	4	8 dic 1982	5-Muluc	9
26 jul 1982	13-Ix	9	2 oct 1982	3-Ik	5	9 dic 1982	6-Oc	1
27 jul 1982	**1-Men**	1	3 oct 1982	4-Akbal	6	10 dic 1982	7-Chuen	2
28 jul 1982	2-Cib	2	4 oct 1982	5-Kan	7	11 dic 1982	8-Eb	3
29 jul 1982	3-Caban	3	5 oct 1982	6-Chicchan	8	12 dic 1982	9-Ben	4
30 jul 1982	4-Etz'nab	4	6 oct 1982	7-Cimi	9	13 dic 1982	10-Ix	5
31 jul 1982	5-Cauac	5	7 oct 1982	8-Manik	1	14 dic 1982	11-Men	6
1 ago 1982	6-Ahau	6	8 oct 1982	9-Lamat	2	15 dic 1982	12-Cib	7
2 ago 1982	*7-Imix*	7	9 oct 1982	10-Muluc	3	16 dic 1982	13-Caban	8
3 ago 1982	8-Ik	8	10 oct 1982	11-Oc	4	17 dic 1982	**1-Etz'nab**	9
4 ago 1982	9-Akbal	9	11 oct 1982	12-Chuen	5	18 dic 1982	2-Cauac	1
5 ago 1982	10-Kan	1	12 oct 1982	13-Eb	6	19 dic 1982	3-Ahau	2
6 ago 1982	11-Chicchan	2	13 oct 1982	**1-Ben**	7	20 dic 1982	*4-Imix*	3
7 ago 1982	12-Cimi	3	14 oct 1982	2-Ix	8	21 dic 1982	5-Ik	4
8 ago 1982	13-Manik	4	15 oct 1982	3-Men	9	22 dic 1982	6-Akbal	5
9 ago 1982	**1-Lamat**	5	16 oct 1982	4-Cib	1	23 dic 1982	7-Kan	6
10 ago 1982	2-Muluc	6	17 oct 1982	5-Caban	2	24 dic 1982	8-Chicchan	7
11 ago 1982	3-Oc	7	18 oct 1982	6-Etz'nab	3	25 dic 1982	9-Cimi	8
12 ago 1982	4-Chuen	8	19 oct 1982	7-Cauac	4	26 dic 1982	10-Manik	9
13 ago 1982	5-Eb	9	20 oct 1982	8-Ahau	5	27 dic 1982	11-Lamat	1
14 ago 1982	6-Ben	1	21 oct 1982	*9-Imix*	6	28 dic 1982	12-Muluc	2
15 ago 1982	7-Ix	2	22 oct 1982	10-Ik	7	29 dic 1982	13-Oc	3
16 ago 1982	8-Men	3	23 oct 1982	11-Akbal	8	30 dic 1982	**1-Chuen**	4
17 ago 1982	9-Cib	4	24 oct 1982	12-Kan	9	31 dic 1982	2-Eb	5
18 ago 1982	10-Caban	5	25 oct 1982	13-Chicchan	1	1 ene 1983	3-Ben	6
19 ago 1982	11-Etz'nab	6	26 oct 1982	**1-Cimi**	2	2 ene 1983	4-Ix	7
20 ago 1982	12-Cauac	7	27 oct 1982	2-Manik	3	3 ene 1983	5-Men	8
21 ago 1982	13-Ahau	8	28 oct 1982	3-Lamat	4	4 ene 1983	6-Cib	9
22 ago 1982	**1-Imix**	9	29 oct 1982	4-Muluc	5	5 ene 1983	7-Caban	1
23 ago 1982	2-Ik	1	30 oct 1982	5-Oc	6	6 ene 1983	8-Etz'nab	2
24 ago 1982	3-Akbal	2	31 oct 1982	6-Chuen	7	7 ene 1983	9-Cauac	3
25 ago 1982	4-Kan	3	1 nov 1982	7-Eb	8	8 ene 1983	10-Ahau	4
26 ago 1982	5-Chicchan	4	2 nov 1982	8-Ben	9	9 ene 1983	*11-Imix*	5
27 ago 1982	6-Cimi	5	3 nov 1982	9-Ix	1	10 ene 1983	12-Ik	6
28 ago 1982	7-Manik	6	4 nov 1982	10-Men	2	11 ene 1983	13-Akbal	7
29 ago 1982	8-Lamat	7	5 nov 1982	11-Cib	3	12 ene 1983	**1-Kan**	8
30 ago 1982	9-Muluc	8	6 nov 1982	12-Caban	4	13 ene 1983	2-Chicchan	9

Fecha	Signo del día	S	Fecha	Signo del día	S	Fecha	Signo del día	S
14 ene 1983	3-Cimi	1	23 mar 1983	6-Ix	6	30 may 1983	9-Ik	2
15 ene 1983	4-Manik	2	24 mar 1983	7-Men	7	31 may 1983	10-Akbal	3
16 ene 1983	5-Lamat	3	25 mar 1983	8-Cib	8	1 jun 1983	11-Kan	4
17 ene 1983	6-Muluc	4	26 mar 1983	9-Caban	9	2 jun 1983	12-Chicchan	5
18 ene 1983	7-Oc	5	27 mar 1983	10-Etz'nab	1	3 jun 1983	13-Cimi	6
19 ene 1983	8-Chuen	6	28 mar 1983	11-Cauac	2	4 jun 1983	**1-Manik**	7
20 ene 1983	9-Eb	7	29 mar 1983	12-Ahau	3	5 jun 1983	2-Lamat	8
21 ene 1983	10-Ben	8	30 mar 1983	*13-Imix*	4	6 jun 1983	3-Muluc	9
22 ene 1983	11-Ix	9	31 mar 1983	**1-Ik**	5	7 jun 1983	4-Oc	1
23 ene 1983	12-Men	1	1 abr 1983	2-Akbal	6	8 jun 1983	5-Chuen	2
24 ene 1983	13-Cib	2	2 abr 1983	3-Kan	7	9 jun 1983	6-Eb	3
25 ene 1983	**1-Caban**	3	3 abr 1983	4-Chicchan	8	10 jun 1983	7-Ben	4
26 ene 1983	2-Etz'nab	4	4 abr 1983	5-Cimi	9	11 jun 1983	8-Ix	5
27 ene 1983	3-Cauac	5	5 abr 1983	6-Manik	1	12 jun 1983	9-Men	6
28 ene 1983	4-Ahau	6	6 abr 1983	7-Lamat	2	13 jun 1983	10-Cib	7
29 ene 1983	*5-Imix*	7	7 abr 1983	8-Muluc	3	14 jun 1983	11-Caban	8
30 ene 1983	6-Ik	8	8 abr 1983	9-Oc	4	15 jun 1983	12-Etz'nab	9
31 ene 1983	7-Akbal	9	9 abr 1983	10-Chuen	5	16 jun 1983	13-Cauac	1
1 feb 1983	8-Kan	1	10 abr 1983	11-Eb	6	17 jun 1983	**1-Ahau**	2
2 feb 1983	9-Chicchan	2	11 abr 1983	12-Ben	7	18 jun 1983	*2-Imix*	3
3 feb 1983	10-Cimi	3	12 abr 1983	13-Ix	8	19 jun 1983	3-Ik	4
4 feb 1983	11-Manik	4	13 abr 1983	**1-Men**	9	20 jun 1983	4-Akbal	5
5 feb 1983	12-Lamat	5	14 abr 1983	2-Cib	1	21 jun 1983	5-Kan	6
6 feb 1983	13-Muluc	6	15 abr 1983	3-Caban	2	22 jun 1983	6-Chicchan	7
7 feb 1983	**1-Oc**	7	16 abr 1983	4-Etz'nab	3	23 jun 1983	7-Cimi	8
8 feb 1983	2-Chuen	8	17 abr 1983	5-Cauac	4	24 jun 1983	8-Manik	9
9 feb 1983	3-Eb	9	18 abr 1983	6-Ahau	5	25 jun 1983	9-Lamat	1
10 feb 1983	4-Ben	1	19 abr 1983	*7-Imix*	6	26 jun 1983	10-Muluc	2
11 feb 1983	5-Ix	2	20 abr 1983	8-Ik	7	27 jun 1983	11-Oc	3
12 feb 1983	6-Men	3	21 abr 1983	9-Akbal	8	28 jun 1983	12-Chuen	4
13 feb 1983	7-Cib	4	22 abr 1983	10-Kan	9	29 jun 1983	13-Eb	5
14 feb 1983	8-Caban	5	23 abr 1983	11-Chicchan	1	30 jun 1983	**1-Ben**	6
15 feb 1983	9-Etz'nab	6	24 abr 1983	12-Cimi	2	1 jul 1983	2-Ix	7
16 feb 1983	10-Cauac	7	25 abr 1983	13-Manik	3	2 jul 1983	3-Men	8
17 feb 1983	11-Ahau	8	26 abr 1983	**1-Lamat**	4	3 jul 1983	4-Cib	9
18 feb 1983	*12-Imix*	9	27 abr 1983	2-Muluc	5	4 jul 1983	5-Caban	1
19 feb 1983	13-Ik	1	28 abr 1983	3-Oc	6	5 jul 1983	6-Etz'nab	2
20 feb 1983	**1-Akbal**	2	29 abr 1983	4-Chuen	7	6 jul 1983	7-Cauac	3
21 feb 1983	2-Kan	3	30 abr 1983	5-Eb	8	7 jul 1983	8-Ahau	4
22 feb 1983	3-Chicchan	4	1 may 1983	6-Ben	9	8 jul 1983	*9-Imix*	5
23 feb 1983	4-Cimi	5	2 may 1983	7-Ix	1	9 jul 1983	10-Ik	6
24 feb 1983	5-Manik	6	3 may 1983	8-Men	2	10 jul 1983	11-Akbal	7
25 feb 1983	6-Lamat	7	4 may 1983	9-Cib	3	11 jul 1983	12-Kan	8
26 feb 1983	7-Muluc	8	5 may 1983	10-Caban	4	12 jul 1983	13-Chicchan	9
27 feb 1983	8-Oc	9	6 may 1983	11-Etz'nab	5	13 jul 1983	**1-Cimi**	1
28 feb 1983	9-Chuen	1	7 may 1983	12-Cauac	6	14 jul 1983	2-Manik	2
1 mar 1983	10-Eb	2	8 may 1983	13-Ahau	7	15 jul 1983	3-Lamat	3
2 mar 1983	11-Ben	3	9 may 1983	**1-Imix**	8	16 jul 1983	4-Muluc	4
3 mar 1983	12-Ix	4	10 may 1983	2-Ik	9	17 jul 1983	5-Oc	5
4 mar 1983	13-Men	5	11 may 1983	3-Akbal	1	18 jul 1983	6-Chuen	6
5 mar 1983	**1-Cib**	6	12 may 1983	4-Kan	2	19 jul 1983	7-Eb	7
6 mar 1983	2-Caban	7	13 may 1983	5-Chicchan	3	20 jul 1983	8-Ben	8
7 mar 1983	3-Etz'nab	8	14 may 1983	6-Cimi	4	21 jul 1983	9-Ix	9
8 mar 1983	4-Cauac	9	15 may 1983	7-Manik	5	22 jul 1983	10-Men	1
9 mar 1983	5-Ahau	1	16 may 1983	8-Lamat	6	23 jul 1983	11-Cib	2
10 mar 1983	*6-Imix*	2	17 may 1983	9-Muluc	7	24 jul 1983	12-Caban	3
11 mar 1983	7-Ik	3	18 may 1983	10-Oc	8	25 jul 1983	13-Etz'nab	4
12 mar 1983	8-Akbal	4	19 may 1983	11-Chuen	9	26 jul 1983	**1-Cauac**	5
13 mar 1983	9-Kan	5	20 may 1983	12-Eb	1	27 jul 1983	2-Ahau	6
14 mar 1983	10-Chicchan	6	21 may 1983	13-Ben	2	28 jul 1983	*3-Imix*	7
15 mar 1983	11-Cimi	7	22 may 1983	**1-Ix**	3	29 jul 1983	4-Ik	8
16 mar 1983	12-Manik	8	23 may 1983	2-Men	4	30 jul 1983	5-Akbal	9
17 mar 1983	13-Lamat	9	24 may 1983	3-Cib	5	31 jul 1983	6-Kan	1
18 mar 1983	**1-Muluc**	1	25 may 1983	4-Caban	6	1 ago 1983	7-Chicchan	2
19 mar 1983	2-Oc	2	26 may 1983	5-Etz'nab	7	2 ago 1983	8-Cimi	3
20 mar 1983	3-Chuen	3	27 may 1983	6-Cauac	8	3 ago 1983	9-Manik	4
21 mar 1983	4-Eb	4	28 may 1983	7-Ahau	9	4 ago 1983	10-Lamat	5
22 mar 1983	5-Ben	5	29 may 1983	*8-Imix*	1	5 ago 1983	11-Muluc	6

Fecha	Signo del día	S
6 ago 1983	12-Oc	7
7 ago 1983	13-Chuen	8
8 ago 1983	**1-Eb**	9
9 ago 1983	2-Ben	1
10 ago 1983	3-Ix	2
11 ago 1983	4-Men	3
12 ago 1983	5-Cib	4
13 ago 1983	6-Caban	5
14 ago 1983	7-Etz'nab	6
15 ago 1983	8-Cauac	7
16 ago 1983	9-Ahau	8
17 ago 1983	*10-Imix*	9
18 ago 1983	11-Ik	1
19 ago 1983	12-Akbal	2
20 ago 1983	13-Kan	3
21 ago 1983	**1-Chicchan**	4
22 ago 1983	2-Cimi	5
23 ago 1983	3-Manik	6
24 ago 1983	4-Lamat	7
25 ago 1983	5-Muluc	8
26 ago 1983	6-Oc	9
27 ago 1983	7-Chuen	1
28 ago 1983	8-Eb	2
29 ago 1983	9-Ben	3
30 ago 1983	10-Ix	4
31 ago 1983	11-Men	5
1 sep 1983	12-Cib	6
2 sep 1983	13-Caban	7
3 sep 1983	**1-Etz'nab**	8
4 sep 1983	2-Cauac	9
5 sep 1983	3-Ahau	1
6 sep 1983	*4-Imix*	2
7 sep 1983	5-Ik	3
8 sep 1983	6-Akbal	4
9 sep 1983	7-Kan	5
10 sep 1983	8-Chicchan	6
11 sep 1983	9-Cimi	7
12 sep 1983	10-Manik	8
13 sep 1983	11-Lamat	9
14 sep 1983	12-Muluc	1
15 sep 1983	13-Oc	2
16 sep 1983	**1-Chuen**	3
17 sep 1983	2-Eb	4
18 sep 1983	3-Ben	5
19 sep 1983	4-Ix	6
20 sep 1983	5-Men	7
21 sep 1983	6-Cib	8
22 sep 1983	7-Caban	9
23 sep 1983	8-Etz'nab	1
24 sep 1983	9-Cauac	2
25 sep 1983	10-Ahau	3
26 sep 1983	*11-Imix*	4
27 sep 1983	12-Ik	5
28 sep 1983	13-Akbal	6
29 sep 1983	**1-Kan**	7
30 sep 1983	2-Chicchan	8
1 oct 1983	3-Cimi	9
2 oct 1983	4-Manik	1
3 oct 1983	5-Lamat	2
4 oct 1983	6-Muluc	3
5 oct 1983	7-Oc	4
6 oct 1983	8-Chuen	5
7 oct 1983	9-Eb	6
8 oct 1983	10-Ben	7
9 oct 1983	11-Ix	8
10 oct 1983	12-Men	9
11 oct 1983	13-Cib	1
12 oct 1983	**1-Caban**	2

Fecha	Signo del día	S
13 oct 1983	2-Etz'nab	3
14 oct 1983	3-Cauac	4
15 oct 1983	4-Ahau	5
16 oct 1983	*5-Imix*	6
17 oct 1983	6-Ik	7
18 oct 1983	7-Akbal	8
19 oct 1983	8-Kan	9
20 oct 1983	9-Chicchan	1
21 oct 1983	10-Cimi	2
22 oct 1983	11-Manik	3
23 oct 1983	12-Lamat	4
24 oct 1983	13-Muluc	5
25 oct 1983	**1-Oc**	6
26 oct 1983	2-Chuen	7
27 oct 1983	3-Eb	8
28 oct 1983	4-Ben	9
29 oct 1983	5-Ix	1
30 oct 1983	6-Men	2
31 oct 1983	7-Cib	3
1 nov 1983	8-Caban	4
2 nov 1983	9-Etz'nab	5
3 nov 1983	10-Cauac	6
4 nov 1983	11-Ahau	7
5 nov 1983	*12-Imix*	8
6 nov 1983	13-Ik	9
7 nov 1983	**1-Akbal**	1
8 nov 1983	2-Kan	2
9 nov 1983	3-Chicchan	3
10 nov 1983	4-Cimi	4
11 nov 1983	5-Manik	5
12 nov 1983	6-Lamat	6
13 nov 1983	7-Muluc	7
14 nov 1983	8-Oc	8
15 nov 1983	9-Chuen	9
16 nov 1983	10-Eb	1
17 nov 1983	11-Ben	2
18 nov 1983	12-Ix	3
19 nov 1983	13-Men	4
20 nov 1983	**1-Cib**	5
21 nov 1983	2-Caban	6
22 nov 1983	3-Etz'nab	7
23 nov 1983	4-Cauac	8
24 nov 1983	5-Ahau	9
25 nov 1983	*6-Imix*	1
26 nov 1983	7-Ik	2
27 nov 1983	8-Akbal	3
28 nov 1983	9-Kan	4
29 nov 1983	10-Chicchan	5
30 nov 1983	11-Cimi	6
1 dic 1983	12-Manik	7
2 dic 1983	13-Lamat	8
3 dic 1983	**1-Muluc**	9
4 dic 1983	2-Oc	1
5 dic 1983	3-Chuen	2
6 dic 1983	4-Eb	3
7 dic 1983	5-Ben	4
8 dic 1983	6-Ix	5
9 dic 1983	7-Men	6
10 dic 1983	8-Cib	7
11 dic 1983	9-Caban	8
12 dic 1983	10-Etz'nab	9
13 dic 1983	11-Cauac	1
14 dic 1983	12-Ahau	2
15 dic 1983	*13-Imix*	3
16 dic 1983	**1-Ik**	4
17 dic 1983	2-Akbal	5
18 dic 1983	3-Kan	6
19 dic 1983	4-Chicchan	7

Fecha	Signo del día	S
20 dic 1983	5-Cimi	8
21 dic 1983	6-Manik	9
22 dic 1983	7-Lamat	1
23 dic 1983	8-Muluc	2
24 dic 1983	9-Oc	3
25 dic 1983	10-Chuen	4
26 dic 1983	11-Eb	5
27 dic 1983	12-Ben	6
28 dic 1983	13-Ix	7
29 dic 1983	**1-Men**	8
30 dic 1983	2-Cib	9
31 dic 1983	3-Caban	1
1 ene 1984	4-Etz'nab	2
2 ene 1984	5-Cauac	3
3 ene 1984	6-Ahau	4
4 ene 1984	*7-Imix*	5
5 ene 1984	8-Ik	6
6 ene 1984	9-Akbal	7
7 ene 1984	10-Kan	8
8 ene 1984	11-Chicchan	9
9 ene 1984	12-Cimi	1
10 ene 1984	13-Manik	2
11 ene 1984	**1-Lamat**	3
12 ene 1984	2-Muluc	4
13 ene 1984	3-Oc	5
14 ene 1984	4-Chuen	6
15 ene 1984	5-Eb	7
16 ene 1984	6-Ben	8
17 ene 1984	7-Ix	9
18 ene 1984	8-Men	1
19 ene 1984	9-Cib	2
20 ene 1984	10-Caban	3
21 ene 1984	11-Etz'nab	4
22 ene 1984	12-Cauac	5
23 ene 1984	13-Ahau	6
24 ene 1984	**1-Imix**	7
25 ene 1984	2-Ik	8
26 ene 1984	3-Akbal	9
27 ene 1984	4-Kan	1
28 ene 1984	5-Chicchan	2
29 ene 1984	6-Cimi	3
30 ene 1984	7-Manik	4
31 ene 1984	8-Lamat	5
1 feb 1984	9-Muluc	6
2 feb 1984	10-Oc	7
3 feb 1984	11-Chuen	8
4 feb 1984	12-Eb	9
5 feb 1984	13-Ben	1
6 feb 1984	**1-Ix**	2
7 feb 1984	2-Men	3
8 feb 1984	3-Cib	4
9 feb 1984	4-Caban	5
10 feb 1984	5-Etz'nab	6
11 feb 1984	6-Cauac	7
12 feb 1984	7-Ahau	8
13 feb 1984	*8-Imix*	9
14 feb 1984	9-Ik	1
15 feb 1984	10-Akbal	2
16 feb 1984	11-Kan	3
17 feb 1984	12-Chicchan	4
18 feb 1984	13-Cimi	5
19 feb 1984	**1-Manik**	6
20 feb 1984	2-Lamat	7
21 feb 1984	3-Muluc	8
22 feb 1984	4-Oc	9
23 feb 1984	5-Chuen	1
24 feb 1984	6-Eb	2
25 feb 1984	7-Ben	3

Fecha	Signo del día	S	Fecha	Signo del día	S	Fecha	Signo del día	S
26 feb 1984	8-Ix	4	4 may 1984	11-Ik	9	11 jul 1984	**1-Oc**	5
27 feb 1984	9-Men	5	5 may 1984	12-Akbal	1	12 jul 1984	2-Chuen	6
28 feb 1984	10-Cib	6	6 may 1984	13-Kan	2	13 jul 1984	3-Eb	7
29 feb 1984	11-Caban	7	7 may 1984	**1-Chicchan**	3	14 jul 1984	4-Ben	8
1 mar 1984	12-Etz'nab	8	8 may 1984	2-Cimi	4	15 jul 1984	5-Ix	9
2 mar 1984	13-Cauac	9	9 may 1984	3-Manik	5	16 jul 1984	6-Men	1
3 mar 1984	**1-Ahau**	1	10 may 1984	4-Lamat	6	17 jul 1984	7-Cib	2
4 mar 1984	*2-Imix*	2	11 may 1984	5-Muluc	7	18 jul 1984	8-Caban	3
5 mar 1984	3-Ik	3	12 may 1984	6-Oc	8	19 jul 1984	9-Etz'nab	4
6 mar 1984	4-Akbal	4	13 may 1984	7-Chuen	9	20 jul 1984	10-Cauac	5
7 mar 1984	5-Kan	5	14 may 1984	8-Eb	1	21 jul 1984	11-Ahau	6
8 mar 1984	6-Chicchan	6	15 may 1984	9-Ben	2	22 jul 1984	*12-Imix*	7
9 mar 1984	7-Cimi	7	16 may 1984	10-Ix	3	23 jul 1984	13-Ik	8
10 mar 1984	8-Manik	8	17 may 1984	11-Men	4	24 jul 1984	**1-Akbal**	9
11 mar 1984	9-Lamat	9	18 may 1984	12-Cib	5	25 jul 1984	2-Kan	1
12 mar 1984	10-Muluc	1	19 may 1984	13-Caban	6	26 jul 1984	3-Chicchan	2
13 mar 1984	11-Oc	2	20 may 1984	**1-Etz'nab**	7	27 jul 1984	4-Cimi	3
14 mar 1984	12-Chuen	3	21 may 1984	2-Cauac	8	28 jul 1984	5-Manik	4
15 mar 1984	13-Eb	4	22 may 1984	3-Ahau	9	29 jul 1984	6-Lamat	5
16 mar 1984	**1-Ben**	5	23 may 1984	*4-Imix*	1	30 jul 1984	7-Muluc	6
17 mar 1984	2-Ix	6	24 may 1984	5-Ik	2	31 jul 1984	8-Oc	7
18 mar 1984	3-Men	7	25 may 1984	6-Akbal	3	1 ago 1984	9-Chuen	8
19 mar 1984	4-Cib	8	26 may 1984	7-Kan	4	2 ago 1984	10-Eb	9
20 mar 1984	5-Caban	9	27 may 1984	8-Chicchan	5	3 ago 1984	11-Ben	1
21 mar 1984	6-Etz'nab	1	28 may 1984	9-Cimi	6	4 ago 1984	12-Ix	2
22 mar 1984	7-Cauac	2	29 may 1984	10-Manik	7	5 ago 1984	13-Men	3
23 mar 1984	8-Ahau	3	30 may 1984	11-Lamat	8	6 ago 1984	**1-Cib**	4
24 mar 1984	*9-Imix*	4	31 may 1984	12-Muluc	9	7 ago 1984	2-Caban	5
25 mar 1984	10-Ik	5	1 jun 1984	13-Oc	1	8 ago 1984	3-Etz'nab	6
26 mar 1984	11-Akbal	6	2 jun 1984	**1-Chuen**	2	9 ago 1984	4-Cauac	7
27 mar 1984	12-Kan	7	3 jun 1984	2-Eb	3	10 ago 1984	5-Ahau	8
28 mar 1984	13-Chicchan	8	4 jun 1984	3-Ben	4	11 ago 1984	*6-Imix*	9
29 mar 1984	**1-Cimi**	9	5 jun 1984	4-Ix	5	12 ago 1984	7-Ik	1
30 mar 1984	2-Manik	1	6 jun 1984	5-Men	6	13 ago 1984	8-Akbal	2
31 mar 1984	3-Lamat	2	7 jun 1984	6-Cib	7	14 ago 1984	9-Kan	3
1 abr 1984	4-Muluc	3	8 jun 1984	7-Caban	8	15 ago 1984	10-Chicchan	4
2 abr 1984	5-Oc	4	9 jun 1984	8-Etz'nab	9	16 ago 1984	11-Cimi	5
3 abr 1984	6-Chuen	5	10 jun 1984	9-Cauac	1	17 ago 1984	12-Manik	6
4 abr 1984	7-Eb	6	11 jun 1984	10-Ahau	2	18 ago 1984	13-Lamat	7
5 abr 1984	8-Ben	7	12 jun 1984	*11-Imix*	3	19 ago 1984	**1-Muluc**	8
6 abr 1984	9-Ix	8	13 jun 1984	12-Ik	4	20 ago 1984	2-Oc	9
7 abr 1984	10-Men	9	14 jun 1984	13-Akbal	5	21 ago 1984	3-Chuen	1
8 abr 1984	11-Cib	1	15 jun 1984	**1-Kan**	6	22 ago 1984	4-Eb	2
9 abr 1984	12-Caban	2	16 jun 1984	2-Chicchan	7	23 ago 1984	5-Ben	3
10 abr 1984	13-Etz'nab	3	17 jun 1984	3-Cimi	8	24 ago 1984	6-Ix	4
11 abr 1984	**1-Cauac**	4	18 jun 1984	4-Manik	9	25 ago 1984	7-Men	5
12 abr 1984	2-Ahau	5	19 jun 1984	5-Lamat	1	26 ago 1984	8-Cib	6
13 abr 1984	*3-Imix*	6	20 jun 1984	6-Muluc	2	27 ago 1984	9-Caban	7
14 abr 1984	4-Ik	7	21 jun 1984	7-Oc	3	28 ago 1984	10-Etz'nab	8
15 abr 1984	5-Akbal	8	22 jun 1984	8-Chuen	4	29 ago 1984	11-Cauac	9
16 abr 1984	6-Kan	9	23 jun 1984	9-Eb	5	30 ago 1984	12-Ahau	1
17 abr 1984	7-Chicchan	1	24 jun 1984	10-Ben	6	31 ago 1984	*13-Imix*	2
18 abr 1984	8-Cimi	2	25 jun 1984	11-Ix	7	1 sep 1984	**1-Ik**	3
19 abr 1984	9-Manik	3	26 jun 1984	12-Men	8	2 sep 1984	2-Akbal	4
20 abr 1984	10-Lamat	4	27 jun 1984	13-Cib	9	3 sep 1984	3-Kan	5
21 abr 1984	11-Muluc	5	28 jun 1984	**1-Caban**	1	4 sep 1984	4-Chicchan	6
22 abr 1984	12-Oc	6	29 jun 1984	2-Etz'nab	2	5 sep 1984	5-Cimi	7
23 abr 1984	13-Chuen	7	30 jun 1984	3-Cauac	3	6 sep 1984	6-Manik	8
24 abr 1984	**1-Eb**	8	1 jul 1984	4-Ahau	4	7 sep 1984	7-Lamat	9
25 abr 1984	2-Ben	9	2 jul 1984	*5-Imix*	5	8 sep 1984	8-Muluc	1
26 abr 1984	3-Ix	1	3 jul 1984	6-Ik	6	9 sep 1984	9-Oc	2
27 abr 1984	4-Men	2	4 jul 1984	7-Akbal	7	10 sep 1984	10-Chuen	3
28 abr 1984	5-Cib	3	5 jul 1984	8-Kan	8	11 sep 1984	11-Eb	4
29 abr 1984	6-Caban	4	6 jul 1984	9-Chicchan	9	12 sep 1984	12-Ben	5
30 abr 1984	7-Etz'nab	5	7 jul 1984	10-Cimi	1	13 sep 1984	13-Ix	6
1 may 1984	8-Cauac	6	8 jul 1984	11-Manik	2	14 sep 1984	**1-Men**	7
2 may 1984	9-Ahau	7	9 jul 1984	12-Lamat	3	15 sep 1984	2-Cib	8
3 may 1984	*10-Imix*	8	10 jul 1984	13-Muluc	4	16 sep 1984	3-Caban	9

Fecha	Signo del día	S	Fecha	Signo del día	S	Fecha	Signo del día	S
17 sep 1984	4-Etz'nab	1	24 nov 1984	7-Cimi	6	31 ene 1985	10-Ix	2
18 sep 1984	5-Cauac	2	25 nov 1984	8-Manik	7	1 feb 1985	11-Men	3
19 sep 1984	6-Ahau	3	26 nov 1984	9-Lamat	8	2 feb 1985	12-Cib	4
20 sep 1984	7-Imix	4	27 nov 1984	10-Muluc	9	3 feb 1985	13-Caban	5
21 sep 1984	8-Ik	5	28 nov 1984	11-Oc	1	4 feb 1985	**1-Etz'nab**	6
22 sep 1984	9-Akbal	6	29 nov 1984	12-Chuen	2	5 feb 1985	2-Cauac	7
23 sep 1984	10-Kan	7	30 nov 1984	13-Eb	3	6 feb 1985	3-Ahau	8
24 sep 1984	11-Chicchan	8	1 dic 1984	**1-Ben**	4	7 feb 1985	4-Imix	9
25 sep 1984	12-Cimi	9	2 dic 1984	2-Ix	5	8 feb 1985	5-Ik	1
26 sep 1984	13-Manik	1	3 dic 1984	3-Men	6	9 feb 1985	6-Akbal	2
27 sep 1984	**1-Lamat**	2	4 dic 1984	4-Cib	7	10 feb 1985	7-Kan	3
28 sep 1984	2-Muluc	3	5 dic 1984	5-Caban	8	11 feb 1985	8-Chicchan	4
29 sep 1984	3-Oc	4	6 dic 1984	6-Etz'nab	9	12 feb 1985	9-Cimi	5
30 sep 1984	4-Chuen	5	7 dic 1984	7-Cauac	1	13 feb 1985	10-Manik	6
1 oct 1984	5-Eb	6	8 dic 1984	8-Ahau	2	14 feb 1985	11-Lamat	7
2 oct 1984	6-Ben	7	9 dic 1984	9-Imix	3	15 feb 1985	12-Muluc	8
3 oct 1984	7-Ix	8	10 dic 1984	10-Ik	4	16 feb 1985	13-Oc	9
4 oct 1984	8-Men	9	11 dic 1984	11-Akbal	5	17 feb 1985	**1-Chuen**	1
5 oct 1984	9-Cib	1	12 dic 1984	12-Kan	6	18 feb 1985	2-Eb	2
6 oct 1984	10-Caban	2	13 dic 1984	13-Chicchan	7	19 feb 1985	3-Ben	3
7 oct 1984	11-Etz'nab	3	14 dic 1984	**1-Cimi**	8	20 feb 1985	4-Ix	4
8 oct 1984	12-Cauac	4	15 dic 1984	2-Manik	9	21 feb 1985	5-Men	5
9 oct 1984	13-Ahau	5	16 dic 1984	3-Lamat	1	22 feb 1985	6-Cib	6
10 oct 1984	**1-Imix**	6	17 dic 1984	4-Muluc	2	23 feb 1985	7-Caban	7
11 oct 1984	2-Ik	7	18 dic 1984	5-Oc	3	24 feb 1985	8-Etz'nab	8
12 oct 1984	3-Akbal	8	19 dic 1984	6-Chuen	4	25 feb 1985	9-Cauac	9
13 oct 1984	4-Kan	9	20 dic 1984	7-Eb	5	26 feb 1985	10-Ahau	1
14 oct 1984	5-Chicchan	1	21 dic 1984	8-Ben	6	27 feb 1985	11-Imix	2
15 oct 1984	6-Cimi	2	22 dic 1984	9-Ix	7	28 feb 1985	12-Ik	3
16 oct 1984	7-Manik	3	23 dic 1984	10-Men	8	1 mar 1985	13-Akbal	4
17 oct 1984	8-Lamat	4	24 dic 1984	11-Cib	9	2 mar 1985	**1-Kan**	5
18 oct 1984	9-Muluc	5	25 dic 1984	12-Caban	1	3 mar 1985	2-Chicchan	6
19 oct 1984	10-Oc	6	26 dic 1984	13-Etz'nab	2	4 mar 1985	3-Cimi	7
20 oct 1984	11-Chuen	7	27 dic 1984	**1-Cauac**	3	5 mar 1985	4-Manik	8
21 oct 1984	12-Eb	8	28 dic 1984	2-Ahau	4	6 mar 1985	5-Lamat	9
22 oct 1984	13-Ben	9	29 dic 1984	3-Imix	5	7 mar 1985	6-Muluc	1
23 oct 1984	**1-Ix**	1	30 dic 1984	4-Ik	6	8 mar 1985	7-Oc	2
24 oct 1984	2-Men	2	31 dic 1984	5-Akbal	7	9 mar 1985	8-Chuen	3
25 oct 1984	3-Cib	3	1 ene 1985	6-Kan	8	10 mar 1985	9-Eb	4
26 oct 1984	4-Caban	4	2 ene 1985	7-Chicchan	9	11 mar 1985	10-Ben	5
27 oct 1984	5-Etz'nab	5	3 ene 1985	8-Cimi	1	12 mar 1985	11-Ix	6
28 oct 1984	6-Cauac	6	4 ene 1985	9-Manik	2	13 mar 1985	12-Men	7
29 oct 1984	7-Ahau	7	5 ene 1985	10-Lamat	3	14 mar 1985	13-Cib	8
30 oct 1984	8-Imix	8	6 ene 1985	11-Muluc	4	15 mar 1985	**1-Caban**	9
31 oct 1984	9-Ik	9	7 ene 1985	12-Oc	5	16 mar 1985	2-Etz'nab	1
1 nov 1984	10-Akbal	1	8 ene 1985	13-Chuen	6	17 mar 1985	3-Cauac	2
2 nov 1984	11-Kan	2	9 ene 1985	**1-Eb**	7	18 mar 1985	4-Ahau	3
3 nov 1984	12-Chicchan	3	10 ene 1985	2-Ben	8	19 mar 1985	5-Imix	4
4 nov 1984	13-Cimi	4	11 ene 1985	3-Ix	9	20 mar 1985	6-Ik	5
5 nov 1984	**1-Manik**	5	12 ene 1985	4-Men	1	21 mar 1985	7-Akbal	6
6 nov 1984	2-Lamat	6	13 ene 1985	5-Cib	2	22 mar 1985	8-Kan	7
7 nov 1984	3-Muluc	7	14 ene 1985	6-Caban	3	23 mar 1985	9-Chicchan	8
8 nov 1984	4-Oc	8	15 ene 1985	7-Etz'nab	4	24 mar 1985	10-Cimi	9
9 nov 1984	5-Chuen	9	16 ene 1985	8-Cauac	5	25 mar 1985	11-Manik	1
10 nov 1984	6-Eb	1	17 ene 1985	9-Ahau	6	26 mar 1985	12-Lamat	2
11 nov 1984	7-Ben	2	18 ene 1985	10-Imix	7	27 mar 1985	13-Muluc	3
12 nov 1984	8-Ix	3	19 ene 1985	11-Ik	8	28 mar 1985	**1-Oc**	4
13 nov 1984	9-Men	4	20 ene 1985	12-Akbal	9	29 mar 1985	2-Chuen	5
14 nov 1984	10-Cib	5	21 ene 1985	13-Kan	1	30 mar 1985	3-Eb	6
15 nov 1984	11-Caban	6	22 ene 1985	**1-Chicchan**	2	31 mar 1985	4-Ben	7
16 nov 1984	12-Etz'nab	7	23 ene 1985	2-Cimi	3	1 abr 1985	5-Ix	8
17 nov 1984	13-Cauac	8	24 ene 1985	3-Manik	4	2 abr 1985	6-Men	9
18 nov 1984	**1-Ahau**	9	25 ene 1985	4-Lamat	5	3 abr 1985	7-Cib	1
19 nov 1984	2-Imix	1	26 ene 1985	5-Muluc	6	4 abr 1985	8-Caban	2
20 nov 1984	3-Ik	2	27 ene 1985	6-Oc	7	5 abr 1985	9-Etz'nab	3
21 nov 1984	4-Akbal	3	28 ene 1985	7-Chuen	8	6 abr 1985	10-Cauac	4
22 nov 1984	5-Kan	4	29 ene 1985	8-Eb	9	7 abr 1985	11-Ahau	5
23 nov 1984	6-Chicchan	5	30 ene 1985	9-Ben	1	8 abr 1985	12-Imix	6

Fecha	Signo del día	S	Fecha	Signo del día	S	Fecha	Signo del día	S
9 abr 1985	13-Ik	7	16 jun 1985	3-Oc	3	23 ago 1985	6-Etz'nab	8
10 abr 1985	**1-Akbal**	8	17 jun 1985	4-Chuen	4	24 ago 1985	7-Cauac	9
11 abr 1985	2-Kan	9	18 jun 1985	5-Eb	5	25 ago 1985	8-Ahau	1
12 abr 1985	3-Chicchan	1	19 jun 1985	6-Ben	6	26 ago 1985	*9-Imix*	2
13 abr 1985	4-Cimi	2	20 jun 1985	7-Ix	7	27 ago 1985	10-Ik	3
14 abr 1985	5-Manik	3	21 jun 1985	8-Men	8	28 ago 1985	11-Akbal	4
15 abr 1985	6-Lamat	4	22 jun 1985	9-Cib	9	29 ago 1985	12-Kan	5
16 abr 1985	7-Muluc	5	23 jun 1985	10-Caban	1	30 ago 1985	13-Chicchan	6
17 abr 1985	8-Oc	6	24 jun 1985	11-Etz'nab	2	31 ago 1985	**1-Cimi**	7
18 abr 1985	9-Chuen	7	25 jun 1985	12-Cauac	3	1 sep 1985	2-Manik	8
19 abr 1985	10-Eb	8	26 jun 1985	13-Ahau	4	2 sep 1985	3-Lamat	9
20 abr 1985	11-Ben	9	27 jun 1985	**1-Imix**	5	3 sep 1985	4-Muluc	1
21 abr 1985	12-Ix	1	28 jun 1985	2-Ik	6	4 sep 1985	5-Oc	2
22 abr 1985	13-Men	2	29 jun 1985	3-Akbal	7	5 sep 1985	6-Chuen	3
23 abr 1985	**1-Cib**	3	30 jun 1985	4-Kan	8	6 sep 1985	7-Eb	4
24 abr 1985	2-Caban	4	1 jul 1985	5-Chicchan	9	7 sep 1985	8-Ben	5
25 abr 1985	3-Etz'nab	5	2 jul 1985	6-Cimi	1	8 sep 1985	9-Ix	6
26 abr 1985	4-Cauac	6	3 jul 1985	7-Manik	2	9 sep 1985	10-Men	7
27 abr 1985	5-Ahau	7	4 jul 1985	8-Lamat	3	10 sep 1985	11-Cib	8
28 abr 1985	*6-Imix*	8	5 jul 1985	9-Muluc	4	11 sep 1985	12-Caban	9
29 abr 1985	7-Ik	9	6 jul 1985	10-Oc	5	12 sep 1985	13-Etz'nab	1
30 abr 1985	8-Akbal	1	7 jul 1985	11-Chuen	6	13 sep 1985	**1-Cauac**	2
1 may 1985	9-Kan	2	8 jul 1985	12-Eb	7	14 sep 1985	2-Ahau	3
2 may 1985	10-Chicchan	3	9 jul 1985	13-Ben	8	15 sep 1985	*3-Imix*	4
3 may 1985	11-Cimi	4	10 jul 1985	**1-Ix**	9	16 sep 1985	4-Ik	5
4 may 1985	12-Manik	5	11 jul 1985	2-Men	1	17 sep 1985	5-Akbal	6
5 may 1985	13-Lamat	6	12 jul 1985	3-Cib	2	18 sep 1985	6-Kan	7
6 may 1985	**1-Muluc**	7	13 jul 1985	4-Caban	3	19 sep 1985	7-Chicchan	8
7 may 1985	2-Oc	8	14 jul 1985	5-Etz'nab	4	20 sep 1985	8-Cimi	9
8 may 1985	3-Chuen	9	15 jul 1985	6-Cauac	5	21 sep 1985	9-Manik	1
9 may 1985	4-Eb	1	16 jul 1985	7-Ahau	6	22 sep 1985	10-Lamat	2
10 may 1985	5-Ben	2	17 jul 1985	*8-Imix*	7	23 sep 1985	11-Muluc	3
11 may 1985	6-Ix	3	18 jul 1985	9-Ik	8	24 sep 1985	12-Oc	4
12 may 1985	7-Men	4	19 jul 1985	10-Akbal	9	25 sep 1985	13-Chuen	5
13 may 1985	8-Cib	5	20 jul 1985	11-Kan	1	26 sep 1985	**1-Eb**	6
14 may 1985	9-Caban	6	21 jul 1985	12-Chicchan	2	27 sep 1985	2-Ben	7
15 may 1985	10-Etz'nab	7	22 jul 1985	13-Cimi	3	28 sep 1985	3-Ix	8
16 may 1985	11-Cauac	8	23 jul 1985	**1-Manik**	4	29 sep 1985	4-Men	9
17 may 1985	12-Ahau	9	24 jul 1985	2-Lamat	5	30 sep 1985	5-Cib	1
18 may 1985	*13-Imix*	1	25 jul 1985	3-Muluc	6	1 oct 1985	6-Caban	2
19 may 1985	**1-Ik**	2	26 jul 1985	4-Oc	7	2 oct 1985	7-Etz'nab	3
20 may 1985	2-Akbal	3	27 jul 1985	5-Chuen	8	3 oct 1985	8-Cauac	4
21 may 1985	3-Kan	4	28 jul 1985	6-Eb	9	4 oct 1985	9-Ahau	5
22 may 1985	4-Chicchan	5	29 jul 1985	7-Ben	1	5 oct 1985	*10-Imix*	6
23 may 1985	5-Cimi	6	30 jul 1985	8-Ix	2	6 oct 1985	11-Ik	7
24 may 1985	6-Manik	7	31 jul 1985	9-Men	3	7 oct 1985	12-Akbal	8
25 may 1985	7-Lamat	8	1 ago 1985	10-Cib	4	8 oct 1985	13-Kan	9
26 may 1985	8-Muluc	9	2 ago 1985	11-Caban	5	9 oct 1985	**1-Chicchan**	1
27 may 1985	9-Oc	1	3 ago 1985	12-Etz'nab	6	10 oct 1985	2-Cimi	2
28 may 1985	10-Chuen	2	4 ago 1985	13-Cauac	7	11 oct 1985	3-Manik	3
29 may 1985	11-Eb	3	5 ago 1985	**1-Ahau**	8	12 oct 1985	4-Lamat	4
30 may 1985	12-Ben	4	6 ago 1985	*2-Imix*	9	13 oct 1985	5-Muluc	5
31 may 1985	13-Ix	5	7 ago 1985	3-Ik	1	14 oct 1985	6-Oc	6
1 jun 1985	**1-Men**	6	8 ago 1985	4-Akbal	2	15 oct 1985	7-Chuen	7
2 jun 1985	2-Cib	7	9 ago 1985	5-Kan	3	16 oct 1985	8-Eb	8
3 jun 1985	3-Caban	8	10 ago 1985	6-Chicchan	4	17 oct 1985	9-Ben	9
4 jun 1985	4-Etz'nab	9	11 ago 1985	7-Cimi	5	18 oct 1985	10-Ix	1
5 jun 1985	5-Cauac	1	12 ago 1985	8-Manik	6	19 oct 1985	11-Men	2
6 jun 1985	6-Ahau	2	13 ago 1985	9-Lamat	7	20 oct 1985	12-Cib	3
7 jun 1985	*7-Imix*	3	14 ago 1985	10-Muluc	8	21 oct 1985	13-Caban	4
8 jun 1985	8-Ik	4	15 ago 1985	11-Oc	9	22 oct 1985	**1-Etz'nab**	5
9 jun 1985	9-Akbal	5	16 ago 1985	12-Chuen	1	23 oct 1985	2-Cauac	6
10 jun 1985	10-Kan	6	17 ago 1985	13-Eb	2	24 oct 1985	3-Ahau	7
11 jun 1985	11-Chicchan	7	18 ago 1985	**1-Ben**	3	25 oct 1985	*4-Imix*	8
12 jun 1985	12-Cimi	8	19 ago 1985	2-Ix	4	26 oct 1985	5-Ik	9
13 jun 1985	13-Manik	9	20 ago 1985	3-Men	5	27 oct 1985	6-Akbal	1
14 jun 1985	**1-Lamat**	1	21 ago 1985	4-Cib	6	28 oct 1985	7-Kan	2
15 jun 1985	2-Muluc	2	22 ago 1985	5-Caban	7	29 oct 1985	8-Chicchan	3

Fecha	Signo del día	S
30 oct 1985	9-Cimi	4
31 oct 1985	10-Manik	5
1 nov 1985	11-Lamat	6
2 nov 1985	12-Muluc	7
3 nov 1985	13-Oc	8
4 nov 1985	**1-Chuen**	9
5 nov 1985	2-Eb	1
6 nov 1985	3-Ben	2
7 nov 1985	4-Ix	3
8 nov 1985	5-Men	4
9 nov 1985	6-Cib	5
10 nov 1985	7-Caban	6
11 nov 1985	8-Etz'nab	7
12 nov 1985	9-Cauac	8
13 nov 1985	10-Ahau	9
14 nov 1985	*11-Imix*	1
15 nov 1985	12-Ik	2
16 nov 1985	13-Akbal	3
17 nov 1985	**1-Kan**	4
18 nov 1985	2-Chicchan	5
19 nov 1985	3-Cimi	6
20 nov 1985	4-Manik	7
21 nov 1985	5-Lamat	8
22 nov 1985	6-Muluc	9
23 nov 1985	7-Oc	1
24 nov 1985	8-Chuen	2
25 nov 1985	9-Eb	3
26 nov 1985	10-Ben	4
27 nov 1985	11-Ix	5
28 nov 1985	12-Men	6
29 nov 1985	13-Cib	7
30 nov 1985	**1-Caban**	8
1 dic 1985	2-Etz'nab	9
2 dic 1985	3-Cauac	1
3 dic 1985	4-Ahau	2
4 dic 1985	*5-Imix*	3
5 dic 1985	6-Ik	4
6 dic 1985	7-Akbal	5
7 dic 1985	8-Kan	6
8 dic 1985	9-Chicchan	7
9 dic 1985	10-Cimi	8
10 dic 1985	11-Manik	9
11 dic 1985	12-Lamat	1
12 dic 1985	13-Muluc	2
13 dic 1985	**1-Oc**	3
14 dic 1985	2-Chuen	4
15 dic 1985	3-Eb	5
16 dic 1985	4-Ben	6
17 dic 1985	5-Ix	7
18 dic 1985	6-Men	8
19 dic 1985	7-Cib	9
20 dic 1985	8-Caban	1
21 dic 1985	9-Etz'nab	2
22 dic 1985	10-Cauac	3
23 dic 1985	11-Ahau	4
24 dic 1985	*12-Imix*	5
25 dic 1985	13-Ik	6
26 dic 1985	**1-Akbal**	7
27 dic 1985	2-Kan	8
28 dic 1985	3-Chicchan	9
29 dic 1985	4-Cimi	1
30 dic 1985	5-Manik	2
31 dic 1985	6-Lamat	3
1 ene 1986	7-Muluc	4
2 ene 1986	8-Oc	5
3 ene 1986	9-Chuen	6
4 ene 1986	10-Eb	7
5 ene 1986	11-Ben	8

Fecha	Signo del día	S
6 ene 1986	12-Ix	9
7 ene 1986	13-Men	1
8 ene 1986	**1-Cib**	2
9 ene 1986	2-Caban	3
10 ene 1986	3-Etz'nab	4
11 ene 1986	4-Cauac	5
12 ene 1986	5-Ahau	6
13 ene 1986	*6-Imix*	7
14 ene 1986	7-Ik	8
15 ene 1986	8-Akbal	9
16 ene 1986	9-Kan	1
17 ene 1986	10-Chicchan	2
18 ene 1986	11-Cimi	3
19 ene 1986	12-Manik	4
20 ene 1986	13-Lamat	5
21 ene 1986	**1-Muluc**	6
22 ene 1986	2-Oc	7
23 ene 1986	3-Chuen	8
24 ene 1986	4-Eb	9
25 ene 1986	5-Ben	1
26 ene 1986	6-Ix	2
27 ene 1986	7-Men	3
28 ene 1986	8-Cib	4
29 ene 1986	9-Caban	5
30 ene 1986	10-Etz'nab	6
31 ene 1986	11-Cauac	7
1 feb 1986	12-Ahau	8
2 feb 1986	*13-Imix*	9
3 feb 1986	**1-Ik**	1
4 feb 1986	2-Akbal	2
5 feb 1986	3-Kan	3
6 feb 1986	4-Chicchan	4
7 feb 1986	5-Cimi	5
8 feb 1986	6-Manik	6
9 feb 1986	7-Lamat	7
10 feb 1986	8-Muluc	8
11 feb 1986	9-Oc	9
12 feb 1986	10-Chuen	1
13 feb 1986	11-Eb	2
14 feb 1986	12-Ben	3
15 feb 1986	13-Ix	4
16 feb 1986	**1-Men**	5
17 feb 1986	2-Cib	6
18 feb 1986	3-Caban	7
19 feb 1986	4-Etz'nab	8
20 feb 1986	5-Cauac	9
21 feb 1986	6-Ahau	1
22 feb 1986	*7-Imix*	2
23 feb 1986	8-Ik	3
24 feb 1986	9-Akbal	4
25 feb 1986	10-Kan	5
26 feb 1986	11-Chicchan	6
27 feb 1986	12-Cimi	7
28 feb 1986	13-Manik	8
1 mar 1986	**1-Lamat**	9
2 mar 1986	2-Muluc	1
3 mar 1986	3-Oc	2
4 mar 1986	4-Chuen	3
5 mar 1986	5-Eb	4
6 mar 1986	6-Ben	5
7 mar 1986	7-Ix	6
8 mar 1986	8-Men	7
9 mar 1986	9-Cib	8
10 mar 1986	10-Caban	9
11 mar 1986	11-Etz'nab	1
12 mar 1986	12-Cauac	2
13 mar 1986	13-Ahau	3
14 mar 1986	**1-Imix**	4

Fecha	Signo del día	S
15 mar 1986	2-Ik	5
16 mar 1986	3-Akbal	6
17 mar 1986	4-Kan	7
18 mar 1986	5-Chicchan	8
19 mar 1986	6-Cimi	9
20 mar 1986	7-Manik	1
21 mar 1986	8-Lamat	2
22 mar 1986	9-Muluc	3
23 mar 1986	10-Oc	4
24 mar 1986	11-Chuen	5
25 mar 1986	12-Eb	6
26 mar 1986	13-Ben	7
27 mar 1986	**1-Ix**	8
28 mar 1986	2-Men	9
29 mar 1986	3-Cib	1
30 mar 1986	4-Caban	2
31 mar 1986	5-Etz'nab	3
1 abr 1986	6-Cauac	4
2 abr 1986	7-Ahau	5
3 abr 1986	*8-Imix*	6
4 abr 1986	9-Ik	7
5 abr 1986	10-Akbal	8
6 abr 1986	11-Kan	9
7 abr 1986	12-Chicchan	1
8 abr 1986	13-Cimi	2
9 abr 1986	**1-Manik**	3
10 abr 1986	2-Lamat	4
11 abr 1986	3-Muluc	5
12 abr 1986	4-Oc	6
13 abr 1986	5-Chuen	7
14 abr 1986	6-Eb	8
15 abr 1986	7-Ben	9
16 abr 1986	8-Ix	1
17 abr 1986	9-Men	2
18 abr 1986	10-Cib	3
19 abr 1986	11-Caban	4
20 abr 1986	12-Etz'nab	5
21 abr 1986	13-Cauac	6
22 abr 1986	**1-Ahau**	7
23 abr 1986	*2-Imix*	8
24 abr 1986	3-Ik	9
25 abr 1986	4-Akbal	1
26 abr 1986	5-Kan	2
27 abr 1986	6-Chicchan	3
28 abr 1986	7-Cimi	4
29 abr 1986	8-Manik	5
30 abr 1986	9-Lamat	6
1 may 1986	10-Muluc	7
2 may 1986	11-Oc	8
3 may 1986	12-Chuen	9
4 may 1986	13-Eb	1
5 may 1986	**1-Ben**	2
6 may 1986	2-Ix	3
7 may 1986	3-Men	4
8 may 1986	4-Cib	5
9 may 1986	5-Caban	6
10 may 1986	6-Etz'nab	7
11 may 1986	7-Cauac	8
12 may 1986	8-Ahau	9
13 may 1986	*9-Imix*	1
14 may 1986	10-Ik	2
15 may 1986	11-Akbal	3
16 may 1986	12-Kan	4
17 may 1986	13-Chicchan	5
18 may 1986	**1-Cimi**	6
19 may 1986	2-Manik	7
20 may 1986	3-Lamat	8
21 may 1986	4-Muluc	9

Fecha	Signo del día	S
22 may 1986	5-Oc	1
23 may 1986	6-Chuen	2
24 may 1986	7-Eb	3
25 may 1986	8-Ben	4
26 may 1986	9-Ix	5
27 may 1986	10-Men	6
28 may 1986	11-Cib	7
29 may 1986	12-Caban	8
30 may 1986	13-Etz'nab	9
31 may 1986	**1-Cauac**	1
1 jun 1986	2-Ahau	2
2 jun 1986	*3-Imix*	3
3 jun 1986	4-Ik	4
4 jun 1986	5-Akbal	5
5 jun 1986	6-Kan	6
6 jun 1986	7-Chicchan	7
7 jun 1986	8-Cimi	8
8 jun 1986	9-Manik	9
9 jun 1986	10-Lamat	1
10 jun 1986	11-Muluc	2
11 jun 1986	12-Oc	3
12 jun 1986	13-Chuen	4
13 jun 1986	**1-Eb**	5
14 jun 1986	2-Ben	6
15 jun 1986	3-Ix	7
16 jun 1986	4-Men	8
17 jun 1986	5-Cib	9
18 jun 1986	6-Caban	1
19 jun 1986	7-Etz'nab	2
20 jun 1986	8-Cauac	3
21 jun 1986	9-Ahau	4
22 jun 1986	*10-Imix*	5
23 jun 1986	11-Ik	6
24 jun 1986	12-Akbal	7
25 jun 1986	13-Kan	8
26 jun 1986	**1-Chicchan**	9
27 jun 1986	2-Cimi	1
28 jun 1986	3-Manik	2
29 jun 1986	4-Lamat	3
30 jun 1986	5-Muluc	4
1 jul 1986	6-Oc	5
2 jul 1986	7-Chuen	6
3 jul 1986	8-Eb	7
4 jul 1986	9-Ben	8
5 jul 1986	10-Ix	9
6 jul 1986	11-Men	1
7 jul 1986	12-Cib	2
8 jul 1986	13-Caban	3
9 jul 1986	**1-Etz'nab**	4
10 jul 1986	2-Cauac	5
11 jul 1986	3-Ahau	6
12 jul 1986	*4-Imix*	7
13 jul 1986	5-Ik	8
14 jul 1986	6-Akbal	9
15 jul 1986	7-Kan	1
16 jul 1986	8-Chicchan	2
17 jul 1986	9-Cimi	3
18 jul 1986	10-Manik	4
19 jul 1986	11-Lamat	5
20 jul 1986	12-Muluc	6
21 jul 1986	13-Oc	7
22 jul 1986	**1-Chuen**	8
23 jul 1986	2-Eb	9
24 jul 1986	3-Ben	1
25 jul 1986	4-Ix	2
26 jul 1986	5-Men	3
27 jul 1986	6-Cib	4
28 jul 1986	7-Caban	5

Fecha	Signo del día	S
29 jul 1986	8-Etz'nab	6
30 jul 1986	9-Cauac	7
31 jul 1986	10-Ahau	8
1 ago 1986	*11-Imix*	9
2 ago 1986	12-Ik	1
3 ago 1986	13-Akbal	2
4 ago 1986	**1-Kan**	3
5 ago 1986	2-Chicchan	4
6 ago 1986	3-Cimi	5
7 ago 1986	4-Manik	6
8 ago 1986	5-Lamat	7
9 ago 1986	6-Muluc	8
10 ago 1986	7-Oc	9
11 ago 1986	8-Chuen	1
12 ago 1986	9-Eb	2
13 ago 1986	10-Ben	3
14 ago 1986	11-Ix	4
15 ago 1986	12-Men	5
16 ago 1986	13-Cib	6
17 ago 1986	**1-Caban**	7
18 ago 1986	2-Etz'nab	8
19 ago 1986	3-Cauac	9
20 ago 1986	4-Ahau	1
21 ago 1986	*5-Imix*	2
22 ago 1986	6-Ik	3
23 ago 1986	7-Akbal	4
24 ago 1986	8-Kan	5
25 ago 1986	9-Chicchan	6
26 ago 1986	10-Cimi	7
27 ago 1986	11-Manik	8
28 ago 1986	12-Lamat	9
29 ago 1986	13-Muluc	1
30 ago 1986	**1-Oc**	2
31 ago 1986	2-Chuen	3
1 sep 1986	3-Eb	4
2 sep 1986	4-Ben	5
3 sep 1986	5-Ix	6
4 sep 1986	6-Men	7
5 sep 1986	7-Cib	8
6 sep 1986	8-Caban	9
7 sep 1986	9-Etz'nab	1
8 sep 1986	10-Cauac	2
9 sep 1986	11-Ahau	3
10 sep 1986	*12-Imix*	4
11 sep 1986	13-Ik	5
12 sep 1986	**1-Akbal**	6
13 sep 1986	2-Kan	7
14 sep 1986	3-Chicchan	8
15 sep 1986	4-Cimi	9
16 sep 1986	5-Manik	1
17 sep 1986	6-Lamat	2
18 sep 1986	7-Muluc	3
19 sep 1986	8-Oc	4
20 sep 1986	9-Chuen	5
21 sep 1986	10-Eb	6
22 sep 1986	11-Ben	7
23 sep 1986	12-Ix	8
24 sep 1986	13-Men	9
25 sep 1986	**1-Cib**	1
26 sep 1986	2-Caban	2
27 sep 1986	3-Etz'nab	3
28 sep 1986	4-Cauac	4
29 sep 1986	5-Ahau	5
30 sep 1986	*6-Imix*	6
1 oct 1986	7-Ik	7
2 oct 1986	8-Akbal	8
3 oct 1986	9-Kan	9
4 oct 1986	10-Chicchan	1

Fecha	Signo del día	S
5 oct 1986	11-Cimi	2
6 oct 1986	12-Manik	3
7 oct 1986	13-Lamat	4
8 oct 1986	**1-Muluc**	5
9 oct 1986	2-Oc	6
10 oct 1986	3-Chuen	7
11 oct 1986	4-Eb	8
12 oct 1986	5-Ben	9
13 oct 1986	6-Ix	1
14 oct 1986	7-Men	2
15 oct 1986	8-Cib	3
16 oct 1986	9-Caban	4
17 oct 1986	10-Etz'nab	5
18 oct 1986	11-Cauac	6
19 oct 1986	12-Ahau	7
20 oct 1986	*13-Imix*	8
21 oct 1986	**1-Ik**	9
22 oct 1986	2-Akbal	1
23 oct 1986	3-Kan	2
24 oct 1986	4-Chicchan	3
25 oct 1986	5-Cimi	4
26 oct 1986	6-Manik	5
27 oct 1986	7-Lamat	6
28 oct 1986	8-Muluc	7
29 oct 1986	9-Oc	8
30 oct 1986	10-Chuen	9
31 oct 1986	11-Eb	1
1 nov 1986	12-Ben	2
2 nov 1986	13-Ix	3
3 nov 1986	**1-Men**	4
4 nov 1986	2-Cib	5
5 nov 1986	3-Caban	6
6 nov 1986	4-Etz'nab	7
7 nov 1986	5-Cauac	8
8 nov 1986	6-Ahau	9
9 nov 1986	*7-Imix*	1
10 nov 1986	8-Ik	2
11 nov 1986	9-Akbal	3
12 nov 1986	10-Kan	4
13 nov 1986	11-Chicchan	5
14 nov 1986	12-Cimi	6
15 nov 1986	13-Manik	7
16 nov 1986	**1-Lamat**	8
17 nov 1986	2-Muluc	9
18 nov 1986	3-Oc	1
19 nov 1986	4-Chuen	2
20 nov 1986	5-Eb	3
21 nov 1986	6-Ben	4
22 nov 1986	7-Ix	5
23 nov 1986	8-Men	6
24 nov 1986	9-Cib	7
25 nov 1986	10-Caban	8
26 nov 1986	11-Etz'nab	9
27 nov 1986	12-Cauac	1
28 nov 1986	13-Ahau	2
29 nov 1986	**1-Imix**	3
30 nov 1986	2-Ik	4
1 dic 1986	3-Akbal	5
2 dic 1986	4-Kan	6
3 dic 1986	5-Chicchan	7
4 dic 1986	6-Cimi	8
5 dic 1986	7-Manik	9
6 dic 1986	8-Lamat	1
7 dic 1986	9-Muluc	2
8 dic 1986	10-Oc	3
9 dic 1986	11-Chuen	4
10 dic 1986	12-Eb	5
11 dic 1986	13-Ben	6

Fecha	Signo del día	S	Fecha	Signo del día	S	Fecha	Signo del día	S
12 dic 1986	**1-Ix**	7	18 feb 1987	4-Ik	3	27 abr 1987	7-Oc	8
13 dic 1986	2-Men	8	19 feb 1987	5-Akbal	4	28 abr 1987	8-Chuen	9
14 dic 1986	3-Cib	9	20 feb 1987	6-Kan	5	29 abr 1987	9-Eb	1
15 dic 1986	4-Caban	1	21 feb 1987	7-Chicchan	6	30 abr 1987	10-Ben	2
16 dic 1986	5-Etz'nab	2	22 feb 1987	8-Cimi	7	1 may 1987	11-Ix	3
17 dic 1986	6-Cauac	3	23 feb 1987	9-Manik	8	2 may 1987	12-Men	4
18 dic 1986	7-Ahau	4	24 feb 1987	10-Lamat	9	3 may 1987	13-Cib	5
19 dic 1986	*8-Imix*	5	25 feb 1987	11-Muluc	1	4 may 1987	**1-Caban**	6
20 dic 1986	9-Ik	6	26 feb 1987	12-Oc	2	5 may 1987	2-Etz'nab	7
21 dic 1986	10-Akbal	7	27 feb 1987	13-Chuen	3	6 may 1987	3-Cauac	8
22 dic 1986	11-Kan	8	28 feb 1987	**1-Eb**	4	7 may 1987	4-Ahau	9
23 dic 1986	12-Chicchan	9	1 mar 1987	2-Ben	5	8 may 1987	*5-Imix*	1
24 dic 1986	13-Cimi	1	2 mar 1987	3-Ix	6	9 may 1987	6-Ik	2
25 dic 1986	**1-Manik**	2	3 mar 1987	4-Men	7	10 may 1987	7-Akbal	3
26 dic 1986	2-Lamat	3	4 mar 1987	5-Cib	8	11 may 1987	8-Kan	4
27 dic 1986	3-Muluc	4	5 mar 1987	6-Caban	9	12 may 1987	9-Chicchan	5
28 dic 1986	4-Oc	5	6 mar 1987	7-Etz'nab	1	13 may 1987	10-Cimi	6
29 dic 1986	5-Chuen	6	7 mar 1987	8-Cauac	2	14 may 1987	11-Manik	7
30 dic 1986	6-Eb	7	8 mar 1987	9-Ahau	3	15 may 1987	12-Lamat	8
31 dic 1986	7-Ben	8	9 mar 1987	*10-Imix*	4	16 may 1987	13-Muluc	9
1 ene 1987	8-Ix	9	10 mar 1987	11-Ik	5	17 may 1987	**1-Oc**	1
2 ene 1987	9-Men	1	11 mar 1987	12-Akbal	6	18 may 1987	2-Chuen	2
3 ene 1987	10-Cib	2	12 mar 1987	13-Kan	7	19 may 1987	3-Eb	3
4 ene 1987	11-Caban	3	13 mar 1987	**1-Chicchan**	8	20 may 1987	4-Ben	4
5 ene 1987	12-Etz'nab	4	14 mar 1987	2-Cimi	9	21 may 1987	5-Ix	5
6 ene 1987	13-Cauac	5	15 mar 1987	3-Manik	1	22 may 1987	6-Men	6
7 ene 1987	**1-Ahau**	6	16 mar 1987	4-Lamat	2	23 may 1987	7-Cib	7
8 ene 1987	*2-Imix*	7	17 mar 1987	5-Muluc	3	24 may 1987	8-Caban	8
9 ene 1987	3-Ik	8	18 mar 1987	6-Oc	4	25 may 1987	9-Etz'nab	9
10 ene 1987	4-Akbal	9	19 mar 1987	7-Chuen	5	26 may 1987	10-Cauac	1
11 ene 1987	5-Kan	1	20 mar 1987	8-Eb	6	27 may 1987	11-Ahau	2
12 ene 1987	6-Chicchan	2	21 mar 1987	9-Ben	7	28 may 1987	*12-Imix*	3
13 ene 1987	7-Cimi	3	22 mar 1987	10-Ix	8	29 may 1987	13-Ik	4
14 ene 1987	8-Manik	4	23 mar 1987	11-Men	9	30 may 1987	**1-Akbal**	5
15 ene 1987	9-Lamat	5	24 mar 1987	12-Cib	1	31 may 1987	2-Kan	6
16 ene 1987	10-Muluc	6	25 mar 1987	13-Caban	2	1 jun 1987	3-Chicchan	7
17 ene 1987	11-Oc	7	26 mar 1987	**1-Etz'nab**	3	2 jun 1987	4-Cimi	8
18 ene 1987	12-Chuen	8	27 mar 1987	2-Cauac	4	3 jun 1987	5-Manik	9
19 ene 1987	13-Eb	9	28 mar 1987	3-Ahau	5	4 jun 1987	6-Lamat	1
20 ene 1987	**1-Ben**	1	29 mar 1987	*4-Imix*	6	5 jun 1987	7-Muluc	2
21 ene 1987	2-Ix	2	30 mar 1987	5-Ik	7	6 jun 1987	8-Oc	3
22 ene 1987	3-Men	3	31 mar 1987	6-Akbal	8	7 jun 1987	9-Chuen	4
23 ene 1987	4-Cib	4	1 abr 1987	7-Kan	9	8 jun 1987	10-Eb	5
24 ene 1987	5-Caban	5	2 abr 1987	8-Chicchan	1	9 jun 1987	11-Ben	6
25 ene 1987	6-Etz'nab	6	3 abr 1987	9-Cimi	2	10 jun 1987	12-Ix	7
26 ene 1987	7-Cauac	7	4 abr 1987	10-Manik	3	11 jun 1987	13-Men	8
27 ene 1987	8-Ahau	8	5 abr 1987	11-Lamat	4	12 jun 1987	**1-Cib**	9
28 ene 1987	*9-Imix*	9	6 abr 1987	12-Muluc	5	13 jun 1987	2-Caban	1
29 ene 1987	10-Ik	1	7 abr 1987	13-Oc	6	14 jun 1987	3-Etz'nab	2
30 ene 1987	11-Akbal	2	8 abr 1987	**1-Chuen**	7	15 jun 1987	4-Cauac	3
31 ene 1987	12-Kan	3	9 abr 1987	2-Eb	8	16 jun 1987	5-Ahau	4
1 feb 1987	13-Chicchan	4	10 abr 1987	3-Ben	9	17 jun 1987	*6-Imix*	5
2 feb 1987	**1-Cimi**	5	11 abr 1987	4-Ix	1	18 jun 1987	7-Ik	6
3 feb 1987	2-Manik	6	12 abr 1987	5-Men	2	19 jun 1987	8-Akbal	7
4 feb 1987	3-Lamat	7	13 abr 1987	6-Cib	3	20 jun 1987	9-Kan	8
5 feb 1987	4-Muluc	8	14 abr 1987	7-Caban	4	21 jun 1987	10-Chicchan	9
6 feb 1987	5-Oc	9	15 abr 1987	8-Etz'nab	5	22 jun 1987	11-Cimi	1
7 feb 1987	6-Chuen	1	16 abr 1987	9-Cauac	6	23 jun 1987	12-Manik	2
8 feb 1987	7-Eb	2	17 abr 1987	10-Ahau	7	24 jun 1987	13-Lamat	3
9 feb 1987	8-Ben	3	18 abr 1987	*11-Imix*	8	25 jun 1987	**1-Muluc**	4
10 feb 1987	9-Ix	4	19 abr 1987	12-Ik	9	26 jun 1987	2-Oc	5
11 feb 1987	10-Men	5	20 abr 1987	13-Akbal	1	27 jun 1987	3-Chuen	6
12 feb 1987	11-Cib	6	21 abr 1987	**1-Kan**	2	28 jun 1987	4-Eb	7
13 feb 1987	12-Caban	7	22 abr 1987	2-Chicchan	3	29 jun 1987	5-Ben	8
14 feb 1987	13-Etz'nab	8	23 abr 1987	3-Cimi	4	30 jun 1987	6-Ix	9
15 feb 1987	**1-Cauac**	9	24 abr 1987	4-Manik	5	1 jul 1987	7-Men	1
16 feb 1987	2-Ahau	1	25 abr 1987	5-Lamat	6	2 jul 1987	8-Cib	2
17 feb 1987	*3-Imix*	2	26 abr 1987	6-Muluc	7	3 jul 1987	9-Caban	3

Fecha	Signo del día	S
4 jul 1987	10-Etz'nab	4
5 jul 1987	11-Cauac	5
6 jul 1987	12-Ahau	6
7 jul 1987	*13-Imix*	7
8 jul 1987	**1-Ik**	8
9 jul 1987	2-Akbal	9
10 jul 1987	3-Kan	1
11 jul 1987	4-Chicchan	2
12 jul 1987	5-Cimi	3
13 jul 1987	6-Manik	4
14 jul 1987	7-Lamat	5
15 jul 1987	8-Muluc	6
16 jul 1987	9-Oc	7
17 jul 1987	10-Chuen	8
18 jul 1987	11-Eb	9
19 jul 1987	12-Ben	1
20 jul 1987	13-Ix	2
21 jul 1987	**1-Men**	3
22 jul 1987	2-Cib	4
23 jul 1987	3-Caban	5
24 jul 1987	4-Etz'nab	6
25 jul 1987	5-Cauac	7
26 jul 1987	6-Ahau	8
27 jul 1987	*7-Imix*	9
28 jul 1987	8-Ik	1
29 jul 1987	9-Akbal	2
30 jul 1987	10-Kan	3
31 jul 1987	11-Chicchan	4
1 ago 1987	12-Cimi	5
2 ago 1987	13-Manik	6
3 ago 1987	**1-Lamat**	7
4 ago 1987	2-Muluc	8
5 ago 1987	3-Oc	9
6 ago 1987	4-Chuen	1
7 ago 1987	5-Eb	2
8 ago 1987	6-Ben	3
9 ago 1987	7-Ix	4
10 ago 1987	8-Men	5
11 ago 1987	9-Cib	6
12 ago 1987	10-Caban	7
13 ago 1987	11-Etz'nab	8
14 ago 1987	12-Cauac	9
15 ago 1987	13-Ahau	1
16 ago 1987	**1-Imix**	2
17 ago 1987	2-Ik	3
18 ago 1987	3-Akbal	4
19 ago 1987	4-Kan	5
20 ago 1987	5-Chicchan	6
21 ago 1987	6-Cimi	7
22 ago 1987	7-Manik	8
23 ago 1987	8-Lamat	9
24 ago 1987	9 Muluc	1
25 ago 1987	10-Oc	2
26 ago 1987	11-Chuen	3
27 ago 1987	12-Eb	4
28 ago 1987	13-Ben	5
29 ago 1987	**1-Ix**	6
30 ago 1987	2-Men	7
31 ago 1987	3-Cib	8
1 sep 1987	4-Caban	9
2 sep 1987	5-Etz'nab	1
3 sep 1987	6-Cauac	2
4 sep 1987	7-Ahau	3
5 sep 1987	*8-Imix*	4
6 sep 1987	9-Ik	5
7 sep 1987	10-Akbal	6
8 sep 1987	11-Kan	7
9 sep 1987	12-Chicchan	8

Fecha	Signo del día	S
10 sep 1987	13-Cimi	9
11 sep 1987	**1-Manik**	1
12 sep 1987	2-Lamat	2
13 sep 1987	3-Muluc	3
14 sep 1987	4-Oc	4
15 sep 1987	5-Chuen	5
16 sep 1987	6-Eb	6
17 sep 1987	7-Ben	7
18 sep 1987	8-Ix	8
19 sep 1987	9-Men	9
20 sep 1987	10-Cib	1
21 sep 1987	11-Caban	2
22 sep 1987	12-Etz'nab	3
23 sep 1987	13-Cauac	4
24 sep 1987	**1-Ahau**	5
25 sep 1987	*2-Imix*	6
26 sep 1987	3-Ik	7
27 sep 1987	4-Akbal	8
28 sep 1987	5-Kan	9
29 sep 1987	6-Chicchan	1
30 sep 1987	7-Cimi	2
1 oct 1987	8-Manik	3
2 oct 1987	9-Lamat	4
3 oct 1987	10-Muluc	5
4 oct 1987	11-Oc	6
5 oct 1987	12-Chuen	7
6 oct 1987	13-Eb	8
7 oct 1987	**1-Ben**	9
8 oct 1987	2-Ix	1
9 oct 1987	3-Men	2
10 oct 1987	4-Cib	3
11 oct 1987	5-Caban	4
12 oct 1987	6-Etz'nab	5
13 oct 1987	7-Cauac	6
14 oct 1987	8-Ahau	7
15 oct 1987	*9-Imix*	8
16 oct 1987	10-Ik	9
17 oct 1987	11-Akbal	1
18 oct 1987	12-Kan	2
19 oct 1987	13-Chicchan	3
20 oct 1987	**1-Cimi**	4
21 oct 1987	2-Manik	5
22 oct 1987	3-Lamat	6
23 oct 1987	4-Muluc	7
24 oct 1987	5-Oc	8
25 oct 1987	6-Chuen	9
26 oct 1987	7-Eb	1
27 oct 1987	8-Ben	2
28 oct 1987	9-Ix	3
29 oct 1987	10-Men	4
30 oct 1987	11-Cib	5
31 oct 1987	12-Caban	6
1 nov 1987	13-Etz'nab	7
2 nov 1987	**1-Cauac**	8
3 nov 1987	2-Ahau	9
4 nov 1987	*3-Imix*	1
5 nov 1987	4-Ik	2
6 nov 1987	5-Akbal	3
7 nov 1987	6-Kan	4
8 nov 1987	7-Chicchan	5
9 nov 1987	8-Cimi	6
10 nov 1987	9-Manik	7
11 nov 1987	10-Lamat	8
12 nov 1987	11-Muluc	9
13 nov 1987	12-Oc	1
14 nov 1987	13-Chuen	2
15 nov 1987	**1-Eb**	3
16 nov 1987	2-Ben	4

Fecha	Signo del día	S
17 nov 1987	3-Ix	5
18 nov 1987	4-Men	6
19 nov 1987	5-Cib	7
20 nov 1987	6-Caban	8
21 nov 1987	7-Etz'nab	9
22 nov 1987	8-Cauac	1
23 nov 1987	9-Ahau	2
24 nov 1987	*10-Imix*	3
25 nov 1987	11-Ik	4
26 nov 1987	12-Akbal	5
27 nov 1987	13-Kan	6
28 nov 1987	**1-Chicchan**	7
29 nov 1987	2-Cimi	8
30 nov 1987	3-Manik	9
1 dic 1987	4-Lamat	1
2 dic 1987	5-Muluc	2
3 dic 1987	6-Oc	3
4 dic 1987	7-Chuen	4
5 dic 1987	8-Eb	5
6 dic 1987	9-Ben	6
7 dic 1987	10-Ix	7
8 dic 1987	11-Men	8
9 dic 1987	12-Cib	9
10 dic 1987	13-Caban	1
11 dic 1987	**1-Etz'nab**	2
12 dic 1987	2-Cauac	3
13 dic 1987	3-Ahau	4
14 dic 1987	*4-Imix*	5
15 dic 1987	5-Ik	6
16 dic 1987	6-Akbal	7
17 dic 1987	7-Kan	8
18 dic 1987	8-Chicchan	9
19 dic 1987	9-Cimi	1
20 dic 1987	10-Manik	2
21 dic 1987	11-Lamat	3
22 dic 1987	12-Muluc	4
23 dic 1987	13-Oc	5
24 dic 1987	**1-Chuen**	6
25 dic 1987	2-Eb	7
26 dic 1987	3-Ben	8
27 dic 1987	4-Ix	9
28 dic 1987	5-Men	1
29 dic 1987	6-Cib	2
30 dic 1987	7-Caban	3
31 dic 1987	8-Etz'nab	4
1 ene 1988	9-Cauac	5
2 ene 1988	10-Ahau	6
3 ene 1988	*11-Imix*	7
4 ene 1988	12-Ik	8
5 ene 1988	13-Akbal	9
6 ene 1988	**1-Kan**	1
7 ene 1988	2-Chicchan	2
8 ene 1988	3-Cimi	3
9 ene 1988	4-Manik	4
10 ene 1988	5-Lamat	5
11 ene 1988	6-Muluc	6
12 ene 1988	7-Oc	7
13 ene 1988	8-Chuen	8
14 ene 1988	9-Eb	9
15 ene 1988	10-Ben	1
16 ene 1988	11-Ix	2
17 ene 1988	12-Men	3
18 ene 1988	13-Cib	4
19 ene 1988	**1-Caban**	5
20 ene 1988	2-Etz'nab	6
21 ene 1988	3-Cauac	7
22 ene 1988	4-Ahau	8
23 ene 1988	*5-Imix*	9

Fecha	Signo del día	S	Fecha	Signo del día	S	Fecha	Signo del día	S
24 ene 1988	6-Ik	1	1 abr 1988	9-Oc	6	8 jun 1988	12-Etz'nab	2
25 ene 1988	7-Akbal	2	2 abr 1988	10-Chuen	7	9 jun 1988	13-Cauac	3
26 ene 1988	8-Kan	3	3 abr 1988	11-Eb	8	10 jun 1988	**1-Ahau**	4
27 ene 1988	9-Chicchan	4	4 abr 1988	12-Ben	9	11 jun 1988	*2-Imix*	5
28 ene 1988	10-Cimi	5	5 abr 1988	13-Ix	1	12 jun 1988	3-Ik	6
29 ene 1988	11-Manik	6	6 abr 1988	**1-Men**	2	13 jun 1988	4-Akbal	7
30 ene 1988	12-Lamat	7	7 abr 1988	2-Cib	3	14 jun 1988	5-Kan	8
31 ene 1988	13-Muluc	8	8 abr 1988	3-Caban	4	15 jun 1988	6-Chicchan	9
1 feb 1988	**1-Oc**	9	9 abr 1988	4-Etz'nab	5	16 jun 1988	7-Cimi	1
2 feb 1988	2-Chuen	1	10 abr 1988	5-Cauac	6	17 jun 1988	8-Manik	2
3 feb 1988	3-Eb	2	11 abr 1988	6-Ahau	7	18 jun 1988	9-Lamat	3
4 feb 1988	4-Ben	3	12 abr 1988	*7-Imix*	8	19 jun 1988	10-Muluc	4
5 feb 1988	5-Ix	4	13 abr 1988	8-Ik	9	20 jun 1988	11-Oc	5
6 feb 1988	6-Men	5	14 abr 1988	9-Akbal	1	21 jun 1988	12-Chuen	6
7 feb 1988	7-Cib	6	15 abr 1988	10-Kan	2	22 jun 1988	13-Eb	7
8 feb 1988	8-Caban	7	16 abr 1988	11-Chicchan	3	23 jun 1988	**1-Ben**	8
9 feb 1988	9-Etz'nab	8	17 abr 1988	12-Cimi	4	24 jun 1988	2-Ix	9
10 feb 1988	10-Cauac	9	18 abr 1988	13-Manik	5	25 jun 1988	3-Men	1
11 feb 1988	11-Ahau	1	19 abr 1988	**1-Lamat**	6	26 jun 1988	4-Cib	2
12 feb 1988	*12-Imix*	2	20 abr 1988	2-Muluc	7	27 jun 1988	5-Caban	3
13 feb 1988	13-Ik	3	21 abr 1988	3-Oc	8	28 jun 1988	6-Etz'nab	4
14 feb 1988	**1-Akbal**	4	22 abr 1988	4-Chuen	9	29 jun 1988	7-Cauac	5
15 feb 1988	2-Kan	5	23 abr 1988	5-Eb	1	30 jun 1988	8-Ahau	6
16 feb 1988	3-Chicchan	6	24 abr 1988	6-Ben	2	1 jul 1988	*9-Imix*	7
17 feb 1988	4-Cimi	7	25 abr 1988	7-Ix	3	2 jul 1988	10-Ik	8
18 feb 1988	5-Manik	8	26 abr 1988	8-Men	4	3 jul 1988	11-Akbal	9
19 feb 1988	6-Lamat	9	27 abr 1988	9-Cib	5	4 jul 1988	12-Kan	1
20 feb 1988	7-Muluc	1	28 abr 1988	10-Caban	6	5 jul 1988	13-Chicchan	2
21 feb 1988	8-Oc	2	29 abr 1988	11-Etz'nab	7	6 jul 1988	**1-Cimi**	3
22 feb 1988	9-Chuen	3	30 abr 1988	12-Cauac	8	7 jul 1988	2-Manik	4
23 feb 1988	10-Eb	4	1 may 1988	13-Ahau	9	8 jul 1988	3-Lamat	5
24 feb 1988	11-Ben	5	2 may 1988	**1-Imix**	1	9 jul 1988	4-Muluc	6
25 feb 1988	12-Ix	6	3 may 1988	2-Ik	2	10 jul 1988	5-Oc	7
26 feb 1988	13-Men	7	4 may 1988	3-Akbal	3	11 jul 1988	6-Chuen	8
27 feb 1988	**1-Cib**	8	5 may 1988	4-Kan	4	12 jul 1988	7-Eb	9
28 feb 1988	2-Caban	9	6 may 1988	5-Chicchan	5	13 jul 1988	8-Ben	1
29 feb 1988	3-Etz'nab	1	7 may 1988	6-Cimi	6	14 jul 1988	9-Ix	2
1 mar 1988	4-Cauac	2	8 may 1988	7-Manik	7	15 jul 1988	10-Men	3
2 mar 1988	5-Ahau	3	9 may 1988	8-Lamat	8	16 jul 1988	11-Cib	4
3 mar 1988	*6-Imix*	4	10 may 1988	9-Muluc	9	17 jul 1988	12-Caban	5
4 mar 1988	7-Ik	5	11 may 1988	10-Oc	1	18 jul 1988	13-Etz'nab	6
5 mar 1988	8-Akbal	6	12 may 1988	11-Chuen	2	19 jul 1988	**1-Cauac**	7
6 mar 1988	9-Kan	7	13 may 1988	12-Eb	3	20 jul 1988	2-Ahau	8
7 mar 1988	10-Chicchan	8	14 may 1988	13-Ben	4	21 jul 1988	*3-Imix*	9
8 mar 1988	11-Cimi	9	15 may 1988	**1-Ix**	5	22 jul 1988	4-Ik	1
9 mar 1988	12-Manik	1	16 may 1988	2-Men	6	23 jul 1988	5-Akbal	2
10 mar 1988	13-Lamat	2	17 may 1988	3-Cib	7	24 jul 1988	6-Kan	3
11 mar 1988	**1-Muluc**	3	18 may 1988	4-Caban	8	25 jul 1988	7-Chicchan	4
12 mar 1988	2-Oc	4	19 may 1988	5-Etz'nab	9	26 jul 1988	8-Cimi	5
13 mar 1988	3-Chuen	5	20 may 1988	6-Cauac	1	27 jul 1988	9-Manik	6
14 mar 1988	4-Eb	6	21 may 1988	7-Ahau	2	28 jul 1988	10-Lamat	7
15 mar 1988	5-Ben	7	22 may 1988	*8-Imix*	3	29 jul 1988	11-Muluc	8
16 mar 1988	6-Ix	8	23 may 1988	9-Ik	4	30 jul 1988	12-Oc	9
17 mar 1988	7-Men	9	24 may 1988	10-Akbal	5	31 jul 1988	13-Chuen	1
18 mar 1988	8-Cib	1	25 may 1988	11-Kan	6	1 ago 1988	**1-Eb**	2
19 mar 1988	9-Caban	2	26 may 1988	12-Chicchan	7	2 ago 1988	2-Ben	3
20 mar 1988	10-Etz'nab	3	27 may 1988	13-Cib	8	3 ago 1988	3-Ix	4
21 mar 1988	11-Cauac	4	28 may 1988	**1-Manik**	9	4 ago 1988	4-Men	5
22 mar 1988	12-Ahau	5	29 may 1988	2-Lamat	1	5 ago 1988	5-Cib	6
23 mar 1988	*13-Imix*	6	30 may 1988	3-Muluc	2	6 ago 1988	6-Caban	7
24 mar 1988	**1-Ik**	7	31 may 1988	4-Oc	3	7 ago 1988	7-Etz'nab	8
25 mar 1988	2-Akbal	8	1 jun 1988	5-Chuen	4	8 ago 1988	8-Cauac	9
26 mar 1988	3-Kan	9	2 jun 1988	6-Eb	5	9 ago 1988	9-Ahau	1
27 mar 1988	4-Chicchan	1	3 jun 1988	7-Ben	6	10 ago 1988	*10-Imix*	2
28 mar 1988	5-Cimi	2	4 jun 1988	8-Ix	7	11 ago 1988	11-Ik	3
29 mar 1988	6-Manik	3	5 jun 1988	9-Men	8	12 ago 1988	12-Akbal	4
30 mar 1988	7-Lamat	4	6 jun 1988	10-Cib	9	13 ago 1988	13-Kan	5
31 mar 1988	8-Muluc	5	7 jun 1988	11-Caban	1	14 ago 1988	**1-Chicchan**	6

Fecha	Signo del día	S
15 ago 1988	2-Cimi	7
16 ago 1988	3-Manik	8
17 ago 1988	4-Lamat	9
18 ago 1988	5-Muluc	1
19 ago 1988	6-Oc	2
20 ago 1988	7-Chuen	3
21 ago 1988	8-Eb	4
22 ago 1988	9-Ben	5
23 ago 1988	10-Ix	6
24 ago 1988	11-Men	7
25 ago 1988	12-Cib	8
26 ago 1988	13-Caban	9
27 ago 1988	**1-Etz'nab**	1
28 ago 1988	2-Cauac	2
29 ago 1988	3-Ahau	3
30 ago 1988	*4-Imix*	4
31 ago 1988	5-Ik	5
1 sep 1988	6-Akbal	6
2 sep 1988	7-Kan	7
3 sep 1988	8-Chicchan	8
4 sep 1988	9-Cimi	9
5 sep 1988	10-Manik	1
6 sep 1988	11-Lamat	2
7 sep 1988	12-Muluc	3
8 sep 1988	13-Oc	4
9 sep 1988	**1-Chuen**	5
10 sep 1988	2-Eb	6
11 sep 1988	3-Ben	7
12 sep 1988	4-Ix	8
13 sep 1988	5-Men	9
14 sep 1988	6-Cib	1
15 sep 1988	7-Caban	2
16 sep 1988	8-Etz'nab	3
17 sep 1988	9-Cauac	4
18 sep 1988	10-Ahau	5
19 sep 1988	*11-Imix*	6
20 sep 1988	12-Ik	7
21 sep 1988	13-Akbal	8
22 sep 1988	**1-Kan**	9
23 sep 1988	2-Chicchan	1
24 sep 1988	3-Cimi	2
25 sep 1988	4-Manik	3
26 sep 1988	5-Lamat	4
27 sep 1988	6-Muluc	5
28 sep 1988	7-Oc	6
29 sep 1988	8-Chuen	7
30 sep 1988	9-Eb	8
1 oct 1988	10-Ben	9
2 oct 1988	11-Ix	1
3 oct 1988	12-Men	2
4 oct 1988	13-Cib	3
5 oct 1988	**1-Caban**	4
6 oct 1988	2-Etz'nab	5
7 oct 1988	3-Cauac	6
8 oct 1988	4-Ahau	7
9 oct 1988	*5-Imix*	8
10 oct 1988	6-Ik	9
11 oct 1988	7-Akbal	1
12 oct 1988	8-Kan	2
13 oct 1988	9-Chicchan	3
14 oct 1988	10-Cimi	4
15 oct 1988	11-Manik	5
16 oct 1988	12-Lamat	6
17 oct 1988	13-Muluc	7
18 oct 1988	**1-Oc**	8
19 oct 1988	2-Chuen	9
20 oct 1988	3-Eb	1
21 oct 1988	4-Ben	2

Fecha	Signo del día	S
22 oct 1988	5-Ix	3
23 oct 1988	6-Men	4
24 oct 1988	7-Cib	5
25 oct 1988	8-Caban	6
26 oct 1988	9-Etz'nab	7
27 oct 1988	10-Cauac	8
28 oct 1988	11-Ahau	9
29 oct 1988	*12-Imix*	1
30 oct 1988	13-Ik	2
31 oct 1988	**1-Akbal**	3
1 nov 1988	2-Kan	4
2 nov 1988	3-Chicchan	5
3 nov 1988	4-Cimi	6
4 nov 1988	5-Manik	7
5 nov 1988	6-Lamat	8
6 nov 1988	7-Muluc	9
7 nov 1988	8-Oc	1
8 nov 1988	9-Chuen	2
9 nov 1988	10-Eb	3
10 nov 1988	11-Ben	4
11 nov 1988	12-Ix	5
12 nov 1988	13-Men	6
13 nov 1988	**1-Cib**	7
14 nov 1988	2-Caban	8
15 nov 1988	3-Etz'nab	9
16 nov 1988	4-Cauac	1
17 nov 1988	5-Ahau	2
18 nov 1988	*6-Imix*	3
19 nov 1988	7-Ik	4
20 nov 1988	8-Akbal	5
21 nov 1988	9-Kan	6
22 nov 1988	10-Chicchan	7
23 nov 1988	11-Cimi	8
24 nov 1988	12-Manik	9
25 nov 1988	13-Lamat	1
26 nov 1988	**1-Muluc**	2
27 nov 1988	2-Oc	3
28 nov 1988	3-Chuen	4
29 nov 1988	4-Eb	5
30 nov 1988	5-Ben	6
1 dic 1988	6-Ix	7
2 dic 1988	7-Men	8
3 dic 1988	8-Cib	9
4 dic 1988	9-Caban	1
5 dic 1988	10-Etz'nab	2
6 dic 1988	11-Cauac	3
7 dic 1988	12-Ahau	4
8 dic 1988	*13-Imix*	5
9 dic 1988	**1-Ik**	6
10 dic 1988	2-Akbal	7
11 dic 1988	3-Kan	8
12 dic 1988	4-Chicchan	9
13 dic 1988	5-Cimi	1
14 dic 1988	6-Manik	2
15 dic 1988	7-Lamat	3
16 dic 1988	8-Muluc	4
17 dic 1988	9-Oc	5
18 dic 1988	10-Chuen	6
19 dic 1988	11-Eb	7
20 dic 1988	12-Ben	8
21 dic 1988	13-Ix	9
22 dic 1988	**1-Men**	1
23 dic 1988	2-Cib	2
24 dic 1988	3-Caban	3
25 dic 1988	4-Etz'nab	4
26 dic 1988	5-Cauac	5
27 dic 1988	6-Ahau	6
28 dic 1988	*7-Imix*	7

Fecha	Signo del día	S
29 dic 1988	8-Ik	8
30 dic 1988	9-Akbal	9
31 dic 1988	10-Kan	1
1 ene 1989	11-Chicchan	2
2 ene 1989	12-Cimi	3
3 ene 1989	13-Manik	4
4 ene 1989	**1-Lamat**	5
5 ene 1989	2-Muluc	6
6 ene 1989	3-Oc	7
7 ene 1989	4-Chuen	8
8 ene 1989	5-Eb	9
9 ene 1989	6-Ben	1
10 ene 1989	7-Ix	2
11 ene 1989	8-Men	3
12 ene 1989	9-Cib	4
13 ene 1989	10-Caban	5
14 ene 1989	11-Etz'nab	6
15 ene 1989	12-Cauac	7
16 ene 1989	13-Ahau	8
17 ene 1989	**1-Imix**	9
18 ene 1989	2-Ik	1
19 ene 1989	3-Akbal	2
20 ene 1989	4-Kan	3
21 ene 1989	5-Chicchan	4
22 ene 1989	6-Cimi	5
23 ene 1989	7-Manik	6
24 ene 1989	8-Lamat	7
25 ene 1989	9-Muluc	8
26 ene 1989	10-Oc	9
27 ene 1989	11-Chuen	1
28 ene 1989	12-Eb	2
29 ene 1989	13-Ben	3
30 ene 1989	**1-Ix**	4
31 ene 1989	2-Men	5
1 feb 1989	3-Cib	6
2 feb 1989	4-Caban	7
3 feb 1989	5-Etz'nab	8
4 feb 1989	6-Cauac	9
5 feb 1989	7-Ahau	1
6 feb 1989	*8-Imix*	2
7 feb 1989	9-Ik	3
8 feb 1989	10-Akbal	4
9 feb 1989	11-Kan	5
10 feb 1989	12-Chicchan	6
11 feb 1989	13-Cimi	7
12 feb 1989	**1-Manik**	8
13 feb 1989	2-Lamat	9
14 feb 1989	3-Muluc	1
15 feb 1989	4-Oc	2
16 feb 1989	5-Chuen	3
17 feb 1989	6-Eb	4
18 feb 1989	7-Ben	5
19 feb 1989	8-Ix	6
20 feb 1989	9-Men	7
21 feb 1989	10-Cib	8
22 feb 1989	11-Caban	9
23 feb 1989	12-Etz'nab	1
24 feb 1989	13-Cauac	2
25 feb 1989	**1-Ahau**	3
26 feb 1989	*2-Imix*	4
27 feb 1989	3-Ik	5
28 feb 1989	4-Akbal	6
1 mar 1989	5-Kan	7
2 mar 1989	6-Chicchan	8
3 mar 1989	7-Cimi	9
4 mar 1989	8-Manik	1
5 mar 1989	9-Lamat	2
6 mar 1989	10-Muluc	3

Fecha	Signo del día	S
7 mar 1989	11-Oc	4
8 mar 1989	12-Chuen	5
9 mar 1989	13-Eb	6
10 mar 1989	**1-Ben**	7
11 mar 1989	2-Ix	8
12 mar 1989	3-Men	9
13 mar 1989	4-Cib	1
14 mar 1989	5-Caban	2
15 mar 1989	6-Etz'nab	3
16 mar 1989	7-Cauac	4
17 mar 1989	8-Ahau	5
18 mar 1989	*9-Imix*	6
19 mar 1989	10-Ik	7
20 mar 1989	11-Akbal	8
21 mar 1989	12-Kan	9
22 mar 1989	13-Chicchan	1
23 mar 1989	**1-Cimi**	2
24 mar 1989	2-Manik	3
25 mar 1989	3-Lamat	4
26 mar 1989	4-Muluc	5
27 mar 1989	5-Oc	6
28 mar 1989	6-Chuen	7
29 mar 1989	7-Eb	8
30 mar 1989	8-Ben	9
31 mar 1989	9-Ix	1
1 abr 1989	10-Men	2
2 abr 1989	11-Cib	3
3 abr 1989	12-Caban	4
4 abr 1989	13-Etz'nab	5
5 abr 1989	**1-Cauac**	6
6 abr 1989	2-Ahau	7
7 abr 1989	*3-Imix*	8
8 abr 1989	4-Ik	9
9 abr 1989	5-Akbal	1
10 abr 1989	6-Kan	2
11 abr 1989	7-Chicchan	3
12 abr 1989	8-Cimi	4
13 abr 1989	9-Manik	5
14 abr 1989	10-Lamat	6
15 abr 1989	11-Muluc	7
16 abr 1989	12-Oc	8
17 abr 1989	13-Chuen	9
18 abr 1989	**1-Eb**	1
19 abr 1989	2-Ben	2
20 abr 1989	3-Ix	3
21 abr 1989	4-Men	4
22 abr 1989	5-Cib	5
23 abr 1989	6-Caban	6
24 abr 1989	7-Etz'nab	7
25 abr 1989	8-Cauac	8
26 abr 1989	9-Ahau	9
27 abr 1989	*10-Imix*	1
28 abr 1989	11-Ik	2
29 abr 1989	12-Akbal	3
30 abr 1989	13-Kan	4
1 may 1989	**1-Chicchan**	5
2 may 1989	2-Cimi	6
3 may 1989	3-Manik	7
4 may 1989	4-Lamat	8
5 may 1989	5-Muluc	9
6 may 1989	6-Oc	1
7 may 1989	7-Chuen	2
8 may 1989	8-Eb	3
9 may 1989	9-Ben	4
10 may 1989	10-Ix	5
11 may 1989	11-Men	6
12 may 1989	12-Cib	7
13 may 1989	13-Caban	8

Fecha	Signo del día	S
14 may 1989	**1-Etz'nab**	9
15 may 1989	2-Cauac	1
16 may 1989	3-Ahau	2
17 may 1989	*4-Imix*	3
18 may 1989	5-Ik	4
19 may 1989	6-Akbal	5
20 may 1989	7-Kan	6
21 may 1989	8-Chicchan	7
22 may 1989	9-Cimi	8
23 may 1989	10-Manik	9
24 may 1989	11-Lamat	1
25 may 1989	12-Muluc	2
26 may 1989	13-Oc	3
27 may 1989	**1-Chuen**	4
28 may 1989	2-Eb	5
29 may 1989	3-Ben	6
30 may 1989	4-Ix	7
31 may 1989	5-Men	8
1 jun 1989	6-Cib	9
2 jun 1989	7-Caban	1
3 jun 1989	8-Etz'nab	2
4 jun 1989	9-Cauac	3
5 jun 1989	10-Ahau	4
6 jun 1989	*11-Imix*	5
7 jun 1989	12-Ik	6
8 jun 1989	13-Akbal	7
9 jun 1989	**1-Kan**	8
10 jun 1989	2-Chicchan	9
11 jun 1989	3-Cimi	1
12 jun 1989	4-Manik	2
13 jun 1989	5-Lamat	3
14 jun 1989	6-Muluc	4
15 jun 1989	7-Oc	5
16 jun 1989	8-Chuen	6
17 jun 1989	9-Eb	7
18 jun 1989	10-Ben	8
19 jun 1989	11-Ix	9
20 jun 1989	12-Men	1
21 jun 1989	13-Cib	2
22 jun 1989	**1-Caban**	3
23 jun 1989	2-Etz'nab	4
24 jun 1989	3-Cauac	5
25 jun 1989	4-Ahau	6
26 jun 1989	*5-Imix*	7
27 jun 1989	6-Ik	8
28 jun 1989	7-Akbal	9
29 jun 1989	8-Kan	1
30 jun 1989	9-Chicchan	2
1 jul 1989	10-Cimi	3
2 jul 1989	11-Manik	4
3 jul 1989	12-Lamat	5
4 jul 1989	13-Muluc	6
5 jul 1989	**1-Oc**	7
6 jul 1989	2-Chuen	8
7 jul 1989	3-Eb	9
8 jul 1989	4-Ben	1
9 jul 1989	5-Ix	2
10 jul 1989	6-Men	3
11 jul 1989	7-Cib	4
12 jul 1989	8-Caban	5
13 jul 1989	9-Etz'nab	6
14 jul 1989	10-Cauac	7
15 jul 1989	11-Ahau	8
16 jul 1989	*12-Imix*	9
17 jul 1989	13-Ik	1
18 jul 1989	**1-Akbal**	2
19 jul 1989	2-Kan	3
20 jul 1989	3-Chicchan	4

Fecha	Signo del día	S
21 jul 1989	4-Cimi	5
22 jul 1989	5-Manik	6
23 jul 1989	6-Lamat	7
24 jul 1989	7-Muluc	8
25 jul 1989	8-Oc	9
26 jul 1989	9-Chuen	1
27 jul 1989	10-Eb	2
28 jul 1989	11-Ben	3
29 jul 1989	12-Ix	4
30 jul 1989	13-Men	5
31 jul 1989	**1-Cib**	6
1 ago 1989	2-Caban	7
2 ago 1989	3-Etz'nab	8
3 ago 1989	4-Cauac	9
4 ago 1989	5-Ahau	1
5 ago 1989	*6-Imix*	2
6 ago 1989	7-Ik	3
7 ago 1989	8-Akbal	4
8 ago 1989	9-Kan	5
9 ago 1989	10-Chicchan	6
10 ago 1989	11-Cimi	7
11 ago 1989	12-Manik	8
12 ago 1989	13-Lamat	9
13 ago 1989	**1-Muluc**	1
14 ago 1989	2-Oc	2
15 ago 1989	3-Chuen	3
16 ago 1989	4-Eb	4
17 ago 1989	5-Ben	5
18 ago 1989	6-Ix	6
19 ago 1989	7-Men	7
20 ago 1989	8-Cib	8
21 ago 1989	9-Caban	9
22 ago 1989	10-Etz'nab	1
23 ago 1989	11-Cauac	2
24 ago 1989	12-Ahau	3
25 ago 1989	*13-Imix*	4
26 ago 1989	**1-Ik**	5
27 ago 1989	2-Akbal	6
28 ago 1989	3-Kan	7
29 ago 1989	4-Chicchan	8
30 ago 1989	5-Cimi	9
31 ago 1989	6-Manik	1
1 sep 1989	7-Lamat	2
2 sep 1989	8-Muluc	3
3 sep 1989	9-Oc	4
4 sep 1989	10-Chuen	5
5 sep 1989	11-Eb	6
6 sep 1989	12-Ben	7
7 sep 1989	13-Ix	8
8 sep 1989	**1-Men**	9
9 sep 1989	2-Cib	1
10 sep 1989	3-Caban	2
11 sep 1989	4-Etz'nab	3
12 sep 1989	5-Cauac	4
13 sep 1989	6-Ahau	5
14 sep 1989	*7-Imix*	6
15 sep 1989	8-Ik	7
16 sep 1989	9-Akbal	8
17 sep 1989	10-Kan	9
18 sep 1989	11-Chicchan	1
19 sep 1989	12-Cimi	2
20 sep 1989	13-Manik	3
21 sep 1989	**1-Lamat**	4
22 sep 1989	2-Muluc	5
23 sep 1989	3-Oc	6
24 sep 1989	4-Chuen	7
25 sep 1989	5-Eb	8
26 sep 1989	6-Ben	9

Fecha	Signo del día	S	Fecha	Signo del día	S	Fecha	Signo del día	S
27 sep 1989	7-Ix	1	4 dic 1989	10-Ik	6	10 feb 1990	13-Oc	2
28 sep 1989	8-Men	2	5 dic 1989	11-Akbal	7	11 feb 1990	**1-Chuen**	3
29 sep 1989	9-Cib	3	6 dic 1989	12-Kan	8	12 feb 1990	2-Eb	4
30 sep 1989	10-Caban	4	7 dic 1989	13-Chicchan	9	13 feb 1990	3-Ben	5
1 oct 1989	11-Etz'nab	5	8 dic 1989	**1-Cimi**	1	14 feb 1990	4-Ix	6
2 oct 1989	12-Cauac	6	9 dic 1989	2-Manik	2	15 feb 1990	5-Men	7
3 oct 1989	13-Ahau	7	10 dic 1989	3-Lamat	3	16 feb 1990	6-Cib	8
4 oct 1989	**1-Imix**	8	11 dic 1989	4-Muluc	4	17 feb 1990	7-Caban	9
5 oct 1989	2-Ik	9	12 dic 1989	5-Oc	5	18 feb 1990	8-Etz'nab	1
6 oct 1989	3-Akbal	1	13 dic 1989	6-Chuen	6	19 feb 1990	9-Cauac	2
7 oct 1989	4-Kan	2	14 dic 1989	7-Eb	7	20 feb 1990	10-Ahau	3
8 oct 1989	5-Chicchan	3	15 dic 1989	8-Ben	8	21 feb 1990	*11-Imix*	4
9 oct 1989	6-Cimi	4	16 dic 1989	9-Ix	9	22 feb 1990	12-Ik	5
10 oct 1989	7-Manik	5	17 dic 1989	10-Men	1	23 feb 1990	13-Akbal	6
11 oct 1989	8-Lamat	6	18 dic 1989	11-Cib	2	24 feb 1990	**1-Kan**	7
12 oct 1989	9-Muluc	7	19 dic 1989	12-Caban	3	25 feb 1990	2-Chicchan	8
13 oct 1989	10-Oc	8	20 dic 1989	13-Etz'nab	4	26 feb 1990	3-Cimi	9
14 oct 1989	11-Chuen	9	21 dic 1989	**1-Cauac**	5	27 feb 1990	4-Manik	1
15 oct 1989	12-Eb	1	22 dic 1989	2-Ahau	6	28 feb 1990	5-Lamat	2
16 oct 1989	13-Ben	2	23 dic 1989	*3-Imix*	7	1 mar 1990	6-Muluc	3
17 oct 1989	**1-Ix**	3	24 dic 1989	4-Ik	8	2 mar 1990	7-Oc	4
18 oct 1989	2-Men	4	25 dic 1989	5-Akbal	9	3 mar 1990	8-Chuen	5
19 oct 1989	3-Cib	5	26 dic 1989	6-Kan	1	4 mar 1990	9-Eb	6
20 oct 1989	4-Caban	6	27 dic 1989	7-Chicchan	2	5 mar 1990	10-Ben	7
21 oct 1989	5-Etz'nab	7	28 dic 1989	8-Cimi	3	6 mar 1990	11-Ix	8
22 oct 1989	6-Cauac	8	29 dic 1989	9-Manik	4	7 mar 1990	12-Men	9
23 oct 1989	7-Ahau	9	30 dic 1989	10-Lamat	5	8 mar 1990	13-Cib	1
24 oct 1989	*8-Imix*	1	31 dic 1989	11-Muluc	6	9 mar 1990	**1-Caban**	2
25 oct 1989	9-Ik	2	1 ene 1990	12-Oc	7	10 mar 1990	2-Etz'nab	3
26 oct 1989	10-Akbal	3	2 ene 1990	13-Chuen	8	11 mar 1990	3-Cauac	4
27 oct 1989	11-Kan	4	3 ene 1990	**1-Eb**	9	12 mar 1990	4-Ahau	5
28 oct 1989	12-Chicchan	5	4 ene 1990	2-Ben	1	13 mar 1990	*5-Imix*	6
29 oct 1989	13-Cimi	6	5 ene 1990	3-Ix	2	14 mar 1990	6-Ik	7
30 oct 1989	**1-Manik**	7	6 ene 1990	4-Men	3	15 mar 1990	7-Akbal	8
31 oct 1989	2-Lamat	8	7 ene 1990	5-Cib	4	16 mar 1990	8-Kan	9
1 nov 1989	3-Muluc	9	8 ene 1990	6-Caban	5	17 mar 1990	9-Chicchan	1
2 nov 1989	4-Oc	1	9 ene 1990	7-Etz'nab	6	18 mar 1990	10-Cimi	2
3 nov 1989	5-Chuen	2	10 ene 1990	8-Cauac	7	19 mar 1990	11-Manik	3
4 nov 1989	6-Eb	3	11 ene 1990	9-Ahau	8	20 mar 1990	12-Lamat	4
5 nov 1989	7-Ben	4	12 ene 1990	*10-Imix*	9	21 mar 1990	13-Muluc	5
6 nov 1989	8-Ix	5	13 ene 1990	11-Ik	1	22 mar 1990	**1-Oc**	6
7 nov 1989	9-Men	6	14 ene 1990	12-Akbal	2	23 mar 1990	2-Chuen	7
8 nov 1989	10-Cib	7	15 ene 1990	13-Kan	3	24 mar 1990	3-Eb	8
9 nov 1989	11-Caban	8	16 ene 1990	**1-Chicchan**	4	25 mar 1990	4-Ben	9
10 nov 1989	12-Etz'nab	9	17 ene 1990	2-Cimi	5	26 mar 1990	5-Ix	1
11 nov 1989	13-Cauac	1	18 ene 1990	3-Manik	6	27 mar 1990	6-Men	2
12 nov 1989	**1-Ahau**	2	19 ene 1990	4-Lamat	7	28 mar 1990	7-Cib	3
13 nov 1989	*2-Imix*	3	20 ene 1990	5-Muluc	8	29 mar 1990	8-Caban	4
14 nov 1989	3-Ik	4	21 ene 1990	6-Oc	9	30 mar 1990	9-Etz'nab	5
15 nov 1989	4-Akbal	5	22 ene 1990	7-Chuen	1	31 mar 1990	10-Cauac	6
16 nov 1989	5-Kan	6	23 ene 1990	8-Eb	2	1 abr 1990	11-Ahau	7
17 nov 1989	6-Chicchan	7	24 ene 1990	9-Ben	3	2 abr 1990	*12-Imix*	8
18 nov 1989	7-Cimi	8	25 ene 1990	10-Ix	4	3 abr 1990	13-Ik	9
19 nov 1989	8-Manik	9	26 ene 1990	11-Men	5	4 abr 1990	**1-Akbal**	1
20 nov 1989	9-Lamat	1	27 ene 1990	12-Cib	6	5 abr 1990	2-Kan	2
21 nov 1989	10-Muluc	2	28 ene 1990	13-Caban	7	6 abr 1990	3-Chicchan	3
22 nov 1989	11-Oc	3	29 ene 1990	**1-Etz'nab**	8	7 abr 1990	4-Cimi	4
23 nov 1989	12-Chuen	4	30 ene 1990	2-Cauac	9	8 abr 1990	5-Manik	5
24 nov 1989	13-Eb	5	31 ene 1990	3-Ahau	1	9 abr 1990	6-Lamat	6
25 nov 1989	**1-Ben**	6	1 feb 1990	*4-Imix*	2	10 abr 1990	7-Muluc	7
26 nov 1989	2-Ix	7	2 feb 1990	5-Ik	3	11 abr 1990	8-Oc	8
27 nov 1989	3-Men	8	3 feb 1990	6-Akbal	4	12 abr 1990	9-Chuen	9
28 nov 1989	4-Cib	9	4 feb 1990	7-Kan	5	13 abr 1990	10-Eb	1
29 nov 1989	5-Caban	1	5 feb 1990	8-Chicchan	6	14 abr 1990	11-Ben	2
30 nov 1989	6-Etz'nab	2	6 feb 1990	9-Cimi	7	15 abr 1990	12-Ix	3
1 dic 1989	7-Cauac	3	7 feb 1990	10-Manik	8	16 abr 1990	13-Men	4
2 dic 1989	8-Ahau	4	8 feb 1990	11-Lamat	9	17 abr 1990	**1-Cib**	5
3 dic 1989	*9-Imix*	5	9 feb 1990	12-Muluc	1	18 abr 1990	2-Caban	6

Fecha	Signo del día	S
19 abr 1990	3-Etz'nab	7
20 abr 1990	4-Cauac	8
21 abr 1990	5-Ahau	9
22 abr 1990	6-Imix	1
23 abr 1990	7-Ik	2
24 abr 1990	8-Akbal	3
25 abr 1990	9-Kan	4
26 abr 1990	10-Chicchan	5
27 abr 1990	11-Cimi	6
28 abr 1990	12-Manik	7
29 abr 1990	13-Lamat	8
30 abr 1990	**1-Muluc**	9
1 may 1990	2-Oc	1
2 may 1990	3-Chuen	2
3 may 1990	4-Eb	3
4 may 1990	5-Ben	4
5 may 1990	6-Ix	5
6 may 1990	7-Men	6
7 may 1990	8-Cib	7
8 may 1990	9-Caban	8
9 may 1990	10-Etz'nab	9
10 may 1990	11-Cauac	1
11 may 1990	12-Ahau	2
12 may 1990	13-Imix	3
13 may 1990	**1-Ik**	4
14 may 1990	2-Akbal	5
15 may 1990	3-Kan	6
16 may 1990	4-Chicchan	7
17 may 1990	5-Cimi	8
18 may 1990	6-Manik	9
19 may 1990	7-Lamat	1
20 may 1990	8-Muluc	2
21 may 1990	9-Oc	3
22 may 1990	10-Chuen	4
23 may 1990	11-Eb	5
24 may 1990	12-Ben	6
25 may 1990	13-Ix	7
26 may 1990	**1-Men**	8
27 may 1990	2-Cib	9
28 may 1990	3-Caban	1
29 may 1990	4-Etz'nab	2
30 may 1990	5-Cauac	3
31 may 1990	6-Ahau	4
1 jun 1990	7-Imix	5
2 jun 1990	8-Ik	6
3 jun 1990	9-Akbal	7
4 jun 1990	10-Kan	8
5 jun 1990	11-Chicchan	9
6 jun 1990	12-Cimi	1
7 jun 1990	13-Manik	2
8 jun 1990	**1-Lamat**	3
9 jun 1990	2-Muluc	4
10 jun 1990	3-Oc	5
11 jun 1990	4-Chuen	6
12 jun 1990	5-Eb	7
13 jun 1990	6-Ben	8
14 jun 1990	7-Ix	9
15 jun 1990	8-Men	1
16 jun 1990	9-Cib	2
17 jun 1990	10-Caban	3
18 jun 1990	11-Etz'nab	4
19 jun 1990	12-Cauac	5
20 jun 1990	13-Ahau	6
21 jun 1990	**1-Imix**	7
22 jun 1990	2-Ik	8
23 jun 1990	3-Akbal	9
24 jun 1990	4-Kan	1
25 jun 1990	5-Chicchan	2

Fecha	Signo del día	S
26 jun 1990	6-Cimi	3
27 jun 1990	7-Manik	4
28 jun 1990	8-Lamat	5
29 jun 1990	9-Muluc	6
30 jun 1990	10-Oc	7
1 jul 1990	11-Chuen	8
2 jul 1990	12-Eb	9
3 jul 1990	13-Ben	1
4 jul 1990	**1-Ix**	2
5 jul 1990	2-Men	3
6 jul 1990	3-Cib	4
7 jul 1990	4-Caban	5
8 jul 1990	5-Etz'nab	6
9 jul 1990	6-Cauac	7
10 jul 1990	7-Ahau	8
11 jul 1990	8-Imix	9
12 jul 1990	9-Ik	1
13 jul 1990	10-Akbal	2
14 jul 1990	11-Kan	3
15 jul 1990	12-Chicchan	4
16 jul 1990	13-Cimi	5
17 jul 1990	**1-Manik**	6
18 jul 1990	2-Lamat	7
19 jul 1990	3-Muluc	8
20 jul 1990	4-Oc	9
21 jul 1990	5-Chuen	1
22 jul 1990	6-Eb	2
23 jul 1990	7-Ben	3
24 jul 1990	8-Ix	4
25 jul 1990	9-Men	5
26 jul 1990	10-Cib	6
27 jul 1990	11-Caban	7
28 jul 1990	12-Etz'nab	8
29 jul 1990	13-Cauac	9
30 jul 1990	**1-Ahau**	1
31 jul 1990	2-Imix	2
1 ago 1990	3-Ik	3
2 ago 1990	4-Akbal	4
3 ago 1990	5-Kan	5
4 ago 1990	6-Chicchan	6
5 ago 1990	7-Cimi	7
6 ago 1990	8-Manik	8
7 ago 1990	9-Lamat	9
8 ago 1990	10-Muluc	1
9 ago 1990	11-Oc	2
10 ago 1990	12-Chuen	3
11 ago 1990	13-Eb	4
12 ago 1990	**1-Ben**	5
13 ago 1990	2-Ix	6
14 ago 1990	3-Men	7
15 ago 1990	4-Cib	8
16 ago 1990	5-Caban	9
17 ago 1990	6-Etz'nab	1
18 ago 1990	7-Cauac	2
19 ago 1990	8-Ahau	3
20 ago 1990	9-Imix	4
21 ago 1990	10-Ik	5
22 ago 1990	11-Akbal	6
23 ago 1990	12-Kan	7
24 ago 1990	13-Chicchan	8
25 ago 1990	**1-Cimi**	9
26 ago 1990	2-Manik	1
27 ago 1990	3-Lamat	2
28 ago 1990	4-Muluc	3
29 ago 1990	5-Oc	4
30 ago 1990	6-Chuen	5
31 ago 1990	7-Eb	6
1 sep 1990	8-Ben	7

Fecha	Signo del día	S
2 sep 1990	9-Ix	8
3 sep 1990	10-Men	9
4 sep 1990	11-Cib	1
5 sep 1990	12-Caban	2
6 sep 1990	13-Etz'nab	3
7 sep 1990	**1-Cauac**	4
8 sep 1990	2-Ahau	5
9 sep 1990	3-Imix	6
10 sep 1990	4-Ik	7
11 sep 1990	5-Akbal	8
12 sep 1990	6-Kan	9
13 sep 1990	7-Chicchan	1
14 sep 1990	8-Cimi	2
15 sep 1990	9-Manik	3
16 sep 1990	10-Lamat	4
17 sep 1990	11-Muluc	5
18 sep 1990	12-Oc	6
19 sep 1990	13-Chuen	7
20 sep 1990	**1-Eb**	8
21 sep 1990	2-Ben	9
22 sep 1990	3-Ix	1
23 sep 1990	4-Men	2
24 sep 1990	5-Cib	3
25 sep 1990	6-Caban	4
26 sep 1990	7-Etz'nab	5
27 sep 1990	8-Cauac	6
28 sep 1990	9-Ahau	7
29 sep 1990	10-Imix	8
30 sep 1990	11-Ik	9
1 oct 1990	12-Akbal	1
2 oct 1990	13-Kan	2
3 oct 1990	**1-Chicchan**	3
4 oct 1990	2-Cimi	4
5 oct 1990	3-Manik	5
6 oct 1990	4-Lamat	6
7 oct 1990	5-Muluc	7
8 oct 1990	6-Oc	8
9 oct 1990	7-Chuen	9
10 oct 1990	8-Eb	1
11 oct 1990	9-Ben	2
12 oct 1990	10-Ix	3
13 oct 1990	11-Men	4
14 oct 1990	12-Cib	5
15 oct 1990	13-Caban	6
16 oct 1990	**1-Etz'nab**	7
17 oct 1990	2-Cauac	8
18 oct 1990	3-Ahau	9
19 oct 1990	4-Imix	1
20 oct 1990	5-Ik	2
21 oct 1990	6-Akbal	3
22 oct 1990	7-Kan	4
23 oct 1990	8-Chicchan	5
24 oct 1990	9-Cimi	6
25 oct 1990	10-Manik	7
26 oct 1990	11-Lamat	8
27 oct 1990	12-Muluc	9
28 oct 1990	13-Oc	1
29 oct 1990	**1-Chuen**	2
30 oct 1990	2-Eb	3
31 oct 1990	3-Ben	4
1 nov 1990	4-Ix	5
2 nov 1990	5-Men	6
3 nov 1990	6-Cib	7
4 nov 1990	7-Caban	8
5 nov 1990	8-Etz'nab	9
6 nov 1990	9-Cauac	1
7 nov 1990	10-Ahau	2
8 nov 1990	11-Imix	3

Fecha	Signo del día	S	Fecha	Signo del día	S	Fecha	Signo del día	S
9 nov 1990	12-Ik	4	16 ene 1991	2-Oc	9	25 mar 1991	5-Etz'nab	5
10 nov 1990	13-Akbal	5	17 ene 1991	3-Chuen	1	26 mar 1991	6-Cauac	6
11 nov 1990	**1-Kan**	6	18 ene 1991	4-Eb	2	27 mar 1991	7-Ahau	7
12 nov 1990	2-Chicchan	7	19 ene 1991	5-Ben	3	28 mar 1991	*8-Imix*	8
13 nov 1990	3-Cimi	8	20 ene 1991	6-Ix	4	29 mar 1991	9-Ik	9
14 nov 1990	4-Manik	9	21 ene 1991	7-Men	5	30 mar 1991	10-Akbal	1
15 nov 1990	5-Lamat	1	22 ene 1991	8-Cib	6	31 mar 1991	11-Kan	2
16 nov 1990	6-Muluc	2	23 ene 1991	9-Caban	7	1 abr 1991	12-Chicchan	3
17 nov 1990	7-Oc	3	24 ene 1991	10-Etz'nab	8	2 abr 1991	13-Cimi	4
18 nov 1990	8-Chuen	4	25 ene 1991	11-Cauac	9	3 abr 1991	**1-Manik**	5
19 nov 1990	9-Eb	5	26 ene 1991	12-Ahau	1	4 abr 1991	2-Lamat	6
20 nov 1990	10-Ben	6	27 ene 1991	*13-Imix*	2	5 abr 1991	3-Muluc	7
21 nov 1990	11-Ix	7	28 ene 1991	**1-Ik**	3	6 abr 1991	4-Oc	8
22 nov 1990	12-Men	8	29 ene 1991	2-Akbal	4	7 abr 1991	5-Chuen	9
23 nov 1990	13-Cib	9	30 ene 1991	3-Kan	5	8 abr 1991	6-Eb	1
24 nov 1990	**1-Caban**	1	31 ene 1991	4-Chicchan	6	9 abr 1991	7-Ben	2
25 nov 1990	2-Etz'nab	2	1 feb 1991	5-Cimi	7	10 abr 1991	8-Ix	3
26 nov 1990	3-Cauac	3	2 feb 1991	6-Manik	8	11 abr 1991	9-Men	4
27 nov 1990	4-Ahau	4	3 feb 1991	7-Lamat	9	12 abr 1991	10-Cib	5
28 nov 1990	*5-Imix*	5	4 feb 1991	8-Muluc	1	13 abr 1991	11-Caban	6
29 nov 1990	6-Ik	6	5 feb 1991	9-Oc	2	14 abr 1991	12-Etz'nab	7
30 nov 1990	7-Akbal	7	6 feb 1991	10-Chuen	3	15 abr 1991	13-Cauac	8
1 dic 1990	8-Kan	8	7 feb 1991	11-Eb	4	16 abr 1991	**1-Ahau**	9
2 dic 1990	9-Chicchan	9	8 feb 1991	12-Ben	5	17 abr 1991	*2-Imix*	1
3 dic 1990	10-Cimi	1	9 feb 1991	13-Ix	6	18 abr 1991	3-Ik	2
4 dic 1990	11-Manik	2	10 feb 1991	**1-Men**	7	19 abr 1991	4-Akbal	3
5 dic 1990	12-Lamat	3	11 feb 1991	2-Cib	8	20 abr 1991	5-Kan	4
6 dic 1990	13-Muluc	4	12 feb 1991	3-Caban	9	21 abr 1991	6-Chicchan	5
7 dic 1990	**1-Oc**	5	13 feb 1991	4-Etz'nab	1	22 abr 1991	7-Cimi	6
8 dic 1990	2-Chuen	6	14 feb 1991	5-Cauac	2	23 abr 1991	8-Manik	7
9 dic 1990	3-Eb	7	15 feb 1991	6-Ahau	3	24 abr 1991	9-Lamat	8
10 dic 1990	4-Ben	8	16 feb 1991	*7-Imix*	4	25 abr 1991	10-Muluc	9
11 dic 1990	5-Ix	9	17 feb 1991	8-Ik	5	26 abr 1991	11-Oc	1
12 dic 1990	6-Men	1	18 feb 1991	9-Akbal	6	27 abr 1991	12-Chuen	2
13 dic 1990	7-Cib	2	19 feb 1991	10-Kan	7	28 abr 1991	13-Eb	3
14 dic 1990	8-Caban	3	20 feb 1991	11-Chicchan	8	29 abr 1991	**1-Ben**	4
15 dic 1990	9-Etz'nab	4	21 feb 1991	12-Cimi	9	30 abr 1991	2-Ix	5
16 dic 1990	10-Cauac	5	22 feb 1991	13-Manik	1	1 may 1991	3-Men	6
17 dic 1990	11-Ahau	6	23 feb 1991	**1-Lamat**	2	2 may 1991	4-Cib	7
18 dic 1990	*12-Imix*	7	24 feb 1991	2-Muluc	3	3 may 1991	5-Caban	8
19 dic 1990	13-Ik	8	25 feb 1991	3-Oc	4	4 may 1991	6-Etz'nab	9
20 dic 1990	**1-Akbal**	9	26 feb 1991	4-Chuen	5	5 may 1991	7-Cauac	1
21 dic 1990	2-Kan	1	27 feb 1991	5-Eb	6	6 may 1991	8-Ahau	2
22 dic 1990	3-Chicchan	2	28 feb 1991	6-Ben	7	7 may 1991	*9-Imix*	3
23 dic 1990	4-Cimi	3	1 mar 1991	7-Ix	8	8 may 1991	10-Ik	4
24 dic 1990	5-Manik	4	2 mar 1991	8-Men	9	9 may 1991	11-Akbal	5
25 dic 1990	6-Lamat	5	3 mar 1991	9-Cib	1	10 may 1991	12-Kan	6
26 dic 1990	7-Muluc	6	4 mar 1991	10-Caban	2	11 may 1991	13-Chicchan	7
27 dic 1990	8-Oc	7	5 mar 1991	11-Etz'nab	3	12 may 1991	**1-Cimi**	8
28 dic 1990	9-Chuen	8	6 mar 1991	12-Cauac	4	13 may 1991	2-Manik	9
29 dic 1990	10-Eb	9	7 mar 1991	13-Ahau	5	14 may 1991	3-Lamat	1
30 dic 1990	11-Ben	1	8 mar 1991	**1-Imix**	6	15 may 1991	4-Muluc	2
31 dic 1990	12-Ix	2	9 mar 1991	2-Ik	7	16 may 1991	5-Oc	3
1 ene 1991	13-Men	3	10 mar 1991	3-Akbal	8	17 may 1991	6-Chuen	4
2 ene 1991	**1-Cib**	4	11 mar 1991	4-Kan	9	18 may 1991	7-Eb	5
3 ene 1991	2-Caban	5	12 mar 1991	5-Chicchan	1	19 may 1991	8-Ben	6
4 ene 1991	3-Etz'nab	6	13 mar 1991	6-Cimi	2	20 may 1991	9-Ix	7
5 ene 1991	4-Cauac	7	14 mar 1991	7-Manik	3	21 may 1991	10-Men	8
6 ene 1991	5-Ahau	8	15 mar 1991	8-Lamat	4	22 may 1991	11-Cib	9
7 ene 1991	*6-Imix*	9	16 mar 1991	9-Muluc	5	23 may 1991	12-Caban	1
8 ene 1991	7-Ik	1	17 mar 1991	10-Oc	6	24 may 1991	13-Etz'nab	2
9 ene 1991	8-Akbal	2	18 mar 1991	11-Chuen	7	25 may 1991	**1-Cauac**	3
10 ene 1991	9-Kan	3	19 mar 1991	12-Eb	8	26 may 1991	2-Ahau	4
11 ene 1991	10-Chicchan	4	20 mar 1991	13-Ben	9	27 may 1991	*3-Imix*	5
12 ene 1991	11-Cimi	5	21 mar 1991	**1-Ix**	1	28 may 1991	4-Ik	6
13 ene 1991	12-Manik	6	22 mar 1991	2-Men	2	29 may 1991	5-Akbal	7
14 ene 1991	13-Lamat	7	23 mar 1991	3-Cib	3	30 may 1991	6-Kan	8
15 ene 1991	**1-Muluc**	8	24 mar 1991	4-Caban	4	31 may 1991	7-Chicchan	9

Fecha	Signo del día	S	Fecha	Signo del día	S	Fecha	Signo del día	S
1 jun 1991	8-Cimi	1	8 ago 1991	11-Ix	6	15 oct 1991	**1-Ik**	2
2 jun 1991	9-Manik	2	9 ago 1991	12-Men	7	16 oct 1991	2-Akbal	3
3 jun 1991	10-Lamat	3	10 ago 1991	13-Cib	8	17 oct 1991	3-Kan	4
4 jun 1991	11-Muluc	4	11 ago 1991	**1-Caban**	9	18 oct 1991	4-Chicchan	5
5 jun 1991	12-Oc	5	12 ago 1991	2-Etz'nab	1	19 oct 1991	5-Cimi	6
6 jun 1991	13-Chuen	6	13 ago 1991	3-Cauac	2	20 oct 1991	6-Manik	7
7 jun 1991	**1-Eb**	7	14 ago 1991	4-Ahau	3	21 oct 1991	7-Lamat	8
8 jun 1991	2-Ben	8	15 ago 1991	*5-Imix*	4	22 oct 1991	8-Muluc	9
9 jun 1991	3-Ix	9	16 ago 1991	6-Ik	5	23 oct 1991	9-Oc	1
10 jun 1991	4-Men	1	17 ago 1991	7-Akbal	6	24 oct 1991	10-Chuen	2
11 jun 1991	5-Cib	2	18 ago 1991	8-Kan	7	25 oct 1991	11-Eb	3
12 jun 1991	6-Caban	3	19 ago 1991	9-Chicchan	8	26 oct 1991	12-Ben	4
13 jun 1991	7-Etz'nab	4	20 ago 1991	10-Cimi	9	27 oct 1991	13-Ix	5
14 jun 1991	8-Cauac	5	21 ago 1991	11-Manik	1	28 oct 1991	**1-Men**	6
15 jun 1991	9-Ahau	6	22 ago 1991	12-Lamat	2	29 oct 1991	2-Cib	7
16 jun 1991	*10-Imix*	7	23 ago 1991	13-Muluc	3	30 oct 1991	3-Caban	8
17 jun 1991	11-Ik	8	24 ago 1991	**1-Oc**	4	31 oct 1991	4-Etz'nab	9
18 jun 1991	12-Akbal	9	25 ago 1991	2-Chuen	5	1 nov 1991	5-Cauac	1
19 jun 1991	13-Kan	1	26 ago 1991	3-Eb	6	2 nov 1991	6-Ahau	2
20 jun 1991	**1-Chicchan**	2	27 ago 1991	4-Ben	7	3 nov 1991	*7-Imix*	3
21 jun 1991	2-Cimi	3	28 ago 1991	5-Ix	8	4 nov 1991	8-Ik	4
22 jun 1991	3-Manik	4	29 ago 1991	6-Men	9	5 nov 1991	9-Akbal	5
23 jun 1991	4-Lamat	5	30 ago 1991	7-Cib	1	6 nov 1991	10-Kan	6
24 jun 1991	5-Muluc	6	31 ago 1991	8-Caban	2	7 nov 1991	11-Chicchan	7
25 jun 1991	6-Oc	7	1 sep 1991	9-Etz'nab	3	8 nov 1991	12-Cimi	8
26 jun 1991	7-Chuen	8	2 sep 1991	10-Cauac	4	9 nov 1991	13-Manik	9
27 jun 1991	8-Eb	9	3 sep 1991	11-Ahau	5	10 nov 1991	**1-Lamat**	1
28 jun 1991	9-Ben	1	4 sep 1991	*12-Imix*	6	11 nov 1991	2-Muluc	2
29 jun 1991	10-Ix	2	5 sep 1991	13-Ik	7	12 nov 1991	3-Oc	3
30 jun 1991	11-Men	3	6 sep 1991	**1-Akbal**	8	13 nov 1991	4-Chuen	4
1 jul 1991	12-Cib	4	7 sep 1991	2-Kan	9	14 nov 1991	5-Eb	5
2 jul 1991	13-Caban	5	8 sep 1991	3-Chicchan	1	15 nov 1991	6-Ben	6
3 jul 1991	**1-Etz'nab**	6	9 sep 1991	4-Cimi	2	16 nov 1991	7-Ix	7
4 jul 1991	2-Cauac	7	10 sep 1991	5-Manik	3	17 nov 1991	8-Men	8
5 jul 1991	3-Ahau	8	11 sep 1991	6-Lamat	4	18 nov 1991	9-Cib	9
6 jul 1991	*4-Imix*	9	12 sep 1991	7-Muluc	5	19 nov 1991	10-Caban	1
7 jul 1991	5-Ik	1	13 sep 1991	8-Oc	6	20 nov 1991	11-Etz'nab	2
8 jul 1991	6-Akbal	2	14 sep 1991	9-Chuen	7	21 nov 1991	12-Cauac	3
9 jul 1991	7-Kan	3	15 sep 1991	10-Eb	8	22 nov 1991	13-Ahau	4
10 jul 1991	8-Chicchan	4	16 sep 1991	11-Ben	9	23 nov 1991	**1-Imix**	5
11 jul 1991	9-Cimi	5	17 sep 1991	12-Ix	1	24 nov 1991	2-Ik	6
12 jul 1991	10-Manik	6	18 sep 1991	13-Men	2	25 nov 1991	3-Akbal	7
13 jul 1991	11-Lamat	7	19 sep 1991	**1-Cib**	3	26 nov 1991	4-Kan	8
14 jul 1991	12-Muluc	8	20 sep 1991	2-Caban	4	27 nov 1991	5-Chicchan	9
15 jul 1991	13-Oc	9	21 sep 1991	3-Etz'nab	5	28 nov 1991	6-Cimi	1
16 jul 1991	**1-Chuen**	1	22 sep 1991	4-Cauac	6	29 nov 1991	7-Manik	2
17 jul 1991	2-Eb	2	23 sep 1991	5-Ahau	7	30 nov 1991	8-Lamat	3
18 jul 1991	3-Ben	3	24 sep 1991	*6-Imix*	8	1 dic 1991	9-Muluc	4
19 jul 1991	4-Ix	4	25 sep 1991	7-Ik	9	2 dic 1991	10-Oc	5
20 jul 1991	5-Men	5	26 sep 1991	8-Akbal	1	3 dic 1991	11-Chuen	6
21 jul 1991	6-Cib	6	27 sep 1991	9-Kan	2	4 dic 1991	12-Eb	7
22 jul 1991	7-Caban	7	28 sep 1991	10-Chicchan	3	5 dic 1991	13-Ben	8
23 jul 1991	8-Etz'nab	8	29 sep 1991	11-Cimi	4	6 dic 1991	**1-Ix**	9
24 jul 1991	9-Cauac	9	30 sep 1991	12-Manik	5	7 dic 1991	2-Men	1
25 jul 1991	10-Ahau	1	1 oct 1991	13-Lamat	6	8 dic 1991	3-Cib	2
26 jul 1991	*11-Imix*	2	2 oct 1991	**1-Muluc**	7	9 dic 1991	4-Caban	3
27 jul 1991	12-Ik	3	3 oct 1991	2-Oc	8	10 dic 1991	5-Etz'nab	4
28 jul 1991	13-Akbal	4	4 oct 1991	3-Chuen	9	11 dic 1991	6-Cauac	5
29 jul 1991	**1-Kan**	5	5 oct 1991	4-Eb	1	12 dic 1991	7-Ahau	6
30 jul 1991	2-Chicchan	6	6 oct 1991	5-Ben	2	13 dic 1991	*8-Imix*	7
31 jul 1991	3-Cimi	7	7 oct 1991	6-Ix	3	14 dic 1991	9-Ik	8
1 ago 1991	4-Manik	8	8 oct 1991	7-Men	4	15 dic 1991	10-Akbal	9
2 ago 1991	5-Lamat	9	9 oct 1991	8-Cib	5	16 dic 1991	11-Kan	1
3 ago 1991	6-Muluc	1	10 oct 1991	9-Caban	6	17 dic 1991	12-Chicchan	2
4 ago 1991	7-Oc	2	11 oct 1991	10-Etz'nab	7	18 dic 1991	13-Cimi	3
5 ago 1991	8-Chuen	3	12 oct 1991	11-Cauac	8	19 dic 1991	**1-Manik**	4
6 ago 1991	9-Eb	4	13 oct 1991	12-Ahau	9	20 dic 1991	2-Lamat	5
7 ago 1991	10-Ben	5	14 oct 1991	*13-Imix*	1	21 dic 1991	3-Muluc	6

Fecha	Signo del día	S	Fecha	Signo del día	S	Fecha	Signo del día	S
22 dic 1991	4-Oc	7	28 feb 1992	7-Etz'nab	3	6 may 1992	10-Cimi	8
23 dic 1991	5-Chuen	8	29 feb 1992	8-Cauac	4	7 may 1992	11-Manik	9
24 dic 1991	6-Eb	9	1 mar 1992	9-Ahau	5	8 may 1992	12-Lamat	1
25 dic 1991	7-Ben	1	2 mar 1992	10-Imix	6	9 may 1992	13-Muluc	2
26 dic 1991	8-Ix	2	3 mar 1992	11-Ik	7	10 may 1992	**1-Oc**	3
27 dic 1991	9-Men	3	4 mar 1992	12-Akbal	8	11 may 1992	2-Chuen	4
28 dic 1991	10-Cib	4	5 mar 1992	13-Kan	9	12 may 1992	3-Eb	5
29 dic 1991	11-Caban	5	6 mar 1992	**1-Chicchan**	1	13 may 1992	4-Ben	6
30 dic 1991	12-Etz'nab	6	7 mar 1992	2-Cimi	2	14 may 1992	5-Ix	7
31 dic 1991	13-Cauac	7	8 mar 1992	3-Manik	3	15 may 1992	6-Men	8
1 ene 1992	**1-Ahau**	8	9 mar 1992	4-Lamat	4	16 may 1992	7-Cib	9
2 ene 1992	2-Imix	9	10 mar 1992	5-Muluc	5	17 may 1992	8-Caban	1
3 ene 1992	3-Ik	1	11 mar 1992	6-Oc	6	18 may 1992	9-Etz'nab	2
4 ene 1992	4-Akbal	2	12 mar 1992	7-Chuen	7	19 may 1992	10-Cauac	3
5 ene 1992	5-Kan	3	13 mar 1992	8-Eb	8	20 may 1992	11-Ahau	4
6 ene 1992	6-Chicchan	4	14 mar 1992	9-Ben	9	21 may 1992	12-Imix	5
7 ene 1992	7-Cimi	5	15 mar 1992	10-Ix	1	22 may 1992	13-Ik	6
8 ene 1992	8-Manik	6	16 mar 1992	11-Men	2	23 may 1992	**1-Akbal**	7
9 ene 1992	9-Lamat	7	17 mar 1992	12-Cib	3	24 may 1992	2-Kan	8
10 ene 1992	10-Muluc	8	18 mar 1992	13-Caban	4	25 may 1992	3-Chicchan	9
11 ene 1992	11-Oc	9	19 mar 1992	**1-Etz'nab**	5	26 may 1992	4-Cimi	1
12 ene 1992	12-Chuen	1	20 mar 1992	2-Cauac	6	27 may 1992	5-Manik	2
13 ene 1992	13-Eb	2	21 mar 1992	3-Ahau	7	28 may 1992	6-Lamat	3
14 ene 1992	**1-Ben**	3	22 mar 1992	4-Imix	8	29 may 1992	7-Muluc	4
15 ene 1992	2-Ix	4	23 mar 1992	5-Ik	9	30 may 1992	8-Oc	5
16 ene 1992	3-Men	5	24 mar 1992	6-Akbal	1	31 may 1992	9-Chuen	6
17 ene 1992	4-Cib	6	25 mar 1992	7-Kan	2	1 jun 1992	10-Eb	7
18 ene 1992	5-Caban	7	26 mar 1992	8-Chicchan	3	2 jun 1992	11-Ben	8
19 ene 1992	6-Etz'nab	8	27 mar 1992	9-Cimi	4	3 jun 1992	12-Ix	9
20 ene 1992	7-Cauac	9	28 mar 1992	10-Manik	5	4 jun 1992	13-Men	1
21 ene 1992	8-Ahau	1	29 mar 1992	11-Lamat	6	5 jun 1992	**1-Cib**	2
22 ene 1992	9-Imix	2	30 mar 1992	12-Muluc	7	6 jun 1992	2-Caban	3
23 ene 1992	10-Ik	3	31 mar 1992	13-Oc	8	7 jun 1992	3-Etz'nab	4
24 ene 1992	11-Akbal	4	1 abr 1992	**1-Chuen**	9	8 jun 1992	4-Cauac	5
25 ene 1992	12-Kan	5	2 abr 1992	2-Eb	1	9 jun 1992	5-Ahau	6
26 ene 1992	13-Chicchan	6	3 abr 1992	3-Ben	2	10 jun 1992	6-Imix	7
27 ene 1992	**1-Cimi**	7	4 abr 1992	4-Ix	3	11 jun 1992	7-Ik	8
28 ene 1992	2-Manik	8	5 abr 1992	5-Men	4	12 jun 1992	8-Akbal	9
29 ene 1992	3-Lamat	9	6 abr 1992	6-Cib	5	13 jun 1992	9-Kan	1
30 ene 1992	4-Muluc	1	7 abr 1992	7-Caban	6	14 jun 1992	10-Chicchan	2
31 ene 1992	5-Oc	2	8 abr 1992	8-Etz'nab	7	15 jun 1992	11-Cimi	3
1 feb 1992	6-Chuen	3	9 abr 1992	9-Cauac	8	16 jun 1992	12-Manik	4
2 feb 1992	7-Eb	4	10 abr 1992	10-Ahau	9	17 jun 1992	13-Lamat	5
3 feb 1992	8-Ben	5	11 abr 1992	11-Imix	1	18 jun 1992	**1-Muluc**	6
4 feb 1992	9-Ix	6	12 abr 1992	12-Ik	2	19 jun 1992	2-Oc	7
5 feb 1992	10-Men	7	13 abr 1992	13-Akbal	3	20 jun 1992	3-Chuen	8
6 feb 1992	11-Cib	8	14 abr 1992	**1-Kan**	4	21 jun 1992	4-Eb	9
7 feb 1992	12-Caban	9	15 abr 1992	2-Chicchan	5	22 jun 1992	5-Ben	1
8 feb 1992	13-Etz'nab	1	16 abr 1992	3-Cimi	6	23 jun 1992	6-Ix	2
9 feb 1992	**1-Cauac**	2	17 abr 1992	4-Manik	7	24 jun 1992	7-Men	3
10 feb 1992	2-Ahau	3	18 abr 1992	5-Lamat	8	25 jun 1992	8-Cib	4
11 feb 1992	3-Imix	4	19 abr 1992	6-Muluc	9	26 jun 1992	9-Caban	5
12 feb 1992	4-Ik	5	20 abr 1992	7-Oc	1	27 jun 1992	10-Etz'nab	6
13 feb 1992	5-Akbal	6	21 abr 1992	8-Chuen	2	28 jun 1992	11-Cauac	7
14 feb 1992	6-Kan	7	22 abr 1992	9-Eb	3	29 jun 1992	12-Ahau	8
15 feb 1992	7-Chicchan	8	23 abr 1992	10-Ben	4	30 jun 1992	13-Imix	9
16 feb 1992	8-Cimi	9	24 abr 1992	11-Ix	5	1 jul 1992	**1-Ik**	1
17 feb 1992	9-Manik	1	25 abr 1992	12-Men	6	2 jul 1992	2-Akbal	2
18 feb 1992	10-Lamat	2	26 abr 1992	13-Cib	7	3 jul 1992	3-Kan	3
19 feb 1992	11-Muluc	3	27 abr 1992	**1-Caban**	8	4 jul 1992	4-Chicchan	4
20 feb 1992	12-Oc	4	28 abr 1992	2-Etz'nab	9	5 jul 1992	5-Cimi	5
21 feb 1992	13-Chuen	5	29 abr 1992	3-Cauac	1	6 jul 1992	6-Manik	6
22 feb 1992	**1-Eb**	6	30 abr 1992	4-Ahau	2	7 jul 1992	7-Lamat	7
23 feb 1992	2-Ben	7	1 may 1992	5-Imix	3	8 jul 1992	8-Muluc	8
24 feb 1992	3-Ix	8	2 may 1992	6-Ik	4	9 jul 1992	9-Oc	9
25 feb 1992	4-Men	9	3 may 1992	7-Akbal	5	10 jul 1992	10-Chuen	1
26 feb 1992	5-Cib	1	4 may 1992	8-Kan	6	11 jul 1992	11-Eb	2
27 feb 1992	6-Caban	2	5 may 1992	9-Chicchan	7	12 jul 1992	12-Ben	3

Fecha	Signo del día	S	Fecha	Signo del día	S	Fecha	Signo del día	S
13 jul 1992	13-Ix	4	19 sep 1992	3-Ik	9	26 nov 1992	6-Oc	5
14 jul 1992	**1-Men**	5	20 sep 1992	4-Akbal	1	27 nov 1992	7-Chuen	6
15 jul 1992	2-Cib	6	21 sep 1992	5-Kan	2	28 nov 1992	8-Eb	7
16 jul 1992	3-Caban	7	22 sep 1992	6-Chicchan	3	29 nov 1992	9-Ben	8
17 jul 1992	4-Etz'nab	8	23 sep 1992	7-Cimi	4	30 nov 1992	10-Ix	9
18 jul 1992	5-Cauac	9	24 sep 1992	8-Manik	5	1 dic 1992	11-Men	1
19 jul 1992	6-Ahau	1	25 sep 1992	9-Lamat	6	2 dic 1992	12-Cib	2
20 jul 1992	*7-Imix*	2	26 sep 1992	10-Muluc	7	3 dic 1992	13-Caban	3
21 jul 1992	8-Ik	3	27 sep 1992	11-Oc	8	4 dic 1992	**1-Etz'nab**	4
22 jul 1992	9-Akbal	4	28 sep 1992	12-Chuen	9	5 dic 1992	2-Cauac	5
23 jul 1992	10-Kan	5	29 sep 1992	13-Eb	1	6 dic 1992	3-Ahau	6
24 jul 1992	11-Chicchan	6	30 sep 1992	**1-Ben**	2	7 dic 1992	*4-Imix*	7
25 jul 1992	12-Cimi	7	1 oct 1992	2-Ix	3	8 dic 1992	5-Ik	8
26 jul 1992	13-Manik	8	2 oct 1992	3-Men	4	9 dic 1992	6-Akbal	9
27 jul 1992	**1-Lamat**	9	3 oct 1992	4-Cib	5	10 dic 1992	7-Kan	1
28 jul 1992	2-Muluc	1	4 oct 1992	5-Caban	6	11 dic 1992	8-Chicchan	2
29 jul 1992	3-Oc	2	5 oct 1992	6-Etz'nab	7	12 dic 1992	9-Cimi	3
30 jul 1992	4-Chuen	3	6 oct 1992	7-Cauac	8	13 dic 1992	10-Manik	4
31 jul 1992	5-Eb	4	7 oct 1992	8-Ahau	9	14 dic 1992	11-Lamat	5
1 ago 1992	6-Ben	5	8 oct 1992	*9-Imix*	1	15 dic 1992	12-Muluc	6
2 ago 1992	7-Ix	6	9 oct 1992	10-Ik	2	16 dic 1992	13-Oc	7
3 ago 1992	8-Men	7	10 oct 1992	11-Akbal	3	17 dic 1992	**1-Chuen**	8
4 ago 1992	9-Cib	8	11 oct 1992	12-Kan	4	18 dic 1992	2-Eb	9
5 ago 1992	10-Caban	9	12 oct 1992	13-Chicchan	5	19 dic 1992	3-Ben	1
6 ago 1992	11-Etz'nab	1	13 oct 1992	**1-Cimi**	6	20 dic 1992	4-Ix	2
7 ago 1992	12-Cauac	2	14 oct 1992	2-Manik	7	21 dic 1992	5-Men	3
8 ago 1992	13-Ahau	3	15 oct 1992	3-Lamat	8	22 dic 1992	6-Cib	4
9 ago 1992	**1-Imix**	4	16 oct 1992	4-Muluc	9	23 dic 1992	7-Caban	5
10 ago 1992	2-Ik	5	17 oct 1992	5-Oc	1	24 dic 1992	8-Etz'nab	6
11 ago 1992	3-Akbal	6	18 oct 1992	6-Chuen	2	25 dic 1992	9-Cauac	7
12 ago 1992	4-Kan	7	19 oct 1992	7-Eb	3	26 dic 1992	10-Ahau	8
13 ago 1992	5-Chicchan	8	20 oct 1992	8-Ben	4	27 dic 1992	*11-Imix*	9
14 ago 1992	6-Cimi	9	21 oct 1992	9-Ix	5	28 dic 1992	12-Ik	1
15 ago 1992	7-Manik	1	22 oct 1992	10-Men	6	29 dic 1992	13-Akbal	2
16 ago 1992	8-Lamat	2	23 oct 1992	11-Cib	7	30 dic 1992	**1-Kan**	3
17 ago 1992	9-Muluc	3	24 oct 1992	12-Caban	8	31 dic 1992	2-Chicchan	4
18 ago 1992	10-Oc	4	25 oct 1992	13-Etz'nab	9	1 ene 1993	3-Cimi	5
19 ago 1992	11-Chuen	5	26 oct 1992	**1-Cauac**	1	2 ene 1993	4-Manik	6
20 ago 1992	12-Eb	6	27 oct 1992	2-Ahau	2	3 ene 1993	5-Lamat	7
21 ago 1992	13-Ben	7	28 oct 1992	*3-Imix*	3	4 ene 1993	6-Muluc	8
22 ago 1992	**1-Ix**	8	29 oct 1992	4-Ik	4	5 ene 1993	7-Oc	9
23 ago 1992	2-Men	9	30 oct 1992	5-Akbal	5	6 ene 1993	8-Chuen	1
24 ago 1992	3-Cib	1	31 oct 1992	6-Kan	6	7 ene 1993	9-Eb	2
25 ago 1992	4-Caban	2	1 nov 1992	7-Chicchan	7	8 ene 1993	10-Ben	3
26 ago 1992	5-Etz'nab	3	2 nov 1992	8-Cimi	8	9 ene 1993	11-Ix	4
27 ago 1992	6-Cauac	4	3 nov 1992	9-Manik	9	10 ene 1993	12-Men	5
28 ago 1992	7-Ahau	5	4 nov 1992	10-Lamat	1	11 ene 1993	13-Cib	6
29 ago 1992	*8-Imix*	6	5 nov 1992	11-Muluc	2	12 ene 1993	**1-Caban**	7
30 ago 1992	9-Ik	7	6 nov 1992	12-Oc	3	13 ene 1993	2-Etz'nab	8
31 ago 1992	10-Akbal	8	7 nov 1992	13-Chuen	4	14 ene 1993	3-Cauac	9
1 sep 1992	11-Kan	9	8 nov 1992	**1-Eb**	5	15 ene 1993	4-Ahau	1
2 sep 1992	12-Chicchan	1	9 nov 1992	2-Ben	6	16 ene 1993	*5-Imix*	2
3 sep 1992	13-Cimi	2	10 nov 1992	3-Ix	7	17 ene 1993	6-Ik	3
4 sep 1992	**1-Manik**	3	11 nov 1992	4-Men	8	18 ene 1993	7-Akbal	4
5 sep 1992	2-Lamat	4	12 nov 1992	5-Cib	9	19 ene 1993	8-Kan	5
6 sep 1992	3-Muluc	5	13 nov 1992	6-Caban	1	20 ene 1993	9-Chicchan	6
7 sep 1992	4-Oc	6	14 nov 1992	7-Etz'nab	2	21 ene 1993	10-Cimi	7
8 sep 1992	5-Chuen	7	15 nov 1992	8-Cauac	3	22 ene 1993	11-Manik	8
9 sep 1992	6-Eb	8	16 nov 1992	9-Ahau	4	23 ene 1993	12-Lamat	9
10 sep 1992	7-Ben	9	17 nov 1992	*10-Imix*	5	24 ene 1993	13-Muluc	1
11 sep 1992	8-Ix	1	18 nov 1992	11-Ik	6	25 ene 1993	**1-Oc**	2
12 sep 1992	9-Men	2	19 nov 1992	12-Akbal	7	26 ene 1993	2-Chuen	3
13 sep 1992	10-Cib	3	20 nov 1992	13-Kan	8	27 ene 1993	3-Eb	4
14 sep 1992	11-Caban	4	21 nov 1992	**1-Chicchan**	9	28 ene 1993	4-Ben	5
15 sep 1992	12-Etz'nab	5	22 nov 1992	2-Cimi	1	29 ene 1993	5-Ix	6
16 sep 1992	13-Cauac	6	23 nov 1992	3-Manik	2	30 ene 1993	6-Men	7
17 sep 1992	**1-Ahau**	7	24 nov 1992	4-Lamat	3	31 ene 1993	7-Cib	8
18 sep 1992	*2-Imix*	8	25 nov 1992	5-Muluc	4	1 feb 1993	8-Caban	9

Fecha	Signo del día	S
2 feb 1993	9-Etz'nab	1
3 feb 1993	10-Cauac	2
4 feb 1993	11-Ahau	3
5 feb 1993	*12-Imix*	4
6 feb 1993	13-Ik	5
7 feb 1993	**1-Akbal**	6
8 feb 1993	2-Kan	7
9 feb 1993	3-Chicchan	8
10 feb 1993	4-Cimi	9
11 feb 1993	5-Manik	1
12 feb 1993	6-Lamat	2
13 feb 1993	7-Muluc	3
14 feb 1993	8-Oc	4
15 feb 1993	9-Chuen	5
16 feb 1993	10-Eb	6
17 feb 1993	11-Ben	7
18 feb 1993	12-Ix	8
19 feb 1993	13-Men	9
20 feb 1993	**1-Cib**	1
21 feb 1993	2-Caban	2
22 feb 1993	3-Etz'nab	3
23 feb 1993	4-Cauac	4
24 feb 1993	5-Ahau	5
25 feb 1993	*6-Imix*	6
26 feb 1993	7-Ik	7
27 feb 1993	8-Akbal	8
28 feb 1993	9-Kan	9
1 mar 1993	10-Chicchan	1
2 mar 1993	11-Cimi	2
3 mar 1993	12-Manik	3
4 mar 1993	13-Lamat	4
5 mar 1993	**1-Muluc**	5
6 mar 1993	2-Oc	6
7 mar 1993	3-Chuen	7
8 mar 1993	4-Eb	8
9 mar 1993	5-Ben	9
10 mar 1993	6-Ix	1
11 mar 1993	7-Men	2
12 mar 1993	8-Cib	3
13 mar 1993	9-Caban	4
14 mar 1993	10-Etz'nab	5
15 mar 1993	11-Cauac	6
16 mar 1993	12-Ahau	7
17 mar 1993	*13-Imix*	8
18 mar 1993	**1-Ik**	9
19 mar 1993	2-Akbal	1
20 mar 1993	3-Kan	2
21 mar 1993	4-Chicchan	3
22 mar 1993	5-Cimi	4
23 mar 1993	6-Manik	5
24 mar 1993	7-Lamat	6
25 mar 1993	8-Muluc	7
26 mar 1993	9-Oc	8
27 mar 1993	10-Chuen	9
28 mar 1993	11-Eb	1
29 mar 1993	12-Ben	2
30 mar 1993	13-Ix	3
31 mar 1993	**1-Men**	4
1 abr 1993	2-Cib	5
2 abr 1993	3-Caban	6
3 abr 1993	4-Etz'nab	7
4 abr 1993	5-Cauac	8
5 abr 1993	6-Ahau	9
6 abr 1993	*7-Imix*	1
7 abr 1993	8-Ik	2
8 abr 1993	9-Akbal	3
9 abr 1993	10-Kan	4
10 abr 1993	11-Chicchan	5

Fecha	Signo del día	S
11 abr 1993	12-Cimi	6
12 abr 1993	13-Manik	7
13 abr 1993	**1-Lamat**	8
14 abr 1993	2-Muluc	9
15 abr 1993	3-Oc	1
16 abr 1993	4-Chuen	2
17 abr 1993	5-Eb	3
18 abr 1993	6-Ben	4
19 abr 1993	7-Ix	5
20 abr 1993	8-Men	6
21 abr 1993	9-Cib	7
22 abr 1993	10-Caban	8
23 abr 1993	11-Etz'nab	9
24 abr 1993	12-Cauac	1
25 abr 1993	13-Ahau	2
26 abr 1993	**1-Imix**	3
27 abr 1993	2-Ik	4
28 abr 1993	3-Akbal	5
29 abr 1993	4-Kan	6
30 abr 1993	5-Chicchan	7
1 may 1993	6-Cimi	8
2 may 1993	7-Manik	9
3 may 1993	8-Lamat	1
4 may 1993	9-Muluc	2
5 may 1993	10-Oc	3
6 may 1993	11-Chuen	4
7 may 1993	12-Eb	5
8 may 1993	13-Ben	6
9 may 1993	**1-Ix**	7
10 may 1993	2-Men	8
11 may 1993	3-Cib	9
12 may 1993	4-Caban	1
13 may 1993	5-Etz'nab	2
14 may 1993	6-Cauac	3
15 may 1993	7-Ahau	4
16 may 1993	*8-Imix*	5
17 may 1993	9-Ik	6
18 may 1993	10-Akbal	7
19 may 1993	11-Kan	8
20 may 1993	12-Chicchan	9
21 may 1993	13-Cimi	1
22 may 1993	**1-Manik**	2
23 may 1993	2-Lamat	3
24 may 1993	3-Muluc	4
25 may 1993	4-Oc	5
26 may 1993	5-Chuen	6
27 may 1993	6-Eb	7
28 may 1993	7-Ben	8
29 may 1993	8-Ix	9
30 may 1993	9-Men	1
31 may 1993	10-Cib	2
1 jun 1993	11-Caban	3
2 jun 1993	12-Etz'nab	4
3 jun 1993	13-Cauac	5
4 jun 1993	**1-Ahau**	6
5 jun 1993	*2-Imix*	7
6 jun 1993	3-Ik	8
7 jun 1993	4-Akbal	9
8 jun 1993	5-Kan	1
9 jun 1993	6-Chicchan	2
10 jun 1993	7-Cimi	3
11 jun 1993	8-Manik	4
12 jun 1993	9-Lamat	5
13 jun 1993	10-Muluc	6
14 jun 1993	11-Oc	7
15 jun 1993	12-Chuen	8
16 jun 1993	13-Eb	9
17 jun 1993	**1-Ben**	1

Fecha	Signo del día	S
18 jun 1993	2-Ix	2
19 jun 1993	3-Men	3
20 jun 1993	4-Cib	4
21 jun 1993	5-Caban	5
22 jun 1993	6-Etz'nab	6
23 jun 1993	7-Cauac	7
24 jun 1993	8-Ahau	8
25 jun 1993	*9-Imix*	9
26 jun 1993	10-Ik	1
27 jun 1993	11-Akbal	2
28 jun 1993	12-Kan	3
29 jun 1993	13-Chicchan	4
30 jun 1993	**1-Cimi**	5
1 jul 1993	2-Manik	6
2 jul 1993	3-Lamat	7
3 jul 1993	4-Muluc	8
4 jul 1993	5-Oc	9
5 jul 1993	6-Chuen	1
6 jul 1993	7-Eb	2
7 jul 1993	8-Ben	3
8 jul 1993	9-Ix	4
9 jul 1993	10-Men	5
10 jul 1993	11-Cib	6
11 jul 1993	12-Caban	7
12 jul 1993	13-Etz'nab	8
13 jul 1993	**1-Cauac**	9
14 jul 1993	2-Ahau	1
15 jul 1993	*3-Imix*	2
16 jul 1993	4-Ik	3
17 jul 1993	5-Akbal	4
18 jul 1993	6-Kan	5
19 jul 1993	7-Chicchan	6
20 jul 1993	8-Cimi	7
21 jul 1993	9-Manik	8
22 jul 1993	10-Lamat	9
23 jul 1993	11-Muluc	1
24 jul 1993	12-Oc	2
25 jul 1993	13-Chuen	3
26 jul 1993	**1-Eb**	4
27 jul 1993	2-Ben	5
28 jul 1993	3-Ix	6
29 jul 1993	4-Men	7
30 jul 1993	5-Cib	8
31 jul 1993	6-Caban	9
1 ago 1993	7-Etz'nab	1
2 ago 1993	8-Cauac	2
3 ago 1993	9-Ahau	3
4 ago 1993	*10-Imix*	4
5 ago 1993	11-Ik	5
6 ago 1993	12-Akbal	6
7 ago 1993	13-Kan	7
8 ago 1993	**1-Chicchan**	8
9 ago 1993	2-Cimi	9
10 ago 1993	3-Manik	1
11 ago 1993	4-Lamat	2
12 ago 1993	5-Muluc	3
13 ago 1993	6-Oc	4
14 ago 1993	7-Chuen	5
15 ago 1993	8-Eb	6
16 ago 1993	9-Ben	7
17 ago 1993	10-Ix	8
18 ago 1993	11-Men	9
19 ago 1993	12-Cib	1
20 ago 1993	13-Caban	2
21 ago 1993	**1-Etz'nab**	3
22 ago 1993	2-Cauac	4
23 ago 1993	3-Ahau	5
24 ago 1993	*4-Imix*	6

Fecha	Signo del día	S	Fecha	Signo del día	S	Fecha	Signo del día	S
25 ago 1993	5-Ik	7	1 nov 1993	8-Oc	3	8 ene 1994	11-Etz'nab	8
26 ago 1993	6-Akbal	8	2 nov 1993	9-Chuen	4	9 ene 1994	12-Cauac	9
27 ago 1993	7-Kan	9	3 nov 1993	10-Eb	5	10 ene 1994	13-Ahau	1
28 ago 1993	8-Chicchan	1	4 nov 1993	11-Ben	6	11 ene 1994	**1-Imix**	2
29 ago 1993	9-Cimi	2	5 nov 1993	12-Ix	7	12 ene 1994	2-Ik	3
30 ago 1993	10-Manik	3	6 nov 1993	13-Men	8	13 ene 1994	3-Akbal	4
31 ago 1993	11-Lamat	4	7 nov 1993	**1-Cib**	9	14 ene 1994	4-Kan	5
1 sep 1993	12-Muluc	5	8 nov 1993	2-Caban	1	15 ene 1994	5-Chicchan	6
2 sep 1993	13-Oc	6	9 nov 1993	3-Etz'nab	2	16 ene 1994	6-Cimi	7
3 sep 1993	**1-Chuen**	7	10 nov 1993	4-Cauac	3	17 ene 1994	7-Manik	8
4 sep 1993	2-Eb	8	11 nov 1993	5-Ahau	4	18 ene 1994	8-Lamat	9
5 sep 1993	3-Ben	9	12 nov 1993	*6-Imix*	5	19 ene 1994	9-Muluc	1
6 sep 1993	4-Ix	1	13 nov 1993	7-Ik	6	20 ene 1994	10-Oc	2
7 sep 1993	5-Men	2	14 nov 1993	8-Akbal	7	21 ene 1994	11-Chuen	3
8 sep 1993	6-Cib	3	15 nov 1993	9-Kan	8	22 ene 1994	12-Eb	4
9 sep 1993	7-Caban	4	16 nov 1993	10-Chicchan	9	23 ene 1994	13-Ben	5
10 sep 1993	8-Etz'nab	5	17 nov 1993	11-Cimi	1	24 ene 1994	**1-Ix**	6
11 sep 1993	9-Cauac	6	18 nov 1993	12-Manik	2	25 ene 1994	2-Men	7
12 sep 1993	10-Ahau	7	19 nov 1993	13-Lamat	3	26 ene 1994	3-Cib	8
13 sep 1993	*11-Imix*	8	20 nov 1993	**1-Muluc**	4	27 ene 1994	4-Caban	9
14 sep 1993	12-Ik	9	21 nov 1993	2-Oc	5	28 ene 1994	5-Etz'nab	1
15 sep 1993	13-Akbal	1	22 nov 1993	3-Chuen	6	29 ene 1994	6-Cauac	2
16 sep 1993	**1-Kan**	2	23 nov 1993	4-Eb	7	30 ene 1994	7-Ahau	3
17 sep 1993	2-Chicchan	3	24 nov 1993	5-Ben	8	31 ene 1994	*8-Imix*	4
18 sep 1993	3-Cimi	4	25 nov 1993	6-Ix	9	1 feb 1994	9-Ik	5
19 sep 1993	4-Manik	5	26 nov 1993	7-Men	1	2 feb 1994	10-Akbal	6
20 sep 1993	5-Lamat	6	27 nov 1993	8-Cib	2	3 feb 1994	11-Kan	7
21 sep 1993	6-Muluc	7	28 nov 1993	9-Caban	3	4 feb 1994	12-Chicchan	8
22 sep 1993	7-Oc	8	29 nov 1993	10-Etz'nab	4	5 feb 1994	13-Cimi	9
23 sep 1993	8-Chuen	9	30 nov 1993	11-Cauac	5	6 feb 1994	**1-Manik**	1
24 sep 1993	9-Eb	1	1 dic 1993	12-Ahau	6	7 feb 1994	2-Lamat	2
25 sep 1993	10-Ben	2	2 dic 1993	*13-Imix*	7	8 feb 1994	3-Muluc	3
26 sep 1993	11-Ix	3	3 dic 1993	**1-Ik**	8	9 feb 1994	4-Oc	4
27 sep 1993	12-Men	4	4 dic 1993	2-Akbal	9	10 feb 1994	5-Chuen	5
28 sep 1993	13-Cib	5	5 dic 1993	3-Kan	1	11 feb 1994	6-Eb	6
29 sep 1993	**1-Caban**	6	6 dic 1993	4-Chicchan	2	12 feb 1994	7-Ben	7
30 sep 1993	2-Etz'nab	7	7 dic 1993	5-Cimi	3	13 feb 1994	8-Ix	8
1 oct 1993	3-Cauac	8	8 dic 1993	6-Manik	4	14 feb 1994	9-Men	9
2 oct 1993	4-Ahau	9	9 dic 1993	7-Lamat	5	15 feb 1994	10-Cib	1
3 oct 1993	*5-Imix*	1	10 dic 1993	8-Muluc	6	16 feb 1994	11-Caban	2
4 oct 1993	6-Ik	2	11 dic 1993	9-Oc	7	17 feb 1994	12-Etz'nab	3
5 oct 1993	7-Akbal	3	12 dic 1993	10-Chuen	8	18 feb 1994	13-Cauac	4
6 oct 1993	8-Kan	4	13 dic 1993	11-Eb	9	19 feb 1994	**1-Ahau**	5
7 oct 1993	9-Chicchan	5	14 dic 1993	12-Ben	1	20 feb 1994	*2-Imix*	6
8 oct 1993	10-Cimi	6	15 dic 1993	13-Ix	2	21 feb 1994	3-Ik	7
9 oct 1993	11-Manik	7	16 dic 1993	**1-Men**	3	22 feb 1994	4-Akbal	8
10 oct 1993	12-Lamat	8	17 dic 1993	2-Cib	4	23 feb 1994	5-Kan	9
11 oct 1993	13-Muluc	9	18 dic 1993	3-Caban	5	24 feb 1994	6-Chicchan	1
12 oct 1993	**1-Oc**	1	19 dic 1993	4-Etz'nab	6	25 feb 1994	7-Cimi	2
13 oct 1993	2-Chuen	2	20 dic 1993	5-Cauac	7	26 feb 1994	8-Manik	3
14 oct 1993	3-Eb	3	21 dic 1993	6-Ahau	8	27 feb 1994	9-Lamat	4
15 oct 1993	4-Ben	4	22 dic 1993	*7-Imix*	9	28 feb 1994	10-Muluc	5
16 oct 1993	5-Ix	5	23 dic 1993	8-Ik	1	1 mar 1994	11-Oc	6
17 oct 1993	6-Men	6	24 dic 1993	9-Akbal	2	2 mar 1994	12-Chuen	7
18 oct 1993	7-Cib	7	25 dic 1993	10-Kan	3	3 mar 1994	13-Eb	8
19 oct 1993	8-Caban	8	26 dic 1993	11-Chicchan	4	4 mar 1994	**1-Ben**	9
20 oct 1993	9-Etz'nab	9	27 dic 1993	12-Cimi	5	5 mar 1994	2-Ix	1
21 oct 1993	10-Cauac	1	28 dic 1993	13-Manik	6	6 mar 1994	3-Men	2
22 oct 1993	11-Ahau	2	29 dic 1993	**1-Lamat**	7	7 mar 1994	4-Cib	3
23 oct 1993	*12-Imix*	3	30 dic 1993	2-Muluc	8	8 mar 1994	5-Caban	4
24 oct 1993	13-Ik	4	31 dic 1993	3-Oc	9	9 mar 1994	6-Etz'nab	5
25 oct 1993	**1-Akbal**	5	1 ene 1994	4-Chuen	1	10 mar 1994	7-Cauac	6
26 oct 1993	2-Kan	6	2 ene 1994	5-Eb	2	11 mar 1994	8-Ahau	7
27 oct 1993	3-Chicchan	7	3 ene 1994	6-Ben	3	12 mar 1994	*9-Imix*	8
28 oct 1993	4-Cimi	8	4 ene 1994	7-Ix	4	13 mar 1994	10-Ik	9
29 oct 1993	5-Manik	9	5 ene 1994	8-Men	5	14 mar 1994	11-Akbal	1
30 oct 1993	6-Lamat	1	6 ene 1994	9-Cib	6	15 mar 1994	12-Kan	2
31 oct 1993	7-Muluc	2	7 ene 1994	10-Caban	7	16 mar 1994	13-Chicchan	3

Fecha	Signo del día	S
17 mar 1994	**1-Cimi**	4
18 mar 1994	2-Manik	5
19 mar 1994	3-Lamat	6
20 mar 1994	4-Muluc	7
21 mar 1994	5-Oc	8
22 mar 1994	6-Chuen	9
23 mar 1994	7-Eb	1
24 mar 1994	8-Ben	2
25 mar 1994	9-Ix	3
26 mar 1994	10-Men	4
27 mar 1994	11-Cib	5
28 mar 1994	12-Caban	6
29 mar 1994	13-Etz'nab	7
30 mar 1994	**1-Cauac**	8
31 mar 1994	2-Ahau	9
1 abr 1994	*3-Imix*	1
2 abr 1994	4-Ik	2
3 abr 1994	5-Akbal	3
4 abr 1994	6-Kan	4
5 abr 1994	7-Chicchan	5
6 abr 1994	8-Cimi	6
7 abr 1994	9-Manik	7
8 abr 1994	10-Lamat	8
9 abr 1994	11-Muluc	9
10 abr 1994	12-Oc	1
11 abr 1994	13-Chuen	2
12 abr 1994	**1-Eb**	3
13 abr 1994	2-Ben	4
14 abr 1994	3-Ix	5
15 abr 1994	4-Men	6
16 abr 1994	5-Cib	7
17 abr 1994	6-Caban	8
18 abr 1994	7-Etz'nab	9
19 abr 1994	8-Cauac	1
20 abr 1994	9-Ahau	2
21 abr 1994	*10-Imix*	3
22 abr 1994	11-Ik	4
23 abr 1994	12-Akbal	5
24 abr 1994	13-Kan	6
25 abr 1994	**1-Chicchan**	7
26 abr 1994	2-Cimi	8
27 abr 1994	3-Manik	9
28 abr 1994	4-Lamat	1
29 abr 1994	5-Muluc	2
30 abr 1994	6-Oc	3
1 may 1994	7-Chuen	4
2 may 1994	8-Eb	5
3 may 1994	9-Ben	6
4 may 1994	10-Ix	7
5 may 1994	11-Men	8
6 may 1994	12-Cib	9
7 may 1994	13-Caban	1
8 may 1994	**1-Etz'nab**	2
9 may 1994	2-Cauac	3
10 may 1994	3-Ahau	4
11 may 1994	*4-Imix*	5
12 may 1994	5-Ik	6
13 may 1994	6-Akbal	7
14 may 1994	7-Kan	8
15 may 1994	8-Chicchan	9
16 may 1994	9-Cimi	1
17 may 1994	10-Manik	2
18 may 1994	11-Lamat	3
19 may 1994	12-Muluc	4
20 may 1994	13-Oc	5
21 may 1994	**1-Chuen**	6
22 may 1994	2-Eb	7
23 may 1994	3-Ben	8

Fecha	Signo del día	S
24 may 1994	4-Ix	9
25 may 1994	5-Men	1
26 may 1994	6-Cib	2
27 may 1994	7-Caban	3
28 may 1994	8-Etz'nab	4
29 may 1994	9-Cauac	5
30 may 1994	10-Ahau	6
31 may 1994	*11-Imix*	7
1 jun 1994	12-Ik	8
2 jun 1994	13-Akbal	9
3 jun 1994	**1-Kan**	1
4 jun 1994	2-Chicchan	2
5 jun 1994	3-Cimi	3
6 jun 1994	4-Manik	4
7 jun 1994	5-Lamat	5
8 jun 1994	6-Muluc	6
9 jun 1994	7-Oc	7
10 jun 1994	8-Chuen	8
11 jun 1994	9-Eb	9
12 jun 1994	10-Ben	1
13 jun 1994	11-Ix	2
14 jun 1994	12-Men	3
15 jun 1994	13-Cib	4
16 jun 1994	**1-Caban**	5
17 jun 1994	2-Etz'nab	6
18 jun 1994	3-Cauac	7
19 jun 1994	4-Ahau	8
20 jun 1994	*5-Imix*	9
21 jun 1994	6-Ik	1
22 jun 1994	7-Akbal	2
23 jun 1994	8-Kan	3
24 jun 1994	9-Chicchan	4
25 jun 1994	10-Cimi	5
26 jun 1994	11-Manik	6
27 jun 1994	12-Lamat	7
28 jun 1994	13-Muluc	8
29 jun 1994	**1-Oc**	9
30 jun 1994	2-Chuen	1
1 jul 1994	3-Eb	2
2 jul 1994	4-Ben	3
3 jul 1994	5-Ix	4
4 jul 1994	6-Men	5
5 jul 1994	7-Cib	6
6 jul 1994	8-Caban	7
7 jul 1994	9-Etz'nab	8
8 jul 1994	10-Cauac	9
9 jul 1994	11-Ahau	1
10 jul 1994	*12-Imix*	2
11 jul 1994	13-Ik	3
12 jul 1994	**1-Akbal**	4
13 jul 1994	2-Kan	5
14 jul 1994	3-Chicchan	6
15 jul 1994	4-Cimi	7
16 jul 1994	5-Manik	8
17 jul 1994	6-Lamat	9
18 jul 1994	7-Muluc	1
19 jul 1994	8-Oc	2
20 jul 1994	9-Chuen	3
21 jul 1994	10-Eb	4
22 jul 1994	11-Ben	5
23 jul 1994	12-Ix	6
24 jul 1994	13-Men	7
25 jul 1994	**1-Cib**	8
26 jul 1994	2-Caban	9
27 jul 1994	3-Etz'nab	1
28 jul 1994	4-Cauac	2
29 jul 1994	5-Ahau	3
30 jul 1994	*6-Imix*	4

Fecha	Signo del día	S
31 jul 1994	7-Ik	5
1 ago 1994	8-Akbal	6
2 ago 1994	9-Kan	7
3 ago 1994	10-Chicchan	8
4 ago 1994	11-Cimi	9
5 ago 1994	12-Manik	1
6 ago 1994	13-Lamat	2
7 ago 1994	**1-Muluc**	3
8 ago 1994	2-Oc	4
9 ago 1994	3-Chuen	5
10 ago 1994	4-Eb	6
11 ago 1994	5-Ben	7
12 ago 1994	6-Ix	8
13 ago 1994	7-Men	9
14 ago 1994	8-Cib	1
15 ago 1994	9-Caban	2
16 ago 1994	10-Etz'nab	3
17 ago 1994	11-Cauac	4
18 ago 1994	12-Ahau	5
19 ago 1994	*13-Imix*	6
20 ago 1994	**1-Ik**	7
21 ago 1994	2-Akbal	8
22 ago 1994	3-Kan	9
23 ago 1994	4-Chicchan	1
24 ago 1994	5-Cimi	2
25 ago 1994	6-Manik	3
26 ago 1994	7-Lamat	4
27 ago 1994	8-Muluc	5
28 ago 1994	9-Oc	6
29 ago 1994	10-Chuen	7
30 ago 1994	11-Eb	8
31 ago 1994	12-Ben	9
1 sep 1994	13-Ix	1
2 sep 1994	**1-Men**	2
3 sep 1994	2-Cib	3
4 sep 1994	3-Caban	4
5 sep 1994	4-Etz'nab	5
6 sep 1994	5-Cauac	6
7 sep 1994	6-Ahau	7
8 sep 1994	*7-Imix*	8
9 sep 1994	8-Ik	9
10 sep 1994	9-Akbal	1
11 sep 1994	10-Kan	2
12 sep 1994	11-Chicchan	3
13 sep 1994	12-Cimi	4
14 sep 1994	13-Manik	5
15 sep 1994	**1-Lamat**	6
16 sep 1994	2-Muluc	7
17 sep 1994	3-Oc	8
18 sep 1994	4-Chuen	9
19 sep 1994	5-Eb	1
20 sep 1994	6-Ben	2
21 sep 1994	7-Ix	3
22 sep 1994	8-Men	4
23 sep 1994	9-Cib	5
24 sep 1994	10-Caban	6
25 sep 1994	11-Etz'nab	7
26 sep 1994	12-Cauac	8
27 sep 1994	13-Ahau	9
28 sep 1994	**1-Imix**	1
29 sep 1994	2-Ik	2
30 sep 1994	3-Akbal	3
1 oct 1994	4-Kan	4
2 oct 1994	5-Chicchan	5
3 oct 1994	6-Cimi	6
4 oct 1994	7-Manik	7
5 oct 1994	8-Lamat	8
6 oct 1994	9-Muluc	9

Fecha	Signo del día	S
7 oct 1994	10-Oc	1
8 oct 1994	11-Chuen	2
9 oct 1994	12-Eb	3
10 oct 1994	13-Ben	4
11 oct 1994	**1-Ix**	5
12 oct 1994	2-Men	6
13 oct 1994	3-Cib	7
14 oct 1994	4-Caban	8
15 oct 1994	5-Etz'nab	9
16 oct 1994	6-Cauac	1
17 oct 1994	7-Ahau	2
18 oct 1994	*8-Imix*	3
19 oct 1994	9-Ik	4
20 oct 1994	10-Akbal	5
21 oct 1994	11-Kan	6
22 oct 1994	12-Chicchan	7
23 oct 1994	13-Cimi	8
24 oct 1994	**1-Manik**	9
25 oct 1994	2-Lamat	1
26 oct 1994	3-Muluc	2
27 oct 1994	4-Oc	3
28 oct 1994	5-Chuen	4
29 oct 1994	6-Eb	5
30 oct 1994	7-Ben	6
31 oct 1994	8-Ix	7
1 nov 1994	9-Men	8
2 nov 1994	10-Cib	9
3 nov 1994	11-Caban	1
4 nov 1994	12-Etz'nab	2
5 nov 1994	13-Cauac	3
6 nov 1994	**1-Ahau**	4
7 nov 1994	*2-Imix*	5
8 nov 1994	3-Ik	6
9 nov 1994	4-Akbal	7
10 nov 1994	5-Kan	8
11 nov 1994	6-Chicchan	9
12 nov 1994	7-Cimi	1
13 nov 1994	8-Manik	2
14 nov 1994	9-Lamat	3
15 nov 1994	10-Muluc	4
16 nov 1994	11-Oc	5
17 nov 1994	12-Chuen	6
18 nov 1994	13-Eb	7
19 nov 1994	**1-Ben**	8
20 nov 1994	2-Ix	9
21 nov 1994	3-Men	1
22 nov 1994	4-Cib	2
23 nov 1994	5-Caban	3
24 nov 1994	6-Etz'nab	4
25 nov 1994	7-Cauac	5
26 nov 1994	8-Ahau	6
27 nov 1994	*9-Imix*	7
28 nov 1994	10-Ik	8
29 nov 1994	11-Akbal	9
30 nov 1994	12-Kan	1
1 dic 1994	13-Chicchan	2
2 dic 1994	**1-Cimi**	3
3 dic 1994	2-Manik	4
4 dic 1994	3-Lamat	5
5 dic 1994	4-Muluc	6
6 dic 1994	5-Oc	7
7 dic 1994	6-Chuen	8
8 dic 1994	7-Eb	9
9 dic 1994	8-Ben	1
10 dic 1994	9-Ix	2
11 dic 1994	10-Men	3
12 dic 1994	11-Cib	4
13 dic 1994	12-Caban	5

Fecha	Signo del día	S
14 dic 1994	13-Etz'nab	6
15 dic 1994	**1-Cauac**	7
16 dic 1994	2-Ahau	8
17 dic 1994	*3-Imix*	9
18 dic 1994	4-Ik	1
19 dic 1994	5-Akbal	2
20 dic 1994	6-Kan	3
21 dic 1994	7-Chicchan	4
22 dic 1994	8-Cimi	5
23 dic 1994	9-Manik	6
24 dic 1994	10-Lamat	7
25 dic 1994	11-Muluc	8
26 dic 1994	12-Oc	9
27 dic 1994	13-Chuen	1
28 dic 1994	**1-Eb**	2
29 dic 1994	2-Ben	3
30 dic 1994	3-Ix	4
31 dic 1994	4-Men	5
1 ene 1995	5-Cib	6
2 ene 1995	6-Caban	7
3 ene 1995	7-Etz'nab	8
4 ene 1995	8-Cauac	9
5 ene 1995	9-Ahau	1
6 ene 1995	*10-Imix*	2
7 ene 1995	11-Ik	3
8 ene 1995	12-Akbal	4
9 ene 1995	13-Kan	5
10 ene 1995	**1-Chicchan**	6
11 ene 1995	2-Cimi	7
12 ene 1995	3-Manik	8
13 ene 1995	4-Lamat	9
14 ene 1995	5-Muluc	1
15 ene 1995	6-Oc	2
16 ene 1995	7-Chuen	3
17 ene 1995	8-Eb	4
18 ene 1995	9-Ben	5
19 ene 1995	10-Ix	6
20 ene 1995	11-Men	7
21 ene 1995	12-Cib	8
22 ene 1995	13-Caban	9
23 ene 1995	**1-Etz'nab**	1
24 ene 1995	2-Cauac	2
25 ene 1995	3-Ahau	3
26 ene 1995	*4-Imix*	4
27 ene 1995	5-Ik	5
28 ene 1995	6-Akbal	6
29 ene 1995	7-Kan	7
30 ene 1995	8-Chicchan	8
31 ene 1995	9-Cimi	9
1 feb 1995	10-Manik	1
2 feb 1995	11-Lamat	2
3 feb 1995	12-Muluc	3
4 feb 1995	13-Oc	4
5 feb 1995	**1-Chuen**	5
6 feb 1995	2-Eb	6
7 feb 1995	3-Ben	7
8 feb 1995	4-Ix	8
9 feb 1995	5-Men	9
10 feb 1995	6-Cib	1
11 feb 1995	7-Caban	2
12 feb 1995	8-Etz'nab	3
13 feb 1995	9-Cauac	4
14 feb 1995	10-Ahau	5
15 feb 1995	*11-Imix*	6
16 feb 1995	12-Ik	7
17 feb 1995	13-Akbal	8
18 feb 1995	**1-Kan**	9
19 feb 1995	2-Chicchan	1

Fecha	Signo del día	S
20 feb 1995	3-Cimi	2
21 feb 1995	4-Manik	3
22 feb 1995	5-Lamat	4
23 feb 1995	6-Muluc	5
24 feb 1995	7-Oc	6
25 feb 1995	8-Chuen	7
26 feb 1995	9-Eb	8
27 feb 1995	10-Ben	9
28 feb 1995	11-Ix	1
1 mar 1995	12-Men	2
2 mar 1995	13-Cib	3
3 mar 1995	**1-Caban**	4
4 mar 1995	2-Etz'nab	5
5 mar 1995	3-Cauac	6
6 mar 1995	4-Ahau	7
7 mar 1995	*5-Imix*	8
8 mar 1995	6-Ik	9
9 mar 1995	7-Akbal	1
10 mar 1995	8-Kan	2
11 mar 1995	9-Chicchan	3
12 mar 1995	10-Cimi	4
13 mar 1995	11-Manik	5
14 mar 1995	12-Lamat	6
15 mar 1995	13-Muluc	7
16 mar 1995	**1-Oc**	8
17 mar 1995	2-Chuen	9
18 mar 1995	3-Eb	1
19 mar 1995	4-Ben	2
20 mar 1995	5-Ix	3
21 mar 1995	6-Men	4
22 mar 1995	7-Cib	5
23 mar 1995	8-Caban	6
24 mar 1995	9-Etz'nab	7
25 mar 1995	10-Cauac	8
26 mar 1995	11-Ahau	9
27 mar 1995	*12-Imix*	1
28 mar 1995	13-Ik	2
29 mar 1995	**1-Akbal**	3
30 mar 1995	2-Kan	4
31 mar 1995	3-Chicchan	5
1 abr 1995	4-Cimi	6
2 abr 1995	5-Manik	7
3 abr 1995	6-Lamat	8
4 abr 1995	7-Muluc	9
5 abr 1995	8-Oc	1
6 abr 1995	9-Chuen	2
7 abr 1995	10-Eb	3
8 abr 1995	11-Ben	4
9 abr 1995	12-Ix	5
10 abr 1995	13-Men	6
11 abr 1995	**1-Cib**	7
12 abr 1995	2-Caban	8
13 abr 1995	3-Etz'nab	9
14 abr 1995	4-Cauac	1
15 abr 1995	5-Ahau	2
16 abr 1995	*6-Imix*	3
17 abr 1995	7-Ik	4
18 abr 1995	8-Akbal	5
19 abr 1995	9-Kan	6
20 abr 1995	10-Chicchan	7
21 abr 1995	11-Cimi	8
22 abr 1995	12-Manik	9
23 abr 1995	13-Lamat	1
24 abr 1995	**1-Muluc**	2
25 abr 1995	2-Oc	3
26 abr 1995	3-Chuen	4
27 abr 1995	4-Eb	5
28 abr 1995	5-Ben	6

Fecha	Signo del día	S	Fecha	Signo del día	S	Fecha	Signo del día	S
29 abr 1995	6-Ix	7	6 jul 1995	9-Ik	3	12 sep 1995	12-Oc	8
30 abr 1995	7-Men	8	7 jul 1995	10-Akbal	4	13 sep 1995	13-Chuen	9
1 may 1995	8-Cib	9	8 jul 1995	11-Kan	5	14 sep 1995	**1-Eb**	1
2 may 1995	9-Caban	1	9 jul 1995	12-Chicchan	6	15 sep 1995	2-Ben	2
3 may 1995	10-Etz'nab	2	10 jul 1995	13-Cimi	7	16 sep 1995	3-Ix	3
4 may 1995	11-Cauac	3	11 jul 1995	**1-Manik**	8	17 sep 1995	4-Men	4
5 may 1995	12-Ahau	4	12 jul 1995	2-Lamat	9	18 sep 1995	5-Cib	5
6 may 1995	*13-Imix*	5	13 jul 1995	3-Muluc	1	19 sep 1995	6-Caban	6
7 may 1995	**1-Ik**	6	14 jul 1995	4-Oc	2	20 sep 1995	7-Etz'nab	7
8 may 1995	2-Akbal	7	15 jul 1995	5-Chuen	3	21 sep 1995	8-Cauac	8
9 may 1995	3-Kan	8	16 jul 1995	6-Eb	4	22 sep 1995	9-Ahau	9
10 may 1995	4-Chicchan	9	17 jul 1995	7-Ben	5	23 sep 1995	*10-Imix*	1
11 may 1995	5-Cimi	1	18 jul 1995	8-Ix	6	24 sep 1995	11-Ik	2
12 may 1995	6-Manik	2	19 jul 1995	9-Men	7	25 sep 1995	12-Akbal	3
13 may 1995	7-Lamat	3	20 jul 1995	10-Cib	8	26 sep 1995	13-Kan	4
14 may 1995	8-Muluc	4	21 jul 1995	11-Caban	9	27 sep 1995	**1-Chicchan**	5
15 may 1995	9-Oc	5	22 jul 1995	12-Etz'nab	1	28 sep 1995	2-Cimi	6
16 may 1995	10-Chuen	6	23 jul 1995	13-Cauac	2	29 sep 1995	3-Manik	7
17 may 1995	11-Eb	7	24 jul 1995	**1-Ahau**	3	30 sep 1995	4-Lamat	8
18 may 1995	12-Ben	8	25 jul 1995	*2-Imix*	4	1 oct 1995	5-Muluc	9
19 may 1995	13-Ix	9	26 jul 1995	3-Ik	5	2 oct 1995	6-Oc	1
20 may 1995	**1-Men**	1	27 jul 1995	4-Akbal	6	3 oct 1995	7-Chuen	2
21 may 1995	2-Cib	2	28 jul 1995	5-Kan	7	4 oct 1995	8-Eb	3
22 may 1995	3-Caban	3	29 jul 1995	6-Chicchan	8	5 oct 1995	9-Ben	4
23 may 1995	4-Etz'nab	4	30 jul 1995	7-Cimi	9	6 oct 1995	10-Ix	5
24 may 1995	5-Cauac	5	31 jul 1995	8-Manik	1	7 oct 1995	11-Men	6
25 may 1995	6-Ahau	6	1 ago 1995	9-Lamat	2	8 oct 1995	12-Cib	7
26 may 1995	*7-Imix*	7	2 ago 1995	10-Muluc	3	9 oct 1995	13-Caban	8
27 may 1995	8-Ik	8	3 ago 1995	11-Oc	4	10 oct 1995	**1-Etz'nab**	9
28 may 1995	9-Akbal	9	4 ago 1995	12-Chuen	5	11 oct 1995	2-Cauac	1
29 may 1995	10-Kan	1	5 ago 1995	13-Eb	6	12 oct 1995	3-Ahau	2
30 may 1995	11-Chicchan	2	6 ago 1995	**1-Ben**	7	13 oct 1995	*4-Imix*	3
31 may 1995	12-Cimi	3	7 ago 1995	2-Ix	8	14 oct 1995	5-Ik	4
1 jun 1995	13-Manik	4	8 ago 1995	3-Men	9	15 oct 1995	6-Akbal	5
2 jun 1995	**1-Lamat**	5	9 ago 1995	4-Cib	1	16 oct 1995	7-Kan	6
3 jun 1995	2-Muluc	6	10 ago 1995	5-Caban	2	17 oct 1995	8-Chicchan	7
4 jun 1995	3-Oc	7	11 ago 1995	6-Etz'nab	3	18 oct 1995	9-Cimi	8
5 jun 1995	4-Chuen	8	12 ago 1995	7-Cauac	4	19 oct 1995	10-Manik	9
6 jun 1995	5-Eb	9	13 ago 1995	8-Ahau	5	20 oct 1995	11-Lamat	1
7 jun 1995	6-Ben	1	14 ago 1995	*9-Imix*	6	21 oct 1995	12-Muluc	2
8 jun 1995	7-Ix	2	15 ago 1995	10-Ik	7	22 oct 1995	13-Oc	3
9 jun 1995	8-Men	3	16 ago 1995	11-Akbal	8	23 oct 1995	**1-Chuen**	4
10 jun 1995	9-Cib	4	17 ago 1995	12-Kan	9	24 oct 1995	2-Eb	5
11 jun 1995	10-Caban	5	18 ago 1995	13-Chicchan	1	25 oct 1995	3-Ben	6
12 jun 1995	11-Etz'nab	6	19 ago 1995	**1-Cimi**	2	26 oct 1995	4-Ix	7
13 jun 1995	12-Cauac	7	20 ago 1995	2-Manik	3	27 oct 1995	5-Men	8
14 jun 1995	13-Ahau	8	21 ago 1995	3-Lamat	4	28 oct 1995	6-Cib	9
15 jun 1995	**1-Imix**	9	22 ago 1995	4-Muluc	5	29 oct 1995	7-Caban	1
16 jun 1995	2-Ik	1	23 ago 1995	5-Oc	6	30 oct 1995	8-Etz'nab	2
17 jun 1995	3-Akbal	2	24 ago 1995	6-Chuen	7	31 oct 1995	9-Cauac	3
18 jun 1995	4-Kan	3	25 ago 1995	7-Eb	8	1 nov 1995	10-Ahau	4
19 jun 1995	5-Chicchan	4	26 ago 1995	8-Ben	9	2 nov 1995	*11-Imix*	5
20 jun 1995	6-Cimi	5	27 ago 1995	9-Ix	1	3 nov 1995	12-Ik	6
21 jun 1995	7-Manik	6	28 ago 1995	10-Men	2	4 nov 1995	13-Akbal	7
22 jun 1995	8-Lamat	7	29 ago 1995	11-Cib	3	5 nov 1995	**1-Kan**	8
23 jun 1995	9-Muluc	8	30 ago 1995	12-Caban	4	6 nov 1995	2-Chicchan	9
24 jun 1995	10-Oc	9	31 ago 1995	13-Etz'nab	5	7 nov 1995	3-Cimi	1
25 jun 1995	11-Chuen	1	1 sep 1995	**1-Cauac**	6	8 nov 1995	4-Manik	2
26 jun 1995	12-Eb	2	2 sep 1995	2-Ahau	7	9 nov 1995	5-Lamat	3
27 jun 1995	13-Ben	3	3 sep 1995	*3-Imix*	8	10 nov 1995	6-Muluc	4
28 jun 1995	**1-Ix**	4	4 sep 1995	4-Ik	9	11 nov 1995	7-Oc	5
29 jun 1995	2-Men	5	5 sep 1995	5-Akbal	1	12 nov 1995	8-Chuen	6
30 jun 1995	3-Cib	6	6 sep 1995	6-Kan	2	13 nov 1995	9-Eb	7
1 jul 1995	4-Caban	7	7 sep 1995	7-Chicchan	3	14 nov 1995	10-Ben	8
2 jul 1995	5-Etz'nab	8	8 sep 1995	8-Cimi	4	15 nov 1995	11-Ix	9
3 jul 1995	6-Cauac	9	9 sep 1995	9-Manik	5	16 nov 1995	12-Men	1
4 jul 1995	7-Ahau	1	10 sep 1995	10-Lamat	6	17 nov 1995	13-Cib	2
5 jul 1995	*8-Imix*	2	11 sep 1995	11-Muluc	7	18 nov 1995	**1-Caban**	3

Fecha	Signo del día	S		Fecha	Signo del día	S		Fecha	Signo del día	S
19 nov 1995	2-Etz'nab	4		26 ene 1996	5-Cimi	9		3 abr 1996	8-Ix	5
20 nov 1995	3-Cauac	5		27 ene 1996	6-Manik	1		4 abr 1996	9-Men	6
21 nov 1995	4-Ahau	6		28 ene 1996	7-Lamat	2		5 abr 1996	10-Cib	7
22 nov 1995	5-Imix	7		29 ene 1996	8-Muluc	3		6 abr 1996	11-Caban	8
23 nov 1995	6-Ik	8		30 ene 1996	9-Oc	4		7 abr 1996	12-Etz'nab	9
24 nov 1995	7-Akbal	9		31 ene 1996	10-Chuen	5		8 abr 1996	13-Cauac	1
25 nov 1995	8-Kan	1		1 feb 1996	11-Eb	6		9 abr 1996	1-Ahau	2
26 nov 1995	9-Chicchan	2		2 feb 1996	12-Ben	7		10 abr 1996	2-Imix	3
27 nov 1995	10-Cimi	3		3 feb 1996	13-Ix	8		11 abr 1996	3-Ik	4
28 nov 1995	11-Manik	4		4 feb 1996	1-Men	9		12 abr 1996	4-Akbal	5
29 nov 1995	12-Lamat	5		5 feb 1996	2-Cib	1		13 abr 1996	5-Kan	6
30 nov 1995	13-Muluc	6		6 feb 1996	3-Caban	2		14 abr 1996	6-Chicchan	7
1 dic 1995	1-Oc	7		7 feb 1996	4-Etz'nab	3		15 abr 1996	7-Cimi	8
2 dic 1995	2-Chuen	8		8 feb 1996	5-Cauac	4		16 abr 1996	8-Manik	9
3 dic 1995	3-Eb	9		9 feb 1996	6-Ahau	5		17 abr 1996	9-Lamat	1
4 dic 1995	4-Ben	1		10 feb 1996	7-Imix	6		18 abr 1996	10-Muluc	2
5 dic 1995	5-Ix	2		11 feb 1996	8-Ik	7		19 abr 1996	11-Oc	3
6 dic 1995	6-Men	3		12 feb 1996	9-Akbal	8		20 abr 1996	12-Chuen	4
7 dic 1995	7-Cib	4		13 feb 1996	10-Kan	9		21 abr 1996	13-Eb	5
8 dic 1995	8-Caban	5		14 feb 1996	11-Chicchan	1		22 abr 1996	1-Ben	6
9 dic 1995	9-Etz'nab	6		15 feb 1996	12-Cimi	2		23 abr 1996	2-Ix	7
10 dic 1995	10-Cauac	7		16 feb 1996	13-Manik	3		24 abr 1996	3-Men	8
11 dic 1995	11-Ahau	8		17 feb 1996	1-Lamat	4		25 abr 1996	4-Cib	9
12 dic 1995	12-Imix	9		18 feb 1996	2-Muluc	5		26 abr 1996	5-Caban	1
13 dic 1995	13-Ik	1		19 feb 1996	3-Oc	6		27 abr 1996	6-Etz'nab	2
14 dic 1995	1-Akbal	2		20 feb 1996	4-Chuen	7		28 abr 1996	7-Cauac	3
15 dic 1995	2-Kan	3		21 feb 1996	5-Eb	8		29 abr 1996	8-Ahau	4
16 dic 1995	3-Chicchan	4		22 feb 1996	6-Ben	9		30 abr 1996	9-Imix	5
17 dic 1995	4-Cimi	5		23 feb 1996	7-Ix	1		1 may 1996	10-Ik	6
18 dic 1995	5-Manik	6		24 feb 1996	8-Men	2		2 may 1996	11-Akbal	7
19 dic 1995	6-Lamat	7		25 feb 1996	9-Cib	3		3 may 1996	12-Kan	8
20 dic 1995	7-Muluc	8		26 feb 1996	10-Caban	4		4 may 1996	13-Chicchan	9
21 dic 1995	8-Oc	9		27 feb 1996	11-Etz'nab	5		5 may 1996	1-Cimi	1
22 dic 1995	9-Chuen	1		28 feb 1996	12-Cauac	6		6 may 1996	2-Manik	2
23 dic 1995	10-Eb	2		29 feb 1996	13-Ahau	7		7 may 1996	3-Lamat	3
24 dic 1995	11-Ben	3		1 mar 1996	1-Imix	8		8 may 1996	4-Muluc	4
25 dic 1995	12-Ix	4		2 mar 1996	2-Ik	9		9 may 1996	5-Oc	5
26 dic 1995	13-Men	5		3 mar 1996	3-Akbal	1		10 may 1996	6-Chuen	6
27 dic 1995	1-Cib	6		4 mar 1996	4-Kan	2		11 may 1996	7-Eb	7
28 dic 1995	2-Caban	7		5 mar 1996	5-Chicchan	3		12 may 1996	8-Ben	8
29 dic 1995	3-Etz'nab	8		6 mar 1996	6-Cimi	4		13 may 1996	9-Ix	9
30 dic 1995	4-Cauac	9		7 mar 1996	7-Manik	5		14 may 1996	10-Men	1
31 dic 1995	5-Ahau	1		8 mar 1996	8-Lamat	6		15 may 1996	11-Cib	2
1 ene 1996	6-Imix	2		9 mar 1996	9-Muluc	7		16 may 1996	12-Caban	3
2 ene 1996	7-Ik	3		10 mar 1996	10-Oc	8		17 may 1996	13-Etz'nab	4
3 ene 1996	8-Akbal	4		11 mar 1996	11-Chuen	9		18 may 1996	1-Cauac	5
4 ene 1996	9-Kan	5		12 mar 1996	12-Eb	1		19 may 1996	2-Ahau	6
5 ene 1996	10-Chicchan	6		13 mar 1996	13-Ben	2		20 may 1996	3-Imix	7
6 ene 1996	11-Cimi	7		14 mar 1996	1-Ix	3		21 may 1996	4-Ik	8
7 ene 1996	12-Manik	8		15 mar 1996	2-Men	4		22 may 1996	5-Akbal	9
8 ene 1996	13-Lamat	9		16 mar 1996	3-Cib	5		23 may 1996	6-Kan	1
9 ene 1996	1-Muluc	1		17 mar 1996	4-Caban	6		24 may 1996	7-Chicchan	2
10 ene 1996	2-Oc	2		18 mar 1996	5-Etz'nab	7		25 may 1996	8-Cimi	3
11 ene 1996	3-Chuen	3		19 mar 1996	6-Cauac	8		26 may 1996	9-Manik	4
12 ene 1996	4-Eb	4		20 mar 1996	7-Ahau	9		27 may 1996	10-Lamat	5
13 ene 1996	5-Ben	5		21 mar 1996	8-Imix	1		28 may 1996	11-Muluc	6
14 ene 1996	6-Ix	6		22 mar 1996	9-Ik	2		29 may 1996	12-Oc	7
15 ene 1996	7-Men	7		23 mar 1996	10-Akbal	3		30 may 1996	13-Chuen	8
16 ene 1996	8-Cib	8		24 mar 1996	11-Kan	4		31 may 1996	1-Eb	9
17 ene 1996	9-Caban	9		25 mar 1996	12-Chicchan	5		1 jun 1996	2-Ben	1
18 ene 1996	10-Etz'nab	1		26 mar 1996	13-Cimi	6		2 jun 1996	3-Ix	2
19 ene 1996	11-Cauac	2		27 mar 1996	1-Manik	7		3 jun 1996	4-Men	3
20 ene 1996	12-Ahau	3		28 mar 1996	2-Lamat	8		4 jun 1996	5-Cib	4
21 ene 1996	13-Imix	4		29 mar 1996	3-Muluc	9		5 jun 1996	6-Caban	5
22 ene 1996	1-Ik	5		30 mar 1996	4-Oc	1		6 jun 1996	7-Etz'nab	6
23 ene 1996	2-Akbal	6		31 mar 1996	5-Chuen	2		7 jun 1996	8-Cauac	7
24 ene 1996	3-Kan	7		1 abr 1996	6-Eb	3		8 jun 1996	9-Ahau	8
25 ene 1996	4-Chicchan	8		2 abr 1996	7-Ben	4		9 jun 1996	10-Imix	9

Fecha	Signo del día	S
10 jun 1996	11-Ik	1
11 jun 1996	12-Akbal	2
12 jun 1996	13-Kan	3
13 jun 1996	**1-Chicchan**	4
14 jun 1996	2-Cimi	5
15 jun 1996	3-Manik	6
16 jun 1996	4-Lamat	7
17 jun 1996	5-Muluc	8
18 jun 1996	6-Oc	9
19 jun 1996	7-Chuen	1
20 jun 1996	8-Eb	2
21 jun 1996	9-Ben	3
22 jun 1996	10-Ix	4
23 jun 1996	11-Men	5
24 jun 1996	12-Cib	6
25 jun 1996	13-Caban	7
26 jun 1996	**1-Etz'nab**	8
27 jun 1996	2-Cauac	9
28 jun 1996	3-Ahau	1
29 jun 1996	*4-Imix*	2
30 jun 1996	5-Ik	3
1 jul 1996	6-Akbal	4
2 jul 1996	7-Kan	5
3 jul 1996	8-Chicchan	6
4 jul 1996	9-Cimi	7
5 jul 1996	10-Manik	8
6 jul 1996	11-Lamat	9
7 jul 1996	12-Muluc	1
8 jul 1996	13-Oc	2
9 jul 1996	**1-Chuen**	3
10 jul 1996	2-Eb	4
11 jul 1996	3-Ben	5
12 jul 1996	4-Ix	6
13 jul 1996	5-Men	7
14 jul 1996	6-Cib	8
15 jul 1996	7-Caban	9
16 jul 1996	8-Etz'nab	1
17 jul 1996	9-Cauac	2
18 jul 1996	10-Ahau	3
19 jul 1996	*11-Imix*	4
20 jul 1996	12-Ik	5
21 jul 1996	13-Akbal	6
22 jul 1996	**1-Kan**	7
23 jul 1996	2-Chicchan	8
24 jul 1996	3-Cimi	9
25 jul 1996	4-Manik	1
26 jul 1996	5-Lamat	2
27 jul 1996	6-Muluc	3
28 jul 1996	7-Oc	4
29 jul 1996	8-Chuen	5
30 jul 1996	9-Eb	6
31 jul 1996	10-Ben	7
1 ago 1996	11-Ix	8
2 ago 1996	12-Men	9
3 ago 1996	13-Cib	1
4 ago 1996	**1-Caban**	2
5 ago 1996	2-Etz'nab	3
6 ago 1996	3-Cauac	4
7 ago 1996	4-Ahau	5
8 ago 1996	*5-Imix*	6
9 ago 1996	6-Ik	7
10 ago 1996	7-Akbal	8
11 ago 1996	8-Kan	9
12 ago 1996	9-Chicchan	1
13 ago 1996	10-Cimi	2
14 ago 1996	11-Manik	3
15 ago 1996	12-Lamat	4
16 ago 1996	13-Muluc	5

Fecha	Signo del día	S
17 ago 1996	**1-Oc**	6
18 ago 1996	2-Chuen	7
19 ago 1996	3-Eb	8
20 ago 1996	4-Ben	9
21 ago 1996	5-Ix	1
22 ago 1996	6-Men	2
23 ago 1996	7-Cib	3
24 ago 1996	8-Caban	4
25 ago 1996	9-Etz'nab	5
26 ago 1996	10-Cauac	6
27 ago 1996	11-Ahau	7
28 ago 1996	*12-Imix*	8
29 ago 1996	13-Ik	9
30 ago 1996	**1-Akbal**	1
31 ago 1996	2-Kan	2
1 sep 1996	3-Chicchan	3
2 sep 1996	4-Cimi	4
3 sep 1996	5-Manik	5
4 sep 1996	6-Lamat	6
5 sep 1996	7-Muluc	7
6 sep 1996	8-Oc	8
7 sep 1996	9-Chuen	9
8 sep 1996	10-Eb	1
9 sep 1996	11-Ben	2
10 sep 1996	12-Ix	3
11 sep 1996	13-Men	4
12 sep 1996	**1-Cib**	5
13 sep 1996	2-Caban	6
14 sep 1996	3-Etz'nab	7
15 sep 1996	4-Cauac	8
16 sep 1996	5-Ahau	9
17 sep 1996	*6-Imix*	1
18 sep 1996	7-Ik	2
19 sep 1996	8-Akbal	3
20 sep 1996	9-Kan	4
21 sep 1996	10-Chicchan	5
22 sep 1996	11-Cimi	6
23 sep 1996	12-Manik	7
24 sep 1996	13-Lamat	8
25 sep 1996	**1-Muluc**	9
26 sep 1996	2-Oc	1
27 sep 1996	3-Chuen	2
28 sep 1996	4-Eb	3
29 sep 1996	5-Ben	4
30 sep 1996	6-Ix	5
1 oct 1996	7-Men	6
2 oct 1996	8-Cib	7
3 oct 1996	9-Caban	8
4 oct 1996	10-Etz'nab	9
5 oct 1996	11-Cauac	1
6 oct 1996	12-Ahau	2
7 oct 1996	*13-Imix*	3
8 oct 1996	**1-Ik**	4
9 oct 1996	2-Akbal	5
10 oct 1996	3-Kan	6
11 oct 1996	4-Chicchan	7
12 oct 1996	5-Cimi	8
13 oct 1996	6-Manik	9
14 oct 1996	7-Lamat	1
15 oct 1996	8-Muluc	2
16 oct 1996	9-Oc	3
17 oct 1996	10-Chuen	4
18 oct 1996	11-Eb	5
19 oct 1996	12-Ben	6
20 oct 1996	13-Ix	7
21 oct 1996	**1-Men**	8
22 oct 1996	2-Cib	9
23 oct 1996	3-Caban	1

Fecha	Signo del día	S
24 oct 1996	4-Etz'nab	2
25 oct 1996	5-Cauac	3
26 oct 1996	6-Ahau	4
27 oct 1996	*7-Imix*	5
28 oct 1996	8-Ik	6
29 oct 1996	9-Akbal	7
30 oct 1996	10-Kan	8
31 oct 1996	11-Chicchan	9
1 nov 1996	12-Cimi	1
2 nov 1996	13-Manik	2
3 nov 1996	**1-Lamat**	3
4 nov 1996	2-Muluc	4
5 nov 1996	3-Oc	5
6 nov 1996	4-Chuen	6
7 nov 1996	5-Eb	7
8 nov 1996	6-Ben	8
9 nov 1996	7-Ix	9
10 nov 1996	8-Men	1
11 nov 1996	9-Cib	2
12 nov 1996	10-Caban	3
13 nov 1996	11-Etz'nab	4
14 nov 1996	12-Cauac	5
15 nov 1996	13-Ahau	6
16 nov 1996	**1-Imix**	7
17 nov 1996	2-Ik	8
18 nov 1996	3-Akbal	9
19 nov 1996	4-Kan	1
20 nov 1996	5-Chicchan	2
21 nov 1996	6-Cimi	3
22 nov 1996	7-Manik	4
23 nov 1996	8-Lamat	5
24 nov 1996	9-Muluc	6
25 nov 1996	10-Oc	7
26 nov 1996	11-Chuen	8
27 nov 1996	12-Eb	9
28 nov 1996	13-Ben	1
29 nov 1996	**1-Ix**	2
30 nov 1996	2-Men	3
1 dic 1996	3-Cib	4
2 dic 1996	4-Caban	5
3 dic 1996	5-Etz'nab	6
4 dic 1996	6-Cauac	7
5 dic 1996	7-Ahau	8
6 dic 1996	*8-Imix*	9
7 dic 1996	9-Ik	1
8 dic 1996	10-Akbal	2
9 dic 1996	11-Kan	3
10 dic 1996	12-Chicchan	4
11 dic 1996	13-Cimi	5
12 dic 1996	**1-Manik**	6
13 dic 1996	2-Lamat	7
14 dic 1996	3-Muluc	8
15 dic 1996	4-Oc	9
16 dic 1996	5-Chuen	1
17 dic 1996	6-Eb	2
18 dic 1996	7-Ben	3
19 dic 1996	8-Ix	4
20 dic 1996	9-Men	5
21 dic 1996	10-Cib	6
22 dic 1996	11-Caban	7
23 dic 1996	12-Etz'nab	8
24 dic 1996	13-Cauac	9
25 dic 1996	**1-Ahau**	1
26 dic 1996	*2-Imix*	2
27 dic 1996	3-Ik	3
28 dic 1996	4-Akbal	4
29 dic 1996	5-Kan	5
30 dic 1996	6-Chicchan	6

Fecha	Signo del día	S	Fecha	Signo del día	S	Fecha	Signo del día	S
31 dic 1996	7-Cimi	7	9 mar 1997	10-Ix	3	16 may 1997	13-Ik	8
1 ene 1997	8-Manik	8	10 mar 1997	11-Men	4	17 may 1997	**1-Akbal**	9
2 ene 1997	9-Lamat	9	11 mar 1997	12-Cib	5	18 may 1997	2-Kan	1
3 ene 1997	10-Muluc	1	12 mar 1997	13-Caban	6	19 may 1997	3-Chicchan	2
4 ene 1997	11-Oc	2	13 mar 1997	**1-Etz'nab**	7	20 may 1997	4-Cimi	3
5 ene 1997	12-Chuen	3	14 mar 1997	2-Cauac	8	21 may 1997	5-Manik	4
6 ene 1997	13-Eb	4	15 mar 1997	3-Ahau	9	22 may 1997	6-Lamat	5
7 ene 1997	**1-Ben**	5	16 mar 1997	*4-Imix*	1	23 may 1997	7-Muluc	6
8 ene 1997	2-Ix	6	17 mar 1997	5-Ik	2	24 may 1997	8-Oc	7
9 ene 1997	3-Men	7	18 mar 1997	6-Akbal	3	25 may 1997	9-Chuen	8
10 ene 1997	4-Cib	8	19 mar 1997	7-Kan	4	26 may 1997	10-Eb	9
11 ene 1997	5-Caban	9	20 mar 1997	8-Chicchan	5	27 may 1997	11-Ben	1
12 ene 1997	6-Etz'nab	1	21 mar 1997	9-Cimi	6	28 may 1997	12-Ix	2
13 ene 1997	7-Cauac	2	22 mar 1997	10-Manik	7	29 may 1997	13-Men	3
14 ene 1997	8-Ahau	3	23 mar 1997	11-Lamat	8	30 may 1997	**1-Cib**	4
15 ene 1997	*9-Imix*	4	24 mar 1997	12-Muluc	9	31 may 1997	2-Caban	5
16 ene 1997	10-Ik	5	25 mar 1997	13-Oc	1	1 jun 1997	3-Etz'nab	6
17 ene 1997	11-Akbal	6	26 mar 1997	**1-Chuen**	2	2 jun 1997	4-Cauac	7
18 ene 1997	12-Kan	7	27 mar 1997	2-Eb	3	3 jun 1997	5-Ahau	8
19 ene 1997	13-Chicchan	8	28 mar 1997	3-Ben	4	4 jun 1997	*6-Imix*	9
20 ene 1997	**1-Cimi**	9	29 mar 1997	4-Ix	5	5 jun 1997	7-Ik	1
21 ene 1997	2-Manik	1	30 mar 1997	5-Men	6	6 jun 1997	8-Akbal	2
22 ene 1997	3-Lamat	2	31 mar 1997	6-Cib	7	7 jun 1997	9-Kan	3
23 ene 1997	4-Muluc	3	1 abr 1997	7-Caban	8	8 jun 1997	10-Chicchan	4
24 ene 1997	5-Oc	4	2 abr 1997	8-Etz'nab	9	9 jun 1997	11-Cimi	5
25 ene 1997	6-Chuen	5	3 abr 1997	9-Cauac	1	10 jun 1997	12-Manik	6
26 ene 1997	7-Eb	6	4 abr 1997	10-Ahau	2	11 jun 1997	13-Lamat	7
27 ene 1997	8-Ben	7	5 abr 1997	*11-Imix*	3	12 jun 1997	**1-Muluc**	8
28 ene 1997	9-Ix	8	6 abr 1997	12-Ik	4	13 jun 1997	2-Oc	9
29 ene 1997	10-Men	9	7 abr 1997	13-Akbal	5	14 jun 1997	3-Chuen	1
30 ene 1997	11-Cib	1	8 abr 1997	**1-Kan**	6	15 jun 1997	4-Eb	2
31 ene 1997	12-Caban	2	9 abr 1997	2-Chicchan	7	16 jun 1997	5-Ben	3
1 feb 1997	13-Etz'nab	3	10 abr 1997	3-Cimi	8	17 jun 1997	6-Ix	4
2 feb 1997	**1-Cauac**	4	11 abr 1997	4-Manik	9	18 jun 1997	7-Men	5
3 feb 1997	2-Ahau	5	12 abr 1997	5-Lamat	1	19 jun 1997	8-Cib	6
4 feb 1997	*3-Imix*	6	13 abr 1997	6-Muluc	2	20 jun 1997	9-Caban	7
5 feb 1997	4-Ik	7	14 abr 1997	7-Oc	3	21 jun 1997	10-Etz'nab	8
6 feb 1997	5-Akbal	8	15 abr 1997	8-Chuen	4	22 jun 1997	11-Cauac	9
7 feb 1997	6-Kan	9	16 abr 1997	9-Eb	5	23 jun 1997	12-Ahau	1
8 feb 1997	7-Chicchan	1	17 abr 1997	10-Ben	6	24 jun 1997	*13-Imix*	2
9 feb 1997	8-Cimi	2	18 abr 1997	11-Ix	7	25 jun 1997	**1-Ik**	3
10 feb 1997	9-Manik	3	19 abr 1997	12-Men	8	26 jun 1997	2-Akbal	4
11 feb 1997	10-Lamat	4	20 abr 1997	13-Cib	9	27 jun 1997	3-Kan	5
12 feb 1997	11-Muluc	5	21 abr 1997	**1-Caban**	1	28 jun 1997	4-Chicchan	6
13 feb 1997	12-Oc	6	22 abr 1997	2-Etz'nab	2	29 jun 1997	5-Cimi	7
14 feb 1997	13-Chuen	7	23 abr 1997	3-Cauac	3	30 jun 1997	6-Manik	8
15 feb 1997	**1-Eb**	8	24 abr 1997	4-Ahau	4	1 jul 1997	7-Lamat	9
16 feb 1997	2-Ben	9	25 abr 1997	*5-Imix*	5	2 jul 1997	8-Muluc	1
17 feb 1997	3-Ix	1	26 abr 1997	6-Ik	6	3 jul 1997	9-Oc	2
18 feb 1997	4-Men	2	27 abr 1997	7-Akbal	7	4 jul 1997	10-Chuen	3
19 feb 1997	5-Cib	3	28 abr 1997	8-Kan	8	5 jul 1997	11-Eb	4
20 feb 1997	6-Caban	4	29 abr 1997	9-Chicchan	9	6 jul 1997	12-Ben	5
21 feb 1997	7-Etz'nab	5	30 abr 1997	10-Cimi	1	7 jul 1997	13-Ix	6
22 feb 1997	8-Cauac	6	1 may 1997	11-Manik	2	8 jul 1997	**1-Men**	7
23 feb 1997	9-Ahau	7	2 may 1997	12-Lamat	3	9 jul 1997	2-Cib	8
24 feb 1997	*10-Imix*	8	3 may 1997	13-Muluc	4	10 jul 1997	3-Caban	9
25 feb 1997	11-Ik	9	4 may 1997	**1-Oc**	5	11 jul 1997	4-Etz'nab	1
26 feb 1997	12-Akbal	1	5 may 1997	2-Chuen	6	12 jul 1997	5-Cauac	2
27 feb 1997	13-Kan	2	6 may 1997	3-Eb	7	13 jul 1997	6-Ahau	3
28 feb 1997	**1-Chicchan**	3	7 may 1997	4-Ben	8	14 jul 1997	*7-Imix*	4
1 mar 1997	2-Cimi	4	8 may 1997	5-Ix	9	15 jul 1997	8-Ik	5
2 mar 1997	3-Manik	5	9 may 1997	6-Men	1	16 jul 1997	9-Akbal	6
3 mar 1997	4-Lamat	6	10 may 1997	7-Cib	2	17 jul 1997	10-Kan	7
4 mar 1997	5-Muluc	7	11 may 1997	8-Caban	3	18 jul 1997	11-Chicchan	8
5 mar 1997	6-Oc	8	12 may 1997	9-Etz'nab	4	19 jul 1997	12-Cimi	9
6 mar 1997	7-Chuen	9	13 may 1997	10-Cauac	5	20 jul 1997	13-Manik	1
7 mar 1997	8-Eb	1	14 may 1997	11-Ahau	6	21 jul 1997	**1-Lamat**	2
8 mar 1997	9-Ben	2	15 may 1997	*12-Imix*	7	22 jul 1997	2-Muluc	3

Fecha	Signo del día	S	Fecha	Signo del día	S	Fecha	Signo del día	S
23 jul 1997	3-Oc	4	29 sep 1997	6-Etz'nab	9	6 dic 1997	9-Cimi	5
24 jul 1997	4-Chuen	5	30 sep 1997	7-Cauac	1	7 dic 1997	10-Manik	6
25 jul 1997	5-Eb	6	1 oct 1997	8-Ahau	2	8 dic 1997	11-Lamat	7
26 jul 1997	6-Ben	7	2 oct 1997	*9-Imix*	3	9 dic 1997	12-Muluc	8
27 jul 1997	7-Ix	8	3 oct 1997	10-Ik	4	10 dic 1997	13-Oc	9
28 jul 1997	8-Men	9	4 oct 1997	11-Akbal	5	11 dic 1997	**1-Chuen**	1
29 jul 1997	9-Cib	1	5 oct 1997	12-Kan	6	12 dic 1997	2-Eb	2
30 jul 1997	10-Caban	2	6 oct 1997	13-Chicchan	7	13 dic 1997	3-Ben	3
31 jul 1997	11-Etz'nab	3	7 oct 1997	**1-Cimi**	8	14 dic 1997	4-Ix	4
1 ago 1997	12-Cauac	4	8 oct 1997	2-Manik	9	15 dic 1997	5-Men	5
2 ago 1997	13-Ahau	5	9 oct 1997	3-Lamat	1	16 dic 1997	6-Cib	6
3 ago 1997	**1-Imix**	6	10 oct 1997	4-Muluc	2	17 dic 1997	7-Caban	7
4 ago 1997	2-Ik	7	11 oct 1997	5-Oc	3	18 dic 1997	8-Etz'nab	8
5 ago 1997	3-Akbal	8	12 oct 1997	6-Chuen	4	19 dic 1997	9-Cauac	9
6 ago 1997	4-Kan	9	13 oct 1997	7-Eb	5	20 dic 1997	10-Ahau	1
7 ago 1997	5-Chicchan	1	14 oct 1997	8-Ben	6	21 dic 1997	*11-Imix*	2
8 ago 1997	6-Cimi	2	15 oct 1997	9-Ix	7	22 dic 1997	12-Ik	3
9 ago 1997	7-Manik	3	16 oct 1997	10-Men	8	23 dic 1997	13-Akbal	4
10 ago 1997	8-Lamat	4	17 oct 1997	11-Cib	9	24 dic 1997	**1-Kan**	5
11 ago 1997	9-Muluc	5	18 oct 1997	12-Caban	1	25 dic 1997	2-Chicchan	6
12 ago 1997	10-Oc	6	19 oct 1997	13-Etz'nab	2	26 dic 1997	3-Cimi	7
13 ago 1997	11-Chuen	7	20 oct 1997	**1-Cauac**	3	27 dic 1997	4-Manik	8
14 ago 1997	12-Eb	8	21 oct 1997	2-Ahau	4	28 dic 1997	5-Lamat	9
15 ago 1997	13-Ben	9	22 oct 1997	*3-Imix*	5	29 dic 1997	6-Muluc	1
16 ago 1997	**1-Ix**	1	23 oct 1997	4-Ik	6	30 dic 1997	7-Oc	2
17 ago 1997	2-Men	2	24 oct 1997	5-Akbal	7	31 dic 1997	8-Chuen	3
18 ago 1997	3-Cib	3	25 oct 1997	6-Kan	8	1 ene 1998	9-Eb	4
19 ago 1997	4-Caban	4	26 oct 1997	7-Chicchan	9	2 ene 1998	10-Ben	5
20 ago 1997	5-Etz'nab	5	27 oct 1997	8-Cimi	1	3 ene 1998	11-Ix	6
21 ago 1997	6-Cauac	6	28 oct 1997	9-Manik	2	4 ene 1998	12-Men	7
22 ago 1997	7-Ahau	7	29 oct 1997	10-Lamat	3	5 ene 1998	13-Cib	8
23 ago 1997	*8-Imix*	8	30 oct 1997	11-Muluc	4	6 ene 1998	**1-Caban**	9
24 ago 1997	9-Ik	9	31 oct 1997	12-Oc	5	7 ene 1998	2-Etz'nab	1
25 ago 1997	10-Akbal	1	1 nov 1997	13-Chuen	6	8 ene 1998	3-Cauac	2
26 ago 1997	11-Kan	2	2 nov 1997	**1-Eb**	7	9 ene 1998	4-Ahau	3
27 ago 1997	12-Chicchan	3	3 nov 1997	2-Ben	8	10 ene 1998	*5-Imix*	4
28 ago 1997	13-Cimi	4	4 nov 1997	3-Ix	9	11 ene 1998	6-Ik	5
29 ago 1997	**1-Manik**	5	5 nov 1997	4-Men	1	12 ene 1998	7-Akbal	6
30 ago 1997	2-Lamat	6	6 nov 1997	5-Cib	2	13 ene 1998	8-Kan	7
31 ago 1997	3-Muluc	7	7 nov 1997	6-Caban	3	14 ene 1998	9-Chicchan	8
1 sep 1997	4-Oc	8	8 nov 1997	7-Etz'nab	4	15 ene 1998	10-Cimi	9
2 sep 1997	5-Chuen	9	9 nov 1997	8-Cauac	5	16 ene 1998	11-Manik	1
3 sep 1997	6-Eb	1	10 nov 1997	9-Ahau	6	17 ene 1998	12-Lamat	2
4 sep 1997	7-Ben	2	11 nov 1997	*10-Imix*	7	18 ene 1998	13-Muluc	3
5 sep 1997	8-Ix	3	12 nov 1997	11-Ik	8	19 ene 1998	**1-Oc**	4
6 sep 1997	9-Men	4	13 nov 1997	12-Akbal	9	20 ene 1998	2-Chuen	5
7 sep 1997	10-Cib	5	14 nov 1997	13-Kan	1	21 ene 1998	3-Eb	6
8 sep 1997	11-Caban	6	15 nov 1997	**1-Chicchan**	2	22 ene 1998	4-Ben	7
9 sep 1997	12-Etz'nab	7	16 nov 1997	2-Cimi	3	23 ene 1998	5-Ix	8
10 sep 1997	13-Cauac	8	17 nov 1997	3-Manik	4	24 ene 1998	6-Men	9
11 sep 1997	**1-Ahau**	9	18 nov 1997	4-Lamat	5	25 ene 1998	7-Cib	1
12 sep 1997	*2-Imix*	1	19 nov 1997	5-Muluc	6	26 ene 1998	8-Caban	2
13 sep 1997	3-Ik	2	20 nov 1997	6-Oc	7	27 ene 1998	9-Etz'nab	3
14 sep 1997	4-Akbal	3	21 nov 1997	7-Chuen	8	28 ene 1998	10-Cauac	4
15 sep 1997	5-Kan	4	22 nov 1997	8-Eb	9	29 ene 1998	11-Ahau	5
16 sep 1997	6-Chicchan	5	23 nov 1997	9-Ben	1	30 ene 1998	*12-Imix*	6
17 sep 1997	7-Cimi	6	24 nov 1997	10-Ix	2	31 ene 1998	13-Ik	7
18 sep 1997	8-Manik	7	25 nov 1997	11-Men	3	1 feb 1998	**1-Akbal**	8
19 sep 1997	9-Lamat	8	26 nov 1997	12-Cib	4	2 feb 1998	2-Kan	9
20 sep 1997	10-Muluc	9	27 nov 1997	13-Caban	5	3 feb 1998	3-Chicchan	1
21 sep 1997	11-Oc	1	28 nov 1997	**1-Etz'nab**	6	4 feb 1998	4-Cimi	2
22 sep 1997	12-Chuen	2	29 nov 1997	2-Cauac	7	5 feb 1998	5-Manik	3
23 sep 1997	13-Eb	3	30 nov 1997	3-Ahau	8	6 feb 1998	6-Lamat	4
24 sep 1997	**1-Ben**	4	1 dic 1997	*4-Imix*	9	7 feb 1998	7-Muluc	5
25 sep 1997	2-Ix	5	2 dic 1997	5-Ik	1	8 feb 1998	8-Oc	6
26 sep 1997	3-Men	6	3 dic 1997	6-Akbal	2	9 feb 1998	9-Chuen	7
27 sep 1997	4-Cib	7	4 dic 1997	7-Kan	3	10 feb 1998	10-Eb	8
28 sep 1997	5-Caban	8	5 dic 1997	8-Chicchan	4	11 feb 1998	11-Ben	9

Fecha	Signo del día	S
12 feb 1998	12-Ix	1
13 feb 1998	13-Men	2
14 feb 1998	**1-Cib**	3
15 feb 1998	2-Caban	4
16 feb 1998	3-Etz'nab	5
17 feb 1998	4-Cauac	6
18 feb 1998	5-Ahau	7
19 feb 1998	*6-Imix*	8
20 feb 1998	7-Ik	9
21 feb 1998	8-Akbal	1
22 feb 1998	9-Kan	2
23 feb 1998	10-Chicchan	3
24 feb 1998	11-Cimi	4
25 feb 1998	12-Manik	5
26 feb 1998	13-Lamat	6
27 feb 1998	**1-Muluc**	7
28 feb 1998	2-Oc	8
1 mar 1998	3-Chuen	9
2 mar 1998	4-Eb	1
3 mar 1998	5-Ben	2
4 mar 1998	6-Ix	3
5 mar 1998	7-Men	4
6 mar 1998	8-Cib	5
7 mar 1998	9-Caban	6
8 mar 1998	10-Etz'nab	7
9 mar 1998	11-Cauac	8
10 mar 1998	12-Ahau	9
11 mar 1998	*13-Imix*	1
12 mar 1998	**1-Ik**	2
13 mar 1998	2-Akbal	3
14 mar 1998	3-Kan	4
15 mar 1998	4-Chicchan	5
16 mar 1998	5-Cimi	6
17 mar 1998	6-Manik	7
18 mar 1998	7-Lamat	8
19 mar 1998	8-Muluc	9
20 mar 1998	9-Oc	1
21 mar 1998	10-Chuen	2
22 mar 1998	11-Eb	3
23 mar 1998	12-Ben	4
24 mar 1998	13-Ix	5
25 mar 1998	**1-Men**	6
26 mar 1998	2-Cib	7
27 mar 1998	3-Caban	8
28 mar 1998	4-Etz'nab	9
29 mar 1998	5-Cauac	1
30 mar 1998	6-Ahau	2
31 mar 1998	*7-Imix*	3
1 abr 1998	8-Ik	4
2 abr 1998	9-Akbal	5
3 abr 1998	10-Kan	6
4 abr 1998	11-Chicchan	7
5 abr 1998	12-Cimi	8
6 abr 1998	13-Manik	9
7 abr 1998	**1-Lamat**	1
8 abr 1998	2-Muluc	2
9 abr 1998	3-Oc	3
10 abr 1998	4-Chuen	4
11 abr 1998	5-Eb	5
12 abr 1998	6-Ben	6
13 abr 1998	7-Ix	7
14 abr 1998	8-Men	8
15 abr 1998	9-Cib	9
16 abr 1998	10-Caban	1
17 abr 1998	11-Etz'nab	2
18 abr 1998	12-Cauac	3
19 abr 1998	13-Ahau	4
20 abr 1998	**1-Imix**	5

Fecha	Signo del día	S
21 abr 1998	2-Ik	6
22 abr 1998	3-Akbal	7
23 abr 1998	4-Kan	8
24 abr 1998	5-Chicchan	9
25 abr 1998	6-Cimi	1
26 abr 1998	7-Manik	2
27 abr 1998	8-Lamat	3
28 abr 1998	9-Muluc	4
29 abr 1998	10-Oc	5
30 abr 1998	11-Chuen	6
1 may 1998	12-Eb	7
2 may 1998	13-Ben	8
3 may 1998	**1-Ix**	9
4 may 1998	2-Men	1
5 may 1998	3-Cib	2
6 may 1998	4-Caban	3
7 may 1998	5-Etz'nab	4
8 may 1998	6-Cauac	5
9 may 1998	7-Ahau	6
10 may 1998	*8-Imix*	7
11 may 1998	9-Ik	8
12 may 1998	10-Akbal	9
13 may 1998	11-Kan	1
14 may 1998	12-Chicchan	2
15 may 1998	13-Cimi	3
16 may 1998	**1-Manik**	4
17 may 1998	2-Lamat	5
18 may 1998	3-Muluc	6
19 may 1998	4-Oc	7
20 may 1998	5-Chuen	8
21 may 1998	6-Eb	9
22 may 1998	7-Ben	1
23 may 1998	8-Ix	2
24 may 1998	9-Men	3
25 may 1998	10-Cib	4
26 may 1998	11-Caban	5
27 may 1998	12-Etz'nab	6
28 may 1998	13-Cauac	7
29 may 1998	**1-Ahau**	8
30 may 1998	*2-Imix*	9
31 may 1998	3-Ik	1
1 jun 1998	4-Akbal	2
2 jun 1998	5-Kan	3
3 jun 1998	6-Chicchan	4
4 jun 1998	7-Cimi	5
5 jun 1998	8-Manik	6
6 jun 1998	9-Lamat	7
7 jun 1998	10-Muluc	8
8 jun 1998	11-Oc	9
9 jun 1998	12-Chuen	1
10 jun 1998	13-Eb	2
11 jun 1998	**1-Ben**	3
12 jun 1998	2-Ix	4
13 jun 1998	3-Men	5
14 jun 1998	4-Cib	6
15 jun 1998	5-Caban	7
16 jun 1998	6-Etz'nab	8
17 jun 1998	7-Cauac	9
18 jun 1998	8-Ahau	1
19 jun 1998	*9-Imix*	2
20 jun 1998	10-Ik	3
21 jun 1998	11-Akbal	4
22 jun 1998	12-Kan	5
23 jun 1998	13-Chicchan	6
24 jun 1998	**1-Cimi**	7
25 jun 1998	2-Manik	8
26 jun 1998	3-Lamat	9
27 jun 1998	4-Muluc	1

Fecha	Signo del día	S
28 jun 1998	5-Oc	2
29 jun 1998	6-Chuen	3
30 jun 1998	7-Eb	4
1 jul 1998	8-Ben	5
2 jul 1998	9-Ix	6
3 jul 1998	10-Men	7
4 jul 1998	11-Cib	8
5 jul 1998	12-Caban	9
6 jul 1998	13-Etz'nab	1
7 jul 1998	**1-Cauac**	2
8 jul 1998	2-Ahau	3
9 jul 1998	*3-Imix*	4
10 jul 1998	4-Ik	5
11 jul 1998	5-Akbal	6
12 jul 1998	6-Kan	7
13 jul 1998	7-Chicchan	8
14 jul 1998	8-Cimi	9
15 jul 1998	9-Manik	1
16 jul 1998	10-Lamat	2
17 jul 1998	11-Muluc	3
18 jul 1998	12-Oc	4
19 jul 1998	13-Chuen	5
20 jul 1998	**1-Eb**	6
21 jul 1998	2-Ben	7
22 jul 1998	3-Ix	8
23 jul 1998	4-Men	9
24 jul 1998	5-Cib	1
25 jul 1998	6-Caban	2
26 jul 1998	7-Etz'nab	3
27 jul 1998	8-Cauac	4
28 jul 1998	9-Ahau	5
29 jul 1998	*10-Imix*	6
30 jul 1998	11-Ik	7
31 jul 1998	12-Akbal	8
1 ago 1998	13-Kan	9
2 ago 1998	**1-Chicchan**	1
3 ago 1998	2-Cimi	2
4 ago 1998	3-Manik	3
5 ago 1998	4-Lamat	4
6 ago 1998	5-Muluc	5
7 ago 1998	6-Oc	6
8 ago 1998	7-Chuen	7
9 ago 1998	8-Eb	8
10 ago 1998	9-Ben	9
11 ago 1998	10-Ix	1
12 ago 1998	11-Men	2
13 ago 1998	12-Cib	3
14 ago 1998	13-Caban	4
15 ago 1998	**1-Etz'nab**	5
16 ago 1998	2-Cauac	6
17 ago 1998	3-Ahau	7
18 ago 1998	*4-Imix*	8
19 ago 1998	5-Ik	9
20 ago 1998	6-Akbal	1
21 ago 1998	7-Kan	2
22 ago 1998	8-Chicchan	3
23 ago 1998	9-Cimi	4
24 ago 1998	10-Manik	5
25 ago 1998	11-Lamat	6
26 ago 1998	12-Muluc	7
27 ago 1998	13-Oc	8
28 ago 1998	**1-Chuen**	9
29 ago 1998	2-Eb	1
30 ago 1998	3-Ben	2
31 ago 1998	4-Ix	3
1 sep 1998	5-Men	4
2 sep 1998	6-Cib	5
3 sep 1998	7-Caban	6

Fecha	Signo del día	S
4 sep 1998	8-Etz'nab	7
5 sep 1998	9-Cauac	8
6 sep 1998	10-Ahau	9
7 sep 1998	*11-Imix*	1
8 sep 1998	12-Ik	2
9 sep 1998	13-Akbal	3
10 sep 1998	**1-Kan**	4
11 sep 1998	2-Chicchan	5
12 sep 1998	3-Cimi	6
13 sep 1998	4-Manik	7
14 sep 1998	5-Lamat	8
15 sep 1998	6-Muluc	9
16 sep 1998	7-Oc	1
17 sep 1998	8-Chuen	2
18 sep 1998	9-Eb	3
19 sep 1998	10-Ben	4
20 sep 1998	11-Ix	5
21 sep 1998	12-Men	6
22 sep 1998	13-Cib	7
23 sep 1998	**1-Caban**	8
24 sep 1998	2-Etz'nab	9
25 sep 1998	3-Cauac	1
26 sep 1998	4-Ahau	2
27 sep 1998	*5-Imix*	3
28 sep 1998	6-Ik	4
29 sep 1998	7-Akbal	5
30 sep 1998	8-Kan	6
1 oct 1998	9-Chicchan	7
2 oct 1998	10-Cimi	8
3 oct 1998	11-Manik	9
4 oct 1998	12-Lamat	1
5 oct 1998	13-Muluc	2
6 oct 1998	**1-Oc**	3
7 oct 1998	2-Chuen	4
8 oct 1998	3-Eb	5
9 oct 1998	4-Ben	6
10 oct 1998	5-Ix	7
11 oct 1998	6-Men	8
12 oct 1998	7-Cib	9
13 oct 1998	8-Caban	1
14 oct 1998	9-Etz'nab	2
15 oct 1998	10-Cauac	3
16 oct 1998	11-Ahau	4
17 oct 1998	*12-Imix*	5
18 oct 1998	13-Ik	6
19 oct 1998	**1-Akbal**	7
20 oct 1998	2-Kan	8
21 oct 1998	3-Chicchan	9
22 oct 1998	4-Cimi	1
23 oct 1998	5-Manik	2
24 oct 1998	6-Lamat	3
25 oct 1998	7-Muluc	4
26 oct 1998	8-Oc	5
27 oct 1998	9-Chuen	6
28 oct 1998	10-Eb	7
29 oct 1998	11-Ben	8
30 oct 1998	12-Ix	9
31 oct 1998	13-Men	1
1 nov 1998	**1-Cib**	2
2 nov 1998	2-Caban	3
3 nov 1998	3-Etz'nab	4
4 nov 1998	4-Cauac	5
5 nov 1998	5-Ahau	6
6 nov 1998	*6-Imix*	7
7 nov 1998	7-Ik	8
8 nov 1998	8-Akbal	9
9 nov 1998	9-Kan	1
10 nov 1998	10-Chicchan	2

Fecha	Signo del día	S
11 nov 1998	11-Cimi	3
12 nov 1998	12-Manik	4
13 nov 1998	13-Lamat	5
14 nov 1998	**1-Muluc**	6
15 nov 1998	2-Oc	7
16 nov 1998	3-Chuen	8
17 nov 1998	4-Eb	9
18 nov 1998	5-Ben	1
19 nov 1998	6-Ix	2
20 nov 1998	7-Men	3
21 nov 1998	8-Cib	4
22 nov 1998	9-Caban	5
23 nov 1998	10-Etz'nab	6
24 nov 1998	11-Cauac	7
25 nov 1998	12-Ahau	8
26 nov 1998	*13-Imix*	9
27 nov 1998	**1-Ik**	1
28 nov 1998	2-Akbal	2
29 nov 1998	3-Kan	3
30 nov 1998	4-Chicchan	4
1 dic 1998	5-Cimi	5
2 dic 1998	6-Manik	6
3 dic 1998	7-Lamat	7
4 dic 1998	8-Muluc	8
5 dic 1998	9-Oc	9
6 dic 1998	10-Chuen	1
7 dic 1998	11-Eb	2
8 dic 1998	12-Ben	3
9 dic 1998	13-Ix	4
10 dic 1998	**1-Men**	5
11 dic 1998	2-Cib	6
12 dic 1998	3-Caban	7
13 dic 1998	4-Etz'nab	8
14 dic 1998	5-Cauac	9
15 dic 1998	6-Ahau	1
16 dic 1998	*7-Imix*	2
17 dic 1998	8-Ik	3
18 dic 1998	9-Akbal	4
19 dic 1998	10-Kan	5
20 dic 1998	11-Chicchan	6
21 dic 1998	12-Cimi	7
22 dic 1998	13-Manik	8
23 dic 1998	**1-Lamat**	9
24 dic 1998	2-Muluc	1
25 dic 1998	3-Oc	2
26 dic 1998	4-Chuen	3
27 dic 1998	5-Eb	4
28 dic 1998	6-Ben	5
29 dic 1998	7-Ix	6
30 dic 1998	8-Men	7
31 dic 1998	9-Cib	8
1 ene 1999	10-Caban	9
2 ene 1999	11-Etz'nab	1
3 ene 1999	12-Cauac	2
4 ene 1999	13-Ahau	3
5 ene 1999	**1-Imix**	4
6 ene 1999	2-Ik	5
7 ene 1999	3-Akbal	6
8 ene 1999	4-Kan	7
9 ene 1999	5-Chicchan	8
10 ene 1999	6-Cimi	9
11 ene 1999	7-Manik	1
12 ene 1999	8-Lamat	2
13 ene 1999	9-Muluc	3
14 ene 1999	10-Oc	4
15 ene 1999	11-Chuen	5
16 ene 1999	12-Eb	6
17 ene 1999	13-Ben	7

Fecha	Signo del día	S
18 ene 1999	**1-Ix**	8
19 ene 1999	2-Men	9
20 ene 1999	3-Cib	1
21 ene 1999	4-Caban	2
22 ene 1999	5-Etz'nab	3
23 ene 1999	6-Cauac	4
24 ene 1999	7-Ahau	5
25 ene 1999	*8-Imix*	6
26 ene 1999	9-Ik	7
27 ene 1999	10-Akbal	8
28 ene 1999	11-Kan	9
29 ene 1999	12-Chicchan	1
30 ene 1999	13-Cimi	2
31 ene 1999	**1-Manik**	3
1 feb 1999	2-Lamat	4
2 feb 1999	3-Muluc	5
3 feb 1999	4-Oc	6
4 feb 1999	5-Chuen	7
5 feb 1999	6-Eb	8
6 feb 1999	7-Ben	9
7 feb 1999	8-Ix	1
8 feb 1999	9-Men	2
9 feb 1999	10-Cib	3
10 feb 1999	11-Caban	4
11 feb 1999	12-Etz'nab	5
12 feb 1999	13-Cauac	6
13 feb 1999	**1-Ahau**	7
14 feb 1999	*2-Imix*	8
15 feb 1999	3-Ik	9
16 feb 1999	4-Akbal	1
17 feb 1999	5-Kan	2
18 feb 1999	6-Chicchan	3
19 feb 1999	7-Cimi	4
20 feb 1999	8-Manik	5
21 feb 1999	9-Lamat	6
22 feb 1999	10-Muluc	7
23 feb 1999	11-Oc	8
24 feb 1999	12-Chuen	9
25 feb 1999	13-Eb	1
26 feb 1999	**1-Ben**	2
27 feb 1999	2-Ix	3
28 feb 1999	3-Men	4
1 mar 1999	4-Cib	5
2 mar 1999	5-Caban	6
3 mar 1999	6-Etz'nab	7
4 mar 1999	7-Cauac	8
5 mar 1999	8-Ahau	9
6 mar 1999	*9-Imix*	1
7 mar 1999	10-Ik	2
8 mar 1999	11-Akbal	3
9 mar 1999	12-Kan	4
10 mar 1999	13-Chicchan	5
11 mar 1999	**1-Cimi**	6
12 mar 1999	2-Manik	7
13 mar 1999	3-Lamat	8
14 mar 1999	4-Muluc	9
15 mar 1999	5-Oc	1
16 mar 1999	6-Chuen	2
17 mar 1999	7-Eb	3
18 mar 1999	8-Ben	4
19 mar 1999	9-Ix	5
20 mar 1999	10-Men	6
21 mar 1999	11-Cib	7
22 mar 1999	12-Caban	8
23 mar 1999	13-Etz'nab	9
24 mar 1999	**1-Cauac**	1
25 mar 1999	2-Ahau	2
26 mar 1999	*3-Imix*	3

Fecha	Signo del día	S		Fecha	Signo del día	S		Fecha	Signo del día	S
27 mar 1999	4-Ik	4		3 jun 1999	7-Oc	9		10 ago 1999	10-Etz'nab	5
28 mar 1999	5-Akbal	5		4 jun 1999	8-Chuen	1		11 ago 1999	11-Cauac	6
29 mar 1999	6-Kan	6		5 jun 1999	9-Eb	2		12 ago 1999	12-Ahau	7
30 mar 1999	7-Chicchan	7		6 jun 1999	10-Ben	3		13 ago 1999	13-Imix	8
31 mar 1999	8-Cimi	8		7 jun 1999	11-Ix	4		14 ago 1999	1-Ik	9
1 abr 1999	9-Manik	9		8 jun 1999	12-Men	5		15 ago 1999	2-Akbal	1
2 abr 1999	10-Lamat	1		9 jun 1999	13-Cib	6		16 ago 1999	3-Kan	2
3 abr 1999	11-Muluc	2		10 jun 1999	1-Caban	7		17 ago 1999	4-Chicchan	3
4 abr 1999	12-Oc	3		11 jun 1999	2-Etz'nab	8		18 ago 1999	5-Cimi	4
5 abr 1999	13-Chuen	4		12 jun 1999	3-Cauac	9		19 ago 1999	6-Manik	5
6 abr 1999	1-Eb	5		13 jun 1999	4-Ahau	1		20 ago 1999	7-Lamat	6
7 abr 1999	2-Ben	6		14 jun 1999	5-Imix	2		21 ago 1999	8-Muluc	7
8 abr 1999	3-Ix	7		15 jun 1999	6-Ik	3		22 ago 1999	9-Oc	8
9 abr 1999	4-Men	8		16 jun 1999	7-Akbal	4		23 ago 1999	10-Chuen	9
10 abr 1999	5-Cib	9		17 jun 1999	8-Kan	5		24 ago 1999	11-Eb	1
11 abr 1999	6-Caban	1		18 jun 1999	9-Chicchan	6		25 ago 1999	12-Ben	2
12 abr 1999	7-Etz'nab	2		19 jun 1999	10-Cimi	7		26 ago 1999	13-Ix	3
13 abr 1999	8-Cauac	3		20 jun 1999	11-Manik	8		27 ago 1999	1-Men	4
14 abr 1999	9-Ahau	4		21 jun 1999	12-Lamat	9		28 ago 1999	2-Cib	5
15 abr 1999	10-Imix	5		22 jun 1999	13-Muluc	1		29 ago 1999	3-Caban	6
16 abr 1999	11-Ik	6		23 jun 1999	1-Oc	2		30 ago 1999	4-Etz'nab	7
17 abr 1999	12-Akbal	7		24 jun 1999	2-Chuen	3		31 ago 1999	5-Cauac	8
18 abr 1999	13-Kan	8		25 jun 1999	3-Eb	4		1 sep 1999	6-Ahau	9
19 abr 1999	1-Chicchan	9		26 jun 1999	4-Ben	5		2 sep 1999	7-Imix	1
20 abr 1999	2-Cimi	1		27 jun 1999	5-Ix	6		3 sep 1999	8-Ik	2
21 abr 1999	3-Manik	2		28 jun 1999	6-Men	7		4 sep 1999	9-Akbal	3
22 abr 1999	4-Lamat	3		29 jun 1999	7-Cib	8		5 sep 1999	10-Kan	4
23 abr 1999	5-Muluc	4		30 jun 1999	8-Caban	9		6 sep 1999	11-Chicchan	5
24 abr 1999	6-Oc	5		1 jul 1999	9-Etz'nab	1		7 sep 1999	12-Cimi	6
25 abr 1999	7-Chuen	6		2 jul 1999	10-Cauac	2		8 sep 1999	13-Manik	7
26 abr 1999	8-Eb	7		3 jul 1999	11-Ahau	3		9 sep 1999	1-Lamat	8
27 abr 1999	9-Ben	8		4 jul 1999	12-Imix	4		10 sep 1999	2-Muluc	9
28 abr 1999	10-Ix	9		5 jul 1999	13-Ik	5		11 sep 1999	3-Oc	1
29 abr 1999	11-Men	1		6 jul 1999	1-Akbal	6		12 sep 1999	4-Chuen	2
30 abr 1999	12-Cib	2		7 jul 1999	2-Kan	7		13 sep 1999	5-Eb	3
1 may 1999	13-Caban	3		8 jul 1999	3-Chicchan	8		14 sep 1999	6-Ben	4
2 may 1999	1-Etz'nab	4		9 jul 1999	4-Cimi	9		15 sep 1999	7-Ix	5
3 may 1999	2-Cauac	5		10 jul 1999	5-Manik	1		16 sep 1999	8-Men	6
4 may 1999	3-Ahau	6		11 jul 1999	6-Lamat	2		17 sep 1999	9-Cib	7
5 may 1999	4-Imix	7		12 jul 1999	7-Muluc	3		18 sep 1999	10-Caban	8
6 may 1999	5-Ik	8		13 jul 1999	8-Oc	4		19 sep 1999	11-Etz'nab	9
7 may 1999	6-Akbal	9		14 jul 1999	9-Chuen	5		20 sep 1999	12-Cauac	1
8 may 1999	7-Kan	1		15 jul 1999	10-Eb	6		21 sep 1999	13-Ahau	2
9 may 1999	8-Chicchan	2		16 jul 1999	11-Ben	7		22 sep 1999	1-Imix	3
10 may 1999	9-Cimi	3		17 jul 1999	12-Ix	8		23 sep 1999	2-Ik	4
11 may 1999	10-Manik	4		18 jul 1999	13-Men	9		24 sep 1999	3-Akbal	5
12 may 1999	11-Lamat	5		19 jul 1999	1-Cib	1		25 sep 1999	4-Kan	6
13 may 1999	12-Muluc	6		20 jul 1999	2-Caban	2		26 sep 1999	5-Chicchan	7
14 may 1999	13-Oc	7		21 jul 1999	3-Etz'nab	3		27 sep 1999	6-Cimi	8
15 may 1999	1-Chuen	8		22 jul 1999	4-Cauac	4		28 sep 1999	7-Manik	9
16 may 1999	2-Eb	9		23 jul 1999	5-Ahau	5		29 sep 1999	8-Lamat	1
17 may 1999	3-Ben	1		24 jul 1999	6-Imix	6		30 sep 1999	9-Muluc	2
18 may 1999	4-Ix	2		25 jul 1999	7-Ik	7		1 oct 1999	10-Oc	3
19 may 1999	5-Men	3		26 jul 1999	8-Akbal	8		2 oct 1999	11-Chuen	4
20 may 1999	6-Cib	4		27 jul 1999	9-Kan	9		3 oct 1999	12-Eb	5
21 may 1999	7-Caban	5		28 jul 1999	10-Chicchan	1		4 oct 1999	13-Ben	6
22 may 1999	8-Etz'nab	6		29 jul 1999	11-Cimi	2		5 oct 1999	1-Ix	7
23 may 1999	9-Cauac	7		30 jul 1999	12-Manik	3		6 oct 1999	2-Men	8
24 may 1999	10-Ahau	8		31 jul 1999	13-Lamat	4		7 oct 1999	3-Cib	9
25 may 1999	11-Imix	9		1 ago 1999	1-Muluc	5		8 oct 1999	4-Caban	1
26 may 1999	12-Ik	1		2 ago 1999	2-Oc	6		9 oct 1999	5-Etz'nab	2
27 may 1999	13-Akbal	2		3 ago 1999	3-Chuen	7		10 oct 1999	6-Cauac	3
28 may 1999	1-Kan	3		4 ago 1999	4-Eb	8		11 oct 1999	7-Ahau	4
29 may 1999	2-Chicchan	4		5 ago 1999	5-Ben	9		12 oct 1999	8-Imix	5
30 may 1999	3-Cimi	5		6 ago 1999	6-Ix	1		13 oct 1999	9-Ik	6
31 may 1999	4-Manik	6		7 ago 1999	7-Men	2		14 oct 1999	10-Akbal	7
1 jun 1999	5-Lamat	7		8 ago 1999	8-Cib	3		15 oct 1999	11-Kan	8
2 jun 1999	6-Muluc	8		9 ago 1999	9-Caban	4		16 oct 1999	12-Chicchan	9

Fecha	Signo del día	S
17 oct 1999	13-Cimi	1
18 oct 1999	**1-Manik**	2
19 oct 1999	2-Lamat	3
20 oct 1999	3-Muluc	4
21 oct 1999	4-Oc	5
22 oct 1999	5-Chuen	6
23 oct 1999	6-Eb	7
24 oct 1999	7-Ben	8
25 oct 1999	8-Ix	9
26 oct 1999	9-Men	1
27 oct 1999	10-Cib	2
28 oct 1999	11-Caban	3
29 oct 1999	12-Etz'nab	4
30 oct 1999	13-Cauac	5
31 oct 1999	**1-Ahau**	6
1 nov 1999	*2-Imix*	7
2 nov 1999	3-Ik	8
3 nov 1999	4-Akbal	9
4 nov 1999	5-Kan	1
5 nov 1999	6-Chicchan	2
6 nov 1999	7-Cimi	3
7 nov 1999	8-Manik	4
8 nov 1999	9-Lamat	5
9 nov 1999	10-Muluc	6
10 nov 1999	11-Oc	7
11 nov 1999	12-Chuen	8
12 nov 1999	13-Eb	9
13 nov 1999	**1-Ben**	1
14 nov 1999	2-Ix	2
15 nov 1999	3-Men	3
16 nov 1999	4-Cib	4
17 nov 1999	5-Caban	5
18 nov 1999	6-Etz'nab	6
19 nov 1999	7-Cauac	7
20 nov 1999	8-Ahau	8
21 nov 1999	*9-Imix*	9
22 nov 1999	10-Ik	1
23 nov 1999	11-Akbal	2
24 nov 1999	12-Kan	3
25 nov 1999	13-Chicchan	4
26 nov 1999	**1-Cimi**	5
27 nov 1999	2-Manik	6
28 nov 1999	3-Lamat	7
29 nov 1999	4-Muluc	8
30 nov 1999	5-Oc	9
1 dic 1999	6-Chuen	1
2 dic 1999	7-Eb	2
3 dic 1999	8-Ben	3
4 dic 1999	9-Ix	4
5 dic 1999	10-Men	5
6 dic 1999	11-Cib	6
7 dic 1999	12-Caban	7
8 dic 1999	13-Etz'nab	8
9 dic 1999	**1-Cauac**	9
10 dic 1999	2-Ahau	1
11 dic 1999	*3-Imix*	2
12 dic 1999	4-Ik	3
13 dic 1999	5-Akbal	4
14 dic 1999	6-Kan	5
15 dic 1999	7-Chicchan	6
16 dic 1999	8-Cimi	7
17 dic 1999	9-Manik	8
18 dic 1999	10-Lamat	9
19 dic 1999	11-Muluc	1
20 dic 1999	12-Oc	2
21 dic 1999	13-Chuen	3
22 dic 1999	**1-Eb**	4
23 dic 1999	2-Ben	5

Fecha	Signo del día	S
24 dic 1999	3-Ix	6
25 dic 1999	4-Men	7
26 dic 1999	5-Cib	8
27 dic 1999	6-Caban	9
28 dic 1999	7-Etz'nab	1
29 dic 1999	8-Cauac	2
30 dic 1999	9-Ahau	3
31 dic 1999	*10-Imix*	4
1 ene 2000	11-Ik	5
2 ene 2000	12-Akbal	6
3 ene 2000	13-Kan	7
4 ene 2000	**1-Chicchan**	8
5 ene 2000	2-Cimi	9
6 ene 2000	3-Manik	1
7 ene 2000	4-Lamat	2
8 ene 2000	5-Muluc	3
9 ene 2000	6-Oc	4
10 ene 2000	7-Chuen	5
11 ene 2000	8-Eb	6
12 ene 2000	9-Ben	7
13 ene 2000	10-Ix	8
14 ene 2000	11-Men	9
15 ene 2000	12-Cib	1
16 ene 2000	13-Caban	2
17 ene 2000	**1-Etz'nab**	3
18 ene 2000	2-Cauac	4
19 ene 2000	3-Ahau	5
20 ene 2000	*4-Imix*	6
21 ene 2000	5-Ik	7
22 ene 2000	6-Akbal	8
23 ene 2000	7-Kan	9
24 ene 2000	8-Chicchan	1
25 ene 2000	9-Cimi	2
26 ene 2000	10-Manik	3
27 ene 2000	11-Lamat	4
28 ene 2000	12-Muluc	5
29 ene 2000	13-Oc	6
30 ene 2000	**1-Chuen**	7
31 ene 2000	2-Eb	8
1 feb 2000	3-Ben	9
2 feb 2000	4-Ix	1
3 feb 2000	5-Men	2
4 feb 2000	6-Cib	3
5 feb 2000	7-Caban	4
6 feb 2000	8-Etz'nab	5
7 feb 2000	9-Cauac	6
8 feb 2000	10-Ahau	7
9 feb 2000	*11-Imix*	8
10 feb 2000	12-Ik	9
11 feb 2000	13-Akbal	1
12 feb 2000	**1-Kan**	2
13 feb 2000	2-Chicchan	3
14 feb 2000	3-Cimi	4
15 feb 2000	4-Manik	5
16 feb 2000	5-Lamat	6
17 feb 2000	6-Muluc	7
18 feb 2000	7-Oc	8
19 feb 2000	8-Chuen	9
20 feb 2000	9-Eb	1
21 feb 2000	10-Ben	2
22 feb 2000	11-Ix	3
23 feb 2000	12-Men	4
24 feb 2000	13-Cib	5
25 feb 2000	**1-Caban**	6
26 feb 2000	2-Etz'nab	7
27 feb 2000	3-Cauac	8
28 feb 2000	4-Ahau	9
29 feb 2000	*5-Imix*	1

Fecha	Signo del día	S
1 mar 2000	6-Ik	2
2 mar 2000	7-Akbal	3
3 mar 2000	8-Kan	4
4 mar 2000	9-Chicchan	5
5 mar 2000	10-Cimi	6
6 mar 2000	11-Manik	7
7 mar 2000	12-Lamat	8
8 mar 2000	13-Muluc	9
9 mar 2000	**1-Oc**	1
10 mar 2000	2-Chuen	2
11 mar 2000	3-Eb	3
12 mar 2000	4-Ben	4
13 mar 2000	5-Ix	5
14 mar 2000	6-Men	6
15 mar 2000	7-Cib	7
16 mar 2000	8-Caban	8
17 mar 2000	9-Etz'nab	9
18 mar 2000	10-Cauac	1
19 mar 2000	11-Ahau	2
20 mar 2000	*12-Imix*	3
21 mar 2000	13-Ik	4
22 mar 2000	**1-Akbal**	5
23 mar 2000	2-Kan	6
24 mar 2000	3-Chicchan	7
25 mar 2000	4-Cimi	8
26 mar 2000	5-Manik	9
27 mar 2000	6-Lamat	1
28 mar 2000	7-Muluc	2
29 mar 2000	8-Oc	3
30 mar 2000	9-Chuen	4
31 mar 2000	10-Eb	5
1 abr 2000	11-Ben	6
2 abr 2000	12-Ix	7
3 abr 2000	13-Men	8
4 abr 2000	**1-Cib**	9
5 abr 2000	2-Caban	1
6 abr 2000	3-Etz'nab	2
7 abr 2000	4-Cauac	3
8 abr 2000	5-Ahau	4
9 abr 2000	*6-Imix*	5
10 abr 2000	7-Ik	6
11 abr 2000	8-Akbal	7
12 abr 2000	9-Kan	8
13 abr 2000	10-Chicchan	9
14 abr 2000	11-Cimi	1
15 abr 2000	12-Manik	2
16 abr 2000	13-Lamat	3
17 abr 2000	**1-Muluc**	4
18 abr 2000	2-Oc	5
19 abr 2000	3-Chuen	6
20 abr 2000	4-Eb	7
21 abr 2000	5-Ben	8
22 abr 2000	6-Ix	9
23 abr 2000	7-Men	1
24 abr 2000	8-Cib	2
25 abr 2000	9-Caban	3
26 abr 2000	10-Etz'nab	4
27 abr 2000	11-Cauac	5
28 abr 2000	12-Ahau	6
29 abr 2000	*13-Imix*	7
30 abr 2000	**1-Ik**	8
1 may 2000	2-Akbal	9
2 may 2000	3-Kan	1
3 may 2000	4-Chicchan	2
4 may 2000	5-Cimi	3
5 may 2000	6-Manik	4
6 may 2000	7-Lamat	5
7 may 2000	8-Muluc	6

Fecha	Signo del día	S
8 may 2000	9-Oc	7
9 may 2000	10-Chuen	8
10 may 2000	11-Eb	9
11 may 2000	12-Ben	1
12 may 2000	13-Ix	2
13 may 2000	**1-Men**	3
14 may 2000	2-Cib	4
15 may 2000	3-Caban	5
16 may 2000	4-Etz'nab	6
17 may 2000	5-Cauac	7
18 may 2000	6-Ahau	8
19 may 2000	*7-Imix*	9
20 may 2000	8-Ik	1
21 may 2000	9-Akbal	2
22 may 2000	10-Kan	3
23 may 2000	11-Chicchan	4
24 may 2000	12-Cimi	5
25 may 2000	13-Manik	6
26 may 2000	**1-Lamat**	7
27 may 2000	2-Muluc	8
28 may 2000	3-Oc	9
29 may 2000	4-Chuen	1
30 may 2000	5-Eb	2
31 may 2000	6-Ben	3
1 jun 2000	7-Ix	4
2 jun 2000	8-Men	5
3 jun 2000	9-Cib	6
4 jun 2000	10-Caban	7
5 jun 2000	11-Etz'nab	8
6 jun 2000	12-Cauac	9
7 jun 2000	13-Ahau	1
8 jun 2000	**1-Imix**	2
9 jun 2000	2-Ik	3
10 jun 2000	3-Akbal	4
11 jun 2000	4-Kan	5
12 jun 2000	5-Chicchan	6
13 jun 2000	6-Cimi	7
14 jun 2000	7-Manik	8
15 jun 2000	8-Lamat	9
16 jun 2000	9-Muluc	1
17 jun 2000	10-Oc	2
18 jun 2000	11-Chuen	3
19 jun 2000	12-Eb	4
20 jun 2000	13-Ben	5
21 jun 2000	**1-Ix**	6
22 jun 2000	2-Men	7
23 jun 2000	3-Cib	8
24 jun 2000	4-Caban	9
25 jun 2000	5-Etz'nab	1
26 jun 2000	6-Cauac	2
27 jun 2000	7-Ahau	3
28 jun 2000	*8-Imix*	4
29 jun 2000	9-Ik	5
30 jun 2000	10-Akbal	6
1 jul 2000	11-Kan	7
2 jul 2000	12-Chicchan	8
3 jul 2000	13-Cimi	9
4 jul 2000	**1-Manik**	1
5 jul 2000	2-Lamat	2
6 jul 2000	3-Muluc	3
7 jul 2000	4-Oc	4
8 jul 2000	5-Chuen	5
9 jul 2000	6-Eb	6
10 jul 2000	7-Ben	7
11 jul 2000	8-Ix	8
12 jul 2000	9-Men	9
13 jul 2000	10-Cib	1
14 jul 2000	11-Caban	2
15 jul 2000	12-Etz'nab	3
16 jul 2000	13-Cauac	4
17 jul 2000	**1-Ahau**	5
18 jul 2000	*2-Imix*	6
19 jul 2000	3-Ik	7
20 jul 2000	4-Akbal	8
21 jul 2000	5-Kan	9
22 jul 2000	6-Chicchan	1
23 jul 2000	7-Cimi	2
24 jul 2000	8-Manik	3
25 jul 2000	9-Lamat	4
26 jul 2000	10-Muluc	5
27 jul 2000	11-Oc	6
28 jul 2000	12-Chuen	7
29 jul 2000	13-Eb	8
30 jul 2000	**1-Ben**	9
31 jul 2000	2-Ix	1
1 ago 2000	3-Men	2
2 ago 2000	4-Cib	3
3 ago 2000	5-Caban	4
4 ago 2000	6-Etz'nab	5
5 ago 2000	7-Cauac	6
6 ago 2000	8-Ahau	7
7 ago 2000	*9-Imix*	8
8 ago 2000	10-Ik	9
9 ago 2000	11-Akbal	1
10 ago 2000	12-Kan	2
11 ago 2000	13-Chicchan	3
12 ago 2000	**1-Cimi**	4
13 ago 2000	2-Manik	5
14 ago 2000	3-Lamat	6
15 ago 2000	4-Muluc	7
16 ago 2000	5-Oc	8
17 ago 2000	6-Chuen	9
18 ago 2000	7-Eb	1
19 ago 2000	8-Ben	2
20 ago 2000	9-Ix	3
21 ago 2000	10-Men	4
22 ago 2000	11-Cib	5
23 ago 2000	12-Caban	6
24 ago 2000	13-Etz'nab	7
25 ago 2000	**1-Cauac**	8
26 ago 2000	2-Ahau	9
27 ago 2000	*3-Imix*	1
28 ago 2000	4-Ix	2
29 ago 2000	5-Akbal	3
30 ago 2000	6-Kan	4
31 ago 2000	7-Chicchan	5
1 sep 2000	8-Cimi	6
2 sep 2000	9-Manik	7
3 sep 2000	10-Lamat	8
4 sep 2000	11-Muluc	9
5 sep 2000	12-Oc	1
6 sep 2000	13-Chuen	2
7 sep 2000	**1-Eb**	3
8 sep 2000	2-Ben	4
9 sep 2000	3-Ix	5
10 sep 2000	4-Men	6
11 sep 2000	5-Cib	7
12 sep 2000	6-Caban	8
13 sep 2000	7-Etz'nab	9
14 sep 2000	8-Cauac	1
15 sep 2000	9-Ahau	2
16 sep 2000	*10-Imix*	3
17 sep 2000	11-Ik	4
18 sep 2000	12-Akbal	5
19 sep 2000	13-Kan	6
20 sep 2000	**1-Chicchan**	7
21 sep 2000	2-Cimi	8
22 sep 2000	3-Manik	9
23 sep 2000	4-Lamat	1
24 sep 2000	5-Muluc	2
25 sep 2000	6-Oc	3
26 sep 2000	7-Chuen	4
27 sep 2000	8-Eb	5
28 sep 2000	9-Ben	6
29 sep 2000	10-Ix	7
30 sep 2000	11-Men	8
1 oct 2000	12-Cib	9
2 oct 2000	13-Caban	1
3 oct 2000	**1-Etz'nab**	2
4 oct 2000	2-Cauac	3
5 oct 2000	3-Ahau	4
6 oct 2000	*4-Imix*	5
7 oct 2000	5-Ik	6
8 oct 2000	6-Akbal	7
9 oct 2000	7-Kan	8
10 oct 2000	8-Chicchan	9
11 oct 2000	9-Cimi	1
12 oct 2000	10-Manik	2
13 oct 2000	11-Lamat	3
14 oct 2000	12-Muluc	4
15 oct 2000	13-Oc	5
16 oct 2000	**1-Chuen**	6
17 oct 2000	2-Eb	7
18 oct 2000	3-Ben	8
19 oct 2000	4-Ix	9
20 oct 2000	5-Men	1
21 oct 2000	6-Cib	2
22 oct 2000	7-Caban	3
23 oct 2000	8-Etz'nab	4
24 oct 2000	9-Cauac	5
25 oct 2000	10-Ahau	6
26 oct 2000	*11-Imix*	7
27 oct 2000	12-Ik	8
28 oct 2000	13-Akbal	9
29 oct 2000	**1-Kan**	1
30 oct 2000	2-Chicchan	2
31 oct 2000	3-Cimi	3
1 nov 2000	4-Manik	4
2 nov 2000	5-Lamat	5
3 nov 2000	6-Muluc	6
4 nov 2000	7-Oc	7
5 nov 2000	8-Chuen	8
6 nov 2000	9-Eb	9
7 nov 2000	10-Ben	1
8 nov 2000	11-Ix	2
9 nov 2000	12-Men	3
10 nov 2000	13-Cib	4
11 nov 2000	**1-Caban**	5
12 nov 2000	2-Etz'nab	6
13 nov 2000	3-Cauac	7
14 nov 2000	4-Ahau	8
15 nov 2000	*5-Imix*	9
16 nov 2000	6-Ik	1
17 nov 2000	7-Akbal	2
18 nov 2000	8-Kan	3
19 nov 2000	9-Chicchan	4
20 nov 2000	10-Cimi	5
21 nov 2000	11-Manik	6
22 nov 2000	12-Lamat	7
23 nov 2000	13-Muluc	8
24 nov 2000	**1-Oc**	9
25 nov 2000	2-Chuen	1
26 nov 2000	3-Eb	2
27 nov 2000	4-Ben	3

Fecha	Signo del día	S
28 nov 2000	5-Ix	4
29 nov 2000	6-Men	5
30 nov 2000	7-Cib	6
1 dic 2000	8-Caban	7
2 dic 2000	9-Etz'nab	8
3 dic 2000	10-Cauac	9
4 dic 2000	11-Ahau	1
5 dic 2000	*12-Imix*	2
6 dic 2000	13-Ik	3
7 dic 2000	**1-Akbal**	4
8 dic 2000	2-Kan	5
9 dic 2000	3-Chicchan	6
10 dic 2000	4-Cimi	7
11 dic 2000	5-Manik	8
12 dic 2000	6-Lamat	9
13 dic 2000	7-Muluc	1
14 dic 2000	8-Oc	2
15 dic 2000	9-Chuen	3
16 dic 2000	10-Eb	4
17 dic 2000	11-Ben	5
18 dic 2000	12-Ix	6
19 dic 2000	13-Men	7
20 dic 2000	**1-Cib**	8
21 dic 2000	2-Caban	9
22 dic 2000	3-Etz'nab	1
23 dic 2000	4-Cauac	2
24 dic 2000	5-Ahau	3
25 dic 2000	*6-Imix*	4
26 dic 2000	7-Ik	5
27 dic 2000	8-Akbal	6
28 dic 2000	9-Kan	7
29 dic 2000	10-Chicchan	8
30 dic 2000	11-Cimi	9
31 dic 2000	12-Manik	1
1 ene 2001	13-Lamat	2
2 ene 2001	**1-Muluc**	3
3 ene 2001	2-Oc	4
4 ene 2001	3-Chuen	5
5 ene 2001	4-Eb	6
6 ene 2001	5-Ben	7
7 ene 2001	6-Ix	8
8 ene 2001	7-Men	9
9 ene 2001	8-Cib	1
10 ene 2001	9-Caban	2
11 ene 2001	10-Etz'nab	3
12 ene 2001	11-Cauac	4
13 ene 2001	12-Ahau	5
14 ene 2001	*13-Imix*	6
15 ene 2001	**1-Ik**	7
16 ene 2001	2-Akbal	8
17 ene 2001	3-Kan	9
18 ene 2001	4-Chicchan	1
19 ene 2001	5-Cimi	2
20 ene 2001	6-Manik	3
21 ene 2001	7-Lamat	4
22 ene 2001	8-Muluc	5
23 ene 2001	9-Oc	6
24 ene 2001	10-Chuen	7
25 ene 2001	11-Eb	8
26 ene 2001	12-Ben	9
27 ene 2001	13-Ix	1
28 ene 2001	**1-Men**	2
29 ene 2001	2-Cib	3
30 ene 2001	3-Caban	4
31 ene 2001	4-Etz'nab	5
1 feb 2001	5-Cauac	6
2 feb 2001	6-Ahau	7
3 feb 2001	*7-Imix*	8

Fecha	Signo del día	S
4 feb 2001	8-Ik	9
5 feb 2001	9-Akbal	1
6 feb 2001	10-Kan	2
7 feb 2001	11-Chicchan	3
8 feb 2001	12-Cimi	4
9 feb 2001	13-Manik	5
10 feb 2001	**1-Lamat**	6
11 feb 2001	2-Muluc	7
12 feb 2001	3-Oc	8
13 feb 2001	4-Chuen	9
14 feb 2001	5-Eb	1
15 feb 2001	6-Ben	2
16 feb 2001	7-Ix	3
17 feb 2001	8-Men	4
18 feb 2001	9-Cib	5
19 feb 2001	10-Caban	6
20 feb 2001	11-Etz'nab	7
21 feb 2001	12-Cauac	8
22 feb 2001	13-Ahau	9
23 feb 2001	**1-Imix**	1
24 feb 2001	2-Ik	2
25 feb 2001	3-Akbal	3
26 feb 2001	4-Kan	4
27 feb 2001	5-Chicchan	5
28 feb 2001	6-Cimi	6
1 mar 2001	7-Manik	7
2 mar 2001	8-Lamat	8
3 mar 2001	9-Muluc	9
4 mar 2001	10-Oc	1
5 mar 2001	11-Chuen	2
6 mar 2001	12-Eb	3
7 mar 2001	13-Ben	4
8 mar 2001	**1-Ix**	5
9 mar 2001	2-Men	6
10 mar 2001	3-Cib	7
11 mar 2001	4-Caban	8
12 mar 2001	5-Etz'nab	9
13 mar 2001	6-Cauac	1
14 mar 2001	7-Ahau	2
15 mar 2001	*8-Imix*	3
16 mar 2001	9-Ik	4
17 mar 2001	10-Akbal	5
18 mar 2001	11-Kan	6
19 mar 2001	12-Chicchan	7
20 mar 2001	13-Cimi	8
21 mar 2001	**1-Manik**	9
22 mar 2001	2-Lamat	1
23 mar 2001	3-Muluc	2
24 mar 2001	4-Oc	3
25 mar 2001	5-Chuen	4
26 mar 2001	6-Eb	5
27 mar 2001	7-Ben	6
28 mar 2001	8-Ix	7
29 mar 2001	9-Men	8
30 mar 2001	10-Cib	9
31 mar 2001	11-Caban	1
1 abr 2001	12-Etz'nab	2
2 abr 2001	13-Cauac	3
3 abr 2001	**1-Ahau**	4
4 abr 2001	*2-Imix*	5
5 abr 2001	3-Ik	6
6 abr 2001	4-Akbal	7
7 abr 2001	5-Kan	8
8 abr 2001	6-Chicchan	9
9 abr 2001	7-Cimi	1
10 abr 2001	8-Manik	2
11 abr 2001	9-Lamat	3
12 abr 2001	10-Muluc	4

Fecha	Signo del día	S
13 abr 2001	11-Oc	5
14 abr 2001	12-Chuen	6
15 abr 2001	13-Eb	7
16 abr 2001	**1-Ben**	8
17 abr 2001	2-Ix	9
18 abr 2001	3-Men	1
19 abr 2001	4-Cib	2
20 abr 2001	5-Caban	3
21 abr 2001	6-Etz'nab	4
22 abr 2001	7-Cauac	5
23 abr 2001	8-Ahau	6
24 abr 2001	*9-Imix*	7
25 abr 2001	10-Ik	8
26 abr 2001	11-Akbal	9
27 abr 2001	12-Kan	1
28 abr 2001	13-Chicchan	2
29 abr 2001	**1-Cimi**	3
30 abr 2001	2-Manik	4
1 may 2001	3-Lamat	5
2 may 2001	4-Muluc	6
3 may 2001	5-Oc	7
4 may 2001	6-Chuen	8
5 may 2001	7-Eb	9
6 may 2001	8-Ben	1
7 may 2001	9-Ix	2
8 may 2001	10-Men	3
9 may 2001	11-Cib	4
10 may 2001	12-Caban	5
11 may 2001	13-Etz'nab	6
12 may 2001	**1-Cauac**	7
13 may 2001	2-Ahau	8
14 may 2001	*3-Imix*	9
15 may 2001	4-Ik	1
16 may 2001	5-Akbal	2
17 may 2001	6-Kan	3
18 may 2001	7-Chicchan	4
19 may 2001	8-Cimi	5
20 may 2001	9-Manik	6
21 may 2001	10-Lamat	7
22 may 2001	11-Muluc	8
23 may 2001	12-Oc	9
24 may 2001	13-Chuen	1
25 may 2001	**1-Eb**	2
26 may 2001	2-Ben	3
27 may 2001	3-Ix	4
28 may 2001	4-Men	5
29 may 2001	5-Cib	6
30 may 2001	6-Caban	7
31 may 2001	7-Etz'nab	8
1 jun 2001	8-Cauac	9
2 jun 2001	9-Ahau	1
3 jun 2001	*10-Imix*	2
4 jun 2001	11-Ik	3
5 jun 2001	12-Akbal	4
6 jun 2001	13-Kan	5
7 jun 2001	**1-Chicchan**	6
8 jun 2001	2-Cimi	7
9 jun 2001	3-Manik	8
10 jun 2001	4-Lamat	9
11 jun 2001	5-Muluc	1
12 jun 2001	6-Oc	2
13 jun 2001	7-Chuen	3
14 jun 2001	8-Eb	4
15 jun 2001	9-Ben	5
16 jun 2001	10-Ix	6
17 jun 2001	11-Men	7
18 jun 2001	12-Cib	8
19 jun 2001	13-Caban	9

Fecha	Signo del día	S
20 jun 2001	1-Etz'nab	1
21 jun 2001	2-Cauac	2
22 jun 2001	3-Ahau	3
23 jun 2001	*4-Imix*	4
24 jun 2001	5-Ik	5
25 jun 2001	6-Akbal	6
26 jun 2001	7-Kan	7
27 jun 2001	8-Chicchan	8
28 jun 2001	9-Cimi	9
29 jun 2001	10-Manik	1
30 jun 2001	11-Lamat	2
1 jul 2001	12-Muluc	3
2 jul 2001	13-Oc	4
3 jul 2001	**1-Chuen**	5
4 jul 2001	2-Eb	6
5 jul 2001	3-Ben	7
6 jul 2001	4-Ix	8
7 jul 2001	5-Men	9
8 jul 2001	6-Cib	1
9 jul 2001	7-Caban	2
10 jul 2001	8-Etz'nab	3
11 jul 2001	9-Cauac	4
12 jul 2001	10-Ahau	5
13 jul 2001	*11-Imix*	6
14 jul 2001	12-Ik	7
15 jul 2001	13-Akbal	8
16 jul 2001	**1-Kan**	9
17 jul 2001	2-Chicchan	1
18 jul 2001	3-Cimi	2
19 jul 2001	4-Manik	3
20 jul 2001	5-Lamat	4
21 jul 2001	6-Muluc	5
22 jul 2001	7-Oc	6
23 jul 2001	8-Chuen	7
24 jul 2001	9-Eb	8
25 jul 2001	10-Ben	9
26 jul 2001	11-Ix	1
27 jul 2001	12-Men	2
28 jul 2001	13-Cib	3
29 jul 2001	**1-Caban**	4
30 jul 2001	2-Etz'nab	5
31 jul 2001	3-Cauac	6
1 ago 2001	4-Ahau	7
2 ago 2001	*5-Imix*	8
3 ago 2001	6-Ik	9
4 ago 2001	7-Akbal	1
5 ago 2001	8-Kan	2
6 ago 2001	9-Chicchan	3
7 ago 2001	10-Cimi	4
8 ago 2001	11-Manik	5
9 ago 2001	12-Lamat	6
10 ago 2001	13-Muluc	7
11 ago 2001	**1-Oc**	8
12 ago 2001	2-Chuen	9
13 ago 2001	3-Eb	1
14 ago 2001	4-Ben	2
15 ago 2001	5-Ix	3
16 ago 2001	6-Men	4
17 ago 2001	7-Cib	5
18 ago 2001	8-Caban	6
19 ago 2001	9-Etz'nab	7
20 ago 2001	10-Cauac	8
21 ago 2001	11-Ahau	9
22 ago 2001	*12-Imix*	1
23 ago 2001	13-Ik	2
24 ago 2001	**1-Akbal**	3
25 ago 2001	2-Kan	4
26 ago 2001	3-Chicchan	5

Fecha	Signo del día	S
27 ago 2001	4-Cimi	6
28 ago 2001	5-Manik	7
29 ago 2001	6-Lamat	8
30 ago 2001	7-Muluc	9
31 ago 2001	8-Oc	1
1 sep 2001	9-Chuen	2
2 sep 2001	10-Eb	3
3 sep 2001	11-Ben	4
4 sep 2001	12-Ix	5
5 sep 2001	13-Men	6
6 sep 2001	**1-Cib**	7
7 sep 2001	2-Caban	8
8 sep 2001	3-Etz'nab	9
9 sep 2001	4-Cauac	1
10 sep 2001	5-Ahau	2
11 sep 2001	*6-Imix*	3
12 sep 2001	7-Ik	4
13 sep 2001	8-Akbal	5
14 sep 2001	9-Kan	6
15 sep 2001	10-Chicchan	7
16 sep 2001	11-Cimi	8
17 sep 2001	12-Manik	9
18 sep 2001	13-Lamat	1
19 sep 2001	**1-Muluc**	2
20 sep 2001	2-Oc	3
21 sep 2001	3-Chuen	4
22 sep 2001	4-Eb	5
23 sep 2001	5-Ben	6
24 sep 2001	6-Ix	7
25 sep 2001	7-Men	8
26 sep 2001	8-Cib	9
27 sep 2001	9-Caban	1
28 sep 2001	10-Etz'nab	2
29 sep 2001	11-Cauac	3
30 sep 2001	12-Ahau	4
1 oct 2001	*13-Imix*	5
2 oct 2001	**1-Ik**	6
3 oct 2001	2-Akbal	7
4 oct 2001	3-Kan	8
5 oct 2001	4-Chicchan	9
6 oct 2001	5-Cimi	1
7 oct 2001	6-Manik	2
8 oct 2001	7-Lamat	3
9 oct 2001	8-Muluc	4
10 oct 2001	9-Oc	5
11 oct 2001	10-Chuen	6
12 oct 2001	11-Eb	7
13 oct 2001	12-Ben	8
14 oct 2001	13-Ix	9
15 oct 2001	**1-Men**	1
16 oct 2001	2-Cib	2
17 oct 2001	3-Caban	3
18 oct 2001	4-Etz'nab	4
19 oct 2001	5-Cauac	5
20 oct 2001	6-Ahau	6
21 oct 2001	*7-Imix*	7
22 oct 2001	8-Ik	8
23 oct 2001	9-Akbal	9
24 oct 2001	10-Kan	1
25 oct 2001	11-Chicchan	2
26 oct 2001	12-Cimi	3
27 oct 2001	13-Manik	4
28 oct 2001	**1-Lamat**	5
29 oct 2001	2-Muluc	6
30 oct 2001	3-Oc	7
31 oct 2001	4-Chuen	8
1 nov 2001	5-Eb	9
2 nov 2001	6-Ben	1

Fecha	Signo del día	S
3 nov 2001	7-Ix	2
4 nov 2001	8-Men	3
5 nov 2001	9-Cib	4
6 nov 2001	10-Caban	5
7 nov 2001	11-Etz'nab	6
8 nov 2001	12-Cauac	7
9 nov 2001	13-Ahau	8
10 nov 2001	**1-Imix**	9
11 nov 2001	2-Ik	1
12 nov 2001	3-Akbal	2
13 nov 2001	4-Kan	3
14 nov 2001	5-Chicchan	4
15 nov 2001	6-Cimi	5
16 nov 2001	7-Manik	6
17 nov 2001	8-Lamat	7
18 nov 2001	9-Muluc	8
19 nov 2001	10-Oc	9
20 nov 2001	11-Chuen	1
21 nov 2001	12-Eb	2
22 nov 2001	13-Ben	3
23 nov 2001	**1-Ix**	4
24 nov 2001	2-Men	5
25 nov 2001	3-Cib	6
26 nov 2001	4-Caban	7
27 nov 2001	5-Etz'nab	8
28 nov 2001	6-Cauac	9
29 nov 2001	7-Ahau	1
30 nov 2001	*8-Imix*	2
1 dic 2001	9-Ik	3
2 dic 2001	10-Akbal	4
3 dic 2001	11-Kan	5
4 dic 2001	12-Chicchan	6
5 dic 2001	13-Cimi	7
6 dic 2001	**1-Manik**	8
7 dic 2001	2-Lamat	9
8 dic 2001	3-Muluc	1
9 dic 2001	4-Oc	2
10 dic 2001	5-Chuen	3
11 dic 2001	6-Eb	4
12 dic 2001	7-Ben	5
13 dic 2001	8-Ix	6
14 dic 2001	9-Men	7
15 dic 2001	10-Cib	8
16 dic 2001	11-Caban	9
17 dic 2001	12-Etz'nab	1
18 dic 2001	13-Cauac	2
19 dic 2001	**1-Ahau**	3
20 dic 2001	*2-Imix*	4
21 dic 2001	3-Ik	5
22 dic 2001	4-Akbal	6
23 dic 2001	5-Kan	7
24 dic 2001	6-Chicchan	8
25 dic 2001	7-Cimi	9
26 dic 2001	8-Manik	1
27 dic 2001	9-Lamat	2
28 dic 2001	10-Muluc	3
29 dic 2001	11-Oc	4
30 dic 2001	12-Chuen	5
31 dic 2001	13-Eb	6
1 ene 2002	**1-Ben**	7
2 ene 2002	2-Ix	8
3 ene 2002	3-Men	9
4 ene 2002	4-Cib	1
5 ene 2002	5-Caban	2
6 ene 2002	6-Etz'nab	3
7 ene 2002	7-Cauac	4
8 ene 2002	8-Ahau	5
9 ene 2002	*9-Imix*	6

Fecha	Signo del día	S
10 ene 2002	10-Ik	7
11 ene 2002	11-Akbal	8
12 ene 2002	12-Kan	9
13 ene 2002	13-Chicchan	1
14 ene 2002	**1-Cimi**	2
15 ene 2002	2-Manik	3
16 ene 2002	3-Lamat	4
17 ene 2002	4-Muluc	5
18 ene 2002	5-Oc	6
19 ene 2002	6-Chuen	7
20 ene 2002	7-Eb	8
21 ene 2002	8-Ben	9
22 ene 2002	9-Ix	1
23 ene 2002	10-Men	2
24 ene 2002	11-Cib	3
25 ene 2002	12-Caban	4
26 ene 2002	13-Etz'nab	5
27 ene 2002	**1-Cauac**	6
28 ene 2002	2-Ahau	7
29 ene 2002	*3-Imix*	8
30 ene 2002	4-Ik	9
31 ene 2002	5-Akbal	1
1 feb 2002	6-Kan	2
2 feb 2002	7-Chicchan	3
3 feb 2002	8-Cimi	4
4 feb 2002	9-Manik	5
5 feb 2002	10-Lamat	6
6 feb 2002	11-Muluc	7
7 feb 2002	12-Oc	8
8 feb 2002	13-Chuen	9
9 feb 2002	**1-Eb**	1
10 feb 2002	2-Ben	2
11 feb 2002	3-Ix	3
12 feb 2002	4-Men	4
13 feb 2002	5-Cib	5
14 feb 2002	6-Caban	6
15 feb 2002	7-Etz'nab	7
16 feb 2002	8-Cauac	8
17 feb 2002	9-Ahau	9
18 feb 2002	*10-Imix*	1
19 feb 2002	11-Ik	2
20 feb 2002	12-Akbal	3
21 feb 2002	13-Kan	4
22 feb 2002	**1-Chicchan**	5
23 feb 2002	2-Cimi	6
24 feb 2002	3-Manik	7
25 feb 2002	4-Lamat	8
26 feb 2002	5-Muluc	9
27 feb 2002	6-Oc	1
28 feb 2002	7-Chuen	2
1 mar 2002	8-Eb	3
2 mar 2002	9-Ben	4
3 mar 2002	10-Ix	5
4 mar 2002	11-Men	6
5 mar 2002	12-Cib	7
6 mar 2002	13-Caban	8
7 mar 2002	**1-Etz'nab**	9
8 mar 2002	2-Cauac	1
9 mar 2002	3-Ahau	2
10 mar 2002	*4-Imix*	3
11 mar 2002	5-Ik	4
12 mar 2002	6-Akbal	5
13 mar 2002	7-Kan	6
14 mar 2002	8-Chicchan	7
15 mar 2002	9-Cimi	8
16 mar 2002	10-Manik	9
17 mar 2002	11-Lamat	1
18 mar 2002	12-Muluc	2

Fecha	Signo del día	S
19 mar 2002	13-Oc	3
20 mar 2002	**1-Chuen**	4
21 mar 2002	2-Eb	5
22 mar 2002	3-Ben	6
23 mar 2002	4-Ix	7
24 mar 2002	5-Men	8
25 mar 2002	6-Cib	9
26 mar 2002	7-Caban	1
27 mar 2002	8-Etz'nab	2
28 mar 2002	9-Cauac	3
29 mar 2002	10-Ahau	4
30 mar 2002	*11-Imix*	5
31 mar 2002	12-Ik	6
1 abr 2002	13-Akbal	7
2 abr 2002	**1-Kan**	8
3 abr 2002	2-Chicchan	9
4 abr 2002	3-Cimi	1
5 abr 2002	4-Manik	2
6 abr 2002	5-Lamat	3
7 abr 2002	6-Muluc	4
8 abr 2002	7-Oc	5
9 abr 2002	8-Chuen	6
10 abr 2002	9-Eb	7
11 abr 2002	10-Ben	8
12 abr 2002	11-Ix	9
13 abr 2002	12-Men	1
14 abr 2002	13-Cib	2
15 abr 2002	**1-Caban**	3
16 abr 2002	2-Etz'nab	4
17 abr 2002	3-Cauac	5
18 abr 2002	4-Ahau	6
19 abr 2002	*5-Imix*	7
20 abr 2002	6-Ik	8
21 abr 2002	7-Akbal	9
22 abr 2002	8-Kan	1
23 abr 2002	9-Chicchan	2
24 abr 2002	10-Cimi	3
25 abr 2002	11-Manik	4
26 abr 2002	12-Lamat	5
27 abr 2002	13-Muluc	6
28 abr 2002	**1-Oc**	7
29 abr 2002	2-Chuen	8
30 abr 2002	3-Eb	9
1 may 2002	4-Ben	1
2 may 2002	5-Ix	2
3 may 2002	6-Men	3
4 may 2002	7-Cib	4
5 may 2002	8-Caban	5
6 may 2002	9-Etz'nab	6
7 may 2002	10-Cauac	7
8 may 2002	11-Ahau	8
9 may 2002	*12-Imix*	9
10 may 2002	13-Ik	1
11 may 2002	**1-Akbal**	2
12 may 2002	2-Kan	3
13 may 2002	3-Chicchan	4
14 may 2002	4-Cimi	5
15 may 2002	5-Manik	6
16 may 2002	6-Lamat	7
17 may 2002	7-Muluc	8
18 may 2002	8-Oc	9
19 may 2002	9-Chuen	1
20 may 2002	10-Eb	2
21 may 2002	11-Ben	3
22 may 2002	12-Ix	4
23 may 2002	13-Men	5
24 may 2002	**1-Cib**	6
25 may 2002	2-Caban	7

Fecha	Signo del día	S
26 may 2002	3-Etz'nab	8
27 may 2002	4-Cauac	9
28 may 2002	5-Ahau	1
29 may 2002	*6-Imix*	2
30 may 2002	7-Ik	3
31 may 2002	8-Akbal	4
1 jun 2002	9-Kan	5
2 jun 2002	10-Chicchan	6
3 jun 2002	11-Cimi	7
4 jun 2002	12-Manik	8
5 jun 2002	13-Lamat	9
6 jun 2002	**1-Muluc**	1
7 jun 2002	2-Oc	2
8 jun 2002	3-Chuen	3
9 jun 2002	4-Eb	4
10 jun 2002	5-Ben	5
11 jun 2002	6-Ix	6
12 jun 2002	7-Men	7
13 jun 2002	8-Cib	8
14 jun 2002	9-Caban	9
15 jun 2002	10-Etz'nab	1
16 jun 2002	11-Cauac	2
17 jun 2002	12-Ahau	3
18 jun 2002	*13-Imix*	4
19 jun 2002	**1-Ik**	5
20 jun 2002	2-Akbal	6
21 jun 2002	3-Kan	7
22 jun 2002	4-Chicchan	8
23 jun 2002	5-Cimi	9
24 jun 2002	6-Manik	1
25 jun 2002	7-Lamat	2
26 jun 2002	8-Muluc	3
27 jun 2002	9-Oc	4
28 jun 2002	10-Chuen	5
29 jun 2002	11-Eb	6
30 jun 2002	12-Ben	7
1 jul 2002	13-Ix	8
2 jul 2002	**1-Men**	9
3 jul 2002	2-Cib	1
4 jul 2002	3-Caban	2
5 jul 2002	4-Etz'nab	3
6 jul 2002	5-Cauac	4
7 jul 2002	6-Ahau	5
8 jul 2002	*7-Imix*	6
9 jul 2002	8-Ik	7
10 jul 2002	9-Akbal	8
11 jul 2002	10-Kan	9
12 jul 2002	11-Chicchan	1
13 jul 2002	12-Cimi	2
14 jul 2002	13-Manik	3
15 jul 2002	**1-Lamat**	4
16 jul 2002	2-Muluc	5
17 jul 2002	3-Oc	6
18 jul 2002	4-Chuen	7
19 jul 2002	5-Eb	8
20 jul 2002	6-Ben	9
21 jul 2002	7-Ix	1
22 jul 2002	8-Men	2
23 jul 2002	9-Cib	3
24 jul 2002	10-Caban	4
25 jul 2002	11-Etz'nab	5
26 jul 2002	12-Cauac	6
27 jul 2002	13-Ahau	7
28 jul 2002	**1-Imix**	8
29 jul 2002	2-Ik	9
30 jul 2002	3-Akbal	1
31 jul 2002	4-Kan	2
1 ago 2002	5-Chicchan	3

Fecha	Signo del día	S	Fecha	Signo del día	S	Fecha	Signo del día	S
2 ago 2002	6-Cimi	4	9 oct 2002	9-Ix	9	16 dic 2002	12-Ik	5
3 ago 2002	7-Manik	5	10 oct 2002	10-Men	1	17 dic 2002	13-Akbal	6
4 ago 2002	8-Lamat	6	11 oct 2002	11-Cib	2	18 dic 2002	**1-Kan**	7
5 ago 2002	9-Muluc	7	12 oct 2002	12-Caban	3	19 dic 2002	2-Chicchan	8
6 ago 2002	10-Oc	8	13 oct 2002	13-Etz'nab	4	20 dic 2002	3-Cimi	9
7 ago 2002	11-Chuen	9	14 oct 2002	**1-Cauac**	5	21 dic 2002	4-Manik	1
8 ago 2002	12-Eb	1	15 oct 2002	2-Ahau	6	22 dic 2002	5-Lamat	2
9 ago 2002	13-Ben	2	16 oct 2002	*3-Imix*	7	23 dic 2002	6-Muluc	3
10 ago 2002	**1-Ix**	3	17 oct 2002	4-Ik	8	24 dic 2002	7-Oc	4
11 ago 2002	2-Men	4	18 oct 2002	5-Akbal	9	25 dic 2002	8-Chuen	5
12 ago 2002	3-Cib	5	19 oct 2002	6-Kan	1	26 dic 2002	9-Eb	6
13 ago 2002	4-Caban	6	20 oct 2002	7-Chicchan	2	27 dic 2002	10-Ben	7
14 ago 2002	5-Etz'nab	7	21 oct 2002	8-Cimi	3	28 dic 2002	11-Ix	8
15 ago 2002	6-Cauac	8	22 oct 2002	9-Manik	4	29 dic 2002	12-Men	9
16 ago 2002	7-Ahau	9	23 oct 2002	10-Lamat	5	30 dic 2002	13-Cib	1
17 ago 2002	*8-Imix*	1	24 oct 2002	11-Muluc	6	31 dic 2002	**1-Caban**	2
18 ago 2002	9-Ik	2	25 oct 2002	12-Oc	7	1 ene 2003	2-Etz'nab	3
19 ago 2002	10-Akbal	3	26 oct 2002	13-Chuen	8	2 ene 2003	3-Cauac	4
20 ago 2002	11-Kan	4	27 oct 2002	**1-Eb**	9	3 ene 2003	4-Ahau	5
21 ago 2002	12-Chicchan	5	28 oct 2002	2-Ben	1	4 ene 2003	*5-Imix*	6
22 ago 2002	13-Cimi	6	29 oct 2002	3-Ix	2	5 ene 2003	6-Ik	7
23 ago 2002	**1-Manik**	7	30 oct 2002	4-Men	3	6 ene 2003	7-Akbal	8
24 ago 2002	2-Lamat	8	31 oct 2002	5-Cib	4	7 ene 2003	8-Kan	9
25 ago 2002	3-Muluc	9	1 nov 2002	6-Caban	5	8 ene 2003	9-Chicchan	1
26 ago 2002	4-Oc	1	2 nov 2002	7-Etz'nab	6	9 ene 2003	10-Cimi	2
27 ago 2002	5-Chuen	2	3 nov 2002	8-Cauac	7	10 ene 2003	11-Manik	3
28 ago 2002	6-Eb	3	4 nov 2002	9-Ahau	8	11 ene 2003	12-Lamat	4
29 ago 2002	7-Ben	4	5 nov 2002	*10-Imix*	9	12 ene 2003	13-Muluc	5
30 ago 2002	8-Ix	5	6 nov 2002	11-Ik	1	13 ene 2003	**1-Oc**	6
31 ago 2002	9-Men	6	7 nov 2002	12-Akbal	2	14 ene 2003	2-Chuen	7
1 sep 2002	10-Cib	7	8 nov 2002	13-Kan	3	15 ene 2003	3-Eb	8
2 sep 2002	11-Caban	8	9 nov 2002	**1-Chicchan**	4	16 ene 2003	4-Ben	9
3 sep 2002	12-Etz'nab	9	10 nov 2002	2-Cimi	5	17 ene 2003	5-Ix	1
4 sep 2002	13-Cauac	1	11 nov 2002	3-Manik	6	18 ene 2003	6-Men	2
5 sep 2002	**1-Ahau**	2	12 nov 2002	4-Lamat	7	19 ene 2003	7-Cib	3
6 sep 2002	*2-Imix*	3	13 nov 2002	5-Muluc	8	20 ene 2003	8-Caban	4
7 sep 2002	3-Ik	4	14 nov 2002	6-Oc	9	21 ene 2003	9-Etz'nab	5
8 sep 2002	4-Akbal	5	15 nov 2002	7-Chuen	1	22 ene 2003	10-Cauac	6
9 sep 2002	5-Kan	6	16 nov 2002	8-Eb	2	23 ene 2003	11-Ahau	7
10 sep 2002	6-Chicchan	7	17 nov 2002	9-Ben	3	24 ene 2003	*12-Imix*	8
11 sep 2002	7-Cimi	8	18 nov 2002	10-Ix	4	25 ene 2003	13-Ik	9
12 sep 2002	8-Manik	9	19 nov 2002	11-Men	5	26 ene 2003	**1-Akbal**	1
13 sep 2002	9-Lamat	1	20 nov 2002	12-Cib	6	27 ene 2003	2-Kan	2
14 sep 2002	10-Muluc	2	21 nov 2002	13-Caban	7	28 ene 2003	3-Chicchan	3
15 sep 2002	11-Oc	3	22 nov 2002	**1-Etz'nab**	8	29 ene 2003	4-Cimi	4
16 sep 2002	12-Chuen	4	23 nov 2002	2-Cauac	9	30 ene 2003	5-Manik	5
17 sep 2002	13-Eb	5	24 nov 2002	3-Ahau	1	31 ene 2003	6-Lamat	6
18 sep 2002	**1-Ben**	6	25 nov 2002	*4-Imix*	2	1 feb 2003	7-Muluc	7
19 sep 2002	2-Ix	7	26 nov 2002	5-Ik	3	2 feb 2003	8-Oc	8
20 sep 2002	3-Men	8	27 nov 2002	6-Akbal	4	3 feb 2003	9-Chuen	9
21 sep 2002	4-Cib	9	28 nov 2002	7-Kan	5	4 feb 2003	10-Eb	1
22 sep 2002	5-Caban	1	29 nov 2002	8-Chicchan	6	5 feb 2003	11-Ben	2
23 sep 2002	6-Etz'nab	2	30 nov 2002	9-Cimi	7	6 feb 2003	12-Ix	3
24 sep 2002	7-Cauac	3	1 dic 2002	10-Manik	8	7 feb 2003	13-Men	4
25 sep 2002	8-Ahau	4	2 dic 2002	11-Lamat	9	8 feb 2003	**1-Cib**	5
26 sep 2002	*9-Imix*	5	3 dic 2002	12-Muluc	1	9 feb 2003	2-Caban	6
27 sep 2002	10-Ik	6	4 dic 2002	13-Oc	2	10 feb 2003	3-Etz'nab	7
28 sep 2002	11-Akbal	7	5 dic 2002	**1-Chuen**	3	11 feb 2003	4-Caban	8
29 sep 2002	12-Kan	8	6 dic 2002	2-Eb	4	12 feb 2003	5-Ahau	9
30 sep 2002	13-Chicchan	9	7 dic 2002	3-Ben	5	13 feb 2003	*6-Imix*	1
1 oct 2002	**1-Cimi**	1	8 dic 2002	4-Ix	6	14 feb 2003	7-Ik	2
2 oct 2002	2-Manik	2	9 dic 2002	5-Men	7	15 feb 2003	8-Akbal	3
3 oct 2002	3-Lamat	3	10 dic 2002	6-Cib	8	16 feb 2003	9-Kan	4
4 oct 2002	4-Muluc	4	11 dic 2002	7-Caban	9	17 feb 2003	10-Chicchan	5
5 oct 2002	5-Oc	5	12 dic 2002	8-Etz'nab	1	18 feb 2003	11-Cimi	6
6 oct 2002	6-Chuen	6	13 dic 2002	9-Cauac	2	19 feb 2003	12-Manik	7
7 oct 2002	7-Eb	7	14 dic 2002	10-Ahau	3	20 feb 2003	13-Lamat	8
8 oct 2002	8-Ben	8	15 dic 2002	*11-Imix*	4	21 feb 2003	**1-Muluc**	9

Fecha	Signo del día	S
22 feb 2003	2-Oc	1
23 feb 2003	3-Chuen	2
24 feb 2003	4-Eb	3
25 feb 2003	5-Ben	4
26 feb 2003	6-Ix	5
27 feb 2003	7-Men	6
28 feb 2003	8-Cib	7
1 mar 2003	9-Caban	8
2 mar 2003	10-Etz'nab	9
3 mar 2003	11-Cauac	1
4 mar 2003	12-Ahau	2
5 mar 2003	*13-Imix*	3
6 mar 2003	**1-Ik**	4
7 mar 2003	2-Akbal	5
8 mar 2003	3-Kan	6
9 mar 2003	4-Chicchan	7
10 mar 2003	5-Cimi	8
11 mar 2003	6-Manik	9
12 mar 2003	7-Lamat	1
13 mar 2003	8-Muluc	2
14 mar 2003	9-Oc	3
15 mar 2003	10-Chuen	4
16 mar 2003	11-Eb	5
17 mar 2003	12-Ben	6
18 mar 2003	13-Ix	7
19 mar 2003	**1-Men**	8
20 mar 2003	2-Cib	9
21 mar 2003	3-Caban	1
22 mar 2003	4-Etz'nab	2
23 mar 2003	5-Cauac	3
24 mar 2003	6-Ahau	4
25 mar 2003	*7-Imix*	5
26 mar 2003	8-Ik	6
27 mar 2003	9-Akbal	7
28 mar 2003	10-Kan	8
29 mar 2003	11-Chicchan	9
30 mar 2003	12-Cimi	1
31 mar 2003	13-Manik	2
1 abr 2003	**1-Lamat**	3
2 abr 2003	2-Muluc	4
3 abr 2003	3-Oc	5
4 abr 2003	4-Chuen	6
5 abr 2003	5-Eb	7
6 abr 2003	6-Ben	8
7 abr 2003	7-Ix	9
8 abr 2003	8-Men	1
9 abr 2003	9-Cib	2
10 abr 2003	10-Caban	3
11 abr 2003	11-Etz'nab	4
12 abr 2003	12-Cauac	5
13 abr 2003	13-Ahau	6
14 abr 2003	**1-Imix**	7
15 abr 2003	2-Ik	8
16 abr 2003	3-Akbal	9
17 abr 2003	4-Kan	1
18 abr 2003	5-Chicchan	2
19 abr 2003	6-Cimi	3
20 abr 2003	7-Manik	4
21 abr 2003	8-Lamat	5
22 abr 2003	9-Muluc	6
23 abr 2003	10-Oc	7
24 abr 2003	11-Chuen	8
25 abr 2003	12-Eb	9
26 abr 2003	13-Ben	1
27 abr 2003	**1-Ix**	2
28 abr 2003	2-Men	3
29 abr 2003	3-Cib	4
30 abr 2003	4-Caban	5

Fecha	Signo del día	S
1 may 2003	5-Etz'nab	6
2 may 2003	6-Cauac	7
3 may 2003	7-Ahau	8
4 may 2003	*8-Imix*	9
5 may 2003	9-Ik	1
6 may 2003	10-Akbal	2
7 may 2003	11-Kan	3
8 may 2003	12-Chicchan	4
9 may 2003	13-Cimi	5
10 may 2003	**1-Manik**	6
11 may 2003	2-Lamat	7
12 may 2003	3-Muluc	8
13 may 2003	4-Oc	9
14 may 2003	5-Chuen	1
15 may 2003	6-Eb	2
16 may 2003	7-Ben	3
17 may 2003	8-Ix	4
18 may 2003	9-Men	5
19 may 2003	10-Cib	6
20 may 2003	11-Caban	7
21 may 2003	12-Etz'nab	8
22 may 2003	13-Cauac	9
23 may 2003	**1-Ahau**	1
24 may 2003	*2-Imix*	2
25 may 2003	3-Ik	3
26 may 2003	4-Akbal	4
27 may 2003	5-Kan	5
28 may 2003	6-Chicchan	6
29 may 2003	7-Cimi	7
30 may 2003	8-Manik	8
31 may 2003	9-Lamat	9
1 jun 2003	10-Muluc	1
2 jun 2003	11-Oc	2
3 jun 2003	12-Chuen	3
4 jun 2003	13-Eb	4
5 jun 2003	**1-Ben**	5
6 jun 2003	2-Ix	6
7 jun 2003	3-Men	7
8 jun 2003	4-Cib	8
9 jun 2003	5-Caban	9
10 jun 2003	6-Etz'nab	1
11 jun 2003	7-Cauac	2
12 jun 2003	8-Ahau	3
13 jun 2003	*9-Imix*	4
14 jun 2003	10-Ik	5
15 jun 2003	11-Akbal	6
16 jun 2003	12-Kan	7
17 jun 2003	13-Chicchan	8
18 jun 2003	**1-Cimi**	9
19 jun 2003	2-Manik	1
20 jun 2003	3-Lamat	2
21 jun 2003	4-Muluc	3
22 jun 2003	5-Oc	4
23 jun 2003	6-Chuen	5
24 jun 2003	7-Eb	6
25 jun 2003	8-Ben	7
26 jun 2003	9-Ix	8
27 jun 2003	10-Men	9
28 jun 2003	11-Cib	1
29 jun 2003	12-Caban	2
30 jun 2003	13-Etz'nab	3
1 jul 2003	**1-Cauac**	4
2 jul 2003	2-Ahau	5
3 jul 2003	*3-Imix*	6
4 jul 2003	4-Ik	7
5 jul 2003	5-Akbal	8
6 jul 2003	6-Kan	9
7 jul 2003	7-Chicchan	1

Fecha	Signo del día	S
8 jul 2003	8-Cimi	2
9 jul 2003	9-Manik	3
10 jul 2003	10-Lamat	4
11 jul 2003	11-Muluc	5
12 jul 2003	12-Oc	6
13 jul 2003	13-Chuen	7
14 jul 2003	**1-Eb**	8
15 jul 2003	2-Ben	9
16 jul 2003	3-Ix	1
17 jul 2003	4-Men	2
18 jul 2003	5-Cib	3
19 jul 2003	6-Caban	4
20 jul 2003	7-Etz'nab	5
21 jul 2003	8-Cauac	6
22 jul 2003	9-Ahau	7
23 jul 2003	*10-Imix*	8
24 jul 2003	11-Ik	9
25 jul 2003	12-Akbal	1
26 jul 2003	13-Kan	2
27 jul 2003	**1-Chicchan**	3
28 jul 2003	2-Cimi	4
29 jul 2003	3-Manik	5
30 jul 2003	4-Lamat	6
31 jul 2003	5-Muluc	7
1 ago 2003	6-Oc	8
2 ago 2003	7-Chuen	9
3 ago 2003	8-Eb	1
4 ago 2003	9-Ben	2
5 ago 2003	10-Ix	3
6 ago 2003	11-Men	4
7 ago 2003	12-Cib	5
8 ago 2003	13-Caban	6
9 ago 2003	**1-Etz'nab**	7
10 ago 2003	2-Cauac	8
11 ago 2003	3-Ahau	9
12 ago 2003	*4-Imix*	1
13 ago 2003	5-Ik	2
14 ago 2003	6-Akbal	3
15 ago 2003	7-Kan	4
16 ago 2003	8-Chicchan	5
17 ago 2003	9-Cimi	6
18 ago 2003	10-Manik	7
19 ago 2003	11-Lamat	8
20 ago 2003	12-Muluc	9
21 ago 2003	13-Oc	1
22 ago 2003	**1-Chuen**	2
23 ago 2003	2-Eb	3
24 ago 2003	3-Ben	4
25 ago 2003	4-Ix	5
26 ago 2003	5-Men	6
27 ago 2003	6-Cib	7
28 ago 2003	7-Caban	8
29 ago 2003	8-Etz'nab	9
30 ago 2003	9-Cauac	1
31 ago 2003	10-Ahau	2
1 sep 2003	*11-Imix*	3
2 sep 2003	12-Ik	4
3 sep 2003	13-Akbal	5
4 sep 2003	**1-Kan**	6
5 sep 2003	2-Chicchan	7
6 sep 2003	3-Cimi	8
7 sep 2003	4-Manik	9
8 sep 2003	5-Lamat	1
9 sep 2003	6-Muluc	2
10 sep 2003	7-Oc	3
11 sep 2003	8-Chuen	4
12 sep 2003	9-Eb	5
13 sep 2003	10-Ben	6

Fecha	Signo del día	S
14 sep 2003	11-Ix	7
15 sep 2003	12-Men	8
16 sep 2003	13-Cib	9
17 sep 2003	**1-Caban**	1
18 sep 2003	2-Etz'nab	2
19 sep 2003	3-Cauac	3
20 sep 2003	4-Ahau	4
21 sep 2003	*5-Imix*	5
22 sep 2003	6-Ik	6
23 sep 2003	7-Akbal	7
24 sep 2003	8-Kan	8
25 sep 2003	9-Chicchan	9
26 sep 2003	10-Cimi	1
27 sep 2003	11-Manik	2
28 sep 2003	12-Lamat	3
29 sep 2003	13-Muluc	4
30 sep 2003	**1-Oc**	5
1 oct 2003	2-Chuen	6
2 oct 2003	3-Eb	7
3 oct 2003	4-Ben	8
4 oct 2003	5-Ix	9
5 oct 2003	6-Men	1
6 oct 2003	7-Cib	2
7 oct 2003	8-Caban	3
8 oct 2003	9-Etz'nab	4
9 oct 2003	10-Cauac	5
10 oct 2003	11-Ahau	6
11 oct 2003	*12-Imix*	7
12 oct 2003	13-Ik	8
13 oct 2003	**1-Akbal**	9
14 oct 2003	2-Kan	1
15 oct 2003	3-Chicchan	2
16 oct 2003	4-Cimi	3
17 oct 2003	5-Manik	4
18 oct 2003	6-Lamat	5
19 oct 2003	7-Muluc	6
20 oct 2003	8-Oc	7
21 oct 2003	9-Chuen	8
22 oct 2003	10-Eb	9
23 oct 2003	11-Ben	1
24 oct 2003	12-Ix	2
25 oct 2003	13-Men	3
26 oct 2003	**1-Cib**	4
27 oct 2003	2-Caban	5
28 oct 2003	3-Etz'nab	6
29 oct 2003	4-Cauac	7
30 oct 2003	5-Ahau	8
31 oct 2003	*6-Imix*	9
1 nov 2003	7-Ik	1
2 nov 2003	8-Akbal	2
3 nov 2003	9-Kan	3
4 nov 2003	10-Chicchan	4
5 nov 2003	11-Cimi	5
6 nov 2003	12-Manik	6
7 nov 2003	13-Lamat	7
8 nov 2003	**1-Muluc**	8
9 nov 2003	2-Oc	9
10 nov 2003	3-Chuen	1
11 nov 2003	4-Eb	2
12 nov 2003	5-Ben	3
13 nov 2003	6-Ix	4
14 nov 2003	7-Men	5
15 nov 2003	8-Cib	6
16 nov 2003	9-Caban	7
17 nov 2003	10-Etz'nab	8
18 nov 2003	11-Cauac	9
19 nov 2003	12-Ahau	1
20 nov 2003	*13-Imix*	2

Fecha	Signo del día	S
21 nov 2003	**1-Ik**	3
22 nov 2003	2-Akbal	4
23 nov 2003	3-Kan	5
24 nov 2003	4-Chicchan	6
25 nov 2003	5-Cimi	7
26 nov 2003	6-Manik	8
27 nov 2003	7-Lamat	9
28 nov 2003	8-Muluc	1
29 nov 2003	9-Oc	2
30 nov 2003	10-Chuen	3
1 dic 2003	11-Eb	4
2 dic 2003	12-Ben	5
3 dic 2003	13-Ix	6
4 dic 2003	**1-Men**	7
5 dic 2003	2-Cib	8
6 dic 2003	3-Caban	9
7 dic 2003	4-Etz'nab	1
8 dic 2003	5-Cauac	2
9 dic 2003	6-Ahau	3
10 dic 2003	*7-Imix*	4
11 dic 2003	8-Ik	5
12 dic 2003	9-Akbal	6
13 dic 2003	10-Kan	7
14 dic 2003	11-Chicchan	8
15 dic 2003	12-Cimi	9
16 dic 2003	13-Manik	1
17 dic 2003	**1-Lamat**	2
18 dic 2003	2-Muluc	3
19 dic 2003	3-Oc	4
20 dic 2003	4-Chuen	5
21 dic 2003	5-Eb	6
22 dic 2003	6-Ben	7
23 dic 2003	7-Ix	8
24 dic 2003	8-Men	9
25 dic 2003	9-Cib	1
26 dic 2003	10-Caban	2
27 dic 2003	11-Etz'nab	3
28 dic 2003	12-Cauac	4
29 dic 2003	13-Ahau	5
30 dic 2003	**1-Imix**	6
31 dic 2003	2-Ik	7
1 ene 2004	3-Akbal	8
2 ene 2004	4-Kan	9
3 ene 2004	5-Chicchan	1
4 ene 2004	6-Cimi	2
5 ene 2004	7-Manik	3
6 ene 2004	8-Lamat	4
7 ene 2004	9-Muluc	5
8 ene 2004	10-Oc	6
9 ene 2004	11-Chuen	7
10 ene 2004	12-Eb	8
11 ene 2004	13-Ben	9
12 ene 2004	**1-Ix**	1
13 ene 2004	2-Men	2
14 ene 2004	3-Cib	3
15 ene 2004	4-Caban	4
16 ene 2004	5-Etz'nab	5
17 ene 2004	6-Cauac	6
18 ene 2004	7-Ahau	7
19 ene 2004	*8-Imix*	8
20 ene 2004	9-Ik	9
21 ene 2004	10-Akbal	1
22 ene 2004	11-Kan	2
23 ene 2004	12-Chicchan	3
24 ene 2004	13-Cimi	4
25 ene 2004	**1-Manik**	5
26 ene 2004	2-Lamat	6
27 ene 2004	3-Muluc	7

Fecha	Signo del día	S
28 ene 2004	4-Oc	8
29 ene 2004	5-Chuen	9
30 ene 2004	6-Eb	1
31 ene 2004	7-Ben	2
1 feb 2004	8-Ix	3
2 feb 2004	9-Men	4
3 feb 2004	10-Cib	5
4 feb 2004	11-Caban	6
5 feb 2004	12-Etz'nab	7
6 feb 2004	13-Cauac	8
7 feb 2004	**1-Ahau**	9
8 feb 2004	*2-Imix*	1
9 feb 2004	3-Ik	2
10 feb 2004	4-Akbal	3
11 feb 2004	5-Kan	4
12 feb 2004	6-Chicchan	5
13 feb 2004	7-Cimi	6
14 feb 2004	8-Manik	7
15 feb 2004	9-Lamat	8
16 feb 2004	10-Muluc	9
17 feb 2004	11-Oc	1
18 feb 2004	12-Chuen	2
19 feb 2004	13-Eb	3
20 feb 2004	**1-Ben**	4
21 feb 2004	2-Ix	5
22 feb 2004	3-Men	6
23 feb 2004	4-Cib	7
24 feb 2004	5-Caban	8
25 feb 2004	6-Etz'nab	9
26 feb 2004	7-Cauac	1
27 feb 2004	8-Ahau	2
28 feb 2004	*9-Imix*	3
29 feb 2004	10-Ik	4
1 mar 2004	11-Akbal	5
2 mar 2004	12-Kan	6
3 mar 2004	13-Chicchan	7
4 mar 2004	**1-Cimi**	8
5 mar 2004	2-Manik	9
6 mar 2004	3-Lamat	1
7 mar 2004	4-Muluc	2
8 mar 2004	5-Oc	3
9 mar 2004	6-Chuen	4
10 mar 2004	7-Eb	5
11 mar 2004	8-Ben	6
12 mar 2004	9-Ix	7
13 mar 2004	10-Men	8
14 mar 2004	11-Cib	9
15 mar 2004	12-Caban	1
16 mar 2004	13-Etz'nab	2
17 mar 2004	**1-Cauac**	3
18 mar 2004	2-Ahau	4
19 mar 2004	*3-Imix*	5
20 mar 2004	4-Ik	6
21 mar 2004	5-Akbal	7
22 mar 2004	6-Kan	8
23 mar 2004	7-Chicchan	9
24 mar 2004	8-Cimi	1
25 mar 2004	9-Manik	2
26 mar 2004	10-Lamat	3
27 mar 2004	11-Muluc	4
28 mar 2004	12-Oc	5
29 mar 2004	13-Chuen	6
30 mar 2004	**1-Eb**	7
31 mar 2004	2-Ben	8
1 abr 2004	3-Ix	9
2 abr 2004	4-Men	1
3 abr 2004	5-Cib	2
4 abr 2004	6-Caban	3

Fecha	Signo del día	S
5 abr 2004	7-Etz'nab	4
6 abr 2004	8-Cauac	5
7 abr 2004	9-Ahau	6
8 abr 2004	10-Imix	7
9 abr 2004	11-Ik	8
10 abr 2004	12-Akbal	9
11 abr 2004	13-Kan	1
12 abr 2004	**1-Chicchan**	2
13 abr 2004	2-Cimi	3
14 abr 2004	3-Manik	4
15 abr 2004	4-Lamat	5
16 abr 2004	5-Muluc	6
17 abr 2004	6-Oc	7
18 abr 2004	7-Chuen	8
19 abr 2004	8-Eb	9
20 abr 2004	9-Ben	1
21 abr 2004	10-Ix	2
22 abr 2004	11-Men	3
23 abr 2004	12-Cib	4
24 abr 2004	13-Caban	5
25 abr 2004	**1-Etz'nab**	6
26 abr 2004	2-Cauac	7
27 abr 2004	3-Ahau	8
28 abr 2004	4-Imix	9
29 abr 2004	5-Ik	1
30 abr 2004	6-Akbal	2
1 may 2004	7-Kan	3
2 may 2004	8-Chicchan	4
3 may 2004	9-Cimi	5
4 may 2004	10-Manik	6
5 may 2004	11-Lamat	7
6 may 2004	12-Muluc	8
7 may 2004	13-Oc	9
8 may 2004	**1-Chuen**	1
9 may 2004	2-Eb	2
10 may 2004	3-Ben	3
11 may 2004	4-Ix	4
12 may 2004	5-Men	5
13 may 2004	6-Cib	6
14 may 2004	7-Caban	7
15 may 2004	8-Etz'nab	8
16 may 2004	9-Cauac	9
17 may 2004	10-Ahau	1
18 may 2004	11-Imix	2
19 may 2004	12-Ik	3
20 may 2004	13-Akbal	4
21 may 2004	**1-Kan**	5
22 may 2004	2-Chicchan	6
23 may 2004	3-Cimi	7
24 may 2004	4-Manik	8
25 may 2004	5-Lamat	9
26 may 2004	6-Muluc	1
27 may 2004	7-Oc	2
28 may 2004	8-Chuen	3
29 may 2004	9-Eb	4
30 may 2004	10-Ben	5
31 may 2004	11-Ix	6
1 jun 2004	12-Men	7
2 jun 2004	13-Cib	8
3 jun 2004	**1-Caban**	9
4 jun 2004	2-Etz'nab	1
5 jun 2004	3-Cauac	2
6 jun 2004	4-Ahau	3
7 jun 2004	5-Imix	4
8 jun 2004	6-Ik	5
9 jun 2004	7-Akbal	6
10 jun 2004	8-Kan	7
11 jun 2004	9-Chicchan	8

Fecha	Signo del día	S
12 jun 2004	10-Cimi	9
13 jun 2004	11-Manik	1
14 jun 2004	12-Lamat	2
15 jun 2004	13-Muluc	3
16 jun 2004	**1-Oc**	4
17 jun 2004	2-Chuen	5
18 jun 2004	3-Eb	6
19 jun 2004	4-Ben	7
20 jun 2004	5-Ix	8
21 jun 2004	6-Men	9
22 jun 2004	7-Cib	1
23 jun 2004	8-Caban	2
24 jun 2004	9-Etz'nab	3
25 jun 2004	10-Cauac	4
26 jun 2004	11-Ahau	5
27 jun 2004	12-Imix	6
28 jun 2004	13-Ik	7
29 jun 2004	**1-Akbal**	8
30 jun 2004	2-Kan	9
1 jul 2004	3-Chicchan	1
2 jul 2004	4-Cimi	2
3 jul 2004	5-Manik	3
4 jul 2004	6-Lamat	4
5 jul 2004	7-Muluc	5
6 jul 2004	8-Oc	6
7 jul 2004	9-Chuen	7
8 jul 2004	10-Eb	8
9 jul 2004	11-Ben	9
10 jul 2004	12-Ix	1
11 jul 2004	13-Men	2
12 jul 2004	**1-Cib**	3
13 jul 2004	2-Caban	4
14 jul 2004	3-Etz'nab	5
15 jul 2004	4-Cauac	6
16 jul 2004	5-Ahau	7
17 jul 2004	6-Imix	8
18 jul 2004	7-Ik	9
19 jul 2004	8-Akbal	1
20 jul 2004	9-Kan	2
21 jul 2004	10-Chicchan	3
22 jul 2004	11-Cimi	4
23 jul 2004	12-Manik	5
24 jul 2004	13-Lamat	6
25 jul 2004	**1-Muluc**	7
26 jul 2004	2-Oc	8
27 jul 2004	3-Chuen	9
28 jul 2004	4-Eb	1
29 jul 2004	5-Ben	2
30 jul 2004	6-Ix	3
31 jul 2004	7-Men	4
1 ago 2004	8-Cib	5
2 ago 2004	9-Caban	6
3 ago 2004	10-Etz'nab	7
4 ago 2004	11-Cauac	8
5 ago 2004	12-Ahau	9
6 ago 2004	13-Imix	1
7 ago 2004	**1-Ik**	2
8 ago 2004	2-Akbal	3
9 ago 2004	3-Kan	4
10 ago 2004	4-Chicchan	5
11 ago 2004	5-Cimi	6
12 ago 2004	6-Manik	7
13 ago 2004	7-Lamat	8
14 ago 2004	8-Muluc	9
15 ago 2004	9-Oc	1
16 ago 2004	10-Chuen	2
17 ago 2004	11-Eb	3
18 ago 2004	12-Ben	4

Fecha	Signo del día	S
19 ago 2004	13-Ix	5
20 ago 2004	**1-Men**	6
21 ago 2004	2-Cib	7
22 ago 2004	3-Caban	8
23 ago 2004	4-Etz'nab	9
24 ago 2004	5-Cauac	1
25 ago 2004	6-Ahau	2
26 ago 2004	7-Imix	3
27 ago 2004	8-Ik	4
28 ago 2004	9-Akbal	5
29 ago 2004	10-Kan	6
30 ago 2004	11-Chicchan	7
31 ago 2004	12-Cimi	8
1 sep 2004	13-Manik	9
2 sep 2004	**1-Lamat**	1
3 sep 2004	2-Muluc	2
4 sep 2004	3-Oc	3
5 sep 2004	4-Chuen	4
6 sep 2004	5-Eb	5
7 sep 2004	6-Ben	6
8 sep 2004	7-Ix	7
9 sep 2004	8-Men	8
10 sep 2004	9-Cib	9
11 sep 2004	10-Caban	1
12 sep 2004	11-Etz'nab	2
13 sep 2004	12-Cauac	3
14 sep 2004	13-Ahau	4
15 sep 2004	**1-Imix**	5
16 sep 2004	2-Ik	6
17 sep 2004	3-Akbal	7
18 sep 2004	4-Kan	8
19 sep 2004	5-Chicchan	9
20 sep 2004	6-Cimi	1
21 sep 2004	7-Manik	2
22 sep 2004	8-Lamat	3
23 sep 2004	9-Muluc	4
24 sep 2004	10-Oc	5
25 sep 2004	11-Chuen	6
26 sep 2004	12-Eb	7
27 sep 2004	13-Ben	8
28 sep 2004	**1-Ix**	9
29 sep 2004	2-Men	1
30 sep 2004	3-Cib	2
1 oct 2004	4-Caban	3
2 oct 2004	5-Etz'nab	4
3 oct 2004	6-Cauac	5
4 oct 2004	7-Ahau	6
5 oct 2004	8-Imix	7
6 oct 2004	9-Ik	8
7 oct 2004	10-Akbal	9
8 oct 2004	11-Kan	1
9 oct 2004	12-Chicchan	2
10 oct 2004	13-Cimi	3
11 oct 2004	**1-Manik**	4
12 oct 2004	2-Lamat	5
13 oct 2004	3-Muluc	6
14 oct 2004	4-Oc	7
15 oct 2004	5-Chuen	8
16 oct 2004	6-Eb	9
17 oct 2004	7-Ben	1
18 oct 2004	8-Ix	2
19 oct 2004	9-Men	3
20 oct 2004	10-Cib	4
21 oct 2004	11-Caban	5
22 oct 2004	12-Etz'nab	6
23 oct 2004	13-Cauac	7
24 oct 2004	**1-Ahau**	8
25 oct 2004	2-Imix	9

Fecha	Signo del día	S	Fecha	Signo del día	S	Fecha	Signo del día	S
26 oct 2004	3-Ik	1	2 ene 2005	6-Oc	6	11 mar 2005	9-Etz'nab	2
27 oct 2004	4-Akbal	2	3 ene 2005	7-Chuen	7	12 mar 2005	10-Cauac	3
28 oct 2004	5-Kan	3	4 ene 2005	8-Eb	8	13 mar 2005	11-Ahau	4
29 oct 2004	6-Chicchan	4	5 ene 2005	9-Ben	9	14 mar 2005	12-Imix	5
30 oct 2004	7-Cimi	5	6 ene 2005	10-Ix	1	15 mar 2005	13-Ik	6
31 oct 2004	8-Manik	6	7 ene 2005	11-Men	2	16 mar 2005	**1-Akbal**	7
1 nov 2004	9-Lamat	7	8 ene 2005	12-Cib	3	17 mar 2005	2-Kan	8
2 nov 2004	10-Muluc	8	9 ene 2005	13-Caban	4	18 mar 2005	3-Chicchan	9
3 nov 2004	11-Oc	9	10 ene 2005	**1-Etz'nab**	5	19 mar 2005	4-Cimi	1
4 nov 2004	12-Chuen	1	11 ene 2005	2-Cauac	6	20 mar 2005	5-Manik	2
5 nov 2004	13-Eb	2	12 ene 2005	3-Ahau	7	21 mar 2005	6-Lamat	3
6 nov 2004	**1-Ben**	3	13 ene 2005	*4-Imix*	8	22 mar 2005	7-Muluc	4
7 nov 2004	2-Ix	4	14 ene 2005	5-Ik	9	23 mar 2005	8-Oc	5
8 nov 2004	3-Men	5	15 ene 2005	6-Akbal	1	24 mar 2005	9-Chuen	6
9 nov 2004	4-Cib	6	16 ene 2005	7-Kan	2	25 mar 2005	10-Eb	7
10 nov 2004	5-Caban	7	17 ene 2005	8-Chicchan	3	26 mar 2005	11-Ben	8
11 nov 2004	6-Etz'nab	8	18 ene 2005	9-Cimi	4	27 mar 2005	12-Ix	9
12 nov 2004	7-Cauac	9	19 ene 2005	10-Manik	5	28 mar 2005	13-Men	1
13 nov 2004	8-Ahau	1	20 ene 2005	11-Lamat	6	29 mar 2005	**1-Cib**	2
14 nov 2004	*9-Imix*	2	21 ene 2005	12-Muluc	7	30 mar 2005	2-Caban	3
15 nov 2004	10-Ik	3	22 ene 2005	13-Oc	8	31 mar 2005	3-Etz'nab	4
16 nov 2004	11-Akbal	4	23 ene 2005	**1-Chuen**	9	1 abr 2005	4-Cauac	5
17 nov 2004	12-Kan	5	24 ene 2005	2-Eb	1	2 abr 2005	5-Ahau	6
18 nov 2004	13-Chicchan	6	25 ene 2005	3-Ben	2	3 abr 2005	*6-Imix*	7
19 nov 2004	**1-Cimi**	7	26 ene 2005	4-Ix	3	4 abr 2005	7-Ik	8
20 nov 2004	2-Manik	8	27 ene 2005	5-Men	4	5 abr 2005	8-Akbal	9
21 nov 2004	3-Lamat	9	28 ene 2005	6-Cib	5	6 abr 2005	9-Kan	1
22 nov 2004	4-Muluc	1	29 ene 2005	7-Caban	6	7 abr 2005	10-Chicchan	2
23 nov 2004	5-Oc	2	30 ene 2005	8-Etz'nab	7	8 abr 2005	11-Cimi	3
24 nov 2004	6-Chuen	3	31 ene 2005	9-Cauac	8	9 abr 2005	12-Manik	4
25 nov 2004	7-Eb	4	1 feb 2005	10-Ahau	9	10 abr 2005	13-Lamat	5
26 nov 2004	8-Ben	5	2 feb 2005	*11-Imix*	1	11 abr 2005	**1-Muluc**	6
27 nov 2004	9-Ix	6	3 feb 2005	12-Ik	2	12 abr 2005	2-Oc	7
28 nov 2004	10-Men	7	4 feb 2005	13-Akbal	3	13 abr 2005	3-Chuen	8
29 nov 2004	11-Cib	8	5 feb 2005	**1-Kan**	4	14 abr 2005	4-Eb	9
30 nov 2004	12-Caban	9	6 feb 2005	2-Chicchan	5	15 abr 2005	5-Ben	1
1 dic 2004	13-Etz'nab	1	7 feb 2005	3-Cimi	6	16 abr 2005	6-Ix	2
2 dic 2004	**1-Cauac**	2	8 feb 2005	4-Manik	7	17 abr 2005	7-Men	3
3 dic 2004	2-Ahau	3	9 feb 2005	5-Lamat	8	18 abr 2005	8-Cib	4
4 dic 2004	*3-Imix*	4	10 feb 2005	6-Muluc	9	19 abr 2005	9-Caban	5
5 dic 2004	4-Ik	5	11 feb 2005	7-Oc	1	20 abr 2005	10-Etz'nab	6
6 dic 2004	5-Akbal	6	12 feb 2005	8-Chuen	2	21 abr 2005	11-Cauac	7
7 dic 2004	6-Kan	7	13 feb 2005	9-Eb	3	22 abr 2005	12-Ahau	8
8 dic 2004	7-Chicchan	8	14 feb 2005	10-Ben	4	23 abr 2005	*13-Imix*	9
9 dic 2004	8-Cimi	9	15 feb 2005	11-Ix	5	24 abr 2005	**1-Ik**	1
10 dic 2004	9-Manik	1	16 feb 2005	12-Men	6	25 abr 2005	2-Akbal	2
11 dic 2004	10-Lamat	2	17 feb 2005	13-Cib	7	26 abr 2005	3-Kan	3
12 dic 2004	11-Muluc	3	18 feb 2005	**1-Caban**	8	27 abr 2005	4-Chicchan	4
13 dic 2004	12-Oc	4	19 feb 2005	2-Etz'nab	9	28 abr 2005	5-Cimi	5
14 dic 2004	13-Chuen	5	20 feb 2005	3-Cauac	1	29 abr 2005	6-Manik	6
15 dic 2004	**1-Eb**	6	21 feb 2005	4-Ahau	2	30 abr 2005	7-Lamat	7
16 dic 2004	2-Ben	7	22 feb 2005	*5-Imix*	3	1 may 2005	8-Muluc	8
17 dic 2004	3-Ix	8	23 feb 2005	6-Ik	4	2 may 2005	9-Oc	9
18 dic 2004	4-Men	9	24 feb 2005	7-Akbal	5	3 may 2005	10-Chuen	1
19 dic 2004	5-Cib	1	25 feb 2005	8-Kan	6	4 may 2005	11-Eb	2
20 dic 2004	6-Caban	2	26 feb 2005	9-Chicchan	7	5 may 2005	12-Ben	3
21 dic 2004	7-Etz'nab	3	27 feb 2005	10-Cimi	8	6 may 2005	13-Ix	4
22 dic 2004	8-Cauac	4	28 feb 2005	11-Manik	9	7 may 2005	**1-Men**	5
23 dic 2004	9-Ahau	5	1 mar 2005	12-Lamat	1	8 may 2005	2-Cib	6
24 dic 2004	*10-Imix*	6	2 mar 2005	13-Muluc	2	9 may 2005	3-Caban	7
25 dic 2004	11-Ik	7	3 mar 2005	**1-Oc**	3	10 may 2005	4-Etz'nab	8
26 dic 2004	12-Akbal	8	4 mar 2005	2-Chuen	4	11 may 2005	5-Cauac	9
27 dic 2004	13-Kan	9	5 mar 2005	3-Eb	5	12 may 2005	6-Ahau	1
28 dic 2004	**1-Chicchan**	1	6 mar 2005	4-Ben	6	13 may 2005	*7-Imix*	2
29 dic 2004	2-Cimi	2	7 mar 2005	5-Ix	7	14 may 2005	8-Ik	3
30 dic 2004	3-Manik	3	8 mar 2005	6-Men	8	15 may 2005	9-Akbal	4
31 dic 2004	4-Lamat	4	9 mar 2005	7-Cib	9	16 may 2005	10-Kan	5
1 ene 2005	5-Muluc	5	10 mar 2005	8-Caban	1	17 may 2005	11-Chicchan	6

Fecha	Signo del día	S
18 may 2005	12-Cimi	7
19 may 2005	13-Manik	8
20 may 2005	**1-Lamat**	9
21 may 2005	2-Muluc	1
22 may 2005	3-Oc	2
23 may 2005	4-Chuen	3
24 may 2005	5-Eb	4
25 may 2005	6-Ben	5
26 may 2005	7-Ix	6
27 may 2005	8-Men	7
28 may 2005	9-Cib	8
29 may 2005	10-Caban	9
30 may 2005	11-Etz'nab	1
31 may 2005	12-Cauac	2
1 jun 2005	13-Ahau	3
2 jun 2005	**1-Imix**	4
3 jun 2005	2-Ik	5
4 jun 2005	3-Akbal	6
5 jun 2005	4-Kan	7
6 jun 2005	5-Chicchan	8
7 jun 2005	6-Cimi	9
8 jun 2005	7-Manik	1
9 jun 2005	8-Lamat	2
10 jun 2005	9-Muluc	3
11 jun 2005	10-Oc	4
12 jun 2005	11-Chuen	5
13 jun 2005	12-Eb	6
14 jun 2005	13-Ben	7
15 jun 2005	**1-Ix**	8
16 jun 2005	2-Men	9
17 jun 2005	3-Cib	1
18 jun 2005	4-Caban	2
19 jun 2005	5-Etz'nab	3
20 jun 2005	6-Cauac	4
21 jun 2005	7-Ahau	5
22 jun 2005	8-Imix	6
23 jun 2005	9-Ik	7
24 jun 2005	10-Akbal	8
25 jun 2005	11-Kan	9
26 jun 2005	12-Chicchan	1
27 jun 2005	13-Cimi	2
28 jun 2005	**1-Manik**	3
29 jun 2005	2-Lamat	4
30 jun 2005	3-Muluc	5
1 jul 2005	4-Oc	6
2 jul 2005	5-Chuen	7
3 jul 2005	6-Eb	8
4 jul 2005	7-Ben	9
5 jul 2005	8-Ix	1
6 jul 2005	9-Men	2
7 jul 2005	10-Cib	3
8 jul 2005	11-Caban	4
9 jul 2005	12-Etz'nab	5
10 jul 2005	13-Cauac	6
11 jul 2005	**1-Ahau**	7
12 jul 2005	2-Imix	8
13 jul 2005	3-Ik	9
14 jul 2005	4-Akbal	1
15 jul 2005	5-Kan	2
16 jul 2005	6-Chicchan	3
17 jul 2005	7-Cimi	4
18 jul 2005	8-Manik	5
19 jul 2005	9-Lamat	6
20 jul 2005	10-Muluc	7
21 jul 2005	11-Oc	8
22 jul 2005	12-Chuen	9
23 jul 2005	13-Eb	1
24 jul 2005	**1-Ben**	2

Fecha	Signo del día	S
25 jul 2005	2-Ix	3
26 jul 2005	3-Men	4
27 jul 2005	4-Cib	5
28 jul 2005	5-Caban	6
29 jul 2005	6-Etz'nab	7
30 jul 2005	7-Cauac	8
31 jul 2005	8-Ahau	9
1 ago 2005	9-Imix	1
2 ago 2005	10-Ik	2
3 ago 2005	11-Akbal	3
4 ago 2005	12-Kan	4
5 ago 2005	13-Chicchan	5
6 ago 2005	**1-Cimi**	6
7 ago 2005	2-Manik	7
8 ago 2005	3-Lamat	8
9 ago 2005	4-Muluc	9
10 ago 2005	5-Oc	1
11 ago 2005	6-Chuen	2
12 ago 2005	7-Eb	3
13 ago 2005	8-Ben	4
14 ago 2005	9-Ix	5
15 ago 2005	10-Men	6
16 ago 2005	11-Cib	7
17 ago 2005	12-Caban	8
18 ago 2005	13-Etz'nab	9
19 ago 2005	**1-Cauac**	1
20 ago 2005	2-Ahau	2
21 ago 2005	3-Imix	3
22 ago 2005	4-Ik	4
23 ago 2005	5-Akbal	5
24 ago 2005	6-Kan	6
25 ago 2005	7-Chicchan	7
26 ago 2005	8-Cimi	8
27 ago 2005	9-Manik	9
28 ago 2005	10-Lamat	1
29 ago 2005	11-Muluc	2
30 ago 2005	12-Oc	3
31 ago 2005	13-Chuen	4
1 sep 2005	**1-Eb**	5
2 sep 2005	2-Ben	6
3 sep 2005	3-Ix	7
4 sep 2005	4-Men	8
5 sep 2005	5-Cib	9
6 sep 2005	6-Caban	1
7 sep 2005	7-Etz'nab	2
8 sep 2005	8-Cauac	3
9 sep 2005	9-Ahau	4
10 sep 2005	10-Imix	5
11 sep 2005	11-Ik	6
12 sep 2005	12-Akbal	7
13 sep 2005	13-Kan	8
14 sep 2005	**1-Chicchan**	9
15 sep 2005	2-Cimi	1
16 sep 2005	3-Manik	2
17 sep 2005	4-Lamat	3
18 sep 2005	5-Muluc	4
19 sep 2005	6-Oc	5
20 sep 2005	7-Chuen	6
21 sep 2005	8-Eb	7
22 sep 2005	9-Ben	8
23 sep 2005	10-Ix	9
24 sep 2005	11-Men	1
25 sep 2005	12-Cib	2
26 sep 2005	13-Caban	3
27 sep 2005	**1-Etz'nab**	4
28 sep 2005	2-Cauac	5
29 sep 2005	3-Ahau	6
30 sep 2005	4-Imix	7

Fecha	Signo del día	S
1 oct 2005	5-Ik	8
2 oct 2005	6-Akbal	9
3 oct 2005	7-Kan	1
4 oct 2005	8-Chicchan	2
5 oct 2005	9-Cimi	3
6 oct 2005	10-Manik	4
7 oct 2005	11-Lamat	5
8 oct 2005	12-Muluc	6
9 oct 2005	13-Oc	7
10 oct 2005	**1-Chuen**	8
11 oct 2005	2-Eb	9
12 oct 2005	3-Ben	1
13 oct 2005	4-Ix	2
14 oct 2005	5-Men	3
15 oct 2005	6-Cib	4
16 oct 2005	7-Caban	5
17 oct 2005	8-Etz'nab	6
18 oct 2005	9-Cauac	7
19 oct 2005	10-Ahau	8
20 oct 2005	11-Imix	9
21 oct 2005	12-Ik	1
22 oct 2005	13-Akbal	2
23 oct 2005	**1-Kan**	3
24 oct 2005	2-Chicchan	4
25 oct 2005	3-Cimi	5
26 oct 2005	4-Manik	6
27 oct 2005	5-Lamat	7
28 oct 2005	6-Muluc	8
29 oct 2005	7-Oc	9
30 oct 2005	8-Chuen	1
31 oct 2005	9-Eb	2
1 nov 2005	10-Ben	3
2 nov 2005	11-Ix	4
3 nov 2005	12-Men	5
4 nov 2005	13-Cib	6
5 nov 2005	**1-Caban**	7
6 nov 2005	2-Etz'nab	8
7 nov 2005	3-Cauac	9
8 nov 2005	4-Ahau	1
9 nov 2005	5-Imix	2
10 nov 2005	6-Ik	3
11 nov 2005	7-Akbal	4
12 nov 2005	8-Kan	5
13 nov 2005	9-Chicchan	6
14 nov 2005	10-Cimi	7
15 nov 2005	11-Manik	8
16 nov 2005	12-Lamat	9
17 nov 2005	13-Muluc	1
18 nov 2005	**1-Oc**	2
19 nov 2005	2-Chuen	3
20 nov 2005	3-Eb	4
21 nov 2005	4-Ben	5
22 nov 2005	5-Ix	6
23 nov 2005	6-Men	7
24 nov 2005	7-Cib	8
25 nov 2005	8-Caban	9
26 nov 2005	9-Etz'nab	1
27 nov 2005	10-Cauac	2
28 nov 2005	11-Ahau	3
29 nov 2005	12-Imix	4
30 nov 2005	13-Ik	5
1 dic 2005	**1-Akbal**	6
2 dic 2005	2-Kan	7
3 dic 2005	3-Chicchan	8
4 dic 2005	4-Cimi	9
5 dic 2005	5-Manik	1
6 dic 2005	6-Lamat	2
7 dic 2005	7-Muluc	3

Fecha	Signo del día	S
8 dic 2005	8-Oc	4
9 dic 2005	9-Chuen	5
10 dic 2005	10-Eb	6
11 dic 2005	11-Ben	7
12 dic 2005	12-Ix	8
13 dic 2005	13-Men	9
14 dic 2005	**1-Cib**	1
15 dic 2005	2-Caban	2
16 dic 2005	3-Etz'nab	3
17 dic 2005	4-Cauac	4
18 dic 2005	5-Ahau	5
19 dic 2005	*6-Imix*	6
20 dic 2005	7-Ik	7
21 dic 2005	8-Akbal	8
22 dic 2005	9-Kan	9
23 dic 2005	10-Chicchan	1
24 dic 2005	11-Cimi	2
25 dic 2005	12-Manik	3
26 dic 2005	13-Lamat	4
27 dic 2005	**1-Muluc**	5
28 dic 2005	2-Oc	6
29 dic 2005	3-Chuen	7
30 dic 2005	4-Eb	8
31 dic 2005	5-Ben	9
1 ene 2006	6-Ix	1
2 ene 2006	7-Men	2
3 ene 2006	8-Cib	3
4 ene 2006	9-Caban	4
5 ene 2006	10-Etz'nab	5
6 ene 2006	11-Cauac	6
7 ene 2006	12-Ahau	7
8 ene 2006	*13-Imix*	8
9 ene 2006	**1-Ik**	9
10 ene 2006	2-Akbal	1
11 ene 2006	3-Kan	2
12 ene 2006	4-Chicchan	3
13 ene 2006	5-Cimi	4
14 ene 2006	6-Manik	5
15 ene 2006	7-Lamat	6
16 ene 2006	8-Muluc	7
17 ene 2006	9-Oc	8
18 ene 2006	10-Chuen	9
19 ene 2006	11-Eb	1
20 ene 2006	12-Ben	2
21 ene 2006	13-Ix	3
22 ene 2006	**1-Men**	4
23 ene 2006	2-Cib	5
24 ene 2006	3-Caban	6
25 ene 2006	4-Etz'nab	7
26 ene 2006	5-Cauac	8
27 ene 2006	6-Ahau	9
28 ene 2006	*7-Imix*	1
29 ene 2006	8-Ik	2
30 ene 2006	9-Akbal	3
31 ene 2006	10-Kan	4
1 feb 2006	11-Chicchan	5
2 feb 2006	12-Cimi	6
3 feb 2006	13-Manik	7
4 feb 2006	**1-Lamat**	8
5 feb 2006	2-Muluc	9
6 feb 2006	3-Oc	1
7 feb 2006	4-Chuen	2
8 feb 2006	5-Eb	3
9 feb 2006	6-Ben	4
10 feb 2006	7-Ix	5
11 feb 2006	8-Men	6
12 feb 2006	9-Cib	7
13 feb 2006	10-Caban	8

Fecha	Signo del día	S
14 feb 2006	11-Etz'nab	9
15 feb 2006	12-Cauac	1
16 feb 2006	13-Ahau	2
17 feb 2006	**1-Imix**	3
18 feb 2006	2-Ik	4
19 feb 2006	3-Akbal	5
20 feb 2006	4-Kan	6
21 feb 2006	5-Chicchan	7
22 feb 2006	6-Cimi	8
23 feb 2006	7-Manik	9
24 feb 2006	8-Lamat	1
25 feb 2006	9-Muluc	2
26 feb 2006	10-Oc	3
27 feb 2006	11-Chuen	4
28 feb 2006	12-Eb	5
1 mar 2006	13-Ben	6
2 mar 2006	**1-Ix**	7
3 mar 2006	2-Men	8
4 mar 2006	3-Cib	9
5 mar 2006	4-Caban	1
6 mar 2006	5-Etz'nab	2
7 mar 2006	6-Cauac	3
8 mar 2006	7-Ahau	4
9 mar 2006	*8-Imix*	5
10 mar 2006	9-Ik	6
11 mar 2006	10-Akbal	7
12 mar 2006	11-Kan	8
13 mar 2006	12-Chicchan	9
14 mar 2006	13-Cimi	1
15 mar 2006	**1-Manik**	2
16 mar 2006	2-Lamat	3
17 mar 2006	3-Muluc	4
18 mar 2006	4-Oc	5
19 mar 2006	5-Chuen	6
20 mar 2006	6-Eb	7
21 mar 2006	7-Ben	8
22 mar 2006	8-Ix	9
23 mar 2006	9-Men	1
24 mar 2006	10-Cib	2
25 mar 2006	11-Caban	3
26 mar 2006	12-Etz'nab	4
27 mar 2006	13-Cauac	5
28 mar 2006	**1-Ahau**	6
29 mar 2006	*2-Imix*	7
30 mar 2006	3-Ik	8
31 mar 2006	4-Akbal	9
1 abr 2006	5-Kan	1
2 abr 2006	6-Chicchan	2
3 abr 2006	7-Cimi	3
4 abr 2006	8-Manik	4
5 abr 2006	9-Lamat	5
6 abr 2006	10-Muluc	6
7 abr 2006	11-Oc	7
8 abr 2006	12-Chuen	8
9 abr 2006	13-Eb	9
10 abr 2006	**1-Ben**	1
11 abr 2006	2-Ix	2
12 abr 2006	3-Men	3
13 abr 2006	4-Cib	4
14 abr 2006	5-Caban	5
15 abr 2006	6-Etz'nab	6
16 abr 2006	7-Cauac	7
17 abr 2006	8-Ahau	8
18 abr 2006	*9-Imix*	9
19 abr 2006	10-Ik	1
20 abr 2006	11-Akbal	2
21 abr 2006	12-Kan	3
22 abr 2006	13-Chicchan	4

Fecha	Signo del día	S
23 abr 2006	**1-Cimi**	5
24 abr 2006	2-Manik	6
25 abr 2006	3-Lamat	7
26 abr 2006	4-Muluc	8
27 abr 2006	5-Oc	9
28 abr 2006	6-Chuen	1
29 abr 2006	7-Eb	2
30 abr 2006	8-Ben	3
1 may 2006	9-Ix	4
2 may 2006	10-Men	5
3 may 2006	11-Cib	6
4 may 2006	12-Caban	7
5 may 2006	13-Etz'nab	8
6 may 2006	**1-Cauac**	9
7 may 2006	2-Ahau	1
8 may 2006	*3-Imix*	2
9 may 2006	4-Ik	3
10 may 2006	5-Akbal	4
11 may 2006	6-Kan	5
12 may 2006	7-Chicchan	6
13 may 2006	8-Cimi	7
14 may 2006	9-Manik	8
15 may 2006	10-Lamat	9
16 may 2006	11-Muluc	1
17 may 2006	12-Oc	2
18 may 2006	13-Chuen	3
19 may 2006	**1-Eb**	4
20 may 2006	2-Ben	5
21 may 2006	3-Ix	6
22 may 2006	4-Men	7
23 may 2006	5-Cib	8
24 may 2006	6-Caban	9
25 may 2006	7-Etz'nab	1
26 may 2006	8-Cauac	2
27 may 2006	9-Ahau	3
28 may 2006	*10-Imix*	4
29 may 2006	11-Ik	5
30 may 2006	12-Akbal	6
31 may 2006	13-Kan	7
1 jun 2006	**1-Chicchan**	8
2 jun 2006	2-Cimi	9
3 jun 2006	3-Manik	1
4 jun 2006	4-Lamat	2
5 jun 2006	5-Muluc	3
6 jun 2006	6-Oc	4
7 jun 2006	7-Chuen	5
8 jun 2006	8-Eb	6
9 jun 2006	9-Ben	7
10 jun 2006	10-Ix	8
11 jun 2006	11-Men	9
12 jun 2006	12-Cib	1
13 jun 2006	13-Caban	2
14 jun 2006	**1-Etz'nab**	3
15 jun 2006	2-Cauac	4
16 jun 2006	3-Ahau	5
17 jun 2006	*4-Imix*	6
18 jun 2006	5-Ik	7
19 jun 2006	6-Akbal	8
20 jun 2006	7-Kan	9
21 jun 2006	8-Chicchan	1
22 jun 2006	9-Cimi	2
23 jun 2006	10-Manik	3
24 jun 2006	11-Lamat	4
25 jun 2006	12-Muluc	5
26 jun 2006	13-Oc	6
27 jun 2006	**1-Chuen**	7
28 jun 2006	2-Eb	8
29 jun 2006	3-Ben	9

Fecha	Signo del día	S	Fecha	Signo del día	S	Fecha	Signo del día	S
30 jun 2006	4-Ix	1	6 sep 2006	7-Ik	6	13 nov 2006	10-Oc	2
1 jul 2006	5-Men	2	7 sep 2006	8-Akbal	7	14 nov 2006	11-Chuen	3
2 jul 2006	6-Cib	3	8 sep 2006	9-Kan	8	15 nov 2006	12-Eb	4
3 jul 2006	7-Caban	4	9 sep 2006	10-Chicchan	9	16 nov 2006	13-Ben	5
4 jul 2006	8-Etz'nab	5	10 sep 2006	11-Cimi	1	17 nov 2006	**1-Ix**	6
5 jul 2006	9-Cauac	6	11 sep 2006	12-Manik	2	18 nov 2006	2-Men	7
6 jul 2006	10-Ahau	7	12 sep 2006	13-Lamat	3	19 nov 2006	3-Cib	8
7 jul 2006	*11-Imix*	8	13 sep 2006	**1-Muluc**	4	20 nov 2006	4-Caban	9
8 jul 2006	12-Ik	9	14 sep 2006	2-Oc	5	21 nov 2006	5-Etz'nab	1
9 jul 2006	13-Akbal	1	15 sep 2006	3-Chuen	6	22 nov 2006	6-Cauac	2
10 jul 2006	**1-Kan**	2	16 sep 2006	4-Eb	7	23 nov 2006	7-Ahau	3
11 jul 2006	2-Chicchan	3	17 sep 2006	5-Ben	8	24 nov 2006	*8-Imix*	4
12 jul 2006	3-Cimi	4	18 sep 2006	6-Ix	9	25 nov 2006	9-Ik	5
13 jul 2006	4-Manik	5	19 sep 2006	7-Men	1	26 nov 2006	10-Akbal	6
14 jul 2006	5-Lamat	6	20 sep 2006	8-Cib	2	27 nov 2006	11-Kan	7
15 jul 2006	6-Muluc	7	21 sep 2006	9-Caban	3	28 nov 2006	12-Chicchan	8
16 jul 2006	7-Oc	8	22 sep 2006	10-Etz'nab	4	29 nov 2006	13-Cimi	9
17 jul 2006	8-Chuen	9	23 sep 2006	11-Cauac	5	30 nov 2006	**1-Manik**	1
18 jul 2006	9-Eb	1	24 sep 2006	12-Ahau	6	1 dic 2006	2-Lamat	2
19 jul 2006	10-Ben	2	25 sep 2006	*13-Imix*	7	2 dic 2006	3-Muluc	3
20 jul 2006	11-Ix	3	26 sep 2006	**1-Ik**	8	3 dic 2006	4-Oc	4
21 jul 2006	12-Men	4	27 sep 2006	2-Akbal	9	4 dic 2006	5-Chuen	5
22 jul 2006	13-Cib	5	28 sep 2006	3-Kan	1	5 dic 2006	6-Eb	6
23 jul 2006	**1-Caban**	6	29 sep 2006	4-Chicchan	2	6 dic 2006	7-Ben	7
24 jul 2006	2-Etz'nab	7	30 sep 2006	5-Cimi	3	7 dic 2006	8-Ix	8
25 jul 2006	3-Cauac	8	1 oct 2006	6-Manik	4	8 dic 2006	9-Men	9
26 jul 2006	4-Ahau	9	2 oct 2006	7-Lamat	5	9 dic 2006	10-Cib	1
27 jul 2006	*5-Imix*	1	3 oct 2006	8-Muluc	6	10 dic 2006	11-Caban	2
28 jul 2006	6-Ik	2	4 oct 2006	9-Oc	7	11 dic 2006	12-Etz'nab	3
29 jul 2006	7-Akbal	3	5 oct 2006	10-Chuen	8	12 dic 2006	13-Cauac	4
30 jul 2006	8-Kan	4	6 oct 2006	11-Eb	9	13 dic 2006	**1-Ahau**	5
31 jul 2006	9-Chicchan	5	7 oct 2006	12-Ben	1	14 dic 2006	*2-Imix*	6
1 ago 2006	10-Cimi	6	8 oct 2006	13-Ix	2	15 dic 2006	3-Ik	7
2 ago 2006	11-Manik	7	9 oct 2006	**1-Men**	3	16 dic 2006	4-Akbal	8
3 ago 2006	12-Lamat	8	10 oct 2006	2-Cib	4	17 dic 2006	5-Kan	9
4 ago 2006	13-Muluc	9	11 oct 2006	3-Caban	5	18 dic 2006	6-Chicchan	1
5 ago 2006	**1-Oc**	1	12 oct 2006	4-Etz'nab	6	19 dic 2006	7-Cimi	2
6 ago 2006	2-Chuen	2	13 oct 2006	5-Cauac	7	20 dic 2006	8-Manik	3
7 ago 2006	3-Eb	3	14 oct 2006	6-Ahau	8	21 dic 2006	9-Lamat	4
8 ago 2006	4-Ben	4	15 oct 2006	*7-Imix*	9	22 dic 2006	10-Muluc	5
9 ago 2006	5-Ix	5	16 oct 2006	8-Ik	1	23 dic 2006	11-Oc	6
10 ago 2006	6-Men	6	17 oct 2006	9-Akbal	2	24 dic 2006	12-Chuen	7
11 ago 2006	7-Cib	7	18 oct 2006	10-Kan	3	25 dic 2006	13-Eb	8
12 ago 2006	8-Caban	8	19 oct 2006	11-Chicchan	4	26 dic 2006	**1-Ben**	9
13 ago 2006	9-Etz'nab	9	20 oct 2006	12-Cimi	5	27 dic 2006	2-Ix	1
14 ago 2006	10-Cauac	1	21 oct 2006	13-Manik	6	28 dic 2006	3-Men	2
15 ago 2006	11-Ahau	2	22 oct 2006	**1-Lamat**	7	29 dic 2006	4-Cib	3
16 ago 2006	*12-Imix*	3	23 oct 2006	2-Muluc	8	30 dic 2006	5-Caban	4
17 ago 2006	13-Ik	4	24 oct 2006	3-Oc	9	31 dic 2006	6-Etz'nab	5
18 ago 2006	**1-Akbal**	5	25 oct 2006	4-Chuen	1	1 ene 2007	7-Cauac	6
19 ago 2006	2-Kan	6	26 oct 2006	5-Eb	2	2 ene 2007	8-Ahau	7
20 ago 2006	3-Chicchan	7	27 oct 2006	6-Ben	3	3 ene 2007	*9-Imix*	8
21 ago 2006	4-Cimi	8	28 oct 2006	7-Ix	4	4 ene 2007	10-Ik	9
22 ago 2006	5-Manik	9	29 oct 2006	8-Men	5	5 ene 2007	11-Akbal	1
23 ago 2006	6-Lamat	1	30 oct 2006	9-Cib	6	6 ene 2007	12-Kan	2
24 ago 2006	7-Muluc	2	31 oct 2006	10-Caban	7	7 ene 2007	13-Chicchan	3
25 ago 2006	8-Oc	3	1 nov 2006	11-Etz'nab	8	8 ene 2007	**1-Cimi**	4
26 ago 2006	9-Chuen	4	2 nov 2006	12-Cauac	9	9 ene 2007	2-Manik	5
27 ago 2006	10-Eb	5	3 nov 2006	13-Ahau	1	10 ene 2007	3-Lamat	6
28 ago 2006	11-Ben	6	4 nov 2006	**1-Imix**	2	11 ene 2007	4-Muluc	7
29 ago 2006	12-Ix	7	5 nov 2006	2-Ik	3	12 ene 2007	5-Oc	8
30 ago 2006	13-Men	8	6 nov 2006	3-Akbal	4	13 ene 2007	6-Chuen	9
31 ago 2006	**1-Cib**	9	7 nov 2006	4-Kan	5	14 ene 2007	7-Eb	1
1 sep 2006	2-Caban	1	8 nov 2006	5-Chicchan	6	15 ene 2007	8-Ben	2
2 sep 2006	3-Etz'nab	2	9 nov 2006	6-Cimi	7	16 ene 2007	9-Ix	3
3 sep 2006	4-Cauac	3	10 nov 2006	7-Manik	8	17 ene 2007	10-Men	4
4 sep 2006	5-Ahau	4	11 nov 2006	8-Lamat	9	18 ene 2007	11-Cib	5
5 sep 2006	*6-Imix*	5	12 nov 2006	9-Muluc	1	19 ene 2007	12-Caban	6

Fecha	Signo del día	S
20 ene 2007	13-Etz'nab	7
21 ene 2007	**1-Cauac**	8
22 ene 2007	2-Ahau	9
23 ene 2007	*3-Imix*	1
24 ene 2007	4-Ik	2
25 ene 2007	5-Akbal	3
26 ene 2007	6-Kan	4
27 ene 2007	7-Chicchan	5
28 ene 2007	8-Cimi	6
29 ene 2007	9-Manik	7
30 ene 2007	10-Lamat	8
31 ene 2007	11-Muluc	9
1 feb 2007	12-Oc	1
2 feb 2007	13-Chuen	2
3 feb 2007	**1-Eb**	3
4 feb 2007	2-Ben	4
5 feb 2007	3-Ix	5
6 feb 2007	4-Men	6
7 feb 2007	5-Cib	7
8 feb 2007	6-Caban	8
9 feb 2007	7-Etz'nab	9
10 feb 2007	8-Cauac	1
11 feb 2007	9-Ahau	2
12 feb 2007	*10-Imix*	3
13 feb 2007	11-Ik	4
14 feb 2007	12-Akbal	5
15 feb 2007	13-Kan	6
16 feb 2007	**1-Chicchan**	7
17 feb 2007	2-Cimi	8
18 feb 2007	3-Manik	9
19 feb 2007	4-Lamat	1
20 feb 2007	5-Muluc	2
21 feb 2007	6-Oc	3
22 feb 2007	7-Chuen	4
23 feb 2007	8-Eb	5
24 feb 2007	9-Ben	6
25 feb 2007	10-Ix	7
26 feb 2007	11-Men	8
27 feb 2007	12-Cib	9
28 feb 2007	13-Caban	1
1 mar 2007	**1-Etz'nab**	2
2 mar 2007	2-Cauac	3
3 mar 2007	3-Ahau	4
4 mar 2007	*4-Imix*	5
5 mar 2007	5-Ik	6
6 mar 2007	6-Akbal	7
7 mar 2007	7-Kan	8
8 mar 2007	8-Chicchan	9
9 mar 2007	9-Cimi	1
10 mar 2007	10-Manik	2
11 mar 2007	11-Lamat	3
12 mar 2007	12-Muluc	4
13 mar 2007	13-Oc	5
14 mar 2007	**1-Chuen**	6
15 mar 2007	2-Eb	7
16 mar 2007	3-Ben	8
17 mar 2007	4-Ix	9
18 mar 2007	5-Men	1
19 mar 2007	6-Cib	2
20 mar 2007	7-Caban	3
21 mar 2007	8-Etz'nab	4
22 mar 2007	9-Cauac	5
23 mar 2007	10-Ahau	6
24 mar 2007	*11-Imix*	7
25 mar 2007	12-Ik	8
26 mar 2007	13-Akbal	9
27 mar 2007	**1-Kan**	1
28 mar 2007	2-Chicchan	2

Fecha	Signo del día	S
29 mar 2007	3-Cimi	3
30 mar 2007	4-Manik	4
31 mar 2007	5-Lamat	5
1 abr 2007	6-Muluc	6
2 abr 2007	7-Oc	7
3 abr 2007	8-Chuen	8
4 abr 2007	9-Eb	9
5 abr 2007	10-Ben	1
6 abr 2007	11-Ix	2
7 abr 2007	12-Men	3
8 abr 2007	13-Cib	4
9 abr 2007	**1-Caban**	5
10 abr 2007	2-Etz'nab	6
11 abr 2007	3-Cauac	7
12 abr 2007	4-Ahau	8
13 abr 2007	*5-Imix*	9
14 abr 2007	6-Ik	1
15 abr 2007	7-Akbal	2
16 abr 2007	8-Kan	3
17 abr 2007	9-Chicchan	4
18 abr 2007	10-Cimi	5
19 abr 2007	11-Manik	6
20 abr 2007	12-Lamat	7
21 abr 2007	13-Muluc	8
22 abr 2007	**1-Oc**	9
23 abr 2007	2-Chuen	1
24 abr 2007	3-Eb	2
25 abr 2007	4-Ben	3
26 abr 2007	5-Ix	4
27 abr 2007	6-Men	5
28 abr 2007	7-Cib	6
29 abr 2007	8-Caban	7
30 abr 2007	9-Etz'nab	8
1 may 2007	10-Cauac	9
2 may 2007	11-Ahau	1
3 may 2007	*12-Imix*	2
4 may 2007	13-Ik	3
5 may 2007	**1-Akbal**	4
6 may 2007	2-Kan	5
7 may 2007	3-Chicchan	6
8 may 2007	4-Cimi	7
9 may 2007	5-Manik	8
10 may 2007	6-Lamat	9
11 may 2007	7-Muluc	1
12 may 2007	8-Oc	2
13 may 2007	9-Chuen	3
14 may 2007	10-Eb	4
15 may 2007	11-Ben	5
16 may 2007	12-Ix	6
17 may 2007	13-Men	7
18 may 2007	**1-Cib**	8
19 may 2007	2-Caban	9
20 may 2007	3-Etz'nab	1
21 may 2007	4-Cauac	2
22 may 2007	5-Ahau	3
23 may 2007	*6-Imix*	4
24 may 2007	7-Ik	5
25 may 2007	8-Akbal	6
26 may 2007	9-Kan	7
27 may 2007	10-Chicchan	8
28 may 2007	11-Cimi	9
29 may 2007	12-Manik	1
30 may 2007	13-Lamat	2
31 may 2007	**1-Muluc**	3
1 jun 2007	2-Oc	4
2 jun 2007	3-Chuen	5
3 jun 2007	4-Eb	6
4 jun 2007	5-Ben	7

Fecha	Signo del día	S
5 jun 2007	6-Ix	8
6 jun 2007	7-Men	9
7 jun 2007	8-Cib	1
8 jun 2007	9-Caban	2
9 jun 2007	10-Etz'nab	3
10 jun 2007	11-Cauac	4
11 jun 2007	12-Ahau	5
12 jun 2007	*13-Imix*	6
13 jun 2007	**1-Ik**	7
14 jun 2007	2-Akbal	8
15 jun 2007	3-Kan	9
16 jun 2007	4-Chicchan	1
17 jun 2007	5-Cimi	2
18 jun 2007	6-Manik	3
19 jun 2007	7-Lamat	4
20 jun 2007	8-Muluc	5
21 jun 2007	9-Oc	6
22 jun 2007	10-Chuen	7
23 jun 2007	11-Eb	8
24 jun 2007	12-Ben	9
25 jun 2007	13-Ix	1
26 jun 2007	**1-Men**	2
27 jun 2007	2-Cib	3
28 jun 2007	3-Caban	4
29 jun 2007	4-Etz'nab	5
30 jun 2007	5-Cauac	6
1 jul 2007	6-Ahau	7
2 jul 2007	*7-Imix*	8
3 jul 2007	8-Ik	9
4 jul 2007	9-Akbal	1
5 jul 2007	10-Kan	2
6 jul 2007	11-Chicchan	3
7 jul 2007	12-Cimi	4
8 jul 2007	13-Manik	5
9 jul 2007	**1-Lamat**	6
10 jul 2007	2-Muluc	7
11 jul 2007	3-Oc	8
12 jul 2007	4-Chuen	9
13 jul 2007	5-Eb	1
14 jul 2007	6-Ben	2
15 jul 2007	7-Ix	3
16 jul 2007	8-Men	4
17 jul 2007	9-Cib	5
18 jul 2007	10-Caban	6
19 jul 2007	11-Etz'nab	7
20 jul 2007	12-Cauac	8
21 jul 2007	13-Ahau	9
22 jul 2007	**1-Imix**	1
23 jul 2007	2-Ik	2
24 jul 2007	3-Akbal	3
25 jul 2007	4-Kan	4
26 jul 2007	5-Chicchan	5
27 jul 2007	6-Cimi	6
28 jul 2007	7-Manik	7
29 jul 2007	8-Lamat	8
30 jul 2007	9-Muluc	9
31 jul 2007	10-Oc	1
1 ago 2007	11-Chuen	2
2 ago 2007	12-Eb	3
3 ago 2007	13-Ben	4
4 ago 2007	**1-Ix**	5
5 ago 2007	2-Men	6
6 ago 2007	3-Cib	7
7 ago 2007	4-Caban	8
8 ago 2007	5-Etz'nab	9
9 ago 2007	6-Cauac	1
10 ago 2007	7-Ahau	2
11 ago 2007	*8-Imix*	3

Fecha	Signo del día	S
12 ago 2007	9-Ik	4
13 ago 2007	10-Akbal	5
14 ago 2007	11-Kan	6
15 ago 2007	12-Chicchan	7
16 ago 2007	13-Cimi	8
17 ago 2007	**1-Manik**	9
18 ago 2007	2-Lamat	1
19 ago 2007	3-Muluc	2
20 ago 2007	4-Oc	3
21 ago 2007	5-Chuen	4
22 ago 2007	6-Eb	5
23 ago 2007	7-Ben	6
24 ago 2007	8-Ix	7
25 ago 2007	9-Men	8
26 ago 2007	10-Cib	9
27 ago 2007	11-Caban	1
28 ago 2007	12-Etz'nab	2
29 ago 2007	13-Cauac	3
30 ago 2007	**1-Ahau**	4
31 ago 2007	*2-Imix*	5
1 sep 2007	3-Ik	6
2 sep 2007	4-Akbal	7
3 sep 2007	5-Kan	8
4 sep 2007	6-Chicchan	9
5 sep 2007	7-Cimi	1
6 sep 2007	8-Manik	2
7 sep 2007	9-Lamat	3
8 sep 2007	10-Muluc	4
9 sep 2007	11-Oc	5
10 sep 2007	12-Chuen	6
11 sep 2007	13-Eb	7
12 sep 2007	**1-Ben**	8
13 sep 2007	2-Ix	9
14 sep 2007	3-Men	1
15 sep 2007	4-Cib	2
16 sep 2007	5-Caban	3
17 sep 2007	6-Etz'nab	4
18 sep 2007	7-Cauac	5
19 sep 2007	8-Ahau	6
20 sep 2007	*9-Imix*	7
21 sep 2007	10-Ik	8
22 sep 2007	11-Akbal	9
23 sep 2007	12-Kan	1
24 sep 2007	13-Chicchan	2
25 sep 2007	**1-Cimi**	3
26 sep 2007	2-Manik	4
27 sep 2007	3-Lamat	5
28 sep 2007	4-Muluc	6
29 sep 2007	5-Oc	7
30 sep 2007	6-Chuen	8
1 oct 2007	7-Eb	9
2 oct 2007	8-Ben	1
3 oct 2007	9-Ix	2
4 oct 2007	10-Men	3
5 oct 2007	11-Cib	4
6 oct 2007	12-Caban	5
7 oct 2007	13-Etz'nab	6
8 oct 2007	**1-Cauac**	7
9 oct 2007	2-Ahau	8
10 oct 2007	*3-Imix*	9
11 oct 2007	4-Ik	1
12 oct 2007	5-Akbal	2
13 oct 2007	6-Kan	3
14 oct 2007	7-Chicchan	4
15 oct 2007	8-Cimi	5
16 oct 2007	9-Manik	6
17 oct 2007	10-Lamat	7
18 oct 2007	11-Muluc	8
19 oct 2007	12-Oc	9
20 oct 2007	13-Chuen	1
21 oct 2007	**1-Eb**	2
22 oct 2007	2-Ben	3
23 oct 2007	3-Ix	4
24 oct 2007	4-Men	5
25 oct 2007	5-Cib	6
26 oct 2007	6-Caban	7
27 oct 2007	7-Etz'nab	8
28 oct 2007	8-Cauac	9
29 oct 2007	9-Ahau	1
30 oct 2007	*10-Imix*	2
31 oct 2007	11-Ik	3
1 nov 2007	12-Akbal	4
2 nov 2007	13-Kan	5
3 nov 2007	**1-Chicchan**	6
4 nov 2007	2-Cimi	7
5 nov 2007	3-Manik	8
6 nov 2007	4-Lamat	9
7 nov 2007	5-Muluc	1
8 nov 2007	6-Oc	2
9 nov 2007	7-Chuen	3
10 nov 2007	8-Eb	4
11 nov 2007	9-Ben	5
12 nov 2007	10-Ix	6
13 nov 2007	11-Men	7
14 nov 2007	12-Cib	8
15 nov 2007	13-Caban	9
16 nov 2007	**1-Etz'nab**	1
17 nov 2007	2-Cauac	2
18 nov 2007	3-Ahau	3
19 nov 2007	*4-Imix*	4
20 nov 2007	5-Ik	5
21 nov 2007	6-Akbal	6
22 nov 2007	7-Kan	7
23 nov 2007	8-Chicchan	8
24 nov 2007	9-Cimi	9
25 nov 2007	10-Manik	1
26 nov 2007	11-Lamat	2
27 nov 2007	12-Muluc	3
28 nov 2007	13-Oc	4
29 nov 2007	**1-Chuen**	5
30 nov 2007	2-Eb	6
1 dic 2007	3-Ben	7
2 dic 2007	4-Ix	8
3 dic 2007	5-Men	9
4 dic 2007	6-Cib	1
5 dic 2007	7-Caban	2
6 dic 2007	8-Etz'nab	3
7 dic 2007	9-Cauac	4
8 dic 2007	10-Ahau	5
9 dic 2007	*11-Imix*	6
10 dic 2007	12-Ik	7
11 dic 2007	13-Akbal	8
12 dic 2007	**1-Kan**	9
13 dic 2007	2-Chicchan	1
14 dic 2007	3-Cimi	2
15 dic 2007	4-Manik	3
16 dic 2007	5-Lamat	4
17 dic 2007	6-Muluc	5
18 dic 2007	7-Oc	6
19 dic 2007	8-Chuen	7
20 dic 2007	9-Eb	8
21 dic 2007	10-Ben	9
22 dic 2007	11-Ix	1
23 dic 2007	12-Men	2
24 dic 2007	13-Cib	3
25 dic 2007	**1-Caban**	4
26 dic 2007	2-Etz'nab	5
27 dic 2007	3-Cauac	6
28 dic 2007	4-Ahau	7
29 dic 2007	*5-Imix*	8
30 dic 2007	6-Ik	9
31 dic 2007	7-Akbal	1
1 ene 2008	8-Kan	2
2 ene 2008	9-Chicchan	3
3 ene 2008	10-Cimi	4
4 ene 2008	11-Manik	5
5 ene 2008	12-Lamat	6
6 ene 2008	13-Muluc	7
7 ene 2008	**1-Oc**	8
8 ene 2008	2-Chuen	9
9 ene 2008	3-Eb	1
10 ene 2008	4-Ben	2
11 ene 2008	5-Ix	3
12 ene 2008	6-Men	4
13 ene 2008	7-Cib	5
14 ene 2008	8-Caban	6
15 ene 2008	9-Etz'nab	7
16 ene 2008	10-Cauac	8
17 ene 2008	11-Ahau	9
18 ene 2008	*12-Imix*	1
19 ene 2008	13-Ik	2
20 ene 2008	**1-Akbal**	3
21 ene 2008	2-Kan	4
22 ene 2008	3-Chicchan	5
23 ene 2008	4-Cimi	6
24 ene 2008	5-Manik	7
25 ene 2008	6-Lamat	8
26 ene 2008	7-Muluc	9
27 ene 2008	8-Oc	1
28 ene 2008	9-Chuen	2
29 ene 2008	10-Eb	3
30 ene 2008	11-Ben	4
31 ene 2008	12-Ix	5
1 feb 2008	13-Men	6
2 feb 2008	**1-Cib**	7
3 feb 2008	2-Caban	8
4 feb 2008	3-Etz'nab	9
5 feb 2008	4-Cauac	1
6 feb 2008	5-Ahau	2
7 feb 2008	*6-Imix*	3
8 feb 2008	7-Ik	4
9 feb 2008	8-Akbal	5
10 feb 2008	9-Kan	6
11 feb 2008	10-Chicchan	7
12 feb 2008	11-Cimi	8
13 feb 2008	12-Manik	9
14 feb 2008	13-Lamat	1
15 feb 2008	**1-Muluc**	2
16 feb 2008	2-Oc	3
17 feb 2008	3-Chuen	4
18 feb 2008	4-Eb	5
19 feb 2008	5-Ben	6
20 feb 2008	6-Ix	7
21 feb 2008	7-Men	8
22 feb 2008	8-Cib	9
23 feb 2008	9-Caban	1
24 feb 2008	10-Etz'nab	2
25 feb 2008	11-Cauac	3
26 feb 2008	12-Ahau	4
27 feb 2008	*13-Imix*	5
28 feb 2008	**1-Ik**	6
29 feb 2008	2-Akbal	7
1 mar 2008	3-Kan	8
2 mar 2008	4-Chicchan	9

Fecha	Signo del día	S	Fecha	Signo del día	S	Fecha	Signo del día	S
3 mar 2008	5-Cimi	1	10 may 2008	8-Ix	6	17 jul 2008	11-Ik	2
4 mar 2008	6-Manik	2	11 may 2008	9-Men	7	18 jul 2008	12-Akbal	3
5 mar 2008	7-Lamat	3	12 may 2008	10-Cib	8	19 jul 2008	13-Kan	4
6 mar 2008	8-Muluc	4	13 may 2008	11-Caban	9	20 jul 2008	**1-Chicchan**	5
7 mar 2008	9-Oc	5	14 may 2008	12-Etz'nab	1	21 jul 2008	2-Cimi	6
8 mar 2008	10-Chuen	6	15 may 2008	13-Cauac	2	22 jul 2008	3-Manik	7
9 mar 2008	11-Eb	7	16 may 2008	**1-Ahau**	3	23 jul 2008	4-Lamat	8
10 mar 2008	12-Ben	8	17 may 2008	*2-Imix*	4	24 jul 2008	5-Muluc	9
11 mar 2008	13-Ix	9	18 may 2008	3-Ik	5	25 jul 2008	6-Oc	1
12 mar 2008	**1-Men**	1	19 may 2008	4-Akbal	6	26 jul 2008	7-Chuen	2
13 mar 2008	2-Cib	2	20 may 2008	5-Kan	7	27 jul 2008	8-Eb	3
14 mar 2008	3-Caban	3	21 may 2008	6-Chicchan	8	28 jul 2008	9-Ben	4
15 mar 2008	4-Etz'nab	4	22 may 2008	7-Cimi	9	29 jul 2008	10-Ix	5
16 mar 2008	5-Cauac	5	23 may 2008	8-Manik	1	30 jul 2008	11-Men	6
17 mar 2008	6-Ahau	6	24 may 2008	9-Lamat	2	31 jul 2008	12-Cib	7
18 mar 2008	*7-Imix*	7	25 may 2008	10-Muluc	3	1 ago 2008	13-Caban	8
19 mar 2008	8-Ik	8	26 may 2008	11-Oc	4	2 ago 2008	**1-Etz'nab**	9
20 mar 2008	9-Akbal	9	27 may 2008	12-Chuen	5	3 ago 2008	2-Cauac	1
21 mar 2008	10-Kan	1	28 may 2008	13-Eb	6	4 ago 2008	3-Ahau	2
22 mar 2008	11-Chicchan	2	29 may 2008	**1-Ben**	7	5 ago 2008	*4-Imix*	3
23 mar 2008	12-Cimi	3	30 may 2008	2-Ix	8	6 ago 2008	5-Ik	4
24 mar 2008	13-Manik	4	31 may 2008	3-Men	9	7 ago 2008	6-Akbal	5
25 mar 2008	**1-Lamat**	5	1 jun 2008	4-Cib	1	8 ago 2008	7-Kan	6
26 mar 2008	2-Muluc	6	2 jun 2008	5-Caban	2	9 ago 2008	8-Chicchan	7
27 mar 2008	3-Oc	7	3 jun 2008	6-Etz'nab	3	10 ago 2008	9-Cimi	8
28 mar 2008	4-Chuen	8	4 jun 2008	7-Cauac	4	11 ago 2008	10-Manik	9
29 mar 2008	5-Eb	9	5 jun 2008	8-Ahau	5	12 ago 2008	11-Lamat	1
30 mar 2008	6-Ben	1	6 jun 2008	*9-Imix*	6	13 ago 2008	12-Muluc	2
31 mar 2008	7-Ix	2	7 jun 2008	10-Ik	7	14 ago 2008	13-Oc	3
1 abr 2008	8-Men	3	8 jun 2008	11-Akbal	8	15 ago 2008	**1-Chuen**	4
2 abr 2008	9-Cib	4	9 jun 2008	12-Kan	9	16 ago 2008	2-Eb	5
3 abr 2008	10-Caban	5	10 jun 2008	13-Chicchan	1	17 ago 2008	3-Ben	6
4 abr 2008	11-Etz'nab	6	11 jun 2008	**1-Cimi**	2	18 ago 2008	4-Ix	7
5 abr 2008	12-Cauac	7	12 jun 2008	2-Manik	3	19 ago 2008	5-Men	8
6 abr 2008	13-Ahau	8	13 jun 2008	3-Lamat	4	20 ago 2008	6-Cib	9
7 abr 2008	**1-Imix**	9	14 jun 2008	4-Muluc	5	21 ago 2008	7-Caban	1
8 abr 2008	2-Ik	1	15 jun 2008	5-Oc	6	22 ago 2008	8-Etz'nab	2
9 abr 2008	3-Akbal	2	16 jun 2008	6-Chuen	7	23 ago 2008	9-Cauac	3
10 abr 2008	4-Kan	3	17 jun 2008	7-Eb	8	24 ago 2008	10-Ahau	4
11 abr 2008	5-Chicchan	4	18 jun 2008	8-Ben	9	25 ago 2008	*11-Imix*	5
12 abr 2008	6-Cimi	5	19 jun 2008	9-Ix	1	26 ago 2008	12-Ik	6
13 abr 2008	7-Manik	6	20 jun 2008	10-Men	2	27 ago 2008	13-Akbal	7
14 abr 2008	8-Lamat	7	21 jun 2008	11-Cib	3	28 ago 2008	**1-Kan**	8
15 abr 2008	9-Muluc	8	22 jun 2008	12-Caban	4	29 ago 2008	2-Chicchan	9
16 abr 2008	10-Oc	9	23 jun 2008	13-Etz'nab	5	30 ago 2008	3-Cimi	1
17 abr 2008	11-Chuen	1	24 jun 2008	**1-Cauac**	6	31 ago 2008	4-Manik	2
18 abr 2008	12-Eb	2	25 jun 2008	2-Ahau	7	1 sep 2008	5-Lamat	3
19 abr 2008	13-Ben	3	26 jun 2008	*3-Imix*	8	2 sep 2008	6-Muluc	4
20 abr 2008	**1-Ix**	4	27 jun 2008	4-Ik	9	3 sep 2008	7-Oc	5
21 abr 2008	2-Men	5	28 jun 2008	5-Akbal	1	4 sep 2008	8-Chuen	6
22 abr 2008	3-Cib	6	29 jun 2008	6-Kan	2	5 sep 2008	9-Eb	7
23 abr 2008	4-Caban	7	30 jun 2008	7-Chicchan	3	6 sep 2008	10-Ben	8
24 abr 2008	5-Etz'nab	8	1 jul 2008	8-Cimi	4	7 sep 2008	11-Ix	9
25 abr 2008	6-Cauac	9	2 jul 2008	9-Manik	5	8 sep 2008	12-Men	1
26 abr 2008	7-Ahau	1	3 jul 2008	10-Lamat	6	9 sep 2008	13-Cib	2
27 abr 2008	*8-Imix*	2	4 jul 2008	11-Muluc	7	10 sep 2008	**1-Caban**	3
28 abr 2008	9-Ik	3	5 jul 2008	12-Oc	8	11 sep 2008	2-Etz'nab	4
29 abr 2008	10-Akbal	4	6 jul 2008	13-Chuen	9	12 sep 2008	3-Cauac	5
30 abr 2008	11-Kan	5	7 jul 2008	**1-Eb**	1	13 sep 2008	4-Ahau	6
1 may 2008	12-Chicchan	6	8 jul 2008	2-Ben	2	14 sep 2008	*5-Imix*	7
2 may 2008	13-Cimi	7	9 jul 2008	3-Ix	3	15 sep 2008	6-Ik	8
3 may 2008	**1-Manik**	8	10 jul 2008	4-Men	4	16 sep 2008	7-Akbal	9
4 may 2008	2-Lamat	9	11 jul 2008	5-Cib	5	17 sep 2008	8-Kan	1
5 may 2008	3-Muluc	1	12 jul 2008	6-Caban	6	18 sep 2008	9-Chicchan	2
6 may 2008	4-Oc	2	13 jul 2008	7-Etz'nab	7	19 sep 2008	10-Cimi	3
7 may 2008	5-Chuen	3	14 jul 2008	8-Cauac	8	20 sep 2008	11-Manik	4
8 may 2008	6-Eb	4	15 jul 2008	9-Ahau	9	21 sep 2008	12-Lamat	5
9 may 2008	7-Ben	5	16 jul 2008	*10-Imix*	1	22 sep 2008	13-Muluc	6

Fecha	Signo del día	S
23 sep 2008	**1-Oc**	7
24 sep 2008	2-Chuen	8
25 sep 2008	3-Eb	9
26 sep 2008	4-Ben	1
27 sep 2008	5-Ix	2
28 sep 2008	6-Men	3
29 sep 2008	7-Cib	4
30 sep 2008	8-Caban	5
1 oct 2008	9-Etz'nab	6
2 oct 2008	10-Cauac	7
3 oct 2008	11-Ahau	8
4 oct 2008	*12-Imix*	9
5 oct 2008	13-Ik	1
6 oct 2008	**1-Akbal**	2
7 oct 2008	2-Kan	3
8 oct 2008	3-Chicchan	4
9 oct 2008	4-Cimi	5
10 oct 2008	5-Manik	6
11 oct 2008	6-Lamat	7
12 oct 2008	7-Muluc	8
13 oct 2008	8-Oc	9
14 oct 2008	9-Chuen	1
15 oct 2008	10-Eb	2
16 oct 2008	11-Ben	3
17 oct 2008	12-Ix	4
18 oct 2008	13-Men	5
19 oct 2008	**1-Cib**	6
20 oct 2008	2-Caban	7
21 oct 2008	3-Etz'nab	8
22 oct 2008	4-Cauac	9
23 oct 2008	5-Ahau	1
24 oct 2008	*6-Imix*	2
25 oct 2008	7-Ik	3
26 oct 2008	8-Akbal	4
27 oct 2008	9-Kan	5
28 oct 2008	10-Chicchan	6
29 oct 2008	11-Cimi	7
30 oct 2008	12-Manik	8
31 oct 2008	13-Lamat	9
1 nov 2008	**1-Muluc**	1
2 nov 2008	2-Oc	2
3 nov 2008	3-Chuen	3
4 nov 2008	4-Eb	4
5 nov 2008	5-Ben	5
6 nov 2008	6-Ix	6
7 nov 2008	7-Men	7
8 nov 2008	8-Cib	8
9 nov 2008	9-Caban	9
10 nov 2008	10-Etz'nab	1
11 nov 2008	11-Cauac	2
12 nov 2008	12-Ahau	3
13 nov 2008	*13-Imix*	4
14 nov 2008	**1-Ik**	5
15 nov 2008	2-Akbal	6
16 nov 2008	3-Kan	7
17 nov 2008	4-Chicchan	8
18 nov 2008	5-Cimi	9
19 nov 2008	6-Manik	1
20 nov 2008	7-Lamat	2
21 nov 2008	8-Muluc	3
22 nov 2008	9-Oc	4
23 nov 2008	10-Chuen	5
24 nov 2008	11-Eb	6
25 nov 2008	12-Ben	7
26 nov 2008	13-Ix	8
27 nov 2008	**1-Men**	9
28 nov 2008	2-Cib	1
29 nov 2008	3-Caban	2

Fecha	Signo del día	S
30 nov 2008	4-Etz'nab	3
1 dic 2008	5-Cauac	4
2 dic 2008	6-Ahau	5
3 dic 2008	*7-Imix*	6
4 dic 2008	8-Ik	7
5 dic 2008	9-Akbal	8
6 dic 2008	10-Kan	9
7 dic 2008	11-Chicchan	1
8 dic 2008	12-Cimi	2
9 dic 2008	13-Manik	3
10 dic 2008	**1-Lamat**	4
11 dic 2008	2-Muluc	5
12 dic 2008	3-Oc	6
13 dic 2008	4-Chuen	7
14 dic 2008	5-Eb	8
15 dic 2008	6-Ben	9
16 dic 2008	7-Ix	1
17 dic 2008	8-Men	2
18 dic 2008	9-Cib	3
19 dic 2008	10-Caban	4
20 dic 2008	11-Etz'nab	5
21 dic 2008	12-Cauac	6
22 dic 2008	13-Ahau	7
23 dic 2008	**1-Imix**	8
24 dic 2008	2-Ik	9
25 dic 2008	3-Akbal	1
26 dic 2008	4-Kan	2
27 dic 2008	5-Chicchan	3
28 dic 2008	6-Cimi	4
29 dic 2008	7-Manik	5
30 dic 2008	8-Lamat	6
31 dic 2008	9-Muluc	7
1 ene 2009	10-Oc	8
2 ene 2009	11-Chuen	9
3 ene 2009	12-Eb	1
4 ene 2009	13-Ben	2
5 ene 2009	**1-Ix**	3
6 ene 2009	2-Men	4
7 ene 2009	3-Cib	5
8 ene 2009	4-Caban	6
9 ene 2009	5-Etz'nab	7
10 ene 2009	6-Cauac	8
11 ene 2009	7-Ahau	9
12 ene 2009	*8-Imix*	1
13 ene 2009	9-Ik	2
14 ene 2009	10-Akbal	3
15 ene 2009	11-Kan	4
16 ene 2009	12-Chicchan	5
17 ene 2009	13-Cimi	6
18 ene 2009	**1-Manik**	7
19 ene 2009	2-Lamat	8
20 ene 2009	3-Muluc	9
21 ene 2009	4-Oc	1
22 ene 2009	5-Chuen	2
23 ene 2009	6-Eb	3
24 ene 2009	7-Ben	4
25 ene 2009	8-Ix	5
26 ene 2009	9-Men	6
27 ene 2009	10-Cib	7
28 ene 2009	11-Caban	8
29 ene 2009	12-Etz'nab	9
30 ene 2009	13-Cauac	1
31 ene 2009	**1-Ahau**	2
1 feb 2009	*2-Imix*	3
2 feb 2009	3-Ik	4
3 feb 2009	4-Akbal	5
4 feb 2009	5-Kan	6
5 feb 2009	6-Chicchan	7

Fecha	Signo del día	S
6 feb 2009	7-Cimi	8
7 feb 2009	8-Manik	9
8 feb 2009	9-Lamat	1
9 feb 2009	10-Muluc	2
10 feb 2009	11-Oc	3
11 feb 2009	12-Chuen	4
12 feb 2009	13-Eb	5
13 feb 2009	**1-Ben**	6
14 feb 2009	2-Ix	7
15 feb 2009	3-Men	8
16 feb 2009	4-Cib	9
17 feb 2009	5-Caban	1
18 feb 2009	6-Etz'nab	2
19 feb 2009	7-Cauac	3
20 feb 2009	8-Ahau	4
21 feb 2009	*9-Imix*	5
22 feb 2009	10-Ik	6
23 feb 2009	11-Akbal	7
24 feb 2009	12-Kan	8
25 feb 2009	13-Chicchan	9
26 feb 2009	**1-Cimi**	1
27 feb 2009	2-Manik	2
28 feb 2009	3-Lamat	3
1 mar 2009	4-Muluc	4
2 mar 2009	5-Oc	5
3 mar 2009	6-Chuen	6
4 mar 2009	7-Eb	7
5 mar 2009	8-Ben	8
6 mar 2009	9-Ix	9
7 mar 2009	10-Men	1
8 mar 2009	11-Cib	2
9 mar 2009	12-Caban	3
10 mar 2009	13-Etz'nab	4
11 mar 2009	**1-Cauac**	5
12 mar 2009	2-Ahau	6
13 mar 2009	*3-Imix*	7
14 mar 2009	4-Ik	8
15 mar 2009	5-Akbal	9
16 mar 2009	6-Kan	1
17 mar 2009	7-Chicchan	2
18 mar 2009	8-Cimi	3
19 mar 2009	9-Manik	4
20 mar 2009	10-Lamat	5
21 mar 2009	11-Muluc	6
22 mar 2009	12-Oc	7
23 mar 2009	13-Chuen	8
24 mar 2009	**1-Eb**	9
25 mar 2009	2-Ben	1
26 mar 2009	3-Ix	2
27 mar 2009	4-Men	3
28 mar 2009	5-Cib	4
29 mar 2009	6-Caban	5
30 mar 2009	7-Etz'nab	6
31 mar 2009	8-Cauac	7
1 abr 2009	9-Ahau	8
2 abr 2009	*10-Imix*	9
3 abr 2009	11-Ik	1
4 abr 2009	12-Akbal	2
5 abr 2009	13-Kan	3
6 abr 2009	**1-Chicchan**	4
7 abr 2009	2-Cimi	5
8 abr 2009	3-Manik	6
9 abr 2009	4-Lamat	7
10 abr 2009	5-Muluc	8
11 abr 2009	6-Oc	9
12 abr 2009	7-Chuen	1
13 abr 2009	8-Eb	2
14 abr 2009	9-Ben	3

Fecha	Signo del día	S
15 abr 2009	10-Ix	4
16 abr 2009	11-Men	5
17 abr 2009	12-Cib	6
18 abr 2009	13-Caban	7
19 abr 2009	**1-Etz'nab**	8
20 abr 2009	2-Cauac	9
21 abr 2009	3-Ahau	1
22 abr 2009	*4-Imix*	2
23 abr 2009	5-Ik	3
24 abr 2009	6-Akbal	4
25 abr 2009	7-Kan	5
26 abr 2009	8-Chicchan	6
27 abr 2009	9-Cimi	7
28 abr 2009	10-Manik	8
29 abr 2009	11-Lamat	9
30 abr 2009	12-Muluc	1
1 may 2009	13-Oc	2
2 may 2009	**1-Chuen**	3
3 may 2009	2-Eb	4
4 may 2009	3-Ben	5
5 may 2009	4-Ix	6
6 may 2009	5-Men	7
7 may 2009	6-Cib	8
8 may 2009	7-Caban	9
9 may 2009	8-Etz'nab	1
10 may 2009	9-Cauac	2
11 may 2009	10-Ahau	3
12 may 2009	*11-Imix*	4
13 may 2009	12-Ik	5
14 may 2009	13-Akbal	6
15 may 2009	**1-Kan**	7
16 may 2009	2-Chicchan	8
17 may 2009	3-Cimi	9
18 may 2009	4-Manik	1
19 may 2009	5-Lamat	2
20 may 2009	6-Muluc	3
21 may 2009	7-Oc	4
22 may 2009	8-Chuen	5
23 may 2009	9-Eb	6
24 may 2009	10-Ben	7
25 may 2009	11-Ix	8
26 may 2009	12-Men	9
27 may 2009	13-Cib	1
28 may 2009	**1-Caban**	2
29 may 2009	2-Etz'nab	3
30 may 2009	3-Cauac	4
31 may 2009	4-Ahau	5
1 jun 2009	*5-Imix*	6
2 jun 2009	6-Ik	7
3 jun 2009	7-Akbal	8
4 jun 2009	8-Kan	9
5 jun 2009	9-Chicchan	1
6 jun 2009	10-Cimi	2
7 jun 2009	11-Manik	3
8 jun 2009	12-Lamat	4
9 jun 2009	13-Muluc	5
10 jun 2009	**1-Oc**	6
11 jun 2009	2-Chuen	7
12 jun 2009	3-Eb	8
13 jun 2009	4-Ben	9
14 jun 2009	5-Ix	1
15 jun 2009	6-Men	2
16 jun 2009	7-Cib	3
17 jun 2009	8-Caban	4
18 jun 2009	9-Etz'nab	5
19 jun 2009	10-Cauac	6
20 jun 2009	11-Ahau	7
21 jun 2009	*12-Imix*	8
22 jun 2009	13-Ik	9
23 jun 2009	**1-Akbal**	1
24 jun 2009	2-Kan	2
25 jun 2009	3-Chicchan	3
26 jun 2009	4-Cimi	4
27 jun 2009	5-Manik	5
28 jun 2009	6-Lamat	6
29 jun 2009	7-Muluc	7
30 jun 2009	8-Oc	8
1 jul 2009	9-Chuen	9
2 jul 2009	10-Eb	1
3 jul 2009	11-Ben	2
4 jul 2009	12-Ix	3
5 jul 2009	13-Men	4
6 jul 2009	**1-Cib**	5
7 jul 2009	2-Caban	6
8 jul 2009	3-Etz'nab	7
9 jul 2009	4-Cauac	8
10 jul 2009	5-Ahau	9
11 jul 2009	*6-Imix*	1
12 jul 2009	7-Ik	2
13 jul 2009	8-Akbal	3
14 jul 2009	9-Kan	4
15 jul 2009	10-Chicchan	5
16 jul 2009	11-Cimi	6
17 jul 2009	12-Manik	7
18 jul 2009	13-Lamat	8
19 jul 2009	**1-Muluc**	9
20 jul 2009	2-Oc	1
21 jul 2009	3-Chuen	2
22 jul 2009	4-Eb	3
23 jul 2009	5-Ben	4
24 jul 2009	6-Ix	5
25 jul 2009	7-Men	6
26 jul 2009	8-Cib	7
27 jul 2009	9-Caban	8
28 jul 2009	10-Etz'nab	9
29 jul 2009	11-Cauac	1
30 jul 2009	12-Ahau	2
31 jul 2009	*13-Imix*	3
1 ago 2009	**1-Ik**	4
2 ago 2009	2-Akbal	5
3 ago 2009	3-Kan	6
4 ago 2009	4-Chicchan	7
5 ago 2009	5-Cimi	8
6 ago 2009	6-Manik	9
7 ago 2009	7-Lamat	1
8 ago 2009	8-Muluc	2
9 ago 2009	9-Oc	3
10 ago 2009	10-Chuen	4
11 ago 2009	11-Eb	5
12 ago 2009	12-Ben	6
13 ago 2009	13-Ix	7
14 ago 2009	**1-Men**	8
15 ago 2009	2-Cib	9
16 ago 2009	3-Caban	1
17 ago 2009	4-Etz'nab	2
18 ago 2009	5-Cauac	3
19 ago 2009	6-Ahau	4
20 ago 2009	*7-Imix*	5
21 ago 2009	8-Ik	6
22 ago 2009	9-Akbal	7
23 ago 2009	10-Kan	8
24 ago 2009	11-Chicchan	9
25 ago 2009	12-Cimi	1
26 ago 2009	13-Manik	2
27 ago 2009	**1-Lamat**	3
28 ago 2009	2-Muluc	4
29 ago 2009	3-Oc	5
30 ago 2009	4-Chuen	6
31 ago 2009	5-Eb	7
1 sep 2009	6-Ben	8
2 sep 2009	7-Ix	9
3 sep 2009	8-Men	1
4 sep 2009	9-Cib	2
5 sep 2009	10-Caban	3
6 sep 2009	11-Etz'nab	4
7 sep 2009	12-Cauac	5
8 sep 2009	13-Ahau	6
9 sep 2009	**1-Imix**	7
10 sep 2009	2-Ik	8
11 sep 2009	3-Akbal	9
12 sep 2009	4-Kan	1
13 sep 2009	5-Chicchan	2
14 sep 2009	6-Cimi	3
15 sep 2009	7-Manik	4
16 sep 2009	8-Lamat	5
17 sep 2009	9-Muluc	6
18 sep 2009	10-Oc	7
19 sep 2009	11-Chuen	8
20 sep 2009	12-Eb	9
21 sep 2009	13-Ben	1
22 sep 2009	**1-Ix**	2
23 sep 2009	2-Men	3
24 sep 2009	3-Cib	4
25 sep 2009	4-Caban	5
26 sep 2009	5-Etz'nab	6
27 sep 2009	6-Cauac	7
28 sep 2009	7-Ahau	8
29 sep 2009	*8-Imix*	9
30 sep 2009	9-Ik	1
1 oct 2009	10-Akbal	2
2 oct 2009	11-Kan	3
3 oct 2009	12-Chicchan	4
4 oct 2009	13-Cimi	5
5 oct 2009	**1-Manik**	6
6 oct 2009	2-Lamat	7
7 oct 2009	3-Muluc	8
8 oct 2009	4-Oc	9
9 oct 2009	5-Chuen	1
10 oct 2009	6-Eb	2
11 oct 2009	7-Ben	3
12 oct 2009	8-Ix	4
13 oct 2009	9-Men	5
14 oct 2009	10-Cib	6
15 oct 2009	11-Caban	7
16 oct 2009	12-Etz'nab	8
17 oct 2009	13-Cauac	9
18 oct 2009	**1-Ahau**	1
19 oct 2009	*2-Imix*	2
20 oct 2009	3-Ik	3
21 oct 2009	4-Akbal	4
22 oct 2009	5-Kan	5
23 oct 2009	6-Chicchan	6
24 oct 2009	7-Cimi	7
25 oct 2009	8-Manik	8
26 oct 2009	9-Lamat	9
27 oct 2009	10-Muluc	1
28 oct 2009	11-Oc	2
29 oct 2009	12-Chuen	3
30 oct 2009	13-Eb	4
31 oct 2009	**1-Ben**	5
1 nov 2009	2-Ix	6
2 nov 2009	3-Men	7
3 nov 2009	4-Cib	8
4 nov 2009	5-Caban	9

Fecha	Signo del día	S	Fecha	Signo del día	S	Fecha	Signo del día	S
5 nov 2009	6-Etz'nab	1	12 ene 2010	9-Cimi	6	21 mar 2010	12-Ix	2
6 nov 2009	7-Cauac	2	13 ene 2010	10-Manik	7	22 mar 2010	13-Men	3
7 nov 2009	8-Ahau	3	14 ene 2010	11-Lamat	8	23 mar 2010	**1-Cib**	4
8 nov 2009	*9-Imix*	4	15 ene 2010	12-Muluc	9	24 mar 2010	2-Caban	5
9 nov 2009	10-Ik	5	16 ene 2010	13-Oc	1	25 mar 2010	3-Etz'nab	6
10 nov 2009	11-Akbal	6	17 ene 2010	**1-Chuen**	2	26 mar 2010	4-Cauac	7
11 nov 2009	12-Kan	7	18 ene 2010	2-Eb	3	27 mar 2010	5-Ahau	8
12 nov 2009	13-Chicchan	8	19 ene 2010	3-Ben	4	28 mar 2010	*6-Imix*	9
13 nov 2009	**1-Cimi**	9	20 ene 2010	4-Ix	5	29 mar 2010	7-Ik	1
14 nov 2009	2-Manik	1	21 ene 2010	5-Men	6	30 mar 2010	8-Akbal	2
15 nov 2009	3-Lamat	2	22 ene 2010	6-Cib	7	31 mar 2010	9-Kan	3
16 nov 2009	4-Muluc	3	23 ene 2010	7-Caban	8	1 abr 2010	10-Chicchan	4
17 nov 2009	5-Oc	4	24 ene 2010	8-Etz'nab	9	2 abr 2010	11-Cimi	5
18 nov 2009	6-Chuen	5	25 ene 2010	9-Cauac	1	3 abr 2010	12-Manik	6
19 nov 2009	7-Eb	6	26 ene 2010	10-Ahau	2	4 abr 2010	13-Lamat	7
20 nov 2009	8-Ben	7	27 ene 2010	*11-Imix*	3	5 abr 2010	**1-Muluc**	8
21 nov 2009	9-Ix	8	28 ene 2010	12-Ik	4	6 abr 2010	2-Oc	9
22 nov 2009	10-Men	9	29 ene 2010	13-Akbal	5	7 abr 2010	3-Chuen	1
23 nov 2009	11-Cib	1	30 ene 2010	**1-Kan**	6	8 abr 2010	4-Eb	2
24 nov 2009	12-Caban	2	31 ene 2010	2-Chicchan	7	9 abr 2010	5-Ben	3
25 nov 2009	13-Etz'nab	3	1 feb 2010	3-Cimi	8	10 abr 2010	6-Ix	4
26 nov 2009	**1-Cauac**	4	2 feb 2010	4-Manik	9	11 abr 2010	7-Men	5
27 nov 2009	2-Ahau	5	3 feb 2010	5-Lamat	1	12 abr 2010	8-Cib	6
28 nov 2009	*3-Imix*	6	4 feb 2010	6-Muluc	2	13 abr 2010	9-Caban	7
29 nov 2009	4-Ik	7	5 feb 2010	7-Oc	3	14 abr 2010	10-Etz'nab	8
30 nov 2009	5-Akbal	8	6 feb 2010	8-Chuen	4	15 abr 2010	11-Cauac	9
1 dic 2009	6-Kan	9	7 feb 2010	9-Eb	5	16 abr 2010	12-Ahau	1
2 dic 2009	7-Chicchan	1	8 feb 2010	10-Ben	6	17 abr 2010	*13-Imix*	2
3 dic 2009	8-Cimi	2	9 feb 2010	11-Ix	7	18 abr 2010	**1-Ik**	3
4 dic 2009	9-Manik	3	10 feb 2010	12-Men	8	19 abr 2010	2-Akbal	4
5 dic 2009	10-Lamat	4	11 feb 2010	13-Cib	9	20 abr 2010	3-Kan	5
6 dic 2009	11-Muluc	5	12 feb 2010	**1-Caban**	1	21 abr 2010	4-Chicchan	6
7 dic 2009	12-Oc	6	13 feb 2010	2-Etz'nab	2	22 abr 2010	5-Cimi	7
8 dic 2009	13-Chuen	7	14 feb 2010	3-Cauac	3	23 abr 2010	6-Manik	8
9 dic 2009	**1-Eb**	8	15 feb 2010	4-Ahau	4	24 abr 2010	7-Lamat	9
10 dic 2009	2-Ben	9	16 feb 2010	*5-Imix*	5	25 abr 2010	8-Muluc	1
11 dic 2009	3-Ix	1	17 feb 2010	6-Ik	6	26 abr 2010	9-Oc	2
12 dic 2009	4-Men	2	18 feb 2010	7-Akbal	7	27 abr 2010	10-Chuen	3
13 dic 2009	5-Cib	3	19 feb 2010	8-Kan	8	28 abr 2010	11-Eb	4
14 dic 2009	6-Caban	4	20 feb 2010	9-Chicchan	9	29 abr 2010	12-Ben	5
15 dic 2009	7-Etz'nab	5	21 feb 2010	10-Cimi	1	30 abr 2010	13-Ix	6
16 dic 2009	8-Cauac	6	22 feb 2010	11-Manik	2	1 may 2010	**1-Men**	7
17 dic 2009	9-Ahau	7	23 feb 2010	12-Lamat	3	2 may 2010	2-Cib	8
18 dic 2009	*10-Imix*	8	24 feb 2010	13-Muluc	4	3 may 2010	3-Caban	9
19 dic 2009	11-Ik	9	25 feb 2010	**1-Oc**	5	4 may 2010	4-Etz'nab	1
20 dic 2009	12-Akbal	1	26 feb 2010	2-Chuen	6	5 may 2010	5-Cauac	2
21 dic 2009	13-Kan	2	27 feb 2010	3-Eb	7	6 may 2010	6-Ahau	3
22 dic 2009	**1-Chicchan**	3	28 feb 2010	4-Ben	8	7 may 2010	*7-Imix*	4
23 dic 2009	2-Cimi	4	1 mar 2010	5-Ix	9	8 may 2010	8-Ik	5
24 dic 2009	3-Manik	5	2 mar 2010	6-Men	1	9 may 2010	9-Akbal	6
25 dic 2009	4-Lamat	6	3 mar 2010	7-Cib	2	10 may 2010	10-Kan	7
26 dic 2009	5-Muluc	7	4 mar 2010	8-Caban	3	11 may 2010	11-Chicchan	8
27 dic 2009	6-Oc	8	5 mar 2010	9-Etz'nab	4	12 may 2010	12-Cimi	9
28 dic 2009	7-Chuen	9	6 mar 2010	10-Cauac	5	13 may 2010	13-Manik	1
29 dic 2009	8-Eb	1	7 mar 2010	11-Ahau	6	14 may 2010	**1-Lamat**	2
30 dic 2009	9-Ben	2	8 mar 2010	*12-Imix*	7	15 may 2010	2-Muluc	3
31 dic 2009	10-Ix	3	9 mar 2010	13-Ik	8	16 may 2010	3-Oc	4
1 ene 2010	11-Men	4	10 mar 2010	**1-Akbal**	9	17 may 2010	4-Chuen	5
2 ene 2010	12-Cib	5	11 mar 2010	2-Kan	1	18 may 2010	5-Eb	6
3 ene 2010	13-Caban	6	12 mar 2010	3-Chicchan	2	19 may 2010	6-Ben	7
4 ene 2010	**1-Etz'nab**	7	13 mar 2010	4-Cimi	3	20 may 2010	7-Ix	8
5 ene 2010	2-Cauac	8	14 mar 2010	5-Manik	4	21 may 2010	8-Men	9
6 ene 2010	3-Ahau	9	15 mar 2010	6-Lamat	5	22 may 2010	9-Cib	1
7 ene 2010	*4-Imix*	1	16 mar 2010	7-Muluc	6	23 may 2010	10-Caban	2
8 ene 2010	5-Ik	2	17 mar 2010	8-Oc	7	24 may 2010	11-Etz'nab	3
9 ene 2010	6-Akbal	3	18 mar 2010	9-Chuen	8	25 may 2010	12-Cauac	4
10 ene 2010	7-Kan	4	19 mar 2010	10-Eb	9	26 may 2010	13-Ahau	5
11 ene 2010	8-Chicchan	5	20 mar 2010	11-Ben	1	27 may 2010	**1-Imix**	6

Fecha	Signo del día	S
28 may 2010	2-Ik	7
29 may 2010	3-Akbal	8
30 may 2010	4-Kan	9
31 may 2010	5-Chicchan	1
1 jun 2010	6-Cimi	2
2 jun 2010	7-Manik	3
3 jun 2010	8-Lamat	4
4 jun 2010	9-Muluc	5
5 jun 2010	10-Oc	6
6 jun 2010	11-Chuen	7
7 jun 2010	12-Eb	8
8 jun 2010	13-Ben	9
9 jun 2010	**1-Ix**	1
10 jun 2010	2-Men	2
11 jun 2010	3-Cib	3
12 jun 2010	4-Caban	4
13 jun 2010	5-Etz'nab	5
14 jun 2010	6-Cauac	6
15 jun 2010	7-Ahau	7
16 jun 2010	*8-Imix*	8
17 jun 2010	9-Ik	9
18 jun 2010	10-Akbal	1
19 jun 2010	11-Kan	2
20 jun 2010	12-Chicchan	3
21 jun 2010	13-Cimi	4
22 jun 2010	**1-Manik**	5
23 jun 2010	2-Lamat	6
24 jun 2010	3-Muluc	7
25 jun 2010	4-Oc	8
26 jun 2010	5-Chuen	9
27 jun 2010	6-Eb	1
28 jun 2010	7-Ben	2
29 jun 2010	8-Ix	3
30 jun 2010	9-Men	4
1 jul 2010	10-Cib	5
2 jul 2010	11-Caban	6
3 jul 2010	12-Etz'nab	7
4 jul 2010	13-Cauac	8
5 jul 2010	**1-Ahau**	9
6 jul 2010	*2-Imix*	1
7 jul 2010	3-Ik	2
8 jul 2010	4-Akbal	3
9 jul 2010	5-Kan	4
10 jul 2010	6-Chicchan	5
11 jul 2010	7-Cimi	6
12 jul 2010	8-Manik	7
13 jul 2010	9-Lamat	8
14 jul 2010	10-Muluc	9
15 jul 2010	11-Oc	1
16 jul 2010	12-Chuen	2
17 jul 2010	13-Eb	3
18 jul 2010	**1-Ben**	4
19 jul 2010	2-Ix	5
20 jul 2010	3-Men	6
21 jul 2010	4-Cib	7
22 jul 2010	5-Caban	8
23 jul 2010	6-Etz'nab	9
24 jul 2010	7-Cauac	1
25 jul 2010	8-Ahau	2
26 jul 2010	*9-Imix*	3
27 jul 2010	10-Ik	4
28 jul 2010	11-Akbal	5
29 jul 2010	12-Kan	6
30 jul 2010	13-Chicchan	7
31 jul 2010	**1-Cimi**	8
1 ago 2010	2-Manik	9
2 ago 2010	3-Lamat	1
3 ago 2010	4-Muluc	2

Fecha	Signo del día	S
4 ago 2010	5-Oc	3
5 ago 2010	6-Chuen	4
6 ago 2010	7-Eb	5
7 ago 2010	8-Ben	6
8 ago 2010	9-Ix	7
9 ago 2010	10-Men	8
10 ago 2010	11-Cib	9
11 ago 2010	12-Caban	1
12 ago 2010	13-Etz'nab	2
13 ago 2010	**1-Cauac**	3
14 ago 2010	2-Ahau	4
15 ago 2010	*3-Imix*	5
16 ago 2010	4-Ik	6
17 ago 2010	5-Akbal	7
18 ago 2010	6-Kan	8
19 ago 2010	7-Chicchan	9
20 ago 2010	8-Cimi	1
21 ago 2010	9-Manik	2
22 ago 2010	10-Lamat	3
23 ago 2010	11-Muluc	4
24 ago 2010	12-Oc	5
25 ago 2010	13-Chuen	6
26 ago 2010	**1-Eb**	7
27 ago 2010	2-Ben	8
28 ago 2010	3-Ix	9
29 ago 2010	4-Men	1
30 ago 2010	5-Cib	2
31 ago 2010	6-Caban	3
1 sep 2010	7-Etz'nab	4
2 sep 2010	8-Cauac	5
3 sep 2010	9-Ahau	6
4 sep 2010	*10-Imix*	7
5 sep 2010	11-Ik	8
6 sep 2010	12-Akbal	9
7 sep 2010	13-Kan	1
8 sep 2010	**1-Chicchan**	2
9 sep 2010	2-Cimi	3
10 sep 2010	3-Manik	4
11 sep 2010	4-Lamat	5
12 sep 2010	5-Muluc	6
13 sep 2010	6-Oc	7
14 sep 2010	7-Chuen	8
15 sep 2010	8-Eb	9
16 sep 2010	9-Ben	1
17 sep 2010	10-Ix	2
18 sep 2010	11-Men	3
19 sep 2010	12-Cib	4
20 sep 2010	13-Caban	5
21 sep 2010	**1-Etz'nab**	6
22 sep 2010	2-Cauac	7
23 sep 2010	3-Ahau	8
24 sep 2010	*4-Imix*	9
25 sep 2010	5-Ik	1
26 sep 2010	6-Akbal	2
27 sep 2010	7-Kan	3
28 sep 2010	8-Chicchan	4
29 sep 2010	9-Cimi	5
30 sep 2010	10-Manik	6
1 oct 2010	11-Lamat	7
2 oct 2010	12-Muluc	8
3 oct 2010	13-Oc	9
4 oct 2010	**1-Chuen**	1
5 oct 2010	2-Eb	2
6 oct 2010	3-Ben	3
7 oct 2010	4-Ix	4
8 oct 2010	5-Men	5
9 oct 2010	6-Cib	6
10 oct 2010	7-Caban	7

Fecha	Signo del día	S
11 oct 2010	8-Etz'nab	8
12 oct 2010	9-Cauac	9
13 oct 2010	10-Ahau	1
14 oct 2010	*11-Imix*	2
15 oct 2010	12-Ik	3
16 oct 2010	13-Akbal	4
17 oct 2010	**1-Kan**	5
18 oct 2010	2-Chicchan	6
19 oct 2010	3-Cimi	7
20 oct 2010	4-Manik	8
21 oct 2010	5-Lamat	9
22 oct 2010	6-Muluc	1
23 oct 2010	7-Oc	2
24 oct 2010	8-Chuen	3
25 oct 2010	9-Eb	4
26 oct 2010	10-Ben	5
27 oct 2010	11-Ix	6
28 oct 2010	12-Men	7
29 oct 2010	13-Cib	8
30 oct 2010	**1-Caban**	9
31 oct 2010	2-Etz'nab	1
1 nov 2010	3-Cauac	2
2 nov 2010	4-Ahau	3
3 nov 2010	*5-Imix*	4
4 nov 2010	6-Ik	5
5 nov 2010	7-Akbal	6
6 nov 2010	8-Kan	7
7 nov 2010	9-Chicchan	8
8 nov 2010	10-Cimi	9
9 nov 2010	11-Manik	1
10 nov 2010	12-Lamat	2
11 nov 2010	13-Muluc	3
12 nov 2010	**1-Oc**	4
13 nov 2010	2-Chuen	5
14 nov 2010	3-Eb	6
15 nov 2010	4-Ben	7
16 nov 2010	5-Ix	8
17 nov 2010	6-Men	9
18 nov 2010	7-Cib	1
19 nov 2010	8-Caban	2
20 nov 2010	9-Etz'nab	3
21 nov 2010	10-Cauac	4
22 nov 2010	11-Ahau	5
23 nov 2010	*12-Imix*	6
24 nov 2010	13-Ik	7
25 nov 2010	**1-Akbal**	8
26 nov 2010	2-Kan	9
27 nov 2010	3-Chicchan	1
28 nov 2010	4-Cimi	2
29 nov 2010	5-Manik	3
30 nov 2010	6-Lamat	4
1 dic 2010	7-Muluc	5
2 dic 2010	8-Oc	6
3 dic 2010	9-Chuen	7
4 dic 2010	10-Eb	8
5 dic 2010	11-Ben	9
6 dic 2010	12-Ix	1
7 dic 2010	13-Men	2
8 dic 2010	**1-Cib**	3
9 dic 2010	2-Caban	4
10 dic 2010	3-Etz'nab	5
11 dic 2010	4-Cauac	6
12 dic 2010	5-Ahau	7
13 dic 2010	*6-Imix*	8
14 dic 2010	7-Ik	9
15 dic 2010	8-Akbal	1
16 dic 2010	9-Kan	2
17 dic 2010	10-Chicchan	3

Fecha	Signo del día	S
18 dic 2010	11-Cimi	4
19 dic 2010	12-Manik	5
20 dic 2010	13-Lamat	6
21 dic 2010	**1-Muluc**	7
22 dic 2010	2-Oc	8
23 dic 2010	3-Chuen	9
24 dic 2010	4-Eb	1
25 dic 2010	5-Ben	2
26 dic 2010	6-Ix	3
27 dic 2010	7-Men	4
28 dic 2010	8-Cib	5
29 dic 2010	9-Caban	6
30 dic 2010	10-Etz'nab	7
31 dic 2010	11-Cauac	8
1 ene 2011	12-Ahau	9
2 ene 2011	*13-Imix*	1
3 ene 2011	**1-Ik**	2
4 ene 2011	2-Akbal	3
5 ene 2011	3-Kan	4
6 ene 2011	4-Chicchan	5
7 ene 2011	5-Cimi	6
8 ene 2011	6-Manik	7
9 ene 2011	7-Lamat	8
10 ene 2011	8-Muluc	9
11 ene 2011	9-Oc	1
12 ene 2011	10-Chuen	2
13 ene 2011	11-Eb	3
14 ene 2011	12-Ben	4
15 ene 2011	13-Ix	5
16 ene 2011	**1-Men**	6
17 ene 2011	2-Cib	7
18 ene 2011	3-Caban	8
19 ene 2011	4-Etz'nab	9
20 ene 2011	5-Cauac	1
21 ene 2011	6-Ahau	2
22 ene 2011	*7-Imix*	3
23 ene 2011	8-Ik	4
24 ene 2011	9-Akbal	5
25 ene 2011	10-Kan	6
26 ene 2011	11-Chicchan	7
27 ene 2011	12-Cimi	8
28 ene 2011	13-Manik	9
29 ene 2011	**1-Lamat**	1
30 ene 2011	2-Muluc	2
31 ene 2011	3-Oc	3
1 feb 2011	4-Chuen	4
2 feb 2011	5-Eb	5
3 feb 2011	6-Ben	6
4 feb 2011	7-Ix	7
5 feb 2011	8-Men	8
6 feb 2011	9-Cib	9
7 feb 2011	10-Caban	1
8 feb 2011	11-Etz'nab	2
9 feb 2011	12-Cauac	3
10 feb 2011	13-Ahau	4
11 feb 2011	**1-Imix**	5
12 feb 2011	2-Ik	6
13 feb 2011	3-Akbal	7
14 feb 2011	4-Kan	8
15 feb 2011	5-Chicchan	9
16 feb 2011	6-Cimi	1
17 feb 2011	7-Manik	2
18 feb 2011	8-Lamat	3
19 feb 2011	9-Muluc	4
20 feb 2011	10-Oc	5
21 feb 2011	11-Chuen	6
22 feb 2011	12-Eb	7
23 feb 2011	13-Ben	8

Fecha	Signo del día	S
24 feb 2011	**1-Ix**	9
25 feb 2011	2-Men	1
26 feb 2011	3-Cib	2
27 feb 2011	4-Caban	3
28 feb 2011	5-Etz'nab	4
1 mar 2011	6-Cauac	5
2 mar 2011	7-Ahau	6
3 mar 2011	*8-Imix*	7
4 mar 2011	9-Ik	8
5 mar 2011	10-Akbal	9
6 mar 2011	11-Kan	1
7 mar 2011	12-Chicchan	2
8 mar 2011	13-Cimi	3
9 mar 2011	**1-Manik**	4
10 mar 2011	2-Lamat	5
11 mar 2011	3-Muluc	6
12 mar 2011	4-Oc	7
13 mar 2011	5-Chuen	8
14 mar 2011	6-Eb	9
15 mar 2011	7-Ben	1
16 mar 2011	8-Ix	2
17 mar 2011	9-Men	3
18 mar 2011	10-Cib	4
19 mar 2011	11-Caban	5
20 mar 2011	12-Etz'nab	6
21 mar 2011	13-Cauac	7
22 mar 2011	**1-Ahau**	8
23 mar 2011	*2-Imix*	9
24 mar 2011	3-Ik	1
25 mar 2011	4-Akbal	2
26 mar 2011	5-Kan	3
27 mar 2011	6-Chicchan	4
28 mar 2011	7-Cimi	5
29 mar 2011	8-Manik	6
30 mar 2011	9-Lamat	7
31 mar 2011	10-Muluc	8
1 abr 2011	11-Oc	9
2 abr 2011	12-Chuen	1
3 abr 2011	13-Eb	2
4 abr 2011	**1-Ben**	3
5 abr 2011	2-Ix	4
6 abr 2011	3-Men	5
7 abr 2011	4-Cib	6
8 abr 2011	5-Caban	7
9 abr 2011	6-Etz'nab	8
10 abr 2011	7-Cauac	9
11 abr 2011	8-Ahau	1
12 abr 2011	*9-Imix*	2
13 abr 2011	10-Ik	3
14 abr 2011	11-Akbal	4
15 abr 2011	12-Kan	5
16 abr 2011	13-Chicchan	6
17 abr 2011	**1-Cimi**	7
18 abr 2011	2-Manik	8
19 abr 2011	3-Lamat	9
20 abr 2011	4-Muluc	1
21 abr 2011	5-Oc	2
22 abr 2011	6-Chuen	3
23 abr 2011	7-Eb	4
24 abr 2011	8-Ben	5
25 abr 2011	9-Ix	6
26 abr 2011	10-Men	7
27 abr 2011	11-Cib	8
28 abr 2011	12-Caban	9
29 abr 2011	13-Etz'nab	1
30 abr 2011	**1-Cauac**	2
1 may 2011	2-Ahau	3
2 may 2011	*3-Imix*	4

Fecha	Signo del día	S
3 may 2011	4-Ik	5
4 may 2011	5-Akbal	6
5 may 2011	6-Kan	7
6 may 2011	7-Chicchan	8
7 may 2011	8-Cimi	9
8 may 2011	9-Manik	1
9 may 2011	10-Lamat	2
10 may 2011	11-Muluc	3
11 may 2011	12-Oc	4
12 may 2011	13-Chuen	5
13 may 2011	**1-Eb**	6
14 may 2011	2-Ben	7
15 may 2011	3-Ix	8
16 may 2011	4-Men	9
17 may 2011	5-Cib	1
18 may 2011	6-Caban	2
19 may 2011	7-Etz'nab	3
20 may 2011	8-Cauac	4
21 may 2011	9-Ahau	5
22 may 2011	*10-Imix*	6
23 may 2011	11-Ik	7
24 may 2011	12-Akbal	8
25 may 2011	13-Kan	9
26 may 2011	**1-Chicchan**	1
27 may 2011	2-Cimi	2
28 may 2011	3-Manik	3
29 may 2011	4-Lamat	4
30 may 2011	5-Muluc	5
31 may 2011	6-Oc	6
1 jun 2011	7-Chuen	7
2 jun 2011	8-Eb	8
3 jun 2011	9-Ben	9
4 jun 2011	10-Ix	1
5 jun 2011	11-Men	2
6 jun 2011	12-Cib	3
7 jun 2011	13-Caban	4
8 jun 2011	**1-Etz'nab**	5
9 jun 2011	2-Cauac	6
10 jun 2011	3-Ahau	7
11 jun 2011	*4-Imix*	8
12 jun 2011	5-Ik	9
13 jun 2011	6-Akbal	1
14 jun 2011	7-Kan	2
15 jun 2011	8-Chicchan	3
16 jun 2011	9-Cimi	4
17 jun 2011	10-Manik	5
18 jun 2011	11-Lamat	6
19 jun 2011	12-Muluc	7
20 jun 2011	13-Oc	8
21 jun 2011	**1-Chuen**	9
22 jun 2011	2-Eb	1
23 jun 2011	3-Ben	2
24 jun 2011	4-Ix	3
25 jun 2011	5-Men	4
26 jun 2011	6-Cib	5
27 jun 2011	7-Caban	6
28 jun 2011	8-Etz'nab	7
29 jun 2011	9-Cauac	8
30 jun 2011	10-Ahau	9
1 jul 2011	*11-Imix*	1
2 jul 2011	12-Ik	2
3 jul 2011	13-Akbal	3
4 jul 2011	**1-Kan**	4
5 jul 2011	2-Chicchan	5
6 jul 2011	3-Cimi	6
7 jul 2011	4-Manik	7
8 jul 2011	5-Lamat	8
9 jul 2011	6-Muluc	9

Fecha	Signo del día	S
10 jul 2011	7-Oc	1
11 jul 2011	8-Chuen	2
12 jul 2011	9-Eb	3
13 jul 2011	10-Ben	4
14 jul 2011	11-Ix	5
15 jul 2011	12-Men	6
16 jul 2011	13-Cib	7
17 jul 2011	**1-Caban**	8
18 jul 2011	2-Etz'nab	9
19 jul 2011	3-Cauac	1
20 jul 2011	4-Ahau	2
21 jul 2011	*5-Imix*	3
22 jul 2011	6-Ik	4
23 jul 2011	7-Akbal	5
24 jul 2011	8-Kan	6
25 jul 2011	9-Chicchan	7
26 jul 2011	10-Cimi	8
27 jul 2011	11-Manik	9
28 jul 2011	12-Lamat	1
29 jul 2011	13-Muluc	2
30 jul 2011	**1-Oc**	3
31 jul 2011	2-Chuen	4
1 ago 2011	3-Eb	5
2 ago 2011	4-Ben	6
3 ago 2011	5-Ix	7
4 ago 2011	6-Men	8
5 ago 2011	7-Cib	9
6 ago 2011	8-Caban	1
7 ago 2011	9-Etz'nab	2
8 ago 2011	10-Cauac	3
9 ago 2011	11-Ahau	4
10 ago 2011	*12-Imix*	5
11 ago 2011	13-Ik	6
12 ago 2011	**1-Akbal**	7
13 ago 2011	2-Kan	8
14 ago 2011	3-Chicchan	9
15 ago 2011	4-Cimi	1
16 ago 2011	5-Manik	2
17 ago 2011	6-Lamat	3
18 ago 2011	7-Muluc	4
19 ago 2011	8-Oc	5
20 ago 2011	9-Chuen	6
21 ago 2011	10-Eb	7
22 ago 2011	11-Ben	8
23 ago 2011	12-Ix	9
24 ago 2011	13-Men	1
25 ago 2011	**1-Cib**	2
26 ago 2011	2-Caban	3
27 ago 2011	3-Etz'nab	4
28 ago 2011	4-Cauac	5
29 ago 2011	5-Ahau	6
30 ago 2011	*6-Imix*	7
31 ago 2011	7-Ik	8
1 sep 2011	8-Akbal	9
2 sep 2011	9-Kan	1
3 sep 2011	10-Chicchan	2
4 sep 2011	11-Cimi	3
5 sep 2011	12-Manik	4
6 sep 2011	13-Lamat	5
7 sep 2011	**1-Muluc**	6
8 sep 2011	2-Oc	7
9 sep 2011	3-Chuen	8
10 sep 2011	4-Eb	9
11 sep 2011	5-Ben	1
12 sep 2011	6-Ix	2
13 sep 2011	7-Men	3
14 sep 2011	8-Cib	4
15 sep 2011	9-Caban	5

Fecha	Signo del día	S
16 sep 2011	10-Etz'nab	6
17 sep 2011	11-Cauac	7
18 sep 2011	12-Ahau	8
19 sep 2011	*13-Imix*	9
20 sep 2011	**1-Ik**	1
21 sep 2011	2-Akbal	2
22 sep 2011	3-Kan	3
23 sep 2011	4-Chicchan	4
24 sep 2011	5-Cimi	5
25 sep 2011	6-Manik	6
26 sep 2011	7-Lamat	7
27 sep 2011	8-Muluc	8
28 sep 2011	9-Oc	9
29 sep 2011	10-Chuen	1
30 sep 2011	11-Eb	2
1 oct 2011	12-Ben	3
2 oct 2011	13-Ix	4
3 oct 2011	**1-Men**	5
4 oct 2011	2-Cib	6
5 oct 2011	3-Caban	7
6 oct 2011	4-Etz'nab	8
7 oct 2011	5-Cauac	9
8 oct 2011	6-Ahau	1
9 oct 2011	*7-Imix*	2
10 oct 2011	8-Ik	3
11 oct 2011	9-Akbal	4
12 oct 2011	10-Kan	5
13 oct 2011	11-Chicchan	6
14 oct 2011	12-Cimi	7
15 oct 2011	13-Manik	8
16 oct 2011	**1-Lamat**	9
17 oct 2011	2-Muluc	1
18 oct 2011	3-Oc	2
19 oct 2011	4-Chuen	3
20 oct 2011	5-Eb	4
21 oct 2011	6-Ben	5
22 oct 2011	7-Ix	6
23 oct 2011	8-Men	7
24 oct 2011	9-Cib	8
25 oct 2011	10-Caban	9
26 oct 2011	11-Etz'nab	1
27 oct 2011	12-Cauac	2
28 oct 2011	13-Ahau	3
29 oct 2011	**1-Imix**	4
30 oct 2011	2-Ik	5
31 oct 2011	3-Akbal	6
1 nov 2011	4-Kan	7
2 nov 2011	5-Chicchan	8
3 nov 2011	6-Cimi	9
4 nov 2011	7-Manik	1
5 nov 2011	8-Lamat	2
6 nov 2011	9-Muluc	3
7 nov 2011	10-Oc	4
8 nov 2011	11-Chuen	5
9 nov 2011	12-Eb	6
10 nov 2011	13-Ben	7
11 nov 2011	**1-Ix**	8
12 nov 2011	2-Men	9
13 nov 2011	3-Cib	1
14 nov 2011	4-Caban	2
15 nov 2011	5-Etz'nab	3
16 nov 2011	6-Cauac	4
17 nov 2011	7-Ahau	5
18 nov 2011	*8-Imix*	6
19 nov 2011	9-Ik	7
20 nov 2011	10-Akbal	8
21 nov 2011	11-Kan	9
22 nov 2011	12-Chicchan	1

Fecha	Signo del día	S
23 nov 2011	13-Cimi	2
24 nov 2011	**1-Manik**	3
25 nov 2011	2-Lamat	4
26 nov 2011	3-Muluc	5
27 nov 2011	4-Oc	6
28 nov 2011	5-Chuen	7
29 nov 2011	6-Eb	8
30 nov 2011	7-Ben	9
1 dic 2011	8-Ix	1
2 dic 2011	9-Men	2
3 dic 2011	10-Cib	3
4 dic 2011	11-Caban	4
5 dic 2011	12-Etz'nab	5
6 dic 2011	13-Cauac	6
7 dic 2011	**1-Ahau**	7
8 dic 2011	*2-Imix*	8
9 dic 2011	3-Ik	9
10 dic 2011	4-Akbal	1
11 dic 2011	5-Kan	2
12 dic 2011	6-Chicchan	3
13 dic 2011	7-Cimi	4
14 dic 2011	8-Manik	5
15 dic 2011	9-Lamat	6
16 dic 2011	10-Muluc	7
17 dic 2011	11-Oc	8
18 dic 2011	12-Chuen	9
19 dic 2011	13-Eb	1
20 dic 2011	**1-Ben**	2
21 dic 2011	2-Ix	3
22 dic 2011	3-Men	4
23 dic 2011	4-Cib	5
24 dic 2011	5-Caban	6
25 dic 2011	6-Etz'nab	7
26 dic 2011	7-Cauac	8
27 dic 2011	8-Ahau	9
28 dic 2011	*9-Imix*	1
29 dic 2011	10-Ik	2
30 dic 2011	11-Akbal	3
31 dic 2011	12-Kan	4
1 ene 2012	13-Chicchan	5
2 ene 2012	**1-Cimi**	6
3 ene 2012	2-Manik	7
4 ene 2012	3-Lamat	8
5 ene 2012	4-Muluc	9
6 ene 2012	5-Oc	1
7 ene 2012	6-Chuen	2
8 ene 2012	7-Eb	3
9 ene 2012	8-Ben	4
10 ene 2012	9-Ix	5
11 ene 2012	10-Men	6
12 ene 2012	11-Cib	7
13 ene 2012	12-Caban	8
14 ene 2012	13-Etz'nab	9
15 ene 2012	**1-Cauac**	1
16 ene 2012	2-Ahau	2
17 ene 2012	*3-Imix*	3
18 ene 2012	4-Ik	4
19 ene 2012	5-Akbal	5
20 ene 2012	6-Kan	6
21 ene 2012	7-Chicchan	7
22 ene 2012	8-Cimi	8
23 ene 2012	9-Manik	9
24 ene 2012	10-Lamat	1
25 ene 2012	11-Muluc	2
26 ene 2012	12-Oc	3
27 ene 2012	13-Chuen	4
28 ene 2012	**1-Eb**	5
29 ene 2012	2-Ben	6

Fecha	Signo del día	S	Fecha	Signo del día	S	Fecha	Signo del día	S
30 ene 2012	3-Ix	7	7 abr 2012	6-Ik	3	14 jun 2012	9-Oc	8
31 ene 2012	4-Men	8	8 abr 2012	7-Akbal	4	15 jun 2012	10-Chuen	9
1 feb 2012	5-Cib	9	9 abr 2012	8-Kan	5	16 jun 2012	11-Eb	1
2 feb 2012	6-Caban	1	10 abr 2012	9-Chicchan	6	17 jun 2012	12-Ben	2
3 feb 2012	7-Etz'nab	2	11 abr 2012	10-Cimi	7	18 jun 2012	13-Ix	3
4 feb 2012	8-Cauac	3	12 abr 2012	11-Manik	8	19 jun 2012	**1-Men**	4
5 feb 2012	9-Ahau	4	13 abr 2012	12-Lamat	9	20 jun 2012	2-Cib	5
6 feb 2012	*10-Imix*	5	14 abr 2012	13-Muluc	1	21 jun 2012	3-Caban	6
7 feb 2012	11-Ik	6	15 abr 2012	**1-Oc**	2	22 jun 2012	4-Etz'nab	7
8 feb 2012	12-Akbal	7	16 abr 2012	2-Chuen	3	23 jun 2012	5-Cauac	8
9 feb 2012	13-Kan	8	17 abr 2012	3-Eb	4	24 jun 2012	6-Ahau	9
10 feb 2012	**1-Chicchan**	9	18 abr 2012	4-Ben	5	25 jun 2012	*7-Imix*	1
11 feb 2012	2-Cimi	1	19 abr 2012	5-Ix	6	26 jun 2012	8-Ik	2
12 feb 2012	3-Manik	2	20 abr 2012	6-Men	7	27 jun 2012	9-Akbal	3
13 feb 2012	4-Lamat	3	21 abr 2012	7-Cib	8	28 jun 2012	10-Kan	4
14 feb 2012	5-Muluc	4	22 abr 2012	8-Caban	9	29 jun 2012	11-Chicchan	5
15 feb 2012	6-Oc	5	23 abr 2012	9-Etz'nab	1	30 jun 2012	12-Cimi	6
16 feb 2012	7-Chuen	6	24 abr 2012	10-Cauac	2	1 jul 2012	13-Manik	7
17 feb 2012	8-Eb	7	25 abr 2012	11-Ahau	3	2 jul 2012	**1-Lamat**	8
18 feb 2012	9-Ben	8	26 abr 2012	*12-Imix*	4	3 jul 2012	2-Muluc	9
19 feb 2012	10-Ix	9	27 abr 2012	13-Ik	5	4 jul 2012	3-Oc	1
20 feb 2012	11-Men	1	28 abr 2012	**1-Akbal**	6	5 jul 2012	4-Chuen	2
21 feb 2012	12-Cib	2	29 abr 2012	2-Kan	7	6 jul 2012	5-Eb	3
22 feb 2012	13-Caban	3	30 abr 2012	3-Chicchan	8	7 jul 2012	6-Ben	4
23 feb 2012	**1-Etz'nab**	4	1 may 2012	4-Cimi	9	8 jul 2012	7-Ix	5
24 feb 2012	2-Cauac	5	2 may 2012	5-Manik	1	9 jul 2012	8-Men	6
25 feb 2012	3-Ahau	6	3 may 2012	6-Lamat	2	10 jul 2012	9-Cib	7
26 feb 2012	*4-Imix*	7	4 may 2012	7-Muluc	3	11 jul 2012	10-Caban	8
27 feb 2012	5-Ik	8	5 may 2012	8-Oc	4	12 jul 2012	11-Etz'nab	9
28 feb 2012	6-Akbal	9	6 may 2012	9-Chuen	5	13 jul 2012	12-Cauac	1
29 feb 2012	7-Kan	1	7 may 2012	10-Eb	6	14 jul 2012	13-Ahau	2
1 mar 2012	8-Chicchan	2	8 may 2012	11-Ben	7	15 jul 2012	**1-Imix**	3
2 mar 2012	9-Cimi	3	9 may 2012	12-Ix	8	16 jul 2012	2-Ik	4
3 mar 2012	10-Manik	4	10 may 2012	13-Men	9	17 jul 2012	3-Akbal	5
4 mar 2012	11-Lamat	5	11 may 2012	**1-Cib**	1	18 jul 2012	4-Kan	6
5 mar 2012	12-Muluc	6	12 may 2012	2-Caban	2	19 jul 2012	5-Chicchan	7
6 mar 2012	13-Oc	7	13 may 2012	3-Etz'nab	3	20 jul 2012	6-Cimi	8
7 mar 2012	**1-Chuen**	8	14 may 2012	4-Cauac	4	21 jul 2012	7-Manik	9
8 mar 2012	2-Eb	9	15 may 2012	5-Ahau	5	22 jul 2012	8-Lamat	1
9 mar 2012	3-Ben	1	16 may 2012	*6-Imix*	6	23 jul 2012	9-Muluc	2
10 mar 2012	4-Ix	2	17 may 2012	7-Ik	7	24 jul 2012	10-Oc	3
11 mar 2012	5-Men	3	18 may 2012	8-Akbal	8	25 jul 2012	11-Chuen	4
12 mar 2012	6-Cib	4	19 may 2012	9-Kan	9	26 jul 2012	12-Eb	5
13 mar 2012	7-Caban	5	20 may 2012	10-Chicchan	1	27 jul 2012	13-Ben	6
14 mar 2012	8-Etz'nab	6	21 may 2012	11-Cimi	2	28 jul 2012	**1-Ix**	7
15 mar 2012	9-Cauac	7	22 may 2012	12-Manik	3	29 jul 2012	2-Men	8
16 mar 2012	10-Ahau	8	23 may 2012	13-Lamat	4	30 jul 2012	3-Cib	9
17 mar 2012	*11-Imix*	9	24 may 2012	**1-Muluc**	5	31 jul 2012	4-Caban	1
18 mar 2012	12-Ik	1	25 may 2012	2-Oc	6	1 ago 2012	5-Etz'nab	2
19 mar 2012	13-Akbal	2	26 may 2012	3-Chuen	7	2 ago 2012	6-Cauac	3
20 mar 2012	**1-Kan**	3	27 may 2012	4-Eb	8	3 ago 2012	7-Ahau	4
21 mar 2012	2-Chicchan	4	28 may 2012	5-Ben	9	4 ago 2012	*8-Imix*	5
22 mar 2012	3-Cimi	5	29 may 2012	6-Ix	1	5 ago 2012	9-Ik	6
23 mar 2012	4-Manik	6	30 may 2012	7-Men	2	6 ago 2012	10-Akbal	7
24 mar 2012	5-Lamat	7	31 may 2012	8-Cib	3	7 ago 2012	11-Kan	8
25 mar 2012	6-Muluc	8	1 jun 2012	9-Caban	4	8 ago 2012	12-Chicchan	9
26 mar 2012	7-Oc	9	2 jun 2012	10-Etz'nab	5	9 ago 2012	13-Cimi	1
27 mar 2012	8-Chuen	1	3 jun 2012	11-Cauac	6	10 ago 2012	**1-Manik**	2
28 mar 2012	9-Eb	2	4 jun 2012	12-Ahau	7	11 ago 2012	2-Lamat	3
29 mar 2012	10-Ben	3	5 jun 2012	*13-Imix*	8	12 ago 2012	3-Muluc	4
30 mar 2012	11-Ix	4	6 jun 2012	**1-Ik**	9	13 ago 2012	4-Oc	5
31 mar 2012	12-Men	5	7 jun 2012	2-Akbal	1	14 ago 2012	5-Chuen	6
1 abr 2012	13-Cib	6	8 jun 2012	3-Kan	2	15 ago 2012	6-Eb	7
2 abr 2012	**1-Caban**	7	9 jun 2012	4-Chicchan	3	16 ago 2012	7-Ben	8
3 abr 2012	2-Etz'nab	8	10 jun 2012	5-Cimi	4	17 ago 2012	8-Ix	9
4 abr 2012	3-Cauac	9	11 jun 2012	6-Manik	5	18 ago 2012	9-Men	1
5 abr 2012	4-Ahau	1	12 jun 2012	7-Lamat	6	19 ago 2012	10-Cib	2
6 abr 2012	*5-Imix*	2	13 jun 2012	8-Muluc	7	20 ago 2012	11-Caban	3

Fecha	Signo del día	S
21 ago 2012	12-Etz'nab	4
22 ago 2012	13-Cauac	5
23 ago 2012	**1-Ahau**	6
24 ago 2012	*2-Imix*	7
25 ago 2012	3-Ik	8
26 ago 2012	4-Akbal	9
27 ago 2012	5-Kan	1
28 ago 2012	6-Chicchan	2
29 ago 2012	7-Cimi	3
30 ago 2012	8-Manik	4
31 ago 2012	9-Lamat	5
1 sep 2012	10-Muluc	6
2 sep 2012	11-Oc	7
3 sep 2012	12-Chuen	8
4 sep 2012	13-Eb	9
5 sep 2012	**1-Ben**	1
6 sep 2012	2-Ix	2
7 sep 2012	3-Men	3
8 sep 2012	4-Cib	4
9 sep 2012	5-Caban	5
10 sep 2012	6-Etz'nab	6
11 sep 2012	7-Cauac	7
12 sep 2012	8-Ahau	8
13 sep 2012	*9-Imix*	9
14 sep 2012	10-Ik	1
15 sep 2012	11-Akbal	2
16 sep 2012	12-Kan	3
17 sep 2012	13-Chicchan	4
18 sep 2012	**1-Cimi**	5
19 sep 2012	2-Manik	6
20 sep 2012	3-Lamat	7
21 sep 2012	4-Muluc	8
22 sep 2012	5-Oc	9
23 sep 2012	6-Chuen	1
24 sep 2012	7-Eb	2
25 sep 2012	8-Ben	3
26 sep 2012	9-Ix	4
27 sep 2012	10-Men	5
28 sep 2012	11-Cib	6
29 sep 2012	12-Caban	7
30 sep 2012	13-Etz'nab	8
1 oct 2012	**1-Cauac**	9
2 oct 2012	2-Ahau	1
3 oct 2012	*3-Imix*	2
4 oct 2012	4-Ik	3
5 oct 2012	5-Akbal	4
6 oct 2012	6-Kan	5
7 oct 2012	7-Chicchan	6
8 oct 2012	8-Cimi	7
9 oct 2012	9-Manik	8
10 oct 2012	10-Lamat	9
11 oct 2012	11-Muluc	1
12 oct 2012	12-Oc	2
13 oct 2012	13-Chuen	3
14 oct 2012	**1-Eb**	4
15 oct 2012	2-Ben	5
16 oct 2012	3-Ix	6
17 oct 2012	4-Men	7
18 oct 2012	5-Cib	8
19 oct 2012	6-Caban	9
20 oct 2012	7-Etz'nab	1
21 oct 2012	8-Cauac	2
22 oct 2012	9-Ahau	3
23 oct 2012	*10-Imix*	4
24 oct 2012	11-Ik	5
25 oct 2012	12-Akbal	6
26 oct 2012	13-Kan	7
27 oct 2012	**1-Chicchan**	8

Fecha	Signo del día	S
28 oct 2012	2-Cimi	9
29 oct 2012	3-Manik	1
30 oct 2012	4-Lamat	2
31 oct 2012	5-Muluc	3
1 nov 2012	6-Oc	4
2 nov 2012	7-Chuen	5
3 nov 2012	8-Eb	6
4 nov 2012	9-Ben	7
5 nov 2012	10-Ix	8
6 nov 2012	11-Men	9
7 nov 2012	12-Cib	1
8 nov 2012	13-Caban	2
9 nov 2012	**1-Etz'nab**	3
10 nov 2012	2-Cauac	4
11 nov 2012	3-Ahau	5
12 nov 2012	*4-Imix*	6
13 nov 2012	5-Ik	7
14 nov 2012	6-Akbal	8
15 nov 2012	7-Kan	9
16 nov 2012	8-Chicchan	1
17 nov 2012	9-Cimi	2
18 nov 2012	10-Manik	3
19 nov 2012	11-Lamat	4
20 nov 2012	12-Muluc	5
21 nov 2012	13-Oc	6
22 nov 2012	**1-Chuen**	7
23 nov 2012	2-Eb	8
24 nov 2012	3-Ben	9
25 nov 2012	4-Ix	1
26 nov 2012	5-Men	2
27 nov 2012	6-Cib	3
28 nov 2012	7-Caban	4
29 nov 2012	8-Etz'nab	5
30 nov 2012	9-Cauac	6
1 dic 2012	10-Ahau	7
2 dic 2012	*11-Imix*	8
3 dic 2012	12-Ik	9
4 dic 2012	13-Akbal	1
5 dic 2012	**1-Kan**	2
6 dic 2012	2-Chicchan	3
7 dic 2012	3-Cimi	4
8 dic 2012	4-Manik	5
9 dic 2012	5-Lamat	6
10 dic 2012	6-Muluc	7
11 dic 2012	7-Oc	8
12 dic 2012	8-Chuen	9
13 dic 2012	9-Eb	1
14 dic 2012	10-Ben	2
15 dic 2012	11-Ix	3
16 dic 2012	12-Men	4
17 dic 2012	13-Cib	5
18 dic 2012	**1-Caban**	6
19 dic 2012	2-Etz'nab	7
20 dic 2012	3-Cauac	8
21 dic 2012	4-Ahau	9
22 dic 2012	*5-Imix*	1
23 dic 2012	6-Ik	2
24 dic 2012	7-Akbal	3
25 dic 2012	8-Kan	4
26 dic 2012	9-Chicchan	5
27 dic 2012	10-Cimi	6
28 dic 2012	11-Manik	7
29 dic 2012	12-Lamat	8
30 dic 2012	13-Muluc	9
31 dic 2012	**1-Oc**	1
1 ene 2013	2-Chuen	2
2 ene 2013	3-Eb	3
3 ene 2013	4-Ben	4

Fecha	Signo del día	S
4 ene 2013	5-Ix	5
5 ene 2013	6-Men	6
6 ene 2013	7-Cib	7
7 ene 2013	8-Caban	8
8 ene 2013	9-Etz'nab	9
9 ene 2013	10-Cauac	1
10 ene 2013	11-Ahau	2
11 ene 2013	*12-Imix*	3
12 ene 2013	13-Ik	4
13 ene 2013	**1-Akbal**	5
14 ene 2013	2-Kan	6
15 ene 2013	3-Chicchan	7
16 ene 2013	4-Cimi	8
17 ene 2013	5-Manik	9
18 ene 2013	6-Lamat	1
19 ene 2013	7-Muluc	2
20 ene 2013	8-Oc	3
21 ene 2013	9-Chuen	4
22 ene 2013	10-Eb	5
23 ene 2013	11-Ben	6
24 ene 2013	12-Ix	7
25 ene 2013	13-Men	8
26 ene 2013	**1-Cib**	9
27 ene 2013	2-Caban	1
28 ene 2013	3-Etz'nab	2
29 ene 2013	4-Cauac	3
30 ene 2013	5-Ahau	4
31 ene 2013	*6-Imix*	5
1 feb 2013	7-Ik	6
2 feb 2013	8-Akbal	7
3 feb 2013	9-Kan	8
4 feb 2013	10-Chicchan	9
5 feb 2013	11-Cimi	1
6 feb 2013	12-Manik	2
7 feb 2013	13-Lamat	3
8 feb 2013	**1-Muluc**	4
9 feb 2013	2-Oc	5
10 feb 2013	3-Chuen	6
11 feb 2013	4-Eb	7
12 feb 2013	5-Ben	8
13 feb 2013	6-Ix	9
14 feb 2013	7-Men	1
15 feb 2013	8-Cib	2
16 feb 2013	9-Caban	3
17 feb 2013	10-Etz'nab	4
18 feb 2013	11-Cauac	5
19 feb 2013	12-Ahau	6
20 feb 2013	*13-Imix*	7
21 feb 2013	**1-Ik**	8
22 feb 2013	2-Akbal	9
23 feb 2013	3-Kan	1
24 feb 2013	4-Chicchan	2
25 feb 2013	5-Cimi	3
26 feb 2013	6-Manik	4
27 feb 2013	7-Lamat	5
28 feb 2013	8-Muluc	6
1 mar 2013	9-Oc	7
2 mar 2013	10-Chuen	8
3 mar 2013	11-Eb	9
4 mar 2013	12-Ben	1
5 mar 2013	13-Ix	2
6 mar 2013	**1-Men**	3
7 mar 2013	2-Cib	4
8 mar 2013	3-Caban	5
9 mar 2013	4-Etz'nab	6
10 mar 2013	5-Cauac	7
11 mar 2013	6-Ahau	8
12 mar 2013	*7-Imix*	9

Fecha	Signo del día	S
13 mar 2013	8-Ik	1
14 mar 2013	9-Akbal	2
15 mar 2013	10-Kan	3
16 mar 2013	11-Chicchan	4
17 mar 2013	12-Cimi	5
18 mar 2013	13-Manik	6
19 mar 2013	**1-Lamat**	7
20 mar 2013	2-Muluc	8
21 mar 2013	3-Oc	9
22 mar 2013	4-Chuen	1
23 mar 2013	5-Eb	2
24 mar 2013	6-Ben	3
25 mar 2013	7-Ix	4
26 mar 2013	8-Men	5
27 mar 2013	9-Cib	6
28 mar 2013	10-Caban	7
29 mar 2013	11-Etz'nab	8
30 mar 2013	12-Cauac	9
31 mar 2013	13-Ahau	1
1 abr 2013	**1-Imix**	2
2 abr 2013	2-Ik	3
3 abr 2013	3-Akbal	4
4 abr 2013	4-Kan	5
5 abr 2013	5-Chicchan	6
6 abr 2013	6-Cimi	7
7 abr 2013	7-Manik	8
8 abr 2013	8-Lamat	9
9 abr 2013	9-Muluc	1
10 abr 2013	10-Oc	2
11 abr 2013	11-Chuen	3
12 abr 2013	12-Eb	4
13 abr 2013	13-Ben	5
14 abr 2013	**1-Ix**	6
15 abr 2013	2-Men	7
16 abr 2013	3-Cib	8
17 abr 2013	4-Caban	9
18 abr 2013	5-Etz'nab	1
19 abr 2013	6-Cauac	2
20 abr 2013	7-Ahau	3
21 abr 2013	*8-Imix*	4
22 abr 2013	9-Ik	5
23 abr 2013	10-Akbal	6
24 abr 2013	11-Kan	7
25 abr 2013	12-Chicchan	8
26 abr 2013	13-Cimi	9
27 abr 2013	**1-Manik**	1
28 abr 2013	2-Lamat	2
29 abr 2013	3-Muluc	3
30 abr 2013	4-Oc	4
1 may 2013	5-Chuen	5
2 may 2013	6-Eb	6
3 may 2013	7-Ben	7
4 may 2013	8-Ix	8
5 may 2013	9-Men	9
6 may 2013	10-Cib	1
7 may 2013	11-Caban	2
8 may 2013	12-Etz'nab	3
9 may 2013	13-Cauac	4
10 may 2013	**1-Ahau**	5
11 may 2013	*2-Imix*	6
12 may 2013	3-Ik	7
13 may 2013	4-Akbal	8
14 may 2013	5-Kan	9
15 may 2013	6-Chicchan	1
16 may 2013	7-Cimi	2
17 may 2013	8-Manik	3
18 may 2013	9-Lamat	4
19 may 2013	10-Muluc	5

Fecha	Signo del día	S
20 may 2013	11-Oc	6
21 may 2013	12-Chuen	7
22 may 2013	13-Eb	8
23 may 2013	**1-Ben**	9
24 may 2013	2-Ix	1
25 may 2013	3-Men	2
26 may 2013	4-Cib	3
27 may 2013	5-Caban	4
28 may 2013	6-Etz'nab	5
29 may 2013	7-Cauac	6
30 may 2013	8-Ahau	7
31 may 2013	*9-Imix*	8
1 jun 2013	10-Ik	9
2 jun 2013	11-Akbal	1
3 jun 2013	12-Kan	2
4 jun 2013	13-Chicchan	3
5 jun 2013	**1-Cimi**	4
6 jun 2013	2-Manik	5
7 jun 2013	3-Lamat	6
8 jun 2013	4-Muluc	7
9 jun 2013	5-Oc	8
10 jun 2013	6-Chuen	9
11 jun 2013	7-Eb	1
12 jun 2013	8-Ben	2
13 jun 2013	9-Ix	3
14 jun 2013	10-Men	4
15 jun 2013	11-Cib	5
16 jun 2013	12-Caban	6
17 jun 2013	13-Etz'nab	7
18 jun 2013	**1-Cauac**	8
19 jun 2013	2-Ahau	9
20 jun 2013	*3-Imix*	1
21 jun 2013	4-Ik	2
22 jun 2013	5-Akbal	3
23 jun 2013	6-Kan	4
24 jun 2013	7-Chicchan	5
25 jun 2013	8-Cimi	6
26 jun 2013	9-Manik	7
27 jun 2013	10-Lamat	8
28 jun 2013	11-Muluc	9
29 jun 2013	12-Oc	1
30 jun 2013	13-Chuen	2
1 jul 2013	**1-Eb**	3
2 jul 2013	2-Ben	4
3 jul 2013	3-Ix	5
4 jul 2013	4-Men	6
5 jul 2013	5-Cib	7
6 jul 2013	6-Caban	8
7 jul 2013	7-Etz'nab	9
8 jul 2013	8-Cauac	1
9 jul 2013	9-Ahau	2
10 jul 2013	*10-Imix*	3
11 jul 2013	11-Ik	4
12 jul 2013	12-Akbal	5
13 jul 2013	13-Kan	6
14 jul 2013	**1-Chicchan**	7
15 jul 2013	2-Cimi	8
16 jul 2013	3-Manik	9
17 jul 2013	4-Lamat	1
18 jul 2013	5-Muluc	2
19 jul 2013	6-Oc	3
20 jul 2013	7-Chuen	4
21 jul 2013	8-Eb	5
22 jul 2013	9-Ben	6
23 jul 2013	10-Ix	7
24 jul 2013	11-Men	8
25 jul 2013	12-Cib	9
26 jul 2013	13-Caban	1

Fecha	Signo del día	S
27 jul 2013	**1-Etz'nab**	2
28 jul 2013	2-Cauac	3
29 jul 2013	3-Ahau	4
30 jul 2013	*4-Imix*	5
31 jul 2013	5-Ik	6
1 ago 2013	6-Akbal	7
2 ago 2013	7-Kan	8
3 ago 2013	8-Chicchan	9
4 ago 2013	9-Cimi	1
5 ago 2013	10-Manik	2
6 ago 2013	11-Lamat	3
7 ago 2013	12-Muluc	4
8 ago 2013	13-Oc	5
9 ago 2013	**1-Chuen**	6
10 ago 2013	2-Eb	7
11 ago 2013	3-Ben	8
12 ago 2013	4-Ix	9
13 ago 2013	5-Men	1
14 ago 2013	6-Cib	2
15 ago 2013	7-Caban	3
16 ago 2013	8-Etz'nab	4
17 ago 2013	9-Cauac	5
18 ago 2013	10-Ahau	6
19 ago 2013	*11-Imix*	7
20 ago 2013	12-Ik	8
21 ago 2013	13-Akbal	9
22 ago 2013	**1-Kan**	1
23 ago 2013	2-Chicchan	2
24 ago 2013	3-Cimi	3
25 ago 2013	4-Manik	4
26 ago 2013	5-Lamat	5
27 ago 2013	6-Muluc	6
28 ago 2013	7-Oc	7
29 ago 2013	8-Chuen	8
30 ago 2013	9-Eb	9
31 ago 2013	10-Ben	1
1 sep 2013	11-Ix	2
2 sep 2013	12-Men	3
3 sep 2013	13-Cib	4
4 sep 2013	**1-Caban**	5
5 sep 2013	2-Etz'nab	6
6 sep 2013	3-Cauac	7
7 sep 2013	4-Ahau	8
8 sep 2013	*5-Imix*	9
9 sep 2013	6-Ik	1
10 sep 2013	7-Akbal	2
11 sep 2013	8-Kan	3
12 sep 2013	9-Chicchan	4
13 sep 2013	10-Cimi	5
14 sep 2013	11-Manik	6
15 sep 2013	12-Lamat	7
16 sep 2013	13-Muluc	8
17 sep 2013	**1-Oc**	9
18 sep 2013	2-Chuen	1
19 sep 2013	3-Eb	2
20 sep 2013	4-Ben	3
21 sep 2013	5-Ix	4
22 sep 2013	6-Men	5
23 sep 2013	7-Cib	6
24 sep 2013	8-Caban	7
25 sep 2013	9-Etz'nab	8
26 sep 2013	10-Cauac	9
27 sep 2013	11-Ahau	1
28 sep 2013	*12-Imix*	2
29 sep 2013	13-Ik	3
30 sep 2013	**1-Akbal**	4
1 oct 2013	2-Kan	5
2 oct 2013	3-Chicchan	6

Fecha	Signo del día	S	Fecha	Signo del día	S	Fecha	Signo del día	S
3 oct 2013	4-Cimi	7	10 dic 2013	7-Ix	3	16 feb 2014	10-Ik	8
4 oct 2013	5-Manik	8	11 dic 2013	8-Men	4	17 feb 2014	11-Akbal	9
5 oct 2013	6-Lamat	9	12 dic 2013	9-Cib	5	18 feb 2014	12-Kan	1
6 oct 2013	7-Muluc	1	13 dic 2013	10-Caban	6	19 feb 2014	13-Chicchan	2
7 oct 2013	8-Oc	2	14 dic 2013	11-Etz'nab	7	**20 feb 2014**	**1-Cimi**	3
8 oct 2013	9-Chuen	3	15 dic 2013	12-Cauac	8	21 feb 2014	2-Manik	4
9 oct 2013	10-Eb	4	16 dic 2013	13-Ahau	9	22 feb 2014	3-Lamat	5
10 oct 2013	11-Ben	5	**17 dic 2013**	**1-Imix**	1	23 feb 2014	4-Muluc	6
11 oct 2013	12-Ix	6	18 dic 2013	2-Ik	2	24 feb 2014	5-Oc	7
12 oct 2013	13-Men	7	19 dic 2013	3-Akbal	3	25 feb 2014	6-Chuen	8
13 oct 2013	**1-Cib**	8	20 dic 2013	4-Kan	4	26 feb 2014	7-Eb	9
14 oct 2013	2-Caban	9	21 dic 2013	5-Chicchan	5	27 feb 2014	8-Ben	1
15 oct 2013	3-Etz'nab	1	22 dic 2013	6-Cimi	6	28 feb 2014	9-Ix	2
16 oct 2013	4-Cauac	2	23 dic 2013	7-Manik	7	1 mar 2014	10-Men	3
17 oct 2013	5-Ahau	3	24 dic 2013	8-Lamat	8	2 mar 2014	11-Cib	4
18 oct 2013	*6-Imix*	4	25 dic 2013	9-Muluc	9	3 mar 2014	12-Caban	5
19 oct 2013	7-Ik	5	26 dic 2013	10-Oc	1	4 mar 2014	13-Etz'nab	6
20 oct 2013	8-Akbal	6	27 dic 2013	11-Chuen	2	**5 mar 2014**	**1-Cauac**	7
21 oct 2013	9-Kan	7	28 dic 2013	12-Eb	3	6 mar 2014	2-Ahau	8
22 oct 2013	10-Chicchan	8	29 dic 2013	13-Ben	4	7 mar 2014	*3-Imix*	9
23 oct 2013	11-Cimi	9	**30 dic 2013**	**1-Ix**	5	8 mar 2014	4-Ik	1
24 oct 2013	12-Manik	1	31 dic 2013	2-Men	6	9 mar 2014	5-Akbal	2
25 oct 2013	13-Lamat	2	1 ene 2014	3-Cib	7	10 mar 2014	6-Kan	3
26 oct 2013	**1-Muluc**	3	2 ene 2014	4-Caban	8	11 mar 2014	7-Chicchan	4
27 oct 2013	2-Oc	4	3 ene 2014	5-Etz'nab	9	12 mar 2014	8-Cimi	5
28 oct 2013	3-Chuen	5	4 ene 2014	6-Cauac	1	13 mar 2014	9-Manik	6
29 oct 2013	4-Eb	6	5 ene 2014	7-Ahau	2	14 mar 2014	10-Lamat	7
30 oct 2013	5-Ben	7	6 ene 2014	*8-Imix*	3	15 mar 2014	11-Muluc	8
31 oct 2013	6-Ix	8	7 ene 2014	9-Ik	4	16 mar 2014	12-Oc	9
1 nov 2013	7-Men	9	8 ene 2014	10-Akbal	5	17 mar 2014	13-Chuen	1
2 nov 2013	8-Cib	1	9 ene 2014	11-Kan	6	**18 mar 2014**	**1-Eb**	2
3 nov 2013	9-Caban	2	10 ene 2014	12-Chicchan	7	19 mar 2014	2-Ben	3
4 nov 2013	10-Etz'nab	3	11 ene 2014	13-Cimi	8	20 mar 2014	3-Ix	4
5 nov 2013	11-Cauac	4	**12 ene 2014**	**1-Manik**	9	21 mar 2014	4-Men	5
6 nov 2013	12-Ahau	5	13 ene 2014	2-Lamat	1	22 mar 2014	5-Cib	6
7 nov 2013	*13-Imix*	6	14 ene 2014	3-Muluc	2	23 mar 2014	6-Caban	7
8 nov 2013	**1-Ik**	7	15 ene 2014	4-Oc	3	24 mar 2014	7-Etz'nab	8
9 nov 2013	2-Akbal	8	16 ene 2014	5-Chuen	4	25 mar 2014	8-Cauac	9
10 nov 2013	3-Kan	9	17 ene 2014	6-Eb	5	26 mar 2014	9-Ahau	1
11 nov 2013	4-Chicchan	1	18 ene 2014	7-Ben	6	27 mar 2014	*10-Imix*	2
12 nov 2013	5-Cimi	2	19 ene 2014	8-Ix	7	28 mar 2014	11-Ik	3
13 nov 2013	6-Manik	3	20 ene 2014	9-Men	8	29 mar 2014	12-Akbal	4
14 nov 2013	7-Lamat	4	21 ene 2014	10-Cib	9	30 mar 2014	13-Kan	5
15 nov 2013	8-Muluc	5	22 ene 2014	11-Caban	1	**31 mar 2014**	**1-Chicchan**	6
16 nov 2013	9-Oc	6	23 ene 2014	12-Etz'nab	2	1 abr 2014	2-Cimi	7
17 nov 2013	10-Chuen	7	24 ene 2014	13-Cauac	3	2 abr 2014	3-Manik	8
18 nov 2013	11-Eb	8	**25 ene 2014**	**1-Ahau**	4	3 abr 2014	4-Lamat	9
19 nov 2013	12-Ben	9	26 ene 2014	*2-Imix*	5	4 abr 2014	5-Muluc	1
20 nov 2013	13-Ix	1	27 ene 2014	3-Ik	6	5 abr 2014	6-Oc	2
21 nov 2013	**1-Men**	2	28 ene 2014	4-Akbal	7	6 abr 2014	7-Chuen	3
22 nov 2013	2-Cib	3	29 ene 2014	5-Kan	8	7 abr 2014	8-Eb	4
23 nov 2013	3-Caban	4	30 ene 2014	6-Chicchan	9	8 abr 2014	9-Ben	5
24 nov 2013	4-Etz'nab	5	31 ene 2014	7-Cimi	1	9 abr 2014	10-Ix	6
25 nov 2013	5-Cauac	6	1 feb 2014	8-Manik	2	10 abr 2014	11-Men	7
26 nov 2013	6-Ahau	7	2 feb 2014	9-Lamat	3	11 abr 2014	12-Cib	8
27 nov 2013	*7-Imix*	8	3 feb 2014	10-Muluc	4	12 abr 2014	13-Caban	9
28 nov 2013	8-Ik	9	4 feb 2014	11-Oc	5	**13 abr 2014**	**1-Etz'nab**	1
29 nov 2013	9-Akbal	1	5 feb 2014	12-Chuen	6	14 abr 2014	2-Cauac	2
30 nov 2013	10-Kan	2	6 feb 2014	13-Eb	7	15 abr 2014	3-Ahau	3
1 dic 2013	11-Chicchan	3	**7 feb 2014**	**1-Ben**	8	16 abr 2014	*4-Imix*	4
2 dic 2013	12-Cimi	4	8 feb 2014	2-Ix	9	17 abr 2014	5-Ik	5
3 dic 2013	13-Manik	5	9 feb 2014	3-Men	1	18 abr 2014	6-Akbal	6
4 dic 2013	**1-Lamat**	6	10 feb 2014	4-Cib	2	19 abr 2014	7-Kan	7
5 dic 2013	2-Muluc	7	11 feb 2014	5-Caban	3	20 abr 2014	8-Chicchan	8
6 dic 2013	3-Oc	8	12 feb 2014	6-Etz'nab	4	21 abr 2014	9-Cimi	9
7 dic 2013	4-Chuen	9	13 feb 2014	7-Cauac	5	22 abr 2014	10-Manik	1
8 dic 2013	5-Eb	1	14 feb 2014	8-Ahau	6	23 abr 2014	11-Lamat	2
9 dic 2013	6-Ben	2	15 feb 2014	*9-Imix*	7	24 abr 2014	12-Muluc	3

Fecha	Signo del día	S
25 abr 2014	13-Oc	4
26 abr 2014	**1-Chuen**	5
27 abr 2014	2-Eb	6
28 abr 2014	3-Ben	7
29 abr 2014	4-Ix	8
30 abr 2014	5-Men	9
1 may 2014	6-Cib	1
2 may 2014	7-Caban	2
3 may 2014	8-Etz'nab	3
4 may 2014	9-Cauac	4
5 may 2014	10-Ahau	5
6 may 2014	*11-Imix*	6
7 may 2014	12-Ik	7
8 may 2014	13-Akbal	8
9 may 2014	**1-Kan**	9
10 may 2014	2-Chicchan	1
11 may 2014	3-Cimi	2
12 may 2014	4-Manik	3
13 may 2014	5-Lamat	4
14 may 2014	6-Muluc	5
15 may 2014	7-Oc	6
16 may 2014	8-Chuen	7
17 may 2014	9-Eb	8
18 may 2014	10-Ben	9
19 may 2014	11-Ix	1
20 may 2014	12-Men	2
21 may 2014	13-Cib	3
22 may 2014	**1-Caban**	4
23 may 2014	2-Etz'nab	5
24 may 2014	3-Cauac	6
25 may 2014	4-Ahau	7
26 may 2014	*5-Imix*	8
27 may 2014	6-Ik	9
28 may 2014	7-Akbal	1
29 may 2014	8-Kan	2
30 may 2014	9-Chicchan	3
31 may 2014	10-Cimi	4
1 jun 2014	11-Manik	5
2 jun 2014	12-Lamat	6
3 jun 2014	13-Muluc	7
4 jun 2014	**1-Oc**	8
5 jun 2014	2-Chuen	9
6 jun 2014	3-Eb	1
7 jun 2014	4-Ben	2
8 jun 2014	5-Ix	3
9 jun 2014	6-Men	4
10 jun 2014	7-Cib	5
11 jun 2014	8-Caban	6
12 jun 2014	9-Etz'nab	7
13 jun 2014	10-Cauac	8
14 jun 2014	11-Ahau	9
15 jun 2014	*12-Imix*	1
16 jun 2014	13-Ik	2
17 jun 2014	**1-Akbal**	3
18 jun 2014	2-Kan	4
19 jun 2014	3-Chicchan	5
20 jun 2014	4-Cimi	6
21 jun 2014	5-Manik	7
22 jun 2014	6-Lamat	8
23 jun 2014	7-Muluc	9
24 jun 2014	8-Oc	1
25 jun 2014	9-Chuen	2
26 jun 2014	10-Eb	3
27 jun 2014	11-Ben	4
28 jun 2014	12-Ix	5
29 jun 2014	13-Men	6
30 jun 2014	**1-Cib**	7
1 jul 2014	2-Caban	8

Fecha	Signo del día	S
2 jul 2014	3-Etz'nab	9
3 jul 2014	4-Cauac	1
4 jul 2014	5-Ahau	2
5 jul 2014	*6-Imix*	3
6 jul 2014	7-Ik	4
7 jul 2014	8-Akbal	5
8 jul 2014	9-Kan	6
9 jul 2014	10-Chicchan	7
10 jul 2014	11-Cimi	8
11 jul 2014	12-Manik	9
12 jul 2014	13-Lamat	1
13 jul 2014	**1-Muluc**	2
14 jul 2014	2-Oc	3
15 jul 2014	3-Chuen	4
16 jul 2014	4-Eb	5
17 jul 2014	5-Ben	6
18 jul 2014	6-Ix	7
19 jul 2014	7-Men	8
20 jul 2014	8-Cib	9
21 jul 2014	9-Caban	1
22 jul 2014	10-Etz'nab	2
23 jul 2014	11-Cauac	3
24 jul 2014	12-Ahau	4
25 jul 2014	*13-Imix*	5
26 jul 2014	**1-Ik**	6
27 jul 2014	2-Akbal	7
28 jul 2014	3-Kan	8
29 jul 2014	4-Chicchan	9
30 jul 2014	5-Cimi	1
31 jul 2014	6-Manik	2
1 ago 2014	7-Lamat	3
2 ago 2014	8-Muluc	4
3 ago 2014	9-Oc	5
4 ago 2014	10-Chuen	6
5 ago 2014	11-Eb	7
6 ago 2014	12-Ben	8
7 ago 2014	13-Ix	9
8 ago 2014	**1-Men**	1
9 ago 2014	2-Cib	2
10 ago 2014	3-Caban	3
11 ago 2014	4-Etz'nab	4
12 ago 2014	5-Cauac	5
13 ago 2014	6-Ahau	6
14 ago 2014	*7-Imix*	7
15 ago 2014	8-Ik	8
16 ago 2014	9-Akbal	9
17 ago 2014	10-Kan	1
18 ago 2014	11-Chicchan	2
19 ago 2014	12-Cimi	3
20 ago 2014	13-Manik	4
21 ago 2014	**1-Lamat**	5
22 ago 2014	2-Muluc	6
23 ago 2014	3-Oc	7
24 ago 2014	4-Chuen	8
25 ago 2014	5-Eb	9
26 ago 2014	6-Ben	1
27 ago 2014	7-Ix	2
28 ago 2014	8-Men	3
29 ago 2014	9-Cib	4
30 ago 2014	10-Caban	5
31 ago 2014	11-Etz'nab	6
1 sep 2014	12-Cauac	7
2 sep 2014	13-Ahau	8
3 sep 2014	**1-Imix**	9
4 sep 2014	2-Ik	1
5 sep 2014	3-Akbal	2
6 sep 2014	4-Kan	3
7 sep 2014	5-Chicchan	4

Fecha	Signo del día	S
8 sep 2014	6-Cimi	5
9 sep 2014	7-Manik	6
10 sep 2014	8-Lamat	7
11 sep 2014	9-Muluc	8
12 sep 2014	10-Oc	9
13 sep 2014	11-Chuen	1
14 sep 2014	12-Eb	2
15 sep 2014	13-Ben	3
16 sep 2014	**1-Ix**	4
17 sep 2014	2-Men	5
18 sep 2014	3-Cib	6
19 sep 2014	4-Caban	7
20 sep 2014	5-Etz'nab	8
21 sep 2014	6-Cauac	9
22 sep 2014	7-Ahau	1
23 sep 2014	*8-Imix*	2
24 sep 2014	9-Ik	3
25 sep 2014	10-Akbal	4
26 sep 2014	11-Kan	5
27 sep 2014	12-Chicchan	6
28 sep 2014	13-Cimi	7
29 sep 2014	**1-Manik**	8
30 sep 2014	2-Lamat	9
1 oct 2014	3-Muluc	1
2 oct 2014	4-Oc	2
3 oct 2014	5-Chuen	3
4 oct 2014	6-Eb	4
5 oct 2014	7-Ben	5
6 oct 2014	8-Ix	6
7 oct 2014	9-Men	7
8 oct 2014	10-Cib	8
9 oct 2014	11-Caban	9
10 oct 2014	12-Etz'nab	1
11 oct 2014	13-Cauac	2
12 oct 2014	**1-Ahau**	3
13 oct 2014	*2-Imix*	4
14 oct 2014	3-Ik	5
15 oct 2014	4-Akbal	6
16 oct 2014	5-Kan	7
17 oct 2014	6-Chicchan	8
18 oct 2014	7-Cimi	9
19 oct 2014	8-Manik	1
20 oct 2014	9-Lamat	2
21 oct 2014	10-Muluc	3
22 oct 2014	11-Oc	4
23 oct 2014	12-Chuen	5
24 oct 2014	13-Eb	6
25 oct 2014	**1-Ben**	7
26 oct 2014	2-Ix	8
27 oct 2014	3-Men	9
28 oct 2014	4-Cib	1
29 oct 2014	5-Caban	2
30 oct 2014	6-Etz'nab	3
31 oct 2014	7-Cauac	4
1 nov 2014	8-Ahau	5
2 nov 2014	*9-Imix*	6
3 nov 2014	10-Ik	7
4 nov 2014	11-Akbal	8
5 nov 2014	12-Kan	9
6 nov 2014	13-Chicchan	1
7 nov 2014	**1-Cimi**	2
8 nov 2014	2-Manik	3
9 nov 2014	3-Lamat	4
10 nov 2014	4-Muluc	5
11 nov 2014	5-Oc	6
12 nov 2014	6-Chuen	7
13 nov 2014	7-Eb	8
14 nov 2014	8-Ben	9

Fecha	Signo del día	S
15 nov 2014	9-Ix	1
16 nov 2014	10-Men	2
17 nov 2014	11-Cib	3
18 nov 2014	12-Caban	4
19 nov 2014	13-Etz'nab	5
20 nov 2014	**1-Cauac**	6
21 nov 2014	2-Ahau	7
22 nov 2014	*3-Imix*	8
23 nov 2014	4-Ik	9
24 nov 2014	5-Akbal	1
25 nov 2014	6-Kan	2
26 nov 2014	7-Chicchan	3
27 nov 2014	8-Cimi	4
28 nov 2014	9-Manik	5
29 nov 2014	10-Lamat	6
30 nov 2014	11-Muluc	7
1 dic 2014	12-Oc	8
2 dic 2014	13-Chuen	9
3 dic 2014	**1-Eb**	1
4 dic 2014	2-Ben	2
5 dic 2014	3-Ix	3
6 dic 2014	4-Men	4
7 dic 2014	5-Cib	5
8 dic 2014	6-Caban	6
9 dic 2014	7-Etz'nab	7
10 dic 2014	8-Cauac	8
11 dic 2014	9-Ahau	9
12 dic 2014	*10-Imix*	1
13 dic 2014	11-Ik	2
14 dic 2014	12-Akbal	3
15 dic 2014	13-Kan	4
16 dic 2014	**1-Chicchan**	5
17 dic 2014	2-Cimi	6
18 dic 2014	3-Manik	7
19 dic 2014	4-Lamat	8
20 dic 2014	5-Muluc	9
21 dic 2014	6-Oc	1
22 dic 2014	7-Chuen	2
23 dic 2014	8-Eb	3
24 dic 2014	9-Ben	4
25 dic 2014	10-Ix	5
26 dic 2014	11-Men	6
27 dic 2014	12-Cib	7
28 dic 2014	13-Caban	8
29 dic 2014	**1-Etz'nab**	9
30 dic 2014	2-Cauac	1
31 dic 2014	3-Ahau	2
1 ene 2015	*4-Imix*	3
2 ene 2015	5-Ik	4
3 ene 2015	6-Akbal	5
4 ene 2015	7-Kan	6
5 ene 2015	8-Chicchan	7
6 ene 2015	9-Cimi	8
7 ene 2015	10-Manik	9
8 ene 2015	11-Lamat	1
9 ene 2015	12-Muluc	2
10 ene 2015	13-Oc	3
11 ene 2015	**1-Chuen**	4
12 ene 2015	2-Eb	5
13 ene 2015	3-Ben	6
14 ene 2015	4-Ix	7
15 ene 2015	5-Men	8
16 ene 2015	6-Cib	9
17 ene 2015	7-Caban	1
18 ene 2015	8-Etz'nab	2
19 ene 2015	9-Cauac	3
20 ene 2015	10-Ahau	4
21 ene 2015	*11-Imix*	5

Fecha	Signo del día	S
22 ene 2015	12-Ik	6
23 ene 2015	13-Akbal	7
24 ene 2015	**1-Kan**	8
25 ene 2015	2-Chicchan	9
26 ene 2015	3-Cimi	1
27 ene 2015	4-Manik	2
28 ene 2015	5-Lamat	3
29 ene 2015	6-Muluc	4
30 ene 2015	7-Oc	5
31 ene 2015	8-Chuen	6
1 feb 2015	9-Eb	7
2 feb 2015	10-Ben	8
3 feb 2015	11-Ix	9
4 feb 2015	12-Men	1
5 feb 2015	13-Cib	2
6 feb 2015	**1-Caban**	3
7 feb 2015	2-Etz'nab	4
8 feb 2015	3-Cauac	5
9 feb 2015	4-Ahau	6
10 feb 2015	*5-Imix*	7
11 feb 2015	6-Ik	8
12 feb 2015	7-Akbal	9
13 feb 2015	8-Kan	1
14 feb 2015	9-Chicchan	2
15 feb 2015	10-Cimi	3
16 feb 2015	11-Manik	4
17 feb 2015	12-Lamat	5
18 feb 2015	13-Muluc	6
19 feb 2015	**1-Oc**	7
20 feb 2015	2-Chuen	8
21 feb 2015	3-Eb	9
22 feb 2015	4-Ben	1
23 feb 2015	5-Ix	2
24 feb 2015	6-Men	3
25 feb 2015	7-Cib	4
26 feb 2015	8-Caban	5
27 feb 2015	9-Etz'nab	6
28 feb 2015	10-Cauac	7
1 mar 2015	11-Ahau	8
2 mar 2015	*12-Imix*	9
3 mar 2015	13-Ik	1
4 mar 2015	**1-Akbal**	2
5 mar 2015	2-Kan	3
6 mar 2015	3-Chicchan	4
7 mar 2015	4-Cimi	5
8 mar 2015	5-Manik	6
9 mar 2015	6-Lamat	7
10 mar 2015	7-Muluc	8
11 mar 2015	8-Oc	9
12 mar 2015	9-Chuen	1
13 mar 2015	10-Eb	2
14 mar 2015	11-Ben	3
15 mar 2015	12-Ix	4
16 mar 2015	13-Men	5
17 mar 2015	**1-Cib**	6
18 mar 2015	2-Caban	7
19 mar 2015	3-Etz'nab	8
20 mar 2015	4-Cauac	9
21 mar 2015	5-Ahau	1
22 mar 2015	*6-Imix*	2
23 mar 2015	7-Ik	3
24 mar 2015	8-Akbal	4
25 mar 2015	9-Kan	5
26 mar 2015	10-Chicchan	6
27 mar 2015	11-Cimi	7
28 mar 2015	12-Manik	8
29 mar 2015	13-Lamat	9
30 mar 2015	**1-Muluc**	1

Fecha	Signo del día	S
31 mar 2015	2-Oc	2
1 abr 2015	3-Chuen	3
2 abr 2015	4-Eb	4
3 abr 2015	5-Ben	5
4 abr 2015	6-Ix	6
5 abr 2015	7-Men	7
6 abr 2015	8-Cib	8
7 abr 2015	9-Caban	9
8 abr 2015	10-Etz'nab	1
9 abr 2015	11-Cauac	2
10 abr 2015	12-Ahau	3
11 abr 2015	*13-Imix*	4
12 abr 2015	**1-Ik**	5
13 abr 2015	2-Akbal	6
14 abr 2015	3-Kan	7
15 abr 2015	4-Chicchan	8
16 abr 2015	5-Cimi	9
17 abr 2015	6-Manik	1
18 abr 2015	7-Lamat	2
19 abr 2015	8-Muluc	3
20 abr 2015	9-Oc	4
21 abr 2015	10-Chuen	5
22 abr 2015	11-Eb	6
23 abr 2015	12-Ben	7
24 abr 2015	13-Ix	8
25 abr 2015	**1-Men**	9
26 abr 2015	2-Cib	1
27 abr 2015	3-Caban	2
28 abr 2015	4-Etz'nab	3
29 abr 2015	5-Cauac	4
30 abr 2015	6-Ahau	5
1 may 2015	*7-Imix*	6
2 may 2015	8-Ik	7
3 may 2015	9-Akbal	8
4 may 2015	10-Kan	9
5 may 2015	11-Chicchan	1
6 may 2015	12-Cimi	2
7 may 2015	13-Manik	3
8 may 2015	**1-Lamat**	4
9 may 2015	2-Muluc	5
10 may 2015	3-Oc	6
11 may 2015	4-Chuen	7
12 may 2015	5-Eb	8
13 may 2015	6-Ben	9
14 may 2015	7-Ix	1
15 may 2015	8-Men	2
16 may 2015	9-Cib	3
17 may 2015	10-Caban	4
18 may 2015	11-Etz'nab	5
19 may 2015	12-Cauac	6
20 may 2015	13-Ahau	7
21 may 2015	**1-Imix**	8
22 may 2015	2-Ik	9
23 may 2015	3-Akbal	1
24 may 2015	4-Kan	2
25 may 2015	5-Chicchan	3
26 may 2015	6-Cimi	4
27 may 2015	7-Manik	5
28 may 2015	8-Lamat	6
29 may 2015	9-Muluc	7
30 may 2015	10-Oc	8
31 may 2015	11-Chuen	9
1 jun 2015	12-Eb	1
2 jun 2015	13-Ben	2
3 jun 2015	**1-Ix**	3
4 jun 2015	2-Men	4
5 jun 2015	3-Cib	5
6 jun 2015	4-Caban	6

Fecha	Signo del día	S
7 jun 2015	5-Etz'nab	7
8 jun 2015	6-Cauac	8
9 jun 2015	7-Ahau	9
10 jun 2015	*8-Imix*	1
11 jun 2015	9-Ik	2
12 jun 2015	10-Akbal	3
13 jun 2015	11-Kan	4
14 jun 2015	12-Chicchan	5
15 jun 2015	13-Cimi	6
16 jun 2015	**1-Manik**	7
17 jun 2015	2-Lamat	8
18 jun 2015	3-Muluc	9
19 jun 2015	4-Oc	1
20 jun 2015	5-Chuen	2
21 jun 2015	6-Eb	3
22 jun 2015	7-Ben	4
23 jun 2015	8-Ix	5
24 jun 2015	9-Men	6
25 jun 2015	10-Cib	7
26 jun 2015	11-Caban	8
27 jun 2015	12-Etz'nab	9
28 jun 2015	13-Cauac	1
29 jun 2015	**1-Ahau**	2
30 jun 2015	*2-Imix*	3
1 jul 2015	3-Ik	4
2 jul 2015	4-Akbal	5
3 jul 2015	5-Kan	6
4 jul 2015	6-Chicchan	7
5 jul 2015	7-Cimi	8
6 jul 2015	8-Manik	9
7 jul 2015	9-Lamat	1
8 jul 2015	10-Muluc	2
9 jul 2015	11-Oc	3
10 jul 2015	12-Chuen	4
11 jul 2015	13-Eb	5
12 jul 2015	**1-Ben**	6
13 jul 2015	2-Ix	7
14 jul 2015	3-Men	8
15 jul 2015	4-Cib	9
16 jul 2015	5-Caban	1
17 jul 2015	6-Etz'nab	2
18 jul 2015	7-Cauac	3
19 jul 2015	8-Ahau	4
20 jul 2015	*9-Imix*	5
21 jul 2015	10-Ik	6
22 jul 2015	11-Akbal	7
23 jul 2015	12-Kan	8
24 jul 2015	13-Chicchan	9
25 jul 2015	**1-Cimi**	1
26 jul 2015	2-Manik	2
27 jul 2015	3-Lamat	3
28 jul 2015	4-Muluc	4
29 jul 2015	5-Oc	5
30 jul 2015	6-Chuen	6
31 jul 2015	7-Eb	7
1 ago 2015	8-Ben	8
2 ago 2015	9-Ix	9
3 ago 2015	10-Men	1
4 ago 2015	11-Cib	2
5 ago 2015	12-Caban	3
6 ago 2015	13-Etz'nab	4
7 ago 2015	**1-Cauac**	5
8 ago 2015	2-Ahau	6
9 ago 2015	*3-Imix*	7
10 ago 2015	4-Ik	8
11 ago 2015	5-Akbal	9
12 ago 2015	6-Kan	1
13 ago 2015	7-Chicchan	2

Fecha	Signo del día	S
14 ago 2015	8-Cimi	3
15 ago 2015	9-Manik	4
16 ago 2015	10-Lamat	5
17 ago 2015	11-Muluc	6
18 ago 2015	12-Oc	7
19 ago 2015	13-Chuen	8
20 ago 2015	**1-Eb**	9
21 ago 2015	2-Ben	1
22 ago 2015	3-Ix	2
23 ago 2015	4-Men	3
24 ago 2015	5-Cib	4
25 ago 2015	6-Caban	5
26 ago 2015	7-Etz'nab	6
27 ago 2015	8-Cauac	7
28 ago 2015	9-Ahau	8
29 ago 2015	*10-Imix*	9
30 ago 2015	11-Ik	1
31 ago 2015	12-Akbal	2
1 sep 2015	13-Kan	3
2 sep 2015	**1-Chicchan**	4
3 sep 2015	2-Cimi	5
4 sep 2015	3-Manik	6
5 sep 2015	4-Lamat	7
6 sep 2015	5-Muluc	8
7 sep 2015	6-Oc	9
8 sep 2015	7-Chuen	1
9 sep 2015	8-Eb	2
10 sep 2015	9-Ben	3
11 sep 2015	10-Ix	4
12 sep 2015	11-Men	5
13 sep 2015	12-Cib	6
14 sep 2015	13-Caban	7
15 sep 2015	**1-Etz'nab**	8
16 sep 2015	2-Cauac	9
17 sep 2015	3-Ahau	1
18 sep 2015	*4-Imix*	2
19 sep 2015	5-Ik	3
20 sep 2015	6-Akbal	4
21 sep 2015	7-Kan	5
22 sep 2015	8-Chicchan	6
23 sep 2015	9-Cimi	7
24 sep 2015	10-Manik	8
25 sep 2015	11-Lamat	9
26 sep 2015	12-Muluc	1
27 sep 2015	13-Oc	2
28 sep 2015	**1-Chuen**	3
29 sep 2015	2-Eb	4
30 sep 2015	3-Ben	5
1 oct 2015	4-Ix	6
2 oct 2015	5-Men	7
3 oct 2015	6-Cib	8
4 oct 2015	7-Caban	9
5 oct 2015	8-Etz'nab	1
6 oct 2015	9-Cauac	2
7 oct 2015	10-Ahau	3
8 oct 2015	*11-Imix*	4
9 oct 2015	12-Ik	5
10 oct 2015	13-Akbal	6
11 oct 2015	**1-Kan**	7
12 oct 2015	2-Chicchan	8
13 oct 2015	3-Cimi	9
14 oct 2015	4-Manik	1
15 oct 2015	5-Lamat	2
16 oct 2015	6-Muluc	3
17 oct 2015	7-Oc	4
18 oct 2015	8-Chuen	5
19 oct 2015	9-Eb	6
20 oct 2015	10-Ben	7

Fecha	Signo del día	S
21 oct 2015	11-Ix	8
22 oct 2015	12-Men	9
23 oct 2015	13-Cib	1
24 oct 2015	**1-Caban**	2
25 oct 2015	2-Etz'nab	3
26 oct 2015	3-Cauac	4
27 oct 2015	4-Ahau	5
28 oct 2015	*5-Imix*	6
29 oct 2015	6-Ik	7
30 oct 2015	7-Akbal	8
31 oct 2015	8-Kan	9
1 nov 2015	9-Chicchan	1
2 nov 2015	10-Cimi	2
3 nov 2015	11-Manik	3
4 nov 2015	12-Lamat	4
5 nov 2015	13-Muluc	5
6 nov 2015	**1-Oc**	6
7 nov 2015	2-Chuen	7
8 nov 2015	3-Eb	8
9 nov 2015	4-Ben	9
10 nov 2015	5-Ix	1
11 nov 2015	6-Men	2
12 nov 2015	7-Cib	3
13 nov 2015	8-Caban	4
14 nov 2015	9-Etz'nab	5
15 nov 2015	10-Cauac	6
16 nov 2015	11-Ahau	7
17 nov 2015	*12-Imix*	8
18 nov 2015	13-Ik	9
19 nov 2015	**1-Akbal**	1
20 nov 2015	2-Kan	2
21 nov 2015	3-Chicchan	3
22 nov 2015	4-Cimi	4
23 nov 2015	5-Manik	5
24 nov 2015	6-Lamat	6
25 nov 2015	7-Muluc	7
26 nov 2015	8-Oc	8
27 nov 2015	9-Chuen	9
28 nov 2015	10-Eb	1
29 nov 2015	11-Ben	2
30 nov 2015	12-Ix	3
1 dic 2015	13-Men	4
2 dic 2015	**1-Cib**	5
3 dic 2015	2-Caban	6
4 dic 2015	3-Etz'nab	7
5 dic 2015	4-Cauac	8
6 dic 2015	5-Ahau	9
7 dic 2015	*6-Imix*	1
8 dic 2015	7-Ik	2
9 dic 2015	8-Akbal	3
10 dic 2015	9-Kan	4
11 dic 2015	10-Chicchan	5
12 dic 2015	11-Cimi	6
13 dic 2015	12-Manik	7
14 dic 2015	13-Lamat	8
15 dic 2015	**1-Muluc**	9
16 dic 2015	2-Oc	1
17 dic 2015	3-Chuen	2
18 dic 2015	4-Eb	3
19 dic 2015	5-Ben	4
20 dic 2015	6-Ix	5
21 dic 2015	7-Men	6
22 dic 2015	8-Cib	7
23 dic 2015	9-Caban	8
24 dic 2015	10-Etz'nab	9
25 dic 2015	11-Cauac	1
26 dic 2015	12-Ahau	2
27 dic 2015	*13-Imix*	3

Fecha	Signo del día	S
28 dic 2015	**1-Ik**	4
29 dic 2015	2-Akbal	5
30 dic 2015	3-Kan	6
31 dic 2015	4-Chicchan	7
1 ene 2016	5-Cimi	8
2 ene 2016	6-Manik	9
3 ene 2016	7-Lamat	1
4 ene 2016	8-Muluc	2
5 ene 2016	9-Oc	3
6 ene 2016	10-Chuen	4
7 ene 2016	11-Eb	5
8 ene 2016	12-Ben	6
9 ene 2016	13-Ix	7
10 ene 2016	**1-Men**	8
11 ene 2016	2-Cib	9
12 ene 2016	3-Caban	1
13 ene 2016	4-Etz'nab	2
14 ene 2016	5-Cauac	3
15 ene 2016	6-Ahau	4
16 ene 2016	*7-Imix*	5
17 ene 2016	8-Ik	6
18 ene 2016	9-Akbal	7
19 ene 2016	10-Kan	8
20 ene 2016	11-Chicchan	9
21 ene 2016	12-Cimi	1
22 ene 2016	13-Manik	2
23 ene 2016	**1-Lamat**	3
24 ene 2016	2-Muluc	4
25 ene 2016	3-Oc	5
26 ene 2016	4-Chuen	6
27 ene 2016	5-Eb	7
28 ene 2016	6-Ben	8
29 ene 2016	7-Ix	9
30 ene 2016	8-Men	1
31 ene 2016	9-Cib	2
1 feb 2016	10-Caban	3
2 feb 2016	11-Etz'nab	4
3 feb 2016	12-Cauac	5
4 feb 2016	13-Ahau	6
5 feb 2016	**1-Imix**	7
6 feb 2016	2-Ik	8
7 feb 2016	3-Akbal	9
8 feb 2016	4-Kan	1
9 feb 2016	5-Chicchan	2
10 feb 2016	6-Cimi	3
11 feb 2016	7-Manik	4
12 feb 2016	8-Lamat	5
13 feb 2016	9-Muluc	6
14 feb 2016	10-Oc	7
15 feb 2016	11-Chuen	8
16 feb 2016	12-Eb	9
17 feb 2016	13-Ben	1
18 feb 2016	**1-Ix**	2
19 feb 2016	2-Men	3
20 feb 2016	3-Cib	4
21 feb 2016	4-Caban	5
22 feb 2016	5-Etz'nab	6
23 feb 2016	6-Cauac	7
24 feb 2016	7-Ahau	8
25 feb 2016	*8-Imix*	9
26 feb 2016	9-Ik	1
27 feb 2016	10-Akbal	2
28 feb 2016	11-Kan	3
29 feb 2016	12-Chicchan	4
1 mar 2016	13-Cimi	5
2 mar 2016	**1-Manik**	6
3 mar 2016	2-Lamat	7
4 mar 2016	3-Muluc	8

Fecha	Signo del día	S
5 mar 2016	4-Oc	9
6 mar 2016	5-Chuen	1
7 mar 2016	6-Eb	2
8 mar 2016	7-Ben	3
9 mar 2016	8-Ix	4
10 mar 2016	9-Men	5
11 mar 2016	10-Cib	6
12 mar 2016	11-Caban	7
13 mar 2016	12-Etz'nab	8
14 mar 2016	13-Cauac	9
15 mar 2016	**1-Ahau**	1
16 mar 2016	*2-Imix*	2
17 mar 2016	3-Ik	3
18 mar 2016	4-Akbal	4
19 mar 2016	5-Kan	5
20 mar 2016	6-Chicchan	6
21 mar 2016	7-Cimi	7
22 mar 2016	8-Manik	8
23 mar 2016	9-Lamat	9
24 mar 2016	10-Muluc	1
25 mar 2016	11-Oc	2
26 mar 2016	12-Chuen	3
27 mar 2016	13-Eb	4
28 mar 2016	**1-Ben**	5
29 mar 2016	2-Ix	6
30 mar 2016	3-Men	7
31 mar 2016	4-Cib	8
1 abr 2016	5-Caban	9
2 abr 2016	6-Etz'nab	1
3 abr 2016	7-Cauac	2
4 abr 2016	8-Ahau	3
5 abr 2016	*9-Imix*	4
6 abr 2016	10-Ik	5
7 abr 2016	11-Akbal	6
8 abr 2016	12-Kan	7
9 abr 2016	13-Chicchan	8
10 abr 2016	**1-Cimi**	9
11 abr 2016	2-Manik	1
12 abr 2016	3-Lamat	2
13 abr 2016	4-Muluc	3
14 abr 2016	5-Oc	4
15 abr 2016	6-Chuen	5
16 abr 2016	7-Eb	6
17 abr 2016	8-Ben	7
18 abr 2016	9-Ix	8
19 abr 2016	10-Men	9
20 abr 2016	11-Cib	1
21 abr 2016	12-Caban	2
22 abr 2016	13-Etz'nab	3
23 abr 2016	**1-Cauac**	4
24 abr 2016	2-Ahau	5
25 abr 2016	*3-Imix*	6
26 abr 2016	4-Ik	7
27 abr 2016	5-Akbal	8
28 abr 2016	6-Kan	9
29 abr 2016	7-Chicchan	1
30 abr 2016	8-Cimi	2
1 may 2016	9-Manik	3
2 may 2016	10-Lamat	4
3 may 2016	11-Muluc	5
4 may 2016	12-Oc	6
5 may 2016	13-Chuen	7
6 may 2016	**1-Eb**	8
7 may 2016	2-Ben	9
8 may 2016	3-Ix	1
9 may 2016	4-Men	2
10 may 2016	5-Cib	3
11 may 2016	6-Caban	4

Fecha	Signo del día	S
12 may 2016	7-Etz'nab	5
13 may 2016	8-Cauac	6
14 may 2016	9-Ahau	7
15 may 2016	*10-Imix*	8
16 may 2016	11-Ik	9
17 may 2016	12-Akbal	1
18 may 2016	13-Kan	2
19 may 2016	**1-Chicchan**	3
20 may 2016	2-Cimi	4
21 may 2016	3-Manik	5
22 may 2016	4-Lamat	6
23 may 2016	5-Muluc	7
24 may 2016	6-Oc	8
25 may 2016	7-Chuen	9
26 may 2016	8-Eb	1
27 may 2016	9-Ben	2
28 may 2016	10-Ix	3
29 may 2016	11-Men	4
30 may 2016	12-Cib	5
31 may 2016	13-Caban	6
1 jun 2016	**1-Etz'nab**	7
2 jun 2016	2-Cauac	8
3 jun 2016	3-Ahau	9
4 jun 2016	*4-Imix*	1
5 jun 2016	5-Ik	2
6 jun 2016	6-Akbal	3
7 jun 2016	7-Kan	4
8 jun 2016	8-Chicchan	5
9 jun 2016	9-Cimi	6
10 jun 2016	10-Manik	7
11 jun 2016	11-Lamat	8
12 jun 2016	12-Muluc	9
13 jun 2016	13-Oc	1
14 jun 2016	**1-Chuen**	2
15 jun 2016	2-Eb	3
16 jun 2016	3-Ben	4
17 jun 2016	4-Ix	5
18 jun 2016	5-Men	6
19 jun 2016	6-Cib	7
20 jun 2016	7-Caban	8
21 jun 2016	8-Etz'nab	9
22 jun 2016	9-Cauac	1
23 jun 2016	10-Ahau	2
24 jun 2016	*11-Imix*	3
25 jun 2016	12-Ik	4
26 jun 2016	13-Akbal	5
27 jun 2016	**1-Kan**	6
28 jun 2016	2-Chicchan	7
29 jun 2016	3-Cimi	8
30 jun 2016	4-Manik	9
1 jul 2016	5-Lamat	1
2 jul 2016	6-Muluc	2
3 jul 2016	7-Oc	3
4 jul 2016	8-Chuen	4
5 jul 2016	9-Eb	5
6 jul 2016	10-Ben	6
7 jul 2016	11-Ix	7
8 jul 2016	12-Men	8
9 jul 2016	13-Cib	9
10 jul 2016	**1-Caban**	1
11 jul 2016	2-Etz'nab	2
12 jul 2016	3-Cauac	3
13 jul 2016	4-Ahau	4
14 jul 2016	*5-Imix*	5
15 jul 2016	6-Ik	6
16 jul 2016	7-Akbal	7
17 jul 2016	8-Kan	8
18 jul 2016	9-Chicchan	9

Fecha	Signo del día	S
19 jul 2016	10-Cimi	1
20 jul 2016	11-Manik	2
21 jul 2016	12-Lamat	3
22 jul 2016	13-Muluc	4
23 jul 2016	**1-Oc**	5
24 jul 2016	2-Chuen	6
25 jul 2016	3-Eb	7
26 jul 2016	4-Ben	8
27 jul 2016	5-Ix	9
28 jul 2016	6-Men	1
29 jul 2016	7-Cib	2
30 jul 2016	8-Caban	3
31 jul 2016	9-Etz'nab	4
1 ago 2016	10-Cauac	5
2 ago 2016	11-Ahau	6
3 ago 2016	*12-Imix*	7
4 ago 2016	13-Ik	8
5 ago 2016	**1-Akbal**	9
6 ago 2016	2-Kan	1
7 ago 2016	3-Chicchan	2
8 ago 2016	4-Cimi	3
9 ago 2016	5-Manik	4
10 ago 2016	6-Lamat	5
11 ago 2016	7-Muluc	6
12 ago 2016	8-Oc	7
13 ago 2016	9-Chuen	8
14 ago 2016	10-Eb	9
15 ago 2016	11-Ben	1
16 ago 2016	12-Ix	2
17 ago 2016	13-Men	3
18 ago 2016	**1-Cib**	4
19 ago 2016	2-Caban	5
20 ago 2016	3-Etz'nab	6
21 ago 2016	4-Cauac	7
22 ago 2016	5-Ahau	8
23 ago 2016	*6-Imix*	9
24 ago 2016	7-Ik	1
25 ago 2016	8-Akbal	2
26 ago 2016	9-Kan	3
27 ago 2016	10-Chicchan	4
28 ago 2016	11-Cimi	5
29 ago 2016	12-Manik	6
30 ago 2016	13-Lamat	7
31 ago 2016	**1-Muluc**	8
1 sep 2016	2-Oc	9
2 sep 2016	3-Chuen	1
3 sep 2016	4-Eb	2
4 sep 2016	5-Ben	3
5 sep 2016	6-Ix	4
6 sep 2016	7-Men	5
7 sep 2016	8-Cib	6
8 sep 2016	9-Caban	7
9 sep 2016	10-Etz'nab	8
10 sep 2016	11-Cauac	9
11 sep 2016	12-Ahau	1
12 sep 2016	*13-Imix*	2
13 sep 2016	**1-Ik**	3
14 sep 2016	2-Akbal	4
15 sep 2016	3-Kan	5
16 sep 2016	4-Chicchan	6
17 sep 2016	5-Cimi	7
18 sep 2016	6-Manik	8
19 sep 2016	7-Lamat	9
20 sep 2016	8-Muluc	1
21 sep 2016	9-Oc	2
22 sep 2016	10-Chuen	3
23 sep 2016	11-Eb	4
24 sep 2016	12-Ben	5

Fecha	Signo del día	S
25 sep 2016	13-Ix	6
26 sep 2016	**1-Men**	7
27 sep 2016	2-Cib	8
28 sep 2016	3-Caban	9
29 sep 2016	4-Etz'nab	1
30 sep 2016	5-Cauac	2
1 oct 2016	6-Ahau	3
2 oct 2016	*7-Imix*	4
3 oct 2016	8-Ik	5
4 oct 2016	9-Akbal	6
5 oct 2016	10-Kan	7
6 oct 2016	11-Chicchan	8
7 oct 2016	12-Cimi	9
8 oct 2016	13-Manik	1
9 oct 2016	**1-Lamat**	2
10 oct 2016	2-Muluc	3
11 oct 2016	3-Oc	4
12 oct 2016	4-Chuen	5
13 oct 2016	5-Eb	6
14 oct 2016	6-Ben	7
15 oct 2016	7-Ix	8
16 oct 2016	8-Men	9
17 oct 2016	9-Cib	1
18 oct 2016	10-Caban	2
19 oct 2016	11-Etz'nab	3
20 oct 2016	12-Cauac	4
21 oct 2016	13-Ahau	5
22 oct 2016	**1-Imix**	6
23 oct 2016	2-Ik	7
24 oct 2016	3-Akbal	8
25 oct 2016	4-Kan	9
26 oct 2016	5-Chicchan	1
27 oct 2016	6-Cimi	2
28 oct 2016	7-Manik	3
29 oct 2016	8-Lamat	4
30 oct 2016	9-Muluc	5
31 oct 2016	10-Oc	6
1 nov 2016	11-Chuen	7
2 nov 2016	12-Eb	8
3 nov 2016	13-Ben	9
4 nov 2016	**1-Ix**	1
5 nov 2016	2-Men	2
6 nov 2016	3-Cib	3
7 nov 2016	4-Caban	4
8 nov 2016	5-Etz'nab	5
9 nov 2016	6-Cauac	6
10 nov 2016	7-Ahau	7
11 nov 2016	*8-Imix*	8
12 nov 2016	9-Ik	9
13 nov 2016	10-Akbal	1
14 nov 2016	11-Kan	2
15 nov 2016	12-Chicchan	3
16 nov 2016	13-Cimi	4
17 nov 2016	**1-Manik**	5
18 nov 2016	2-Lamat	6
19 nov 2016	3-Muluc	7
20 nov 2016	4-Oc	8
21 nov 2016	5-Chuen	9
22 nov 2016	6-Eb	1
23 nov 2016	7-Ben	2
24 nov 2016	8-Ix	3
25 nov 2016	9-Men	4
26 nov 2016	10-Cib	5
27 nov 2016	11-Caban	6
28 nov 2016	12-Etz'nab	7
29 nov 2016	13-Cauac	8
30 nov 2016	**1-Ahau**	9
1 dic 2016	*2-Imix*	1

Fecha	Signo del día	S
2 dic 2016	3-Ik	2
3 dic 2016	4-Akbal	3
4 dic 2016	5-Kan	4
5 dic 2016	6-Chicchan	5
6 dic 2016	7-Cimi	6
7 dic 2016	8-Manik	7
8 dic 2016	9-Lamat	8
9 dic 2016	10-Muluc	9
10 dic 2016	11-Oc	1
11 dic 2016	12-Chuen	2
12 dic 2016	13-Eb	3
13 dic 2016	**1-Ben**	4
14 dic 2016	2-Ix	5
15 dic 2016	3-Men	6
16 dic 2016	4-Cib	7
17 dic 2016	5-Caban	8
18 dic 2016	6-Etz'nab	9
19 dic 2016	7-Cauac	1
20 dic 2016	8-Ahau	2
21 dic 2016	*9-Imix*	3
22 dic 2016	10-Ik	4
23 dic 2016	11-Akbal	5
24 dic 2016	12-Kan	6
25 dic 2016	13-Chicchan	7
26 dic 2016	**1-Cimi**	8
27 dic 2016	2-Manik	9
28 dic 2016	3-Lamat	1
29 dic 2016	4-Muluc	2
30 dic 2016	5-Oc	3
31 dic 2016	6-Chuen	4
1 ene 2017	7-Eb	5
2 ene 2017	8-Ben	6
3 ene 2017	9-Ix	7
4 ene 2017	10-Men	8
5 ene 2017	11-Cib	9
6 ene 2017	12-Caban	1
7 ene 2017	13-Etz'nab	2
8 ene 2017	**1-Cauac**	3
9 ene 2017	2-Ahau	4
10 ene 2017	*3-Imix*	5
11 ene 2017	4-Ik	6
12 ene 2017	5-Akbal	7
13 ene 2017	6-Kan	8
14 ene 2017	7-Chicchan	9
15 ene 2017	8-Cimi	1
16 ene 2017	9-Manik	2
17 ene 2017	10-Lamat	3
18 ene 2017	11-Muluc	4
19 ene 2017	12-Oc	5
20 ene 2017	13-Chuen	6
21 ene 2017	**1-Eb**	7
22 ene 2017	2-Ben	8
23 ene 2017	3-Ix	9
24 ene 2017	4-Men	1
25 ene 2017	5-Cib	2
26 ene 2017	6-Caban	3
27 ene 2017	7-Etz'nab	4
28 ene 2017	8-Cauac	5
29 ene 2017	9-Ahau	6
30 ene 2017	*10-Imix*	7
31 ene 2017	11-Ik	8
1 feb 2017	12-Akbal	9
2 feb 2017	13-Kan	1
3 feb 2017	**1-Chicchan**	2
4 feb 2017	2-Cimi	3
5 feb 2017	3-Manik	4
6 feb 2017	4-Lamat	5
7 feb 2017	5-Muluc	6

Fecha	Signo del día	S
8 feb 2017	6-Oc	7
9 feb 2017	7-Chuen	8
10 feb 2017	8-Eb	9
11 feb 2017	9-Ben	1
12 feb 2017	10-Ix	2
13 feb 2017	11-Men	3
14 feb 2017	12-Cib	4
15 feb 2017	13-Caban	5
16 feb 2017	**1-Etz'nab**	6
17 feb 2017	2-Cauac	7
18 feb 2017	3-Ahau	8
19 feb 2017	*4-Imix*	9
20 feb 2017	5-Ik	1
21 feb 2017	6-Akbal	2
22 feb 2017	7-Kan	3
23 feb 2017	8-Chicchan	4
24 feb 2017	9-Cimi	5
25 feb 2017	10-Manik	6
26 feb 2017	11-Lamat	7
27 feb 2017	12-Muluc	8
28 feb 2017	13-Oc	9
1 mar 2017	**1-Chuen**	1
2 mar 2017	2-Eb	2
3 mar 2017	3-Ben	3
4 mar 2017	4-Ix	4
5 mar 2017	5-Men	5
6 mar 2017	6-Cib	6
7 mar 2017	7-Caban	7
8 mar 2017	8-Etz'nab	8
9 mar 2017	9-Cauac	9
10 mar 2017	10-Ahau	1
11 mar 2017	*11-Imix*	2
12 mar 2017	12-Ik	3
13 mar 2017	13-Akbal	4
14 mar 2017	**1-Kan**	5
15 mar 2017	2-Chicchan	6
16 mar 2017	3-Cimi	7
17 mar 2017	4-Manik	8
18 mar 2017	5-Lamat	9
19 mar 2017	6-Muluc	1
20 mar 2017	7-Oc	2
21 mar 2017	8-Chuen	3
22 mar 2017	9-Eb	4
23 mar 2017	10-Ben	5
24 mar 2017	11-Ix	6
25 mar 2017	12-Men	7
26 mar 2017	13-Cib	8
27 mar 2017	**1-Caban**	9
28 mar 2017	2-Etz'nab	1
29 mar 2017	3-Cauac	2
30 mar 2017	4-Ahau	3
31 mar 2017	*5-Imix*	4
1 abr 2017	6-Ik	5
2 abr 2017	7-Akbal	6
3 abr 2017	8-Kan	7
4 abr 2017	9-Chicchan	8
5 abr 2017	10-Cimi	9
6 abr 2017	11-Manik	1
7 abr 2017	12-Lamat	2
8 abr 2017	13-Muluc	3
9 abr 2017	**1-Oc**	4
10 abr 2017	2-Chuen	5
11 abr 2017	3-Eb	6
12 abr 2017	4-Ben	7
13 abr 2017	5-Ix	8
14 abr 2017	6-Men	9
15 abr 2017	7-Cib	1
16 abr 2017	8-Caban	2

Fecha	Signo del día	S
17 abr 2017	9-Etz'nab	3
18 abr 2017	10-Cauac	4
19 abr 2017	11-Ahau	5
20 abr 2017	*12-Imix*	6
21 abr 2017	13-Ik	7
22 abr 2017	**1-Akbal**	8
23 abr 2017	2-Kan	9
24 abr 2017	3-Chicchan	1
25 abr 2017	4-Cimi	2
26 abr 2017	5-Manik	3
27 abr 2017	6-Lamat	4
28 abr 2017	7-Muluc	5
29 abr 2017	8-Oc	6
30 abr 2017	9-Chuen	7
1 may 2017	10-Eb	8
2 may 2017	11-Ben	9
3 may 2017	12-Ix	1
4 may 2017	13-Men	2
5 may 2017	**1-Cib**	3
6 may 2017	2-Caban	4
7 may 2017	3-Etz'nab	5
8 may 2017	4-Cauac	6
9 may 2017	5-Ahau	7
10 may 2017	*6-Imix*	8
11 may 2017	7-Ik	9
12 may 2017	8-Akbal	1
13 may 2017	9-Kan	2
14 may 2017	10-Chicchan	3
15 may 2017	11-Cimi	4
16 may 2017	12-Manik	5
17 may 2017	13-Lamat	6
18 may 2017	**1-Muluc**	7
19 may 2017	2-Oc	8
20 may 2017	3-Chuen	9
21 may 2017	4-Eb	1
22 may 2017	5-Ben	2
23 may 2017	6-Ix	3
24 may 2017	7-Men	4
25 may 2017	8-Cib	5
26 may 2017	9-Caban	6
27 may 2017	10-Etz'nab	7
28 may 2017	11-Cauac	8
29 may 2017	12-Ahau	9
30 may 2017	*13-Imix*	1
31 may 2017	**1-Ik**	2
1 jun 2017	2-Akbal	3
2 jun 2017	3-Kan	4
3 jun 2017	4-Chicchan	5
4 jun 2017	5-Cimi	6
5 jun 2017	6-Manik	7
6 jun 2017	7-Lamat	8
7 jun 2017	8-Muluc	9
8 jun 2017	9-Oc	1
9 jun 2017	10-Chuen	2
10 jun 2017	11-Eb	3
11 jun 2017	12-Ben	4
12 jun 2017	13-Ix	5
13 jun 2017	**1-Men**	6
14 jun 2017	2-Cib	7
15 jun 2017	3-Caban	8
16 jun 2017	4-Etz'nab	9
17 jun 2017	5-Cauac	1
18 jun 2017	6-Ahau	2
19 jun 2017	*7-Imix*	3
20 jun 2017	8-Ik	4
21 jun 2017	9-Akbal	5
22 jun 2017	10-Kan	6
23 jun 2017	11-Chicchan	7

Fecha	Signo del día	S
24 jun 2017	12-Cimi	8
25 jun 2017	13-Manik	9
26 jun 2017	**1-Lamat**	1
27 jun 2017	2-Muluc	2
28 jun 2017	3-Oc	3
29 jun 2017	4-Chuen	4
30 jun 2017	5-Eb	5
1 jul 2017	6-Ben	6
2 jul 2017	7-Ix	7
3 jul 2017	8-Men	8
4 jul 2017	9-Cib	9
5 jul 2017	10-Caban	1
6 jul 2017	11-Etz'nab	2
7 jul 2017	12-Cauac	3
8 jul 2017	13-Ahau	4
9 jul 2017	**1-Imix**	5
10 jul 2017	2-Ik	6
11 jul 2017	3-Akbal	7
12 jul 2017	4-Kan	8
13 jul 2017	5-Chicchan	9
14 jul 2017	6-Cimi	1
15 jul 2017	7-Manik	2
16 jul 2017	8-Lamat	3
17 jul 2017	9-Muluc	4
18 jul 2017	10-Oc	5
19 jul 2017	11-Chuen	6
20 jul 2017	12-Eb	7
21 jul 2017	13-Ben	8
22 jul 2017	**1-Ix**	9
23 jul 2017	2-Men	1
24 jul 2017	3-Cib	2
25 jul 2017	4-Caban	3
26 jul 2017	5-Etz'nab	4
27 jul 2017	6-Cauac	5
28 jul 2017	7-Ahau	6
29 jul 2017	*8-Imix*	7
30 jul 2017	9-Ik	8
31 jul 2017	10-Akbal	9
1 ago 2017	11-Kan	1
2 ago 2017	12-Chicchan	2
3 ago 2017	13-Cimi	3
4 ago 2017	**1-Manik**	4
5 ago 2017	2-Lamat	5
6 ago 2017	3-Muluc	6
7 ago 2017	4-Oc	7
8 ago 2017	5-Chuen	8
9 ago 2017	6-Eb	9
10 ago 2017	7-Ben	1
11 ago 2017	8-Ix	2
12 ago 2017	9-Men	3
13 ago 2017	10-Cib	4
14 ago 2017	11-Caban	5
15 ago 2017	12-Etz'nab	6
16 ago 2017	13-Cauac	7
17 ago 2017	**1-Ahau**	8
18 ago 2017	*2-Imix*	9
19 ago 2017	3-Ik	1
20 ago 2017	4-Akbal	2
21 ago 2017	5-Kan	3
22 ago 2017	6-Chicchan	4
23 ago 2017	7-Cimi	5
24 ago 2017	8-Manik	6
25 ago 2017	9-Lamat	7
26 ago 2017	10-Muluc	8
27 ago 2017	11-Oc	9
28 ago 2017	12-Chuen	1
29 ago 2017	13-Eb	2
30 ago 2017	**1-Ben**	3

Fecha	Signo del día	S
31 ago 2017	2-Ix	4
1 sep 2017	3-Men	5
2 sep 2017	4-Cib	6
3 sep 2017	5-Caban	7
4 sep 2017	6-Etz'nab	8
5 sep 2017	7-Cauac	9
6 sep 2017	8-Ahau	1
7 sep 2017	*9-Imix*	2
8 sep 2017	10-Ik	3
9 sep 2017	11-Akbal	4
10 sep 2017	12-Kan	5
11 sep 2017	13-Chicchan	6
12 sep 2017	**1-Cimi**	7
13 sep 2017	2-Manik	8
14 sep 2017	3-Lamat	9
15 sep 2017	4-Muluc	1
16 sep 2017	5-Oc	2
17 sep 2017	6-Chuen	3
18 sep 2017	7-Eb	4
19 sep 2017	8-Ben	5
20 sep 2017	9-Ix	6
21 sep 2017	10-Men	7
22 sep 2017	11-Cib	8
23 sep 2017	12-Caban	9
24 sep 2017	13-Etz'nab	1
25 sep 2017	**1-Cauac**	2
26 sep 2017	2-Ahau	3
27 sep 2017	*3-Imix*	4
28 sep 2017	4-Ik	5
29 sep 2017	5-Akbal	6
30 sep 2017	6-Kan	7
1 oct 2017	7-Chicchan	8
2 oct 2017	8-Cimi	9
3 oct 2017	9-Manik	1
4 oct 2017	10-Lamat	2
5 oct 2017	11-Muluc	3
6 oct 2017	12-Oc	4
7 oct 2017	13-Chuen	5
8 oct 2017	**1-Eb**	6
9 oct 2017	2-Ben	7
10 oct 2017	3-Ix	8
11 oct 2017	4-Men	9
12 oct 2017	5-Cib	1
13 oct 2017	6-Caban	2
14 oct 2017	7-Etz'nab	3
15 oct 2017	8-Cauac	4
16 oct 2017	9-Ahau	5
17 oct 2017	*10-Imix*	6
18 oct 2017	11-Ik	7
19 oct 2017	12-Akbal	8
20 oct 2017	13-Kan	9
21 oct 2017	**1-Chicchan**	1
22 oct 2017	2-Cimi	2
23 oct 2017	3-Manik	3
24 oct 2017	4-Lamat	4
25 oct 2017	5-Muluc	5
26 oct 2017	6-Oc	6
27 oct 2017	7-Chuen	7
28 oct 2017	8-Eb	8
29 oct 2017	9-Ben	9
30 oct 2017	10-Ix	1
31 oct 2017	11-Men	2
1 nov 2017	12-Cib	3
2 nov 2017	13-Caban	4
3 nov 2017	**1-Etz'nab**	5
4 nov 2017	2-Cauac	6
5 nov 2017	3-Ahau	7
6 nov 2017	*4-Imix*	8

Fecha	Signo del día	S
7 nov 2017	5-Ik	9
8 nov 2017	6-Akbal	1
9 nov 2017	7-Kan	2
10 nov 2017	8-Chicchan	3
11 nov 2017	9-Cimi	4
12 nov 2017	10-Manik	5
13 nov 2017	11-Lamat	6
14 nov 2017	12-Muluc	7
15 nov 2017	13-Oc	8
16 nov 2017	**1-Chuen**	9
17 nov 2017	2-Eb	1
18 nov 2017	3-Ben	2
19 nov 2017	4-Ix	3
20 nov 2017	5-Men	4
21 nov 2017	6-Cib	5
22 nov 2017	7-Caban	6
23 nov 2017	8-Etz'nab	7
24 nov 2017	9-Cauac	8
25 nov 2017	10-Ahau	9
26 nov 2017	*11-Imix*	1
27 nov 2017	12-Ik	2
28 nov 2017	13-Akbal	3
29 nov 2017	**1-Kan**	4
30 nov 2017	2-Chicchan	5
1 dic 2017	3-Cimi	6
2 dic 2017	4-Manik	7
3 dic 2017	5-Lamat	8
4 dic 2017	6-Muluc	9
5 dic 2017	7-Oc	1
6 dic 2017	8-Chuen	2
7 dic 2017	9-Eb	3
8 dic 2017	10-Ben	4
9 dic 2017	11-Ix	5
10 dic 2017	12-Men	6
11 dic 2017	13-Cib	7
12 dic 2017	**1-Caban**	8
13 dic 2017	2-Etz'nab	9
14 dic 2017	3-Cauac	1
15 dic 2017	4-Ahau	2
16 dic 2017	*5-Imix*	3
17 dic 2017	6-Ik	4
18 dic 2017	7-Akbal	5
19 dic 2017	8-Kan	6
20 dic 2017	9-Chicchan	7
21 dic 2017	10-Cimi	8
22 dic 2017	11-Manik	9
23 dic 2017	12-Lamat	1
24 dic 2017	13-Muluc	2
25 dic 2017	**1-Oc**	3
26 dic 2017	2-Chuen	4
27 dic 2017	3-Eb	5
28 dic 2017	4-Ben	6
29 dic 2017	5-Ix	7
30 dic 2017	6-Men	8
31 dic 2017	7-Cib	9
1 ene 2018	8-Caban	1
2 ene 2018	9-Etz'nab	2
3 ene 2018	10-Cauac	3
4 ene 2018	11-Ahau	4
5 ene 2018	*12-Imix*	5
6 ene 2018	13-Ik	6
7 ene 2018	**1-Akbal**	7
8 ene 2018	2-Kan	8
9 ene 2018	3-Chicchan	9
10 ene 2018	4-Cimi	1
11 ene 2018	5-Manik	2
12 ene 2018	6-Lamat	3
13 ene 2018	7-Muluc	4

Fecha	Signo del día	S
14 ene 2018	8-Oc	5
15 ene 2018	9-Chuen	6
16 ene 2018	10-Eb	7
17 ene 2018	11-Ben	8
18 ene 2018	12-Ix	9
19 ene 2018	13-Men	1
20 ene 2018	**1-Cib**	2
21 ene 2018	2-Caban	3
22 ene 2018	3-Etz'nab	4
23 ene 2018	4-Cauac	5
24 ene 2018	5-Ahau	6
25 ene 2018	*6-Imix*	7
26 ene 2018	7-Ik	8
27 ene 2018	8-Akbal	9
28 ene 2018	9-Kan	1
29 ene 2018	10-Chicchan	2
30 ene 2018	11-Cimi	3
31 ene 2018	12-Manik	4
1 feb 2018	13-Lamat	5
2 feb 2018	**1-Muluc**	6
3 feb 2018	2-Oc	7
4 feb 2018	3-Chuen	8
5 feb 2018	4-Eb	9
6 feb 2018	5-Ben	1
7 feb 2018	6-Ix	2
8 feb 2018	7-Men	3
9 feb 2018	8-Cib	4
10 feb 2018	9-Caban	5
11 feb 2018	10-Etz'nab	6
12 feb 2018	11-Cauac	7
13 feb 2018	12-Ahau	8
14 feb 2018	*13-Imix*	9
15 feb 2018	**1-Ik**	1
16 feb 2018	2-Akbal	2
17 feb 2018	3-Kan	3
18 feb 2018	4-Chicchan	4
19 feb 2018	5-Cimi	5
20 feb 2018	6-Manik	6
21 feb 2018	7-Lamat	7
22 feb 2018	8-Muluc	8
23 feb 2018	9-Oc	9
24 feb 2018	10-Chuen	1
25 feb 2018	11-Eb	2
26 feb 2018	12-Ben	3
27 feb 2018	13-Ix	4
28 feb 2018	**1-Men**	5
1 mar 2018	2-Cib	6
2 mar 2018	3-Caban	7
3 mar 2018	4-Etz'nab	8
4 mar 2018	5-Cauac	9
5 mar 2018	6-Ahau	1
6 mar 2018	*7-Imix*	2
7 mar 2018	8-Ik	3
8 mar 2018	9-Akbal	4
9 mar 2018	10-Kan	5
10 mar 2018	11-Chicchan	6
11 mar 2018	12-Cimi	7
12 mar 2018	13-Manik	8
13 mar 2018	**1-Lamat**	9
14 mar 2018	2-Muluc	1
15 mar 2018	3-Oc	2
16 mar 2018	4-Chuen	3
17 mar 2018	5-Eb	4
18 mar 2018	6-Ben	5
19 mar 2018	7-Ix	6
20 mar 2018	8-Men	7
21 mar 2018	9-Cib	8
22 mar 2018	10-Caban	9

Fecha	Signo del día	S	Fecha	Signo del día	S	Fecha	Signo del día	S
23 mar 2018	11-Etz'nab	1	30 may 2018	**1-Cimi**	6	6 ago 2018	4-Ix	2
24 mar 2018	12-Cauac	2	31 may 2018	2-Manik	7	7 ago 2018	5-Men	3
25 mar 2018	13-Ahau	3	1 jun 2018	3-Lamat	8	8 ago 2018	6-Cib	4
26 mar 2018	**1-Imix**	4	2 jun 2018	4-Muluc	9	9 ago 2018	7-Caban	5
27 mar 2018	2-Ik	5	3 jun 2018	5-Oc	1	10 ago 2018	8-Etz'nab	6
28 mar 2018	3-Akbal	6	4 jun 2018	6-Chuen	2	11 ago 2018	9-Cauac	7
29 mar 2018	4-Kan	7	5 jun 2018	7-Eb	3	12 ago 2018	10-Ahau	8
30 mar 2018	5-Chicchan	8	6 jun 2018	8-Ben	4	13 ago 2018	*11-Imix*	9
31 mar 2018	6-Cimi	9	7 jun 2018	9-Ix	5	14 ago 2018	12-Ik	1
1 abr 2018	7-Manik	1	8 jun 2018	10-Men	6	15 ago 2018	13-Akbal	2
2 abr 2018	8-Lamat	2	9 jun 2018	11-Cib	7	16 ago 2018	**1-Kan**	3
3 abr 2018	9-Muluc	3	10 jun 2018	12-Caban	8	17 ago 2018	2-Chicchan	4
4 abr 2018	10-Oc	4	11 jun 2018	13-Etz'nab	9	18 ago 2018	3-Cimi	5
5 abr 2018	11-Chuen	5	12 jun 2018	**1-Cauac**	1	19 ago 2018	4-Manik	6
6 abr 2018	12-Eb	6	13 jun 2018	2-Ahau	2	20 ago 2018	5-Lamat	7
7 abr 2018	13-Ben	7	14 jun 2018	*3-Imix*	3	21 ago 2018	6-Muluc	8
8 abr 2018	**1-Ix**	8	15 jun 2018	4-Ik	4	22 ago 2018	7-Oc	9
9 abr 2018	2-Men	9	16 jun 2018	5-Akbal	5	23 ago 2018	8-Chuen	1
10 abr 2018	3-Cib	1	17 jun 2018	6-Kan	6	24 ago 2018	9-Eb	2
11 abr 2018	4-Caban	2	18 jun 2018	7-Chicchan	7	25 ago 2018	10-Ben	3
12 abr 2018	5-Etz'nab	3	19 jun 2018	8-Cimi	8	26 ago 2018	11-Ix	4
13 abr 2018	6-Cauac	4	20 jun 2018	9-Manik	9	27 ago 2018	12-Men	5
14 abr 2018	7-Ahau	5	21 jun 2018	10-Lamat	1	28 ago 2018	13-Cib	6
15 abr 2018	*8-Imix*	6	22 jun 2018	11-Muluc	2	29 ago 2018	**1-Caban**	7
16 abr 2018	9-Ik	7	23 jun 2018	12-Oc	3	30 ago 2018	2-Etz'nab	8
17 abr 2018	10-Akbal	8	24 jun 2018	13-Chuen	4	31 ago 2018	3-Cauac	9
18 abr 2018	11-Kan	9	25 jun 2018	**1-Eb**	5	1 sep 2018	4-Ahau	1
19 abr 2018	12-Chicchan	1	26 jun 2018	2-Ben	6	2 sep 2018	*5-Imix*	2
20 abr 2018	13-Cimi	2	27 jun 2018	3-Ix	7	3 sep 2018	6-Ik	3
21 abr 2018	**1-Manik**	3	28 jun 2018	4-Men	8	4 sep 2018	7-Akbal	4
22 abr 2018	2-Lamat	4	29 jun 2018	5-Cib	9	5 sep 2018	8-Kan	5
23 abr 2018	3-Muluc	5	30 jun 2018	6-Caban	1	6 sep 2018	9-Chicchan	6
24 abr 2018	4-Oc	6	1 jul 2018	7-Etz'nab	2	7 sep 2018	10-Cimi	7
25 abr 2018	5-Chuen	7	2 jul 2018	8-Cauac	3	8 sep 2018	11-Manik	8
26 abr 2018	6-Eb	8	3 jul 2018	9-Ahau	4	9 sep 2018	12-Lamat	9
27 abr 2018	7-Ben	9	4 jul 2018	*10-Imix*	5	10 sep 2018	13-Muluc	1
28 abr 2018	8-Ix	1	5 jul 2018	11-Ik	6	11 sep 2018	**1-Oc**	2
29 abr 2018	9-Men	2	6 jul 2018	12-Akbal	7	12 sep 2018	2-Chuen	3
30 abr 2018	10-Cib	3	7 jul 2018	13-Kan	8	13 sep 2018	3-Eb	4
1 may 2018	11-Caban	4	8 jul 2018	**1-Chicchan**	9	14 sep 2018	4-Ben	5
2 may 2018	12-Etz'nab	5	9 jul 2018	2-Cimi	1	15 sep 2018	5-Ix	6
3 may 2018	13-Cauac	6	10 jul 2018	3-Manik	2	16 sep 2018	6-Men	7
4 may 2018	**1-Ahau**	7	11 jul 2018	4-Lamat	3	17 sep 2018	7-Cib	8
5 may 2018	*2-Imix*	8	12 jul 2018	5-Muluc	4	18 sep 2018	8-Caban	9
6 may 2018	3-Ik	9	13 jul 2018	6-Oc	5	19 sep 2018	9-Etz'nab	1
7 may 2018	4-Akbal	1	14 jul 2018	7-Chuen	6	20 sep 2018	10-Cauac	2
8 may 2018	5-Kan	2	15 jul 2018	8-Eb	7	21 sep 2018	11-Ahau	3
9 may 2018	6-Chicchan	3	16 jul 2018	9-Ben	8	22 sep 2018	*12-Imix*	4
10 may 2018	7-Cimi	4	17 jul 2018	10-Ix	9	23 sep 2018	13-Ik	5
11 may 2018	8-Manik	5	18 jul 2018	11-Men	1	24 sep 2018	**1-Akbal**	6
12 may 2018	9-Lamat	6	19 jul 2018	12-Cib	2	25 sep 2018	2-Kan	7
13 may 2018	10-Muluc	7	20 jul 2018	13-Caban	3	26 sep 2018	3-Chicchan	8
14 may 2018	11-Oc	8	21 jul 2018	**1-Etz'nab**	4	27 sep 2018	4-Cimi	9
15 may 2018	12-Chuen	9	22 jul 2018	2-Cauac	5	28 sep 2018	5-Manik	1
16 may 2018	13-Eb	1	23 jul 2018	3-Ahau	6	29 sep 2018	6-Lamat	2
17 may 2018	**1-Ben**	2	24 jul 2018	*4-Imix*	7	30 sep 2018	7-Muluc	3
18 may 2018	2-Ix	3	25 jul 2018	5-Ik	8	1 oct 2018	8-Oc	4
19 may 2018	3-Men	4	26 jul 2018	6-Akbal	9	2 oct 2018	9-Chuen	5
20 may 2018	4-Cib	5	27 jul 2018	7-Kan	1	3 oct 2018	10-Eb	6
21 may 2018	5-Caban	6	28 jul 2018	8-Chicchan	2	4 oct 2018	11-Ben	7
22 may 2018	6-Etz'nab	7	29 jul 2018	9-Cimi	3	5 oct 2018	12-Ix	8
23 may 2018	7-Cauac	8	30 jul 2018	10-Manik	4	6 oct 2018	13-Men	9
24 may 2018	8-Ahau	9	31 jul 2018	11-Lamat	5	7 oct 2018	**1-Cib**	1
25 may 2018	*9-Imix*	1	1 ago 2018	12-Muluc	6	8 oct 2018	2-Caban	2
26 may 2018	10-Ik	2	2 ago 2018	13-Oc	7	9 oct 2018	3-Etz'nab	3
27 may 2018	11-Akbal	3	3 ago 2018	**1-Chuen**	8	10 oct 2018	4-Cauac	4
28 may 2018	12-Kan	4	4 ago 2018	2-Eb	9	11 oct 2018	5-Ahau	5
29 may 2018	13-Chicchan	5	5 ago 2018	3-Ben	1	12 oct 2018	*6-Imix*	6

Fecha	Signo del día	S
13 oct 2018	7-Ik	7
14 oct 2018	8-Akbal	8
15 oct 2018	9-Kan	9
16 oct 2018	10-Chicchan	1
17 oct 2018	11-Cimi	2
18 oct 2018	12-Manik	3
19 oct 2018	13-Lamat	4
20 oct 2018	**1-Muluc**	5
21 oct 2018	2-Oc	6
22 oct 2018	3-Chuen	7
23 oct 2018	4-Eb	8
24 oct 2018	5-Ben	9
25 oct 2018	6-Ix	1
26 oct 2018	7-Men	2
27 oct 2018	8-Cib	3
28 oct 2018	9-Caban	4
29 oct 2018	10-Etz'nab	5
30 oct 2018	11-Cauac	6
31 oct 2018	12-Ahau	7
1 nov 2018	*13-Imix*	8
2 nov 2018	**1-Ik**	9
3 nov 2018	2-Akbal	1
4 nov 2018	3-Kan	2
5 nov 2018	4-Chicchan	3
6 nov 2018	5-Cimi	4
7 nov 2018	6-Manik	5
8 nov 2018	7-Lamat	6
9 nov 2018	8-Muluc	7
10 nov 2018	9-Oc	8
11 nov 2018	10-Chuen	9
12 nov 2018	11-Eb	1
13 nov 2018	12-Ben	2
14 nov 2018	13-Ix	3
15 nov 2018	**1-Men**	4
16 nov 2018	2-Cib	5
17 nov 2018	3-Caban	6
18 nov 2018	4-Etz'nab	7
19 nov 2018	5-Cauac	8
20 nov 2018	6-Ahau	9
21 nov 2018	*7-Imix*	1
22 nov 2018	8-Ik	2
23 nov 2018	9-Akbal	3
24 nov 2018	10-Kan	4
25 nov 2018	11-Chicchan	5
26 nov 2018	12-Cimi	6
27 nov 2018	13-Manik	7
28 nov 2018	**1-Lamat**	8
29 nov 2018	2-Muluc	9
30 nov 2018	3-Oc	1
1 dic 2018	4-Chuen	2
2 dic 2018	5-Eb	3
3 dic 2018	6-Ben	4
4 dic 2018	7-Ix	5
5 dic 2018	8-Men	6
6 dic 2018	9-Cib	7
7 dic 2018	10-Caban	8
8 dic 2018	11-Etz'nab	9
9 dic 2018	12-Cauac	1
10 dic 2018	13-Ahau	2
11 dic 2018	**1-Imix**	3
12 dic 2018	2-Ik	4
13 dic 2018	3-Akbal	5
14 dic 2018	4-Kan	6
15 dic 2018	5-Chicchan	7
16 dic 2018	6-Cimi	8
17 dic 2018	7-Manik	9
18 dic 2018	8-Lamat	1
19 dic 2018	9-Muluc	2

Fecha	Signo del día	S
20 dic 2018	10-Oc	3
21 dic 2018	11-Chuen	4
22 dic 2018	12-Eb	5
23 dic 2018	13-Ben	6
24 dic 2018	**1-Ix**	7
25 dic 2018	2-Men	8
26 dic 2018	3-Cib	9
27 dic 2018	4-Caban	1
28 dic 2018	5-Etz'nab	2
29 dic 2018	6-Cauac	3
30 dic 2018	7-Ahau	4
31 dic 2018	*8-Imix*	5
1 ene 2019	9-Ik	6
2 ene 2019	10-Akbal	7
3 ene 2019	11-Kan	8
4 ene 2019	12-Chicchan	9
5 ene 2019	13-Cimi	1
6 ene 2019	**1-Manik**	2
7 ene 2019	2-Lamat	3
8 ene 2019	3-Muluc	4
9 ene 2019	4-Oc	5
10 ene 2019	5-Chuen	6
11 ene 2019	6-Eb	7
12 ene 2019	7-Ben	8
13 ene 2019	8-Ix	9
14 ene 2019	9-Men	1
15 ene 2019	10-Cib	2
16 ene 2019	11-Caban	3
17 ene 2019	12-Etz'nab	4
18 ene 2019	13-Cauac	5
19 ene 2019	**1-Ahau**	6
20 ene 2019	*2-Imix*	7
21 ene 2019	3-Ik	8
22 ene 2019	4-Akbal	9
23 ene 2019	5-Kan	1
24 ene 2019	6-Chicchan	2
25 ene 2019	7-Cimi	3
26 ene 2019	8-Manik	4
27 ene 2019	9-Lamat	5
28 ene 2019	10-Muluc	6
29 ene 2019	11-Oc	7
30 ene 2019	12-Chuen	8
31 ene 2019	13-Eb	9
1 feb 2019	**1-Ben**	1
2 feb 2019	2-Ix	2
3 feb 2019	3-Men	3
4 feb 2019	4-Cib	4
5 feb 2019	5-Caban	5
6 feb 2019	6-Etz'nab	6
7 feb 2019	7-Cauac	7
8 feb 2019	8-Ahau	8
9 feb 2019	*9-Imix*	9
10 feb 2019	10-Ik	1
11 feb 2019	11-Akbal	2
12 feb 2019	12-Kan	3
13 feb 2019	13-Chicchan	4
14 feb 2019	**1-Cimi**	5
15 feb 2019	2-Manik	6
16 feb 2019	3-Lamat	7
17 feb 2019	4-Muluc	8
18 feb 2019	5-Oc	9
19 feb 2019	6-Chuen	1
20 feb 2019	7-Eb	2
21 feb 2019	8-Ben	3
22 feb 2019	9-Ix	4
23 feb 2019	10-Men	5
24 feb 2019	11-Cib	6
25 feb 2019	12-Caban	7

Fecha	Signo del día	S
26 feb 2019	13-Etz'nab	8
27 feb 2019	**1-Cauac**	9
28 feb 2019	2-Ahau	1
1 mar 2019	*3-Imix*	2
2 mar 2019	4-Ik	3
3 mar 2019	5-Akbal	4
4 mar 2019	6-Kan	5
5 mar 2019	7-Chicchan	6
6 mar 2019	8-Cimi	7
7 mar 2019	9-Manik	8
8 mar 2019	10-Lamat	9
9 mar 2019	11-Muluc	1
10 mar 2019	12-Oc	2
11 mar 2019	13-Chuen	3
12 mar 2019	**1-Eb**	4
13 mar 2019	2-Ben	5
14 mar 2019	3-Ix	6
15 mar 2019	4-Men	7
16 mar 2019	5-Cib	8
17 mar 2019	6-Caban	9
18 mar 2019	7-Etz'nab	1
19 mar 2019	8-Cauac	2
20 mar 2019	9-Ahau	3
21 mar 2019	*10-Imix*	4
22 mar 2019	11-Ik	5
23 mar 2019	12-Akbal	6
24 mar 2019	13-Kan	7
25 mar 2019	**1-Chicchan**	8
26 mar 2019	2-Cimi	9
27 mar 2019	3-Manik	1
28 mar 2019	4-Lamat	2
29 mar 2019	5-Muluc	3
30 mar 2019	6-Oc	4
31 mar 2019	7-Chuen	5
1 abr 2019	8-Eb	6
2 abr 2019	9-Ben	7
3 abr 2019	10-Ix	8
4 abr 2019	11-Men	9
5 abr 2019	12-Cib	1
6 abr 2019	13-Caban	2
7 abr 2019	**1-Etz'nab**	3
8 abr 2019	2-Cauac	4
9 abr 2019	3-Ahau	5
10 abr 2019	*4-Imix*	6
11 abr 2019	5-Ik	7
12 abr 2019	6-Akbal	8
13 abr 2019	7-Kan	9
14 abr 2019	8-Chicchan	1
15 abr 2019	9-Cimi	2
16 abr 2019	10-Manik	3
17 abr 2019	11-Lamat	4
18 abr 2019	12-Muluc	5
19 abr 2019	13-Oc	6
20 abr 2019	**1-Chuen**	7
21 abr 2019	2-Eb	8
22 abr 2019	3-Ben	9
23 abr 2019	4-Ix	1
24 abr 2019	5-Men	2
25 abr 2019	6-Cib	3
26 abr 2019	7-Caban	4
27 abr 2019	8-Etz'nab	5
28 abr 2019	9-Cauac	6
29 abr 2019	10-Ahau	7
30 abr 2019	*11-Imix*	8
1 may 2019	12-Ik	9
2 may 2019	13-Akbal	1
3 may 2019	**1-Kan**	2
4 may 2019	2-Chicchan	3

Fecha	Signo del día	S	Fecha	Signo del día	S	Fecha	Signo del día	S
5 may 2019	3-Cimi	4	12 jul 2019	6-Ix	9	18 sep 2019	9-Ik	5
6 may 2019	4-Manik	5	13 jul 2019	7-Men	1	19 sep 2019	10-Akbal	6
7 may 2019	5-Lamat	6	14 jul 2019	8-Cib	2	20 sep 2019	11-Kan	7
8 may 2019	6-Muluc	7	15 jul 2019	9-Caban	3	21 sep 2019	12-Chicchan	8
9 may 2019	7-Oc	8	16 jul 2019	10-Etz'nab	4	22 sep 2019	13-Cimi	9
10 may 2019	8-Chuen	9	17 jul 2019	11-Cauac	5	23 sep 2019	**1-Manik**	1
11 may 2019	9-Eb	1	18 jul 2019	12-Ahau	6	24 sep 2019	2-Lamat	2
12 may 2019	10-Ben	2	19 jul 2019	*13-Imix*	7	25 sep 2019	3-Muluc	3
13 may 2019	11-Ix	3	20 jul 2019	**1-Ik**	8	26 sep 2019	4-Oc	4
14 may 2019	12-Men	4	21 jul 2019	2-Akbal	9	27 sep 2019	5-Chuen	5
15 may 2019	13-Cib	5	22 jul 2019	3-Kan	1	28 sep 2019	6-Eb	6
16 may 2019	**1-Caban**	6	23 jul 2019	4-Chicchan	2	29 sep 2019	7-Ben	7
17 may 2019	2-Etz'nab	7	24 jul 2019	5-Cimi	3	30 sep 2019	8-Ix	8
18 may 2019	3-Cauac	8	25 jul 2019	6-Manik	4	1 oct 2019	9-Men	9
19 may 2019	4-Ahau	9	26 jul 2019	7-Lamat	5	2 oct 2019	10-Cib	1
20 may 2019	*5-Imix*	1	27 jul 2019	8-Muluc	6	3 oct 2019	11-Caban	2
21 may 2019	6-Ik	2	28 jul 2019	9-Oc	7	4 oct 2019	12-Etz'nab	3
22 may 2019	7-Akbal	3	29 jul 2019	10-Chuen	8	5 oct 2019	13-Cauac	4
23 may 2019	8-Kan	4	30 jul 2019	11-Eb	9	6 oct 2019	**1-Ahau**	5
24 may 2019	9-Chicchan	5	31 jul 2019	12-Ben	1	7 oct 2019	*2-Imix*	6
25 may 2019	10-Cimi	6	1 ago 2019	13-Ix	2	8 oct 2019	3-Ik	7
26 may 2019	11-Manik	7	2 ago 2019	**1-Men**	3	9 oct 2019	4-Akbal	8
27 may 2019	12-Lamat	8	3 ago 2019	2-Cib	4	10 oct 2019	5-Kan	9
28 may 2019	13-Muluc	9	4 ago 2019	3-Caban	5	11 oct 2019	6-Chicchan	1
29 may 2019	**1-Oc**	1	5 ago 2019	4-Etz'nab	6	12 oct 2019	7-Cimi	2
30 may 2019	2-Chuen	2	6 ago 2019	5-Cauac	7	13 oct 2019	8-Manik	3
31 may 2019	3-Eb	3	7 ago 2019	6-Ahau	8	14 oct 2019	9-Lamat	4
1 jun 2019	4-Ben	4	8 ago 2019	*7-Imix*	9	15 oct 2019	10-Muluc	5
2 jun 2019	5-Ix	5	9 ago 2019	8-Ik	1	16 oct 2019	11-Oc	6
3 jun 2019	6-Men	6	10 ago 2019	9-Akbal	2	17 oct 2019	12-Chuen	7
4 jun 2019	7-Cib	7	11 ago 2019	10-Kan	3	18 oct 2019	13-Eb	8
5 jun 2019	8-Caban	8	12 ago 2019	11-Chicchan	4	19 oct 2019	**1-Ben**	9
6 jun 2019	9-Etz'nab	9	13 ago 2019	12-Cimi	5	20 oct 2019	2-Ix	1
7 jun 2019	10-Cauac	1	14 ago 2019	13-Manik	6	21 oct 2019	3-Men	2
8 jun 2019	11-Ahau	2	15 ago 2019	**1-Lamat**	7	22 oct 2019	4-Cib	3
9 jun 2019	*12-Imix*	3	16 ago 2019	2-Muluc	8	23 oct 2019	5-Caban	4
10 jun 2019	13-Ik	4	17 ago 2019	3-Oc	9	24 oct 2019	6-Etz'nab	5
11 jun 2019	**1-Akbal**	5	18 ago 2019	4-Chuen	1	25 oct 2019	7-Cauac	6
12 jun 2019	2-Kan	6	19 ago 2019	5-Eb	2	26 oct 2019	8-Ahau	7
13 jun 2019	3-Chicchan	7	20 ago 2019	6-Ben	3	27 oct 2019	*9-Imix*	8
14 jun 2019	4-Cimi	8	21 ago 2019	7-Ix	4	28 oct 2019	10-Ik	9
15 jun 2019	5-Manik	9	22 ago 2019	8-Men	5	29 oct 2019	11-Akbal	1
16 jun 2019	6-Lamat	1	23 ago 2019	9-Cib	6	30 oct 2019	12-Kan	2
17 jun 2019	7-Muluc	2	24 ago 2019	10-Caban	7	31 oct 2019	13-Chicchan	3
18 jun 2019	8-Oc	3	25 ago 2019	11-Etz'nab	8	1 nov 2019	**1-Cimi**	4
19 jun 2019	9-Chuen	4	26 ago 2019	12-Cauac	9	2 nov 2019	2-Manik	5
20 jun 2019	10-Eb	5	27 ago 2019	13-Ahau	1	3 nov 2019	3-Lamat	6
21 jun 2019	11-Ben	6	28 ago 2019	**1-Imix**	2	4 nov 2019	4-Muluc	7
22 jun 2019	12-Ix	7	29 ago 2019	2-Ik	3	5 nov 2019	5-Oc	8
23 jun 2019	13-Men	8	30 ago 2019	3-Akbal	4	6 nov 2019	6-Chuen	9
24 jun 2019	**1-Cib**	9	31 ago 2019	4-Kan	5	7 nov 2019	7-Eb	1
25 jun 2019	2-Caban	1	1 sep 2019	5-Chicchan	6	8 nov 2019	8-Ben	2
26 jun 2019	3-Etz'nab	2	2 sep 2019	6-Cimi	7	9 nov 2019	9-Ix	3
27 jun 2019	4-Cauac	3	3 sep 2019	7-Manik	8	10 nov 2019	10-Men	4
28 jun 2019	5-Ahau	4	4 sep 2019	8-Lamat	9	11 nov 2019	11-Cib	5
29 jun 2019	*6-Imix*	5	5 sep 2019	9-Muluc	1	12 nov 2019	12-Caban	6
30 jun 2019	7-Ik	6	6 sep 2019	10-Oc	2	13 nov 2019	13-Etz'nab	7
1 jul 2019	8-Akbal	7	7 sep 2019	11-Chuen	3	14 nov 2019	**1-Cauac**	8
2 jul 2019	9-Kan	8	8 sep 2019	12-Eb	4	15 nov 2019	2-Ahau	9
3 jul 2019	10-Chicchan	9	9 sep 2019	13-Ben	5	16 nov 2019	*3-Imix*	1
4 jul 2019	11-Cimi	1	10 sep 2019	**1-Ix**	6	17 nov 2019	4-Ik	2
5 jul 2019	12-Manik	2	11 sep 2019	2-Men	7	18 nov 2019	5-Akbal	3
6 jul 2019	13-Lamat	3	12 sep 2019	3-Cib	8	19 nov 2019	6-Kan	4
7 jul 2019	**1-Muluc**	4	13 sep 2019	4-Caban	9	20 nov 2019	7-Chicchan	5
8 jul 2019	2-Oc	5	14 sep 2019	5-Etz'nab	1	21 nov 2019	8-Cimi	6
9 jul 2019	3-Chuen	6	15 sep 2019	6-Cauac	2	22 nov 2019	9-Manik	7
10 jul 2019	4-Eb	7	16 sep 2019	7-Ahau	3	23 nov 2019	10-Lamat	8
11 jul 2019	5-Ben	8	17 sep 2019	*8-Imix*	4	24 nov 2019	11-Muluc	9

Fecha	Signo del día	S
25 nov 2019	12-Oc	1
26 nov 2019	13-Chuen	2
27 nov 2019	**1-Eb**	3
28 nov 2019	2-Ben	4
29 nov 2019	3-Ix	5
30 nov 2019	4-Men	6
1 dic 2019	5-Cib	7
2 dic 2019	6-Caban	8
3 dic 2019	7-Etz'nab	9
4 dic 2019	8-Cauac	1
5 dic 2019	9-Ahau	2
6 dic 2019	*10-Imix*	3
7 dic 2019	11-Ik	4
8 dic 2019	12-Akbal	5
9 dic 2019	13-Kan	6
10 dic 2019	**1-Chicchan**	7
11 dic 2019	2-Cimi	8
12 dic 2019	3-Manik	9
13 dic 2019	4-Lamat	1
14 dic 2019	5-Muluc	2
15 dic 2019	6-Oc	3
16 dic 2019	7-Chuen	4
17 dic 2019	8-Eb	5
18 dic 2019	9-Ben	6
19 dic 2019	10-Ix	7
20 dic 2019	11-Men	8
21 dic 2019	12-Cib	9
22 dic 2019	13-Caban	1
23 dic 2019	**1-Etz'nab**	2
24 dic 2019	2-Cauac	3
25 dic 2019	3-Ahau	4
26 dic 2019	*4-Imix*	5
27 dic 2019	5-Ik	6
28 dic 2019	6-Akbal	7
29 dic 2019	7-Kan	8
30 dic 2019	8-Chicchan	9
31 dic 2019	9-Cimi	1
1 ene 2020	10-Manik	2
2 ene 2020	11-Lamat	3
3 ene 2020	12-Muluc	4
4 ene 2020	13-Oc	5
5 ene 2020	**1-Chuen**	6
6 ene 2020	2-Eb	7
7 ene 2020	3-Ben	8
8 ene 2020	4-Ix	9
9 ene 2020	5-Men	1
10 ene 2020	6-Cib	2
11 ene 2020	7-Caban	3
12 ene 2020	8-Etz'nab	4
13 ene 2020	9-Cauac	5
14 ene 2020	10-Ahau	6
15 ene 2020	*11-Imix*	7
16 ene 2020	12-Ik	8
17 ene 2020	13-Akbal	9
18 ene 2020	**1-Kan**	1
19 ene 2020	2-Chicchan	2
20 ene 2020	3-Cimi	3
21 ene 2020	4-Manik	4
22 ene 2020	5-Lamat	5
23 ene 2020	6-Muluc	6
24 ene 2020	7-Oc	7
25 ene 2020	8-Chuen	8
26 ene 2020	9-Eb	9
27 ene 2020	10-Ben	1
28 ene 2020	11-Ix	2
29 ene 2020	12-Men	3
30 ene 2020	13-Cib	4
31 ene 2020	**1-Caban**	5

Fecha	Signo del día	S
1 feb 2020	2-Etz'nab	6
2 feb 2020	3-Cauac	7
3 feb 2020	4-Ahau	8
4 feb 2020	*5-Imix*	9
5 feb 2020	6-Ik	1
6 feb 2020	7-Akbal	2
7 feb 2020	8-Kan	3
8 feb 2020	9-Chicchan	4
9 feb 2020	10-Cimi	5
10 feb 2020	11-Manik	6
11 feb 2020	12-Lamat	7
12 feb 2020	13-Muluc	8
13 feb 2020	**1-Oc**	9
14 feb 2020	2-Chuen	1
15 feb 2020	3-Eb	2
16 feb 2020	4-Ben	3
17 feb 2020	5-Ix	4
18 feb 2020	6-Men	5
19 feb 2020	7-Cib	6
20 feb 2020	8-Caban	7
21 feb 2020	9-Etz'nab	8
22 feb 2020	10-Cauac	9
23 feb 2020	11-Ahau	1
24 feb 2020	*12-Imix*	2
25 feb 2020	13-Ik	3
26 feb 2020	**1-Akbal**	4
27 feb 2020	2-Kan	5
28 feb 2020	3-Chicchan	6
29 feb 2020	4-Cimi	7
1 mar 2020	5-Manik	8
2 mar 2020	6-Lamat	9
3 mar 2020	7-Muluc	1
4 mar 2020	8-Oc	2
5 mar 2020	9-Chuen	3
6 mar 2020	10-Eb	4
7 mar 2020	11-Ben	5
8 mar 2020	12-Ix	6
9 mar 2020	13-Men	7
10 mar 2020	**1-Cib**	8
11 mar 2020	2-Caban	9
12 mar 2020	3-Etz'nab	1
13 mar 2020	4-Cauac	2
14 mar 2020	5-Ahau	3
15 mar 2020	*6-Imix*	4
16 mar 2020	7-Ik	5
17 mar 2020	8-Akbal	6
18 mar 2020	9-Kan	7
19 mar 2020	10-Chicchan	8
20 mar 2020	11-Cimi	9
21 mar 2020	12-Manik	1
22 mar 2020	13-Lamat	2
23 mar 2020	**1-Muluc**	3
24 mar 2020	2-Oc	4
25 mar 2020	3-Chuen	5
26 mar 2020	4-Eb	6
27 mar 2020	5-Ben	7
28 mar 2020	6-Ix	8
29 mar 2020	7-Men	9
30 mar 2020	8-Cib	1
31 mar 2020	9-Caban	2
1 abr 2020	10-Etz'nab	3
2 abr 2020	11-Cauac	4
3 abr 2020	12-Ahau	5
4 abr 2020	*13-Imix*	6
5 abr 2020	**1-Ik**	7
6 abr 2020	2-Akbal	8
7 abr 2020	3-Kan	9
8 abr 2020	4-Chicchan	1

Fecha	Signo del día	S
9 abr 2020	5-Cimi	2
10 abr 2020	6-Manik	3
11 abr 2020	7-Lamat	4
12 abr 2020	8-Muluc	5
13 abr 2020	9-Oc	6
14 abr 2020	10-Chuen	7
15 abr 2020	11-Eb	8
16 abr 2020	12-Ben	9
17 abr 2020	13-Ix	1
18 abr 2020	**1-Men**	2
19 abr 2020	2-Cib	3
20 abr 2020	3-Caban	4
21 abr 2020	4-Etz'nab	5
22 abr 2020	5-Cauac	6
23 abr 2020	6-Ahau	7
24 abr 2020	*7-Imix*	8
25 abr 2020	8-Ik	9
26 abr 2020	9-Akbal	1
27 abr 2020	10-Kan	2
28 abr 2020	11-Chicchan	3
29 abr 2020	12-Cimi	4
30 abr 2020	13-Manik	5
1 may 2020	**1-Lamat**	6
2 may 2020	2-Muluc	7
3 may 2020	3-Oc	8
4 may 2020	4-Chuen	9
5 may 2020	5-Eb	1
6 may 2020	6-Ben	2
7 may 2020	7-Ix	3
8 may 2020	8-Men	4
9 may 2020	9-Cib	5
10 may 2020	10-Caban	6
11 may 2020	11-Etz'nab	7
12 may 2020	12-Cauac	8
13 may 2020	13-Ahau	9
14 may 2020	**1-Imix**	1
15 may 2020	2-Ik	2
16 may 2020	3-Akbal	3
17 may 2020	4-Kan	4
18 may 2020	5-Chicchan	5
19 may 2020	6-Cimi	6
20 may 2020	7-Manik	7
21 may 2020	8-Lamat	8
22 may 2020	9-Muluc	9
23 may 2020	10-Oc	1
24 may 2020	11-Chuen	2
25 may 2020	12-Eb	3
26 may 2020	13-Ben	4
27 may 2020	**1-Ix**	5
28 may 2020	2-Men	6
29 may 2020	3-Cib	7
30 may 2020	4-Caban	8
31 may 2020	5-Etz'nab	9
1 jun 2020	6-Cauac	1
2 jun 2020	7-Ahau	2
3 jun 2020	*8-Imix*	3
4 jun 2020	9-Ik	4
5 jun 2020	10-Akbal	5
6 jun 2020	11-Kan	6
7 jun 2020	12-Chicchan	7
8 jun 2020	13-Cimi	8
9 jun 2020	**1-Manik**	9
10 jun 2020	2-Lamat	1
11 jun 2020	3-Muluc	2
12 jun 2020	4-Oc	3
13 jun 2020	5-Chuen	4
14 jun 2020	6-Eb	5
15 jun 2020	7-Ben	6

Fecha	Signo del día	S
16 jun 2020	8-Ix	7
17 jun 2020	9-Men	8
18 jun 2020	10-Cib	9
19 jun 2020	11-Caban	1
20 jun 2020	12-Etz'nab	2
21 jun 2020	13-Cauac	3
22 jun 2020	**1-Ahau**	4
23 jun 2020	*2-Imix*	5
24 jun 2020	3-Ik	6
25 jun 2020	4-Akbal	7
26 jun 2020	5-Kan	8
27 jun 2020	6-Chicchan	9
28 jun 2020	7-Cimi	1
29 jun 2020	8-Manik	2
30 jun 2020	9-Lamat	3
1 jul 2020	10-Muluc	4
2 jul 2020	11-Oc	5
3 jul 2020	12-Chuen	6
4 jul 2020	13-Eb	7
5 jul 2020	**1-Ben**	8
6 jul 2020	2-Ix	9
7 jul 2020	3-Men	1
8 jul 2020	4-Cib	2
9 jul 2020	5-Caban	3
10 jul 2020	6-Etz'nab	4
11 jul 2020	7-Cauac	5
12 jul 2020	8-Ahau	6
13 jul 2020	*9-Imix*	7
14 jul 2020	10-Ik	8
15 jul 2020	11-Akbal	9
16 jul 2020	12-Kan	1
17 jul 2020	13-Chicchan	2
18 jul 2020	**1-Cimi**	3
19 jul 2020	2-Manik	4
20 jul 2020	3-Lamat	5
21 jul 2020	4-Muluc	6
22 jul 2020	5-Oc	7
23 jul 2020	6-Chuen	8
24 jul 2020	7-Eb	9
25 jul 2020	8-Ben	1
26 jul 2020	9-Ix	2
27 jul 2020	10-Men	3
28 jul 2020	11-Cib	4
29 jul 2020	12-Caban	5
30 jul 2020	13-Etz'nab	6
31 jul 2020	**1-Cauac**	7
1 ago 2020	2-Ahau	8
2 ago 2020	*3-Imix*	9
3 ago 2020	4-Ik	1
4 ago 2020	5-Akbal	2
5 ago 2020	6-Kan	3
6 ago 2020	7-Chicchan	4
7 ago 2020	8-Cimi	5
8 ago 2020	9-Manik	6
9 ago 2020	10-Lamat	7
10 ago 2020	11-Muluc	8
11 ago 2020	12-Oc	9
12 ago 2020	13-Chuen	1
13 ago 2020	**1-Eb**	2
14 ago 2020	2-Ben	3
15 ago 2020	3-Ix	4
16 ago 2020	4-Men	5
17 ago 2020	5-Cib	6
18 ago 2020	6-Caban	7
19 ago 2020	7-Etz'nab	8
20 ago 2020	8-Cauac	9
21 ago 2020	9-Ahau	1
22 ago 2020	*10-Imix*	2

Fecha	Signo del día	S
23 ago 2020	11-Ik	3
24 ago 2020	12-Akbal	4
25 ago 2020	13-Kan	5
26 ago 2020	**1-Chicchan**	6
27 ago 2020	2-Cimi	7
28 ago 2020	3-Manik	8
29 ago 2020	4-Lamat	9
30 ago 2020	5-Muluc	1
31 ago 2020	6-Oc	2
1 sep 2020	7-Chuen	3
2 sep 2020	8-Eb	4
3 sep 2020	9-Ben	5
4 sep 2020	10-Ix	6
5 sep 2020	11-Men	7
6 sep 2020	12-Cib	8
7 sep 2020	13-Caban	9
8 sep 2020	**1-Etz'nab**	1
9 sep 2020	2-Cauac	2
10 sep 2020	3-Ahau	3
11 sep 2020	*4-Imix*	4
12 sep 2020	5-Ik	5
13 sep 2020	6-Akbal	6
14 sep 2020	7-Kan	7
15 sep 2020	8-Chicchan	8
16 sep 2020	9-Cimi	9
17 sep 2020	10-Manik	1
18 sep 2020	11-Lamat	2
19 sep 2020	12-Muluc	3
20 sep 2020	13-Oc	4
21 sep 2020	**1-Chuen**	5
22 sep 2020	2-Eb	6
23 sep 2020	3-Ben	7
24 sep 2020	4-Ix	8
25 sep 2020	5-Men	9
26 sep 2020	6-Cib	1
27 sep 2020	7-Caban	2
28 sep 2020	8-Etz'nab	3
29 sep 2020	9-Cauac	4
30 sep 2020	10-Ahau	5
1 oct 2020	*11-Imix*	6
2 oct 2020	12-Ik	7
3 oct 2020	13-Akbal	8
4 oct 2020	**1-Kan**	9
5 oct 2020	2-Chicchan	1
6 oct 2020	3-Cimi	2
7 oct 2020	4-Manik	3
8 oct 2020	5-Lamat	4
9 oct 2020	6-Muluc	5
10 oct 2020	7-Oc	6
11 oct 2020	8-Chuen	7
12 oct 2020	9-Eb	8
13 oct 2020	10-Ben	9
14 oct 2020	11-Ix	1
15 oct 2020	12-Men	2
16 oct 2020	13-Cib	3
17 oct 2020	**1-Caban**	4
18 oct 2020	2-Etz'nab	5
19 oct 2020	3-Cauac	6
20 oct 2020	4-Ahau	7
21 oct 2020	*5-Imix*	8
22 oct 2020	6-Ik	9
23 oct 2020	7-Akbal	1
24 oct 2020	8-Kan	2
25 oct 2020	9-Chicchan	3
26 oct 2020	10-Cimi	4
27 oct 2020	11-Manik	5
28 oct 2020	12-Lamat	6
29 oct 2020	13-Muluc	7

Fecha	Signo del día	S
30 oct 2020	**1-Oc**	8
31 oct 2020	2-Chuen	9
1 nov 2020	3-Eb	1
2 nov 2020	4-Ben	2
3 nov 2020	5-Ix	3
4 nov 2020	6-Men	4
5 nov 2020	7-Cib	5
6 nov 2020	8-Caban	6
7 nov 2020	9-Etz'nab	7
8 nov 2020	10-Cauac	8
9 nov 2020	11-Ahau	9
10 nov 2020	*12-Imix*	1
11 nov 2020	13-Ik	2
12 nov 2020	**1-Akbal**	3
13 nov 2020	2-Kan	4
14 nov 2020	3-Chicchan	5
15 nov 2020	4-Cimi	6
16 nov 2020	5-Manik	7
17 nov 2020	6-Lamat	8
18 nov 2020	7-Muluc	9
19 nov 2020	8-Oc	1
20 nov 2020	9-Chuen	2
21 nov 2020	10-Eb	3
22 nov 2020	11-Ben	4
23 nov 2020	12-Ix	5
24 nov 2020	13-Men	6
25 nov 2020	**1-Cib**	7
26 nov 2020	2-Caban	8
27 nov 2020	3-Etz'nab	9
28 nov 2020	4-Cauac	1
29 nov 2020	5-Ahau	2
30 nov 2020	*6-Imix*	3
1 dic 2020	7-Ik	4
2 dic 2020	8-Akbal	5
3 dic 2020	9-Kan	6
4 dic 2020	10-Chicchan	7
5 dic 2020	11-Cimi	8
6 dic 2020	12-Manik	9
7 dic 2020	13-Lamat	1
8 dic 2020	**1-Muluc**	2
9 dic 2020	2-Oc	3
10 dic 2020	3-Chuen	4
11 dic 2020	4-Eb	5
12 dic 2020	5-Ben	6
13 dic 2020	6-Ix	7
14 dic 2020	7-Men	8
15 dic 2020	8-Cib	9
16 dic 2020	9-Caban	1
17 dic 2020	10-Etz'nab	2
18 dic 2020	11-Cauac	3
19 dic 2020	12-Ahau	4
20 dic 2020	*13-Imix*	5
21 dic 2020	**1-Ik**	6
22 dic 2020	2-Akbal	7
23 dic 2020	3-Kan	8
24 dic 2020	4-Chicchan	9
25 dic 2020	5-Cimi	1
26 dic 2020	6-Manik	2
27 dic 2020	7-Lamat	3
28 dic 2020	8-Muluc	4
29 dic 2020	9-Oc	5
30 dic 2020	10-Chuen	6
31 dic 2020	11-Eb	7

FECHAS DEL NUEVO AÑO MAYA

Fecha	Año	Portador del año	Fecha	Año	Portador del año
26 abr 1919	12-Sur	Eb	13 abr 1970	11-Oeste	Manik
25 abr 1920	13-Este	Caban	13 abr 1971	12-Sur	Eb
25 abr 1921	1-Norte	Ik	12 abr 1972	13-Este	Caban
25 abr 1922	2-Oeste	Manik	12 abr 1973	1-Norte	Ik
25 abr 1923	3-Sur	Eb	12 abr 1974	2-Oeste	Manik
24 abr 1924	4-Este	Caban	12 abr 1975	3-Sur	Eb
24 abr 1925	5-Norte	Ik	11 abr 1976	4-Este	Caban
24 abr 1926	6-Oeste	Manik	11 abr 1977	5-Norte	Ik
24 abr 1927	7-Sur	Eb	11 abr 1978	6-Oeste	Manik
23 abr 1928	8-Este	Caban	11 abr 1979	7-Sur	Eb
23 abr 1929	9-Norte	Ik	10 abr 1980	8-Este	Caban
23 abr 1930	10-Oeste	Manik	10 abr 1981	9-Norte	Ik
23 abr 1931	11-Sur	Eb	10 abr 1982	10-Oeste	Manik
22 abr 1932	12-Este	Caban	10 abr 1983	11-Sur	Eb
22 abr 1933	13-Norte	Ik	9 abr 1984	12-Este	Caban
22 abr 1934	1-Oeste	Manik	9 abr 1985	13-Norte	Ik
22 abr 1935	2-Sur	Eb	9 abr 1986	1-Oeste	Manik
21 abr 1936	3-Este	Caban	9 abr 1987	2-Sur	Eb
21 abr 1937	4-Norte	Ik	8 abr 1988	3-Este	Caban
21 abr 1938	5-Oeste	Manik	8 abr 1989	4-Norte	Ik
21 abr 1939	6-Sur	Eb	8 abr 1990	5-Oeste	Manik
20 abr 1940	7-Este	Caban	8 abr 1991	6-Sur	Eb
20 abr 1941	8-Norte	Ik	7 abr 1992	7-Este	Caban
20 abr 1942	9-Oeste	Manik	7 abr 1993	8-Norte	Ik
20 abr 1943	10-Sur	Eb	7 abr 1994	9-Oeste	Manik
19 abr 1944	11-Este	Caban	7 abr 1995	10-Sur	Eb
19 abr 1945	12-Norte	Ik	6 abr 1996	11-Este	Caban
19 abr 1946	13-Oeste	Manik	6 abr 1997	12-Norte	Ik
19 abr 1947	1-Sur	Eb	6 abr 1998	13-Oeste	Manik
18 abr 1948	2-Este	Caban	6 abr 1999	1-Sur	Eb
18 abr 1949	3-Norte	Ik	5 abr 2000	2-Este	Caban
18 abr 1950	4-Oeste	Manik	5 abr 2001	3-Norte	Ik
18 abr 1951	5-Sur	Eb	5 abr 2002	4-Oeste	Manik
17 abr 1952	6-Este	Caban	5 abr 2003	5-Sur	Eb
17 abr 1953	7-Norte	Ik	4 abr 2004	6-Este	Caban
17 abr 1954	8-Oeste	Manik	4 abr 2005	7-Norte	Ik
17 abr 1955	9-Sur	Eb	4 abr 2006	8-Oeste	Manik
16 abr 1956	10-Este	Caban	4 abr 2007	9-Sur	Eb
16 abr 1957	11-Norte	Ik	3 abr 2008	10-Este	Caban
16 abr 1958	12-Oeste	Manik	3 abr 2009	11-Norte	Ik
16 abr 1959	13-Sur	Eb	3 abr 2010	12-Oeste	Manik
15 abr 1960	1-Este	Caban	3 abr 2011	13-Sur	Eb
15 abr 1961	2-Norte	Ik	2 abr 2012	1-Este	Caban
15 abr 1962	3-Oeste	Manik	2 abr 2013	2-Norte	Ik
15 abr 1963	4-Sur	Eb	2 abr 2014	3-Oeste	Manik
14 abr 1964	5-Este	Caban	2 abr 2015	4-Sur	Eb
14 abr 1965	6-Norte	Ik	1 abr 2016	5-Este	Caban
14 abr 1966	7-Oeste	Manik	1 abr 2017	6-Norte	Ik
14 abr 1967	8-Sur	Eb	1 abr 2018	7-Oeste	Manik
13 abr 1968	9-Este	Caban	1 abr 2019	8-Sur	Eb
13 abr 1969	10-Norte	Ik	31 mar 2020	9-Este	Caban

FASES DE VENUS

Fecha	Fase	Fenómeno
jue 1 ene 1920	Estrella matutina	
mar 11 may 1920	Superior	
sab 3 jul 1920		Conjunción superior
lun 9 ago 1920	Estrella vespertina	
mie 9 feb 1921		Máx. elongación oriental
vie 1 abr 1921		Estacionario retrógrado
mar 19 abr 1921	Inferior	
vie 22 abr 1921		Conjunción inferior
mie 27 abr 1921	Estrella matutina	
vie 13 may 1921		Estacionario directo
vie 1 jul 1921		Máx. elongación occidental
lun 19 dic 1921	Superior	
jue 9 feb 1922		Conjunción superior
dom 19 mar 1922	Estrella vespertina	
vie 15 sep 1922		Máx. elongación oriental
sab 4 nov 1922		Estacionario retrógrado
mie 22 nov 1922	Inferior	
sab 25 nov 1922		Conjunción inferior
jue 30 nov 1922	Estrella matutina	
vie 15 dic 1922		Estacionario directo
dom 4 feb 1923		Máx. elongación occidental
mar 24 jul 1923	Superior	
lun 10 sep 1923		Conjunción superior
lun 22 oct 1923	Estrella vespertina	
lun 21 abr 1924		Máx. elongación oriental
mar 10 jun 1924		Estacionario retrógrado
sab 28 jun 1924	Inferior	
mar 1 jul 1924		Conjunción inferior
dom 6 jul 1924	Estrella matutina	
mie 23 jul 1924		Estacionario directo
mie 10 sep 1924		Máx. elongación occidental
vie 27 feb 1925	Superior	
vie 24 abr 1925		Conjunción superior
jue 28 may 1925	Estrella vespertina	
sab 28 nov 1925		Máx. elongación oriental
dom 17 ene 1926		Estacionario retrógrado
jue 4 feb 1926	Inferior	
dom 7 feb 1926		Conjunción inferior
vie 12 feb 1926	Estrella matutina	
dom 28 feb 1926		Estacionario directo
dom 18 abr 1926		Máx. elongación occidental
mie 6 oct 1926	Superior	
dom 21 nov 1926		Conjunción superior
mar 4 ene 1927	Estrella vespertina	
dom 3 jul 1927		Máx. elongación oriental
sab 20 ago 1927		Estacionario retrógrado
mie 7 sep 1927	Inferior	
sab 10 sep 1927		Conjunción inferior
jue 15 sep 1927	Estrella matutina	
dom 2 oct 1927		Estacionario directo

Fecha	Fase	Fenómeno
lun 21 nov 1927		Máx. elongación occidental
mar 8 may 1928	Superior	
dom 1 jul 1928		Conjunción superior
lun 6 ago 1928	Estrella vespertina	
jue 7 feb 1929		Máx. elongación oriental
sab 30 mar 1929		Estacionario retrógrado
mie 17 abr 1929	Inferior	
sab 20 abr 1929		Conjunción inferior
jue 25 abr 1929	Estrella matutina	
sab 11 may 1929		Estacionario directo
sab 29 jun 1929		Máx. elongación occidental
mar 17 dic 1929	Superior	
jue 6 feb 1930		Conjunción superior
lun 17 mar 1930	Estrella vespertina	
vie 12 sep 1930		Máx. elongación oriental
dom 2 nov 1930		Estacionario retrógrado
mie 19 nov 1930	Inferior	
sab 22 nov 1930		Conjunción inferior
jue 27 nov 1930	Estrella matutina	
sab 13 dic 1930		Estacionario directo
lun 2 feb 1931		Máx. elongación occidental
mar 21 jul 1931	Superior	
mar 8 sep 1931		Conjunción superior
lun 19 oct 1931	Estrella vespertina	
mar 19 abr 1932		Máx. elongación oriental
mar 7 jun 1932		Estacionario retrógrado
dom 26 jun 1932	Inferior	
mie 29 jun 1932		Conjunción inferior
lun 4 jul 1932	Estrella matutina	
mie 20 jul 1932		Estacionario directo
jue 8 sep 1932		Máx. elongación occidental
sab 25 feb 1933	Superior	
vie 21 abr 1933		Conjunción superior
vie 26 may 1933	Estrella vespertina	
sab 25 nov 1933		Máx. elongación oriental
lun 15 ene 1934		Estacionario retrógrado
vie 2 feb 1934	Inferior	
lun 5 feb 1934		Conjunción inferior
sab 10 feb 1934	Estrella matutina	
dom 25 feb 1934		Estacionario directo
lun 16 abr 1934		Máx. elongación occidental
jue 4 oct 1934	Superior	
dom 18 nov 1934		Conjunción superior
mie 2 ene 1935	Estrella vespertina	
dom 30 jun 1935		Máx. elongación oriental
dom 18 ago 1935		Estacionario retrógrado
jue 5 sep 1935	Inferior	
dom 8 sep 1935		Conjunción inferior
vie 13 sep 1935	Estrella matutina	
dom 29 sep 1935		Estacionario directo
lun 18 nov 1935		Máx. elongación occidental
mie 6 may 1936	Superior	
lun 29 jun 1936		Conjunción superior
mar 4 ago 1936	Estrella vespertina	
vie 5 feb 1937		Máx. elongación oriental

Fecha	Fase	Fenómeno
sab 27 mar 1937		Estacionario retrógrado
jue 15 abr 1937	Inferior	
dom 18 abr 1937		Conjunción inferior
vie 23 abr 1937	Estrella matutina	
dom 9 may 1937		Estacionario directo
dom 27 jun 1937		Máx. elongación occidental
mie 15 dic 1937	Superior	
vie 4 feb 1938		Conjunción superior
mar 15 mar 1938	Estrella vespertina	
sab 10 sep 1938		Máx. elongación oriental
dom 30 oct 1938		Estacionario retrógrado
jue 17 nov 1938	Inferior	
dom 20 nov 1938		Conjunción inferior
vie 25 nov 1938	Estrella matutina	
sab 10 dic 1938		Estacionario directo
lun 30 ene 1939		Máx. elongación occidental
mie 19 jul 1939	Superior	
mar 5 sep 1939		Conjunción superior
mar 17 oct 1939	Estrella vespertina	
mie 17 abr 1940		Máx. elongación oriental
mie 5 jun 1940		Estacionario retrógrado
dom 23 jun 1940	Inferior	
mie 26 jun 1940		Conjunción inferior
lun 1 jul 1940	Estrella matutina	
jue 18 jul 1940		Estacionario directo
vie 6 sep 1940		Máx. elongación occidental
sab 22 feb 1941	Superior	
sab 19 abr 1941		Conjunción superior
vie 23 may 1941	Estrella vespertina	
dom 23 nov 1941		Máx. elongación oriental
mar 13 ene 1942		Estacionario retrógrado
vie 30 ene 1942	Inferior	
lun 2 feb 1942		Conjunción inferior
sab 7 feb 1942	Estrella matutina	
lun 23 feb 1942		Estacionario directo
mar 14 abr 1942		Máx. elongación occidental
jue 1 oct 1942	Superior	
lun 16 nov 1942		Conjunción superior
mie 30 dic 1942	Estrella vespertina	
lun 28 jun 1943		Máx. elongación oriental
dom 15 ago 1943		Estacionario retrógrado
jue 2 sep 1943	Inferior	
dom 5 sep 1943		Conjunción inferior
vie 10 sep 1943	Estrella matutina	
lun 27 sep 1943		Estacionario directo
mar 16 nov 1943		Máx. elongación occidental
mie 3 may 1944	Superior	
mar 27 jun 1944		Conjunción superior
mar 1 ago 1944	Estrella vespertina	
vie 2 feb 1945		Máx. elongación oriental
dom 25 mar 1945		Estacionario retrógrado
jue 12 abr 1945	Inferior	
dom 15 abr 1945		Conjunción inferior
vie 20 abr 1945	Estrella matutina	
dom 6 may 1945		Estacionario directo

Fecha	Fase	Fenómeno
dom 24 jun 1945		Máx. elongación occidental
mie 12 dic 1945	Superior	
vie 1 feb 1946		Conjunción superior
mar 12 mar 1946	Estrella vespertina	
dom 8 sep 1946		Máx. elongación oriental
lun 28 oct 1946		Estacionario retrógrado
jue 14 nov 1946	Inferior	
dom 17 nov 1946		Conjunción inferior
vie 22 nov 1946	Estrella matutina	
dom 8 dic 1946		Estacionario directo
mar 28 ene 1947		Máx. elongación occidental
mie 16 jul 1947	Superior	
mie 3 sep 1947		Conjunción superior
mar 14 oct 1947	Estrella vespertina	
mie 14 abr 1948		Máx. elongación oriental
jue 3 jun 1948		Estacionario retrógrado
lun 21 jun 1948	Inferior	
jue 24 jun 1948		Conjunción inferior
mar 29 jun 1948	Estrella matutina	
vie 16 jul 1948		Estacionario directo
vie 3 sep 1948		Máx. elongación occidental
dom 20 feb 1949	Superior	
sab 16 abr 1949		Conjunción superior
sab 21 may 1949	Estrella vespertina	
dom 20 nov 1949		Máx. elongación oriental
mar 10 ene 1950		Estacionario retrógrado
sab 28 ene 1950	Inferior	
mar 31 ene 1950		Conjunción inferior
dom 5 feb 1950	Estrella matutina	
lun 20 feb 1950		Estacionario directo
mar 11 abr 1950		Máx. elongación occidental
vie 29 sep 1950	Superior	
lun 13 nov 1950		Conjunción superior
jue 28 dic 1950	Estrella vespertina	
lun 25 jun 1951		Máx. elongación oriental
lun 13 ago 1951		Estacionario retrógrado
vie 31 ago 1951	Inferior	
lun 3 sep 1951		Conjunción inferior
sab 8 sep 1951	Estrella matutina	
mar 25 sep 1951		Estacionario directo
mie 14 nov 1951		Máx. elongación occidental
jue 1 may 1952	Superior	
mar 24 jun 1952		Conjunción superior
mie 30 jul 1952	Estrella vespertina	
sab 31 ene 1953		Máx. elongación oriental
lun 23 mar 1953		Estacionario retrógrado
vie 10 abr 1953	Inferior	
lun 13 abr 1953		Conjunción inferior
sab 18 abr 1953	Estrella matutina	
lun 4 may 1953		Estacionario directo
lun 22 jun 1953		Máx. elongación occidental
jue 10 dic 1953	Superior	
vie 29 ene 1954		Conjunción superior
mie 10 mar 1954	Estrella vespertina	
dom 5 sep 1954		Máx. elongación oriental

Fecha	Fase	Fenómeno
lun 25 oct 1954		Estacionario retrógrado
vie 12 nov 1954	Inferior	
lun 15 nov 1954		Conjunción inferior
sab 20 nov 1954	Estrella matutina	
dom 5 dic 1954		Estacionario directo
mar 25 ene 1955		Máx. elongación occidental
jue 14 jul 1955	Superior	
jue 1 sep 1955		Conjunción superior
mie 12 oct 1955	Estrella vespertina	
jue 12 abr 1956		Máx. elongación oriental
jue 31 may 1956		Estacionario retrógrado
mar 19 jun 1956	Inferior	
vie 22 jun 1956		Conjunción inferior
mie 27 jun 1956	Estrella matutina	
vie 13 jul 1956		Estacionario directo
sab 1 sep 1956		Máx. elongación occidental
lun 18 feb 1957	Superior	
dom 14 abr 1957		Conjunción superior
dom 19 may 1957	Estrella vespertina	
lun 18 nov 1957		Máx. elongación oriental
mie 8 ene 1958		Estacionario retrógrado
sab 25 ene 1958	Inferior	
mar 28 ene 1958		Conjunción inferior
dom 2 feb 1958	Estrella matutina	
mar 18 feb 1958		Estacionario directo
mie 9 abr 1958		Máx. elongación occidental
vie 26 sep 1958	Superior	
mar 11 nov 1958		Conjunción superior
jue 25 dic 1958	Estrella vespertina	
mar 23 jun 1959		Máx. elongación oriental
lun 10 ago 1959		Estacionario retrógrado
sab 29 ago 1959	Inferior	
mar 1 sep 1959		Conjunción inferior
dom 6 sep 1959	Estrella matutina	
mar 22 sep 1959		Estacionario directo
mie 11 nov 1959		Máx. elongación occidental
vie 29 abr 1960	Superior	
mie 22 jun 1960		Conjunción superior
jue 28 jul 1960	Estrella vespertina	
dom 29 ene 1961		Máx. elongación oriental
lun 20 mar 1961		Estacionario retrógrado
vie 7 abr 1961	Inferior	
lun 10 abr 1961		Conjunción inferior
sab 15 abr 1961	Estrella matutina	
mar 2 may 1961		Estacionario directo
lun 19 jun 1961		Máx. elongación occidental
jue 7 dic 1961	Superior	
sab 27 ene 1962		Conjunción superior
mie 7 mar 1962	Estrella vespertina	
lun 3 sep 1962		Máx. elongación oriental
mar 23 oct 1962		Estacionario retrógrado
vie 9 nov 1962	Inferior	
lun 12 nov 1962		Conjunción inferior
sab 17 nov 1962	Estrella matutina	
lun 3 dic 1962		Estacionario directo

Fecha	Fase	Fenómeno
mie 23 ene 1963		Máx. elongación occidental
jue 11 jul 1963	Superior	
vie 30 ago 1963		Conjunción superior
mie 9 oct 1963	Estrella vespertina	
jue 9 abr 1964		Máx. elongación oriental
vie 29 may 1964		Estacionario retrógrado
mar 16 jun 1964	Inferior	
vie 19 jun 1964		Conjunción inferior
mie 24 jun 1964	Estrella matutina	
sab 11 jul 1964		Estacionario directo
dom 30 ago 1964		Máx. elongación occidental
lun 15 feb 1965	Superior	
lun 12 abr 1965		Conjunción superior
dom 16 may 1965	Estrella vespertina	
lun 15 nov 1965		Máx. elongación oriental
mie 5 ene 1966		Estacionario retrógrado
dom 23 ene 1966	Inferior	
mie 26 ene 1966		Conjunción inferior
lun 31 ene 1966	Estrella matutina	
mar 15 feb 1966		Estacionario directo
mie 6 abr 1966		Máx. elongación occidental
sab 24 sep 1966	Superior	
mar 8 nov 1966		Conjunción superior
vie 23 dic 1966	Estrella vespertina	
mie 21 jun 1967		Máx. elongación oriental
mar 8 ago 1967		Estacionario retrógrado
sab 26 ago 1967	Inferior	
mar 29 ago 1967		Conjunción inferior
dom 3 sep 1967	Estrella matutina	
mie 20 sep 1967		Estacionario directo
jue 9 nov 1967		Máx. elongación occidental
vie 26 abr 1968	Superior	
jue 20 jun 1968		Conjunción superior
jue 25 jul 1968	Estrella vespertina	
dom 26 ene 1969		Máx. elongación oriental
mar 18 mar 1969		Estacionario retrógrado
sab 5 abr 1969	Inferior	
mar 8 abr 1969		Conjunción inferior
dom 13 abr 1969	Estrella matutina	
mar 29 abr 1969		Estacionario directo
mar 17 jun 1969		Máx. elongación occidental
vie 5 dic 1969	Superior	
sab 24 ene 1970		Conjunción superior
jue 5 mar 1970	Estrella vespertina	
lun 31 ago 1970		Máx. elongación oriental
mar 20 oct 1970		Estacionario retrógrado
sab 7 nov 1970	Inferior	
mar 10 nov 1970		Conjunción inferior
dom 15 nov 1970	Estrella matutina	
mar 1 dic 1970		Estacionario directo
jue 21 ene 1971		Máx. elongación occidental
vie 9 jul 1971	Superior	
vie 27 ago 1971		Conjunción superior
jue 7 oct 1971	Estrella vespertina	
vie 7 abr 1972		Máx. elongación oriental

Fecha	Fase	Fenómeno
sab 27 may 1972		Estacionario retrógrado
mie 14 jun 1972	Inferior	
sab 17 jun 1972		Conjunción inferior
jue 22 jun 1972	Estrella matutina	
dom 9 jul 1972		Estacionario directo
dom 27 ago 1972		Máx. elongación occidental
mar 13 feb 1973	Superior	
lun 9 abr 1973		Conjunción superior
lun 14 may 1973	Estrella vespertina	
mar 13 nov 1973		Máx. elongación oriental
jue 3 ene 1974		Estacionario retrógrado
dom 20 ene 1974	Inferior	
mie 23 ene 1974		Conjunción inferior
lun 28 ene 1974	Estrella matutina	
mie 13 feb 1974		Estacionario directo
jue 4 abr 1974		Máx. elongación occidental
sab 21 sep 1974	Superior	
mie 6 nov 1974		Conjunción superior
vie 20 dic 1974	Estrella vespertina	
mie 18 jun 1975		Máx. elongación oriental
mie 6 ago 1975		Estacionario retrógrado
dom 24 ago 1975	Inferior	
mie 27 ago 1975		Conjunción inferior
lun 1 sep 1975	Estrella matutina	
jue 18 sep 1975		Estacionario directo
vie 7 nov 1975		Máx. elongación occidental
sab 24 abr 1976	Superior	
vie 18 jun 1976		Conjunción superior
vie 23 jul 1976	Estrella vespertina	
lun 24 ene 1977		Máx. elongación oriental
mie 16 mar 1977		Estacionario retrógrado
dom 3 abr 1977	Inferior	
mie 6 abr 1977		Conjunción inferior
lun 11 abr 1977	Estrella matutina	
mie 27 abr 1977		Estacionario directo
mie 15 jun 1977		Máx. elongación occidental
sab 3 dic 1977	Superior	
dom 22 ene 1978		Conjunción superior
vie 3 mar 1978	Estrella vespertina	
mar 29 ago 1978		Máx. elongación oriental
mie 18 oct 1978		Estacionario retrógrado
sab 4 nov 1978	Inferior	
mar 7 nov 1978		Conjunción inferior
dom 12 nov 1978	Estrella matutina	
mar 28 nov 1978		Estacionario directo
jue 18 ene 1979		Máx. elongación occidental
vie 6 jul 1979	Superior	
sab 25 ago 1979		Conjunción superior
jue 4 oct 1979	Estrella vespertina	
sab 5 abr 1980		Máx. elongación oriental
sab 24 may 1980		Estacionario retrógrado
jue 12 jun 1980	Inferior	
dom 15 jun 1980		Conjunción inferior
vie 20 jun 1980	Estrella matutina	
dom 6 jul 1980		Estacionario directo

Fecha	Fase	Fenómeno
lun 25 ago 1980		Máx. elongación occidental
mie 11 feb 1981	Superior	
mar 7 abr 1981		Conjunción superior
mar 12 may 1981	Estrella vespertina	
mie 11 nov 1981		Máx. elongación oriental
jue 31 dic 1981		Estacionario retrógrado
lun 18 ene 1982	Inferior	
jue 21 ene 1982		Conjunción inferior
mar 26 ene 1982	Estrella matutina	
mie 10 feb 1982		Estacionario directo
vie 2 abr 1982		Máx. elongación occidental
dom 19 sep 1982	Superior	
jue 4 nov 1982		Conjunción superior
sab 18 dic 1982	Estrella vespertina	
jue 16 jun 1983		Máx. elongación oriental
mie 3 ago 1983		Estacionario retrógrado
lun 22 ago 1983	Inferior	
jue 25 ago 1983		Conjunción inferior
mar 30 ago 1983	Estrella matutina	
jue 15 sep 1983		Estacionario directo
vie 4 nov 1983		Máx. elongación occidental
dom 22 abr 1984	Superior	
vie 15 jun 1984		Conjunción superior
sab 21 jul 1984	Estrella vespertina	
mar 22 ene 1985		Máx. elongación oriental
mie 13 mar 1985		Estacionario retrógrado
dom 31 mar 1985	Inferior	
mie 3 abr 1985		Conjunción inferior
lun 8 abr 1985	Estrella matutina	
jue 25 abr 1985		Estacionario directo
mie 12 jun 1985		Máx. elongación occidental
sab 30 nov 1985	Superior	
dom 19 ene 1986		Conjunción superior
vie 28 feb 1986	Estrella vespertina	
mar 26 ago 1986		Máx. elongación oriental
mie 15 oct 1986		Estacionario retrógrado
dom 2 nov 1986	Inferior	
mie 5 nov 1986		Conjunción inferior
lun 10 nov 1986	Estrella matutina	
mie 26 nov 1986		Estacionario directo
vie 16 ene 1987		Máx. elongación occidental
sab 4 jul 1987	Superior	
dom 23 ago 1987		Conjunción superior
vie 2 oct 1987	Estrella vespertina	
sab 2 abr 1988		Máx. elongación oriental
dom 22 may 1988		Estacionario retrógrado
jue 9 jun 1988	Inferior	
dom 12 jun 1988		Conjunción inferior
vie 17 jun 1988	Estrella matutina	
lun 4 jul 1988		Estacionario directo
mar 23 ago 1988		Máx. elongación occidental
mie 8 feb 1989	Superior	
mar 4 abr 1989		Conjunción superior
mar 9 may 1989	Estrella vespertina	
mie 8 nov 1989		Máx. elongación oriental

Fecha	Fase	Fenómeno
vie 29 dic 1989		Estacionario retrógrado
lun 15 ene 1990	Inferior	
jue 18 ene 1990		Conjunción inferior
mar 23 ene 1990	Estrella matutina	
jue 8 feb 1990		Estacionario directo
vie 30 mar 1990		Máx. elongación occidental
dom 16 sep 1990	Superior	
jue 1 nov 1990		Conjunción superior
sab 15 dic 1990	Estrella vespertina	
vie 14 jun 1991		Máx. elongación oriental
jue 1 ago 1991		Estacionario retrógrado
lun 19 ago 1991	Inferior	
jue 22 ago 1991		Conjunción inferior
mar 27 ago 1991	Estrella matutina	
vie 13 sep 1991		Estacionario directo
sab 2 nov 1991		Máx. elongación occidental
dom 19 abr 1992	Superior	
sab 13 jun 1992		Conjunción superior
sab 18 jul 1992	Estrella vespertina	
mar 19 ene 1993		Máx. elongación oriental
jue 11 mar 1993		Estacionario retrógrado
lun 29 mar 1993	Inferior	
jue 1 abr 1993		Conjunción inferior
mar 6 abr 1993	Estrella matutina	
jue 22 abr 1993		Estacionario directo
jue 10 jun 1993		Máx. elongación occidental
dom 28 nov 1993	Superior	
lun 17 ene 1994		Conjunción superior
sab 26 feb 1994	Estrella vespertina	
mie 24 ago 1994		Máx. elongación oriental
jue 13 oct 1994		Estacionario retrógrado
dom 30 oct 1994	Inferior	
mie 2 nov 1994		Conjunción inferior
lun 7 nov 1994	Estrella matutina	
mie 23 nov 1994		Estacionario directo
vie 13 ene 1995		Máx. elongación occidental
sab 1 jul 1995	Superior	
dom 20 ago 1995		Conjunción superior
vie 29 sep 1995	Estrella vespertina	
dom 31 mar 1996		Máx. elongación oriental
lun 20 may 1996		Estacionario retrógrado
vie 7 jun 1996	Inferior	
lun 10 jun 1996		Conjunción inferior
sab 15 jun 1996	Estrella matutina	
mar 2 jul 1996		Estacionario directo
mar 20 ago 1996		Máx. elongación occidental
jue 6 feb 1997	Superior	
mie 2 abr 1997		Conjunción superior
mie 7 may 1997	Estrella vespertina	
jue 6 nov 1997		Máx. elongación oriental
vie 26 dic 1997		Estacionario retrógrado
mar 13 ene 1998	Inferior	
vie 16 ene 1998		Conjunción inferior
mie 21 ene 1998	Estrella matutina	
jue 5 feb 1998		Estacionario directo

Fecha	Fase	Fenómeno
sab 28 mar 1998		Máx. elongación occidental
lun 14 sep 1998	Superior	
vie 30 oct 1998		Conjunción superior
dom 13 dic 1998	Estrella vespertina	
vie 11 jun 1999		Máx. elongación oriental
vie 30 jul 1999		Estacionario retrógrado
mar 17 ago 1999	Inferior	
vie 20 ago 1999		Conjunción inferior
mie 25 ago 1999	Estrella matutina	
sab 11 sep 1999		Estacionario directo
sab 30 oct 1999		Máx. elongación occidental
lun 17 abr 2000	Superior	
dom 11 jun 2000		Conjunción superior
dom 16 jul 2000	Estrella vespertina	
mie 17 ene 2001		Máx. elongación oriental
vie 9 mar 2001		Estacionario retrógrado
mar 27 mar 2001	Inferior	
vie 30 mar 2001		Conjunción inferior
mie 4 abr 2001	Estrella matutina	
vie 20 abr 2001		Estacionario directo
jue 7 jun 2001		Máx. elongación occidental
lun 26 nov 2001	Superior	
lun 14 ene 2002		Conjunción superior
dom 24 feb 2002	Estrella vespertina	
jue 22 ago 2002		Máx. elongación oriental
jue 10 oct 2002		Estacionario retrógrado
lun 28 oct 2002	Inferior	
jue 31 oct 2002		Conjunción inferior
mar 5 nov 2002	Estrella matutina	
jue 21 nov 2002		Estacionario directo
sab 11 ene 2003		Máx. elongación occidental
dom 29 jun 2003	Superior	
lun 18 ago 2003		Conjunción superior
sab 27 sep 2003	Estrella vespertina	
lun 29 mar 2004		Máx. elongación oriental
lun 17 may 2004		Estacionario retrógrado
sab 5 jun 2004	Inferior	
mar 8 jun 2004		Conjunción inferior
dom 13 jun 2004	Estrella matutina	
mar 29 jun 2004		Estacionario directo
mie 18 ago 2004		Máx. elongación occidental
vie 4 feb 2005	Superior	
jue 31 mar 2005		Conjunción superior
jue 5 may 2005	Estrella vespertina	
jue 3 nov 2005		Máx. elongación oriental
sab 24 dic 2005		Estacionario retrógrado
mie 11 ene 2006	Inferior	
sab 14 ene 2006		Conjunción inferior
jue 19 ene 2006	Estrella matutina	
vie 3 feb 2006		Estacionario directo
sab 25 mar 2006		Máx. elongación occidental
mar 12 sep 2006	Superior	
vie 27 oct 2006		Conjunción superior
lun 11 dic 2006	Estrella vespertina	
sab 9 jun 2007		Máx. elongación oriental

Fecha	Fase	Fenómeno
vie 27 jul 2007		Estacionario retrógrado
mie 15 ago 2007	Inferior	
sab 18 ago 2007		Conjunción inferior
jue 23 ago 2007	Estrella matutina	
sab 8 sep 2007		Estacionario directo
dom 28 oct 2007		Máx. elongación occidental
mar 15 abr 2008	Superior	
lun 9 jun 2008		Conjunción superior
lun 14 jul 2008	Estrella vespertina	
jue 15 ene 2009		Máx. elongación oriental
vie 6 mar 2009		Estacionario retrógrado
mar 24 mar 2009	Inferior	
vie 27 mar 2009		Conjunción inferior
mie 1 abr 2009	Estrella matutina	
vie 17 abr 2009		Estacionario directo
vie 5 jun 2009		Máx. elongación occidental
lun 23 nov 2009	Superior	
lun 11 ene 2010		Conjunción superior
dom 21 feb 2010	Estrella vespertina	
jue 19 ago 2010		Máx. elongación oriental
vie 8 oct 2010		Estacionario retrógrado
mar 26 oct 2010	Inferior	
vie 29 oct 2010		Conjunción inferior
mie 3 nov 2010	Estrella matutina	
jue 18 nov 2010		Estacionario directo
sab 8 ene 2011		Máx. elongación occidental
lun 27 jun 2011	Superior	
mar 16 ago 2011		Conjunción superior
dom 25 sep 2011	Estrella vespertina	
lun 26 mar 2012		Máx. elongación oriental
mar 15 may 2012		Estacionario retrógrado
dom 3 jun 2012	Inferior	
mie 6 jun 2012		Conjunción inferior
lun 11 jun 2012	Estrella matutina	
mie 27 jun 2012		Estacionario directo
mie 15 ago 2012		Máx. elongación occidental
sab 2 feb 2013	Superior	
jue 28 mar 2013		Conjunción superior
vie 3 may 2013	Estrella vespertina	
vie 1 nov 2013		Máx. elongación oriental
sab 21 dic 2013		Estacionario retrógrado
mie 8 ene 2014	Inferior	
sab 11 ene 2014		Conjunción inferior
jue 16 ene 2014	Estrella matutina	
vie 31 ene 2014		Estacionario directo
dom 23 mar 2014		Máx. elongación occidental
mar 9 sep 2014	Superior	
sab 25 oct 2014		Conjunción superior
lun 8 dic 2014	Estrella vespertina	
dom 7 jun 2015		Máx. elongación oriental
sab 25 jul 2015		Estacionario retrógrado
mie 12 ago 2015	Inferior	
sab 15 ago 2015		Conjunción inferior
jue 20 ago 2015	Estrella matutina	
dom 6 sep 2015		Estacionario directo

Fecha	Fase	Fenómeno
lun 26 oct 2015		Máx. elongación occidental
mar 12 abr 2016	Superior	
lun 6 jun 2016		Conjunción superior
lun 11 jul 2016	Estrella vespertina	
jue 12 ene 2017		Máx. elongación oriental
sab 4 mar 2017		Estacionario retrógrado
mie 22 mar 2017	Inferior	
sab 25 mar 2017		Conjunción inferior
jue 30 mar 2017	Estrella matutina	
sab 15 abr 2017		Estacionario directo
sab 3 jun 2017		Máx. elongación occidental
mar 21 nov 2017	Superior	
mar 9 ene 2018		Conjunción superior
lun 19 feb 2018	Estrella vespertina	
vie 17 ago 2018		Máx. elongación oriental
vie 5 oct 2018		Estacionario retrógrado
mar 23 oct 2018	Inferior	
vie 26 oct 2018		Conjunción inferior
mie 31 oct 2018	Estrella matutina	
vie 16 nov 2018		Estacionario directo
dom 6 ene 2019		Máx. elongación occidental
lun 24 jun 2019	Superior	
mie 14 ago 2019		Conjunción superior
dom 22 sep 2019	Estrella vespertina	
mar 24 mar 2020		Máx. elongación oriental
mie 13 may 2020		Estacionario retrógrado
dom 31 may 2020	Inferior	
mie 3 jun 2020		Conjunción inferior
lun 8 jun 2020	Estrella matutina	
jue 25 jun 2020		Estacionario directo
jue 13 ago 2020		Máx. elongación occidental

NOTAS SOBRE LOS CÁLCULOS DE LOS CUADROS

EL SIGNO DEL DÍA Y LA TRECENA DEL TZOLKIN

Los datos del Tzolkin mostrados en el primer cuadro fueron calculados usando el punto de referencia de Goodman-Martínez-Thompson (GMT) del día número 584,283 del calendario juliano. Esta correlación es aceptada por lo general por la mayoría de los eruditos y ha quedado reafirmada por la exhaustiva labor de Munro S. Edmonson en *The Book of the Year [El libro del año]*. Según esta correlación, el comienzo de la actual era maya tuvo lugar el 11 de agosto de 3114 a.C. Basándonos en datos obtenidos mediante las referencias cruzadas de las fechas del Tzolkin con fechas de la cuenta larga que se encuentran en las inscripciones mayas, se ha determinado que el día cero de la cuenta larga tuvo lugar en la fecha 4-Ahau del Tzolkin.

Para poder determinar el signo y el número del día correspondientes a una fecha en particular, se empieza por calcular el número del día de esa fecha según el calendario juliano, utilizando un algoritmo estándar. El número de referencia 584,283 se ajusta entonces en 159 días para compensar la diferencia entre 4-Ahau y el primer día del Tzolkin (1-Imix), y el resultado se sustrae del número del calendario juliano. El número del día y el signo del día se calculan dividiendo esta diferencia entre 13 y 20 respectivamente, y examinando las diferencias entre los resultados.

En toda Mesoamérica se observaba universalmente una forma única e invariable de la cuenta de los días. Como indica Edmonson, "Cualquier día en particular siempre ocupó y sigue ocupando la misma posición en la cuenta de los días en todas partes" (Edmonson, pág. 5). En consecuencia, suponiendo que la correlación G.M.T. sea correcta, el cálculo del Tzolkin es sencillo.

CÁLCULO DE LOS SEÑORES DE LA NOCHE

Se encuentran referencias a los Señores de la noche en una serie de inscripciones monumentales de los mayas clásicos conocida como serie de glifos lunares. Dentro de la serie, el glifo G en particular se refería al Señor de la noche y los glifos proporcionaban un medio de establecer referencias cruzadas entre los Señores de la noche y las fechas de la cuenta larga.

En lo tocante a la cuenta larga, sabemos que el 11 de agosto de 3114 a.C., el noveno Señor de la noche (G-9) regía el día, por lo que es posible realizar cálculos partiendo de esa fecha de base.

EL CÁLCULO DEL AÑO

Como se describe en el capítulo 4, los mayas tenían el concepto de año civil de 365 días, que complementaba al calendario de 260 días del Tzolkin e interactuaba con éste. Este calendario solar también se conocía como el año "Haab" (o "vago"). Como se explica a continuación, había una variedad de calendarios de 365 días en uso en toda Mesoamérica; diferían en cuanto a los detalles específicos que Edmonson ha clasificado y descrito en *The Book of the Year* [*El libro del año*].

En todos los sistemas, el aab consistía en dieciocho meses de veinte días cada uno, seguidos por un período de cinco días intercalados que se llamaban "Uayeb". A continuación se enumeran los nombres de los meses mayas:

Pop	Mol	Muan
Uo	Chíen	Pax
Zip	Yax	Kayeb
Zotzí	Zac	Cumku
Tzec	Ceh	Uayeb (cinco días)
Xul	Mac	
Yaxkin	Kankin	

Los posibles significados astrológicos de los meses (en la medida en que estos significados tengan sentido en un calendario civil) no se conocen bien y aún no se han reconstruido. Lo que está claro, sin embargo, es que el período de cinco días denominado Uayeb "se consideraba generalmente como una especie de hiato del calendario entre años —una época de peligros especiales o incluso de horrores, y se decía que sus días eran inútiles, que eran días perdidos o incluso días sin nombre" (Edmonson, pág. 10).

Los días del mes se identificaban por su número y el nombre del mes, de modo similar a los meses modernos. Los números de los días comenzaban más comúnmente en 0 y terminaban en 19, pero algunos sistemas comenzaban con 1 y terminaban con 20. Así pues, si usamos la notación más común, el primer día del primer mes sería "0-Pop", el segundo día, "1-Pop", etc., hasta llegar a "19-Pop". El primer día del segundo mes era "0-Uo", y así sucesivamente.

Si bien la cuenta de 260 días era invariable y universal en Mesoamérica, se usaban múltiples calendarios de 365 días (especialmente en el período postclásico), que variaban según la región y la cultura. Edmonson describe más de sesenta calendarios de este tipo en *The Book of the Year [El libro del año]*. Para explicar cómo decidimos cuál de ellos sería adecuado para usarlo en nuestro estudio actual de la astrología maya, debemos empezar por examinar por qué existían tantos calendarios civiles distintos.

Un problema evidente de cualquier calendario de 365 días radica en que el año solar en realidad no dura 365 días, sino 365,2422 días. En muchos sistemas de calendario, para no perder la sincronía con las estaciones, suele introducirse algún tipo de ajuste como el de los años bisiestos. Sin ese ajuste, el solsticio de verano (por ejemplo) ocurriría cada vez más tarde en el calendario de 365 días, atrasándose un día cada cuatro años. Sin embargo, según Edmonson, en Mesoamérica no se utilizaba el simple ajuste de establecer años bisiestos. En lugar de ello, los creadores del calendario entendieron que 1508 años "vagos" equivalen a 1507 años "reales" (tropicales). Con objeto de sincronizar los dos calendarios, compensaron el año extra mediante la substracción de un mes de veinte días cada ochenta y tres años. Edmonson denomina este fenómeno "la corrección anti-año bisiesto".

Edmonson explica que este cambio no se aplicaba a los sistemas de calendario existentes, sino que se introducía a medida que se establecieran nuevos calendarios. Se dejaba que los calendarios existentes llegaran a su fin sin cambiar la fecha del año nuevo, de modo que se iba perdiendo la sincronía con las estaciones. A menudo se creaban nuevos calendarios cuando se consideraba necesario para satisfacer las necesidades culturales y religiosas de un pueblo mesoamericano en particular. La introducción de estos nuevos calendarios hizo que fuera posible volver a sincronizar el calendario civil con las estaciones y, en algunos casos, con el Tzolkin.

Para calcular la información del año indicada en el segundo cuadro, hemos seleccionado el calendario de Tikal, descrito por Edmonson. Era el calendario principal de los mayas orientales a partir del siglo I y es el que se encuentra en el *Códice de Dresden*. El día cero de la cuenta larga en este sistema era la fecha "8-Cumku". (Por eso, al incluir la fecha del Tzolkin antes mencionada, la notación completa del día cero de la cuenta larga era "4-Ahau 8-Cumku".) Se puede apreciar que las fechas de año nuevo en el segundo cuadro se adelantan en el calendario moderno con cada año que pasa. Este cambio se debe a que no se han hecho ajustes del tipo de los años bisiestos.

En el caso del calendario de Tikal que se muestra en el cuadro, los signos de los días de los portadores de los años son Ik, Manik, Eb y Caban. Fíjese que en el cuadro figuran los números de los días antes de las direcciones cardinales de los correspondientes signos de los días, y que transcurren en secuencia del 1 al 13. Así, por ejemplo, es posible interpretar la fecha del Año Nuevo del Tzolkin, 2 de abril de 2012, como 1-Caban, siendo Caban un signo del Este.

El programa informático que se usó para generar el segundo cuadro utiliza los parámetros definidos por Edmonson para calcular las fechas del calendario aab. Deben tenerse en cuenta cuatro factores:

1. La fecha de inicio de un nuevo año en los calendarios juliano o gregoriano. Cuando se considera con la fecha correspondiente de la cuenta larga, esta fecha determina también el tipo de sistema de portadores de los años utilizado. En relación con el calendario de Tikal, Edmonson cita como ejemplo una fecha de base del 14 de julio de 1549 (del calendario juliano).

2. El nombre del primer mes del año, es decir, el primer mes después del Uayeb, que es el mes de cinco días. En el caso del calendario de Tikal, es el mes Pop.

3. Si el mes empieza con el número 0 (y termina con el 19) o si empieza con el número 1 (y termina con el 20). El calendario de Tikal empieza con 0.

4. Si el año recibe el nombre de su primer día (el día 0) del último día antes del Uayeb (el día 359). Algunos calendarios nombran el año según el signo del día en que empieza, mientras que otros lo nombran por su último día. Ésta es una variación más con respecto a la asignación de los portadores de los años. El calendario de Tikal da a cada año el nombre del primer día, que es el signo del día de 0-Pop.

El segundo cuadro ilustra que, a lo largo del siglo XX, el día de año nuevo en el calendario de Tikal siempre caía en el mes de abril, y que todos los Uayeb precedentes también caían en ese mes. De ahí que, en el contexto del calendario maya, puede considerarse que abril es un mes de transición, similar a diciembre en nuestro calendario (juliano). Debido a las implicaciones negativas del Uayeb como una especie de "tierra de nadie" entre dos años, los autores se atreven a especular que abril debía ser un mes de dificultades, lo que trae a colación la frase "abril es el mes más cruel", del poema de T.S. Eliot "La tierra baldía".

CÁLCULO DE LAS FASES DE VENUS

Los datos que figuran en el tercer cuadro fueron generados por un programa informático especial diseñado por uno de los autores (Orr). Las fechas de los períodos canónicos (enumeradas en la columna de las fases mayas) son aproximadas y se basan en una representación especulativa de la división maya del período sinódico de Venus. Con la fecha de la conjunción inferior justo antes de la fecha de nacimiento como punto inicial, la fase de Venus se determina calculando la posición proporcional de la fecha de nacimiento dentro del ciclo sinódico de 584 días de Venus. Todas las fechas que aparecen en el cuadro se han calculado sobre la base del horario de Greenwich. Las fechas de cada fenómeno astronómico tienen una precisión aproximada de un día más o un día menos.

BIBLIOGRAFÍA

Argüelles, José A. *The Mayan Factor*. Santa Fe: Bear & Company, 1987.

Aveni, Anthony F. *Skywatchers of Ancient Mexico*. Austin: University of Texas Press, 1980.

Bierhorst, John. *The Mythology of Mexico and Central America*. Nueva York: William Morrow and Company, 1990.

Bricker, Harvey y Victoria Bricker. "Zodiacal References in the Maya Codices". En *The Sky in Mayan Literature*. Editado por Anthony Aveni. Nueva York: Oxford University Press, 1992.

Brotherston, Gordon. *Image of the New World: The American Continent Portrayed in Native Texts*. Londres: Thames and Hudson, 1979.

Brotherston, Gordon. *Book of the Fourth World*. Cambridge University Press, 1992.

Burland, C. A. *The Gods of Mexico*. Nueva York: G. P. Putnamís Sons, 1967.

Carlson, John B. *Venus-Regulated Warfare and Ritual Sacrifice in Mesoamerica: Teotihuacan and the Cacaxtla "Star Wars" Connection*. College Park, Md.: The Center for Archaeoastronomy, 1991.

Carrasco, David. *Quetzalcoatl and the Irony of Empire*. Chicago: University of Chicago Press, 1982.

Caso, Alfonso. *Los calendarios prehispánicos*. Ciudad de México: Universidad Nacional Autónoma de México, 1967.

Castaneda, Carlos. *Tales of Power*. Nueva York: Simon and Schuster, 1974.

Craine, Eugene R., y Reginal C. Reindorp, editores y traductores. *Codex Perez and the Book of Chilam Balam of Mani*. Norman, Okla.: University of Oklahoma Press, 1979.

Códice Chimalpopoca. Ciudad de México: Universidad Nacional Autónoma de México, 1975.

Coe, Michael D. *Breaking the Maya Code*. Londres: Thames and Hudson, 1992.

————. *The Maya*. Londres: Thames and Hudson, 1993.

Cook de Leonard, Carmen. "A new astronomical interpretation of the four ball-court panels at Tajin, Mexico". En *Archaeostronomy in Pre-Columbian America*. Editado por A. Aveni. Austin, Tx.: University of Texas Press, 1975.

Edmonson, Munro S. *The Book of the Year: Middle American Calendar Systems*. Salt Lake City: University of Utah Press, 1988.

Hay, Clarence L., Ralph Linton, Samuel K. Lothrop, Harry L Shapiro, editores. *The Maya and Their Neighbors: Essays on Middle American Anthropology and Archaeology*. Nueva York: Dover Publications, 1977.

Jenkins, John Major. *Tzolkin: Visonary Perspectives and Calendar Studies*. Garberville, Calif.: Borderland Sciences, 1994.

————. *Maya Cosmogenesis 2012*. Rochester, Vt.: Bear & Company, 1998.

Kelly, David H. "Astronomical Identities of Mesoamerican Gods". *Archaeoastronomy*, no. 2 (1980): S1–S54.

Krupp, Dr. E. C. *In Search of Ancient Astronomies*. Nueva York: McGraw Hill, 1978.

————. *Echoes of the Ancient Skies*. Nueva York: Harper and Row, 1983.

de Landa, Friar Diego. *Yucatan Before and After the Conquest*. Traducido por William Gates. Nueva York: Dover Publications, 1978.

Leon-Portilla, Miguel. *Time and Reality in the Thought of the Maya*. Traducido por C. L. Boiles y F. Horcasitas. Boston: Beacon Press, 1973.

Makemsom, Maud W. *The Book of the Jaguar Priest: A Translation of the Book of Chilam Balam of Tizimin, with Commentary*. Nueva York: Henry Schuman, 1951.

Malmstrom, Vincent H. *Cycles of the Sun, Mysteries of the Moon*. Austin: University of Texas Press, 1997.

Markman, Roberta H. y Peter T. Markman. *The Flayed God: The Mesoamerican Mythological Tradition*. San Francisco: Harper, 1992.

Men, Hunbatz. *Secrets of Mayan Science/Religion*. Santa Fe: Bear & Company, 1990.

Morley, Sylvanus Griswold. *The Ancient Maya*. Stanford: Stanford University Press, 1956.

————. *An Introduction to the Study of Maya Heiroglyphs*. Nueva York: Dover Publications, 1975.

Roys, R. L. *The Book of Chilam Balam of Chumayel*. Norman, Okla.: University of Oklahoma Press, 1967.

de Sahagun, Fray Bernardino. *Florentine Codex: General History of the Things of New Spain, Books 4 and 5*. Traducido por C. E. Dibble y A. J. O. Anderson. Ogden: University of Utah Press, 1957.

Schele, Linda y David Freidel. *A Forest of Kings: The Untold Story of the Ancient Maya*. Nueva York: William Morrow and Company, 1990.

Schele, Linda. *Maya Cosmos: Three Thousand Years on the Shaman's Path*. Con Joy Parker. Nueva York: William Morrow and Company, 1993.

Scofield, Bruce. *Day-Signs: Native American Astrology from Ancient Mexico*. Amherst, Mass.: One Reed Publications, 1991.

———. *Signs of Time: An Introduction to Mesoamerican Astrology*. Amherst, Mass.: One Reed Publications, 1994.

Seler, Eduard. *The Tonalamatl of the Aubin Collection*. Berlín y Londres: Hazell, Watson & Viney, 1901.

———. *Codex Fejervary-Mayer: An Old Mexican Picture Manuscript in the Liverpool Free Public Museum*. Traducido por A. H. Keane. Edinburgo: T. y A. Constable, 1901–1902.

———. *Codex Vaticanus B*. Edinburgo: T. y A. Constable, 1902–1903.

Severin, Gregory M. *The Paris Codex: Decoding an Astronomical Ephemeris*. Filadelfia: The American Philosophical Society, 1981.

Stevens, John L. *Incidents of Travel in Yucatan*. 2 vols. Nueva York: Harper, 1843. Reimpreso por Dover Publications, Nueva York, 1961.

Tedlock, Barbara. *Time and the Highland Maya*. Albuquerque: University of New Mexico Press, 1982.

Tedlock, Dennis. *Popol Vuh*. Nueva York: Simon and Schuster, 1985.

Thompson, J. Eric S. *The Rise and Fall of Maya Civilization*. Norman, Okla.: University of Oklahoma Press, 1966.

———. *Maya Hieroglyphic Writing: An Introduction*. Norman, Okla.: University of Oklahoma Press, 1960.

———. *Maya History and Religion*. Norman, Okla.: University of Oklahoma Press, 1970.

———. *Commentary on the Dresden Codex*. Filadelfia: The American Philosophical Society, 1972.

Volguine, Alexandre. *Astrology of the Mayas and Aztecs*. Kent, Inglaterra: Pythagorean Publications, 1969.

Williamson, Ray A., ed. *Archaeoastronomy in the Americas*. Los Altos, Calif.: Ballena Press and College Park, Md.: Center for Archaeoastronomy, 1981.

Willson, Robert W. "Astronomical Notes on the Maya Codices". En *Papers of the Peabody Museum of American Archaeology and Ethnology*. Cambridge, Mass.: Peabody Museum, Harvard University, 1924.

LA ASTROLOGÍA MAYA EN INTERNET

Los autores Bruce Scofield y Barry C. Orr han mantenido desde 1999 el sitio web OneReed.com. Este popular recurso en línea contiene información acerca de muy diversos temas astrológicos.

"OneReed" se deriva del nombre que daban los aztecas a Quetzalcoatl, dios del conocimiento, la cultura y la civilización, conocido también como "la serpiente emplumada". Quetzalcoatl tenía varios nombres, incluido "Ce Ácatl", que se traduce literalmente como Uno Junco ("One Reed" en inglés). Según la leyenda, Quetzalcoatl llegó a México en el año en que los aztecas llamaban Uno Junco, y se esperaba su regreso cuando se repitiera esa combinación de número y signo, lo que explica su nombre. (Desafortunadamente para los aztecas, Cortés llegó a las costas de México en el año denominado Uno Junco y se aprovechó de la antigua profecía.)

El sitio web OneReed incluye las ofertas siguientes:

- Un informe computarizado en línea que produce un perfil de personalidad basado en los elementos de la astrología maya.
- Un catálogo de libros de la editorial de Bruce Scofield, One Reed Publications.
- Una colección muy diversa de artículos acerca de la astrología maya y la astrología occidental.
- Un programa experimental de adivinación en línea basado en el Tzolkin (el calendario sagrado de 260 días de los mayas).
- Un diario en línea que contiene las observaciones más recientes de los autores.

OneReed.com funciona sobre la base del principio de que la astrología maya era y es un sistema que puede resultar útil no sólo en la búsqueda de autoconocimiento sino en la comprensión de los ciclos naturales y sus efectos en la biosfera. Sus autores están dedicados a la restauración y el desarrollo de este ingenioso sistema astrológico.